LE
BÂTON DU PÈLERIN

RECUEIL
DE
MÉDITATIONS ET DE PRIÈRES
POUR TOUS LES JOURS DE L'ANNÉE *(Matin et Soir)*

imité de H. SPENGLER

PAR

JACQUES ABT, Pasteur

BELFORT
TYPOGRAPHIE ET LITHOGRAPHIE DEVILLERS
1891

LE BATON DU PÈLERIN

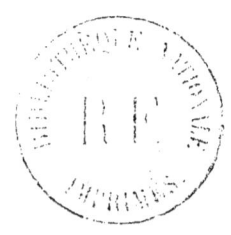

RECUEIL

DE

MÉDITATIONS ET DE PRIÈRES

POUR TOUS LES JOURS DE L'ANNÉE *(Matin et Soir)*

imité de H. SPENGLER

PAR

JACQUES ABT, Pasteur.

BELFORT

TYPOGRAPHIE ET LITHOGRAPHIE DEVILLERS.

1891

PRÉFACE.

Nous sommes heureux de pouvoir offrir ce recueil à nos familles chrétiennes. Il est destiné à faire revivre, au milieu de nous, une pieuse habitude, le culte de famille, devenu rare, et qui est cependant un élément essentiel de vie pour les individus, les familles et l'Eglise. Nous estimons que ce n'est pas toujours l'indifférence religieuse, aujourd'hui si répandue, qui est cause de l'abandon du culte domestique, mais que c'est souvent faute d'avoir à sa disposition un livre qui réponde à tous les besoins. Nous espérons que le *Bâton du Pèlerin* pourra, malgré ses imperfections, rendre d'utiles services. Il s'y trouve pour chaque jour, matin et soir, des passages bibliques (1), suivis d'une courte méditation, d'une prière et d'un cantique (2).

On pourra terminer par l'Oraison dominicale et par la bénédiction. Celui qui préside le culte peut y joindre, selon les circonstances, des demandes plus actuelles.

Le livre se règle sur l'année ecclésiastique. Il est écrit dans le pur esprit de l'Evangile, sans dogmatisme, bien fait pour allumer la pure flamme de la foi et de l'amour, et pour nourrir et fortifier dans les âmes, les sentiments de vraie piété. Qu'il pénètre donc, comme un ami, au foyer domestique, et qu'il devienne dans toutes les situations de la vie, dans la joie comme dans l'épreuve, auprès des malades et des mourants, un instrument de bénédiction, pour la gloire de Dieu et le salut des âmes !

Que nous aimerions à voir chaque père de famille, rassembler les siens, dès le matin, les préparer par le culte à l'œuvre de leur vocation, élever leurs esprits et leurs cœurs à

---

(1) Les citations sont faites d'après la version d'Osterwald revisée.

(2) Les cantiques sont surtout tirés des « hymnes et cantiques » du Psautier et des « hymnes du Croyant. »

Dieu, pour le remercier de sa protection, et implorer sa bénédiction sur leurs travaux ; puis le soir, les occupations terminées, à l'approche des ombres de la nuit, les inviter à rendre grâces à Dieu de ses bienfaits, à confesser leurs péchés et à recourir à sa miséricorde !

Puisse la publication du *Bâton du Pèlerin*, entreprise en vue de l'avancement du règne de notre adorable Sauveur, et de la prospérité de notre chère Eglise évangélique, être favorablement accueillie, et devenir avec l'aide de Dieu, conformément à son titre, pour beaucoup d'âmes, un soutien pendant leur pèlerinage vers la céleste patrie !

Belfort, Janvier 1891.

Au nom du Dieu trois fois saint !

1ᵉʳ JANVIER (Matin).

Seigneur, tu as été pour nous une retraite d'âge en âge. Avant que les montagnes fussent nées et que tu eusses formé la terre et le monde, d'éternité en éternité, tu es Dieu. Tu fais retourner l'homme à la poussière, et tu dis: Fils des hommes, retournez! Car mille ans à tes yeux sont comme le jour d'hier quand il est passé, et comme une veille dans la nuit. Tu les emportes, semblables à un songe; ils sont au matin comme une herbe qui passe; elle fleurit le matin et elle se fane; le soir on la coupe et elle sèche. (Ps. 90, 1-6).

Méditation.

Seigneur, tu as été pour nous une retraite d'âge en âge, répétons-nous avec foi au commencement de cette nouvelle année. Il nous faut une retraite, car nous sommes faibles, fragiles et pécheurs ; et où trouver un meilleur refuge qu'auprès de notre Dieu qui est éternel, plein de grâce, et qui est notre Père en Jésus-Christ? Il nous a aimés avant la création du monde et nous supporte avec amour et avec miséricorde, malgré notre indignité. Celui qui commencerait l'année sans lui ne trouverait pas le vrai bonheur, tout en jouissant de la plus grande prospérité extérieure. L'homme, au contraire, qui s'avance appuyé sur son bras, qui le craint de tout son cœur, qui l'aime et se confie en lui, sera béni même au sein de l'adversité. C'est pourquoi nous voulons, en ce jour et chaque jour de notre vie, mettre notre confiance en Celui qui a été le refuge de nos pères et qui ne les a jamais confondus. Que le sentier par lequel le Seigneur nous fera marcher, soit facile ou pénible, ce sera pour nous le meilleur, soyons-en persuadés. Quoiqu'il arrive, nous avons sa promesse que toutes choses contribuent au bien de ceux qui l'aiment, et que toutes ses voies ne sont que bonté et que vérité pour ceux qui gardent son alliance et ses commandements.

Prière.

Seigneur notre Dieu, vivant et éternel, Père de notre Seigneur Jésus-Christ ! Dès le matin de ce premier jour de l'année nous nous présentons devant toi, car tu es notre retraite d'âge en âge. Du haut de ton trône abaisse sur nous un regard favorable et agrée nos louanges et nos prières. Nous te rendons grâces du fond du cœur pour tous les biens que nous avons reçus de ta main jusqu'à ce jour, pour ton long support et ta miséricorde envers nous et les nôtres. Ah ! que de choses nous aurions à te demander à l'entrée de cette année qui s'ouvre si obscure devant nous ! Il nous est doux de penser que tu sais ce qu'il nous faut même avant que nous te le demandions. Aussi jetons-nous l'ancre de notre espérance dans l'océan de ta grâce et de ton amour. Sois avec nous dans les bons et dans les mauvais jours, dans la santé et dans la maladie, dans le bonheur et dans l'adversité, dans la vie et dans la mort. Nous déposons tout entre tes mains paternelles et toutes-puissantes, nos vœux et nos espérances, nos travaux et nos luttes, nos biens et nos maux, notre corps et notre âme.

Avec l'an qui commence
Renouvelle mon cœur,
D'amour et d'espérance
Compose son bonheur.

Seigneur, ma foi l'embrasse,
Mon cœur a soif de toi,
Viens y verser ta grâce,
Viens y graver la loi.

Notre Père, qui es aux cieux, ton nom soit sanctifié, ton règne vienne, ta volonté soit faite sur la terre comme au ciel, donne-nous aujourd'hui notre pain quotidien, pardonne-nous nos offenses, comme nous pardonnons à ceux qui nous ont offensés, et ne nous induis pas en tentation, mais délivre-nous du mal, car c'est à toi qu'appartiennent le règne, la puissance et la gloire, aux siècles des siècles. Amen.

Seigneur, bénis-nous et nous garde ; Seigneur, fais luire ta face sur nous et nous sois propice ; Seigneur, tourne ton visage vers nous et nous donne ta paix ! Amen.

1er JANVIER (Soir).

Les jours de nos années reviennent à soixante-dix ans et pour les plus vigoureux à quatre-vingts ans ; et le plus beau de ces jours n'est que peine et que tourment ; car il s'en va bientôt et nous nous envolons. Qui connaît la force de ton courroux et ton indignation, selon la crainte qui t'est due ? Enseigne-nous à compter nos jours, tellement que nous puissions avoir un cœur sage. (Ps. 90, 10-13).

MÉDITATION.

Si ta vie durait soixante-dix ans, quatre-vingts ans et même plus, et si tu n'y avais amassé que des trésors pour la terre, en négligeant ceux du ciel, la gloire des hommes en oubliant celle de Dieu, et si tu n'avais pas appris à connaître la joie en Dieu, ta vie n'aurait été que peine et tourment et n'aurait aucune valeur pour l'éternité. Tes travaux, ton agitation, tes soucis ne t'apporteraient aucun gain réel, et bien des choses que le monde t'envie ne seraient devant Dieu que péchés et sujets de condamnation. Que le Dieu éternel, qui est la source de la vie et pour lequel il n'y a pas de temps, soit donc ta retraite. La mort règne dans le monde ; en Dieu est la vie et la félicité.

Prière.

Seigneur, notre bon Père céleste ! Nous sommes tes enfants et nous nous approchons de ton trône pour te bénir à la fin de ce jour pour toutes les grâces dont tu l'as accompagné. Nous te prions de nous continuer ton secours et ta protection, et de nous aider à nous attacher à la recherche de la seule chose nécessaire. Tu as été pour nous, dans l'année écoulée, un Dieu fidèle et miséricordieux, et tu seras dans l'avenir ce que tu as été dans le passé, car tu es le même hier, aujourd'hui et éternellement. Aide-nous à marcher en avant avec confiance ; conduis-nous toi-même, Seigneur, et fais luire sur notre sentier le soleil de ta grâce, afin que cette nouvelle année soit abondamment bénie pour nous. Enseigne-nous surtout à tellement compter nos jours que nous ayons un cœur sage, et que nous vivions comme nous souhaiterions d'avoir vécu, lorsque les choses visibles auront fait place pour nous aux choses invisibles.

> Chaque jour qui s'ajoute à notre courte vie
> Nous atteste, Seigneur, ta clémence infinie ;
> Tes souverains décrets ont réglé notre sort,
> Et toi seul tu connais l'instant de notre mort !
> Fais qu'en tout temps, couvert du bras de ta puissance,
> Plein d'une vive foi, d'une ferme espérance,
> Je marche sur la terre avec toi, sous les yeux,
> Et qu'au terme arrivé, j'entre enfin dans les cieux !   Amen.

2 JANVIER (Matin).

Ne crains point, car je suis avec toi ; ne sois point éperdu, car je suis ton Dieu ! Je te fortifie, je t'aide, et je te maintiens par la droite de ma justice.   (Es. 41, 10).

Méditation.

Dans ce passage, le Seigneur multiplie ses promesses, et veut les faire pénétrer dans notre cœur. Nous devrions le croire sur une seule parole, à plus forte raison quand il répète ses déclarations, et qu'il nous assure si souvent de son secours ! Il sait, il est vrai, que l'incrédulité et la crainte cherchent sans cesse à nous surprendre. Voilà pourquoi il continue à nous encourager ; comment ne pas être rassurés, quand Dieu lui-même nous dit : Ne crains point, je suis avec toi. C'est comme s'il nous disait : Sois fidèle et endure la tentation, je te soutiens car je suis ton Dieu et ton Père Céleste, et tu es mon enfant ; je ne permettrai pas que tu succombes. Ces paroles de consolation sont semblables à un feu qui réchauffe notre foi, la fortifie et la rend inébranlable.

Prière.

Seigneur, notre Dieu ! Il n'y a rien de plus consolant que cette parole : « Je suis ton aide, je suis ton Dieu. » Nous y mettons notre confiance, et nous te prions instamment d'être aussi notre Dieu Sauveur, et de nous soutenir par ton bras tout-puissant. Accomplis tes promesses à notre égard, fortifie-nous dans nos faiblesses et dans nos infirmités, afin que nous puissions combattre victorieusement, et faire quelque bien en nous et autour de nous. Si la crainte et le découragement sont sur le point de s'emparer de nos cœurs, redis-nous ces paroles : « Ne crains point, je suis avec toi, ne sois pas éperdu, car je suis ton Dieu. » Apprends-nous à y mettre notre confiance et à compter toujours sur ta force et ton secours ; et qu'ainsi nous puissions poursuivre et achever heureusement notre course jusqu'au moment où tous nos combats seront finis, et où tu nous feras entrer dans la paix et la joie de tes rachetés en Jésus.

La foi c'est l'unique moyen
De vaincre l'adversaire ;
C'est le remède du chrétien
Contre toute misère.

Quand la foi vit au fond du cœur,
Et nourrit l'espérance,
On est, pour l'amour du Sauveur,
Joyeux dans la souffrance. Amen.

2 JANVIER (Soir).

Tu te réjouiras de tout le bien que l'Eternel ton Dieu t'aura donné, ainsi qu'à ta maison. (Deut. 26, 11).

Méditation.

Bien des gens ne reconnaissent pas que la joie est un devoir du chrétien. Ils pensent que la tristesse lui est bien plus naturelle qu'un esprit joyeux. Sans doute la vie chrétienne commence par la tristesse ; le temps de la repentance pendant lequel Dieu nous fait descendre dans les abîmes de notre mauvais cœur, ne se passe pas sans douleur, mais le repentir produit la foi, et la tristesse du chrétien est le chemin qui conduit à une joie permanente. Ceux qui ne savent pas faire taire les plaintes et les gémissements, ne font pas de progrès dans la vie de l'âme. En contemplant les richesses de l'amour de Dieu, la joie se fait jour, et il n'y a pas de moment si sombre dans notre vie qui ne soit éclairé d'un rayon de l'amour de Dieu.

PRIÈRE.

Seigneur notre Dieu ! Nous nous réjouissons en toi, et nous te rendons grâces du fond du cœur de tous les bienfaits que tu as répandus sur nous en ce jour. Daigne nous faire comprendre l'immensité de ton amour, et nous faire chercher et trouver notre bonheur dans ta faveur, dans l'accomplissement de ta volonté et dans l'espérance de la vie éternelle. Apprends-nous à connaître le prix des biens ineffables que Jésus-Christ nous a acquis et à les rechercher avec ardeur. Tout notre espoir repose sur lui pour le temps et l'éternité ! O Dieu ! que cet espoir ne soit point confus !

Aide-nous à persévérer dans ta communion ; sois notre lumière, notre force, notre joie pendant notre carrière terrestre, et fais qu'après t'avoir fidèlement aimé et servi ici-bas, nous arrivions à la possession de l'héritage céleste que tu réserves à tes enfants.

Je veux chanter de tout mon cœur,
De mon Sauveur l'amour fidèle ;
Car chaque jour il renouvelle
Sur moi les dons de sa faveur.

Ah ! daigne donc de ton enfant
Devant ses pas dresser la voie,
Et sous tes yeux, rempli de joie,
Je te suivrai fidèlement.   Amen.

3 JANVIER (MATIN).

Ne crains point, car je t'ai racheté ; je t'ai appelé par ton nom, tu es à moi. (Es. 43, 1).

MÉDITATION.

L'homme est une créature de Dieu ; il a été fait à son image et lui appartient. Il est à lui non seulement parce qu'il l'a créé, mais surtout parce qu'il l'a racheté. Il a délivré son peuple d'Israël de la servitude, par sa main puissante, mais quelle délivrance plus grande ne nous a-t-il par accordée par le don de son Fils, mort pour nous sur la croix ? Si nous scrutons notre vie, nous y découvrirons d'autres délivrances. Quelque grave maladie est venue nous atteindre et nous a conduits à deux pas de la mort ; qui nous en a retirés, qui nous a empêchés de broncher, qui a essuyé nos larmes ? C'est le Seigneur. Que dis-je ? Ne nous a-t-il pas accordé de plus grandes grâces ? Ne nous a-t-il pas appelés par notre nom dans le baptême ? N'a-t-il pas fait avec nous une alliance éternelle, et ne nous a-t-il pas délivrés du péché et de la condamnation ? Aie donc bon courage, ne crains point, crois seulement.

PRIÈRE.

Dieu miséricordieux et fidèle ! Chaque jour que tu nous donnes, nous nous réjouissons à nouveau du salut que Jésus-Christ nous a acquis à nous et à nos enfants. Les merveilles de ta grâce sont nombreuses et ta bonté dure à toujours. Tu nous as aimés, Seigneur, quand nous vivions loin de toi ; tu ne t'es pas lassé de nous chercher pour nous retirer de la servitude du péché, et nous racheter par ton sang précieux. Souvent tu nous as secourus et délivrés : notre vie entière est pleine des richesses de ton amour. C'est pourquoi nous répétons avec le Psalmiste : Mon âme, bénis l'Eternel et n'oublie aucun de ses bienfaits. Fais que le souvenir de toutes tes délivrances nous porte à nous attendre à toi, et à chercher ton secours et ta grâce à chaque heure de notre vie. Bénis-nous aujourd'hui ; aide-nous à marcher fidèlement dans la voie de tes saints commandements, et que ton Esprit nous guide, et nous apprenne à te servir de manière à t'être agréables en Jésus-Christ notre Seigneur.

> Mets loin de toi, mon cœur, si ton Dieu te rassure,
> Les soucis dévorants, le coupable murmure ;
> Que l'espoir soit ta force et la foi ton trésor,
> L'Eternel est ton Dieu, que peux-tu craindre encore ?   Amen.

3 JANVIER (Soir).

Ne soyez point en souci, disant : Que mangerons nous ? que boirons-nous ? de quoi serons-nous vêtus ? car ce sont les païens qui recherchent toutes ces choses ; et votre Père Céleste sait que vous avez besoin de toutes ces choses-là.   (St-Math. 6, 31 et 32).

Méditation.

Si tu arrives à reconnaître avec douleur que la vraie foi dans la puissance et la fidélité de Dieu te fait défaut, et que dans les jours d'épreuve et d'angoisse le doute et le découragement t'envahissent, va répandre ta plainte devant Dieu et ne te donne nul repos, avant que l'interdit soit banni de ton cœur. Ne dis pas : à quoi bon ? Les soucis fondent sur moi semblables aux flots de la mer ; c'est en vain que je cherche à les combattre. Une pauvre petite goutte d'eau, qui tombe non interrompue sur le dur rocher, finit par le creuser. Il en sera de même de ton cœur éperdu et incrédule ; il sera peu à peu transformé en un cœur heureux et confiant, si tu laisses les gouttes de la bonne Parole de Dieu y pénétrer librement, et si tu l'ouvres aux rayons de la lumière divine.

Prière.

Dieu saint et tout-puissant ! C'est une grande consolation pour nous, créatures faibles et pécheresses, de savoir que tu es notre Père, et que nous pouvons nous approcher de ton trône dans toutes les circonstances de notre vie, avec une confiance filiale, et la certitude que tu fais tout concourir à notre plus grand bien. A la fin de ce jour, notre regard se porte sur ton amour paternel. Dieu fidèle, nous te remettons notre vie, notre bonheur et notre repos. Prends-nous sous ta puissante protection, afin qu'aucun mal ne puisse approcher de notre demeure. Que demain nous puissions nous réveiller fortifiés, et disposés à nous rendre toujours plus dignes de ton amour paternel.

Confie au plus tendre des pères,
Au Tout-Puissant, au Saint des saints,
Tes alarmes et tes misères,
Tes douleurs, tes vœux, tes desseins.

Sa main, sous la céleste voûte,
Conduit et la nue et le vent ;
Il saura tracer une route
Où ton pied marche sûrement.   **Amen**

---

4 JANVIER (Matin).

A toute chose sa saison, et à toute affaire sous les cieux, son temps. (Eccl. 3, 1).

Méditation.

« A toute chose son temps », telle doit être la règle de nos occupations. Au commencement de chaque jour pensons au travail qu'il nous impose, et faisons notre possible pour que nous n'en soyons pas esclaves, mais que nous en demeurions maîtres, et qu'il nous reste le temps et la force de rendre service à notre prochain. Combien souvent n'arrive-t-il pas que nous manquons d'amour, lorsqu'on vient nous déranger dans nos occupations, ou que nous négligeons l'occasion de nous rendre utiles, par le seul fait qu'il faudrait consacrer quelques minutes à une affaire qui ne nous concerne pas ?! Nous pouvons ainsi nous rendre coupables dans les plus petites choses, et causer un tort à jamais irréparable.

PRIÈRE.

Seigneur, notre Dieu ! Daigne agréer l'offrande de la reconnaissance que nous te présentons au matin de ce jour. Ton œil a veillé sur nous pendant notre sommeil, garde-nous aussi dans cette nouvelle journée que tu nous a donnée. Rends-nous fidèles dans l'accomplissement de nos devoirs, et en particulier de nos devoirs envers le prochain. Aide-nous à surmonter notre égoïsme, et à saisir toutes les occasions d'être utiles à nos frères. Le découragement s'empare quelquefois de nous, quand nous regardons à nous-mêmes, mais ta force se manifeste dans notre faiblesse, et c'est là ce qui nous rassure. Donne-nous une pleine connaissance de ta volonté et la force de l'accomplir dans un esprit d'humilité, de renoncement et d'amour, afin que nous marchions sur les traces de Jésus qui est venu non pour être servi, mais pour servir et pour se dévouer pour nous. C'est en son nom que nous t'invoquons et que nous te prions de nous exaucer.

Accorde-moi ce don, Seigneur, je le désire :
Donne-moi ta douceur.
Et qu'en son cœur soumis ton enfant puisse dire :
J'imite mon Sauveur.   Amen.

4 JANVIER (Soir).

Ne contristez pas le Saint-Esprit de Dieu, par lequel vous avez été scellés pour le jour de la rédemption. Que toute amertume, toute animosité, toute crierie, toute médisance soient bannies du milieu de vous, ainsi que toute méchanceté. Mais soyez, les uns envers les autres, bons, miséricordieux, vous pardonnant les uns aux autres, comme Dieu vous a pardonné en Christ.   (Eph. 4, 30—32).

MÉDITATION.

Une pelote de neige, en roulant, peut se transformer en avalanche, et une seule mauvaise inclination non combattue peut devenir un monde d'iniquités. Les péchés, dont il est question dans ces versets, s'engendrent réciproquement, et deviennent d'autant plus graves que le germe en est toléré. L'amertune dans un cœur est déjà dangereuse. Il faut entendre par amertune une sourde contrariété refoulée dans le cœur. Si elle s'y enracine, elle produit l'animosité, un sentiment qui se fait jour au dehors. L'animosité, qui d'abord peut-être ne se manifeste que sur le visage peut devenir une vive colère, dont les conséquences sont les disputes, les crieries, les injures et enfin les insultes; car il n'y a rien de plus aveugle et de plus injuste que la colère. D'où viennent tous ces fruits amers? De la méchanceté. C'est le mal essentiel du cœur humain. Il faut que ce cœur soit entièrement renouvelé par Celui qui a dit : « Voici, je fais toutes choses nouvelles. »

Prière.

Dieu fidèle ! C'est en mettant notre confiance dans ton amour paternel que nous te prions de t'occuper de nous, et de nous transformer à ton image. Fais que nous ne perdions jamais de vue notre faiblesse et notre culpabilité, que nous ne nous élevions point, mais que nous restions doux et humbles de cœur. Aide-nous à vaincre le mal par le bien, la haine par l'amour, l'orgueil par l'humilité. Réveille-nous par ton Saint-Esprit pour que nous tendions à la perfection, comme toi, Père Céleste, tu es parfait. Conduis-nous par ton conseil, et reçois-nous un jour dans ta gloire. Donne-nous de nous endormir dans le sentiment de ta paix. Que ta main puissante soit sur nous, afin qu'aucun ennemi ne puisse nous nuire, et que nous dormions en sécurité à l'ombre de tes ailes.

Pardonne, ô Dieu de grâce !
Que ta clémence efface
Mes erreurs de ce jour !
Si mon âme égarée,
Au vice s'est livrée,
Vers le bien hâte mon retour.   Amen.

---

5 JANVIER (Matin).

Je m'adresse maintenant à vous qui dites : Nous irons aujourd'hui ou demain dans telle ou telle ville et nous y passerons une année, nous trafiquerons et nous gagnerons. Or, vous ne savez pas ce qu'il en sera de demain ; car qu'est-ce que votre vie ? Ce n'est qu'une vapeur qui paraît pour peu de

> temps, et qui s'évanouit ensuite. Au lieu que vous devriez dire : Si le Seigneur le veut, et si nous vivons, nous ferons ceci ou cela. Mais maintenant vous vous glorifiez dans vos vanteries. Toute présomption de cette sorte est mauvaise. (Jacques 4, 15-16).

Méditation.

Sur la terre nous sommes appelés au travail, et nous devons agir pendant qu'il est jour. Plus nous servons le prochain, plus nous vivons pour autrui, plus notre vie est utile. Il y a une différence énorme entre ce travail et l'activité fiévreuse qui ne songe qu'à amasser. L'esprit de dévoûment qui s'oublie se distingue essentiellement de la glorification de soi-même, qui croit pouvoir disposer de son avenir et de la route qu'il faut suivre pour y arriver. Comme si tout dépendait de nous, comme si nous pouvions disposer de nous-mêmes et d'une seule heure de notre vie ! Il suffit d'un instant pour nous ravir tout ce que nous avons. Notre sort est entre les mains de Dieu. L'homme propose et Dieu dispose. Remets ta voie à l'Eternel et te confie en lui et il agira.

Prière.

Seigneur notre Dieu, ne permets pas qu'au milieu du tourbillon des occupations de la vie, nous oubliions l'incertitude du lendemain et de ce qu'il nous réserve. Fais que cette incertitude et l'instabilité des choses humaines nous engagent à chercher avant tout les biens invisibles qui sont éternels. Préserve-nous de la soif d'amasser et de jouir, et rends-nous sages à salut, afin de mettre ordre à nos affaires et d'être prêts à déloger quand notre heure sera venue ; nous te le demandons au nom de Jésus-Christ.

Conseille-moi sans cesse,
Jésus, selon ton cœur,
Dans ma grande faiblesse,
Tends-moi la main, Seigneur !

Que désormais je passe,
Tous mes jours sous tes yeux,
Que sauvé par ta grâce,
Je vive et meure heureux. Amen.

5 JANVIER (Soir).

> « L'Eternel est mon berger, je n'aurai point de disette. Il me fait reposer dans des pâturages herbeux ; il me mène le long des eaux tranquilles. Il restaure mon âme, il me conduit dans les sentiers de la justice, à cause de son nom. (Ps. 23, 1-4).

Méditation.

Nous trouvons dans ce beau psaume le témoignage d'une âme, qui, au milieu des agitations de la vie, a trouvé le repos en

Dieu. Si le roi David, éclairé seulement par les lumières de la prophétie, de quelques rayons de la rédemption à venir, avait déjà reçu une si grande paix en partage, qu'en sera-t-il pour ceux qui ont appris à connaître le Sauveur et qui peuvent dire en parlant de lui : « l'Eternel est notre berger ? » Les paroles du psalmiste expriment la bienheureuse certitude d'être sous la direction d'une main fidèle, qui répond abondamment à tous nos besoins, qui ne fournit pas seulement au corps son pain de chaque jour, mais étanche en même temps la soif de l'âme.

Prière.

C'est avec confiance et avec joie que nous nous approchons de toi, Seigneur notre Dieu, parce que tu es et tu seras toujours notre bon et fidèle berger. Tu nous as fait marcher jusqu'à ce jour avec bonté sous ta houlette, et tu le feras encore à l'avenir. Nous te prions de nous garder dans les sentiers de la justice et de la vérité, et de nous conduire de la lutte à la victoire et à la paix. Nous savons et nous éprouvons tous les jours, que la porte de la vie est étroite et le chemin resserré, mais tu peux et tu veux nous faire atteindre le but, si nous voulons nous laisser guider par toi et te suivre. Oh ! donne-nous d'entendre toujours ta voix, afin que tu puisses nous prendre sous ta garde, et nous préserver de tout danger pour le corps et pour l'âme, jusqu'à ce que tu nous introduises au céleste bercail, où aucun mal ne pourra plus nous atteindre. Veille sur nous pendant cette nuit ; bénis et protège tous ceux que nous aimons, et accorde-leur toutes les grâces que nous te demandons pour nous-mêmes au nom et pour l'amour de Jésus.

> Toi donc, pauvre brebis, chancelante et craintive !
> Cours à ce bon berger, et que ton cœur revive.
> Ah ! s'il daigne chercher la brebis qui le fuit,
> Ne recevrait-il pas celle qui le poursuit ?   Amen.

---

6 JANVIER. *Epiphanie* (Matin).

Jésus étant né à Bethléhem, de Judée, au temps du roi Hérode, des mages d'Orient arrivèrent à Jérusalem, et dirent : Où est le roi des Juifs qui est né ? car nous avons vu son étoile en Orient, et nous sommes venus l'adorer.   (St-Matth. 2, 1-2).

Méditation.

Les Mages, qui sont venus s'informer au sujet du roi des Juifs nouveau-né, faisaient partie d'une caste chaldéenne, ancienne et considérée. Ils étaient de race sacerdotale, instruits dans la sagesse orientale et avant tout dans la science des astres. C'étaient des païens, il est vrai, mais comme beaucoup de païens de ce temps-là, ils désiraient ardemment voir s'accomplir le salut annoncé aux Juifs. L'honneur que la foule leur a rendu, la sagesse de leur ordre, rien n'a pu satisfaire leur cœur ; ils avaient de plus hautes aspirations auxquelles leurs connaissances astrologiques ne répondaient pas ; mais dans son amour Dieu les a rendus attentifs par une étoile à l'accomplissement des promesses de salut faites à Israël. Ils ont suivi, pleins de joie, les directions divines ; ils sont arrivés à Bethléhem, sans se dire que l'humble apparition et l'humble entourage de Jésus répondaient peu à leur attente. Ni l'étable, ni la crèche, ne les scandalisaient.

N'y a-t-il pas dans notre vie des expériences qu'on peut comparer à celles des Mages d'Orient ? N'avons-nous jamais vu son étoile ? Et dans notre cœur n'avons-nous pas senti ses directions ? Heureux sommes-nous si les soucis et les passions, les railleries et la sagesse du monde ne nous ont pas voilé cette étoile, ne nous l'ont pas fait perdre de vue, et si sa douce clarté illumine toujours notre route. Si au contraire, elle ne resplendissait plus sur notre sentier, hâtons-nous d'aller à Bethléhem. Prenons les Saintes-Ecritures en main, cherchons, méditons, prions jusqu'à ce que la nuit se dissipe, et que l'étoile se montre de nouveau à nous dans son ancien éclat.

Prière.

Dieu miséricordieux et fidèle ! grâces te soient rendues de ce que ta Parole est annoncée dans tout pays pour répandre ton règne de paix jusqu'aux extrémités de la terre. Et toi, Seigneur de gloire, qui t'es abaissé jusqu'à nous, reçois l'offrande de nos vœux et de notre adoration ! Agrée avec bienveillance la myrrhe de notre repentance, l'encens de notre prière et l'or de notre foi. C'est avec un profond respect filial que nous nous approchons de toi. Fais-nous la grâce de persévérer dans ta communion, et ne permets pas que notre étoile s'éclipse dans les obscurités du monde.

> Divin Jésus, étoile matinière,
> De tes rayons viens éclairer nos yeux ;
> Viens nous conduire au chemin glorieux,
> Que ton amour nous traça sur la terre. Amen.

6 JANVIER (Soir).

Voici les ténèbres couvriront la terre, et l'obscurité couvrira les peuples ; mais sur toi se lèvera l'Eternel, et sur toi paraîtra sa gloire. Et les nations marcheront à ta lumière, et les rois à la clarté de tes rayons.

(Es. 62, 2-3).

Méditation.

La prophétie que les païens marcheront à la lumière de l'Eternel, n'est pas pleinement accomplie. Il est vrai que la lumière a déjà lui pour bien des nations et a dissipé la nuit de l'idolâtrie ; mais des millions d'âmes sont encore plongées dans les ténèbres et dans l'ombre de la mort. De là le devoir pour nous, chrétiens, de nous rappeler avec amour ceux qui sont encore privés des bienfaits de l'Evangile, d'autant plus qu'aucune œuvre sur la terre n'est plus assurée du succès que celle de la conversion des païens. En effet, quelle que soit la nuit profonde qui couvre la terre, le jour que nous attendons viendra où de l'Orient et de l'Occident, du Septentrion et du Midi, bien des âmes seront éclairées de la gloire de l'Eternel et chanteront ses louanges.

Prière.

Seigneur notre Dieu ! Tu nous as donné ta Parole comme une lumière à nos pieds et un flambeau à nos sentiers pour éclairer notre route. Par ton Fils bien-aimé tu nous as appelés au salut et à la vie éternelle. Nous t'en rendons grâces et adoration. Nos privilèges sont grands, tandis que les pauvres païens ne te connaissent pas, Seigneur Jésus, et ne savent rien de ton Evangile. Fais que ton règne s'étende toujours davantage parmi tous les peuples de la terre, et que la lumière de la vérité se lève pour ceux qui sont encore dans les ténèbres. Accorde-nous la grâce, à nous qui possédons la lumière, de marcher dans cette lumière et de rendre témoignage à la vérité par notre vie, notre conduite et nos paroles. Bénis tous ceux qui, dans les pays lointains, annoncent la vérité et le salut, encourage leur cœur, fortifie leur foi, couronne leur labeur de succès, et donne-leur la joie d'apporter d'abondantes gerbes à la moisson éternelle.

> Elle jaunit la campagne du monde,
> Mais ce beau champ manque de moissonneurs ;
> Sur la bonté que notre espoir se fonde,
> Seconde, ô Dieu ! seconde nos labeurs,   Amen.

7 JANVIER (Matin).

La parole de l'Eternel fut adressée à Abram dans une vision, en disant : Ne crains point, Abram, je suis ton bouclier et ta grande récompense Puis il le mena dehors et lui dit : Regarde vers le ciel et compte les étoiles si tu peux les compter. Et il lui dit : Ainsi sera ta postérité. Et Abram crut à l'Eternel, qui lui imputa cela à justice. (Genèse 15, 1-6).

Méditation.

Abraham subit la première épreuve de sa foi quand Dieu lui dit : Sors de ton pays, de ta parenté et de la maison de ton père et va vers le pays que je te montrerai. Il partit, marchant en apparence à l'aventure, mais en réalité obéissant à la voix de Dieu, et, comme l'oiseau voyageur, arrivant au but sans se tromper, sans se laisser décourager par la longueur et les difficultés de la route. Il se dirigea vers la terre promise, où finalement il n'eut en partage qu'un lieu de sépulture. Et cependant il ne douta jamais de l'accomplissement de la promesse que ses descendants seraient aussi nombreux que les étoiles du ciel, mais il donna gloire à Dieu avec la certitude qu'il fera ce qu'il lui avait promis. Répétons avec Abraham : « La parole de Dieu est certaine et ses promesses sont sûres. »

Prière.

Dieu tout-puissant ! Nous te rendons grâces de la bonté et de la fidélité que tu ne cesses de nous témoigner. Chaque jour tu nous donnes des preuves nouvelles de ton amour, et nous avons si peu de confiance en tes promesses ! O Seigneur ! apprends-nous à marcher par la foi, à suivre tes appels, à t'obéir comme Abraham, afin que nous soyons bénis comme lui. Que nous n'oubliions point que nous sommes étrangers et voyageurs sur cette terre ; que nous portions souvent nos regards vers cette patrie céleste que Jésus nous a acquise, et que tu réserves à ceux qui marchent dans la voie de l'obéissance et du renoncement. Fais-nous la grâce, Seigneur, d'imiter les saints hommes qui nous ont précédés dans cette voie, qui seule conduit à la vie éternelle.

Que leur victoire et leurs combats
Enflamment notre zèle ;
Croyons et courons sur leurs pas,
Notre chef nous appelle.

Quand on le suit tout est bonheur,
Et jamais les tempêtes,
Sans la volonté du Seigneur,
N'éclatent sur nos têtes.   Amen.

7 JANVIER (Soir).

Fortifiez-vous et prenez courage; ne craignez point et ne soyez point effrayés devant eux; car c'est l'Eternel ton Dieu qui marche avec toi; il ne te laissera point et ne t'abandonnera point. (Deut. 31, 6).

Méditation.

Les magnifiques promesses que l'Eternel a faites jadis à son peuple s'appliquent aujourd'hui encore à tous ceux qui croient en son nom. Il est vrai qu'il y a dans notre vie des moments où Dieu semble nous cacher sa face, pour mettre notre foi et notre fidélité à l'épreuve ; il nous semble alors qu'il nous a abandonnés et qu'il a retiré sa main de nous, mais au plus fort de la détresse, sa délivrance est le plus près de nous. Du moment que l'épreuve a produit son effet, le soleil de son amour perce de nouveau les nuages, et nous voyons que nos craintes et nos alarmes étaient inutiles ; nous en avons de la joie, tout en étant humiliés de notre manque de foi. Voilà pourquoi il faut prendre courage, ne pas être effrayés, quels que soient les événements et les orages qui fondent sur nous. Dieu tiendra sa parole, et ne nous abandonnera point.

Prière.

Notre bon Père céleste ! Que de grâces tu nous accordes dans ta bonté, et nous les oublions si souvent, ingrats que nous sommes ! Ne te souviens pas de nos transgressions et de notre manque de foi. Manifeste ta puissance dans notre faiblesse, et à l'heure de l'épreuve et du découragement affermis nos cœurs, aide-nous à nous soumettre à toutes tes dispensations et à croire qu'elles sont toujours pleines de sagesse et d'amour, alors même que nous ne les comprenons pas. Fais-nous la grâce de marcher devant toi comme tes enfants ; garde-nous dans ta paix ; dirige nos regards vers la montagne d'où nous vient le secours, et quoi qu'il arrive, que nous ne cessions point d'espérer en toi et de compter sur ta délivrance. Couvre-nous de ta protection pendant cette nuit ; veille sur nos corps et nos âmes, et donne-nous, avec ton pardon, le sentiment de ta douce présence.

N'accuse pas sa Providence
Quand tour à tour
Il te retire ou te dispense
Les biens d'un jour.

Tandis que, sans laisser de trace
Le bonheur du monde s'efface,
Il t'offre pour jamais sa grâce
Et son amour.   Amen.

8 JANVIER (Matin).

Regardez vers moi et soyez sauvés, vous tous les bouts de la terre! Car je suis Dieu, et il n'y en a point d'autre. J'ai juré par moi-même, et de ma bouche est sortie la vérité, une parole qui ne sera point révoquée : C'est que tout genou fléchira devant moi, et toute langue jurera par moi; c'est qu'on dira de moi: La justice et la force sont à l'Eternel seul! A lui viendront confondus tous ceux qui s'irritaient contre lui. (Es. 45, 22-24).

Méditation.

Dieu veut que tous les hommes soient sauvés. Celui qui ne l'est pas, s'exclut soi-même ; et il ne l'est pas, parce qu'il ne l'a pas voulu. Pourquoi donc y a-t-il tant de gens qui ne répondent pas à la touchante invitation du Seigneur? Cependant son amour et sa miséricorde embrassent toutes les nations, tout le genre humain d'un bout de la terre à l'autre. Ne pensez-vous pas qu'il y aurait aussi une place pour vous dans ses bras? Tant que vous serez sous la voûte céleste, sa gratuité s'étendra jusqu'à vous.

Prière.

Seigneur notre Dieu! Nous nous prosternons devant le trône de ta grâce, car tu es notre Père et nous sommes tes enfants. Tu nous as aimés de toute éternité et tu veux notre salut. Nous t'en louons, nous t'en bénissons du fond du cœur. En toi seul nous trouvons force et justice ; attire-nous donc entièrement à toi. Fais que tout ce qui nous arrive en ce jour tourne à notre salut. Affermis notre cœur dans ta grâce, afin que rien ne nous sépare de ton amour et que nous trouvions toujours plus dans ta communion la paix que le monde ne peut nous donner, ni nous ravir.

Nul ne saurait m'effacer de ton livre ;
Nul ne saurait me soustraire à ta loi.
C'est ton regard qui fait mourir et vivre ;
Je suis à toi, je suis à toi. Amen.

8 JANVIER (Soir).

Heureux l'homme qui ne marche pas selon le conseil des méchants, et qui ne se tient pas dans la voie des pécheurs et qui ne s'assied pas au banc des moqueurs; mais qui prend son plaisir en la Loi de l'Eternel et médite sa Loi jour et nuit. (Ps. 1, 1-3).

Méditation.

Bien des gens, malgré leur impiété intérieure, tiennent à des apparences honnêtes ; ils ne voudraient pas les perdre,

D'autres vont plus loin ; ils sont arrivés à transgresser ouvertement la Loi de Dieu, et marchent résolument et avec persévérance dans la voie large qui les conduit à leur perte. A la fin, ils s'asseyent au banc des moqueurs, s'élèvent contre leur Créateur avec mépris et haine, et cherchent à tourner en ridicule la foi et la crainte de Dieu. Heureux celui qui, fuyant cette impiété, marche dans les voies du Seigneur, aime sa Parole et la sonde ! Il sera comme un arbre de justice qui porte du fruit à la gloire de Dieu et pour le salut de son âme ; il sera béni et en bénédiction.

PRIÈRE.

O Dieu juste et saint ! Tu sondes nos cœurs et nos reins, et rien n'échappe à ton saint regard. En faisant le compte de nos voies en ta sainte présence, nous devons confesser humblement que nous péchons souvent en pensées, en paroles et en actions. Mais nous voudrions être du nombre de tes enfants et non de ceux qui méprisent ta Loi. Pardonne-nous nos transgressions dans ta miséricorde infinie, et délivre-nous de la puissance du mal par le secours de ton Saint-Esprit. Garde-nous du conseil des méchants, de la voie des pécheurs et du banc des moqueurs. Fais-nous aimer tes saints commandements, et y trouver force et joie pour une vie toute chrétienne.

Heureux celui qui croit la divine parole,
Et reçoit en son cœur le don de ton Esprit ;
Heureux qui, détourné de ce monde frivole,
S'est assis humblement aux pieds de Jésus-Christ.   Amen.

9 JANVIER (Matin).

Après qu'ils furent partis, un ange du Seigneur apparut en songe à Joseph, et lui dit : Lève-toi, prends le petit enfant et sa mère, et t'enfuis en Egypte, et te tiens là jusqu'à ce que je te le dise ; car Hérode cherchera le petit enfant pour le faire mourir. Joseph s'étant levé, prit de nuit le petit enfant et sa mère, et se retira en Egypte. Et il y demeura jusqu'à la mort d'Hérode. C'est ainsi que s'accomplit ce que le Seigneur avait dit par le prophète en ces termes : J'ai appelé mon fils hors d'Egypte.

St. Matth. 2, 13-16).

MÉDITATION.

La parole « le Sauveur vous est né » qui est devenue l'Evangile des pécheurs, a été prononcée pour la première fois dans le silence de la nuit à Bethléhem. C'était une parole de paix et d'espérance pour l'humanité déchue. Quelques cœurs sincères et pieux la reçurent avec joie et la répandirent dans leur humble entourage. Mais après cette nuit sainte, que de bruit et de tumulte autour de ce petit enfant ! Que d'efforts et de menées ténébreuses de la part des prêtres, des savants et des grands de la terre pour entraver le plan de Dieu pour la rédemption du genre humain ! Mais l'orgueil a toujours vu échouer ses desseins, tandis que l'humilité et la vérité ont résisté à tous les assauts, et ont triomphé au moment où on les croyait abattues. Les ennemis de ce petit enfant ont été confondus ; ils le seront toujours. Aujourd'hui comme alors, cette parole se vérifie : « Ceux qui en voulaient à la vie de l'enfant Jésus sont morts » et le Christ est vivant aux siècles des siècles.

Prière.

Notre bon Père céleste ! Agrée favorablement nos actions de grâces et nos prières ! Rends-nous reconnaissants du privilège que nous avons de pouvoir nous approcher librement de ton cœur de Père pour t'exposer tous nos besoins ! Chaque jour se lève la lumière du soleil, et chaque jour apparaît aussi pour nous le soleil de ton amour. Nous nous en réjouissons et nous te rendons grâces de toutes tes faveurs envers nous. Nous te bénissons surtout de ce que, quand les temps furent accomplis, tu nous as envoyé Celui qui est notre paix et notre salut. Tes promesses sont certaines et ta fidélité dure d'âge en âge. Aucun de ceux qui espèrent en toi ne sera confus, mais tes ennemis ne pourront subsister devant toi. Seigneur Jésus ! que nous soyons de ceux qui te cherchent d'un cœur sincère et que nous n'ayons point de repos que nous ne puissions dire : Nous avons trouvé le Sauveur. Accorde-nous cette grâce ; remplis-nous de cette foi humble et vivante à laquelle tu te révèles, et dispose nos cœurs à accepter le salut que tu nous offres, afin que nous puissions vivre et mourir en paix.

> Que l'on raconte tes louanges,
> Sauveur puissant, roi de Sion.
> Forme-toi de saintes phalanges
> Qui se réclament de ton nom.
> Que l'infidèle qui t'ignore,
> Brise l'idole de son choix ;
> Qu'il se prosterne et qu'il t'adore,
> Grand Dieu du ciel, Dieu de la croix ! Amen.

9 JANVIER (Soir).

Bien-aimés, ne soyez point surpris de la fournaise qui est au milieu de vous, pour vous éprouver comme s'il vous arrivait quelque chose d'étrange. Mais réjouissez-vous de ce que vous participez aux souffrances du Christ, afin que, lorsque sa gloire sera manifestée, vous soyez aussi comblés de joie. Si l'on vous dit des injures pour le nom de Christ, vous êtes bienheureux, car l'Esprit de gloire, l'esprit de Dieu, repose sur vous. Il est blasphémé par eux, mais il est glorifié par vous. Que nul de vous ne souffre comme meurtrier, ou larron, ou malfaiteur, ou comme s'ingérant dans les affaires d'autrui. Mais s'il souffre comme chrétien, qu'il n'en ait point de honte, mais qu'il glorifie Dieu à cet égard. (Pierre 4, 12-16).

MÉDITATION.

Toutes les injures qu'on dit aux chrétiens ne sont pas des opprobres pour le nom de Christ. Souvent les reproches s'adressent plus à leur conduite qu'à leur foi, parce qu'ils ne suivent pas assez fidèlement le Seigneur. Si quelqu'un souffre pour le nom de Christ comme chrétien et en marchant sur les traces de son divin Chef, s'il passe par la voie douloureuse à cause de sa foi vivante et de la pureté de sa vie, il peut dire : Je participe aux souffrances de Christ. Du moment que les hommes ont mis au rang des malfaiteurs celui qui s'est chargé de nos péchés, ils ne feront pas aux chrétiens une couche de roses et de lauriers. Les tentations intenses ne peuvent pas nous surprendre ; elles ont été de tout temps le feu qui doit purifier, mais non consumer. Les chrétiens passent souvent par des sentiers semés d'épines, par les railleries et les calomnies, sans se mettre en colère contre les hommes, et en même temps sans désespérer de Dieu. Au milieu des luttes de la vie, ils puisent leur force et leur paix dans la prière. Les tempêtes qui les assaillent ne les empêchent pas d'entendre la voix céleste qui leur dit : « Réjouissez-vous de ce que les accusations du monde sont fausses, soyez heureux de ce que vous souffrez avec Christ, et de ce qu'au jour de la manifestation de sa gloire vous serez dans l'allégresse.

PRIÈRE

Dieu miséricordieux et fidèle ! Tu as les yeux sur nous à cette heure où nous voulons nous approcher de toi par la prière. Nous te supplions de mettre en oubli nos faiblesses et nos imperfections, et de nous pardonner toutes nos transgressions par amour pour Jésus-Christ, afin que nous puissions nous reposer en paix. Dirige et soumets nos cœurs rebelles et apprends-nous à ne pas murmurer dans les souffrances et les épreuves. Que ce soit auprès de toi que nous cherchions lumière, force et délivrance dans nos tentations et nos luttes. Et si nous avons à souffrir pour ta cause, fais-nous la grâce de ne point faiblir, mais de regarder à toi qui viens en aide à ceux dont le cœur est droit devant toi. Heureux le peuple que tu t'es choisi pour héritage ! Donne-nous de faire partie de ce peuple, et pendant que nous cheminons ici-bas, regarde-nous dans ton amour, jusqu'à ce que nous puissions un jour te voir face à face.

S'il nous faut souffrir,
Viens nous affermir !
Dans nos maux, dans nos détresses,
Rappelle à nos cœurs sans cesse,
Qu'on entre en Sion
Par l'affliction.   Amen.

10 JANVIER (Matin).

Nous rendons grâces à Dieu, le Père de notre Seigneur Jésus-Christ, dans les prières que nous faisons sans cesse pour vous, ayant été informés de votre foi en Jésus-Christ, et de votre charité pour tous les saints, à cause de l'espérance qui vous est réservée dans les cieux.   (Col. 1, 3-5).

Méditation.

La foi en Jésus-Christ, au sujet de laquelle l'apôtre rend grâces à Dieu, est la source du salut. Une foi générale en Dieu, en une Providence et une vie éternelle, n'enrichit pas et ne procure pas la félicité ; elle n'est que le premier degré qui conduit à la vraie foi. La charité est le plus important et le plus beau fruit de la foi, elle en découle nécessairement. L'espérance chrétienne regarde à l'héritage futur, au monde à venir plein de la gloire, de la pureté et de la beauté de Dieu qu'un voile mystérieux couvre encore pour nous. La foi, la charité et l'espérance sont les traits essentiels du vrai christianisme. Puissent-elles se retrouver dans notre cœur et dans notre vie !

Prière.

Dieu saint, toi qui as été avant toutes choses, et qui diriges tout selon ton bon plaisir, nous te prions de nous faire sentir aujourd'hui encore les effets de ta grâce. Assiste-nous puissamment, afin que toutes nos paroles et toutes nos actions soient faites au nom de Jésus-Christ, et que ton nom soit glorifié par toute notre activité. Fais-nous la grâce d'être enracinés dans la foi en Jésus-Christ ; allume dans nos cœurs la flamme de ton amour et de l'amour fraternel, et donne-nous de conserver jusqu'à la fin l'espérance de l'héritage incorruptible dans le ciel. Remplis-nous à cet effet des dons ineffables de ton Saint-Esprit et bénis ce jour pour que nous en ayons encore de la joie devant son trône.

> Vivons de foi, d'espoir, de charité,
> Et nous verrons s'étendre nos conquêtes.
> Déjà, chrétiens, se lèvent sur nos têtes
> Les jours de gloire et d'immortalité !   Amen.

10 JANVIER (Soir).

J'ai effacé tes forfaits comme une nuée épaisse, et tes péchés comme un nuage. Retourne à moi, car je t'ai racheté.   (Es. 44. 22-23).

Méditation.

Le Seigneur est un médecin sage et bon, qui afflige et blesse pour guérir et réjouir. Il produit en nous la tristesse au sujet de nos transgressions pour nous consoler ensuite abondamment. Lorsque nous crions à lui dans nos détresses en lui disant : « Seigneur n'entre pas en jugement avec nous et ne nous rejette point devant ta face pour l'amour de Jésus » il nous ôte le fardeau de nos fautes et fait luire sur nous le soleil de sa grâce. Celui qui nous a pardonné veut aussi être notre Sauveur, il veut nous délivrer du péché, des souffrances et de la mort. Mettons donc notre confiance en sa miséricorde, et attachons-nous fortement à lui ; il peut et veut garder notre âme pour l'éternité.

Prière.

Dieu Sauveur, c'est au nom de Jésus que nous nous approchons de toi à la fin de ce jour. Tu nous as encore comblés de biens et tu nous as abondamment bénis. « Qu'est-ce que l'homme que tu te souviennes de lui, et le fils de l'homme que tu y prennes garde ? » Fais-nous connaître tes pensées de miséricorde à notre égard et remplis nos cœurs d'une reconnaissance profonde au souvenir de la délivrance que tu nous offres en Jésus notre Sauveur. C'est lui qui efface nos péchés et qui guérit toutes nos infirmités. Oh ! puissions-nous aller à lui pour avoir nos cœurs et nos consciences purifiés par son sang précieux, et pour recevoir les grâces nécessaires pour combattre et vaincre le péché !

Produis en nous, Seigneur, par ton Esprit, la vraie repentance, et accorde-nous avec ton pardon la paix et la joie de ton salut.

Rien n'ôte nos souillures,	Oui, ce sang nous lave
Rien ne guérit le cœur,	De toute iniquité,
Sinon les meurtrissures	Et procure à l'esclave
Et le sang du Sauveur ;	L'heureuse liberté. Amen.

11 JANVIER (Matin).

Confie-toi en l'Eternel, et fais le bien ; habite la terre et fais de la vérité ta pâture. Et prends ton plaisir en l'Eternel, et il t'accordera les demandes de ton cœur. Remets ta voie à l'Eternel et te confie en lui, et il agira. Il fera ressortir ta justice comme la lumière, et ton droit comme le plein midi. (Ps 37, 3-6).

Méditation.

Chaque pas que nous faisons, ne fût-ce que pour sortir de la porte de notre maison, fait partie du chemin que nous traversons pour aller de la terre au ciel. Il s'agit donc « de remettre notre voie à l'Eternel », de lui recommander journellement nos entrées et nos sorties, de le prier de ne jamais nous laisser seuls. C'est là une obligation de tous les jours ; mais c'est surtout quand nous avons à entreprendre des affaires importantes qu'il faut nous rappeler cette recommandation. Prions le Seigneur de nous montrer le chemin par lequel nous devons passer ; ne commençons rien sans prière. Si, après avoir remis toutes choses à Dieu, après nous être entièrement abandonnés à sa direction, les événements nous paraissent étranges, et si nous ne voyons pas immédiatement quelle en sera l'issue, confions-nous toujours à l'Eternel, comptons sur son secours et soyons assurés que tout sera pour notre bien.

Prière.

Père céleste en Jésus-Christ ! Dans tout ce que nous commençons en ton nom, nous pouvons compter sur ta bénédiction et sur ton secours. Comment pourrions-nous être remplis de soucis et de craintes, lorsque nous savons que tu penses à nous et que tu veux prendre soin de nous ? Comme un père est ému de compassion envers ses enfants, tu es touché de compassion envers ceux qui te craignent. Mets en nous le désir ardent de ta grâce, et donne-nous avec le vouloir, le pouvoir d'être réellement et toujours tes enfants ; nous pourrons alors nous reposer sur toi du soin de tout ce qui nous concerne, et ta Providence sera notre consolation et notre refuge dans les bons et dans les mauvais jours. Daigne, Seigneur, nous accorder cette grâce ; aide-nous à remettre nos voies sur toi et à répéter en tout temps avec foi et confiance :

> J'espère en Dieu, sa main me conduira ;
> Toujours des siens il prend un soin fidèle,
> Et sa bonté bientôt me donnera,
> Et le repos et la joie éternelle. Amen.

11 JANVIER (Soir).

Quand je crie, réponds-moi, ô Dieu de ma justice ! Quand j'étais à l'étroit, tu m'as mis au large ; aie pitié de moi, entends ma prière ! Sachez que l'Eternel s'est choisi un bien-aimé. L'Eternel m'entend quand je crie à lui. Je me coucherai, je m'endormirai aussi en paix ; car toi seul, ô Eternel, tu me fais reposer en assurance, (Ps. 4, 2-9).

Méditation.

Le chantre sacré, quand il a prononcé ces paroles, s'est vu entouré et pressé d'ennemis de toutes parts. Il s'est adressé au Seigneur son Dieu et a imploré son secours. Souvent déjà il avait été exaucé et consolé, comment Dieu l'abandonnerait-il maintenant ? Il est vrai qu'il conduit quelquefois les siens d'une manière étrange ; il les fait passer par-dessus de hautes montagnes et par des abîmes profonds, d'où il paraît impossible de se tirer. Ils succombent même de temps en temps, ayant le droit pour eux, tandis que les ennemis triomphent. Cependant le Seigneur exauce la prière du juste. A la nuit succède un matin lumineux. Aussi pouvons-nous, au milieu même des tempêtes, reposer en paix notre tête fatiguée, pourvu que l'Eternel soit pour nous.

Prière.

Dieu miséricordieux et fidèle, qui es le Père de tout ce qui vit dans le ciel et sur la terre, jette un regard bienveillant sur nous et exauce-nous quand nous t'invoquons. Tu es riche en conseils et puissant en moyens. Tu consoles les cœurs brisés et tu guéris leurs douleurs. Sois-nous propice pour l'amour de notre Seigneur et Sauveur. Console-nous dans nos afflictions, allège nos soucis et nos peines, fais luire ta face adorable sur nous, comme sur tous ceux qui te cherchent. Si tu ne gardes pas la maison, ceux qui la gardent veillent en vain. Demeure donc près de nous avec ta puissante protection et ta bénédiction, et fais-nous éprouver que ceux qui se confient en toi ne sont jamais confus.

Oui, mon âme espère encore,
Et croit au bonheur;
Sans me lasser, je l'implore
A tes pieds, Seigneur.

Cet espoir qui me relève,
Ne saurait être un vain rêve,
Ce qui vient de toi s'achève
En toi, Dieu Sauveur!   Amen.

12 JANVIER (Matin).

Maintenant donc, Israël, que demande de toi l'Eternel ton Dieu, sinon que tu craignes l'Eternel ton Dieu, que tu marches dans toutes ses voies, que tu l'aimes, et que tu serves l'Eternel ton Dieu, de tout ton cœur et de toute ton âme, et que tu observes les commandements de l'Eternel et ses statuts que je te commande aujourd'hui, pour que tu sois heureux. (Deut. 10, 12-14).

Méditation.

L'amour et la crainte doivent toujours marcher de pair, car l'amour sans la crainte rend paresseux et négligent, et la crainte sans l'amour conduit à l'esclavage et au désespoir. Il faut que la crainte de Dieu, qui a sa source dans la connaissance de notre impureté en face du Dieu trois fois saint, soit la disposition principale de notre cœur. Lorsque l'amour s'y ajoute, elle se change en respect filial, qui craint de transgresser la sainte volonté de Dieu. Si nous avons cette crainte qu'inspire l'amour, nous servons le Seigneur de tout notre cœur et de toute notre âme.

Prière.

Tu es, Seigneur, le Dieu trois fois saint, et toute notre justice n'est devant tes yeux que comme un linge souillé. Oh ! mets dans nos cœurs, la crainte de ton nom et une horreur profonde du péché qui a fait crucifier et mourir ton cher Fils. Tu veux que nous te servions fidèlement, mais tu sais aussi combien cela nous est difficile et combien nous sommes faibles ! Délivre-nous donc de la paresse et de toute sécurité charnelle. Rends-nous zélés pour ta gloire ; fais que nous te servions avec dévouement, et que nous imitions Jésus-Christ qui nous a laissé un parfait modèle, afin que nous suivions ses traces.

Aimer Dieu d'un amour suprême,
Lui donner son cœur et sa foi,
Aimer son prochain comme on s'aime,
C'est observer toute la loi.   Amen.

12 JANVIER (Soir).

Je suis l'Alpha et l'Oméga, le commencement et la fin. Je donnerai gratuitement de la source d'eau vive à celui qui a soif. (Apo. 21, 6).

Méditation.

Quelque ardent que soit le feu de l'épreuve, quelque grande que soit leur détresse, les fidèles qui cherchent le Seigneur, ne s'en retournent jamais à vide, leur soif est étanchée, leur âme restaurée ; c'est gratuitement qu'ils obtiennent cette grâce. Ils savent qu'ils ne l'ont point méritée, que c'est un don de Dieu, car souvent ils n'ont pas été vraiment fidèles, et si Dieu rafraîchit leur âme et les fortifie, ils ne s'en trouvent pas dignes. Heureux ceux qui recherchent ce rafraîchissement, et qui, s'ils l'ont trouvé, sont reconnaissants même au milieu des tribulations qui peuvent encore les atteindre. Heureux ceux surtout qui regardent sans cesse à Jésus, et cherchent dans sa croix toute leur joie, toute leur force, et toute leur assurance !

Quelle chose difficile d'être fidèle jusque dans les moindres détails de notre vie, et en même temps de ne chercher aucun mérite dans ce que nous faisons, mais de regarder nos meilleures œuvres comme une perte en comparaison de la connaissance de Jésus-Christ, notre Seigneur ! Dieu seul, par sa grâce, peut nous remplir de ces saintes dispositions.

Prière.

O Seigneur, nous voulons encore nous approcher de toi ce soir. Nous te rendons grâces de toutes les consolations que tu nous as déjà fait goûter dans les moments difficiles de notre vie, et nous te prions de soutenir notre foi, souvent si faible, par les magnifiques promesses que tu nous donnes dans ta Parole. Nourris notre âme de tes dons célestes, et prépare-nous pour cette vie, où il n'y aura plus ni douleur, ni cri, ni travail, mais où tu nous prépares des rassassiements de joie à ta droite pour jamais.

> Aplanis mon sentier ; que ma paix, comme un fleuve,
> Coule vers l'avenir, même au sein de l'épreuve !
> Que toujours ton Esprit fasse abonder en moi,
> Nombreux comme les flots, les saints fruits de la foi ! Amen.

Première semaine après Epiphanie [1]

DIMANCHE (Matin).

Son père et sa mère allaient tous les ans à Jérusalem, à la fête de Pâque. Et quand il eut douze ans, ils montèrent à Jérusalem, selon la coutume de la fête. Lorsque les jours de la fête furent achevés, comme ils s'en retournaient, l'enfant Jésus resta à Jérusalem; et Joseph et sa mère ne s'en aperçurent point. Mais, pensant qu'il était avec leurs compagnons de voyage, ils marchèrent une journée, puis ils le cherchèrent parmi leurs parents et ceux de leur connaissance; et ne le trouvant point, ils retournèrent à Jérusalem pour le chercher. Et au bout de trois jours ils le trouvèrent dans le temple, assis au milieu des docteurs, les écoutant et leur faisant des questions. Et tous ceux qui l'entendaient étaient ravis de sa sagesse et de ses réponses. Quand ses parents le virent, ils furent étonnés; et sa mère lui dit: Mon enfant, pourquoi as-tu ainsi agi avec nous? Voici ton père et moi, nous te cherchions, étant fort en peine. Et il leur dit: Pourquoi me cherchiez-vous? Ne saviez-vous pas qu'il me faut être occupé aux affaires de mon Père ? (Luc 2, 41-49).

Méditation.

Les parents de Jésus le prirent avec eux à Jérusalem, selon la coutume de la fête. Ce n'était pas pour faire voir au timide garçon le luxe et les beautés de la capitale; c'était la fête de Pâque qui attirait les pieux parents dans le temple. Ils voulaient y adorer leur Père céleste et lui rendre des actions de grâces, malgré leur pauvreté extérieure. Ils en avaient la sainte coutume; les dépenses et le voyage ne leur étaient pas de trop; ils voulaient habituer de bonne heure leur enfant à suivre la direction d'En-Haut, à participer avec joie à la fête et à se fortifier dans le Dieu vivant. Et où le cœur d'un père et d'une mère pourrait-il trouver de meilleure place pour leur enfant qu'auprès de Dieu qui est notre bon Père Céleste ? Que les parents se disent qu'une chose essentielle pour leurs enfants, qu'ils désirent savoir heureux ici-bas et dans le monde à venir, c'est de les conduire à Dieu et de les vouer à son service. Parents, cherchez le Seigneur de concert avec vos enfants, et où le feriez-vous mieux que dans le saint lieu où l'on se réunit pour écouter sa Parole, sans qu'il

---

[1] L'époque d'Epiphanie comprend les semaines qui précèdent la Passion et qui peuvent être au nombre de 2 à 6, suivant que la fête de Pâques tombe plus tôt ou plus tard.

Dans les années où Pâques se célèbre de bonne heure on pourra se servir des méditations qui sont de trop pour Epiphanie, pendant les dernières semaines de la **Trinité**, d'autant plus nombreuses dans ce cas.

soit besoin de faire des journées de marche pour y arriver ? Là se taisent les bruits et les soucis du monde ; le Seigneur parle à l'âme, et les fidèles s'entretiennent avec leur Sauveur du salut éternel. C'est là que la grâce divine enrôle pour son saint service les parents et les enfants, les maîtres et les serviteurs, et les forme pour leur vraie patrie. Et vous, enfants, aimez à vous occuper des affaires de votre Père Céleste, n'en ayez pas honte, ne vous lassez pas d'apprendre ce qui concerne le règne de Dieu ; restez soumis à vos parents et la bénédiction de Dieu vous suivra partout.

Prière.

Nous te rendons grâces, Seigneur, de ce que tu as établi un jour de repos, pendant lequel nous pouvons puiser des forces nouvelles pour le corps et pour l'âme. Donne-nous de bien apprécier ce don de ta grâce, et d'employer ce jour selon ta volonté. Tu veux que pour notre salut nous fassions un emploi fréquent de ta Parole, et qu'elle nous serve à élever nos regards de la terre vers le ciel, qui est notre véritable patrie. Oh ! que nous aimions cette Parole, que nous la comprenions et qu'elle serve à nous unir plus étroitement à toi. Fais que la prière devienne pour nous un besoin du cœur, et que souvent nous nous approchions par elle du trône de ta grâce. Pénètre-nous du devoir de t'amener nos enfants, de leur apprendre à prier, de les former aux habitudes religieuses, aux sentiments de piété ; fais que tous ensemble nous trouvions notre bonheur à t'adorer, à entendre ta voix dans ta maison et que nous puissions dire avec joie : Un jour vaut mieux dans tes parvis que mille ailleurs.

> Roi des rois, Eternel mon Dieu !
> Que ton tabernacle est un lieu,
> Sur tous les autres lieux aimable !
> Mon cœur languit, mes sens ravis,
> Ne respirent que tes parvis,
> Et que ta présence adorable.
> Mon âme vers toi s'élevant,
> Cherche ta face, ô Dieu vivant !   Amen.

DIMANCHE (Soir).

Je vous exhorte, mes frères, par les compassions de Dieu, à offrir vos corps en sacrifice vivant, saint, agréable à Dieu ; c'est votre culte raisonnable.

> Et ne vous conformez point au présent siècle, mais soyez transformés par le renouvellement de votre esprit, afin que vous éprouviez que la volonté de Dieu est bonne, agréable et parfaite. (Rom. 12, 1-3).

MÉDITATION.

L'apôtre St-Paul demande un sacrifice vivant, saint et agréable à Dieu. Les aumônes faites par pure philanthropie, la fréquentation du culte par habitude seulement, la répétition machinale de paroles liturgiques, sont des sacrifices sans vie, parce que l'offrande personnelle et la vraie foi en sont absentes. Présentez donc à Dieu des sacrifices que la flamme de l'amour de Christ a complètement purifiés. Vouloir tromper Dieu par des hommages extérieurs, des simulacres et de vains sacrifices, est une illusion. Notre foi n'est réellement victorieuse, que lorsque notre christianisme est le don de nous-mêmes, et que nous nous mettons au service de Dieu. C'est là notre culte raisonnable. Alors il n'y a plus de place pour l'égoïsme. Mais nous ressemblons au monde lorsque les choses invisibles nous paraissent incertaines, les choses célestes sans valeur, quand l'incrédulité et l'amour des richesses nous dominent, et que l'ambition, la soif des jouissances et de la vaine gloire s'emparent de nous. Dieu ne veut pas que nous sortions du monde, mais il veut que nous fuyions l'esprit du monde. Voilà pourquoi il faut chaque jour renoncer à nous-mêmes et nous charger de notre croix. C'est ainsi que nous apprendrons à nous connaître toujours mieux nous-mêmes. Quand il se produit en nous un changement moral, nous commençons à voir la vraie lumière. Dieu est lumière et sa volonté est une sainte lumière. Puissions-nous faire luire notre lumière devant les hommes, avoir la force et la grâce d'annoncer Celui qui nous a appelés de la servitude et de la corruption à la glorieuse liberté des enfants de Dieu.

PRIÈRE.

A la fin de ce jour, Seigneur, nous te rendons grâces de toutes les bénédictions que tu nous as accordées. Donne-nous d'apprendre toujours mieux à te connaître et à t'aimer. Seigneur Jésus, qui es venu au monde pour l'éclairer, sois aussi notre lumière. Ouvre nos cœurs à la clarté de ta sainte Parole, afin qu'elle dissipe notre ignorance et nous fasse connaître notre aveuglement et notre faiblesse, en même temps que ta grâce et fidélité, et que nous te suivions avec joie dans le chemin de l'obéissance où tu nous as précédés. Délivre-nous de toutes les puissances des ténèbres ; donne-nous la force de te rester fidèles, même quand nous avons à passer par des sentiers obscurs, et de glorifier ton nom par toute notre vie et toute notre conduite.

> Je suivrai Jésus-Christ. Tout m'invite et m'engage
> A renoncer à moi pour l'avoir en partage ;
> La douceur de ses lois, le don de son Esprit
> Tout m'invite et m'appelle à suivre Jésus-Christ.   Amen.

LUNDI (Matin).

Jacob fit un vœu, en disant : Si Dieu est avec moi et me garde dans ce voyage que je fais, et me donne du pain à manger et des habits pour me vêtir, et que je retourne en paix à la maison de mon père, l'Eternel sera mon Dieu. (Gen. 28, 20-21).

Méditation.

Dieu avait promis à Jacob qu'il le garderait dans toutes ses voies, et le ramènerait dans le pays de ses pères. Pénétré de joie et de reconnaissance à la pensée de cette grâce divine qu'il n'avait point méritée, Jacob promet que si Dieu est fidèle à sa parole, il se consacrera entièrement à lui. Il ne faut pas se méprendre sur ce vœu de Jacob et croire qu'il n'a voulu obéir que dans le cas où Dieu le ferait réussir en toutes choses. Dieu veut que nous mettions en lui une confiance illimitée et que nous lui obéissions sans réserve. Des prescriptions et des conditions de notre part seraient bien déplacées, parce qu'il sait le mieux ce qui est bon et salutaire pour nous ; mais nous pouvons être convaincus qu'il n'abandonne jamais ceux qui ont confiance en lui et en ses promesses, et qu'après leur pèlerinage ici-bas, il les recevra dans ses tabernacles éternels.

Prière.

Notre bon Père céleste ! C'est en regardant à toi que nous commençons un nouveau jour, et nous continuons notre route en comptant sur ton assistance. Nous attendons tout de toi, la nourriture et les vêtements, la santé du corps et les biens de l'âme. Veille sur nous et garde-nous dans toutes nos voies. Donne-nous ton St-Esprit qui sanctifie, dirige et conduit en toute vérité. Sous ta direction nous ne pouvons pas nous égarer ; si ta paix repose sur nous et sur notre maison nous sommes heureux. Nous nous remettons donc de nouveau à toi, corps et âme. Tu es notre seul refuge, notre bouclier, notre défenseur et notre Sauveur ; soutiens-nous et donne-nous la confiance que tu diriges toutes choses pour notre véritable bonheur.

Dieu de grâce,	Toute puissance est à toi,
Que ta face	Subviens à ma faible foi ;
Luise en mon chemin.	Ma victoire,
Père tendre	C'est ta gloire,
Viens me prendre	O mon Dieu, mon Roi. Amen.
Par ta forte main.	

LUNDI (Soir).

Quand tu prieras, ne fais pas comme les hypocrites ; car ils aiment à prier en se tenant debout dans les synagogues et aux coins des rues, afin d'être vus des hommes. Je vous dis en vérité qu'ils reçoivent leur récompense. Mais toi, quand tu pries, entre dans ton cabinet, et ayant fermé la porte, prie ton Père qui est dans ce lieu secret, et ton Père qui voit dans le secret te le rendra publiquement.   (St.-Matth. 6, 5-7).

Méditation.

Il faut à la prière le calme et le silence de quelque refuge secret, qui nous devient d'autant plus cher que nous en faisons un usage plus fidèle. Que de souvenirs s'y rattachent peu à peu ! Ce n'est pas seulement aux visiteurs et aux indiscrets qu'il s'agit de fermer la porte ; fermons surtout notre cœur au monde et empêchons-le d'y pénétrer. La prière n'est vraiment sérieuse que lorsqu'on se place sur le seuil de l'éternité, en écartant les soucis et les préoccupations terrestres. Et ce qui se traite ainsi dans le lieu secret, en présence du Maître du ciel et de la terre, ne tardera pas à être mis au jour. Toutes les choses grandes et extraordinaires du royaume de Dieu ont pris naissance dans le secret du cabinet.

Prière.

A la fin de ce jour, Seigneur, nous élevons nos âmes à toi. Apprends-nous toi-même à te prier comme tu veux l'être. Que nous fassions le silence en nous et autour de nous, afin que toi seul puisses parler à nos cœurs pour nous révéler nos besoins spirituels, fortifier et augmenter notre foi. Reçois nos actions de grâces pour les nombreuses bénédictions que nous avons encore reçues de ta main. Tout ce que nous avons et tout ce que nous sommes est un don de ta grâce : la santé, le pain quotidien, les douces affections du cœur, la conscience tranquille et le contentement intérieur. Garde-nous pendant cette nuit dans ton amour. Pardonne-nous nos péchés ; n'entre point en compte avec nous et reçois-nous en grâce à notre dernière heure.

Moment si doux de la prière,
Où Dieu m'élevant jusqu'à lui,
Se révèle à moi comme un Père,
Comme un Sauveur, comme un appui.

Oh ! oui je t'aime, heure bénie,
Je te désire avec ardeur,
Car déjà souvent dans la vie
Tu m'as sauvé du tentateur. Amen.

MARDI (Matin).

Qui nous séparera de l'amour de Christ? Sera-ce l'affliction, ou l'angoisse, ou la persécution, ou la faim, ou la nudité, ou le péril, ou l'épée? Selon qu'il est écrit: Nous sommes livrés à la mort tous les jours, à cause de toi, et nous sommes comme des brebis destinées à la tuerie. Au contraire, dans toutes ces choses nous sommes plus que vainqueurs par celui qui nous a aimés. (Rom. 8, 35-37).

Méditation.

C'est quand on est assuré de l'amour de Dieu qu'on jouit de la vraie félicité. L'amour des hommes nous fait du bien, mais il n'est pas à comparer à l'amour de Dieu. Tous les hommes sans distinction ont à passer par l'épreuve, le fidèle même et l'enfant de Dieu. Mais il y a épreuve et épreuve. Celui qui n'a pas la certitude de la grâce de Dieu et de son pardon, croit souvent, quand les maux de la vie viennent l'assaillir, que tout s'est conjuré contre lui, et qu'il est un objet de la colère de Dieu. Pour le fidèle, au contraire, l'épreuve même est une visitation de l'amour de Dieu, qui a pour but de le préparer à la jouissance de la félicité éternelle qui lui est réservée. Que les nuages suspendus au-dessus de sa tête soient des plus sombres, la foi cherche derrière les nuages, elle sait que Dieu ne veut que son bien, malgré les apparences contraires.

Prière.

Seigneur, Dieu miséricordieux ! Nous voulons commencer cette nouvelle journée en ton nom et sous ton regard. Nous te bénissons de toutes les grâces que nous avons reçues de ta main jusqu'à ce moment et nous te prions de nous accorder aujourd'hui encore ton secours et ta protection paternelle. Donne-nous de goûter avec joie et reconnaissance tout le bien que tu nous dispenses, et si tu trouves bon de nous envoyer des épreuves, fortifie-nous dans la foi en ton amour immuable en Jésus-Christ, afin que nous ne désespérions point dans les plus rudes combats de la vie, mais que selon ta promesse nous soyons plus que vainqueurs en Celui qui nous a aimés.

En toi j'ai la victoire,	Si du bonheur qui passe
La paix, la liberté,	La source doit tarir,
A toi je rendrai gloire	C'est assez de ta grâce
Durant l'Eternité.	Pour vivre et pour mourir. Amen.

MARDI (Soir).

Eternel, j'élève mon âme à toi. Mon Dieu, je m'assure en toi, que je ne sois pas rendu confus, que mes ennemis ne se réjouissent pas à mon sujet : Eternel, fais-moi connaître tes voies, enseigne-moi tes sentiers ! Fais-moi marcher dans ta vérité et m'enseigne; car tu es le Dieu de ma délivrance, je m'attends à toi tout le jour. Souviens-toi de tes compassions, ô Eternel, et de tes bontés; car elles sont de tout temps. Ne te souviens point des péchés de ma jeunesse, ni de mes transgressions; selon ta miséricorde souviens-toi de moi, à cause de ta bonté ô Eternel ! L'Eternel est bon et droit; c'est pourquoi il enseignera aux pécheurs le chemin qu'ils doivent suivre. (Ps. 25, 1, 2, 4-8).

Méditation.

Le roi David, au milieu de combats intérieurs et extérieurs, angoissé par le souvenir de ses péchés, même de ceux de sa jeunesse, eut recours à l'Eternel, pour obtenir de lui secours et délivrance. De plus il avait à cœur d'apprendre à connaître les voies de Dieu ; s'il voulait les connaître, c'était pour y marcher. Voilà pourquoi il dit à Dieu : « Fais-moi marcher dans ta vérité ». Adressons-lui la même requête. Il aime à nous exaucer, et il nous conduira par des sentiers unis pour l'amour de son nom, jusqu'à ce que nous soyons arrivés là où il n'y a plus ni péché, ni erreur, ni souffrance.

Prière.

Dieu, notre Père fidèle et miséricordieux ! Notre cœur te réclame à cette heure du soir. Incline ton oreille vers nous, entre chez nous et agrée favorablement notre prière. Tu nous as conduits jusqu'à ce jour par ta main d'amour ; nous nous recommandons encore à ta sage Providence, et nous te supplions de nous enseigner toujours le sentier par lequel nous devons marcher. Nous sommes faibles, pauvres et délaissés sans toi ; nous ressemblons à des brebis sans berger, si ta main ne nous soutient et ne nous guide dans toutes nos voies. Sois donc avec nous, veille sur nous et bénis-nous pour le temps et pour l'Eternité.

> Heureux qui connaissant sa profonde misère,
> Sur le divin Sauveur se repose avec foi !
> Il reçoit son pardon; il trouve en toi son Père,
> Il obtient ton esprit pour pratiquer ta loi.
> Non, ni la pauvreté, ni la mort, ni la vie,
> Rien ne peut lui ravir ton éternel amour;
> S'il vit, c'est dans ta paix, car il te glorifie;
> S'il meurt, c'est pour gagner le céleste séjour.   Amen.

MERCREDI (Matin).

L'amour de Dieu envers nous a paru en ce que Dieu a envoyé son Fils unique dans le monde, afin que nous vivions par lui. En ceci est l'amour, c'est que ce n'est pas nous qui avons aimé Dieu, mais que c'est lui qui nous a aimés et a envoyé son Fils en propitiation pour nos péchés.

(1 Jean 4, 9-10).

Méditation.

Il y a entre Dieu et les hommes un lien intime de parenté. Nous avons besoin de Dieu et il nous cherche ; nous ne pouvons nous passer de lui, et il a besoin de nous. La puissance de Dieu nous humilie, sa sainteté nous juge et son amour nous console et nous rend heureux ; car il veut que nous soyons ses enfants, et qu'il soit notre Père. Il nous a aimés de toute éternité et nous destine à la félicité sans fin, nous qui sommes pécheurs, souvent opposés à lui, fils de la poussière et la proie de la mort ! Ah ! quels sentiments d'amour et de reconnaissance doivent remplir nos cœurs pour lui !

Prière.

Père céleste ! Tu nous as appelés en Jésus-Christ à la félicité et à la gloire éternelle, nous pauvres pécheurs. Ce que nous serons n'a pas encore été manifesté. Nous marchons par la foi et non par la vue ; nous avons à combattre la chair et le sang et bien des difficultés de la vie, mais tu nous as promis une rédemption complète ; nous serons un jour semblables à toi et nous te verrons tel que tu es. Oh ! que nous t'adorions, amour immense et insondable ! Donne-nous une foi entière en ta Parole, un abandon complet à tes directions jusqu'au jour où tu nous délivreras de tout mal, et où nous te verrons dans ta gloire éternelle.

> Amour, qui créas par grâce
> L'homme à l'image de Dieu ;
> Amour, par lequel ma place
> Est préparée au saint lieu ;
> Mon cœur, ineffable Amour,
> Se donne à toi sans retour !   Amen.

MERCREDI (Soir).

Maintenant, Eternel, tu es notre père ! Nous sommes l'argile, et tu es celui qui nous a formés, et nous sommes tous l'ouvrage de tes mains. Ne te courrouce pas entièrement, ô Eternel, et ne te souviens pas à toujours de l'iniquité ! Voici, regarde ; nous sommes tous ton peuple !   (Esaïe 64, 8 et 9)

Méditation.

Les Israélites en captivité gémissent en regardant à Dieu et lui disent : « Tu caches ta face de nous et tu nous laisses périr dans nos iniquités », mais ils se consolent dans leur détresse par l'assurance que Dieu est leur Père et eux son peuple, l'ouvrage de ses mains. De même qu'un potier travaille l'argile, Dieu veut faire de nous tous des vases à son honneur et des instruments utiles dans sa grande maison. O homme ! quel vase es-tu ? un vase précieux ou inutile ? A quoi Dieu a-t-il pu t'employer jusqu'à ce jour ? Es-tu une lumière pour les autres, un instrument d'édification et de progrès ou un obstacle ? Si l'œuvre de Dieu se fait en toi par bien des afflictions extérieures et intérieures, ne perds pas courage, mais crois que le Seigneur veut faire de toi un vase d'autant plus précieux dans sa maison. Les œuvres les plus magnifiques de Dieu se forment au milieu des plus grandes oppositions, afin que tout l'honneur lui en revienne.

Prière.

Seigneur, Dieu tout-puissant ! Tu es notre Père et nous sommes ton peuple, l'ouvrage de tes mains. Tu connais notre fragilité et tu te souviens que nous sommes le néant même. Pardonne-nous toutes nos transgressions pour l'amour de Jésus-Christ, et fais de nous des vases à ton honneur. Tu es le Dieu éternellement fidèle, qui nous a aimés avant la création du monde. Nous saisissons ta main puissante avec une confiance filiale ; tu continueras et achèveras la bonne œuvre que tu as commencée en nous pour notre salut et l'éternelle gloire de ton saint Nom.

O Dieu ! je viens te rendre hommage ;
Mon corps est l'œuvre de tes mains.
Mon âme est aussi ton ouvrage ;
Verses-y l'Esprit de tes saints.
Fais que ta gloire m'intéresse ;
Que je sente de ta promesse,
L'infaillible fidélité ;
Qu'en toi toujours je trouve un Père ;
Détourne de moi ta colère,
Et guéris-moi dans ta bonté !   Amen.

JEUDI (Matin).

On célébrait à Jérusalem la fête de la Dédicace, et c'était l'hiver. Comme Jésus se promenait dans le temple au portique de Salomon, les Juifs s'assemblèrent autour de lui et lui dirent : Jusqu'à quand nous tiendras-tu l'esprit en suspens ? Si tu es le Christ, dis-le-nous franchement. Jésus leur répondit : Je vous l'ai dit, et vous ne le croyez pas ; les œuvres que je fais au nom de mon Père rendent témoignage de moi.   (Jean 10, 22-25).

Méditation.

Les Juifs disent : « Si tu es le Christ, dis-le-nous franchement », — comme s'il suffisait d'une seule parole pour fixer leur foi et leur conviction. Il en est de même de nos jours ; bien des gens pensent que les convictions chrétiennes peuvent se former en un clin d'œil, et croient que pour avoir entendu parler souvent du Sauveur, on ne peut manquer d'être arrivé à une foi ferme et à des convictions solides. Mais celui qui se connaît soi-même, sait qu'il n'en est pas ainsi, que ce n'est que par un long travail de la grâce de Dieu et par de nombreuses épreuves de notre fidélité, à travers bien des chutes et des relèvements que le cœur s'affermit. Et plus nous comprendrons quelle patience il faut à Dieu pour nous conduire au salut, plus nous serons indulgents envers les autres, et nous ne leur demanderons rien au-dessus de leurs forces.

Prière.

Nous éprouvons tous les jours, Seigneur, que notre cœur est faible et souvent découragé. L'obéissance filiale nous paraît dure, et nous avons de la peine à soumettre notre volonté à la tienne. Continue à nous supporter avec patience ; aie égard à notre faiblesse, ne retire pas ta grâce de nous, mais attire-nous par les cordeaux de ton amour, jusqu'à ce que nous soyons entièrement à toi. Incline aussi nos cœurs à l'indulgence et à la charité pour ceux qui nous entourent ; anime-nous d'un esprit de support et de bienveillance en nous rappelant la miséricorde dont tu uses à notre égard. Seigneur, affermis-nous dans la foi et fais-nous la grâce de pouvoir dire du fond de nos cœurs : Nous avons connu et nous avons cru que tu es le Christ, le Fils du Dieu vivant.

Je crois ce que l'Evangile
Me dit de toi, mon Sauveur ;
Je le prends pour mon asile,
J'attends de toi mon bonheur ;

Si tu vois que je chancelle,
Prête-moi ta main fidèle ;
Toi-même, conduis mes pas
Jusqu'au repos dans tes bras. Amen.

JEUDI (Soir).

Il n'y a aucune créature qui soit cachée devant lui, mais toutes choses sont nues et entièrement découvertes aux yeux de celui auquel nous devons rendre compte. (Héb. 4, 13).

Méditation.

Si notre amour pour Dieu était assez fort pour que nous ne pussions nous passer de lui, que loin de lui nous fussions malheureux, nous nous réjouirions à la pensée qu'il sait tout. Sa face ne serait pas seulement le soleil qui resplendirait sur notre route, mais aussi la puissance qui sanctifierait notre vie et la conformerait de plus en plus à sa volonté. Que Dieu ouvre les yeux de notre esprit, pour que nous sentions mieux sa présence et que nous évitions avec une sainte horreur de faire, de dire ou de penser quelque chose qui pût lui déplaire.

Prière.

Dieu saint, qui sondes les cœurs et les reins, et qui connais nos pensées de loin, nous nous humilions devant le trône de ta grâce, et nous te supplions de nous pardonner nos péchés. Nous oublions bien souvent, dans le bruit du monde, que tu es près de nous, et que ton saint regard nous suit partout. Fais-nous la grâce de marcher dans ta crainte, de ne jamais agir contre notre conscience et contre ta sainte volonté. Donne-nous d'avoir toujours présent à l'esprit le grand jour où il faudra comparaître devant ton tribunal, et où toutes choses seront nues et entièrement découvertes à tes yeux, afin que nous marchions dans tes voies et que nous cherchions à te glorifier.

Heureux, toujours heureux est le chrétien fidèle,
Le Seigneur lui réserve une gloire éternelle ;
La foi vive et fervente assure son bonheur,
Et dans son juge même, il trouve un Rédempteur. Amen.

VENDREDI (Matin).

Pour nous, nous avons connu et cru l'amour que Dieu a pour nous : Dieu est charité, et celui qui demeure dans la charité, demeure en Dieu, et Dieu en lui. (1 Jean 4, 16).

Méditation.

Quand on ne se croit pas aimé, on ne pense pas qu'il vaille la peine de vivre. Que dire alors d'une existence qui ignore l'amour de Dieu ? Cet amour, le Christ nous en donne l'assurance ; sa venue au monde nous a appris que Dieu aimait les pécheurs. En lui s'est personnifié cet amour qui est notre vie, et qui éveille en nous un sentiment d'amour. L'amour de Dieu envers nous a paru en ce qu'il a envoyé son Fils unique au monde, et que nous avons la vie en lui. Aimons-le donc, puisqu'il nous a aimés le premier.

Prière.

Seigneur, notre Dieu, plein de grâce et de miséricorde, donne-nous une impression vive de notre pauvreté et de notre infidélité, qui forment souvent comme un mur de séparation entre toi et nous. Fais-nous en même temps comprendre l'amour infini que tu nous as révélé en ton cher Fils Jésus, par qui nous pouvons nous approcher avec confiance de ton trône de grâce. Apprends-nous à t'aimer en retour et à te prouver notre amour par toute notre vie. Imprime l'image de ton Fils en notre âme et fais-nous sentir la sainte obligation de vivre de sa vie et de l'imiter en toutes choses. Par nous-mêmes nous en sommes incapables, mais tu veux nous donner tout ce qui nous manque ; tu veux nous aider surtout à marcher dans la charité et à répandre sur notre prochain l'amour dont tu nous as aimés. Accorde-nous cette grâce, Seigneur, et que tous reconnaissent que nous t'appartenons comme tes enfants et tes rachetés.

L'amour du Fils prêche l'amour du Père ;
Il est venu nous apprendre à l'aimer.
Lui, Fils de Dieu, pouvait seul proclamer
De son amour l'insondable mystère.
A nos regards il présente les traits
Du Dieu béni qui voulait notre paix. Amen.

VENDREDI (Soir).

Éternel, je me suis retiré vers toi, que je ne sois jamais confus ! Délivre-moi par ta justice ! Incline ton oreille vers moi ; hâte-toi de me délivrer ; sois mon rocher, ma retraite, ma forteresse où je puisse me sauver! Car tu es mon rocher et ma forteresse; pour l'amour de ton nom, tu me guideras et me conduiras. (Ps. 31, 2-4)

MÉDITATION.

Dieu peut et doit envoyer des souffrances passagères à ses enfants; mais il ne serait pas Dieu s'il voulait leur perte. Les méchants seuls ont à craindre ce sort, et non ceux qui mettent leur confiance en lui. David parle avec Dieu, comme un ami avec son ami, comme un enfant avec son père. Sans doute le Psalmiste avait déjà fait monter des prières confiantes vers le ciel, sans voir la fin de ses douleurs. Ces paroles : « Je mets ma confiance en toi » sont d'autant plus admirables que David les répète plus intenses après chaque nouvelle expérience douloureuse, qu'il heurte sans cesse à la porte qui semble restée fermée pour lui, avec la certitude que ce n'est que là qu'il trouvera secours et délivrance.

PRIÈRE.

Nous nous présentons devant toi, Dieu fidèle, dans le silence du soir; car tu es notre retraite, notre forteresse, tu veux aussi nous guider et nous conduire pour l'amour de ton Nom. Heureux sommes-nous de ce que nous pouvons nous appuyer sur toi en tout temps, saisir ta main puissante et nous réfugier à l'ombre de tes ailes. Si parfois il nous semble que tu nous oublies, que notre âme ne trouve pas de secours en toi, nous ne voulons cesser de compter sur ton amour, persuadés que tu ne nous laisseras pas et ne nous abandonneras pas. Nous sommes à toi, tu nous as sauvés en Jésus-Christ, et nous nous confions en ton saint Nom.

Espère, âme chargée
Espère et ne crains pas!
Car la route est tracée
Devant tes faibles pas.

Ton Dieu viendra lui-même
Te prendre par la main,
Et sa grâce suprême
Changera tout en bien. Amen.

SAMEDI (Matin).

Oh! qui donnera de Sion la délivrance d'Israël? quand l'Eternel ramènera les captifs de son peuple, Jacob sera dans l'allégresse, Israël se réjouira
(Ps. 14, 7).

MÉDITATION.

Si le Fils de Dieu doit nous rendre libres et heureux, il faut que nous sentions d'abord nos liens et que nous soupirions avec le Psalmiste : « Oh ! qui donnera de Sion la délivrance ! » En effet, comment délivrer celui qui ne se croit pas captif et qui ne désire pas ardemment la liberté ? Bien des gens ne connaissent pas et ne sentent pas le poids de leur esclavage, mais ils l'aiment, au contraire, et croient qu'ils sont libres, parce qu'ils vivent à leur guise et selon leur volonté. Lorsqu'on leur montre la voie qui conduit à la vraie liberté, ils s'imaginent qu'on veut les enchaîner et se récrient. Et cependant il n'y a pas de plus grand esclavage que celui du péché. Si nous en souffrons et voulons en être délivrés, allons au Fils de Dieu qui est venu pour nous affranchir, et fussions-nous chargés de mille chaînes, ce puissant Sauveur peut et veut les briser, et nous donner une complète liberté.

Prière.

Seigneur, par le secours de ta grâce, nous venons de commencer un nouveau jour. Oh ! sois avec nous, comme tu l'as été jusqu'ici, pour nous garder et nous bénir. Viens nous délivrer surtout du péché, pour nous faire marcher dans la glorieuse liberté des enfants de Dieu. Que nos âmes affranchies se réjouissent en toi, et que nous puissions toujours t'adorer comme notre Dieu Sauveur !

Daigne de ton pardon me donner l'assurance,
Et fais-m'en savourer la joie et la douceur,
Donne-moi plus encore, Jésus, ma délivrance !
Viens au dedans de moi créer un nouveau cœur.   Amen.

SAMEDI (Soir).

Venez à moi, vous tous qui êtes fatigués et chargés, et je vous soulagerai. Chargez-vous de mon joug, et apprenez de moi, parce que je suis doux et humble de cœur, et vous trouverez le repos de vos âmes ; car mon joug est aisé, et mon fardeau léger.   (St. Matth. 11, 28-30).

Méditation.

Le repos ne se trouve pas dans le monde, pas plus que dans notre cœur. Notre vie n'est qu'aspirations et recherches non satisfaites, tourments, peines et travail ; mais à ceux qui en font l'expérience et qui soupirent après le pardon et la paix, le Sauveur miséricordieux répète : « Venez à moi, vous qui êtes travaillés et chargés, et je vous soulagerai ». Ecoutons cette parole du Seigneur, repassons-la dans nos cœurs, jusqu'à ce que nous puissions lui répondre : « Oui, nous venons à toi ; sois-nous

propice ; donne à notre âme le repos, dont elle a soif et apprends-nous à dire : Ton Dieu est notre Dieu, ton Père est notre Père ».
Il nous ouvre les trésors de sa grâce et nous donne tout ce qui est à Lui. Le joug dont il nous charge est doux et léger. Il garde notre cœur, restaure notre âme, et nous donne en Dieu le repos que rien ne saurait plus nous ravir.

PRIÈRE.

En toi seul, Seigneur, nous trouvons le vrai repos pour notre âme. Sans toi nous sommes pauvres ; avec toi nous avons la paix et la vie en abondance. Sois donc avec nous ; fais que, travaillés et chargés, nous écoutions ta voix, ô fidèle Berger, et que tu puisses nous donner ce que nous ne trouvons pas dans le monde. Répands dans nos cœurs des fleuves de vie, et donne-nous déjà un avant-goût de la félicité éternelle que tu as promise à ceux qui t'appartiennent.

> Jadis, j'étais sous l'empire du monde,
> Mais aujourd'hui Jésus-Christ est mon Roi.
> Ton joug est doux et la paix est profonde.
> Je suis à toi, je suis à toi.
> Les bras ouverts, les yeux pleins de tendresse,
> Ce bon Sauveur nous dit : « Venez à moi ! »
> Auprès de lui j'accours et je m'empresse,
> Je suis à toi, je suis à toi.   Amen.

Deuxième semaine après Epiphanie

DIMANCHE (Matin).

Trois jours après, on faisait des noces à Cana en Galilée, et la mère de Jésus y était. Et Jésus fut aussi convié aux noces avec ses disciples. Le vin ayant manqué, la mère de Jésus lui dit: Ils n'ont plus de vin. Jésus lui répondit: Femme, qu'y a-t-il entre toi et moi ? Mon heure n'est pas encore venue. Sa mère dit à ceux qui servaient: Faites tout ce qu'il vous dira. Or, il y avait là six vaisseaux de pierre, placés pour la purification des Juifs, et contenant chacun deux ou trois mesures. Jésus leur dit: Remplissez d'eau ces vaisseaux; et ils les remplirent jusqu'au haut. Et il leur dit: Puisez-en maintenant, et portez-en au chef du festin. Et ils le firent. Quand le chef du festin eut goûté l'eau changée en vin (or il ne savait pas d'où venait ce vin, mais les serviteurs qui avaient puisé l'eau le savaient), il appela l'époux et lui dit: Tout homme sert d'abord le bon vin et ensuite le moins bon, après qu'on a beaucoup bu, mais toi, tu as gardé le bon vin jusqu'à présent. Jésus fit ce premier miracle à Cana de Galilée, et il manifesta sa gloire; et ses disciples crurent en lui.   (St-Jean. 2, 1-11).

Méditation.

Il est question ici d'un repas de noce. Jésus se trouvait parmi les convives avec ses disciples, et il n'aurait pas honoré cette fête de sa présence si elle avait porté atteinte à sa dignité. Le Seigneur ne dédaigne donc pas de prendre part à nos joies et d'assister à nos fêtes, quand il peut, comme dans ce récit, les faire tourner à notre bien et à sa gloire. — La bonté et l'amour qu'il a manifestés à l'occasion de ce repas, il nous les témoigne encore aujourd'hui, en ce qu'il ne nous donne pas seulement le strict nécessaire, mais aussi ce qui peut rendre la vie agréable et belle. En agissant ainsi, il manifeste parfois une sagesse incompréhensible, et lorsqu'il nous dit : « Mon heure n'est pas encore venue », nous n'avons rien à répliquer. S'il ne juge pas devoir changer notre eau en vin, si le plus souvent il faut nous contenter du pain et de l'eau de l'affliction, s'il tarde à nous donner la délivrance que nous attendons, ne doutons pas de sa grâce et de sa puissance ; vivons pour lui, sous l'influence de son Esprit, et nous pourrons un jour nous asseoir au banquet céleste et éternel.

Prière.

Ta bonté, ô Seigneur notre Dieu ! se renouvelle chaque matin. Nous t'en louons et nous t'adorons avec humilité. Donne-nous d'avoir sans cesse les regards portés sur toi et de nous tenir dans une dépendance complète de ta sainte volonté, bien persuadés que tout ce qui nous arrive, joies ou peines, doit servir à notre bien et à l'affermissement de notre foi. Aide-nous à veiller pour que nous n'abusions jamais des plaisirs et des joies de la vie ; enseigne-nous par ta grâce à en jouir de manière qu'ils nous rapprochent de toi. Préserve-nous d'y attacher notre cœur, et rappelle-nous, Seigneur, que le monde passe, mais que celui qui fait ta volonté demeure éternellement.

Source de tous les biens où nous devons prétendre,
Aimable et doux Sauveur,
Avec foi, constamment, de toi je veux attendre
Les dons de ta faveur.   Amen.

DIMANCHE (Soir).

Puisque nous avons des dons différents, selon la grâce qui nous a été donnée, que celui qui a le don de prophétie, l'exerce selon la mesure de la foi qu'il a reçue ; que celui qui est appelé au ministère, s'attache à son ministère, que celui qui a le don d'enseigner, s'applique à l'instruction ; que celui qui est chargé d'exhorter, exhorte ; que celui qui distribue les aumônes, le fasse avec simplicité ; que celui qui préside, le fasse avec soin ; que celui qui exerce les œuvres de miséricorde le fasse avec joie. Que la charité soit sans hypocrisie. Ayez le mal en horreur, attachez-vous fortement au bien. Quant à l'amour fraternel, soyez pleins de tendresse les uns pour les autres. Quant à l'honneur, prévenez-vous les uns les autres. Quant au zèle ne soyez point paresseux. Soyez fervents d'esprit ; servez le Seigneur. Soyez joyeux dans l'espérance, patients dans l'affliction, persévérants dans la prière. Prenez part aux nécessités des saints ; empressez-vous à exercer l'hospitalité. Bénissez ceux qui vous persécutent, bénissez et ne maudissez point. Réjouissez-vous avec ceux qui se réjouissent, et pleurez avec ceux qui pleurent. Ayez les mêmes sentiments entre vous. N'aspirez point aux grandeurs, mais accommodez-vous aux choses humbles, Ne soyez pas sages à vos propres yeux.

(Rom. 12, 7-16).

Méditation.

Les recommandations de l'apôtre St-Paul se résument en cette parole : « N'aspirez point aux grandeurs ». D'où viennent le désordre, les disputes et les négligences dans les différentes fonctions qui nous sont confiées, si ce n'est de ce qu'on préfère régner plutôt que de servir, s'occuper des affaires d'autrui avant de se préoccuper des siennes, et chercher ce qui peut attirer les regards, au lieu de remplir les devoirs ordinaires de la vie ? N'aspirez pas aux grandeurs, mais au don le plus excellent, à la charité, qui se réjouit avec ceux qui sont dans la joie, et qui pleure avec ceux qui pleurent, qui est juste et miséricordieuse, qui s'empresse d'aider, qui est ardente mais humble, sans fraude, sans hypocrisie, qui lutte contre le mal et hait en même temps le péché. Cet amour produit la joie et l'espérance qui embrassent en Jésus-Christ le Sauveur des pécheurs et le vainqueur de la mort. On devient patient dans l'affliction, on accepte les voies de Dieu, on apprend le support mutuel et l'on se fortifie chaque jour en élevant souvent les regards vers les montagnes d'où nous vient le secours. C'est ainsi que la paix entre dans le cœur et dans la maison.

Prière.

Bon Père Céleste en Jésus-Christ ! C'est un besoin de notre cœur de te bénir encore ce soir de la bonté et de la miséricorde que tu ne cesses de nous témoigner. Tu nous visites tantôt par les joies, tantôt par les afflictions, pour nous détacher de ce qui est passager, et nous amener à une communion plus intime avec toi. Que ton œuvre de grâce se continue et s'achève en nous. Remplis nos cœurs d'humilité et de charité, et fortifie-nous pour que nous marchions fidèlement sur les traces de notre Seigneur Jésus-Christ. Pardonne-nous nos fautes de cette journée ; veille sur nous pendant cette nuit, et si dans ta grâce tu veux nous faire revoir la lumière du jour, assiste-nous par ton St-Esprit, pour que nous vivions d'une manière qui te soit agréable en Jésus.

> Inspire-nous la patience,
> Une sincère humilité,
> La plus austère tempérance
> Et la plus tendre charité.
> Nous ne pouvons rien que par toi,
> Soumets-nous à ta sainte Loi.   Amen.

LUNDI (Matin).

Demeure tranquille en regardant à l'Eternel, et l'attends à lui.   (Ps. 37, 7).

Méditation.

« Demeure tranquille ». Le Dieu tout-puissant adresse cette parole à la mer agitée et tumultueuse qui gronde en nous et ne nous laisse aucun repos, même lorsque tout est extérieurement calme. C'est la tempête des passions et la mer des inquiétudes que nous devons arriver à apaiser. Soyez calmes, soyez tranquilles, réfugiez-vous dans le sanctuaire de la vérité divine ; mettez-vous à genoux devant le trône de votre Dieu ; ôtez de vos yeux la poussière de la terre et les levez vers le ciel, et vous reconnaîtrez que le Seigneur, votre Dieu, n'est pas une idole, mais le Dieu vivant, miséricordieux et patient. Il n'abandonne pas le gouvernement du monde ; il exauce la prière des opprimés ; dans son amour il tire le bien du mal ; il transforme les ténèbres en lumière et la mort en une vie nouvelle.

Prière.

Dieu miséricordieux ! nous commençons la journée sous ton regard. Tout dépend de toi et nous ne pouvons rien sans toi. Sois donc avec nous, donne-nous d'être tranquilles et de nous réjouir de ton secours. Toi seul peux écarter toute agitation et toute inquiétude de nos cœurs. Tu connais notre faiblesse et tu sais combien nous avons besoin de toi. Fais donc qu'appuyés avec foi sur tes promesses, nous attendions en paix ta délivrance, et que nous reconnaissions que tu es notre Dieu fidèle, qui en Jésus-Christ nous a choisis pour tes enfants, et pour héritiers de la vie éternelle.

Seigneur! sous ta sûre conduite
Je veux me placer chaque jour;
Car chaque jour est une suite
De tes soins et de ton amour.

Sois notre garde et notre asile;
Tu l'as promis, et dans ta paix,
Que notre âme, en Jésus tranquille,
T'aime et te serve désormais. Amen.

LUNDI (Soir)

Moi, dans la justice, je verrai ta face; je serai rassasié de ton image quand je me réveillerai. (Ps. 17, 15).

Méditation.

Les saints hommes de l'ancienne alliance avaient bien un pressentiment de l'éternité bienheureuse, mais Jésus seul nous en a donné la certitude. Il parle de la maison du Père et de ses demeures; il promet le paradis au brigand mourant sur la croix. Un homme, qui est sûr de son salut, doit être rempli à la fois d'une joie ineffable et d'un saint tremblement, quand au moment de son départ de ce monde il a conservé assez de présence d'esprit pour se dire : « Je chemine encore sur cette pauvre terre, mais sous peu je serai l'habitant d'un monde meilleur. » Et quand les voiles seront tombés, comment décrire les sentiments de l'âme qui prendra conscience d'elle-même ? de quelle félicité ne sera-t-elle pas inondée quand elle aura la certitude qu'elle est dans le pays des bienheureux !

Prière.

Eternel, notre Dieu et notre bon Père céleste, tu es notre retraite d'âge en âge. Nous cheminons encore dans une vallée de larmes, où nous rencontrons à chaque pas la douleur et l'épreuve, mais nous entrevoyons le magnifique but auquel tu nous appelles en Jésus-Christ. Accorde-nous le courage et la force nécessaires pour poursuivre notre course souvent si difficile, jusqu'à ce que nous soyons arrivés à ces hauteurs où nous louerons éternellement ta grâce. Bénis sois-tu de ta bonté et des délivrances que tu nous as accordées jusqu'ici. Abaisse encore sur nous un regard favorable pendant cette nuit, et lorsque ta dernière nuit sera venue et le dernier sommeil, ô Dieu fidèle, donne-nous de nous réveiller formés à ton image, et de pouvoir contempler ta face en justice.

Tarissez, larmes de tristesse,
Qui croit au Seigneur n'est pas mort;
Avec Jésus on vit sans cesse,
Quand avec Jésus on s'endort.

Sépulcre, où donc est ta victoire?
Mort, où donc est ton aiguillon?
A Jésus-Christ, louange et gloire,
Nous sommes vainqueurs par son nom.
Amen.

MARDI (Matin).

Que le frère d'humble condition se glorifie dans son élévation, et le riche dans son humiliation, car il passera comme la fleur de l'herbe. (Jacques 1, 10).

Méditation.

Quand Dieu bénit une maison en y faisant régner la prospérité et abonder les biens, la tentation marche souvent à la suite. On est vite disposé à croire que la prière est superflue, et on met sa confiance dans les choses terrestres. Et cependant, en un clin d'œil, Dieu peut appauvrir le riche, comme il peut enrichir le pauvre. On se trompe en pensant que là où les richesses abondent, la tentation de l'amour de l'argent est moins grande qu'ailleurs. Il arrive souvent, au contraire, que le cœur s'attache d'autant plus fortement aux biens de la terre, selon le proverbe : « Plus un homme s'enrichit, plus il économise » ou « plus on est riche, plus on est avare ». Une chose étrange, mais qui n'en est pas moins fondée, c'est que l'inquiétude, à la pensée des besoins de la vie, n'est nulle part plus grande que là où il y a des richesses, parce qu'on oublie souvent que nous sommes pèlerins sur la terre et que tout passe comme la fleur des champs. Que nous soyons donc riches ou pauvres, ne donnons pas notre cœur aux choses de la terre, mais aux choses invisibles qui sont éternelles.

Prière.

Seigneur, notre Dieu ! Nous nous présentons devant Toi au nom de Jésus, et nous te prions du fond du cœur de nous accorder les sentiments qui conviennent à des pèlerins. Donne-nous de mettre notre confiance dans ta grâce et de pouvoir répéter avec l'apôtre : « Je suis content de l'état où je me trouve ». Si tu nous dispenses la richesse, fais que nous nous en servions pour devenir riches en bonnes œuvres, et préserve-nous du malheur de fermer nos cœurs à ceux qui sont dans le besoin. Donne-nous, Seigneur, de nous rappeler que la vie, pareille à un triste jour d'hiver, sera bientôt passée, que la pauvreté et la richesse nous apparaîtront bientôt comme un songe, afin que nous nourrissions nos cœurs des biens éternels. Notre âme les désire ardemment ; veuille nous les accorder par ta grâce.

Ne fonde point sur l'opulence
L'espoir d'un bonheur permanent ;
La piété, la confiance
Donnent le vrai contentement.

Jouis sans parcimonie
Des biens que Dieu t'a dispensés ;
Ne jette point un œil d'envie
Sur ceux qui te sont refusés.

Se soumettre avec confiance,
D'ici-bas détacher son cœur,
Voir le salut en espérance,
Ah ! n'est-ce pas le vrai bonheur ?   Amen.

MARDI (Soir).

En ce temps-là, Ezéchias fut malade à la mort ; et le prophète Esaïe, fils d'Amos, vint vers lui, et lui dit : Mets ordre à ta maison ; car tu vas mourir et tu ne vivras plus. Alors Ezéchias tourna son visage contre la muraille, et pria l'Eternel ; il dit : O Eternel, souviens-toi que j'ai marché devant ta face avec fidélité et intégrité de cœur, et que j'ai fait ce qui est agréable à tes yeux ! Et Ezéchias répandit beaucoup de larmes.
(2 Rois 20, 1-3).

MÉDITATION.

La plupart des hommes vivent comme s'ils avaient établi ici-bas une demeure qu'ils ne doivent jamais quitter, ou comme s'ils avaient fait avec la mort un contrat d'après lequel elle ne peut venir sans leur agrément. Sans doute, il est nécessaire de mettre extérieurement ordre à sa maison, pour qu'en mourant, comme on l'a dit, nous n'ayons qu'à mourir, sans nous occuper ou préoccuper d'autre chose ; mais il faut avant tout mettre ordre à la maison du cœur, par une vraie repentance, la conversion à Dieu et une vraie foi en Jésus-Christ. Où il y a la foi, il n'y a rien à craindre ; Dieu vit en nous, et la mort se transforme en un doux sommeil.

PRIÈRE.

Seigneur, nos temps sont en tes mains et nous ignorons quand viendra l'heure où tu nous diras : « Mets ordre à ta maison, car tu vas mourir ». Nous te prions de nous rappeler sans cesse que nous devons quitter ce monde, afin que nous en ayons un cœur sage. Si tu ne nous préserves pas d'une sécurité charnelle, nous négligeons de penser salutairement à notre fin, et de nous y préparer sérieusement. Donne-nous de ne pas penser légèrement à notre passage du temps à l'éternité, afin que l'heure suprême du délogement ne nous surprenne pas sans que nous soyons prêts.

> Le temps est court ; hâtons-nous, l'heure avance
> Où l'Eternel viendra juger les cœurs.
> Cherche, ô mon âme, une bonne espérance,
> Fuis le sommeil et la paix des pécheurs.
> Le temps est court pour finir notre tâche ;
> A l'œuvre donc, puisqu'il est encor jour.
> Combats, agis, chrétien, ne sois point lâche ;
> Ton maître vient, sois prêt pour son retour.   Amen.

MERCREDI (Matin).

Invoque-moi au jour de la détresse : je te délivrerai et tu me glorifieras.
(Ps. 50, 15).

Méditation.

Dieu permet l'épreuve et la détresse pour que le chrétien apprenne à lui demander la délivrance. Bien des âmes s'épuisent à chercher de vains remèdes pour échapper à la souffrance ; d'autres, se détournant de Dieu, ne veulent pas écouter sa voix et ne recueillent, par conséquent, aucun fruit béni de leurs afflictions. Enfin, il y en a qui se refusent à reconnaître sa main dans les tribulations. Ils s'abîment dans les soucis, les douleurs, les désillusions, et n'élèvent pas leur esprit et leurs pensées vers le ciel. Ils considèrent leurs souffrances à tous les points de vue, en recherchent les causes secondes, en suivent toutes les conséquences funestes, en se persuadant que tel ou tel événement aurait diminué le malheur, que telle ou telle manière de faire l'aurait empêché, et qu'ils auraient moins souffert si telle circonstance avait été autre. Ah ! comprenons notre grand privilège de pouvoir invoquer le Seigneur dans toutes nos détresses. Jamais nos prières ne seront vaines si elles sont persévérantes. Ne nous laissons pas décourager si, en apparence, il y a quelque retard dans la réponse ; prions avec plus d'instance, et lorsque tout nous paraît contraire, cramponnons-nous d'autant plus fortement aux promesses de notre Dieu. Encore un peu de temps, et le péché, et les douleurs, et les larmes ne seront plus. Nous pourrons déposer le bâton du pèlerin et saisir la harpe d'or, pour bénir Dieu en toute éternité.

PRIÈRE.

Seigneur Dieu, éternel et tout-puissant ! aide-nous à te chercher avec un sentiment de foi et de confiance, en nous fondant sur les promesses que tu nous donnes dans ta sainte Parole. Que dans nos heures d'obscurité et de détresse, nos âmes se tournent vers toi et attendent en repos ta délivrance. Que nous nous souvenions toujours que tu es un Père qui nous aimes, que tu n'es pas sourd aux prières de tes enfants et que tu leur viens en aide au moment propice. — Seigneur, jette un regard de compassion sur tous les hommes qui soupirent après toi. Accorde tes consolations et ton secours à ceux qui sont couchés sur un lit de souffrances, ou qui sont atteints d'autres maux, soit du corps, soit de l'âme, et reçois en grâce ceux que tu appelles à comparaître aujourd'hui devant ton tribunal. Seigneur, nous nous assurons en toi et nous te remettons nos voies, car ta fidélité et ta miséricorde durent d'âge en âge.

Qu'il est doux de se dire :
L'Eternel pense à moi,
Il voit quand je soupire,
Quand je suis dans l'effroi ;

Il recueille mes larmes,
Il veut les essuyer,
Et je n'ai point d'alarmes
Qu'il ne puisse calmer.   Amen.

MERCREDI (Soir).

L'Eternel est admirable en conseil et magnifique en moyens.   (Es. 28, 29).

MÉDITATION.

Nous ne comprenons la sagesse divine qui dirige tout, les grands comme les petits événements, qu'en suivant les dispensations de notre propre vie. Que de fois n'est-il pas arrivé que nous avons déploré tel accident fâcheux qui a traversé nos meilleures entreprises, brisé nos espérances, et quelque temps après, nous avons pu admirer la sagesse et la bonté de Dieu qui a placé une pierre d'achoppement là où les ruines d'un bonheur détruit ont pu servir à élever un édifice plus beau et plus durable ! D'autres fois, une suite d'événements douloureux sont venus nous atteindre ; nous avons fait tous nos efforts pour les conjurer ; nous avons cru qu'un destin impitoyable nous poursuivait, et nous avons reconnu plus tard que Dieu, dans son amour et sa sagesse, voulait nous éprouver par ces souffrances, et nous préparer à recevoir de sa main les plus riches bénédictions. Quoi qu'il arrive, remettons nos voies à l'Eternel, et soyons heureux de savoir que tout ce que nous avons et tout ce qui nous concerne, est entre ses mains paternelles.

PRIÈRE.

O Seigneur, notre Dieu ! tout ce que tu fais est bon et salutaire, même lorsque tu conduis tes enfants par des voies mystérieuses et incompréhensibles. Remplis-nous donc d'une confiance filiale, et donne-nous de ne jamais désespérer lorsque tu retardes ton secours. Tu es un Dieu fidèle, mais nous avons à nous demander, sous ton regard, si nous l'avons toujours été, et si notre vie t'est agréable et conforme à ta sainte volonté. Tu connais notre faiblesse, tu sais combien souvent nous nous décourageons et manquons de foi quand tu nous appelles à traverser des heures difficiles. Pardonne-nous, Seigneur, dans ta miséricorde infinie, et si nous devons marcher dans les ténèbres, que nous ayons notre confiance au nom de l'Eternel, et que nous nous appuyions sur toi, ô notre Dieu.

Quand déçu par l'espérance,
Seul et sans secours,
Je devrais dans ma souffrance
Passer de longs jours ;

Incapable en ma misère,
De pénétrer ce mystère,
Mon âme, ô céleste Père !
T'attendrait toujours.   Amen.

JEUDI (MATIN).

Que le nom de l'Eternel soit béni, dès maintenant et à toujours ! Du soleil levant au soleil couchant, loué soit le nom de l'Eternel. L'Eternel est élevé par-dessus toutes les nations ; sa gloire est au-dessus des cieux. Qui est semblable à l'Eternel notre Dieu, qui habite dans les lieux très-hauts et qui abaisse ses regards sur le ciel et sur la terre ?   (Ps. 113, 2-6).

MÉDITATION.

Dieu est grand, si grand que le monde entier n'est devant lui que comme une goutte d'eau. Le plus magnifique temple ne peut le contenir, et néanmoins, dans son amour, il s'abaisse jusqu'à faire son entrée dans la plus petite chaumière où son nom est invoqué, et dans tout humble cœur. Il habite dans le ciel, qui est la demeure spéciale de sa gloire, mais en même temps dans l'âme croyante, qui est jusqu'à un certain point l'image du ciel. Nous admirons cette grandeur et cet abaissement dans lequel se manifeste sa glorieuse élévation.

PRIÈRE.

Dieu fidèle, nous te présentons ce matin le sacrifice de nos louanges ; daigne l'agréer favorablement. Imprime profondément dans nos esprits et dans nos cœurs l'image de ta grandeur et de ta sainteté, en même temps que de l'amour et de la bonté dont tu nous a entourés jusqu'ici, et dont tu nous entoureras toujours. Fais que nous t'aimions à notre tour, et que nous nous confiions entièrement à ta grâce. Nous te recommandons nos corps et nos âmes. Donne-nous de mettre notre temps et nos forces au service de ton amour ; qu'aucune peine ne nous coûte, qu'aucun sacrifice ne nous paraisse trop dur. Bénis notre pèlerinage, et fais que nous nous préparions à te servir éternellement dans le ciel. Assiste-nous, Seigneur, par ta grâce, et fais prospérer l'ouvrage de nos mains.

> Ton nom est saint. Qui te craint et l'adore,
> Qui ton secours avec ardeur implore,
> De siècle en siècle éprouve ta bonté ;
> Des orgueilleux tu confonds la pensée ;
> Tu humilies et domptes leur fierté,
> En réprimant leur ardeur insensée.
> Mais des petits tu es le protecteur ;
> Tu les élèves et les mets en honneur.
> Tu enrichis les pauvres qui te craignent ;
> Tu les entends aussitôt qu'ils se plaignent ;
> Tu les nourris quand ils sont affamés,
> Et les soutiens quand ils sont opprimés. Amen.

JEUDI (Soir).

> Elie s'en alla dans le désert, une journée de chemin ; et il vint s'asseoir sous un genêt, et il demanda la mort en disant : C'est assez, ô Eternel ! prends maintenant mon âme ; car je ne suis pas meilleur que mes pères. Puis il se coucha et s'endormit sous un genêt. (I Rois, 19, 4-5).

MÉDITATION.

Le prophète épanche ici son cœur oppressé, mais cet exemple ne justifie nullement les personnes légères et irréfléchies qui appellent la mort. Ses plaintes, ses tristesses, son désir de déloger ne ressemblent pas au désespoir de ces hommes, qui ne savent pas apprécier la valeur infinie de la vie, qui sont las de vivre parce que leur volonté ne s'accomplit pas, et qui ne cherchent pas dans la vérité le remède contre le mécontentement et l'amertume. Pour pouvoir dire avec le prophète Elie : « C'est assez, ô Eternel, prends maintenant mon âme », il faut avoir lutté et souffert, supporté vaillamment les épreuves, et s'être sanctifié sous l'influence de la grâce divine. En un mot, il faut, comme lui, avoir une espérance vive et certaine de ta vie éternelle.

PRIÈRE.

Dieu tout bon ! Ce soir encore nous sommes heureux dans le sentiment de ta communion. Tu as été avec nous pendant le jour écoulé, tu nous as gardés, tu nous as prodigué les témoignages de ta bonté et de ta fidélité. Fortifie notre foi en ta sage Providence ; soutiens-nous dans nos tentations et nos combats, garde-nous du doute et de l'incrédulité, du découragement et du dégoût de la vie. Ne pose pas de trop lourds fardeaux sur nos épaules et préserve-nous du désespoir lorsque les ténèbres nous couvrent. Nous savons que l'heure viendra où tu diras : « C'est assez » et où tu feras entrer tes enfants dans le repos de la maison paternelle.

O Seigneur ! prends-moi par la main ;
Soutiens-moi dans mon long chemin
Par la douce espérance.
Pour élever mon cœur aux cieux,
Fais toujours briller à mes yeux
Ta sainte délivrance.

Du péché préserve mon cœur ;
Eloigne de moi la douleur
Et surtout le murmure.
Entoure-moi de tes bienfaits,
Et toujours me donne ta paix,
Ta paix céleste et pure. Amen.

VENDREDI (Matin).

Chantez à l'Eternel, vous ses bien-aimés, et célébrez la mémoire de sa sainteté ! Car il n'y a qu'un moment dans sa colère, mais une vie dans sa faveur ; les pleurs logent le soir, et le chant de triomphe revient le matin.

(Ps. 30, 5-6.)

MÉDITATION.

Il arrive quelquefois qu'on avance tristement dans la vie et qu'on se croit abandonné de Dieu. Il nous semble qu'il a retiré sa protection de nous, qu'il nous a livrés à un hasard aveugle et aux ruses de l'adversaire ; mais tout à coup on retrouve Celui qui nous paraissait caché. Quelle joie ineffable inonde alors le cœur ! Dans ces jours sombres, on fait l'expérience que les choses sont tout autres qu'on ne le pensait, que nous marchons en définitive dans la voie que Dieu nous trace, que notre barque n'avance pas en pleine eau sans mât et sans direction, mais que Dieu lui-même tient le gouvernail et nous conduit au port désiré. On éprouve, en un mot, que le chemin de la vie ne va pas à l'aventure, mais que nous suivons une voie sûre. Cette expérience ramène le courage et la joie dans l'âme angoissée, et souvent du désert et du sein de sa misère, elle fait entendre ce cri d'Asaph : « Quel autre que toi ai-je au ciel ? Je ne prends plaisir sur la terre qu'en toi ».

Prière.

Tu sais, Seigneur, à combien de tentations et d'inquiétudes nous sommes exposés dans ce monde, combien nous avons besoin de ta force et de ton secours. Accorde-nous donc, nous t'en supplions, une foi ferme, une confiance filiale, qui s'en remet à tes directions paternelles, même lorsque tu nous caches ta face. Fais-nous éprouver aujourd'hui encore que tu es près de nous, que ton œil veille sur nous, et que tu nous traces la voie que nous devons suivre. Rappelle-nous que nous avons en toi un Sauveur puissant et fidèle, et donne-nous de te glorifier par une confiance parfaite en ta Providence et ton amour.

> Fais-nous vouloir ce que tu veux ;
> Nous savons que tu veux toi-même
> Tout ce qui peut nous rendre heureux ;
> On est heureux lorsqu'on t'aime.   Amen.

VENDREDI (Soir).

Si vous ne voyiez des signes et des miracles, vous ne croiriez point.
(St. Jean 4, 48).

C'est l'Eternel, qu'il fasse ce qui lui semblera bon.   (I Sam. 3, 18).

Méditation.

Si dans les heures décisives de votre vie, vous voulez prendre conseil de votre Dieu, ne vous attendez pas à un miracle de sa part ; ne mettez pas sa toute-puissance à l'épreuve et ne vous permettez pas de lui dire qu'à tel ou tel signe, vous reconnaîtrez son assentiment ou sa désapprobation. Descendez d'abord dans les profondeurs de votre cœur, et voyez s'il ne renferme pas d'égoïsme ou d'amour-propre. Demandez ensuite à Dieu de vous faire la grâce de ne vouloir que ce qu'il veut. Prenez le temps nécessaire pour examiner toutes choses dans un esprit sérieux et avec prière, et vous ne pourrez manquer d'être dirigés dans votre choix. Et dût-il en résulter quelque mal pour vous, soyez assurés que cette épreuve vous était bonne, qu'elle renferme une bénédiction pour vous, et que dans la suite vous reconnaîtrez que votre décision était la bonne.

Prière.

Seigneur, nous nous présentons devant toi avec un cœur humble et reconnaissant, et nous te bénissons de l'amour avec lequel tu as supporté, jusqu'à ce jour, nos faiblesses et nos désobéissances si nombreuses. Pardonne-nous tous nos péchés ;

aide-nous à mettre en toi une confiance filiale, à vouloir uniquement ta volonté, afin que tu puisses nous montrer en toute circonstance le chemin que nous devons suivre, et nous donner les lumières dont nous avons besoin pour discerner notre devoir. Accorde-nous, Seigneur, toutes les grâces nécessaires pour prier comme il faut : une foi vivante en toi et en Jésus-Christ, la sincérité du cœur, la vraie humilité, une persévérance patiente et une confiance joyeuse. Reçois ce soir le sacrifice de nos lèvres, et donne-nous pendant la nuit qui commence ta protection, ta bénédiction et ta paix pour l'amour de Jésus. Nous remettons entre tes mains paternelles tous ceux qui nous sont chers ; aie pitié des malades, des affligés, des pauvres, des malheureux ; étends ta bonté sur toutes les créatures et exauce notre prière au nom de celui que tu nous as donné pour Sauveur.

> Oui, de sa Providence
> Avec reconnaissance
> Je veux tout accepter.
> Ce qu'il lui plaît de faire
> M'est toujours salutaire ;
> Cesse, ô mon cœur, de t'agiter.   Amen.

SAMEDI (Matin).

Mon fils, ne méprise pas le châtiment du Seigneur, et ne perds point courage, lorsqu'il te reprend ; car le Seigneur châtie celui qu'il aime, et il frappe de ses verges tout fils qu'il reconnait. Si vous souffrez le châtiment, Dieu se présente à vous comme à des fils ; car quel est le fils que son père ne châtie pas ? (Hébr. 12, 5-7).

Méditation.

Quel est l'enfant qui n'a pas besoin de correction ? C'est une grande grâce de Dieu quand il ne nous laisse pas marcher dans nos propres voies, mais nous prend à son école et sous sa discipline. Il ne veut que nous fermer les mauvais chemins par des humiliations et des souffrances, de manière que nous ne nous égarions pas, que nous ne soyons pas éblouis ou endurcis, mais que nous le cherchions et restions près de lui. Les saints hommes de Dieu l'ont plus loué pour les châtiments et les épreuves que pour les joies et la prospérité. Nous aussi nous l'en bénirons un jour ; nous ne pouvons le faire ici-bas qu'imparfaitement, parce que nous ne comprenons pas toujours ses vues sur nous ;

mais ce qui nous est caché aujourd'hui, nous sera un jour pleinement dévoilé, selon cette promesse de Jésus : « Tu ne sais pas maintenant ce que je fais, tu le sauras dans la suite ».

Prière.

Nous nous présentons devant ton trône de grâce, au nom de Jésus-Christ, pour déposer à tes pieds le sacrifice de nos louanges et te prier de nous donner de nouveaux témoignages de ta faveur. Augmente notre confiance en ton amour paternel, et ne permets pas que nous bronchions lorsque ta main s'appesantit sur nous. Apprends-nous à accepter toutes tes dispensations, de telle sorte qu'elles deviennent pour nous des sujets d'éternelles actions de grâces. Oui, Seigneur, conduis-nous ici-bas selon ton conseil, pour nous recevoir un jour dans ta gloire.

Des châtiments qu'il m'inflige	Des vanités d'ici-bas,
Je redoute la rigueur ;	J'en vois mieux les faux appas ;
Mais mon Dieu, quand il m'afflige,	Un plus saint désir m'enflamme.
N'a pour but que mon bonheur.	Tout prend fin, mais sa bonté
Les maux détachant mon âme	Dure à perpétuité. Amen.

SAMEDI (Soir).

O Eternel ! Dieu d'Israël notre père, béni sois-tu d'éternité en éternité ! A toi, Eternel, la grandeur, la force et la magnificence, l'éternité et la splendeur, car tout ce qui est dans les cieux et sur la terre t'appartient. A toi, Eternel, est le règne, et tu t'élèves en souverain au-dessus de tout. La richesse et la gloire viennent de toi ; tu as la domination sur tout ; la force et la puissance sont en ta main, et en ta main est le pouvoir d'agrandir et de fortifier toutes choses. Maintenant, ô notre Dieu ! nous te louons, et nous célébrons ton nom glorieux.   (1 Chron. 29, 10-14).

Méditation.

Les chrétiens sont heureux parce qu'ils savent que toute puissance est réunie dans une seule main, et que cette main est celle d'un Père. Ah ! si ce n'était qu'une main toute-puissante, s'étendant du ciel à la terre, éteignant tantôt une étoile, tantôt une âme humaine, la main d'un maître absolu sans cœur et sans entrailles, que nous serions à plaindre dans notre faiblesse et notre néant ! Mais grâces soient rendues à Dieu de la certitude qu'il nous donne, que le bras qui embrasse le ciel et la terre, est le bras d'un Père ; que son amour égale sa grandeur et sa puissance ; et que nous, ses faibles créatures, sommes ses enfants en Jésus, notre Sauveur.

PRIÈRE.

Seigneur notre Dieu, tu es l'Alpha et l'Oméga, le commencement et la fin, le premier et le dernier. Tu est digne de recevoir gloire, honneur et puissance, et nous aussi voulons te louer et te rendre des actions de grâces pour tous les témoignages que tu ne cesses de nous donner de ta bonté. Incline nos cœurs vers toi, afin que nous vivions dans ta communion par la foi et à ta gloire. Seigneur, tu es riche en conseils et abondant en moyens, et tu veux que nous venions à toi comme des enfants auprès de leur père. Apprends-nous à nous confier en toi et en ta puissance, et fais-nous toujours mieux comprendre toutes les profondeurs de l'amour dont tu nous a aimés en Jésus. Nous nous remettons en paix entre tes mains, avec tous ceux qui nous appartiennent, et nous te prions de diriger notre vie de telle sorte que nous puissions un jour entrer dans les tabernacles éternels.

Oui, dans les cieux, nous avons notre Père,
Qui sous ses yeux nous conduit chaque jour ;
Et tous les soins de la plus tendre mère,
Sont moins constants que son fidèle amour.   Amen.

Troisième semaine après Epiphanie

DIMANCHE (Matin).

Et Jésus étant entré dans Capernaüm, un centenier vint à lui, le priant et lui disant : Seigneur ! mon serviteur est au lit dans la maison, malade de paralysie et fort tourmenté. Et Jésus lui dit : J'irai et je le guérirai. Et le centenier répondit et lui dit : Seigneur ! je ne suis pas digne que tu entres sous mon toit ; mais dis seulement une parole, et mon serviteur sera guéri. Car, quoique je sois un homme soumis à la puissance d'autrui, j'ai sous moi des soldats et je dis à l'un : Va, et il va, et à l'autre : Viens, et il vient ; et à mon serviteur : Fais cela, et il le fait. Jésus l'ayant ouï, en fut étonné, et il dit à ceux qui le suivaient : En vérité, je vous dis que je n'ai point trouvé une si grande foi, pas même en Israël. Aussi je vous dis que plusieurs viendront d'Orient et d'Occident et seront à table dans le royaume des cieux avec Abraham, Isaac et Jacob, mais que les enfants du royaume seront jetés dans les ténèbres du dehors ; là seront les pleurs et les grincements de dents. Alors Jésus dit au centenier : Va, et qu'il te soit fait selon que tu as cru. Et à l'heure même son serviteur fut guéri.

(St. Matth. 8, 5-13).

Méditation.

Quelle triste situation que celle d'un père et d'une mère au chevet d'un enfant malade, quand ils lisent sur le visage du médecin que l'art humain a épuisé toutes ses ressources, et qu'ils ne connaissent pas le Sauveur qui pourrait être leur refuge ! Il ne leur reste, dans ce cas, qu'une rage impuissante contre le destin fatal qui détruit leurs plus chères espérances. Et lorsque la mort a fait son œuvre, que leur reste-t-il, s'ils n'ont pas la certitude que leur enfant vit dans les demeures célestes ? Il nous faut un Sauveur pour les besoins de notre vocation, de notre cœur et de notre famille. Allons donc à lui, pleins de foi et de confiance comme le centenier de l'Evangile, et n'ayons pas honte de le faire. Nos prières et notre foi ne seront pas vaines, et si nous ne sommes pas exaucés comme nous l'avons demandé et espéré, nous en recueillerons cependant des consolations, de la force et de la paix.

Prière.

Dès le matin de ce saint jour, nous avons recours à toi, Seigneur, et nous venons te bénir de toute ta miséricorde à notre égard. Nous te louons en particulier du don que tu nous as fait en ton cher Fils qui, pendant son séjour sur la terre, a guéri tant de maladies du corps et de l'âme, et qui, aujourd'hui encore et jusqu'à la fin, veut être avec nous par ses consolations, sa paix et sa grâce. Oui, Seigneur Jésus, Sauveur fidèle, sois aussi notre médecin aujourd'hui et à toujours ; fortifie notre foi et guéris-nous de toutes nos infirmités spirituelles. Apprends-nous à compter en tous temps sur tes compassions, ta sympathie et ta toute-puissance, et fais servir les épreuves du temps présent au bien éternel de notre âme.

Seigneur, dans ma souffrance,
A toi seul j'ai recours ;
J'attends de ta puissance
Un sûr et prompt secours.

C'est dans les bras d'un père
Que je me suis jeté ;
En ta grâce j'espère,
Car tu m'as racheté.   Amen.

DIMANCHE (Soir).

Ne rendez à personne le mal pour le mal ; attachez-vous à ce qui est bien devant tous les hommes. S'il se peut faire et autant qu'il dépend de vous, ayez la paix avec tous les hommes. Ne vous vengez point vous-mêmes, bien-aimés, mais laissez faire la colère divine ; car il est écrit : A moi la vengeance ; c'est moi qui rétribuerai, dit le Seigneur. Si donc ton ennemi a faim, donne-lui à manger ; s'il a soif, donne-lui à boire ; car en faisant cela, tu lui amasseras des charbons de feu sur la tête. Ne te laisse point surmonter par le mal, mais surmonte le mal par le bien.

(Rom. 12, 17-21).

Méditation.

L'apôtre St-Paul nous donne des instructions pour la mission essentiellement chrétienne de pacificateur. Il importe d'abord de tarir la source des divisions dans son propre cœur. « Ne présumez pas de vous-mêmes. » C'est dans la haute opinion qu'on a de soi-même, dans l'idée qu'on ne peut se tromper, que se trouve l'origine de bien des troubles. Un autre trouble-paix, c'est de croire qu'il y a du courage à ne pas laisser une offense sans la venger, et qu'il faut rendre le mal par le mal. Il y a sans doute de rudes combats à livrer contre les excitations naturelles et contre le désir de vengeance ; il faut un long apprentissage et beaucoup de patience, surtout à des caractères ardents ; mais par la prière nous pouvons recourir à la grâce de Dieu qui manifestera sa force dans notre infirmité.

Il y a aussi des circonstances extérieures qui peuvent troubler la paix. C'est par une conduite honorable, consciencieuse et droite que nous pouvons les faire disparaître. Nous devons exercer la miséricorde envers les ennemis mêmes, non en les forçant pour ainsi dire d'accepter nos services, mais en ne leur refusant pas les égards et la considération que nous avons pour nos semblables en général. Il y a plus : si notre ennemi est dans le besoin, si sa situation nécessite du secours, et que nous puissions le lui donner, nous ne devons pas le lui refuser. Le cœur le plus dur est quelquefois sensible à la bonté qui ne s'impose pas, et qui en même temps est humble. Que Dieu nous donne pour toutes ces choses sa force et la victoire !

Prière.

C'est par ta bonté, Seigneur, que cette douce soirée nous est encore donnée, pour nous restaurer, corps et âme. Demeure avec nous, rappelle à nos cœurs toutes les grâces que nous avons reçues de toi en ce jour, et fais qu'il nous en reste une bénédiction pour le temps et pour l'éternité. Remplis-nous par ton Esprit des mêmes sentiments que tu as eus, Seigneur Jésus, et fais que dans toute notre conduite nous nous montrions des enfants de paix. Si nous avons fait tort à quelqu'un, ou si nous nous sommes rendus coupables de négligence ou de manque de charité, pardonne-nous, rends-nous capables de suivre toujours plus fidèlement tes traces, en appliquant à nos cœurs et à notre vie les enseignements que ta Parole nous a donnés aujourd'hui. Fais-nous reposer en toi, notre souverain bien, pendant cette nuit ; accorde-nous un sommeil doux et paisible, pour l'amour de Jésus-Christ.

C'est dans la paix que tu dois vivre,
Enfant de Dieu, disciple du Sauveur;
Par son Esprit ton âme doit le suivre,
Sur le sentier de la douceur.
Si contre toi s'élève quelque offense,
Si l'on te hait, si l'on veut t'opprimer,
Ferme ton cœur à la vengeance,
Comme ton Dieu tu dois aimer.   Amen.

LUNDI (Matin).

Quand vous aurez fait tout ce qui vous est commandé, dites: Nous sommes des serviteurs inutiles, parce que nous n'avons fait que ce que nous étions obligés de faire.   (St-Luc 17, 10).

Méditation.

Il règne une grande ignorance parmi les hommes au sujet de la vérité renfermée dans cette parole du Seigneur. Les meilleurs même, qui sentent leur faiblesse et leur imperfection, ne s'en font qu'une idée bien superficielle. Et cependant le sentiment de notre imperfection et de notre culpabilité ne peut nuire ; il contribue au contraire à notre salut, lorsqu'il nous conduit à Dieu et à celui qui a dit : « Hors de moi vous ne pouvez rien faire ». Plus nous sentons notre faiblesse et notre pauvreté, plus aussi nous avons le pressentiment de cette terre bénie, où nous parviendrons à la glorieuse liberté des enfants de Dieu. Aussi longtemps que nous sommes pèlerins et voyageurs ici-bas, nous sommes, même avec les meilleures intentions, des serviteurs inutiles à l'égard de Dieu. Voilà pourquoi nous devons nous écrier, la main sur la bouche, et le front incliné dans la poussière : « O Dieu, sois apaisé envers nous qui sommes pécheurs ».

Prière.

Dieu de grâce et d'amour ! C'est sous ton regard que nous voulons commencer ce nouveau jour. Si tu veux nous donner des joies, fais que nous en jouissons avec reconnaissance ; si tu veux nous envoyer des croix, accorde-nous les grâces nécessaires pour les accepter avec patience et soumission. Fortifie-nous pour l'accomplissement fidèle de notre vocation ; remplis-nous toujours du sentiment que nos meilleures œuvres sont imparfaites devant toi, afin que nous soyons humbles et que nous nous confiions en ta grâce, et non en nous-mêmes et en notre propre justice.

> C'est toi seul, ô mon Dieu, qui peux, dans ta sagesse,
> M'apprendre à te servir et régner sur mon cœur ;
> Sans toi je ne puis rien ; accomplis ta promesse,
> Fais de moi ton enfant, de moi, pauvre pécheur ! Amen.

LUNDI (Soir).

Jésus leur dit: En vérité, en vérité, je vous le dis, Moïse ne vous a point donné le pain du ciel ; mais mon Père vous donne le vrai pain du ciel. Car le pain de Dieu est celui qui est descendu du ciel, et qui donne la vie au monde. Ils lui dirent: Seigneur, donne-nous toujours de ce pain-là. Et Jésus leur répondit: Je suis le pain de vie, celui qui vient à moi n'aura jamais faim, et celui qui croit en moi n'aura jamais soif. Mais je vous l'ai dit, vous m'avez vu, et vous ne croyez point. (St. Jean 6, 32-36).

Méditation.

Le Seigneur Jésus se dit le vrai pain du ciel. Il nourrit pour la vie éternelle celui qui le reçoit dans son cœur. Pour faire cette expérience, il ne suffit pas qu'il soit présent à notre pensée ; il faut avoir la vraie foi en lui. La foi n'est pas un rêve de l'homme, ce n'est pas une opinion, une simple croyance. Quand on la possède, il semble qu'on entende Jésus lui-même s'adresser à notre cœur comme s'il était présent ; on s'empare des paroles et des dons du Seigneur comme de la chose la plus précieuse, dont notre âme ne peut pas plus se passer que le corps de nourriture. C'est ainsi que nous trouvons l'aliment nécessaire à notre faim et à notre soif de justice et de paix et un avant-goût de la vie éternelle, car celui qui croit au Fils a la vie éternelle.

Prière.

Grâces te soient rendues, notre bon Père céleste, de ce qu'en Jésus-Christ, ton cher Fils, tu nous as donné le vrai pain du ciel. Fais que, par le secours de ton Saint-Esprit, nous reconnaissions ce don céleste et que nous le recherchions, afin de recevoir Jésus par la foi dans nos cœurs et de passer déjà ici-bas de la mort à la vie. Donne-nous de comprendre que c'est la seule chose qui puisse réellement apaiser la faim et la soif de notre âme immortelle, et la faire sortir du tourbillon des choses visibles et passagères.

> Toi qui m'as tant aimé, qui lavas ma souillure,
> Qui dans mon cœur troublé fis descendre la paix,
> O Jésus! pain du ciel, deviens ma nourriture,
> Et qu'en toi je vive à jamais !   Amen.

MARDI (Matin).

Il fait tomber la neige comme de la laine, et répand le givre comme de la cendre, il jette sa glace comme par morceaux. Qui peut résister devant ton froid ? Il envoie sa parole, et les fait fondre; il fait souffler son vent, et les eaux s'écoulent.   (Ps. 147, 16-18)

Méditation.

Qu'est-ce que la gloire terrestre ? Cette pensée se présente involontairement à notre esprit, quand, par un jour d'hiver, nous portons nos regards sur les blanches campagnes qui s'étendent silencieuses sous leur linceul de neige. Le monde passe avec sa convoitise. Il y aura aussi un hiver dans notre vie. Nous verrons des jours dont nous dirons : Nous n'y prenons point plaisir. Heureux sommes-nous, si le Dieu tout-puissant fond la couche de glace de notre cœur égoïste par les rayons de sa grâce ; si le souffle vivifiant de son Saint-Esprit, passe sur ce champ durci pour l'amollir, le faire reverdir, et lui faire porter des fruits pour la vie éternelle. Quand viennent alors les jours mauvais, nous avons le Seigneur et sa bienheureuse communion; nous avons des biens célestes que les frimas et l'hiver, la vieillesse et la mort, ne peuvent pas nous enlever.

Prière.

Dieu miséricordieux ! Nous nous approchons de toi dès le matin pour te louer de ta fidélité, et te demander de nouvelles bénédictions. Ne permets pas que nous oubliions que notre vie passe vite, et que les jours et les ans dont nous disons : Nous n'y prenons point plaisir, arrivent plus rapidement que nous ne le pensons. Place nos cœurs sous ta sainte influence, et fais-nous voir au-delà des joies fugitives de ce monde les biens impérissables que nous devons acquérir. Que ton Esprit nous aide à les rechercher; qu'il entretienne dans nos cœurs ces saintes aspirations et l'espérance qui ne confond point, afin que dans les jours tristes et sombres, comme dans les jours de soleil, ta paix remplisse et garde nos cœurs. Seigneur, notre attente est en toi; ne permets pas que nous perdions de vue notre destinée éternelle, et viens toi-même nous y préparer par ton Esprit.

O Christ! c'est toi qui fortifies	Seigneur, quand ta clarté m'éclaire,
Le cœur de tes faibles enfants.	Quand ton bras puissant me soutient,
Pour marcher où tu les convies,	Ferme et joyeux dans la carrière,
Affermis nos pas chancelants,	Fort en Jésus, je ne crains rien. Amen.

MARDI (Soir).

Nous nous rendons recommandables en toutes choses, comme des ministres de Dieu; comme affligés, mais toujours joyeux; comme pauvres, mais enrichissant plusieurs; comme n'ayant rien, quoique possédant toutes choses.
(2 Cor. 6, 4-10).

Méditation.

Notre lot est-il de passer la vie dans la pauvreté, il nous est plus facile de nous y résigner si nous sommes chrétiens, que si nous ne le sommes pas. Ou bien sommes-nous appelés à une position de fortune médiocre, nous sommes encore comme chrétiens mieux qualifiés pour cette situation. Enfin, avons-nous reçu en partage une position élevée dans le monde, qui nous donne du pouvoir et de l'influence, la vraie piété ne peut que doubler le prix de tous ces avantages. Quelle que soit la place que la sage Providence nous assigne, l'Esprit de Dieu, qui nous rend forts, sera toujours pour nous un appui et non une entrave. Il crée en nous des ressources inconnues que l'apôtre décrit avec tant de vérité quand il dit : Les chrétiens sont pauvres, mais ils enrichissent plusieurs; n'ayant rien, ils possèdent toutes choses.

Prière.

Bon Père céleste, nous te rendons grâces par Jésus-Christ de ce que tu nous as conservés pendant ce jour, et nous nous humilions devant toi pour tous les péchés et toutes les fautes dont nous nous sommes rendus coupables. Donne-nous d'accepter sans murmure l'état dans lequel tu nous as placés. Si tu nous as donné des biens de ce monde, fais que nous en soyons des économes fidèles, et si nous sommes appelés à vivre dans la pauvreté, donne-nous d'être riches en toi, et fais contribuer cette épreuve même à nos progrès spirituels. Garde-nous pendant cette nuit ; que tes saints anges veillent sur nous, afin que l'ennemi de nos âmes n'ait pas d'empire sur nous. Nous te recommandons tous ceux que nous aimons, les malades, les pauvres, les affligés, tous ceux qui souffrent et qui ont besoin de ton secours. Bénis-les ; sois leur force et leur délivrance. Nous te prions de nous exaucer au nom de Jésus.

Heureux l'homme qui t'a pour Dieu	Aucun mal ne le touchera,
Et protecteur fidèle ;	Ton cœur est son asile ;
Il jouit dans un si haut lieu	En tout temps il s'y cachera
D'une paix éternelle.	Pour y vivre tranquille. Amen.

MERCREDI (Matin).

Pourquoi l'homme vivant se plaindrait-il ? — Que chacun se plaigne de ses péchés. (Lamentations 3, 39).

Méditation.

Au fond, il n'y a pour l'homme sur la terre qu'un seul malheur, c'est le péché. La pauvreté est-elle notre partage, pourquoi murmurer contre elle, au lieu de nous en prendre à notre cœur insatiable qui n'est pas satisfait ? Est-on peu doué, pourquoi se plaindre des dons médiocres qu'on a reçus, quand on devrait s'élever contre le démon de l'orgueil, qui nous fait souffrir de nous voir rangés au nombre des petits de la terre. Nos ennemis nous font bien du mal ; pourquoi nous irriter contre eux, au lieu de nous dire que rien n'arrive sans la volonté du Seigneur ? En un mot, de tous les maux de la terre, le plus grand, c'est le péché. Voilà pourquoi le péché est plus à redouter que le malheur. Et cependant si nous descendons au fond de notre cœur et si nous sommes sincères, nous trouverons que nous tenons plus à être délivrés des afflictions que des ruses du péché. Aussi longtemps qu'il en est ainsi, nous n'appartenons pas entièrement au Seigneur.

Prière.

Seigneur, notre Dieu, qui es l'amour éternel, nous voudrions être à toi, et te glorifier dans nos corps et nos esprits qui t'appartiennent. Donne-nous ton Esprit de force pour nous rendre patients dans l'affliction et désireux d'obtenir ton secours pour rester fidèles et pour vaincre le péché, sous quelque forme qu'il se présente. Tu as ta demeure En-Haut, dans le sanctuaire éternel, et tu gouvernes avec amour et sagesse, tandis que nous sommes des êtres faibles et ignorants, qui ne comprenons pas tes desseins. Donne-nous de nous en souvenir constamment, afin que nous ne nous plaignions pas de tes dispensations, mais que nous gémissions sur nos péchés qui appellent souvent tes châtiments. Rends-nous soumis, calmes et obéissants, lorsque ta main s'appesantit sur nous, et fais-nous éprouver que tu nous châties pour notre profit. Accorde-nous toutes les grâces qui nous sont nécessaires pour que ta sainte Parole nous éclaire, nous humilie et nous amène repentants aux pieds de Jésus.

Hélas! nos erreurs et nos vices
Allumaient ton courroux ;
Mais, Seigneur, tes bontés propices
T'apaisent envers nous.

Oh! qu'heureuse est l'âme fidèle
Qu'il t'a plu d'adopter !
Toujours à l'ombre de ton aile,
Elle peut s'abriter. Amen.

MERCREDI (Soir).

Le royaume des cieux est semblable à un homme qui avait semé une bonne semence dans son champ. Mais pendant que les hommes dormaient, son ennemi vint, qui sema de l'ivraie parmi le blé et s'en alla.

(St. Matth. 13, 24-25).

Méditation.

L'Eglise, de même que chaque famille, devrait être un champ fertile, et un beau jardin de Dieu avec de bons fruits en abondance, puisque le maître de la moisson n'a répandu que de bonne semence ; mais il y a, au contraire, beaucoup d'ivraie et peu de bons fruits. Il y a des familles où la bonne semence lève et porte des fruits, mais l'un ou l'autre de ses membres est une mauvaise herbe, et cherche, par ses paroles ou par sa conduite, à arrêter le bon grain, et même quelquefois à l'étouffer. Il faut que tous les membres d'une famille qui aime le Seigneur, veillent et cherchent à s'édifier dans la paix et l'union, par la parole et l'exemple, et à éviter qu'une racine funeste ne pousse parmi eux. Il faut surtout que chacun veille scrupuleusement sur son âme et empêche, par la prière et la foi, l'ivraie du péché d'y pénétrer.

Prière.

Dieu fidèle ! En nous examinant en ta sainte présence, nous sommes obligés de nous humilier et de reconnaître que souvent nous n'avons pas eu la fidélité et la vigilance qui conviennent à des chrétiens. Pardonne-nous les manquements et les torts dont nous nous sommes rendus coupables par notre insouciance et notre infidélité ! Rends-nous fervents dans la lutte contre le mal, et contre les ennemis de notre salut. Arme-nous du bouclier de la foi, de l'épée de l'Esprit ; fais que nous devenions une semence de sainteté et de vie dans ce monde de péché, et que nous ne laissions échapper aucune occasion de faire le bien, d'exercer la charité et de glorifier ton saint Nom.

Jaloux de ta sainte influence,
Trop souvent le malin
Accourt et ravit la semence
Que répandit ta main.

Trop souvent elle est sans racine
En un terrain pierreux ;
Le soleil vient, elle décline
Sous l'ardeur de ses feux.

Trop souvent les soucis du monde,
Ou ses biens sans valeur,
Détruisant sa vertu féconde,
L'étouffent dans le cœur.   Amen.

JEUDI (Matin).

Maintenant, ainsi a dit l'Eternel, celui qui t'a créé, ô Jacob ! celui qui t'a formé, ô Israël ! Ne crains point, car je t'ai racheté ; je t'ai appelé par ton nom, tu es à moi. Quand tu traverseras les eaux, je serai avec toi, et les fleuves, ils ne te submergeront point. Quand tu passeras par le feu, tu n'en seras pas brûlé, et la flamme ne te consumera pas   (Es. 43, 1-2).

Méditation.

Les eaux des tribulations montent quelquefois jusqu'à l'âme, et tout secours humain fait défaut. Il y a des feux de l'affliction qui consument toutes les œuvres personnelles, et ne laissent que des cendres. Ne craignons pas dans ces moments difficiles ; nous ne sommes pas seuls à traverser les fleuves, et dans l'ardeur du feu il y a quelqu'un à nos côtés. Ces eaux-là ne font que laver, elles ne noient pas ; les fournaises ne font que purifier et ne consument pas. Notre cause est en de bonnes mains ; nous sommes rachetés ; notre Sauveur nous conduira ; nos noms sont écrits sur la paume de ses mains, Et quand viendra l'heure de traverser les sombres flots de la mort, notre divin chef sera encore près de nous, et le feu de son tribunal ne nous consumera pas. Ceux qui croiront en lui ne seront pas confus.

Prière.

Père céleste, grâces te soient rendues de ce que nos noms sont marqués sur la paume de tes mains, et de ce que tu nous as délivrés par ton cher Fils du péché et de la mort. Si tu es pour nous qui sera contre nous ? Que les flots de la mer bruissent, que les vagues passent par-dessus nos têtes, tu n'en seras pas moins notre secours et notre Dieu. Sois avec nous en ce jour ; tiens-toi à nos côtés, pour nous soutenir dans nos travaux et nos peines et pour nous combler de tes bénédictions.

A mes pieds l'Océan gronde,
Le vent siffle autour de moi;
Sur Christ, mon Rocher, je fonde
Mon espérance et ma foi.

Mon rocher, ma forteresse,
Mon asile protecteur,
Mon secours dans la détresse,
C'est Jésus le Rédempteur.   Amen.

JEUDI (Soir).

Fais ce bien à ton serviteur, que je vive et que je garde ta Parole. Dessille mes yeux, afin que je voie les merveilles de ta loi. Je suis étranger sur la terre ; ne me cache pas tes commandements. (Ps. 119, 17-19).

Méditation.

Nous sommes tous des hôtes ici-bas et nous nous asseyons journellement à la grande table du Seigneur qui nous dit : « La terre m'appartient, et vous êtes étrangers et voyageurs ». Un hôte n'a pas de demeure fixe, et c'est notre sort à tous sur la terre. Nous cheminons vers l'éternité, du royaume d'En-Bas au royaume d'En-Haut, et dans ces deux royaumes il y a des lois positives. Personne ne peut les altérer, et le transgresseur prépare sa propre perte. Lorsqu'on prend au sérieux le passage de la mort à la vie, de la terre étrangère dans la véritable patrie, on dit volontiers avec le roi David : « Seigneur, ne me cache point tes commandements ». La vraie connaissance et la crainte de Dieu ne nous laissent pas oisifs ni stériles, mais nous fortifient dans la vie chrétienne. C'est une chose qui ne se fait pas d'elle-même ; on n'y grandit pas à mesure que les cheveux grisonnent ; c'est un don de Dieu qu'il dépose lui-même dans le cœur qui vit en communion de prières avec lui, et qui prend sa Parole pour guide.

Prière.

Seigneur Dieu, Père éternel, tu trônes au-dessus de nous dans la gloire, entouré de puissance et de sainteté ; tu as été, tu es et tu seras. Nous, pauvres mortels, ne sommes que voyageurs sur cette terre, et nous sommes obligés, quand tu l'ordonnes, de déposer notre bâton de pèlerin. Donne-nous de nous en souvenir chaque jour, afin que nous ne vivions pas comme si nous avions ici-bas une demeure stable. Fais que nous marchions avec joie dans la voie de tes commandements, que nous soyons assidus à la prière et que ta Parole soit toujours la règle de notre conduite.

Par ta Parole, ô Dieu, par ta puissante grâce,
Régénère mon cœur et viens régner en moi,
Jusqu'au jour bienheureux où je verrai ta face,
Qu'ici-bas en croyant je marche avec toi!   Amen.

VENDREDI (Matin).

Jésus dit à ses disciples: Ma nourriture est de faire la volonté de celui qui m'a envoyé, et d'accomplir son œuvre.   (Jean 4, 34).

Méditation.

Si jamais homme avait pu se confier en son cœur et se laisser aller à ses propres inspirations, c'était bien le Seigneur Jésus pendant son séjour sur la terre. Il n'était pas sujet comme nous, à se laisser dominer par la surprise et les imaginations mensongères. Et néanmoins il n'a fait que ce que son Père lui a prescrit, et en toutes choses, même en celles qui nous paraissent secondaires, il s'est soumis exactement aux desseins de Dieu, que les prophètes nous ont fait connaître. De là vient qu'il a pu seul nous réconcilier avec Dieu, et sanctifier la voie de l'obéissance, comme étant la seule qui conduit à Dieu et à son royaume. De même que la désobéissance a été, de tout temps, la perte de l'homme, l'obéissance seule est son salut.

Prière.

Dieu fidèle, c'est en portant sur toi nos regards que nous voulons reprendre les travaux de notre vocation terrestre. Sois avec nous et nous bénis selon les richesses de ta miséricorde. Apprends-nous à toujours mieux connaître ta volonté, et fortifie-nous par ton Esprit pour que nous soyons capables de l'accomplir. Nous savons que souvent tu as besoin d'employer des moyens sévères pour soumettre notre esprit volontaire, et pour nous faire quitter les voies dangereuses ou mauvaises. Nous voulons, ô notre Dieu, à l'exemple de Jésus, mettre notre confiance en toi et t'obéir. Que ta volonté soit faite et non la nôtre.

Jésus, serviteur fidèle!
Toi qui jusqu'à la mort cruelle
Restas soumis, obéissant;
Donne-moi l'obéissance
Pour que je suive avec constance
Ton exemple fidèlement.
Que comme un simple enfant,
Je sois doux, patient
Et docile.
Jésus, mon roi!
Ah! donne-moi
D'être obéissant comme toi!   Amen.

VENDREDI (Soir).

Il est réservé aux hommes de mourir une fois, et après cela vient le jugement.
(Héb. 9, 27).

Méditation.

Les hommes vivent comme s'ils ne devaient jamais mourir, n'est-ce pas là ce qu'on peut dire du plus grand nombre ? Ne peut-on pas affirmer aussi que c'est précisément parce qu'ils savent qu'un pas seulement les sépare du terme où il faut tout quitter, qu'ils veulent faire de la vie l'usage qu'ils en font ? Personne ne conteste qu'au terme de cette vie il y a un inconnu caché à nos yeux comme par un sombre mur. Plût à Dieu que chacun pût y découvrir la porte qui laisse entrevoir le jugement. En voyant ce qui se passe on est tenté de croire que cette porte, bien que toujours ouverte, reste inaperçue aux regards de la foule. Cependant il n'y a peut-être pas d'âme humaine qui n'ait jamais eu le pressentiment de ce jugement. Il est certain que dans ces profonds regrets qui s'emparent de l'homme, à la pensée d'abandonner un jour les biens de ce monde, il y a comme le prélude des terreurs de l'éternité. Ne cherchons pas à effacer ces impressions ; qu'elles soient, au contraire, un stimulant pour nous ; qu'elles ne nous laissent pas oublier le compte que nous aurons à rendre, et qu'elles nous engagent à nous occuper sérieusement du salut de notre âme.

Prière.

O Dieu de miséricorde ! Chaque soir nous rappelle que le dernier jour de notre vie approche, et qu'alors nous nous coucherons pour l'éternel repos. Donne-nous de ne pas fuir cette pensée, de ne pas en avoir peur, et de la peser sérieusement dans notre esprit. Nous savons que si nous obéissons à ta Parole, et si, pendant notre vie, nous marchons sur les traces du Sauveur, nous n'avons pas à craindre la mort et le jugement. Nous te bénissons de tout le bien que tu as déjà fait à notre âme immortelle. Place-nous toujours davantage sous la discipline de ton Esprit et de ta Parole, afin que nous soyons tes enfants obéissants, et qu'à la fin de notre pèlerinage nous puissions quitter cette vie, remplis d'une foi ferme et d'une joyeuse espérance.

Réveille-toi, mortel, songe sans plus attendre,
Songe à ce compte exact qu'un jour il faudra rendre !
Retrace à ton esprit le moment solennel,
Qui fixe sans retour ton destin éternel !
Réfléchis, il est temps, car il faut comparaître
Devant le tribunal de ton souverain Maître,
Devant ce juge austère à qui rien n'est caché,
Qui, jusqu'au fond des cœurs, découvre le péché.
Heureux qui, sur Jésus plaçant son espérance,
Vit dans les saints désirs de foi, d'obéissance;
Car dans son Juge même il trouve son Sauveur.   Amen.

SAMEDI (Matin).

Nous sommes pressés de toute manière, mais non réduits à l'extrémité; en perplexité, mais non sans espérance; persécutés, mais non abandonnés; abattus, mais non entièrement perdus; nous portons toujours en notre corps la mort du Seigneur Jésus, afin que la vie de Jésus soit aussi manifestée dans notre corps.   (2 Cor. 4, 8-10).

Méditation.

Ne désespérons pas lorsque les vagues de la mer viennent assaillir notre navire et que les flots menacent de le submerger. Dans la vie chrétienne, il y a des hauts et des bas ; tous les appuis se brisent à certains moments, les étoiles s'éteignent ; mais, quoi qu'il en soit, pour celui qui croit, la fin est toujours admirable. Il est facile pour le Seigneur de se servir de grands ou de petits moyens pour nous secourir. Et le cœur dût-il mille fois se révolter, redoublons de foi dans les promesses de Dieu et attendons sa délivrance.

Prière.

Dieu fidèle, notre Père en Jésus-Christ ! C'est en mettant notre confiance dans ta puissance et dans ton amour que nous venons à toi dès le commencement de cette journée. Tu nous as soutenus jusqu'à présent par ta main paternelle ; tu ne nous as jamais abandonnés dans nos besoins. Oh ! apprends-nous toujours davantage à nous reposer sur ta sage Providence pour la direction de notre vie, et dans nos heures les plus sombres à nous attendre à toi comme au Dieu de notre délivrance et de notre salut. Que ton Saint-Esprit nous guide et nous éclaire. Bénis notre travail ; donne-nous la force et la sagesse nécessaires à l'accomplissement de nos devoirs, et un cœur bien disposé à accepter tout ce que ta main nous dispensera en ce jour. Nous te recommandons aussi tous ceux que nous aimons, en te priant de leur accorder toutes les grâces que nous te demandons pour nous-mêmes au nom et pour l'amour de Jésus.

Ah! donne-nous, Sauveur fidèle!
De pouvoir vivre en ton amour;
Sans toi, Jésus, ma foi chancelle,
Sans toi, je ne puis vivre un jour;
Mais quand de ta grâce
Je sens l'efficace
Et le fort soutien,
Alors de l'orage
Je brave la rage;
Je ne crains plus rien. Amen.

SAMEDI (Soir).

O Eternel, je t'invoque des lieux profonds. Seigneur, écoute ma voix! Que tes oreilles soient attentives à la voix de mes supplications! Eternel, si tu prends garde aux iniquités, Seigneur, qui subsistera? Mais le pardon se trouve auprès de toi, afin qu'on te craigne. J'ai attendu l'Eternel; mon âme l'a attendu, et j'ai eu mon espérance en sa Parole. Mon âme attend le Seigneur, plus que les sentinelles n'attendent le matin. Israël, attends-toi à l'Eternel, car la miséricorde est auprès de l'Eternel, et la rédemption se trouve en abondance auprès de lui. Et Lui-même rachètera Israël de toutes ses iniquités. (Ps. 130).

Méditation.

Il n'y a pas un seul homme qui, en s'examinant bien, puisse subsister devant Dieu. Si sa main et sa bouche étaient restées pures, pourrait-il en dire autant de son cœur? La repentance ne consiste pas à vouloir être délivré du châtiment que le péché entraîne après lui, mais du péché en lui-même. La vraie délivrance a sa source dans le pardon que Dieu nous accorde si nous le lui demandons. Nous ne pouvons pas, par nous-mêmes et par nos propres forces, réparer une seule faute commise; mais celui qui met sa confiance en Dieu, peut, des profondeurs où le péché l'a plongé, contempler une autre profondeur, celle de la miséricorde de Dieu, qui ne veut pas la mort du pécheur, mais qu'il se convertisse et qu'il vive.

Prière.

Seigneur, tu es le Dieu trois fois saint, et nous sentons en ta présence que nous sommes pécheurs et coupables. N'entre point en jugement avec tes serviteurs, car si tu prends garde aux iniquités, qui subsistera devant toi? Nous t'invoquons des lieux profonds. Ne nous fais pas selon nos péchés et ne nous rends pas selon nos iniquités, mais selon tes compassions souviens-toi de nous, et pardonne-nous pour l'amour de celui dont « le sang nous purifie de tout péché ». Nous attendons ton secours, nous espérons en ta Parole. — Pénètre nos cœurs de reconnaissance pour tous les bienfaits dont tu ne cesses de nous combler ; couvre-nous de ta protection pendant cette nuit, et que ta grâce et ta paix soient avec nous et tous ceux qui nous appartiennent.

Tu ne veux pas que je périsse,
Mais ta Loi prescrit au pécheur
Qu'il te craigne et se convertisse.
Convertis-moi donc, ô Seigneur ;

Pardonne, Seigneur, fais-moi grâce
Pour l'amour de mon Rédempteur.
J'ai recours à lui ; je l'embrasse
Comme mon unique Sauveur.   Amen.

Quatrième semaine après Epiphanie.

DIMANCHE (MATIN).

Jésus entra dans une barque et ses disciples le suivirent. Et il s'éleva tout à coup une grande tourmente sur la mer, en sorte que la barque était couverte par les flots ; mais il dormait. Et ses disciples, s'approchant, le réveillèrent et lui dirent : Seigneur, sauve-nous, nous périssons. Et il leur dit : Pourquoi avez-vous peur, gens de petite foi ? Et s'étant levé, il parla avec autorité aux vents et à la mer, et il se fit un grand calme. Et ces gens-là furent dans l'admiration, et ils disaient : Quel est cet homme, à qui les vents mêmes et la mer obéissent.   (St. Matth. 8, 23-27).

MÉDITATION.

Si nous avons le Seigneur Jésus comme pilote, nous n'avons rien à redouter des tempêtes et des vagues. N'avons-nous pas déjà fait souvent l'expérience de sa puissance qui sauve ? Lorsque les soucis, comme un vent froid du Nord, ont agité notre cœur, ils ont été suivis bientôt après d'heures de calme, où la foi a murmuré à notre oreille : « Il vit et règne encore ». Et aussitôt la tourmente s'est apaisée. Dans les moments où la crainte du jugement a bouleversé notre cœur, comme la tempête soulève les profondeurs de la mer, si nous sommes allés avec foi à Celui qui s'est livré pour nos forfaits, tout est redevenu tranquille. Du moment qu'il tient le gouvernail, la barque prend une bonne direction ; elle s'approche du rivage et conduit au port. — Le port, le seul lieu sûr pour les enfants de Dieu, est la patrie où règne la grâce. Les flots de la mer sont impuissants à la détruire. Avant de l'atteindre, il nous faudra naviguer un jour à travers une forte tourmente. Les vagues s'élèveront bien haut ; mais pourvu que le Seigneur soit avec nous dans la barque, le calme renaîtra. Quand, à la fin, nous aborderons au céleste rivage l'angoisse fera place à la louange et à la surprise et nous nous écrierons : « Quel est cet homme à qui les vents mêmes et la mer obéissent ? Et notre cœur débordera de reconnaissance et d'amour.

Prière.

Seigneur, notre Dieu ! tu es la lumière du monde, l'étoile matinière qui éclaire les ténèbres. Gloire te soit rendue de ce que tu nous as appelés des ténèbres à la lumière ! Fais luire sur nous, pendant ce jour, le soleil de ta grâce et nous garde dans dans toutes nos voies. Si tu es avec nous, de quoi aurions-nous peur ? Garde-nous de toute crainte lorsque la tempête gronde autour de nous, et que notre barque se couvre de vagues. Tu ne veux pas notre perte, et il suffit d'un signe de ta part pour apaiser les vents et les flots. Fortifie notre foi et donne-nous, selon ta promesse, d'être remplis de toute sorte de paix et de joie dans la foi, afin que nous abondions en espérance par la puissance du Saint-Esprit.

> Matelot courageux, sur la mer de ce monde
> Lance-toi sans murmure et vogue sans effroi ;
> Le Prince de la paix est avec toi sur l'onde
> Et le port du salut est ouvert à la foi ! Amen.

DIMANCHE (Soir).

Ne devez rien à personne, si ce n'est de vous aimer les uns les autres ; car celui qui aime les autres a accompli la loi. En effet, les commandements : Tu ne commettras point adultère ; tu ne tueras point ; tu ne déroberas point ; tu ne diras point de faux témoignage ; tu ne convoiteras point ; et tout autre commandement, tout cela se résume dans cette parole : Tu aimeras ton prochain comme toi-même. L'amour ne fait point de mal au prochain ; l'amour est donc l'accomplissement de la loi. (Rom. 13, 8-10).

Méditation.

Une dette immense et dont on ne peut jamais s'acquitter, c'est celle de l'amour. Dans ce domaine, il y a toujours un déficit qui touche à l'infini. Mais cette dette ne nous pèse pas ; elle nous rend même heureux ; elle est une source inépuisable de richesse qui augmente à mesure qu'on s'en acquitte, et qui par son accroissement grossit le capital primitif dans une mesure extraordinaire. Nous devons aimer de tout notre cœur, de toute notre âme et de toute notre pensée. Si nous arrivions à dire : Nous sommes quittes, nous ne devons plus rien, il faudrait que notre cœur fût bien étroit, et notre âme bien sèche. On pardonne peu à celui qui aime peu ; car il n'a pas même conscience de tout l'amour qu'il doit à Dieu et à son prochain.

Prière.

Profondément humiliés devant toi, Seigneur, nous te confessons que nous avons souvent transgressé la loi de l'amour. Nour te prions de nous pardonner, de purifier notre cœur de tout égoïsme et de tout amour-propre. Fais fondre la glace de ce cœur aux rayons de ta grâce ; rends-nous humbles, débonnaires, patients et aimants. — Nous te bénissons pour tous tes bienfaits en ce jour, et nous te prions d'étendre encore sur nous, pendant cette nuit, tes mains paternelles. Donne-nous un sommeil paisible, pour que nous puissions nous réveiller demain fortifiés et capables de te glorifier par plus de fidélité.

> Chrétiens, à notre Créateur
> Donnons tout entier notre cœur !
> Aimons notre Dieu suprême !
> Selon son ordre souverain,
> Que chacun aime son prochain
> Comme soi-même.   Amen.

LUNDI (Matin).

Les frères de Joseph, voyant que leur père était mort, se dirent : Peut-être que Joseph nous prendra en aversion, et nous rendra tout le mal que nous lui avons fait. Alors ils envoyèrent dire à Joseph : Ton père a donné cet ordre avant de mourir : Vous parlerez ainsi à Joseph : Oh ! pardonne, je te prie, le crime de tes frères et leur péché ; car ils t'ont fait du mal ; mais maintenant pardonne, je te prie, le crime des serviteurs du Dieu de ton père. Et Joseph pleura pendant qu'on lui parlait. Et ses frères vinrent eux-mêmes, se jetèrent à ses pieds, et dirent : Voici nous sommes tes serviteurs. Et Joseph leur dit : Ne craignez point, car suis-je à la place de Dieu ? Vous aviez pensé à me faire du mal ; mais Dieu l'a pensé en bien, pour faire ce qui arrive aujourd'hui, pour conserver la vie à un peuple nombreux.

(Genèse 50, 15-20).

Méditation.

Les hommes méditent souvent de faire le mal, et Dieu le change en bien. Il n'est pas rare que l'injustice triomphe dans le monde, mais ce triomphe n'est pas de longue durée. Ils se trompent ceux qui méprisent les commandements de Dieu et s'imaginent que Celui qui a son trône dans le ciel ne les entend et ne les voit point. Leur joie d'avoir enterré la vérité et la justice passe vite, la puissance de Dieu se fait jour à l'improviste et détruit tous leurs faux calculs. Nous en sommes heureux ; car nous ne pourrions supporter la pensée que le commencement et la trame de notre vie, la prospérité et l'adversité, le bien et le mal, que tout enfin dépendît absolument de la volonté humaine, de la nôtre ou de celle d'autrui.

Prière.

Dieu tout-puissant, qui as ton trône dans les cieux, et qui diriges tous les événements des peuples et des hommes, et qui règnes en même temps au milieu de nous avec sagesse et bonté, nous nous humilions devant toi et nous courbons nos fronts dans la poussière. Il n'y a pas de Dieu semblable à toi ! Donne-nous de marcher devant ta face animés d'une crainte salutaire, de mettre en toi une confiance filiale, et d'être bien persuadés que ta direction est toujours sage et paternelle. Préserve-nous de tourner en dissolution ta grâce et ta longanimité. Si les hommes cherchent à nous nuire et qu'ils paraissent réussir dans leurs entreprises, fortifie-nous dans la foi que tu viendras à notre aide à ton heure, que notre droit luira comme la lumière et notre justice comme le plein jour. — Que ta bénédiction nous accompagne pendant cette journée et nous aide à remplir nos devoirs avec fidélité et avec joie. Répands tes grâces sur ceux que nous aimons et exauce-nous au nom de Jésus.

C'est l'Eternel qui fait vivre,
C'est lui dont la main délivre,
C'est lui seul qui peut bénir,
C'est lui seul qui fait mourir.
Dans la mort et dans la vie,

En toi seul je me confie ;
C'est toi que je veux chercher;
N'es-tu pas mon sûr rocher?
Gloire à toi! mon Dieu, mon Roi,
O mon Sauveur, gloire à toi! Amen.

LUNDI (Soir).

Qui est-ce qui dit qu'une chose est arrivée, sans que le Seigneur l'ait commandé? (Lament. 2, 37).

Méditation.

C'est la question que le prophète s'adresse comme une consolation à la vue des malheurs qui l'ont frappé lui-même et son pays. Les maux dont il est accablé lui viennent de ses semblables. Quand Dieu met dans la main des hommes la verge qui sert à nous châtier, il nous est plus dur de nous soumettre que lorsqu'il la manie lui-même. Disons alors comme Jérémie : « Qui est-ce qui dit qu'une chose est arrivée sans que le Seigneur l'ait commandé ? » C'est une précieuse parole. Elle nous apprend que toutes les contrariétés, quelles qu'elles soient, ne sont que des moyens employés par Dieu pour exécuter ses vues de miséricorde sur nous. Comment le cœur du chrétien pourrait-il nourrir des sentiments de colère et d'inimitié, du moment qu'il regarde ses adversaires les plus décidés comme des messagers et des verges de Dieu ? Il faut que nous détournions nos regards des instruments qui servent à nous châtier, pour les porter sur les pensées d'amour du Seigneur à notre égard. Combien d'amertume nous épargnerions-nous si, au milieu des peines que nous avons à supporter de la part des hommes, nous perdions de vue leurs intentions, pour ne penser qu'aux desseins d'amour du Seigneur à notre égard !

Prière.

Dieu éternel et tout-puissant ! Nous te bénissons de tous les témoignages de bonté et de miséricorde que tu nous as donnés en ce jour ! Nous t'avons invoqués et tu nous as exaucés. Tu nous as entourés de ta protection et de tes bénédictions. Que nous sommes heureux de nous savoir sous ton égide et de goûter amour ! Tu nous enrichis dans notre pauvreté, tu nous fortifies dans notre faiblesse, et tu nous remplis de sentiments de paix et de félicité au milieu des tristesses et des amertumes de la vie. O Seigneur, apprends-nous à dire de tout notre cœur :

> Je reçois avec joie
> Tout ce que Dieu m'envoie,
> Et, dans l'adversité,
> Quand sa main me châtie,
> Du Dieu qui m'humilie
> Je respecte la volonté.   Amen.

MARDI (Matin).

Ainsi a dit le Seigneur, l'Eternel. le Saint d'Israël : C'est en retournant à moi et en demeurant tranquilles que vous serez sauvés ; c'est dans le repos et la confiance que sera votre force. (Es. 30, 15).

Méditation.

Dieu est le Seigneur des seigneurs, le Dieu grand et puissant qui seul peut nous sauver. Puisqu'il s'appelle le Saint d'Israël, ne lui demandons que le secours qu'il peut et veut nous accorder, comme Dieu trois fois saint, à savoir ce qui sert à la glorification de son nom et contribue à notre salut et à notre sanctification. Les épreuves que Dieu nous envoie ont pour but notre salut ; ne cherchons donc pas à nous y soustraire, mais acceptons-les avec soumission. Nous ne savons pas combien de temps il nous est bon de supporter telle souffrance qu'il nous envoie comme un remède salutaire, afin de nous humilier et de nous guérir de nos maux spirituels. Dieu, notre sage médecin, le sait mieux que nous. Plus nous sommes patients et soumis, plus vite les douleurs de la vie peuvent exercer leur salutaire effet et servir à notre purification et à notre sanctification ; plus promptement aussi Dieu peut nous fortifier et nous sauver par sa miséricorde infinie.

Prière.

Dieu fidèle, tu sais ce dont nous avons besoin, avant que nous te le demandions ; mais tu veux que nous te priions afin que nous ayons communion avec toi, et que nous recevions avec reconnaissance tous les dons de ton amour. Nous te rendons grâces de ta miséricorde à notre égard, et nous appelons sur nous toutes tes bénédictions en Jésus, notre Sauveur. Préserve-nous de légèreté et d'ingratitude, lorsque notre vie s'écoule douce et facile et que tout nous réussit avec ton assistance, et remplis-nous de patience, d'abandon filial et d'espérance chrétienne, si tu trouves bon de nous humilier et de nous éprouver. Affermis nos cœurs en toi, et sois avec nous pour nous conduire selon ta volonté et notre bien éternel.

De Dieu laisse agir la sagesse,
En son Sauveur assure-toi ;
S'il semble oublier ta détresse,
Il ne veut qu'éprouver ta foi.

Attends, demeure-lui fidèle ;
Sache souffrir sans murmurer,
Car déjà sa main paternelle
Est là qui vient te délivrer. Amen.

MARDI (Soir).

La crainte de l'Eternel multiplie les jours ; mais les années des méchants seront retranchées. L'espérance des justes est la joie ; mais l'attente des méchants périra. (Prov. 10, 27 et 28).

Méditation.

L'homme qui vit sans Dieu dans le monde, ne saurait être heureux. Sa vie peut être extérieurement heureuse, et cependant son espérance sera confondue. Tout ce qu'il a passera comme l'ombre et se flétrira comme la fleur des champs ; chaque pas qu'il fait l'éloigne de la source éternelle de joie et le précipite à sa perte. Celui, au contraire, qui marche dans les voies de Dieu, verra son attente se changer en joie. Le chemin peut être escarpé et difficile, il est néanmoins la bonne route, parce qu'il mène au ciel. Chaque pas pénible nous rapproche de Dieu ; nous éprouvons la puissance de la foi qui surmonte tout ; nous levons la tête, même dans la nuit profonde et au milieu des luttes, parce que nous savons que notre affliction, qui est légère et pour un temps, produit le poids d'une gloire infiniment excellente pour ceux qui ne regardent pas aux choses visibles, mais aux invisibles.

PRIÈRE.

Seigneur, tu conduis souvent tes enfants par des chemins obscurs. Te servir, te prier et se confier en toi, paraît à plusieurs une folie. Et cependant l'attente des justes n'est pas vaine, car tu es un Dieu secourable. Tu guériras un jour tous nos maux et tu essuieras toutes les larmes de nos yeux. Sois loué de ton grand amour et de ta miséricorde. Regarde-nous favorablement pour l'amour de Christ, et donne-nous de marcher avec fidélité dans tes voies. afin que nous puissions un jour, après ce temps d'épreuve, entrer dans la joie éternelle.

Préserve-nous, Seigneur, de vivre loin de toi,
Sur d'autres que sur toi d'appuyer notre vie.
De même que la fleur ne peut croître sans pluie,
Notre âme, loin de toi, se dessèche flétrie,
Et pour vivre il lui faut la prière et la foi. Amen.

MERCREDI (MATIN).

Le royaume des cieux est encore semblable à un trésor caché dans un champ, qu'un homme a trouvé et qu'il cache ; et dans sa joie, il s'en va et vend tout ce qu'il a, et achète ce champ-là. (St. Matth. 13, 44)

MÉDITATION.

Les avantages de la terre que les hommes recherchent avec tant d'ardeur, sont divers. L'un court après l'argent, l'autre après les jouissances, d'autres recherchent les honneurs. Mais si nous envisageons tous ces gains terrestres avec cette pensée et cette prière : « Seigneur, apprends-nous à nous rappeler que nous devons mourir, » nous sommes obligés de nous dire que tout est vanité. Le monde ne renferme pas de trésor qui nous console dans nos misères et qui, à l'heure de la mort, délivre l'âme de la puissance du péché, de ce pouvoir occulte qui nous empêche de nous approcher de Dieu et nous ravit le ciel. Le Sauveur nous a apporté un précieux trésor d'En-Haut et nous le communique dans sa Parole. Il est vrai qu'il ne gît pas devant nous, à nos pieds, et qu'il ne frappe pas les yeux comme le soleil à la voûte céleste; mais celui qui le cherche sérieusement le trouve, le recueille et en reçoit une paix et une joie que personne ne peut lui ravir.

Prière.

Dieu fidèle et plein de grâce! Tu nous as donné en ta Parole et en ton Fils un trésor bien précieux qui doit nous enrichir et nous rendre heureux dans ce monde et dans l'autre. Nous t'en bénissons du fond du cœur, et nous te prions d'agir sur nous par ton Saint-Esprit, afin que nous n'épargnions ni temps ni peine pour chercher ce trésor caché, et lorsque nous l'aurons trouvé, fais qu'au milieu de toutes nos tentations, nous nous rappelions sans cesse cette parole : « Tiens ferme ce que tu as, afin que personne ne te ravisse ta couronne ! »

Oui, Seigneur! des biens du monde,
Je connais la vanité;
Mon Dieu! sur toi seul je fonde
Toute ma prospérité.
Je te prends pour mon partage;

Dieu de mon cœur! je m'engage
A t'aimer, à te servir;
C'est là mon bonheur durable,
Mon trésor inépuisable,
Que rien ne peut me ravir. Amen.

MERCREDI (Soir).

Si donc quelqu'un est en Christ, il est une nouvelle créature; les choses vieilles sont passées; voici toutes choses sont devenues nouvelles.

(2 Cor. 5, 17).

Méditation.

La vie en Christ est toute différente de celle de l'homme naturel. Avec lui nous savons que notre destinée ne nous appelle pas à être notre maître, à faire notre propre volonté, mais bien celle de notre Dieu. Le caractère essentiel de notre vie est celui de l'obéissance, qui nous porte à ne pas vivre pour nous, mais pour Celui qui est mort et ressuscité pour nous. Notre âme en fait le devoir le plus important et reconnaît en même temps combien, en réalité, elle y suffit peu. Plus un homme se dit sérieusement, jusque dans les moindres détails : « Non ce que je veux, mais ce que tu veux, Seigneur », plus il est humilié à la pensée qu'il répond si peu à cette sainte tâche. Il n'est pas content de lui-même, comme il arrive souvent à l'homme naturel; il ne connaît pas la fausse paix qui conduit à la mort, il lutte constamment par l'esprit contre la chair ; il désire vivement le pardon. En un mot, les choses vieilles sont passées, et toutes choses sont devenues nouvelles.

Prière.

Notre bon Père céleste ! C'est au nom de Jésus-Christ que nous nous approchons du trône de ta grâce, que nous te prions de jeter sur nous un regard de miséricorde et d'entendre notre requête. Fais de nous des créatures nouvelles transformées à ta sainte image, et donne-nous de marcher sur les traces de notre adorable Sauveur. Accorde-nous le secours de ton Saint-Esprit, afin que nous te soyons fidèles comme il convient à des disciples de Christ, et que nous puissions un jour subsister devant ton tribunal.

Quitte joyeusement	Jésus met son plaisir
Ton péché, ta souillure,	A pouvoir t'en vêtir :
Et revêts du croyant	Oh ! laisse son amour
La belle et sainte armure.	T'en orner chaque jour. Amen.

JEUDI (Matin).

Le cœur de l'homme est trompeur et désespérément malin par-dessus toutes choses, qui le connaitra ? Moi, l'Eternel, je sonde le cœur et j'éprouve les reins ; et cela pour rendre à chacun selon ses voies. (Jérémie 17, 9-10).

Méditation.

Le prophète connait le cœur de l'homme à fond. Il sait qu'il est souvent hautain, souvent découragé ; hautain quand il devrait être découragé à la vue de ce qu'il est, et découragé quand il devrait être rempli de confiance à la pensée du salut qui lui est offert. Le cœur se décourage dans les afflictions, et devient hautain dans le bonheur. Quand l'orage se prépare à l'horizon, quand la détresse arrive et que l'angoisse s'empare du cœur, il se décide à se donner à Dieu ; mais à peine les nuages se sont-ils dissipés, qu'il reprend son assurance et retombe dans son état naturel. L'Eternel sonde les cœurs et rend à chacun selon ses voies. C'est parce qu'il sait ce qui est dans l'homme, qu'il est à même de le juger. Ce jugement de Dieu peut devenir, pour celui qui en a une sainte frayeur, un jugement de salut et le commencement de la conversion.

Prière.

Seigneur ! tu connais notre cœur, tu sais combien il est rusé, trompeur et désespérément malin. Fortifie-le dans ta grâce, afin que nous te soyons reconnaissants dans la prospérité, et que nous mettions notre entière confiance en toi dans les mauvais jours. Seigneur Jésus, sois notre lumière et notre vie, guide-nous par ton Saint-Esprit, alors nous pourrons constamment marcher sur tes traces. Dans la voie du péché nous rencontrons la douleur ; dans celle de la grâce, la joie et le contentement d'esprit. Préserve-nous de toutes les illusions et éclaire-nous de ta lumière. Bénis-nous pendant cette journée, rends-nous fidèles dans l'accomplissement de tous nos devoirs ; remplis notre cœur de charité envers ceux qui ont besoin de notre secours, et aide-nous à faire tout le bien qui est en notre pouvoir.

> Pour m'élever à toi, souvent je voudrais faire
> Un généreux effort ;
> Mais, hélas ! le péché, par un effort contraire,
> Me retient dans la mort.
> Mais je cherche la paix ; exauce ma prière :
> Je voudrais t'obéir !
> Mourir dans ton amour, ou vivre pour te plaire
> Est mon plus cher désir.   Amen.

JEUDI (Soir).

C'est ici son commandement : que nous croyions au nom de son Fils Jésus-Christ, et que nous nous aimions les uns les autres, comme il nous l'a commandé. (1 Jean 3, 23).

Méditation.

Croire en Jésus est le premier de tous les commandements ; il faut l'accomplir avant tout, lorsqu'on veut observer les autres. Il y a des personnes qui se croient fidèles à ce commandement, mais qui reconnaissent qu'elles sont loin d'accomplir les autres. C'est une erreur. Il serait plus juste de dire que si nous avions la vraie foi, elle nous rendrait fidèles en toutes choses. En effet, la foi produit tout ce qui est bien ; elle agit par la charité et est victorieuse du monde. La foi ne s'arrête pas longtemps à demander ce que Dieu lui commande, mais elle obéit sans discuter. Elle a deux mains ; de l'une, elle prend, et de l'autre elle donne. De l'une, elle saisit Jésus-Christ et son salut, de l'autre elle se consacre à Dieu et au prochain. Sans charité, il n'y a en réalité point de foi.

Prière.

Dieu miséricordieux ! Le jour est passé et la nuit est venue, mais en toi il n'y a pas de changement de lumière et de ténèbres.

Aussi venons-nous te prier d'être notre lumière au milieu des ténèbres de la nuit. Entoure-nous de ta protection et fais-nous trouver dans le sommeil le repos et le rafraîchissement dont nous avons besoin. Pardonne-nous les péchés dont nous nous sommes rendus coupables aujourd'hui en pensées, en paroles et en actions, et conserve-nous en communion de foi et d'amour avec toi. Tu est notre fidèle Sauveur ; donne-nous donc de t'aimer de tout notre cœur et de te suivre par la foi.

O Sauveur que j'adore,
Je crois, mais point encore
Ainsi que tu le veux.
Dans ta grande tendresse
Subviens à ma faiblesse ;
Rends ton enfant victorieux.   Amen.

VENDREDI (Matin).

O Dieu, tu es mon Dieu, je te cherche au point du jour ; mon âme a soif de toi, ma chair te souhaite dans cette terre aride, desséchée, sans eau, pour voir ta force et ta gloire, comme je t'ai contemplé dans le sanctuaire. Car ta bonté est meilleure que la vie ; mes lèvres chanteront ta louange. Ainsi je te bénirai pendant ma vie ; j'élèverai mes mains en ton nom ; ma bouche te loue avec des cris de réjouissance.   (Ps. 63, 2-6).

Méditation.

Si nous voulons bénir Dieu avec joie et le louer du fond du cœur, il faut que nous puissions dire avec le roi David : « O Dieu tu es mon Dieu ! » Il faut que nous sachions le dire même lorsque nous ne faisons pas l'expérience de la bonté et de la bienveillance de Dieu. La grâce de Dieu, qui pardonne le péché et qui est meilleure que la vie, n'a pas son siège dans ce qui est en nous, dans ce que nous sentons et éprouvons, mais en Dieu. Quand nous croyons qu'il est le Dieu fidèle et vrai, qui accomplira, quoi qu'il arrive, sa Parole en nous, nous le louons et le bénissons comme notre Dieu et nous lui donnons gloire.

Prière.

Seigneur, nous voudrions pouvoir toujours te bénir avec joie, mais dans ce monde de tentations, de péchés et de peines, il nous est souvent difficile d'arriver à la vraie joie en toi. Les ailes de la foi nous font défaut dans les jours de tristesse, et c'est elles qui pourraient nous élever au-dessus de la poussière de la terre, nous transporter dans les régions sereines de la paix que le monde ne peut ni donner ni ravir. Augmente-nous la foi, Seigneur, et fais de nos cœurs un sanctuaire où tes louanges retentissent sans cesse. Tu es et tu seras éternellement notre Dieu fidèle et vrai, qui n'abandonnes jamais les tiens.

Oh! que n'ai-je la voix de l'ange
Et la harpe du séraphin,
Pour chanter aussi ta louange,
Seigneur, mon Rédempteur divin,
Et pour célébrer nuit et jour
Les miracles de ton amour?

Tu m'as aimé, mon Dieu, mon Père;
Oh! pour ton amour, sois béni!
C'est par ta grâce que j'espère
Demeurer ton enfant chéri,
Et te rendre gloire à jamais
De tes soins et de tes bienfaits. Amen.

VENDREDI (Soir).

Ceux qui s'attendent à l'Eternel reprennent de nouvelles forces. Les ailes leur reviennent comme aux aigles. Ils courront et ne se fatigueront point; ils marcheront, et ne se lasseront point. (Es. 40, 31)

MÉDITATION.

Attendre et espérer, c'est l'attitude journalière des chrétiens. Ils attendent avec foi et prière, alors même que le Seigneur les conduit par le sombre chemin de l'épreuve, et qu'ils sont sur le point de se lasser et de se fatiguer. Le courage et la force leur reviennent sans cesse et leur permettent de s'élever par la foi et l'amour au-dessus de toutes les difficultés, comme l'aigle prend son essor vers le soleil par-dessus les montagnes. Nos pères ont vieilli dans la foi et y ont persévéré jusqu'à la fin, et nous, si nous voulons être leurs vrais fils, nous devons marcher sur leurs traces. La fin sera la paix, et l'éternité fera voir combien le Seigneur est bon envers tous ceux qui dans ce monde ont mis leur espérance et leur attente en lui.

PRIÈRE.

Seigneur, notre Dieu! ta grâce est notre vie et ta communion notre félicité. Nous te prions de nous y maintenir et de nous pardonner tous nos péchés. Si bien des espérances terrestres nous trompent, l'espérance en ta fidélité, notre bon Père Céleste en Jésus-Christ, ne peut pas nous tromper. Donne-nous la force de croire, afin que nous nous attendions joyeusement aux promesses de ta Parole, jusqu'à ce que notre foi se change en vue.

Que n'ont pas souffert les héros
Dont nous suivons la trace?
Que de dangers, que de travaux!
Mais quelle sainte audace!
Jésus lui-même, notre Roi,
N'a-t-il pas sur la terre
Suivi le sentier de la foi
Jusque sur le Calvaire?

Que leur victoire et leurs combats
Enflamment notre zèle;
Croyons et courons sur leurs pas:
Notre chef nous appelle.
Quand on le suit, tout est bonheur;
Et jamais les tempêtes,
Sans la volonté du Sauveur,
N'éclatent sur nos têtes. Amen.

SAMEDI (Matin).

Puis l'Eternel mena Abraham dehors et lui dit: Regarde vers le ciel, et compte les étoiles, si tu peux les compter. Et il lui dit: Ainsi sera ta postérité. Et Abraham crut à l'Eternel, qui lui imputa cela à justice.

(Genèse 15, 5-6).

Méditation.

Abraham donna gloire à Dieu par sa foi. La foi est en quelque sorte la main étendue dans laquelle Dieu met toutes ses grâces ; c'est l'arc qui unit le ciel à la terre, l'échelle mystérieuse de Jacob sur laquelle les anges de Dieu montent et descendent. Le manque de confiance est l'indice d'un cœur non réconcilié ; la foi est le lien qui unit l'homme à Dieu et le réconcilie avec lui. Voilà pourquoi la foi d'Abraham lui a été imputée à justice. L'homme de foi s'élève jusqu'au ciel, de sorte que, tout en étant pèlerin sur la terre, sa vie est cachée avec Christ en Dieu. L'apôtre St-Paul, par cette image, veut indiquer que l'union de l'âme avec Dieu par la foi est un saint mystère.

Prière.

C'est en mettant notre confiance en ta puissance et en ta bonté que nous nous approchons de toi, ô Seigneur, et que nous te prions de nous accorder ta protection et ta bénédiction. Nous nous recommandons nous et les nôtres à ta sage et bonne Providence. Tu connais nos besoins, nos vœux et nos soucis. Tu sais aussi que nous ne pouvons pas nous passer de ton secours. Ne nous retire pas ton aide et fortifie notre confiance dans ta fidélité immuable en Jésus-Christ, notre Seigneur. Fais-nous trouver par la foi en lui, le prince de la paix, la justice de Dieu, et la paix qui surpasse toute intelligence.

De sagesse et d'amour, ô toi, source infinie !
Sanctifie en ce jour l'œuvre de notre foi.
Rends-nous joyeux et forts au combat de la vie.
Par tes grâces, ô Dieu, rapproche-nous de toi.   Amen.

SAMEDI (Soir).

Pourquoi ce tumulte parmi les nations? Et pourquoi les peuples projettent-ils des choses vaines? Les rois de la terre se sont levés, et les princes se sont concertés ensemble contre l'Eternel et contre son Oint. Rompons leurs liens, disent-ils, et jetons loin de nous leurs cordes! Celui qui est assis dans les cieux s'en rira; le Seigneur se moquera d'eux.   (Ps. 2, 1-4).

Méditation.

S'il y a des hommes insensés qui se persuadent que Dieu

n'est pas le Maître du monde, et que le mal peut triompher du bien, ils n'ont qu'à ouvrir les yeux pour voir qu'il n'en est ainsi qu'en apparence. Quelque redoutables qu'aient été les puissances humaines, Dieu ne s'est jamais mis à leur service. Il s'est commis sur cette terre des péchés innombrables; mais ont-ils pu anéantir la Parole de Dieu, ou en éteindre la lumière dans les cœurs? Semblable au feu, elle arrive toujours à se faire jour; elle pénètre et frappe la conscience des hommes comme un marteau qui brise les rochers. Elle est toujours victorieuse de l'âme humaine et étend de plus en plus le règne de Dieu dans le monde.

PRIÈRE.

Seigneur, nous admirons ta sainteté et ta gloire, et nous sentons combien nous sommes petits et impuissants dans notre faiblesse et notre culpabilité! Fais que nous le reconnaissions toujours mieux, afin que nous ne nous élevions point; rends-nous précieuse ta sainte volonté et fais-nous recevoir ta Parole avec humilité. Fortifie-nous dans la foi en ton cher Fils que tu nous as donné pour Sauveur. C'est en regardant à lui, le chef et le consommateur de notre foi, que nous te prions, Dieu fidèle, de nous pardonner nos péchés et de faire toutes choses nouvelles en nous. Remplis nos cœurs du sentiment de ta présence et garde-nous pendant cette nuit, par ta puissance, avec tous ceux que nous aimons.

De tous nos ennemis tu sais quel est le nombre;
Ton bras combat pour nous et nous délivrera.
Alleluia! Alléluia!
Les méchants devant toi s'enfuiront comme une ombre. Amen.

Cinquième semaine après Epiphanie.

DIMANCHE (MATIN).

Jésus leur proposa une autre parabole, en disant: Le royaume des cieux est semblable à un homme qui avait semé une bonne semence dans le champ. Mais pendant que les hommes dormaient, son ennemi vint, qui sema de l'ivraie parmi le blé, et s'en alla. Et après que la semence eut poussé et qu'elle eut produit du fruit, l'ivraie parut aussi. Alors les serviteurs du père de famille lui vinrent dire: Seigneur, n'as-tu pas semé une bonne semence dans ton champ? D'où vient donc qu'il y a de l'ivraie? Et il leur dit: C'est un ennemi qui a fait cela. Et les serviteurs lui répondirent:

Veux-tu donc que nous allions la cueillir? Et il dit: Non, de peur qu'en cueillant l'ivraie vous n'arrachiez le froment en même temps. Laissez-les croître tous deux ensemble jusqu'à la moisson; et au temps de la moisson, je dirai aux moissonneurs: Cueillez premièrement l'ivraie et liez-la en faisceaux pour la brûler; mais assemblez le froment dans mon grenier.

(St Matth. 13, 24-30).

Méditation.

Dieu veut laisser croître l'ivraie avec le blé jusqu'au moment de la moisson, parce qu'il est amour et miséricorde. « Il est lent à la colère et abondant en grâce ». Plus encore : « il fait lever son soleil sur les bons et sur les méchants, il fait pleuvoir sur les justes et sur les injustes ». Dieu fait aux méchants la grâce de les convier à la repentance, tant qu'il est jour. Quel est le but de cette grande patience? Le texte nous fournit la réponse : « De peur que vous n'arrachiez le froment en même temps que l'ivraie ». Ce qui est ivraie, ne reste pas nécessairement ivraie. L'incrédule peut arriver à la foi ; le moqueur peut apprendre à louer et à bénir, le menteur à devenir véridique. L'ivraie peut, dans ce domaine, être transformée en blé. Reconnaissons dans cette patience le grand amour de Dieu, et rappelons-nous qu'aussi longtemps qu'il y a un souffle de vie dans l'homme, nous n'avons pas le droit de mettre en question la possibilité de son salut. Cependant il ne faut pas abuser de cette patience pour se laisser aller à la paresse ; elle doit plutôt nous porter à la repentance. Le Seigneur, il est vrai, tarde à réaliser ses menaces, mais ce qui est différé n'est pas remis à toujours.

Prière.

Dieu fidèle, notre Père céleste! Nous nous présentons ce matin devant toi comme tes enfants en Jésus-Christ, et nous te bénissons pour ce jour de salut et de grâce que tu nous as de nouveau accordé. Aide-nous à le passer pour ta gloire. Préserve-nous de tout ce qui pourrait te déplaire et nuire à notre âme. Tu connais la puissance des ténèbres et tu sais aussi combien facilement l'ivraie s'enracine dans nos cœurs. Maintiens-nous dans la crainte de ton nom, donne-nous la force de vaincre le péché par ta Parole et ton Esprit ; fortifie-nous dans la foi ; rends-nous zélés pour les bonnes œuvres et fervents dans la prière. Fais que ta Parole soit annoncée avec force et avec fidélité, et fais pénétrer un rayon de ta grâce dans le cœur de tous ceux qui l'entendent et la lisent, afin qu'ils reçoivent avec joie la bonne semence et portent du fruit pour la vie éternelle.

O mon Seigneur! que la grâce infinie,	Puisse ta main, au bout de ma carrière,
Dont je connais la céleste valeur,	Me transporter dans le séjour du ciel!
Jusqu'à la fin de cette courte vie,	Après t'avoir servi sur cette terre,
A chaque instant affermisse mon cœur.	Que je t'adore au séjour éternel! Amen.

DIMANCHE (Soir).

Revêtez-vous donc comme des élus de Dieu, saints et bien-aimés, d'entrailles de miséricorde, de bonté, d'humilité, de douceur, de patience; vous supportant les uns les autres, et vous pardonnant les uns aux autres; si l'un a quelque sujet de plainte contre l'autre, comme Christ vous a pardonné, vous aussi faites de même. Mais par-dessus toutes choses, revêtez-vous de la charité, qui est le lien de la perfection. Et que la paix de Christ, à laquelle vous avez été appelés pour n'être qu'un seul corps règne dans vos cœurs; et soyez reconnaissants. Que la parole de Christ habite abondamment en vous, en toute sagesse. Instruisez-vous et exhortez-vous les uns les autres, par des psaumes et des hymnes et des cantiques spirituels, chantant dans vos cœurs au Seigneur avec reconnaissance. Et quoi que vous fassiez, en paroles ou en œuvres, faites tout au nom du Seigneur Jésus, rendant grâces par lui à Dieu le Père.   (Col. 3, 12-17).

MÉDITATION.

De même que la beauté du corps est froide et sans vie, si l'âme ne se reflète pas sur le visage et ne répand son souffle sur l'ensemble, ainsi la beauté morale est froide et sans vie, lorsque l'âme de l'amour lui fait défaut. Se donner par amour au prochain, chercher son intérêt et non pas seulement le nôtre, c'est Dieu seul qui peut nous l'apprendre, lui qui s'est donné à nous en Jésus-Christ, et qui rend témoignage de son amour dans nos cœurs par le Saint-Esprit. Ce serait bien triste sur la terre si l'amour ne facilitait pas les relations des hommes; ce monde d'agitations serait bien triste, si nous ne pouvions y trouver la paix. Quelle est cette paix? C'est la paix avec Dieu, c'est le pardon des péchés, c'est la certitude de la vie éternelle. Jésus-Christ est notre paix. Il faut donc que sa Parole devienne l'aliment de notre âme. Il faut que lui-même, notre Seigneur et Sauveur, imprime son image en nous, pour que nous soyons en lui et que nous marchions en son Nom. C'est en son Nom que nous voulons prier, lorsque nous nous approchons de Dieu, c'est en son Nom que nous voulons travailler dans le monde, car ce n'est pas nous, mais lui qui doit paraître dans tout ce que nous faisons en paroles ou en actions. Qu'à lui notre Père et à Jésus-Christ notre Sauveur soient louange et gloire en toute éternité !

Prière.

Seigneur, notre Dieu ! Nous te bénissons pour tous les bienfaits dont tu ne cesses de nous combler, surtout pour la grâce que tu nous fais de posséder ta Parole. Enseigne-nous toi-même à nous en nourrir journellement, afin d'y puiser tout ce qui nous est nécessaire pour cette vie d'amour et de dévouement qui doit être celle de tes enfants sur cette terre. Oh ! que ton amour, Seigneur Jésus, soit tellement répandu dans nos cœurs, qu'il se reflète au dehors dans notre vie et que toutes nos paroles et toutes nos actions en portent l'empreinte. Donne-nous par ton Saint-Esprit les sentiments qui étaient en toi, et apprends-nous à prier en ton Nom, à travailler en ton Nom, afin que ce ne soit plus nous qui vivions, mais toi, Seigneur, qui vives en nous pour ta gloire.

Viens règner dans notre âme ;
Réveilles-y la flamme
De ton impérissable amour.
Que ton Esprit unisse
Ton peuple, afin qu'il puisse
Te glorifier à son tour.

Que pour toi ton peuple vive,
O Seigneur ! et te suive
Dans la paix et la vérité ;
Et qu'à toi sans partage,
Il porte au cœur l'image
De la divine charité.   Amen.

LUNDI (Matin).

Si je vous dis la vérité, pourquoi ne me croyez-vous pas ? Celui qui est de Dieu écoute les paroles de Dieu ; c'est pourquoi vous ne les écoutez pas, parce que vous n'êtes point de Dieu.   (St. Jean 8, 46-47).

Méditation.

Que la vérité soit notre amie ; elle ne nous enlève que ce qui nous sépare de la bienheureuse communion avec Dieu et ce qui nous rend malheureux, c'est-à-dire nos fausses idées et nos péchés qui sont nos ennemis. Ces ennemis sont : la légèreté ou l'esprit mécontent, la colère ou l'insouciance, l'avarice ou la prodigalité, l'orgueil ou les bassesses, l'impureté ou les vertus imaginaires, en un mot ce qui constitue notre tempérament particulier et nos péchés favoris. Tous ces vices et ces travers ont l'air d'être nos amis et nous trompent pour un moment sous de fausses apparences, nous empêchent d'arriver à la foi, et nous livrent enfin au jugement de Dieu comme un arbre stérile. La vérité, au contraire, que Dieu nous fait annoncer, nous donne le salut et la bénédiction, pour ce monde et pour le monde à venir

Prière.

Seigneur, notre Dieu ! C'est avec ton assistance que nous commençons un nouveau jour. Nous ne savons ce qu'il nous apportera et quels sont les dangers et les tentations auxquels nous serons exposés ; nous venons à toi et nous nous recommandons à ta protection toute-puissante et paternelle. Accorde-nous ton Saint-Esprit, afin qu'il nous guide et qu'il règne sur nous. Fais que nous ne résistions pas à la vérité par orgueil ou par amour du péché, mais que nous lui ouvrions notre cœur, et que par elle nous croissions dans la foi, dans l'amour et dans toutes sortes de bonnes œuvres.

> Ta Parole, Seigneur, est la vérité suprême,
> Par elle je connais mon péché, mon malheur ;
> Ce fidèle miroir me dévoile à moi-même,
> Et je vois en tremblant combien je suis pécheur.
>
> Mais ta Parole aussi, c'est la bonne nouvelle
> Qui m'apprend, ô mon Dieu, ta céleste bonté ;
> Oui, je sais maintenant que ta grâce m'appelle,
> Et je sais à quel prix Jésus m'a racheté ! Amen.

LUNDI (Soir).

Au jour de ma détresse, j'ai cherché le Seigneur ; la nuit, ma main était étendue vers lui et ne se lassait point ; mon âme refusait d'être consolée. Je me souvenais de Dieu et je gémissais, je méditais et mon esprit était abattu. (Ps. 77, 3-4).

Méditation.

Le Dieu miséricordieux nous a frayé un chemin qui conduit à toutes les joies de l'éternité, parce qu'il nous permet de nous approcher de lui par la prière. La prière a un double caractère ; elle tient de la nature et de l'art. Qu'y a-t-il en effet de plus naturel que de prier ? La prière n'est-elle pas la respiration de l'âme ? Mais la prière est aussi un art, dont on peut dire comme de toutes les parties de la vie spirituelle : « Celui qui a déjà, recevra encore davantage ». Les portes éternelles ne s'ouvrent pas pour toutes les âmes quand elles veulent prier ; pour beaucoup, elles ne font que s'entr'ouvrir ; pour d'autres, elles restent fermées. Mais ceux qui ont appris à vivre en communion avec

Dieu n'ont qu'à le rechercher dans la solitude, et aussitôt les liens et les voiles tombent.

PRIÈRE.

Dieu éternel et tout-puissant ! C'est en portant sur toi un regard confiant et plein de foi que nous voulons terminer ce jour. Nous te bénissons de ce qu'aujourd'hui encore tu nous as fait sentir ta grâce et ton secours, et nous te prions de nous donner un esprit de foi et de prière, afin que nos requêtes te soient agréables. Nous te confessons en toute humilité toutes nos langueurs, toutes nos faiblesses qui nous empêchent souvent de prier comme il faut. Pardonne-nous, Seigneur ; viens à notre aide par ton Esprit, afin que, selon ta promesse, il nous soulage dans nos faiblesses, et qu'il intercède lui-même pour nous par ces soupirs qui ne peuvent s'exprimer. Accorde-nous cette grâce et exauce-nous pour l'amour de Jésus.

> Quelle indicible paix dans une âme qui prie !
> Lorsque au pied de la croix un pécheur s'humilie,
> A sa lèvre l'Esprit met des langues de feu ;
> Dans ce cœur plein d'amour quel profond silence,
> Le monde s'est enfui, l'éternité commence :
> Il voit la face de son Dieu.   Amen.

MARDI (Matin).

En ces jours-là et en ce temps-là, dit l'Eternel, on cherchera l'iniquité d'Israël, mais elle ne sera plus ; et les péchés de Juda et ils ne se trouveront plus ; car je pardonnerai à ceux que j'aurai fait demeurer de reste.

(Jérémie 50, 20).

MÉDITATION.

Les prophètes mettent en perspective un jour de pardon général que le Seigneur fera lever sur nous. Cette promesse se rapporte en premier lieu au peuple d'Israël, mais elle s'applique aussi à l'Israël de la nouvelle alliance. Quelle magnifique espérance ! Lorsque la rédemption opérée par Christ aura son plein effet, tous seront compris dans la grâce et le pardon ; pas une seule iniquité, pas un seul péché n'opposera d'obstacle irrésistible à la venue du règne de grâce. Sans doute il est impossible de dire ce qui se passera alors, car l'Ecriture sainte parle d'un jugement dernier qui, à la fin des temps, atteindra un grand nombre. N'oublions donc pas de « travailler à notre salut avec crainte et tremblement, » quelque ardent que soit le désir du Seigneur de rendre la rédemption universelle.

PRIÈRE.

Dieu miséricordieux, dont la bonté et la fidélité sont chaque jour nouvelles, nous te remercions de la protection que tu nous as accordée la nuit dernière. Fais-nous la grâce de marcher tout ce jour à ta lumière et de fuir les œuvres des ténèbres. Donne-nous de nous rappeler sans cesse le compte que tu nous demanderas un jour et rends-nous sages à salut. Nous nous adressons à toi comme à la source inépuisable de bénédiction, dont nous recevons grâce sur grâce jusqu'à ce que notre rédemption soit complète. Donne-nous la force et la sagesse de conformer toute notre vie à ta sainte volonté.

> Jésus tient en main le sceptre de justice,
> Et pour l'éternité son règne est affermi ;
> Il faut au nom de Christ que tout genou fléchisse,
> Et qu'enfin sous ses pieds tombe tout ennemi.   Amen.

MARDI (Soir).

Je m'en vais par le chemin de toute la terre ; fortifie-toi et sois un homme. Et garde ce que l'Eternel ton Dieu veut que tu gardes, en marchant dans ses voies, et en gardant ses statuts, ses commandements, ses ordonnances et ses témoignages, selon ce qui est écrit dans la loi de Moïse ; afin que tu réussisses dans tout ce que tu feras et dans tout ce que tu entreprendras.

(1 Rois 2, 3-4).

MÉDITATION.

Ces paroles renferment les adieux que le roi David mourant a faits à son fils Salomon qui lui a succédé sur le trône. Il l'exhorte à ne pas se montrer pusillanime, efféminé et flottant, mais à mettre la main à l'œuvre avec courage en regardant à Celui qui manifeste sa force dans notre faiblesse. Ces conseils donnés à un jeune roi étaient de la plus grande importance. Ils le sont aussi pour nous. Remarquons que c'est un père mourant qui parle à son fils. Ah ! qu'ils sont nombreux les enfants qui oublient bien vite les directions qui leur ont été données dans les circonstances les plus émouvantes, alors qu'elles devraient rester éternellement gravées dans leur cœur en lettres de feu !

PRIÈRE.

Dieu saint et tout sachant ! Tu sondes nos cœurs et tu connais tout notre être, si peu éclairé de ta lumière. Aide-nous à nous montrer toujours tes enfants qui te suivent fidèlement, marchant dans tes voies et gardant tes statuts, tes ordonnances. O Dieu et Père céleste en Jésus-Christ, que nous n'oubliions jamais que nous sommes tes enfants et quelle est ta volonté à notre égard. Supporte nos faiblesses avec patience, et ne permets pas que nos cœurs se détournent de toi. Produis en nous la constance et la fidélité. Soutiens-nous par l'espérance qui anime tes enfants au milieu de leurs souffrances, et qui les remplit de joie. Donne-nous aussi de travailler avec fidélité à l'avancement de ton règne pendant qu'il est jour, afin que nous marchions avec sérénité au devant de la nuit où personne ne pourra plus travailler.

Ta main me garde et protège ma vie,
Ton œil me suit et ne peut se lasser.
Oh! que jamais, Seigneur, je ne t'oublie!
Qu'en t'adorant, toujours j'aime à penser

Qu'avec tendresse
Veillant sur moi,
Tu vois sans cesse
L'enfant qui vient à toi! Amen.

MERCREDI (Matin).

Ayant renoncé à toute sorte de malice, de fraude, de dissimulation, d'envie et de médisance, désirez avec ardeur, comme des enfants nouvellement nés, le lait spirituel et pur, afin que vous croissiez par son moyen.

(1 Pierre 2, 1-2).

Méditation.

Tu dis que tu es chrétien et tu soupçonnes le mal chez ton prochain, ou tu fais sur son compte les suppositions les plus malveillantes, bien que tu sois convaincu que c'est souvent à tort que tu les fais. Tu dis que tu es chrétien et tu as une amabilité hypocrite pour les étrangers, tandis qu'au sein de ta propre famille tu es de mauvaise humeur, égoïste, jaloux ; tu ne souffres pas qu'on te néglige et tu trouves tout naturel de négliger les autres. Il est fort à craindre, dan ce cas, que ton prochain ne reçoive si peu de témoignages de ton amour, que parce que toi-même, tu n'as pas encore bien éprouvé l'amour de Dieu. Où donc, faux chrétien, est chez toi le rayonnement du soleil de vérité et d'amour ? Recherche toutes les choses qui sont véritables, toutes celles qui sont honnêtes, justes, pures, aimables, celles qui sont de bonne réputation, et où il y a quelque vertu, et qui sont dignes de louange ; si tu le fais avec amour, le Dieu de paix sera avec toi.

Prière.

Dieu fidèle ! Nos jours s'écoulent rapidement, et tu veux que nous nous préparions pour l'éternité, que notre âme soit à toi.

Fais que nous employions ce jour à travailler à notre salut avec crainte et tremblement. Ouvre-nous les yeux et montre-nous bien l'état de nos âmes, pour que nous ne vivions pas dans les illusions, mais que nous nous efforcions chaque jour de quitter, avec le secours de ta grâce, ce qui est indigne d'un chrétien. Aide-nous à marcher comme des enfants de lumière ; remplis-nous d'un esprit d'amour, de douceur, d'indulgence pour tous ceux avec lesquels nous sommes appelés à vivre ; que nous trouvions notre joie à nous oublier pour les réjouir, pour leur rendre la vie douce et facile, et qu'ainsi nous puissions te glorifier par toute notre conduite, et être bénis et en bénédiction pendant notre passage sur cette terre. Bénis-nous, Seigneur, bénis tous ceux que nous aimons et apprends-nous à suivre en toutes choses le saint modèle que Jésus nous a laissé.

Inspire-nous la charité
L'esprit de patience ;
Mets dans nos cœurs l'humilité.
Source de l'indulgence.

Daigne, Seigneur, nous l'enseigner,
Et rends-nous prompts à pardonner,
Indulgents pour nos frères,
Pour nous-mêmes sévères.   Amen.

MERCREDI (Soir).

L'Éternel ton Dieu est au milieu de toi, un héros qui sauve. Il se réjouira à cause de toi d'une grande joie ; il se taira dans son amour ; il se réjouira à ton sujet avec chant de triomphe.   (Soph. 3, 17).

Méditation.

Il arrive souvent que des personnes qui se sont rendues coupables de graves péchés, désespèrent de la grâce de Dieu au moment où leur conscience se réveille. « Tout est perdu pour moi, je n'ai plus de miséricorde à attendre, il est trop tard », tel est leur cri de désespoir. Pour celui qui persévère dans la mauvaise voie, et ne veut pas rompre avec le péché, il n'y a évidemment plus d'espoir ; mais le Seigneur fait grâce à ceux qui s'humilient. Il est un puissant Sauveur ; il peut guérir les blessures les plus dangereuses. Il jette un regard de bonté et de joie sur celui qui se repent sincèrement, pareil au père qui ouvre ses bras à l'enfant prodigue quand il revient de la terre étrangère en lui disant : « Père, j'ai péché contre le ciel et contre toi, et je ne suis plus digne d'être appelé ton fils ». La grâce de Dieu a paru en Jésus-Christ ; celui qui vient à lui ne sera pas repoussé.

Prière.

Dieu miséricordieux ! Notre âme te cherche ; fais-toi trouver ! Tu es la paix de notre cœur et la force de notre vie,

Nous te rendons grâces du secours et de la bienveillance que tu nous as accordés aujourd'hui, et nous te prions de nous garder pendant cette nuit. Sois-nous propice, Seigneur ; souviens-toi de nous, non selon nos péchés, mais selon ta miséricorde en Jésus, notre Sauveur. Aie compassion de tous ceux qui marchent encore dans les ténèbres du péché, de l'incrédulité et de la superstition, et fais lever sur eux le soleil de la vérité et de la grâce, afin qu'ils puissent se réjouir de ton amour avec tous tes rachetés.

Seigneur, tu donnes ta grâce
Au cœur qui s'attend à toi ;
Ah ! que sa douce efficace
Se répande aussi sur moi.

Père tendre et secourable,
J'ai souvent enfreint ta loi ;
Quoique impur et misérable
Oh ! pardonne et bénis-moi !   Amen.

JEUDI (Matin).

Voici, oh ! qu'il est bon et qu'il est agréable que des frères demeurent unis ensemble ! C'est comme l'huile précieuse, qui descend sur la tête et sur la barbe d'Aaron, qui descend jusqu'au bord de ses vêtements ; et comme la rosée de l'Hermon, qui descend sur les montagnes de Sion ; car c'est là que l'Eternel a ordonné la bénédiction et la vie à toujours.   (Ps. 133)

Méditation.

Les divisions et les dissensions sont un véritable fléau. Il n'y a qu'un cœur mauvais et dénaturé qui puisse y prendre plaisir. Tout homme de bien, qui se voit mêlé à des discordes, en souffre comme s'il avait au cœur un ver rongeur. Quand la désunion règne dans sa maison, il lui semble qu'un mauvais esprit le hante. Qu'il est doux, au contraire, qu'il est agréable, que des frères demeurent unis ensemble ! La bénédiction de Dieu repose sur les moindres détails de la vie, les plus grandes amertumes sont adoucies, et il semble que les anges de Dieu habitent sous le toit où règnent la paix et l'amour.

Prière.

Père céleste ! Daigne faire régner ta paix dans nos cœurs et fais-nous la grâce, ayant la paix avec toi par Jésus-Christ, de travailler à la faire régner autour de nous par nos paroles et notre exemple. Remplis nos cœurs du sentiment de ta présence et de ton Esprit, afin qu'il produise en nous des fruits de douceur, de support et de charité, et que dans toute notre conduite nous nous montrions des enfants de paix. Que la paix de Dieu, qui surpasse toute intelligence, garde nos cœurs et nous rende capables de fuir tout ce qui pourrait troubler nos relations avec nos frères. Donne-nous de nous rappeler sans cesse que la paix est une bénédiction, et de faire tout ce qui est en notre pouvoir pour la maintenir et la développer. Alors s'accomplira pour nous aussi cette parole de ton Fils bien-aimé : « Heureux ceux qui procurent la paix, car ils seront appelés enfants de Dieu ».

Oh ! qu'il est beau de voir des frères
Dans la paix du Seigneur s'unir !
Oh ! qu'il est beau, dans leurs misères,
De les voir tous se soutenir !
Qu'à jamais ce saint héritage
Soit, ô Dieu, notre doux partage !   Amen.

JEUDI (Soir).

Voici, le roi régnera selon la justice, les princes gouverneront avec équité. Et chacun d'eux sera comme un abri contre le vent et un refuge contre la pluie, comme des ruisseaux d'eau dans une terre aride, comme l'ombre d'un grand rocher dans un pays désolé. Alors les yeux de ceux qui voient ne seront plus couverts, et les oreilles de ceux qui entendent seront attentives. Le cœur des hommes légers entendra la sagesse ; la langue des bègues parlera promptement et nettement.   (Es. 32, 1-4).

MÉDITATION.

Le prophète Esaïe parle ici d'un temps de salut qui offre aux hommes des grâces qu'ils n'ont pas connues auparavant. Ce temps, nous y vivons depuis la venue de Jésus-Christ dans le monde. « Le cœur des hommes légers entendra la sagesse », dit le prophète. Mais il est certain que ce ne sont que ceux qui y aspirent, qui recevront les forces promises pour acquérir cette sagesse. Les hommes au cœur léger sont encore en grand nombre, même parmi les chrétiens, et cela leur est souvent en piège. Partout nous sommes exposés à des dangers et à des tentations ; voilà pourquoi la sagesse nous est nécessaire. Que de misères résultent surtout pour les jeunes gens de la légèreté de cœur ! Celui qui croit véritablement au Seigneur Jésus et qui marche sur ses traces, apprend la vraie sagesse ; cette sagesse sait se garder de ce qui brille extérieurement et pourrait conduire à la perdition. Il tient aussi sa langue en bride et sait parler comme il convient aux chrétiens.

PRIÈRE.

Nous sommes voyageurs ici-bas, Seigneur, notre Dieu, et nous nous approchons chaque jour du terme de notre pèlerinage.

Aussi nous te prions de nous accorder ton assistance, pour que nous marchions avec sagesse et prudence devant toi, et qu'au milieu de toutes nos entreprises, nous ne perdions jamais de vue notre destination céleste. Donne-nous la vraie fidélité, en paroles et en actions, afin que nous soyons un jour dignes d'avoir communion avec toi, Dieu fidèle, et d'être admis comme citoyens dans la ville éternelle qui repose sur un fondement inébranlable. Quand nous sommes sur le point de succomber, fortifie-nous par l'avant-goût de la paix et de la félicité que tu as promises à tous ceux qui persévèrent jusqu'à la fin.

Seigneur, donne-moi la sagesse,
Règle mes vœux et mes discours.
Si la tentation me presse,
Hâte-toi, viens à mon secours !

Sur mon cœur tu peux toute chose,
Vers le bien daigne le fléchir ;
En toi mon espoir se repose,
En toi je veux vivre et mourir ! Amen.

VENDREDI (Matin).

Recherchez la paix avec tous, et la sanctification sans laquelle nul ne verra le Seigneur. (Héb. 12, 14).

Méditation.

L'homme est de sa nature un être mécontent et inquiet ; ses pensées sont souvent confuses et obscures, ses désirs sont troublés par l'amour-propre et les convoitises, ses sentiments changent comme le jour et la nuit ; c'est là une expérience que chacun est à même de faire. Mais il s'est levé sur nous un soleil qui veut faire descendre ses rayons dans nos cœurs et éclairer nos pensées de sa vive lumière. Voulez-vous voir un homme en qui la chose s'est réalisée, contemplez Celui qui s'appelle lui-même la lumière du monde. Vous qui passez pour chrétiens, avez-vous dans votre cœur et dans votre vie quelques rayons de cette lumière? Etes-vous une même plante avec lui et a-t-il commencé à imprimer son image en vous ? — Cette union et la sainteté qui en est le fruit sont une bénédiction sur cette terre ; la paix entre les hommes en découle, et par elle s'accomplit la recommandation de l'apôtre : « Ayez la paix avec tous les hommss. »

Prière.

Nous te prions, Seigneur Jésus, de nous accorder de ta plénitude grâce sur grâce. Donne-nous la connaissance de ta sainte volonté et fais que nous regardions comme le premier devoir de notre vie de te louer et de te servir. Toi qui es la lumière du monde, viens luire dans nos cœurs ; sanctifie tout ce qui est en nous par ton Esprit, et conduis-nous toujours plus avant dans tes voies, de gloire en gloire, jusqu'à ce que nous puissions entrer dans cette patrie meilleure, où nous te verrons face à face, où nous vivrons de ta pleine lumière et te louerons d'éternité en éternité.

> Ah ! viens Seigneur par la grâce
> Mettre aussi dans notre cœur
> Quelque rayon, quelque trace
> De ta divine splendeur !
> Toi qui portas nos misères
> Donne-nous pour tous nos frères
> Ton tendre amour, ô Seigneur !   Amen.

VENDREDI (Soir).

Eternel, si tu prends garde aux iniquités, Seigneur, qui subsistera ?
(Ps. 130, 3).

MÉDITATION.

Le roi David, disant au Seigneur : Si tu prends garde aux iniquités, qui subsistera devant toi ? confesse que tous les hommes sont pécheurs. Il ne s'est pas trompé. Le péché se présente sous bien des formes au sein de l'humanité, qu'on l'observe chez l'homme sans culture et sans éducation, ou dans les sociétés raffinées, chez les jeunes et les vieux, chez les savants et les ignorants. Il n'y a pas d'homme sans côté faible. Il y a surtout un fait qui doit convaincre ceux qui contestent le plus notre maladie morale, c'est que nous sommes tous à tel point épris de nous-mêmes que, selon la parole du réformateur Luther, « il n'y a si petite place où l'amour-propre ne se niche. » Nous n'avons qu'à nous rappeler qu'il nous en coûte de voir nos faiblesses mises à jour, et que nous supportons même avec peine qu'un ami fidèle nous les dévoile. Et si nous sommes forcés de reconnaître nos imperfections et nos lacunes, nous est-il possible d'y rester indifférents ? Pouvons-nous penser sans trouble et sans émotion à l'heure où nous devrons comparaître devant Dieu ? Cherchons donc humblement la face de notre Père céleste, et prions-le de nous être propice pour l'amour de son Fils, notre Seigneur et Sauveur.

PRIÈRE.

Dieu fidèle, qui nous as conservés pendant le jour écoulé, viens encore étendre sur nous tes mains paternelles pendant cette nuit. Il est vrai que nous ne sommes pas dignes de ton amour. Souvent nous n'avons pas observé tes saints commandements, et nous avons suivi nos propres voies au lieu de marcher dans les tiennes. Mais nous nous en humilions profondément devant toi, et nous sentons le besoin de chercher notre pardon sous la croix. N'entre point en compte avec nous, mais fais-nous grâce et miséricorde. C'est au nom du Seigneur Jésus, qui a voulu se charger de toutes nos iniquités, que nous te prions de nous exaucer.

Oh! Seigneur, quel est le fidèle	Mais si de sa montagne sainte
Qui devant toi soit innocent?	Dieu nous a fait ouïr sa voix,
Malgré leurs désirs et leur zèle,	C'est l'amour et non plus la crainte
Tous n'ont droit qu'à ton châtiment.	Qu'aujourd'hui veut ce puissant Roi. Amen.

SAMEDI (Matin).

Ne soyez point en souci, disant: Que mangerons-nous? que boirons-nous? ou de quoi serons-nous vêtus? Car ce sont les païens qui recherchent toutes ces choses; et votre Père céleste sait que vous avez besoin de toutes ces choses-là. Mais recherchez premièrement le royaume de Dieu et sa justice, et toutes ces choses vous seront données par-dessus.

(St. Matth. 6, 31-33).

Méditation.

Chacun sait, même avec une connaissance imparfaite du Seigneur Jésus, que jamais il n'a encouragé la paresse. Il ne veut pas que nous restions inactifs, que nous négligions les occupations et les devoirs de notre vocation terrestre, pour passer nos jours dans l'oisiveté. Mais les soucis de la terre, les travaux matériels sont-ils le premier et le seul but de la vie? Notre première et dernière affaire n'est-elle pas d'aller à Dieu, de chercher son royaume et sa justice, et non de nous préoccuper de notre pain quotidien? Il faut bien se dire que notre passage sur cette terre est court, et que nos occupations terrestres cesseront, tandis que la vie future est éternelle.

Prière.

Père céleste! Reçois favorablement les actions de grâces que nous faisons monter vers toi. Fais que tous les témoignages de ton amour et de ta miséricorde, nous poussent à rechercher avec ardeur ton royaume et ta justice. Les jours de notre pèlerinage ici-bas sont courts et mauvais ; une semaine succède rapidement à une autre semaine et les années s'écoulent comme un songe. Donne-nous d'y penser souvent pour ne pas perdre de vue le sérieux de la vie et de nos intérêts éternels ; de veiller et de prier, afin de ne pas succomber dans les tentations, et de te rester toujours fidèles.

Pourquoi, toujours prompts au murmure,
Redire en nos cœurs abattus :
Trouverons-nous la nourriture,
Et nos corps seront-ils vêtus ?
Si Dieu revêt l'herbe fleurie,
S'il nourrit les oiseaux des cieux,
N'aura-t-il pas soin de ta vie ?
N'es-tu pas plus excellent qu'eux ?
Au Seigneur qui nous est propice,
En tous les temps ayons recours ;
Cherchons son règne et sa justice ;
Il nous donnera son secours. Amen.

SAMEDI (Soir).

Le péché ne dominera pas sur vous, parce que vous n'êtes point sous la loi, mais sous la grâce. (Rom. 6, 44).

Méditation.

Oh ! qu'il est difficile de suivre la voie de la sanctification ! On en dévie bien vite, soit en se laissant entraîner par le torrent de la légèreté, soit en tombant dans les pièges de l'esclavage de la loi. Nous sommes sauvés par grâce, par la foi, tel est le fondement inébranlable dont nous ne devons nous laisser détourner ni par nos bonnes œuvres, ni par nos mauvaises, ni par les épreuves que Dieu nous envoie, ni par les témoignages de son amour. La source à laquelle nous pouvons puiser sans cesse, l'autel dont la flamme doit embraser notre cœur, c'est la conviction profonde que nous eussions mérité le sévère jugement de Dieu, mais que par sa grâce ce jugement a été englouti par la victoire.

Prière.

Les montagnes peuvent s'ébranler et les coteaux crouler, mais ta bonté, ô Dieu, n'abandonne jamais ceux qui te craignent et marchent dans tes voies. Nous te confessons nos transgressions et nos infidélités, et nous te prions de nous fortifier dans la vraie foi, par le secours de ton Saint-Esprit, afin qu'elle soit une lumière et une force en nous, qu'elle dirige notre volonté et nos actions, et nous inspire l'horreur du mal et l'amour du bien. Nous sommes pèlerins sur cette terre, et notre route conduit à travers bien des luttes et des tentations ; mais toi, Seigneur, qui as été tenté comme nous en toutes choses, à l'exception du péché, tu es notre aide, tu peux nous assister, nous garder et nous sauver. Bénis-nous, Seigneur, et fais que, dans la vie et dans la mort nous nous reposions uniquement sur ta grâce.

Rien ô Jésus ! que ta grâce,	Ne me dites autre chose,
Rien que ton sang précieux,	Sinon qu'il est mon Sauveur,
Qui seul mes péchés efface	L'auteur, la source et la cause
Ne me rend saint, juste, heureux.	De mon éternel bonheur. Amen.

Sixième semaine après Epiphanie.

DIMANCHE (Matin).

Six jours après, Jésus prit Pierre, Jacques et Jean son frère, et les mena sur une haute montagne à l'écart. Et il fut transfiguré en leur présence ; son visage devint resplendissant comme le soleil, et ses habits devinrent éclatants comme la lumière. En même temps, Moïse et Elie leur apparurent, qui s'entretenaient avec lui. Alors Pierre, prenant la parole, dit à Jésus : Seigneur, il est bon que nous demeurions ici ; si tu veux, faisons-y trois tentes, une pour toi, une pour Moïse et une pour Elie. (St Matth. 17, 1-4).

Méditation.

Souvent les disciples de Jésus-Christ avaient été témoins de son ignominie et de son abaissement. Lorsque les pharisiens et les sadducéens lui tendaient des pièges, lorsque les samaritains lui refusaient l'hospitalité et que les sacrificateurs et les scribes cherchaient à se saisir de lui pour le faire mourir ; lorsqu'il s'agissait de souffrir, de supporter des outrages et des persécutions pour sa cause — oh ! alors, il n'était pas agréable de rester avec lui, et l'apôtre Pierre ne songeait pas à faire des tentes. Mais ici, sur les hauteurs du Thabor, loin du bruit des affaires humaines, c'était si calme, si admirable, Jésus-Christ brillait d'un éclat si extraordinaire et si céleste aux yeux des apôtres, qu'il leur semblait qu'ils n'étaient plus sur la terre, mais transportés au ciel. Qu'ils auraient voulu y demeurer ! Mais ces heures de Thabor sont rares dans la vie. Le Seigneur dans sa sagesse nous conduit plus souvent dans les profondeurs de l'humiliation et du renoncement que sur les hauteurs d'une paix sans mélange, dans la communion de Dieu et de notre Sauveur. Il est vrai, que dans ce monde déjà, nous pouvons avoir un avant-goût de la félicité, nous pouvons et nous devons recevoir la certitude du pardon de nos péchés et trouver la paix en Christ ; mais le combat de la foi, les luttes contre le péché qui s'attache toujours à nous, et les efforts pour obtenir la couronne de vie continuent sans cesse. Le même apôtre qui dit : « j'ai obtenu miséricorde ». « Christ est ma vie et la mort m'est un gain », « je sais en qui j'ai cru », dit aussi : « non que je sois déjà parvenu au but », « personne n'est couronné, s'il n'a combattu suivant les règles ». Au ciel nous pourrons un jour faire des tentes ; la paix éternelle y sera notre partage ; ici-bas il faut veiller, prier, lutter et combattre jusqu'à la fin.

Prière.

Seigneur, notre Dieu ! dans ton amour et dans ta miséricorde, tu nous a donné le jour du repos pour faire un retour sur nous-mêmes, et amasser un trésor pour la vie éternelle. Nous te prions d'éclairer nos âmes pour que nous recherchions les biens qui peuvent nous soutenir dans les détresses et dans la mort, et que personne ne peut nous ravir. Lorsque nous entendons ou lisons ta Parole, ouvre notre cœur pour que nous la recevions avec joie et qu'elle ne reste point stérile en nous. Donne-nous de faire des progrès dans la connaissance de la vérité, dans le renoncement, dans la foi, dans la charité et dans la patience, afin que les fruits de l'esprit abondent en nous, non seulement aujourd'hui, mais pendant toute notre vie. Fais-nous la grâce de nous montrer toujours plus dignes de notre vocation chrétienne, jusqu'à ce qu'un jour, libres de tout péché, nous soyons éternellement réunis avec toi pour te voir tel que tu es.

Oui, Seigneur, tout est paix pour une âme sauvée ;
Sur les monts de la foi l'air est toujours serein.
Quel mal peut alarmer la brebis retrouvée
Que tu tiens en tes bras et qui dort sur ton sein ?   Amen.

DIMANCHE (Soir).

Nous avons aussi la parole des prophètes, qui est très-ferme ; à laquelle vous faites bien de vous attacher, comme à une lampe qui brillait dans un lieu sombre, jusqu'à ce que le jour resplendit, et que l'étoile du matin se levât dans vos cœurs ; sachez tout d'abord ceci, que nulle prophétie de l'Ecriture ne vient d'une interprétation particulière. Car la prophétie n'a point été apportée autrefois par la volonté humaine, mais les saints hommes de Dieu, étant poussés par le St. Esprit, ont parlé.

(2, Pierre 1, 19-21).

Méditation.

La Parole de Dieu, bien qu'écrite depuis des siècles, n'a pas vieilli ; les plus belles paroles humaines ont passé dans le cours des temps comme passe une fleur, qu'on remarque à peine au bord de la route. Elle s'adresse non seulement à notre conscience et manifeste les péchés de notre cœur et de notre vie, mais elle renferme aussi de magnifiques promesses ; elle est une parole de salut, de pardon, de consolation et de paix. Elle mène par un chemin sûr depuis l'origine du genre humain à travers les siècles. Ce sol sous les pieds est ferme, tout est clarté et lumière pour ceux qui la suivent. Faisons-en donc une lampe à notre pied et une lumière sur notre sentier ; laissons-la agir en nous. Elle est assez puissante pour dissiper les erreurs, bannir les illusions et illuminer les obscurités de notre pèlerinage terrestre. Son influence nous préserve des joies qui nous font oublier Dieu et empêchera les maux de nous accabler, jusqu'à ce que nous soyons arrivés à contempler, dans une sphère et une lumière supérieures, ce que nous avons cru ici-bas, en nous fondant sur la parole des prophètes.

Prière.

Père céleste ! Nous te bénissons, à la fin de cette sainte journée, de tous tes bienfaits, et en particulier de la nourriture de l'âme que tu nous as donnée dans ta Parole. Rends nos cœurs toujours mieux disposés à écouter et à recevoir cette sainte Parole, afin qu'elle nous éclaire et nous fortifie dans l'accomplissement de ta sainte volonté. Qu'elle devienne pour nous une puissance à salut, qu'elle nous conduise de progrès en progrès dans la sanctification sans laquelle nul ne te verra. Conserve-nous les salutaires impressions que nous en avons reçues, et aide-nous à nous appliquer avec toujours plus de sérieux à la recherche de la seule chose nécessaire. Bénis tous nos parents et amis ; fais-toi connaître à ceux qui vivent encore loin de toi, fais-toi trouver par ceux qui te cherchent. Que ton règne vienne sur la terre entière, et que ton Evangile étende partout ses conquêtes et amène beaucoup d'âmes au pied de la croix.

Comme une eau qui parcourt une verte prairie,
Rafraîchit doucement l'herbe qu'elle nourrit,
Ainsi la Parole, Seigneur, restaure, vivifie,
L'âme qui la reçoit par ton puissant Esprit.   Amen.

LUNDI (Matin).

Tu m'as tourmenté par tes péchés, et tu m'as fatigué par tes iniquités. C'est moi, c'est moi qui efface tes forfaits pour l'amour de moi, et je ne me souviendrai plus de tes péchés. (Es. 43, 24-25).

Méditation.

Il n'y a rien de plus précieux au monde pour le pécheur qui sent le fardeau de ses fautes, que l'Evangile du pardon. Malheureusement, bien des gens croient que l'essentiel est de savoir et d'admettre que Dieu est patient et miséricordieux. Mais à quoi leur sert cette conviction s'ils négligent de demander le pardon que Dieu veut leur donner? Il nous faut chercher, demander, heurter, aussi souvent que nous avons un nouveau compte à régler avec Dieu. Heureux celui qui, chaque fois que le péché vient le surprendre, entend la voix de Dieu lui dire : « Repens-toi, veille et prie ». Heureux celui qui ne laisse jamais le soleil se coucher sans avoir déposé le fardeau de ses péchés au pied de la croix, sans avoir cherché en Dieu le pardon et la force de combattre victorieusement. Celui qui persévère jusqu'au bout dans cet état de grâce, sera un citoyen du royaume éternel.

Prière.

Dieu tout-puissant et tout bon nous te rendons grâces de ce que tu nous permets de revoir la lumière de ce jour, et nous te prions de nous garder dans ta paix. Fortifie-nous contre les tentations, et fais qu'au milieu des travaux de notre vocation, nos cœurs et nos pensées soient sanctifiés par ta présence. Que nous vivions dans la communion de notre Sauveur, et que nous sentions quelle douceur il y a de se savoir réconciliés avec toi par ton cher Fils. Sans toi, ô Dieu, nous ne pouvons rien ; ajoute donc en nous grâce sur grâce, et affermis-nous tellement en ton amour que rien ne puisse nous en séparer. Rends-nous fidèles dans l'accomplissement de tous les devoirs que ce jour nous amène, et donne-nous de faire toutes choses en vue de te plaire et de nous assurer ta bénédiction.

Sois béni, car tu l'as comblé,
L'abîme où notre âme angoissée
Plongeait un regard désolé.
Sois béni, ton Fils est venu !

J'ai lu son nom, j'ai vu sa gloire;
Et dans ce désert triste et nu,
Sous l'empire de sa victoire,
Je puis encore, je puis t'aimer. Amen.

LUNDI (Soir).

Je t'ai abandonné pour un peu de temps; mais je te recueillerai avec de grandes compassions. Je t'ai caché ma face pour un moment, dans l'effusion de ma colère; mais j'ai compassion de toi, par une miséricorde éternelle, dit l'Eternel, ton Rédempteur. Il en sera pour moi comme des eaux de Noé; comme j'ai juré que les eaux de Noé ne se répandraient plus sur la terre, ainsi j'ai juré de ne plus être irrité contre toi et de ne plus menacer. Quand les montagnes s'éloigneraient, quand les collines s'ébranleraient, ma bonté ne s'éloignera point de toi, et mon alliance de paix ne sera point ébranlée, dit l'Eternel, qui a compassion de toi.

(Es. 54, 7-10).

Méditation.

Lorsque les nuages couvrent l'horizon, tout présente un aspect triste et sombre. Ceux qui ne comprennent pas la nécessité et les bienfaits de la pluie préféreraient que le soleil ne cessât pas de briller. Ils oublient que c'est après la pluie que le soleil fait le plus de bien à la campagne, et que la végétation pousse avec le plus de vigueur. Il en est de même de la douleur dans le cœur de l'homme. Elle ressemble à un triste et morne temps de pluie, mais elle rend le cœur plus sensible, plus tendre, plus propre à recevoir les rayons de la grâce divine, qui, en y pénétrant plus profondément, le fortifient et le fécondent pour une vie renouvelée et supérieure. Quel est le chrétien qui, dans sa vie, n'a fait cette expérience bénie?

Prière.

Père céleste! Tu nous as aidé à supporter les peines et le faix de ce jour, et tu nous as bénis abondamment selon les richesses de ton amour. Il est vrai que nos sentiers ne sont pas toujours éclairés du soleil de la joie, mais tu nous conduis vers le but et la paix éternelle, même à travers les voies difficiles et sombres. Remplis nos cœurs de cette ferme assurance, afin qu'elle nous soutienne dans les jours d'épreuve, et qu'elle nous aide à nous remettre avec confiance à ta Providence divine. Donne-nous de nous humilier, de nous courber sous ta puissante main, et d'espérer, même au milieu des larmes, la riche moisson de joie que tu as promise à tes enfants.

Le nom de l'Eternel est la haute retraite
Où se trouve, en tout lieu, la grâce toujours prête
A pardonner, à soutenir.
Mais pour sonder le cœur de ce Père qui t'aime,
Pour goûter son amour, il faut savoir toi-même
A son trône accourir.   Amen.

MARDI (Matin).

Comment pouvez-vous croire, quand vous tirez votre gloire les uns des autres, et que vous ne recherchez pas la gloire qui vient de Dieu seul ?
(St. Jean 5, 44).

Méditation.

Dans ces paroles, le Christ nous révèle la cause réelle de l'incrédulité d'un grand nombre d'hommes, et de leur foi si faible. C'est l'amour-propre qui met comme un interdit sur leur foi et leur vie. L'opinion des hommes a, aux yeux de bien des personnes, plus de poids que les dix commandements. On recherche avec avidité l'approbation et les éloges des autres, on veut être ou paraître quelque chose à leurs yeux ; et la vie de la foi devient si précaire, qu'on n'y trouve aucune force pour le renoncement et le sacrifice. Le Seigneur ne réalise ses promesses dans toute leur plénitude que pour le fidèle qui ne recherche pas sa propre gloire, mais qui met tout aux pieds de Celui à qui seul la gloire est due.

Prière.

Dieu tout-puissant ! Nous nous humilions devant toi, car nous sommes des pécheurs qui, chaque jour et à chaque heure, ne peuvent vivre que de ta grâce. Tout ce que nous possédons nous vient de toi, Père céleste, et c'est à toi seul que nous devons en faire remonter l'honneur et la louange. Accorde-nous un cœur humble, qui ne cherche que ta gloire et le bien de nos semblables. Tiens-toi à côté de nous lorsque nous nous livrons aux travaux de notre vocation, et mets ta bénédiction sur tout ce que nous entreprenons en ton Nom. Aide-nous à te servir avec fidélité et à montrer, par toute notre vie, que nous sommes tes enfants.

Oh ! dans nos cœurs qui te supplient,
Mets plus de zèle, plus de joie ;
Qu'en l'honorant ils s'humilient ;
Qu'il ne rendent gloire qu'à toi.

Et quand nous prêchons à la terre
Ta grâce et ta fidélité,
Prêche-nous ta loi, notre Père !
A nous qui savons ta bonté. Amen.

MARDI (Soir).

Moïse dit au peuple : Ne craignez point ; tenez-vous là et voyez la délivrance de l'Eternel. qu'il vous accordera aujourd'hui ; car les Egyptiens que vous avez vus aujourd'hui, vous ne les reverrez jamais plus. L'Eternel combattra pour vous, et vous, vous resterez tranquilles. (Exode 14, 13-14).

Méditation.

C'est par ces paroles que Moïse consola les Israélites, lorsqu'à la sortie d'Egypte, Pharaon les poursuivait avec ses chariots et ses gens de guerre, et que devant eux s'étendait la mer rouge, qui pouvait devenir leur tombeau. « Ne craignez point, leur dit-il, et voyez la délivrance de l'Eternel, qu'il vous accordera aujourd'hui ».

Si l'Eternel combat pour nous, nous n'avons rien à craindre d'aucune puissance ennemie. Mais pour éprouver ses délivrances merveilleuses, il faut que nous disions à notre cœur : « Reste tranquille et confie-toi en l'Eternel ». L'image du soleil se réfléchit le mieux dans une eau tranquille. Mais là où il y a trouble et incrédulité, Dieu ne peut manifester sa grâce toute-puissante ; il ne la révèle qu'à la foi.

Prière.

Seigneur, ta bonté est grande et ta miséricorde est infinie ! Tu es près de tous ceux qui t'invoquent ; tu réponds aux vœux de ceux qui te craignent et tu les délivres. Donne-nous donc de mettre en toi une confiance filiale, et de nous attendre tranquillement à ton secours dans les épreuves. Si tu es pour nous, qui sera contre nous ? Nous recommandons de nouveau nos corps et nos âmes à ta toute-puissance et à ta grâce. Fais de nous ce que tu trouves bon, pourvu que tu sois avec nous et que tu ne nous retires pas ton secours. Entoure-nous de ta protection pendant cette nuit, afin que nous puissions nous livrer à un sommeil doux et paisible. Exauce notre prière dans ta miséricorde.

> Le juste est l'objet de tes soins :
> Dans ses besoins
> Il les éprouve.
> Jamais on ne l'invoque en vain,
> Et qui te craint
> Toujours te trouve.   Amen.

MERCREDI (Matin).

Voici, je leur donnerai la guérison et la santé ; je les guérirai, je leur découvrirai une abondance de paix et de vérité.   (Jérémie 33, 6).

Méditation.

Un sage médecin traite chaque malade suivant sa nature particulière ; il donne aux uns de doux remèdes qui soulagent peu à peu, et aux autres des remèdes énergiques qui agissent rapidement. Il en est de même du Seigneur quand il entreprend la guérison d'une âme. S'il s'agit d'âmes ardentes comme celle de Saul de Tarse, il faut que le changement se fasse par une attaque prompte et énergique; sinon, elles restent éternellement les mêmes. Pour les âmes sensibles, au contraire, Dieu a d'autres voies et moyens de salut. Il n'est pas de nature trop forte et trop dure que Dieu ne puisse maîtriser et mettre à ses pieds ; il n'en est pas de trop faible non plus, ni de trop inconstante qu'il ne sache rendre forte et décidée. C'est que le Seigneur est un éducateur fidèle et sage, qui connaît chacun de nous et lui donne ce qu'il trouve nécessaire à son bonheur terrestre et éternel.

Prière.

Sois béni, Seigneur, de la protection que tu nous as accordée pendant la nuit dernière, et des forces que tu nous as données pour commencer ce jour nouveau. Aide-nous à en faire un usage conforme à ta sainte volonté. Que nous nous occupions de notre salut avec un profond sérieux, comme il convient à des chrétiens. Nous comptons sur ton secours, car tu es notre Seigneur, notre médecin. Tu connais nos besoins et nos infirmités, et tu sais le mieux aussi ce qui nous est salutaire. Avec cette confiante assurance nous voulons rester calmes et tranquilles, quelles que soient tes dispensations envers nous. Que ta main nous blesse ou nous guérisse, fais-nous la grâce d'être convaincus que c'est une main sage et pleine d'amour qui agit toujours pour notre bien, et qui veut nous sauver pour l'Eternité.

Si pour nous son amour était moins pur, moins tendre,
Il nous épargnerait et chagrins et douleurs;
Mais il nous aime assez pour vouloir nous apprendre,
Au prix du monde entier, à lui donner nos cœurs. Amen.

MERCREDI (Soir).

Quelqu'un dit à Jésus : Seigneur, n'y a-t-il que peu de gens qui soient sauvés ?
Et il leur dit : Efforcez-vous d'entrer par la porte étroite ; car je vous dis que plusieurs chercheront à y entrer, et qu'ils ne le pourront.
(St-Luc 13, 23 et 24).

Méditation.

Ce sont les violents qui ravissent le royaume de Dieu, et non ceux qui se bornent à des vœux et des soupirs, des plans et des projets. De nos jours surtout, on paraît croire que c'est chose très facile que de devenir et de rester chrétien ; mais c'est une grande erreur. Lorsque votre cœur vous dit qu'il faut vous assurer pour l'éternité un meilleur héritage que la vie présente, ne restez pas les bras croisés, et ne vivez pas comme si le ciel devait tout naturellement vous échoir en partage, ou comme si les années vous rendaient dignes de ce royaume. Adressez-vous au Seigneur ; il veut vous y donner, à vous aussi, une place et les grâces nécessaires pour y entrer ; demandez-les-lui et il vous dira ce que vous avez à faire. Faites promptement et avec joie ce qu'il vous commande, pendant qu'il est jour.

PRIÈRE.

Seigneur, notre Dieu ! Nous nous prosternons devant toi au nom de ton Fils, et nous te rendons grâces de tous les bienfaits que tu as répandus sur nous en ce jour. Pardonne-nous, en ta grande miséricorde, tous les péchés que nous avons commis. Remplis-nous d'un saint zèle, qui nous excite à travailler au salut de notre âme, et à croître de toutes manières en Jésus, notre divin chef. Préserve-nous de paresse, de tiédeur à ton service ; dispose nos cœurs à t'obéir sans hésitation et avec joie, et fais-nous la grâce de poursuivre sans cesse, en pensant à notre fin, la course qui nous est proposée.

Jésus, apprends-nous à te suivre,
A tout quitter, à tout souffrir :
Qui dans les plaisirs cherche à vivre
Ne songe guère à bien mourir.

Le monde et sa vanité passe ;
Mais qui te consacre ses jours
Dans le ciel s'assure une place.
Qui vit en toi, vivra toujours. Amen.

JEUDI (MATIN).

Nous vous exhortons, mes frères, à vous étudier à vivre paisiblement, à vous occuper de vos propres affaires, et à travailler de vos propres mains, comme nous vous l'avons recommandé, afin que vous vous conduisiez honnêtement envers ceux du dehors et que vous n'ayez besoin de rien.
(1 Thess. 4, 11 et 12).

MÉDITATION.

Bien que les pensées des chrétiens doivent viser un but plus élevé que la terre et s'affectionner aux choses qui sont En-Haut, il n'est pas nécessaire pour cela qu'ils négligent les occupations ordinaires de la vie. Jésus-Christ n'a jamais dit à ses disciples de se croiser les bras, mais au contraire de travailler pendant qu'il est jour. Nos occupations et nos affaires sont voulues de Dieu, du moment qu'elles sont honnêtes : « Nous devons manger notre pain à la sueur de notre front ». Le Seigneur Jésus lui-même a pris sur la terre la forme de serviteur, pour nous donner un exemple et pour nous montrer qu'au milieu de notre activité, notre cœur peut être au ciel.

Prière.

C'est en nous conformant à ta sainte volonté, Seigneur, que nous reprenons les travaux de notre vocation. Nous regardons à toi dès le matin pour chercher ton secours, afin que tu nous fasses connaître le chemin par lequel nous avons à marcher. Tu nous as ordonné de manger notre pain à la sueur de notre front, et d'accomplir fidèlement la tâche que tu nous as confiée ici-bas. Seigneur, daigne bénir notre travail et le faire prospérer. Eclaire-nous et dirige-nous par ton Saint-Esprit pour que nous n'entreprenions rien de contraire à ta volonté et que nous nous rappelions sans cesse que tu nous vois et que tu te tiens près de nous. Que le sentiment de ta présence nous soutienne et nous encourage dans les moments difficiles ; qu'il nous rende fidèles dans l'accomplissement de nos moindres devoirs, et qu'ainsi nous te glorifiions dans nos corps et dans nos esprits qui t'appartiennent.

Enseigne-nous ce qu'il faut faire,
Pour plaire à tes yeux en ce jour ;
Que ton divin Esprit m'éclaire
Et m'enflamme de ton amour.

Au moment où je vais reprendre
L'œuvre de ma vocation,
Père éternel, daigne répandre
Sur moi ta bénédiction.   Amen.

JEUDI (Soir).

Je suis crucifié avec Christ, et si je vis ce n'est plus moi ; mais c'est Christ qui vit en moi ; et si je vis encore dans la chair, je vis dans la foi au Fils de Dieu qui m'a aimé, et qui s'est donné lui-même pour moi. (Gal. 2, 2).

Méditation.

Vivre pour le Seigneur, le suivre comme la lumière du monde, ne veut pas dire se borner à l'appeler « Seigneur ». Il y a malheureusement bien des gens pour qui tout le christianisme consiste à prier Dieu dans certains moments, à aller à l'église, à lire quelquefois la Bible comme on lit un autre livre et à porter le nom de chrétien ; avec cela ils entendent rester maîtres absolus de la direction de leur vie. Mais l'Ecriture sainte dit : « Tant que nous vivons, nous vivons au Seigneur ». Or, ce qui constitue notre vie, ce sont les petits événements que chaque jour amène, les choses extérieures comme les choses intérieures, les petites comme les grandes. Il s'ensuit que si le Maître de notre vie doit être notre Seigneur et notre lumière, tout ce que nous faisons doit être fait en son Nom. Il faut qu'il inspire nos actions, qu'il soit notre modèle et notre récompense.

Prière.

C'est avec toi, Seigneur, que nous avons commencé le jour, et c'est avec toi encore que nous voulons le terminer. Veuille dans ta grâce devenir de plus en plus le centre de nos pensées, le mobile de nos actions, la lumière et la force de toute notre vie. Bien souvent nous ne portons pas les vrais fruits de la foi ; pardonne-nous, Seigneur, et aide-nous à nous rappeler que toutes nos paroles et nos plus beaux sentiments seraient vains, si nos actions n'étaient pas en harmonie avec eux. Fais-nous donc la grâce de nous exercer à la piété, afin que Jésus, notre Sauveur, vive en nous, que son Esprit règne sur nos cœurs, et que toute notre vie se forme à son image.

<blockquote>
Tu dis: Je suis chrétien ! Mais celui qui veut l'être,
Non content d'appeler Jésus Seigneur et Maître,
Doit suivre l'Evangile et pratiquer sa Loi ;
Il n'aurait sans cela qu'une inutile foi.   Amen.
</blockquote>

VENDREDI (Matin).

Offre à Dieu le sacrifice de la louange, et accomplis tes vœux envers le Très-Haut ; invoque-moi au jour de la détresse : je te délivrerai et tu me glorifieras. (Ps, 50, 14 et 23)

Méditation.

Bien peu de gens offrent à Dieu le sacrifice de la louange quand il s'agit de petites choses, du pain quotidien, du vêtement qui couvre le corps, de la moisson alors qu'elle n'a pas été abondante. Dieu doit beaucoup donner, il faut qu'il y ait le superflu et que le cœur soit exempt de soucis pour qu'il vaille la peine de lui rendre des actions de grâces. Lorsque les biens abondent pour un homme et qu'il est assez riche pour vivre selon les désirs de son cœur, est-il bien reconnaissant, et pense-t-il au céleste Bienfaiteur ? Loin de là. Arrivé à ce degré de prospérité, l'homme croit souvent n'avoir plus besoin de Dieu et pense être assez haut placé pour pouvoir faire peu de cas et de Dieu et de ses semblables. Mais l'Ecriture sainte dit : Offre en tout temps et pour toutes choses des sacrifices de louange à l'Eternel ; sois partout et toujours reconnaissant : c'est là la volonté de Dieu en Jésus-Crhist.

Prière.

Dieu tout bon, de qui vient toute grâce excellente et tout don parfait, nous t'offrons ce matin nos louanges pour l'amour et la fidélité que tu nous as témoignés jusqu'à ce jour. La vie et la santé, la nourriture et le vêtement, l'intelligence et la sagesse, toutes nos forces et nos facultés sont des dons de ton amour. Donne-nous de le reconnaître, pour que nous ne nous rendions pas coupables d'ingratitude envers toi, et que nous consacrions à ton saint service tout ce que nous avons reçu de toi. Accorde-nous la grâce d'être reconnaissants pour les moindres dons et de ne pas oublier que même lorsque tu nous imposes des privations, tu es toujours un bon Père céleste envers tous tes enfants, que tu pourvois fidèlement aux besoins de ceux qui espèrent en toi et qui marchent dans tes voies.

> Tes bontés envers nous ne se peuvent comprendre.
> Que pourrions-nous t'offrir, ô puissant protecteur!
> Et pour tous tes bienfaits que pourrions-nous te rendre?
> Nos esprits et nos corps, tout t'appartient, Seigneur!
> Rends fertile en vertus notre reconnaissance.
> Nous voulons désormais ne vivre que pour toi;
> Veuille fléchir nos cœurs à ton obéissance,
> Et nous conduis toujours selon ta sainte loi. Amen.

VENDREDI (Soir).

Mes frères, que servira-t-il à quelqu'un de dire qu'il a la foi, s'il n'a point les œuvres? Cette foi le peut-elle sauver? Et si un frère ou une sœur sont nus, et qu'ils manquent de la nourriture de chaque jour, et que quelqu'un de vous leur dise: Allez en paix, chauffez-vous et rassasiez-vous, et que vous ne leur donniez point ce qui leur est nécessaire pour le corps, à quoi cela sert-il? Il en est de même de la foi; si elle n'a pas les œuvres, elle est morte en elle-même. (St. Jacques 2, 14-18).

Méditation.

La foi vivante fortement enracinée dans le cœur est comme un arbre de vie qui porte des fruits pour la vie éternelle. Où il n'y a pas de fruits, il n'y a pas de bon arbre, quelles que soient les apparences. Il serait plus facile de séparer la lumière du soleil et la chaleur du feu, que l'amour et les œuvres d'amour de la vraie foi. La foi sans œuvres est ce que serait le soleil sans lumière et le feu sans chaleur. Si nous avons accepté le Seigneur Jésus *pour nous*, il faut qu'il soit aussi *en nous*. Celui qui n'a pas l'Esprit de Christ n'est pas à lui.

PRIÈRE.

Dieu miséricordieux ! Nous nous joignons à tous tes enfants pour te rendre grâces de tous les témoignages de ta bienveillance paternelle. Apprends-nous à te montrer notre reconnaissance par notre confiance filiale et notre amour du prochain. Fais-nous comprendre que notre foi est morte si elle ne produit pas de bonnes œuvres, et rappelle-nous qu'un jour, à ceux qui disent : Seigneur, Seigneur, sans faire ta volonté, tu feras entendre ces paroles : « Retirez-vous de moi, vous qui faites métier d'iniquité, je ne vous ai jamais connus ». — Augmente et fortifie en nous la vraie foi, la foi agissant par la charité, afin que nous marchions dans les bonnes œuvres que tu as préparées pour nous.

Heureux qui d'une main et d'un cœur charitable
Soulage l'indigent dans ses nécessités ;
Dieu saura lui prêter un secours favorable
En son activité.
O Sauveur plein de tendresse,
Qui voulus te donner pour moi,
Je voudrais t'imiter sans cesse
Et donner pour l'amour de toi ! Amen.

SAMEDI (Matin).

Jésus dit à ses disciples : Et vous, qui dites-vous que je suis ? Simon Pierre, prenant la parole, dit : Tu es le Christ, le Fils du Dieu vivant. Et Jésus lui répondit : Tu es heureux, Simon, fils de Jona ; car ce n'est pas la chair et le sang qui t'ont révélé cela, mais mon Père qui est dans les cieux. Et moi je te dis aussi que tu es Pierre, et que sur cette pierre je bâtirai mon Eglise, et les portes de l'enfer ne prévaudront point contre elle. (St. Matth. 16, 15-18).

MÉDITATION.

Cette promesse s'applique évidemment à l'apôtre Pierre quand il confesse et non quand il renie son Maître. C'est le jour de la Pentecôte qu'il est devenu le rocher sur lequel le Seigneur a fondé son Eglise, ce saint édifice qui est au milieu de nous et dont nous faisons partie. L'Eglise du Seigneur a été souvent dans un état d'humiliation sur la terre, mais son divin chef n'a-t-il pas passé aussi par l'humiliation et par l'opprobre ? Aujourd'hui encore elle est dans l'abaissement, comme jadis son Maître, et il en est ainsi de chacun de ses membres. Elle passe par la nuit de l'erreur et du péché, l'or est mêlé de scories. Les luttes et les afflictions du temps sont le creuset qui est appelé à l'affiner et à la purifier. Quoi qu'il arrive, le Seigneur, selon sa promesse, est avec nous et sera avec nous jusqu'à la fin du monde.

Prière.

Seigneur, accorde-nous aujourd'hui encore ton secours et ta bénédiction, et ne permets pas que nous doutions jamais de ta présence au milieu de nous, comme chef de ton Eglise. Accorde-nous l'œil de la foi, qui compte sur le soleil alors même que sa lumière ne nous arrive que par rayons brisés, à travers les nuages. Fais-nous la grâce d'être des membres vivants de ton corps, à la louange de ton saint Nom. Donne-nous la force et la sagesse nécessaires, pour faire de tes dons un usage conforme à ta volonté et pour ne rien négliger de ce que nous pouvons faire pour l'avancement de ton règne. Fais prospérer maintenant et à toujours l'œuvre de nos mains, et apprends-nous à faire tout ce qui t'est agréable, pour l'amour de ton saint Nom.

Jésus tient en sa main le sceptre de justice,
Et pour l'éternité son règne est affermi.
Il faut, au nom de Christ, que tout genou fléchisse,
Et qu'enfin, sous ses pieds, tombe tout ennemi. Amen.

SAMEDI (Soir).

La paix de Dieu, qui surpasse toute intelligence, gardera vos cœurs et vos pensées en Jésus-Christ. (Phil. 4, 7).

Méditation.

La paix que nous devons acquérir par la prière et une constante communion avec Dieu, donne la vraie liberté à l'âme. C'est elle qui chasse peu à peu les sombres pensées et le mécontentement stérile, les murmures, les angoisses et les soucis rongeurs. Elle éloigne du cœur les aspirations qui troublent, les recherches inquiètes, et y répand le calme et le sentiment de la présence de Jésus, le puissant et aimable consolateur. L'apôtre dit de cette paix en Dieu qu'elle surpasse toute intelligence, parce que nous n'y arrivons ni par la pensée, ni par la réflexion, ni par l'examen de nos préoccupations et de nos soucis, mais par la foi, ce don de Dieu. La foi ne regarde pas aux choses visibles, mais aux invisibles, elle se contente de la grâce de Dieu, persuadée que le Seigneur conduit souvent les siens d'une manière incompréhensible, mais toujours en vue de leur salut.

PRIÈRE.

Seigneur, notre Dieu, avant de terminer cette semaine, nous venons te remercier du fond de nos cœurs de ta protection et de ta bénédiction, des moments de bonheur et de joie que tu nous as préparés, de ton assistance dans nos besoins et nos dangers. Que d'heures pénibles et tristes nous nous épargnerions si nous avions dans notre cœur cette paix qui surpasse toute intelligence ! Aide-nous, Seigneur, à l'acquérir dans le bienheureux sentiment que rien ne pourra nous séparer de ton amour en Jésus ; à regarder à toi, qui es notre paix, quand le trouble, l'inquiétude, la tristesse et l'accablement veulent s'emparer de nous. Fais-nous chercher dans ta communion, dans la foi et dans la prière, la force de combattre tout ce qui pourrait nous ravir ta paix.

La paix dont le Seigneur inonde
Les âmes de ses serviteurs,
N'est pas la paix d'un triste monde
Dont les ris sont mêlés de pleurs.

La paix dont il dit : « je la donne, »
Subsiste dans les jours mauvais,
C'est une immortelle couronne,
Que rien ne flétrit : c'est sa paix !   Amen.

Neuvième semaine avant Pâques (Septuagésime).

DIMANCHE (Matin).

Le royaume des cieux est semblable à un père de famille, qui sortit dès la pointe du jour, afin de louer des ouvriers pour sa vigne. Et étant convenu avec les ouvriers d'un denier par jour, il les envoya à sa vigne. Il sortit encore vers la troisième heure, et il en vit d'autres qui étaient sur la place sans rien faire, et il leur dit : Allez, vous aussi, à ma vigne, et je vous donnerai ce qui sera raisonnable. Et ils y allèrent. Il sortit encore vers la sixième et la neuvième heure, et fit la même chose. Et vers la onzième heure, il sortit et en trouva d'autres qui étaient sans rien faire, et il leur dit : Pourquoi vous tenez-vous ici tout le jour sans rien faire ? Ils lui répondirent : Parce que personne ne nous a loués. Il leur dit : Allez, vous aussi, à ma vigne, et vous recevrez ce qui sera raisonnable. Quand le soir fut venu, le maître de la vigne dit à son intendant : Appelle les ouvriers, et leur paye leur salaire, en allant des derniers jusqu'aux premiers. Et ceux de la onzième heure, étant venus, reçurent chacun un denier. Les premiers étant aussi venus, s'attendaient à recevoir davantage, mais ils reçurent aussi chacun un denier Et l'ayant reçu, ils murmuraient contre le père de famille, en disant : Ces derniers n'ont travaillé qu'une heure, et tu les as égalés à nous qui avons supporté le poids du jour et la chaleur. Mais il répondit et dit à l'un d'eux : Mon ami, je ne te fais point de tort ; n'as-tu pas convenu avec moi d'un denier ? Prends ce qui est à toi, et t'en va. Je veux donner à ce dernier autant qu'à toi. Ne m'est-il pas permis de faire ce que je veux de ce qui est à moi? Ton œil est-il méchant parce que je suis bon? Ainsi les derniers seront les premiers, et les premiers seront les derniers; car il y en a beaucoup d'appelés, mais peu d'élus.

(St. Matth. 20, 1-16).

Méditation.

Dès que nous arrivons à posséder la foi vivante du cœur, qui est le fondement de notre christianisme, nous nous mettons à l'œuvre dans le règne de Dieu. Cependant le travail de notre vocation n'est réellement un travail dans la vigne du Seigneur, que s'il est le fruit de notre consécration à Dieu; si notre cœur lui appartient et le sert, lui seul. L'appel de Dieu se fait au moment où sa Parole produit une profonde impression sur la conscience, et où le Saint-Esprit pousse le cœur à écouter et à pratiquer la Parole entendue. Heureux ceux qui répondent à l'invitation de Dieu! Plus heureux encore ceux qui l'écoutent dès la première heure, et qui consacrent leur journée de travail tout entière au Seigneur! Mais si vous n'êtes pas allés à lui comme enfant, faites-le du moins maintenant; et consacrez à son œuvre le temps qui vous reste. Ceux mêmes qui sont en retard recevront un salaire. Ce salaire, la félicité éternelle, est une récompense gratuite. Elle est au fond la même pour tous, malgré les places différentes qu'ils occuperont un jour. Tous les ouvriers recevront successivement leur salaire, mais les premiers ne sont peut-être pas ceux que nous aurions choisis. Un illustre chrétien a résumé les enseignements de cette parabole dans ces deux préceptes: « Travaille à ton salut, comme si tu avais à le mériter seul », et « sois humble dans le sentiment que tu ne peux rien mériter ». Faisons ainsi et la récompense promise par le Seigneur à ses enfants ne nous manquera pas.

Prière.

Seigneur, nous nous sentons indignes de la bonté et de la fidélité dont nous sommes l'objet de ta part. Que te rendrons-nous, tous tes bienfaits sont sur nous? Ne rejette point l'offrande de nos louanges, et agis sur nos cœurs, Seigneur, pour que nous comprenions tous les privilèges que tu nous accordes. — Tu ne veux pas que nous soyons oisifs dans notre vie, mais tu veux qu'animés de ton Esprit et de ta Parole, nous nous occupions de ton œuvre, et que nous aussi nous travaillions dans ta vigne. Donne-nous de nous mettre à ton service avec courage, avec persévérance et humilité, et fais qu'à la fin, après avoir porté le poids du jour, nous arrivions au repos et à la paix éternelle.

A toi mes forces et ma vie !
A toi mon amour et mes vœux !
A toi !....jusqu'à l'heure bénie
Où je te verrai de mes yeux.   Amen.

DIMANCHE (Soir).

Ne savez-vous pas que ceux qui courent dans la lice, courent tous, mais un seul remporte le prix ? Courez de telle sorte que vous le remportiez. Tout homme qui combat s'abstient de tout, et ces gens-là le font pour avoir une couronne corruptible, mais nous pour une incorruptible.

(2 Cor. 9, 24 et 25).

MÉDITATION.

Dans notre état naturel nous ne vivons pas *en* Dieu, mais *sans* Dieu ; nous ne pratiquons pas la charité et l'amour, mais l'égoïsme et l'injustice. Et il n'y a rien de plus difficile pour nous que de quitter notre nature mauvaise et égoïste, pour nous abandonner à l'amour dans tout ce que nous pensons et faisons. Même lorsque la volonté y est et que la bonne œuvre est commencée en nous, notre vie hésite encore entre cet amour et le vieil homme dur et froid, qui reparaît toujours de nouveau quand nous le croyons vaincu. A cet ennemi si dangereux du dedans, qui nous dispute la couronne de vie, s'ajoutent des ennemis du dehors, pour nous corrompre et nous ravir ce que Dieu nous donne. Il faut donc bien nous rappeler la recommandation de l'apôtre : « Courez et combattez pour remporter le prix ». Il est vrai que nous ne sommes pas impuissants et désarmés en présence de l'ennemi. Nous avons pour aide celui qui a dit : « Prenez courage, j'ai vaincu le monde ». Mais il faut combattre sérieusement et sans relâche en déployant toute notre énergie ; il faut renoncer à toute injustice et à tout péché, lutter contre la paresse et la recherche de nos aises, qui pourraient nous faire perdre de vue notre devoir, en un mot contre tout ce qui nous fait négliger la vigilance et la prière. Ce n'est donc pas à une lutte facile que nous sommes conviés. Il faut faire appel à toutes nos facultés, à un renoncement continu, à une vigilance persévérante. Mais le prix, la couronne qui sera le partage du champion chrétien, en vaut la peine.

Prière.

Dieu saint et éternel ! Béni sois-tu de ce que tu nous as créés non seulement pour le temps, mais pour l'éternité. Donne-nous de ne pas l'oublier et de diriger sans cesse nos regards vers la couronne de gloire que tu as promise gratuitement à tous les fidèles combattants. Que sont toutes nos espérances terrestres et tous nos efforts s'ils nous conduisent à la perdition de notre âme ? Seigneur, imprime ces pensées profondément dans notre esprit en ce jour qui t'est consacré, afin que nous ne nous relâchions pas dans le combat de la foi, et que nous surmontions tout ce qui peut nous entraver dans notre course chrétienne. Accorde ces mêmes bénédictions à tous ceux qui nous sont chers, et fais-nous la grâce à tous de recevoir un jour de ta main cette couronne de vie que tu réserves à ceux qui t'aiment.

Toi qui connus les alarmes
Et les douleurs d'ici-bas,
Seigneur, prête-moi tes armes,
Donne la force à mon bras.

Bienheureux qui sur toi fonde
Son espérance et sa foi :
O Christ ! tu vainquis le monde,
Je puis le vaincre avec toi. Amen.

LUNDI (Matin).

Il y avait un homme, d'entre les pharisiens, nommé Nicodème, l'un des principaux Juifs. Cet homme vint de nuit, trouver Jésus et lui dit : Maître, nous savons que tu es un docteur venu de la part de Dieu ; car personne ne peut faire ces miracles que tu fais, si Dieu n'est avec lui. Jésus lui répondit : En vérité, en vérité, je te dis que si un homme ne naît de nouveau, il ne peut voir le royaume de Dieu. (St. Jean 3, 1-3).

Méditation.

A quoi nous servirait toute la gloire de la vie terrestre si nous ne pouvions entrer un jour dans le royaume de Dieu ? Pour y pénétrer il n'y a qu'une seule voie : « il faut naître de nouveau ». Il ne suffit pas de renoncer à telle ou telle mauvaise habitude, de nous garder de tel ou tel péché ; il faut un renouvellement complet du cœur, qui est le siège de tout notre être, et pouvoir dire avec l'apôtre : « Voici les choses vieilles sont passées et toutes choses sont devenues nouvelles ». Demandons à Dieu de commencer en nous cette œuvre de grâce et de l'achever dans son insondable miséricorde, en Jésus notre Sauveur.

Prière.

Seigneur, notre Dieu, qui ne te lasses point de nous faire du bien, touche le cœur de chacun de nous, et accomplis en nous cette nouvelle naissance qui seule peut nous faire entrer dans ton royaume. Fais disparaître de nos cœurs toutes les ténèbres du péché par la lumière de ta grâce sanctifiante, comme la nuit a fait place au jour. Que ton Esprit produise en nous la vraie repentance et une foi vivante ; que nous devenions tes enfants en Jésus, et que nous nous donnions à toi comme étant devenus vivants, de morts que nous étions, pour te servir dans une vie nouvelle de justice et de sainteté qui te soit agréable.

> Par son secours tu peux te convertir ;
> Pour t'éclairer il t'offre sa lumière ;
> Crains que la nuit ne borne ta carrière ;
> La nuit funeste où l'on ne peut agir. Amen.

LUNDI (Soir).

En vérité, en vérité, je te dis que si un homme ne naît d'eau et d'esprit, il ne peut entrer dans le royaume de Dieu. Ce qui est né de la chair est chair, et ce qui est né de l'esprit est esprit. Ne t'étonne point de ce que je t'ai dit : Il faut que vous naissiez de nouveau. Le vent souffle où il veut ; et tu en entends le bruit ; mais tu ne sais ni d'où il vient, ni où il va. Il en est de même de tout homme qui est né de l'Esprit.

(St. Jean, 3, 5-8).

Méditation.

Aussi longtemps que l'homme n'a pas reçu de Dieu un souffle de vie supérieure, il est l'esclave du péché. Ce que nous appelons culture peut, il est vrai, enchaîner les mauvaises passions et mettre des bornes à ses manifestations grossières ; mais le cœur n'est pas sanctifié pour cela, le péché n'a fait que revêtir une forme plus polie, il s'est entouré d'un peu de lumière, pour nous tromper plus facilement et nous détourner de nous-mêmes. Mais lorsque, semblables à Nicodème, nous recevons la Parole dans nos cœurs, que nous l'y conservons et la repassons dans un esprit de prière, elle prend racine sans que nous en ayons conscience, et peu à peu crée en nous cette vie nouvelle à laquelle nous sommes appelés.

Prière.

Notre Père qui es aux cieux ! Fais qu'une des premières préoccupations de nos cœurs soit de savoir si ton Esprit a soufflé sur nous, et si nous avons passé de la mort à la vie. Si tu nous permets de croire et d'espérer que nos noms sont écrits dans le livre de vie, donne-nous de ne pas rester stationnaires, contents de nous-mêmes, mais de dire avec l'apôtre : « Non que j'aie déjà atteint le but, ou que je sois déjà arrivé à la perfection, mais je cours avec ardeur pour saisir le prix, c'est pour cela aussi que j'ai été appelé par Jésus-Christ. »

Oui, si ta gloire, ô Fils unique !
Est de sauver l'homme pécheur,
Pour chanter le nouveau cantique
Il faut aussi le nouveau cœur.
Pour qu'un jour, aux climats étranges
Nous puissions aux voix des anges
Unir aussi nos faibles voix,
Viens nous apprendre sur la terre
La voix du repentir austère,
Roi du ciel ! Dieu de la croix !   Amen.

MARDI (MATIN).

Dieu a tant aimé le monde qu'il a donné son Fils unique, afin que quiconque croit en lui ne périsse point, mais qu'il ait la vie éternelle.

(St. Jean 3, 16).

MÉDITATION.

Qu'elle nous rend heureux, la pensée d'être aimés de Celui qui possède tout, qui peut et veut tout nous donner ! Dieu a aimé le monde, non pas un monde saint et béni, rempli de sa paix, mais un monde plongé dans le péché et dans la misère. Il a gravé dans l'âme humaine la consolation et l'espérance d'une rédemption future, et la foi des hommes pieux de l'ancienne alliance consistait à en attendre l'accomplissement. L'image du Sauveur promis se présentait à eux toujours plus lumineuse, jusqu'au moment où les anges ont entonné, dans la sainte nuit de Noël, le céleste cantique qui proclamait sa naissance. La condition essentielle pour avoir part à l'amour de Dieu, c'est la foi qui nous dit que Dieu nous aime et que nous devons l'aimer en son Fils. C'est par lui qu'il nous tend la main ; saisissons-la et laissons-nous diriger par elle ; elle nous conduira à ce qu'il y a de plus grand et de plus admirable, à la vie éternelle.

PRIÈRE.

Dieu éternel et plein d'amour ! Tu ne veux pas que nous périssions, tu veux nous bénir, nous faire jouir de ton salut et de ta paix, dans ce monde et dans la vie à venir. Oh ! puissions-nous le reconnaître et accepter ta grâce avec une foi reconnaissante ! Seigneur, tu nous offres ta main, nous voulons la saisir ;

tu nous montres la voie, nous voulons la suivre. Daigne nous accorder ta force, car nous ne pouvons rien sans toi. Aide-nous à avoir l'image de notre Sauveur toujours présente à nos yeux, à aimer de tout notre cœur Celui qui nous a tant aimés, et qui a donné sa vie pour nous.

>Mon Dieu, tu m'as aimé, quand sur la croix infâme,
>On vit de Jésus-Christ le corps inanimé;
>Quand, pour me racheter de l'éternelle flamme,
>Ton saint Fils a porté les péchés de mon âme,
>Mon Dieu, tu m'as aimé !   Amen.

MARDI (Soir).

Quiconque fait le mal hait la lumière, et ne vient point à la lumière, de peur que ses œuvres ne soient reprises. Mais celui qui agit selon la vérité vient à la lumière, afin que ses œuvres soient manifestées, parce qu'elles sont faites en Dieu. (St. Jean 3, 20 et 21).

Méditation.

L'homme sent bien que le péché le rend esclave, mais la voix du Sauveur a beau se faire entendre et lui dire : « Romps ces chaînes, aie le courage de devenir meilleur, et tu jouiras du bonheur, de la liberté et de la paix », il ne veut pas renoncer à ses mauvais penchants, ni faire la guerre à son péché favori. L'esprit d'obéissance et de sacrifice, l'atmosphère céleste dans laquelle il doit entrer lui causent une certaine épouvante. N'est-il pas évident qu'il s'avance au-devant de sa perte ? Mais celui qui a un cœur sincère, qui aime la vérité et qui cherche sérieusement le salut, passe des ténèbres à la lumière, il trouve le pardon et la paix en Jésus-Christ le Libérateur.

Prière.

Père de notre Seigneur Jésus-Christ, et par lui aussi notre Père, nous te bénissons de ce que tu nous destines à la vie éternelle, nous pauvres pécheurs. Nous savons que le monde passe, avec sa gloire et ses convoitises, et que le péché entraîne après lui la perdition. C'est pourquoi nous te prions, Seigneur, de nous donner le courage et la force nécessaires pour rompre avec tout ce qui est péché et injustice, et de nous aider à triompher, par la foi, de toutes les tentations.

>Un cœur fidèle et sincère
>Aime Christ, hait le péché;
>Pleure et combat sur la terre,
>A soif de l'éternité.
>Soldat de Christ, lutte encor !
>Dans le ciel est ton trésor;
>Lutte bien ! lutte bien !   Amen.

MERCREDI (Matin).

Un Scribe, s'étant approché de Jésus, lui dit: Maître! je te suivrai partout où tu iras. Et Jésus lui dit: Les renards ont des tanières, et les oiseaux de l'air des nids; mais le Fils de l'homme n'a pas où reposer sa tête.

(St. Matth. 8, 19 et 20).

Méditation.

« Je veux te suivre partout où tu iras ». Belle résolution facile à prendre, mais souvent difficile à réaliser ! Beaucoup de choses ont changé dans le cours des siècles, mais la voie étroite qui mène à la vie, ne s'est pas élargie. Encore aujourd'hui, si l'on veut suivre Jésus-Christ, il faut faire le sacrifice de bien des choses, renoncer à soi-même et porter sa croix. Son règne ne consiste pas dans les honneurs du monde et le bonheur extérieur, mais dans la sainteté, le contentement d'esprit, le véritable amour de Dieu et du prochain. Celui qui se propose ce but éternel si glorieux, ne doit pas reculer devant les difficultés de la route.

Prière.

Seigneur, notre Dieu! Nous nous élevons à toi et nous te prions de nous accorder toujours plus de force et de joie pour marcher ici-bas sur les traces de ton cher Fils, notre Sauveur. Lorsque notre cœur se tourne vers lui avec foi et avec amour, fais-nous la grâce de ne pas résister en nous laissant rebuter par les luttes et les souffrances, qui sont le partage de tout vrai disciple du Sauveur. Enseigne-nous à regarder à lui pour suivre constamment le parfait modèle qu'il nous a laissé ; apprends-nous à considérer toutes choses comme une perte en comparaison de l'excellence de sa connaissance. Seigneur, tu peux tout accomplir en nous, nous comptons sur ta fidélité.

Je suivrai Jésus-Christ. De ta divine grâce
Accorde-moi, grand Dieu, le secours efficace ;
Soutiens mon faible cœur, enflamme mon esprit,
Enseigne-moi, Seigneur, à suivre Jésus-Christ.
Je suivrai Jésus-Christ. Animé d'un saint zèle,
Gardant de ses bienfaits un souvenir fidèle,
Je vivrai pour lui plaire, et toujours mon esprit
S'imposera la loi de suivre Jésus-Christ. Amen.

MERCREDI (Soir).

Jésus répondit et lui dit: Si tu connaissais le don de Dieu, et qui est celui qui te dit: Donne-moi à boire, tu lui demanderais toi-même, et il te donnerait de l'eau vive.

(St. Jean 4, 10).

Méditation.

Jésus-Christ s'appelle ici un don de Dieu. En quoi consiste ce don ? Les réponses à cette question sont infinies. Rassemblez toutes les âmes qui ont trouvé leur salut et leur vie en Christ, demandez-leur ce qu'il est pour eux, et vous entendrez de chacune une réponse différente ; mais le chœur de toutes ces voix s'unit en une magnifique harmonie dont l'accord fondamental peut être traduit par ces paroles : Jésus-Christ est le Saint et le Juste, il guérit les blessures de l'âme, et il est notre Sauveur et Rédempteur. L'âme, qui a reconnu ce qu'est Jésus, ne lui demandera-t-elle pas avec joie de cette eau vive qu'il offre gratuitement, et qui jaillit jusqu'en vie éternelle ? — De même que l'eau pure et claire de la source rafraîchit et désaltère, ainsi la vie sainte et sans tache qu'il donne communique la fraîcheur et la force et rend heureux pour le temps et pour l'éternité. « Si quelqu'un est en Christ, il est une nouvelle créature ».

Prière.

Père céleste ! Nous venons t'offrir ce soir encore le sacrifice de nos louanges. Ta protection paternelle nous a accompagnés pendant ce jour, tu nous as bénis de mille manières. Veuille aussi, dans ton amour et ta miséricorde, nous entourer et veiller sur nous pendant cette nuit. Garde nos corps et nos âmes. Ouvre-nous surtout les yeux pour que nous puissions reconnaître le don admirable que tu nous as fait en ton Fils. Toutes les jouissances terrestres ne peuvent apaiser la soif de notre âme immortelle. C'est toi, Seigneur Jésus, qu'il nous faut avec tous les biens que tu nous as acquis. Fais-nous donc entrer en communion de vie et d'amour avec toi, et produis en nous une source qui jaillisse jusqu'en vie éternelle. Prépare-nous à nous réunir un jour avec toi, après que nous t'aurons glorifié ici-bas par toute notre vie.

Le Seigneur, pour celui qui l'aime,
Devient la source et le fond même
D'un inaltérable bonheur.
A d'autres les citernes vides,
Où leurs pauvres lèvres avides

Vainement viennent se pencher ;
Il sait, lui, des fleuves d'eaux vives
Qui baignent de fécondes rives,
Et que rien ne peut dessécher.

Amen.

JEUDI (Matin).

L'heure vient et elle est déjà venue, que les vrais adorateurs adoreront le Père en esprit et en vérité, car le Père demande de tels adorateurs. Dieu est esprit, et il faut que ceux qui l'adorent, l'adorent en esprit et en vérité.

(St-Jean 4, 23 et 24).

MÉDITATION.

Tout ce qui est purement extérieur, tout culte dont le cœur est absent, a déjà paru aux Israélites, même à de sincères païens, une vide et coupable illusion. Mais ce n'est qu'avec Jésus que nous avons reçu l'Esprit dans le sens le plus élevé du mot, l'Esprit qui fait de nous des enfants de Dieu et qui nous apprend à adresser nos prières au Père par le Fils. La vraie adoration du chrétien est une adoration *en vérité*. Si par ces paroles on entend qu'il suffit d'adorer Dieu sincèrement et sans hypocrisie, ce culte lui a été rendu par les âmes pieuses de l'ancienne alliance. Mais Jésus dit : « Je suis la vérité ». Il nous faut donc chercher la vérité telle qu'elle est en lui, dans son être, dans sa Parole, dans son Esprit, et y grandir pour adorer Dieu, selon la pensée de Jésus-Christ.

PRIÈRE.

Dieu saint, que l'armée céleste adore, et devant lequel des millions d'hommes sur la terre ploient le genou, nous nous présentons aussi devant toi avec nos requêtes. Nous te demandons avant tout de nous accorder le secours de ton Saint-Esprit, pour que nos prières ne soient pas seulement sur nos lèvres, mais qu'elles sortent du fond de notre âme et montent jusqu'à toi. Nous voudrions t'adorer en esprit et en vérité, afin que le culte que nous te rendons te soit agréable ; accorde-nous donc l'Esprit de ton Fils, et fais-nous trouver, ainsi qu'à tous ceux qui sont encore loin de ton royaume, en lui et par lui, la vérité et la liberté chrétienne.

O Christ, notre unique lumière,
Nous ne voulons chercher que tes saintes clartés ;
Notre esprit t'est soumis ; entends notre prière,
Et sous ton joug divin range nos volontés.   Amen.

JEUDI (Soir).

Jésus, prenant la parole, leur dit : En vérité, en vérité, je vous dis que le Fils ne peut rien faire de lui-même, à moins qu'il ne le voie faire au Père ; car tout ce que le Père fait, le Fils le fait aussi pareillement. Car le Père aime le Fils et lui montre tout ce qu'il fait. Et il lui montrera des œuvres plus grandes que celles-ci, afin que vous soyez dans l'admiration. Car comme le Père ressuscite les morts et donne la vie, de même aussi le Fils donne la vie à ceux qu'il veut. Le Père ne juge personne, mais il a donné au Fils tout le jugement, afin que tous honorent le Fils, comme ils honorent le Père. Celui qui n'honore pas le Fils n'honore pas le Père qui l'a envoyé. (St. Jean 5, 19-23).

MÉDITATION.

Jésus-Christ est honoré de bien des manières, mais la meilleure manière de le faire, c'est de lui donner notre cœur. Il ne demande pas autre chose dans tout ce que nous faisons pour lui. Les meilleures productions dans le cours des siècles sont celles qui ont été faites à sa gloire, et les meilleurs hommes ont vécu pour son service. C'est un honneur que de faire partie de cette noble phalange, de lui consacrer les forces de notre esprit et de nos facultés et notre vie tout entière. La vraie supériorité, non seulement chez la femme, mais aussi chez l'homme, n'est pas dans l'esprit, mais dans le cœur. Et il n'y a de grand et de digne de nos recherches que les choses dans lesquelles notre âme peut se reposer en toute sécurité. Consacrons donc au Seigneur Jésus non seulement les forces de notre esprit, mais aussi celles de notre cœur. Il en est seul digne, car il s'est livré pour nous à la mort.

PRIÈRE.

Nous te rendons grâces, Seigneur Jésus, qui as reçu du Père toute puissance et tout jugement ! Nous adorons ta grandeur et ta gloire avec la multitude qui se prosterne devant toi sur la terre entière. Tu es le chemin, la vérité et la vie, personne ne vient au Père que par toi. Viens donc nous éclairer, nous conduire à Dieu et nous faire trouver en toi la vie, le salut et la paix. Apprends-nous à te consacrer tout ce que nous avons reçu de toi ; aide-nous surtout à te donner notre cœur, afin que tu puisses lui communiquer ta vie, et nous rendre capables de t'honorer en mettant à ton service nos pensées, nos facultés, nos forces renouvelées et sanctifiées par ton Esprit.

Que sur tes yeux, ô divin Frère !
Mes yeux attachés nuit et jour,
Y boivent la douce lumière,
La douce flamme de l'amour.

Mêle ta vie avec ma vie,
Verse tout ton cœur dans mon cœur ;
Détruis dans mon âme ravie
Tout désir d'un autre bonheur ! Amen,

VENDREDI (Matin).

Heureux est l'homme qui endure la tentation ; car après avoir été éprouvé, il recevra la couronne de vie que le Seigneur a promise à ceux qui l'aiment.
(St. Jacq. 1, 12.)

Méditation.

Dans son orgueil, le monde appelle homme dans toute la force du terme celui qui se raidit contre la douleur, qui affiche un faux courage et y persiste ; mais, selon l'Ecriture, un esprit patient vaut mieux qu'un esprit fort, et la vraie patience est fondée sur la foi. Nous sommes tous exposés à la tentation ; la manière de la supporter et de la surmonter, est la pierre de touche de notre valeur. Nous ne recevons le prix qu'après avoir été éprouvés. Le temps de la lutte est court, et ce temps d'épreuve ne sera suivi d'aucun autre ; nous recevrons, au contraire, la couronne de vie qui ne se flétrit point, l'héritage immuable et incorruptible que Dieu a promis à ceux qui l'aiment.

Prière.

Dieu miséricordieux ! Nous te prions de nous faire sentir de nouveau ta bonté, et de nous accorder une bonne journée. Que ton Esprit nous conduise, afin que nous marchions dans l'obéissance, que nous remportions la victoire sur toutes les puissances des ténèbres qui font la guerre à notre âme et qui voudraient détruire notre félicité. Fortifie la foi de tes enfants, purifie-les au creuset des souffrances, augmente leur amour, achève en eux la bonne œuvre que tu as commencée jusqu'au jour de ta glorieuse manifestation. Dieu saint et grand, nous te recommandons nos âmes, non seulement pour le temps qu'elles ont à passer sur la terre, mais aussi pour l'heure où elles auront à quitter ce monde, et nous te prions de nous faire la grâce de nous trouver prêts quand tu nous appelleras.

De jour en jour sa main te donnera
Ce qu'il te faut pour lui rester fidèle ;
Sa force en toi se manifestera ;
Lui seul sera ton guide et ton modèle.
Ah ! laisse-toi remplir de son amour
De jour en jour ! Amen.

VENDREDI (Soir).

L'Eternel donne la sagesse ; de sa bouche procèdent la connaissance et l'intelligence. Il réserve le salut à ceux qui sont droits, et il est le bouclier de ceux qui marchent en intégrité pour suivre les sentiers de la justice. Il gardera la voie de ses bien-aimés. (Prov. 2, 6-8.)

Méditation.

Un homme qui n'est point dirigé par la Loi de Dieu, est semblable au vaisseau sans gouvernail, au pilote sans boussole et à la boussole sans aiguille aimantée. Il est vrai que pour le fidèle le chemin est étroit et ne laisse souvent entrevoir aucune issue. Cette issue, Dieu la lui prépare alors qu'il porte encore de tous côtés ses regards inquiets et que son cœur est angoissé. Car le Seigneur est avec ceux qui sont droits de cœur ; il protège les justes et garde les âmes de ses saints. En avant donc, cœurs alarmés et éperdus ! Marchons toujours, sans nous en écarter, dans la route du devoir que la Parole de Dieu nous prescrit. Dieu a disposé le monde de telle sorte que le chemin du devoir, et ce chemin seul, mène à une fin bienheureuse.

Prière.

Dieu fidèle ! Que nous sommes fragiles et passagers ! Que notre vie est courte et pénible ! Que les tentations que nous rencontrons sont diverses et dangereuses ! Mais notre consolation est de savoir que tu n'oublies pas et que tu n'abandonnes pas tes enfants. Nous te prions du fond du cœur de nous être propice et de nous venir en aide au milieu des difficultés et des combats qui se renouvellent sans cesse sur notre route. Donne-nous d'être droits de cœur, de marcher dans le sentier de la justice et du devoir, de nous laisser diriger par ta sainte loi, afin que tu puisses réaliser pour nous tes promesses, et être notre guide, notre protecteur. Seigneur, bénis chacun de nous selon ses besoins ; tu connais nos faiblesses et nos défaillances ; manifeste ta puissance en nous et accorde-nous la grâce de te glorifier par une conduite pure et une fidélité inébranlable à tes saints commandements. Garde-nous pendant cette nuit avec tous ceux que nous aimons ; dans tes compassions, souviens-toi des malades, des pauvres, des affligés ; accorde-leur les secours et les consolations dont ils ont besoin. Exauce-nous au nom et pour l'amour de Jésus.

Guide mes pas dans ma carrière,
Et que toujours ta vérité
Et ton admirable lumière
Me conduisent en sûreté.
Sois constamment, mon Dieu Sauveur,
Ma boussole et mon protecteur. Amen.

SAMEDI (Matin).

Je suis le bon Berger, et je connais mes brebis, et je suis connu d'elles, comme mon Père me connaît et que je connais mon Père ; et je donne ma vie pour mes brebis. (St. Jean 10, 14-16.)

Méditation.

Le nom de berger que le Seigneur Jésus se donne, nous attire ; il nous encourage à nous approcher de lui, à nous mettre sous sa houlette. Il est le bon Berger ; il ne s'appelle pas bon parmi beaucoup d'autres, mais il est le seul bon, il n'y en a pas en dehors de lui. Il protège ses brebis qui sont entourées de toutes sortes de dangers. Notre meilleure sauvegarde est de le suivre constamment. Si tous nos besoins et tous les dangers auxquels nous sommes exposés font de nous de plus fidèles chrétiens, et nous rendent plus sérieux dans notre vie, plus dévoués dans notre vocation, plus zélés dans la prière, alors nous sentons que nous sommes bien gardés. Nos ennemis sont impuissants et ne peuvent faire tomber un seul cheveu de notre tête. Le fidèle Berger a de même vaincu et terrassé l'ennemi qui était en nous, l'esprit de soucis, d'incrédulité et de désespoir. Il nous conduit dans des parcs herbeux, il donne à notre âme immortelle la nourriture dont elle a besoin. Il nous mène par des sentiers unis ; il est le chemin et en même temps le guide. Enfin il veut rassembler tous les hommes sous sa houlette et en faire un seul troupeau sous la direction de Celui qui est le grand et fidèle Berger.

Prière.

Dieu Sauveur ! Nous avons heureusement terminé cette semaine sous ta sage conduite. Nous te remercions du fond de nos cœurs de tout l'amour que tu nous témoignes jour après jour. Tu es véritablement le bon et fidèle Berger, et il n'y en a pas d'autre que toi. Dans les circonstances les plus difficiles, nous trouvons auprès de toi aide et protection. Ah ! puissions-nous nous tenir toujours auprès de toi, où nous sommes si bien gardés. Fais que chacun de nous te connaisse et trouve son bonheur et sa joie à entendre ta voix et à te suivre. Si le péché veut nous éloigner et nous entraîner loin de toi, daigne, Seigneur, nous ramener par ta houlette dans tes sentiers, et ne point permettre que rien nous ravisse de ta main.

Oh! bonheur inexprimable !
J'ai l'Eternel pour Berger.
Toujours tendre et secourable,
Son cœur ne saurait changer.

Dans sa charité suprême
Il descendit ici-bas,
Chercher sa brebis qu'il aime,
Et la prendre dans ses bras !   Amen.

SAMEDI (Soir).

Je bénirai l'Eternel en tout temps; sa louange sera continuellement dans ma bouche. Mon âme se glorifiera en l'Eternel; les débonnaires l'entendront et se réjouiront. Magnifiez l'Eternel avec moi: exaltons son nom tous ensemble! J'ai cherché l'Eternel et il m'a répondu; il m'a délivré de toutes mes frayeurs. L'a-t-on regardé? on en est illuminé, on n'a pas à rougir de honte. Cet affligé a crié, et l'Eternel l'a exaucé, et l'a délivré de toutes ses détresses. L'ange de l'Eternel campe autour de ceux qui le craignent et il les délivre. Goûtez et voyez combien l'Eternel est bon ! Heureux l'homme qui se retire vers lui !   (Ps. 34, 2-9).

Méditation.

La louange de Dieu est la chose la plus belle et la plus élevée à laquelle la grâce puisse conduire un homme ; la louange l'emporte sur la prière. Mais celui-là seul peut louer et bénir l'Eternel qui a éprouvé dans son propre cœur les effets de sa grâce miséricordieuse. Plus les aspirations d'un homme sont célestes, plus haut retentit dans son cœur cette sainte louange qui ne tarit point, au milieu des maux de la vie terrestre, et sous le fardeau de la croix. Toutefois le Seigneur ne nous défend pas de verser des larmes quand nous souffrons ; mais lorsqu'il abaisse sur nous un regard d'amour, nous devons nous en réjouir et ne pas être préoccupés des maux à venir, parce que par là nous détruirions les bénédictions du moment présent.

Prière.

Seigneur, notre Dieu ! C'est une chose précieuse de te louer et de bénir ton Nom. Nous voulons aussi t'offrir le sacrifice de nos louanges à la fin de ce jour et de cette semaine. Nous avons tant de motifs de te bénir en pensant à tous les bienfaits que tu ne cesses de nous dispenser pour le corps et pour l'âme. Tous tes dons et toutes tes directions ont pour but notre salut éternel. Donne-nous de le comprendre et d'avoir toujours, au milieu de tout ce qui nous arrive, la ferme persuasion que tu diriges notre vie avec amour et sagesse. Rends-nous attentifs à toutes tes grâces, apprends-nous à compter tes bienfaits, tes nombreuses délivrances, afin que nous sachions te louer, te bénir jusqu'à notre dernier soupir, et que nous soyons trouvés dignes de t'adorer éternellement avec les rachetés qui entourent ton trône!

> Bénis le Seigneur, ô mon âme!
> Bénis son saint nom chaque jour!
> Elève tes chants et proclame
> Les merveilles de son amour!
> Tu lui dois tout: paix, espérance,
> Pardon, justice, délivrance;
> Oh! que lui donner en retour ! Amen.

Huitième semaine avant Pâques (Sexagésime).

DIMANCHE (MATIN).

Comme une grande foule de peuple s'assemblait, et que plusieurs venaient à lui de toutes les villes, il leur dit en parabole: Un semeur sortit pour semer sa semence, et en semant, une partie du grain tomba le long du chemin, et elle fut foulée, et les oiseaux du ciel la mangèrent toute. Et une autre partie tomba sur un endroit pierreux; et quand elle fut levée, elle sécha, parce qu'elle n'avait point d'humidité. Et une autre partie tomba parmi les épines, et les épines levèrent avec le grain et l'étouffèrent. Et une autre partie tomba dans une bonne terre; et étant levée, elle rendit du fruit, cent pour un. En disant ces choses, il criait : « Que celui qui a des oreilles pour ouïr, entende! » (St. Luc 8, 4-8).

MÉDITATION.

Bien des gens empêchent la semence de la vérité et de la piété de pénétrer dans leur cœur; elle n'y trouve qu'un terrain durci et non des sillons creusés, où elle peut facilement prendre racine. — D'autres trouvent du plaisir à lire la Parole de Dieu et se réjouissent de l'édification qu'ils y puisent. Il peut arriver qu'ils en sont émus et touchés; mais les dispositions sérieuses font défaut. La persévérance leur manque en même temps que le caractère chrétien. — Le troisième terrain est couvert d'épines. C'est dans notre propre cœur que se trouvent la semence de l'ivraie et les racines de bien des plantes pernicieuses. La vie de la foi et l'obéissance filiale sont étouffées par les soucis de la nourriture quand on est dans la pauvreté et qu'on n'a pas la constante habitude de remettre toutes ses voies sur l'Eternel avec foi et dans un esprit de prière. Mais il y a quelque chose qui, plus encore que ces soucis rongeurs, étouffe dans le cœur la vie cachée avec Christ: c'est la fausse confiance qu'on met dans les biens de ce monde, c'est le désir de jouir et de vivre dans les délices. —

Enfin le Seigneur parle d'une bonne terre. Elle représente ceux qui, ayant entendu la Parole avec un cœur honnête et bon, la retiennent et portent du fruit avec persévérance. Si nous laissons agir dans nos cœurs la semence de la Parole, bien des fruits de l'Esprit mûrissent. Nous devenons alors des instruments utiles à la gloire de Dieu, et nos œuvres nous suivront un jour dans la bienheureuse éternité.

Prière.

Seigneur, notre Dieu ! C'est ta bonté qui nous a fait revoir la lumière de ce jour du repos, où nous pouvons fortifier notre âme et notre cœur. Nous te prions instamment d'en faire pour nous un jour de salut et de bénédiction. Accorde-nous des cœurs honnêtes et bons, qui ne se contentent pas d'écouter ta Parole, mais qui la conservent et qui portent du fruit pour la vie éternelle. Fais-nous croître dans la connaissance de la vérité, dans la foi, dans l'amour et dans la patience, afin que notre vie manifeste notre foi et notre espérance chrétienne.

Dans l'âme du chrétien la divine semence
Doit produire des fruits d'immortelle espérance,
De foi, de paix, d'amour et de fidélité ;
Que dans le cœur joyeux ou dans l'âme angoissée,
Ta parole, ô mon Dieu, sainte et douce rosée,
Germe ainsi dans ce jour, et pour l'éternité.   Amen.

DIMANCHE (Soir).

De peur que je ne m'élevasse trop à cause de l'excellence de mes révélations, il m'a été mis dans la chair une écharde, un ange de Satan, pour me souffleter, afin que je ne m'élève point. Trois fois j'ai prié le Seigneur de m'en délivrer, mais il m'a dit : Ma grâce te suffit, car ma force s'accomplit dans la faiblesse. Je me glorifierai donc plus volontiers dans mes infirmités, afin que la force de Christ abonde en moi. (2 Cor. 12, 7-9).

Méditation.

La vie de la foi ne dépend pas de la richesse de nos sentiments ; car le royaume de Dieu ne consiste pas plus en sentiments qu'en paroles, mais en puissance et en vertu. Dieu nous met quelquefois une écharde dans la chair, à côté de sublimes révélations, comme il l'a fait pour l'apôtre St-Paul, parce qu'il y a du danger pour nous de regarder comme la mesure de notre christianisme les heureux moments de notre communion avec Dieu, du repos que nous trouvons en son amour. Ce sont des dons de Dieu ; nous risquons de confondre les brillantes couleurs des fleurs avec les fruits que Dieu cherche à l'arbre. Une écharde, ou mieux, une épine qui pique est douloureuse. Il s'en suit que l'apôtre devait avoir passé par une affliction qui l'a salutairement humilié. Et cette épine était dans sa chair. C'était sans doute un mal qui était une entrave à sa vocation, qui l'avait rendu incapable de travailler à l'avancement du règne de Dieu, comme il l'aurait voulu. Nous aussi nous avons quelque chose de cette écharde dans notre chair. Il nous est impossible de nous trouver longtemps dans une situation sans faire la douloureuse expérience que nous ne répondons pas en tous points à notre vocation. Plus nous désirons ardemment servir le Seigneur, plus les obstacles que nous rencontrons dans notre activité nous sont pénibles, plus aussi cette faiblesse de notre chair est une épine douloureuse pour nous. Mais ce qui fait notre consolation ici-bas et ce qui fera un jour notre félicité là-haut, c'est de pouvoir dire avec l'apôtre : Nous sommes par la grâce de Dieu ce que nous sommes. C'est en cette grâce que nous voulons nous reposer sur les hauteurs lumineuses et dans les sombres profondeurs de notre vie, et dire, alors même que l'ange de Satan nous assaille de ses coups : « Seigneur, quelque faible et impuissant que je sois, tu me conduis au but. »

PRIÈRE.

Seigneur ! ta grâce est notre vie ; c'est ce que nous te disons encore ce soir en t'offrant l'hommage de notre reconnaissance et de notre adoration. Que pouvons-nous faire pour toi et ton règne sans ton aide et ta miséricorde ? Fais-nous éprouver que ta force se manifeste dans notre infirmité. Si tu nous fortifies et nous rends capables de travailler avec joie à ton service, garde-nous de l'orgueil, et si tu nous envoies des peines et des difficultés, console-nous par ta grâce. Nous nous remettons entre tes mains, et nous te prions de répandre dans nos cœurs la lumière et la paix de la foi. Bénis-nous, Seigneur, protège et soutiens-nous dans toutes les situations de la vie, et fais qu'aux heures les plus sombres nous puissions goûter le bonheur qu'il y a à t'aimer et à te servir.

Un chrétien doit être fidèle,
Dans les tourments jusqu'à la mort,
A notre roi qui nous appelle,
Par l'orage, à chercher le port.
Souffrir sans murmure,

La croix la plus dure,
C'est le seul chemin,
Qu'il trace lui-même,
Au bonheur suprême,
Au bonheur sans fin. Amen.

LUNDI (Matin).

Il y avait un homme malade, Lazare de Béthanie, bourg de Marie et de Marthe sa sœur. Marie était celle qui oignit le Seigneur de parfum, et qui essuya ses pieds avec ses cheveux; et Lazare, son frère, était malade. Ses sœurs donc envoyèrent dire à Jésus: Seigneur, celui que tu aimes est malade.
(St. Jean 11, 1-3).

Méditation.

Un nuage sombre s'est amassé d'une manière inattendue au-dessus d'une maison heureuse de Béthanie. Lazare, le frère fidèle, est tombé gravement malade, mais ses sœurs savent bien que le Seigneur les aime, qu'il ne les abandonnera pas et qu'il saura les délivrer de toute détresse. Elles lui envoient ce message : « Celui que tu aimes, est malade ». Celui que tu aimes ! C'est comme si elles avaient dit : Nos maux sont tes maux, notre douleur ta douleur, ton cœur prend part à nos angoisses et à nos détresses. Heureux ceux qui peuvent tenir ce langage ! Il est vrai que le Seigneur n'est plus sur la terre; s'il est remonté au ciel, ce n'est pas pour se séparer de nous, mais pour être avec nous jusqu'à la fin. Toute prière qui s'échappe des profondeurs de l'âme et de nos besoins monte jusqu'à lui et est exaucée.

Prière.

Seigneur et Sauveur de nos âmes ! Fais aussi de notre maison un Béthanie où tu aimes à entrer. Partout où tu demeures avec ton Esprit et ta grâce, il y a lumière, consolation et paix. Si nous pouvons couler nos jours en bonne santé, donne-nous de le regarder comme une grâce imméritée ; mais si la maladie fait son entrée chez nous, préserve-nous du découragement, de l'impatience et du murmure. Fortifie-nous aussi dans la foi que nous trouvons en toi un fidèle ami et un sage médecin, qui peut nous guérir, nous conseiller, nous consoler et nous sauver.

O toi que la tombe vaincue
Rendit aux suprêmes clartés,
Qu'au ciel a contemplé la nue,
Premier-né des ressuscités;

Jésus, qu'attend l'humble espérance
De quiconque s'assure en toi,
Trésor de sainte délivrance,
O Seigneur, prend pitié de moi. Amen.

LUNDI (Soir).

Jésus ayant entendu cela, dit: Cette maladie n'est point à la mort, mais elle est pour la gloire de Dieu, afin que le Fils de Dieu en soit glorifié. Or, Jésus aimait Marthe, et sa sœur, et Lazare. Néanmoins, quand il eut appris qu'il était malade, il demeura deux jours dans le lieu où il était.
(St. Jean 11, 4-6).

Méditation.

Les circonstances, les hommes, leur propre cœur alarmé, tout se réunissait pour éteindre la dernière étincelle de foi dans le cœur des sœurs de Lazare. Tout leur disait : Comment pouvons-nous encore avoir foi en Celui qui nous a abandonnées à l'heure de la détresse et dont la parole a été démentie par l'expérience ? Si elles avaient prêté l'oreille à cette voix, elles auraient perdu non seulement leur frère, mais aussi leur Sauveur ; il ne leur serait resté qu'une indicible tristesse sans consolation et sans espérance. Tout avait concouru à leur enlever la foi dans les paroles rassurantes du Christ. Ce sont là des heures d'épreuve, où l'homme fait les plus dures expériences, où il combat pour la vie de l'âme. On peut dire cependant que l'épreuve est bénie, parce qu'elle est le contraire de la tentation. Dans la tentation, on est aux prises avec la convoitise qu'il faut vaincre ; dans l'épreuve, il s'agit de montrer que la foi est plus précieuse que l'or, et que le feu éprouve sans consumer.

Prière.

Seigneur, qui es notre refuge, sois et reste le soleil qui nous éclaire dans les jours sombres de cette terre. Si nous avons à passer par des doutes, donne-nous de ne pas désespérer ; si nous avons des angoisses, aide-nous à ne pas nous décourager. Si tout devait nous être enlevé, fortifie-nous et affermis-nous dans la pensée que toi tu nous restes, afin que nous saisissions plus fortement ta main et que nous disions avec confiance : « Quel autre que toi ai-je au ciel ? Je ne prends plaisir sur la terre qu'en toi. Ma chair et mon cœur défaillent, mais Dieu est le rocher de mon cœur, et mon partage à toujours ».

O mon rocher ! que les eaux de la grâce
Sortent de toi pour me désaltérer ;
De ton Esprit que la sainte efficace
Préserve, ô Dieu, mon cœur de murmurer.   Amen.

MARDI (Matin).

Jésus dit à ses disciples : Retournons en Judée. Les disciples lui dirent : Maitre, les Juifs cherchaient naguère à te lapider, et tu retournes de nouveau chez eux ! Jésus répondit : N'y-a-t'il pas douze heures au jour ? Si quelqu'un marche pendant le jour, il ne bronche point, parce qu'il voit la lumière de ce monde. Mais s'il marche pendant la nuit, il bronche, parce qu'il n'a point de lumière.   (St. Jean 11, 7-10).

Méditation.

Le Seigneur fait une remontrance affectueuse, mais énergique à ses disciples qui ne veulent pas l'accompagner sur la terre ennemie de la Judée. Il leur dit que *sa* route est bien éclairée, mais qu'*eux* marchent dans les ténèbres, et qu'ils ne peuvent faire des pas sûrs qu'en se laissant conduire par lui. Ah! n'allons jamais seuls; ne prenons pas conseil de nous-mêmes, mais laissons-nous guider par Dieu. Donnons notre cœur et notre main au Seigneur Jésus; marchons avec lui et suivons-le. Il est le chemin, nous ne pourrons pas nous égarer; il est la lumière, nous ne marcherons pas dans les ténèbres; il est la vie, nous ne mourrons point. Ne nous effrayons pas, lorsqu'il nous dit : Allons en Judée. Toutes ses voies ont pour but de nous amener à la vie et à la gloire éternelle.

Prière.

Seigneur, notre Dieu! C'est par ta grâce qu'il nous est donné de revoir la lumière de ce jour. Nous bénissons ta fidélité et ta bonté à cette heure matinale. Nous sommes heureux de pouvoir nous adresser à toi et de te choisir comme ami et comme guide. Les voies par lesquelles tu nous fais passer sont toujours bonnes. Que nous en soyons persuadés, Seigneur, et que nous nous abandonnions en toute circonstance à tes directions, sans jamais douter de ton amour et de ta sagesse.

O Jésus-Christ, source de biens
Pour tout cœur misérable,
Seul chef et conducteur des tiens,
Leur Sauveur adorable!
Par ton secours tes rachetés,
Nonobstant leur faiblesse,
Et malgré les difficultés,
Triompheront sans cesse. Amen.

MARDI (Soir).

Il parla ainsi, et après il leur dit: Lazare notre ami dort; mais je vais l'éveiller. Ses disciples lui dirent: Seigneur, s'il dort, il sera guéri. Or, Jésus avait parlé de la mort de Lazare; mais ils crurent qu'il parlait du repos du sommeil. Alors Jésus leur dit ouvertement: Lazare est mort. Et je me réjouis à cause de vous, de ce que je n'étais pas là, afin que vous croyiez; mais allons vers lui. (St. Jean 11, 11-15).

Méditation.

Le sommeil est l'ami de l'homme, la mort est son ennemi. On attend le sommeil avec joie; celui qui est fatigué se repose volontiers dans ses bras, le malade y trouve un délicieux rafraîchissement, et le faible la force. La mort, au contraire, est un ennemi qui nous fait peur. C'est pour le vaincre que le Seigneur est venu, et il éprouve une grande joie à la pensée de pouvoir en donner une preuve à ses disciples. C'est là, du reste, le but de toutes les voies divines ; elles doivent arriver à convaincre, à conduire à cette foi, qui a toutes les promesses de la vie présente et de celle qui est à venir.

Prière.

Dieu tout-puissant, tu es le Seigneur des vivants et des morts ; nous te bénissons de nous avoir conservé la vie jusqu'aujourd'hui. Donne-nous de regarder les jours de notre pèlerinage comme un temps de grâce, pendant lequel nous pouvons être fortifiés dans la foi, à travers les épreuves et les afflictions, et nous préparer à une bienheureuse éternité. Fais-nous la grâce de ne pas nous effrayer de la mort qui nous attend aujourd'hui ou demain, mais de regarder avec foi à celui qui a enlevé l'aiguillon de la mort et l'a changée en un sommeil au sortir duquel nous entrerons dans ton royaume céleste.

> Ton aiguillon, ô mort, tu ne l'as plus,
> Tombeau, déjà nous ne te craignons plus.
> Jésus sur toi remporta la victoire,
> Et nous ouvrit le chemin de la gloire,
> Lui-même dit: Accourez tous joyeux,
> Vers le pays des esprits bienheureux.   Amen.

MERCREDI (Matin).

Reconnaissez que l'Eternel conduit les siens d'une manière admirable, et qu'il entend celui qui crie à lui.   (Ps. 4, 4).

Méditation.

C'est lorsqu'il s'agit de nous reposer entièrement sur Dieu et d'entrer courageusement dans le chemin qui s'allonge obscur et difficile devant nous, que nous voyons quelle immense différence il y a entre *croire* et *agir*, et de quelle patience Dieu doit user envers nous. Combien souvent n'arrive-t-il pas que c'est malgré nous et de mauvaise grâce que nous marchons dans la voie qu'il nous indique, et que nous le suivons d'un cœur rebelle ! Et cependant Dieu ne peut pas nous permettre de marcher comme nous l'entendons ; ce serait notre ruine. Il faut que le vieil homme meure avec son esprit volontaire, il faut que nous cessions de ne regarder qu'aux choses visibles, et à mesure que nous mourrons à nous-mêmes, nous parviendrons à la vie véritable.

PRIÈRE.

Notre bon Père céleste ! Nous te prions du fond de nos cœurs de nous faire entrer toujours plus dans ta communion par ton cher Fils, notre Seigneur Jésus, et de nous aider à nous remettre avec une confiance filiale à tes directions. Pardonne-nous nos résistances et nos faiblesses; continue à nous supporter avec patience malgré nos murmures, nos doutes et nos défaillances. Tu connais notre cœur si enclin au péché ; aide-nous à le vaincre ; délivre-nous de tout égoïsme, de tout amour-propre ; ramène-nous sur le chemin de la fidélité chaque fois que nous nous en écartons, et fortifie-nous dans la certitude que tes voies les plus obscures auront une issue joyeuse.

> Et je craindrais de me livrer à toi !
> Je le craindrais ! moi, qui dans ma faiblesse,
> Ai vu toujours ton bras levé pour moi !
> Je tremblerais ! je serais en détresse !
> De tout mon cœur, ah ! je veux m'attacher
> A mon Rocher.   Amen.

MERCREDI (Soir).

Jésus, étant arrivé, trouva Lazare dans le sépulcre déjà depuis quatre jours. Or, Béthanie était environ à quinze stades de Jérusalem. Et plusieurs Juifs étaient venus auprès de Marthe et de Marie, pour les consoler au sujet de leur frère. Quand donc Marthe eut appris que Jésus venait, elle alla au-devant de lui ; mais Marie demeurait assise à la maison. (St. Jean 11, 17-20).

MÉDITATION.

Marthe et Marie avaient attendu le Seigneur avec foi et espérance. Après chaque jour de retard, le monde pensait et disait tout haut : « Jésus ne viendra plus », et elles se répétaient toujours avec plus de certitude : « Il viendra ». Et elles n'ont pas été confondues : il est venu. Dès que Marthe entend dire : « Le Seigneur est là », elle oublie tout, même sa sœur bien-aimée, pour se précipiter à sa rencontre. — Il en sera de même un jour, lorsque la nouvelle de son retour se répandra, de contrée en contrée et qu'on dira : « Le Seigneur vient, le Seigneur est là ». Heureux ceux qui, les lampes allumées, pourront joyeusement aller à sa rencontre et entrer avec lui dans son royaume !

PRIÈRE.

Nous te bénissons, Seigneur, de ce que tu nous as encore aidé à supporter les soucis et les peines de ce jour. Tu es notre retraite et notre forteresse, le Dieu en qui nous mettons notre confiance. Seigneur, reste avec nous ; protège-nous dans les dangers ; délivre-nous de nos détresses. Dans la maladie sois notre médecin, guéris-nous de nos blessures ; rafraîchis-nous quand nous sommes travaillés et chargés ; relève-nous quand nous sommes sur le point de succomber sous notre fardeau ; sèche les larmes que nous versons sur notre misère et sur celle des autres. Remplis-nous de soumission à tes saintes dispensations quand tu nous imposes de lourds sacrifices, et donne-nous de nous tenir toujours dans la vigilance comme ceux qui attendent leur Maître, afin que nous ne soyons point confus à son avènement.

    Vers Jésus élevons les yeux ;
    Bientôt ce roi victorieux
    Redescendra du haut des cieux.
    Dans cette glorieuse attente,
    Que notre âme soit vigilante.
    Soyons prêts, craignons de dormir,
    Chrétiens! le Sauveur va venir. Amen.

JEUDI (Matin).

Marthe dit à Jésus : Seigneur, si tu eusses été ici, mon frère ne serait pas mort ; mais je sais que, maintenant même, tout ce que tu demanderas à Dieu, Dieu te l'accordera. Jésus lui dit : Ton frère ressuscitera. Marthe lui répondit : Je sais qu'il ressuscitera à la résurrection au dernier jour.
(St. Jean 11, 21-24).

Méditation.

Aussi longtemps que les vérités divines ne sont pour nous que des doctrines, des formules de foi, elles nous restent plus ou moins étrangères. Il faut qu'elles touchent et qu'elles remuent notre cœur par leur puissance, qu'elles nous éclairent et nous pénètrent de leur lumière de vie. Alors nous ne nous bornerons pas à accepter avec une résignation forcée ce que nous ne pouvons éviter ; mais nous nous soumettrons sincèrement à la volonté de Dieu en redisant ces paroles qui sont le plus beau triomphe de l'homme : « Seigneur, ce que tu veux et non ce que je veux ! » Le seul moyen d'en arriver là, c'est d'être étroitement unis au Seigneur comme les sarments sont unis au cep, afin qu'il y ait entre lui et nous une communion personnelle de vie, tellement que nous puissions dire « il est à nous et nous sommes à lui ». Nous éprouvons alors que la vérité divine est une lumière et une vie, qui émanent de Dieu et qui passent dans notre esprit et dans notre cœur. En même temps nous faisons l'expérience que la foi, dont l'Ecriture raconte de si grandes choses, n'est pas seulement une persuasion de l'esprit, ni une simple croyance, mais qu'elle est la vie de l'âme, qui nous fait dire : « Christ vit en moi ».

Prière.

Père céleste ! Tu sais ce dont nous avons besoin avant que nous te le demandions, et tu nous accorderas toujours ce qui nous est salutaire. Lorsque nous sommes comblés de tes bienfaits, donne-nous un cœur reconnaissant ; et quand le fardeau des souffrances pèse sur nous, verse dans nos cœurs la consolation, la paix et le courage. Au sein du malheur, préserve-nous de l'amertume et du désespoir, et rappelle-nous que tes promesses sont oui et amen en toi, à la gloire de ton saint Nom. Et quand notre dernière heure sonnera, délivre-nous de tout mal, et nous aide à entrer dans ton règne éternel.

<pre>
      Vivre dans la foi, c'est le ciel sur la terre,
      C'est posséder déjà ce que notre âme espère ;
      C'est avoir déchiffré le secret du bonheur :
      Etre un enfant de Dieu, bien qu'on soit un pécheur.   Amen.
</pre>

JEUDI (Soir).

Jésus lui dit : Je suis la résurrection et la vie ; celui qui croit en moi vivra, quand même il serait mort. Et quiconque vit et croit en moi ne mourra jamais. Crois-tu cela ? (St. Jean 11, 25 et 26).

Méditation.

« Je suis la résurrection et la vie », telle est la sainte parole qui pénètre dans les profondeurs et dans l'obscurité de nos détresses, qui embellit et éclaire notre tombeau. Celui qui connaît et qui possède le divin Ressuscité peut à la dernière heure reposer sa tête en paix, car c'est précisément dans la sombre vallée de la mort qu'il éprouvera que Jésus-Christ est la résurrection et la vie. Il faut nous arrêter à cette parole jusqu'à ce que nous puissions la saisir avec une foi entière. Voilà pourquoi Jésus y ajoute cette question : « Crois-tu cela ? » Celui qui est obligé de répondre négativement sera seul dans sa misère, et périra dans la nuit du péché et de la mort, qui est en lui et qui l'entoure ; mais celui qui peut répondre affirmativement, du fond du cœur, remporte la victoire sur toutes choses.

PRIÈRE.

Seigneur notre Dieu ! Il est beau de te louer et de chanter à ton Nom, ô Très-Haut ! d'annoncer le matin ta bonté et ta fidélité durant les nuits. Et pourquoi n'aimerions-nous pas à te louer et à te bénir ? N'es-tu pas notre Dieu et Père en Jésus-Christ, qui nous as envoyé en lui un puissant Sauveur, pour nous affranchir du péché, des misères et de la mort. Fais-nous la grâce d'entendre un jour retentir près de nos tombeaux cette Parole : « Je suis la résurrection et la vie », et de voir la mort vaincue. Nous t'offrons nos louanges, Seigneur Jésus, Prince de la vie, vainqueur du tombeau et de la mort. Conserve-nous et fortifie-nous dans la foi ; aide-nous à mourir au péché et à chercher les choses qui sont En-Haut.

Jésus est vivant, je dois vivre ;
Jésus triomphe de la mort ;
Il est mon chef je dois le suivre,
Et je partagerai son sort.
O consolante vérité !
Jésus est ressuscité.

Jésus est vivant, car la tombe
Ne pouvait se refermer sur lui ;
La mort est vaincue et succombe,
Et le chrétien chante aujourd'hui,
Que l'auteur de sa liberté,
Jésus-Christ est ressuscité.   Amen.

VENDREDI (MATIN).

Elle lui dit: Oui, Seigneur, je crois que tu es le Christ, le Fils de Dieu, qui devait venir dans le monde. Quand elle entendit cela, elle s'en alla et appela Marie, sa sœur, en secret, et lui dit: Le Maître est ici, et il t'appelle. Celle-ci, l'ayant entendu, se leva promptement, et vint vers lui. Or, Jésus n'était pas encore entré dans le bourg, mais il était dans le lieu où Marthe était venue au devant de lui. Alors les Juifs, qui étaient avec Marie dans la maison, et qui la consolaient, voyant qu'elle s'était levée promptement et qu'elle était sortie, la suivirent, en disant: Elle va au sépulcre pour y pleurer. Dès que Marie fut arrivée au lieu où était Jésus, et qu'elle le vit, elle se jeta à ses pieds et lui dit: Seigneur, si tu eusses été ici, mon frère ne serait pas mort.   (St. Jean 11, 27-32).

MÉDITATION.

Deux choses peuvent habiter à la fois dans l'âme humaine, la lumière du soleil et les ombres de l'affliction, la paix de la foi et le trouble des tentations, la soumission à la volonté de Dieu, et les questions angoissantes, les pourquoi amers quand il nous conduit par la voie douloureuse. La foi ne doute pas de ce qu'elle ne voit pas ; elle croit à l'amour miséricordieux de Dieu qui est venu dans le monde en son Fils et dont rien ne pourra nous séparer ; mais la foi n'est pas la vue et il y a des heures où tout ce que l'homme voit et sent est fait pour l'ébranler. C'est ainsi qu'en possédant la foi, on peut passer par la nuit la plus sombre et la douleur la plus profonde ; mais elle ne périt pas, elle porte sa douleur devant la face de Dieu, verse ses larmes dans son cœur et dit : « Mon âme, tiens-toi en repos, regardant à Dieu ; car mon attente est en lui. Quoi qu'il en soit, il est mon rocher, ma délivrance et ma haute retraite, je ne serai point ébranlé ».

PRIÈRE.

Dieu miséricordieux ! Donne-nous encore aujourd'hui des richesses de ton amour, ce qu'il nous faut pour nos besoins temporels et spirituels. Console-nous et fortifie-nous dans nos inquiétudes et nos angoisses. Verse de l'huile dans la lampe de notre foi quand elle est sur le point de s'éteindre ; viens illuminer notre sentier quand les ténèbres l'environnent. Tu essuieras un jour les larmes des yeux de tes enfants, et tu les prendras à toi dans ta joie et dans ta gloire. Affermis dans nos cœurs cette consolante assurance ; abaisse un regard de compassion sur nous, Seigneur Jésus, toi qui es le chef et le consommateur de notre foi, qui as vaincu le péché et la mort ; aie pitié de nous et aide-nous à te glorifier par une confiance inébranlable dans nos tristesses comme dans nos joies. — Répands tes consolations dans les cœurs de tous les affligés, souviens-toi des malades, des pauvres, des malheureux ; fais-toi connaître à tous comme un Dieu d'amour et de délivrance.

Lorsque ton faible enfant, cédant à la tristesse,
Se nourrit de douleur, sans chercher le secours,
Daigne lui rappeler ta fidèle promesse
Qui guérit, qui soutient, qui console toujours. Amen.

VENDREDI (Soir).

Quand Jésus vit qu'elle pleurait, et que les Juifs venus avec elle pleuraient aussi, il frémit en son esprit et fut ému ; et il dit : Où l'avez-vous mis ? Ils lui répondirent : Seigneur, viens et vois. Et Jésus pleura. Sur cela les Juifs disaient : Voyez comme il l'aimait. Mais quelques-uns d'entre eux disaient : Lui qui a ouvert les yeux de l'aveugle, ne pouvait-il pas faire aussi que cet homme ne mourût pas ? Alors Jésus, frémissant de nouveau en lui-même, vint au sépulcre ; c'était une grotte, et on avait mis une pierre dessus. (St. Jean 11, 33-38).

MÉDITATION.

L'esprit du Seigneur Jésus au tombeau de son ami était

agité par la tristesse et un saint frémissement. Nous comprenons facilement sa tristesse, mais quelle fut la cause de son frémissement ? C'est l'ennemi de Dieu et des hommes, qu'il appelle lui-même le père du mensonge et un meurtrier dès le commencement. Ceux qui ont déjà entouré des lits de malades et de mourants, et qui ont été spectateurs des luttes mystérieuses par lesquelles l'âme a souvent à passer à l'heure suprême, peuvent se représenter le saint courroux qui a saisi le Seigneur jusque dans les profondeurs de l'âme et lui a fait verser des larmes amères. Près de ce tombeau il pleure avec ceux qui pleurent, quoiqu'il soit là pour sécher leurs larmes, et pour changer la douleur la plus profonde en une indicible joie. Il verse des larmes sur la voie sombre de la mort que l'homme doit traverser pour arriver de la nuit à la lumière de la vie. C'est ainsi que sa pitié nous accompagne dans nos voies douloureuses, sur la route qui conduit à la mort et jusque dans le sépulcre. Il sait par expérience combien ce chemin est difficile, et après avoir versé des larmes avec nous et sur nous, il se réjouira aussi un jour avec nous d'une joie ineffable.

Prière.

Seigneur Jésus, Sauveur fidèle, sois béni de ce que nous pouvons compter en tout temps sur ton amour et ta sympathie, de ce que tu comprends nos souffrances, nos deuils et nos larmes et veux y compatir. Que nous serions pauvres et à plaindre, si tu n'étais près de nous dans les afflictions et les douleurs de la vie, et à l'heure suprême de la mort ! Que seraient toutes les joies de la terre sans l'assurance de ta grâce ? Seigneur, nous voulons nous placer sous ton égide et nous laisser diriger par ton Esprit dans la santé et dans la maladie, dans la prospérité et dans l'adversité, et jusqu'au bord du tombeau. Viens nous fortifier dans nos combats, nous soulager dans nos angoisses et nous rassurer contre tous nos ennemis. Sois notre refuge et notre espérance pour le temps et pour l'éternité. Nous te rendons grâces de tous les bienfaits que tu as semés sur notre chemin pendant le jour écoulé ; pardonne-nous toutes nos infidélités, toutes les transgressions de ta sainte loi, et accorde-nous une nuit paisible ainsi qu'à ceux que nous aimons, au nom et pour l'amour de Jésus.

> Seigneur ! dans les jours de détresse,
> Que deviendrait ton pauvre enfant,
> S'il ne pouvait dans sa tristesse,
> Avoir recours au Tout-Puissant ?
> Pour rassurer mon faible cœur,
> Parle-moi donc, ô bon Sauveur !   Amen.

SAMEDI (Matin).

Jésus dit : Otez la pierre. Marthe, sœur du mort, lui dit : Seigneur, il sent déjà mauvais, car il est là depuis quatre jours. Jésus lui répondit : Ne t'ai-je pas dit que si tu crois, tu verras la gloire de Dieu ? (St. Jean 11, 39 et 40.)

Méditation.

L'homme est la plus admirable parmi les œuvres de Dieu, malgré le péché qui se trouve en lui ; mais toute sa gloire périt dans les ténèbres de la mort. On serait tenté de dire que Dieu n'est pas vivant, puisqu'il ne peut pas conserver la vie qu'il a donnée ; qu'il a un ennemi plus fort que lui, qui détruit son œuvre la plus sublime et change ainsi sa gloire en ignominie. Voilà pourquoi le tombeau paraît le lieu le plus ténébreux, et il n'est pas étonnant que l'homme frissonne chaque fois qu'il en approche. Mais avec le Fils de Dieu, la résurrection et la vie sont venues sur la terre, et avec elles la gloire de Dieu, pour se manifester avec éclat dans ce monde, et dans l'homme pécheur sujet à la mort. Si vous croyez, dit le Seigneur, vous verrez la gloire de Dieu, et nous lui répondons : « Nous croyons, Seigneur, aide-nous dans notre incrédulité ».

Prière.

Dieu tout-puissant ! Tu habites une lumière inaccessible aux hommes, mais tu es tout près du cœur humble qui te recherche, et tu veux nous communiquer chaque jour des grâces nouvelles. Nous portons nos regards vers le trône de ta gloire et nous te prions d'augmenter et de fortifier notre foi. Remplis nos cœurs de ces espérances certaines de vie éternelle qui nous élèvent au-dessus des ténèbres et des frayeurs de la tombe, et nous permettent d'entrevoir la gloire que tu réserves à tes enfants. Seigneur Jésus, aide-nous à pouvoir te dire du fond du cœur : Nous croyons que tu es la résurrection et la vie et que celui qui croit en toi vivra quand même il serait mort. Tu es le Prince de la vie et par toi « notre sépulcre aussi connaîtra sa victoire. » Nous t'en bénissons et nous te prions de nous aider à nous reposer sur tes promesses avec une ferme assurance, jusqu'à ce que notre foi soit changée en vue.

Il vient, ce jour, joie indicible !	Oui, de son état méprisable,
Où ce corps se relèvera,	Il sortira tout radieux,
Où, semé faible et corruptible,	Par ton pouvoir rendu semblable
En gloire il ressuscitera.	A ton corps glorieux. Amen.

SAMEDI (Soir).

Ils ôtèrent donc la pierre du lieu où le mort était couché. Et Jésus, élevant les yeux au ciel, dit: Père, je te rends grâces de ce que tu m'as exaucé. Je savais que tu m'exauces toujours, mais je l'ai dit à cause de ce peuple, qui est autour de moi, afin qu'il croie que tu m'as envoyé. Quand il eut dit cela, il cria à haute voix: Lazare, viens dehors! Et le mort sortit, les mains et les pieds liés de bandes, et le visage enveloppé d'un linge. Jésus leur dit: Déliez-le, et le laissez aller. (St. Jean 11, 41-44).

MÉDITATION.

Ce qui importe le plus au Seigneur Jésus, c'est que le monde entier reconnaisse qu'il est envoyé par Dieu; il le dit ouvertement sur la tombe de Lazare. Ce qui se passe sur cette tombe doit ouvrir les yeux des hommes pour reconnaître en lui l'Oint et l'Envoyé de Dieu, qui au milieu d'eux verse des larmes sur leur misère et qui est venu dans le monde pour mettre fin à leurs maux. Le miracle de cette résurrection doit servir à la gloire de Dieu; il doit éveiller dans l'âme des témoins le pressentiment que Jésus est un avec le Père, dans la volonté et le pouvoir de ramener l'homme de la mort à la vie. Ce même Jésus, qui s'est trouvé parmi les désolés de la terre, et qui a changé leurs larmes en une joie inexprimable, sera un jour, comme à Béthanie, au milieu des âmes bienheureuses qu'il a retirées des angoisses du péché et de la mort, et qui mettront en évidence la gloire de Dieu par leur résurrection et leur vie.

PRIÈRE.

Nous te bénissons, Seigneur Jésus, glorieux vainqueur de la mort, des consolations et des espérances que nous trouvons dans ta sainte Parole. Tu es grand en conseil et magnifique en moyens. Nous voulons nous abandonner à ta puissance et à ta bonté; nous te prions de faire ton œuvre dans nos cœurs, en nous arrachant à la mort spirituelle et en nous faisant vivre d'une vie nouvelle d'amour et d'obéissance par le secours de ton

St-Esprit. Ranime notre foi chancelante; soutiens-nous dans nos luttes; fais-nous la grâce de vivre, de souffrir et de mourir avec toi, afin qu'au grand jour où tous les morts entendront ta voix, nous ayons part à la glorieuse résurrection des justes.

La mort n'est plus; de sa puissance
Jésus triomphe, il est vainqueur;
A sa voix la douce espérance
Renaît au fond de notre cœur.
O Jésus! toi dont la tendresse
Egale en tout temps le pouvoir,

Remplis envers nous ta promesse
Et mets le comble à notre espoir.
Qu'un jour, ayant part à ta gloire,
Nos voix célèbrent à jamais,
Et ton amour et ta victoire
Dans le royaume de la paix.   Amen.

Septième semaine avant Pâques (Esto mihi).

DIMANCHE (Matin).

Comme Jésus approchait de Jéricho, un aveugle, qui était assis près du chemin, et qui demandait l'aumône, entendant la foule du peuple qui passait, demanda ce que c'était; et on lui apprit que c'était Jésus de Nazareth qui passait. Alors il s'écria: Jésus, Fils de David, aie pitié de moi! Et ceux qui allaient devant le reprenaient pour le faire taire; mais il criait encore plus fort: Fils de David, aie pitié de moi! Et Jésus, s'étant arrêté commanda qu'on le lui amenât; et quand l'aveugle se fut approché, il lui demanda: Que veux-tu que je te fasse? Et il répondit: Seigneur, que je recouvre la vue. Et Jésus lui répondit: Recouvre la vue; ta foi t'a guéri. Et à l'instant il recouvra la vue, et il le suivait, donnant gloire à Dieu. Et tout le peuple, voyant cela, loua Dieu.   (St. Luc 18, 35-43).

Méditation.

Celui qui n'a pas le Seigneur Jésus vivant dans son cœur, est semblable à l'aveugle du chemin de Jéricho. La foi en Christ et l'amour pour lui sont les yeux de l'homme intérieur. Un premier sujet de joie pour nous, c'est de reconnaître notre aveuglement naturel pour les choses qui concernent Dieu. Nous ne pouvons voir le soleil que lorsqu'il nous envoie ses rayons. De même ce n'est que par la révélation en Christ que nous arrivons à la connaissance de Dieu. Si nous sentons que par nous-mêmes nous ne pouvons discerner la voie du salut ni y marcher, tenons-nous sur le chemin où le Christ doit passer. Quel est-il ce chemin? C'est la voie douloureuse; c'est le chemin de la croix qui mène à Golgotha. Ne le laissons pas passer; appelons-le et disons-lui : « Seigneur Jésus, fils de David, aie pitié de nous ! » On cherchera à nous faire taire comme l'aveugle de Jéricho. On nous dira : « Pourquoi l'importunez-vous par vos cris ? C'est une vieille illusion de croire qu'en lui seul est le salut ». On cherchera à apaiser notre conscience par de belles paroles. Mais ne nous lassons pas de l'appeler. Et lorsqu'il nous demandera : « Que voulez-vous que je vous fasse ? » disons-lui : « Seigneur, que nous recouvrions la vue ! » Il a ouvert les yeux de tous les aveugles qui l'imploraient. Il ouvrira aussi les yeux de notre esprit, pour voir le péché d'un côté, et la grâce de Dieu de l'autre ; tout deviendra lumineux autour de nous, même le chemin de la mort.

PRIÈRE.

Père céleste ! Tu nous as donné ce jour pour nous reposer des travaux, des soucis et des peines de la semaine, et renouveler nos forces pour les nouveaux devoirs de notre vocation. Que le salut qui nous est accordé en Jésus-Christ nous apparaisse aujourd'hui dans toute sa gloire. Que son saint exemple soit devant nos yeux et que nous apprenions de lui l'humilité, l'amour, la patience et l'obéissance. Fais-nous la grâce de trouver auprès du divin Crucifié et Ressuscité le pardon des péchés, le repos et la paix. Tu sais que de notre nature nous sommes aveugles ; viens nous éclairer des lumières de ton Esprit, afin que nous nous voyions tels que nous sommes, et que nous ayons recours à ta grâce.

Tel que je suis, aveugle, et pauvre, et misérable,
Dans ta grâce assuré de trouver par la foi
Richesse, espoir, remède à mon mal incurable,
Agneau de Dieu! je viens a toi.   Amen.

DIMANCHE (SOIR).

Quand je parlerais les langues des hommes, même des anges, si je n'ai point la charité, je suis comme l'airain qui résonne, ou comme une cymbale qui retentit. Et quand même j'aurais le don de prophétie, et que je connaîtrais tous les mystères et toute la science, et quand même j'aurais toute la foi jusqu'à transporter les montagnes, si je n'ai point la charité, je ne suis rien. Et quand même je distribuerais tous mes biens pour la nourriture des pauvres, et quand même je livrerais mon corps pour être brûlé, si je n'ai point la charité, cela ne me sert de rien. La charité est patiente, elle est pleine de bonté; la charité n'est point envieuse; la charité ne se vante pas, elle ne s'enfle point d'orgueil; elle n'est point malhonnête; elle ne cherche point son intérêt; elle ne s'aigrit point; elle ne pense point à mal ; elle ne se réjouit point de l'injustice, mais elle se réjouit de la vérité; elle supporte tout, elle croit tout, elle espère tout, elle endure tout.

(1 Cor. 13, 1-7).

MÉDITATION.

Les plus beaux fruits de l'intelligence, les talents les plus riches, les sentiments les plus nobles, les actions les plus audacieuses et les plus éclatantes n'ont aucune valeur personnelle, quand la charité fait défaut. Notre travail, notre activité multiple et incessante n'est souvent que le voile qui cache le vide intérieur ; bien des hommes se jettent dans le torrent de la science et dans une activité dévorante pour échapper au vide de leur âme. La charité crée la véritable vie ; son caractère est la confiance. Elle se dévoue, elle est humble et endurante, ne condamne personne et ne se renferme pas en elle-même. Elle est aimable, et cette amabilité se répand comme une lumière sur tous ceux qui l'approchent. Elle reconnaît le mérite de chacun, et quand elle découvre des faiblesses, elle ne se laisse pas aller aux railleries et aux plaisanteries légères. Elle est pleine de charme et de beauté morale, déployant un tact et une grâce qui répandent un doux éclat sur tout ce qui l'entoure. Son rôle est de servir et non de se laisser servir ; ses forces lui permettent de se charger de tous les fardeaux. Les imperfections, les faiblesses et les misères ne l'empêchent pas de poursuivre son but. Si nous voulons être de vrais chrétiens, efforçons-nous d'acquérir ce don par excellence, sans lequel nous ne sommes que comme l'airain qui résonne et la cymbale qui retentit.

PRIÈRE.

Seigneur Jésus, source de toute charité, prends-nous à ton école et instruis-nous par ton Saint-Esprit. C'est par charité que tu es descendu du ciel sur la terre, que tu t'es dévoué pour l'humanité pécheresse et que tu es mort pour nous sur la croix. Apprends-nous à marcher sur tes traces, à aimer notre prochain, à nous dévouer pour ta sainte cause dans le monde et à nous offrir à toi en sacrifice saint et vivant. Enlève de nos cœurs tout égoïsme, toute dureté, toute étroitesse ; remplis-les des sentiments que tu as eus toi-même. Que nous t'aimions de tout notre cœur, de toute notre âme, de toute notre pensée et de toutes nos forces, et que nous aimions notre prochain comme nous-mêmes, nous rappelant que c'est la loi suprême que tu nous as donnée. Sois avec nous, Seigneur, maintenant que nous allons nous livrer au repos, pour nous bénir et nous faire goûter ta paix.

Que je vois de vertus qui brillent sur la trace,
Charité, fille de la grâce !
Avec toi marchent la douceur,
La patience inébranlable,
Et l'indulgence inséparable
Du calme et de la paix du cœur ;
Tu te montres toujours au prochain favorable ;
Tu mets un voile impénétrable
Sur ses défauts pous les couvrir.
Quel triomphe manque à ta gloire ?
L'amour sait tout vaincre, tout croire,
Tout espérer et tout souffrir.   Amen.

LUNDI (Matin).

Ceux dont l'Eternel aura payé la rançon, retourneront et viendront en Sion avec un chant de triomphe ; une allégresse éternelle sera sur leur tête. Ils obtiendront la joie et l'allégresse ; la douleur et le gémissement s'enfuiront.

(Esaïe 35, 10).

Méditation.

La vie future ne peut pas être mise en question. Le Seigneur parle d'une maison paternelle avec beaucoup de demeures ; l'apôtre St. Paul d'un héritage des saints dans la lumière ; l'apôtre St. Pierre d'un héritage des chrétiens, qu'il appelle incorruptible, sans tache et impérissable. Il est vrai que ce monde nous reste encore caché et voilé, car nous marchons par la foi et non par la vue ; mais la vue suivra aussi certainement que nous avons la foi. Bienheureux sont dès à présent les morts qui meurent au Seigneur. Lorsque l'œil du corps s'éteint, l'âme se réveille pour la vie éternelle ; elle s'élève de l'abîme de la vie terrestre, des souffrances de la mort, vers les hauteurs sereines de l'éternelle joie pour contempler le Seigneur Jésus face à face à jamais.

Prière.

C'est avec des cœurs remplis d'une reconnaissance profonde que nous nous approchons de toi à cette heure matinale, Seigneur notre Dieu, pour te rendre grâces de ce que tu nous as préparé non seulement une patrie terrestre, mais aussi une patrie éternelle. Tu veux un jour nous délivrer de tout mal et nous rassasier de joie dans la maison paternelle. Ah ! donne-nous de ne pas manquer ce but suprême par Jésus-Christ, notre Seigneur.

Heureux celui qui t'est toujours fidèle,
Seigneur Jésus ! et qui, brûlant de zèle,
Te suit partout, l'embrassant par la foi.
A qui peut-on, Seigneur, aller qu'à toi ?

Tu nous promets une vie éternelle,
Tu nous promets une gloire immortelle,
Toi seul peux nous faire entrer dans les cieux ;
C'est vers toi seul que nous tournons les yeux.
                                    Amen.

LUNDI (Soir).

Maintenant se fait le jugement de ce monde, maintenant le prince de ce monde sera jeté dehors. Et moi, quand j'aurai été élevé de la terre, j'attirerai tous les hommes à moi. Or, il disait cela pour marquer de quelle mort il devait mourir. (St. Jean 12, 31-33).

Méditation.

C'est une parole importante que le Christ a prononcée en cette circonstance. Il est préoccupé en lui-même en jetant un regard sur l'activité qu'il a déployée jusqu'à ce jour et qui, en apparence, a porté si peu de fruits. Il lui reste une dernière espérance, sa mort ; il se dit que son corps mis en terre comme un grain de blé, doit mourir comme lui pour porter du fruit. Cette mort lui sera un passage pour arriver à la puissance et à la gloire. Du haut de son trône il attirera à lui les âmes humaines. Ne nous opposons pas à son action ; laissons-nous attirer. Si vous avez le désir de le laisser agir sur vous, croyez fermement qu'il le fera. Heureux êtes-vous si vous lui appartenez avant la fin de votre vie terrestre.

Prière.

La lumière du jour a disparu et la nuit est venue ; mais toi, ô Seigneur, tu es notre lumière au milieu de la nuit. Tu nous rafraîchis après les peines et les agitations de la journée par le doux sentiment de ta paix, que le monde ne peut ni nous donner ni nous ôter. Délivre-nous du fardeau des soucis et du péché, et fais-nous la grâce d'être du nombre de ceux qui peuvent dire, avec une entière assurance, qu'ils sont à toi pour la vie et pour l'éternité.

Jésus ! sois mon désir, ma force et ma victoire ;
Jésus ! sois mon amour, mon trésor et ma gloire.
Jésus ! sois mon sentier ; Jésus ! règle mes pas ;
Jésus ! sois moi Jésus au jour de mon trépas !   Amen.

MARDI (Matin).

Dès lors Jésus commença à déclarer à ses disciples qu'il fallait qu'il allât à Jérusalem et qu'il y souffrit beaucoup de la part des sénateurs, et des principaux sacrificateurs, et des scribes, qu'il y fût mis à mort et qu'il ressuscitât le troisième jour. Alors Pierre l'ayant pris à part, se mit à le reprendre et à lui dire : A Dieu ne plaise. Seigneur ! cela ne t'arrivera point. Mais Jésus, se tournant, dit à Pierre : Arrière de moi, Satan ! tu m'es en scandale ; car tes pensées ne sont pas aux choses de Dieu, mais à celles des hommes. (St. Matth. 16, 21-23).

MÉDITATION.

Notre nature se met en opposition avec la volonté de Dieu même quand il s'agit de maux que nous ne pouvons éviter. Nous nous effrayons à la pensée que nous pourrions tomber dans la pauvreté ou être couchés sur un lit de maladie : « A Dieu ne plaise que pareille chose nous arrive » nous écrions-nous. Mais il nous est plus dur encore de nous soumettre à la volonté de Dieu, quand nous sommes appelés à nous charger nous-mêmes de notre croix, à persévérer fidèlement et courageusement dans la voie du devoir, malgré les souffrances qui nous y attendent. Il arrive bien souvent que les hommes, avec les meilleures intentions, deviennent pour nous un obstacle, un scandale, en nous conseillant de nous épargner ou bien en nous engageant à sacrifier ce que nous devons à l'accomplissement fidèle et dévoué de notre vocation. Cependant celui qui a réussi à faire d'un Simon qui craignait la souffrance et qui fuyait la croix, un Pierre plein de foi et fidèle jusqu'à la mort, peut aussi vaincre la mollesse et l'égoïsme de notre nature.

PRIÈRE.

Nous nous recommandons de nouveau, bon Père céleste, à ta fidélité et à ta puissance au commencement de ce jour. Que ton regard nous soit propice ; que ta main nous soutienne et nous fortifie pour l'accomplissement fidèle de nos devoirs. Si notre fardeau est lourd et le chemin difficile, si le tentateur veut nous entraîner au mal, si nous hésitons entre nos aises, nos jouissances et ta sainte volonté, donne-nous de ne pas écouter la voix du tentateur, mais de regarder à toi, Seigneur Jésus, pour suivre l'exemple que tu nous as laissé. Fais-nous vaincre comme toi ; rends-nous vigilants, fermes dans la foi et ne permets pas que nous bronchions lorsque tu nous appelles au renoncement ou à la souffrance.

Pourrais-je m'abattre encore
Dans la douleur et l'effroi ?
Oh non ! le Dieu que j'implore
Sera toujours près de moi.

En lui seul je me confie
Jusqu'à l'heure bénie
Où, dans la sainte Patrie,
Il couronnera ma foi.   Amen.

MARDI (Soir).

Je vous donne un commandement nouveau : c'est que vous vous aimiez les uns les autres ; que, comme je vous ai aimés, vous vous aimiez aussi les uns les autres. C'est à ceci que tous reconnaîtront que vous êtes mes disciples, si vous avez de l'amour les uns pour les autres.

(St. Jean 13, 34 et 35).

Méditation.

Nous pourrions rendre notre passage à travers la vie bien plus facile, si nous voulions observer sérieusement le commandement de l'amour. Arrivés au but, il nous paraîtra incompréhensible que nous ayons dépensé si peu d'amour les uns pour les autres. Le Seigneur Jésus appelle nouveau ce commandement. Et cependant il était déjà l'abrégé de la loi de Moïse. Il existe un autre amour, qui a sa source dans la bonté naturelle. Il a aussi sa valeur ; mais il ne se soucie pas du vrai bien du prochain. Il se réjouit de sa prospérité, vient à son aide et fait quelques sacrifices pour lui, mais il manque de sagesse et oublie la chose essentielle. Une mère qui revient de la tombe de son enfant, auquel tout son amour n'a procuré que le bien-être dans ce monde, une mère à qui il ne reste que la consolation de pouvoir se dire : « J'ai rendu la vie aussi douce que possible à mon enfant », a en somme peu fait pour lui, et sa consolation est une triste consolation. Celui qui a connu le Seigneur Jésus et qui a reçu de lui le véritable amour, aura en vue le bien spirituel de son prochain avant son bien temporel ; il cherchera à le conduire au salut et à la vie éternelle.

Prière.

Bon Père céleste, de qui viennent toute grâce excellente et tout don parfait, apprends-nous à pratiquer le véritable amour fraternel, afin que nous nous proposions non seulement le bien terrestre de notre prochain, mais aussi son bien spirituel et éternel. Fais-nous la grâce de chercher à l'aimer, comme nous nous aimons nous-mêmes. Tu sais combien il nous est difficile de le faire et combien souvent, sous les prétextes les plus futiles, nous sommes remplis d'un esprit d'indifférence ou même d'animosité. N'entre point en compte avec nous ; pardonne-nous les nombreuses infidélités dont nous nous sommes rendus coupables, en transgressant ce commandement. Viens allumer dans nos cœurs, par ton Saint-Esprit, la flamme de ton amour, qui nous inspirera l'amour de nos semblables, et qui nous fera ressembler à notre Seigneur et Sauveur. comme ses vrais disciples.

Ce que nous voulons qu'on nous fasse,
Pratiquons-le pareillement.
La loi, la nature et la grâce,
Nous donnent ce commandement.

Quiconque a faim de la justice,
Sera bientôt rassasié ;
Le Seigneur lui sera propice,
Il sera saint, justifié.   Amen.

MERCREDI (Matin).

Mon père sera glorifié, si vous portez beaucoup de fruit, et vous serez mes disciples. Comme mon père m'a aimé, je vous ai aussi aimés, demeurez dans mon amour. Si vous gardez mes commandements, vous demeurerez dans mon amour, comme j'ai gardé les commandements de mon Père, et je demeure dans son amour.   (St. Jean 15, 8-10).

Méditation.

On se persuade souvent que la sainteté était naturelle au Christ, comme la lumière au soleil. Par cette manière de voir, on ne rend pas au Christ tout l'honneur qui lui est dû, et l'on affaiblit le sérieux de son exemple, quelque haut qu'on le place. Jésus était homme dans toute la force du terme. Il lui a été dur de parcourir la voie de la souffrance ; néanmoins il l'a fait, mais non sans luttes. Sa gloire dépendait du sacrifice complet de sa vie et de sa volonté. Voilà pourquoi il a pu exhorter ses disciples à suivre la voie dans laquelle il a marché. C'est avec joie qu'il a passé par les plus profondes humiliations pour obtenir de son Père ce témoignage : « C'est ici mon Fils bien-aimé, en qui j'ai mis toute mon affection ». Puisse son amour nous porter à marcher sur ses traces !

Prière.

Notre Dieu et bon Père céleste ! Daigne nous accorder en ce jour le désir et le zèle, la force et la joie nécessaires pour observer tes commandements, pour persévérer dans l'amour de celui qui nous a aimés jusqu'à la mort. Donne-nous de ne pas considérer cet amour comme une chaîne ou comme une insupportable entrave à la liberté, mais de nous offrir joyeusement à celui qui a dit : « Mon joug est aisé et mon fardeau est léger ». Seigneur Jésus, tu nous as laissé un exemple, afin que nous marchions sur tes traces. Fais-nous la grâce d'entrer en communion avec nous et nous y puiserons la force et le courage de combattre nos ennemis spirituels qui cherchent à nous ravir notre couronne. Nous voulons te servir et te glorifier par toute notre vie ; bénis ces saints désirs pour notre bien éternel.

Jésus-Christ, source de biens	Par ton secours les rachetés,
Pour tout cœur misérable,	Nonobstant leur faiblesse,
Seul chef et conducteur des tiens,	Et malgré les difficultés,
Leur Sauveur adorable!	Triompheront sans cesse. Amen.

MERCREDI (Soir).

Je vous ai dit ces choses, afin que ma joie demeure en vous, et que votre joie soit accomplie. (St. Jean, 15, 11).

Méditation.

Les disciples de Jésus peuvent avoir des joies *naturelles* comme tout le monde : les joies de la famille, les joies de l'amitié, les joies que procurent la nature, la science et les arts. Toutes choses sont à vous, dit l'apôtre St-Paul. Mais ils ont d'autres joies encore, qu'ignorent ceux qui ne connaissent pas le Seigneur. La joie naturelle peut disparaître comme l'ombre, tandis que la joie en Jésus non seulement subsiste toujours, mais augmente et deviendra parfaite. La joie naturelle va en diminuant avec les années, car le fardeau devient plus pesant, et la faculté de jouir du beau et d'oublier les maux va en décroissant ; au contraire, la joie que l'amour de Christ nous donne, devient de plus en plus intense, plus concentrée, parce que le lien qui nous unit à lui se resserre davantage, et que les expériences du cœur deviennent plus profondes et plus riches.

Prière.

Seigneur notre Dieu ! Nous te louons et nous te bénissons, car tu es bon et ta miséricorde dure d'âge en âge. Tu veux que nous arrivions à la vraie félicité sur le chemin de la piété. Fais-nous la grâce, Seigneur, d'éprouver la bienheureuse réalité de tes promesses et d'être rassurés par elles dans les temps difficiles. Que notre foi soit pour nous une force permanente qui nous permette de surmonter toute tristesse, et de nourrir des sentiments de joie dans nos cœurs. Prépare-nous par ton Saint-Esprit à avoir part à la joie parfaite du ciel, qui ne peut plus être troublée, et que rien ne pourra nous enlever.

Je la connais cette joie excellente
Que ton Esprit, Jésus, met dans un cœur.
Je suis heureux, oui, mon âme est contente,
Puisque je crois qu'en toi j'ai mon Sauveur. Amen.

JEUDI (Matin).

Jésus dit ces choses, puis levant les yeux au ciel, il dit: Père, l'heure est venue, glorifie ton Fils, afin que ton Fils te glorifie; selon que tu lui as donné pouvoir sur toute chair, afin qu'il donne la vie éternelle à tous ceux que tu lui as donnés. Or, c'est ici la vie éternelle, qu'ils te connaissent toi le seul vrai Dieu, et Jésus-Christ que tu as envoyé. (St. Jean 17, 1-3).

MÉDITATION.

Reconnaître toujours plus profondément l'amour de Dieu envers nous, apporte la paix dans le cœur inquiet, la joie au milieu de la tristesse, la lumière dans les ténèbres, en un mot la vie dans la mort. Mais nous ne connaissons l'amour de Dieu avec certitude que par l'envoi de son Fils ; c'est sa Parole, son sacrifice et sa mort, son passage du ciel à la terre et de la terre au ciel qui le proclament. Voilà pourquoi le Seigneur dit : « C'est ici la vie éternelle qu'ils te connaissent, toi, le seul vrai Dieu, et Jésus-Christ que tu as envoyé ».

PRIÈRE.

Notre Père céleste ! Tu nous invites à nous décharger sur toi de toutes nos préoccupations terrestres et tu nous promets de pourvoir à tous nos besoins selon les richesses de ta grâce. Accorde-nous, Seigneur, ton conseil et tes consolations, ta protection et ton secours pour les choses de cette vie ; donne-nous aussi ton assistance et ta bénédiction pour le salut de nos âmes. Fais-nous entrer dans une intime communion avec toi afin que nous puissions te nommer « notre Père », et que nous en recevions une paix et une joie que rien ne saurait nous ravir. Et puisqu'il n'y a point de paix pour nous en dehors de Jésus que tu nous as donné pour Sauveur, donne-nous de croire toujours plus en lui, afin d'avoir part au céleste héritage qu'il nous a acquis par sa vie et par sa mort.

>A qui peut-on, Seigneur ! aller qu'à toi ?
>Tu nous acquis une vie éternelle,
>Tu nous promets une gloire immortelle ;
>Toi seul peux nous faire entrer dans les cieux ;
>C'est vers toi seul que nous levons les yeux. Amen.

JEUDI (SOIR).

Mon commandement, c'est que vous vous aimiez les uns les autres comme je vous ai aimés. Nul n'a un plus grand amour que celui qui donne sa vie pour ses amis. Vous serez mes amis si vous faites tout ce que je vous commande. (St. Jean 15, 12-14).

MÉDITATION.

Beaucoup de personnes s'imaginent que le christianisme consiste uniquement dans l'amour des hommes, et que la foi a peu d'importance. Il est vrai que le Seigneur dit : « C'est ici mon commandement, que vous vous aimiez les uns les autres », mais il venait de recommander instamment à ses disciples de lui rester attachés, comme les sarments au cep, leur disant : « Hors de moi vous ne pouvez rien faire ». Il ne songeait donc pas à résumer le christianisme dans l'amour fraternel. La communion des cœurs en lui et par lui avec le Père est la chose essentielle. Si le Seigneur se sert dans ce verset d'une expression qui semblerait indiquer qu'on pût se borner à l'amour fraternel, c'est parce qu'il veut prémunir ses disciples contre l'idée de pouvoir vivre dans une réelle communion avec leur Maître, tout en négligeant d'aimer leurs frères. La Parole de Jésus peut se traduire : il n'y a pas de véritable amour fraternel s'il ne procède de l'amour pour Christ, et il n'y a pas d'amour pour Christ s'il ne se manifeste par un vivant amour fraternel.

PRIÈRE.

Dieu saint et éternel, Père de notre Seigneur Jésus-Christ ! Tu nous as donné par notre Sauveur le commandement de nous aimer les uns les autres. Imprime profondément dans nos âmes l'importance et la sainteté de ce commandement. Nous nous humilions devant toi, qui lis au fond de nos cœurs, de toutes les violations du devoir de l'amour fraternel, et de toutes les fautes dont nous nous sommes rendus coupables aujourd'hui. Pardonne-nous, Seigneur, et accorde-nous la force et la grâce d'accomplir plus fidèlement ta sainte volonté, de te glorifier par toute notre vie.

Jéhovah ! Jéhovah ! s'entr'aimer c'est la vie,
C'est le sceau des élus.
    Amen ! Amen !
O Dieu, source de sainteté,

De la douce charité
Viens remplir nos âmes ;
Allume en nous tes saintes flammes.
    Alléluia ! Alléluia !   Amen.

VENDREDI (MATIN).

Je prie pour eux, je ne prie pas pour le monde, mais pour ceux que tu m'as donnés, parce qu'ils sont à toi. Et tout ce qui est à moi est à toi, et ce qui est à toi, est à moi, et je suis glorifié en eux. Et je ne suis plus dans le monde, mais ceux-ci sont dans le monde, et je vais à toi. Père saint, garde en ton nom ceux que tu m'as donnés, afin qu'ils soient un comme nous.   (St. Jean 17, 9-11).

MÉDITATION.

Le Seigneur a prié pour les chrétiens de tous les pays et de tous les temps, pour tous ceux qui jusqu'à la fin des siècles ploient les genoux au nom de Jésus. Nous pouvons être persuadés pour notre consolation que nous n'avons pas été oubliés à cette heure solennelle, et qu'il a prié aussi pour le salut de nos âmes. Le Sauveur avait surtout à cœur la communion fraternelle de ses enfants. Il ne s'est pas lassé de demander à son Père l'unité et la fraternité des croyants. Il a prévu sans doute les scandales et les difficultés qui devaient s'opposer à l'accomplissement de ce vœu. Quelle est la puissance qui unit les hommes si étroitement entre eux, que tout en conservant leur individualité, ils semblent ne former qu'un seul corps, comme le Père et le Fils sont un? Ce pouvoir appartient à l'amour du Père céleste, qui s'est abaissé jusqu'à nous et s'est donné pour notre salut en Jésus-Christ, le Sauveur du monde.

Prière.

Seigneur Jésus, qui viens encore de nous faire contempler ton amour pour les tiens, donne-nous de retirer des fruits de vie, de paix et de consolation, dans la bienheureuse assurance que tu as pensé à nous aussi dans ta dernière prière. Et puisque tu as demandé que tes enfants soient unis entre eux, aide-nous à conserver la paix et la concorde avec tous ceux qui aiment ton nom. Accorde-nous un cœur large, rempli d'humilité et d'amour, un esprit de renoncement et de sacrifice, pour que notre vie te glorifie et que nous puissions réaliser l'idéal que tu as placé devant nous.

> Aimons-nous! Dieu le veut, Dieu même nous convie
> A suivre dans l'amour les traces du Sauveur.
> Aimer, c'est être heureux; de la céleste vie,
> C'est déjà goûter le bonheur.   Amen.

VENDREDI (Soir).

Pendant que j'étais avec eux dans le monde, je les gardais en ton nom. J'ai gardé ceux que tu m'as donnés, et aucun d'eux ne s'est perdu, sinon le fils de perdition, afin que l'Ecriture fût accomplie. Et maintenant je vais à toi, et je dis ces choses dans le monde, afin qu'ils aient ma joie accomplie en eux. Je leur ai donné ta parole, et le monde les a haïs, parce qu'ils ne sont pas du monde, comme je ne suis pas du monde.

(St. Jean 17, 12-15).

Méditation.

Jésus-Christ a prié pour ses disciples, parce qu'il les aimait. Il ne pouvait pas à l'avenir, comme par le passé, les protéger par sa présence visible, et le temps approchait où il devait les quitter. Aussi les a-t-il recommandés à la garde du Père céleste. Le souvenir de sa puissante intercession devait les fortifier et les protéger au milieu de leurs nombreuses tribulations. Malgré la perte d'un de leurs frères et la haine du monde qui les attend, ils doivent persévérer, agir, souffrir, jusqu'à ce que le Maître de la vie et de la mort juge à propos de les retirer du monde. Bien des personnes expriment le désir de quitter cette terre. Il est vrai que les chrétiens ont de saintes aspirations; souvent leur désir tend à déloger pour être avec Christ. La patrie est préférable à l'exil, la vue à la foi, la délivrance de tout péché à la lutte avec ce qui reste de notre vieille nature; mais avant de prier le Seigneur de nous prendre à lui, nous avons à accomplir l'œuvre qu'il nous a donnée à faire, et à travailler tant qu'il voudra nous laisser sur cette terre, où il a lui-même travaillé jusqu'à la mort.

PRIÈRE.

O Dieu, qui du haut de ta demeure céleste, as les yeux arrêtés sur tes enfants, nous nous approchons de toi pour célébrer ton saint Nom. Jour après jour, tu nous témoignes ta bonté et ta fidélité, et nous nous en sentons bien indignes. Nous voulons marcher en avant et faire ta volonté sur cette terre. Nous avons des moments où nous éprouvons un ardent désir d'être auprès de toi pour nous reposer de nos travaux; mais, Seigneur, fais-nous comprendre que nous ne devons point nous sentir lassés ni abattus, mais que nous devons travailler avec courage pendant qu'il est jour, jusqu'à ce que tu trouves bon de nous retirer à toi. Que nous prenions toujours comme modèle Jésus, le chef et le consommateur de notre foi, qui a méprisé l'ignominie à cause de la joie qui lui était proposée.

Appuyés sur la forte main,
Nous avançons sans crainte;
Tu nous as frayé le chemin
Et marqué notre enceinte.

Ta volonté, nous la ferons
Par ta force divine;
Quand c'est pour toi que nous vivons,
Ta grâce en nous domine. Amen.

SAMEDI (MATIN).

Ils ne sont pas du monde, comme je ne suis pas du monde. Sanctifie-les par ta vérité; ta parole est la vérité. (St. Jean 17, 16 et 17).

MÉDITATION.

Il n'y a qu'une vérité, par laquelle nous sommes gardés à

toujours, c'est la vérité de Dieu. Les hommes donnent souvent le beau nom de vérité à la sagesse et à la culture de l'esprit, qui ne sont que les produits de notre raison bornée. Cette vérité suit sa propre voie et sa propre lumière, ne tenant aucun compte de la révélation divine dans la nature, dans la conscience, dans la prière, dans la loi de Dieu et surtout en Christ, le Fils unique du Père. L'expérience démontre suffisamment que cette vérité inventée par les hommes n'a aucune force sanctifiante. Il n'y a qu'*une* vérité, qui sanctifie les hommes, c'est la vérité de Dieu. Elle est dans la parole que le Sauveur a annoncée et que les apôtres nous ont laissée dans l'Ecriture sainte.

PRIÈRE.

Seigneur notre Dieu! Daigne ouvrir nos cœurs à la vérité telle que tu nous la révèles en Jésus, notre Sauveur; fais que nous la recevions avec foi et amour, afin qu'elle ait sur nous une sérieuse et vivifiante influence, et nous fasse croître chaque jour dans ta grâce et dans ta connaissance. Sanctifie-nous dans ta vérité; ta parole est la vérité. Que cette parole nous éclaire et nous fasse marcher sur les pas de Celui qui est le chemin, la vérité et la vie. Qu'elle soit notre force dans les combats de la vie, notre lumière dans les ténèbres, notre espérance dans la mort. Seigneur, sois avec nous pendant ce nouveau jour que tu as daigné nous accorder; aide-nous à remplir tous nos devoirs avec zèle et conscience, à nous montrer en toutes choses tes enfants obéissants, qui aiment à faire ta sainte volonté. Donne-nous un cœur content et reconnaissant qui accepte, sans murmure et sans résistance, tout ce qu'il te plaira de nous dispenser.

Si le vice et l'impiété,
Le mensonge et l'erreur
S'arment contre la vérité,
Qu'importe leur fureur!
Cette vérité, divin roi,
Est éternelle comme toi,
Et verra tous ses ennemis
Un jour confondus ou soumis;
Oui, confondus ou par amour soumis.
Amen.

SAMEDI (Soir).

Père, je désire que ceux que tu m'as donnés soient avec moi, où je serai, afin qu'ils contemplent la gloire que tu m'as donnée, parce que tu m'as aimé avant la fondation du monde. (St. Jean 17, 24).

MÉDITATION.

Il n'y a pas de différence entre la nature de la vraie gloire d'ici-bas et celle de la gloire du monde à venir. En effet, la félicité de l'homme ne vient pas du dehors; elle a sa source dans les profondeurs de l'âme, et cette source est l'amour. Mais il y a cette différence que, dans le ciel, elle est plus profonde, plus chaude, qu'elle ne cesse de couler pure et sans trouble, tandis qu'ici-bas elle tarit quelquefois. Dans la vie future il n'existe pas de malentendu ; chacun est reconnu pour ce qu'il vaut. Tandis que dans ce monde l'amour a toujours à passer par l'école de l'épreuve, et qu'il se purifie dans les tribulations, il est libre de toute entrave, à l'abri de toute souffrance dans le ciel, où il atteint sa perfection. Là nous contemplerons la gloire du Fils de Dieu d'éternité en éternité ; nous le glorifierons avec les anges et les rachetés, et nous serons nous-mêmes glorifiés.

PRIÈRE.

Père céleste ! Reçois nos requêtes et prête l'oreille à nos supplications. Nous sommes de pauvres pécheurs, nous te prions de nous pardonner et d'avoir pitié de nous dans ton infinie miséricorde. Elève nos pensées, purifie nos cœurs, sanctifie nos paroles et nos actions, et prépare-nous toi-même à la gloire que tu nous réserves dans le ciel. Seigneur Jésus, apprends-nous à regarder à toi ; dans les jours de tristesse et d'épreuve, aide-nous à nous rappeler que les afflictions du temps présent ne sont rien en comparaison de la gloire qui doit être manifestée en nous. Conduis-nous à la vérité telle qu'elle nous a été révélée dans ta Parole, et non à celle qui est de notre invention ; soutiens notre foi ; fais-nous la grâce de pouvoir penser avec paix et joie au jour où nous serons glorifiés avec toi.

Je sais, Seigneur, que tes voies,
Ne sont pour nous, nuit et jour,
Que bonheur, paix, grâce et joies,
Si l'on vit en ton amour.

Et nos douleurs, quoique amères,
Nous deviennent salutaires ;
Quand on les prend de ta main,
On t'en bénit à la fin.   Amen.

Sixième semaine avant Pâques (Invocavit).

DIMANCHE (Matin).

Jésus fut emmené par l'Esprit dans le désert pour être tenté par le diable. Et après qu'il eut jeûné quarante jours et quarante nuits, il eut faim. Et s'étant approché de lui, le tentateur lui dit : Si tu es le Fils de Dieu, dis que ces pierres deviennent des pains. Mais Jésus répondit : Il est écrit : L'homme ne vivra pas de pain seulement, mais de toute parole qui sort de la bouche de Dieu. Alors le diable le mena dans la ville sainte, et le mit sur le haut du temple, et il lui dit : Si tu es le Fils de Dieu, jette-toi en bas : car il est écrit qu'il ordonnera à ses anges d'avoir soin de toi ; et ils te porteront dans leurs mains, de peur que tu ne heurtes ton pied contre quelque pierre. Jésus lui dit : Il est aussi écrit : Tu ne tenteras pas le Seigneur ton Dieu. Le diable le mena encore sur une montagne fort haute, et lui montra tous les royaumes du monde et leur gloire ; et lui dit : Je te donnerai toutes ces choses, si, te prosternant, tu m'adores. Alors Jésus lui dit : Arrière, Satan ; car il est écrit : Tu adoreras le Seigneur ton Dieu, et tu le serviras lui seul. Alors le diable le laissa ; et voici des anges vinrent et le servirent. (St. Matth. 4, 1-11).

MÉDITATION.

Tant qu'il existe une puissance des ténèbres, tant que la chair avec ses convoitises se met en opposition avec l'esprit, les heures de recueillement et de communion avec Dieu sont suivies de moments de tentation. La vie est un train de guerre, et ce n'est que par une lutte sérieuse qu'on obtient la couronne de justice. Le tentateur s'est d'abord servi des besoins terrestres pour tendre un piège à Christ. Les besoins corporels, le manque de pain, les soucis du lendemain sont pour beaucoup d'âmes une occasion de tentation. « Le contentement d'esprit est un grand gain ». — Les honneurs et les aises de la vie forment un autre genre de tentation, que le Seigneur a aussi subie. Dans la ferme confiance que Dieu ne l'abandonnera pas, il dédaigne de se secourir lui-même par des moyens contraires à sa vocation ; puis, animé de sentiments d'humble obéissance, il refuse d'avoir recours à un acte téméraire, auquel il n'était point appelé, et qui eût échoué sans le secours de Dieu. L'orgueil, le désir de paraître, précipite bien des gens dans des entreprises qui sont au-dessus de leurs forces. Un grand nombre d'hommes arrivent tard et après bien des amertumes à la conviction « qu'il ne faut pas tenter le Seigneur notre Dieu ».

Dans la troisième tentation, le démon essaye d'éveiller en Christ l'ambition et la cupidité ; mais le Seigneur répond vivement : « Retire-toi de moi, Satan ». Il ne nous faut pas comme à Christ un monde de gloire pour nous tenter. La vanité n'a qu'à entrevoir le moyen de se parer, le désir des jouissances quelque plaisir, l'esprit léger quelque extravagance, et l'on refuse l'obéissance à Celui qui a dit : « Tu adoreras le Seigneur ton Dieu, et tu le serviras lui seul ». Voilà pourquoi il faut se pénétrer du sérieux de ces paroles « Veillez et priez, de peur que vous ne tombiez dans la tentation ». Ne regardez pas le péché comme une chose de peu d'importance ; apprenez dans le besoin à mettre votre confiance en Dieu, à le craindre, à le servir ; revêtez l'armure divine, combattez le bon combat de la foi, et vous trouverez la voie qui conduit, des ténèbres du péché et de la tentation, dans la communion des esprits célestes.

Prière.

Dieu saint et tout puissant, Père de notre Seigneur Jésus-Christ, et par lui notre Père ! Nous élevons nos cœurs à toi dès les premières heures de ce saint jour, pour te rendre grâces de tous les bienfaits que tu ne cesses de répandre sur nous, et en particulier des enseignements et des précieux encouragements que tu nous donnes dans ta bonne Parole. Apprends-nous à y chercher toutes les armes qu'il nous faut pour résister aux mauvais jours, apprends-nous surtout à regarder à Jésus qui a combattu pour nous, et avec qui seul nous pouvons vaincre à notre tour. Seigneur, nous comptons sur ton secours, car sans toi nous ne pourrions être fidèles ; les tentations nous entourent en si grand nombre, et nous sommes si faibles ! Eclaire-nous de ta lumière céleste, afin que nous discernions immédiatement tous les pièges que l'ennemi nous tend, et que nous ne nous laissions pas surprendre. Maintiens-nous dans ta communion, dans les bons et dans les mauvais jours ; aide-nous à triompher des convoitises qui nous font tomber dans le péché et donne-nous de mettre notre confiance dans ta Providence paternelle qui subvient à tous les besoins de tes enfants. Apprends-nous à nous détacher des choses de la terre et à nous affectionner aux choses qui sont en haut ; rends-nous vainqueurs de tous les ennemis qui voudraient nous ravir notre couronne.

Toi qui dans la nuit de la vie
Es descendu pour nous sauver ;
Toi dont la mort sainte est bénie
A la mort vint nous arracher ;

Toi qui nous gardes sous ton aile
Et nous réchauffes sur ton cœur,
Vainqueur de notre âme rebelle
Du monde entier rends-toi vainqueur.

Amen.

DIMANCHE (Soir).

Nous ne donnons aucun scandale en quoi que ce soit, afin que notre ministère ne soit point blâmé. Mais nous nous rendons recommandables en toutes choses, comme des ministres de Dieu, dans une grande patience, dans les afflictions, dans les tourments, dans les angoisses, dans les blessures, dans les prisons, dans les séditions, dans les travaux, dans les veilles, dans les jeûnes, dans la pureté, dans la connaissance, dans la longanimité, dans la douceur, dans le St.-Esprit, dans une charité sincère, dans la parole de vérité, dans la puissance de Dieu, dans les armes de la justice que l'on tient de la droite et de la gauche, à travers l'honneur et l'ignominie, à travers la mauvaise et la bonne réputation ; étant regardés comme des séducteurs, quoique véridiques ; comme des inconnus, quoique connus ; comme mourants et voici nous vivons ; comme châtiés et non mis à mort ; comme affligés, mais toujours joyeux ; comme pauvres, mais enrichissant plusieurs ; comme n'ayant rien, quoique possédant toutes choses.

(2 Cor. 6, 3-10).

Méditation.

Ce que l'apôtre dit dans ce passage parait contradictoire et sans accord possible. Comment peut-on être à la fois triste et plein de joie, pauvre et enrichissant d'autres, ne rien avoir et tout posséder ? Ce sont en apparence des contradictions, mais elles ne sont pas inexplicables. Le chrétien peut être dans la douleur et goûter en même temps, au fond de son âme, des consolations et même des joies dans la foi au Seigneur Jésus et à son salut. Il peut être pauvre des biens de ce monde et riche en Dieu, en foi, en charité et en espérance. Il se peut même qu'il n'ait rien en propre, et qu'il possède néanmoins tout, parce qu'il est un enfant de Dieu et un héritier de la vie éternelle. C'est ainsi, dit un chrétien distingué, qu'à travers les épines, les broussailles et les verges, l'on arrive au repos ; c'est ainsi que l'on court dans la carrière pour obtenir le prix ; c'est ainsi qu'on triomphe et qu'on chante victoire, lorsque après un dernier effort on arrive au sommet de la montagne, et à la joie éternelle des enfants de Dieu.

Prière.

Seigneur notre Dieu ! Avant de nous livrer au repos, nous cherchons ta face non seulement pour te bénir de toutes tes bontés qui sont sur nous, mais aussi pour te prier de nous délivrer des soucis inutiles et pour trouver en toi la consolation et la paix. Que nous connaissions mieux chaque jour toutes les forces et les lumières de ton Esprit et que nous sentions combien nous sommes riches et heureux, lorsque tu es avec nous et pour nous. Dirige toute notre vie ; bénis, Seigneur, ce qui nous arrive, soit de biens, soit de maux ; apprends-nous dans les uns et les autres à te glorifier par notre fidélité, et aide-nous à devenir dignes d'habiter un jour la cité dans laquelle rien d'impur ni de souillé ne peut pénétrer.

> Dans ses trésors, oh! puise avec ardeur!
> Il te les offre, il t'appelle, il t'invite;
> Il veut qu'enfin tu goûtes la douceur
> De tous les dons que sa mort te mérite.
> N'attends plus rien de tes propres efforts :
> Prends ses trésors!   Amen.

LUNDI (Matin).

Je suis venu mettre le feu sur la terre, et qu'ai-je à désirer s'il est déjà allumé! (St. Luc 12, 49).

Méditation.

Qu'est-il advenu de ce vœu que le Sauveur a exprimé un jour dans le cercle de ses disciples? Dieu en soit loué; le feu est allumé et aucune puissance terrestre ne pourra plus l'éteindre. Et cependant bien des âmes sont encore dans les ténèbres et dans l'ombre de la mort, non éclairées et non réchauffées pour la vie nouvelle. Que de personnes, au sein de la chrétienté même, restent froides en présence de l'amour qui s'est manifesté sur la croix! Peut-être sa douce flamme avait-elle commencé à brûler dans quelques cœurs, mais le souffle glacial de l'incrédulité l'a étouffée, ou la tempête des passions l'a éteinte. Ceux mêmes qui veulent appartenir au Seigneur n'ont souvent qu'un christianisme d'habitude; ils n'ont pas le zèle sérieux pour le salut de l'âme. Oh! que le Seigneur hâte le temps où les cœurs se réchaufferont à son amour et brûleront d'une sainte flamme!

Prière.

Au commencement de cette semaine, nous venons à toi, Seigneur, au nom de Jésus-Christ, et nous te prions de nous purifier de tout mal et de faire brûler le feu d'une foi vivante et d'un vrai amour sur l'autel de notre cœur. Rends-nous sincères devant toi et devant les hommes, reconnaissants et contents du lot qui nous est échu, zélés dans la prière, consciencieux dans l'accomplissement de nos devoirs terrestres et éternels. Fortifie-nous, afin que nous puissions porter avec courage et joie le fardeau de cette semaine, ne pas perdre patience dans les peines de la vie, et te témoigner une obéissance filiale à ta sainte volonté. Toi qui as conduit à la perfection, par les souffrances, le Prince de la vie et qui l'as couronné de gloire et d'honneur, tu nous aideras aussi à te rester fidèles en vertu de ta grande miséricorde.

Non, tu ne voudrais pas laisser inachevée
La bonne œuvre qu'en moi ta grâce a commencée.
Je t'appartiens, Seigneur, je veux suivre tes pas,
Jusqu'au jour où j'irai reposer dans tes bras.   Amen.

LUNDI (Soir).

Mon fils Timothée, ce que je te recommande, c'est que conformément aux prophéties qui ont été faites précédemment sur toi, tu combattes suivant elles le bon combat, en gardant la foi et une bonne conscience ; quelques-uns ayant perdu celle-ci, ont fait naufrage quant à la foi.

(1 Tim. 1, 18 et 19).

Méditation.

Celui qui a perdu la foi ressemble à un navire sans mât et sans gouvernail, qui est chassé çà et là par les vagues ; il ne peut arriver au port du salut. Nous courons tous ce danger dans ce monde de tentations, surtout les jeunes gens peu expérimentés, alors même qu'ils ont reçu comme Timothée une éducation chrétienne et qu'ils ont été instruits dans les saintes Ecritures dès leur jeune âge. Ce qui ébranle le fondement de notre foi, et tend à nous séparer de notre Dieu-Sauveur, c'est tantôt l'incrédulité et la raillerie des autres, tantôt les doutes qui naissent dans notre propre cœur, tantôt un grand bonheur ou un malheur que Dieu nous envoie pour nous éprouver. Aussi avons-nous besoin de veiller, de nous tenir fermes dans la foi, d'être virils et forts. Qu'aucun ennemi ne nous ravisse notre bien le plus précieux ! Veillons, prions, combattons courageusement le bon combat de la foi, afin de recevoir un jour la couronne de vie.

Prière.

Dieu tout-puissant et éternel ! Nous nous prosternons devant toi avec la multitude qui matin et soir plie les genoux devant ton trône, et nous te bénissons de tout ce que ta main paternelle nous a dispensé pendant ce jour. Aujourd'hui encore s'accomplit, pour chacun de nous, cette promesse : « Je ne vous laisserai point et je ne vous abandonnerai point. » Donne-nous de le reconnaître et d'être de bons et courageux combattants. Conduis par ta main puissante la barque de notre vie, dans les temps orageux, afin qu'elle ne se brise pas contre les écueils et que nous abordions sains et saufs sur les rivages de la paix éternelle,

> Recueillant tous les bruits qui frappent son oreille
> Les armes à la main, l'homme de guerre veille
> Jusqu'à l'aube du jour.
> Veillons aussi, veillons sous notre armure sainte,
> Jusqu'au temps où la mort nous ouvrira l'enceinte
> Du céleste séjour.   Amen.

MARDI (Matin).

Pour moi, Christ est ma vie, et la mort m'est un gain. Or, s'il est utile pour mon œuvre de vivre dans la chair, et ce que je dois souhaiter, je ne le sais. Car je suis pressé des deux côtés, ayant le désir de déloger et d'être avec Christ, ce qui me serait beaucoup meilleur ; mais il est plus nécessaire pour vous que je demeure en la chair.   (Phil. 1, 21-24).

Méditation.

L'apôtre St. Paul pouvait dire que la mort était un gain pour lui, parce qu'il avait trouvé le salut et la paix par la foi en Christ et qu'il était sûr d'entrer, au sortir de cette vie, dans la félicité comme fidèle imitateur de son divin Maître. Ceux qui vivent sans Dieu et sans Christ, perdent dans la mort tout ce qui leur était cher et précieux. Pour le chrétien aussi, toute gloire terrestre disparaît avec la mort, mais il reçoit en échange une chose meilleure, la communion entière et bienheureuse avec Dieu et avec Jésus-Christ, son Seigneur. Les misères et les angoisses de ce monde ne seront plus et auront fait place à la joie et au bonheur que le Seigneur a promis à ses enfants. Que Dieu nous fasse la grâce de pouvoir dire en vérité : « Christ est notre vie, » et la mort sera un jour un gain pour nous.

Prière.

Seigneur Jésus ! C'est avec un désir ineffable que nous élevons nos regards vers toi et notre vraie patrie. Ici-bas il n'y a que combats et tentations, peines et travaux, péchés et misères ; tandis qu'en toi se trouvent la paix et la joie ; mais si par ton secours nous remportons la victoire, nous ne regretterons pas nos souffrances, et nous t'en rendrons grâces un jour comme d'autant de bénédictions que ta main nous a envoyées. Aide-nous à rester fermes en toi, joyeux dans l'espérance, patients dans l'épreuve et persévérants dans la prière ; que le sentiment de ta présence nous soutienne et nous encourage ; que la pensée de la bienheureuse éternité qui nous attend, nous porte à veiller, à prier, et à nous souvenir que notre légère affliction du temps présent fera place à une félicité sans fin, lorsque nous aurons achevé le bon combat de la foi. Préserve-nous de tout ce qui pourrait nous séparer de toi ; règle par ton Esprit nos cœurs et notre vie, et fais-nous la grâce que, conduits ici-bas par ton conseil, nous soyons reçus dans ta gloire à l'heure de notre délogement.

Par la foi soyons vainqueurs !	Des pécheurs.
Jésus tiendra sa promesse ;	Aidons-le donc sur la terre
Sa tendresse	A rassembler le salaire
Saura s'attacher les cœurs	Qu'il gagna par ses douleurs. Amen.

MARDI (Soir).

Vous êtes la race élue, la sacrificature royale, la nation sainte, le peuple acquis, pour annoncer les vertus de celui qui vous a appelés des ténèbres à sa merveilleuse lumière. (1 St. Pierre 2, 9).

Méditation.

Les chrétiens sont appelés : race élue, peuple saint, peuple de Dieu, parce que le Seigneur les a, par grâce, choisis d'entre tous les peuples, et les a destinés à le servir dans un esprit de sainteté, parce que Jésus-Christ les a acquis par sa vie, par ses souffrances et par sa mort. Dieu se rassemble un peuple saint ; il prend parmi toutes les nations, ceux qui se laissent conduire des ténèbres de l'ignorance à la lumière de l'Evangile, des illusions du péché au salut et à la vie éternelle. Si nous appartenons à Christ, nous devons glorifier, et par nos paroles et par nos œuvres, Celui qui a dit à nos âmes : « Que la lumière soit », et qui nous a fait connaître sa miséricorde, sa patience et sa fidélité.

Prière.

Nous mettons tout notre espoir en toi, Seigneur notre Dieu, car tu es notre force et notre justice. Fais-nous la grâce de compter parmi ceux que tu as choisis pour être ton peuple particulier. Etends ton règne toujours davantage jusqu'aux extrémités de la terre ; aide-nous à croître journellement dans ton amour et dans ta connaissance et à annoncer les vertus de Celui qui nous a appelés des ténèbres à sa merveilleuse lumière. Pardonne-nous nos péchés et nos infidélités de ce jour ; protège-nous pendant cette nuit ; accorde-nous la grâce de continuer demain notre pèlerinage avec un nouveau courage et une force nouvelle pour l'amour de Jésus-Christ.

Agneau de Dieu, par tes langueurs,
Tu pris sur toi notre misère;
Et tu nous fis à Dieu ton Père
Et rois et sacrificateurs.
Ensemble aussi nous te rendons
Honneur, amour, obéissance,
Force, gloire et magnificence,
Et dans nos cœurs nous t'adorons.
Amen ! Amen !
Seigneur, Amen !

MERCREDI (Matin).

Mon fils, ne méprise pas le châtiment du Seigneur, et ne perds point courage lorsqu'il te reprend ; car le Seigneur châtie celui qu'il aime, et il frappe de ses verges tout fils qu'il reconnaît. (Héb. 12, 5 et 6).

Méditation.

On entend souvent cette plainte : Pourquoi sommes-nous obligés de souffrir ? Pour notre plus grand bien, dit la Parole de Dieu. Combien de temps nous faudra-t-il souffrir ? Tant que Dieu le jugera nécessaire pour que son œuvre se fasse en nous. Dieu nous aime, et c'est pour rétablir en nous son image qu'il nous émonde et nous fait passer souvent par la fournaise de l'épreuve. Toute âme sincère qui aspire au salut éternel devrait dire : « Seigneur, ne retire pas ta main, mais fais tout ce que tu juges nécessaire pour que le vieil homme disparaisse, et que nous soyons transformés à ta ressemblance. Les souffrances que Dieu nous envoie, ne peuvent que nous être salutaires, si elles nous rendent patients envers le prochain et nous font accepter notre sort avec soumission. Heureux ceux qui peuvent dire : Les épreuves de la vie nous ont rendus meilleurs, plus patients, plus sages, et par cela même plus heureux.

Prière.

Nous élevons nos cœurs à toi, Dieu fidèle, et nous te bénissons des témoignages de ton amour, qui par les joies et les peines veut nous rapprocher du but éternel. Tes châtiments sont inspirés par l'amour, et tu nous prépares par eux l'entrée dans la bienheureuse éternité. Bien souvent nous ne voulons pas le reconnaître, nous nous laissons abattre, et nous murmurons au lieu de nous soumettre à tes directions avec une confiance filiale. Pardonne-nous, Seigneur ; aide-nous à croire que toutes tes dispensations ont un but de grâce, afin que nous en profitions à salut et qu'elles portent des fruits bénis pour nos âmes. Quand tu veux nous conduire par le chemin de la souffrance, montre-nous l'issue glorieuse que tu tiens en réserve pour nous ; apprends-nous à te glorifier dans nos afflictions en nous faisant éprouver qu'elles nous sanctifient et nous rapprochent de toi. Seigneur, exauce-nous et accomplis toute ton œuvre en nous pour l'amour de Jésus.

Les châtiments qu'il m'inflige,	Un plus saint désir m'enflamme,
Me paraissent rigoureux ;	Les maux épurent mon âme.
Mais, lors même qu'il m'afflige	Tout finit, mais sa bonté
Il cherche à me rendre heureux.	Dure à perpétuité. Amen.

MERCREDI (Soir).

Il y avait à Capernaüm un seigneur de la cour, dont le fils était malade. Cet homme, ayant appris que Jésus était venu de Judée en Galilée, s'en alla vers lui et le pria de descendre pour guérir son fils, car il allait mourir. Jésus lui dit : Si vous ne voyiez point de signes et de miracles, vous ne croiriez point. (St. Jean 4, 47 et 48).

MÉDITATION.

Le Seigneur nous mène souvent par des chemins obscurs et extraordinaires. Ne vous laissez pas décourager s'il semble vous renvoyer durement lorsque vous lui demandez du secours, s'il vous reproche de vous adresser à lui dans la peine quand vous l'avez oublié dans la prospérité. Soumettez votre cœur et votre volonté à la sienne, et vous ferez l'expérience que personne ne s'adresse en vain à lui. Il diffère peut-être son secours pour mieux vous éprouver, pour vous élever à la vie et à la patience de la foi. Il sait bien que sans cette salutaire discipline vous l'oublieriez bientôt de nouveau pour suivre vos propres voies. Persévérez dans la prière, et croyez que tout tournera à votre bien. C'est déjà un progrès quand le cœur devient calme en Dieu, confiant, tranquille et patient. On se sent plus heureux dans le malheur qu'on ne l'a jamais été aux jours du bonheur. Ce sont de saintes afflictions quand elles portent ce fruit, quand elles conduisent à la foi et nous y exercent, quand elles ennoblissent les sentiments, augmentent l'amour et lient les cœurs et les familles pour la vie éternelle.

PRIÈRE.

Seigneur notre Dieu ! Source de la vie, auteur de toute grâce excellente et de tout don parfait, nous te remercions pour toutes tes compassions à notre égard. Si nous jouissons d'une bonne santé et si nous coulons nos jours dans la paix et dans le bonheur, ce n'est pas par nos mérites, mais c'est un don de ta bienveillance et de ta grâce. Si tu juges à propos de nous visiter par la maladie ou par d'autres maux, encourage-nous à avoir recours à toi, et à mettre toute notre confiance en toi. Apprends-nous à dire : Que ta volonté soit faite maintenant et à toujours.

Chétien ! il faut que tu travailles,	Ne t'abats point, espère et prie ;
Dans l'amertume et dans les pleurs ;	Bientôt la moisson va blanchir,
Tu le sais, le temps des semailles,	Que tu pourras, de Dieu bénie,
Est pour toi le temps des douleurs.	Dans l'allégresse recueillir. Amen.

JEUDI (Matin).

Je n'ai point honte de l'Evangile de Christ, car c'est la puissance de Dieu, pour le salut de tous ceux qui croient, du Juif d'abord, du Grec ensuite. Car en lui la justice de Dieu est révélée de foi en foi, selon qu'il est écrit : Le juste vivra par la foi. (Rom. 1, 16 et 17).

Méditation.

Quoique l'Evangile soit reconnu dans le monde, annoncé publiquement et répandu au loin, il y a encore bien des gens qui en ont honte. Ils le dédaignent, comme s'il était sans importance, et pensent qu'il n'est que pour ceux qui ont un esprit étroit et borné. Et cependant l'apôtre St-Paul l'appelle la puissance de Dieu pour le salut de tous ceux qui croient. Voilà pourquoi le Seigneur dit : « Celui qui a honte de moi et de mon Evangile, le Fils de l'homme aura aussi honte de lui quand il viendra dans la gloire du Père avec ses saints anges. Soyons donc fidèles à notre devoir de chrétiens ; confessons franchement le nom de Christ, sans chercher à affaiblir les déclarations de l'Evangile. Si nous ne l'avons pas fait jusqu'à ce jour, rentrons en nous-mêmes en nous humiliant. Demandons à Dieu d'être rendus capables de nous déclarer pour lui et sa sainte cause en présence du monde. Ne gardons pas le silence, car ce serait l'aveu formel que nous avons honte de l'Evangile, et que nous ne croyons pas à sa puissance.

Prière.

Dieu fidèle ! Nous te rendons grâce de nous avoir donné l'Evangile de Jésus-Christ, le Sauveur des pécheurs, qui est devenu notre frère. Donne-nous de ne pas nous laisser induire en erreur par les sarcasmes et les moqueries de ceux qui se scandalisent de ton Evangile, et qui le regardent comme une folie. Que nous persévérions dans la foi qui a vaincu le monde ! Par ta puissance tu as fait de la croix de ton Fils un symbole d'honneur et de victoire. Fais-nous la grâce de bien le comprendre, afin qu'en présence du monde entier nous n'ayons pas onteh de ton Evangile, mais que nous soyons heureux de le professer, heureux de le faire connaître et de te glorifier par nos paroles et notre conduite.

Suivons le Christ jusque sur le calvaire ;	Osons braver les injures du monde,
Ayons toujours sa mort devant les yeux.	Pour confesser le beau nom de Jésus ;
Si nous souffrons avec lui sur la terre,	Si sur lui seul tout notre espoir se fonde,
Nous règnerons avec lui dans les cieux.	Ah! notre espoir ne sera pas confus. Amen.

JEUDI (Soir).

Voici, je suis avec vous tous les jours jusqu'à la fin du monde.
(St. Matth. 28, 20).

Méditation.

La dernière parole du Seigneur renferme la plus précieuse des promesses. Serrons-la dans notre cœur, et elle deviendra pour nous une source de force et de consolation. Ce n'est pas seulement de temps en temps que le Seigneur vient à nous ; ami constant et fidèle, il est sans cesse à nos côtés. Nous n'avons pas besoin de sa présence visible ; ce qu'il nous faut, c'est le sentiment intime et profond de sa vie et de sa puissance dans nos cœurs. Quels que soient les montagnes et les abîmes qui nous environnent, il les traverse avec nous. Nous attacher à lui, le Seigneur fidèle, par une foi forte, c'est le secret du bonheur.

Prière.

Seigneur et Sauveur ! Tu es notre souverain bien et notre héritage ; notre salut est entre tes mains. Nous ne connaissons que toi comme Sauveur dans le ciel et sur la terre. Aussi te prions-nous, pour l'amour de ta grâce ineffable, d'être toujours près de nous par ta bonté et ta fidélité, ton Esprit et ta paix, et de nous bénir pendant toute notre vie, de nous consoler, nous conduire et nous protéger, comme tu nous l'as promis.

O Jésus ! ta présence	Chaque jour, à chaque heure
C'est la vie et la paix !	Oh ! j'ai besoin de toi.
La paix dans la souffrance	Viens, Jésus, et demeure
Et la vie à jamais !	Auprès de moi ! Amen.

VENDREDI (Matin).

La grâce et la paix nous soient données de la part de Dieu le Père, et de notre
Seigneur Jésus-Christ, qui s'est donné lui-même pour nos péchés, afin

de nous retirer de ce siècle corrompu, selon la volonté de Dieu notre Père, auquel soit gloire aux siècles des siècles! Amen. (Galates 1, 3-5).

MÉDITATION.

Nous ne trouvons la grâce et la paix ni dans ce que nous sommes, ni dans ce que nous faisons, mais dans la foi seule à l'amour du Père et du Fils, qui s'est livré lui-même pour nous. Il nous faut un Sauveur non seulement pour nos mauvaises œuvres, mais aussi pour les bonnes, car si nous sentons toute la valeur de la loi de Dieu, nos bonnes œuvres nous paraissent bien insuffisantes! Plus nous nous appliquons à être agréables à Dieu, plus aussi nous sentons combien nos soi-disant bonnes œuvres sont entachées de péché. Nous ne pourrions être rassurés, si nous ne savions que celui qui s'est donné pour nos offenses, est aussi devenu notre médiateur devant Dieu, même pour nos vertus si défectueuses et nos bonnes œuvres si imparfaites.

PRIÈRE.

Seigneur Jésus! qui par amour pour nous as passé par la voie douloureuse, nous te rendons grâces de ton amour immense, et des bénédictions qui découlent pour nous de tes souffrances et de ta mort. Puisque tu as été navré pour nos forfaits et froissé pour nos iniquités, fais-nous trouver la paix en toi par la foi, et lave, Seigneur, toutes nos transgressions, toutes nos imperfections dans le sang précieux que tu as versé pour nous. Délivre-nous de toute œuvre mauvaise; transforme-nous en de nouvelles créatures et fais-nous avancer dans la sanctification jusqu'au jour où tu nous recueilleras auprès de toi.

Tel que je suis, pécheur rebelle,
Au nom du sang versé pour moi,
Au nom de ta voix qui m'appelle,
Jésus, je viens à toi!

Tel que je suis, avec mes luttes,
Mes craintes, ma timide foi,
Avec mes doutes et mes chutes,
Jésus, je viens à toi! Amen.

VENDREDI (Soir).

Etant donc justifiés par la foi, nous avons la paix avec Dieu, par notre Seigneur Jésus-Christ, qui, par la foi, nous a aussi fait avoir accès à cette grâce dans laquelle nous demeurons fermes, et nous nous glorifions dans l'espérance de la gloire de Dieu; et non seulement en cela, mais nous nous glorifions même dans les afflictions, sachant que l'affliction produit la patience, et la patience la vertu éprouvée, et la vertu éprouvée l'espérance. Or, l'espérance ne trompe point, parce que l'amour de Dieu est répandu dans nos cœurs, par l'Esprit-Saint qui nous a été donné.

(Rom. 5, 1-5).

MÉDITATION.

Lorsque les tempêtes des afflictions terrestres viennent assaillir ceux qui sont justifiés par la grâce de Dieu et font ballotter leur nacelle, chaque vague qui s'y précipite ne fait que consolider l'ancre de la paix au fond du cœur. Quand le Père céleste nous donne son Saint-Esprit et la conscience inébranlable de son amour, nous comprenons que l'affliction est dans sa main ce que l'instrument est dans celle du vigneron qui coupe et émonde la vigne, afin qu'elle porte plus de fruit. Les tribulations ne ressemblent plus alors à la chaîne d'un esclave, dont on a hâte de s'affranchir, mais plutôt à un temps sérieux de recueillement, de soumission aux voies de Dieu, de repentance et de supplications. La patience produit la vertu éprouvée et la vertu éprouvée l'espérance. Il ne s'agit pas ici de l'espérance du monde qui trompe, mais de celle qui s'appuie sur la Parole de Dieu, et qui manifeste sa puissance dans la vie et dans la mort des chrétiens fidèles. La Parole de Dieu ne trompe point, la croix de Christ ne se brise pas, et l'espérance chrétienne n'est pas confondue et ne confond point.

PRIÈRE.

Père céleste ! Nous trouvons toujours auprès de toi conseil et consolation, protection et assistance ; aussi venons-nous à toi pour te prier de subvenir à tous nos besoins selon les richesses de ta grâce. Bénis-nous et accorde-nous le meilleur de tes dons, ta paix, qui surpasse toute intelligence. Conserve-nous la foi en ton cher Fils, qui est le Prince de la paix, et la propitiation pour nos péchés et pour ceux de tout le monde. Donne-nous de nous approcher chaque jour de lui qui est la source de tout vrai bien, afin que nous ne manquions pas de consolation dans les afflictions, et de force dans les combats de la vie. Que chaque épreuve nous conduise à la patience, et que l'espérance chrétienne s'enracine toujours plus profondément dans nos cœurs, jusqu'à ce que nous puissions un jour contempler en réalité ce que nous avons cru et espéré en ce monde.

Heureux qui te prend pour retraite !
Seigneur Jésus, je viens à toi ;
Sois mon ancre dans la tempête,
Dans le calme, oh ! nourris ma foi,
Afin que je suive joyeux
Le chemin qui conduit aux cieux.   Amen.

SAMEDI (Matin).

Nous savons que toutes choses concourent ensemble au bien de ceux qui aiment Dieu, de ceux qui sont appelés, selon son dessein. Car ceux qu'il a connus d'avance, Il les a aussi prédestinés à être conformes à l'image de son Fils, afin que celui-ci soit le premier-né de plusieurs frères.

(Rom. 8, 28 et 29).

Méditation.

Dieu dirige tous les événements de notre vie de telle manière que chacun tourne à notre bien, et contribue à notre sanctification. S'ils vont à l'encontre de nos désirs, ils nous détournent des choses terrestres et passagères, et élèvent nos pensées vers ce qui est permanent, éternel, céleste, vers la seule chose nécessaire. Ceci ne s'applique toutefois qu'à ceux qui aiment Dieu et qui appartiennent entièrement au Père qui est aux cieux. La certitude qu'il est près d'eux et qu'il les aime, ne peut que les encourager, et les garder dans la paix, jusqu'à ce qu'ils puissent un jour se serrer contre son cœur paternel, reconnaître à la lumière éternelle toute la sagesse de ses directions, et lui rendre grâces de ce qu'il a tout bien fait.

Prière.

Père céleste ! C'est en saisissant ta main paternelle que nous commençons ce jour. Imprime fortement dans notre esprit la conviction que toutes choses doivent contribuer au bien de ceux qui t'aiment. Donne-nous de nous rappeler toujours que tu peux faire tourner à notre salut les expériences les plus douloureuses, que tu le peux comme Dieu tout-puissant, et que tu le veux comme Père fidèle. Accorde-nous l'esprit d'adoption, afin que nous nous reposions sur ton sein, et que dans les bons et dans les mauvais jours nous demeurions calmes et confiants, dans la bienheureuse assurance que rien ne peut nous séparer de ton amour.

> Même au plus fort des jours mauvais,
> Chrétiens, ne perdons pas courage ;
> Jésus, qui nous donna la paix,
> Qui d'un mot peut calmer l'orage,
> N'a-t-il pas dit que tout concourt
> Pour les siens, et d'âge en âge,
> Au plan divin de son amour ?   Amen.

SAMEDI (Soir).

En ce temps-là, Jésus alla sur la montagne pour prier ; et il passa toute la nuit à prier Dieu.

(St. Luc 6, 12).

Méditation.

Bien des prières et bien des soupirs se sont échappés de l'âme de notre Sauveur pendant qu'il était sur la terre ; nous ne pouvons en douter. N'était-il pas, en effet, l'Agneau de Dieu qui porte les péchés du monde, le divin Médiateur, qui volontairement a accompli notre réconciliation ? Mais ce besoin de communion avec Dieu ne s'est montré aux yeux des hommes, que dans des cas rares. C'est dans le silence de la nuit, dans la solitude du désert, sur les hauteurs des montagnes, que le Seigneur aimait à élever son âme angoissée vers le Père céleste. Chacune de ses prières renferme une intercession dans laquelle nous sommes tous compris, quoiqu'il ait d'abord prié pour ses premiers disciples. Les prières d'intercession du Seigneur Jésus n'ont pas cessé avec sa vie terrestre. C'est pour ses enfants une source de consolation et de vie de savoir que, pendant qu'ils l'invoquent sur cette terre, il intercède pour eux dans le ciel.

Prière.

Sauveur fidèle ! Tu es notre souverain sacrificateur et notre intercesseur auprès du Père ! Nous te bénissons du fond du cœur de ton amour éternel. Tu as promis que tu serais avec nous jusqu'à la fin du monde. Sois donc aussi avec nous ce soir pour que nous puissions nous endormir dans ta paix et célébrer demain ton jour avec joie et reconnaissance. Etends tes mains bénissantes sur chacun de nous, veille sur nous pendant notre sommeil, afin que l'ennemi de nos âmes n'ait point d'empire sur nous. Pardonne-nous d'être souvent si découragés et si impatients, et fais que, pleins de confiance dans ton amour fidèle, nous avancions sans murmurer dans la voie des souffrances et des privations. Et quand viendra notre dernier soir, Seigneur, tiens-toi à nos côtés, ferme-nous les yeux, et conduis-nous au repos du sabbat éternel pour l'amour de ton saint Nom.

Oui, pour mon âme Jésus prie,
Et son Saint-Esprit jusqu'à moi
Descend comme un fleuve de vie,
Où s'abreuve ma sainte foi.

A son enfant, auprès du Père,
Son cœur obtient un doux pardon,
Et pour m'aider dans ma misère
Sa voix réclame un nouveau don. Amen.

Cinquième semaine avant Pâques (Reminiscere).

DIMANCHE (Matin).

Jésus, partant de là, se retira dans les quartiers de Tyr et de Sidon. Et une femme cananéenne, qui venait de ces quartiers, s'écria, et lui dit : Seigneur, Fils de David ! aie pitié de moi ! ma fille est misérablement tourmentée par le démon. Mais il ne lui répondit rien. Et ses disciples, s'étant approchés, le prièrent, en disant : Renvoie-la, car elle crie après nous. Et il répondit : Je ne suis envoyé qu'aux brebis perdues de la maison d'Israël. Mais elle vint et se prosterna, en disant : Seigneur ! aide-moi. Il lui répondit : Il n'est pas juste de prendre le pain des enfants pour le jeter aux petits chiens. Mais elle dit : Il est vrai, Seigneur ! cependant les petits chiens mangent des miettes qui tombent de la table de leurs maitres. Alors, Jésus, répondant, lui dit : O femme ! ta foi est grande ; qu'il te soit fait comme tu le désires. Et à cette heure même sa fille fut guérie.

(St. Matth. 15, 21-28).

Méditation.

Une grande foi mérite dans la pensée du Seigneur Jésus ses éloges et sa récompense ; mais une grande foi suppose de grandes épreuves qui l'ont précédée. Plus ces épreuves auront été pénibles et amères, plus la récompense sera magnifique. Si Dieu trouve quelquefois bon de nous faire attendre la délivrance, s'il nous laisse languir et flotter entre l'espérance et la crainte, c'est parce qu'il veut éprouver notre foi en sa fidélité et en son amour. Il y a plus encore : le retard du secours d'En-Haut nous fortifie dans la prière et l'humilité ! Noble femme cananéenne, que de femmes souffrantes tu as déjà encouragées par ta patience et ta foi ! Le Sauveur a paru sourd à ta première requête ; qu'est-ce qui a éveillé sa compassion refoulée un moment dans son cœur ? Ce sont tes supplications pressantes, ta touchante patience ; c'est surtout ta foi si courageuse, si ardente et si humble, que la dureté apparente du Seigneur n'a pu lasser. Bien que cette mère fût païenne, le cœur de Jésus ne pouvait pas se fermer en présence de sa profonde affliction ; il ne pouvait mépriser sa foi, quelque peu éclairée qu'elle fût. Profondément ému, il dit : « Femme, ta foi est grande, qu'il te soit fait comme tu le désires. » La guérison de cette jeune fille malheureuse reste comme un nouveau monument de son amour, pour rappeler à tous ceux qui, sur la terre, souffrent dans leur corps ou dans leur âme, qu'il ne met jamais dehors ceux qui s'approchent de lui avec une confiance filiale.

Priére.

Notre bon Père céleste ! Tu es amour et tu as promis de ne point mettre dehors celui qui vient à toi au nom de Jésus ; viens donc jeter sur nous un regard de miséricorde par amour pour lui, et prêter l'oreille aux prières de tes enfants. Nous sommes réunis devant toi dans le sentiment de notre faiblesse et avec la confiance que tu peux et veux subvenir à tous nos besoins. Tu nous as accordé bien des délivrances dans notre vie, nous t'en bénissons et nous te prions de nous aider à en garder le souvenir afin que, dans les moments sombres et difficiles que tu nous appelles à traverser, nous sachions compter sur ta fidélité et ta puissance. Accorde-nous la foi qui se confie sans condition à ton amour, même lorsque tu retardes ton secours. Que ce jour nous soit en bénédiction et qu'il serve à nos progrès spirituels. — Rends efficace la prédication de ta sainte Parole ; fais que bien des âmes s'ouvrent à la vérité et qu'elles fassent l'expérience que ton Evangile est une puissance à salut pour tous ceux qui croient.

Ah ! que la foi de la Cananéenne
Me montre, ô Dieu, comme je dois prier,
Que la ferveur de son zèle m'apprenne,
Comment aussi je dois te supplier.

A toi, Seigneur, librement et sans crainte,
Tout son désir elle manifesta,
Avec ardeur elle exprima sa plainte,
Et devant tous longuement persista.
Amen.

DIMANCHE (Soir).

Au reste, mes frères, nous vous prions donc et nous vous conjurons par le Seigneur Jésus, que comme vous avez appris de nous de quelle manière il faut vous conduire pour plaire à Dieu, vous le fassiez toujours plus. Car vous savez quels commandements nous vous avons donnés, au nom du Seigneur Jésus ; c'est ici, en effet, la volonté de Dieu, que vous soyez sanctifiés.

(1 Thessa. 4, 1-3).

Méditation.

Il arrive souvent qu'en adressant à un homme des exhortations pour qu'il commence une meilleure vie, il vous répond : « Je sais tout cela » — Comme s'il suffisait de connaître son devoir pour justifier la désobéissance à la voix de la conscience, alors qu'au contraire cette connaissance ne fait qu'augmenter la responsabilité. Tel est l'homme. La conscience lui dit que sa vie n'est pas en rapport avec ses lumières, qu'il n'est pas fidèle à son devoir ; mais quelqu'un s'avise-t-il de le lui rappeler, il s'en offense, et cependant ces avertissements lui sont nécessaires. Nous devons faire des progrès dans notre vie spirituelle et intérieure ; nous devons marcher en avant dans la sainteté et nous ne le pouvons sans secours et sans encouragements du dehors. La paresse nous empêche souvent d'agir et nous fait plutôt rétrograder. Dieu veut notre sanctification. Notre course doit être une marche vers le ciel. Dieu nous donne la force d'accomplir ce qu'il demande de nous. En nous approchant chaque jour de son trône de grâce, nous avançons dans la voie de la purification et de la délivrance du péché, jusqu'à ce qu'après bien des luttes nous soyons arrivés à une pleine victoire, pour recevoir l'héritage des saints dans la lumière.

Prière.

Tu nous as de nouveau offert ta grâce, Seigneur Jésus, en ce jour de repos. Donne-nous de nous examiner sérieusement en ta sainte présence, de nous demander si nous avons écouté ta voix, si nous avons ouvert notre cœur à l'influence sanctifiante de ton amour. Nous te prions d'avoir compassion de nous, et de ne pas laisser inachevée l'œuvre que tu as commencée. Eclaire-nous de ton Esprit de lumière, pour que nous ne nous fassions point illusion sur nous-mêmes, que nous apprenions à nous connaître, et à travailler avec ton secours à notre salut et à notre sanctification. Aide-nous à nous rapprocher toujours plus du but éternel, et fais que ta Parole, que nous avons entendue aujourd'hui, nous laisse, à cet effet, des impressions profondes et salutaires.

> Fais que notre vie
> T'honore en tout temps,
> Que de ta présence
> Parmi nous, pécheurs,
> L'heureuse influence
> Pénètre nos cœurs.   Amen.

LUNDI (Matin).

Qu'il en tombe dix mille à ton côté et dix mille à ta droite, la destruction n'approchera point de toi. Seulement tu considéreras de tes yeux et tu verras la punition des méchants. Car tu es mon refuge, ô Eternel! Tu as pris le Très-Haut pour ton asile. Aucun mal ne t'atteindra, aucune plaie n'approchera de ta tente. Car il ordonnera à ses anges de te garder dans toutes tes voies. Ils te porteront dans leurs mains, de peur que ton pied ne heurte contre une pierre.   (Ps. 91, 7-12).

MÉDITATION.

Il est des âmes que le Seigneur daigne combler des marques les plus visibles de sa présence et de sa grâce, en leur accordant toutes sortes de délivrances. Ces âmes sont heureuses, bien que le plus souvent elles aient à passer par des tribulations, dont la seule perspective nous remplit de crainte. C'est dans ces heures difficiles qu'elles font leurs expériences les plus bénies. Il n'est cependant pas indispensable que Dieu nous donne des preuves spéciales de son secours, et qu'il nous accorde des délivrances particulières dans notre vie extérieure. C'est dans sa Parole que Dieu veut se manifester à nos cœurs, et se faire connaître à l'âme fidèle.

PRIÈRE.

Seigneur notre Dieu ! Nous ne te demandons pas de signes ou de miracles ; nous voulons nous confier à ta Parole et à tes promesses, alors même que tu nous conduis par des voies incompréhensibles, et qu'en apparence tu n'exauces pas nos prières. Accorde-nous seulement la force de nous humilier sous ta puissante main, persuadés que tu nous élèveras quand il en sera temps. Fais-nous éprouver, aujourd'hui encore, qu'en toi nous avons un Dieu fidèle, un Père qui nous aime, qui nous nourrit, nous garde et nous délivre de tout danger.

Guide mes pas dans ma carrière,
Et que toujours ta vérité
Et ton admirable lumière
Me conduisent en sûreté.
Sois constamment, mon Dieu Sauveur,
Ma boussole et mon protecteur.   Amen.

LUNDI (Soir).

Jésus leur répondit: En vérité, en vérité, je vous dis, que quiconque s'adonne au péché, est esclave du péché. Or, l'esclave ne demeure pas toujours dans la maison ; mais le Fils y demeure toujours. Si donc le Fils vous affranchit, vous serez véritablement libres.   (St. Jean 81, 34-36).

MÉDITATION.

L'homme que le Fils de Dieu remplit de son Esprit d'amour, de paix et d'espérance divine, l'homme qui est à l'école du Sauveur, est libre dans le véritable sens du mot. Et, en effet, posséder toutes choses comme ne possédant pas, user de ce monde comme n'en usant pas, savoir être dans la disette et dans l'abondance, dans la pauvreté et dans la richesse, être content de l'état où l'on se trouve, tout sacrifier selon la volonté de Dieu, n'est-ce pas la vraie liberté ? Mais cette liberté n'appartient qu'à celui qni reste dans la communion du Christ, en se tenant sans cesse sous le joug et à l'école de Celui qui nous a affranchis.

Prière.

Seigneur Jésus ! C'est en toi que nous trouvons la joie, la paix, la vie et le salut. Conserve-nous dans une communion d'amour avec toi, afin que nous recevions chaque jour de ta plénitude grâce sur grâce. Notre âme désire ardemment la liberté et la délivrance de tout péché. Toi seul peux répondre à ses aspirations, car tu brises tous les liens, et celui que tu affranchis, est vraiment libre. Seigneur, accomplis ta force dans notre faiblesse ; aide-nous à combattre, à vaincre le péché et fais-nous marcher dans la glorieuse liberté de tes enfants. Entends-nous et nous exauce pour l'amour de Celui qui nous a rachetés dans sa grande miséricorde.

D'un triste et rude esclavage
Affranchi par Jésus-Christ,
J'ai part à son héritage,
Aux secours de son Esprit,
Au lieu d'un maître sévère,
Prompt à juger, à punir,
Je sers le plus tendre père,
Toujours prêt à me bénir.   Amen.

MARDI (Matin).

Jésus allait de lieu en lieu faisant du bien, et guérissant tous ceux qui étaient opprimés par le diable ; parce que Dieu était avec lui. Et nous, nous sommes témoins de toutes les choses qu'il a faites, tant au pays des Juifs qu'à Jérusalem.   (Actes 10, 38-39).

Méditation.

« Il allait de lieu en lieu en faisant le bien » — tel est le témoignage apostolique concernant Jésus-Christ. Il a fait le bien même lorsqu'il ne délivrait pas, lorsqu'il reprenait, censurait, ou faisait souffrir. Il en est, et il en sera toujours ainsi jusqu'à la consommation des siècles. Tous ceux qui auront été sauvés, quelque obscurs qu'aient été les sentiers par lesquels ils ont passé, quelque lourd fardeau qui ait pesé sur eux, diront un jour à la lumière de l'Eternité. « Le Seigneur a tout fait pour le mieux ». En attendant notre devoir est de suivre notre divin chef, de marcher après lui en portant notre croix et en imitant sa charité.

Prière.

Seigneur notre Dieu, miséricordieux, patient, plein de grâce et de bonté, nous te bénissons de tout l'amour que tu nous as témoigné jusqu'à ce jour. Fais luire en nous la lumière de ta grâce ; mets devant nos yeux le parfait modèle du Christ, et réchauffe nos cœurs par ton Saint-Esprit, afin que nous t'aimions de toute notre âme et que nous aimions notre prochain comme nous-mêmes. Pénètre-nous du sentiment de ta miséricorde à notre égard, afin que nous soyons aussi miséricordieux, et que nous exercions la charité.

> Aimer, c'est le chemin qui mène au cœur du Père ;
> Aimer, c'est posséder le ciel sur cette terre ;
> Aimer, c'est accomplir, ô Dieu, ta volonté ;
> D'avance c'est goûter la paix du racheté ;
> Aimons ainsi toujours ! Aimons surtout nos frères,
> Aimons nos ennemis avec des cœurs sincères ;
> Sur leur tête plaçons comme un charbon de feu,
> Pour fondre leur colère et les mener à Dieu.
> De l'amour, ici-bas, apprends-nous les victoires,
> Seigneur, et dans ton sein réserve-nous ses gloires ! Amen.

MARDI (Soir).

Vous êtes tous enfants de Dieu par la foi en Jésus-Christ. Car vous qui avez été baptisés en Christ, vous avez revêtu Christ. Il n'y a plus ni Juif ni Grec, il n'y a plus ni esclave ni libre, il n'y a plus ni homme ni femme ; car vous êtes tous un en Jésus-Christ. (Gal. 3, 26-28).

Méditation.

Dans un sens, tous les hommes sont enfants de Dieu, puisqu'ils ont été créés à son image. Mais pour avoir droit à ce titre, dans la véritable acception du mot, il faut chercher à acquérir des sentiments célestes, et une réelle communion avec Dieu. Le fait que nous sommes ses créatures est indépendant de notre volonté ; mais ce n'est que par la foi en Christ que nous devenons ses enfants. Si nous nous donnons de cœur à lui, il faut nous séparer entièrement du péché, et ne chercher notre salut que dans les grâces que le Sauveur nous a acquises par sa vie, par ses souffrances et par sa mort. L'indice le plus certain de notre qualité d'enfants de Dieu, c'est que nous ne vivions plus pour nous-mêmes, mais pour celui qui est mort et ressuscité pour nous.

Prière.

Dieu saint et tout bon ! Nous te prions de nous faire entrer dans cette vie nouvelle que la foi ouvre devant nous. Tu es la source de toute grâce excellente et de tout don parfait ; c'est toi aussi qui peux seul faire naître dans nos cœurs la véritable foi en toi, Seigneur notre Dieu, et en Jésus notre Sauveur, qui nous a acquis pour être tes enfants et les héritiers de ton royaume. Accorde-nous cette grâce, et donne-nous de comprendre qu'étant rachetés à grand prix, nous ne nous appartenons plus à nous-mêmes, mais que nous devons te glorifier dans notre esprit et dans notre corps qui t'appartiennent. Fais-nous marcher en ta présence, et dans l'attachement à ta sainte volonté ; pour cela transforme-nous chaque jour davantage à ton image et à ta sainte ressemblance. Seigneur Jésus, fais que notre vie devienne, comme la tienne, une vie d'amour, de dévouement et de charité. A la fin de ce jour, reçois nos actions de grâces pour tous les biens que nous avons reçus de ta main ; tu es un Dieu fidèle et nous t'oublions si souvent ! Pardonne notre ingratitude, nos faiblesses, nos infidélités si nombreuses ; continue à te souvenir de nous selon ta miséricorde et non selon nos péchés. Couvre-nous de ta protection pendant cette nuit. C'est sous ta garde que nous nous plaçons avec ceux que nous aimons ; nous te prions aussi pour les pauvres, les malades et les affligés ; jette sur eux un regard de compassion et accorde-leur les secours et les consolations dont ils ont besoin.

Je veux vivre en la foi du Fils de Dieu qui m'aime.
Pour toi, Seigneur Jésus, je renonce à moi-même ;
Je ne désire plus de vivre que pour toi,
Charitable Sauveur, qui t'es donné pour moi !   Amen.

MERCREDI (Matin).

La foi est une ferme attente des choses qu'on espère, une démonstration de celles qu'on ne voit point. Car par elle les anciens ont obtenu un bon témoignage. Par la foi nous savons que le monde a été fait par la parole de Dieu, de sorte que les choses qui se voient, n'ont pas été faites de choses visibles.   (Héb. 11, 1-3).

Méditation.

Y a-t-il quelque chose de plus merveilleux que la foi, qui espère en dépit de tout, qui espère contre toute espérance ? D'où vient cette assurance qui ne peut avoir sa source dans le monde terrestre ? Elle est un témoignage de Dieu dans l'âme. La faiblesse de l'homme vient de la faiblesse de sa foi. La foi transporte les montagnes. Toutes les épreuves de la terre, la pauvreté, la maladie, la détresse et la mort ne sont pour nous que ce qu'en fait notre foi ou notre incrédulité. Dans toutes les circonstances de notre vie, si nous comptions sur Celui qui est invisible, comme s'il était présent à nos yeux, y aurait-il quelque chose qui nous paraîtrait difficile ou impossible ? Nous serions plus que vainqueurs en toutes choses et nous pourrions redire avec l'apôtre Paul : « Je puis tout par Christ qui me fortifie ». Nous ne verrions plus en lui un Juge, mais un Sauveur qui nous tend les bras pour nous y recevoir.

Prière.

Seigneur notre Dieu ! Si tu n'es pas avec nous par ta grâce, notre activité est sans force, notre travail sans bénédiction et notre cœur sans paix. Exauce donc notre prière et que ta présence nous réjouisse et nous fortifie Nous sommes souvent entourés d'obscurité intérieure, livrés à toutes les attaques du doute et de l'incrédulité ; nous manquons de foi et nous avançons tristement sur le chemin de la vie, pauvres en amour et en espérance éternelle, Nous te demandons, du fond du cœur, de nous augmenter la foi et toutes les vertus chrétiennes, afin que nous poursuivions courageusement notre course en regardant à Jésus le chef et le consommateur de notre foi.

La foi renverse devant nous
Les plus fortes murailles.
La foi triomphe des verrous
Et gagne les batailles.

La foi nous ouvre les trésors
De la toute-puissance,
Les plus faibles deviennent forts
Sous sa sainte influence.   Amen.

MERCREDI (Soir).

Aucun de nous ne vit pour soi-même, et aucun de nous ne meurt pour soi-même. Si nous vivons, nous vivons pour le Seigneur ; et si nous mourons, nous mourons pour le Seigneur ; soit donc que nous vivions, soit que nous mourions, nous sommes au Seigneur.   (Rom. 14, 7 et 8).

Méditation.

Nous sommes au Seigneur, nous ne sommes pas à nous-mêmes. La communion avec Dieu est le port bienheureux où les agitations de cette vie se calment et où notre cœur trouve la paix éternelle. Nous sommes au Seigneur, non seulement parce qu'il nous a créés, mais encore parce qu'il nous a sauvés en Jésus-Christ. La meilleure chose qu'on puisse dire du genre humain, c'est que le Christ lui a appartenu ; s'il s'est donné à nous, c'est pour qu'en retour nous nous donnions à lui. Nous devons consacrer toute notre vie à Dieu et nous confier en lui. Nous sommes au Seigneur : c'est l'ancre solide de notre barque, quand elle est ballottée par les vagues. Nous sommes au Seigneur : c'est une parole de joie à l'heure de la mort, car avec cette assurance nous pouvons remettre joyeusement notre âme entre ses mains.

Prière.

Fais-nous la grâce, Dieu d'amour et de miséricorde, de pouvoir répéter du fond du cœur ces paroles de l'apôtre : Soit que nous vivions, soit que nous mourions, nous sommes au Seigneur. Oh! que nous entendions ta voix nous dire dans les profondeurs de notre âme que nous sommes à toi, et qu'aucune puissance ne saurait nous arracher de ta main. Remplis-nous de cette certitude qui fait la force et la joie de tes enfants au milieu des angoisses et des tribulations de cette vie, qui fait leur consolation et leur espérance à l'heure de la mort. Pénètre-nous profondément de l'amour dont tu nous a aimés, Seigneur Jésus, toi qui nous as rachetés par ton sang et qui nous as rendus le glorieux titre d'enfants de Dieu, que nos péchés nous avaient fait perdre. Donne-nous te t'aimer en retour de toute la force de notre âme, de te consacrer notre vie et d'agir en toutes choses de telle manière que tous connaissent que nous t'appartenons. Rends-nous chaque jour plus fidèles, et prête-nous ton secours pour croître dans la sainteté et dans la communion avec toi. Daigne veiller sur nous pendant cette nuit ; que nous nous endormions dans le sentiment de ton amour et avec la ferme assurance que sans ta volonté il ne tombera pas un cheveu de notre tête.

Nous sommes au Seigneur et non point à nous-mêmes ;
Pour la vie et la mort, nous sommes au Seigneur.
C'est pour l'éternité, Jésus, que tu nous aimes,
Et la croix nous ouvrit le chemin de ton cœur. Amen.

JEUDI (Matin).

Thomas lui dit: Seigneur, nous ne savons où tu vas; et comment pouvons-nous en savoir le chemin ? Jésus lui dit: Je suis le chemin, la vérité et la vie; personne ne vient au Père que par moi.   (St. Jean 14, 5 et 6).

Méditation.

Puisque le Seigneur Jésus est le chemin, la vérité et la vie, le christianisme consiste à s'attacher à sa personne, à regarder à lui, à se confier en lui, à l'aimer et à le suivre. Il n'y a rien de plus facile que d'apprendre à l'aimer. Si nous lisons la Bible, les récits qui le concernent; si nous le contemplons tel que sa Parole nous le représente, nous ne pouvons lui refuser notre amour. Il est le chemin qui conduit à la paix de Dieu; il nous apprend à prier de cœur et dans un esprit filial. Il est le chemin, parce qu'il est la vérité et la vie. Il nous fait connaître le véritable état de notre cœur, et nous donne aussi ce qu'il nous faut pour marcher dans la vérité; c'est en cela qu'est la vie. Celui qui croit en Jésus peut chasser tout esprit de crainte et de tristesse, car il peut dire: « Je sais en qui j'ai cru, » et « je suis assuré que ni la vie ni la mort ne pourront me séparer de son amour. »

Prière.

Seigneur Jésus, nous ne pouvons pas nous plaindre d'ignorer le chemin de la maison paternelle depuis que tu es venu sur la terre et que tu nous as précédés comme chef et consommateur de notre foi. Donne-nous seulement de croire en toi, de faire l'expérience qu'en toi seul se trouvent le chemin, la vérité et la vie, afin que nous te suivions et que par toi nous venions au Père et à la possession de la vie éternelle. Aide-nous à avoir toujours devant nos yeux le parfait modèle que tu nous as laissé; fortifie-nous dans le désir d'y conformer notre vie. Que ton St-Esprit nous guide et nous éclaire aujourd'hui et tous les jours de notre vie; qu'il nous rende attentifs à tous nos devoirs et nous aide à les accomplir fidèlement. Bénis le travail de nos mains; ouvre-nous les yeux sur toutes les occasions que tu nous donnes de faire le bien, afin qu'on reconnaisse à notre amour pour le prochain que nous sommes tes disciples, Seigneur Jésus, et que nous désirons marcher sur tes traces.

Si quelque jour je ne vois plus ma route,
Et que tremblant, je sois en proie au doute,
Si je te dis: « Montre-moi le chemin »!
De ma pauvre âme apaise la souffrance,
Et remplis-moi de sainte confiance;
Viens, bon Sauveur, me prendre par la main. Amen.

JEUDI (Soir).

Eternel, ta bonté atteint jusqu'aux cieux, ta fidélité jusqu'aux nues Ta justice est comme les montagnes de Dieu; tes jugements sont un grand abîme.

Eternel, tu conserves les hommes et les bêtes. O Dieu, que ta bonté est précieuse! Aussi les fils des hommes se retirent sous l'ombre de tes ailes.

(Ps. 36, 6-8).

Méditation.

Dieu nous couvre de sa protection, comme un oiseau couvre ses petits de ses ailes; voilà pourquoi nous pouvons vivre en sûreté. Nous pouvons nous dire, en nous livrant au repos : « Je me coucherai et je m'endormirai en paix, car toi seul, ô Eternel, tu me fais reposer en assurance. Et s'il plaît à Dieu de mettre fin à notre activité, à nos peines, à nos joies, en un mot à notre carrière terrestre, pour nous recueillir dans le repos céleste, nous nous soumettrons à sa sainte volonté et nous l'en bénirons. Du haut du ciel, nous contemplerons, dans la pleine lumière, le chemin que nous aurons parcouru sur cette terre, et nous reconnaîtrons mieux qu'ici-bas quels sont les pièges dont notre Dieu fidèle nous a préservés et par quelles voies admirables, bien que souvent mystérieuses, il nous a conduits. Nous lui en rendrons d'éternelles actions de grâces.

Prière.

Dieu miséricordieux! Nous élevons nos regards et nos cœurs vers toi, nous te bénissons de tous les témoignages de ta bonté et de ta miséricorde que tu nous as encore accordés pendant le jour écoulé. Seigneur, nous nous en sentons bien indignes et nous reconnaissons que si tu agissais envers nous comme nous le mériterions, il y a longtemps que tu nous aurais retiré tes bienfaits. Mais tu es plein de support et de patience; ta bonté atteint jusqu'aux cieux et ta fidélité jusqu'aux nues. C'est pourquoi nous pouvons ce soir encore nous retirer à l'ombre de tes ailes et te prier de nous garder, de nous pardonner et de nous bénir. — Donne-nous de nous endormir avec ces sentiments de confiance, de nous reposer en paix dans tes bras paternels. Et si dans ta sagesse infinie tu avais résolu de nous retirer de cette vallée d'épreuves et de larmes, et de nous prendre à toi, en nous conduisant de la foi à la vue, sois notre appui dans la sombre vallée que nous avons à traverser et accorde-nous une heureuse résurrection par Jésus-Christ, notre Seigneur.

Celui qui peut remettre en toute confiance
Sa vie à l'Eternel,
Voit grandir en son cœur la paix et l'espérance,
Il vit bien près du ciel. Amen.

VENDREDI (Matin).

Jésus dit à la femme: Tes péchés te sont pardonnés. Et ceux qui étaient à table avec lui se mirent à dire en eux-mêmes : Qui est celui-ci, qui même pardonne les péchés? Mais il dit à la femme : Ta foi t'a sauvée ; va-t'en en paix. (St. Luc 7, 48-50).

Méditation.

Il ne suffit pas de souffrir du péché pour en être délivré, aussi peu qu'un malade est guéri de sa maladie après en avoir parlé à son médecin. Le pardon ne découle pas nécessairement du repentir ; il est bien plutôt un don de la grâce de Dieu, qu'il faut chercher et saisir par la foi. Ce n'est que quand notre cœur se détourne sincèrement du péché et cherche Jésus avec foi, que nous pouvons prendre pour nous cette parole : « Ta foi t'a sauvée. » Ne nous réglons pas sur nos pensées et nos sentiments, car nous sommes bien inconstants, tantôt présomptueux, tantôt découragés. Posons la main sur la Parole de Dieu et disons : C'est là que se trouvent ses promesses ; c'est là ce que nous maintenons ferme en dépit des doutes et de la résistance de notre cœur.

Prière.

Nous élevons nos cœurs à toi, ô Seigneur ; tu as veillé sur nous pendant la nuit, et tu nous as donné de nouvelles forces pour l'accomplissement de nos devoirs. Nous t'en rendons grâces et nous te prions d'être avec nous pendant ce jour que tu as daigné ajouter à notre vie et d'en bénir toutes les expériences. Fortifie notre cœur faible et inconstant ; donne-nous de nous réfugier auprès de toi qui peux seul l'affermir dans la foi, le guérir du péché et le remplir de ta paix. Nous avons besoin de croître sans cesse dans ta connaissance et dans la connaissance de nous-mêmes, en même temps que dans la conviction que tu nous as rachetés et sauvés pour l'éternité. Accorde-nous cette grâce, et toutes celles qui nous sont nécessaires pour faire des progrès dans la voie du salut et pour te servir avec fidélité.

A qui pourrais-je aller qu'à toi, source d'eau vive ?
Où m'abreuver ailleurs, pour que mon âme vive ?
N'as-tu pas les trésors de pardon et de paix,
Dont mon âme coupable a besoin pour jamais ? Amen.

VENDREDI (Soir).

Etant justifiés par la foi, nous avons la paix avec Dieu, par notre Seigneur Jésus-Christ. (Rom. 5, 1).

Méditation.

On sent mieux ce qu'est la paix qu'on ne peut la définir. Elle est le contraire de tout déchirement intérieur, de l'angoisse, du trouble et de l'incertitude, mais elle peut exister au milieu de troubles extérieurs, à côté des souffrances, des luttes et des persécutions. La condition essentielle de la paix, c'est qu'elle repose sur un fondement inébranlable et se propose un but sûr et éternel. La paix est la conviction intime que dans la vie et dans la mort nous sommes dans la main de notre fidèle Sauveur, et que rien ne saurait nous en arracher. Cette paix découle du sentiment du pardon. Celui qui marche dans la paix, s'avance avec Jésus-Christ, le Saint et le Juste. Voilà pourquoi l'apôtre a pu écrire : Que la paix de Dieu garde vos cœurs et vos esprits en Jésus-Christ !

Prière.

C'est avec ton secours, Seigneur, que nous avons pu terminer ce jour malgré toutes ses émotions, ses préoccupations et ses inquiétudes. Nous te bénissons de tout le bien que tu nous as fait, et nous te prions de pénétrer nos cœurs d'amour et de reconnaissance pour toi. Pardonne-nous toutes nos fautes, toutes nos négligences, tous nos manquements à ta sainte volonté et accorde-nous ta grâce et ta paix. Que nous la recherchions toujours davantage cette paix qui surpasse toute intelligence, et que le monde ne saurait nous donner. Fortifie-nous dans la foi, ô Seigneur, toi qui en es le chef et le consommateur ; donne-nous une assurance toujours plus forte de notre réconciliation avec toi par ton sang, et que ce soit là le fondement de notre paix, jusqu'à ce que nous soyons arrivés à l'éternelle paix dans ton sein.

Ton sang a payé ma dette,
Mon Sauveur, c'est à ce prix
Qu'avec Dieu ma paix est faite,
Que le salut m'est acquis.

Seigneur, ton amer calice
Et ton sanglant sacrifice
Me procurent le pardon,
La paix et la guérison. Amen.

SAMEDI (Matin).

L'Éternel te conduira continuellement ; il te rassasiera dans les lieux arides ; il donnera la vigueur à tes os, et tu seras comme un jardin arrosé, comme une source dont les eaux ne trompent jamais. (És. 58, 11).

Méditation.

Les plus pénibles expériences sont souvent les plus bénies.

Il nous faut quelquefois passer par de sombres vallées et par des situations désespérées. Les voies de Dieu ne sont pas nos voies, et ses pensées ne sont pas nos pensées. Ce qu'il y a de plus important, ce n'est pas le chemin, mais le guide. La promesse est certaine : « l'Eternel nous conduira continuellement.» Souvent nous sommes seuls ; il n'y a pas une âme à laquelle nous puissions ouvrir notre cœur, et ce cœur est vide, sec et las. Dans ce cas encore le secours nous vient du Seigneur. Il donnera un aliment à notre cœur affamé et la force à nos membres fatigués. Il a des sources cachées pour nous ; il frappe le rocher et en fait jaillir de l'eau. Soyons fermes dans la foi, fidèles dans l'amour, et la bénédiction et la consolation ne nous manqueront pas.

PRIÈRE.

Seigneur, notre Dieu, miséricordieux et fidèle ! Nous te bénissons de ce que tu nous as créés pour l'éternité et pour ton royaume céleste. Ouvre nos cœurs, pour que nous soyons attentifs à tes appels et que nous marchions joyeusement dans tes voies. Puisque nous sommes souvent isolés dans ce monde et que notre cœur est fatigué, donne-nous de mettre notre confiance en toi, afin que tu en combles le vide, et que tu répondes à tous ses besoins. Accorde-nous la vraie foi et l'amour qui ne cherche pas son propre intérêt, qui croit tout et espère tout.

O Christ ! c'est toi qui fortifies	Seigneur ! quand ta clarté m'éclaire,
Le cœur de tes faibles enfants.	Quand ton bras puissant me soutient,
Pour marcher où tu les convies,	Ferme et joyeux dans la carrière,
Affermis leurs pas chancelants.	Fort en Jésus, je ne crains rien. Amen.

SAMEDI (Soir).

Pourquoi t'abats-tu, mon âme, et frémis-tu en moi? Attends-toi à Dieu, car je le louerai encore ; son regard est le salut. (Ps. 42, 6).

MÉDITATION.

Il y a une puissante consolation dans ces paroles ; on croirait entendre les harmonies paisibles du tabernacle éternel. Les troubles de l'âme viennent de ce qu'elle se courbe à terre, et de ce que nos yeux inondés de larmes se tournent vers les choses de ce monde qui ne sont que vanité. La vraie sagesse, qui conduit au repos, consiste à porter le regard vers le ciel, à se relever courageusement au lieu de se laisser abattre. Quelle bénédiction pour nous, si nous pouvions dire chaque fois que nous sommes tristes et troublés : « Pourquoi, mon âme, regardes-tu en bas ?» C'est en Haut qu'est le repos et la vraie patrie, élève-toi donc vers les demeures éternelles. Ton Père céleste t'entend et veut te secourir ; il est impossible qu'il se tienne loin de ses enfants qui crient à lui, qu'il leur donne une pierre quand ils lui demandent du pain, un serpent à la place d'un poisson. Espère en lui et tu éprouveras ses consolations et ses bénédictions.

Prière.

Seigneur ! tu connais toutes les douleurs de la terre ; nous te recommandons ce soir tous ceux qui souffrent, qui finissent ce jour et cette semaine le cœur rempli de soucis et d'inquiétudes. Tiens-toi près d'eux avec tes consolations ; adoucis leurs peines et leurs souffrances ; répands ta paix dans leurs cœurs. Nous regardons à toi avec foi ; tourne ta face vers nous et fais-nous éprouver cette nuit et à toujours ta fidélité. Nous savons que tu reçois nos soupirs et que tu exauces nos vœux, et nous nous attendons à toi avec la conviction que nous ne serons pas confus.

Qui sous la garde du grand Dieu
Par la foi se retire,
Auprès de lui dans ce saint lieu,
Assuré, peut se dire :

Dieu seul est mon libérateur,
Mon espoir, mon asile ;
Sous la main d'un tel protecteur,
Mon âme sois tranquille. Amen.

Quatrième semaine avant Pâques (Oculi).

DIMANCHE (Matin).

Celui qui n'est pas avec moi, est contre moi, et celui qui n'assemble pas avec moi, dissipe. Lorsqu'un esprit immonde est sorti d'un homme, il va par des lieux arides, cherchant du repos, et il n'en trouve point ; et il dit : Je retournerai dans ma maison, d'où je suis sorti. Et quand il y vient, il la trouve balayée et ornée. Alors il s'en va et prend avec lui sept autres esprits pires que lui, et ils y entrent et y demeurent ; et le dernier état de cet homme devient pire que le premier. (St. Luc 5, 23-26).

Méditation.

C'est une erreur de croire que celui qui est vraiment converti, ne peut plus retomber dans son ancien état de corruption. Notre Evangile du jour nous donne d'autres instructions ; il nous montre qu'un homme, qui a éprouvé la puissance du salut en Christ, peut, s'il ne veille pas, arriver à une situation pire que la première. Le Seigneur a voulu nous donner un avertissement, afin que celui qui est debout prenne garde qu'il ne tombe. Il arrive facilement que celui qui a été nouvellement réveillé de son sommeil de mort, et qui a reçu de profondes impressions, les regarde comme la chose la plus importante, et néglige de bien veiller sur son cœur. C'est cet état d'âme que Jésus compare à une maison balayée et ornée. Il peut arriver que les expériences faites nous induisent en erreur au sujet de notre état intérieur, et nous fassent négliger la fidélité dans les petites choses ; nous devenons alors, sans peut-être nous en douter, la proie de l'ennemi, et le dernier état devient pire que le premier. Il est donc de la plus grande importance, lorsque, par la grâce de Dieu, nous avons reçu une vie nouvelle, de la manifester et de la conserver en obéissant à la volonté de Dieu. Si notre activité est de peu d'importance, quand il s'agit de nous approprier la justification et le titre d'enfant de Dieu, elle est d'autant plus nécessaire lorsqu'il s'agit de les conserver une fois que nous avons ces grâces. Il est vrai que dans ce dernier cas nous ferons l'expérience humiliante que notre activité est loin de répondre en tous points à la volonté de Dieu. Mais plus nous reconnaitrons combien nous sommes loin du but, plus nous sentirons le besoin de nous adresser à Celui qui donne de nouvelles forces et de nouvelles lumières pour l'observation de ses commandements. Disons donc chaque jour au Père des miséricordes : Seigneur, qui nous as créés pour le ciel, donne-nous de ne pas oublier notre vocation et aide-nous à te rester fidèles.

PRIÈRE.

Dieu éternel ! Tu es notre souverain Maître et nous sommes tes sujets. Tu nous commandes, et nous devons t'obéir, mais nous sommes heureux de savoir que tu es un Seigneur sage et bon, qui ne veux que notre salut et notre félicité. Donne-nous la force de te rester fidèles, une fois que nous sommes entrés dans la bonne voie, et que nous avons reconnu les choses qui appartiennent à notre paix. Nous avons bien besoin de ton secours, afin que nous soyons vigilants, que nous écoutions ta Parole et que nous obéissions avec joie à ta sainte volonté. Place sans cesse devant nous l'image de ton cher Fils, qui a été obéissant jusqu'à la mort, même jusqu'à la mort de la croix. Que ta volonté se fasse en nous et par nous, et que notre vie entière te glorifie.

Lorsque la perle est gagnée,	Sans te fier à ton cœur,
Ne crois pas que désormais	Ne regarde qu'au Sauveur;
La lutte soit terminée,	Veille bien, veille bien!
Le mal détruit pour jamais.	Amen.

DIMANCHE (Soir).

Soyez les imitateurs de Dieu, comme ses enfants bien-aimés; et marchez dans la charité, comme le Christ qui nous a aimés, et s'est offert lui-même à Dieu pour nous en oblation et en victime d'agréable odeur. Que personne ne vous séduise par de vains discours; car c'est à cause de ces choses que la colère de Dieu vient sur les enfants rebelles. N'ayez donc point de part avec eux. Car vous étiez autrefois ténèbres, mais à présent vous êtes lumière dans le Seigneur; marchez comme des enfants de lumière; car les fruits de l'esprit consistent en toute sorte de bonté, de justice et de vérité. (Eph. 5, 1, 2 et 6-9).

MÉDITATION.

Notre vocation de chrétiens nous appelle à être les imitateurs de Dieu par une vie sainte. A ce point de vue, le christianisme est bien sérieux; il est le commencement *réel* d'une gloire dont il nous est impossible d'entrevoir la fin. Le chrétien qui s'efforce d'imiter Dieu, comme il y est appelé, efface peu à peu les ombres de sa vie terrestre pour faire rayonner la lumière qui est en lui, et qui émane de Dieu. Dieu est lumière et demeure dans la lumière. La vie du chrétien en reçoit un éclat particulier qui l'emporte en clarté, en pureté, en amabilité, en chaleur et en gloire sur tout ce que la vertu naturelle peut produire. Cette imitation de Dieu se manifeste par trois vertus capitales, qui sont comme le reflet de la lumière divine qui était en Christ. L'apôtre les appelle: « fruits de l'esprit; » elles consistent en toute sorte de bonté, de justice et de vérité. Là où ces trois vertus sont réunies, comme chez le Christ, la vie est certainement selon Dieu.

PRIÈRE.

Dieu fidèle! C'est comme enfants de lumière que nous aurions dû marcher devant toi en ce jour, et porter les fruits de l'Esprit en toute sorte de bonté, de justice et de vérité. Pardonne-nous si nous n'avons pas répondu à notre vocation, et envoie-nous la lumière de ton Esprit pour nous éclairer, nous apprendre à mieux connaître ta volonté et nous conduire en toute vérité. Fais-nous vivre de la vie cachée avec Christ en toi, afin que dans ta communion nous marchions dans la lumière, jusqu'au moment où notre foi sera changée en vue.

Je veux brûler, mais de ta flamme,
Luire, mais de ton jour;
De ton âme animer mon âme,
Aimer de ton amour.

Voilà le seul bien que j'envie,
Que j'implore, ô mon Roi:
Ne plus vivre que de ta vie,
Que par toi, que pour toi.   Amen.

LUNDI (Matin).

Non que j'aie déjà atteint le but, ou que je sois déjà parvenu à la perfection, mais je cours avec ardeur pour saisir le prix ; c'est pour cela aussi que j'ai été saisi par Jésus-Christ.   (Phil. 3, 12).

Méditation.

Le chrétien n'atteint pas toute sa croissance ici-bas ; il se développe sans cesse comme un jeune arbre vigoureux. La grâce de Dieu envers nous se manifeste en ce que la félicité et le salut sont liés, non à notre perfection, mais à une sanctification progressive. Comme futurs héritiers du royaume de Dieu, nous ne portons pas sur notre front une marque de satisfaction propre, mais ces paroles de l'apôtre St-Paul: « J'oublie les choses qui sont derrière moi. » Nous ne donnons pas une grande valeur à ce que nous avons déjà fait, mais nous pensons avant tout à ce qui reste encore à faire.

Prière.

Dieu miséricordieux ! C'est en ton nom et en regardant à toi que nous commençons cette nouvelle semaine. Renouvelle aussi notre cœur ; fais que pour nous les vieilles choses soient passées et que nous marchions devant toi dans une vie de dévouement, d'obéissance et de fidélité. Conserve-nous dans l'humilité et dans la vigilance ; lorsque nous sommes aux prises avec les luttes et les tentations de cette vie, aide-nous à nous attacher plus fortement à toi et à ta Parole, afin que dans ta communion nous trouvions la force, la lumière et le secours nécessaires pour en sortir victorieux. Donne-nous de ne pas oublier que nous devons avancer chaque jour vers le glorieux but que tu as placé devant nous ; fais-nous la grâce de l'atteindre et de recevoir la couronne de vie !

Satan veut nous ravir la couronne de gloire,
Mais dans l'éternité le combat cessera.
Jusque-là, jusque-là,
O Jésus! soutiens-nous, donne-nous la victoire.   Amen.

LUNDI (Soir).

Ne vous laissez point entraîner par des doctrines diverses et étrangères ; car il est bon que le cœur soit affermi par la grâce.   (Héb. 13, 9).

Méditation.

On reconnaît la vraie grâce de Dieu en ce qu'elle nous affermit. Celui qui n'est pas ferme, ne connaît pas la grâce. Si bien des personnes ne sont pas affermies, si elles sont souvent ballottées çà et là dans la voie qui conduit à la vie éternelle, c'est parce qu'elles veulent se tenir debout sans Dieu. Ce n'est qu'après avoir senti son impuissance intérieure qu'on reçoit les forces d'En-Haut. Il faut que la force naturelle cède le pas à la force de la grâce, les faux appuis doivent faire place au seul fondement qui puisse être posé, qui est Jésus-Christ. Demandez aux hommes les plus fermes comment ils se sont fortifiés, ils diront : Dans les épreuves et les larmes.

Prière.

O Dieu tout puissant et miséricordieux, nous reconnaissons devant toi que nous sommes souvent faibles dans la foi, qu'au milieu des épreuves et des tempêtes de la vie, nous ne savons pas nous reposer avec une pleine assurance en ta puissante bonté et en ton amour. Seigneur, viens-nous en aide, fais plus de place dans nos cœurs aux dons de ta grâce, fortifie notre foi défaillante, affermis nos pas chancelants, afin que nous ne bronchions pas sur le chemin qui mène à toi. Que nous ne cherchions notre appui qu'en toi, Jésus, notre Sauveur ; sois notre rocher, notre haute retraite, et fais-nous connaître toute ta fidélité envers ceux qui se confient en toi.

« Ma grâce te suffit. » Viens et me le répète,
Quand un nouveau travail pour ton enfant s'apprête,
Quand un nouveau chemin s'ouvre devant ses pas,
Et qu'avant de combatre il se sent déjà las.
« Ma grâce te suffit. » Redis-le-moi sans cesse,
Dans la joie ou le deuil, la force ou la faiblesse,
Lorsque l'accusateur témoigne contre moi,
Ou lorsque je triomphe au combat de la foi.   Amen.

MARDI (Matin).

O Dieu, crée en moi un cœur pur, et renouvelle en moi un esprit droit ! Ne me rejette pas loin de ta face, et ne m'ôte pas ton esprit saint !

(Ps. 51, 12 et 13).

Méditation.

Que de convoitises et de mauvais instincts dorment dans nos cœurs ! Il suffit souvent d'une seule chute pour les réveiller. Dieu se sert quelquefois d'un seul péché pour nous rendre attentifs à la corruption de notre nature. La lutte sans cesse renouvelée contre nos mauvais penchants, s'ajoute à l'amère expérience dont nous venons de parler, pour nous faire éprouver le besoin d'une rénovation intérieure. Lorsque nous sentons que notre cœur est froid et rebelle ; qu'il comprend bien ce qu'es, Jésus, mais ne se donne pas à lui, qu'il le suit extérieurement mais sans lui ressembler au-dedans, qu'il est au fond disposé à se laisser aller à la volupté, à la haine, à l'envie, au mensonge et à l'orgueil, oh ! alors cherchons avec larmes la face de l'Eternel, comme le roi David ; confessons-lui nos péchés, apportons-lui un cœur froissé et brisé. Ce sont les sacrifices agréables à Dieu.

Prière.

Dieu trois fois saint dont les yeux sont trop purs pour voir le mal, viens agir en nous par ton Saint-Esprit ; éclaire-nous de sa lumière, afin que nous reconnaissions combien notre cœur est naturellement mauvais et que nous nous sentions pressés de te dire avec le Psalmiste : crée en nous un cœur nouveau, un cœur pur et donne-nous un esprit de droiture et d'intégrité. Conduis-nous à la source toujours ouverte pour le péché et la souillure, à Jésus dont le sang seul peut nous laver et qui veut nous couvrir de sa parfaite justice. Fais-nous sentir profondément que nous ne pourrions subsister autrement en ta sainte présence, et que ce n'est que, régénérés par ta grâce et sanctifiés par ton Saint-Esprit, que nous aurons accès dans ton royaume dans lequel ne peut entrer rien d'impur et de souillé. Nous nous recommandons à ta miséricorde. Mets en oubli nos fautes, nos chutes si nombreuses ; tu connais notre faiblesse, soutiens-nous par ta force toute-puissante ; aide-nous à lutter, à vaincre avec toi, et à dire :

> O mon Sauveur, à toi seul je veux être,
> Viens pour toujours habiter dans mon cœur.
> Brise l'idole et de ce cœur sois maître,
> Rends-moi plus blanc que la neige, Seigneur.
> En moi, Jésus, ne laisse aucune place,
> Où le péché se glisse en interdit,
> Agneau de Dieu, que ton sang pur efface
> Ce qui me vient de son pouvoir maudit. Amen.

MARDI (Soir).

Voici, je t'ai épurée, mais non comme l'argent, je t'ai éprouvée au creuset de l'affliction. C'est pour l'amour de moi que je le fais. (Es. 48, 10 et 11).

Méditation.

C'est une grande illusion de croire qu'une vie sans épreuves est une vie vraiment heureuse. Une parole vraie et profonde dit : il n'y a pas de plus grand malheur que de ne pas en éprouver. Déjà les païens redoutaient une prospérité continue. Les heureux de ce monde, à qui tout sourit, qui rencontrent chaque jour de nouvelles jouissances, n'aiment pas qu'on leur rappelle que la vie est une lutte dans laquelle il faut apprendre à se vaincre, à faire des efforts sur soi-même. Ils demandent une existence facile et enjouée, et ils ne se disent pas que ce qui importe auprès de Dieu, c'est la fidélité et non le bonheur terrestre. Ah ! ne nous plaignons pas de nous voir entourés de tant de contrariétés et d'avoir tant à combattre ; c'est le rouage voulu pour donner à notre vie la bonne et vraie direction. Dieu veut nous purifier au creuset des afflictions, il veut nous éprouver dans la fournaise des souffrances et des tribulations.

Prière.

Nous avons commencé cette journée avec toi, Seigneur, et c'est sous ton regard que nous voulons la terminer. Nous te prions de remplir nos cœurs d'une confiance inébranlable en ta sagesse et ton amour, et d'être convaincus que tout ce que tu fais est pour notre éternel bien. Fais-nous comprendre l'utilité des afflictions afin que nous les supportions sans murmures ; si nous avons à souffrir avec Christ, accorde-nous aussi sa patience, sa soumission à ta sainte volonté. Enseigne-nous le renoncement à nous-mêmes ; rends-nous capables de t'obéir, de marcher avec joie dans les voies que tu choisis pour nous. Augmente-nous la foi, dirige-nous comme tu le trouves nécessaire pour notre éducation spirituelle, et introduis-nous un jour, après les combats de la vie, dans le repos et la joie du ciel.

> O Christ ! je ne crains pas que ta main me repousse:
> Toi qui souffris pour moi, tu me soulageras ;
> Et, sûr de ta parole et si ferme et si douce,
> Je tombe dans tes bras.
> Comme avec toi, tout change et de nom et de face !
> La volonté de Dieu n'est plus un lourd fardeau ;
> Souffrir est un bienfait, la vie est une grâce
> Et la tombe un berceau. Amen.

MERCREDI (Matin).

Entrez par la porte étroite; car large est la porte et spacieuse est la voie qui mènent à la perdition, et il y en a beaucoup qui y entrent. Car étroite est la porte et resserrée la voie qui mènent à la vie, et il y en a peu qui la trouvent. (St. Matth. 7, 13 et 14).

Méditation.

La porte de la vie est étroite pour le péché et pour le vieil homme; la voie est resserrée pour l'amour-propre et l'amour du monde; mais la porte n'est nullement trop étroite pour y entrer, ni la voie trop resserrée pour y marcher : c'est le chemin de la paix et de la vie. Bien des gens s'en font des idées fausses et s'imaginent qu'il n'y pousse que des ronces et des épines, que c'est un sentier triste, aride et froid, où l'on ne rencontre qu'afflictions et misères, amertumes et visages refrognés et maussades. Loin de là ! La voie étroite passe, au contraire, par de beaux jardins parsemés de fleurs odoriférantes et de magnifiques plantations. Le corps et l'âme s'y sanctifient et s'y ennoblissent, en communion avec Dieu et en se reposant sur le cœur de Celui qui s'appelle le bon Berger, et qui nous donne la vie en abondance. La voie large conduit à la perdition, la voie étroite à la félicité et à la gloire.

Prière.

Dieu fidèle! Nous te prions, au commencement de ce jour, de nous faire comprendre le sérieux de la vie, et de ne pas nous laisser suivre légèrement la voie large qui mène à la perdition. Si la porte qui conduit au salut est étroite, et la voie resserrée et pénible, nous savons que tu peux et veux nous aider et nous fortifier, et que la gloire du but vaut bien la peine qu'on se donne pour l'atteindre. Préserve-nous du découragement et du désespoir quand nous avançons lentement, et quand il nous semble que nos luttes sont vaines. Ta parole nous donne l'assurance que les âmes sincères ne seront pas confondues.

> Dieu nous fait ici-bas des chemins différents;
> Mais soit que ce sentier passe en des lieux riants,
> Soit que, tout parsemé de ronces et de pierres,
> Il traverse des lieux tristes et solitaires;
> Notre chemin sera toujours le bon chemin,
> Si Jésus y marchant nous conduit par la main. Amen.

MERCREDI (Soir).

Conduisez-vous avec crainte durant le temps de votre habitation passagère ici-bas; sachant que vous avez été rachetés de la vaine manière de vivre

> que vous aviez héritée de vos pères, non par des choses périssables, comme l'argent et l'or, mais par un précieux sang, comme d'un Agneau sans défaut et sans tache. (1 Pierre 1, 18, 19).

Méditation.

Tout l'argent et tout l'or du monde ne pourraient pas réveiller un pécheur mort dans ses fautes, à plus forte raison délivrer et sauver une seule âme. Mais Dieu en soit loué! il est une rançon: c'est la vie et la mort du Fils unique de Dieu, qui n'est pas venu pour être servi, mais pour servir, et qui en se faisant serviteur a rendu libres les esclaves du péché. Cette vie et cette mort, inspirées par l'amour et sanctifiées par le Saint-Esprit, ont le pouvoir d'apaiser les consciences, de briser les liens du péché, et d'effacer la condamnation d'une vie selon le monde. Puissions-nous chaque jour renouveler le vœu de ne jamais oublier ce qu'il t'a fallu, ô Seigneur, pour accomplir notre salut!

Prière.

Dieu fidèle, notre Père céleste! Nous nous prosternons devant toi à la fin de ce jour dans le sentiment de nos péchés et de notre culpabilité, et nous te prions de purifier nos cœurs et nos consciences par le précieux sang de Jésus. Accorde-nous la grâce de ne jamais oublier à quel prix nous avons été rachetés, et à quel héritage tu nous destines par ton bien-aimé Fils. Donne-nous de glorifier par toute notre vie Celui qui nous a tant aimés.

Je crois ce que l'Evangile	Ton sang a payé ma dette.
Me dit de toi, mon Sauveur,	Oh! Jésus, c'est à ce prix
Je te prends pour mon asile,	Qu'avec Dieu ma paix est faite,
J'attends de toi mon bonheur.	Que le salut m'est acquis. Amen.

JEUDI (Matin).

> Je suis le bon berger; le bon berger laisse sa vie pour ses brebis. Mais le mercenaire, qui n'est point le berger, et à qui les brebis n'appartiennent point, voit venir le loup, et abandonne les brebis et s'enfuit; et le loup ravit les brebis et les disperse. (St. Jean 10, 12).

Méditation.

L'Evangile nous redit à chaque page quel berger fidèle, saint, patient, doux et puissant nous avons en Jésus. « Il paîtra son troupeau comme un berger, » cette parole scandalise ceux qui, se croyant riches en vertus, en force et en esprit, ne pensent pas avoir besoin d'une main de berger qui conduit et qui sauve.

Ceux, au contraire, qui connaissant leurs misères spirituelles, aiment à se représenter leur Sauveur sous cette image. Quelle joie pour eux de voir ce berger, sans cesse à la recherche des brebis perdues, s'occuper avec amour de leurs besoins, supporter avec patience leurs faiblesses et leurs fautes, et ne se donner aucun repos avant de les avoir ramenées sur ses épaules dans la maison paternelle !

Prière.

Seigneur et Sauveur, fidèle berger de tes brebis ! Tu ne nous conduis pas au désert, où nous risquerions de mourir de faim, ni à des fontaines crevassées qui ne contiennent point d'eau, mais tu mènes tes enfants par des sentiers unis, et le long des eaux tranquilles. Oh ! donne-nous de te suivre fidèlement partout où ta main voudra nous guider. Qu'au milieu des agitations du monde, nous cherchions toujours à marcher sous ta houlette, et que nous écoutions ta voix fidèle quand tu nous appelles et nous exhortes. Bénis-nous et continue à restaurer notre âme ; supporte nos faiblesses avec patience, accompagne-nous un jour à travers la sombre vallée de la mort jusqu'aux demeures de la paix éternelle.

Bon Sauveur, berger fidèle,
Conduis-nous par ton amour ;
Et de ta main paternelle
Nourris-nous au jour le jour.

Dans les riches pâturages,
Apprends-nous à le chercher ;
Que sous tes divins ombrages
Nous puissions toujours marcher. Amen.

JEUDI (Soir).

Je distinguerai, pour leur bien, les captifs de Juda, que j'ai envoyés de ce lieu au pays des Caldéens. Et je les regarderai d'un œil favorable, et je les ferai retourner en ce pays, et je les rétablirai et ne les détruirai plus ; je les planterai et ne les arracherai plus. Et je leur donnerai un cœur pour connaître que je suis l'Eternel ; ils seront mon peuple et je serai leur Dieu ; car ils reviendront à moi de tout leur cœur. (Jér. 24, 5-7).

Méditation.

Les promesses faites au peuple de l'ancienne alliance, s'appliquent à plus forte raison à nous, enfants de la nouvelle alliance. Nous devons être le peuple de Dieu, marcher partout en enfants de lumière, au sein de nos familles, comme dans la société, montrer toujours par notre conduite et nos habitudes, que nous appartenons à Christ et que nous sommes zélés pour les bonnes œuvres. Comme peuple de Dieu, nous avons un rude combat à soutenir dans nos propres cœurs et au dehors, contre les idoles du monde, acclamées et adorées par la foule ; mais nous ne devons pas oublier que cette sainte guerre doit se faire dans l'amour du Seigneur qui amortit le feu impur de la passion. En même temps nous devons nous rappeler sans cesse qu'une sincère conversion de notre cœur au Seigneur est la seule chose nécessaire. Si en tout temps nous faisons voir que nous sommes le peuple de Dieu, il nous reconnaîtra aussi comme ses enfants ; il sera notre Dieu et notre Père dans la vie et dans la mort, dans le temps et dans l'éternité.

PRIÈRE.

Nous te bénissons, Dieu miséricordieux, de tous les bienfaits que tu nous as accordés aujourd'hui ; nous te prions de nous pardonner tous nos péchés, de veiller sur nous et de nous préserver de tout accident fâcheux pendant cette nuit, en étendant sur nous ta main toute-puissante. Que ton amour, Seigneur Jésus, nous excite à ne plus vivre pour nous-mêmes, mais pour toi qui es mort et ressuscité pour nous. Que sous l'influence de ta Parole et de ton Saint-Esprit, nous soyons toujours plus réellement ton peuple, qui te serve fidèlement, qui t'obéisse volontiers, et ne perde jamais de vue sa céleste vocation.

Nous sommes au Seigneur. Ah ! vivons pour sa gloire
Et mourons au péché ; saints héritiers du ciel,
Saisissons chaque jour les fruits de sa victoire,
Et reposons en paix dans son sein paternel.
Nous sommes au Seigneur ! Que nos âmes te louent,
Que nos lèvres aussi bénissent ton amour.
O Jésus, mes tiédeurs souvent te désavouent.
Je voudrais être à toi, mais à toi sans retour. Amen.

VENDREDI (MATIN).

Cherchez l'Eternel pendant qu'il se trouve, invoquez-le tandis qu'il est près ! Que le méchant abandonne sa voie, et l'homme injuste ses pensées ; et qu'il retourne à l'Eternel, qui aura pitié de lui, et à notre Dieu, car il pardonne abondamment. (Es. 55, 6 et 7).

MÉDITATION.

Le Seigneur a toujours compassion de nous ; il veut jeter nos péchés au fond de la mer pour l'amour de Jésus-Christ, du moment que nous demandons son pardon et que nous avons une sainte horreur du mal. Notre Sauveur n'est pas mort sur la croix pour que, dans une quiétude charnelle, nous en fassions un oreiller de paresse, mais pour que nous lui disions avec amour et reconnaissance : « Voilà ce que tu as fait pour nous, que ferons-nous en retour pour toi ? ». Celui qui veut arriver à la parfaite liberté des enfants de Dieu, à une paix permanente en Jésus-Christ, doit renoncer à ses pensées et à ses sentiments coupables, rompre avec son passé, peut-être aussi avec certains amis et connaissances, et se donner entièrement au Seigneur. Les âmes sincères, les justes seuls, prospéreront.

PRIÈRE.

Seigneur Jésus, viens placer souvent devant notre esprit et notre cœur tout ce que tu as fait pour notre réconciliation. Puisque tu n'as pu nous sauver qu'en souffrant et en mourant pour nous, inspire-nous une horreur profonde pour le péché, et fais-nous sentir combien il est en abomination devant toi. Donne-nous de poursuivre fidèlement le but que tu nous proposes, de rechercher la sanctification sans laquelle nul ne verra ta face et de ne pas méconnaître tes tendres appels.

Mon cœur entend les appels de la grâce
Et, de ta part, me les répète ainsi :
« Sois diligent à rechercher ma face. »
Tu vois, Seigneur ! que je la cherche aussi.

Toi donc, mon âme ! en toute confiance,
Cherche en Dieu seul la grâce et le secours ;
Il est l'auteur de toute délivrance ;
A qui l'invoque, il répondra toujours. Amen.

VENDREDI (SOIR).

Mes petits enfants, je vous écris ces choses, afin que vous ne péchiez plus. Et si quelqu'un a péché, nous avons un avocat auprès du Père, Jésus-Christ, le Juste. C'est lui qui est la propiation pour nos péchés ; et non seulement pour les nôtres, mais aussi pour ceux du monde entier. Et par ceci nous savons que nous l'avons connu, savoir, si nous gardons ses commandements. Celui qui dit : Je l'ai connu, et qui ne garde point ses commandements, est un menteur, et la vérité n'est point en lui. Mais pour celui qui garde sa parole, l'amour de Dieu est véritablement parfait en lui, et à cela nous connaissons que nous sommes en lui. Celui qui dit qu'il demeure en lui doit aussi marcher comme il a marché lui-même.

(1 Jean 2, 1-6).

MÉDITATION.

Bien des gens parlent de la justice de Christ, mais peu la possèdent et la manifestent dans la vie. Oh ! que Dieu nous fasse la grâce de ne pas nous fonder sur des mots que notre cœur n'a pas saisis, que nous répétons sans vérité et sans assentiment intérieur ! Ce serait une triste chose que de se contenter d'illusions, d'une profession de bouche, et de n'avoir que les apparences de la piété ! Comment subsisterions-nous devant Dieu ? Saisissons donc Jésus-Christ par la foi, soumettons-lui notre vie, notre esprit et notre cœur pour qu'il les sanctifie. Vivons, souffrons et mourons en lui, et nous serons sauvés par lui.

Prière.

Seigneur Jésus ! C'est en ce jour de la semaine que tu es mort pour nous sur la croix, et que tu nous as donné non seulement le plus parfait modèle d'obéissance et de patience, mais que tu as aussi expié nos péchés et ceux du monde entier. Que ta prière en faveur de tes bourreaux nous dispose à aimer nos ennemis ! Que ton amour pour les tiens nous porte à nous aimer les uns les autres ! Montre-nous toujours davantage que nous ne pouvons pas nous délivrer nous-mêmes du péché et de la mort en nous faisant comprendre toute la portée de cette parole : « Tout est accompli ». De même que tu as remis ton Esprit entre les mains de ton Père, nous te recommandons nos âmes aujourd'hui et à toujours, pour que tu y règnes et les purifies de toute souillure. Fais-nous la grâce de nous recevoir dans ton royaume quand nous quitterons cette terre, et de pouvoir contempler ta face en toute éternité.

Oh ! qu'il m'est doux de savoir que Dieu m'aime,
Qu'il a donné son Fils pour me sauver.
Que par Jésus, ô charité suprême,
Il me pardonne et veut toujours m'aimer.
Oh ! qu'il m'est doux de penser à ta grâce,
Seigneur Jésus, mon Rédempteur, mon Roi !
Quand l'ennemi m'accuse et me menace,
Quand mes péchés s'élèvent contre moi !   Amen.

SAMEDI (Matin).

L'Eternel est lent à la colère et grand en force, mais il ne tient pas le coupable pour innocent. L'Eternel marche dans le tourbillon et la tempête ; les nuées sont la poussière de ses pieds.   (Nahum 1, 3).

Méditation.

Il y a dans notre vie bien des heures sombres et orageuses. Dans ces moments d'angoisse il nous semble que le terrain manque sous nos pieds, et que tout est confusion en nous et hors de nous. Rappelons-nous alors que l'Eternel est plus que jamais près de nous, puisqu'il marche dans les tourbillons et les tempêtes. Il nous fait descendre et remonter par des sentiers obscurs et difficiles, mais c'est lui qui nous conduit, et cette assurance fait notre sécurité. Elevons donc nos regards au-dessus des dangers qui nous entourent, et attachons-nous à Celui qui est invisible en tenant ferme cette promesse : « Les voies du Seigneur ne sont que bonté et vérité pour ceux qui observent son alliance, et qui sont fidèles à ses témoignages ».

PRIÈRE.

Seigneur ! tes voies sont saintes, et ce que tu fais est juste et bon. Rappelle-nous sans cesse cette vérité, afin que nous ne nous découragions point dans les orages et les tribulations de la vie, et que nous comptions sur ton puissant secours. A travers la bonne et la mauvaise fortune, soit que tu nous mènes par des sentiers ténébreux ou par une route resplendissante de lumière, tu te proposes toujours notre sanctification. Aussi nous soumettons-nous avec foi à ta bonne et sage Providence.

> Comme en un bois épais et sous un noir ombrage,
> Le soleil tout à coup lance un rayon brillant,
> Ainsi l'Esprit de Dieu perce le noir nuage,
> Dont le doute entourait le cœur de son enfant.
> Avance donc en paix : poursuis vers ta patrie
> Le chemin que ton Dieu lui-même t'a tracé ;
> Et pense que Jésus, dans le ciel, pour toi prie
> Lorsque ici tu te plains, de fatigue oppressé. Amen.

SAMEDI (Soir).

Si quelqu'un est en Christ, il est une nouvelle créature ; les choses vieilles sont passées, voici, toutes choses sont devenues nouvelles. (2 Cor. 5, 17).

MÉDITATION.

Ce n'est pas en nous regardant nous-mêmes, en nous voyant tels que nous sommes de nature, que nous pouvons dire : « Les choses vieilles sont passées, » mais seulement quand nous sommes en Jésus-Christ. Le pardon et la réconciliation, que nous obtenons par la foi en Christ, renferment les vertus nécessaires à une vie nouvelle. Cette vie a son point de départ à Golgotha ; elle se poursuit accompagnée des bénédictions et des secours d'En-Haut, à travers cette vallée de larmes et de luttes, et aboutit à la gloire éternelle auprès de Dieu. Si nous sommes en Christ, les choses vieilles sont passées pour nous ; mais si, au contraire, elles règnent encore en nos cœurs, nous ne sommes pas en lui.

PRIÈRE.

C'est avec confiance que nous élevons nos cœurs à toi, Dieu de toute grâce ! Nous nous plaçons sous ta sainte garde, car nous savons que rien ne peut nous arriver sans ta permission.

Tu es le protecteur de notre vie, notre lumière au sein des ténèbres, notre ami dans la solitude et notre aide dans nos détresses. Veuille accorder, par les consolations de ton St-Esprit, le repos aux âmes travaillées et chargées. Console les malades sur leurs lits de souffrances ; fais-leur la grâce d'avoir recours à toi et d'attendre de toi la délivrance. Sois surtout avec ceux pour qui cette nuit sera la dernière, et mets dans leurs cœurs l'assurance que tu les as reçus en grâce et qu'ils sont héritiers de la vie éternelle, afin que leur mort soit douce et paisible. Exauce-nous, Seigneur, notre Dieu, renouvelle nos cœurs par ton Esprit, pour que nous puissions dire en sincérité : « Les choses vieilles sont passées, et toutes choses sont devenues nouvelles. » Nous voulons t'appartenir pour la vie et pour la mort, pour le temps et pour l'éternité.

J'étais mort dans ma misère,	Maintenant, Sauveur fidèle,
Sans Dieu, sans espoir, sans foi ;	Remplis-moi de ton amour ;
Un jour j'appris, ô mystère !	Qu'animé d'un nouveau zèle
Que Jésus est mort pour moi.	Je te suive chaque jour. Amen

Troisième semaine avant Pâques (Lætare).

DIMANCHE (Matin).

Après cela, Jésus passa au-delà de la mer de Galilée, ou de Tibériade. Et une grande foule le suivait, parce qu'ils voyaient les miracles qu'il opérait sur les malades. Et Jésus monta sur la montagne, et là il s'assit avec ses disciples. Or, la Pâque, la fête des Juifs, était proche. Jésus donc ayant levé les yeux, et voyant une grande foule qui venait à lui, dit à Philippe : Où achèterons-nous des pains, afin que ces gens-ci aient à manger? Or, il disait cela pour l'éprouver, car il savait ce qu'il devait faire.

(St-Jean 6, 1-6).

Méditation.

« Où achèterons-nous des pains, afin que ces gens-ci aient à manger ? » C'est là une parole mémorable sortie de la bouche du Seigneur. Comment peut-il s'occuper de nos besoins terrestres, à côté des soucis et des préoccupations qui pèsent sur lui pour les choses de l'âme ? Est-il possible qu'avec tous les dons célestes que nous tenons de lui, nous recevions en même temps de sa main les dons terrestres ? Il est vrai que le Sauveur nous offre avant tout le royaume de Dieu, et ce royaume ne consiste pas dans le manger et dans le boire, mais Celui qui a appris à ses disciples à prier pour leur pain quotidien et leur a dit :

« Cherchez premièrement le royaume de Dieu et sa justice et toutes les autres choses vous seront données par-dessus », doit *vouloir* et *pouvoir* accomplir cette demande et les promesses qui s'y rattachent. Il ne se borne pas à dire : « Comment les âmes que mon Père m'a données seront-elles conservées et sauvées ? » Mais il ajoute : « Où achèterons-nous des pains, afin que ceux qui m'ont suivi dans le désert, aient à manger ». Jésus est un Sauveur parfait ; il ne nous sauve pas aujourd'hui pour nous délaisser demain, il ne veut pas être un Libérateur pour notre âme seulement, mais pour notre vie entière. Aujourd'hui, comme jadis dans le désert, il veut pourvoir aux besoins temporels de ses enfants et manifester en eux sa gloire. Rappelons-nous sans cesse qu'il nous sera fait selon notre foi, que rien ne manque à ceux qui le craignent, et que si nous cherchons premièrement le royaume de Dieu et sa justice, toutes les autres choses, selon sa promesse, nous seront données par-dessus.

PRIÈRE.

Seigneur Jésus, Sauveur de l'âme et du corps, nous te bénissons de l'amour ineffable avec lequel tu t'occupes de ceux dont le refuge est en toi. Nous te prions d'avoir compassion de nous, de nous accorder de la plénitude de ta grâce tout ce dont nous avons besoin dans notre pèlerinage vers la vie éternelle. Assiste-nous dans tous nos dangers et nos besoins corporels, mais donne-nous surtout le vrai pain du ciel, afin que notre âme ne défaille point, et fais-nous la grâce de pouvoir en tout temps répéter avec assurance ces paroles du Psalmiste: « L'Eternel est mon Berger, je n'aurai point de disette. »

A mes pressants besoins viens pourvoir, ô mon Père !
Mon cœur est affamé du céleste aliment ;
Je n'ai plus faim, plus soif des choses de la terre ;
C'est la manne d'en haut qu'il faut à ton enfant. Amen.

DIMANCHE (Soir).

Misérable que je suis ! qui me délivrera de ce fardeau de mort ? Je rends grâces à Dieu par Jésus-Christ notre Seigneur ! (Rom. 7, 24 et 25).

MÉDITATION.

Le cœur de l'homme, qui est en dehors de la grâce et sous la loi, vit dans une douloureuse contradiction avec lui-même. Il hait les convoitises et ne parvient pas à en triompher. Il a quelque peu de vie intérieure, mais elle est pleine de misères et d'humiliations, car malgré ses luttes sincères, il n'arrive jamais à être vainqueur. Pendant un temps il se console en se promettant un avenir meilleur, alors que les années auront refroidi le sang et que les situations de la vie exposeront à moins de tentations. Vain espoir! les temps nouveaux amènent de nouvelles tentations. Le poids qui pèse sur la conscience augmente et le courage diminue d'année en année. L'âme est lasse de toutes ses défaites, et il ne lui reste à la fin que ce cri : « Misérable que je suis qui me délivrera de ce corps de mort ! » Qui nous délivrera? Ce n'est ni la situation extérieure, ni le changement de notre entourage, ni l'âge. Les années rendent la main tremblante, le pas chancelant, mais elles ne fortifient pas le cœur. La grâce seule délivre, la grâce telle qu'elle a paru en Jésus-Christ. Son cœur n'a point connu cette contradiction ; aucune fraude ne s'est trouvé dans sa bouche, aucune faute dans sa vie, il a été plein de grâce et de vérité. Il est le Sauveur de tous ceux qui ne font pas du péché une arme pour lutter contre lui, mais qui avec lui combattent le péché. Il nous donne de pouvoir persévérer jusqu'à la fin dans le chemin étroit, et d'arriver là où toutes les misères et toutes les plaintes seront changées en d'éternelles actions de grâces.

Prière.

Bon Père céleste! Dans ton amour immense, tu nous as envoyé en ton cher Fils, un Sauveur qui délivre du péché et de la mort. Nous t'en bénissons, et nous te prions de nous donner une foi vive et profonde pour recevoir ce don dans nos cœurs. Que ton amour qui sauve, Seigneur Jésus, devienne une puissance en nous, pour nous donner la volonté et l'exécution du bien. Que ta grâce et ta paix reposent sur nous et sur tous ceux que nous aimons. Fais ton œuvre dans nos cœurs, afin qu'ils t'appartiennent sans partage, et servent avec joie et reconnaissance Celui qui nous a rachetés !

Mon Dieu quelle guerre cruelle !	O grâce! ô rayon salutaire !
Je trouve deux hommes en moi :	Viens me mettre avec moi d'accord;
L'un veut que, plein d'amour pour toi,	Et, domptant par un doux effort
Mon cœur te soit toujours fidèle ;	Cet homme qui l'est si contraire,
L'autre à tes volontés rebelle,	Fais ton esclave volontaire
Me révolte contre ta loi !	De cet esclave de la mort. Amen.

LUNDI (Matin).

Il a porté nos maladies, et il s'est chargé de nos douleurs; et nous, nous pensions qu'il était frappé de Dieu, battu et affligé. Mais il était meurtri pour nos péchés et frappé pour nos iniquités. (Es. 53, 4 et 5).

Méditation.

Ces paroles du prophète ont une portée profonde. Le premier, il a contemplé les souffrances du Christ comme devant expier le péché. Déjà le peuple de Dieu de l'ancienne alliance a donné ce sens aux paroles d'Esaïe. Quelque terrestres qu'aient été ses espérances concernant le Messie à venir, les membres fidèles de ce peuple ont tenu ferme la conviction qu'il le délivrerait de tous ses péchés. Les paroles prophétiques ont été confirmées par le témoignage des Saintes-Ecritures, par les besoins du cœur humain et les expériences bénies de la vie.

Prière.

C'est avec toi, Seigneur, que nous voulons reprendre le travail de la semaine. Fortifie-nous par ton Esprit, afin que nous accomplissions fidèlement et consciencieusement ce que nous avons à faire. Donne-nous de mettre avec joie la main à l'œuvre, en comptant sur ton secours et en nous reposant sur l'assurance que nous avons en Jésus un Sauveur plein de grâce, qui est devenu notre Libérateur par ses souffrances et par sa mort. Affermis notre foi en lui et ne permets pas que nous cherchions ailleurs le fondement de notre paix et de nos espérances. Remplis nos cœurs de reconnaissance et d'amour, et apprends-nous à marcher dans la voie de tes commandements jusqu'à la fin de notre pèlerinage.

Sous ton voile d'ignonomie,
Sous ta couronne de douleurs,
N'attends pas que je te renie,
Mon adorable Rédempteur!
Mon œil, sous le sanglant nuage
Qui me dérobe ta beauté,
A retrouvé de ton visage
L'ineffaçable majesté.

Jamais dans la sainte lumière,
Jamais dans le repos du ciel,
D'un plus céleste caractère
Ne brilla ton front immortel;
Au séjour de la beauté même,
Jamais la beauté ne jeta
Tant de rayons qu'au jour suprême
Où tu mourus sur Golgotha.   Amen.

LUNDI (Soir).

Je rends grâces continuellement à mon Dieu pour vous, à cause de la grâce que Dieu vous a donnée en Jésus-Christ, savoir: de ce que vous avez été enrichis en lui de toute manière, en toute parole et en toute connaissance, selon que le témoignage en Christ a été confirmé en vous. (1 Cor. 1, 4 et 5).

MÉDITATION.

Il est impossible de comprendre les trésors de grâces que Christ met à notre disposition à l'heure de la tentation. Qui pourrait sonder la mer ou mesurer la hauteur du ciel ? Et cependant la mer n'est qu'une goutte d'eau en comparaison de la plénitude de la grâce qui est en Christ. Nous n'y pensons pas assez qnand nous sommes aux prises avec la tentation, ou que nous avons un rude combat à livrer au monde et au péché. Si nous nous souvenons de la fidélité et de la bonté du Seigneur, nous avons de la peine à nous les approprier ; nous les appliquons aux autres et non à nous-mêmes. Celui qui est sincère et qui se donne au Seigneur de tout son cœur, éprouve la réalité de ses promesses et peut dire avec l'apôtre : « En toutes choses, nous sommes plus que vainqueurs en celui qui nous a aimés. » — Puisse cette assurance nous soutenir, nous fortifier et nous rendre inébranlables dans notre lutte contre les péchés et les tentations !

PRIÈRE.

Seigneur notre Dieu ! Nous nous approchons de toi ; nous te prions de nous bénir et de répandre sur nous toutes les grâces de ton St-Esprit. Remplis nos cœurs d'une foi simple et vivante, afin que nous puissions nous approprier toutes tes promesses, et trouver en toi au delà de ce que nous pouvons désirer et penser. Manifeste ta force dans notre infirmité ; réponds à tous nos besoins par les richesses de ton amour, de ta lumière et de ta vie, et donne-nous de te suivre et de te servir fidèlement, pour que nous puissions toujours compter sur ta bénédiction. Pardonne-nous tous nos péchés, toutes nos défaillances ; garde nos âmes dans ta paix et dans le sentiment de ton pardon, pour l'amour de Jésus, notre Sauveur.

Je veux chanter de tout mon cœur
De mon Sauveur l'amour fidèle ;
Car chaque jour il renouvelle
Sur moi les dons de sa faveur.

Ah ! daigne donc de ton enfant
Devant ses pas dresser la voie,
Et sous tes yeux, rempli de joie,
Je te suivrai fidèlement. Amen.

MARDI (Matin).

Vous êtes sauvés par grâce, par le moyen de la foi ; et cela ne vient pas de vous, c'est le don de Dieu ; ce n'est point par les œuvres, afin que personne ne se glorifie ; car nous sommes son ouvrage, ayant été créés en Jésus-Christ pour les bonnes œuvres, que Dieu a préparées d'avance, afin que nous y marchions. (Eph. 2, 8-10).

MÉDITATION.

Notre propre justice est loin de satisfaire aux exigences du royaume de Dieu. Devant Dieu il n'y a point de juste, non pas même un seul. C'est sa grâce, son infinie miséricorde qui nous ouvre le ciel ; mais il faut éviter les écarts dans lesquels nous pourrions tomber en nous y reposant à la légère. Dieu est amour et fidélité, Jésus reçoit les pécheurs, ce sont là des vérités sans doute, mais le même Livre qui nous donne ces consolations, nous avertit aussi par ces paroles : « Ne savez-vous pas que la bonté de Dieu vous convie à la repentance. » Et Jésus ne dit pas qu'il y a de la joie dans le ciel pour le pécheur qui reste pécheur, mais pour celui qui s'amende. Ailleurs il dit encore : « Si vous ne vous amendez point, vous périrez tous. » Nous sommes sauvés par grâce, par la foi, mais nous sommes créés en Jésus-Christ pour les bonnes œuvres qu'il a préparées pour nous.

PRIÈRE.

Dieu miséricordieux ! Nous te bénissons par Jésus-Christ, notre Seigneur et Sauveur de la protection dont tu nous as entourés pendant cette nuit, et de tous les autres bienfaits que tu ne te lasses de nous accorder. Nous nous remettons entre tes mains pour cette journée, avec les nôtres, et tout ce qui nous concerne. Produis toi-même en nous ce qui t'est agréable, afin que nous accomplissions tous les devoirs de notre vocation à ta gloire et pour le service de notre prochain ; aide-nous, éclaire-nous, fais-nous agir dans un esprit d'amour et de reconnaissance, donne-nous un cœur content et heureux dans le dévouement à ta cause, et crée en nous la volonté et l'exécution selon ton bon plaisir. Nous ne sommes rien, et nous n'avons rien par nous-mêmes ; nous devons tout à ton infinie miséricorde, apprends-nous donc à nous attendre à toi et à te demander toutes les grâces dont nous avons besoin pour le temps et pour l'éternité.

Rien, ô Jésus, que ta grâce,
Rien que ton sang précieux
Qui seul mes péchés efface,
Ne me rend saint, juste, heureux.

Ne me dites autre chose
Sinon qu'il est mon Sauveur,
L'auteur, la source et la cause
De mon éternel bonheur. Amen.

MARDI (Soir).

Jésus, étant entré dans la barque, repassa le lac et vint en sa ville. Et on lui présenta un paralytique couché sur un lit. Et Jésus, voyant la foi de ces gens là, dit au paralytique : Prends courage, mon fils, tes péchés te sont pardonnés. (St. Matth, 9, 1 et 2).

Méditation.

Si nous voulons éprouver quelque chose de la vie et du bonheur qui a sa source dans le pardon des péchés, il nous faut descendre d'abord dans les profondeurs de notre cœur et nous juger nous-mêmes ; il faut croire que le péché engendre la mort et la perdition. Avec le pardon, nous rentrons dans la communion avec Dieu, qui est sainteté et vie ; nous reprenons le titre d'enfants de Dieu que le péché nous a fait perdre. Pour ce qui reste en nous du vieil homme, comptons pour le combattre sur Celui en qui nous avons un parfait Sauveur, et qui ne laissera pas son œuvre inachevée.

Prière.

Bon Père céleste ! Après le bruit et l'agitation du jour, nous cherchons ta face pour trouver dans ta communion le repos et la paix, que le monde ne saurait nous donner. Nous nous humilions devant toi dans le sentiment de nos fautes et de notre culpabilité ; nous te prions de nous pardonner pour l'amour de Celui qui s'est offert pour nous, et dont le sang purifie de tout péché. Fortifie notre foi en ton amour qui sauve, et fais-nous connaître toujours mieux les richesses de ta grâce et de ta miséricorde envers nous. Nous nous recommandons à ta sainte garde pour cette nuit avec ceux que nous aimons, en appelant sur eux et sur nous toutes tes bénédictions en Jésus notre Sauveur.

Heureux qui, connaissant sa profonde misère,
Sur ce divin Sauveur se repose avec foi !
Il reçoit son pardon, il trouve en lui son Père,
Il obtient son Esprit pour pratiquer ta loi.
Non, ni la pauvreté, ni la mort, ni la vie,
Rien ne peut lui ravir ton éternel amour,
S'il vit, c'est dans ta paix, car il te glorifie ;
S'il meurt, c'est pour régner au céleste séjour. Amen.

MERCREDI (Matin).

Dieu a choisi les choses faibles du monde pour confondre les fortes, et Dieu a choisi les choses viles du monde et les plus méprisées, même celles qui ne sont point, pour anéantir celles qui sont, afin que nulle chair ne se glorifie devant lui. Or, c'est par lui que vous êtes en Jésus-Christ, qui nous a été fait de la part de Dieu, sagesse, justice, sanctification et rédemption.

(1 Cor. 1, 28-30).

Méditation.

Christ nous est fait de la part de Dieu, sagesse, justice, sanctification et rédemption, et il veut être à nous avec tout ce qu'il possède. Mais il s'agit d'apprécier ce grand don du Père à sa valeur infinie ; si nous le négligeons, il nous sera enlevé. Il faut qu'il nous rende sages à salut, qu'il nous justifie, nous sanctifie et nous sauve. Nous devons lui offrir en sacrifice notre état de péché, notre injustice, en un mot tout ce qui nous lie et nous rend captifs. Alors il nous affranchira et nous fera marcher dans la glorieuse liberté des enfants de Dieu.

Prière.

Dieu tout-puissant et miséricordieux ! Nous sommes étrangers et voyageurs sur cette terre. Donne-nous de ne jamais perdre de vue notre vocation, le but éternel qui nous est proposé, et fais que, pour l'atteindre, nous cherchions tout ce dont nous avons besoin en Jésus, notre Sauveur, qui nous a été fait de ta part sagesse, justice, sanctification et rédemption. Préserve-nous d'abuser des joies et des jouissances terrestres que tu nous accordes ; maintiens-nous sous la discipline de ton Esprit, et aide-nous à faire de cette vie une péparation pour l'éternité.

> A l'Agneau mis à mort qui me donna la vie
> J'appartiens tout entier. Par ta grâce infinie,
> Mon corps, mon esprit, Jésus ! tout est à toi ;
> Tu me possèdes seul ; je ne suis plus à moi.
> Je ne demande rien : mon âme est satisfaite ;
> Ton amour lui suffit ; prends-lui tout, elle est prête.
> De tous les autres dons je pourrais me passer :
> L'amour, l'amour est tout ; il peut tout remplacer. Amen.

MERCREDI (Soir).

Je pensais aux jours d'autrefois, aux années des temps passés. Je me rappelais mes mélodies de la nuit, je méditais en mon cœur, et mon esprit examinait. Le Seigneur rejettera-t-il pour toujours ? Sa bonté a-t-elle cessé pour toujours ? Sa parole a-t-elle pris fin pour tous les âges ? Dieu a-t-il oublié d'avoir pitié ? A-t-il dans sa colère fermé ses compassions ?

(Ps. 72, 6-10).

Méditation.

Bien que David fût convaincu dans son cœur que la miséricorde de Dieu n'a point de bornes, et que sa bonté et sa grâce demeurent à toujours, il y avait dans sa vie des heures sombres et douloureuses, où il était tenté de croire que Dieu l'avait abandonné. Si le Seigneur nous mène par un tel chemin, s'il nous semble que nous n'avons plus de secours à attendre de lui, ne tombons pas dans le découragement et le désespoir ; humilions-nous sous sa main puissante, redoublons de prières, répandons nos angoisses et nos plaintes devant lui, et nous reconnaîtrons, quoi qu'il arrive, que ses voies ne sont qu'amour et que sa bonté demeure éternellement. Nous ne doutons pas de la lumière du soleil, lorsque dans une éclipse elle est voilée à nos yeux. Comment douterions-nous du Seigneur lorsqu'il nous cache momentanément sa face ? Tenons ferme les promesses de sa Parole, et le rayon divin de son amour viendra de nouveau réjouir notre âme.

Prière.

Dieu saint et miséricordieux ! Nous nous approchons de toi, quoique nous ne soyons que cendre et que poussière, et nous te prions de faire luire sur nous la lumière de ta face. Souvent il nous arrive de douter et de craindre, lorsque tu nous conduis par des sentiers obscurs. Aie pitié de notre faiblesse et de nos défaillances ; soutiens-nous dans nos combats et donne-nous de nous reposer sur toi avec une foi ferme, même lorsque tu tardes à nous délivrer. Tu nous a donné ton Fils, et tu nous as promis de nous accorder toutes choses avec lui. Seigneur, souviens-toi de tous ceux qui passent par la nuit de l'épreuve, et verse dans leur âme la lumière et les consolations dont ils ont besoin. Bénis-nous et exauce-nous, pour l'amour de Jésus notre Sauveur.

Trop souvent je murmure,
Quand la route est obscure:
Oh! ma foi faiblira !
Et pourtant la promesse
Est là pour ma faiblesse:
L'Eternel pourvoira.

Si mon impatience
Demande avec instance
D'où le secours viendra?
Par ta parole sainte,
Tu réponds à ma plainte:
L'Eternel pourvoira.

Je ne veux plus me plaindre,
Je ne veux plus rien craindre,
Car pour moi Dieu sera ;
En avant et courage !
Jusqu'au bout du voyage :
L'Eternel pourvoira.   Amen.

JEUDI (Matin).

Que tous ceux qui te cherchent s'égaient et se réjouissent en toi ; que ceux qui aiment ta délivrance disent sans cesse : Magnifié soit l'Eternel ! Pour moi, je suis pauvre et misérable ; le Seigneur aura soin de moi. Tu es mon aide et mon libérateur. Mon Dieu, ne tarde point.   (Ps. 40, 17 et 18).

Méditation.

« Je suis pauvre et misérable » ; ce soupir s'échappe de plus d'un cœur oppressé ; mais celui qui, comme le Psalmiste, peut ajouter en toute vérité et avec l'assurance de la foi : Le Seigneur a soin de moi, cesse d'être pauvre. La pauvreté, quelque pénible qu'elle soit, n'est pas un mal, quand elle rapproche l'homme de Dieu et lui apprend à mettre sa confiance en lui qui est notre délivrance, et qui veut subvenir à tous nos besoins. Celui-là seul est pauvre et misérable, qui est sans Dieu et sans Sauveur, qui passe sans lumière par la sombre vallée de ce monde. Ceux au contraire qui cherchent le Seigneur et son salut, peuvent vivre en paix et se réjouir même au milieu des afflictions et des peines de la vie. Dieu leur donne, au jour le jour, les forces pour porter leur fardeau, et il réalise pour eux la promesse que « rien ne manque à ceux qui le craignent ».

Prière.

Dieu saint ! Si tu es pour nous, qui sera contre nous ? Entoure-nous de ta protection et aucun mal ne pourra nous atteindre. Préserve-nous de toute impatience dans l'épreuve, et ne permets pas que nous doutions jamais de ton secours. Maintiens-nous dans la confiance, dans l'esprit de prière, dans le calme ; apprends-nous à nous décharger sur toi de tous nos fardeaux, avec l'assurance que tu prends soin de nous, et que ceux qui s'attendent à toi n'auront faute d'aucun bien. Fais-nous la grâce de remporter par ta force la victoire sur tous nos ennemis et de persévérer jusqu'à la fin dans la vraie foi et dans l'espérance de la vie éternelle.

Venez et savourez, sous son paisible empire,
  Sa fidèle bonté.
Oh ! que l'homme est heureux qui vers Dieu se retire
  En sa calamité.
Chrétiens, magnifions et louons tous ensemble
  Le beau nom du Sauveur !
Ses élus, à leurs cris, sous son aile il rassemble,
  Et chasse leur frayeur.   Amen.

JEUDI (Soir).

Voici, je me tiens à la porte et je frappe ; si quelqu'un entend ma voix et m'ouvre la porte, j'entrerai chez lui, et je souperai avec lui, et lui avec moi.
(Apo. 3, 20).

Méditation.

Dans les moments bénis où l'âme se sent en présence du Seigneur et vit dans sa communion, elle est inondée de joie et de paix ; elle éprouve comme un avant-goût du ciel. C'est là ce que le Seigneur promet dans ces paroles : « Voici, je me tiens à la porte et je frappe ; si quelqu'un entend ma voix et m'ouvre la porte, j'entrerai chez lui, et je souperai avec lui, et lui avec moi ». Celui qui n'en a pas fait l'expérience ne peut se faire une idée de ce que l'âme éprouve lorsqu'elle reprend ses occupations ordinaires après avoir senti les effets de la présence du Seigneur. De même que Moïse, quand il descendait de la sainte montagne, où il avait conversé avec l'Eternel, portait sur son visage un rayonnement de la gloire divine, ainsi l'âme qui, dans la solitude, s'est trouvée dans la communion de son Sauveur, s'en retourne éclairée de la clarté de sa face et rassasiée de ses biens. Heureuse et réconciliée, elle considère le monde à la lumière de la rédemption. Elle tend la main à tout frère qui s'égare, et elle rassemble des charbons ardents sur la tête de ses ennemis. Tous les devoirs de sa vocation terrestre sont remplis dans un esprit d'amour et de joie chrétienne. Quand survient l'épreuve, semblable à un nuage qui annonce la tempête, elle aperçoit la main de son Père céleste, qui cherche à préserver son enfant de chute ; Dieu n'est plus alors un Dieu de loin, qui a établi sa demeure au delà du soleil et des étoiles, mais il est présent partout et surtout dans le cœur de son enfant.

Prière.

Dieu éternel, plein de grâce et de vérité, jette un regard de miséricorde sur tes enfants, et fais descendre sur eux ton pardon, ton amour et ta paix. Viens à nous après le bruit et les agitations du jour, et donne-nous d'entendre quand tu frappes à la porte de nos cœurs, et que le tumulte du monde couvre si souvent ta voix. Notre âme ne trouve de repos qu'en toi ; daigne donc nous unir étroitement à toi, pour nous faire trouver dans ta communion toutes les grâces et les consolations dont nous avons besoin, jusqu'au jour où nous te contemplerons face à face et où nous serons rassasiés de ta ressemblance. Exauce notre prière et bénis-nous abondamment pour l'amour de Jésus, notre Sauveur.

O Jésus! tu l'as dit dans ta sainte Parole,
Tu te tiens à la porte et frappes chaque jour.
Donne-moi d'ouvrir à celui qui console,
A celui qui me parle et de paix et d'amour.
Conduis donc un pécheur à la source abondante,
Ouverte pour tous ceux qui puisent avec foi;
Soutiens par ton Esprit mon âme chancelante;
Donne-moi tout, Seigneur, puisque tout vient de toi. Amen.

VENDREDI (Matin).

Nous étions tous errants comme des brebis, nous suivions chacun son propre chemin, et l'Eternel a fait venir sur lui l'iniquité de nous tous. Il est maltraité, il est affligé; et il n'ouvre point la bouche; comme un agneau mené à la boucherie, comme une brebis muette devant celui qui la tond, il n'a pas ouvert la bouche. (Es. 53, 6 et 7).

Méditation.

Pour le chrétien qui passe par la voie douloureuse et obscure, il n'y a rien de plus salutaire et de plus fortifiant que de contempler en esprit Jésus dans ses souffrances. Ne portons pas nos regards de côté et d'autre, ne cherchons pas notre consolation auprès des hommes, mais là seulement où elle se trouve, en Jésus qui pour nous est mort sur la croix et qui est rentré par les souffrances dans la gloire. Il a remporté la victoire sur le monde et ses angoisses, nous vaincrons à notre tour si nous regardons à lui avec foi. Il a été débonnaire, humble, obéissant jusqu'à la mort; nous pouvons de même, en nous chargeant de son joug, et par la force qu'il nous communique, apprendre la douceur, l'humilité et l'obéissance, jusqu'à ce qu'un jour nous puissions nous élever avec lui du sein des afflictions à la gloire éternelle.

Prière.

Dieu tout bon! Tu as daigné ajouter un nouveau jour à notre vie. Sois-en béni et fais-nous la grâce de l'employer à notre préparation pour l'éternité. Apprends-nous à te louer et à te bénir de ce que tu nous as donné ton cher Fils, afin que par sa vie sainte, par ses souffrances et par sa mort, il nous délivrât du péché et de la condamnation. Donne-nous d'en recevoir une nouvelle et profonde impression aujourd'hui, pour que nous apprenions à haïr le péché et à te témoigner notre reconnaissance par une vie consacrée à ton service. Assiste-nous dans toutes nos détresses, et ne permets pas que nous soyons tentés au-dessus de nos forces. — Que ta bénédiction repose sur nous et les nôtres pour l'amour de Celui qui nous a tout mérité de ta part.

Béni soit l'Agneau sans souillure	Son amour pour nous est extrême.
Qui s'est immolé sur la croix,	Pour faire avec Dieu notre paix,
Pour racheter sa créature	Ce Sauveur s'est livré lui-même.
Rebelle à ses divines lois.	Ah! je veux l'aimer à jamais. Amen.

VENDREDI (Soir).

Jésus-Christ est le même, hier et aujourd'hui, et pour l'éternité.

(Héb. 13, 8).

MÉDITATION.

Le passé et le présent rendent témoignage de Jésus. Les générations humaines viennent et passent, les grandes époques dans la vie des peuples font place à d'autres moins importantes, l'Eglise elle-même est sujette à des variations et à des changements, mais Jésus est le même à travers les siècles. Il laisse son empreinte sur tous les temps ; partout nous trouvons ses traces. A lui appartient aussi l'avenir. L'amour ne périt point alors que tout prend fin, et cet amour, c'est Jésus-Christ, car c'est en lui que s'est révélé l'amour de Dieu. Il finira par être vainqueur et durera en toute éternité. Et il en sera de même de notre amour. Notre vie, nos œuvres, tout passe avec le temps, mais notre amour demeure ; s'il a sa source en Jésus-Christ, il sera éternel comme lui.

PRIÈRE.

Seigneur et Sauveur ! Nous regardons à toi à la fin de ce jour en nous souvenant de tes souffrances expiatoires sur la croix, et nous te prions de nous en faire sentir les fruits bénis dans la vie et dans la mort, dans le temps et dans l'éternité. Pardonne-nous tous nos péchés et fais-nous la grâce d'être sauvés et sanctifiés par ta rédemption parfaite. Que ta mort bénisse et sanctifie notre mort et lui enlève toute terreur. Que ta descente au tombeau éclaire notre propre tombe, et la transforme en un lieu de repos pour nous. Tu es un sacrificateur miséricordieux et compatissant ; souviens-toi donc ce soir de tous les malades, des âmes travaillées et chargées, des malheureux, des prisonniers, ainsi que de ceux qui cette nuit atteindront le terme de leur existence terrestre. Manifeste en tous lieux ta bonté qui console, à la gloire de ton saint Nom.

> Le Seigneur a parlé. Je crois le témoignage
> Qu'il rend de Jésus-Christ;
> Et son puissant Esprit
> De mon adoption a mis en moi le gage.
> Qui pourra me l'ôter? Les cieux avec la terre
> Ensemble vieilliront,
> Ensemble ils passeront;
> Mais Dieu de son enfant sera toujours le père
> Oui, toujours, Fils de Dieu! tu seras pour mon âme
> Un puissant Rédempteur;
> Toujours, ô mon Sauveur,
> Tu seras mort pour moi sur une croix infâme. Amen.

SAMEDI (Matin).

Jésus dit à ses disciples: Quiconque veut venir après moi, qu'il renonce à soi-même, qu'il se charge de sa croix, et qu'il me suive. Car quiconque voudra sauver sa vie la perdra; mais quiconque perdra sa vie à cause de moi et de l'Evangile, la sauvera. Car que servirait-il à un homme de gagner tout le monde, s'il perdait son âme? Ou que donnerait l'homme en échange de son âme ? (St. Marc 8, 34-37).

Méditation.

Il n'est pas facile de suivre Jésus-Christ sur le chemin de la croix, surtout lorsqu'au milieu des triomphes du monde, il semble que la puissance de l'Evangile ait fait son temps. Nous oublions alors que la voie de notre divin Roi conduit encore et toujours de la croix à la victoire et à la couronne qui en est le prix, et qu'à travers la sombre nuit qui nous entoure, l'aurore d'un nouveau jour commence à luire. Que le Seigneur nous fasse la grâce de le suivre, quel que soit le chemin qu'il choisit pour nous. Dussions-nous y rencontrer la souffrance et voir s'écrouler sous nos yeux ce que nous avions de plus cher, dût le monde célébrer chaque jour de nouveaux triomphes et se scandaliser du Christ et de son Nom, ne nous scandalisons pas et ne nous laissons point ébranler; mais soyons fidèles à le confesser, à le glorifier dans la vie et dans la mort, nous rappelant que si nous souffrons avec lui, nous régnerons aussi avec lui.

Prière.

Seigneur, notre lumière et notre vie, nous te prions de nous donner la force de tout quitter pour te suivre partout où tu veux nous conduire. Conserve-nous dans ta communion, et si nous sommes sur le point de nous éloigner de toi, avertis-nous par ta

Parole et par ton Esprit, et ramène-nous à toi comme des enfants à leur père. Donne-nous le véritable esprit de sacrifice et de renoncement ; aide-nous à traverser cette vie sur les traces de Jésus en portant notre croix, et à lui rester fidèles jusqu'à la mort. A qui irions-nous Seigneur, sinon à toi ? Tu as les paroles de la vie éternelle.

>Je suivrai Jésus-Christ avec persévérance,
>Il m'acquit par son sang, il couvre mon offense,
>Des suites du péché mon Sauveur me guérit,
>C'est en lui qu'est ma paix. Je suivrai Jésus-Christ.
>Je suivrai Jésus-Christ. Nul espoir, nulle crainte
>Ne me détournera d'une route si sainte.
>Viens, dirige mes pas, Seigneur, par ton Esprit.
>Je passerai ma vie à suivre Jésus-Christ   Amen.

SAMEDI (Soir).

Jésus s'en alla avec eux dans un lieu appelé Gethsémané ; et il dit à ses disciples : Asseyez-vous ici pendant que je m'en irai là pour prier. Et ayant pris avec lui Pierre et les deux fils de Zébédée, il commença à être triste et angoissé. Et il leur dit : Mon âme est triste jusqu'à la mort ; demeurez ici et veillez avec moi. Et étant allé un peu plus avant, il se jeta le visage contre terre, priant et disant : Mon Père, s'il est possible que cette coupe passe loin de moi..... Toutefois, non pas comme je veux, mais comme tu veux. Puis il vint vers ses disciples et les trouva endormis ; et il dit à Pierre : Ainsi vous n'avez pu veiller une heure avec moi ! Veillez et priez de peur que vous ne tombiez dans la tentation ; car l'esprit est prompt, mais la chair est faible. Il s'en alla encore pour la seconde fois, et pria, disant : Mon Père, s'il n'est pas possible que cette coupe passe loin de moi sans que je la boive, que ta volonté soit faite. En revenant à eux, il les trouva encore endormis, car leurs yeux étaient appesantis. Et les ayant laissés, il s'en alla encore et pria pour la troisième fois disant les mêmes paroles. Alors il vint vers ses disciples et leur dit : Dormez désormais et vous reposez ! Voici l'heure est venue, et le Fils de l'homme va être livré entre les mains des méchants. Levez-vous, allons ; voici, celui qui me trahit s'approche. (St. Matth. 26, 36-46).

Méditation.

Ce qu'il y avait de plus amer dans la coupe que le Père a donné à boire à son Fils, ce qui l'a fait frémir dans sa prière, ce n'était pas l'horreur que la mort fait éprouver aux hommes, ni les douleurs physiques qui l'attendaient, mais le péché du monde entier dont le fardeau allait peser sur lui. Notre cœur égoïste ne peut mesurer l'amour du Seigneur pour ses frères perdus. Qu'est l'amour d'un père ou d'une mère, en comparaison de celui qui remplissait son cœur, et embrassait tout le genre humain ?. Et le monde va répondre à cet amour par l'acte de haine le plus noir et le plus odieux qu'il ait jamais commis ! Comment nous représenter l'intensité des souffrances du Christ ? L'Esprit saint nous les dépeint en disant par le prophète Esaïe : « Il a été enlevé par la force de l'angoisse et de la condamnation ». C'est sous la peine et la malédiction du péché qu'il succombait lorsque, le visage prosterné contre terre, il pria à trois reprises : « Père, s'il est possible que cette coupe passe loin de moi ! ». Quelle impression recevons-nous de la vue du Sauveur souffrant ? Il nous est impossible de le contempler sans lui donner une place dans notre cœur, sans nous attacher à Celui qui, dans sa lutte à Gethsémané, a sué des grumeaux de sang, et qui a offert sa vie pour nous sur la croix. Il communique à ceux qui l'aiment la force et la joie dont ils ont besoin pour se donner à lui ; il les aide à combattre, les conduit de victoire en victoire, et leur apprend à dire : « Seigneur, non ce que je voudrais, mais ce que tu veux ».

Prière.

Seigneur Jésus, souverain sacrificateur, qui as été tenté en toutes choses comme nous, mais qui as été sans péché, nous te prions de nous accompagner dans notre pèlerinage vers la patrie céleste. Daigne nous accorder la consolation, la force et la paix nécessaires, lorsqu'au milieu des combats et des souffrances de la vie nous nous sentons fatigués et découragés. Ah ! que de douleurs tu as prises sur toi ! Que de souffrances morales ton âme sainte a supportées en te faisant péché pour nous ! Sois béni de ton amour et de ta fidélité ! Touche nos cœurs à salut, remplis-les d'une véritable repentance et donne-leur de saisir, par une foi sincère, le salut que tu nous as acquis par ton douloureux sacrifice.

Gethsémané ! Gethsémané !
Tu vis le Roi de gloire,
Devant l'Eternel prosterné,
Remporter la victoire.
Redis sans cesse à mon esprit
Que son âme bénie
A Dieu, pour ma pauvre âme, offrit
Sa douleur infinie.

Redis-moi ses combats, ses pleurs
Et sa sueur sanglante,
Et ce calice de douleurs
Que son Dieu lui présente.
Rappelle-moi ses derniers vœux,
Sa suprême requête:
« Père, non pas ce que je veux;
Ta volonté soit faite. » Amen.

Deuxième semaine avant Pâques (Judica).

DIMANCHE (Matin).

Qui de vous me convaincra de péché? Et si je dis la vérité, pourquoi ne me croyez-vous pas? Celui qui est de Dieu, écoute les paroles de Dieu; c'est pourquoi vous ne les écoutez pas, parce que vous n'êtes point de Dieu. Les Juifs lui répondirent: N'avons-nous pas raison de dire que tu es un Samaritain, et que tu as un démon? Jésus répondit: Je n'ai point de démon; mais j'honore mon père, et vous me déshonorez. Je ne cherche point ma gloire, il y en a un qui la cherche, et qui juge.

(St. Jean 8, 46-51).

Méditation.

Depuis que le monde existe, parmi les millions d'hommes qui ont vécu sur la terre, il ne s'en est trouvé qu'un seul qui ait pu dire : « Qui me convaincra de péché ? » Le Seigneur montre, par cette parole, qu'il se distingue essentiellement de ses frères. Il en coûte souvent à l'homme de faire l'aveu de ses péchés, mais quand il contemple les vertus du Christ, il semble que le repentir perde de son amertume : le cœur attendri s'ouvre à l'action de sa grâce et éprouve le besoin de se donner à lui. Le modèle parfait du Seigneur est comme un miroir qui reflète son image et nous illumine, lorsque nous nous y regardons. Sa question : « M'aimes-tu » semble pénétrer profondément dans le cœur pour le scruter jusqu'à ce que toute tache en ait disparu, et que nous nous sentions pressés de marcher sur ses traces comme membre de son corps. Sans doute nous rencontrerons, en le suivant, des oppositions comme il en a rencontré lui-même. Il ne faut pas nous en étonner, ni nous en préoccuper. L'épreuve et la persécution doivent purifier et amollir notre cœur, pour que l'image de notre Seigneur et Maître s'y imprime toujours plus fortement et se reproduise dans notre vie. Si nous appartenons à Christ, la mort reste bien le salaire du péché, mais elle devient en même temps pour nous la porte de la vie éternelle. Lorsque nous y aurons passé par la foi, nous serons au-dessus de toutes les ignominies, des menaces de l'ennemi et même de la mort. La grâce de Dieu nous restera comme un trésor que personne ne peut nous ravir.

Prière.

Dieu éternel et tout-puissant ! Reçois ce matin encore les actions de grâces qui montent de nos cœurs vers toi. Tu es bon et fidèle, et nous ne méritons pas ton amour. C'est dans le sentiment de notre indignité et de notre culpabilité que nous nous approchons du trône de ta miséricorde ; nous te prions de nous pardonner les péchés de toute notre vie pour l'amour de Jésus-Christ. Toi seul as pu dire : « Qui me convaincra de péché ? » Daigne par ton Saint-Esprit renouveler nos cœurs à ton image et les transformer à ta ressemblance. Mets en nous les sentiments qui étaient en toi, et apprends-nous à éviter tout ce qui t'est contraire ! Remplis-nous d'une foi ferme, d'un saint amour et d'un courage à toute épreuve au milieu des tentations et des tribulations de cette vie. Apprends-nous à vivre toujours plus en toi et pour toi. Exauce-nous et bénis-nous abondamment avec tous ceux qui nous appartiennent, au nom de Jésus-Christ.

Hélas, Seigneur ! tu maudis tout péché ;
Sans ton courroux, jamais il ne demeure :
Par le péché faut-il donc que je meure ?
Car je le sens à mon cœur attaché !

Seigneur Jésus ! mon salut vient de toi,
Et c'est en toi que mon cœur se confie
Je veux aussi te consacrer ma vie,
Et saintement manifester ma foi. Amen.

DIMANCHE (Soir).

Tiens ferme ce que tu as, afin que personne ne prenne ta couronne.

(Apo. 3, 11).

MÉDITATION.

Il y a un trésor que tout chrétien, quelque pauvre, éprouvé et humilié qu'il soit dans sa vie terrestre, peut posséder, et sans lequel les plus grandes richesses de ce monde ne peuvent donner le bonheur. Aimer le Dieu vivant, être son enfant par Jésus-Christ et héritier de la vie éternelle, c'est la couronne qu'il importe de posséder. Si, par la grâce de Dieu, nous avons été mis en possession de ce trésor, il faut nous efforcer de le garder pendant toute notre vie, et de ne pas nous le laisser ravir. Toute possession terrestre est inconstante et incertaine. La force, les charmes et la beauté de la jeunesse se flétrissent comme l'éclat des fleurs du printemps ; le bonheur, la fortune, les joies, tout est passager, mais lorsque les choses de la terre sont détruites, le ciel s'ouvre pour le fidèle disciple du Seigneur ; il devient héritier de la couronne de gloire, et reçoit un lot meilleur et permanent. Retenons donc ce que nous pouvons retenir et ce qui est digne de l'être. Résistons à la tentation qui pourrait nous entraîner loin du chemin de la vie ; persévérons dans la prière quand le combat devient plus rude ; celui qui sait encore crier n'est pas complètement vaincu. Les voies du Seigneur ne sont que bonté et amour, et les cheveux de notre tête sont tous comptés. Bienheureux est l'homme qui endure la tentation, car après avoir été éprouvé, il recevra la couronne de vie, que le Seigneur a promise à tous ceux qui l'aiment. Soyons humbles ; nous ne pouvons apporter devant le trône de Dieu que le sentiment de notre culpabilité, un cœur repentant et brisé ; c'est la voie qui mène à la véritable richesse. Bienheureux les pauvres en esprit, car le royaume des cieux est à eux. Dieu résiste aux orgueilleux, mais il fait grâce aux humbles. Attachons-nous avec foi à Celui qui nous a aimés le premier, et qui a promis d'être avec les siens jusqu'à la fin du monde. Sa force s'accomplit dans notre infirmité et ceux qui s'attendent à lui prennent de nouvelles forces. Après avoir commencé sa bonne œuvre en nous, il l'achèvera jusqu'au jour de son glorieux avènement.

PRIÈRE.

Dieu fidèle ! Nous nous présentons devant toi à la fin de ce jour et nous te prions de recevoir l'hommage de notre amour et de notre reconnaissance. Approche-toi de nous, Seigneur, et donne-nous un cœur ouvert à toutes les grâces que tu nous offres. Fais-nous comprendre et estimer à sa juste valeur le précieux trésor qui est caché pour nous dans l'Evangile. Nous donnons si facilement notre cœur aux choses terrestres ; nous courons après les honneurs et les distinctions, les richesses et les jouissances, et nous oublions que ce sont des biens passagers. Aussi te supplions-nous de nous accorder un cœur sage, sobre et content, afin que nous nous efforcions de remporter la couronne de vie que tu as promise à ceux qui te sont fidèles.

Le Tout-Puissant vous regarde,	Poursuivez avec constance,
Il se tient à vos côtés,	Contemplez la récompense,
Il vous défend, il vous garde	Combattez jusqu'à la fin ;
Tandis que vous combattez.	La couronne est dans sa main. Amen.

LUNDI (Matin).

Comme il parlait encore, voici Judas, l'un des douze, qui vint, et avec lui une grande troupe armée d'épées et de bâtons, de la part des principaux sacrificateurs et des anciens du peuple. Et celui qui le trahissait leur avait donné ce signal : Celui que je baiserai, c'est lui, saisissez-le. Et aussitôt, s'approchant de Jésus, il lui dit : Maître, je te salue, et il le baisa. Mais

Jésus lui dit: Mon ami, pour quel sujet es-tu ici? Alors ils s'approchèrent et jetèrent les mains sur Jésus, et le saisirent. (St. Matth. 26, 47-50).

MÉDITATION.

L'espoir de jouer un rôle dans le royaume du Maître avait sans doute engagé Judas à entrer en relations avec le Seigneur Jésus. La caisse qui lui était confiée devint pour lui une occasion de tentation et de chute. Il commit une infidélité après l'autre en s'appropriant ce qui ne lui appartenait pas, et dès ce moment ses relations avec Jésus changèrent. La présence du Saint et du Juste lui devint importune, car la sainteté du Christ, semblable à un miroir, fit ressortir d'autant plus sa propre noirceur. La parole du Seigneur frappait comme un coup de foudre la conscience du disciple infidèle, mais il résista à sa puissance et glissa de degré en degré sur la pente funeste qui allait le conduire au désespoir et à la mort. A la fin, il fit usage du signe de l'amitié pour la plus noire trahison. Ah! que l'homme tombe bas quand il se fait un jeu du péché! Que le Seigneur garde nos âmes, et qu'il nous donne la force de travailler à notre salut avec crainte et tremblement!

PRIÈRE.

Béni sois-tu, Seigneur, du grand amour qui t'a livré désarmé entre les mains de tes adversaires, pour nous faire trouver le salut et la paix dans les bras ouverts de notre Dieu. Fais-nous sentir le besoin d'y chercher un refuge contre les assauts de l'ennemi de nos âmes, et rends-nous fermes et inébranlables quand il veut nous entraîner loin de toi. Que nous veillions et priions pour ne point succomber à la tentation! Si nous tombons dans le péché, fais-nous éprouver la tristesse selon toi qui produit une repentance à salut. Oh! Seigneur, remplis-nous du sentiment de notre faiblesse et de celui de ta force, afin que nous ne comptions que sur toi et sur ton secours pour triompher de nos ennemis extérieurs et intérieurs. Fortifie-nous pour notre tâche de cette journée et aide-nous à l'accomplir sous ton saint regard, afin que ta bénédiction nous accompagne et repose sur nous.

Quelle est, ô Dieu! la puissance
D'un seul désir, d'un penchant!
   Sans vigilance
   Le plus vaillant
   Tombe et t'offense
   En un moment.

Rends-moi ton joug plus facile
Et dans ton sein cache-moi;
   Dans cet asile
   Et par la foi
   Mon cœur tranquille
   Vivra pour toi.   Amen.

LUNDI (Soir).

Le souverain sacrificateur interrogea Jésus sur ses disciples et sa doctrine. Jésus lui répondit : J'ai parlé ouvertement au monde ; j'ai toujours enseigné dans la synagogue et dans le temple, où les Juifs s'assemblaient de toutes parts, et je n'ai rien dit en cachette. Pourquoi m'interroges-tu ? — Interroge ceux qui ont entendu ce que je leur ai dit ; ces gens-là savent ce que j'ai dit. Lorsqu'il eut dit cela, un des sergents qui étaient présents, donna un soufflet à Jésus, en lui disant : Est-ce ainsi que tu réponds au souverain sacrificateur ? Jésus lui répondit : Si j'ai mal parlé, fais voir ce que j'ai dit de mal ; mais si j'ai bien parlé, pourquoi me frappes-tu ?

(St. Jean 18, 19-23).

MÉDITATION.

Le souverain sacrificateur Anne, un de ces hommes étrangers à la vérité, dont le cœur est fermé à tout sentiment élevé, interroge le Seigneur au sujet de ses disciples et de sa doctrine. Il espère que sa réponse fera reconnaître en lui un homme politique dangereux. Le Christ, pour prouver la pureté et la divinité de ses enseignements, en appelle au témoignage de tous ceux qui ont entendu ses discours. De nos jours encore il ne craint pas les témoins ; il fait déposer en faveur de sa cause tous ceux qui ont écouté et reçu sa parole. Anne est confondu par la réponse du Christ et ne peut rien répliquer, mais il n'empêche pas son serviteur de frapper Jésus. Ce soufflet, accompagné d'injures, est une preuve évidente que ces aveugles n'avaient absolument rien à lui reprocher. Ils se sont pour ainsi dire frappés eux-mêmes à la face en montrant par leurs procédés quel rude coup leur avait porté la vérité.

PRIÈRE.

Seigneur, notre Dieu et notre bon Père céleste ! Nous te bénissons de tous les bienfaits dont tu nous combles chaque jour, et en particulier du don de ton cher Fils. Sa Parole est notre consolation pendant notre pèlerinage ici-bas, son joug est aisé et son fardeau léger. Fais que son exemple nous excite à le suivre et à lui ressembler par la patience, la douceur, l'humilité et la charité. Tu sais de quoi nous sommes faits, et que nous sommes naturellement portés à rendre le mal pour le mal et injure pour injure. Accorde-nous la force de ton St-Esprit pour nous rendre capables de nous conduire en paroles et en actions comme tes enfants, et pour soutenir et confesser la vérité par toute notre vie. Nous te le demandons au nom de ta miséricorde, en Jésus, notre Sauveur.

> Ton martyre est un livre
> Qui doit m'apprendre à vivre,
> Jésus, selon ton cœur,
> A souffrir sans murmures,
> A vaincre les injures
> Par l'amour et par la douceur.   Amen.

MARDI (Matin).

Le souverain sacrificateur prenant la parole, dit à Jésus : Je t'adjure, par le Dieu vivant, de nous dire si tu es le Christ, le fils de Dieu. Jésus lui répondit : Tu l'as dit, et même je vous le déclare : Dès maintenant vous verrez le Fils de l'homme, assis à la droite de la puissance de Dieu, et venant sur les nuées du ciel. Alors le souverain sacrificateur déchira ses habits, disant : Il a blasphémé ; qu'avons-nous plus besoin de témoins ? Vous venez d'entendre son blasphème. Que vous en semble? Ils répondirent : Il mérite la mort.   (St. Matth. 26, 63-66).

Méditation.

Le Seigneur ne réplique rien aux outrages de ses accusateurs ; mais lorsque le souverain sacrificateur l'adjure au nom du Dieu vivant, de lui dire, s'il est le Christ, le Messie promis, il le confesse hautement. C'est le respect du saint Nom de Dieu, l'amour de la vérité, et sa miséricorde pour un monde pécheur qui le pressent de parler. « Tu l'as dit ». Quelle affirmation ! Elle fonde et scelle toute l'œuvre de la rédemption, et place notre foi sur une base éternelle. — La réalisation des paroles que Jésus ajoute à sa déclaration, commence avec sa résurrection et son ascension pour se continuer avec l'effusion du Saint-Esprit et la fondation de l'Eglise chrétienne. Les divines prophéties s'acheminent vers un glorieux accomplissement ; elles atteindront leur but final quand des milliers de voix entonneront ce chant de triomphe : « Tous les royaumes du monde appartiennent au Seigneur et à son Christ ».

Prière.

Seigneur et Sauveur fidèle ! Nous fléchissons les genoux devant ta majesté et ta gloire, et nous te rendons grâces de la confession que tu as faite devant le souverain sacrificateur. Si le monde te rejette, manifeste-nous ta gloire de Fils de Dieu, et fortifie-nous dans l'assurance que quiconque croira en toi ne sera point confus. Fais-nous la grâce de vaincre dans ta force tout ce qui pourrait nous séparer de ta communion, afin que nous soyons de ceux qui auront confiance quand tu paraîtras, et qui verront en toi un Sauveur et non un Juge. Tu es un Dieu miséricordieux, mais tu es aussi un Dieu saint et juste, donne-nous de ne pas l'oublier ; rends-nous sérieux et fidèles et amène aux pieds de Jésus tous ceux qui ne le connaissent pas encore. Exauce-nous, c'est en son Nom que nous t'invoquons.

C'est Dieu qui s'est fait homme,	Que ta paix me soutienne
Et qui est mort pour moi ;	Dans ce séjour de pleurs.
Dieu lui-même consomme	Que ta grâce subvienne
Mon salut sur la croix ;	A toutes mes langueurs,
Moi, pauvre et misérable,	Jusqu'à ce que je chante,
Méritais-je jamais	Dans l'Eglise d'en haut
Que ce Dieu charitable	Par ton sang triomphante,
Fît à ce prix ma paix.	Le cantique nouveau ! Amen.

MARDI (Soir).

Ils saisirent Jésus et l'emmenèrent et le firent entrer dans la maison du souverain sacrificateur. Et Pierre suivait de loin. Et quand ils eurent allumé du feu au milieu de la cour, et qu'ils se furent assis ensemble, Pierre s'assit parmi eux. Et une servante le voyant assis auprès du feu, et le regardant attentivement, dit : Celui-ci était aussi avec cet homme. Mais il renia Jésus, en disant : Femme, je ne le connais point. Et peu après un autre, l'ayant vu, dit : Tu es aussi de ces gens-là. Mais Pierre dit : O homme, je n'en suis point. Environ une heure après, un autre insistait en disant : Certainement celui-là était aussi avec lui, car il est aussi Galiléen. Et Pierre dit : O homme, je ne sais ce que tu dis. Et au même instant, comme il parlait encore, le coq chanta. Le Seigneur s'étant retourné, regarda Pierre ; et Pierre se ressouvint de la parole du Seigneur, et comment il lui avait dit : Avant que le coq ait chanté, tu m'auras renié trois fois. Et Pierre, étant sorti, pleura amèrement. (St. Luc 22, 54-62).

Méditation.

L'apôtre Pierre eût évité sa chute s'il avait tenu compte des avertissements du Seigneur. Il ne sut pas profiter de ce moyen pour connaître son cœur et succomba à la tentation. Mais après cette chute profonde, qu'est-ce qui le préserva de tomber plus bas encore ? Et à l'heure où le Seigneur jeta sur lui un regard de reproche, de pitié et d'amour, qu'est-ce qui le garantit du sort du malheureux disciple qui, dans son désespoir, alla en son lieu pour se faire justice à lui-même ? C'est le courage de l'apôtre pour s'avouer la complète vérité, pour s'humilier et chercher le pardon de son péché. L'amour de Celui qui l'a aimé le premier, lui a donné ce courage, en même temps que la force de se tourner de nouveau vers le Seigneur, malgré les égarements de son cœur hautain et présomptueux.

PRIÈRE.

Grâces te soient rendues, ô Dieu ! de la certitude que tu nous donnes que ton regard miséricordieux et suppliant repose toujours sur nous dans les plus grands écarts de notre vie. O amour éternel, que nous soyons unis à toi dans une communion indissoluble ! Viens à nous, Seigneur, toi qui nous as aimés le premier et qui as donné ta vie pour nous ; attire nos cœurs à toi dans ce temps qui nous rappelle tout ce que tu as souffert pour nous. Tu es la vérité, délivre-nous de toute puissance du mensonge ; rends-nous attentifs à tes directions et à tes avertissements, et inspire-nous le courage que donne la vérité. Déchire le voile des illusions qui couvre nos yeux ; aide-nous à pouvoir dire en toute vérité : « Seigneur, tu sais toutes choses, tu sais que je t'aime ».

N'éloigne pas de moi ta droite secourable ;
Viens, ô maître du ciel ! viens, ô Dieu de mon cœur !
Ne me refuse pas un regard favorable
Qui vienne en aide à ma langueur.
Toi seul es mon refuge et ma confiance,
C'es toi seul qu'au secours mon zèle ose appeler ;
Donne-moi d'espérer en paix et patience
Que tu daignes me consoler.   Amen.

MERCREDI (MATIN).

Judas, qui l'avait trahi, voyant qu'il était condamné, se repentit et reporta les trente pièces d'argent aux principaux sacrificateurs et aux anciens, en disant : J'ai péché, j'ai trahi le sang innocent. Mais ils dirent : Que nous importe, tu aviseras. Alors, après avoir jeté les pièces d'argent dans le temple, il se retira, et s'en étant allé, il s'étrangla, (St. Matth. 27, 3-5).

MÉDITATION.

Judas n'est pas un scélérat complètement endurci. Il sent toute la gravité de sa faute, l'avoue et en ressent un profond repentir. Que n'aurait-il pas donné s'il avait pu effacer son crime ? Il fait plusieurs tentatives dans ce but. Et cependant il succombe d'une manière effrayante. Pourquoi ? Son péché surpasse-t-il la mesure du pardon divin ? Nullement. L'unique cause de sa perdition, c'est qu'il a des regrets sans foi et sans amour, et que sa tristesse n'est pas selon Dieu, mais selon le monde. Il fait ce terrible naufrage, parce qu'il refuse de se jeter dans les bras de Celui qu'il a indignement trahi. D'un côté, il était trop orgueilleux ; de l'autre, le tentateur lui murmurait à l'oreille qu'il n'y avait plus d'espoir pour lui.

Prière.

Dieu fidèle ! Nous te bénissons de la patience et de la longanimité, de la fidélité et de la miséricorde dont tu as usé envers nous jusqu'à ce jour ; nous te prions de nous accorder par ton St.-Esprit le courage et la force dont nous avons besoin pour combattre et vaincre le péché. Sans toi et sans ton secours, nous sommes exposés sans défense aux tentations; car notre force n'est que faiblesse. Soutiens-nous donc dans nos luttes, et revêts-nous de toutes tes armes pour que nous puissions résister dans les mauvais jours. Prends soin de nous, Seigneur; rends-nous vigilants, défiants de nous-mêmes ; aide-nous à répondre à l'amour ineffable dont tu nous as aimés, en t'aimant en retour et en nous reposant sur ta grâce dans la vie et dans la mort.

>Ah ! ton support n'est jamais épuisé,
>Cher Rédempteur; non, jamais ta clémence
>N'a repoussé nos pleurs de repentance,
>Ni les soupirs de notre cœur brisé.
>
>Entends-moi donc, Jésus, retourne-toi,
>Etends la main pour guérir ma blessure.
>Que ton regard redescende sur moi.
>C'est en toi seul que mon âme s'assure.   Amen.

MERCREDI (Soir).

Ils emmenèrent ensuite Jésus de chez Caïphe au prétoire; c'était le matin et ils n'entrèrent point dans le prétoire, afin de ne pas se souiller et de pouvoir manger la Pâque. Pilate donc sortit vers eux, et leur dit : Quelle accusation portez-vous contre cet homme ? Ils lui répondirent : Si ce n'était pas un malfaiteur, nous ne te l'aurions pas livré. Pilate leur dit : Prenez-le vous-mêmes, et le jugez selon votre loi. Les Juifs lui dirent : Il ne nous est pas permis de faire mourir personne.   (St. Jean 18, 28-31).

Méditation.

Les Juifs ne se font aucun cas de conscience de maltraiter le Saint et le Juste, mais ils se font scrupule d'entrer dans la maison d'un païen impur, de peur de s'y souiller. Hors d'état de produire devant Pilate une accusation fondée contre Jésus, ils espèrent que leur assurance et l'audace de leur conduite tiendront lieu de preuves. Ils ne manquent pas entièrement leur but. Pilate fait le premier pas sur la voie glissante de la faiblesse ; il commence par céder et se laisse entraîner contre son gré de crime en crime. « Prenez-le et jugez-le selon votre loi », dit-il, aux accusateurs de Jésus. Il ne peut se résoudre ni à lui rendre hommage dans son cœur, ni à le condamner ; mais cela ne lui sert de rien, il faut que finalement il se prononce pour ou contre lui.

Prière.

Dieu éternel, Père de notre Seigneur Jésus-Christ et en lui notre Père, nous nous présentons devant ta face ; jette sur nous un regard favorable, et accepte l'offrande de notre reconnaissance. Nous sommes de pauvres pécheurs et nous avons besoin de tes consolations et de ton assistance. Fais-nous pénétrer toujours plus profondément au fond de ton conseil d'amour, et des richesses de tes compassions pour l'humanité pécheresse, afin que nous t'adorions avec humilité et que nous te consacrions notre vie. Que nous recevions dans notre cœur la vérité telle qu'elle nous est révélée en Jésus ; qu'elle devienne en nous une source de paix, de force et de courage pour marcher après lui, dans le sentier du renoncement et du sacrifice. Pardonne-nous tous nos péchés, toutes nos infidélités de ce jour, et couvre-nous de ta protection pendant cette nuit, afin qu'aucun mal n'approche de nous.

Mon amour se ranime,	De toi je viens apprendre
Innocente victime,	A souffrir, à ne rendre
Quand je te vois souffrir.	Que le bien pour le mal.
Hélas ! peuple rebelle	Suivant ainsi ta trace,
Peuple ingrat, infidèle,	Un jour j'obtiendrai grâce,
Nous méritions seuls de mourir.	Seigneur, devant ton tribunal. Amen.

JEUDI (Matin).

Pilate rentra dans le prétoire, et ayant fait venir Jésus, il lui dit : Es-tu le roi des Juifs ? Jésus répondit : Dis-tu cela de ton propre mouvement, ou d'autres te l'ont-ils dit de moi ? Pilate lui répondit : Suis-je Juif, moi ? Ta nation et les principaux sacrificateurs t'ont livré à moi ; qu'as-tu fait ? Jésus répondit : Mon royaume n'est pas de ce monde ; si mon royaume était de ce monde, mes serviteurs combattraient, afin que je ne fusse pas livré aux Juifs, mais maintenant mon royaume n'est pas d'ici-bas. Alors Pilate lui dit : Tu es donc roi ? Jésus répondit : Tu le dis ; je suis roi ; je suis né pour cela, et je suis venu pour rendre témoignage à la vérité.

(St. Jean 18, 33-37).

Méditation.

Pilate et Jésus, le juge et le jugé sont mis en présence ! c'est un moment unique dans l'histoire. Voyez sur son siège judicial le fier Romain, le représentant du peuple qui gouverne le monde entier, l'ami de l'empereur tout-puissant, — que lui reste-t-il à souhaiter en fait de bonheur et de gloire? Et regardez aussi Celui qui est traîné au pied de son trône — le méprisé du monde, le rejeté de son peuple, l'homme de douleurs et qui sait ce qu'est la langueur! Et cependant cet homme dédaigné, outragé et maltraité possède ce qui manque à l'orgueilleux gouverneur dans toute sa gloire terrestre, la grandeur morale, la conscience sans reproche, la paix de l'âme que le monde ne peut ni donner ni ravir.

Prière.

Nous nous prosternons devant toi, Seigneur Jésus, et nous faisons monter vers toi nos actions de grâces. Heureux ceux qui se confient en toi et qui écoutent ta voix! Si bien des âmes te refusent l'honneur qui t'est dû, tu es néanmoins notre roi, et tu édifies ton royaume éternel sur les débris du monde et de sa gloire! La paix ne régnera pas ici-bas avant ce triomphe de ton amour et avant que tes ennemis te servent de marche-pied. Délivre-nous, Seigneur, de toutes les illusions; donne-nous un cœur reconnaissant et obéissant, qui aime à se soumettre à ton sceptre. S'il nous faut souffrir, passer par des épreuves et des humiliations avec toi, donne-nous de te rester fidèles et de confesser franchement ton Nom, pour qu'un jour tu nous confesses aussi devant Dieu.

Toi dont la voix créa les mondes,
Fils éternel du Tout-Puissant,
Sagesse, Vérité profondes,
Sauveur tendre et compatissant,
Jésus, tu vois ta créature
Prosternée aux pieds de son Roi,
Suprême auteur de la nature,
O Seigneur, prends pitié de moi.

O toi, bientôt céleste juge
Des humains confus à tes pieds;
Tendre ami, fidèle refuge
Des pécheurs réconciliés,
Jésus, ô toi dont l'amour range
Sans effort les cœurs sous ta loi,
Sauveur de l'homme et Roi de l'ange,
O Seigneur, prends pitié de moi. Amen.

JEUDI (Soir).

Lorsque Jésus fut accusé par les principaux sacrificateurs et les anciens, il ne répondait rien. Alors Pilate lui dit: N'entends-tu pas combien de choses ils déposent contre toi? Mais il ne lui répondit pas une parole; de sorte que le gouverneur en était fort surpris. (St. Matth. 27, 12-14).

Méditation.

Jésus se tait en présence de ses ennemis, parce que dans le sentiment de son innocence, il regarde comme au-dessous de sa dignité de répondre à leurs accusations. Il se tait pour réveiller la conscience de ceux qui le calomnient sciemment et le blasphèment. Pilate entrevoit dans son silence quelque chose de sa grandeur et de sa majesté, et ne peut lui refuser son admiration respectueuse. Le Seigneur, dans sa longanimité, se tait souvent, aujourd'hui encore, en face de ses ennemis ; il se tait de même, lorsque ses enfants murmurent et se plaignent de ses directions et de ses voies. Il sait bien que le jour viendra où ils reconnaîtront avec confusion et actions de grâces que le chemin par lequel il les a conduits, était le meilleur pour eux.

PRIÈRE.

Seigneur, notre Dieu ! A la fin de ce jour nous te bénissons de tous les biens temporels et spirituels que tu nous as accordés, et particulièrement de tout ce que tu as fait pour nos âmes immortelles. Nos cœurs faibles et pécheurs contristent chaque jour ton Esprit, nous méprisons les richesses de ta bonté et de ta longanimité qui nous convient à la repentance. Pardonne-nous nos transgressions pour l'amour de ton infinie miséricorde. Tu sais que, tout en t'oubliant souvent, nous ne voulons pas te quitter et que notre cœur a soif de toi, le Dieu vivant. Conserve-nous ton amour et maintiens-nous dans ta communion. Fais que tout ce qui nous arrive, nous fortifie dans la foi, nous rende plus fidèles dans la confession de ton Nom, plus patients dans les afflictions, plus riches en amour, plus heureux dans l'espérance de la vie éternelle.

> Ta sainteté du monde est méconnue,
> Ton Nom, ta loi, ton pouvoir, ta grandeur
> Lui sont cachés ; il refuse en son cœur
> De te donner la gloire qui t'est due.
> Viens donc, ô Dieu, faire éclater ta gloire,
> Que tout pécheur s'incline devant toi,
> Te rende honneur comme à son divin Roi,
> Et, plein d'amour, célèbre ta victoire !   Amen.

VENDREDI (MATIN).

Quand Hérode vit Jésus, il en eut une grande joie ; car il y avait longtemps qu'il souhaitait de le voir ; parce qu'il avait ouï dire beaucoup de choses de lui, et il espérait qu'il lui verrait faire quelque miracle. Il lui fit donc plusieurs questions ; mais Jésus ne lui répondit rien. Et les principaux sacrificateurs et les scribes étaient là qui l'accusaient avec véhémence. Mais Hérode, avec les gens de sa garde, le traita avec mépris ; et pour se moquer de lui, il le fit vêtir d'un habit éclatant et le renvoya à Pilate. En ce même jour, Pilate et Hérode devinrent amis ; car auparavant ils étaient ennemis.

(St. Luc 23, 8-12.)

Méditation.

Jésus remet sa cause à Celui qui juge justement. Il ne répond pas plus au moqueur Hérode qu'au lâche Pilate. Il est rare que quelqu'un souffre pour la vérité et la justice, pour la foi et la confession du Nom de Dieu, sans qu'il y ait de sa faute. Mais il est plus rare encore qu'on se taise et qu'on attende sans bravades, sans menaces, en se confiant en la justice et en l'amour divins. Il faut parler alors que le devoir l'exige, mais il faut à l'occasion savoir se taire et attendre. Dieu est notre force, notre aide et notre délivrance.

Prière.

Seigneur, notre Dieu! Nous te cherchons au point du jour; fais-toi trouver par nous! Accompagne-nous dans toutes nos voies par ton Esprit, sois notre force et notre aide dans toutes les circonstances de notre vie. Donne-nous de ne jamais douter ni murmurer, quelles que soient tes dispensations à notre égard, mais de nous soumettre avec humilité à ta sainte volonté, et d'être bien persuadés que tu es sagesse et amour dans tout ce que tu fais. Ouvre nos cœurs à ta grâce; rends-nous consciencieux et fidèles dans l'accomplissement de nos devoirs; aide-nous à regarder en toutes choses à Celui qui nous a laissé un exemple, afin que nous le suivions et que nous vivions pour sa gloire.

Il est le Méprisé, lui qui sauve le monde!
Amour, il est l'objet d'une haine profonde!
A genoux, à genoux! adorons par l'Esprit;
C'est dans les cœurs brisés que son Nom resplendit.   Amen.

VENDREDI (Soir).

Le gouverneur avait coutume, à chaque fête de Pâque, de relâcher au peuple un des prisonniers, celui qu'ils voulaient. Et il y avait alors un prisonnier insigne nommé Barabbas. Comme ils étaient assemblés, Pilate leur dit: Lequel voulez-vous que je vous relâche, Barrabas ou Jésus qu'on appelle Christ? Car il savait que c'était par envie qu'ils l'avaient livré. Or, pendant qu'il était assis sur le tribunal, sa femme lui envoya dire: Ne te mêle point de l'affaire de ce juste; car j'ai beaucoup souffert aujourd'hui en songe, à son sujet. Mais les principaux sacrificateurs et les anciens persuadèrent au peuple de demander Barabbas, et de faire périr Jésus. Et le gouverneur, reprenant la parole, leur dit: Lequel des deux voulez-vous que je vous relâche? et ils dirent: Barabbas. Pilate ajouta: Que ferai-je donc de Jésus qu'on appelle Christ? Tous lui répondirent: Qu'il soit crucifié.   (St. Matth. 27, 15-23.

MÉDITATION.

La lumière du monde s'est levée sur nous, comme jadis sur le peuple d'Israël. Nous savons quel est Celui qui dit : « Je suis le chemin, la vérité et la vie, personne ne vient au Père que par moi » ; nous connaissons aussi Barabbas, qui, sous mille formes diverses, lui dispute notre cœur : la convoitise, l'orgueil, les inquiétudes, la paresse, l'avarice, en un mot la fausse liberté de l'indépendance et de l'égoïsme, que le cœur naturel de l'homme recherche partout et toujours. Nous sommes appelés à choisir. Voulons-nous donner notre cœur au Seigneur, sans réserve et sans condition, ou le lui refuser? Nous savons quel a été le choix d'Israël et ce qu'il a entraîné pour lui. Celui qui rejette le Seigneur rejette la vie éternelle ; celui qui persévère dans le péché, va au-devant du jugement et de la mort éternelle.

PRIÈRE.

Dieu fidèle! Donne-nous de nous recueillir devant toi, et de nous examiner sérieusement nous-mêmes en ta sainte présence. Souvent nous sommes faibles et indécis quand nous avons à choisir entre le bien et le mal, entre l'esprit et la chair, entre l'amour et l'égoïsme. Pardonne-nous. Seigneur ; viens régner sur nos cœurs par ton Esprit et pénètre-les tellement du sentiment de ton amour, qu'ils se donnent entièrement à toi, qui les as rachetés à grand prix. Nous te rendons grâces de tous les bienfaits temporels et spirituels que nous avons reçus de ta main en ce jour ; nous nous humilions devant toi au souvenir de tous les péchés, de toutes les fautes dont nous nous sommes rendus coupables. Efface-les dans le précieux sang de Jésus, et accorde-nous un sommeil doux et paisible dans le sentiment de ton pardon et de ta délivrance.

> Toi que Jésus appelle à sa gloire immortelle,
> Chrétien! soumets ton cœur sans partage à sa loi;
> Fuis la route que suit un monde encore rebelle !
> Jésus te donne tout: Il attend tout de toi.   Amen.

SAMEDI (MATIN).

Pilate fit prendre Jésus, et le fit fouetter. Et les soldats ayant tressé une couronne d'épines, la lui mirent sur la tête, et le vêtirent d'un manteau de pourpre. Et ils lui disaient : Roi des Juifs, nous te saluons ; et ils lui donnaient des soufflets. Pilate sortit de nouveau et leur dit : Voici je vous l'amène dehors, afin que vous sachiez que je ne trouve aucun crime en lui : Jésus sortit donc portant la couronne d'épines et le manteau de pourpre. Et il leur dit : Voici l'homme. Mais quand les principaux sacrificateurs et les sergents le virent, ils s'écrièrent : Crucifie-le ! crucifie-le ! Pilate leur dit : Prenez-le vous-mêmes et le crucifiez ; car je ne trouve aucun crime en lui.

(St. Jean 19, 1-6).

Méditation.

Pilate présenta aux Juifs le Seigneur Jésus maltraité et couronné d'épines en disant : « Voici l'homme » ; mais leurs cœurs durs et insensibles n'en furent point touchés. Qu'il n'en soit pas de même pour nous. Vous qui faites dépendre votre bonheur des jouissances de la vie, et qui dans les douleurs et les épreuves du temps présent, vous révoltez ouvertement ou secrètement contre Dieu, portez vos regards sur le Christ souffrant. Que votre cœur mécontent soit confus, et que votre esprit de révolte se tourne contre vous-mêmes. N'oubliez pas non plus que tous ceux qui ont condamné le Seigneur, qui l'ont outragé et crucifié étaient des hommes comme vous ; que ce ne sont pas seulement les Romains et les Juifs qui l'ont accablé et abreuvé d'amertume, mais que ce sont aussi vos péchés qui ont préparé ses souffrances. Voyez l'homme ! Oh ! ployez humblement le genou devant le Saint et le Juste, qui n'a pas connu le péché, et qui s'est fait péché pour vous, afin que vous devinssiez justes devant Dieu par lui.

Prière.

Père céleste ! Nous élevons nos âmes à toi au commencement de ce nouveau jour que tu nous as accordé dans ta grâce ; nous appelons ta bénédiction sur nous, et sur tout ce que nous entreprenons en ton Nom. Que l'image du Christ souffrant soit présente à notre âme ; que nous sentions que c'est pour nous aussi et pour nos péchés qu'il s'est soumis à cet excès d'abaissement, afin que nous éprouvions une sincère repentance et que nous nous tournions vers lui avec une foi vivante pour avoir part à son douloureux sacrifice ! Seigneur Jésus, qui as été livré pour nos offenses et qui es ressuscité pour notre justification, remplis nos cœurs d'un profond amour pour toi ; consacre-nous à ton service, et fais que chacun de nous devienne un témoignage vivant de ta grâce. Exauce-nous, ô Dieu ! et que ce jour contribue à notre avancement dans la vie spirituelle par le secours de ton Saint-Esprit.

Que ta mort, ô sainte Victime!
Sois toujours présente à mes yeux!
Ton sang peut seul laver mon crime;
Seul il peut nous ouvrir les cieux.

O Christ! ta charité profonde
Touche, pénètre notre cœur:
Tu meurs pour le salut du monde;
Toi seul es notre Dieu Sauveur. Amen.

SAMEDI (Soir).

La grâce et la paix vous soient données de la part de Dieu notre Père, et du Seigneur Jésus-Christ. (Col. 1, 2).

Méditation.

La grâce est l'amour libre et gratuit de Dieu envers les pécheurs. C'est Christ qui nous l'a acquise, et c'est en lui qu'elle est descendue sur l'humanité déchue. Elle se manifeste aux rachetés en leur pardonnant chaque jour leurs péchés, en les protégeant, en les supportant et en les bénissant. Après leur avoir ouvert le ciel, elle fait descendre sur eux les richesses de l'amour divin. La paix en est le fruit béni ; car celui qui se sait réconcilié avec Dieu a la paix du cœur et se repose avec confiance sur son amour. Elle fait disparaître la désunion entre l'homme et Dieu et fait régner la véritable harmonie dans le cœur si souvent agité. Sans la grâce et la paix, les autres biens de la vie n'ont aucune valeur ; sans elles tout bien terrestre est sans bénédiction, et toute souffrance est un châtiment.

Prière.

Dieu miséricordieux ! Nous te remercions de la source de consolation, de force et de paix que tu nous as ouverte en ton cher Fils. Remplis nos cœurs de l'amour et de la reconnaissance que nous devons avoir pour lui. Fais-nous toujours mieux sentir que nous sommes pauvres, faibles et misérables ; encourage-nous à puiser chaque jour en lui grâce sur grâce. Accorde-nous ta paix céleste, et délivre-nous de tous les soucis et de toutes les inquiétudes. Nous nous recommandons à ta sainte garde avec tous ceux qui nous appartiennent. Fais luire, au milieu des obscurités de cette vie, les rayons de ta grâce, jusqu'à ce que nous nous réveillions après la dernière nuit dans la félicité éternelle, où, délivrés du péché, des misères et de la mort, nous pourrons louer ta grâce d'éternité en éternité.

O paix d'un cœur que son Sauveur fidèle
Dirige, instruit, reprend, console, appelle
A se donner entièrement à lui !
Nul bien ne peut t'égaler sur la terre:
Heureux celui qui saisit ce mystère!
Heureux celui qui le goûte aujourd'hui ! Amen.

Première semaine avant Pâques (Semaine sainte).

DIMANCHE DES RAMEAUX (Matin).

Comme ils approchaient de Jérusalem, et qu'ils étaient déjà à Bethphagé, près du mont des Oliviers, Jésus envoya deux disciples, leur disant : Allez à la bourgade qui est devant vous, vous y trouverez aussitôt une ânesse attachée et un ânon avec elle ; détachez-les et amenez-les-moi Et si quelqu'un vous dit quelque chose, vous direz que le Seigneur en a besoin, et aussitôt il les enverra. Or, tout ceci arriva, afin que ces paroles du prophète fussent accomplies : Dites à la fille de Sion : Voici ton roi qui vient à toi, débonnaire et monté sur un âne, sur le poulain de celle qui porte le joug. Les disciples s'en allèrent donc, et firent comme Jésus leur avait ordonné ; et ils amenèrent l'ânesse et l'ânon ; et ayant mis leurs vêtements dessus, ils l'y firent asseoir. Alors des gens, en grand nombre, étendaient leurs vêtements par le chemin, et d'autres coupaient des branches d'arbres, et les étendaient sur la route ; et la multitude qui allait devant et celle qui suivait, criaient, en disant : Hosanna au Fils de David ! Béni soit celui qui vient au nom du Seigneur ! Hosanna dans les lieux très-hauts ! (St. Matth. 21, 1-9).

Méditation.

L'entrée de Jésus à Jérusalem est le symbole de son entrée dans nos cœurs. Le Christ ne vient pas à nous dans l'éclat d'un roi céleste, mais sous la forme d'un homme de paix, doux et humble, qui dit : « Venez à moi, vous tous qui êtes travaillés et chargés, et je vous soulagerai ». C'est pour nous qu'il est venu ; pour lui témoigner notre gratitude, nous devons être prêts à lui sacrifier tout ce que nous avons. Il est vrai que nous ne pouvons pas le nourrir et le vêtir, mais nous savons qu'il regarde comme fait à lui-même ce que nous avons pu faire aux plus petits d'entre nos frères. Manifestons donc notre amour pour lui, par notre charité et notre dévouement pour le prochain, et partout où le Seigneur nous ordonne de combattre, cherchons à remporter les palmes de la victoire pour les lui offrir. Nous sommes aussi appelés ici-bas à souffrir et non seulement à agir. Quoi de plus amer et de plus douloureux sur notre route que les tombeaux ? On aime, en certains lieux, à les orner de palmes, comme pour dire : La mort est engloutie par la victoire, et ceux qui reposent là, ont vaincu par la foi. Heureux sommes-nous, si nous pouvons répéter avec assurance ces paroles, et dire, lorsque l'ange de la mort fait son entrée dans nos demeures :

Béni soit celui qui vient au nom du Seigneur ! Ce cri de victoire retentit depuis dix-huit siècles au sein de la chrétienté. Que sera-ce lorsque les voiles tomberont, et que la terre recevra de nouveau le Roi du ciel avec ces paroles : Béni soit celui qui vient au nom du Seigneur !

Prière.

Dieu saint, Père de notre Seigneur Jésus-Christ, et par lui notre Père, c'est en croyant à ton amour éternel, et au nom de Celui qui est notre paix, que nous entrons dans la semaine sainte. Nous voulons accompagner notre Seigneur et Sauveur dans la voie douloureuse. Donne-nous à cet effet le recueillement nécessaire, et aide-nous à nous tenir sous la croix, remplis de sentiments de reconnaissance et d'adoration. Bannis de nos cœurs, Seigneur, les distractions mondaines ; fais que par ton St. Esprit nous puissions pénétrer en quelque mesure, le mystère des souffrances et de la mort de notre Sauveur, et en recueillir des fruits bénis pour nos âmes. Seigneur Jésus, toi qui as mis ta vie pour nous, reçois nos actions de grâces de ton ineffable amour, et donne-nous de faire avec joie tous les sacrifices que tu nous demandes pour ton service. Apprends-nous à nous donner nous-mêmes à toi, à te consacrer notre cœur et notre vie, en attendant que nous puissions te bénir dans le ciel, de tout ce que tu as fait pour nous sur la terre.

Sion jonche ta voie
De branches de palmiers ;
Et moi, comblé de joie
Je veux psalmodier.

Je dirai plein de zèle,
A l'honneur de ton nom,
Que Jésus est fidèle !
Que le Seigneur est bon ! Amen.

DIMANCHE DES RAMEAUX (Soir).

Ayez en vous les mêmes sentiments que Jésus-Christ, lequel étant en forme de Dieu, n'a point regardé comme une usurpation d'être égal à Dieu ; mais il s'est dépouillé lui-même, ayant pris la forme de serviteur, devenant semblable aux hommes ; et, revêtu de la figure d'homme, il s'est abaissé lui-même, en se rendant obéissant jusqu'à la mort, même jusqu'à la mort de la croix. C'est pourquoi aussi, Dieu l'a souverainement élevé et lui a donné un nom qui est au-dessus de tout nom ; afin qu'au nom de Jésus, tout ce qui est dans les cieux et sur la terre, et sous la terre, fléchisse le genou, et que toute langue confesse que Jésus-Christ est le Seigneur, à la gloire de Dieu le Père. (Phil. 2, 5-11).

Méditation.

Nous ne pouvons parler que très imparfaitement de la majesté et de la gloire de Jésus ; il faut nous borner à répéter ce que le Seigneur lui-même nous en a dit : Il est la lumière et la vie, il était avec Dieu dans la communion éternelle de son amour et de sa gloire. Il nous est impossible de comprendre cette gloire divine, à laquelle Jésus-Christ a renoncé en échangeant la forme de Dieu contre celle de serviteur. Il n'a pas cessé d'être vie, lumière et amour comme Dieu, mais il s'est abaissé lui-même, voulant devenir semblable à nous en toutes choses, excepté dans le péché. Il était obéissant dans tout ce que l'amour de Dieu lui imposait, obéissant jusqu'à la mort de la croix. Par son obéissance, il a expié nos désobéissances ; par son humilité, notre orgueil ; par son renoncement, nos désirs insensés. Voilà pourquoi Dieu l'a élevé et lui a donné un nom au-dessus de tout autre nom. Il y a eu sur la terre de grands noms, qui ont agité des peuples et fait trembler des royaumes et des nations, mais Celui de Jésus les surpasse, car toutes les générations de la terre seront à jamais bénies en son Nom. Le but de sa vie a été de nous sauver, et d'arriver à la gloire par la croix. C'est aussi la voie par laquelle nous avons à passer. Puissions-nous le comprendre et acquérir les sentiments qui étaient en Jésus-Christ !

Prière.

Dieu éternel et tout-puissant ! Tu nous invites à porter devant ton trône tout ce qui nous préoccupe, et surtout ce qui concerne nos intérêts éternels. Nous venons te prier de nous faire la grâce de suivre toujours plus fidèlement Jésus-Christ, de mourir au péché et de vivre d'une vie nouvelle qui te soit agréable. Aide-nous toi-même, Seigneur Jésus, à te devenir plus semblables et à marcher sur tes traces bénies. Fortifie-nous dans le renoncement à nous-mêmes, dans l'obéissance et dans l'humilité. Que ton dévouement pour nous ne sorte jamais de notre mémoire ; que tout sacrifice nous devienne facile en nous rappelant ce que tu as fait pour nous. Fais-nous entrer dans la communion de tes souffrances, afin que, devenus une même plante avec toi, tu nous rendes participants de ta victoire et nous élèves un jour à ta gloire éternelle.

Puissent nos regards sans cesse
Te contempler, ô divin Roi !
Daigne accomplir ta promesse,
Daigne nous unir à toi,
Et constamment dans notre âme
Rallumer la pure flamme
De l'amour et de la foi.

Amen.

LUNDI (Matin).

Après s'être ainsi moqués de lui, ils lui ôtèrent le manteau et lui remirent ses habits, et ils l'emmenèrent pour le crucifier. Et comme ils sortaient, ils trouvèrent un homme de Cyrène, nommé Simon, qu'ils contraignirent de porter la croix de Jésus. (St. Matth. 27, 31 et 32).

MÉDITATION.

Etre chrétien et porter sa croix sont deux choses inséparables. Cette croix, nous fût-elle imposée par des hommes, même par des ennemis, nous vient toujours de la main de Dieu. Mais il ne permet pas que nous soyons tentés au-dessus de nos forces et chargés d'un trop lourd fardeau. Que tous les hommes se lèvent contre nous, que notre route passe, comme pour Daniel, par une fosse aux lions, c'est la mesure de souffrances qui nous est destinée, c'est le chemin que Dieu a choisi pour nous et que nous avons à suivre. Après la semaine de la Passion, se lèvera le jour de la Résurrection.

PRIÈRE.

Père céleste ! Nous nous approchons de toi dans cette heure matinale, et nous te prions d'être avec nous par ton Esprit et ta paix, particulièrement en ces jours qui nous rappellent les souffrances et la mort de notre Sauveur. Viens nous élever au-dessus des distractions et des soucis de la terre ; aide-nous à nous livrer avec un profond recueillement à la méditation de la seule chose nécessaire. Assiste-nous puissamment par ta grâce pour que nous suivions Jésus, en portant avec soumission notre croix, jusqu'au jour où il la changera pour nous en couronne de vie.

La croix que Dieu me donne	Prends donc, prends sans tristesse
A porter ici-bas	O mon âme ta croix.
Est jointe à la couronne	Et bénis la sagesse
Qui ne se flétrit pas ;	Qui mesura son poids.
Celui qui me l'impose	Ton Dieu, ton Dieu fidèle,
Se nomme mon Sauveur ;	Te tient sous son regard ;
En son sein je dépose	A souffrir s'il t'appelle,
Le soupir de mon cœur.	Ah ! sache aimer ta part. Amen.

LUNDI (Soir).

Une grande multitude de peuple et de femmes le suivaient, qui se frappaient la poitrine et se lamentaient. Mais Jésus, se tournant vers elles, leur dit : « Filles de Jérusalem, ne pleurez point sur moi, mais pleurez sur vous-mêmes et sur vos enfants » (St. Luc 23, 27 et 28).

Méditation.

L'homme de douleurs va au-devant de la mort. Il adresse une parole d'affectueuse réprimande aux femmes qui se lamentent à son sujet, et leur recommande de ne pas verser des larmes stériles, qu'une émotion passagère fait couler facilement sur des souffrances corporelles. Rentrez en vous-mêmes, leur dit-il, pleurez sur vous et sur vos enfants ; repentez-vous de vos péchés avant que vienne le jour de condamnation dont parlent les prophètes. Vous ne pouvez le détourner, mais ne voulez-vous pas vous-mêmes échapper au jugement ? Car, si l'on fait ces choses au bois vert, que fera-t-on au bois sec ? L'arbre vert, rempli de sève et de vigueur, qui n'est pas destiné au feu, c'est Jésus, le Juste par excellence. Si le Juste doit passer par ces souffrances, que sera-ce des injustes ? La parole sérieuse adressée par le Seigneur aux femmes de Jérusalem nous regarde aussi ; elle s'applique à tous ceux qui n'éprouvent qu'une émotion superficielle, à la vue de la croix, et qui ne versent que des larmes de pitié sur le Seigneur Jésus. Cette sentimentalité peut cacher un cœur impénitent et un esprit pharisaïque. La meilleure reconnaissance que nous puissions lui témoigner et la seule sympathie qui lui soit agréable, c'est un sincère repentir et la sainte résolution de le suivre fidèlement.

Prière.

Seigneur Jésus, Fils de Dieu et Fils de l'homme, nous t'accompagnons en esprit dans ta voie douloureuse jusqu'au Calvaire. Nous te bénissons de ce que tu as bien voulu souffrir des outrages pour nous, et de ce que tu t'es chargé de la croix à notre place. Fais pénétrer au fond de nos cœurs ta parole aux femmes de Jérusalem : « Ne pleurez pas sur moi, mais sur vous et sur vos enfants ». Produis en nous une sincère repentance, et un désir ardent du salut que tu nous as acquis par ta vie, par tes souffrances et par ta mort.

O Christ ! la foule te renie ;
Au jour de ton ignominie,
Contre toi s'élève sa voix.
Elle n'aime que ta puissance ;
Si dans ta gloire elle t'encense,
Elle s'éloigne de la croix.

Ta voix, maudite et rejetée,
Pour ton Eglise rachetée,
Est le sceau divin de la foi ;
Et si le monde te délaisse,
Tes disciples diront sans cesse :
Où donc irions-nous loin de toi ? Amen.

MARDI (Matin).

Pilate leur livra Jésus pour être crucifié. Ils le prirent donc et l'emmenèrent. Et Jésus, portant sa croix, vint au lieu appelé le Calvaire, qui se dit en hébreu Golgotha ; où ils le crucifièrent et deux autres avec lui, d'un côté et de l'autre, et Jésus au milieu. (St. Jean 19, 16-18).

Méditation.

« Ils le crucifièrent ! » Que ces simples mots sont significatifs ! Qu'ils sont immenses, les effets qui datent du jour où le Juste a été mené au Calvaire et cloué au bois maudit ! La croix est plantée aujourd'hui dans tous les pays du monde ; la terre fleurit à son ombre et ce qui est mort reprend vie. « Je suis crucifié avec Christ et vivifié par lui ». Elle se réalise, cette parole, par laquelle St-Paul indique les fruits de la foi dans le cœur du fidèle. Il faut que nous passions par les angoisses de la mort du vieil homme, pour voir la croix du Calvaire briller de son éclat paisible. C'est l'arc-en-ciel dans une nuit profonde ; c'est la colonne de feu qui éclaire notre sombre route. Puisse-t-elle répandre ses rayons sur nos sentiers ! Que la croix, semblable à un arbre de liberté et de vie, jette de profondes racines dans notre existence ! Saisie par la foi, elle produira des effets célestes dans notre cœur ; elle le réchauffera et l'élargira. Bénissons donc Celui qui nous a aimés jusqu'à la mort !

Prière.

Dieu miséricordieux ! Nous nous plaçons, dans ces jours solennels, sous la croix de ton Fils, qui nous parle de l'horreur du péché, en même temps que de ta sainteté et de ton amour insondable. Fais-nous entendre cette parole qui descend de la croix : « Tes péchés m'ont donné du travail et tes iniquités de la peine ». Eclaire notre entendement, afin que le mystère de notre rédemption ne nous scandalise pas, mais que la croix devienne plutôt pour nous une source de vie, et que nous apprenions à dire : Nous avons trouvé la voie qui conduit au repos du cœur.

Ta croix m'apprend à vivre ;	Seigneur, dans la souffrance,
Elle m'instruit à suivre	Sois ma seule espérance ;
Ta sainte volonté,	Ah ! souviens-toi de moi !
A souffrir sans murmure	Bénis ma dernière heure,
Les tourments et l'injure	Afin qu'en toi je meure
Avec douceur et charité.	Pour revivre au ciel avec toi ! Amen.

MARDI (Soir).

Pilate fit aussi un écriteau et le plaça sur la croix, et on y avait écrit: Jésus de Nazareth, roi des Juifs. Plusieurs donc des Juifs lurent cet écriteau, parce que le lieu où Jésus était crucifié, était près de la ville, et qu'il était écrit en hébreu, en grec et en latin. Et les principaux sacrificateurs des Juifs dirent à Pilate: N'écris pas: Le roi des Juifs; mais qu'il a dit: Je suis le roi des Juifs. Pilate répondit: Ce que j'ai écrit, je l'ai écrit.

(St. Jean 19, 19-22).

Méditation.

Nous ne saurions mieux résumer l'Evangile du royaume de Dieu que ne le fait l'inscription de la croix : « Jésus de Nazareth, roi des Juifs ». Il est roi en effet, quoique son règne ne soit pas de ce monde. Son règne est spirituel ; il est le Sauveur des âmes pécheresses. Ces paroles ont été traduites dans bien des langues, mais beaucoup d'âmes ne les comprennent pas. Elles se confient en leur propre justice, se pardonnant à elles-mêmes leurs péchés, et ne pensent pas avoir besoin d'un Sauveur. Les cœurs légers, plongés dans les jouissances et les soucis de la vie, s'attachent aux apparences et se scandalisent de l'humble Nazaréen et de son règne. La croix est également voilée pour les sages de ce monde, et ne parait à leurs yeux que scandale et folie ! Et cependant elle est vraie, cette déclaration : « Il n'y a de salut en aucun autre, et il n'y a sous le ciel aucun autre nom par lequel nous puissions être sauvés ».

Prière.

Seigneur Jésus ! C'est avec humilité que nous élevons nos regards vers la croix, et que nous te présentons le sacrifice de nos louanges et de notre reconnaissance. Ta croix se change en trône pour l'œil de la foi, et ta couronne d'épines en couronne royale. Tu es le Seigneur de gloire et ton règne dure d'âge en âge. Attire nos cœurs à toi, et fais de nous tes sujets fidèles et obéissants.

Il est amour, il est Dieu même,	Où donc est la gloire sublime
Le Dieu par qui Dieu nous bénit,	Plutôt qu'en ce terrible lieu,
Le Dieu qu'on voit, le Dieu qu'on aime,	Où mon Dieu se fait ma victime,
Dieu par qui l'homme à Dieu s'unit.	Où je trouve un frère en mon Dieu? Amen.

MERCREDI (Matin).

Quand ils furent arrivés au lieu appelé Calvaire, ils le crucifièrent là, et les malfaiteurs, l'un à droite, et l'autre à gauche. Mais Jésus disait : Père pardonne-leur, car ils ne savent ce qu'ils font. (St-Luc 23, 33 et 34).

Méditation.

La prière d'intercession du Seigneur : « Père, pardonne-leur car ils ne savent ce qu'ils font », s'applique à ceux qui étaient la première cause de ses souffrances. Leurs yeux étaient fermés à la vérité par leur propre faute, il est vrai ; mais s'ils avaient senti la gravité de leur péché, ils ne l'auraient peut-être pas commis. Aujourd'hui encore les ennemis de la croix ne savent pas ce qu'ils font, lorsqu'ils prennent la sagesse de Dieu pour de la folie, ou que, séduits par les convoitises et les inquiétudes de la vie, ils crucifient de nouveau le Seigneur de gloire par leurs péchés. Et nous, savons-nous ce que nous faisons en péchant ? Nous ne sommes pas seulement à plaindre dans notre ignorance, nous sommes aussi coupables. Car pourquoi ne savons-nous pas ce que nous faisons ? Pourquoi l'Esprit de Dieu n'a-t-il pas le pouvoir de déchirer le voile qui nous couvre les yeux? N'est-ce pas parce que nous ne le voulons pas ? Ah ! elle est grande notre culpabilité devant Dieu ! Si la mesure de sa patience et de son long support n'est pas épuisée, c'est grâce à la prière du Seigneur Jésus, qui intervient en faveur des pauvres pécheurs, en disant : « Père, pardonne-leur, car ils ne savent ce qu'ils font ».

Prière.

Sauveur fidèle, Médiateur entre Dieu et les hommes, que ton saint Nom soit à jamais béni ! Saint Amour, qui a intercédé en faveur de tes bourreaux, viens et attire-nous à toi, afin que nous entrions dans ta communion, et que nous marchions sur tes traces. Prends-nous à toi et nous soutiens par ta puissante intercession. O Jésus ! Maître du ciel et de la terre, chacun de tes rachetés jette sa couronne au pied de ta croix sanglante, vaincu par l'admirable exemple de charité que tu leur as donné en priant pour tes ennemis. Donne-nous d'y répondre en aimant comme tu as aimé !

Oui, pour mon âme Jésus prie,
Et son Saint-Esprit jusqu'à moi,
Descend comme un fleuve de vie,
Où s'abreuve ma sainte foi.

A son enfant, auprès du Père,
Son cœur obtient un doux pardon,
Et pour m'aider dans ma misère,
Sa voix réclame un nouveau don.
Amen.

MERCREDI (Soir).

L'un des malfaiteurs qui étaient crucifiés l'outrageait aussi, en disant : Si tu es le Christ, sauve-toi toi-même, et nous aussi. Mais l'autre, le reprenant, lui dit: Ne crains-tu donc point Dieu, car tu es condamné au même supplice? Et pour nous, c'est avec justice, car nous souffrons ce que nos œuvres méritent; mais celui-ci n'a fait aucun mal. Et il disait à Jésus: Seigneur, souviens-toi de moi, quand tu seras entré dans ton règne.

(St. Luc 23, 39-43).

Méditation.

C'était assurément un baume pour l'âme souffrante de Jésus d'entendre un des malfaiteurs reprendre son compagnon, que la perspective de la mort prochaine et du jugement n'avait pas empêché de se mettre au rang des moqueurs. Son reproche lui était inspiré par un sentiment de justice et de droiture. De plus, il confesse sa propre faute et reconnaît la justice de sa peine. Il salue comme Seigneur et Roi celui qui, à cette heure, n'avait rien de glorieux et de royal. Jésus penche sa tête couronnée d'épines vers le malfaiteur repentant et lui fait cette promesse : « Aujourd'hui tu seras avec moi dans le Paradis ». Quelle parole de consolation et d'espérance pour cette âme angoissée, qui, après une vie perdue, s'ouvre tardivement à la repentance et à la foi, mais pas trop tard cependant pour avoir part au salut et à la paix éternelle ! A côté du malfaiteur gracié, il y en a un autre, qui meurt dans ses péchés. Quel sérieux avertissement ! Il nous prêche avec force que le salut de notre âme doit être notre premier soin.

Prière.

Seigneur, qui as accordé une si grande grâce au malfaiteur sur la croix, et lui as ouvert les portes du ciel, nous te supplions de nous faire participer à ta grâce salutaire. Produis en nous une sincère repentance et une vraie foi. Nous savons que tu es remonté dans ta gloire et que tu veux nous attirer à toi, afin que nous partagions ta félicité éternelle. Seigneur Jésus, la grâce qui a sauvé le brigand sur la croix fait tout notre espoir de salut; donne-nous d'y recourir avec joie et reconnaissance.

C'est ainsi que tu paies
L'amende de ma paix;
Ces langueurs et ces plaies,
Moi seul les méritais.
Vois l'âme criminelle
A tes pieds, bon Sauveur;
Daigne jeter sur elle
Un regard de faveur.

Prends mon âme et l'embrasse,
O toi, seul bon pasteur.
Ah! quel trésor de grâce
Je trouve en ta douleur!
Mourant pour mon offense,
Tu m'obtiens le salut;
De ton amour immense,
C'est le glorieux but.   Amen,

JEUDI-SAINT (Matin).

La mère de Jésus, et la sœur de sa mère, Marie, femme de Cléopas, et Marie de Magdala, se tenaient près de la croix de Jésus. Jésus donc, voyant sa mère, et près d'elle le disciple qu'il aimait, dit à sa mère : Femme, voilà ton fils. Puis il dit au disciple : Voilà ta mère. Et dès cette heure, le disciple la prit chez lui. (St. Jean 19, 25-27).

MÉDITATION.

Il n'y avait pas seulement des moqueurs et des ennemis autour de la croix du Christ ; dans la foule se trouvait un petit troupeau d'âmes fidèles et affligées. Elles se tenaient à quelque distance et contemplaient, dans un morne silence, le triste spectacle qui s'offrait à elles. Au premier rang, nous voyons Marie, mère de Jésus. Qui dira ce que son âme a ressenti dans cette heure de profonde douleur ? Accablée par ces terribles événements, elle n'avait sans doute plus qu'une étincelle de foi. Déjà elle avait entendu la prière de son fils en faveur de ses bourreaux, et sa parole royale adressée au larron, et maintenant une troisième parole tombe de sa bouche, s'adressant à elle-même. Quoi de plus touchant et de plus tendre que ces mots prononcés sur la croix, et qui sanctionnent à jamais nos liens d'affection et d'amitié ? Mais n'oublions pas que le meilleur témoignage de notre amour et de notre sollicitude pour les nôtres, c'est de les amener à Christ et de les remettre à ses soins. Aujourd'hui encore, il ne néglige aucun de ceux qui se rencontrent sous la croix. Il a une parole affectueuse pour tous les siens ; à tous sans exception il dit : « Aimez-vous, comme je vous ai aimés ! » Vous êtes mes amis, si vous faites ce que je vous commande ».

PRIÈRE.

Seigneur et Sauveur fidèle ! Reçois en ce jour, qui est consacré au souvenir de tes souffrances, nos sincères actions de grâces de ce que tu nous as aimés jusqu'à la mort. Au milieu de tes douleurs, tu t'es souvenu des tiens, qui, plongés dans la plus profonde affliction, ont entouré ta croix. Ton cœur est encore le même, maintenant que tu es élevé à la droite de ton Père où tu intercèdes pour nous. Donne-nous de t'en être reconnaissants et de te témoigner notre amour par notre obéissance et notre dévouement.

> Et près de quitter la vie, à cette heure suprême
> Tu nous dit: « Aimez-vous comme moi je vous aime,
> Et qui peut aimer plus que moi! »
> « Aimez-vous! c'est la loi qu'en partant je vous laisse. »
> Aimons-nous! Qu'à ceci le monde reconnaisse
> Si vraiment nous sommes à toi.   Amen.

JEUDI-SAINT (Soir).

Depuis la sixième heure, il y eut des ténèbres sur tout le pays, jusqu'à la neuvième heure. Et vers la neuvième heure, Jésus s'écria d'une voix forte, en disant: Eli, Eli, lama sabachthani, c'est-à-dire: Mon Dieu, mon Dieu pourquoi m'as-tu abandonné? (St. Matth. 27, 45 et 46).

Méditation.

Cette parole est la plus étonnante qui soit sortie de la bouche du Seigneur. Si tout autre que lui, même le meilleur de ses amis, et le plus fidèle de ses disciples, eût dit, en le voyant cloué à la croix, que Dieu l'avait abandonné, nous n'en serions pas surpris, car l'homme juge selon les apparences. Ses ennemis l'outrageaient, le sang coulait de ses plaies, il ne se faisait plus de miracles, aucun ange ne lui apparaissait, et son Père céleste, auquel il en avait toujours appelé, gardait un profond silence. Cependant ce ne sont pas ses souffrances extérieures qui lui ont arraché cette plainte. Même dans la plus terrible agonie il n'aurait pu parler de l'abandon de Dieu, aussi longtemps qu'il restait un seul reflet de la gloire divine dans son âme. Il faut qu'à cette heure l'éclat de cette gloire ait été couvert d'épaisses ténèbres. Son cri de détresse nous fait entrevoir des profondeurs mystérieuses que la pensée humaine ne saurait sonder. Il était, dans ce moment, le représentant de l'humanité pécheresse. Le fardeau de nos transgressions l'accablait; il n'avait plus la moindre conscience de l'amour et de la communion de Dieu. Les péchés du monde se précipitaient dans son âme, semblables aux vagues de la mer; ils semblaient le submerger peu à peu. Sa compassion l'a fait descendre dans l'abîme des misères humaines; dans cette nuit profonde la dernière étoile paraissait tombée du ciel. Le monde perdu a brisé le cœur du Christ, comme un enfant prodigue brise le cœur de sa mère. Son amour compatissant a vidé la coupe du péché jusqu'à la lie. Ces outrages et ces douleurs, il les a subis afin que nous fussions tirés de l'abîme de la mort éternelle. C'est pour nous qu'en mourant il poussa ce cri de détresse: « Mon Dieu, mon Dieu, pourquoi m'as-tu abandonné ? » L'amour du Seigneur, fidèle jusqu'à la mort, est la clef d'or du mystère de la rédemption. Consacrons-nous donc à lui par la repentance, la foi et l'amour ; aimons Celui qui nous a tant aimés.

Prière.

Seigneur Jésus, Prince de la vie, Sauveur du monde ! Donne-nous de comprendre et de sentir vivement que c'est pour nous que tu es descendu dans la nuit de l'humiliation et de la misère. Pardonne-nous notre indignité, notre faiblesse et notre manque de foi. Sois avec nous quand les soucis du monde viennent nous assaillir ; ne nous abandonne pas quand nous sommes sur le point de succomber dans les combats ; et quand un jour, nous aurons à passer par la vallée de l'ombre de la mort, tiens-toi à nos côtés pour nous soutenir et nous fortifier par tes divines consolations.

O Christ ! j'ai vu ton agonie,
Et mon âme a frémi d'horreur.
Oui, tu viens de perdre la vie,
Et c'est pour moi, pauvre pécheur.

A ta mort, la nature entière
Se répand en cris de douleur ;
Le soleil cache sa lumière ;
Les élus pleurent leur Sauveur. Amen.

VENDREDI-SAINT (Matin).

Après cela, Jésus, voyant que tout était accompli, dit, afin que l'Ecriture fût accomplie : J'ai soif. Or, il y avait là un vase plein de vinaigre. Ils emplirent donc de vinaigre une éponge, et l'ayant mise autour d'une tige d'hysope, ils la lui présentèrent à la bouche. Et quand Jésus eut pris le vinaigre, il dit : Tout est accompli. Et ayant baissé la tête, il rendit l'esprit.

(St. Jean 19, 28-30).

Méditation.

« Tout est accompli ! » C'est le cri de triomphe du vainqueur, c'est le salut qui aujourd'hui commence pour le monde ! C'est le jour où se réalise l'attente des siècles, où s'accomplissent les prophéties de l'ancienne alliance. Sur le Calvaire se dresse l'autel d'une alliance nouvelle, sur lequel le souverain sacrificateur s'offre lui-même en victime pour les péchés du monde. L'œuvre de réconciliation de l'homme avec Dieu est faite et la délivrance éternelle accomplie. « Tout est accompli ». Quelle parole consolante, lorsque le sentiment de notre culpabilité et de notre impuissance nous effraie ! Une alliance de paix est conclue pour chacun de nous ; cette assurance apaise notre conscience quand elle nous accuse, et que nos péchés s'élèvent contre nous. Celui qui a tout accompli *pour* nous, veut aussi tout accomplir *en* nous. Que cette parole de notre Sauveur soit donc notre consolation dans la souffrance, quand notre croix nous paraît trop lourde, que la nuit se fait en nous et autour de nous, et que notre âme soupire après un soulagement. Pensons alors à celui qui, dans la nuit de ses souffrances sur la croix, s'est écrié : « J'ai soif » « Mon Dieu, mon Dieu, pourquoi m'as-tu abandonné ? » et qui a fini par ce cri de triomphe : « Tout est accompli ». Nous aussi, nous pouvons, soutenus par sa force et par sa grâce, combattre le bon combat, remporter une glorieuse victoire et dire, quand nous aurons atteint le but de notre carrière terrestre : « Tout est accompli ».

PRIÈRE.

Nous t'offrons aujourd'hui, Seigneur Jésus, le sacrifice de nos louanges avec tous les rachetés dans le ciel et sur la terre ; nous nous joignons à la multitude qui a vaincu par toi et qui, devant ton trône entonne un alléluia éternel, ainsi qu'à ceux qui encore pèlerins sur la terre, ont trouvé le pardon et la paix par ta croix. Sois béni de ton amour qu'aucune langue humaine ne peut assez exalter. Tu as fait notre rédemption ; tu as été navré pour nos forfaits et froissé pour nos iniquités ; le châtiment qui nous apporte la paix est tombé sur toi, et nous avons la guérison par tes meurtrissures. C'est avec ces sentiments de repentance et de reconnaissance que nous nous plaçons au pied de la croix et que nous te disons : Tourne ta face vers nous, ô Seigneur, pardonne-nous, aide-nous, fais que tes souffrances deviennent aussi pour nous et nos enfants une source de salut, de consolation et de paix ! Tu nous a aimés le premier ; nous voulons t'aimer à notre tour. Que les flammes de ton amour fassent fondre tous les cœurs glacés, morts dans leurs fautes et dans leur égoïsme, afin qu'ils trouvent en toi la paix que le monde ne peut ni donner ni ravir.

Chef couvert de blessures,
Tout meurtri, tout sanglant,
Chef accablé d'injures,
D'opprobre, de tourment ;
De la gloire divine
Autrefois couronné,
C'est maintenant d'épines
Que ton front est orné !

Christ ! pour ton agonie,
Pour ta vive douleur,
Je veux toute ma vie
Te bénir mon Sauveur.
Ta grâce est éternelle
Et rien jusqu'à ma fin,
Ne pourra, Sauveur fidèle,
Me ravir de ta main.   Amen.

VENDREDI-SAINT (Soir).

Il était environ la sixième heure, et il se fit des ténèbres sur toute la terre jusqu'à la neuvième heure. Le soleil s'obscurcit, et le voile du temple se déchira par le milieu. Et Jésus s'écriant d'une voix forte, dit: Mon Père, je remets mon esprit entre tes mains. Et ayant dit cela, il expira.

(St. Luc 23, 44-46).

Méditation.

Le Sauveur meurt en priant ; sa vie entière a été une vie de prière. Que serait une vie et surtout une mort sans prière ? Mais comment mourir en priant, si l'on n'a pas appris à prier dans la vie ?

Le Seigneur Jésus a remis son esprit entre les mains de son Père céleste ; ses enfants savent maintenant pour leur consolation à qui se recommander à l'approche de la mort. Bienheureux ceux qui, à leur dernière heure, quand les sens et la pensée faiblissent, se jettent entre les bras de leur Père céleste, avec l'assurance que personne ne saurait les ravir de sa main ! Ils peuvent s'en aller en paix, parce qu'ils savent que leur âme est en parfaite sûreté alors même que les flots de la mort la couvrent. Nous aussi, si nous avons cette foi, nous pouvons lui abandonner le soin de tout ce qui nous concerne, penser sans frayeur à la mort et à tout ce qui nous attend au delà, jusqu'au moment où ceux qui sont couchés dans la tombe, entendant la voix du Fils de l'homme, en sortiront. Alors nous dirons à notre dernière heure : « Père, nous remettons notre esprit entre tes mains ».

Prière.

Seigneur, qui as été livré à la mort pour nous, fais que nous emportions de ta croix de profondes impressions et des bénédictions durables ! Fortifie les saintes pensées et les résolutions sérieuses que ce jour a réveillées en nous, et fais qu'elles portent des fruits pour la vie éternelle. Aide-nous à crucifier le vieil homme avec ses convoitises ; augmente-nous la foi et maintiens-nous dans ta paix. Et lorsque l'heure sera venue où nous devrons quitter ce monde, fais que nous soyons en communion avec toi, et que nous puissions à notre tour remettre notre esprit entre les mains de notre bon Père céleste. Que nous ne quittions pas le Calvaire sans avoir profondément senti que tu as été navré pour nos forfaits et froissé pour nos iniquités, afin que nos cœurs soient renouvelés par une repentance sincère, remplis du saint désir de te glorifier et de vivre pour toi, qui qui nous as rachetés à un si grand prix.

Ah! quand viendront les jours d'effroi Et les nuits d'insomnie, O mon Sauveur! retrace-moi Ton amère agonie, Viens alors raffermir mon cœur Défaillant sous la peine, En me prêtant, puissant Vainqueur, La force souveraine.	Je n'ai rien, et c'est ta bonté Que seule je réclame; Daigne encore, dans ta charité, Daigne accueillir mon âme; Donne-lui le pardon, la paix, L'espérance et la vie, O mon Sauveur! et qu'à jamais Elle te glorifie! Amen.

SAMEDI (Matin).

Un homme, appelé Joseph, qui était conseiller, homme de bien et juste ; qui n'avait point consenti à leur dessein et à leurs actes, qui était d'Arimathée, ville de Judée, et qui attendait aussi le règne de Dieu, étant venu vers Pilate, lui demanda le corps de Jésus. Et l'ayant descendu de la croix, il l'enveloppa d'un linceuil, et le mit dans un sépulcre taillé dans le roc, où personne n'avait encore été mis. (St. Luc 23, 50-53).

Méditation.

Le Prince de la paix repose dans le sépulcre. Notre rédemption est faite. Le péché n'a plus de pouvoir sur nous au delà du tombeau. Le Seigneur a été en forme de serviteur jusque dans la tombe, mais pas plus loin. Le Saint de Dieu ne pouvait, ne devait pas sentir la corruption. Pour nous dont le corps aura à subir le sort du grain de blé jeté en terre, nous ne devons pas nous épouvanter de la mort. Par son ensevelissement, le Christ a sanctifié et éclairé nos tombeaux ; il a laissé dans la sombre demeure tout ce qui rappelle la faiblesse, la fragilité et la misère. Il en sera de même pour nous ; nos faiblesses morales ne nous accompagneront pas dans l'autre vie. Aussitôt que notre dernière heure aura sonné, la lutte entre la chair et l'esprit sera terminée, il n'y aura plus ni peine ni travail. Nous ne pouvons que le louer et le bénir sur le bord de son sépulcre. Sur le bord de sa tombe, nous ne pouvons que le louer et le bénir. De sa main glacée, il brise les liens de nos inquiétudes, et son regard suppliant fait descendre l'espérance et la paix céleste dans notre cœur.

Prière.

Dieu miséricordieux et fidèle ! Avec ton secours et ta bénédiction, nous sommes arrivés à la fin de cette semaine sainte, et nous nous plaçons aujourd'hui, en esprit, au bord du sépulcre de notre Sauveur. Pour nous aussi sonnera l'heure, où tu rappelleras notre esprit de ce monde, et où notre dépouille mortelle sera déposée dans la terre. Nous te bénissons du fond du cœur, de ce que par ton cher Fils, notre tombe est éclairée et transformée en un lieu paisible. Fais que rien ne puisse nous ravir l'espérance que nos corps ressusciteront pour la gloire éternelle. Donne-nous de faire mourir journellement notre vieil homme, afin que notre foi et notre amour nous unissent pour toujours à Christ, notre Maître. Assiste-nous, à cet effet, Sauveur fidèle, pour l'amour de ton Nom.

> C'est pour l'éternité que le Seigneur nous aime;
> Sa grâce en notre cœur jamais ne cessera.
> Alléluia! Alléluia!
> Car il est notre espoir, notre bonheur suprême!
> Notre sépulcre aussi connaîtra sa victoire.
> Sa voix au dernier jour nous ressuscitera.
> Alléluia! Alléluia!
> Pour nous, ses rachetés, la mort se change en gloire. Amen.

SAMEDI (Soir).

Le jour suivant, qui était le lendemain de la préparation du sabbat, les principaux sacrificateurs et les pharisiens allèrent ensemble vers Pilate, et lui dirent: Seigneur, nous nous souvenons que quand ce séducteur vivait, il disait: Je ressusciterai dans trois jours. Commande donc que le sépulcre soit gardé sûrement jusqu'au troisième jour, de peur que ses disciples ne viennent de nuit, et n'enlèvent son corps, et qu'ils ne disent au peuple: Il est ressuscité des morts. Cette dernière imposture serait pire que la première. Pilate leur dit: Vous avez une garde; allez et faites-le garder comme vous l'entendrez. S'en étant donc allés, ils s'assurèrent du sépulcre, en scellant la pierre et en y mettant la garde. (St. Matth. 27, 62-66).

Méditation.

Un fait triste à constater, c'est qu'il y a bien des gens que la sainteté et les souffrances du Christ, sa vie et sa mort, ne portent pas à renoncer à leur opposition; ils ne se jettent pas dans les bras du Rédempteur. Les rochers du Calvaire se sont fendus, les morts sont sortis de leurs tombeaux, les soldats même se sont émus, le peuple s'est frappé la poitrine, mais les ennemis du Christ, le souverain sacrificateur et les pharisiens, loin de se repentir, pensaient qu'avec la pierre devant le sépulcre, le sceau qu'ils y avaient apposé, et les soldats qui le gardaient, ils pourraient faire taire la voix et la puissance de Dieu. Leurs cœurs étaient plus durs que la pierre. Nous voyons à quel abîme conduisent la légèreté, l'égoïsme et la mondanité, lorsqu'on laisse passer l'heure où Dieu dit ; « Aujourd'hui que vous entendez ma voix, n'endurcissez pas vos cœurs ». On ne se joue pas de la Parole de Dieu. L'Ecriture sainte déclare que le corps et l'âme peuvent se perdre dans la géhenne. Heureux sommes-nous, si nous pouvons célébrer avec foi la fête de Pâques !

PRIÈRE.

Nous te rendons grâces, Dieu fidèle et miséricordieux, de la bonté que tu nous as témoignée pendant cette semaine. Nous te supplions de bénir pour nos âmes ce temps de grâce que tu nous accordes. Donne-nous une bonne nuit et un doux réveil. Prépare-nous à célébrer, demain la fête de Pâques avec joie et reconnaissance. Pardonne-nous tous nos péchés, et fais que ressuscités spirituellement nous marchions devant toi dans une nouvelle vie.

Chrétiens, célébrons la mémoire
D'un bienfaiteur généreux.
Jusqu'au jour où, brillant de gloire,
Il viendra nous ouvrir les cieux.
Là nous offrirons nos louanges
Au Fils éternel du Dieu fort,
Au Roi des hommes et des anges
Qui nous a sauvés de la mort.

O mort sanglante et douloureuse
De notre divin Rédempteur,
Que ta mémoire est précieuse !
Tu nous as rendu le bonheur.
Seigneur, fais-nous suivre tes traces
Dans la charité, dans la foi,
Afin qu'enrichis de tes grâces,
Nous vivions et mourions en toi. Amen.

PAQUES (MATIN).

Après que le sabbat fut passé, Marie de Magdala, Marie, mère de Jacques et Salomé, achetèrent des aromates pour venir embaumer le corps. Et elles vinrent au sépulcre de grand matin, le premier jour de la semaine, comme le soleil venait de se lever. Et elles disaient entre elles : Qui nous ôtera la pierre à l'entrée du sépulcre ? Et ayant regardé, elles virent que la pierre avait été ôtée; or, elle était fort grande. Puis, étant entrées dans le sépulcre, elles virent un jeune homme assis du côté droit, vêtu d'une robe blanche; et elles furent épouvantées; mais il leur dit : Ne vous effrayez point; vous cherchez Jésus de Nazareth, qui a été crucifié; il est ressuscité, il n'est point ici; voici le lieu où on l'avait mis.

(St. Marc 16, 1-7).

MÉDITATION.

« Qui nous ôtera la pierre de l'entrée du sépulcre ? » Cette question des saintes femmes se présente toujours à notre esprit. La vie n'est au fond qu'une course vers la tombe et chaque pas nous en rapproche. Personne ne sait ce qu'est la mort ; chacun ne l'éprouve qu'une fois, et lorsqu'il pourrait en parler en connaissance de cause, ses lèvres sont fermées pour toujours. Quelle certitude avons-nous que notre vie future sera heureuse ?

Qui saisira notre main au milieu des ténèbres ? Qui nous fera voir derrière les ombres de la mort un rayon de l'aurore éternelle ? En un mot, qui nous ôtera la pierre du sépulcre ? « Et ayant regardé, elles virent que la pierre avait été ôtée ». O surprise ! O ineffable joie ! Personne n'est revenu de la région mystérieuse de l'autre monde pour nous en parler, sinon Jésus-Christ qui a vécu pour nous, qui est mort pour nous et qui a victorieusement combattu le combat contre le péché. Il ouvrira notre tombeau et celui de nos bien-aimés comme il a ouvert le sien ; il nous aidera à vaincre les frayeurs de la mort, et à en rompre les liens, comme il a vaincu les unes et rompu les autres pour lui-même. L'événement dont nous célébrons aujourd'hui la mémoire repose sur des preuves certaines. Pour nous en réjouir dans la vie et dans la mort, il nous faut la certitude que Christ est vivant, que nous n'avons pas à le chercher parmi les morts et qu'il est aussi notre Sauveur toujours présent et prêt à enlever la pierre du sépulcre. S'il nous appelle à passer par la voie douloureuse en suivant nos bien-aimés au champ du repos, il ôtera la pierre qui les couvre, et nous permettra de voir à travers leur tombeau la patrie céleste, avec ses plaines toujours fleuries, où ils reposent de leurs travaux, où leurs œuvres les suivent, et où ils sont couronnés de gloire. Nous serons alors saisis d'une véritable nostalgie de la patrie céleste ; et quand nous marcherons nous-mêmes par la vallée de l'ombre de la mort, nous serons consolés par son bâton et sa houlette, et par sa Parole éternelle qui demeurera quand le ciel et la terre ne seront plus. Lui-même, le bon Berger, sera alors tout près de nous ; il mettra sa brebis fatiguée sur ses épaules et la portera avec joie au bercail.

PRIÈRE.

Seigneur Jésus, vainqueur de la mort ! C'est avec des sentiments d'adoration, de reconnaissance et de joie que nous nous approchons de toi en ce jour solennel. Nous entonnons aujourd'hui l'hymne de tous les rachetés : « O mort, où est ton aiguillon, ô sépulcre, où est ta victoire ? Grâces soient rendues à Dieu qui nous a donné la victoire ! » C'est pour nous aussi, Prince de la vie, que tu as triomphé, rompu les liens du sépulcre et éclairé la vallée sombre de la mort. Nous pouvons maintenant penser sans effroi à notre dernière heure ; tu nous ressusciteras et nous ferons vivre éternellement avec toi. Nous te prions de faire luire dans nos âmes la bonne nouvelle de ce jour comme un brillant rayon de soleil, de produire en nous une foi joyeuse à ta glorieuse résurrection. Qu'elle répande sa clarté sur notre propre tombe, que nous y puisions d'abondantes consolations et un baume pour toutes les blessures que tu nous as faites en rappelant à toi nos bien-aimés. Accorde-nous, dans ton amour, une riche bénédiction de Pâques !

Ainsi tu vis, ô toi ma vie !	Mais je sais ta fidélité:
Il n'est plus pour moi de trépas.	O Ressuscité ! je t'adore,
Le moqueur qui ne te croit pas	Et déjà j'entrevois l'aurore
Insulte à mon âme ravie.	Du jour de ton éternité ! Amen.

PAQUES (Soir).

Si l'on prêche que Christ est ressuscité des morts, comment quelques-uns parmi vous disent-ils qu'il n'y a point de résurrection des morts ? Et s'il n'y a point de résurrection des morts, Christ aussi n'est point ressuscité. Et si Christ n'est point ressuscité, notre prédication est donc vaine, et votre foi aussi est vaine. Il se trouve même que nous sommes de faux témoins de Dieu ; car nous avons rendu ce témoignage à l'égard de Dieu, qu'il a ressuscité Christ, lequel il n'a point ressuscité, si les morts ne ressuscitent point. Car si les morts ne ressuscitent point, Christ n'est pas non plus ressuscité. Et si Christ n'est point ressuscité, votre foi est vaine, et vous êtes encore dans vos péchés. Mais maintenant Christ est ressuscité, et il est devenu les prémices de ceux qui sont morts.

(1 Cor. 15, 12-20).

MÉDITATION.

Si Jésus-Christ n'était pas ressuscité, la prédication des apôtres et toute leur activité dans le monde eussent été vaines, car l'Esprit de Dieu, qui devait glorifier le divin Ressuscité, ne serait certainement pas descendu sur eux. Nous serions encore dans nos péchés, car l'œuvre rédemptrice du Christ n'eût pas eu de sanction ; il ne pourrait accueillir nos soupirs, ni entendre notre cri : « Reste, reste avec nous ! » Il n'éclairerait pas notre voie, et à notre départ de ce monde, nous ne tomberions pas dans les bras de notre céleste ami, mais bien dans ceux du roi des épouvantements. Mais Jésus, notre espérance et notre Sauveur est ressuscité, il est vivant ; ceux qui sont morts en lui revivront par lui ; il est devenu les prémices de ceux qui dorment. Si la bonne nouvelle de Pâques était vaine, nous serions, avec notre foi en la résurrection, plus à plaindre que ceux qui n'ont pas cette foi. Nous consumerions notre vie en soupirs non apaisés, en aspirations non satisfaites, en prières non exaucées, et nous serions les jouets d'une immense illusion. Mais Christ est vraiment ressuscité. La foi des apôtres, la foi de nos pères et de notre enfance, n'est pas une chimère ; elle est le fondement inébranlable de notre espérance en une vie éternelle et bienheureuse. Les justes sont heureux, parce qu'ils jouiront du fruit de leur travail ; ils ont déjà ici-bas un avant-goût des forces du monde à venir. Dieu a préparé pour ceux qui l'aiment ce qu'aucun œil n'a vu, ce qu'aucune oreille n'a entendu et ce qui n'est jamais venu dans aucun cœur d'homme : ils vivront éternellement. « Celui qui croit au Fils, a la vie éternelle ».

Prière.

Seigneur notre Dieu et notre bon Père céleste ! Béni sois-tu de ce que, par ta puissance et ta gloire, tu as ressuscité ton cher Fils d'entre les morts, et de ce que tu veux aussi nous ressusciter pour la vie éternelle. Fais-nous sortir avec lui du sépulcre sur lequel il a remporté la victoire. Donne-nous, Seigneur Jésus, d'accueillir avec foi et reconnaissance la vérité bienheureuse que proclame la fête de ce jour ; aide-nous à la conserver fidèlement, afin qu'elle soit notre lumière dans la vie, notre espérance et notre consolation à l'heure de la mort.

Tu vis ! que me serait la vie,	Ils t'ont revu, leur Dieu, leur frère ;
Jésus ! si tu ne vivais pas ?	Ils annoncent dans la cité
Mais tu vis, on a vu tes pas	Que Jésus est ressuscité :
Au jardin où pleurait Marie.	Leur voix couvre toute la terre.
Tristes, effrayés, à genoux,	Aux verges ils offrent leur corps,
Tes saints témoins versaient des larmes.	Au glaive ils immolent leur âme,
Tu vins, et chassant leurs alarmes	Et leur sang ruisselant proclame
Tu dis : « La paix soit avec vous ! »	Que tu n'es plus entre les morts ! Amen

LUNDI (Matin).

Ce jour-là même, deux d'entre eux s'en allaient à un bourg, nommé Emmaüs, qui était éloigné de Jérusalem de soixante stades. Et ils s'entretenaient de tout ce qui était arrivé. Et comme ils s'entretenaient, et qu'ils discutaient, Jésus lui-même, s'étant approché, se mit à marcher avec eux. Mais leurs yeux étaient retenus, de sorte qu'ils ne le reconnurent point, et il leur dit : Quels sont ces discours que vous tenez ensemble chemin faisant, et pourquoi avez-vous le visage triste ?   (St. Luc 24, 13-17).

Méditation.

Qu'on aime à se joindre à ces disciples affligés mais fidèles, et au mystérieux étranger qui leur parle avec tant de sympathie !

On croit sentir autour d'eux un souffle printanier qui renouvelle la terre et épanouit le cœur ; on chemine soutenu par le pressentiment du sépulcre ouvert et par l'espérance d'une consolation éternelle. Si le Seigneur est vraiment avec nous, s'il est le partage et la consolation de nos cœurs, il nous élève au-dessus des tristesses et des incertitudes de la vie. Avec lui la perte des biens terrestres ne peut nous affliger outre mesure, et nous ne nous désolons pas du départ de nos bien-aimés comme ceux qui sont sans espérance. Rien ne saurait troubler la joie de Pâques pour ceux qui croient en Christ, ni les inquiétudes, ni les douleurs, ni les séparations. Cette joie est offerte à chacun avec toutes les bénédictions qui en découlent ; elle demeure lorsque le monde passe avec ses convoitises ; aucune puissance ne peut nous la ravir.

PRIÈRE.

Seigneur Jésus, Prince de la vie ! Tu t'es approché avec bonté et condescendance de tes disciples sur le chemin d'Emmaüs, et tu leur as donné de poursuivre avec courage et joie le chemin de la vie ; daigne aussi t'approcher de nous pour nous fortifier et nous bénir. Tu connais nos tristesses et nos défaillances ; tu sais combien nous avons besoin de ton secours pour continuer courageusement notre route, malgré les luttes et les peines que nous rencontrons à chaque pas. Viens illuminer notre sentier par ta présence et par l'espérance de posséder un jour l'héritage qui ne peut se corrompre ni se flétrir, et qui est réservé dans les cieux pour nous. Demeure avec nous et conserve-nous dans ta paix.

O Fils de Dieu ! quelle assurance,
Par ton Esprit, se répand dans nos cœurs !
Jamais la mort ni ses sombres terreurs
Ne prévaudront contre notre espérance.
Oui, notre foi triomphe en ta puissance,
Et du tombeau nous rend plus que vainqueurs.   Amen.

LUNDI (SOIR).

Pierre, prenant la parole dit: En vérité, je reconnais que Dieu n'a point égard à l'apparence des personnes, mais qu'en toute nation, celui qui le craint et qui s'adonne à la justice, lui est agréable. Telle est la parole qu'il a donnée aux enfants d'Israël, en leur annonçant la bonne nouvelle de la paix par Jésus-Christ, qui est le Seigneur de tous. Vous savez ce qui est arrivé dans toute la Judée, après avoir commencé en Galilée, après le baptême que Jean a prêché; comment Dieu a oint du Saint-Esprit et de puissance Jésus de Nazareth, qui allait de lieu en lieu faisant du bien, et guérissant tous ceux qui étaient opprimés par le diable; parce que Dieu était avec lui. Et nous, nous sommes témoins de toutes les choses qu'il a faites, tant au pays des Juifs qu'à Jérusalem. Ils l'ont fait mourir, le pendant au bois; mais Dieu l'a ressuscité le troisième jour, et lui a donné de se faire voir, non à tout le peuple, mais à des témoins que Dieu avait choisis d'avance, à nous qui avons mangé et bu avec lui, après qu'il a été ressuscité des morts. (Actes 10, 34-41).

MÉDITATION.

Ces paroles de l'apôtre Pierre renferment une admirable et majestueuse prédication de l'universalité de la grâce divine, de la tolérance chrétienne et de la charité, qu'on oublie souvent au sein de la chrétienté. Elles condamnent tout esprit pharisaïque et toute haine nationale. Toutefois il ne faut pas abuser de ces belles paroles, comme c'est souvent le cas, pour justifier l'indifférence en matière religieuse. Si telle avait été la pensée de l'apôtre Pierre, pourquoi serait-il allé à Césarée? Si Corneille avait été juste devant Dieu tel qu'il était, aurait-il eu besoin de l'Evangile du Sauveur, du baptême et du St. Esprit? Comprenons avec l'apôtre que dans tout peuple et toute nation, l'âme qui soupire après le salut, peut aller à Christ et par lui à Dieu. Jésus-Christ est le chemin, la vérité et la vie, personne ne vient au Père que par lui. Il est le vainqueur de la mort, le Prince de la vie; c'est par lui que nous remportons la victoire sur la mort et le sépulcre. C'est de lui que procèdent la paix et le salut pour le peuple d'Israël d'abord, et ensuite pour le monde entier.

PRIÈRE.

Grâces te soient rendues, Dieu miséricordieux et fidèle, pour toutes les bénédictions que tu as répandues sur nous pendant ces jours de fête. Aide-nous à les conserver; ne permets pas que les grâces que ta Parole et ton Esprit ont déposées dans nos cœurs, se perdent dans le bruit et les distractions de la vie. Unis tous tes enfants dans un même sentiment de reconnaissance, d'adoration et d'amour. Glorifie-toi en nous et dans tous ceux que nous aimons, fortifie notre foi, fais que tous ensemble nous vivions pour celui qui est mort et ressuscité pour nous. Rends efficace la prédication de ton Evangile partout où il est annoncé, fais pénétrer la lumière dans les ténèbres, la vie là où règne la mort ; hâte ces temps heureux où tout genou fléchira devant toi et où toute langue confessera que Jésus-Christ est le Seigneur à la gloire de Dieu le Père.

O sainte et divine Parole,
Tu nous fis sortir du tombeau.
Jusque sur les glaces du pôle
A relui ton divin flambeau.

Que rien ne borne ta carrière;
Que tous les cœurs te soient ouverts,
Et que les flots de ta lumière
Se répandent sur l'univers.   Amen.

MARDI (Matin).

Le juste meurt, et personne n'y prend garde; les gens de bien sont recueillis sans que nul comprenne que le juste est recueilli devant le mal. Il entre dans la paix. Ils se reposent sur leurs couches, ceux qui ont marché dans le droit chemin. (Es. 57, 1 et 2).

Méditation.

L'ancien testament ne jette qu'un faible jour sur ce qui attend l'âme après cette vie. Pour le juste de l'ancienne alliance, comme pour le païen, le séjour des morts était l'empire de la tristesse et des ténèbres, éclairé de loin en loin d'un rayon de lumière et d'espérance. « Je sais que mon Rédempteur est vivant, » dit Job, et dans Daniel nous lisons : « Plusieurs de ceux qui dorment dans la poussière de la terre se réveilleront, les uns pour la vie éternelle, les autres pour l'opprobre et une infamie éternelle. » Le beau jour qui nous donne l'entière certitude d'une vie au-delà de la tombe, ne s'est levé que le matin de Pâques, à cette glorieuse nouvelle : « Christ est vraiment ressuscité ! » Cette assurance bienheureuse éclaire notre mort et notre tombe d'une lumière immortelle, et en dissipe toutes les terreurs ; elle fait naître dans nos âmes une joyeuse foi à notre propre résurrection. Elle est en même temps un baume sur les blessures de nos cœurs, qui saignent et souffrent à la pensée de la terre qui recouvre, au champ du repos, les bien-aimés qui nous ont devancés dans la patrie éternelle.

Prière.

Béni sois-tu, Seigneur, notre Dieu, de nous avoir permis de revoir la lumière de ce jour. Aide-nous à reprendre notre travail le cœur content et reconnaissant, et à accepter sans murmures tout ce que ta main nous envoie. Donne-nous une foi vivante et profonde en la glorieuse résurrection de ton Fils et en notre propre résurrection ; fais-nous y puiser toutes les espérances et toutes les consolations qui peuvent nous soutenir dans les luttes et les peines de cette vie, et surtout à l'heure de notre mort. Que ta grâce agisse dans nos âmes, que ton Esprit nous guide et nous sanctifie, afin que tu nous reconnaisses pour tiens au jour où tu rassembleras tes élus. Exauce-nous pour l'amour de Jésus, notre Sauveur.

Tout est pardonné, tout remis,	Hommes vivants, hommes nouveaux.
Le ciel ouvert, ses biens promis ;	Persévérons, et par avance
La foi nous rend à l'espérance.	Saisissons l'immortalité :
Croyons, sortons de nos tombeaux	Le Seigneur est ressuscité. Amen.

MARDI (Soir).

Commençant par Moïse et par tous les prophètes, il leur expliquait, dans toutes les Ecritures, ce qui le regardait. Ainsi ils approchèrent du bourg où ils allaient, mais Jésus faisait comme s'il voulait aller plus loin. Et ils le contraignirent à s'arrêter, en lui disant : Demeure avec nous ; car le soir commence à venir, et le jour est sur le déclin. Il entra donc pour demeurer avec eux. (Luc. 24, 27-29).

Méditation.

On peut connaître le Seigneur et néanmoins manquer de foi. Tel était le cas pour les deux disciples qui allaient à Emmaüs, et qui s'entretenaient tristes et découragés de ce qui remplissait leur cœur : des douloureux événements dont ils avaient été témoins et de leurs espérances anéanties. Et pourtant dans ce moment même, les promesses de leur Maître avaient reçu leur réalisation ; bien plus, ce Maître était à leurs côtés, prêt à les consoler et à les remplir d'une indicible joie. Ah ! comme dans leur entretien avec cet inconnu, ils sentaient vite renaître leur foi et leur courage ! « Notre cœur ne brûlait-il pas au dedans de nous, lorsqu'il nous expliquait les Ecritures ? » Oui, leur cœur brûlait à l'ouïe de ses révélations merveilleuses ; la lumière resplendissante de la nouvelle alliance brillait tout à coup dans leur âme, « Reste avec nous, Seigneur », lui disent-ils « reste avec nous ». Ils éprouvent dans sa présence un bonheur ineffable et ne désirent plus se séparer de lui. Le Seigneur, contraint par leur prière, demeure avec eux et leur laisse sa bénédiction et sa paix. Jésus a été fidèle et il l'est encore. Si nos cœurs battent à l'unisson du sien, si nous désirons ardemment sa présence, il demeure avec nous ; jamais on ne l'invite en vain. Il reste alors que tout autour de nous s'obscurcit et s'assombrit ;

il nous accompagne sur notre route ici-bas, et nous introduira un jour dans les tabernacles éternels.

Prière.

Seigneur et Sauveur, daigne nous accorder la bénédiction que tu as accordée à tes deux disciples ; veuille entrer sous notre toit à cette heure paisible du soir. Rafraîchis nos cœurs par ta paix divine après les fatigues et les inquiétudes du jour. Donne-nous la certitude que nous avons en toi un ami qui compatit à nos peines, qui nous console et ne nous abandonne jamais. Fais-nous la grâce de sentir ta douce présence, aide-nous à nous détacher de tout ce qui pourrait t'éloigner de nous et nous priver de ta bénédiction et de ta paix.

> Reste avec nous, Seigneur, le jour décline.
> La nuit s'approche et nous menace tous !
> Nous implorons ta présence divine !
> Reste avec nous, Seigneur, reste avec nous !
> En toi nos cœurs ont salué leur Maître,
> En toi notre âme a trouvé son Epoux ;
> A ta lumière elle se sent renaître :
> Reste avec nous, Seigneur, reste avec nous.   Amen.

MERCREDI (Matin).

Le corps est semé corruptible, il ressuscite incorruptible ; il est semé méprisable, il ressuscite glorieux ; il est semé infirme, il ressuscite plein de force ; il est semé corps animal, il ressuscite corps spirituel.

(1 Cor. 15, 42-44).

Méditation.

La terre, qui depuis des siècles, recueille dans son sein, les enfants des hommes, nous apparaît à la lumière de cette parole apostolique comme un vaste champ aux semailles précieuses, qui lèveront et fleuriront, lorsque le souffle de Dieu passera dessus. Mais jusqu'à ce que vienne ce beau jour, « notre corps est semé méprisable ». Nous comprenons sans peine le sens de ces mots auprès du lit de mort d'un de nos bien-aimés, quand nous voyons avec épouvante ce que devient cette enveloppe terrestre, dès que la mort lui imprime son sceau affreux. Quelle consolation puissante si, dans ces moments d'effroi et d'angoisse, nous pouvons répéter avec foi : « Le corps est semé méprisable et infirme, mais il ressuscitera glorieux et plein de force » ; et ces autres paroles de l'apôtre : « Ce que l'œil n'a point vu, ce que l'oreille n'a point entendu, ce qui ne serait jamais monté à l'esprit de l'homme, Dieu l'a préparé pour ceux qui l'aiment ».

Prière.

Père de notre Seigneur Jésus et par lui aussi notre Père ! C'est sous ton regard et sous ta protection que nous voulons nous placer en commençant ce nouveau jour. Donne-nous la force et la sagesse nécessaires pour en faire un bon usage et pour nous conduire comme tes enfants. Que malgré les épreuves et les tristesses de cette vie nous poursuivions sans cesse la course qui nous est proposée, soutenus par les glorieuses espérances que nous donne ta Parole. Aide-nous à retenir la ferme assurance que tu disposes tout pour le bonheur des tiens, et que tu glorifieras un jour non seulement notre esprit, mais aussi notre corps, déposé en terre, comme un grain de semence. Bénis abondamment tous ceux qui nous sont chers ; nous les recommandons à ton amour avec leurs besoins spirituels et temporels. Souviens-toi en particulier de ceux qui sont dans l'affliction ; veuille les soutenir et les consoler par la certitude de ton amour qui fait concourir toutes choses à notre bien et à notre délivrance éternelle.

Il vient ce jour, joie indicible !
  Où ce corps se relèvera,
Où semé faible et corruptible,
  En gloire il ressuscitera.

Oui, de son état méprisable,
  Il sortira tout radieux,
Par ton pouvoir rendu semblable,
  Jésus à ton corps glorieux. Amen.

MERCREDI (Soir).

Le soir de ce jour, qui était le premier de la semaine, les portes du lieu où les disciples étaient assemblés étant fermées, par crainte des Juifs, Jésus vint et se présenta au milieu d'eux et leur dit: La paix soit avec vous ! Et quand il eut dit cela, il leur montra ses mains et son côté. Les disciples donc, voyant le Seigneur, eurent une grande joie. Il leur dit de nouveau : La paix soit avec vous! Comme mon Père m'a envoyé, je vous envoie aussi. (St. Jean 20, 19-21).

Méditation.

L'homme, qui sonde son cœur, reconnaît que souvent il est semblable à une mer agitée avec son mouvement incessant et ses flots tumultueux, qui vont et viennent sans trêve ni repos. Si le calme est quelquefois à la surface, le fond est en tourmente. Etant de sa nature un être inquiet et mécontent, tout contribue à l'agiter et à troubler sa paix : les souvenirs du passé, les soucis du présent, l'attente de l'avenir. Et d'où vient ce trouble et cette agitation, sinon de son éloignement de Dieu dont la présence et la communion sont la source de la paix ? Si déjà un homme de Dieu répand autour de lui un souffle de paix, que sera-ce de la présence et de la parole de celui qui s'appelle le Prince de la paix ? Ouvrons-lui notre cœur pour qu'il puisse y faire son entrée ; courbons la tête, humilions-nous, afin que sa bénédiction descende sur nous. Sa paix reposera sur tout enfant de paix.

Prière.

Seigneur Jésus, viens faire ton entrée chez nous et donne-nous ta paix. Sans toi notre cœur ne peut la connaître, mais si tu es avec nous, si en toi nous avons trouvé le pardon, tu nous accordes aussi cette paix qui surpasse toute intelligence. Seigneur, nous l'attendons de toi, donne-la-nous ; qu'elle nous accompagne et nous soutienne à travers les difficultés et les combats de la vie. Nous te rendons des actions de grâces pour tous les bienfaits que nous avons reçus de ta main pendant le jour écoulé ; pardonne-nous tous nos péchés, toutes nos négligences dans l'accomplissement de nos devoirs et accorde-nous un sommeil paisible. Bénis-nous et multiplie-nous ta paix ainsi qu'à tous ceux que nous aimons, pour l'amour de Jésus-Christ.

Que ta paix coule comme un fleuve	Du haut de la sainte montagne,
Qui porte au loin ses grandes eaux ;	Répands-la selon nos souhaits !
Et que mon âme s'en abreuve,	Et que ton Esprit l'accompagne
Comme la brebis au ruisseau.	Roi de Salem, prince de paix ! Amen.

JEUDI (Matin).

Nous avons été ensevelis avec lui par le baptême en sa mort, afin que comme le Christ est ressuscité des morts par la gloire du Père, de même nous marchions, nous aussi, dans une vie nouvelle. (Rom. 6, 4).

Méditation.

L'Ecriture sainte prend très au sérieux la communion que le chrétien doit avoir avec son divin Maître. Elle veut qu'il devienne une même plante avec lui, selon ces paroles : « Si nous mourons avec lui, nous vivrons aussi avec lui ». La gloire du matin de Pâques doit se refléter dans notre cœur, sur notre visage et dans notre vie. Après sa résurrection, le Sauveur n'avait plus rien à faire avec le péché qui gisait vaincu à ses pieds ; son enfant fidèle doit en triompher à son tour par la foi et vivre ensuite toujours plus de la vie nouvelle qui vient de Dieu et qui conduit à Dieu. Celui qui ne fait pas de progrès dans la vie chrétienne, ne puise pas à la source de la vie qui n'est pas la doctrine de Jésus-Christ, mais sa personne même, l'union avec lui par la foi. S'il habite dans nos cœurs, nous croissons dans sa grâce et dans sa connaissance, et nous arrivons peu à peu à la stature parfaite de Christ.

PRIÈRE.

Seigneur, notre Dieu ! Tu nous appelles à être ton peuple, tes enfants, et tu nous ouvres en Christ tous les trésors de la force et de la vie nouvelle. Sois béni pour ton grand amour ; donne-nous d'y répondre avec des cœurs qui éprouvent une véritable soif de tes grâces. Unis-nous à Jésus par les liens de la foi, de l'amour et de l'obéissance, afin qu'il puisse nous communiquer sa vie et nous renouveler à sa sainte image. O Seigneur, ne laisse pas ton œuvre inachevée en nous, fais mourir dans nos cœurs toute trace du vieil homme, conduis-nous de progrès en progrès jusqu'à ce que nous puissions dire en toute vérité : Ce n'est plus moi qui vis, mais c'est Christ qui vit en moi.

Béni soit Dieu, dont la grâce infinie
Fait naître en nous une nouvelle vie,
Par l'Esprit-Saint, que nous a mérité
Jésus, son Fils, mort et ressuscité.

O Fils de Dieu ! règne seul dans nos âmes ;
Remplis-nous tous de tes divines flammes,
Tu nous sauvas en mourant sur la croix ;
Soumets nos cœurs à tes divines lois.
Amen.

JEUDI (SOIR).

Marie se tenait dehors, près du sépulcre, en pleurant ; et comme elle pleurait, elle se baissa dans le sépulcre, et elle vit deux anges vêtus de blanc, assis l'un à la tête, et l'autre aux pieds, au lieu où le corps de Jésus avait été couché. Et ils lui dirent : « Femme, pourquoi pleures-tu ? » Elle leur dit : « Parce qu'on a enlevé mon Seigneur, et je ne sais où on l'a mis. »

(St. Jean 20, 11-13).

MÉDITATION.

Marie Madeleine avait de la peine à quitter le sépulcre où le Christ avait été déposé. Il est encore pour elle le Seigneur, et comme elle ne peut plus s'attacher à sa personne vivante, elle veut du moins ne pas se laisser ravir son corps. Quelle profonde impression ne fait-elle pas sur nous, quand nous la voyons sur le seuil du tombeau ouvert, consumée par la douleur et plongeant le regard dans cette nuit profonde, tandis que derrière elle le soleil s'est déjà levé brillant d'un éclat plus radieux qu'elle ne l'eût jamais pressenti ! Et n'est-ce pas là l'histoire souvent répétée de notre vie ? Ah ! toutes les fois que nous aussi nous nous tiendrons sur le bord d'une tombe, accablés par la douleur, l'œil absorbé dans la nuit froide et sombre, rappelons-nous les larmes de Marie et son regard désolé, mais aussi le soleil qui brillait derrière elle dans toute sa gloire !

Prière.

Si tu es avec nous, Seigneur, nous pouvons nous reposer en paix. Exauce notre prière et reste avec nous par ta grâce. Chaque jour nous avons à nous humilier devant toi et à implorer ton pardon. Nous venons le faire maintenant, et nous te prions de mettre en oubli tout le mal que nous avons fait aujourd'hui ; tu nous vois contrits et repentants ; pardonne-nous, bon Père céleste, et bénis-nous. Apprends-nous à te rendre grâces de tous tes bienfaits, surtout de la glorieuse résurrection de ton Fils, notre Seigneur et Sauveur, et des espérances éternelles que tu nous donnes par elle. Fortifie notre foi, donne-nous dans toutes nos épreuves, dans nos tristesses, dans nos deuils d'être consolés par l'attente de cette vie éternelle et bienheureuse que tu promets à tes enfants. Sois avec nous pendant cette nuit, sois avec tous ceux que nous aimons, garde-nous dans ton amour en Jésus-Christ.

> Jésus sort de la tombe,
> Il vit, il est vainqueur.
> Déjà la mort succombe,
> Au pouvoir du Sauveur.
>
> Triomphons de sa gloire,
> Adorons sa grandeur.
> Où donc est ta victoire,
> Sépulcre destructeur ?   Amen.

VENDREDI (Matin).

Ayant dit cela, elle se retourna, et vit Jésus debout, mais elle ne savait point que c'était Jésus. Jésus lui dit : « Femme, pourquoi pleures-tu ? Qui cherches-tu ? » Elle, croyant que c'était le jardinier, lui dit : « Seigneur, si tu l'as emporté, dis-moi où tu l'as mis et je le prendrai. »

(St. Jean 20, 14 et 15).

Méditation.

Est-ce le comble de la douleur qui voilait son regard au point de ne plus reconnaître celui qui l'avait guérie, et à qui elle avait souvent adressé des demandes ou des actions de grâces ? Il se pourrait, car ne nous arrive-t-il pas quelquefois d'avoir les yeux voilés par les larmes et de ne pas reconnaître le Sauveur qui se tient à nos côtés ? Du reste, bien des passages de l'Ecriture sainte indiquent qu'un changement glorieux a dû s'opérer dans l'extérieur du Christ. Absorbée dans sa douleur, Marie le prend pour le jardinier. Jésus ne lui dit rien de particulier, il se borne à prononcer son nom ; elle reconnaît sa voix aimée à l'accent dont il l'appelle, et s'écrie : « Mon Maître ! » — Heureuse Marie, elle ne peut plus douter ; la voix de Jésus a retenti dans son âme, elle est inondée de joie, elle a retrouvé son Sauveur ! — Qui dira les ravissements qui seront le partage du fidèle au-delà de ce monde, au grand matin de la Pâque éternelle, lorsqu'il lui sera donné de voir et d'entendre pour la première fois Celui qui l'a sauvé et racheté !

PRIÈRE.

Notre bon Père céleste ! Nous élevons nos cœurs à toi au commencement de ce jour, nous te bénissons pour toutes les grâces que tu ne cesses de répandre sur nous. Tu nous as protégés pendant la nuit, tu nous as gardés de tout mal, et dès le matin tu nous entoures de ta bonté et de ton amour. Que ton saint Nom en soit loué ! Apprends-nous à mettre toute notre confiance en toi, montre-nous le chemin par lequel nous devons marcher. Si tu veux que nous passions par des moments difficiles, fais-nous sentir ton puissant secours ; que dans nos épreuves, nos tentations, nos détresses, nous regardions à Celui qui était mort et qui est vivant aux siècles des siècles pour soutenir, consoler et bénir ses enfants. Jésus sois notre force dans la vie et notre espérance dans la mort. Soutiens notre foi chancelante, garde-nous et tous ceux qui nous sont chers dans ton amour et dans ta paix.

Grâce à ta tendresse,
Toute ma tristesse,
Se change en bonheur ;
Ta douce présence
Finit ma souffrance,
Guérit ma langueur.
'O Sauveur !
Sois de mon cœur,
Dans la mort et dans la vie,
La joie accomplie. Amen.

VENDREDI (Soir).

Jésus lui dit : Ne me touche point, car je ne suis pas encore monté vers mon Père, mais va vers mes frères, et dis-leur que je monte vers mon Père et votre Père, vers mon Dieu et votre Dieu.   (St. Jean 20, 17).

Méditation.

Jésus avait déclaré auparavant : « Si vous m'aimiez, vous vous réjouiriez de ce que j'ai dit : « Je m'en vais à mon Père, car mon Père est plus grand que moi. » Ici il donne à entendre qu'il va vers son Père pour être dans la gloire, pour s'asseoir à sa droite sur son trône. Sa résurrection était déjà une glorification, mais encore incomplète. Qu'il est consolant pour nos cœurs de l'entendre dire : « Va vers mes frères », et dis-leur : « je monte vers mon Père et votre Père, vers mon Dieu et votre Dieu ; » c'est comme s'il disait : Je ne suis pas arrivé à l'apogée de ma gloire, mais là même je n'aurai pas honte de vous appeler mes frères, car là où je serai, là mes serviteurs seront aussi avec moi. Nous savions bien qu'en se rendant semblable à nous en toutes choses et en adoptant notre nature humaine, il n'avait pas eu honte de s'appeler notre frère. Mais qui aurait osé s'attendre que loin de rougir de nous, il se glorifierait même, sur le trône de Dieu, de notre fraternité ? Aussi qui pourrait dire ce qu'il y a de pensées élevées, d'indicibles consolations et de radieuses espérances dans ce fait que le divin Ressuscité est assis à la droite de Dieu et qu'une domination souveraine est entre les mains de celui qui nous appelle encore ses frères ? Approchons-nous donc de lui hardiment et avec confiance ; laissons là nos tristesses et nos découragements. Si nous savons tomber à ses pieds, il saura bien nous relever et nous conduire au but.

Prière.

Quelle grâce tu nous fais, Dieu de bonté et de miséricorde, de nous permettre à toute heure de nous approcher de toi avec confiance au nom de ton cher Fils. Fais-nous toujours mieux comprendre tous les privilèges qu'il nous a acquis, afin que notre cœur s'assure et se réjouisse en lui. Béni sois-tu, Seigneur Jésus, de ton grand amour pour nous ; béni sois-tu de n'avoir pas eu honte de te rendre semblable à nous et de nous appeler tes frères. Oh ! que nous n'ayons jamais honte de toi ! Donne-nous un saint courage pour te confesser et pour te rendre en tout temps un fidèle témoignage, afin qu'un jour tu puisses nous confesser devant notre Père céleste. Aide-nous à attacher nos cœurs aux choses qui sont invisibles et éternelles. Si tu nous appelles à traverser des moments difficiles, soutiens-nous par la bienheureuse certitude que tu es allé nous préparer une place dans la maison du Père, que nous serons là où tu es aussi pour partager la gloire que tu réserves à tes enfants. Seigneur Jésus, nous espérons en toi, guide-nous par ton Esprit, garde-nous par ton amour, sauve-nous et bénis-nous avec tous nos bien-aimés au nom de tes compassions infinies.

Auprès de toi mon âme est en repos ;
Elle a trouvé un sûr refuge ;
Elle est heureuse et n'a plus de fardeau,
Elle ne craint ni jugement, ni juge ;
Avec Jésus pour Sauveur, pour frère,
Tout lui dit : Espère !   Amen.

SAMEDI (Matin).

Après qu'ils eurent dîné, Jésus dit à Simon Pierre: Simon, fils de Jona, m'aimes-tu plus que ceux-ci? Pierre répondit: Oui, Seigneur, tu sais que je t'aime. Jésus lui dit: Pais mes agneaux. Il lui dit une seconde fois: Simon, fils de Jona, m'aimes-tu? Pierre lui répondit: Oui, Seigneur, tu sais que je t'aime. Jésus lui dit: Pais mes brebis. Il lui dit pour la troisième fois: Simon, fils de Jona, m'aimes-tu? Pierre fut attristé de ce qu'il lui avait dit pour la troisième fois: M'aimes-tu? Et il lui dit : Seigneur, tu connais toutes choses, tu sais que je t'aime. Jésus lui dit : Pais mes brebis.   (St. Jean 21, 15-17).

Méditation.

« M'aimes-tu ? » Le vrai chrétien répond par un *oui* franc, énergique, joyeux, confirmé par sa vie à cette question du Christ. Que répondrons-nous en sincérité de cœur à la même question ? N'aurons-nous pas à confesser que souvent nous avons renié le Seigneur, que notre premier amour s'est refroidi pour lui, ou que nous l'aimons en paroles plutôt qu'en vérité ? M'aimes-tu ? demande encore le Maître à son disciple, question de reproche, mais aussi de consolation qui devait verser un baume sur le cœur de Pierre. Après sa chute, il s'était demandé sans doute avec angoisse si le Seigneur lui adresserait de nouveau la parole, et lui donnerait l'assurance de son pardon. Admirons de quelle manière douce et tendre Jésus répond au repentir de son disciple. S'il le confond d'abord, c'est pour le relever aussitôt. « M'aimes-tu ? » dit-il pour la troisième fois, et Pierre répond : « Tu sais toutes choses, tu sais que je t'aime ». — Ici c'est l'amour terrestre avec ses élans impétueux, son inconstance, ses chutes, là c'est l'amour divin, calme, profond, plein de paix et de sérénité. Que cet amour céleste soit l'idéal que nous poursuivons sur la terre, et un jour nous aimerons parfaitement dans le ciel, où nous serons semblables à Jésus, parce que nous le verrons tel qu'il est.

Prière.

C'est ta grâce, Seigneur, qui nous a soutenus jusqu'ici; tu nous as gardés, bénis, supportés avec patience et amour. Souvent, Seigneur, nous nous sommes rendus indignes d'être appelés tes enfants, nous avons été ingrats, nous t'avons renié par nos paroles ou nos actions. Pardonne-nous, ô Dieu, toutes nos faiblesses, toutes nos infidélités, que nous te confessons avec repentir. Viens agir en nous par ta grâce toute-puissante, fais que notre amour pour toi, notre Seigneur et Sauveur, ne consiste pas seulement en paroles et en sentiments, mais que nous t'aimions en effet et en vérité; que nous te suivions dans la joie et dans la tristesse, que nous te sentions toujours près de nous et que rien ne nous sépare de toi. Bénis-nous et fortifie-nous, afin que notre vie tout entière soit à ta gloire.

> Je veux t'aimer, ô Dieu plein de tendresse,
> Qui m'aimas le premier!
> Je veux t'aimer, soutien de ma faiblesse,
> Mon fort, mon bouclier!
>
> Je veux t'aimer, source de toute grâce,
> Auteur de mon salut!
> Je veux t'aimer, tourne vers moi ta face,
> Conduis-moi vers le but!   Amen.

SAMEDI (Soir).

Soyez joyeux dans l'espérance, patients dans l'affliction, persévérants dans la prière.   (Rom. 12, 12).

Méditation.

Celui qui sert le Seigneur a le cœur au large, car le but de ses aspirations est la félicité éternelle. Soutenu par cette perspective et cette espérance, il avance, heureux pèlerin, sur le chemin de la vie, se réjouissant à l'avance de la vue magnifique qui l'attend sur les hauteurs, et fortifié dans sa joie par les échappées lumineuses qu'il rencontre çà et là sur sa route. Il est vrai que les heures pénibles ne lui sont pas épargnées. Le soleil darde sur lui ses rayons ardents, les tempêtes grondent, les nuages enveloppent les cimes avec leurs vues ravissantes.

Voilà pourquoi il nous est dit : « Soyez patients dans l'affliction ». Chargez-vous avec soumission du fardeau qui vous est imposé, et poursuivez courageusement votre course. Les hauteurs vers lesquelles vous vous dirigez, bien que voilées, n'en existent pas moins. Combattre et vaincre, telle est la devise de la patience. Notre vie est tantôt éclairée du soleil du bonheur, tantôt plongée dans la nuit des afflictions, mais il y a un lien qui unit la joie dans l'espérance à la patience dans les tribulations, et ce lien, c'est la prière. Par la prière nous restons les mêmes soit dans la joie, soit dans l'épreuve, car nous comptons sur le même cœur de Père ; nous saisissons la même main paternelle, au sein du bonheur comme dans les jours de malheur. La prière est le secret de notre espérance joyeuse et de notre patiente soumission.

Prière.

A la fin de ce jour et de cette semaine, nous nous approchons du trône de ta grâce, Seigneur notre Dieu, et nous te bénissons de la fidélité et de l'amour que tu ne te lasses de nous témoigner. Nous déposons à tes pieds le fardeau de nos péchés et nous te prions de nous pardonner pour l'amour de Jésus. Tu connais nos cœurs mieux que nous-mêmes, tu sais combien souvent nous nous laissons aller au découragement, au murmure, à l'impatience, quand les choses vont à l'encontre de nos désirs. Donne-nous d'arriver à aimer toujours ta volonté, de marcher devant toi avec soumission et adoration, quelles que soient les voies que tu choisis pour nous ; apprends-nous à nous glorifier même dans les afflictions, sachant que toutes choses contribuent au bien de tes enfants. Réveille en nous l'esprit de prière, lorsque l'indifférence ou la paresse menacent de nous gagner ; vivifie-nous, remplis-nous de foi et d'espérance, de paix et de joie par le St. Esprit ; fais, Seigneur, que nous n'ayons d'autre désir que celui de te glorifier dans toutes les circonstances de notre vie. Prends-nous sous ta protection paternelle pendant cette nuit, accorde-nous à tous un sommeil doux et paisible, et répands tes bénédictions sur nous et sur tous ceux qui nous sont chers.

Moment si doux de la prière,
Où Dieu m'élevant jusqu'à lui
Se révèle à moi comme un Père,
Comme un Sauveur, comme un appui.

Sois donc toujours toute ma joie,
Tout mon refuge et mon secours,
Et que jamais l'on ne me voie
Passer sans toi l'un de mes jours. Amen.

Première semaine après Pâques (Quasimodogeniti).

DIMANCHE (Matin).

Thomas, l'un des douze, appelé Didyme, n'était pas avec eux lorsque Jésus vint. Les autres disciples lui dirent donc: Nous avons vu le Seigneur. Mais il leur dit: Si je ne vois la marque des clous dans ses mains, et si je ne mets mon doigt dans la marque des clous, et si je ne mets ma main dans son côté, je ne le croirai point. Huit jours après, ses disciples étaient de nouveau dans la maison, et Thomas était avec eux. Jésus vint, les portes étant fermées, et se tint au milieu d'eux et dit: La paix soit avec vous! Puis il dit à Thomas: Mets ici ton doigt, et regarde mes mains; avance aussi ta main, et la mets dans mon côté, et ne sois pas incrédule, mais croyant. Thomas répondit et lui dit: Mon Seigneur et mon Dieu! Jésus lui dit: Parce que tu m'as vu, Thomas, tu as cru. Heureux ceux qui n'ont pas vu, et qui ont cru! (S. Jean 20, 24-29).

MÉDITATION.

Il ne faut pas nous étonner que Thomas n'ait pas d'emblée cru à la résurrection de son Maître; les autres disciples aussi en avaient accueilli la première nouvelle comme une fable. Le témoignage qu'il en reçut de leur part aurait dû, il est vrai, éveiller dans son esprit le pressentiment que la vie de Jésus ne pouvait pas finir sur la croix, mais la voix du doute prédominait en lui. Il a voulu se former une conviction personnelle du grand événement, et ne s'en rapporter qu'au témoignage de ses propres sens; si Jésus-Christ, pour le convaincre, répond à son désir, c'est que Thomas ne doutait pas pour douter. Au fond de son doute il y avait un désir sincère d'arriver à la certitude de la vérité. Vaincu par l'évidence, par l'amour condescendant de Jésus, et surtout par la puissance de la gloire divine de son Maître, il se jette à ses pieds en s'écriant : « Mon Seigneur et mon Dieu! » Le Christ ne le blâme point, mais il ajoute: « Heureux ceux qui n'ont pas vu et qui ont cru! » Un grand nombre de personnes cultivées regardent la foi comme une faiblesse d'esprit, propre à ceux qui, au lieu d'envisager la vie par le côté pratique, se représentent l'avenir sous des couleurs aimables et fantastiques. On croit, disent-ils, ce qu'on aime à croire. Il y a, en effet, une foi qui a son siège dans l'imagination et qui n'a qu'une existence éphémère. La vraie foi, au contraire, à laquelle on est prêt à tout sacrifier, est une persuasion de l'esprit. Toutes les religions croient en Dieu. Ce qu'il y a de particulier et d'essentiel dans le christianisme, c'est la foi en Jésus-Christ. Nous qui croyons en Christ, ne craignons pas que le développement de l'esprit humain puisse, au nom de la science, nous ravir ce que nous appelons le chemin, la vérité et la vie. Jésus-Christ est le même hier, aujourd'hui et éternellement.

Prière.

Seigneur Jésus, ami fidèle, puissant Sauveur de nos âmes, viens dans ton amour prendre soin de nous, comme tu l'as fait pour ton disciple dans ses heures de doute et de défaillance. Nous avons aussi nos heures sombres où nous sommes tristes et découragés, où ton amour, ta puissance et ta gloire se voilent pour nous, où nos âmes sont envahies par le doute. Seigneur, fortifie-nous dans la foi; nous croyons, aide-nous dans notre incrédulité. Donne-nous de pénétrer toujours plus avant dans la connaissance de ta Parole, d'éprouver dans nos cœurs la puissance de Christ, afin que nous puissions dire avec Thomas : « Mon Seigneur et mon Dieu ! »

O Christ! c'est toi qui fortifies
Le cœur de tes faibles enfants,
Pour marcher où tu les convies,
Affermis leurs pas chancelants.

Seigneur! que ta clarté m'éclaire,
Quand ton bras puissant me soutient,
Ferme et joyeux, dans la carrière,
Fort en Jésus, je ne crains rien. Amen.

DIMANCHE (Soir).

Quiconque croit que Jésus est le Christ, est engendré de Dieu; et quiconque aime Dieu, qui l'a engendré, aime aussi celui qui est engendré de lui. Nous connaissons en ceci que nous aimons les enfants de Dieu, c'est que nous aimons Dieu, et que nous gardons ses commandements. Car ceci est l'amour de Dieu, c'est que nous gardions ses commandements; or, ses commandements ne sont point pénibles, parce que tout ce qui est né de Dieu, est victorieux du monde, et la victoire qui a vaincu le monde, c'est notre foi. (1 Jean 5, 1-4).

Méditation.

Dieu est amour, et cet amour s'est manifesté en Christ venu au monde. Regarder Jésus comme le Christ, c'est croire qu'il est l'amour de Dieu personnifié. Cet amour n'a pas passé sur cette terre comme une brillante étoile, pour entrer ensuite dans le monde invisible. Il a fondé un règne de grâce, une communion de salut dans laquelle nous entrons par la foi. Il va sans dire que cette foi n'est pas une simple croyance; elle nous met en possession d'une force divine qui nous pénètre, elle est un acte de consécration intérieure à ce que nous croyons. Celui qui a foi au médecin et en son art, se confie en lui, et celui qui regarde Jésus comme le Messie et croit à la rédemption se consacre à lui; son cœur est ouvert à ce que Dieu lui donne. Il y a plus encore : le propre de cette foi est de s'assimiler tellement son objet, qu'il devient le mobile de notre vie et de notre activité. Le fidèle qui croit en Dieu et en Christ s'approprie le salut que Dieu lui donne comme base d'une nouvelle vie. La foi humble lui communique les forces divines de la vie future; en un mot, elle le rend victorieux du monde.

Prière.

Dieu juste et saint! Nous nous prosternons devant ta toute-puissance et ta gloire et nous louons ton saint Nom. Béni sois-tu de ce que dans ta miséricorde tu ne cesses de t'occuper de nos âmes pour nous transformer, nous créatures pécheresses, à ton image, de gloire en gloire. Nous t'adorons, Dieu de toute grâce, et nous te prions de nous pardonner nos péchés de ce jour. Donne-nous de nous réjouir toujours davantage de l'amour que tu nous as témoigné en ton Fils, et d'être heureux dans la pensée que tu nous as revêtus de salut et de justice.

> Mon Dieu, tu m'as aimé, quand par l'Esprit de vie,
> Le feu de ton amour dans mon cœur allumé,
> Ouvrit les nouveaux cieux à mon âme ravie;
> Quand la paix fut en moi de sainteté suivie,
> Mon Dieu, tu m'as aimé!
>
> Tu m'aimeras toujours! Ni la chair, ni le monde,
> Ni l'enfer de tes dons n'arrêteront le cours;
> Où le mal abonda, ta grâce surabonde;
> A ton amour, ô Dieu, que mon amour réponde,
> Toi qui m'aimes toujours! Amen.

LUNDI (Matin).

Quand vous priez, n'usez pas de vaines redites, comme les païens; car ils croient qu'ils seront exaucés en parlant beaucoup. Ne leur ressemblez donc pas; car votre Père sait de quoi vous avez besoin, avant que vous le lui demandiez. Vous donc priez ainsi : Notre Père qui es aux cieux, ton nom soit sanctifié; ton règne vienne; ta volonté soit faite sur la terre comme au ciel; donne-nous aujourd'hui notre pain quotidien; pardonne-nous nos péchés, comme aussi nous pardonnons à ceux qui nous ont offensés; et ne nous induis point en tentation; mais délivre-nous du mal, car à toi appartiennent le règne, la puissance et la gloire à jamais. Amen!

(St. Matth. 6, 7-13).

MÉDITATION.

Tant que nous ne serons pas de vrais enfants de Dieu, nous ne sentirons pas la valeur infinie de cette prière. Elle est destinée à des cœurs sans fraude, qu'elle veut amener à rechercher les biens éternels, et à laisser le soin de toutes les autres choses à la grâce divine et à sa providence. Lorsque nous levons les yeux vers ce Père céleste duquel toute la famille qui est dans les cieux et sur la terre tire son nom, nous devons nous le représenter comme réunissant en lui tout ce que nous voyons et goûtons de bon, de vrai, d'aimable dans nos pères terrestres. En nous apprenant à dire : « Notre Père, » le Seigneur nous recommande d'une manière touchante que lorsque nous nous présentons devant lui, nous devons lui apporter un cœur qui sente les besoins de tous ses frères autant que les siens propres.

PRIÈRE.

Notre bon Père céleste ! Reçois favorablement la louange de nos lèvres et prête l'oreille aux requêtes de tes enfants. Nous te bénissons de ce qu'en Jésus-Christ nous pouvons nous approcher de toi avec une confiance parfaite pour obtenir miséricorde et pour être secourus dans tous nos besoins. Ta bonté atteint jusqu'aux nues. Que ton nom de Père nous soit précieux et nous rappelle combien tu nous aimes. Que nous aussi nous t'aimions de tout notre cœur, que nous puissions réellement porter le beau titre d'enfants de Dieu, en te glorifiant par notre obéissance.

Mon Dieu, mon Père,
Ecoute-moi,
Car ma prière
S'élève à toi.
En Jésus-Christ,
Tu me l'as dit,
Je puis Seigneur,
T'ouvrir mon cœur.

Ah ! fais-moi grâce,
Dieu tout-puissant !
Tourne ta face
Vers ton enfant.
Rends-moi fidèle
Par ton secours,
Et sous ton aile
Tiens-moi toujours.

Loin du danger,
O bon Berger,
Conduis mes pas
Jusqu'au trépas.
Vois ma faiblesse
Et me soutiens
Par ta tendresse:
Je t'appartiens. Amen.

LUNDI (SOIR).

Ton Nom soit sanctifié. (St. Matth. 6, 9).

MÉDITATION.

L'auteur de toute grâce excellente et de tout don parfait est si grand et si auguste que prier pour la glorification de son Nom c'est demander notre propre félicité. Ah ! si nous savions combien il est bon ! si nous connaissions seulement son Nom et tout ce qu'il a d'ineffable ! ce Nom devant lequel s'effacent les titres de tout ce qui est grand sur la terre, et auquel seul on doit donner gloire. Il est digne d'être sanctifié, et hélas ! de combien de manières n'est-il pas souvent déshonoré ! Les uns s'arrêtent aux dons de Dieu au lieu de s'élever au divin Bienfaiteur. D'autres ont ce Nom sur les lèvres, mais non pas dans le cœur. Reconnaissons en nous humiliant que souvent nous ne le sanctifions pas nous-mêmes, et disons à Dieu du fond du cœur: Que ton Nom soit de plus en plus sanctifié au dedans de nous et dans tous les hommes !

PRIÈRE.

Seigneur ! Nous élevons nos cœurs à toi à la fin de ce jour ; dans cette heure de silence, nous te prions de nous faire sentir ta présence, et de nous permettre de nous endormir avec la douce certitude dans le cœur que tu es notre Dieu et notre Père qui veilles sur tes enfants et pourvois à tous leurs besoins. Pardonne-nous toutes les transgressions dont nous nous sommes rendus coupables à l'égard de ton saint Nom ; accorde-nous les lumières et les forces nécessaires pour le sanctifier comme il doit l'être. Que nous te glorifiions par une courageuse confession de ce saint Nom, par une vie pure, par une patience chrétienne dans les épreuves jusqu'au moment où notre foi se changera en vue, et où nous pourrons en toute éternité te louer et te glorifier plus dignement que nous ne l'avons fait sur cette terre.

Etant la sainteté même,
Tu chéris la sainteté ;
Tu veux que celui qui t'aime
Evite l'impureté.

Viens purifier mon cœur
De ce qui te fait horreur ;
Désormais, ô Dieu propice,
Fais-lui détester le vice. Amen.

MARDI (MATIN).

Ton règne vienne. (St. Matth, 6, 10).

MÉDITATION.

Toutes les fois que nous adressons cette demande à Dieu, faisons-le avec la résolution sincère de nous mettre entièrement et sans réserve à son service, afin qu'il nous emploie comme il voudra. Une douce joie inonde notre âme à la pensée qu'il viendra un jour où tous nos combats cesseront, comme ils ont cessé pour tous ceux auxquels Dieu a fait la grâce d'être ses enfants, et qui sont déjà entrés dans sa gloire. Dieu n'aura pas toujours des sujets infidèles ; il ne sera pas obligé d'être indigné à toujours et de dire : Si je suis Père, où est l'honneur qui m'appartient, et si je suis maître, où me croit-on ? Oui, il viendra le temps où la montagne de l'Eternel sera regardée comme sainte, et où la terre sera remplie de la connaissance de la gloire de l'Eternel, comme le fond de la mer des eaux qui le couvrent.

Prière.

Avant de nous livrer à nos travaux, bon Père céleste, nous voulons élever nos cœurs à toi et t'adresser nos requêtes. Donne-nous de ne pas oublier, au milieu des soucis de ce monde, ce saint commandement que tu nous as donné : « Cherchez premièrement le royaume de Dieu et sa justice, et toutes les autres choses vous seront données par-dessus. » Dirige par ton bras tout-puissant toute notre activité et tous les événements de notre vie de manière à les faire contribuer à l'avancement de ton règne glorieux. Fais que la lumière se fasse au sein des ténèbres ; hâte les temps où les pauvres païens, délivrés des ténèbres de l'ignorance, plieront le genou devant toi, le Dieu vivant. Aie compassion de ton Eglise ; agis dans son sein, afin que tous ceux qui portent le nom de chrétiens soient ton peuple, riche en bonnes œuvres. Etablis aussi ton règne de paix et de joie dans notre cœur ; fais de nous tes vrais enfants en Jésus. Si nos souffrances sont nombreuses, donne-nous d'élever avec d'autant plus d'ardeur nos regards vers le règne de ta gloire, où il y aura un rassasiement de joie devant ta face, et des délices à ta droite pour jamais.

Que ta lumière, ô Christ, se lève sur nos têtes !
Toi qui nous as vaincus, augmente tes conquêtes ;
Montre à l'homme égaré le chemin glorieux,
Qui sur tes pas divins peut le conduire aux cieux.
Parle, Seigneur Jésus ! Que ta voix douce et tendre
A tous les Fils d'Adam du ciel se fasse entendre.
Ah ! parle ! et fécondés par le sang de l'Agneau,
Les arides déserts fleuriront de nouveau.   Amen.

MARDI (Soir).

Ta volonté soit faite sur la terre comme au ciel (St. Matth. 6, 10).

Méditation.

Il nous est doux de savoir que les luttes et les révoltes de cette terre n'existent pas dans les régions sereines du monde invisible. Quel beau jour que celui où partout sur la terre, dans les profondeurs et sur les hauteurs, les hommes offriront à Dieu le sacrifice d'une obéissance filiale, comme le font les saints anges dans le ciel. La volonté de Dieu est seule bonne, et seule digne de commander sur nous. Et pourtant que de désobéissances à ses divins commandements sur tous les points du monde ! A cette vue, nous pourrions hésiter à faire cette demande hardie, si nous ne savions pas que le Fils de Dieu l'a mise sur nos lèvres, qu'il accomplira ses pensées de miséricorde, et qu'un temps viendra où sa volonté se fera entièrement, et où il sera tout en tous.

Prière.

Nous te bénissons, Seigneur, de ce que tu nous as encore aidés à supporter le faix et les peines de ce jour. Tu es saint et tout-puissant, nous ne pouvons pas contester avec toi ; aussi nous humilions-nous sous ta puissante main, dans le sentiment de notre indignité et de notre faiblesse. Tu es seul sage, tu sais ce qui nous est salutaire ; apprends-nous donc à te remettre avec confiance toutes nos voies. Tu es bon et miséricordieux, tu nous aimes, même lorsque tu nous châties ; aide-nous à accepter de ta main la coupe salutaire de la souffrance quand tu trouves bon de nous la présenter et à dire avec foi : « Que ta volonté soit faite. » Maintiens-nous dans la soumission et dans la patience, fais-nous la grâce de triompher par la foi de toutes les tentations. Nous te prions pour tous ceux que nous aimons, sois particulièrement près de ceux que tu visites par l'épreuve, donne-leur de s'attendre à toi comme au Dieu de toute consolation, et multiplie-leur ta paix. Apprends-nous à tous à répéter avec foi :

> Ta volonté soit faite, ô Père, et non la mienne ;
> Viens donc briser mon cœur, viens épurer ma foi ;
> Afin que je te suive et qu'enfin le jour vienne,
> Auquel tous mes désirs se tourneront vers toi.   Amen.

MERCREDI (Matin).

Donne-nous aujourd'hui notre pain quotidien.   (St. Matth 6, 11).

Méditation.

Nous ne devons désirer ni abondance ni richesses. S'il fallait les posséder pour avoir la paix du cœur et vivre en sécurité, que deviendrait la foi qui voit l'invisible ? Prions Dieu de bénir le travail de nos mains. Il aime à voir que ses enfants n'attendent leur pain quotidien d'aucune autre main que de la sienne. Toutes les créatures reçoivent chaque jour leur nourriture de la main du Père céleste, mais l'homme seul a le privilège de l'implorer et de lui rendre des actions de grâces ! Quel grenier d'abondance que celui d'où le Seigneur nourrit depuis des siècles tant de milliers de créatures ! Qui pourrait encore avoir assez peu de foi pour craindre que nous puissions jamais être privés du nécessaire ? Certainement Dieu est riche et le demeurera éternellement pour tous ceux qui l'invoquent.

PRIÈRE.

Notre bon Père céleste, tu nourris les oiseaux du ciel, tu revêts les lis des champs, nous savons que tu ouvres ta main et que tu rassasies à souhait tout ce qui vit. Bénis-nous aussi, nous tes enfants, bénis et fais prospérer l'œuvre de nos mains. Donne-nous un esprit content et un cœur reconnaissant ; préserve-nous des soucis qui naissent d'un manque de foi. Aie pitié de tant d'âmes oppressées qui n'ont pas le pain quotidien ; recueille les soupirs de tous ceux qui se mettent en souci du lendemain. Nous nous confions en toi, Père miséricordieux, aie soin de nous ; daigne surtout donner à nos âmes la nourriture spirituelle. Nourris-nous de ton pardon, de ta grâce, de ta Parole, de tes consolations ; nous te le demandons au nom de Celui qui nous a appris à t'invoquer comme notre Père.

> Je chanterai ta bonté si touchante,
> Qui me nourrit du pain de chaque jour.
> Le vermisseau qui dans l'ombre serpente
> Reçoit aussi les dons de ton amour.
>
> Ta main me garde et ton esprit me guide ;
> Dans ton amour je trouve un ferme appui.
> Oh ! que ta paix dans mon âme réside ;
> A toi, mon Dieu, je me donne aujourd'hui !   Amen.

MERCREDI (Soir).

Pardonne-nous nos péchés, comme aussi nous pardonnons à ceux qui nous ont offensés. (St. Matth. 6, 12).

MÉDITATION.

« Pardonne-nous nos péchés » telle est la prière que le Seigneur nous permet de faire. Il ne nous dit pas combien souvent nous devons la renouveler ; il nous a, pour ainsi dire, ouvert les trésors de sa miséricorde où il nous est permis de revenir chaque jour et à chaque heure. Pour que l'homme dans sa légèreté n'en abuse pas, le Seigneur Jésus ajoute une condition : « comme nous pardonnons à ceux qui nous ont offensés. » Il n'y a que celui qui a été gracié en Christ qui puisse à son tour pardonner de toute son âme à celui qui l'a offensé. Il est bon, chaque fois que nous faisons cette demande, de penser à nos plus grands ennemis, de nous demander si notre cœur ne nourrit aucun sentiment d'animosité, de rancune et de vengeance. Un cœur charitable peut seul dire avec assurance : « Pardonne-nous nos péchés, comme nous pardonnons à ceux qui nous ont offensés. »

PRIÈRE.

Père des miséricordes et de toute consolation ! Avant de nous livrer au repos, nous nous approchons de ton trône de grâce pour te prier de nous pardonner toutes nos fautes et toutes nos transgressions de la journée. Tu nous supportes avec patience, tu uses de miséricorde à notre égard ; apprends-nous à pardonner à ceux qui nous ont offensés. Mets dans nos cœurs la charité qui supporte tout, qui excuse tout. Lorsque nous croyons avoir quelque sujet de plainte contre notre frère, lorsqu'on nous a froissés ou offensés, rappelle-nous la grande dette que tu nous as remise pour nous disposer au pardon ; apprends-nous à aimer comme nous avons été aimés. Que ton esprit habite en nous avec tous ses fruits de bonté, de grâce et de paix ; qu'il nous apprenne à suivre en toutes choses les traces que nous a laissées Jésus, notre Sauveur.

> Pardonne-nous nos péchés
> Passés, présents, connus, cachés ;
> Exerce sur nous ta clémence,
> Comme nous pardonnons à tous
> Tout ce qu'il ont fait contre nous,
> Sans en prendre aucune vengeance.   Amen.

JEUDI (MATIN).

Ne nous induis point en tentation.   (St, Matth. 6, 13).

MÉDITATION.

En faisant cette prière, nous voyons devant nous les mille filets que l'ambition, l'avarice, la colère, l'égoïsme sèment chaque jour sur nos pas, en même temps que les maladies, les opprobres et d'autres croix dont Dieu se sert pour faire notre éducation. A toutes ces pensées nous ne pouvons assez rendre grâces à Dieu de ce qu'il nous permet de nous approcher de lui, au nom de son Fils, pour lui dire : « Ne nous induis point en tentation. » Rappelons-nous sans cesse que nous marchons dans ce monde sur un terrain glissant et dangereux, mais aussi que notre Père céleste se tient à nos côtés pour nous soutenir ou nous relever. Soyons persuadés qu'il ne nous tente pas au-dessus de nos forces, et que Celui qui nous permet de dire: Ne nous induis pas en tentation, saura bien, lorsqu'il nous y induit, lui donner une fin que nous puissions supporter.

PRIÈRE.

Dieu saint, fidèle et miséricordieux ! Nous te prions de nous prêter ton secours, afin que nous ne nous laissions pas aller au péché, que nous ne transgressions pas tes commandements. Seuls nous bronchons à chaque pas ; mais toi, Seigneur, tu es notre force et notre aide à l'heure du danger. Soutiens-nous par ta main d'amour et conduis-nous par les sentiers de la justice, à cause de ton Nom. Aide-nous à marcher sur les traces de notre Seigneur et Sauveur à l'heure de la tentation ; ravive en nous le souvenir de sa vie, de ses souffrances et de sa mort, afin que nous imitions son exemple et que, soutenus par sa force toute-puissante, nous soyons vainqueurs comme lui. Donne-nous ton Saint-Esprit pour guide, qu'il fortifie notre foi, qu'il affermisse notre cœur et nous aide à surmonter tout ce qui pourrait nous détourner du chemin qui conduit à la vie éternelle.

Garde-nous de séduction
Et de toute tentation,
De Satan confonds la malice,
Ne permets pas que ses fureurs,
Ses promesses ou ses douceurs
Nous détournent de ton service. Amen.

JEUDI (SOIR).

Délivre-nous du mal. (St. Matth. 6, 13).

MÉDITATION.

Cette demande nous rappelle d'abord la puissance terrible du péché, la facilité avec laquelle l'homme peut se laisser séduire et entraîner loin du droit chemin. Elle nous fait penser en même temps aux peines de la vie, aux soucis pour le pain quotidien, aux infirmités de la vieillesse, au long cortège des maladies et des misères, aux larmes et aux blessures profondes causées par la mort. Tous ces maux ne doivent pas nous accabler, puisque nous avons au-dessus de nous un Père miséricordieux qui accorde la grâce et la consolation à ses enfants. Mais il nous est permis de penser avec joie au temps où Dieu essuiera toute larme de nos yeux; où il n'y aura plus ni deuil, ni cri, ni travail, ni mort. Nous pouvons soupirer ardemment après la paix dans les parvis de Dieu et dire avec foi : « Délivre-nous du mal ! »

PRIÈRE.

Dieu miséricordieux ! Tu nous as secourus jusqu'ici et, selon ta promesse, tu ne nous abandonneras pas. Bien que nous sachions que tant que nous serons sur cette terre de nouveaux soucis, de nouvelles luttes nous attendent à chaque pas, nous ne désespérons pas, car ta main est là pour nous soutenir. Nous te remettons nos voies ; nous nous déchargeons sur toi de toutes nos craintes, nous te disons avec foi : Délivre-nous du mal. Nous te recommandons tous ceux qui sont en détresse ; aie pitié des pauvres et des malades, des veuves et des orphelins, des affligés et des âmes angoissées ; sèche leurs larmes, console-les comme sait consoler une mère. Et puisque le plus grand mal est le péché, nous te prions de nous en délivrer et de nous affranchir de tous les liens d'iniquité par Jésus-Christ notre Sauveur.

> Je voudrais à tes lois obéir avec joie,
> J'en connais l'équité, j'en aime la douceur;
> Mais je rentre toujours dans ma mauvaise voie,
> Et le mal que je hais règne encor dans mon cœur.
>
> Délivre-moi, grand Dieu, du fardeau qui m'accable;
> Etends sur moi ta main et viens me secourir.
> Je traîne du péché le joug insupportable;
> Sauve-moi, sauve-moi, sans toi je vais périr !   Amen.

VENDREDI (MATIN).

Car c'est à toi qu'appartiennent le règne, la puissance et la gloire à jamais. Amen! (St. Matth. 6, 13).

MÉDITATION.

Le règne, la puissance et la gloire de Dieu embrassent un domaine infini qui nous échappe. La terre entière, quelque vaste qu'elle soit, n'est que le marchepied de ses pieds. Son règne s'étend sur les mondes incommensurables de l'espace. Sa puissance est proportionnée à la grandeur de son règne. Son bras n'est pas raccourci pour ne pouvoir nous aider; il n'y a pas de détresse si grande qu'il ne puisse nous en délivrer; ni de secours si élevé qu'il ne puisse le mettre à notre portée. L'homme ne peut contempler sa gloire qui illumine le ciel, et qui surpasse toute conception de la raison humaine. Nous nous humilions profondément devant cette grandeur et cette majesté, mais nous nous réjouissons, en même temps, d'avoir pour Père un Dieu si grand, si glorieux, qui nous a adoptés pour ses enfants en Jésus-Christ, et veut un jour nous rendre participants de sa gloire.

PRIÈRE.

Seigneur, notre Dieu! Tu habites une lumière inaccessible. Tout dans le ciel et sur la terre est à toi. Tu entends les prières qui montent vers toi et tu peux les exaucer, car tu as le règne et la puissance. Ton amour égale ta grandeur, tu prêtes l'oreille à chacun de tes enfants et tu ouvres ta main pour les bénir; tu veux faire infiniment plus que nous ne pouvons penser et comprendre. Seigneur, tu viendras à notre aide chaque fois que cela nous sera bon et salutaire, car la gloire t'appartient. Notre vie s'écoule vite, nos années s'envolent comme un songe; mais tu restes le même et tes années ne finiront jamais; c'est pourquoi tu es notre retraite d'âge en âge.

Le connais-tu, ce Dieu dont la puissance
Fonda la terre et suspendit les cieux?
Le monde entier proclame sa présence;
Partout s'étend son règne glorieux.
Jusqu'à toi créature éphémère,
Ce Dieu si grand s'incline plein d'amour;
Il est ton maître et t'aime comme un père :
Ah! donne-lui tout ton cœur en retour!

Oui, te connaître est l'unique science,
Mon Dieu, t'aimer est le seul vrai bonheur.
Ah! puissions-nous, en ta sainte présence,
Marcher unis dans l'Esprit du Seigneur,
Jusqu'à ce jour encor plein de mystère,
Où nous pourrons, libres, victorieux,
Quitter enfin les ombres de la terre
Pour t'adorer dans les splendeurs des cieux!
Amen.

VENDREDI (Soir).

J'entendis une grande voix du ciel, qui disait: Voici le tabernacle de Dieu avec les hommes, et il habitera avec eux, il sera leur Dieu. Et Dieu essuiera toute larme de leurs yeux, et la mort ne sera plus. Il n'y aura plus ni deuil, ni cri, ni travail, car les premières choses sont passées.

(Apoc. 21, 3 et 4).

MÉDITATION.

Une partie essentielle de la félicité qui inonde les cœurs des rachetés dans le ciel, c'est le souvenir des voies adorables par lesquelles Dieu les a conduits ici-bas. Tout ce qui remplissait leurs cœurs d'inquiétude et leurs yeux de larmes est vaincu, et ne leur apparaît plus que comme sujet d'adoration et de joie céleste. Oui, ce sont des choses que l'œil n'avait point vues, que l'oreille n'avait point entendues et qui n'étaient point montées au cœur de l'homme, que Dieu a préparées pour ceux qui l'aiment. Vivons donc sous le regard de Dieu ; nous arriverons ainsi à moins estimer la terre avec sa vaine gloire et à mieux apprécier le ciel avec sa félicité.

Prière.

Béni sois-tu, Dieu fidèle et miséricordieux, de nous avoir appelés par Jésus-Christ à la vie éternelle. Nous célébrons ton amour, nous t'en louerons d'éternité en éternité avec tous les saints et les rachetés, quand par ta grâce nous serons entrés dans ton royaume céleste. Que cette glorieuse perspective nous remplisse de joie, de force et de courage pour achever l'œuvre que tu nous as donné à faire ici-bas ; qu'elle nous porte à élever souvent nos regards vers cette patrie qui nous attend, où il n'y aura plus ni péché, ni douleur, ni larmes. Aide-nous à saisir avec une foi ferme et vivante les magnifiques promesses de ta Parole, que nous soyons soutenus et consolés par elles pendant notre pèlerinage terrestre, que nous y puisions chaque jour une nouvelle force de vie chrétienne et de sanctification. Prépare-nous toi-même, ô notre Dieu, pour cette vie bienheureuse où toutes choses seront faites nouvelles, où tu seras toi-même tout en tous. Nous te prions pour tous ceux que nous aimons ; unis-nous tous dans ton amour, que tous ensemble nous vivions pour toi, afin de nous trouver un jour réunis dans ta gloire éternelle. Exauce-nous pour l'amour de Jésus notre Sauveur.

> Toi donc, mon âme ! au fort de la souffrance,
> Attends de Dieu la force et le secours ;
> Espère en lui contre toute espérance :
> Tu connaîtras qu'il exauce toujours.   Amen.

SAMEDI (Matin).

L'Eternel est ma force et mon bouclier ; mon cœur s'est confié en lui, et j'ai été secouru ; aussi mon cœur s'est réjoui, et je le loue par mon cantique. L'Eternel est la force des siens, le rempart et le salut de son Oint. Sauve ton peuple, et bénis ton héritage ; conduis-les et les soutiens éternellement.   (Ps. 28, 7-9).

Méditation.

Dieu permet quelquefois aux passions de se déchaîner dans ce monde; il laisse subsister le règne des ténèbres à côté du règne de la lumière, pour qu'il soit manifeste que le St-Esprit dans les enfants de Dieu est plus puissant que l'esprit du monde dans les enfants du siècle. Jamais la paix de Christ n'a relui dans ses disciples comme dans la nuit des afflictions et sous la croix. Elle inondait le cœur des apôtres au milieu des tribulations et des souffrances. Ils savaient que le Seigneur a vaincu le monde et qu'il le vaincra jusqu'à la fin, si puissant, si perfide, si rusé qu'il soit. Le gouvernement du monde appartient à Dieu; c'est lui qui le dirige et fait tout tourner au bien de ses enfants. Si par moments il semble laisser libre cours au mal, c'est pour exercer leur foi et non pour la confondre. Le soleil se lève toujours de nouveau pour le juste; son sentier est comme la lumière resplendissante qui augmente son éclat jusqu'à ce que le jour soit dans sa perfection.

Prière.

Nous élevons nos esprits et nos cœurs à toi, Dieu tout-puissant et éternel, nous te prions de nous accorder ton secours et ta bénédiction en ce nouveau jour que ta grâce a ajouté à notre vie. Donne-nous tout ce dont nous avons besoin pour la vie terrestre; mais avant tout remplis-nous de la force de ton Esprit, afin que nous puissions triompher de ce qui pourrait nuire à notre âme. Tu connais, Seigneur Jésus, nos difficultés et nos tentations. Accorde-nous la grâce de te rester fidèles, de vaincre tous nos ennemis, de renoncer complètement au péché pour t'appartenir à toi seul. Alors ta lumière luira sur nous au milieu des plus épaisses ténèbres, ta paix gardera nos cœurs, et nous éprouverons que tu es un bon Père tout-puissant et miséricordieux qui ne délaisses jamais tes enfants.

Hâtez-vous tous et qu'on vous voie
En tout lieu bénir le Seigneur,
Faisant retentir avec joie
Un hymne saint à son honneur.

C'est lui qui garde notre vie,
Qui conduit sûrement nos pas;
C'est lui dont la force infinie
De tout mal nous délivrera.   Amen.

SAMEDI (Soir).

Dieu est notre retraite, notre force, notre secours dans les détresses et fort aisé à trouver. C'est pourquoi nous ne craindrons point, quand la terre serait bouleversée, quand les montagnes seraient ébranlées au sein de la mer ; quand ses eaux mugiraient en bouillonnant, et que leur furie ferait trembler les montagnes. Les fleuves et ses canaux réjouissent la cité de Dieu, le lieu saint des demeures du Très-Haut. Dieu est au milieu d'elle ; elle ne sera point ébranlée. Dieu lui donne secours dès le retour du matin.

(Ps. 46, 2-6).

Méditation.

L'Eglise de Christ est souvent en détresse, mais elle ne peut sombrer. Les ennemis l'assiègent, la menacent, la persécutent ; elle ne reste pas moins debout comme une ville forte, invincible, quelque faible qu'elle paraisse à première vue. Pourquoi n'a-t-elle rien à craindre ? Pourquoi, au contraire, peut-elle être pleine de courage et de joie ? C'est que Dieu est au milieu d'elle, des fleuves d'eau vive jaillissent de son sein. Elle ressemble à un rocher dans la mer ; les flots et les vagues viennent se briser contre elle, mais elle résiste à toutes les tempêtes, soutenue par celui qui jamais ne la délaisse et qui la fortifie. Ne vous inquiétez donc de rien, vous qui aimez le Seigneur ; aussi longtemps qu'il sera avec vous, vous n'avez rien à craindre. Veillez seulement à ce qu'il demeure avec vous ; s'il vous quittait ou que vous le quittiez vous seriez confus. Celui qui reste en lui peut dire avec assurance : « Il y a des montagnes autour de Jérusalem et l'Eternel entoure son peuple dès maintenant et à toujours. »

Prière.

Dieu saint et juste ! A la fin de cette semaine nous nous présentons devant toi, nous te confessons que nous sommes de pauvres pécheurs, qui avons besoin de ta grâce. N'entre point en compte avec nous, car aucun mortel ne peut subsister devant toi. Donne-nous de nous endormir dans la douce certitude du pardon de nos péchés. Notre vie s'écoule rapidement ; chaque jour nous rapproche de la mort ; mais toi, Seigneur, tu es toujours le même et tes années ne finiront jamais. Apprends-nous à faire un bon usage de ces jours de grâce ; aide-nous à veiller, à prier, à être zélés et fidèles, afin que le moment de notre mort nous trouve prêts. Que nos souffrances nous soient salutaires, qu'elles produisent en nous un fruit paisible de justice, et nous préparent pour ton royaume céleste, où délivrés de toutes les tristesses, nous pourrons te contempler dans ta gloire.

Relève ton courage, ô Sion désolée ;
Par le Dieu tout-puissant tu seras consolée ;
Il vient pour rassembler tes enfants bienheureux ;
Bientôt tu les verras réunis sous tes yeux.

Les peuples connaîtront que l'Eternel lui-même
A délivré Jacob par son pouvoir suprême.
Oui, Sion, ton Dieu règne et tous tes ennemis
Dans peu de jours seront confondus et soumis.   Amen.

Deuxième semaine après Pâques (Misericordias).

DIMANCHE (Matin).

Le mercenaire, qui n'est point le berger, et à qui les brebis n'appartiennent point, voit venir le loup et abandonne les brebis et s'enfuit, et le loup ravit les brebis et les disperse. Le mercenaire s'enfuit, parce qu'il est mercenaire et qu'il ne se soucie point des brebis. Je suis le bon Berger, et je connais mes brebis, et je suis connu d'elles, comme mon Père me connaît, et que je connais mon Père ; et je donne ma vie pour mes brebis.

(St. Jean 10, 12-16).

Méditation.

L'image du bon Berger sous laquelle le Seigneur se présente, nous montre l'amour éternel qui s'abaisse jusqu'à nous, qui connaît nos douleurs, qui s'occupe de chacun avec tendresse, et s'offre en sacrifice pour chaque âme, comme si elle était seule dans le désert de ce monde. Jésus-Christ a le cœur d'un vrai berger, qui fait de la cause des brebis la sienne. Sa récompense a été la haine, une couronne d'épines et la croix. Il aurait pu s'y soustraire, s'il avait voulu se concilier la faveur des pharisiens au lieu de les attaquer, s'il avait donné à ses enseignements divins un caractère moins incisif, pour leur ôter toute importance et les rendre inoffensifs ; mais c'eût été déserter la cause de Dieu et ses brebis seraient restées sans défense ; car leur rédemption dépendait de sa fidélité à sa mission divine. Voilà pourquoi le bon Berger a donné sa vie pour ses brebis ; il a enduré ses souffrances pour nous délivrer de ce qui est pire que la douleur : le péché. Il a subi la mort corporelle pour préserver notre âme de la mort éternelle et pour lui acquérir la félicité du ciel.

Prière.

Dieu tout-puissant, fais de ce jour un vrai jour de repos et de bénédiction pour nous. Multiplie-nous ta grâce et ta paix.

Seigneur Jésus, qui nous as aimés, jusqu'à donner ta vie pour nous, aide-nous à te suivre comme notre bon berger; tu veux nous faire reposer dans des pâturages herbeux, nous mener le long des eaux tranquilles et restaurer nos âmes. Ah! fais que nous nous placions toujours sous ta houlette, que nous te soyons soumis, que nul ne puisse jamais nous détourner de toi, ni nous ravir de ta main. Fortifie-nous quand nous sommes faibles, relève-nous quand nous tombons, conduis-nous jusque dans le repos que tu as préparé pour tes enfants et tes rachetés.

Jésus connaît ceux qui sont ses brebis;	O mon Berger, mon âme t'appartient;
De son amour il les assure,	Qu'en ton bercail mon cœur habite;
Et le troupeau de sa pâture	A ton repos ta voix m'invite,
Au dernier jour à droite sera mis.	En mon sentier ton bâton me soutient.

Amen.

DIMANCHE (Soir).

C'est à cela que vous êtes appelés, puisque Christ aussi a souffert pour vous, vous laissant un exemple, afin que vous suiviez ses traces; lui qui n'a point commis de péché, et dans la bouche duquel il ne s'est trouvé aucune fraude, qui outragé ne rendait point d'outrages, et, maltraité, ne faisait point de menaces, mais s'en remettait à celui qui juge justement; lui qui a porté nos péchés en son corps sur le bois, afin qu'étant morts au péché, nous vivions à la justice, et par les meurtrissures de qui vous avez été guéris. Car vous étiez comme des brebis errantes; mais vous êtes maintenant retournés au Pasteur et à l'Evêque de vos âmes.

(1 Pierre 2, 21-25).

Méditation.

Il nous est difficile de nous représenter comment dans ce monde a pu se développer une vie sans une mauvaise pensée, sans une parole qui ne fût la vérité absolue, sans un acte contraire à la volonté de Dieu. Aussi la présence de Jésus, au sein de l'humanité, est-elle le suprême miracle. Et les hommes ont cloué à la croix celui qui seul était sans péché, et cela, parce qu'il était sans péché! Les ténèbres haïssent la lumière, car la lumière les condamne. Les chrétiens s'attirent souvent bien des souffrances par leurs péchés. Même ceux qui souffrent pour leur foi ne doivent pas oublier qu'ils n'ont pas toujours confessé la vérité comme ils auraient dû le faire. Les chrétiens surtout qui ne sont pas bien affermis, ont fréquemment une manière de confesser la vérité qui manque d'à propos; ils rompent sans raison plausible avec les circonstances dans lesquelles Dieu les a placés, éloignent d'eux les autres par des jugements cassants, font consister le christianisme dans des formes sans importance, et négligent les premiers devoirs. Heureux ceux qui prennent toujours le Seigneur Jésus pour modèle et qui souffrent pour sa cause !

Prière.

Nous te rendons grâces, bon Père céleste, à la fin de ce jour, pour les bénédictions temporelles et spirituelles que nous avons reçues de ta main. Nous te bénissons surtout d'avoir envoyé ton Fils unique au monde pour nous sauver et nous préparer pour la vie éternelle. Daigne, par amour pour lui, nous combler des dons de ton St. Esprit ; si nous avons à souffrir pour ta cause, aide-nous à rester fidèles. Mets en nous les mêmes sentiments qui étaient en Jésus-Christ, fais-nous marcher sur ses traces, afin qu'un jour nous soyons rendus participants de sa gloire.

Jésus, Sauveur adorable,
Saint, innocent, doux, charitable,
Auteur de toute sainteté !
La pureté des saints anges,
Toute la splendeur des archanges
N'est devant toi qu'obscurité.

O modèle parfait !
Grave en moi ton portrait:
C'est ton œuvre.
Jésus, mon Roi,
Accorde-moi
D'être pur et saint comme toi ! Amen.

LUNDI (Matin).

L'Eternel est mon partage, dit mon âme ; c'est pourquoi j'espérerai en lui. L'Eternel est bon pour ceux qui s'attendent à lui, pour l'âme qui le recherche. Il est bon d'attendre en repos la délivrance de l'Eternel.
(Lament. 3, 24-26).

Méditation.

Nous voyons par les lamentations de Jérémie que des âmes fortes, comme celles des prophètes, ont été affligées et tentées de se désespérer non moins que nous, faibles enfants d'une époque énervée. Aussi y a-t-il dans la communion de leurs larmes une puissante consolation. Que d'âmes aujourd'hui sont sur le point d'être submergées, et celles mêmes qu'on jugeait les plus fermes et les mieux trempées ! Nous trouvons une autre consolation dans les épreuves de ces grands serviteurs de Dieu ; nous voyons qu'au sein des nuits les plus sombres, les compassions du Seigneur ne défaillent point, car « elles se renouvellent chaque jour » et « là où les pleurs logent le soir, survient le matin le chant du triomphe. » L'épreuve prendra fin lorsqu'elle aura atteint son but. Il est bon d'attendre en repos la délivrance de l'Eternel.

Prière.

Dieu miséricordieux et fidèle ! C'est ta grâce qui nous a fait revoir la lumière de ce jour. Nous te remercions de la protection que tu nous as accordée pendant la nuit dernière, et nous te prions de nous garder aujourd'hui dans toutes nos voies. Répands ta paix dans nos cœurs et dans notre maison ; éloigne de nous tout ce qui pourrait la troubler et nous remplir de sentiments qui te déplaisent. Manifeste ta force dans notre infirmité, afin que nous puissions vaincre tous les ennemis de notre âme, et vivre sans cesse dans ta crainte et dans ton amour. Que notre âme s'attache toujours plus étroitement à toi, pour que nous puissions dire en tout temps : « L'Eternel est mon partage, c'est pourquoi j'espérerai en lui. »

> Celui qui peut remettre en toute confiance
> Sa voie à l'éternel,
> Voit grandir en son cœur la paix et l'espérance,
> Il vit bien près du ciel. Amen.

LUNDI (Soir).

Les méchants seront comme la balle que le vent chasse au loin. (Ps. 1, 4).

Méditation.

Où trouver une vérité plus frappante ? Les hommes non religieux, c'est-à-dire ceux qui ne sont pas reliés à Dieu, ne ressemblent-ils pas à un arbre sans racines et dès lors ne flottent-ils pas à l'aventure, ballottés comme une paille légère, par tous les vents du caprice et du hasard ? De fait, considérez les hommes qui ne règlent pas leur vie sur la Parole de Dieu : que sont-ils ? Un écho servile de tout ce qui les frappe et les émeut. Dans leur dépendance du monde et de ses accidents, ils ignorent ce qu'ils seront dans un an, dans un mois, demain ; et si quelques-uns semblent se soustraire à cette mobile servitude en prenant pour devise : Chacun pour soi, et pour règle : Le mien et le tien, reconnaissons aussi que même la plupart de ces égoïstes ne sont pas toujours fidèles à leur maxime, et que souvent ils sont comme la balle que le vent chasse au loin. « Je hais les pensées légères, mais j'aime ta loi » a dit ailleurs le Psalmiste, voulant nous représenter sans cesse cette même et grande vérité : que l'homme qui ne marche pas sous le sceptre de la loi du Seigneur est comme un vaisseau sans pilote, ou comme un pilote sans boussole. Un poète de l'Orient a aussi comparé notre cœur à une semence que le vent d'orage jette sur des terres incultes. Ainsi sous tous les climats, au couchant comme à l'aurore, l'homme a toujours su reconnaître ce qui manque à son pauvre cœur, mais il n'a pas su où le trouver.

PRIÈRE.

Seigneur Jésus, Sauveur fidèle, c'est en toi seul que nous trouvons tout ce qui nous manque ; tu veux que tes brebis aient la vie et la vie avec abondance ; tu veux aussi affermir nos cœurs par ta grâce. Tu sais que nous sommes faibles et chancelants, que nous nous laissons facilement détourner de l'obéissance à ta sainte volonté. Eclaire nos esprits, dirige toutes les pensées de nos cœurs, fortifie-nous et rends-nous inébranlables dans la recherche de la seule chose nécessaire. Que nous aimions ta loi, ô notre Dieu, qu'elle nous guide dans les sentiers de la justice et de la paix.

Pour m'avancer d'un pied ferme et sûr à ta suite,
O Seigneur, trace-moi ma ligne de conduite :
Eclaire mon esprit, pour que, mieux inspiré,
Je médite tes lois suivant ta vérité ;
Montre-moi le chemin et fais que je comprenne
Pour marcher dans ta loi ce qu'il faut que j'apprenne :
Au filet de l'orgueil ne me laisse pas prendre,
Eloigne de mes yeux toutes les vanités,
Incline mon oreille et mon âme à t'entendre,
A mettre en toi la vie et ses félicités.   Amen.

MARDI (Matin).

Voici ce que je leur ai commandé et dit : Ecoutez ma voix, et je serai votre Dieu, et vous serez mon peuple, et marchez dans toutes les voies que je vous ordonne, afin que vous soyez heureux.   (Jér. 7, 23).

MÉDITATION.

C'est au milieu des tribulations de la vie que notre obéissance est mise à l'épreuve. Les afflictions viennent nous surprendre, nous prions Dieu de nous en délivrer, nous le demandons avec instance, mais le Seigneur paraît sourd à nos supplications, notre situation s'aggrave même au lieu de s'améliorer, un malheur en entraîne un autre. Que ferons-nous alors ? Nous laisserons-nous aller à des plaintes, à des murmures ? Cela ne servirait de rien ; le fardeau n'en pèserait que plus lourd. Soumettons-nous à la volonté de Dieu ; recueillons tout ce qui nous reste de force et d'énergie pour marcher dans les voies qu'il choisit pour nous ; portons notre croix sans nous plaindre, et sa main puissante, après que nous nous serons humiliés sous elle, nous relèvera, selon sa promesse, quand il en sera temps.

PRIÈRE.

Dieu fidèle ! Nous te confessons avec humilité qu'il nous est souvent difficile de t'obéir, quand tes voies ne sont pas nos voies ni tes pensées nos pensées ; cependant nous savons que tu ne nous envoies que ce qui nous est salutaire. Tu es éternellement fidèle, tu as toujours sur nous des vues d'amour, des pensées de paix ; tu veux, même par des sentiers obscurs, nous rapprocher de la félicité éternelle. Fais taire en nous tout murmure contre ta sainte volonté ; ne permets pas que nous perdions courage quand ta main s'appesantit sur nous ; apprends-nous à vivre par la foi, donne-nous l'espérance qui ne confond point. Garde-nous, Père céleste, dans ton amour ; bénis-nous, aide-nous à accomplir fidèlement pendant cette journée l'œuvre que tu nous donneras à faire, et à marcher dans le chemin de l'obéissance où Jésus nous a précédés.

Cesse de te plaindre,
Et, dès aujourd'hui,
Marche sans rien craindre,
Sûr de son appui.
Ton cœur, s'il est ferme
Et ne doute pas,
Verra l'heureux terme
De tous ses combats.

Le mal qui t'afflige
Passera bientôt ;
Espère et dirige
Tes regards plus haut ;
Cherche la lumière,
La paix et la foi :
Les biens de la terre
Sont trop peu pour toi ! Amen.

MARDI (Soir).

En vérité, en vérité je vous le dis, le serviteur n'est pas plus grand que son maître, ni l'envoyé plus grand que celui qui l'a envoyé Si vous savez ces choses, vous êtes heureux, pourvu que vous les pratiquiez.

(St. Jean 13, 16 et 17).

MÉDITATION.

Il peut y avoir un profond abîme entre les connaissances de l'homme et sa vie ; c'est à cette vérité que l'Evangile veut nous rendre attentifs. Pour que ces connaissances ne restent pas stériles, il faut qu'elles agissent sur le cœur et que nous les mettions en pratique. « On donnera à celui qui a déjà et il aura encore davantage, » dit le Seigneur Jésus. La vérité chrétienne est un aliment spirituel ; c'est le pain du ciel qui nourrit notre âme, de même que le pain de chaque jour s'unit et s'identifie avec notre chair et notre sang pour le vivifier et le fortifier pour le travail et l'action. Jésus-Christ nous offre en abondance ce pain du ciel, il nous invite à puiser aux sources d'eau vive, et nous languissons, nous nous plaignons de notre faiblesse, de notre impuissance ! C'est parce que nous ne savons pas ce qui nous manque ; nous ignorons que c'est ce pain céleste, cette eau vivifiante qu'il nous faut. Nourrissons-en notre âme, ils la pénétreront de forces inconnues qui se manifesteront en fruits abondants à la gloire de Dieu.

Prière.

Nous nous approchons de toi ce soir, notre Dieu et notre Père en Jésus-Christ, pour t'offrir le sacrifice de nos louanges, car aujourd'hui encore tous tes bienfaits ont été sur nous. Tu nous as abondamment bénis, tu as pourvu à tous nos besoins temporels, et tu nous donnes dans ta Parole la nourriture pour nos âmes immortelles. O Dieu, conduis-nous toi-même à Celui qui est le pain de vie, qui peut seul nous communiquer les forces et les grâces nécessaires pour mettre ta Parole en pratique et pour porter dans notre vie des fruits d'amour et de sainteté. Seigneur Jésus, donne-nous d'entrer avec toi dans une communion vivante, fais-nous croître dans cette foi du cœur qui nous transforme à ta sainte image et nous aide à marcher dans le chemin que tu as ouvert devant nous. Exauce-nous dans tes compassions infinies.

Seigneur ! du sein de la poussière
  Mon âme crie à toi.
Descends, ô Dieu, dans ma prière,
  Que je te sente en moi.

Je ne veux plus l'ombre qui passe,
  L'image qui pâlit ;
Mais la substance de ta grâce,
  Toi-même, ton Esprit !

Voilà le seul bien que j'envie,
  Que j'implore, ô mon Roi :
Ne plus vivre que de ta vie,
  Que par toi, que pour toi !   Amen.

MERCREDI (Matin).

Vous étiez comme des brebis errantes ; mais vous êtes maintenant retournés au Pasteur et à l'Évêque de vos âmes.   (1 Pierre 2, 25.)

Méditation.

Nous sommes heureux si nous pouvons nous appliquer ces paroles. Combien de personnes n'y a-t-il pas pour qui vivre ne signifie autre chose que boire, manger, dormir, travailler, se consumer en peines et en fatigues ; qui oublient que chaque jour doit être une préparation pour l'éternité ! Elles marchent dans le chemin de l'erreur et de la mort, et n'écoutent pas la voix du Seigneur quand il veut les arrêter, soit par sa Parole, soit par ses dispensations. Cette voie ne peut avoir d'autre issue que la perdition. Ceux, au contraire, qui se donnent à Jésus de tout leur cœur, qui connaissent sa grâce et son salut, qui le choisissent pour leur Berger et l'Evèque de leurs âmes, cheminent en paix sous le regard de Dieu. Ils ne passent pas la vie dans un dangereux sommeil, ils accomplissent avec fidélité et avec joie les devoirs de leur vocation terrestre, sans perdre de vue leur vocation céleste, la rédemption éternelle et la sanctification de leurs âmes.

Prière.

Sauveur fidèle ! Grâces te soient rendues de ton amour immense pour tes brebis errantes ; tu ne te lasses pas de les chercher pour les ramener de la voie de la perdition dans le chemin qui conduit à la vie éternelle. Nous te bénissons du soin fidèle que tu prends de chacun de nous ; donne-nous d'entendre toujours ta voix, de mettre en toi une confiance filiale et de te suivre fidèlement. C'est dans ta communion que nous trouvons le salut, la vie et la paix. Seigneur Jésus, bon Berger, prends-nous sous ta sainte garde, détourne de nous tout ce qui pourrait nous nuire, aide-nous à quitter avec joie ce qui pourrait nous écarter de tes sentiers. Que nous t'appartenions pour le temps et pour l'éternité.

Ma pauvre âme est cette brebis
   Perdue et retrouvée,
Qui sent maintenant à quel prix
   Jésus-Christ l'a sauvée.

Puisqu'il m'aima jusqu'au trépas,
   Pour lui seul je veux vivre.
Et ne veux plus faire ici-bas
   Que l'aimer et le suivre.   Amen.

MERCREDI (Soir).

Demeure tranquille en regardant à l'Eternel, et t'attends à lui ; ne t'irrite pas contre celui qui vient à bout de ses desseins. (Ps. 37, 7.)

Méditation.

L'homme supporte d'ordinaire plus facilement une grande douleur passagère, qu'une souffrance plus légère mais prolongée dont on ne voit pas la fin et qui, semblable à un ver rongeur, s'attaque à la moelle de la vie. Ceux-là mêmes qui ont appris à se courber sous la main de Dieu, passent par des moments d'impatience et de découragement, qui les portent à murmurer, à se plaindre et ils perdent la paix de l'âme. Et cependant, c'est une chose précieuse d'être patient et de se soumettre au Seigneur avec calme et résignation. Demandons-lui cette patience, ce calme du cœur, afin que dans nos plus grandes épreuves nous puissions dire avec le Psalmiste : Je veux demeurer tranquille, ne point ouvrir la bouche, mais regarder à l'Eternel qui fera tout pour le mieux ; je veux m'attendre à lui pour le temps et pour l'éternité. Alors toute obscurité disparaîtra, toutes les énigmes seront résolues, toutes les souffrances seront changées en bénédiction.

Prière.

O notre Dieu ! Tu es toujours le même, ta bonté demeure à jamais, tu te laisses trouver par tous ceux qui te cherchent. Nous venons à toi comme des enfants à leur père, nous te prions de nous réjouir par le sentiment de ta présence et de ta paix. Aide-nous à nous décharger sur toi de tous nos fardeaux, à te remettre toutes nos voies. Tu as promis que tes enfants ne seront pas confus dans leurs épreuves, que tu garderas tes bien-aimés, que tu seras leur force au temps de la détresse. Accomplis, Seigneur, ces promesses pour nous, apprends-nous à tout supporter avec patience, avec douceur et avec foi ; fais que chaque souffrance que tu nous envoies produise en nous un fruit paisible de justice. Père céleste bénis-nous ; souviens-toi de nous pour nous faire du bien ; souviens-toi de tous tes enfants dans l'épreuve, répands dans leurs cœurs tes consolations et ta paix, au nom et pour l'amour de Jésus, notre Sauveur.

Au fort de ma détresse,
Dans mes profonds ennuis,
A toi je m'adresse
Et les jours et les nuits.
Grand Dieu, prête l'oreille
A mes cris éclatants ;
Que ma voix te réveille,
Seigneur, il en est temps,

En Dieu je me console
Dans mes plus grands malheurs,
Et sa ferme parole
Apaise mes douleurs.
Mon cœur vers lui regarde,
Brûlant d'un saint amour,
Plus matin que la garde
Qui devance le jour.   Amen.

JEUDI (Matin).

Dans le malheur le pécheur est renversé, mais le juste reste en assurance, même dans la mort. La justice élève une nation ; mais le péché est la honte des peuples. (Prov. 14, 32, 34).

Méditation.

L'égoïsme, la colère, la désunion n'amènent que trouble et amertume, comme le péché, en général, entraîne la perdition et le malheur. L'homme qui fait sciemment le mal peut pendant quelque temps être honoré du monde, mais aux yeux de Dieu, le péché n'en fait pas moins tache dans sa vie; il répand ses ravages dans le corps et dans l'âme de celui qui s'y adonne. Plus d'un jeune homme qui a commencé par donner les plus belles espérances s'est laissé peu à peu entraîner dans la voie du péché. Son cœur devient alors un désert, son aspect extérieur n'est plus le même, le péché le rend esclave, et ne lui laisse plus ni joie ni contentement. Une folle gaîté extérieure n'est souvent que le masque pour cacher le malaise, le vide et la profonde misère de son âme. Les méchants n'ont point de paix.

Prière.

Dieu fidèle et plein d'amour ! Nos cœurs te cherchent dès le matin ; nous te rendons grâces de tous tes bienfaits, nous implorons ta bénédiction pour cette nouvelle journée que tu nous accordes dans ta bonté. Sois avec nous pour garder nos cœurs dans ta communion, pour nous faire aimer la lumière et haïr les ténèbres. Préserve-nous de la légèreté qui souvent se fait un jeu du péché et qui conduit à la perdition. Fortifie-nous, conserve-nous dans l'obéissance filiale, afin que nous soyons persévérants dans le bien et que nous n'abandonnions jamais tes voies. Aie pitié de tant d'âmes qui s'égarent loin du droit chemin ; nous te recommandons nos enfants, nos jeunes gens ; que ta Parole demeure en eux, afin qu'ils soient forts et qu'ils puissent vaincre le monde. Protège-les contre tous les ennemis de leur salut. Fais-nous comprendre à tous, ô notre Dieu, que les voies de la piété seules ont les promesses de la vie présente et celles de la vie à venir.

Bienheureux qui dès sa jeunesse,
Du salut cherchant la promesse
A mis sa foi dans le Seigneur !
Le Seigneur pour celui qui l'aime,
Devient la source et le fond même
D'un inaltérable bonheur. Amen.

JEUDI (Soir).

Nous aussi, étant environnés d'une si grande nuée de témoins, rejetant tout fardeau et le péché qui nous enveloppe aisément, courons avec constance dans l'arène qui nous est ouverte, regardant à Jésus, le chef et le consommateur de la foi, qui méprisant l'ignominie à cause de la joie qui lui était proposée, a souffert la croix, et s'est assis à la droite du trône de Dieu. (Hébr. 12, 1 et 2).

MÉDITATION.

Nous sommes appelés à combattre le mécontentement, l'impatience, l'incrédulité, le découragement, en regardant à ceux qui nous ont précédés dans la lice, qui sont parvenus au but, soutenus par leur foi au Dieu tout-puissant et la certitude du salut éternel. Ils ont porté leurs croix avec patience, ils ont gardé la foi, ils ont achevé leur course et nous attendent dans la gloire. Tous ont rendu hommage au divin Crucifié et Ressuscité. Jésus est appelé le chef et le consommateur de la foi, parce que la foi est arrivée en lui à son plus haut degré, à sa perfection suprême. C'est par cette foi parfaite qu'il a souffert la croix, qu'il a triomphé de la mort, qu'il s'est assis à la droite de Dieu. Il nous a laissé un parfait exemple pour nous apprendre à souffrir avec foi et avec patience. Demeurons donc tranquilles, et lorsque notre fardeau nous semble lourd, notre croix pesante, quand la nuit menace de nous envahir, portons les regards sur la nuée de témoins qui nous environne, et sur Celui qui nous attend au terme de notre carrière pour nous donner la couronne de vie.

PRIÈRE.

Seigneur Jésus! C'est à toi que nous pouvons regarder comme à notre Chef, tu as marché sur le même chemin que nous, tu as été tenté comme nous en toutes choses, excepté le péché, tu as vaincu le monde et ses angoisses par la puissance de la foi. Nous te bénissons de ton amour qui sait compatir à toutes nos infirmités, qui veut nous secourir dans toutes nos difficultés, dans toutes nos tentations. Apprends-nous à chercher en toi notre force pour supporter les peines de la vie, surtout pour combattre le péché qui nous enveloppe si aisément et nous arrête souvent dans notre course vers le ciel. Viens à notre aide jour après jour, fortifie-nous, montre-nous l'issue que tu tiens en réserve pour nous, afin que nous persévérions jusqu'à la fin et que nous marchions sur les traces de tes fidèles serviteurs qui t'ont glorifié par leur vie et par leur mort. Sauveur fidèle, nous attendons tout de toi, manifeste ta force dans notre faiblesse et rends-nous plus que vainqueurs.

Chrétiens du premier âge,
Qui rendiez témoignage
Dans les fers, dans le feu,
Prêts à tout sacrifice
Qu'exigeait le service
De votre Roi, de votre Dieu ;

Oh ! puisse votre vie
De sainte jalousie
Embraser tous nos cœurs !
La même route ouverte,
La même grâce offerte,
Doit aussi nous rendre vainqueurs.
Amen.

VENDREDI (Matin).

Nous sommes toujours pleins de confiance, et nous savons que pendant que nous habitons ce corps, nous sommes éloignés du Seigneur, car nous marchons par la foi, et non par la vue. (2 Cor. 5, 6 et 7).

Méditation.

La foi s'attache à l'invisible comme si elle le contemplait. Ce ne sont pas les discussions qui enfantent cette foi, aussi n'est-ce pas par leur secours que celui qui l'a peut l'expliquer et la transmettre. Quand le jour a paru, il ne faut qu'ouvrir les yeux pour le voir ; il n'est pas besoin de démonstration pour prouver qu'il existe. Quand la foi règne quelque part, sa présence constitue son évidence même, et celui qui est de la vérité s'incline devant elle. — Il y a eu des sages qui ont douté de l'existence de ce monde visible qui se meut devant nos yeux et l'on s'est moqué d'eux. A combien plus forte raison les croyants ne pourraient-ils pas rire — s'il n'y avait pas plutôt lieu de pleurer — de ceux qui doutent du monde invisible dans lequel ils vivent sans le voir ! Nous disons que les aveugles sont plus pauvres que ceux qui voient de la moitié d'un monde ; et que dirons-nous donc des aveugles spirituels ? Nous dirons qu'ils sont plus pauvres que les fidèles d'un monde tout entier. De quelle force irrésistible n'est pas revêtue la parole de la vérité, lorsque la foi l'a saisie ! Quand même toutes les créatures et notre propre cœur protesteraient contre elle, elle s'affirmerait encore.

Prière.

Notre bon Père céleste ! Veuille disposer toi-même nos cœurs à te chercher dès le matin pour te rendre grâces de tous tes bienfaits, et te demander de nouvelles bénédictions en Jésus, notre Sauveur. Toute grâce excellente et tout don parfait viennent de toi ; accorde-nous, nous t'en prions, la foi, cette foi vivante qui croit à tes promesses et qui saisit les réalités du monde invisible comme si elle les voyait. Aide-nous à renoncer à notre sagesse propre pour nous laisser éclairer par ton Esprit ; donne-nous ce cœur droit et humble auquel tu révèles les choses que tu caches aux sages et aux intelligents. Révèle-nous surtout tes desseins de grâce sur nous ; conduis-nous à Jésus, que nos âmes pardonnées, purifiées, sanctifiées par lui s'affectionnent aux choses qui sont En-Haut. Lorsqu'un jour les voiles tomberont, fais-nous la grâce d'arriver de la foi à la vue bienheureuse par Jésus-Christ.

> Tournons donc nos regards vers la sainte demeure
> Où Jésus est assis à la droite de Dieu ;
> Traversons ce bas lieu,
> Pleins du vivant espoir d'une cité meilleure. Amen.

VENDREDI (Soir).

En la Parole était la vie, et la vie était la lumière des hommes. Et la lumière a lui dans les ténèbres, et les ténèbres ne l'ont point reçue.

(St. Jean 1, 4 et 5).

MÉDITATION.

Le Seigneur Jésus s'appelle avec raison la vie et la lumière du monde. Ces deux noms résument tout ce qu'il nous faut pour dissiper les ténèbres, l'angoisse et la tristesse, pour répondre aux besoins du cœur, de l'esprit, de la conscience. Les apôtres qui se sont consacrés à leur Sauveur, corps et âme, se sont servis des paroles les plus sublimes pour exalter ce qu'il est pour les pécheurs dans la vie et dans la mort, dans le temps et dans l'éternité. Des milliers d'âmes ont accueilli à juste titre la prédication de son Evangile comme « le sujet d'une grande joie » ajoutons « de la plus grande de toutes, » annoncée par les anges il y a dix-huit cents ans. Que sur la terre entière on proclame qu'il est celui qui apporte en effet une joie que le monde ne saurait donner. Il est la *lumière* venue de Dieu pour éclairer le monde, il est la *vie*, le principe et la source de la vie éternelle.

PRIÈRE.

Seigneur Jésus, qui es élevé à la droite de Dieu, nous te rendons grâces de tout ce que tu as fait pour notre salut ; tu as vécu et souffert pour nous, tu nous as rachetés par ton sang du péché et de la mort, et maintenant tu intercèdes pour nous auprès du Père. C'est en ton nom que nous pouvons demander avec la certitude de recevoir. Comment te serons-nous jamais assez reconnaissants ? Donne-nous de te suivre avec foi et avec amour, de puiser dans ta communion toutes les grâces, toutes les lumières qui nous sont nécessaires soit pour cette vie, soit pour l'éternité. Révèle-nous chaque jour davantage la grandeur de ton amour, aide-nous à le faire connaître aux autres, à devenir des témoins vivants de ta grâce. — Seigneur, pardonne-nous tous nos péchés, rends-nous plus fidèles à te servir et à t'obéir ; prends-nous sous ta sainte garde pendant cette nuit, veille sur nous et sur tous ceux qui nous sont chers pour l'amour de Jésus-Christ.

Source de lumière et de vie,
Mon Dieu, mon Sauveur et mon Roi!
J'implore ta grâce infinie ;
Dans ton amour exauce-moi.

Ranime les feux de mon zèle,
Eclaire ma vie à jamais,
Sainte lumière du fidèle,
Soleil de justice et de paix. Amen.

SAMEDI (Matin).

Jésus répondit et leur dit : Ne murmurez point entre vous. Personne ne peut venir à moi, si le Père qui m'a envoyé ne l'attire ; et je le ressusciterai au dernier jour. Il est écrit dans les prophètes : Ils seront tous enseignés de Dieu. Quiconque a écouté le Père et a été instruit par lui, vient à moi.

(St. Jean 6, 43-45).

Méditation.

Il y a souvent dans le cœur de l'homme un trouble, un malaise, des aspirations non satisfaites, qui ne lui laissent ni trêve ni repos. C'est le système nerveux, dit-on, qui est ébranlé ; il faut suivre quelque traitement, s'oublier en se livrant à des distractions au sein de la société ou dans la belle nature. On essaie de tout, mais en vain, et enfin on finit par comprendre que c'est la voix du Père céleste qui appelle son enfant. Ce trouble qui ne s'apaise qu'en Dieu, est un reste de l'image de Dieu dans le cœur de l'homme. Quand le cœur a trouvé, auprès du Fils de Dieu, la paix que le monde ne peut donner, il reconnaît que cette aspiration, qui n'a pu être satisfaite loin de Jésus, n'était que la voix du Père qui l'attirait vers son Fils. Longtemps il a cherché, de côté et d'autre, sans se rendre compte de ce qui lui manquait, et il ne l'a compris qu'après l'avoir trouvé en

Jésus-Christ ; mais dès lors il a reconnu que chaque mouvement de son cœur agité, chaque palpitation de sa conscience malade, était un moyen dont se servait le Père pour l'amener au Fils.

Prière.

C'est avec des sentiments de reconnaissance et d'adoration que nous nous approchons de toi, Seigneur notre Dieu ! Ton saint Nom soit loué par nous sur la terre, afin qu'un jour nous puissions le faire avec des lèvres pures, là-Haut, quand nous te verrons face à face. Aie compassion de nous ; éloigne de nous tout trouble de la conscience ; bannis de nos cœurs le péché et remplis-le du sentiment de ta présence. Accorde-nous l'humilité et la sagesse dont nous avons besoin, pour nous soumettre à ta Parole et pour accepter avec joie ton Evangile et ton conseil d'amour, pour notre félicité en Jésus-Christ. Seigneur, nous nous réfugions auprès de toi, parce qu'en toi seul se trouvent le pardon et la paix. Nous implorons ta grâce sur nous pendant cette journée ; donne-nous de suivre ta voix partout où elle nous appelle, afin que nous puissions compter sur ton secours ; fortifie-nous contre les tentations ; ne te lasse pas de nous attirer à toi par les cordeaux de ton amour, détache-nous de plus en plus de ce qui passe, pour nous attacher à toi qui seul demeures.

Ce Dieu si bon te demande ton cœur,
Et c'est afin d'y déposer sa grâce ;
Ce qui lui plaît, ce n'est pas ta douleur ;
C'est toi qui veux, fuyant loin de sa face,
Les maux dont Dieu voudrait te préserver.
Et te sauver. Amen.

SAMEDI (Soir).

Oui, l'homme se promène comme une ombre ; oui, c'est en vain qu'on s'agite ; on amasse des biens, et on ne sait qui les recueillera. (Ps. 39, 7).

Méditation.

Les ombres passent sur la terre, tantôt petites pour disparaître en un clin d'œil, tantôt grandes pour y prolonger leur durée. Les unes et les autres finissent par n'y laisser aucune trace. Il en est de même des hommes, dit le Psalmiste. C'est une comparaison affligeante, mais vraie. Et cependant nous nous faisons bien des soucis inutiles. Il y a des troubles dans notre vie extérieure et intérieure. A peine a-t-on vu le calme renaître, qu'il surgit de nouveaux combats, de nouvelles peines, de nouvelles inquiétudes. Mais au milieu de toutes nos agitations, la douce voix du Seigneur murmure à notre oreille. « Venez à moi, et vous trouverez le repos de vos âmes. » Puissions-nous toujours l'entendre, nous mettre aux pieds de Jésus et le suivre ! S'il pose sa main bénissante sur notre tête, nous pouvons dire avec joie et avec assurance : Si nous passons sur la terre comme une ombre, nous n'en serons pas moins transformés à son image et nous nous tiendrons devant son trône. Et s'il n'y a que luttes et troubles dans notre vie, nous savons qu'il y a un repos pour le peuple de Dieu, où l'âme et le corps jouiront d'une allégresse et d'une félicité éternelles.

PRIÈRE.

Dieu miséricordieux ! Tu nous as supportés jusqu'à ce jour avec patience et longanimité, tu ne te lasses de nous faire du bien, malgré nos nombreuses infidélités. Nous nous sentons bien indignes de tes bontés, mais tu es l'amour éternel, nous pouvons nous adresser à toi avec confiance et te confesser toutes nos fautes, toutes les trangressions de tes saints commandements. Nous te prions de ne pas nous faire selon nos péchés et de ne pas nous rendre selon nos iniquités. Etends ta main protectrice sur nous et sur les nôtres pendant cette nuit. Encore une semaine de notre vie s'est écoulée ; bientôt viendra notre dernière nuit et sonnera notre dernière heure. Donne-nous de nous y préparer par ta grâce, par Jésus-Christ.

C'est à Dieu que j'ai mon recours ;
Il est ma gloire et mon secours,
La force qui me rend tranquille.
Prenez-le tous pour votre appui ;
Répandez vos cœurs devant lui ;
Dieu seul fut toujours notre asile.

Les hommes mortels ne sont rien ;
Les plus grands même, avec leur bien,
N'ont qu'un faux éclat qu'on adore.
Qui l'homme et le rien pèserait,
A cette épreuve trouverait
Que l'homme est plus léger encore. Amen.

Troisième semaine après Pâques (Jubilate).

DIMANCHE (MATIN).

Encore un peu de temps et vous ne me verrez plus ; et de nouveau un peu après vous me verrez, parce que je m'en vais au Père. En vérité, en vérité je vous dis, que vous pleurerez, et vous vous lamenterez, et le monde se réjouira ; vous serez dans la tristesse ; mais votre tristesse sera changée en joie. (St. Jean 16, 16, 20).

MÉDITATION.

Après avoir accordé à ses enfants des bénédictions spéciales, le Seigneur les fait souvent passer par le désert, par le chemin de l'épreuve, par le creuset de l'affliction. Les croix sont nécessaires pour affermir et mûrir leur foi, pour les réveiller quand ils se relâchent dans la prière, pour vivifier leur piété qui facilement devient affaire d'habitude. Plût à Dieu que ceux qui nous voient porter notre croix fussent obligés de dire : « Quelle chose précieuse que la foi contre laquelle les portes de l'enfer ne peuvent prévaloir » et que « l'amour qui est plus fort que la mort ! » Ces paroles du Christ : « Encore un peu de temps et vous ne me verrez plus » ne s'appliquent pas à ceux qui savent supporter avec foi les angoisses et les afflictions de la vie ; ils voient le Sauveur au sein même des ténèbres. S'il semble un instant se cacher, c'est pour faire briller bientôt de nouveau sur eux le regard de sa face. S'il veut prolonger l'épreuve de leur foi, elle prendra fin, sinon ici-bas sûrement Là Haut où tous nos combats cessent et où toutes nos tentations seront vaincues. Dieu fait descendre dans les abîmes ceux qu'il veut ensuite souverainement élever.

PRIÈRE.

Dieu fidèle, source de tout salut et de toute paix, que nous sommes heureux de pouvoir nous adresser à toi comme à notre bon Père céleste qui connaît tous les besoins de tes enfants ! Donne-nous toi-même par une foi plus vive en ton amour, l'assurance que, par les épreuves aussi bien que par les joies, tu veux nous préparer à la félicité éternelle ; qu'ainsi en face des souffrances dont la vie est remplie nos cœurs ne murmurent et ne se découragent pas. Si nous menons deuil sur les maux de la vie ou sur nos péchés, que notre tristesse soit de celles dont on ne se repent jamais, que nous sentions que tu nous châties pour notre profit, pour nous rendre participants de ta sainteté. Apprends-nous, au travers des larmes, à discerner, à comprendre tes vues d'amour, à te bénir, à t'adorer. Bénis pour nos âmes ce saint jour de dimanche ; ouvre-les à la puissance de ton Esprit ; fais-y descendre ta vérité, tes saintes promesses, fortifie-nous dans ta communion. Etends ton règne sur la terre. Nous te prions pour nos familles, pour nos amis, pour tous les hommes qui

sont nos frères ; que ton nom soit glorifié par des milliers de
rachetés, que beaucoup d'âmes soient amenées aujourd'hui à la
connaissance et à l'amour du Seigneur Jésus-Christ.

Que la route soit longue et rude	N'importe je marche toujours,
Jusqu'au terme où tendent mes vœux ;	Je marche plein de confiance,
Que l'heure se cache à mes yeux	Aussi bien aux jours de souffrance,
Où je verrai la plénitude :	Qu'aux plus fortunés de mes jours. Amen.

DIMANCHE (Soir).

Bien-aimés, je vous exhorte, comme des étrangers et des voyageurs, à vous abstenir des convoitises charnelles qui font la guerre à l'âme ; ayant une conduite honnête parmi les Gentils, afin qu'au lieu qu'ils médisent de vous, comme si vous étiez des malfaiteurs, ils glorifient Dieu au jour de la visitation, en voyant vos bonnes œuvres.   (1 Pierre 2, 11 et 12).

MÉDITATION.

Les convoitions charnelles sont les plus dangereux ennemis des chrétiens. Lorsqu'il y a des traîtres dans la forteresse, les assiégeants ont beau jeu. Aucun ennemi n'aurait pu vaincre Israël, pendant sa marche vers Canaan à travers le désert, s'il n'avait pas eu à lutter contre sa propre chair. Les flots de la mer, les privations, les chariots de Pharaon et l'épée d'Hamaleck n'étaient point les plus grands ennemis d'Israël ; ces derniers se trouvaient au sein même du peuple : c'était le découragement, l'ingratitude, la révolte contre Moïse et contre Aaron, les disputes et les haines, l'hypocrisie et l'idolâtrie. Les convoitises charnelles qui font la guerre à l'âme sont la source de l'immoralité, de la haine, de l'orgueil, de l'ambition, des querelles, de l'indifférence religieuse. Plus la foi est grande, plus la conscience est délicate, et plus ardente est la lutte entre l'esprit et la chair. Le fidèle a reçu le pardon, mais sa chair vit encore. Sa meilleure arme dans ce saint combat, c'est de se sentir étranger sur cette terre et d'avoir son trésor au ciel où est sa vraie patrie. Cette disposition ne nous rend pas infidèles à notre vocation terrestre ; au contraire, elle exerce une action sanctifiante sur notre vie et notre activité, et nous soutient dans l'accomplissement fidèle de nos devoirs. Elle nous aide à lutter contre tout penchant mauvais, tout manque de droiture, tout égoïsme, en un mot contre tous les ennemis qui entravent notre marche vers la céleste patrie. — Avoir les yeux fixés sur ce but, poursuivre notre course en regardant à Jésus, faire le bien à son exemple, que nous soyons approuvés ou méconnus, tel est l'esprit qui doit nous animer comme étrangers et voyageurs qui cherchent la cité à venir.

PRIÈRE.

Que sommes-nous, Seigneur, sans toi et sans la force que tu nous communiques? Fais-nous bien sentir combien nous sommes par nous-mêmes faibles pour le bien, et impuissants contre le mal, afin que nous recherchions sans cesse ton secours pour rendre notre vie plus conforme à tes saints commandements. Que la vertu de ton Esprit se manifeste dans notre vie de tous les jours et nous aide à combattre le bon combat de la foi auquel nous sommes appelés. Revêts-nous de toutes tes armes, afin que nous puissions remporter la victoire sur les convoitises charnelles qui font la guerre à notre âme. Rappelle-nous constamment que nous sommes pèlerins, que nous n'avons pas ici de cité permanente; aide-nous à chercher celle qui est à venir, et à rejeter tout ce qui pourrait entraver notre course vers notre véritable patrie. Apprends-nous à vivre comme bourgeois des cieux, produis dans nos cœurs et dans notre vie par ton Esprit tous les fruits d'obéissance, de fidélité et d'amour par lesquels tu nous appelles à te glorifier ici-bas.

O Seigneur! prends pitié du monde,
Car il est une nuit profonde
Que ta grâce peut dissiper,
Couvre les pécheurs de ton aile,
Avant que la nuit éternelle
Tombe et les vienne envelopper;
Et pour ceux qui croient en ta grâce,
Qu'on voie en eux son efficace,
Produire les fruits abondants
Où l'on reconnaît tes enfants. Amen.

LUNDI (MATIN).

Les justes se réjouiront, ils triompheront devant Dieu et tressailleront de joie. Chantez à Dieu, célébrez son nom, préparez le chemin à celui qui s'avance dans les plaines! L'Eternel est son nom, réjouissez-vous devant lui! Le père des orphelins et le défenseur des veuves, c'est Dieu dans sa demeure sainte. (Ps. 68, 4-6).

MÉDITATION.

Aussi longtemps que l'homme ne connaît pas Dieu par le cœur, il peut bien de loin en loin penser à lui et lui rendre à un moment donné un culte extérieur; mais il ne comprend pas que la communion avec Dieu puisse devenir une jouissance intime, un sentiment constant de bonheur et de sécurité. C'est que l'homme du monde ne voit souvent en Dieu qu'un témoin et un juge de sa conscience, de sorte qu'il pense que le mieux c'est de bannir l'idée de Dieu de son cœur, sinon, il n'aura plus une heure de contentement. Aussi quelqu'un s'avise-t-il, au milieu des plaisirs et des distractions mondaines de diriger la conversation sur le terrain religieux, on le fuit comme un trouble-joie et on l'accuse de heurter le bon ton et les bonnes manières. Et cependant c'est en Dieu, notre Père, que nous avons la vie, le mouvement et l'être. Comment espérer d'avoir part un jour à une éternelle félicité, si la pensée de Dieu nous importune aujourd'hui ?

PRIÈRE.

Notre bon Père céleste ! Nous te remercions du fond du cœur d'avoir veillé sur nous pendant cette nuit et de nous avoir permis de revoir la lumière de ce jour. En reprenant le travail d'une nouvelle semaine, nous te prions de le bénir et de faire prospérer tout ce que nous ferons en ton Nom. Donne-nous de rechercher ta communion et d'être heureux dans le sentiment de ta présence. Bannis de nos cœurs tout ce qui est contraire à ta sainte volonté, afin que ton image s'y imprime toujours plus nettement. Que ce jour soit consacré à ton service et à ta gloire, et que nous éprouvions que ton règne est paix et joie par le St. Esprit. Exauce-nous, Dieu de bonté, au nom et pour l'amour de Jésus, ton Fils, que tu nous as donné pour Sauveur.

Quand le matin commence,
Je veux dire au Seigneur:
Mon bien, c'est ta présence,
O Dieu, mon conducteur!

Souvent dans la journée,
Je veux dire au Seigneur:
Toi qui me l'as donnée,
Montre-m'en la valeur.

Et quand vient la nuit sombre,
Je veux dire au Seigneur:
Couvre-moi de ton ombre,
Mon Dieu, mon protecteur.

Oui, toujours sur la terre,
Je veux dire au Seigneur:
Que vivre pour te plaire
Soit, ô Dieu, mon bonheur! Amen.

LUNDI (Soir).

Sonde-moi, ô Dieu, et connais mon cœur; éprouve-moi, et connais mes pensées. Vois si je suis dans une voie d'injustice, et conduis-moi dans la voie de l'éternité! (Ps. 139, 23 et 24).

MÉDITATION.

C'est une chose surprenante que l'homme ait tant de peine à se connaître, et qu'il n'y ait rien de plus caché pour lui que son propre cœur. Et cependant la connaissance de soi-même est ce qu'il y a de plus important. Les anciens païens déjà ont résumé la sagesse humaine dans l'adage : « Connais-toi toi-même, » et bien des déclarations qu'ils ont faites au sujet de la nature du cœur humain, pourraient confondre notre propre ignorance, surtout à la pensée qu'ils n'avaient qu'une faible lumière, la conscience, pour éclairer leurs voies dans ce domaine obscur. Ne dédaignons pas cette lumière qui souvent nous eût préservés de bien des écarts dans notre vie, si nous avions toujours marché à sa clarté. Il est vrai que la conscience peut s'émousser ; nous pouvons l'endormir et la réduire au silence. Prions Dieu, qui sonde les cœurs, de nous faire connaître, par sa Parole et par son Esprit, le fond de nos pensées, de nous éprouver pour voir si nous sommes dans une mauvaise voie, et de nous conduire dans le sentier étroit qui mène à la vie éternelle ; alors nous ne vivrons pas dans les illusions, mais nous connaîtrons les choses qui vont à notre paix.

PRIÈRE.

Seigneur notre Dieu, tu es notre lumière et notre consolation. Comme un père est ému de compassion envers ses enfants, tu es ému de compassion envers ceux qui te craignent. Nous t'en bénissons et nous louons ton saint Nom. Tu es un Dieu d'amour, de miséricorde, de patience et de fidélité ; mais tu es aussi saint et juste, et le méchant ne peut subsister devant toi. Tu découvres de loin nos pensées et les profondeurs de notre cœur te sont connues, tandis que souvent nous nous abusons nous-mêmes. Seigneur, préserve-nous de toute illusion, de toute erreur ; apprends-nous à nous connaître comme tu nous connais. Fais-nous voir en nous tout ce qui te déplaît, révèle-nous les fautes les plus cachées, aide-nous à les reconnaître, à nous en humilier, à aller à Jésus qui seul peut nous purifier, nous sanctifier, nous donner la paix du cœur et de la conscience. Père céleste, bénis-nous, pardonne-nous tous nos péchés, fais-nous grâce, exauce notre prière pour l'amour de Jésus-Christ.

Dans ma fausse vertu, dans ma folle sagesse,
J'ai trop longtemps cherché ma gloire et mon bonheur ;
Des plaisirs, de l'orgueil la dangereuse ivresse,
M'a fait presque oublier le vide de mon cœur.

Mais enfin éclairé par la vive lumière
Que répand le malheur sur les biens d'ici-bas,
Je vois que pour courir après une chimère,
J'ai fui loin de mon Dieu, qui me tendait les bras.   Amen.

MARDI (Matin).

Heureux l'homme qui prend son plaisir dans la Loi de l'Eternel, et médite sa Loi jour et nuit. (Ps. 1, 2).

Méditation.

Notre cœur a besoin de quelque chose qui soit sa joie et sa vie. Il supporte tout plutôt que le sentiment du vide et de la solitude. Il lui faut un trésor qui l'attire, qui, jour et nuit, absorbe ses pensées, ses désirs, selon cette parole du Seigneur : « Où est votre trésor, là est votre cœur. » Mais il n'y a qu'*un* trésor qui puisse combler réellement le vide du cœur, qui puisse être à toujours pour nous un sujet de joie et de contentement, sans dégoût ni désillusion. C'est Dieu avec ses commandements, ses voies, ses pensées, ses desseins d'amour pour notre salut. Heureux celui qui prend son plaisir dans la Loi de l'Eternel, et qui la médite jour et nuit. Heureux surtout le chrétien qui connaît le plan de Dieu pour son salut, qui en a fait l'expérience et qui a puisé au fleuve de l'amour divin. Dieu n'a pas épargné son propre Fils, mais l'a livré à la mort, afin que nous ayons la vie en lui et par lui.

Prière.

Père céleste ! Nous te rendons grâces de ce que tu fais luire sur nous ton soleil de justice, et veux faire de nous des membres de la nouvelle alliance en Jésus-Christ. Tu veux nous délivrer de la servitude du péché pour nous introduire dans la Canaan céleste, comme tu as fait sortir ton peuple de la servitude d'Egypte et l'as conduit dans la Canaan terrestre. Tu es un Dieu d'amour et de miséricorde, tu es fidèle dans toutes tes promesses, que nous soyons ton peuple, que tu sois notre Dieu. Ecris ta Loi dans nos esprits et dans nos cœurs, afin que nous marchions devant toi comme tes enfants. Fais-nous sentir le besoin que nous avons de toi et de ta grâce, pour que notre cœur ne s'attache pas aux choses de la terre ; que nous recherchions ces biens spirituels qui seuls sont éternels et qui peuvent seuls satisfaire notre âme. Aide-nous à placer notre trésor dans le ciel, afin que notre cœur y soit aussi ; fais-nous sentir que le bonheur suprême consiste dans l'assurance que tu nous aimes et que nous sommes à toi pour le temps et pour l'éternité.

Viens, Esprit saint, en traits de flamme,
Graver cette Loi dans mon cœur;
Viens faire éprouver à mon âme,
Pour elle, la plus vive ardeur.

Fais que sans cesse, — Dans ma faiblesse,
Elle éclaire et guide nos pas;
Que sa lumière, — Dans ma carrière,
M'accompagne jusqu'au trépas. Amen.

MARDI (Soir).

O Dieu, aie pitié de moi, selon ta miséricorde! Selon la grandeur de tes compassions, efface mes forfaits! Lave-moi parfaitement de mon iniquité, et nettoie-moi de mon péché! Car je connais mes transgressions, et mon péché est toujours devant moi. J'ai péché contre toi, contre toi seul, et j'ai fait ce qui est mal à tes yeux, de sorte que tu seras juste quand tu parleras, et sans reproche quand tu jugeras. (Ps. 51, 3-6).

Méditation.

David avait gravement péché contre Dieu ; mais il a reconnu et confessé sa faute, il s'en est profondément humilié. A l'ouïe des paroles de Nathan, lui dénonçant le sévère jugement de Dieu il s'est écrié : « J'ai péché contre l'Eternel. » Dieu lui pardonna et lui fit donner par son prophète l'assurance de son pardon. Ils sont rares ceux qui savent quelque chose de ce pardon, et qui en ont fait l'expérience. Ils pèchent bien comme David, ils veulent être graciés comme lui, mais ils ne veulent pas accepter une pareille humiliation, ni imiter son repentir. Quand leur conscience se réveille et les accuse, ils cherchent à la tranquilliser par de fausses consolations, ils se rassurent en disant qu'ils ont péché par faiblesse, que tous les hommes ont leurs défauts. Notre Père céleste veut, il est vrai, pour l'amour de Jésus, détourner ses yeux de tous nos péchés, mais à condition que nous allions à lui avec des sentiments de vrai repentir, avec un cœur brisé et un esprit froissé, et avec la sérieuse résolution de nous garder désormais de toute transgression de sa sainte Loi.

Prière.

Seigneur, notre Dieu et notre Père en Jésus-Christ ! Nous te rendons grâces du fond de nos cœurs de nous avoir aidés à porter le faix de ce jour ; maintenant qu'il est sur son déclin, nous te prions de demeurer avec nous, de remplir nos âmes de cette paix que peut seul nous donner le sentiment de ton pardon et de ta douce présence. Nous nous humilions profondément devant toi au souvenir de nos nombreuses infidélités ; inspire-nous un sincère repentir, pardonne-nous pour l'amour de Celui qui s'est fait péché pour nous, afin que nous devinssions justes par lui. Seigneur Jésus, qui nous as rachetés par ton sang, qui par ta mort as vaincu le péché, donne-nous de nous retirer vers toi, pour être délivrés de sa puissance et du châtiment qu'il avait attiré sur nous. Fortifie-nous à l'heure de la tentation, accorde-nous le secours nécessaire pour marcher dans une vie nouvelle, une vie de justice et de sainteté qui te soit agréable. Etends sur nous tes mains d'amour pour nous bénir et pour nous sauver.

>Pardonne, ô Dieu! pardonne à tes enfants;
>Tu ne veux pas qu'aucun de nous périsse.
>Tu mis sur nous ta parfaite justice;
>Rends ton repos à nos cœurs repentants!
>
>Vers nous, Seigneur! retourne donc les yeux!
>Lève sur nous la clarté de ta face!
>De ton Esprit que la sainte efficace
>Nous affermisse au droit chemin des cieux! Amen.

MERCREDI (Matin).

Fortifiez vos mains languissantes, et vos genoux affaiblis; et faites à vos pieds un chemin droit, afin que ce qui cloche ne se dévoie pas, mais plutôt qu'il soit guéri. Recherchez la paix avec tous, et la sanctification, sans laquelle personne ne verra le Seigneur. (Hébr. 12, 12-14).

Méditation.

La foi a pour fruit la sanctification : le travail du St. Esprit dans le cœur de l'homme, par lequel le Christ *pour nous* devient le Christ *en nous*. Les paroles : « Vous étiez autrefois ténèbres, maintenant vous êtes lumière dans le Seigneur, » ne signifient pas seulement que le Seigneur nous a éclairés de sa grâce et de sa justice, en sorte que l'étoile matinière de la paix et de la consolation s'est levée pour nous, mais elles disent aussi que comme la lumière de Christ s'est répandue en nous, elle doit aussi se refléter au dehors dans notre vie. Il faut que cette lumière devienne toujours plus vive. Ce que le Christ nous a donné doit s'identifier avec nous. Haïr le péché, s'attacher toujours plus fortement au Sauveur, combattre sans relâche : telles sont les conditions de nos progrès dans la grâce de Dieu.

Prière.

Dieu saint! Nous voulons commencer ce jour sous ton regard. Tu nous l'as donné non seulement pour nous occuper de notre vocation terrestre, mais aussi pour nous préparer à la vie éternelle. Viens nous remplir d'un saint zèle pour les choses qui appartiennent à notre salut et à notre paix, inspire-nous l'horreur du péché et fais-nous rechercher la sanctification sans laquelle personne ne pourra te voir et arriver au ciel. Tu sais que nous ne connaissons qu'imparfaitement notre vocation céleste et que nous n'avons pas la force d'y répondre ; nous bronchons facilement, nous nous écartons souvent du bon chemin. Seigneur, guéris-nous de toutes nos infirmités, soutiens-nous par ton St. Esprit au milieu de nos luttes et de nos tentations, que sous son influence toute-puissante nous tendions sans cesse à la perfection pour pouvoir un jour subsister devant ta face.

Ah ! si soutenu par ta grâce
J'ai soumis mon cœur à ta Loi ;
Si maintenant je suis la trace
Du Sauveur qui mourut pour moi ;
Si pour son nom, pour la justice,
J'accomplis quelque sacrifice,
Mon Dieu, donne-moi seulement
De t'être toujours fidèle,
De te suivre avec plus de zèle,
Et de t'aimer plus purement !   Amen.

MERCREDI (Soir).

Aucune tentation ne vous est survenue, qui n'ait été une tentation humaine. Or, Dieu est fidèle, et il ne permettra point que vous soyez tentés au-delà de vos forces ; mais avec la tentation il vous en donnera aussi l'issue, afin que vous puissiez la supporter.   (1 Cor. 10, 13).

MÉDITATION.

La vie est pleine de tentations et d'épreuves. Souvent elles augmentent à mesure que nous nous approchons du ciel pour nous empêcher sans doute de nous laisser aller à l'orgueil ou de croire que nos combats sont finis. En nous donnant plus de lumière, de force, d'expérience et de foi, Dieu nous fournit aussi plus d'occasions de mettre notre foi à l'épreuve et de la manifester. Lorsqu'il nous survient de nouvelles tentations, il ne nous est pas permis de nous décourager, mais nous devons avoir la confiance inébranlable que Dieu veut faire resplendir sa gloire à nos yeux, et qu'il proportionnera nos forces à l'épreuve. Soyons fidèles, et nous ferons l'expérience que Dieu ne confond jamais celui qui s'attend à lui.

PRIÈRE.

Dieu tout bon ! Maintiens-nous dans l'humilité, la vigilance et la prière ; fortifie-nous dans la foi en ton amour paternel et en ta miséricorde. Préserve-nous de témérité et de toute fausse sécurité ; ne permets pas que nous oubliions que tant que nous serons dans ce monde, nous serons entourés de tentations, qu'il faut nous tenir sans cesse sur nos gardes, d'autant plus que nous avons notre plus dangereux ennemi en nous-mêmes. Donne-nous de croire que tu es un Dieu éternellement fidèle, qui ne permets pas que nous soyons tentés au delà de nos forces, mais qui veux nous aider à tout surmonter, et nous faire recueillir de chaque épreuve de nouvelles grâces et de nouvelles bénédictions. Apprends-nous dans toutes nos misères et dans toutes nos détresses à porter nos regards sur Jésus, qui a été tenté comme nous en toutes choses à l'exception du péché, et qui est toujours puissant et miséricordieux pour secourir ceux qui sont tentés. Qu'il soit notre refuge, notre force, notre délivrance ; que soutenus par sa grâce toute-puissante nous restions fermes et fidèles jusqu'au jour où toutes nos luttes seront finies et où nous nous reposerons dans tes bras.

Autour de moi, Seigneur, l'orage gronde
Et tout conspire à me remplir d'effroi.
Viens, Jésus, toi qui vainquis le monde;
Je ne crains rien si tu combats pour moi.

O Jésus-Christ, toi, ma seule espérance,
Je t'appartiens, je vaincrai par la foi;
En toi mon cœur est plein de confiance,
Je ne crains rien si tu combats pour moi.
Amen.

JEUDI (Matin).

O Dieu qui entends la prière, toute créature viendra jusqu'à toi. (Ps. 65, 3).

MÉDITATION.

Dieu ne se borne pas à entendre nos prières, il les exauce. Rien n'est trop petit et rien n'est trop grand pour lui. Il a créé non seulement les rochers, mais aussi l'humble mousse qui y croît ; il brise les cèdres et fait couler les navires d'un souffle de sa bouche, mais il épargne le roseau froissé et n'éteint point le lumignon qui fume encore. Il exauce certainement nos prières, toute créature peut s'élever à lui. Pourquoi ne nous approchons-nous pas plus souvent du trône de sa grâce ? Nos misères ne sont-elles pas assez grandes et assez nombreuses ? Nous nous plaignons peut-être de ce que nous ne savons pas prier ; ne dédaignons pas les petits commencements. « A celui qui a on donnera encore davantage » a dit le Seigneur Jésus ; si nous sommes fidèles, sa promesse se réalisera pour nous. La prière est la fille de la foi. En la négligeant nous courons le danger de l'abandonner entièrement. Si c'est un interdit, un péché secret qui étouffe en nous l'esprit de prière, hâtons-nous d'en être affranchis, repentons-nous et confessons notre péché. Différer, c'est aggraver le mal ; négliger de faire le bien est un péché.

Prière.

Dieu de toute grâce, Dieu de bonté et d'amour ! Donne-nous l'esprit de prière ; apprends-nous à répandre nos cœurs devant toi, à t'apporter toutes nos misères, toutes nos craintes, toutes nos faiblesses, à chercher auprès de toi secours, force et lumière. Que nous ne doutions jamais de ton amour, et si la délivrance devait tarder, donne-nous d'être persuadés qu'elle viendra au moment propice. O Seigneur, subviens par ta grâce à l'infirmité de nos prières et aux défaillances de notre foi ; si tu vois dans nos cœurs un péché, un interdit qui empêche ou trouble notre communion avec toi, viens-nous en aide, montre-nous le mal, assiste-nous afin que nous ne nous donnions point de repos que nous n'ayons éprouvé ta grâce qui délivre, qui relève et console. Sois avec nous pendant cette journée, accorde-nous tout ce qui nous est nécessaire pour accomplir nos devoirs et te glorifier par notre activité. Dirige souvent nos regards et nos cœurs En-Haut, et que ton Esprit forme au dedans de nous ces prières ineffables qui retombent sur nous en rosée de bénédiction. Seigneur, exauce nos supplications au nom de Jésus-Christ.

Mais, ô Dieu ! ces élans de l'âme,
Ce cri d'un cœur qui te réclame,
Rarement je les trouve en moi.
Souvent occupé de la terre,
Quoique de tout je désespère,
Je sais peu m'élever à toi.

Désormais donc, ô Dieu suprême !
Pourquoi chercherais-je en moi-même
La prière qu'il faut t'offrir ?
J'attends toute sainte pensée
Du ciel d'où descend la rosée
Que le soleil doit recueillir.   Amen.

JEUDI (Soir).

Certainement tu es un Dieu qui te caches, ô Dieu d'Israël, le Sauveur.
(Es. 45, 15).

Méditation.

Si Dieu nous conduit par des voies difficiles, si ses jugements sont sur nous, il faut tenir ferme sa Parole et y croire, bien que nous ne puissions comprendre les dispensations de sa Providence à notre égard. Nous ne devons pas nous creuser la tête et vouloir tout mesurer à la mesure trop courte de notre raison. Car si Dieu n'était pas un Dieu caché, s'il n'était pas insondable et incompréhensible, il ne serait pas si haut élevé au-dessus de nous qu'il l'est en réalité. Nous ne devons rien lui prescrire ni le blâmer, mais l'admirer avec humilité, mettre la main sur notre bouche et croire que le Créateur du ciel et de la terre ne négligera rien dans son royaume ; que le Juge du monde ne fera tort à personne ; qu'il accomplira sûrement ses promesses. malgré les apparences contraires, et qu'il dirigera tout dans notre vie de telle manière qu'un jour nous n'aurons que des actions de grâces à lui rendre.

PRIÈRE.

Père céleste ! Tu es seul Dieu et il n'y en a pas d'autre. Accorde-nous la grâce de nous laisser toujours conduire par toi, même les yeux bandés, de ne jamais douter que tes voies ne sont que bonté et vérité pour ceux qui observent ton alliance et tes témoignages. Quelles que soient tes dispensations, Seigneur, nous voulons nous y soumettre, nous ne te demandons qu'une chose, c'est que ta main nous soutienne et nous conduise dans le chemin du ciel ! Viens affermir dans nos cœurs le sentiment de ta présence ; fais qu'appuyés sur ta Parole, rien au monde ne puisse nous ébranler, ni faire sombrer notre foi. Exauce-nous et bénis-nous au nom de Jésus, notre Sauveur.

O sage Providence !
Je mets ma confiance
En tes divins décrets ;
J'admire ta puissance,
Je bénis ta clémence
Qui me comble de ses bienfaits.

En source d'allégresse
Ta profonde sagesse
Sait convertir nos pleurs.
Quand le mal est extrême,
C'est ta force suprême
Qui nous soutient dans nos douleurs.
Amen.

VENDREDI (MATIN).

Ma possession m'est échue dans des lieux agréables, et un très-bel héritage m'est échu. Je bénirai l'Eternel qui est mon conseil ; les nuits même, mon cœur m'instruit au dedans de moi. J'ai eu l'Eternel constamment présent devant moi ; puisqu'il est à ma droite, je ne serai point ébranlé.

(Ps. 16, 6-8).

MÉDITATION.

Ce que nous appelons bonheur dans la vie, n'est au fond qu'un bien incertain, qui nous cause bien des soucis. Combien souvent n'arrive-t-il pas que notre joie se change subitement en tristesse, ou que les hommes nous envient notre sort, sans se douter de l'amertume qui se trouve au fond de notre coupe. Celui-là seul est heureux qui peut s'écrier avec le Psalmiste : L'Eternel est mon héritage et ma part; c'est lui qui m'assure mon lot, il est dans sa main fidèle et sûre. Pourquoi nous en coûte-t-il tant de nous réjouir de cet aimable et doux héritage et de goûter le bonheur d'une existence qui repose en sa main ? Il nous a appelés par Jésus-Christ à une communion plus intime et plus heureuse avec lui que celle que connaissait le fidèle de l'ancienne alliance. Il faut nous en prendre à nous-mêmes, si nous ne trouvons pas plus de joie dans sa communion ou si nous passons tristes par le chemin de la vie, après avoir si souvent fait l'expérience de sa grâce et de sa fidélité. Nous cherchons trop souvent notre bonheur dans les biens passagers de ce monde, au lieu de dire avec David : L'Eternel est ma part et mon héritage. Oui c'est un magnifique héritage que celui de l'enfant de Dieu, qui ne prend conseil que de lui, qui se laisse conduire par sa main et qui marche sous son saint regard. Il se sent en sûreté auprès de lui et peut répéter avec le Psalmiste : « L'Eternel est à ma droite, je ne serai point ébranlé. »

PRIÈRE.

Dès le matin nos cœurs cherchent ta face, ô Eternel! Nous te remercions des innombrables bienfaits que nous avons déjà reçus de ta main, nous te prions de nous donner de nouveaux témoignages de ta bonté. Par Jésus-Christ, nous pouvons entrer dans une bienheureuse communion avec toi ; nous te bénissons de ce qu'en lui et par lui tu nous as donné un bel héritage. Préserve-nous de nous attacher aux biens passagers de la terre, qui ne peuvent nous donner un bonheur vrai et durable. Apprends-nous à nous remettre pour toujours, avec tous les nôtres, et tout ce qui est à nous, entre tes mains paternelles. Viens nous aider à marcher dans tes voies, fais-nous la grâce de te connaître et de t'aimer assez pour que tu suffises à nos cœurs et que nous ne cherchions rien en dehors de toi. Garde-nous dans ta paix et bénis chacun de nous selon ses besoins pour l'amour de Jésus.

Béni soit Dieu, qui m'a si sagement
De ses conseils donné la sainte adresse!
Même la nuit j'y pense mûrement,
Et son esprit me guide et me redresse:
Aussi toujours vers lui seul je regarde;
Toujours sa main me soutient et me garde.

Tu me feras connaître le sentier,
Qui de la mort mène à la vie heureuse;
Car, ô Seigneur! nul plaisir n'est entier,
Si l'on ne voit ta face glorieuse.
C'est dans ta main que se trouvent sans cesse
Les vrais plaisirs, et la vraie allégresse.

Amen.

VENDREDI (Soir).

Comme celui qui vous a appelés est saint, soyez vous-mêmes saints dans toute votre conduite. En effet, il est écrit: Soyez saints, car je suis saint.
(1 Pierre 1, 15 et 16).

MÉDITATION.

Les hommes qui négligent la sanctification du cœur et de la vie, se mettent en opposition directe avec Dieu. Le premier cantique de louanges de l'armée céleste est : Saint, saint, saint est l'Eternel, toute la terre est remplie de sa gloire. Nos pensées, nos paroles, toutes nos actions doivent attester que le St. Esprit fait son œuvre en nous, et que nous recherchons sérieusement la sanctification. Nous ne saurions trop nous glorifier de ce que le Christ a fait pour nous ; mais en même temps nous ne devons pas perdre de vue qu'il veut imprimer son image en nous. Ce n'est pas notre éloquence, notre savoir et notre piété extérieure qui manifestent, aux yeux du monde, la force et la gloire de l'Evangile; la meilleure recommandation du christianisme, c'est la vie pure et sainte du chrétien.

PRIÈRE.

Notre Dieu, notre Père céleste, de qui procèdent toute grâce excellente et tout don parfait, nous te bénissons de l'amour et de la miséricorde que tu nous as témoignés en ce jour. Ton nom est saint et élevé ; toute la terre est remplie de ta gloire. Nous nous sentons bien indignes de tes grâces et de ta fidélité envers nous. Souvent nous sommes si paresseux pour le bien, si faibles dans la foi, si inconstants dans notre conduite! Pardonne-nous toutes nos infidélités, toutes nos transgressions, selon la grandeur de tes compassions. Crée en nous un cœur nouveau et un esprit droit ; ne nous rejette point loin de ta face et ne nous ôte point ton Esprit saint. Sanctifie-nous, Seigneur, afin que notre vie devienne une source de bénédictions pour ceux qui nous entourent.

O Seigneur, prends-moi par la main,
Soutiens-moi dans mon long chemin
  Par la douce espérance ;
Pour élever mon cœur à toi,
Fais toujours briller devant moi
  Ta sainte délivrance.

O Dieu, ne m'abandonne pas,
C'est ici le temps des combats ;
  Je suis faible et sans armes.
Seigneur, rends-moi victorieux,
Délivre-moi, du haut des cieux,
  De toutes mes alarmes.   Amen.

SAMEDI (Matin).

Maintenant, je m'en vais à celui qui m'a envoyé, et aucun de vous ne me demande: Où vas-tu? Mais parce que je vous ai dit ces choses, la tristesse a rempli votre cœur. (St. Jean 16, 5 et 6).

Méditation.

La tristesse humaine est souvent chose étrange! Les disciples de Jésus ont été attristés à l'ouïe de ces paroles d'adieu qui, depuis des siècles, ont consolé tant d'âmes et qui resteront jusqu'à la fin des temps un des joyaux du christianisme. Nous ne pouvons douter que dans la suite ces paroles ne soient devenues une source de consolation pour le cœur des apôtres. Il en est de même pour nous; souvent ce qui nous semble un sujet de tristesse peut devenir la source des plus grandes joies, ou ce qui nous paraît un sujet de joie peut se changer en une source de douleurs. Lorsque les parents observent leurs enfants, ils sont portés à sourire en voyant ce qui leur cause de la joie ou fait couler leurs larmes. C'est ce que nous ferons un jour quand nous considérerons notre vie au point de vue de l'éternité; nous verrons, en souriant, combien souvent nous nous sommes réjouis en saisissant du sable, et attristés en ramassant des perles.

Prière.

Dieu fidèle! Tu nous as abondamment bénis pendant cette semaine, soit par les joies, soit par les peines que ta main nous a envoyées. Nous t'en louons et nous te prions de faire tourner toutes tes dispensations à notre bien éternel. Que ton Esprit nous remplisse de force et de joie; qu'il nous aide à nous occuper des bonnes œuvres que tu as préparées pour nous et à résister victorieusement aux influences du mal. Si tu juges à propos de nous envoyer des épreuves, fais que nous les acceptions avec foi et soumission, et que nous en profitions pour avancer dans la vie chrétienne et dans la sanctification. Daigne nous diriger, Seigneur, dans l'emploi de cette journée; répands tes bénédictions sur ceux que nous aimons en particulier sur ceux qui souffrent et que tu visites par l'épreuve. Nous te demandons toutes ces grâces au nom et pour l'amour de Jésus.

Ayons un peu de patience,
Et laissons faire le Seigneur;
Il saura bien, par sa puissance,
Tourner tout à notre bonheur.
Celui qui gouverne là-haut,
Sait mieux que nous, ce qu'il nous faut. Amen.

SAMEDI (Soir).

Toutefois, je vous dis la vérité, il vous est avantageux que je m'en aille; car si je ne m'en vais, le Consolateur ne viendra point à vous; et si je m'en vais, je vous l'enverrai. (St. Jean 16, 7).

Méditation.

Ce qui afflige avant tout le chrétien, c'est le péché avec ses fruits amers, c'est la détresse de l'âme angoissée qui se sent éloignée de son Père céleste et de la patrie éternelle. La seule consolation qui le relève, c'est le salut et la grâce de Dieu en Jésus-Christ. L'âme fidèle qui fait cette expérience bénie, peut rester calme et confiante au sein même de l'épreuve, car le Seigneur est doux et miséricordieux, patient et fidèle à l'égard de ceux qui le craignent et l'aiment. S'il les châtie, c'est pour faire leur éducation, comme un père sage et bon élève ses enfants. Même lorsqu'il leur enlève ce qu'ils ont de plus cher, ou qu'il les abandonne en apparence, ils ne doivent pas perdre courage comme s'il voulait les laisser orphelins; qu'ils se disent, au contraire, qu'il le fait dans un but d'amour et pour leur véritable bien. Le Seigneur semble quelquefois se retirer de ses enfants, il leur cache sa face pour un peu de temps, mais pour faire éclater d'autant plus son amour et les combler d'ineffables bénédictions.

Prière.

Sois béni, ô notre Dieu, de toutes tes grâces! Sois béni surtout pour le don de ton Esprit qui fortifie, soutient et console tes enfants au milieu des luttes et des obscurités de cette terre. Daigne aussi le répandre abondamment dans notre cœur, qu'il soit notre guide et notre consolateur, qu'il produise en nous une vie de foi, d'espérance et d'amour, et nous rende capables de te glorifier, dans l'épreuve comme dans la joie, par une soumission filiale à ta sainte volonté. Reçois favorablement notre prière et daigne accomplir tes pensées d'amour en nous et pour nous; nous te le demandons au nom de Jésus.

Consolateur que Jésus nous envoie,
Oh! remplis-nous de ta céleste joie,
Affermis-nous et nous maintiens ta paix;
Veuille en nous tous demeurer à jamais.

Guide assuré de celui qui t'écoute,
Conduis mes pas dans la divine route,
Ranime en nous la lumière et ton feu,
Fais de nos cœur, de vrais temples de Dieu.
Amen.

Quatrième semaine après Pâques (Cantate).

DIMANCHE (Matin).

Quand il sera venu, il convaincra le monde de péché, de justice, et de jugement : de péché, parce qu'ils ne croient point en moi ; de justice, parce que je m'en vais à mon Père, et que vous ne me verrez plus ; de jugement, parce que le prince de ce monde est déjà jugé. J'ai encore plusieurs choses à vous dire ; mais elles sont encore au-dessus de votre portée. Mais quand celui-là, l'Esprit de vérité sera venu, il vous conduira dans toute la vérité, car il dira tout ce qu'il aura entendu, et vous annoncera les choses à venir. C'est lui qui me glorifiera, parce qu'il prendra de ce qui est à moi, et qu'il vous l'annoncera. Tout ce que le Père a est à moi ; c'est pourquoi j'ai dit qu'il prendra de ce qui est à moi, et qu'il vous l'annoncera.

(St. Jean 16, 8-15).

MÉDITATION.

Aussi longtemps que Jésus était sur la terre, il a rendu témoignage à la vérité, et il a scellé ce témoignage par sa mort. Il a quitté ce monde du mensonge et des illusions pour aller à Dieu dans le monde de l'éternelle vérité. Du ciel où il est remonté, il a envoyé cette vérité sur la terre par son Esprit, il l'a fait annoncer au monde et répandu dans les cœurs. Cet Esprit est un Esprit de vérité qui doit nous conduire à la connaissance de nous-mêmes et à la connaissance de Dieu. L'une nous humilie et l'autre nous console, parce que nous trouvons le péché en nous et en Dieu la grâce. Ce n'est qu'en nous laissant reprendre et corriger, que nous comprenons bien ce qu'est le péché. L'incrédulité est aux yeux de Dieu le plus grand péché, elle repousse la main qui sauve, tandis que la foi la saisit. Nous ne pouvons être sauvés sans renoncer à tout avec joie, pour nous approprier par la foi la seule chose nécessaire, la justice qui est en Jésus-Christ. C'est la voie qu'il faut suivre pour échapper au jugement, et par laquelle le St.-Esprit nous conduit à la vérité ! Son centre est Jésus-Christ. Les progrès dans la vérité doivent nous enraciner toujours plus profondément en lui et nous transformer à sa ressemblance ; ce qui reste inachevé ici-bas, arrivera là-haut à sa perfection. L'image du Christ est encore imparfaite en nous ; au ciel toutes les ombres disparaîtront ; nous lui serons semblables, parce que nous le verrons tel qu'il est.

PRIÈRE.

Seigneur, notre Dieu ! Tant que nous cheminons sur cette

terre, nous sommes de pauvres pécheurs qui ne pouvons rien sans le secours de ta grâce. C'est dans le sentiment de notre faiblesse que nous nous présentons devant ton trône, à cette heure matinale, pour te prier d'être avec nous, et de nous aider à passer ce nouveau jour de telle sorte qu'il soit béni pour notre vie intérieure et notre vie extérieure. Donne-nous surtout de nous placer sous l'influence de ton Saint-Esprit pour nous laisser conduire par lui en toute vérité; qu'il nous apprenne à nous connaître nous-mêmes, afin qu'humiliés à la vue de nos péchés et de notre indignité, nous saisissions avec joie et reconnaissance la grâce que tu nous offres en Jésus, notre Sauveur. Nous te bénissons de ce que tu as déjà fait pour nous; nous te prions de ne pas laisser ton œuvre inachevée dans nos cœurs. Sanctifie-nous par ta vérité, ta Parole est la vérité.

Eternelle lumière	Augmente-nous les grâces,
Que ta vive splendeur	Donne-nous ton Esprit;
Nous guide, nous éclaire,	Fais-nous suivre les traces
Et nous garde d'erreur.	De ton Fils Jésus-Christ. Amen.

DIMANCHE (Soir).

Mes frères bien aimés, ne vous y trompez point: Toute grâce excellente et tout don parfait viennent d'en haut, et descendent du Père des lumières, en qui il n'y a ni variation, ni ombre de changement. Il nous a engendrés selon sa volonté, par la parole de la vérité, afin que nous fussions comme les prémices de ses créatures. Ainsi mes frères bien-aimés, que tout homme soit prompt à écouter, lent à parler, lent à se mettre en colère; car la colère de l'homme n'accomplit point la justice de Dieu. C'est pourquoi, vous dépouillant de toute souillure et des excès de la malice, recevez avec douceur la parole qui est plantée en vous, qui peut sauver vos âmes.

(St. Jacq. 1, 16-21).

Méditation.

Le don parfait, que nous devons tous recevoir, si nous ne voulons pas nous perdre, vient d'En-Haut. Il est à la disposition des heureux et des malheureux, des riches et des pauvres, des bien portants et des malades, de sorte que nous n'avons pas à nous porter envie les uns aux autres. Ce don, que le Père des lumières nous a fait en son cher Fils, est la Parole de vérité, qui nous transforme en de nouvelles créatures et donne à notre vie force, énergie et lumière, à condition que nous ne la conservions pas dans notre mémoire comme un trésor inutile, mais que nous la laissions agir et manifester sa puissance dans nos âmes. Comme cette parole vient du Père des lumières, en qui il n'y a ni variation, ni ombre de changement, elle imprime à notre vie un caractère ferme et constant qui l'élève au-dessus des fluctuations de la lumière aux ténèbres. Il va sans dire qu'il faut laisser pénétrer cette Parole en nous, même lorsqu'elle nous reprend et nous juge, pour qu'elle donne de la clarté à notre intelligence, de l'énergie à notre volonté et à toute notre vie une puissante impulsion. Dans la vie ordinaire on a malheureusement l'ouïe dure, quand il s'agit de s'appliquer la vérité, d'avouer une faute et de suivre un bon conseil. On est, au contraire, prompt à parler, et la colère, comme une flamme ardente, se manifeste vite et occasionne souvent le malheur. Mais quand les rayons de la grâce divine pénètrent dans le cœur et le renouvellent, on devient calme et attentif, on prête volontiers l'oreille aux pensées d'amour de l'Eternel, on apprend à être prudent en paroles et en jugements, et un regard sur Celui qui est doux et humble de cœur apaise la colère qui allait se faire jour. Recevons donc la Parole de vérité avec douceur, sans découragement et sans résistance, parce qu'elle peut sauver nos âmes.

Prière.

Dieu de bonté et de miséricorde ! Nous bénissons ton saint Nom, nous te louons de ta fidélité à notre égard et de tout l'amour dont tu nous combles sans te lasser, bien que nous en soyons souvent si indignes ! Nous te confessons toutes nos faiblesses, nos inconséquences, nos chutes ; nous te prions de nous être propice et de nous pardonner selon ta grande miséricorde. Ne permets pas que nous regardions comme insignifiants les péchés de la langue ; accorde-nous l'esprit de sagesse et de douceur, qu'il nous enseigne à parler et à nous taire, et réprime dans nos cœurs tout mouvement d'impatience ou de colère. Que nous soyons de ceux qui écoutent ta Parole et la mettent en pratique, qu'elle affermisse nos pas dans tes sentiers, qu'elle nous aide à régler toute notre vie sur le saint modèle que nous a laissé Jésus, notre Sauveur. C'est en son nom que nous t'invoquons et que nous te prions de nous exaucer.

Parle, parle, ô mon Dieu ! ton serviteur fidèle,
Pour écouter ta voix, réunit tous ses sens,
Et trouve les douceurs de la vie éternelle,
En tes divins accents.

Parle pour consoler mon âme inquiétée ;
Parle pour la conduire à quelque amendement ;
Parle, afin que ta gloire, ainsi plus exaltée,
Croisse éternellement. Amen.

LUNDI (Matin).

Ceci est l'amour de Dieu, c'est que nous gardons ses commandements ; or, ses commandements ne sont pas pénibles, parce que tout ce qui est né de Dieu, est victorieux du monde, et la victoire qui a vaincu le monde, c'est notre foi. (I Jean 5, 3 et 4).

Méditation.

Chaque jour nous sommes appelés à lutter, à faire des efforts pour prendre au sérieux les commandements de Dieu, pour les conserver dans le cœur et les pratiquer dans la vie. C'est là le chemin qui conduit à la vie éternelle, et dans lequel nous devons persévérer, malgré les fautes et les chutes que nous avons souvent à déplorer. Car si nous avons sa Loi dans nos cœurs et devant les yeux, nous reconnaîtrons avec repentir nos péchés et nos transgressions, nous les haïrons et nous les combattrons ; nous marcherons dans la lumière et ne retomberons pas sous la puissance des ténèbres. En même temps que notre foi grandit aussi notre amour, et l'amour devient dans notre cœur une force d'impulsion qui nous porte à garder ses commandements, et à trouver notre joie dans l'obéissance à notre divin Maître. L'amour ne peut se passer un jour du Seigneur, et pour ceux qui croient en lui et qui l'aiment, le Seigneur réalise sa promesse : « Je suis avec vous tous les jours jusqu'à la fin du monde. »

Prière.

Dieu saint ! Tu nous diriges avec sagesse, justice et amour ; tu ne veux que notre salut et notre félicité. Ouvre nos yeux pour que nous le reconnaissions et que nous ne marchions pas en aveugles à notre perte. Grave tes saints commandements dans nos cœurs, accorde-nous le secours nécessaire pour les garder. Donne-nous la foi, Seigneur, la foi qui rend fort le plus faible et qui est victorieuse du monde. Aide-nous à faire toujours de ta volonté la nôtre, à te glorifier par notre obéissance en regardant à Jésus qui nous a donné l'exemple, et qui veut nous donner la force pour marcher sur ses traces. Bénis-nous, bon Père céleste, et tous ceux que nous aimons ; daigne être avec nous pendant cette journée pour adoucir nos peines, pour sanctifier nos joies, pour garder nos âmes dans ta paix et dans le sentiment de ton pardon, pour l'amour de Jésus, notre Sauveur.

> Que je saisisse, ô Dieu, pour combattre sans crainte,
> Le glaive à deux tranchants de la Parole sainte
> Qui frappe et guérit tour à tour !
> Que mon bouclier soit une foi vive et pure ;
> Mets autour de mes reins tes décrets pour ceinture ;
> Que mon étendard soit Amour.
> Ainsi couvert, Seigneur, de la toute-puissance,
> Déposant tout fardeau, tranquille je m'avance,
> Portant mes regards sur la croix.
> O Chef victorieux ! mon âme te contemple ;
> Tu marches devant moi me laissant un exemple,
> Et tu me guides par ta voix. Amen.

LUNDI (Soir).

O Dieu, écoute mon cri, sois attentif à ma prière. Du bout de la terre, je crie à toi, quand le cœur me manque ; conduis-moi sur ce rocher, qui est trop élevé pour moi. Car tu as été mon refuge, ma forte tour devant l'ennemi. Je séjournerai dans ta tente à jamais ; je me retirerai sous l'abri de tes ailes. (Ps. 61 2-5).

Méditation.

C'est une chose grande et précieuse que la foi ferme et inébranlable en un Dieu tout-puissant et miséricordieux, qui conduit avec sagesse et amour non seulement les grands événements dans l'histoire des peuples, mais aussi les moindres détails dans la vie des individus. Notre intelligence ne peut le comprendre et l'expérience vient quelquefois nous déconcerter, mais le cœur tient ferme cette assurance en se fondant sur la Parole divine. Que serions-nous sans Dieu ? — des orphelins sur la terre étrangère, des naufragés en pleine mer. La certitude, au contraire, de l'amour de Dieu et de sa Providence est comme un rocher élevé, contre lequel les vagues des misères humaines viennent se briser impuissantes. Au milieu du tumulte et des agitations nous entendons une voix redire à notre cœur : « Si Dieu est pour nous, qui sera contre nous ? » La fidélité de Dieu est une forteresse, qui nous protège contre toutes les attaques de l'ennemi, une tente qui nous abrite contre les orages et les tempêtes.

Prière.

Notre Dieu et notre bon Père céleste ! Ta fidélité est à jamais la même, ta main peut toujours délivrer et bénir. Que ce soit auprès de toi que nous cherchions notre secours et notre consolation dans l'adversité et les épreuves de cette vie. Sois notre lumière au sein des ténèbres, notre refuge dans les mauvais jours. Augmente sans cesse notre confiance en ta bonté paternelle, mets dans nos cœurs la paix de la foi qui, aux heures les plus sombres, ne doute point de ta sagesse et de ton amour. Pardonne-nous, ô bon Père, nos défaillances, nos fréquents murmures ; manifeste ta force dans notre faiblesse, donne-nous des cœurs reconnaissants pour toutes les délivrances que tu nous as déjà accordées ; aide-nous à en garder le souvenir pour l'affermissement de notre foi. Nous te prions pour tous ceux qui passent par le creuset de l'épreuve ; accorde-leur ton Esprit de force et de consolation, apprends-leur à regarder à toi, Père des miséricordes, et à triompher par ton secours de toutes les tentations. Répands ta bénédiction sur nous et sur tous ceux que nous aimons, fais-nous trouver un sommeil doux et paisible dans le sentiment de ta présence et dans l'assurance de ton pardon pour l'amour de Jésus, notre Sauveur.

Le malheureux qui, dans son infortune,
S'adresse à toi, jamais ne l'importune.
Allez à lui, travaillés et chargés ;
Vous reviendrez guéris ou soulagés.

Quoique je sois affligé, misérable,
Mon cœur éprouve un calme inaltérable.
Je ne crains rien, de quoi aurais-je peur ?
J'ai Dieu pour aide et pour libérateur !
Amen.

MARDI (Matin).

Que la Parole de Christ habite abondamment en vous, en toute sagesse. Instruisez-vous et exhortez-vous les uns les autres, par des psaumes, des hymnes et des cantiques spirituels, chantant dans vos cœurs au Seigneur avec reconnaissance. (Col. 3, 16).

Méditation.

Ce n'est pas seulement dans certains moments importants et décisifs de la vie, ou dans les jours de maladie et d'épreuve, que nous devons faire usage de la Parole de Christ, mais elle doit être dans notre maison un hôte de tous les temps, un hôte aimé et considéré autour duquel tous se réunissent avec respect. Il veut entrer en relation avec chacun pour lui montrer le chemin de la paix ; il donne à tous conseils et consolations et nous unit étroitement les uns aux autres. C'est sur le fondement inébranlable de la Parole de Dieu que nous devons faire reposer notre vie entière pour braver les tempêtes et tenir bon au milieu des épreuves ; par elle notre cœur et notre esprit sont attirés en haut et nous apprenons à dire : « Nous sommes citoyens des cieux. » Si nous agissons ainsi, nous sommes heureux et confiants, et nous offrons volontiers en tout temps le sacrifice de nos louanges à Dieu. Attachons-nous donc fermement à cette Parole pendant notre pèlerinage terrestre ; prions, soyons reconnaissants et nous arriverons à la bienheureuse éternité.

Prière.

Seigneur, notre Dieu et notre bon Père céleste ! Nous voici encore réunis pour te demander ta bénédiction ; nous te prions de nous faire sentir le besoin de nous réunir souvent autour de ta Parole, qu'elle exerce au milieu de nous son influence sanctifiante, que nous y trouvions lumière, force et joie pour l'accomplissement de notre tâche terrestre, et pour notre préparation pour l'éternité. Fais de notre maison un vrai sanctuaire où ton Nom soit adoré, où tous aient à cœur de t'aimer, de te suivre et de vivre sous ton regard. Oh ! sanctifie notre vie de famille ; unis-nous tous étroitement à toi ; apprends-nous à nous aimer en toi, à nous aider, à nous supporter les uns les autres dans un esprit de douceur, de bonté et de fidélité, à te glorifier jusque dans les moindres détails de la vie. Que ta grâce repose sur nous et nos enfants au nom et pour l'amour de Jésus.

Que ta parole, Seigneur,
Remplisse de zèle,
De piété, de ferveur
Ton peuple fidèle !
Fais qu'éprouvant de la foi
La sainte influence,
Il fonde à jamais sur toi
La ferme espérance.

Ouvre nos cœurs à la voix
De ton Evangile ;
Rends à tes divines lois
Notre âme docile.
Fais qu'avec humilité
Tout mortel t'honore,
Qu'en esprit, en vérité
Ton peuple t'adore.   Amen.

MARDI (Soir).

Mon Dieu, je crie le jour, mais tu ne réponds point ; et la nuit, et je n'ai point de repos. Cependant tu es le Saint, qui habite au milieu des louanges d'Israël. Nos pères se sont confiés en toi, et tu les as délivrés. Ils ont crié vers toi, et ils ont été délivrés ; ils se sont confiés en toi, et ils n'ont pas été confus.   (Ps. 22, 3-6).

Méditation.

Ne murmurons pas contre Dieu s'il agit envers nous comme envers ses plus chers enfants, qu'il laisse souvent appeler, crier, heurter sans paraître les entendre. Ne murmurons pas s'il reste sourd à nos requêtes et à nos supplications, s'il semble nous avoir oubliés et si nous sommes obligés de nous écrier « Seigneur, jusqu'à quand ? » Il nous répond par son silence même : Restez tranquilles, souffrez, luttez, espérez. Dieu ne peut vouloir que notre bien, car il est saint et juste dans toutes ses œuvres. Les inquiétudes et les plaintes qui remplissent notre cœur feront place à la joie et à la louange, lorsque le Seigneur jugera à propos de nous exaucer. Nos pères ont espéré en lui et n'ont pas été confus. Que leur confiance soit la nôtre, marchons comme eux dans l'obéissance de la foi, et comme eux nous verrons de merveilleuses délivrances.

PRIÈRE.

Dieu d'amour, tu es notre force et notre refuge ; nous espérons en toi. Augmente notre foi ; que nous connaissions toute ta fidélité et ta puissance envers ceux qui mettent en toi leur confiance. Fais que dans nos détresses nous sachions toujours nous souvenir que ton bras n'est pas raccourci pour ne pouvoir plus délivrer, que ton oreille n'est pas devenue sourde pour ne pouvoir plus entendre. Souvent, Seigneur, ce sont nos péchés qui nous cachent ta face ; viens ôter de nos cœurs tout ce qui pourrait faire séparation entre toi et nous ; éclaire-nous par ton St. Esprit, purifie-nous de nos fautes les plus cachées, soutiens-nous dans notre faiblesse, aie pitié de nous selon ta miséricorde en Jésus, notre Sauveur. Nous nous attendons à toi ; que nous ne soyons point confus ! Nous te le demandons au nom et pour l'amour de Jésus, notre Sauveur.

A Dieu seul j'abandonne
Ma vie et ma personne,
Mes projets et mes vœux.
Sans lui rien ne prospère,
Sans mon céleste Père,
Rien ne saurait me rendre heureux.

J'attends tout de sa grâce,
Constamment efficace,
Pour qui recourt à lui ;
Quand le péril me presse,
Il connaît ma détresse,
Et se déclare mon appui.   Amen.

MERCREDI (Matin).

Si vous invoquez comme votre Père celui qui, sans faire acception de personnes, juge selon l'œuvre de chacun, conduisez-vous avec crainte durant le temps de votre habitation passagère ici-bas.   (1 Pier. 1, 17).

MÉDITATION.

L'Ecriture sainte nous recommande d'avoir les commandements de Dieu constamment sous les yeux et dans nos cœurs, de nous conduire avec crainte pendant notre habitation ici-bas.

Il est vrai qu'il est écrit que le parfait amour bannit la crainte, mais il est question ici de la crainte de l'esclave, et non pas de la crainte et du respect de l'enfant vis-à-vis de son père. De même que la colère de Dieu est une sainte colère d'amour, notre crainte filiale doit aussi être une crainte d'amour. Que pourrions-nous redouter, en effet, nous que le Fils a affranchis et qu'il a fait passer dans le royaume de sa grâce ? Sont-ce les châtiments de la justice divine ? Redoutons-les sans doute, mais redoutons surtout de nous aliéner le cœur de Dieu par nos péchés ! Perdre le cœur de Dieu, c'est tout perdre ; mais aussi avoir ce cœur pour soi, c'est tout gagner, c'est ne rien craindre, pas même les plus grands châtiments, car ils se transforment en bénédictions.

PRIÈRE.

Dieu de bonté et d'amour ! Nous venons à toi avec la liberté d'enfants qui s'approchent de leur Père, mais aussi avec le saint tremblement de pécheurs qui se présentent devant Dieu. Nous savons que nous sommes bien indignes devant toi, que nous ne pouvons t'apporter que nos péchés et nos misères, mais nous savons aussi que tu nous aimes, et qu'il n'y a plus aucune condamnation pour ceux qui sont en Jésus-Christ. Sois béni de ta miséricorde à notre égard, sois béni de nous avoir donné un Sauveur qui nous as rachetés par son sang précieux ! Fais-nous toujours mieux comprendre tout ce que tu nous as acquis par ton sacrifice, Seigneur Jésus. Remplis nos cœurs d'une reconnaissance profonde pour ton amour rédempteur ; fais-nous chercher en toi toutes les grâces qui nous sont nécessaires pour marcher en nouveauté de vie, dans la crainte, dans la paix, dans la liberté et dans la joyeuse soumission des enfants de Dieu. Que nos âmes affranchies se réjouissent en toi, que nous puissions toujours t'adorer, te suivre comme notre Dieu Sauveur. Bénis-nous, bénis tous ceux qui nous sont chers, accorde-leur toutes les grâces que nous te demandons pour nous-mêmes, au nom et pour l'amour de Jésus.

Mais ma vie est faible encore,
Et je sens jusqu'à ce jour
Dans ma foi qui vient d'éclore,
Plus de remords que d'amour.
D'un passé qui m'humilie
J'entretiens mon souvenir ;
Je me contemple et j'oublie
Le Dieu qu'il faudrait bénir.

O Dieu ! s'il faut qu'on te craigne,
Tu veux surtout être aimé.
Etre aimé voilà ton règne ;
Ta gloire c'est d'être aimé.
Qui ne t'aime, ô Dieu fidèle !
Foule d'un pied révolté,
La loi sainte et paternelle
De la céleste Cité. Amen.

MERCREDI (Soir).

Le portier lui ouvre, et les brebis entendent sa voix; il appelle ses propres brebis par leur nom, et il les mène dehors. Et quand il a mené dehors ses propres brebis, il marche devant elles, et les brebis le suivent, parcequ'elles connaissent sa voix. (St. Jean 10, 3 et 4).

Méditation.

Le Seigneur Jésus, qui connaissait à fond ses disciples, leur a donné à chacun un nom particulier. Ce nom devait les rendre attentifs à leurs dispositions et à leurs faiblesses et les porter à travailler avec fruit à l'œuvre de leur sanctification. On ne peut nier qu'il y a des natures plus ou moins bien douées non seulement pour la vie spirituelle, mais aussi pour la vie morale. Ces différences, qui sont un mystère pour nous, sont voulues par la sagesse divine, et bien que nous n'en voyions pas la raison, soyons convaincus qu'elles sont en parfait accord avec la justice de Dieu, qu'elles contribuent pour leur part à glorifier sa sagesse et son amour. Toutefois, le plus souvent les dispositions naturelles de l'homme ne sont pas nécessairement une cause de supériorité ou d'infériorité pour lui ; elles peuvent devenir l'un ou l'autre, selon le développement qu'elles reçoivent et la direction qu'on leur imprime. Si nous employons les forces et les facultés qui sont déposées en nous, à la poursuite du but suprême, si elles acquièrent leur véritable valeur et leur développement au service du Seigneur, notre vie sera riche en beaux fruits, et nous contribuerons, dans la mesure de nos forces, à établir le règne de Dieu sur la terre.

Prière.

Sauveur fidèle ! Nous te rendons grâces du fond du cœur, à la fin de ce jour, de nous avoir guidés avec tant d'amour, d'avoir veillé sur nous et pourvu à tous nos besoins comme un bon et fidèle Berger. Pardonne-nous si nous avons mal répondu à tous les témoignages de ta bonté, si nous ne nous sommes pas entièrement abandonnés à ta fidèle direction. Ouvre nos cœurs, afin que nous entendions toujours ta voix, que nous nous laissions conduire dans les sentiers de la paix et de la vie. Aide-nous, Seigneur, à faire fructifier pour ton service tout ce que nous avons reçu de toi, nos facultés, nos forces, notre temps ; rends-nous fidèles, actifs et dévoués ; que nous fassions selon notre pouvoir tout ce que nous trouvons moyen de faire pour travailler à l'accomplissement de ton œuvre en nous et hors de nous. Remplis-nous de ta force, bon Sauveur, rends-nous capables de glorifier ton Nom par nos paroles et notre conduite. Nous te le demandons en nous reposant sur l'amour que tu nous as témoigné sur la croix.

Dieu, dont la douce voix m'appelle,	Donne-moi ta sainte assistance;
Dieu, qui m'achetas à grand prix,	Dans tes sentiers guide mes pas.
Selon ta promesse fidèle,	On repose avec assurance,
Eclaire et garde ta brebis.	Seigneur Jésus, entre tes bras. Amen.

JEUDI (Matin).

Chantez à l'Eternel un cantique nouveau ; chantez à l'Eternel, vous toute la terre. Chantez à l'Eternel; bénissez son Nom ; annoncez de jour en jour son salut ! (Ps. 96, 1; 2).

Méditation.

La joie et l'enthousiasme s'expriment par la musique et le chant. Il est vrai que nous sommes pèlerins sur cette terre, que nous avons à combattre et à lutter, et que des larmes viennent souvent inonder nos paupières au milieu des nombreuses souffrances de la vie ; mais que sera-ce un jour lorsque la délivrance sera complète et que le péché avec les afflictions ne projetteront plus leurs ombres sur notre cœur ? Ce qui est terrestre n'est qu'une image effacée de ce qui est éternel. Il en est ainsi du chant et de la musique en général ; c'est dans le ciel qu'est leur vrai domaine. Toute musique ici-bas n'est qu'un écho bien affaibli des célestes harmonies qui nous accueilleront un jour. Combattons seulement le bon combat de la foi pour que nous soyons trouvés dignes d'entonner là-haut le chœur des rachetés et de chanter au Seigneur un cantique nouveau, un alléluia éternel.

Prière.

Notre bon Père céleste ! Nous te bénissons de ta bonté et de ta miséricorde qui se renouvellent chaque matin pour nous. Fais-nous la grâce de pouvoir t'honorer par notre foi et par notre amour, et de te glorifier par toute notre vie. Nous voulons chanter tes louanges ici-bas et nous préparer à le faire plus complètement dans le chœur de tes rachetés et de tes anges, qui te célèbrent d'éternité en éternité. Nous voulons te glorifier dans la joie et dans les peines ; car tu es notre Père en Jésus-Christ. C'est entre tes mains fidèles et toutes-puissantes que nous déposons tout ce qui nous est cher et tous ceux que nous aimons.

Les saints et les bienheureux,	Ton Eglise qui combat,
Les trônes et les puissances,	Sur la terre répandue,
Toutes les vertus des cieux	Et l'Eglise qui déjà
Disent tes magnificences,	A la gloire est parvenue,
Proclamant dans leurs concerts	Entonne un chant solennel
Le grand Dieu de l'univers.	A Jésus Emmanuel. Amen.

JEUDI (Soir).

Frères, attendez patiemment jusqu'à l'avènement du Seigneur. Voici le laboureur attend avec patience le précieux fruit de la terre, jusqu'à ce qu'il ait reçu la pluie de la première et de la dernière saison. Vous aussi, attendez patiemment, affermissez vos cœurs, car l'avènement du Seigneur est proche.   (St. Jacques 5, 7, 8).

Méditation.

Le cultivateur attend le fruit précieux de la terre avec patience, car entre le moment des semailles et celui de la moisson il y a pour la nature un temps fixé par Dieu. L'apôtre tient dans ce passage un langage figuré qu'il faut chercher à comprendre, car il nous parle de semailles et de moisson bien plus précieuses, qui se préparent sur la terre pour le ciel. Les temps, avec la suite des siècles au sein de l'humanité, sont de grandes semailles pour la dernière moisson, où la terre doit rendre le fruit au ciel, après en avoir reçu la semence. Au jour de la moisson nous comprendrons les voies de Dieu. Si bien des choses nous paraissent obscures et confuses aujourd'hui, attendons le temps de la maturité. C'est ce qui s'applique à chacun pour son temps de grâce et, dans le sens le plus beau, au vrai chrétien qui vit en réalité pour l'éternité.

Prière.

Aujourd'hui encore, Dieu fidèle, tu nous as fait sentir ta présence. Nous t'en rendons grâces du fond du cœur, et nous te prions de nous entourer de ta protection pendant cette nuit. Nous te remettons nos corps et nos âmes, nos biens et notre vie. Délivre-nous de toute inquiétude, de toute impatience, et donne-nous un cœur confiant qui espère en toi. Souvent nous sommes découragés et impatients, nous le confessons à notre honte, lorsque nous ne voyons pas immédiatement le fruit de notre travail, ou lorsque les choses ne vont pas au gré de nos pensées et de nos désirs. Pardonne-nous et fais-nous la grâce d'attendre, de travailler, de souffrir et d'espérer jusqu'au moment où notre foi se transformera en vue.

Semons dès que brille l'aurore,
Semons dès que le soleil luit,
Pendant le jour semons encore,
Semons avant la sombre nuit.
Semons: Dieu seul peut faire éclore;
De lui seul attendons le fruit.

Semons, lorsque dans sa tristesse
Notre cœur murmure: « A quoi bon? »
Répétons à tous la promesse
Et l'Evangile du pardon.
Semons! Bientôt, douce allégresse,
Luira le jour de la moisson.

Ah! répandons la divine semence,
Dans le succès comme dans le mépris;
Le jour se lève et la moisson s'avance,
Et Dieu, là haut, nous réserve le prix. Amen.

VENDREDI (Matin).

Voici, l'heure vient, et elle est déjà venue, que vous serez dispersés chacun de son côté, et que vous me laisserez seul; mais je ne suis pas seul, parce que mon Père est avec moi. Je vous ai dit ces choses, afin que vous ayez la paix en moi; vous aurez des afflictions dans le monde; mais prenez courage, j'ai vaincu le monde. (St. Jean 16, 32, 33).

Méditation.

Les disciples du Christ même peuvent se trouver sur le point d'être submergés par les eaux des tribulations et se maintenir avec peine à la surface; mais ils ne se laissent pas dominer par l'amertume. Ils disent avec le Psalmiste : « Quoi qu'il en soit, notre espérance est en Dieu » et quelquefois même ils peuvent s'écrier : « Nous sommes en toutes choses plus que vainqueurs en Celui qui nous a aimés. » Une des expériences les plus pénibles de la vie, c'est de ne voir aucune issue à l'épreuve, de se dire que c'en est fait pour nous des joies de cette terre. Mais celui qui n'a même reçu que les prémices du St. Esprit a par là un gage certain que tout prendra une fin. Dieu ne peut pas laisser son œuvre inachevée.

Prière.

Seigneur, notre Dieu et bon Père céleste! Tu es près de tous ceux qui t'invoquent du fond du cœur; nous te bénissons de ce que nous pouvons chaque matin nous approcher de toi et te charger de tous nos soucis. Aucun n'est trop grand pour toi, tu peux tous nous les enlever; aucune de nos demandes ne te paraît trop petite, tu veux toutes les exaucer. Aussi venons-nous à toi avec confiance pour te dire nos inquiétudes, et nous reposer sur ta sage et paternelle Providence. Donne-nous ton Esprit de paix et de confiance et rassure-nous par ta sainte présence.

> Plus que vainqueurs! telle est notre devise;
> Plus que vainqueurs bien que persécutés!
> Car la victoire à la foi fut acquise,
> Par le Sauveur qui nous a rachetés.
>
> Suivons le Christ, jusque sur le Calvaire;
> Ayons toujours sa mort devant les yeux.
> Si nous souffrons avec lui sur la terre,
> Nous régnerons avec lui dans les cieux.   Amen.

VENDREDI (Soir).

Malheur à vous, lorsque tous les hommes diront du bien de vous; car leurs pères en faisaient de même aux faux prophètes. (St. Luc 6, 26).

Méditation.

Notre âme est souvent inquiète, parce que nous recherchons l'approbation de tous au lieu de vouloir celle d'un seul. De cette manière nous nous répandons au dehors, et le feu sacré, qui devrait toujours brûler sur l'autel du cœur, s'éteint peu à peu. Quand on veut plaire à tout le monde on n'a aucun repos; on ne peut plaire à Dieu. Pourvu que nous soyons serviteurs de Dieu, que nous fassions *sa* volonté, qu'avons-nous à nous préoccuper de celle des hommes? On a dit avec raison que celui qui veut se faire l'ami de tous est fou aux yeux de tous. Gardons-nous donc de nous réduire à une servitude aussi honteuse, et de devenir les esclaves de nos semblables. Servir Dieu, voilà la vraie liberté.

Prière.

Dieu tout-puissant! Nous te prions, pour l'amour de Jésus, de nous pardonner et d'oublier toutes les transgressions dont nous nous sommes rendus coupables, par la crainte des hommes ou par de lâches concessions au monde. Donne-nous la force et le courage de regarder à toi en toutes choses, et de ne jamais perdre de vue tes saints commandements, malgré les séductions et les railleries de ceux qui ne te connaissent pas. Ecris ta Loi en traits ineffaçables dans nos cœurs, afin que nous confessions ton Nom avec amour et fidélité. Nous nous adressons à toi, Seigneur, et nous te disons: « Tu es notre refuge, notre part dans la terre des vivants. » Que nous vivions dans ta crainte, que nous souffrions selon ta volonté et que nous mourions un jour dans ta paix, pour obtenir après cette vie la vie éternelle par Jésus-Christ.

A Jésus je m'abandonne,
Ce qu'il me dit je le crois;
Et je prends ce qu'il me donne,
La couronne avec la croix.

Qu'on m'approuve ou qu'on me blâme,
Et demain comme aujourd'hui,
Je ne veux, quoiqu'on réclame,
Jamais compter que sur lui.

Compter sur lui d'heure en heure,
Tant que dure le combat.
Que l'on vive ou que l'on meure,
Compter sur lui, tout est là.   Amen.

SAMEDI (Matin).

Mes pas sont affermis dans tes sentiers, mes pieds ne chancellent point. Je t'invoque, car tu m'exauces, ô Dieu! Incline ton oreille vers moi, écoute ma parole! (Ps. 17, 5, 6).

Méditation.

La raison humaine ne peut pas comprendre les pensées de Dieu, les voies par lesquelles il conduit les siens. Elles paraissent souvent étonnantes, insondables, illogiques et opposées au but à atteindre, et se terminent cependant d'une manière heureuse, admirable et victorieuse. Qu'on regarde à Golgotha! La voie que le Seigneur Jésus a suivie l'a conduit de la nuit à la lumière, de la croix à la couronne. C'est aussi celle que Dieu assigne à tous ses enfants. Demandons-lui de nous conduire, de nous maintenir dans ses sentiers, et il nous aidera, nous éclairera et nous réjouira en son temps. Il est le Sauveur de tous ceux qui se confient en lui, et il les mène au but malgré les oppositions et les difficultés qu'ils trouvent dans leur voie.

Prière.

Tu as pu dire, Seigneur Jésus, à la fin de ta vie, que tu as achevé l'œuvre que ton Père céleste t'avait donnée à faire. Donne-nous de regarder à ton zèle et à ta fidélité, et mets en nous le désir sincère de t'imiter. Rends-nous fidèles, actifs et persévérants comme tu l'as été; aide-nous à accomplir sous ton regard les devoirs de notre vocation, à te suivre, à te servir et à nous préparer ici-bas pour la maison éternelle de notre Dieu. Bénis à cet effet ce jour pour l'amour de ton Nom.

Que ton fidèle amour est une grande chose,
O Dieu, mon Rédempteur, mon rocher, mon gardien!
  Oh! quel puissant soutien!
Que ce bras de la grâce où mon cœur se repose.
Oui, je marche avec toi dans mon pèlerinage;
Autrefois j'étais seul et sans aucun appui:
  Oh! Seigneur quel ennui!
Accompagnait alors mon pénible voyage!

> Ainsi moi, ton enfant, Seigneur! devant ta face
> Je marche en ton amour vers ta félicité !
> Oh! quelle éternité !
> Que celle qu'avec toi je dois vivre en ta grâce !   Amen.

SAMEDI (Soir).

Le péché ne dominera pas sur vous, parce que vous n'êtes point sous la loi, mais sous la grâce. Quoi donc, pécherons-nous, parce que nous ne sommes point sous la loi, mais sous la grâce? Nullement!   (Romains 6, 14. 15).

MÉDITATION.

Nous sommes sauvés par grâce, par la foi ; c'est le fondement de notre espérance dont nous ne devons pas nous laisser écarter, ni par nos bonnes œuvres, ni par nos mauvaises, ni par les épreuves que Dieu nous envoie, ni par ses bontés. Croire que nous avons mérité le sévère jugement de Dieu, mais que par la grâce ce jugement est englouti dans la victoire, c'est la source unique de lumière pour nous, c'est l'autel où notre cœur peut chercher sans cesse de nouvelles flammes, quand il est sur le point de se refroidir. Il n'y a pas de meilleur remède contre la convoitise que la foi en nos droits d'enfants de Dieu, qu'il nous accorde par pure grâce, et il n'y a pas de meilleur contre-poison non plus contre le péché commis. Si la paix a disparu du cœur, cherchons à y faire naître des sentiments de repentance et la paix y reviendra, car le Seigneur lui-même y déposera la foi à son sacrifice expiatoire.

PRIÈRE.

O notre Dieu jette sur nous un regard d'amour et de miséricorde, en ce moment où nous nous approchons de ton trône. Nous nous élevons à toi, au nom du Seigneur Jésus, ton cher Fils, et nous te demandons ta paix qui surpasse toute intelligence. Sois béni à toujours de ta miséricorde insondable ! Accorde-nous ta grâce qui pardonne, renouvelle et sanctifie. Donne-nous de faire des efforts plus grands, d'aimer toujours plus profondément celui qui a tous les droits sur nous, et que nous avons le devoir et le privilège de suivre. Fais que nous n'ayons pour but que de croître dans l'amour et dans la connaissance du Seigneur et Sauveur Jésus-Christ.

Jésus, du fardeau de la loi,
Par toi mon âme est libérée,
Pour toujours elle est délivrée
De ce qui causait son effroi.

Dieu m'aime! Je suis son enfant.
En sa fidélité j'espère.
De tous les écueils de la terre
Il peut me rendre triomphant.

> Sauvés par Christ, cette assurance,
> L'avons-nous tous dans notre cœur?
> Pouvons-nous pleins de confiance,
> Nous reposer sur le Sauveur?   Amen.

Cinquième semaine après Pâques (Rogate).

DIMANCHE (Matin).

En ce jour-là vous ne m'interrogerez plus sur rien. En vérité, en vérité, je vous dis, que tout ce que vous demanderez au Père en mon nom, il vous le donnera. Jusqu'à présent vous n'avez rien demandé en mon nom; demandez, et vous recevrez, afin que votre joie soit accomplie.

(St. Jean, 16, 23, 24).

Méditation.

La promesse que le Seigneur a faite aux siens par ces paroles est devenue, pour beaucoup de chrétiens, une pierre d'achoppement, qui en a fait broncher un bon nombre. Le Sauveur semble positivement promettre ici que toute prière faite avec foi serait exaucée. Bien des âmes s'en sont réjouies et y ont mis leur confiance, et cependant tout a marché contrairement à leurs espérances ! Elles ont prié avec foi, sûres d'obtenir le secours qui leur était promis, et le ciel est resté fermé ; leurs prières sont retombées, inexaucées sur leur cœur. Et toutefois la vérité chrétienne doit exercer sur l'homme un irrésistible pouvoir, puisque des milliers d'âmes qui ont fait ces expériences n'en continuent pas moins à prier et à croire. Remarquons à ce sujet que souvent nous n'avons pas assez de patience et de foi pour reconnaître la main de Dieu dans la marche ordinaire des événements. Ajoutons aussi que, si le Seigneur aime d'un amour particulier certaines âmes, il peut mettre dans leurs cœurs et sur leurs lèvres des requêtes particulières qu'il a à l'avance résolu d'exaucer ; ce sont là des exaucements merveilleux et spéciaux. Mais devons-nous compter qu'il en sera ainsi pour nous ? Nos épaules seraient peut-être trop faibles pour porter sans danger les honneurs qu'il dispense aux privilégiés de son royaume. Il n'est pas facile de prier au nom de Jésus ; nous ne le saurons qu'après avoir sacrifié à Dieu toute volonté propre.

Prière.

Dieu saint et tout-puissant ! Nous te remercions au commencement de ce jour pour le repos que nous venons encore de goûter, et nous te prions de vouloir nous bénir abondamment dans nos âmes et dans nos corps pour l'amour de ta miséricorde. Nous te prions en particulier de faire en sorte que ta Parole ne devienne pas seulement pour nous une source de consolation, mais aussi une puissance qui renouvelle notre esprit et notre cœur, afin que nous apprenions à mieux connaître tes promesses, et que nous soumettions notre volonté à la tienne. Aide-nous à surmonter tout ce qui s'oppose au développement de la vie divine en nous. Donne-nous surtout de ne pas nous décourager, si tu tardes à nous exaucer, ou si tu agis autrement que nous ne pensions. Rends-nous avant tout fidèles en toutes choses.

> Jadis à la troupe fidèle,
> Jésus a donné le modèle
> Des vœux qu'elle devait former.
> Je m'en souviens; mais je désire
> Qu'en moi ton Saint-Esprit soupire
> Ce qui ne se peut exprimer. Amen.

DIMANCHE (Soir).

Mettez en pratique la parole, et ne vous bornez point à l'écouter, en vous trompant vous-mêmes par de faux raisonnements. Car, si quelqu'un écoute la parole, et ne la met point en pratique, il est semblable à un homme qui regarde dans un miroir son visage naturel, et qui dès qu'il s'est regardé, s'en va et oublie aussitôt quel il était. Mais celui qui aura plongé ses regards dans la loi parfaite, celle de la liberté, et qui aura persévéré, n'étant pas un auditeur oublieux, mais pratiquant les œuvres, celui-là sera heureux dans ce qu'il aura fait. Si quelqu'un pense être religieux, et ne tient pas sa langue en bride, mais trompe son cœur, la religion d'un tel homme est vaine. La religion pure et sans tache devant Dieu notre Père, c'est de visiter les orphelins et les veuves dans leur tribulation, et de se conserver pur de la souillure du monde. (St. Jacques 1, 22-27).

Méditation.

Il est difficile de mettre la Parole de Dieu en pratique. La tête et le cœur ne sont pas bien éloignés l'un de l'autre, et il faut néanmoins du temps jusqu'à ce que cet hôte paisible, qui s'appelle la Parole, soit descendu dans le cœur. Que de montagnes amoncelées par l'orgueil, que d'abîmes creusées par l'incrédulité, il a à traverser jusqu'à ce qu'il puisse pénétrer dans le cœur, qui est la source de toute activité. Le premier acte libre que l'homme puisse faire, c'est d'ouvrir son cœur à l'amour de Dieu et de l'y laisser agir. Après avoir éprouvé cet amour, il sentira le besoin d'aimer Dieu et le prochain ; ce besoin sera pour lui comme une seconde nature, de même qu'il va de soi qu'une lampe allumée éclaire. Bien des personnes agissent par égoïsme ; elles négligent souvent de faire le bien par crainte des hommes, ou l'accomplissent pour en recueillir quelque honneur. Mais l'homme n'est heureux dans ce qu'il fait qu'en agissant par amour. Les faits les plus brillants, accomplis en dehors de Dieu, s'évanouiront et seront voués à l'oubli, tandis qu'un simple verre d'eau, donné au nom de Jésus, ne perdra pas sa récompense. « Leurs œuvres les suivent » dit le livre des révélations, car elles sont faites en Dieu. Voilà pourquoi il ne faut pas se tromper soi-même par une activité qui ne puise pas sa force dans l'amour de Dieu. Celui que l'amour a rendu libre ne dédaigne pas le plus humble service. Si quelqu'un pense être religieux et ne tient pas sa langue en bride, la religion d'un tel homme est vaine. Un grand nombre de personnes croient que les paroles et la confession de bouche suffisent. On emploie plus volontiers la langue à la recherche de la louange des hommes que de la mettre au service des veuves, des orphelins et des opprimés. Mais la religion pure et sans tache devant Dieu, notre Père, c'est de visiter les orphelins et les veuves dans leurs afflictions et de se conserver pur de la souillure du monde. Que celui qui a des oreilles pour ouïr, entende ; que celui qui a un cœur pour croire et aimer, croie et aime ; que celui qui a des mains pour agir, agisse, pendant qu'il fait jour, parce que la nuit vient où personne ne pourra plus travailler.

PRIÈRE.

Père céleste ! Aujourd'hui encore nous avons fait l'expérience que c'est une grande grâce que de recevoir de ton sanctuaire les vertus du monde invisible. Donne-nous de ne pas mépriser cette grâce, mais d'en faire un bon usage pour notre salut éternel. Agis sur nos âmes par ta Parole et par ton Saint-Esprit, afin que nous croissions dans la foi et dans la connaissance de la vérité, et que nous arrivions toujours plus à la liberté glorieuse à laquelle tu nous appelles en Jésus-Christ. Tu nous as fait connaître la vérité, fais-nous la grâce de la mettre en pratique et de témoigner par une vie de dévouement et de charité que nous t'avons connu et aimé en Jésus-Christ.

Quand Dieu parle, quand il ordonne,
Si je suis toujours prêt d'agir,
A l'aspect des lois qu'il me donne,
Mon front n'aura point à rougir.
Ces lois, Seigneur, ta main propice,
Pour qu'avec soin je les remplisse,
Dans mon cœur en grava les traits;
Je veux en observer la trace ;
Mais des ressources de ta grâce,
Seigneur! ne me prive jamais.   Amen.

LUNDI (Matin).

Maintenant, ô Eternel, mon Dieu, tu as fait régner ton serviteur à la place de David, mon père ; et moi je ne suis qu'un tout jeune homme ; je ne sais pas me conduire. Et ton serviteur est au milieu du peuple que tu as choisi, ce grand peuple qui ne se peut dénombrer, ni compter, à cause de sa multitude. Donne donc à ton serviteur un cœur intelligent, pour juger ton peuple, et pour discerner entre le bien et le mal ; car qui pourrait juger ton peuple, ce peuple si nombreux ?   (1 Rois 3, 7-10).

Méditation.

Salomon n'a demandé à Dieu qu'un cœur sage et obéissant. Et nous, que demanderions-nous, si le Seigneur nous promettait de venir au-devant de nos vœux ? Il aime à nous accorder les demandes qui sont conformes à sa volonté ; mais bien souvent nous désirons ce qui serait contraire à notre vrai bonheur. Si nous reconnaissions, et si nous sentions bien que le bonheur de la vie dépend avant tout des dispositions de notre cœur, nous recevrions tout de la main du Seigneur avec reconnaissance et patience, étant bien persuadés que tout ce qu'elle nous dispense est nécessaire ; nous n'aurions pas de plus ardent désir que de rester dans la voie qui conduit à la vie, et de voir sa sainte volonté s'accomplir en nous, par nous et pour nous.

Prière.

Dieu fidèle et miséricordieux ! Nous venons chercher ton secours pour marcher à ta lumière et sous ton regard. Que ton amour pénètre toutes nos actions, afin que nous vivions à ta gloire. Nous ne te demandons pas de nous épargner les peines du jour, et de nous donner une vie douce et paisible, mais nous te disons que ta volonté se fasse, et nous te supplions de nous accorder, quoi qu'il arrive, un cœur soumis et confiant. Fais tout tourner à notre salut, donne-nous la certitude que ce qui nous est dispensé par ta main paternelle cache une bénédiction. Si nous sommes souvent emportés par le tourbillon de ce monde, oh ! que notre cœur soit toujours à toi et qu'il s'élève au-dessus de la terre vers le ciel.

> Répands en nous la sagesse,
> Fais qu'avec docilité
> Notre esprit toujours acquiesce,
> A la sainte volonté.
> Instruis, Saint-Esprit, nos cœurs,
> Et nous préserve d'erreurs.   Amen.

LUNDI (Soir).

Que votre cœur ne se trouble point; croyez en Dieu, croyez aussi en moi.
(St. Jean 14, 1).

Méditation.

Les disciples du Christ doivent dissiper tout trouble par la foi en Dieu et en Jésus-Christ. Ils doivent être bien persuadés que le Seigneur est leur Sauveur quoiqu'il soit mort à la croix ; qu'il est resté avec eux, quoiqu'il ait disparu de devant les yeux de la chair. Ils doivent croire que Jésus accomplira son œuvre et fondera son royaume ; qu'il le conservera et le conduira à la perfection. Il est absurde de dire : A quoi me sert-il de croire ? La foi, en effet, n'est pas un effet de l'imagination. Croire veut dire saisir la Parole du Christ, la défendre contre toutes les objections et la maintenir, malgré les oppositions du cœur et de l'esprit du temps. Il se produit dans l'intérieur de l'homme de foi une vie dont il n'avait aucune idée. Des questions humaines y naissent, et elles sont suivies de réponses et de forces divines. C'est ainsi que les choses se passèrent entre les apôtres et leur Maître remonté dans sa gloire. Et cette communion remplaçait pour eux sa présence terrestre.

Prière.

Dieu fidèle ! Tu nous as fait éprouver de nouveau, pour notre joie et notre affermissement dans la foi, que tu prends soin de nous, tes enfants, et que tu nous accordes ton secours. Eloigne donc tout trouble de notre cœur, même lorsque le ciel se couvre de nuages. Nos yeux sont sur toi, Seigneur. Tes voies sont merveilleuses devant nous, et nous y trouvons l'amour et les bénédictions. Nous nous remettons entre tes mains paternelles pour cette nuit et pour toute notre vie. Quand tu nous appelleras à quitter cette terre, fais que nous nous endormions doucement en toi, et que nous ressuscitions pour la vie éternelle !

> Règne seul en ce cœur, sans rival, sans partage;
> Demeure en lui toujours, accorde lui-ta paix.
> Qu'il ne perde jamais ton vivant témoignage,
> Et le droit que ta mort lui donne à tes bienfaits.

> Que ton puissant Esprit me guide et m'affermisse,
> Dans le sentier d'exil où je traîne mes pas;
> Qu'en ta communion mon cœur se réjouisse;
> Ô Seigneur Jésus-Christ, ne m'abandonne pas! Amen.

MARDI (Matin).

Il y a plusieurs demeures dans la maison de mon Père; si cela n'était pas, je vous l'aurais dit. (St. Jean 14, 2).

Méditation.

Les disciples du Christ sont attristés de son départ. Il leur adresse la seule consolation qui puisse adoucir la douleur de la séparation; c'est celle du revoir dans la maison paternelle. La maison du Père, c'est le monde céleste, où Dieu a préparé son trône, où il a établi son sanctuaire; c'est la demeure de la vie, la patrie de l'amour, où il manifeste tous ses trésors et toute sa gloire. Nous nous y sentirons aussi heureux que l'enfant le plus heureux dans la maison paternelle. Les nombreuses demeures qui s'y trouvent sont destinées aux nombreux enfants du Père, à tous ceux auxquels le Seigneur a dit de prier : Notre Père qui es aux cieux; à tous ceux qu'il appelle frères auprès de son sépulcre ouvert, et auxquels il adresse ces paroles : « Je m'en vais vers mon Père et vers votre Père, vers mon Dieu et vers votre Dieu ! » C'est là que nos bien-aimés, morts en Jésus, nous ont précédés; c'est là qu'ils se reposent de leurs fatigues et de leurs souffrances sur le sein du fidèle Berger, dans la paix éternelle.

Prière.

Seigneur, notre Dieu! Chaque nouveau jour proclame que nous sommes voyageurs et pèlerins sur cette terre. Notre patrie est auprès de toi, dans la maison de notre bon Père céleste. Bénis sois-tu de ce que par ton Fils tu nous as préparé un lieu de repos et de paix. Fortifie-nous dans la foi, nourris-nous du vrai pain du ciel, jusqu'à la fin de notre pèlerinage à travers le désert de la vie. Accorde ces mêmes bénédictions à tous ceux que tu nous as donné à aimer, fais-nous la grâce de nous recueillir tous un jour dans ton sein pour nous faire jouir de ta présence à jamais.

> Ah! je veux donc en ce voyage,
> Si court, si prompt, si passager,
> Comme un agneau docile et sage,
> Marcher tout près du bon Berger.
>
> Sous son regard, toute ma vie
> S'écoulera comme un beau jour,
> Et la route en sera finie
> Quand il voudra dans son amour. Amen.

MARDI (Soir).

Je m'en vais vous préparer le lieu. (St. Jean 14, 2).

MÉDITATION.

Jésus-Christ prépare les siens sur la terre pour le royaume céleste, en formant chacun d'eux d'une manière particulière et selon ses besoins. Il prépare de même à chacun une demeure conforme à ses dispositions et à sa vie intérieure, avec tout ce qui peut contribuer à sa joie et à sa félicité. Chaque âme dira un jour de sa place : Qu'elle est bien faite pour moi ! Qu'elle est parfaitement adaptée à ma nature ! Il y aura certainement des demeures plus riches et plus magnifiques les unes que les autres, mais chacun reconnaîtra avec actions de grâces qu'il ne pourrait être, dans aucun endroit de la maison du Père, aussi heureux, aussi riche, aussi à l'aise que dans sa demeure, dans l'héritage qui lui est échu. C'est ce que le Seigneur a voulu exprimer par ces paroles : « Je m'en vais vous préparer le lieu. »

PRIÈRE.

Grâces te soient rendues, Dieu Sauveur, de ce que tu as préparé une place pour les tiens dans les demeures célestes. Sois avec nous pendant notre pèlerinage terrestre ; donne-nous d'avoir foi dans notre céleste patrie, afin de nous y préparer dignement, et de rester fermes et inébranlables au milieu de toutes les épreuves que tu nous envoies. Nous sommes faibles et nous avons besoin de ton secours. Accorde-le-nous, Seigneur, selon les richesses de tes miséricordes infinies.

C'est donc au ciel qu'est Jésus notre frère,
Notre avocat, notre chef, notre époux,
Le Rédempteur en qui notre âme espère,
Ah ! quelle gloire et quel honneur pour nous !
Il est allé nous y préparer une place,
Et, de ce haut et bienheureux séjour,
Il nous fait part de son esprit de grâce
Et des effets de son plus tendre amour. Amen.

MERCREDI (Matin).

Quand je serai parti et que je vous aurai préparé une place, je reviendrai, et vous prendrai avec moi, afin qu'où je serai, vous y soyez aussi.

(St. Jean 14, 3).

MÉDITATION.

Nous n'avons que fort peu de données concernant l'état de l'âme après la mort. Il ne servirait à rien de vouloir combler cette lacune par des idées imaginaires. Le Seigneur a dit, et cela doit nous suffire « afin que vous soyez où je serai. » Pour les vrais chrétiens, la chose essentielle, quand ils pensent à l'éternité, c'est le désir d'être où est le Christ. Celui qui nourrit cette espérance, possède le vrai trésor du cœur, la vraie joie. Il cherchera non seulement à se rendre digne de la place qui lui est préparée, mais encore il s'efforcera d'y amener les siens en les remettant au Seigneur avec confiance. Si nous nous aimons et si notre grand désir est d'être un jour réunis, la seule voie pour y arriver, c'est d'aller ensemble à Christ. Ce n'est qu'en se rencontrant en lui qu'on est sûr du revoir et de la félicité.

Prière.

Seigneur, notre Dieu, et Père de notre Seigneur Jésus-Christ! Tu est vivant, tout puissant et miséricordieux ; tu as établi ton trône dans le ciel et tu ne dédaignes point celui qui t'invoque. Nous t'en remercions et nous te prions, au commencement de ce jour, de prendre nos corps et nos âmes sous ta sainte garde. Eclaire-nous et conduis-nous par ton St. Esprit, afin que nous marchions dans la voie de la paix et que nous nourrissions dans notre cœur le saint espoir de nous retrouver un jour devant ton trône avec tous ceux qui nous ont quittés dans la foi en ton cher Fils.

Que mon pèlerinage ici-bas se prolonge,
Ou qu'il te plaise enfin d'en terminer le cours,
Je demeure tranquille, et, content, je ne songe
Qu'à marcher jusqu'au terme en te suivant toujours.
Etre avec toi, Seigneur, voilà ma grande affaire,
Avec toi je serai toujours assez heureux ;
Avec toi la souffrance est toujours salutaire,
Et les dons du bonheur ne sont plus dangereux.   Amen.

MERCREDI (Soir).

Je vous laisse la paix ; je vous donne ma paix ; je ne vous la donne pas comme le monde la donne. Que votre cœur ne se trouble point, et ne craignez point.   (St. Jean 14, 27).

Méditation.

Le monde ne tient pas ce qu'il promet. Aussi longtemps que l'on est jeune on espère que l'avenir nous donnera pleine satisfaction ; quand l'âge avance, on se persuade que dans la jeunesse la joie était au comble. Avec cela le fond du cœur reste vide. Et c'est encore ce qu'il y a de meilleur, quand le monde laisse le cœur vide et n'y met pas autre chose. Bien souvent l'âme se décourage, se remplit d'amertume et de murmures contre Dieu et les hommes ; elle est tourmentée par la conscience des fautes commises et par l'incertitude de sa situation après la mort. Voilà pourquoi le Seigneur nous dit : « Je vous donne ma paix, je ne vous la donne pas comme le monde la donne. »

Prière.

Sauveur fidèle ! Toi qui es venu à nous comme un bon Berger pour nous apporter la paix et la vie en abondance, nous te prions d'accorder aussi à notre cœur ces dons ineffables. Remplis-nous de force pour supporter avec foi les souffrances, et pour surmonter les tentations de la vie. Tantôt ce sont les soucis, tantôt les plaisirs du monde, qui menacent de nous enlever le repos de l'âme. Aussi te prions-nous d'être à nos côtés par ton secours, afin que nous combattions le bon combat de la foi, et que nous conservions le trésor de la paix jusqu'à la bienheureuse éternité.

Sa paix ! Sais-tu ce qu'il en coûte
Au Fils de Dieu pour te l'offrir ?
Sais-tu par quelle sombre route
Il passa pour te secourir ?
Quittant la céleste demeure,
Sais-tu ce que le Roi des rois
Pour nous a souffert d'heure en heure,
De la crèche jusqu'à la croix ?

Va le demander au Calvaire,
Où le rejeton d'Isaï
Reçut le terrible salaire,
Des contempteurs du Sinaï.
Jésus a vidé le calice,
Dieu tout-puissant, pour t'apaiser ;
En lui la paix et la justice
S'unissent dans un saint baiser.   Amen.

JEUDI (Matin). ASCENSION.

Jésus les mena ensuite dehors jusqu'à Béthanie ; puis, élevant ses mains, il les bénit. Et il arriva, comme il les bénissait, qu'il se sépara d'eux, et fut élevé au ciel. Et eux, l'ayant adoré, s'en retournèrent à Jérusalem dans une grande joie. Et ils étaient continuellement dans le temple, louant et bénissant Dieu. (St. Luc 24, 50-53).

Méditation.

L'histoire du Sauveur sur la terre se perd dans le ciel, d'où il est descendu. Une nuée l'a enlevé et l'a transporté vers les hauteurs où nos regards le cherchent quand nous avons besoin de clarté et de lumière. Nous ne pouvons que pressentir ce qui s'est passé derrière le voile du nuage, ce que signifient ces paroles : « Il s'est assis à la droite de Dieu » — mais nous ne pouvons pas le comprendre. Nous ignorons dans quel palais de la vaste cité de Dieu il a fait sa demeure, mais nous savons que cette parole : « Il s'est assis à la droite de Dieu » — ne peut annuler cette autre parole : « Je serai avec vous jusqu'à la fin du monde. » Le soleil, tout suspendu qu'il est à la voûte des cieux, pénètre pourtant dans ma chambre ; le soleil dans le ciel de la grâce n'a pas de plus fortes barrières. Lorsque le Seigneur fit pour la première fois ses adieux à ses disciples, leur cœur était rempli de tristesse ; mais maintenant qu'il monte au ciel comme Seigneur et Roi, en les bénissant, ils l'adorent et retournent à Jérusalem dans une grande joie. Ils ont entrevu sa dignité royale. Jésus est le chef de notre salut et le chef ouvre la marche aux siens. Aussi notre route, si nous le suivons, nous conduit de Gethsémané vers les hauteurs lumineuses du ciel. Dans ces clartés matinales s'efface le souvenir des jours sombres, l'on se sent réconcilié et satisfait. Oui, la fin sera paix et lumière.

PRIÈRE.

Seigneur Jésus, Prince de la Paix, plein de force et de majesté ! C'est avec amour et adoration que nous nous approchons aujourd'hui du trône de ta gloire. Béni sois-tu de ce qu'après avoir achevé ton œuvre sur la terre, tu es retourné au ciel, où tu intercèdes pour nous comme souverain sacrificateur. Etends tes mains bénissantes sur nous et sur les nôtres comme tu les as étendues sur tes disciples au moment de la séparation, afin que nous ne perdions pas le salut que tu nous as acquis. Nous te suivons d'un regard filial plein de foi, et nous nous prosternons devant ta majesté et ta gloire.

    Peuples, bénissez Dieu: voici le Roi de gloire !
    Que votre joie éclate en ces moments pieux ;
    Publiez de Jésus l'éternelle victoire,
        Chantez son nom majestueux !
    O vous qui le servez, vous, ses anges fidèles,
    Entourez dans le ciel son trône radieux ;
    Consacrez les accents de vos voix immortelles
        A chanter ses faits glorieux !   Amen.

JEUDI (Soir). ASCENSION.

Pour nous, nous sommes citoyens des cieux, d'où nous attendons aussi le Sauveur, le Seigneur Jésus-Christ, qui transformera le corps de notre humiliation, pour le rendre conforme au corps de sa gloire, selon le pouvoir qu'il a de s'assujettir toutes choses. (Philippiens 3, 20 et 21).

MÉDITATION.

Un voyageur, éloigné de sa patrie, peut non seulement s'y

transporter par le cœur, mais il peut vivre pour elle de toutes ses forces et de toute son activité, il peut la défendre et souffrir pour elle. Il doit en être de même du chrétien quand il s'agit de la patrie éternelle ; mais il faut que son christianisme soit vivant et vrai. Bien des hommes prétendent qu'on ne peut être sur la terre bourgeois des cieux ; plus on s'applique à le devenir, plus on fuit le monde, et plus on est paralysé pour les devoirs terrestres, en sorte que celui qui aspire à être un bourgeois du ciel devient un très mauvais citoyen ici-bas. Rien de plus faux qu'une pareille assertion. L'apôtre St-Paul a-t-il négligé sa vocation terrestre, en fuyant le monde et ses vanités ? Au contraire, il a été non seulement un apôtre fidèle, mais encore un fidèle ouvrier, un fidèle faiseur de tentes, et il l'a été par cela même qu'il se conduisait comme bourgeois du ciel, d'où il attendait le Seigneur, le Sauveur Jésus-Christ pour lui dire : « Cela va bien, bon et fidèle serviteur, tu as été fidèle en peu de chose, je t'établirai sur beaucoup, entre dans la joie de ton Seigneur. »

PRIÈRE.

A la fin de ce jour nous nous présentons encore devant ta face, Dieu fidèle, et nous te rendons grâces de toutes les bénédictions que tu as répandues sur nous. Daigne continuer à nous entourer de ta bonté et de ta miséricorde infinies ; que la grâce et la paix coulent de ton cœur paternel dans nos cœurs, afin que les soucis et les inquiétudes se dissipent, et que nous nous réjouissions dans ta communion. Aide-nous à suivre les traces du Sauveur, et fais qu'au dernier jour de notre vie nous puissions entrer dans la joie et la gloire éternelles.

Fais que tes serviteurs, animés par ta grâce,
Remplis de ton Esprit, cheminent sur ta trace ;
Que, vivant sur la terre en citoyens des cieux,
Ils goûtent de leur foi les fruits délicieux !

Sauve ton peuple, ô Dieu, bénis ton héritage ;
Garde-nous, soutiens-nous, aime en nous ton ouvrage,
Révèle et développe à nos yeux chaque jour,
Le miracle éternel de ton divin amour ! Amen.

VENDREDI (MATIN).

L'Eternel est près de tous ceux qui l'invoquent, de tous ceux qui l'invoquent en vérité. Il accomplit le souhait de ceux qui le craignent ; il entend leur cri, et les délivre. (Psaume 145, 18 et 19).

Méditation.

Comme la racine qui, se ramifiant dans des endroits cachés par ses mille filaments, procure à l'arbre la sève et la vigueur, de même la prière, à force de chercher et de puiser, alimente la fraîcheur intérieure, la vie de la foi. Ce n'est qu'à celui qui prie que les mystères de la Parole de Dieu se révèlent, que ses voies sont agréables et que sa Parole paraît facile à accomplir. Si la vie nous semble obscure, la terre morne et froide, si chaque événement subit et terrible, même lorsqu'il est conjuré, nous laisse l'impression que c'est le hasard qui dirige nos destinées, ne désespérons pas. Invoquons le Seigneur dans la détresse et il nous dira : « Rassurez-vous, c'est moi ! » Nous nous plaignons beaucoup et prions peu : de là notre faiblesse. Nos ennemis intérieurs nous causent beaucoup d'alarmes, et au lieu de nous adresser au Seigneur, nous nous décourageons : de là nos défaites. Nous jugeons les autres et oublions de nous en remettre à Dieu : de là nos misères et nos peines continuelles. Les ailes de la foi sont des ailes d'aigle qui nous élèvent au-dessus de la poussière et des tempêtes.

Prière.

Notre bon Père céleste, tu es près de ceux qui t'invoquent, nous venons à toi avec confiance, nous te prions de recevoir favorablement notre requête. Donne-nous aujourd'hui notre pain quotidien et fortifie nos âmes par tes grâces divines. Répands ta paix dans notre cœur, fais qu'elle subsiste au milieu des peines, des travaux et des agitations de la vie. Quels que soient les événements de ce jour, maintiens-nous dans ta sainte communion pour l'amour de Jésus-Christ.

Invoque-moi dans ta détresse
Et mon bras te délivrera.
Telle est, ô mon Dieu, ta promesse,
Et ta bonté l'accomplira.

Je viens donc avec confiance
Répandre mon cœur devant toi ;
Je viens te dire ma souffrance
Et te demander plus de foi.

Ah ! trop souvent je sens encore
Le puissant attrait du péché ;
En vain je lutte et le déplore :
A mon cœur il reste attaché.

Jésus peut tout et Jésus m'aime ;
Rassure-toi, mon faible cœur !
Si j'ai pour moi le Dieu suprême,
Que manque-t-il à mon bonheur ? Amen.

VENDREDI (Soir).

Si vous, qui êtes mauvais, savez donner à vos enfants de bonnes choses, combien plus votre Père qui est dans les cieux en donnera-t-il de bonnes à ceux qui les lui demandent. (St. Matth. 7, 11).

Méditation.

Une des choses les plus excellentes que nous puissions demander à Dieu, c'est la vraie sagesse dans l'éducation des enfants, le secours et la bénédiction d'En-Haut. Bien des parents font l'expérience qu'il est difficile de pénétrer dans le cœur de l'enfant et de réformer ses mauvaises dispositions, mais il peut être gagné par la prière. Le Seigneur, il est vrai, ne force personne à entrer dans la bonne voie, pas plus nos enfants que d'autres ; chacun est libre de choisir le chemin qu'il veut suivre. Mais sa sagesse a mille moyens d'agir et il est dur de regimber à la longue contre l'aiguillon lorsqu'il veut gagner une âme. C'est là une grande consolation pour les pères et les mères, et un puissant encouragement à la prière. Il s'agit seulement de nous emparer des promesses de l'Ecriture sainte, et de marcher dans la foi.

Prière.

Dieu miséricordieux ! Tu nous encourages toi-même dans ta sainte Parole à nous approcher de toi, et à te demander de pourvoir à tous nos besoins du corps et de l'âme. Nous cherchons ta face pour te rendre grâces de toutes les bontés que tu nous as encore témoignées aujourd'hui, et te prier de nous bénir jusqu'à la fin de notre pèlerinage. Donne-nous de faire un bon usage de notre temps de préparation ici-bas et de marcher de progrès en progrès dans le chemin de la vie. Nous nous créons bien des soucis inutiles et nous nous préoccupons de l'avenir avec inquiétude, alors que dans ton amour tu as déjà dressé notre voie et pourvu à tout ce qui nous concerne. Apprends-nous à mettre une confiance filiale en toi ; tu nous conduiras par ton sage conseil pour le temps et l'éternité. Nous te recommandons en particulier bon Berger, nos chers enfants. Incline leurs cœurs à t'aimer et à te suivre ; fais que nous soyons fidèles à te les présenter dans nos prières, et à nous occuper avant tout de leurs intérêts éternels.

Esprit du Dieu de vérité,
Source de la lumière,
Auteur de toute sainteté,
De tout don salutaire,
Nous t'implorons pour nos enfants,
Daigne exaucer en ces moments
Notre ardente prière.

Soumets leur esprit et leur cœur
Au joug de l'Evangile ;
Garde d'un monde séducteur
Leur jeunesse fragile.
Comble-les de tes meilleurs dons,
Et qu'à tes célestes leçons
Leur âme soit docile. Amen.

SAMEDI (Matin).

Eternel, enseigne-moi ta voie, je marcherai dans ta vérité ; range mon cœur à la crainte de ton nom. (Ps. 86, 11).

MÉDITATION.

L'obéissance du cœur est accompagnée des plus riches bénédictions. Marie, assise aux pieds de Jésus et écoutant ses paroles, trouve le souverain bien et la meilleure part ; elle possède avec la seule chose nécessaire tous les autres biens. La sagesse éternelle a prononcé l'oraison dominicale dans laquelle la sanctification du nom de Dieu, la venue de son règne et l'accomplissement de son éternelle volonté sont demandées avant le pain quotidien. Une seule chose est nécessaire. Cherchons donc à nous rendre bien compte de notre devoir, de ce que Dieu veut et demande de nous. Ceux qui appartiennent à Christ répéteront journellement avec le Psalmiste : « Eternel, enseigne-moi ta voie, je marcherai dans ta vérité ; range mon cœur à la crainte de ton nom. »

PRIÈRE.

Seigneur, par ta grâce et avec ton secours, nous sommes encore arrivés à la fin d'une semaine. Nous te remercions de la fidélité et de la miséricorde que tu nous as témoignées de tant de manières. Donne-nous de travailler avec zèle à ta gloire, de craindre ton saint Nom et de mettre en toi une confiance filiale dans la douleur comme dans la joie. Précède-nous, Seigneur, dans nos voies, et donne-nous de te suivre sans hésiter, notre main dans la tienne, jusqu'au céleste séjour.

La seule chose ici-bas nécessaire
C'est de l'aimer, ô mon divin Sauveur ;
Produis en moi cet amour salutaire
Qui des mortels fait le seul vrai bonheur.
Sans toi, Jésus, toute âme se tourmente,
Et cherche en vain la joie et le repos ;
Mais avec toi la paix du cœur augmente
Et ta présence adoucit tous les maux.

Comme autrefois la pieuse Marie,
Assise aux pieds de son divin Sauveur,
Brûlait d'ouïr la parole de vie
Qui découlait des lèvres du Seigneur ;
O bon Jésus, en moi fais aussi naître
L'ardent désir de m'attacher à toi !
Que ton Esprit enflamme tout mon être,
Et qu'à toujours je vive dans la foi. Amen.

SAMEDI (Soir).

Ce que vous demanderez en mon nom, je le ferai, afin que le Père soit glorifié dans le Fils. Si vous demandez quelque chose en mon nom, je le ferai.
(St. Jean 14, 13 et 14).

MÉDITATION.

Bien des personnes honorables avouent, si elles sont sincères, qu'elles ne songent pas à prier quand elles se trouvent dans le bonheur, n'ayant rien à désirer. Que pourraient-elles demander? Elles se portent bien, ne manquent de rien, la vie leur sourit, tout va à souhait! Il est évident que ces personnes ne sont pas de véritables enfants de Dieu et que son Esprit n'habite pas dans leurs cœurs, sinon elles auraient à demander autre chose que la guérison d'un malade, la prospérité dans les affaires, ou quelque autre bien temporel. Pourrait-on s'imaginer un enfant qui ne s'adresserait à son père ou à sa mère que pour leur exprimer ses désirs ou ses besoins? C'est au contraire une joie du cœur pour l'enfant, qui aime ses parents, de leur faire connaître ses pensées et de jouir de leur amour en s'entretenant avec eux. Il doit en être de même de nos rapports avec le Père céleste. C'est ce que nous enseigne notre Intercesseur. S'il habite dans notre cœur, les sujets de prière ne nous feront pas défaut.

Prière.

Seigneur Jésus, qui es avec ton Eglise jusqu'à la fin du monde, nous te bénissons du fond du cœur des magnifiques promesses et des douces consolations que tu as données à tes enfants. Tes promesses sont certaines et tu es fidèle pour les accomplir. Donne-nous d'avoir une foi entière en ta Parole et bannis le doute de notre cœur, quand nos prières ne sont pas immédiatement exaucées. Enseigne-nous à nous approcher avec persévérance du trône de ta grâce, dans la prospérité comme dans le malheur. Reçois, Seigneur, en tout temps, les hommages de notre reconnaissance; pardonne-nous toutes les fautes, toutes les négligences et toutes les transgressions de cette semaine; nous te le demandons au nom de Celui dont le sang purifie de tout péché.

Quelles douceurs un cœur pieux,
Trouve, ô Seigneur, dans la prière !
Sous ton regard, dans la lumière,
Il goûte alors la paix des cieux.

Dans le secret, seul avec toi,
Son âme en Christ cherche ta face,
Et le trésor de toute grâce,
Pour l'enrichir s'ouvre à sa foi.

Ouvre-moi donc, ô mon Sauveur !
Toi-même aussi ton sanctuaire;
Car tu connais qu'en ma misère,
Je suis, hélas, plein de tiédeur !

Enseigne-moi, par ton Esprit,
A t'invoquer en assurance;
Produis en moi la confiance
D'un simple enfant, ô Jésus-Christ !

Amen.

Sixième semaine après Pâques (Exaudi).

DIMANCHE (Matin).

Lorsque sera venu le Consolateur, que je vous enverrai de la part du Père, l'Esprit de vérité, qui procède du Père, il rendra témoignage de moi.
(St. Jean 15, 26).

Je vous ai dit ces choses, afin que lorsque l'heure sera venue, vous vous souveniez que je vous les ai dites. Je ne vous les ai pas dites dès le commencement, parce que j'étais avec vous. (St. Jean 16, 4).

MÉDITATION.

Jésus, en faisant ses adieux à ses disciples, ne pensait pas à ce qui l'attendait, à ses souffrances et à sa mort, mais plutôt à ce qui devait leur arriver, car il voyait en esprit les persécutions qui les menaçaient. C'est là le caractère du véritable amour. Ces persécutions lui paraissaient d'autant plus graves qu'elles pouvaient avoir du danger pour leurs dispositions intérieures et devenir pour eux un sujet de scandale. Bien que le christianisme ne soit plus aujourd'hui en butte aux persécutions, il est encore pour beaucoup d'entre nous une pierre d'achoppement; il paraît scandale aux uns, et folie aux autres. Il y a une chose plus dangereuse que la persécution, c'est la séduction que le monde offre sous mille formes. Les opinions et les mœurs qui y règnent exercent sur les cœurs une influence magique. Les chrétiens sûrs d'eux-mêmes, épris de leur raison, qui négligent de veiller et de prier, se laissent induire en erreur par de fausses apparences, par de faux noms qui masquent les séductions; bientôt ils ne savent plus distinguer nettement le bien du mal. Quand enfin ils s'aperçoivent qu'ils ont dévié du droit chemin, ils n'ont souvent ni le courage ni le désir de revenir sur leurs pas. Restons donc étroitement liés à Jésus-Christ; vivons dans sa communion et demeurons fermes dans la foi. Le Saint-Esprit nous attire au Dieu Sauveur, au sein des luttes et des tentations de la vie; c'est en lui que nous trouvons le repos et la paix que le monde ne peut ni donner ni ravir.

PRIÈRE.

Dieu fidèle! Tu exauces nos prières; aussi toute chair vient-elle à toi. Nous nous approchons avec joie du trône de ta grâce et nous te disons : Seigneur, Dieu tout puissant! entends les requêtes de tes enfants. Assiste-nous dans les combats et les tentations de la vie ; rends-nous fermes et constants dans la voie du bien. Conduis-nous toi-même à la vraie connaissance de ton saint Nom, pour l'amour de Jésus-Christ. Si tu ne nous le révèles par le St. Esprit, nous ne savons ce que nous devons croire et faire. Viens donc nous éclairer et dissiper nos ténèbres ; donne-nous la force de rendre toujours et partout un fidèle témoignage à la vérité qui est en Jésus et en son Evangile de grâce.

Revêts-moi de cette cuirasse
Qui rend le faible si puissant ;
Lorsque l'ennemi me menace,
Par la foi, rends-moi triomphant.

Et je pourrai, dans ma misère,
Comme un fidèle serviteur,
Avancer ton règne, Seigneur !
Tant que je vivrai sur la terre.
Amen.

DIMANCHE (Soir).

Soyez sobres et vigilants dans les prières. Surtout ayez les uns pour les autres une ardente charité ; car la charité couvrira une multitude de péchés. Exercez l'hospitalité les uns envers les autres sans murmures. Que chacun emploie le don qu'il a reçu, au service des autres, comme de bons dispensateurs des diverses grâces de Dieu. Si quelqu'un parle, qu'il parle selon les oracles de Dieu ; si quelqu'un exerce un ministère, qu'il l'exerce selon la force que Dieu lui communique, afin qu'en toutes choses, Dieu soit glorifié par Jésus-Christ, à qui appartiennent la gloire et la force aux siècles des siècles. (1 Pierre 4, 8-11).

Méditation.

Au lieu de prier, nous nous oublions volontiers dans toutes sortes de préoccupations et de rêveries. La convoitise et les soucis, la colère et l'ambition, la légèreté et la vanité, l'envie et la jalousie, toutes ces choses sont opposées à la sobriété et empêchent la prière. Celui qui ne cherche pas à prier sans cesse, oubliera bientôt complètement de prier. La régularité dans la prière porte des fruits bénis. L'amour qui a du support, qui est patient et qui pardonne est le premier de ces fruits. La haine met en lumière les moindres défauts du prochain pour l'accabler, mais l'amour couvre une multitude de péchés. Son but n'est pas de nous faire illusion ou de nous tromper en nous faisan fermer volontairement les yeux sur les imperfections des hommes ; il sait, en temps opportun, dévoiler, avertir et reprendre, car il n'est ni aveugle ni lâche ; mais il ne se complaît pas à rappeler le souvenir des fautes, à les énumérer, à les exagérer et à les publier. L'amour chrétien est miséricordieux comme notre Père céleste et le Seigneur Jésus d'où il procède. L'hospitalité exercée sans murmures est un fruit particulier de l'amour. La religion pure et sans tache ne consiste pas seulement à visiter les veuves et les orphelins, mais aussi à recevoir chez nous tous ceux qui ont besoin de notre secours, de nos consolations, de notre amour. Il ne suffit pas de leur ouvrir les portes de notre maison ; ouvrons-leur aussi celles du cœur : c'est là l'hospitalité dans le sens le plus élevé. Aidons-nous mutuellement ; secondons-nous les uns les autres avec les dons que Dieu nous a départis, afin qu'il soit glorifié par tous les actes de notre vie. Demandons que son Esprit saint nous apprenne à aimer Dieu de tout notre cœur, de toute notre âme, de toute notre pensée et de toutes nos forces. A lui soient la gloire et la puissance d'éternité en éternité.

Prière.

Dieu fidèle! Tu es notre Père en Jésus-Christ et nous sommes tes enfants. Tu nous as reçus en grâce et tu pourvois à nos besoins temporels comme à notre salut éternel. Nous t'en remercions du fond du cœur et nous te prions de nous unir toujours plus étroitement à toi, de nous faire sentir quelles bénédictions découlent pour nous de ta communion. Et toi, Seigneur Jésus, qui ne veux pas nous laisser orphelins, viens à nous et demeure avec nous par ta grâce et ton amour, par ton esprit et ta paix ; rends-nous fidèles dans l'accomplissement de tous nos devoirs.

> Heureux qui d'une main et d'un cœur charitable
> Soulage l'indigent dans ses nécessités!
> Dieu saura lui porter un secours favorable
> En son activité.
> O Sauveur! plein de tendresse,
> Qui voulus te donner pour moi,
> Je voudrais t'imiter sans cesse
> Et donner pour l'amour de toi. Amen.

LUNDI (Matin).

Rendez ma joie parfaite, étant en bonne intelligence, ayant une même charité, une même âme, un même sentiment; ne faites rien par contestation, ni par vaine gloire; mais que chacun de vous regarde les autres, par humilité, comme plus excellents que lui-même. (Philipp. 2, 2 et 3).

Méditation.

L'humilité est la vertu la plus difficile à acquérir. Il y a des vices qu'on peut maîtriser sans la religion, et cela par l'orgueil; mais personne ne peut vaincre l'orgueil lui-même avec son cortège de vanité, de fierté et de suffisance, sans le secours de l'Evangile et de l'esprit de Dieu. Ce qui devrait nous enseigner l'humilité avant tout, c'est le sentiment de notre culpabilité devant Dieu. Tant que nous n'aurons pas appris, à l'école du Seigneur Jésus-Christ, le sens du mot : grâce, nous ne serons ni humbles ni reconnaissants. Et quand nous arriverions à réprimer le penchant naturel à nos cœurs d'abaisser les autres pour nous élever nous-mêmes, méfions-nous toujours et tenons-nous sur nos gardes; la présomption se glisse toujours de nouveau dans le cœur, alors même qu'on croit l'en avoir bannie à tout jamais.

Prière.

Seigneur, notre Dieu ! Tu résistes aux orgueilleux mais tu fais grâce aux humbles. Enracine cette vertu chrétienne profondément dans nos cœurs, afin que nous ressemblions à notre Sauveur qui a pu dire de lui-même : « Je suis doux et humble de cœur. » Donne-nous un esprit d'humilité qui nous guide dans tous les actes de notre vie, et dans nos rapports avec nos semblables, afin que nous ne fassions rien par fausse gloire et dans un esprit de dispute, mais que nous estimions les autres plus excellents que nous-mêmes.

Enseigne-nous toujours ce qu'il faut faire;
Inspire-nous tout ce qui peut te plaire;
Rends-nous pieux, humbles, sages et saints.
Ne permets pas que quand nous voulons vivre
Selon tes lois, les pratiquer, les suivre,
La chair, le monde, empêchent nos desseins.   Amen.

LUNDI (Soir).

Eternel, qui séjournera dans ton tabernacle ? Qui habitera sur la montagne de ta sainteté ? C'est celui qui marche dans l'intégrité, et qui pratique la justice; qui dit la vérité telle qu'elle est dans son cœur.   (Ps. 15, 1 et 2).

Méditation.

Celui qui pèche contre la vérité pèche contre Dieu, parce que Dieu est la vérité. Où s'arrêtera-t-il s'il s'engage dans la voie du mensonge ? La pierre qui se détache de la montagne continue à rouler; ainsi celui qui abandonne le chemin droit de la vérité glisse sur la pente, où il ne peut plus s'arrêter et où un mensonge en produit un autre. Il est vrai qu'on trouve toutes sortes d'excuses pour le mensonge officieux, autrement dit le mensonge basé sur le désir de rendre service aux autres. Il y a certainement des cas difficiles où l'on se demande si le devoir fraternel n'autorise pas un mensonge. Mais si Dieu veut que nous soyons prêts à tout souffrir plutôt que d'offenser la vérité, ne devons-nous pas comprendre aussi que nous ne pouvons agir différemment à l'égard de nos frères ? Demandons à Dieu de nous faire marcher dans la voie de la sincérité et abandonnons-lui le soin de faire concourir toutes choses à notre bien.

PRIÈRE.

Dieu saint ! Nous te prions de nous inspirer une véritable horreur pour tout manque de sincérité, et de nous donner la force d'être, dans toutes les circonstances, fidèles à la vérité. Pardonne-nous les péchés de la langue et remplis-nous d'un esprit consciencieux, afin que tout ce que nous faisons, soit par nos paroles soit par nos actions, nous le fassions en ton nom et pour ta gloire.

Quel bienheureux mortel
Au saint mont de l'Eternel,
Aura le droit de paraître ?
Et quel homme, ô puissant Roi !
Pour demeurer avec toi,
Assez juste pourrait être ?

C'est l'homme qui dans son cœur,
Par ton Esprit, ô Seigneur !
Hait du péché les souillures.
Qui, fuyant la fausseté,
Te sert en sincérité,
Levant à toi des mains pures. Amen.

MARDI (MATIN).

Dieu, qui est riche en miséricorde, à cause de la grande charité dont il nous a aimés, lorsque nous étions morts dans nos fautes, nous a rendus à la vie ensemble en Christ. (Ephés. 2, 4, 5).

MÉDITATION.

Le Seigneur Jésus appelait morts tous ceux qui ne voulaient pas venir à lui pour recevoir la vie spirituelle. C'est ainsi qu'il dit à un jeune homme : « Laisse les morts ensevelir leurs morts, mais toi, suis-moi ! » Un disciple de Jésus-Christ ne date sa vie qu'à partir du moment où il s'est donné à lui ; il sent que ce n'est qu'en lui qu'il trouve la vraie vie, et cette conviction n'est pas une présomption. Celui qui a appris à prier du fond du cœur comprend que la vie qui vient du Christ mérite seule le nom de vie. Le Psalmiste dit : « Mieux vaut un jour dans tes parvis, ô Eternel, que mille ailleurs ! » Si cet homme de Dieu a pu parler ainsi des parvis de l'ancienne alliance, nous pouvons le dire à bien plus juste titre du sanctuaire de l'esprit qui donne entrée au chrétien.

Prière.

Bon Père céleste! Dépose la vraie vie dans nos cœurs, et remplis-nous de paix et de joie. Sans toi et ton Esprit nous sommes morts dans nos péchés, eussions-nous les qualités les plus précieuses. La vie seule que tu nous donnes en Jésus-Christ est la vraie vie impérissable. Accorde-nous dans ta grâce ce don précieux.

Pour moi, dans la tendresse,
Tu fais tout, ô Jésus!
Mon âme pécheresse
N'aimait, ne vivait plus;
J'avais perdu la gloire,
Du ciel j'étais banni
Mais grâce à ta victoire,
Mon tourment est fini.

Mon âme était captive,
Tu l'affranchis, Seigneur!
Elle est faible et chétive,
Tu la combles d'honneur.
Tu l'enrichis par grâce
D'un trésor précieux,
Dont la grandeur surpasse
Et la terre et les cieux.   Amen.

MARDI (Soir).

Si quelqu'un m'aime, il gardera ma parole, et mon Père l'aimera, et nous viendrons à lui, et nous ferons notre demeure chez lui. (St. Jean 14, 23).

Méditation.

Il peut arriver que les misères de cette terre, les soucis, les humiliations et la maladie nous enlèvent toute joie du cœur; la vie nous paraît ennuyeuse, vide et quelquefois insupportable. Mais nous oublions que nous devons être un temple de Dieu; qu'il nous aide à édifier par les épreuves et les afflictions. Notre cœur mercenaire veut bien, par moments, se donner à Dieu et lui faire quelques sacrifices, mais il s'attend à recevoir en retour toutes sortes de biens terrestres, de nombreuses bénédictions qu'il croit avoir mérités. O cœur insensé! Dieu a pour toi des pensées ineffables qui surpassent de beaucoup tout bonheur terrestre. Si tu veux réellement te consacrer à lui, il habitera en toi, et son Esprit demeurera avec toi; c'est là une récompense plus précieuse que l'or et tous les biens de la terre.

Prière.

Seigneur, notre Dieu! De qui procèdent toute grâce excellente et tout don parfait, nous te remercions de la bonté et de la miséricorde que tu nous as encore témoignées aujourd'hui. Regarde-nous d'un œil favorable du haut de ton trône céleste.

Tu es propice à ceux qui te cherchent et qui s'attendent à toi. Nous nous reposons sur toi et sur tes bénédictions. Viens donc à nous et fais-nous sentir ta présence. Que notre cœur soit un sanctuaire où tu habites, et que le lien qui nous unit à toi et à ton Fils, devienne toujours plus ferme et indissoluble.

Ma délivrance est l'œuvre de ta grâce,
Puisse mon cœur ne jamais l'oublier !
Je m'égarais, mais tu suivais ma trace :
C'est toi, mon Dieu, qui m'aimas le premier.

Oh ! qui pourrait de ton amour fidèle
Dire les soins et compter les bienfaits ?
Tu pardonnas à mon âme rebelle,
Tu me guéris et me donnas la paix. Amen.

MERCREDI (Matin).

Demeurez en moi, et moi je demeurerai en vous. Comme le sarment ne peut porter du fruit de lui-même, s'il ne demeure au cep, vous non plus, si vous ne demeurez en moi. (St. Jean, 15, 4).

Méditation.

Demeurer en Jésus signifie se tourner chaque jour de nouveau vers lui, respirer l'air spirituel et se nourrir du pain du ciel. Ce qui nous sépare de lui, ce ne sont pas seulement les occupations et les distractions de ce monde, ce sont surtout nos fautes et nos péchés, nos fausses idées et nos tendances mauvaises, le sentiment de notre culpabilité devant Dieu. On peut rester en communion avec Jésus au milieu de la plus grande activité comme dans les moments de loisir et de joie, mais nos péchés, et ne fût-ce que les paroles irréfléchies ou médisantes que nous avons sur la conscience, forment un vrai mur de séparation entre nous et lui. Voilà pourquoi il faut toujours de nouveau briser notre volonté, nous humilier devant le Sauveur et retourner à lui chaque jour de notre vie. Il se tient toujours prêt ; ouvrons-lui notre cœur ; il y fera son entrée et nous communiquera sa paix.

Prière.

Père de notre Seigneur Jésus-Christ et par lui notre Père ! Nous regardons à toi avec confiance, car tu es notre refuge d'âge en âge. Nous déposons nos actions de grâces, nos soucis et nos désirs au pied de ton trône. Aide-nous et nous bénis selon ta miséricorde. Tu nous as assigné les devoirs de ce jour ; donne-nous la force nécessaire pour les accomplir selon ta volonté. Sans toi nous ne pouvons rien, mais avec toi nous sommes plus que vainqueurs. Fais-nous donc demeurer en toi et en ton amour, et maintiens-nous dans ta communion bénie, afin que nous y puisions la vie, la force et la sainteté.

> Demeure en moi pour qu'en toi je demeure,
> Vivant sarment au vrai cep attaché,
> Ah! que jamais, loin de toi, je ne meure
> Par le soleil ou les vents desséché.
> Puissé-je au gré de ton amour suprême,
> De jour en jour plier ma volonté.
> Je ne suis plus désormais à moi-même :
> Je t'appartiens, car tu m'as racheté.   Amen.

MERCREDI (Soir).

Je suis le cep et vous les sarments. Celui qui demeure en moi, et en qui je demeure, porte beaucoup de fruits.   (St. Jean 15, 5).

Méditation.

Les arbres sont nus et tristes en hiver, mais sitôt le printemps venu, ils commencent à bourgeonner et à se couvrir de fleurs. Tant que nous sommes séparés de Dieu et de Christ, nos cœurs sont, eux aussi, vides et glacés, mais sitôt que Jésus y entre, le printemps semble les faire renaître ; une chaleur et une vie nouvelle y circulent et préparent des fleurs et des fruits. Mais pénétrons-nous bien de la vérité que les fruits agréables à Dieu ne consistent pas en des choses extraordinaires que notre vanité rêve d'accomplir ; c'est la vie de tous les jours qui doit les produire, en nous fournissant une occasion quotidienne d'être fidèles, aimables, patients, charitables et affectueux. Recevoir toutes choses de la main de Dieu, et les rapporter à lui, être fidèles en ce qu'il nous confie, le servir joyeusement dans la personne de ceux qui nous entourent, selon le modèle et dans l'esprit de Jésus, ce sont là les fruits qu'il demande de ses enfants.

Prière.

Reçois ce soir encore, Seigneur, notre Dieu, nos louanges et nos adorations pour toutes les preuves de bonté et de miséricorde que tu nous as données. Sois béni surtout de ce que tu t'es révélé à nous dans ton Fils, de ce que tu nous as donné en lui un guide fidèle pour la vie. Accorde-nous la grâce et la force de demeurer en lui et de porter beaucoup de fruits pour l'avancement de son règne et pour l'honneur de son saint Nom. Pardonne-nous si jusqu'à présent nous ne sommes pas restés attachés à toi comme tu le désires de la part de tes enfants, et rends-nous toujours plus fidèles dans les petites comme dans les grandes choses, afin que toute notre vie soit à ta gloire.

> Celui qui croit en toi, ta bouche le déclare,
> Accomplira, Seigneur, les œuvres que tu fis.
> Je crois...... et d'où vient donc que mon âme s'égare
> Si loin du droit sentier que toujours tu suivis.
>
> Hélas! c'est que souvent je tourne vers le monde
> Des yeux qui ne devraient s'arrêter que sur toi !
> Ne me retranche pas; non, Seigneur, mais émonde,
> Pour que j'apprenne mieux à pratiquer ta Loi. Amen.

JEUDI (Matin).

Sans moi vous ne pouvez rien faire. (St. Jean 15, 5).

Méditation.

On peut se demander si cette déclaration n'est pas exagérée. Il est incontestable que parmi ceux qui ne sont pas en Christ il se trouve aussi des natures consciencieuses et dévouées, toujours disposées à se sacrifier au bonheur du prochain et au bien public. Faut-il mettre ce bien en question pour que cette parole reste entière : « Sans moi vous ne pouvez rien faire ? » Evidemment non. Nous devons, au contraire, reconnaître avec joie le bien, partout où il se trouve. Mais la parole du Christ n'en subsiste pas moins et n'en est pas moins juste. Les plus nobles actions de l'homme naturel sont entachées d'égoïsme ; l'intérêt personnel, *le moi* y joue toujours le premier rôle. Il n'y a de vraiment bons que les actes qui ont pour source le pur amour de Dieu, et cet amour n'existe que dans le cœur où Jésus demeure.

Prière.

Seigneur Jésus, sans toi nous ne pouvons rien faire, car tu es le chemin, la vérité et la vie. Nous te prions de nous remplir de ton Esprit et de faire de nous de vrais enfants de Dieu, afin que nous ne soyons pas des sarments stériles qui seront jetés au feu ; fais qu'attachés à toi nous recevions la sève et la vie pour porter beaucoup de fruits à la gloire du Père.

> Je ne vivrai désormais que pour toi,
> Si ta vertu puissamment me seconde;
> Et ni l'enfer, ni la chair, ni le monde
> Ne pourront plus me soustraire à la Loi.
>
> Imprime, ô Dieu, vivement dans mon cœur
> Le sentiment de ta paix, de ta grâce;
> De Jésus-Christ je veux suivre la trace,
> Et ne chercher qu'en lui seul mon bonheur.
> Amen.

JEUDI (Soir).

Ce que je vous commande, c'est de vous aimer les uns les autres. Si le monde vous hait, sachez qu'il m'a haï avant vous. (St. Jean 15, 17, 18).

Méditation.

Lorsque nous sommes les objets des insultes et des sarcasmes des autres, interrogeons-nous pour voir si nous avons mérité la haine qu'on nous porte. Il nous faut apprendre à démêler la vérité même quand elle est enveloppée de paroles d'outrage. C'est que nous nous imaginons que les oppositions que nous nous attirons par notre propre faute s'adressent à Christ plutôt qu'à nous-mêmes. Ceux qui ne connaissent pas le Sauveur, ne sont pas toujours hostiles à la vérité, et s'ils ne se laissent pas gagner à sa cause, c'est souvent par notre propre faute. Jésus nous dit : « Faites luire votre lumière devant les hommes, afin qu'ils voient vos bonnes œuvres et qu'ils glorifient votre Père qui est dans les cieux. » Ces paroles supposent des personnes prêtes à reconnaître l'excellence des œuvres chrétiennes là où elles les rencontrent. Si nous ne trouvons pas d'approbation, demandons-nous si les bons fruits ne nous font pas défaut, ou s'ils ne sont pas gâtés par un grand nombre de fruits sans saveur ! Mais si, au contraire, la haine et l'ignominie s'attachent à nous pour le nom de Christ, rassurons-nous ! Les hommes qui vivent devant Dieu, selon sa volonté, sont la gloire de l'humanité, et tandis que les choses du monde passent comme l'herbe des champs, ils demeurent d'éternité en éternité.

Prière.

Dieu miséricordieux, Père de Jésus-Christ et par lui notre Père ! Nous te bénissons ce soir de l'amour et de la fidélité que tu ne cesses de nous témoigner. Ah ! que ce ne soient pas seulement nos lèvres qui te louent, mais toute notre vie ! Seigneur, donne-nous ton Esprit, ta force et ta sagesse pour faire ta volonté et nous montrer en tout tes vrais disciples, afin que les hommes, voyant nos bonnes œuvres, te glorifient, toi, notre Père, qui es aux cieux ! Et si le monde nous hait à cause de toi, console-nous, toi qui as été haï sans cause. Tu nous as dit toi-même : « Le serviteur n'est pas plus que le maître. » Puisqu'ils t'ont persécuté, ils nous persécuteront aussi. Accorde-nous seulement la grâce de t'être toujours fidèles, de nous charger de notre croix et de te suivre.

Aimer ceux qui nous haïssent,
Leur pardonner de bon cœur ;
Bénir ceux qui nous maudissent,
Prier pour eux le Seigneur:
C'est la marque où notre Maître,
Promet de nous reconnaître.

Le fidèle qui fait grâce,
Allume un feu violent,
Qu'en pardonnant il amasse,
Sur la tête du méchant.
Il fait rougir l'adversaire ;
Souvent il en fait un frère.   Amen.

VENDREDI (Matin).

Déchargez-vous sur lui de tous vos soucis, parce qu'il a soin de vous.

(1 Pierre 5, 7).

Méditation.

Chargeons Dieu de tous nos soucis, de ceux d'aujourd'hui et de ceux qui nous rongent depuis des années, des soucis spirituels et temporels, de ceux qui ne sont connus que de nous et de celui qui nous les envoie. N'essayons pas de nous mettre avec légèreté au-dessus des choses désagréables, de chasser de notre esprit ce qui nous inquiète et nous tourmente. Il ne s'agit pas d'oublier les soucis, mais de s'en décharger sur le Dieu vivant ; on ne trouve de paix qu'à cette condition. Ne vivons pas au jour le jour, nous fiant au hasard comme le joueur à son dé ; mais imitons le navigateur qui jette son ancre sur un fond solide et empêche sa frêle embarcation d'aller se briser contre le rocher. C'est par un élan de la foi et dans un esprit de prière qu'il faut pénétrer derrière le voile qui nous sépare de Dieu, et déposer à ses pieds le fardeau de nos soucis et de nos inquiétudes, puisqu'il a promis de prendre soin de nous.

Prière.

Dieu tout bon ! Tu nous invites dans ta Parole à nous décharger sur toi de nos soucis. C'est pourquoi nous venons, pleins de confiance, te remettre pour ce jour nos corps et nos âmes, avec tout ce que nous possédons. Tu sais mieux que nous-mêmes ce qu'il nous faut et ce qui nous tourmente. Tu nous as conduits jusqu'ici avec fidélité à travers toutes les circonstances de la vie, et tu nous as prouvé bien des fois combien il était inutile et insensé de s'abandonner aux soucis et aux tourments. Apprends-nous donc à nous reposer sur toi avec une confiance filiale, et à croire que tu peux et veux faire pour nous infiniment plus que nous ne pouvons penser et comprendre.

Toi que la souffrance
Accable souvent,
Mets ton espérance
Dans le Dieu vivant !
Chrétien à tes larmes
Laisse un libre cours,
Mais, dans tes alarmes,
Cherche-le toujours !
Jésus seul apaise
Les peines du cœur ;
Il sait ce que pèse
L'humaine douleur.
Sur la même voie
Il porta sa croix ;
Suis-le plein de joie,
Prie, espère et crois.   Amen.

VENDREDI (Soir).

J'ai encore plusieurs choses à vous dire ; mais elles sont encore au-dessus de votre portée. Mais quand celui-là, l'Esprit de vérité, sera venu, il vous conduira dans toute la vérité, car il ne parlera point par lui-même, mais il dira tout ce qu'il aura entendu, et vous annoncera les choses à venir.
(St. Jean 16, 12, 13).

Méditation.

L'apôtre St-Paul dit aux Hébreux : « Ne vous laissez pas entraîner par des doctrines diverses et étrangères ; car il est bon que le cœur soit affermi par la grâce. » Cette recommandation s'applique aussi à nous. Si nous voulons rester fermes il faut que la vérité soit bien solidement enracinée dans notre âme, que nous nous laissions guider par elle et que nous obéissions à sa voix. Il s'ensuit que cette parole du Seigneur Jésus : « L'Esprit de vérité vous conduira dans toute la vérité » — n'est pas sans avoir une signification particulière pour nous-mêmes et pour notre conduite à tenir. C'est l'Esprit de Dieu qui nous donnera le discernement ; mais il nous l'accordera dans la mesure où nous serons fidèles à lui demander son secours, à nous pénétrer de sa Parole, et à suivre les directions de l'Esprit dans les événements journaliers de la vie.

Prière.

Seigneur, notre Dieu ! Notre âme a soif de vérité et de paix. Nous sentons que nous ne pouvons les acquérir sans ton secours et sans l'influence de ton Esprit, qui règne en nous et nous conduit en toute vérité. Aussi sommes-nous heureux de pouvoir, après les travaux et les agitations de ce jour, nous approcher du trône de ta grâce pour te demander le don le plus excellent, celui de ton St. Esprit. Accorde-le-nous, Seigneur, afin qu'il affermisse nos cœurs en toi, qu'il éclaire notre sentier et qu'il nous rende toujours plus fidèles dans l'accomplissement de nos devoirs.

Pour dissiper notre ignorance
Et fléchir notre dureté,
Tu nous donnes ta connaissance
Par ton Esprit de vérité.

Cet Esprit que Christ nous envoie,
Nous scelle pour le dernier jour ;
Il produit la paix et la joie,
La foi, l'espérance et l'amour. Amen.

SAMEDI (Matin).

En vérité, en vérité, je vous dis que vous pleurerez, et vous vous lamenterez, et le monde se réjouira ; vous serez dans la tristesse ; mais votre tristesse sera changée en joie.
(St. Jean 16, 20).

Méditation.

Elle est bien fausse l'opinion de ceux qui croient que la vie actuelle, quelquefois si triste et si difficile, sera forcément suivie d'une vie remplie de joie. La tristesse selon le monde ne peut conduire à la joie, ni sur la terre, ni dans le ciel. Il y a de même une distinction à faire entre la tristesse naturelle et celle selon le monde. La douleur d'une mère qui a perdu un enfant bien-aimé est inséparable de la nature humaine ; mais si elle s'empare de l'âme de manière à paralyser les facultés pour les devoirs à remplir, si elle fait dédaigner les bienfaits de Dieu et murmurer contre ses décrets, c'est bien alors une tristesse coupable, une tristesse selon le monde. Gardons-nous bien de tomber dans cette tristesse quand Dieu nous éprouve ; humilions-nous sous sa puissante main avec la ferme conviction que ses voies, quoique incompréhensibles pour nous, sont bonnes et saintes, et disons-lui avec le Psalmiste : « Quoi qu'il en soit, notre âme se repose sur toi ; nous cherchons ta face, ô Eternel, car tu es notre aide, tu es le souverain bien. » Cette tristesse est selon Dieu et a la promesse d'être changée en joie, quand l'heure en sera venue.

Prière.

Dieu tout-puissant ! Nous t'adorons, courbés jusque dans la poussière. Comment pourrions-nous assez te rendre grâces ? Ta bonté est tous les jours nouvelle ; elle veut nous délivrer des soucis et des angoisses. Apprends-nous à nous en souvenir constamment et à mettre notre confiance en ton fidèle amour. Si tu veux nous conduire par des sentiers arides et obscurs, si les souffrances et les dangers de la vie nous découragent, rassure nos cœurs et nous inspire des sentiments de patience et de ferme espérance. Fais en sorte que les afflictions que tu nous envoies, contribuent à notre plus grand bien. Nous savons que tu as préparé pour ceux qui t'aiment une félicité sans fin. Bannis donc de nos cœurs toute tristesse inutile et décourageante et donne-nous, lorsque tu caches ta face, d'attendre en paix ta délivrance.

Je suis altéré de ta grâce,
De toi j'ai soif, ô mon Sauveur !
Je soupire devant ta face :
Prends pitié d'un pauvre pécheur ;
Tu ne peux tromper mon attente,
Toi qui ne repousses jamais
Le cœur qui ne cherche sa paix
Qu'en ta mort amère et sanglante.

Vers toi, par la foi, je m'élève :
Daigne t'abaisser jusqu'à moi ;
Que rien au monde ne m'enlève
Le bonheur que je tiens de toi.
Jusques à mon heure dernière
Je veux t'aimer et te bénir,
Puis, pour toujours, j'irai m'unir
A toi, dans la pure lumière. Amen.

SAMEDI (Soir).

Vous avez vu ce que j'ai fait aux Egyptiens, et que je vous ai portés sur des ailes d'aigle, et que je vous ai fait venir vers moi. Maintenant donc, si vous obéissez à ma voix et si vous gardez mon alliance, vous serez aussi, d'entre tous les peuples, mon plus précieux joyau, car toute la terre est à moi, et vous me serez un royaume de sacrificateurs et une nation sainte. (Exode 19, 4-6).

MÉDITATION.

Le Seigneur rappelle à son peuple, par l'intermédiaire de Moïse, les bienfaits dont il l'a comblé depuis la sortie d'Egypte, la patience et la longanimité qu'il lui a témoignées. Ce souvenir doit porter Israël à écouter sa voix et à observer son alliance. Mais les hommes oublient bien vite les bienfaits de Dieu, et les expériences de sa fidélité et de sa miséricorde. Combien de fois n'a-t-il pas étendu ses ailes pour nous protéger, ne nous a-t-il pas retirés des flots qui menaçaient de nous submerger? Et cependant, au plus petit danger, nous gémissons et nous sommes prêts à nous écrier : « Seigneur, nous périssons! » Gardons-nous de l'ingratitude et ayons toujours présent le souvenir des bontés que Dieu a eues pour nous, afin que nous devenions son peuple croyant et obéissant.

PRIÈRE.

Dieu miséricordieux ! A la fin de cette semaine nous venons déposer au pied de ton trône toute la reconnaissance dont notre cœur est capable. Tu nous as supportés avec bonté et patience, tu nous as protégés dans les dangers; tu as pourvu à tous nos besoins temporels et spirituels. Apprends-nous à compter tes bienfaits et à conserver le souvenir de tes grâces. Nous sommes prompts à oublier nos péchés, et la miséricorde dont tu uses envers nous. Rends-nous fidèles et reconnaissants ; conserve-nous dans ta paix et fais-nous reposer à l'ombre de tes ailes.

C'est son amour, c'est sa miséricorde,
Qui, jour à jour, nous comble de bienfaits.
Il nous prévient, et toujours nous accorde
Bien au delà de nos meilleurs souhaits.

Donne-nous donc ton Esprit, ô bon Père!
Soumets par lui notre cœur à ta Loi.
Lève sur nous ta céleste lumière,
Et dans ta paix fais-nous croître en la foi!
Amen.

DIMANCHE (Matin) PENTECOTE.

C'est ici la journée que l'Eternel a faite, égayons-nous et nous réjouissons en elle! O Eternel, donne le salut! O Eternel, donne la prospérité! Béni soit celui qui vient au nom de l'Eternel! Nous vous bénissons de la maison de l'Eternel. L'Eternel est Dieu, et il nous a éclairés; liez avec des cordes la bête du sacrifice, et l'amenez jusqu'aux cornes de l'autel. Tu es mon Dieu, je te célébrerai. Mon Dieu, je t'exalterai. Louez l'Eternel, car il est bon ; sa miséricorde dure éternellement. (Ps. 118, 24-29).

Méditation.

L'événement de la Pentecôte fait époque dans l'histoire du monde. C'est en ce jour que commence sur la terre le développement d'une vie spirituelle, qui est appelée à s'étendre à toutes les nations, à les pénétrer de sa puissance, et à amener toute l'humanité à une rénovation morale et religieuse. Il est vrai que ce changement ne se produit pas tout d'un coup ; les commencements sont petits et ce n'est que peu à peu que se forme le plein épanouissement. Un petit cercle bien restreint, à peine cent vingt personnes, sont assemblées dans une chambre haute. Leurs prières font descendre sur eux les dons de la grâce divine. Un bruit comme celui d'un vent qui souffle avec impétuosité remplit la maison où ils se tiennent. C'est le souffle de Dieu qui vivifie leurs âmes. Il passe sur les cœurs qui prient comme un zéphyr du printemps, et réveille les germes engourdis de la semence que le divin Maître a répandue dans leur cœur. De saintes flammes descendent sur eux, et leurs fausses idées messianiques sont dissipées. Une image resplendit, toujours plus admirable, au fond de leur âme, c'est celle du Seigneur élevé au ciel, qui a promis aux siens d'être avec eux jusqu'à la fin du monde. Des milliers d'âmes sont gagnées par la parole apostolique ; elles se repentent, croient, adorent et se font baptiser. C'est le Seigneur qui a fait cela, et ce sont des choses admirables. Si nous ne recevons pas les dons extraordinaires des apôtres, contentons-nous de moins de grâces. Il est naturel que ceux qui ont vécu dans des rapports plus étroits avec le divin Maître, aient reçu une plus riche mesure de ses dons. Nous sommes à plus grande distance et nous recevons l'Esprit dans une moindre mesure. Mais la fidélité peut faire valoir infiniment les moindres dons, et c'est alors aussi que se vérifie cette parole : « On donnera à celui qui a et il aura en abondance. »

Prière.

Saint, saint, saint est le Seigneur, notre Dieu, et toute la terre est remplie de sa gloire. Oui, Seigneur, toi qui demeures dans le sanctuaire et dans les cieux élevés, tu es saint, mais tu es aussi miséricordieux, plein de bonté et de fidélité ! Tu verses sur nous ta grâce en abondance ; tu arroses nos pauvres cœurs altérés de tes bénédictions, afin que nous puissions avancer avec joie dans la voie de tes commandements. Sois béni du fond du cœur, de ce que tu as répandu ton Esprit sur les apôtres et de ce que tu as fondé l'Eglise chrétienne. Donne-nous aussi ton Esprit, Dieu miséricordieux, pour l'amour de Jésus-Christ, afin que nous puissions t'appeler avec confiance notre bon Père céleste.

Sur ton Eglise universelle,
Objet constant de ton amour,
Oh ! que ta grâce paternelle,
Seigneur, se déclare en ce jour!
Tes enfants avec confiance
Partout fléchissent les genoux ;
Ne trompe pas notre espérance ;
Jésus, sois au milieu de nous !

Des promesses de la Parole,
Seigneur, daigne te souvenir ;
Que ton Esprit saint nous console
Et nous apprenne à te bénir.
Ouvre nos yeux à la lumière,
Change et maîtrise notre cœur,
Et que ton Eglise en prière
Obtienne une ère de bonheur. Amen.

DIMANCHE (Soir) PENTECOTE.

Je répandrai sur la maison de David, et sur les habitants de Jérusalem, l'Esprit de grâce et de supplications ; ils regarderont vers moi, celui qu'ils ont percé ; ils en feront le deuil comme on fait le deuil d'un fils unique, et ils pleureront amèrement sur lui, comme on pleure sur un premier-né. (Zach. 12, 10).

Méditation.

L'Ecriture sainte fait les plus riches promesses à la prière, et cependant qu'on prie peu ! Dans beaucoup de maisons chrétiennes on se lève et on se couche sans qu'une seule prière s'élève vers le ciel. Ne nous étonnons donc pas si l'espérance et l'amour chrétiens sont rares parmi nous ; c'est une conséquence naturelle de notre peu de persévérance dans la prière. Nous négligeons de prier tantôt par paresse d'esprit, tantôt par manque de foi. Souvent aussi nous attendons que nous soyons dans les dispositions nécessaires et que la prière s'échappe de nos cœurs en flots impétueux qui renversent toutes les barrières. Mais les jours passent et le moment attendu ne vient pas ; le cœur se refroidit et le besoin de prier se fait sentir de moins en moins. Il est vrai que la prière la plus admirable est celle qui sort du cœur, spontanée et brûlante, sans le moindre effort. Mais cette prière est une grâce particulière de Dieu, qui n'est pas donnée à tout le monde. Rappelons-nous la prière du Père en larmes : « Je crois, Seigneur, aide-moi dans mon incrédulité. » — et celle des apôtres : « Seigneur, augmente-nous la foi. » Quelques-uns d'entre nous ont la conviction que la source de toute grâce excellente et de tout don parfait est En-Haut, auprès du Père des lumières, mais ils ne prient pas, parce qu'ils ont un cœur froid. En demandant à Dieu toutes sortes de grâces, pourquoi ne lui demanderions-nous pas en même temps un cœur aimant, avec l'esprit de prière ? La promesse faite à la maison de David et aux habitants de Jérusalem ne s'appliquerait-elle pas aussi à nous ? Secouons donc toute torpeur ; bannissons les doutes et si nous nous sentons pauvres, faibles, las et froids, regardons vers les montagnes d'où nous vient le secours, et supplions Dieu de nous donner l'esprit de grâce et de prière.

Prière.

Seigneur Dieu, notre Père céleste ! Nous voudrions être sujets de ton royaume et trouver dans ta communion la paix et la félicité que tu as promises à ceux qui t'appartiennent. Nous ne le pouvons pas par nos propres forces, Seigneur, et nous venons te prier de nous accorder ton esprit de grâce et de supplications, qui nous fortifie dans la foi, et nous apprend à prier avec confiance. Viens à nous, Esprit saint, et pénètre au fond de nos âmes ; réveille et réchauffe-nous, dirige vers le ciel nos pensées et nos affections, et fais de nous tous des membres vivants de ton Eglise.

Esprit consolateur, viens embraser nos âmes !
Nous voici rassemblés près du trône de Dieu,
Pour offrir humblement l'encens que tu réclames :
Sur l'autel de nos cœurs viens allumer le feu !

Que sur nous maintenant ton souffle brûlant passe,
Chassant nos vains soucis, consumant nos péchés ;
Que d'un monde pervers le souvenir s'efface ;
Descends pour ranimer nos esprits desséchés. Amen.

LUNDI (Matin).

Pendant qu'Apollos était à Corinthe, Paul, après avoir parcouru les hautes provinces de l'Asie, vint à Ephèse. Il y trouva quelques disciples et leur dit: Avez-vous reçu le Saint-Esprit lorsque vous avez cru ? Ils lui répondirent: Nous n'avons pas même ouï dire qu'il y ait un Saint-Esprit. Et il leur dit: Quel baptême avez-vous donc reçu? Ils répondirent: Le baptême de Jean. Alors Paul dit: Il est vrai que Jean a baptisé du baptême de la repentance, en disant au peuple de croire en Celui qui venait après lui, c'est-à-dire au Christ Jésus. Ce qu'ayant entendu ils furent baptisés au nom du Seigneur Jésus. Et après que Paul leur eut imposé les mains, le Saint-Esprit descendit sur eux, et ils parlaient diverses langues et prophétisaient. (Actes 19, 1-6).

Méditation.

Notre salut éternel dépend de notre foi, mais le St. Esprit seul produit la foi. Il n'y a donc pas de question plus essentielle pour nous que celle de savoir si le St. Esprit agit en nous. Nous nous tromperions nous-mêmes si nous disions, avec les disciples d'Ephèse, que nous ne savons rien du St. Esprit; mais nous ignorons souvent s'il habite réellement dans notre cœur et s'il y fait son œuvre. Pour être au clair à ce sujet, il suffit de nous examiner, et de voir où en est la vie de Dieu en nous. Si nous sommes en communion étroite avec le Seigneur; si nous retenons avec foi ses promesses dans les moments obscurs de la vie, et si nous versons nos joies et nos espérances dans son sein dans les circonstances heureuses, alors nous pouvons être sûrs que Dieu nous a donné son Esprit.

Prière.

Seigneur, notre Dieu! Ton Fils nous invite à te demander le St. Esprit, et nous promet que si nous te prions avec foi tu nous exauceras. Daigne nous le donner, cet Esprit de lumière et de vie, afin que nous soyons éclairés et guidés dans le droit chemin, malgré les oppositions du monde et du prince des ténèbres. Qu'il soit avec nous jusque dans la mort même, lorsque tout nous abandonne; qu'il nous soulage à l'heure suprême et nous accompagne jusque dans les tabernacles éternels. Dieu de toute bonté! exauce notre prière et dispense-nous ce don précieux; qu'il remplisse nos cœurs pour nous conduire selon toute ta volonté, afin que notre vie soit une vie consacrée à ton saint service et à ta gloire.

> Accompagne, Esprit saint, la parole éternelle;
> Que comme un trait divin chaque mot soit lancé;
> Qu'elle soit aujourd'hui comme un glaive au rebelle,
> Qu'elle soit comme un baume au cœur humble et brisé!
> Viens enfin soupirer les soupirs ineffables,
> Viens murmurer en nous l'abba d'adoption,
> Verse-toi tout entier dans ces âmes coupables;
> Purifie, Esprit saint, notre adoration. Amen.

LUNDI (Soir).

Il nous a commandé de prêcher au peuple, et d'attester que c'est lui que Dieu a établi juge des vivants et des morts. Tous les prophètes rendent de lui ce témoignage, que quiconque croit en lui, reçoit la rémission des péchés par son nom. Comme Pierre tenait encore ce discours, le St-Esprit descendit sur tous ceux qui écoutaient ce qu'il disait. Et tous les fidèles circoncis, qui étaient venus avec Pierre, furent étonnés de ce que le don du St-Esprit était aussi répandu sur les Gentils; car ils les entendaient parler diverses langues, et glorifier Dieu. Alors Pierre reprit: Quelqu'un peut-il refuser l'eau du baptême à ceux qui ont reçu le St-Esprit aussi bien que nous? Et il commanda qu'on les baptisât au nom du Seigneur. Alors ils le prièrent de demeurer quelques jours avec eux. (Actes 10, 42-48).

MÉDITATION.

Ce que l'apôtre Pierre a annoncé dans la maison de Corneille est la prédication qui retentit encore aujourd'hui dans le monde, la bonne nouvelle de Jésus-Christ, le Prince de la paix, l'Oint de l'Eternel, qui nous montre le Père en paroles et en actes, le miséricordieux sacrificateur qui nous amène à lui, dans le royaume éternel. Cette prédication a fait une grande impression sur tous ceux qui l'ont entendue dans la maison de Corneille, et particulièrement sur les païens qui s'y trouvaient. Le St. Esprit a exercé sur eux aussi sa force et son pouvoir; les chrétiens sortis du judaïsme ont constaté avec surprise quelle transformation il opérait dans leur cœur et avec quel enthousiasme ils glorifiaient Dieu. Le don du St. Esprit avec ses magnifiques révélations ne pouvait rester le privilège d'un seul peuple et le partage de ceux-là seuls qui les premiers les avaient reçus. Cet Esprit a été promis à tous les hommes, il n'habite réellement en nous que si toutes les âmes humaines auprès et au loin ont pour nous la même valeur. L'amour de Dieu et du prochain est répandu dans le cœur où vit le St. Esprit. L'amour c'est la vie nouvelle; l'Esprit c'est l'âme de cette vie; il met de nouvelles paroles sur nos lèvres. Que le Seigneur nous aide à puiser à la source de toute vie, afin qu'il en découle pour nous une vie nouvelle qui soit une démonstration d'esprit et de force.

PRIÈRE.

Dieu tout-puissant et miséricordieux! Notre âme s'élève à toi pour te bénir, à la fin de ces jours de fête, de toutes les nouvelles grâces temporelles et spirituelles qu'ils nous ont apportées de ta part. Daigne les faire contribuer à nous fortifier intérieurement, et à nous faire croître dans ta grâce et dans ta connaissance. Que ton Esprit nous éclaire sans cesse de ses divines clartés ; qu'il nous console et nous rende propres à toute bonne œuvre, afin que nous ayons un jour part à l'héritage des saints.

Seigneur, tes promesses fidèles	O Roi puissant ! toute la terre
Auront leur accomplissement ;	Acceptera ta douce Loi ;
A tes pieds, les peuples rebelles	Car c'est ici la volonté du Père
Viendront se courber humblement.	Que tout genou fléchisse devant toi. Amen.

MARDI (Matin).

Ceux qui reçurent de bon cœur sa parole, furent baptisés ; et ce jour-là environ trois mille âmes furent ajoutées aux disciples. Or, ils persévéraient dans la doctrine des apôtres, dans la communion, dans la fraction du pain et dans les prières. Et tout le monde avait de la crainte, et il se faisait beaucoup de miracles et de prodiges par les apôtres. Or, tous ceux qui croyaient étaient dans un même lieu et avaient toutes choses communes.
(Actes 2, 41-44).

Méditation.

Quelles douces relations journalières que celles des trois mille âmes et des apôtres dans les premiers jours après la Pentecôte, quand ils étaient réunis dans un même lieu, d'un commun accord ! Ils s'aimaient réciproquement d'une affection tendre et fraternelle, et leur communauté de pensées et de sentiments les rapprochait les uns des autres, de même que les membres d'un même corps ne peuvent vivre séparés. Tous les hommes au fond sentent le besoin de voir régner entre eux une communion vraie, solide et fraternelle. Une joie que d'autres ressentent avec nous est une double joie, et une douleur partagée paraît de moitié plus légère. C'est une vérité qui trouve surtout son application dans le domaine religieux. La prière, la pensée de Dieu, qui naissent si difficilement dans un cœur isolé, prennent des ailes quand des centaines de personnes prient, chantent et s'édifient en commun.

Prière.

Seigneur ! Tu nous as protégés pendant la nuit dernière et nous as fait revoir la lumière de ce jour. Nous t'en remercions du fond du cœur ; nous te prions d'être avec nous aujourd'hui et de nous donner tout ce qu'il nous faut pour notre vie intérieure et extérieure. Conduis-nous par ta main paternelle, discipline nos cœurs, dirige-nous par ton Esprit et réalise en nous tes pensées de salut et de paix. Guéris les blessures causées par la discorde; renverse les murs de séparation entre ceux qui te cherchent sincèrement ; remplis les âmes de sentiments chrétiens, d'humilité, d'amour, de vérité et de paix, afin que ta bénédiction repose sur nous et que nous portions la marque de tes vrais disciples.

O Seigneur ! qu'il est doux, qu'il est bon pour des frères,
De t'offrir en commun leurs vœux et leurs prières,
Et de travailler réunis ;
De s'aider au combat, de partager leurs joies,
Et de marcher ensemble en ces pénibles voies
Où tu diriges et bénis ! Amen.

MARDI (Soir).

Ils vendaient leurs possessions et leurs biens, et les distribuaient à tous, selon le besoin que chacun en avait. Et ils étaient tous les jours assidus au temple d'un commun accord ; et rompant le pain dans leurs maisons, ils prenaient leur nourriture avec joie et simplicité de cœur, louant Dieu et étant agréables à tout le peuple ; et le Seigneur ajoutait tous les jours à l'Eglise des gens qui étaient sauvés.   (Actes 2, 45-47).

MÉDITATION.

Nous respirons comme un souffle de bonheur sans mélange dans ce récit. La liberté des enfants de Dieu se manifeste aussi dans la vie sociale des chrétiens ; ils aiment à se réunir dans un commun accord, à s'entr'aimer et à louer Dieu pour les bienfaits reçus. Le vrai christianisme, celui qui est de bon aloi, n'est pas morose, ne fuit pas toute relation sociale, ne condamne pas toute jouissance de la vie, ne consiste pas dans le choix de certains aliments et dans des observances légales, pas plus qu'à faire bonne chère et à vivre dans les plaisirs ; mais il est justice, vérité et joie filiale en Dieu. Il n'est pas étonnant qu'une pareille communauté ait été agréable à tout le peuple. Elle était fidèle à cette recommandation du Christ : « Que votre lumière luise ainsi devant les hommes, afin qu'ils voient vos bonnes œuvres, et qu'ils glorifient votre Père qui est dans les cieux. »

PRIÈRE.

Dieu tout bon ! A la fin de ce jour nous nous présentons devant le trône de ta grâce pour te remercier de tous les bienfaits que nous avons reçus de ta main paternelle. Donne-nous de jouir avec reconnaissance des nombreuses bénédictions que tu sèmes sur notre chemin, et de nous montrer tes enfants dans les mauvais comme dans les beaux jours. Accorde-nous ton St. Esprit, afin que nous puissions observer en toutes choses une juste mesure, jouir de tout avec gratitude, et faire honneur aux principes chrétiens que nous professons. Que rien dans la vie ne nous sépare de ton amour et de ta communion.

Sentez-vous ces douces étreintes,	Savez-vous que le Christ il faut suivre,
Ces élans, ces tendresses saintes,	Comme il a vécu qu'il faut vivre,
Cette bonté pleine d'ardeur	S'inspirer de tout son Esprit,
Qui souffre de toute misère,	Ou que, pareils aux vierges folles,
Que l'humanité tout entière	Toutes vos pompeuses paroles
Trouve heureuse de son bonheur?	Retentissent comme un vain bruit? Amen.

MERCREDI (Matin).

Pierre, rempli du St-Esprit, leur dit: Chefs du peuple et anciens d'Israël, puisque nous sommes aujourd'hui recherchés pour avoir fait du bien à un homme impotent, et afin de savoir par qui il a été guéri; sachez, vous tous, et tout le peuple d'Israël, que c'est au nom de Jésus-Christ de Nazareth, que vous avez crucifié et que Dieu a ressuscité des morts; c'est par lui que cet homme se présente guéri parmi vous. Ce Jésus est la pierre, qui a été rejetée par vous qui bâtissez, qui a été faite la principale pierre de l'angle. Et il n'y a de salut en aucun autre; car sous le ciel il n'y a pas un autre nom, qui ait été donné aux hommes, par lequel nous devions être sauvés. (Actes 4, 8-12).

Méditation.

L'apôtre Pierre proclame ici pour la première fois comme une chose nouvelle, inouïe et incroyable que le nom de Jésus-Christ, du Nazaréen méprisé du Crucifié outragé, est, sous le ciel, le seul nom qui ait été donné aux hommes, par lequel nous devions être sauvés, et qu'il n'y a de salut en aucun autre. Cette affirmation s'est vérifiée par l'histoire de dix-huit siècles et par l'expérience de milliers de cœurs. En effet, le salut ne se trouve ni dans les richesses, ni dans les plaisirs, ni dans la gloire, ni dans les honneurs, ni dans l'art, ni dans la science. Bien des âmes ont fait l'heureuse expérience, en marchant sur les traces du Seigneur Jésus, qu'en lui seul se trouvent le salut et la paix, la consolation et la bénédiction, la vie et la félicité.

Prière.

Seigneur Dieu, notre bon Père céleste! Avant de nous

livrer à nos occupations, nous venons chercher ta face pour te bénir de tous tes bienfaits qui sont sur nous, et surtout de l'immense preuve de ton amour que tu nous as donnée en Jésus-Christ. Il nous a été fait de ta part sagesse, justice, sanctification et rédemption. Dieu fidèle, agis sur nos cœurs par ton St. Esprit, afin que Christ devienne toujours plus notre vie et que nous placions en lui seul toute notre espérance de salut.

O Christ, ô salut des pécheurs !
Qui par ta mort, par les douleurs.
   Expias mon offense,
Fais que, par toi justifié,
Et par ton sang purifié,
   Je garde l'espérance.

O Christ, ô vainqueur de la mort !
Toi qu'on vit triomphant et fort,
   Ressusciter en gloire,
Fais que je vive et meure en Toi,
Et du sépulcre, par la foi,
   J'obtiendrai la victoire. Amen.

MERCREDI (Soir).

Entendant ces paroles, ils étaient transportés de rage en leurs cœurs, et ils grinçaient les dents contre Etienne. Mais rempli du St-Esprit, et les yeux attachés au ciel, il vit la gloire de Dieu et Jésus debout à la droite de Dieu, et il dit : Voici je vois les cieux ouverts, et le Fils de l'homme debout à la droite de Dieu. Alors eux, poussant de grands cris, se bouchèrent les oreilles, et se jetèrent tous ensemble sur lui ; et le traînant hors de la ville, ils le lapidèrent. Et les témoins mirent leurs manteaux aux pieds d'un jeune homme nommé Saul. Et pendant qu'ils lapidaient Etienne, il priait et disait : Seigneur Jésus, reçois mon esprit.

(Actes 7, 54-59).

MÉDITATION.

Au moment de mourir, Etienne prie et dit : « Seigneur Jésus, reçois mon esprit » — et il surmonte ainsi l'amertume de la mort. De même que son Seigneur et Maître a remis son esprit entre les mains de son Père, le disciple remet son Esprit entre les mains de son Sauveur glorifié. Quel doux refuge dans l'agonie et quel bonheur de pouvoir dire avec foi à l'heure suprême : « Seigneur Jésus, reçois mon esprit. » Où pourrions-nous, pauvres pécheurs, trouver un abri plus sûr, en quittant cette terre ? Il nous est impossible de revenir à la vie, car le temps n'est plus. Tomber entre les mains du malin, de l'ennemi de Dieu, ce serait la terreur et le désespoir. Que reste-t-il ? Se remettre au pouvoir du Tout-Puissant ? Mais il est le saint et un feu consumant pour l'homme pécheur ! Bienheureux donc celui qui peut se reposer sur le sein de Jésus, dans les bras miséricordieux de ce souverain sacrificateur et lui remettre avec foi son esprit en disant : « Jésus seul est ma consolation et mon espérance, c'est en lui que je m'endors heureux et en paix. »

PRIÈRE.

Dieu miséricordieux! Nous nous prosternons humblement devant ta face et nous te supplions de nous faire la grâce de pouvoir un jour répéter ces paroles quand tu nous rappelleras auprès de toi. Tes saints martyrs ont souffert avec courage et ont attendu la mort de pied ferme, souvent même avec joie. Fais, Seigneur, que l'exemple de ces héros dans la foi nous soit souvent présent et donne-nous la force de les imiter, afin que nous soyons vainqueurs de la souffrance et de la mort.

O toi dont l'innocence
Mérita mon salut,
De ma reconnaissance
Reçois l'humble tribut.
Bénis ma dernière heure,
Sauveur, qui meurs pour moi,
Et qu'en toi je demeure
Attaché par la foi.

En toi je me confie:
Ne m'abandonne pas;
Fais-moi trouver la vie
Dans l'horreur du trépas.
En ma faiblesse extrême
Signale ton pouvoir;
Viens, Charité suprême,
Viens remplir mon espoir! Amen.

JEUDI (MATIN).

Jésus, les ayant appelés, leur dit: Vous savez que les princes des nations les dominent, et que les grands leur commandent avec autorité. Mais il n'en doit pas être ainsi parmi vous; au contraire, quiconque voudra être grand parmi vous, qu'il soit votre serviteur. Et quiconque voudra être le premier entre vous, qu'il soit votre esclave, comme le Fils de l'homme est venu, non pour être servi, mais pour servir et donner sa vie en rançon pour plusieurs. (St. Matthieu 20, 25-28).

MÉDITATION.

Les vrais chrétiens doivent s'appliquer à servir, à se rendre utiles en faisant valoir pour le bien général les talents que Dieu leur a confiés. Pour celui qui aime réellement le Sauveur et qui entre bien dans ses vues, servir est une jouissance. Il ne s'en suit pas qu'il doive avoir un esprit mercenaire et servile. Jamais il n'y a eu sur la terre des hommes plus dévoués au service du prochain que les apôtres, et cependant ils étaient absolument indépendants et détachés du monde et de son esprit. C'est qu'avant tout, ils avaient à cœur de servir Dieu, d'où découle la vraie liberté et le désir d'être utile à ses semblables.

PRIÈRE.

Seigneur Jésus, Sauveur des hommes, tu n'es pas venu au monde pour être servi, mais pour servir et donner ta vie pour la rédemption du genre humain. Nous te louons de ta fidélité et de ta miséricorde, et nous te prions de nous donner la force de te suivre et de servir les autres avec amour. Bannis l'égoïsme et l'amour-propre de nos cœurs; pénètre-nous de l'esprit de dévouement et de renoncement, afin que toute notre vie soit un témoignage de ta grâce. Sois pendant ce jour et jusqu'à la fin de notre carrière terrestre le soleil de notre vie, selon ta miséricorde et ton amour infinis.

> Quoi! Seigneur, je croirais à tes saintes promesses
> Et pour tes ordres saints je n'aurais pas de foi!
> Soumis pour espérer, pour goûter tes largesses,
> Je ne le serais plus pour accepter ta loi!
> Tu naquis pour servir, et servir fut ta gloire,
> Servir est à jamais le sceau de tes enfants;
> Qui fait peu t'aime peu, qui se borne à te croire,
> Ne te croit point encore, ô Sauveur des croyants. Amen.

JEUDI (Soir).

A peine, en disant cela, purent-ils empêcher le peuple de leur offrir un sacrifice. Alors des Juifs survinrent d'Antioche et d'Iconium qui gagnèrent le peuple, et qui, ayant lapidé Paul, le traînèrent hors de la ville, croyant qu'il était mort. Mais les disciples s'étant assemblés autour de lui, il se leva et rentra dans la ville. Et le lendemain il s'en alla avec Barnabas à Derbe. Et après avoir annoncé l'Evangile dans cette ville-là, et y avoir fait plusieurs disciples, ils retournèrent à Lystre, à Iconium et à Antioche; fortifiant l'esprit des disciples, les exhortant à persévérer dans la foi, et leur représentant que c'est par beaucoup d'afflictions qu'il nous faut entrer dans le royaume de Dieu. (Actes 14, 18-22).

MÉDITATION.

Ce serait une fausse idée que de croire que nous pouvons entrer dans le royaume de Dieu sans croix et sans afflictions. Jésus ne l'a pu ni voulu, pas plus qu'aucun de ses plus chers amis. Si l'on demandait à tous les rachetés qui triomphent dans le ciel comment ils sont arrivés à la gloire, ils répondraient tous sans exception : « C'est à travers la douleur et les épreuves que nous sommes parvenus dans ce monde bienheureux. » Il faut donc nous charger du joug du Seigneur, qui est doux et léger pour ceux qui l'aiment. Tenons-nous près de la sainte croix, qui est la source des vertus et des grâces. Pourquoi vouloir autre chose? C'est la voix de la vérité, de la sainteté et de la perfection, celle de Christ, des justes et des élus. Portons volontiers notre croix; alors elle sera bénie et nous conduira à la fin de nos douleurs et au but de toutes nos aspirations.

PRIÈRE.

Dieu tout bon ! Nous nous approchons du trône de ta grâce, avec le grand nombre des enfants qui invoquent ton saint Nom. Jette sur nous un regard favorable et reçois nos actions de grâces pour toutes les bénédictions reçues en ce jour. Veille sur nous pendant l'obscurité de la nuit. Si c'est ta sainte volonté, éloigne de nous les peines et les douleurs ; mais si tu juges bon de nous charger de quelque croix, donne-nous la force et la patience nécessaires pour la porter, en regardant à celui qui nous as précédés dans la voie douloureuse.

Quand, au creuset de la souffrance,
Tu nous éprouves tour à tour,
Accorde à notre repentance
Le refuge de ton amour.
C'est en regardant au Sauveur
Que nous implorons ta faveur !

Convertis nos cœurs, Dieu fidèle,
En les ramenant sous ta loi.
Oh ! puissions-nous, remplis de zèle,
N'aimer et ne craindre que toi !
Jésus, Rédempteur glorieux,
Viens guider nos pas vers les cieux ! Amen

VENDREDI (MATIN).

De sa haute demeure, il abreuve les montagnes ; la terre est rassasiée du fruit de ses œuvres. Il fait germer le foin pour le bétail et l'herbe pour le service de l'homme, faisant sortir la nourriture de la terre. Les arbres de l'Eternel sont rassasiés, les cèdres du Liban qu'il a plantés. C'est là que les oiseaux font leurs nids ; les cyprès sont la demeure de la cigogne ; les hautes montagnes sont pour les bouquetins ; les rochers sont la retraite des lapins. Il a fait la lune pour marquer les temps ; le soleil connait son coucher. O Eternel! que tes œuvres sont en grand nombre! Tu les as toutes faites avec sagesse ; la terre est pleine de tes richesses.

(Ps. 104, 13, 14, 16-19 et 24).

MÉDITATION.

C'est pour l'homme que Dieu a créé la terre avec toute sa gloire ; mais bien des plantes ne lui rendent aucun service. Toutes sortes d'êtres naissent et meurent, qui ne lui sont d'aucune utilité et ne lui procurent aucun plaisir. La mer produit chaque jour des vagues innombrables, qui n'amènent rien au rivage, et qui ne sont utiles à aucun navire dans sa course. A quoi servent toutes ces choses ? Elle vivent et elles meurent, elles proclament et chantent les louanges de Dieu, elles prennent une voix pour dire : « O Eternel, que tes œuvres sont en grand nombre ! Tu les as toutes faites avec sagesse ; la terre est pleine de tes richesses. » Entonnons, chrétiens, ce cantique de louanges. Notre voix doit dominer celle de tous les êtres. Si les créatures, qui seront réduites en cendres et en poussière, chantent à la gloire de leur Créateur, comment nous, ses enfants, négligerions-nous de l'exalter, lui qui est notre Père et qui veut nous prendre à lui, dans son royaume céleste ? Toute la création, animée et inanimée, doit proclamer la gloire du Dieu trois fois saint.

Prière.

Dieu tout bon ! Que ta puissance et ton amour sont grands et ineffables ! La création entière dans sa beauté, les vertes semailles, les arbres fleuris, les prairies émaillées de fleurs, tout proclame ta gloire et ta bonté ! Ouvre nos cœurs et nos esprits, afin que nous soyons pénétrés des beautés que ton amour a répandues pour nous dans la nature ; que nous t'en soyons reconnaissants et que nous t'adorions avec humilité.

Que ta sagesse est sainte et merveilleuse !
Non, je n'en puis mesurer la hauteur.
Dieu de bonté, combien est précieuse
La vie en toi, l'œuvre de ta grandeur.
Connaître, ô Dieu, ton amour, ta puissance,
Sur mon sentier voir briller ta splendeur,
Sur toi fonder toute mon assurance,
Sont les seuls biens que souhaite mon cœur. Amen.

VENDREDI (Soir).

Nous n'avons point ici-bas de cité permanente, mais nous cherchons celle qui est à venir. (Hébreux 13, 14).

Méditation.

Si toutes nos pensées devaient se rapporter à l'existence terrestre, s'il n'y avait pas de victoire après le combat, point de lumière après les ombres, notre vie serait perdue, et ne vaudrait pas la peine d'être vécue. Ce sentiment existe au fond du cœur de l'homme et il le porte à élever ses yeux de la terre vers le ciel et à chercher une cité permanente. Et cette cité n'est point un rêve vague et incertain qui n'existe que dans notre imagination ; mais elle est sûre et connue et son image se trouve naturellement empreinte dans notre cœur. Depuis que notre Seigneur Jésus a paru sur la terre, le ciel nous a été rendu accessible, la porte de la Jérusalem céleste nous a été ouverte, à la seule condition que nous la cherchions. La vie terrestre, avec ses misères et ses croix, est donc un pèlerinage vers la patrie éternelle, un temps qui nous est donné pour faire notre choix entre la mort et la vie éternelle.

PRIÈRE.

Dieu éternel, Père céleste ! Ce soir encore que tu nous as donné dans ton amour, tu nous rappelles que nous n'avons pas ici-bas de cité permanente. Tu as tout ordonné avec sagesse, et tu nous as préparé un lieu dans les demeures célestes. Nous te remercions du fond du cœur de cet amour et de cette miséricorde et nous te prions de nous préparer par ton Esprit à entrer dans le repos que tu as réservé à tes fidèles. Donne-nous de jouir avec mesure des biens terrestres et fortifie-nous au milieu des épreuves, en dirigeant notre regard vers le pays de la paix et de la félicité, où il n'y aura plus ni lutte, ni péché, ni mort, mais où toi, notre Dieu, tu seras tout en tous.

> Il est pour le fidèle,
> Au delà du tombeau,
> Une terre nouvelle
> Qu'éclaire un ciel plus beau :
> Terre toujours fleurie,
> Qu'habite le bonheur,
> Eternelle patrie
> Des élus du Seigneur.
>
> L'âme que ta clémence
> A ramenée au port,
> N'y craint plus la souffrance,
> Le péché ni la mort.
> Là cessent les alarmes
> Et les deuils d'ici-bas ;
> Les yeux n'ont plus de larmes,
> Les cœurs plus de combats. Amen.

SAMEDI (Matin).

Le jour du sabbat nous allâmes hors de la ville, près d'une rivière, où l'on avait accoutumé de faire la prière ; et nous étant assis nous parlions aux femmes qui y étaient assemblées. Et une certaine femme nommée Lydie, de la ville de Thyatire, marchande de pourpre, qui craignait Dieu, écoutait, et le Seigneur lui ouvrit le cœur, pour faire attention aux choses que Paul disait. (Actes 16, 13 et 14).

MÉDITATION.

L'heure la plus heureuse de la vie est celle où le Seigneur ouvre le cœur de l'homme à sa grâce et à son amour, où la prédication de la Parole pénètre pour la première fois jusqu'au fond de ce cœur si longtemps rebelle et le fait fondre enfin, comme on voit fondre la glace sous les pluies tièdes du printemps. Si notre cœur est véritablement touché, ne le laissons pas se refroidir ; ouvrons-le tout grand à l'amour de Dieu et disons au Seigneur : « Daigne y faire ton entrée, roi de gloire, il est à toi seul, purifie-le de tout péché et de toute convoitise, comme tu aimes à le faire. »

PRIÈRE.

Dieu miséricordieux ! Tu nous as entourés jusqu'à ce jour de ta protection paternelle ; c'est entre tes bras d'amour que nous remettons tout ce qui nous concerne pour le reste de notre vie. Nous ne voulons pas te prescrire la manière de nous conduire, mais nous demandons une chose essentielle, c'est que tu rendes notre cœur accessible à la Parole de vie, afin que nous croissions dans la grâce et dans la connaissance de notre Seigneur Jésus-Christ. Accomplis ton œuvre en nous, ô St. Esprit, parce que nous ne pouvons rien faire sans toi.

> Je veux répondre, ô Dieu, c'est ta voix qui m'appelle,
> Je veux t'appartenir et te donner mon cœur ;
> Mais je suis faible, hélas ! je crains d'être infidèle ;
> Oh ! prends pitié de moi, viens m'affermir, Seigneur.
> Les apôtres, les saints ont connu la puissance
> De ton divin Esprit qui rend victorieux ;
> Sur moi répands aussi ses dons en abondance,
> Et vainqueur en Jésus, je vivrai pour les cieux ! Amen.

SAMEDI (Soir).

Le Dieu qui a fait le monde et toutes les choses qui y sont, étant le Seigneur du ciel et de la terre, n'habite point dans les temples bâtis de mains d'hommes ; il n'est point servi par les mains des hommes, comme s'il avait besoin de quelque chose, lui qui donne à tous la vie, la respiration et toutes choses. (Actes 17, 24 et 25).

Méditation.

« Dieu créa au commencement les cieux et la terre. » Telle est la première déclaration de la Bible, l'alphabet de notre foi. Mais ces éléments de vérité se sont perdus au sein du paganisme. Les plus nobles et les plus éclairés des sages de la Grèce se sont à peine élevés jusqu'à l'idée d'un architecte de l'univers, qui a formé le monde avec une matière première, comme le sculpteur forme sa statue d'un bloc de marbre ; mais ils n'ont pas soupçonné un instant l'existence d'un Créateur qui a produit le monde par sa seule parole toute-puissante. Aujourd'hui encore bien des esprits refusent d'admettre un créateur, parce qu'ils reculent devant le miracle d'une création sans matière première. La création est certainement l'effet d'un miracle, mais la foi s'y appuie avec une confiance filiale et la pensée y trouve la seule solution satisfaisante. En contemplant le ciel avec son soleil étincelant, avec ses étoiles brillantes, la terre avec ses vertes prairies, ses hautes montagnes, ses fleurs argentées, sa mer bleue et immense, nous ne pouvons que nous prosterner devant le Créateur invisible, qui a produit toutes ces merveilles.

PRIÈRE.

Nous nous approchons de ton trône, grand Dieu, créateur tout-puissant du ciel et de la terre, et nous te bénissons de ce que, des lieux célestes, tu daignes abaisser tes regards sur nous et exaucer nos prières. « Qu'est-ce que l'homme que tu te souviennes de lui et le fils de l'homme que tu y prennes garde ! » Tu ne cesses de nous faire du bien, tu es près de nous dans la joie et dans la peine, et tu nous accordes ce dont nous avons besoin pour le corps et pour l'âme. Nous t'en bénissons et t'offrons mille actions de grâces. Aide-nous à te consacrer nos cœurs et nos forces, afin que nous vivions pour la gloire de ton saint Nom.

Oh! que tes œuvres sont belles,
Grand Dieu, quels riches bienfaits!
Que ceux qui te sont fidèles
Sous ton joug trouvent d'attraits!
Ta crainte inspire la joie,
Elle assure notre voie,
Elle nous rend triomphants;
Elle éclaire la jeunesse
Et fait briller la sagesse
Dans les plus faibles enfants.

Soutiens ma foi chancelante,
Dieu puissant, inspire-moi
Cette crainte vigilante
Qui fait pratiquer ta loi.
Loi sainte, loi désirable,
Ta richesse est préférable
A la richesse de l'or,
Et la douceur est pareille
Au miel dont la jeune abeille
Compose son cher trésor. Amen.

DIMANCHE (Matin) TRINITÉ.

Il y avait un homme d'entre les pharisiens, nommé Nicodème, l'un des principaux Juifs. Cet homme vint, de nuit, trouver Jésus et lui dit : Maître, nous savons que tu es un docteur venu de la part de Dieu ; car personne ne peut faire ces miracles que tu fais, si Dieu n'est avec lui. Jésus lui dit : En vérité, en vérité, je te dis que si un homme ne naît de nouveau, il ne peut voir le royaume de Dieu. (St-Jean 3, 1-3).

MÉDITATION.

De même que par l'homme le péché est entré dans le monde, c'est aussi par l'homme, sous l'influence du Dieu trois fois saint, que doit commencer la rénovation du monde. C'est une chose merveilleuse que la transformation qui se fait au plus profond de l'âme et que nous appelons la nouvelle naissance. C'est par elle que s'accomplit peu à peu un changement complet des pensées, des actions, des sentiments, en un mot de la vie de l'homme. Chaque âme nouvellement née, sous l'action du Saint-Esprit, est devenue une pierre de l'édifice éternel, qui comprendra un jour le ciel et la terre. Voilà pourquoi le Seigneur a dit : « En vérité, en vérité, si un homme ne naît de nouveau, il ne peut voir le royaume des cieux. » Tout ce que l'homme fait pour sortir par lui-même de son état de péché et de mort est peine perdue ; il ne peut par ses seuls efforts changer sa nature, ni faire son entrée dans le royaume de Dieu. Les commencements de la vie spirituelle sont toujours entourés de mystère. Si celui qui était mort dans ses fautes, éprouve peu à peu une soif de justice, une horreur profonde du péché et quelque zèle pour la gloire de Dieu, on peut en conclure qu'une œuvre de renouvellement s'est faite en lui. Cette œuvre de rénovation n'est jamais achevée dans cette vie. Bien des choses ont encore besoin d'être changées, même chez les âmes gagnées à Dieu ; aussi la nouvelle naissance, dans le vrai sens du mot, n'est complète que lors de la bienheureuse résurrection, quand notre corps et notre âme seront transfigurés par l'Esprit de Dieu. Les étoiles ont loué le Seigneur lors de la création du monde, et l'humanité arrivée à la perfection, entonnera des actions de grâces éternelles au Dieu trois fois saint, dont la sagesse et la miséricorde se sont glorifiées en elle.

PRIÈRE.

Grâces te soient rendues, Seigneur, Dieu éternel, de ce que tu nous as manifesté ta gloire et ta bonté paternelle en Jésus-Christ. Tu nous as créés, sauvés et sanctifiés, et tu as fait de nous tes enfants et les héritiers de ton royaume. Sois éternellement béni de cette faveur non méritée. Fais-nous la grâce de ne jamais douter de ta justice et de ta fidélité. Père céleste, fais que nous devenions tes enfants en naissant de nouveau par le Saint-Esprit. Seigneur Jésus, Sauveur de nos âmes, accorde-nous ta grâce dans la vie et dans la mort. St. Esprit, sanctifie-nous, afin que notre corps et notre âme soient conservés irrépréhensibles jusqu'au grand jour du jugement.

Jésus, mon unique espérance !
Tu me dis : « Ne crains point, c'est moi ;
J'ai payé pour ta délivrance,
J'ai souffert, obéi pour toi : »

Non, je ne crains plus ta colère,
O Dieu ! Jésus est mon garant,
En lui tu m'aimes comme un père,
En lui je deviens ton enfant.

Mais ta loi, ta volonté sainte,
J'ai faim, j'ai soif de l'observer.
De tes saints donne-moi la crainte ;
Te craindre comme eux, c'est t'aimer. Amen.

DIMANCHE (Soir) TRINITÉ.

O profondeur de la richesse, et de la sagesse, et de la connaissance de Dieu ! Que ses jugements sont impénétrables, et que ses voies sont incompréhensibles! Car qui a connu la pensée du Seigneur, ou qui a été son conseiller? Ou qui lui a donné le premier, et en sera payé de retour? Car toutes choses sont de lui, et par lui, et pour lui : A lui soit la gloire dans tous les siècles. (Rom. 11, 33-36).

MÉDITATION.

Dans toutes les œuvres de la création, depuis les plus importantes jusqu'aux plus infimes, nous rencontrons les profondeurs de la sagesse de Dieu, en présence desquelles notre intelligence s'arrête et s'écrie en adorant : « Qui a connu la pensée du Seigneur ou qui a été son conseiller ? » Il en est des voies de Dieu comme de ses œuvres. Les voies merveilleuses par lesquelles il conduit l'humanité, se servant quelquefois de chemins de traverse pour l'amener au but, et de la nuit pour faire resplendir la lumière, arrachent à l'apôtre cette exclamation : « Que ses jugements sont impénétrables et que ses voies sont incompréhensibles ! » Tel est aussi notre sentiment, et nous l'avons éprouvé, tantôt avec douleur en voyant nos espérances anéanties, nos bien-aimés descendus dans la tombe ; tantôt avec joie à l'occasion d'une délivrance extraordinaire, d'un bonheur non mérité ou de bénédictions inespérées. Ses voies sont admirables et impénétrables dans le règne de la nature, comme dans celui de la grâce, et l'être divin ne peut être pénétré lui-même par aucune intelligence humaine. Il habite une lumière inaccessible. Aussi devons-nous nous courber devant lui avec humilité et une foi filiale, et non contester avec lui et vouloir lui prescrire ses voies. Tout ce qu'il fait est bien fait ; nous devons en être persuadés. Dans l'éternité seulement nous pourrons pénétrer jusqu'au fond de son amour, approfondir sa sagesse et exalter sa gloire. Nous verrons un jour en pleine lumière ce qui nous a paru obscur sur la terre. C'est ce qui doit nous encourager à entrer dans une communion toujours plus intime avec Dieu. Notre foi sera un jour changée en vue.

PRIÈRE.

Nous nous humilions, ô Dieu, en présence de ta grandeur et de ta gloire, dans le sentiment de notre pauvreté et de nos besoins, et nous t'adorons du fond du cœur. Nous savons que tu ne rejetteras pas nos prières, parce que tu es notre Père en Jésus-Christ. Pardonne-nous, Père céleste, toutes nos infidélités et toutes nos faiblesses, nos péchés et nos folies, et fais-nous trouver, par ton cher Fils, le salut et la paix. Fortifie, protège et bénis-nous ; fais-nous progresser dans la connaissance de ton saint Nom et conserve-nous jusqu'à la fin dans la communion de ton amour.

> Laissez! Dieu règne au ciel, et dans sa main puissante
> Il tient le cœur des grands. La racine des monts
> Doit chanceler un jour sur leur base croulante.
> Dieu veille au haut des cieux, il règne et nous passons.
>
> L'homme meurt, le temps fuit ; sur la cime éternelle
> Mon œil avec amour s'est souvent arrêté ;
> Que sera-ce, ô mon Dieu ! dans la terre nouvelle,
> Et dans les nouveaux cieux, pour une éternité ? Amen.

LUNDI (Matin).

N'aimez point le monde, ni les choses qui sont dans le monde. Si quelqu'un aime le monde, l'amour du Père n'est point en lui ; car tout ce qui est dans le monde, la convoitise de la chair, la convoitise des yeux, et l'orgueil de la vie, ne vient point du Père, mais du monde. Et le monde passe et sa convoitise ; mais celui qui fait la volonté de Dieu, demeure éternellement. (1 Jean 2, 15-17.)

Méditation.

Le monde passe et sa convoitise ! Bien des personnes ont compris cette vérité à leur manière et s'imaginent qu'il faut jouir avec frénésie de tous les biens de la terre, et cueillir toutes les fleurs qui se trouvent au bord de la route. En agissant ainsi, ils oublient la volonté de Dieu et l'éternité, et ils négligent le devoir sérieux de la vie. Dieu nous a donné la vie terrestre, afin que nous nous y préparions pour la vie à venir et que nous travaillions à notre salut. Il nous a permis de nous réjouir de tout notre cœur de ce qu'il a mis de beau, de noble et de bon dans la nature, et de prendre une part légitime aux plaisirs permis, qui ne causent aucun dommage à l'âme. Mais notre meilleure part ne se trouve pas dans les choses terrestres. Nous sommes pèlerins ici-bas ; notre patrie est En-Haut. Aussi la devise du chrétien doit-elle être : « Dans le monde, mais pas du monde. »

Prière.

Seigneur Jésus ! Tu es notre salut et notre vie, la source de toute joie vraie et durable. Préserve-nous de toute vanité, de l'amour du monde et fais-nous marcher sur tes traces. Tiens-toi à nos côtés au milieu des tentations ; sois notre soutien quand nous sommes sur le point de tomber. Donne-nous de nous souvenir sans cesse de la fragilité de toutes les choses terrestres ; que nous en usions comme n'en usant point, afin que nous ne perdions pas de vue la Jérusalem céleste.

Si dans ta bonté tu m'envoies
Des sujets de me réjouir,
Garde aussi mon cœur de ces joies
Que doit suivre le repentir.

Il est en ce monde, où gémissent
Nos cœurs enclins à s'égarer,
Des peines qui nous réjouissent,
Des plaisirs qui nous font pleurer.

Ta grâce est la flamme où s'épure
Un cœur vers la terre penché ;
C'est l'eau qui lave sa souillure,
C'est Jésus, vainqueur du péché.

Ranime les feux de mon zèle,
Eclaire ma vie à jamais,
Sainte lumière du fidèle,
Soleil de justice et de paix ! Amen.

LUNDI (Soir).

Notre légère affliction du temps présent produit en nous le poids éternel d'une gloire souverainement excellente, puisque nous ne regardons point aux choses visibles, mais aux invisibles ; car les choses visibles sont pour un temps, mais les invisibles sont éternelles. (2 Cor. 4, 17, 18).

MÉDITATION.

Ce ne sont pas seulement les plantes qui croissent et fleurissent dans les prairies qui sont choses passagères ; l'homme avec ses œuvres et ses biens est comme l'herbe qui fleurit le matin, et qui est coupée le soir. Il n'y a qu'un fondement solide où nous pouvons être bien établis au milieu des vicissitudes terrestres ; c'est le rocher de la Parole de Dieu, dont le Seigneur a dit lui-même : « Le ciel et la terre passeront, mais mes paroles ne passeront point. » La Parole de l'Eternel est droite, et toute son œuvre est faite avec fidélité ! Il nous a promis la délivrance de tout mal, le salut par grâce, la résurrection et la vie éternelle. Aussi, parce que nous avons de telles espérances, nous cherchons les choses qui sont en haut, où Christ est assis à la droite de Dieu. Si nous souffrons, nous savons que notre affliction est légère et produit en nous le poids éternel d'une gloire souverainement excellente, puisque nous ne regardons point aux choses visibles, mais aux invisibles ; car les choses visibles sont pour un temps, mais les invisibles sont éternelles.

PRIÈRE.

Seigneur, notre Dieu ! Nous ne voudrions pas finir ce jour sans ta bénédiction ! Pardonne-nous nos péchés et ne nous retire pas ton amour. Ce n'est que quand nous sommes assurés que tu ne détournes pas ta face de nous, que nous pouvons nous livrer au repos avec confiance. Au milieu de la nuit sois notre lumière, notre protecteur et notre bouclier. Aide-nous à nous élever au-dessus des choses de la terre et fais que les choses invisibles deviennent toujours plus l'objet de notre foi et de nos espérances.

Il ne saurait donner le bonheur,
Ce monde vain dont la figure passe ;
Pour apaiser le trouble de mon cœur,
Je n'ai d'espoir, ô Dieu, qu'en ta grâce.

Du pain du ciel, oh ! veuille me nourrir,
Afin, grand Dieu, que mon âme immortelle,
Se détachant de ce qui doit périr,
Soupire après sa demeure éternelle. Amen.

MARDI (Matin).

Nous nous glorifions même dans les afflictions, sachant que l'affliction produit la patience, et la patience la vertu éprouvée, et la vertu éprouvée l'espérance. (Romains 5, 3).

MÉDITATION.

La souffrance devient pour beaucoup d'âmes un élément de force. Elle forme le caractère, produit la patience et nous préserve de l'esprit superficiel. Elle contribue surtout à nous faire pénétrer jusqu'aux sources les plus intimes et les plus profondes de la vie. Les ruisseaux qui descendent de la montagne coulent d'abord lentement et paisiblement ; mais s'ils rencontrent un abime, ils se précipitent avec une force irrésistible jusqu'au fond, et s'ils ne trouvent pas d'issues, ils tournoient sans cesse et creusent toujours plus profondément. Les afflictions ont quelque analogie avec ces chutes d'eau. Elles vont jusqu'aux profondeurs de l'âme, empêchent la sécheresse d'y pénétrer, et y entretiennent la vigilance et le sérieux nécessaire pour ne pas oublier le but de la vie.

PRIÈRE.

Dieu miséricordieux ! Nous te remercions du fond du cœur de nous faire revoir la lumière du jour, et nous te prions de nous être propice et de nous regarder d'un œil favorable. Si tu veux nous charger de quelque croix, accorde-nous la force nécessaire pour la porter. Fortifie-nous dans la foi, et donne-nous de la fermeté pour supporter les épreuves de la vie. Que ta sainte volonté s'accomplisse en nous aujourd'hui et à toujours, et que tout ce que tu trouves bon de nous dispenser avance notre sanctification, par le secours de ton St. Esprit.

Seigneur ! dans les jours de détresse,
Que deviendrait ton pauvre enfant,
S'il ne pouvait dans sa tristesse,
Avoir recours au Tout-Puissant ?
Pour rassurer mon faible cœur,
Parle-moi donc, ô bon Sauveur !

Quand de toi, mon Dieu, je m'approche,
Mon cœur ne connaît plus d'effroi ;
Tu me conduis sur une roche,
Qui serait trop haute pour moi.
Mon Sauveur m'a pris dans ses bras ;
Satan ne m'en ôtera pas. Amen.

MARDI (Soir).

L'Eternel parla encore à Moïse, en disant: Parle à Aaron et à ses fils en disant: Vous bénirez ainsi les enfants d'Israël; dites-leur: L'Eternel te bénisse et te garde! L'Eternel fasse luire sa face sur toi et te fasse grâce! L'Eternel tourne sa face vers toi et te donne la paix!

(Nombres, 6, 22-26).

Méditation.

Nous savons que le succès de toute entreprise dépend de la bénédiction de Dieu, et cependant combien de choses ne commençons-nous pas sans elle! On choisit une vocation, on contracte des alliances, on fait l'éducation des enfants, on vieillit et on s'affaiblit sans s'occuper un instant de la bénédiction de Dieu. On la présuppose comme si elle devait venir d'elle-même! Et cependant il est dit: « Sanctifiez tout ce que vous commencez par la Parole de Dieu et par la prière. » Qu'y a-t-il alors d'étonnant si une vie impie appelle la malédiction! Etre béni de l'Eternel, c'est la chose qui importe le plus. N'entreprenons donc rien sans prière; soyons reconnaissants de tout, fidèles dans les petites choses, et faisons tout au nom de Jésus. Alors le Seigneur nous bénira et nous gardera; il nous accordera sa grâce et sa paix; il tournera sa face vers nous et nous sera propice.

Prière.

Seigneur, notre Dieu! Nous ne voudrions pas finir ce jour sans appeler sur nous ta bénédiction. Sans elle nous sommes faibles et sans courage; mais avec elle nous sommes pleins de force et de dévouement. Pardonne-nous nos péchés et ne nous retire pas ton amour. Nous ne pouvons reposer en paix que lorsque nous savons que toi, ô bon Père céleste, tu nous gardes et fais luire ta face sur nous. Sois donc notre lumière et notre consolation, notre protecteur et notre bouclier, au milieu des ténèbres de la nuit, pour l'amour de Jésus-Christ.

Regarde tes enfants du haut de ta demeure,
O Seigneur tout puissant, et daigne les bénir!
Ils viennent à tes pieds s'assembler à cette heure,
Pressés par leur faiblesse et par le repentir.

Seigneur! mets en oubli nos fautes si nombreuses;
Pour l'amour de Jésus daigne les pardonner.
Garde-nous en ta paix; que nos âmes heureuses
Dans tes bras paternels puissent se reposer.

> Que ton Esprit, ô Dieu, par sa vivante étreinte,
> Régénère nos cœurs et les change à toujours.
> Prends-les à toi, Seigneur. Que ta volonté sainte
> Devienne désormais la règle de nos jours. Amen.

MERCREDI (Matin).

Que chacun demeure dans l'état où il a été appelé. As-tu été appelé étant esclave ? ne t'en mets point en peine ; mais si tu peux devenir libre, profites-en plutôt. Car l'esclave qui a été appelé par le Seigneur est l'affranchi du Seigneur, de même aussi l'homme libre qui a été appelé, est l'esclave du Christ. Vous avez été achetés à un grand prix ; ne devenez point esclaves des hommes. Frères, que chacun demeure devant Dieu dans l'état où il a été appelé. (1 Cor. 7, 20-24).

Méditation.

Nous attristons souvent notre vie de plein gré, nous sommes mécontents de notre sort, et nous nous dérobons aux devoirs et à la vocation que Dieu nous a assignés. Notre mission nous paraît ennuyeuse et ingrate, nous ne la trouvons appropriée ni à nos goûts, ni à nos aspirations, ni à nos aptitudes. Nous convoitons l'état de notre prochain et nous ne voyons pas qu'il renferme aussi ses désagréments et ses difficultés. Acceptons avec humilité le travail et la position que Dieu nous a dispensés ; occupons-nous à bien remplir notre tâche, et si un changement nous est nécessaire, attendons et mettons notre confiance en Dieu qui, en temps opportun, s'occupera de nous et nous mettra à la bonne place.

Prière.

Seigneur, notre Dieu ! Nous nous approchons dans cette heure matinale du trône de ta grâce. Donne-nous de regarder à toi aujourd'hui ; habite dans nos cœurs et répands tes bénédictions sur nos travaux et sur toutes nos entreprises. Nous voulons achever l'œuvre que tu nous as donnée à faire, en comptant sur ta présence et sur ton secours. Accorde-nous, par ton Esprit, la fidélité dans les grandes comme dans les petites choses, et donne-nous d'être contents de l'état où nous nous trouvons.

> Oh ! que ta grâce est précieuse
> Pour un pauvre enfant tel que moi !
> Et combien mon âme est heureuse
> Quand je t'embrasse par la foi.
> Je me jette avec confiance,
> Puissant Sauveur, entre tes bras ;
> Et j'en ai la ferme assurance,
> **Jamais tu ne me laisseras.**
>
> Le passé me parle de grâce,
> De pardon, de fidélité ;
> Chaque jour, chaque heure qui passe
> Ne me prêche que ta bonté ;
> Aussi puis-je laisser sans crainte
> Se dérouler mon avenir,
> Et marcher, sous ta garde sainte,
> **Sans frayeur comme sans désir. Amen.**

MERCREDI (Soir).

Que le Dieu d'espérance vous remplisse de toute sorte de joie et de paix, dans la foi, afin que vous abondiez en espérance, par la puissance du St-Esprit.
(Rom. 15, 13.)

Méditation.

Si la foi est la racine de l'arbre spirituel de vie et l'amour la branche qui porte les fruits, l'espérance est le sommet qui s'élève vers le ciel. Nous sommes enfants de Dieu et ce que nous serons n'a pas encore été manifesté, mais nous savons que nous lui serons semblables, car nous le verrons tel qu'il est. Le sérieux de la sainteté n'enlève pas au chrétien la joie de l'espérance ; ce sérieux prépare la voie à la joie. Là où se trouve la vraie joie, la paix ne fera pas défaut, ni la paix du cœur ni la paix avec nos semblables.

Prière.

Grand Dieu, sur qui nos pères ont fondé leur espérance, nous aussi, nous mettons notre confiance en toi et en ta grâce. Que sont tous les biens de la terre sans la paix de ta communion et l'espérance de la vie éternelle ? Aussi te prions-nous de remplir nos cœurs de joie et de paix par la foi, afin que notre espérance soit affermie par la force du St. Esprit. Ne nous châtie pas selon nos péchés et ne nous rends pas selon nos iniquités. Fais-nous éprouver la vérité de cette parole : « Jusqu'à votre vieillesse je serai le même, et je vous soutiendrai jusqu'à la blanche vieillesse ; je l'ai fait, et je vous porterai encore ; je vous soutiendrai et je vous sauverai. »

> Mon bonheur vient de toi, Sauveur plein de tendresse;
> C'est par toi que j'obtiens la joie et l'allégresse.
> De tes gratuités tu couronnes mes jours
> Et tu veux à jamais en bénir l'heureux cours.
> Aplanis mon sentier ; que ta paix comme un fleuve,
> Coule en moi constamment, même au sein de l'épreuve !
> Que toujours ton Esprit fasse abonder en moi
> Et la sève et la vie et les fruits de la foi !   Amen.

JEUDI (Matin).

Mon âme se repose en Dieu seul ; c'est de lui que vient mon salut. Lui seul est mon rocher, ma délivrance, ma haute retraite ; je ne serai pas beaucoup ébranlé. Peuples, confiez-vous en lui en tout temps ; répandez votre cœur devant lui ; Dieu est notre retraite.   (Ps. 62, 2, 3, 9).

Méditation.

Le corps peut vivre au milieu des agitations, des peines et des travaux, et l'âme peut néanmoins être calme. Cette paix vient d'un cœur plein de foi, qui dans les souffrances et les persécutions, regarde à Dieu, accepte tout tranquillement de sa main, et ne nourrit pas de haine ni d'esprit de vengeance. Dans la prospérité le calme et le contentement d'esprit sont chose facile ; mais dans l'adversité ils deviennent la marque de la foi et de notre qualité d'enfant de Dieu. La foi est assurée du secours de Dieu. Ne nous lassons donc pas d'espérer et de nous reposer sur lui-même dans les mauvais jours. Versons tout notre cœur dans son cœur paternel ; disons-lui ce qui nous manque. Rien n'est trop grand ni trop petit pour lui ; il peut et veut aider selon sa fidélité et sa miséricorde.

Prière.

Grâces te soient rendues, Dieu miséricordieux, de ce que tu veux être notre refuge et notre secours, et de ce qu'en toutes choses et en tout temps nous pouvons te confier nos peines et nos préoccupations. Remplis-nous d'une confiance filiale, afin que nous puissions t'exposer nos besoins comme des enfants à leur père. Tu sais, Seigneur, combien nos prières sont froides, et notre foi faible ; aussi ne peux-tu nous bénir et nous réjouir comme tu le voudrais. Supporte-nous, Seigneur, et encourage-nous chaque jour et à chaque heure, à chercher ta face, à nous laisser consoler, guérir et secourir par toi. Et si tu tardes à venir à notre aide, remplis-nous de calme ; que nous nous reposions sur toi et que nous ayons des cœurs reconnaissants et contents !

T'aimer Jésus, te connaître,	Il donna pour moi sa vie,
Se reposer sur ton sein,	Il me connaît par mon nom ;
T'avoir pour son roi, son maître,	A sa table il me convie,
Pour son breuvage et son pain,	J'ai ma place en sa maison.
Savourer en paix la grâce,	Il veut bien de ma faiblesse,
De la mort, puissant Sauveur,	De tous mes maux s'enquérir.
Goûter la sainte efficace :	Qu'il est bon ! il veut sans cesse
Quelle ineffable douceur !	Me pardonner, me bénir. Amen.

JEUDI (Soir).

Vous serez haïs de tout le monde, à cause de mon nom. Mais il ne se perdra pas un cheveu de votre tête. Possédez vos âmes par votre patience.

(St-Luc 21, 17, 19.)

Méditation.

Le Seigneur annonce à ses disciples des temps difficiles et les exhorte à posséder leurs âmes par la patience. Nous aussi, quoique nous puissions vivre en paix de la vie de la foi, nous avons besoin de patience ; quand nous sommes aux prises avec les afflictions et les tentations, il nous faut une énergie et une force d'En-Haut pour ne pas nous laisser ébranler. La patience est certainement une des vertus les plus difficiles et les plus indispensables à la vie chrétienne. Le monde ne partage pas cette manière de voir ; il regarde la patience comme une faiblesse et pense que c'est la violence qui fait la force ; il aime l'impétuosité et l'emportement. Mais l'Ecriture sainte nous apprend que nous ne sommes forts qu'en restant tranquilles et calmes entre les mains de Dieu, et en attendant tout de sa grâce. Demandons à Dieu de nous donner un esprit de soumission, afin que nous apprenions à posséder nos âmes par la patience.

Prière.

Seigneur, notre Dieu ! Nous venons encore ce soir nous reposer auprès de toi et chercher ton pardon pour les péchés de ce jour. Tu nous as bénis et protégés jusqu'ici ; étends encore tes mains protectrices sur nous pendant les ténèbres de la nuit. Conserve-nous dans ta grâce, donne-nous un cœur confiant et soumis qui demeure ferme, qui ne murmure pas dans les temps difficiles, et qui attende patiemment ton secours.

Ton joug est doux et ton fardeau léger,
O Fils de Dieu, maître humble et débonnaire;
A le porter, ah ! puissé-je me plaire
Et sans refus chaque jour m'en charger.
Oui, quand je suis sous ton puissant regard,
Porter ton joug m'est aimable et facile;
Autour de moi tout alors est tranquille
Et de mon cœur ton repos est la part. Amen.

VENDREDI (Matin).

Heureux ceux qui écoutent la Parole de Dieu et qui la mettent en pratique.
(St-Luc 11, 28.)

Méditation.

Il ne faut pas lire ou écouter la Parole de Dieu comme une simple jouissance spirituelle. Nous devons y puiser des lumières et des directions. La Parole de Dieu a pour but d'éclairer notre jugement, de donner une impulsion à nos hésitations intérieures et, tout en nous indiquant nos devoirs, de mettre dans notre cœur la joie pour les accomplir consciencieusement. Elle ne peut nous édifier que si elle fortifie et consolide le fondement de notre foi, de manière à nous donner le besoin intérieur d'une vie heureuse et vraiment chrétienne. Voilà pourquoi il nous faut, après avoir entendu la Parole de Dieu, la conserver dans notre cœur, afin qu'elle y porte des fruits. La méditer dans un esprit de prière, l'approprier et l'appliquer à la vie, voilà la seule bonne manière de la lire et de la comprendre.

Prière.

Seigneur, Dieu tout-puissant et bon Père céleste! Nous te bénissons du fond du cœur de ta bonté et de la fidélité que tu nous as témoignées jusqu'à ce jour. Nous te prions de nous conserver la foi en ta Parole et de nous la faire aimer ; de nous maintenir dans ta communion jusqu'à notre dernière heure, et de nous éclairer par ton St. Esprit, afin que nous comprenions toujours mieux les choses qui vont à notre salut et à notre paix. Pardonne-nous toutes nos transgressions et nos négligences, et aide-nous à mener une vie qui te soit agréable, par Jésus-Christ notre Seigneur et Sauveur.

Ta Parole, Seigneur, est ma force et ma vie;
A nos obscurs sentiers elle sert de flambeau,
Et semblable au soleil, sa clarté vivifie
En nous montrant le ciel au delà du tombeau.

Par ta Parole, ô Dieu, tu révèles ton être,
Ta grandeur, ton conseil, la gloire de ton Nom ;
Par elle notre cœur apprend à te connaître,
Père de Jésus-Christ, Dieu juste autant que bon. Amen.

VENDREDI (Soir).

Le solide fondement de Dieu demeure, ayant ce sceau : Le Seigneur connait ceux qui sont à lui ; et : Quiconque invoque le nom de Christ, qu'il se détourne de l'iniquité. (2 Tim. 2, 19).

Méditation.

L'homme juge, en général, sur les apparences ; Dieu, au contraire, pénètre au fond des choses. Il ne regarde pas à ce qui brille, mais à ce qui est noble et bon. Les hommes condamnent souvent ce qui plaît à Dieu, et ils louent et exaltent ce qu'il réprouve. Le Seigneur connaît les siens, quels que soient leur nation et leur état, leur nom et leur rang. Mais il pose une condition essentielle à ceux qui veulent devenir ses enfants, c'est de se séparer sérieusement et résolument de tout ce qui s'appelle péché et injustice. La Parole et la volonté du Seigneur doivent être la règle du chrétien dans toutes ses voies.

PRIÈRE.

Seigneur, tu connais toutes choses, tu sais que nous t'aimons ! Ne regarde pas à nos infidélités et à nos faiblesses ; pardonne-nous nos péchés ; accorde-nous la force de ton Esprit, afin que nous renoncions à toute injustice et que nous manifestions notre foi par une conduite pure et une vie chrétienne. Appose-nous le sceau royal de notre qualité d'enfant de Dieu, et donne-nous de nous en souvenir dans toutes les circonstances de notre vie. Fais luire sur nous, dans l'obscurité de la nuit, la clarté de ta face, au nom de Jésus-Christ.

Heureux celui qui se dispose
A renoncer pour son Sauveur
Aux plus doux biens, à toute chose,
Et qui lui donne tout son cœur.

Heureux celui dont l'âme est pure,
Qui sait toujours garder son cœur
D'hypocrisie et de souillure.
Un jour il verra le Seigneur. Amen.

SAMEDI (MATIN).

Heureux l'homme qui craint l'Eternel et marche dans ses voies ! Car tu mangeras du travail de tes mains, tu seras bienheureux et tu prospéreras.
(Ps, 128, 1, 2).

MÉDITATION.

Par suite du châtiment infligé au péché, l'homme doit manger le pain à la sueur de son front ; mais le Christ qui est venu tirer le bien du mal, a aussi changé la malédiction du travail en bénédiction ; et ses vrais enfants savent en effet, en le commençant le matin par la prière, et en le terminant le soir à la gloire de Dieu, le transformer en une source de biens non moins pour la vie spirituelle que pour la vie terrestre. Cependant nous nous plaignons volontiers de nos occupations, nous nous fatiguons et nous nous tourmentons, tandis que la Parole de Dieu nous dit : « Tu seras bienheureux et tu prospéreras. » Si donc elle est certaine cette parole que l'Esprit de Dieu adresse à ses enfants qui portent le faix et la chaleur du jour, il faut bien qu'il y ait quelque perle cachée dans la coupe de la vie quoi qu'elle soit souvent amère, quelque baume et quelque récompense dans le travail âpre et dur. Aussi voulons-nous nous dire désormais, quoique la tâche soit pénible et que la sueur ruisselle de notre front : Nous sommes heureux dans notre travail, car notre bon Père céleste, qui nous a réconciliés avec lui, l'accepte comme un sacrifice d'obéissance qui lui est agréable, et il le fait prospérer pour notre bien et pour celui de notre prochain.

Prière.

Les yeux de tous s'attendent à toi, ô Eternel ! tu leur donnes la nourriture en son temps ; tu ouvres ta main, et tu rassasies à souhait tout ce qui vit. Nous élevons aussi nos cœurs et nos mains à toi, notre bon Père céleste, et nous te prions de nous accorder dans ta grâce ce qu'il nous faut pour nos âmes et pour nos corps. Sans toi nos efforts et nos travaux sont vains, car toute bénédiction et toute prospérité viennent de toi. Donne-nous la force, la patience et la bonne volonté nécessaires à l'accomplissement de notre tâche, afin que nous te glorifiions par nos œuvres et par toute notre vie.

Enseigne-moi ce qu'il faut faire
Pour plaire à tes yeux en ce jour ;
Que ton divin Esprit m'éclaire
Et m'enflamme de ton amour !

Je vais maintenant entreprendre
L'œuvre de ma vocation.
Père éternel, daigne répandre
Sur moi ta bénédiction. Amen.

SAMEDI (Soir).

Sur le soir il y aura de la lumière. (Zach. 14, 7).

Méditation.

La parole du prophète : « Sur le soir il y aura de la lumière » — ne s'applique pas au soir de la vie de chaque homme. Malheur à celui qui vieillit sans devenir sage. La vue devient faible et l'ouïe devient dure, la langue pesante, les pieds chancelants, les sens s'affaiblissent, de tous côtés lui vient cet avertissement : Mets ordre à ta maison, car le temps de ton pèlerinage va finir. Qu'il est à plaindre, le vieillard qui ne veut pas quitter le monde, qui pourtant le quitte. Il est bien vrai que pour celui dont le cœur n'a de trésor que sur la terre, il n'y aura pas de lumière sur le soir, mais tout sera sombre et triste ! Mais ceux qui, au soir de la vie, sont assurés de leur héritage dans le ciel, se réjouissent en pensant dans leurs heures de solitude et de silence, aux voies miséricordieuses par lesquelles Dieu les a conduits pendant leur long pèlerinage. En considérant le chemin épineux et pénible, bordé d'abîmes, que la main de Dieu leur a fait heureusement parcourir, ils regardent avec joie à l'heure de la victoire sur le dernier ennemi. La faux de la mort ne peut les effrayer ; elle ne moissonne que ce qu'ils laissent volontiers derrière eux pour mieux s'envoler sur les ailes de l'Esprit dans un monde meilleur. Pour ceux qui ont un Sauveur, le soir de la vieillesse se transforme si doucement en un soleil levant, qu'à peine une nuit sépare son coucher de son réveil. Oui, sur le soir, il y aura de la lumière.

PRIÈRE.

Nous élevons, Seigneur, nos cœurs et nos mains à toi, et nous te prions de nous couvrir de tes ailes protectrices pendant les ténèbres de la nuit, et de nous donner un sommeil doux et réconfortant. Béni sois-tu de la bonté et de la miséricorde que tu nous as témoignées durant cette semaine et pendant toute notre vie. Quoique le jour ait fait place à la nuit, la lumière de ta grâce luira pour nous. Nous comptons sur toi pour les jours sereins comme pour les jours de tempête, car tu as pitié de nous et tu tournes ta face vers nous. Aussi voulons-nous avancer en paix et avec foi sur notre route ; lorsque le dernier soir sera venu pour nous, envoie-nous encore un rayon de ta grâce, qui éclaire la vallée de la mort et nous conduise au matin lumineux de la paix éternelle.

> Mon Dieu, combien de temps dois-je passer encore
> Sur la terre d'exil où ta main m'a placé ?
> Quand verrai-je briller la radieuse aurore
> Du jour où mes combats auront enfin cessé !
>
> Tu le sais, ô mon Dieu, pour toi rien n'est mystère ;
> Tu sais tout : il suffit. Qu'ai-je à m'inquiéter ?
> Quand ta main me conduit, quand ton Esprit m'éclaire,
> Pourrais-je encore m'abattre, et me plaindre et douter ? Amen.

Première Semaine après la Trinité.

DIMANCHE (MATIN).

Il y avait un homme riche, qui se vêtait de pourpre et de fin lin, et qui se traitait chaque jour magnifiquement. Il y avait aussi un pauvre nommé Lazare, qui était couché à sa porte, couvert d'ulcères ; il désirait de se rassasier des miettes qui tombaient de la table du riche ; et les chiens même venaient lécher ses ulcères. Or, il arriva que le pauvre mourut, et il fut porté par les anges dans le sein d'Abraham ; le riche mourut aussi, et fut enseveli. Et étant en enfer, dans les tourments, il leva les yeux, et vit de loin Abraham, et Lazare dans son sein ; et s'écriant, il dit : Père Abraham, aie pitié de moi, et envoie Lazare, afin qu'il trempe dans l'eau le bout de son doigt, pour me rafraîchir la langue ; car je suis extrêmement tourmenté dans cette flamme. Mais Abraham répondit : Mon fils, souviens-toi que tu as eu tes biens pendant ta vie, et que Lazare y a eu des maux ; maintenant il est consolé, et toi tu es dans les tourments.

(St-Luc, 16, 19-25).

Méditation.

La richesse et la pauvreté, comme le bonheur et le malheur, servent entre les mains du Père céleste à faire l'éducation des hommes. Nous n'avons pas à rechercher pourquoi les destinées humaines sont si différentes, mais à nous appliquer à faire tourner à notre salut tout ce que Dieu nous envoie. Au point de vue de l'éternité, qu'est-ce que quelques avantages ou quelques désavantages passagers ? La mort nivelle toutes les positions. Mais au-delà de la tombe il y a entre les destinés une différence que rien ne peut égaliser, un abîme que rien ne peut combler. Et ce qui seul doit faire l'objet de nos préoccupations et de nos sérieuses réflexions, c'est la destinée de notre âme immortelle : car nous mourrons comme nous aurons vécu, notre arrivée là-haut dépend de notre départ de la terre, et ce que nous avons été, ou ce que nous sommes devenus dans ce monde décidera de notre sort éternel. Travaillons donc à notre salut avec crainte et tremblement ; il en est encore temps. Pourquoi nous fatiguer à la poursuite des choses visibles et regimber contre l'inégalité des destinées terrestes ? Ayons du courage et élevons nos regards vers Dieu ; pensons à ce qui nous attend après la mort et allons à celui qui a dit aux âmes travaillées et chargées : « Venez à moi et je vous soulagerai ». Alors toute inégalité terrestre fera place à l'égalité bienheureuse d'une communion spirituelle avec Dieu, qui sera pour nous une source éternelle de joie, et qui fera de nous, fussions-nous les plus pauvres de la terre, des âmes réellement riches.

Prière.

Dieu fidèle, source du vrai bonheur et de la vie éternelle ! Sois-nous en aide, afin que nous ne cherchions pas dans le monde ce qu'il ne peut nous donner, mais que nous trouvions en toi et dans ton saint Evangile la vraie richesse, et la vie qui ne finit pas à la mort. Aide-nous par ton St-Esprit à mener une vie de patience, d'humilité et d'amour, et à employer notre destinée terrestre, quelle qu'elle soit, à amasser richesse et sagesse pour la vie éternelle. Sois avec nous à notre heure dernière, donne-nous la victoire sur notre dernier ennemi, et que les saints anges nous transportent dans ton royaume céleste.

> Au monde, à ses faux biens, je renonce sans peine,
> Son bonheur est fragile et sa joie est trop vaine ;
> Je préfère Jésus et l'espoir des chrétiens
> Aux plaisirs de la terre, au monde, à ses faux biens.
> De l'or et de l'argent dont il fait son idole,
> Le monde est enchanté, son trésor le console ;
> Je connais des trésors plus réels que les siens,
> Et mon cœur se refuse au monde, à ses faux biens. Amen.

DIMANCHE (Soir).

Pour nous, nous avons connu et cru l'amour que Dieu a pour nous : Dieu est charité ; et celui qui demeure dans la charité, demeure en Dieu, et Dieu en lui. En ceci la charité est accomplie en nous, afin que nous ayons confiance au jour du jugement, c'est que nous sommes dans ce monde tels qu'il est lui-même. Il n'y a point de crainte dans la charité, mais la parfaite charité bannit la crainte, car la crainte renferme une punition, et celui qui craint n'est pas parfait dans la charité. Pour nous, nous l'aimons parce qu'il nous a aimés le premier. Si quelqu'un dit : J'aime Dieu, et qu'il haïsse son frère, c'est un menteur ; car celui qui n'aime pas son frère qu'il voit, comment peut-il aimer Dieu qu'il ne voit pas ? Et nous tenons ce commandement de lui : Que celui qui aime Dieu, aime aussi son frère.
(Jean 4, 16-21).

MÉDITATION.

Dieu est amour ! Ces paroles sont pour nous comme le lever du soleil. Elles renferment ce qu'il y a de plus précieux, ce qu'il y a de plus essentiel à savoir. Il est tout aussi juste de dire : Dieu est lumière, vérité, source de toute joie ! — mais ces expressions ne nous indiquent pas ses sentiments et ses dispositions à notre égard ; elles ne nous rappellent pas qu'il est avant tout un Père dont le cœur déborde d'affection pour ses enfants, qui souffre de leurs misères, les entoure de grâce et les délivre de toute détresse. Il est vrai que ceux-là seulement peuvent croire à cet amour paternel qui, par des expériences douloureuses, ont compris que cet amour est avant tout : *grâce*. Le sentiment de cette grâce nous délivre de la crainte que nous inspire le jour du jugement. Celui qui est dans ces rapports d'amour avec Dieu sait que ses péchés lui sont pardonnés, et que les fautes dans lesquelles il retombe encore ne peuvent le séparer du Dieu de miséricorde qui continuera l'œuvre de la sanctification jusqu'à la perfection. Mais notre vie, si elle découle de l'amour de Dieu, se manifeste par l'amour fraternel. Pour le chrétien, l'amour de Dieu et l'amour du prochain sont un seul et même commandement qui se présente sous deux aspects. Dieu étant amour, ne veut pas que l'amour se porte exclusivement sur lui-même, mais qu'une partie en retombe sur les hommes qui sont ses enfants.

Prière.

Nous te remercions du fond du cœur, Seigneur, notre Dieu, à la fin de cette journée, de la bonté et de la miséricorde que tu nous as encore témoignées aujourd'hui. Nous avons besoin de toi et de ton amour, Seigneur, plus encore que du pain quotidien. Reste donc avec nous et nous entoure de tes bras paternels ; conduis-nous selon ton conseil et nous donne ce qui nous est bon. Garde-nous de tout ce qui peut nuire à l'âme et au corps. Si tu nous réserves des afflictions, donne-nous la force de les accepter et de nous courber sous ta puissante main. Dirige tous nos projets par ton Esprit, et remplis-nous de paix et de joie. Couvre-nous de tes ailes protectrices pendant cette nuit, et donne-nous un sommeil doux et paisible pour l'amour de Jésus-Christ.

Saint amour, céleste flamme,
Viens purifier mon cœur,
Descends, coule dans mon âme ;
Ta source est en mon Sauveur.
Douce paix des bienheureux,
Distille sur moi des cieux.
Par toi l'âme rafraîchie
A Jésus se sent unie.

O Seigneur, fais que je t'aime,
Fais que je te sois soumis,
En moi viens régner toi-même,
Fais que j'aime tes amis.
Que j'avance sous tes yeux
Au sentier qui mène aux cieux,
Qu'enfin sauvé par ta grâce,
Je contemple un jour ta face. Amen.

LUNDI (Matin).

Etant de la race de Dieu, nous ne devons pas croire que la divinité soit semblable à de l'or ou à de l'argent, ou à de la pierre taillée par l'art et l'industrie des hommes. Mais Dieu, ayant laissé passer ces temps d'ignorance, annonce maintenant aux hommes, que tous, en tous lieux, se convertissent ; parce qu'il a fixé un jour, où il doit juger le monde avec justice, par l'Homme qu'il a établi, ce dont il a donné à tous une preuve certaine, en le ressuscitant des morts. (Actes 17, 29-31).

MÉDITATION.

Si l'ignorance est inexcusable chez les païens auxquels St. Paul a annoncé le Dieu inconnu, combien plus grande sera la responsabilité d'un grand nombre de chrétiens qui, depuis leur enfance, connaissent les saintes Ecritures et pour lesquels Dieu est resté inconnu, au milieu desquels il vit chaque jour par sa sainte Parole et qui néanmoins attachent leurs cœurs aux idoles et vivent dans le péché. Mais le Seigneur veut même pardonner l'ignorance coupable, pourvu que l'âme s'ouvre à la lumière de la vérité et marche enfin dans la voie de la paix. Dieu annonce maintenant aux hommes que tous, en tous lieux, se convertissent. C'est la seule voie du salut pour les Grecs, fiers de leur sagesse, comme pour les Juifs, forts de leur justice propre, pour les chrétiens étrangers à Dieu comme pour les païens aveugles ; ce qu'il faut, ce sont des sentiments de repentance à la perspective du jugement que personne ne peut éviter.

PRIÈRE.

Seigneur, notre Dieu ! Au commencement de cette semaine nous pensons à la sainte tâche que tu nous assignes, et nous te prions de nous faire souvenir du sérieux de la vie et du jugement au devant duquel nous marchons. Apprends-nous à écouter ta Parole qui nous fait connaître clairement le chemin de la vie. Tu dis à tous les hommes, en tous lieux, de se repentir. Fais, Seigneur, que nous sentions nos péchés, que nous les confessions et que nous te servions plus fidèlement à l'avenir. Le péché nous a fait perdre ta communion, il nous a éloignés de ton cœur et par là de la source du bonheur ; nous cherchons ta face, Seigneur, animés de sentiments de vraie repentance, et nous te prions de nous faire grâce en Jésus notre Sauveur.

Dieu de sa bonté secourable
A bien voulu se souvenir :
Selon sa promesse immuable
Il veut son peuple maintenir.

Le salut que Dieu nous envoie
Jusqu'au bout du monde s'est vu ;
Que donc d'allégresse et de joie
L'univers entier soit ému. Amen.

LUNDI (Soir).

Je n'ai désiré ni l'argent, ni l'or, ni les vêtements de personne. Et vous savez vous-mêmes que ces mains ont pourvu à mes besoins et à ceux des personnes qui étaient avec moi. Je vous ai montré en toutes choses, que c'est ainsi, qu'en travaillant, il faut secourir les faibles, et se souvenir des paroles du Seigneur Jésus, qui a dit lui-même : Il y a plus de bonheur à donner qu'à recevoir. (Actes 20, 33-35).

Méditation.

L'apôtre St-Paul nous a conservé une perle qui sans lui se serait perdue : c'est cette belle parole tombée des lèvres du Christ : « Il y a plus de bonheur à donner qu'à recevoir. » Procurer de la joie aux autres est plus divin, plus céleste que d'en accepter. Personne n'a pu le dire à plus juste titre que le Seigneur Jésus, le roi de l'amour, qui n'a rien reçu de nous, qui nous a tout donné, et qui au milieu des amertumes de sa vie et des douleurs de sa mort, a mis son bonheur dans le don qu'il nous a fait de lui-même. Il y a plus de bonheur à donner qu'à recevoir ! Puissions-nous toujours mieux le comprendre, et aimer à donner par amour pour celui qui a tout donné pour nous !

Prière.

Dieu miséricordieux, qui aimes à nous bénir et à nous faire du bien, nous te remercions, à la fin de ce jour, de toutes les grâces que tu nous as accordées. Donne-nous un cœur qui déteste l'égoïsme et qui trouve sa joie à faire du bien et à réjouir les autres. Fais-nous comprendre que nous ne pouvons emporter nos biens terrestres dans l'éternité, rappelle-nous chaque jour cette parole du Sauveur : « Heureux les miséricordieux car ils obtiendront miséricorde. » Nous nous remettons à toi, avec tous ceux que nous aimons ; prends-nous sous ta sainte garde, afin que demain nous puissions encore nous présenter heureux devant ta face ; nous te le demandons au nom de Jésus-Christ.

O toi, qui déployas sur nous ta grâce immense,
Tu demandes, Seigneur, l'amour pour récompense
De ton fidèle et tendre amour.
Ton peuple, quel que soit le nom dont il se nomme,
Père du genre humain, Père du Fils de l'homme,
Aimé, doit aimer en retour.

Que jamais de tes fils le cœur ne se resserre !
Tu veux que chacun d'eux voie en tout homme un frère,
Et cherche assidûment son bien.
Tous nés d'un même sang, tous de race divine,
Fais-leur sentir à tous que leur double origine
Entre eux est un double lien. Amen.

MARDI (Matin).

Ma parole n'est-elle pas comme un feu, dit l'Eternel, et comme un marteau qui brise le roc ? (Jérémie 23, 29).

MÉDITATION.

Lorsque nous avons à cœur de fuir le péché, nous sentons souvent tout particulièrement pénétrer quelque parole de Dieu, quelque verset de la Bible dans notre conscience, et elle nous éclaire à nouveau sur des péchés qui ne nous apparaissaient pas comme tels jusqu'à ce jour. Il s'allume alors comme un feu dans notre intérieur, et ce feu ne peut être éteint que par les flots de la grâce et de la miséricorde divines. Si nous sentons ce feu en nous, ne gardons pas le silence et ne cherchons pas à l'étouffer. Confessons, au contraire, nos fautes devant Dieu et devant les hommes, jusqu'à ce que nous entendions dans notre cœur cette parole de grâce : « Va-t'en en paix, tes péchés te sont pardonnés. »

PRIÈRE.

Seigneur, notre Dieu ! Nous te remercions de tout notre cœur, non seulement de la lumière du jour que tu fais luire sur nous, mais aussi de la lumière de ta Parole qui nous éclaire au milieu des obscurités de la vie. Donne-nous de marcher aujourd'hui encore à la clarté de cette lumière, et fais-nous vivre par ta grâce, comme des enfants de lumière. Mets-nous aussi au cœur le saint désir de répandre ta Parole dans le monde, afin que les cœurs en soient renouvelés et que ton règne s'avance. Nous te le demandons au nom de Jésus-Christ.

O Seigneur, accorde-moi
Ta favorable assistance.
Aux préceptes de ta loi
Ouvre mon intelligence.
Communique à ma faiblesse
Les trésors de ta sagesse.

Daigne, comblant tous nos vœux,
M'affermir dans la justice,
Et sur moi du haut des cieux
Jeter un regard propice
O mon Sauveur, ô mon Père,
Daigne exaucer ma prière. Amen.

MARDI (Soir).

Quand nous eûmes entendu cela, nous et les habitants du lieu, nous priâmes Paul de ne point monter à Jérusalem. Mais Paul répondit : Que faites-vous en pleurant et en me brisant le cœur ? Car je suis prêt, non seulement à être lié, mais même à mourir à Jérusalem pour le nom du Seigneur Jésus. Ainsi n'ayant pu le persuader nous nous tînmes tranquilles et nous dîmes : Que la volonté du Seigneur soit faite. (Actes 21, 12-14).

MÉDITATION.

Il n'a pas été facile à l'apôtre St-Paul de résister aux prières et aux larmes de ses amis, d'entrer dans la voie douloureuse qui lui était assignée par le Seigneur, et d'aller au devant de la mort au lieu de faire auprès d'eux un séjour heureux et paisible. Mais quelles qu'eussent été ses tentations et ses luttes intérieures, la volonté du Seigneur l'emporta chez son fidèle serviteur sur toute autre considération. Ah! que nous sommes souvent faibles quand il s'agit d'épreuves moins difficiles! Il nous faut apprendre journellement à nous soumettre filialement à la volonté de Dieu et à nous plaire dans ses voies, même lorsque ce sont des voies douloureuses. Que la volonté de Dieu se fasse! Telle doit être notre devise pendant notre pèlerinage, jusqu'à ce que nous ayons atteint le but et que notre foi soit changée en vue.

PRIÈRE.

Seigneur Dieu, notre Père céleste! Nous te rendons grâces de ton long support et de la fidélité que tu nous témoignes journellement. Nous te prions de faire de nous des membres vivants de Jésus-Christ notre Seigneur et Maître, afin que nous marchions sur ses traces même dans les dispensations les plus pénibles, et que nous soyons toujours prêts à dire : Seigneur, que ta volonté soit faite! Prépare-nous à ton service, et glorifie ta grâce en nous selon ton amour et ton insondable miséricorde. Délivre-nous de tout péché et de toute faiblesse, protège-nous dans toutes nos voies, afin que nous ne nous perdions point. Remplis-nous d'humilité, de force et de zèle pour le bien, donne-nous ton esprit de sagesse pour combattre le bon combat, pour achever notre course, et garder la foi jusqu'à notre dernière heure.

O grand Dieu, que ta volonté,
Qui fait tout avec équité
Et que tu nous as révélée,
Soit sur la terre constamment,
Comme elle l'est fidèlement,
Dans les hauts lieux, exécutée. Amen.

MERCREDI (Matin).

Paul, les yeux arrêtés sur le Sanhédrin, dit : Mes frères, j'ai vécu jusqu'à présent devant Dieu en toute bonne conscience. (Actes 23, 1).

MÉDITATION.

Le bouclier solide que l'apôtre St-Paul oppose à ses ennemis, c'est une bonne conscience. Sa force, contre les accusations de ses ennemis, c'est le sentiment d'avoir accompli sa tâche devant Dieu, à travers bien des faiblesses et des erreurs, il est vrai, mais en fidèle serviteur qui a à cœur de faire sérieusement son devoir. Heureux celui qui, en présence de la malveillance et de la méchanceté des hommes, peut dire avec St-Paul : « Devant Dieu, qui sonde les cœurs et qui connaît les siens, j'ai vécu jusqu'à présent en toute bonne conscience. » Seulement il faut qu'en toute sincérité nous puissions en appeler à Celui qui sait tout; que nous ayons réellement une conscience purifiée par la grâce de Dieu, restée intacte de toute corruption par des relations journalières avec le Seigneur. Une conscience endormie n'est pas une bonne conscience; tâchons de la tenir éveillée et d'y laisser pénétrer la Parole de Dieu.

PRIÈRE.

Tu es saint et juste, Seigneur, notre Dieu, et nous sommes remplis de crainte et de confusion en nous présentant devant ta face. Pardonne-nous, pour l'amour de Christ, toutes nos transgressions et prête-nous l'assistance de ton St-Esprit pour une vie plus sainte. Aide-nous à agir en toute circonstance fidèlement et consciencieusement; conserve-nous à toujours dans la crainte de ton saint Nom, et fais que, aujourd'hui comme tous les jours de notre vie, nous cherchions, à l'exemple de notre Sauveur, à ne faire que ta volonté, afin que ta bénédiction soit sur nous.

Heureux le cœur juste et sans tache
Qui devant Dieu marche avec foi,
Heureux l'homme qui ne s'attache
Qu'aux saints préceptes de sa loi,
Qui, recherchant ses clartés pures,
Est inaccessible aux souillures
De l'odieuse iniquité ;
Qui craignant son céleste Père,
Ne sort jamais de la carrière
Où le guide la vérité. Amen.

MERCREDI (Soir).

Toutefois, je te confesse ceci, que suivant la voie qu'ils appellent secte, je sers le Dieu de mes pères, croyant tout ce qui est écrit dans la loi et dans les prophètes ; et ayant en Dieu cette espérance, que la résurrection des morts, tant des justes que des injustes, qu'ils attendent aussi eux-mêmes, arrivera. (Actes 24, 14, 15).

MÉDITATION.

L'apôtre St. Paul, dans ce passage, fait une belle profession de foi qui peut nous servir de modèle. Il est vrai qu'une franche piété, et une sérieuse imitation de Jésus-Christ est de nos jours l'objet de bien des attaques. Devrions-nous pour cela nous laisser intimider ? Faudrait-il renoncer à ce qui doit être la première préoccupation du chrétien, à sa plus douce consolation et à sa plus heureuse perspective, au milieu des souffrances du temps et de la puissance du mal dans le monde, parce que le sens charnel des Saducéens de nos jours y voit un scandale et une folie? Nous voulons parler de l'espérance de la vie éternelle, de la résurrection et d'un juste jugement de Dieu dans l'éternité. Non, nous n'aurons pas honte de notre foi, qui fait le repos de notre âme, et de notre espérance d'un meilleur monde, mais nous demanderons plutôt à Dieu le secours de sa grâce pour que nous puissions être fidèles à confesser la vérité, et que notre vie soit toujours en harmonie avec notre foi.

Prière.

Bon Père céleste! Tu nous as aimés de toute éternité en Jésus-Christ, et tu nous conduis chaque jour avec sagesse et bonté. Nous te bénissons de ton grand amour. Fais-nous la grâce de saisir ta main toujours plus fortement, de te confesser et de confesser Jésus-Christ, en paroles et en actions avec d'autant plus de fidélité qu'un grand nombre, dans leur incrédulité, se détournent de ta Parole, et dédaignent le salut que tu nous as préparé par ton cher Fils. Seigneur, donne-nous de nous ranger courageusement sous ta bannière, d'avoir la force de te rester fidèles jusqu'à la mort, malgré les oppositions et les hostilités que nous rencontrons dans notre vie.

Oh! qu'il est beau le témoignage
Des rachetés de Jésus-Christ,
Quand tout haut, ils rendent hommage
Au Rédempteur qui les acquit!
O Seigneur! je veux, plein de zèle,
A leurs accents unir ma voix,
Pour bénir le Sauveur fidèle,
Qui pour nous est mort sur la croix.

Que d'autres disent les louanges
De mortels faibles et pécheurs!
Nous chantons avec les anges
Celui qui porta nos douleurs.
Que bientôt tout genou s'abaisse,
Au nom de Jésus notre Dieu!
Que toute langue le confesse,
Et qu'on le célèbre en tout lieu! Amen.

JEUDI (Matin).

C'est pourquoi je travaille à avoir toujours une conscience sans reproche, devant Dieu et devant les hommes. (Actes 24, 16).

Méditation.

Il y a des hommes qui ont très bonne opinion d'eux-mêmes et qui se disent avec satisfaction : « Personne ne peut dire du mal de moi » — et ils oublient que Dieu, qui voit dans le lieu secret, découvre bien des taches dans leur vie, et bien des abominations dans leur cœur. D'autres s'appellent enfants de Dieu et prétendent qu'ils sont en état de grâce devant lui ; mais ils n'en fournissent pas les preuves devant les hommes et cependant le Seigneur a dit : « Vous les reconnaîtrez à leurs fruits. » St. Paul s'appliquait à avoir une conscience pure devant Dieu et devant les hommes. Remarquons avec quelle humilité le grand apôtre parle de sa bonne conscience ; il ne s'en glorifie pas et ne dit pas qu'elle est sans reproche, mais qu'il y travaille et qu'il s'efforce d'y parvenir. Un véritable disciple du Seigneur, qui cherche de toute son âme à servir son Maître et à pratiquer les bonnes œuvres, ne dira jamais : « Ma sainteté est parfaite » — mais, en s'examinant sérieusement lui-même, il découvrira dans sa vie mille faiblesses et misères, mille fautes et erreurs, ce qui de nouveau le conduira à la source de la grâce, à la repentance et à la prière.

PRIÈRE.

Dieu saint, qui vois dans les ténèbres, et qui connais tous les replis de nos cœurs, nous te confessons humblement notre faiblesse et notre culpabilité ! Pardonne-nous pour l'amour de Jésus-Christ et ne nous retire pas tes soins paternels. Accorde-nous ce dont nous avons besoin pour les choses temporelles ; mais prends surtout soin de notre âme immortelle. Agis sur elle par ton St. Esprit, afin que nous ne devenions pas la proie du Tentateur, mais que, délivrés des liens du péché, nous avancions courageusement sur le chemin qui conduit à la vie.

O Dieu, crée en moi par la grâce
Un esprit docile et nouveau,
Fais sur moi resplendir ta face,
Sois de mon âme le flambeau,
  Afin que respectant ta voix,
Je suive constamment tes lois.

Je suis faible et dans ma carrière
Je puis sans cesse m'égarer ;
Seigneur, exauce ma prière,
Par ton Esprit viens m'éclairer.
  Que ce fidèle conducteur
Réside à jamais dans mon cœur. Amen.

JEUDI (Soir).

Quelques jours après, Félix étant venu avec Drusille, sa femme, qui était juive, envoya chercher Paul, et l'entendit sur la foi en Christ. Et comme Paul discourait sur la justice, la continence et le jugement à venir, Félix, effrayé, lui dit : Pour le moment, retire-toi, et quand j'en trouverai l'occasion je te rappellerai. (Actes 24, 24, 25).

MÉDITATION.

Le fait que Félix a éprouvé quelque frayeur à l'ouïe du discours de l'apôtre, prouve qu'il n'était pas un pécheur complètement endurci. Cette frayeur eût pu être salutaire pour lui s'il était resté sous son influence ; mais il refoula ce sentiment et renvoya St. Paul en lui disant qu'il se proposait de le rappeler quand il en trouverait l'occasion. C'était une vaine excuse par laquelle il cherchait à tromper l'apôtre et à se tromper lui-même. Ah ! l'occasion favorable ! le temps propice ! Combien de personnes ne se sont-elles pas séduites elles-mêmes par ce subterfuge et n'ont-elles, pour leur malheur, renvoyé à demain ce qu'elles auraient dû faire aujourd'hui ! Quand le temps est-il favorable à la repentance ? Toujours pour celui qui le veut et jamais pour celui qui ne le veut pas. A quelque moment que Dieu appelle ce dernier, il trouve toujours l'occasion mal choisie, et quand un jour, à l'heure suprême, il voudra s'adresser à Dieu, il sera peut-être trop tard et il pourra recevoir cette réponse : « Vous me chercherez et vous ne me trouverez pas. » Gardons-nous donc de laisser passer notre temps de grâce et occupons-nous dès aujourd'hui de la seule chose nécessaire !

PRIÈRE.

Dieu fidèle ! avant de nous reposer, nous voudrions avoir le sentiment de ta présence bénie. Entre donc chez nous et éloigne de nous tout ce qui nous cause du trouble et des tourments. Remplis-nous de ton St. Esprit, afin que nous comprenions les choses qui vont à notre paix. Pardonne-nous, ô Dieu, l'indifférence et la paresse dont nous nous sommes si souvent rendus coupables à ton égard. Rends-nous sincères et droits de cœur, afin que nous ne nous privions pas du salut éternel. Nous nous remttons entre tes mains paternelles pour cette nuit ; fais luire sur nous l'étoile de ta grâce, pour l'amour de Jésus-Christ.

Ce n'est pas avec toi qu'il faut que je raisonne :
Tu connais ma faiblesse et mon peu de ferveur,
Et tu sais que de moi je n'ai rien qui me donne
Aucun droit de prétendre une telle faveur.

Plus je sais contempler l'excès de ma bassesse,
Plus j'admire aussitôt celui de ton amour ;
J'adore ta pitié, je bénis ta largesse,
Et t'en veux rendre gloire et grâce nuit et jour. Amen.

VENDREDI (MATIN).

Comme il parlait ainsi pour sa défense, Festus d'une voix forte dit : Tu as perdu le sens, Paul, ton grand savoir te met hors de sens. Mais Paul dit : Je n'ai point perdu le sens, très excellent Festus, mais je dis des choses vraies et sensées.   (Actes 26, 24, 25).

Méditation.

St. Paul oppose au ton moqueur de Festus un calme réfléchi, une fermeté respectueuse et il lui démontre le peu de solidité de son objection. Il est bon pour nous chrétiens d'en tirer instruction, et de nous examiner nous-mêmes pour voir s'il ne se mêle pas à notre foi de la rêverie, à notre vie un esprit sectaire malsain, à notre zèle pour la gloire de Dieu quelque passion charnelle. Si nous pouvons dire : Nous savons en qui nous avons cru — si la Parole de Dieu et l'expérience de notre propre cœur témoignent en notre faveur, alors ne nous laissons pas un instant dérouter par l'ironie polie ou les sarcasmes vulgaires du monde. Nous verrons un jour quels seront les hommes hors de sens, si ce sont les chrétiens dont la foi est basée sur les témoignages avérés de l'Ecriture sainte et les expériences multiples du cœur, ou ceux qui rejettent Dieu et l'Evangile, qui se moquent à tort et à travers de ce qu'ils ne peuvent pas saisir avec les cinq sens ; si ce sont ceux qui nourrissent des espérances pour l'éternité, qu'ils voient toujours devant eux, pour les exhorter, et les consoler au milieu des vicissitudes de la vie, ou ceux qui cherchent tout leur bonheur dans cette vie passagère qui s'évanouit comme un rêve et qui ne leur prépare qu'un terrible réveil.

Prière.

Père céleste ! Tu fais lever sur nous tous les matins le soleil de ta grâce et tu nous appelles à entrer dans la voie qui conduit à la vie. Donne-nous de répondre fidèlement à ton appel ; attire-nous à toi par les cordeaux de ton amour et retiens-nous auprès de toi selon ta grande miséricorde. Nous voudrions t'appartenir entièrement ; viens à notre aide, bon Père céleste, et si nous trouvons de l'opposition et de l'ironie dans le monde, accorde-nous le secours de ta grâce, afin que nous ne nous laissions pas ébranler, et éloigner de la voie étroite qui seule mène à la vie éternelle.

Tu dis : Je suis chrétien, et je m'en glorifie !
Ne te vante pas tant et sonde mieux ta vie ;
Maint païen est peut-être, ou fut meilleur que toi.
A quoi donc me faut-il reconnaître ta foi ?
Crains de subir un jour un destin déplorable.
Le païen moins instruit est aussi moins coupable,
Car quiconque est à Christ, montre aussi ce qu'il est,
Et tel qu'il veut paraître, il doit l'être en effet. Amen.

VENDREDI (Soir).

Roi Agrippa, ne crois-tu pas aux prophètes ? Je sais que tu y crois. Et Agrippa dit à Paul : Tu me persuades presque d'être chrétien. Paul lui dit : Plût à Dieu que non seulement toi, mais encore tous ceux qui m'écoutent aujourd'hui, vous fussiez et presque et tout à fait comme moi, à la réserve de ces liens ! (Actes 26, 27-30).

Méditation.

« Tu me persuades presque d'être chrétien. » — Mettons-nous en garde contre cette parole dangereuse, et ne la prononçons pas à la légère. Bien souvent il a paru que telle ou telle âme était sur le point d'être gagnée et se rapprochait du royaume des cieux ! Il s'en fallait de peu qu'elle ne passât des ténèbres à la lumière, de la lutte à la paix. Le cœur était touché, l'esprit persuadé, la conscience réveillée ; l'âme allait devenir chrétienne. Mais elle n'a pu se décider à faire le pas décisif, à rompre le dernier lien qui l'attachait au monde et la séparait de Dieu. Elle n'a pas voulu renoncer à tel péché, ni se passer de telle société ; des causes diverses ont contribué à effacer les bonnes impressions qu'elle avait reçues, et le trésor qui était presque sorti de terre y est resté enfoui, parce qu'on était trop paresseux pour donner le dernier coup de pioche. Ah ! s'il s'en faut de peu que notre salut ne soit achevé, hâtons-nous d'y travailler et d'y ajouter ce qui manque, de peur que nous ne perdions le peu que nous possédons.

Prière.

Seigneur, notre Dieu, qui nous as appelés à la félicité, ne permets pas que nous restions à mi-chemin, mais règne entièrement sur notre cœur et sur notre vie, afin que nous obtenions le salut éternel. Grâces te soient rendues pour la bonté que tu nous as témoignée jusqu'à ce jour. Veuille nous diriger à l'avenir par le secours de ta grâce ! Nous ne sommes pas en état de te rester fidèles jusqu'à la fin, si tu ne nous soutiens par ta main toute-puissante. Aide-nous à surmonter tout ce qui s'oppose à notre salut, afin que nous obtenions la couronne de vie.

Tu dis : Je suis chrétien ! Car j'ai dans mon enfance,
Reçu le sceau divin de la sainte alliance.
Mais as-tu bien dès lors gardé fidèlement
Ce sceau que tu reçus dans le saint sacrement ?

Tu dis : Je suis chrétien ! Devant Dieu je confesse
Humblement mes péchés, mes fautes, ma faiblesse.
Mais, quand de tes péchés tu demandes pardon,
Les as-tu réparés ? En fais-tu l'abandon ? Amen.

SAMEDI (Matin).

Jésus-Christ est le même, hier, et aujourd'hui et pour l'éternité. Ne vous laissez point entraîner par des doctrines diverses et étrangères ; car il est bon que le cœur soit affermi par la grâce et non par des préceptes sur les viandes, qui n'ont servi de rien à ceux qui les ont suivis. (Hébr. 13, 8, 9).

Méditation.

Jésus-Christ est le même, hier et aujourd'hui et pour l'éternité ! Cette parole est bien faite pour rassurer et encourager le chrétien, et elle lui promet au milieu des vicissitudes de la vie, dans les circonstances les plus difficiles, une paix solide que rien ne peut altérer. Nous saisissons par la foi la présence pleine de grâce du Seigneur, même lorsqu'il nous paraît éloigné et qu'il a l'air de vouloir discontinuer l'œuvre qu'il a lui-même commencée en nous. Il n'est rien de si beau ni de si précieux qu'un cœur ferme et une âme remplie d'une paix profonde qui, quoique troublée de temps en temps à la surface, n'est jamais altérée au fond, et s'épanouira dans toute sa plénitude quand le fidèle entonnera le chant de victoire des bienheureux.

Prière.

Nous te bénissons, Seigneur, de nous avoir conduits jusqu'ici avec tant d'amour et nous implorons de nouveau le secours de ta grâce en ce jour que tu nous as accordé dans ta bonté. Nous savons que tu es le même hier, aujourd'hui et pour l'éternité, que nous avons en toi un ami fidèle qui n'abandonne pas les siens. Tu es près de nous dans le calme et dans la tempête, tu protéges notre barque et tu la guides, afin qu'elle n'aille pas se briser contre les récifs, et que nous ne soyons pas submergés par les flots du désespoir. Soutiens notre confiance, Dieu d'amour, entretiens notre espérance, fais-nous chercher en toi notre paix au milieu des tribulations de cette vie, notre force pour achever fidèlement l'œuvre que tu nous as donnée à faire. Que ta grâce soit sur nous et tous ceux que nous aimons pour l'amour de Jésus-Christ.

Toujours doux et tendre,
Et compatissant,
Tu viens pour me tendre
Ton bras tout-puissant.
Tu parles: l'orage
S'apaise en mon cœur,
Et près du naufrage,
J'échappe vainqueur !

Seigneur, qu'ai-je à craindre
Avec ton secours ?
Le mal peut m'atteindre,
Mais j'en sors toujours.
Ton amour suprême
Partout me conduit,
Et de la mort même
Eclaire la nuit. Amen.

SAMEDI (Soir).

Rencontrant un endroit qui avait la mer des deux côtés, le vaisseau y échoua, et la proue engagée avec force, demeurait immobile, mais la poupe se rompait par la violence des vagues. Alors les soldats furent d'avis de tuer les prisonniers, de peur que quelqu'un d'eux ne se sauvât à la nage. Mais le centenier, voulant sauver Paul, les détourna de ce dessein, et ordonna à tous ceux qui savaient nager de se jeter à l'eau les premiers, et de se sauver à terre ; et aux autres de se mettre, les uns sur les planches, les autres sur quelque pièce du vaisseau. Il arriva ainsi que tous se sauvèrent à terre. (Actes 27, 41-44).

Méditation.

Ni le glaive meurtrier, ni la fureur des vagues ne peuvent faire le moindre mal à ceux que Dieu veut sauver. Rappelons-nous, avec de pieux sentiments de reconnaissance, les délivrances merveilleuses du Seigneur que nous avons aussi éprouvées en maintes circonstances dangereuses sur la mer orageuse de la vie ; confessons à sa gloire avec actions de grâces : « Quand tout semblait perdu, le Seigneur était près avec son secours. » Laissons-lui la direction de notre vie pour l'avenir, et remettons-la à ses soins paternels. Et lorsqu'un jour, après bien des orages et des tempêtes, il s'agira d'entrer au port, quand le corps, semblable à une nacelle usée, sera près de tomber en poussière, quand les vagues de la mort viendront nous assaillir, nous remettrons notre âme à celui qui délivre de tout mal. Il nous aidera à poser nos pieds sur le rocher du salut, et nous fera aborder au rivage de la bienheureuse éternité.

Prière.

Dieu tout bon ! combien souvent n'éprouvons-nous pas tes merveilleuses délivrances ! Au fort de la détresse ton secours est le plus près. Souvent nous avons douté et tu étais toujours là. Seigneur, sois *notre refuge et notre forteresse*, celui en qui nous mettons notre confiance. Si tu es pour nous, qui serait contre nous ? Tiens-toi sans cesse à nos côtés pendant tout notre pèlerinage. Arme-nous de courage et de joie pour obéir au moindre signe de ton regard, et nous soumettre avec foi et amour à ta direction paternelle. Reçois nos actions de grâces pour tous les bienfaits que nous avons reçus de ta main pendant la semaine que nous allons finir. Père céleste, tu nous as béni de mille manières, tandis que nous t'avons souvent oublié, que souvent nous avons transgressé tes saints commandements. N'entre point en compte avec nous, pardonne-nous, efface nos péchés pour l'amour de Jésus, fais luire sur nous le regard de ta face et donne-nous ta paix.

Pourquoi tant de craintes,	Suffit-il d'une ombre,
D'alarmes, de plaintes,	D'un nuage sombre,
Gens de peu de foi ?	D'un ciel obscurci,
Quand votre prière	D'une heure de crise,
Monte au cœur du Père	D'un nœud qui se brise,
Pourquoi tant d'effroi ?	Pour trembler ainsi ? Amen.

Deuxième Semaine après la Trinité.

DIMANCHE (Matin).

Jésus lui dit : Un homme fit un grand souper, et il y convia beaucoup de gens ; et il envoya son serviteur, à l'heure du souper, dire aux conviés : Venez, car tout est prêt. (St-Luc 14, 16, 17).

MÉDITATION.

L'homme ne comprend bien l'appel de Dieu qu'à partir du moment où sa Parole a pénétré dans son cœur, et où il reconnaît que Dieu l'invite à se préparer à la plus haute destination de sa vie. La grâce divine a compassion de tous les hommes. Dieu veut nous prendre à lui ; il désire ardemment que nous soyons ouvriers dans sa vigne. Ah ! si nous savions ce qu'il nous offre, si nous comprenions bien que le grand souper auquel il nous convie n'est pas autre chose que le repos en lui, la satisfaction des besoins les plus intimes de l'âme, nous irions à lui, nous nous mettrions à son saint service, et son approbation serait notre plus grande récompense. Si le monde nous offre tout ce qu'il peut donner, une vie d'abondance et de bien-être, des relations agréables et intellectuelles, les arts qui charment et transportent, tout cela n'est que pauvreté et misère en comparaison des dons du Seigneur. C'est surtout la certitude que nous sommes enfants de Dieu et que nos péchés sont pardonnés, qui nous comble de joie. Il est vrai que nous avons nos jours de sécheresse et de pauvreté spirituelles, mais les jours de joie ne tardent pas à reparaître, lorsque nous prions avec ferveur, que nous cherchons et que nous heurtons. Cette joie aura son plein épanouissement quand viendra le matin de la plénitude de la grâce. Ce sera la lumière sans ombres, le jour sans nuit, la vie éternelle ; ce sera le grand souper du Seigneur.

Prière.

Seigneur Dieu et Père céleste! Ta fidélité est tous les jours la même; nous nous humilions devant toi et nous te prions de nous pardonner notre manque de reconnaissance et la profanation que nous avons faite de tes dons. Mets en oubli nos soupirs de mécontentement, nos regards envieux, nos plaintes amères, nos sentiments d'orgueil, et donne-nous l'esprit d'humilité, de sincérité et de confiance. Aide-nous à employer ce jour à ta gloire, à te donner notre cœur, nos forces et notre vie, afin que tu nous rendes participants des riches biens de ta maison. Accorde-nous ta paix, Seigneur; fais-nous marcher dans la lumière pendant toute notre vie, conduis-nous par ton Esprit, en attendant que tu puisses un jour nous recevoir dans ta gloire.

Veux-tu me donner des plaisirs?   Je sais, je vois
J'en bénis ta tendresse.   En qui je crois.
Veux-tu traverser mes désirs?   Ta volonté, mon Père,
J'adore ta sagesse.   Me sera toujours chère. Amen.

DIMANCHE (Soir).

Frères, ne vous étonnez point si le monde vous hait. Quand nous aimons nos frères, nous connaissons que nous sommes passés de la mort à la vie. Celui qui n'aime pas son frère demeure dans la mort. Quiconque hait son frère est un meurtrier; et vous savez qu'aucun meurtrier n'a la vie éternelle demeurant en lui. Nous avons connu la charité en ce qu'il a donné sa vie pour nous; nous aussi, nous devons donner notre vie pour nos frères. (Jean 3, 13-16).

Méditation.

Le péché est dans le monde comme une forteresse qui remonte à la plus haute antiquité et qui est gardée par un tyran; le mauvais esprit dans l'homme ne veut pas vider la place de plein gré. Celui qui a sondé et connu le cœur de l'homme le savait, et au lieu d'apporter sur la terre la paix pour développer le bien, il a dû se servir d'armes pour combattre le mal. Il devait être par cela même en butte à la contradiction de la part de ceux qui se laissent gouverner par le péché. Le Seigneur ne voulait et ne pouvait pas faire entrevoir aux siens de meilleurs jours pendant leur passage sur la terre. « Comme vous n'êtes pas du monde, » leur dit-il, « le monde vous hait. » Même le doux messager de l'Evangile, St. Jean, dit: « Frères, ne vous étonnez point si le monde vous hait. » Cependant cette expérience de la haine du monde ne doit pas étouffer l'amour fraternel chez ceux qui nourrissent dans leur cœur la vraie vie, la vie divine ; mais hélas! à nous examiner nous-mêmes, nous trouvons ce sentiment fort peu développé dans notre cœur. Cette lacune nous cause, à nous et à d'autres, bien des douleurs. Il est vrai que tout amour n'est pas tari dans le monde, sans quoi il ne pourrait plus subsister, mais le véritable amour a fait chez le grand nombre un triste naufrage, et l'on se contente d'appliquer, à travers la vie, cette maxime comme règle de conduite: « Œil pour œil, dent pour dent. » Les hommes ont répondu à l'amour dévoué et pur du Seigneur de la manière la plus révoltante, et cependant il a donné sa vie pour eux. Il n'a pas cessé de les aimer tels qu'ils étaient par amour pour lui-même et par amour pour Dieu. Dieu nous a unis comme frères, par un seul baptême, par une seule foi, par une seule Bible et par le St-Esprit, et l'homme ne doit pas séparer ce que Dieu a joint ainsi.

PRIÈRE.

Seigneur, notre Dieu, qui es amour et qui nous as créés à ton image, nous déplorons devant toi de découvrir dans nos cœurs tant d'égoïsme et si peu d'amour fraternel. Donne-nous ce qui nous fait défaut, par la force de ta Parole et de ton Saint-Esprit, afin que nous marchions devant toi comme tes enfants, et que nous soyons un jour dignes d'entrer dans ton royaume éternel. Grâces te soient rendues pour la bonté que tu nous as encore témoignée aujourd'hui, pour toute bénédiction reçue par ta Parole et par l'influence de ton St-Esprit. Protège-nous aussi pendant cette nuit, et exauce-nous pour l'amour de Jésus-Christ.

Dans tous les malheureux que l'infortune accable,
C'est lui, c'est ton Sauveur qui s'offre encore à toi ;
Accueille-les, tends-leur une main secourable,
    Aime pour accomplir sa loi.
Toi qui laissas aux tiens l'amour pour héritage,
Toi que nos cœurs émus contemplent de si bas,
O Christ! viens transformer ces cœurs à ton image
    Et nous entraîner sur tes pas! Amen.

LUNDI (Matin).

Ne vous abusez point ; on ne se joue point de Dieu ; car ce que l'homme aura semé, il le moissonnera aussi. (Gal. 6, 7).

MÉDITATION.

Il y a des hommes qui prospèrent à vue d'œil dans les choses temporelles, quoiqu'ils ne s'occupent pas de Dieu ; mais à quel prix obtiennent-ils ce succès ? C'est peut-être au détriment de leur âme, et grâce à un abaissement moral. Si nous trouvons que c'est payer trop cher la bonne opinion du monde et le succès qu'on y peut trouver, n'ambitionnons pas cette récompense et cherchons-en une autre. La seule qui mérite la peine d'être recherchée, c'est une conscience sans reproche, le sentiment de la fidélité et de la probité. Voudrions-nous que Dieu nous récompensât par des dons frivoles et vains ? Les distinctions, les richesses, l'or et l'argent, est-ce là le ciel des enfants de Dieu ? Laissez-vous gagner par le monde, si vous voulez, mais n'oubliez pas que vous pouvez perdre votre âme. Chaque péché entraîne un châtiment. Ne vous abusez donc pas, on ne se moque pas de Dieu ; l'homme moissonnera ce qu'il aura semé.

PRIÈRE.

C'est avec des sentiments de reconnaissance que nous nous approchons du trône de ta grâce, Dieu tout-puissant, bon Père céleste ; nous te prions de nous accorder ton secours et ta bénédiction pour cette nouvelle semaine de travail que nous commençons aujourd'hui en ton nom. Sois avec nous et bénis-nous dans nos corps et dans nos âmes. Conserve notre cœur dans ta crainte et en ton amour, conduis-nous par ton St. Esprit, afin qu'au milieu des exigences et des distractions de la vie nous ne perdions pas de vue notre céleste vocation. Fais-nous la grâce de ne pas oublier que nous moissonnerons ce que nous aurons semé, grave profondément au fond de notre cœur et de notre conscience cette grande vérité que tu es un Dieu juste et saint, et que tu ne te laisses pas tromper.

> Réfléchis, il est temps ; oses-tu comparaître
> Devant le tribunal de ton souverain Maître,
> Devant ce juge austère à qui rien n'est caché,
> Qui, jusqu'au fond des cœurs, découvre le péché ?
>
> Repens-toi ; n'attends pas, pour renoncer au vice,
> Ce jour terrible où Dieu déploira sa justice ;
> Ce jour où, déchiré de remords dévorants,
> Ton cœur enfantera les plus cruels tourments. Amen.

LUNDI (Soir).

Celui qui sème pour la chair, moissonnera de la chair la corruption ; mais celui qui sème pour l'Esprit, moissonnera de l'Esprit la vie éternelle.

(Gal. 6, 8).

MÉDITATION.

Il y a deux sortes de vies, la vie de la chair et la vie de

l'esprit. A travers la voix impérieuse des désirs charnels et égoïstes de notre nature, nous entendons une autre voix qui parle distinctement de devoir, de justice et de sainteté. C'est l'esprit de Dieu dans l'homme, la vraie vie de l'âme, la preuve de notre origine divine. Mais nous sommes tentés de deux manières à préférer la vie de la chair à la vie de l'esprit. D'abord les cris de la passion sont plus forts que la voix douce du devoir, et en second lieu nous obtenons plus vite la satisfaction des choses qui concernent notre nature sensuelle. Il est plus facile de lâcher la bride à ses désirs, que de combattre les passions, et de conquérir la paix. Aussi beaucoup d'entre nous sèment-ils pour la chair, d'une manière grossière ou subtile. Si nous croyons avoir semé pour une moisson invisible, examinons-nous nous-mêmes en nous adressant cette question : Que perdrions-nous s'il n'y avait pas d'éternité ? La moisson de la chair fait partie de la terre et périra avec elle, mais ceux qui sèment pour l'esprit moissonneront de l'esprit la vie éternelle. Faisons donc le bien sans nous lasser jamais, et nous moissonnerons en son temps et éternellement.

Prière.

Seigneur, notre Dieu, qui nous as destinés à la félicité, nous te prions de nous donner ton St. Esprit, afin que nous regardions notre vie terrestre comme un temps de préparation à l'éternité, et que nous agissions comme nous voudrions avoir agi au grand jour des rétributions. Pardonne-nous d'oublier si souvent que nous ne sommes que pèlerins sur la terre, et fais que dans toute notre vie nous semions pour l'esprit, afin que nous soyons dignes de prendre part à la moisson de la vie éternelle.

Mon Dieu, quelle guerre cruelle !
Je trouve deux hommes en moi.
L'un veut que plein d'amour pour toi,
Mon cœur te soit toujours fidèle ;
L'autre à tes volontés rebelles,
Me révolte contre ta loi.

O grâce ! ô rayon salutaire !
Viens me mettre avec moi d'accord ;
Et, domptant par un doux effort
Cet homme qui t'est si contraire,
Fais ton esclave volontaire
De cet esclave de la mort. Amen.

MARDI (Matin).

Toi, mon fils, fortifie-toi dans la grâce qui est en Jésus-Christ. Et les choses que tu as entendues de moi, en présence de plusieurs témoins, confie-les à des hommes fidèles, qui soient capables aussi d'enseigner les autres. Toi donc, endure les souffrances comme un bon soldat de Jésus-Christ. Aucun homme faisant la guerre ne s'embarrasse des affaires de la vie, afin de plaire à celui qui l'a enrôlé. Et si quelqu'un combat dans la lice, il n'est couronné que s'il a combattu suivant les règles. (2 Timoth. 2, 1-5).

MÉDITATION.

La vie chrétienne est une lutte, où la chair et l'esprit se combattent; mais c'est un bon combat, parce que les nobles forces vitales s'y éveillent et s'y exercent, et parce que le prix de la lutte est la vie éternelle. Mais il s'agit de bien combattre si l'on veut remporter la couronne. Bien combattre, c'est attaquer résolument tous les ennemis, et non tantôt l'un, tantôt l'autre; bien combattre, c'est en même temps se servir des vraies armes. La sincérité, la fidélité, la vigilance, la prière, la foi vivante en Christ et en sa Parole, telle est l'armure qui peut nous donner la victoire.

PRIÈRE.

Père céleste! Nous éprouvons chaque jour que la vie est une lutte et que nous ne pouvons rien sans ton secours. Notre force est faiblesse et nous sommes incapables de combattre nos ennemis. Aussi élevons-nous nos cœurs à toi et te prions-nous de manifester ta force dans notre infirmité. Tu peux soulager ceux qui sont fatigués et fortifier ceux qui sont faibles. Aide-nous aujourd'hui encore à combattre le bon combat de la foi. Revêts-nous toi-même de toutes tes armes, prête-nous ton secours tant que nous en avons besoin sur cette terre, afin que nous ne succombions pas, mais que nous remportions la victoire.

Viens, mon Dieu, viens sans demeure;
Tant que je ne te vois pas
Il n'est point de jour ni d'heure
Qui pour moi soit sans combats.
    Ma foi en toi seul réside;
Tu fais seul mes bons destins;
Et sans toi ma coupe est vide
Dans la pompe des festins.

Sous les misères humaines,
Infecté de leur poison,
Et tout chargé de leurs chaînes,
Je languis comme en prison,
    Jusqu'à ce qu'après l'orage,
La nuit faisant place au jour,
Tu me montres un visage
Qui soit pour moi tout d'amour! Amen.

MARDI (Soir).

Il ne faut pas que le serviteur du Seigneur aime à contester; mais il doit être doux envers tous, propre à enseigner, patient; redressant avec douceur les adversaires, attendant que Dieu leur donne la repentance, et leur fasse connaître la vérité. (2 Tim. 2, 24, 25).

MÉDITATION.

La douceur est la vertu qu'on attend généralement d'un disciple de Christ. Elle est, de même que l'humilité et l'amour, considérée plus spécialement comme une vertu chrétienne. Nous avons bien besoin de recevoir journellement des leçons du doux et patient Sauveur pour marcher sur ses traces. Cependant la vraie douceur n'est pas incompatible avec une sainte indignation en présence du mal. Il nous est permis et même commandé de désapprouver hautement et fermement toute violation de la loi de Dieu. Mais il nous arrive souvent de nous emporter pour des raisons toutes étrangères à l'horreur que nous inspire le mal. Il est bien difficile pour les fils d'Adam de garder une juste mesure. S'ils font en maintes occasions trop de bruit et de zèle, trop de reproches et de menaces, ils cherchent dans d'autres à tout réparer par le silence là où il faudrait parler, et ils font des actes de générosité au détriment de la conscience et de la volonté de Dieu. Aussi un sincère disciple de Christ doit-il le prier de le prendre à son école et de lui apprendre à parler et à se taire, à approuver et à désapprouver, à combattre et à fuir au moment voulu.

PRIÈRE.

Tu appelles heureux, Seigneur, ceux qui se laissent conduire par ton Esprit. Nous te le demandons, cet Esprit, sans lequel nous ne pouvons faire ce qui est bien. Aide-nous à imiter le parfait modèle que tu nous as donné, toi qui as pu, en toute vérité, dire de toi-même : « Je suis doux et humble de cœur ». Lorsqu'on nous aura offensés et froissés, remets-nous en mémoire la grande dette qui nous a été remise par ta grâce. Apprends-nous à parler et à nous taire à propos, et lorsque nous prenons fait et cause pour toi et pour ton règne, donne-nous de le faire avec douceur et amour, et non par orgueil et par esprit de contradiction.

> Qu'on voie en moi tes traits
> De douceur, de tendresse,
> Ton amour pour la paix,
> Ta bonté, ta sagesse,
> Ton esprit patient, ta grande pureté,
> Ton cœur humble et toujours brûlant de charité. Amen.

MERCREDI (Matin).

L'équité habitera dans le désert, et la justice fera sa demeure dans le verger. La justice produira la paix, et le fruit de la justice sera le repos et la sûreté pour toujours. Mon peuple habitera une demeure paisible, des habitations sûres et des asiles tranquilles. (Esaïe 32, 16-18).

Méditation.

Le prophète Esaïe porte son regard sur un avenir heureux. Cet avenir est devenu présent pour nous, si par la foi nous sommes uns avec notre Seigneur et Sauveur. Ce qui perd les hommes, c'est le mal ; un seul péché suffit pour nous enlever la paix avec Dieu ; mais si Jésus-Christ vit en nous, sa justice est la nôtre, et le fruit de cette justice c'est la paix. De la paix de Dieu découlent le calme, le repos et la sécurité, qu'on habite un palais ou une simple chaumière.

Prière.

Seigneur, notre Dieu ! auteur de tout don parfait et source de toute grâce excellente ! Fais-nous comprendre ton grand amour pour nous, préserve-nous du péché qui conduit à la ruine et nous sépare de toi. Dans la prospérité, maintiens-nous dans des sentiments d'humilité et de reconnaissance, et dans les temps difficiles préserve-nous de découragement et de désespoir. Aide-nous par le secours de ton Esprit à être sincères devant toi qui sondes les cœurs, bons pour notre prochain, fidèles et dévoués dans notre vocation, afin de manifester notre foi par nos œuvres. A la fin de notre pèlerinage, reçois-nous dans la paix éternelle où il n'y aura plus de deuil, plus de péché, où nous te servirons en sainteté et justice parfaite, et où nous te bénirons d'âge en âge.

De ton amour la vivante étincelle
Brûle en mon cœur qu'a rajeuni la foi ;
Tu l'allumas, ô bonté paternelle !
Quand tu me dis: Prie et regarde-moi !

Je regardai. L'auteur de ma justice
D'un nouveau jour illumina mes yeux.
Et je bénis ce parfait sacrifice
Qui m'a rouvert le royaume des cieux.

Amen.

MERCREDI (Soir).

L'Eternel règne à jamais ; il prépare son trône pour le jugement. Il jugera le monde avec justice ; il jugera les peuples avec équité. L'Eternel sera le refuge de l'opprimé, son refuge au temps de la détresse. Et ceux qui connaissent ton nom se confieront en toi ; car tu n'abandonnes pas ceux qui te cherchent, ô Eternel. (Psaume 9, 8-11).

Méditation.

Si nous sommes méconnus dans une cause juste, si même nous y succombons, ne nous en effrayons pas. Celui qui est assis sur le trône a horreur de l'injustice et de la violence. Il se tient à côté de l'homme intègre, il combat pour lui, et jamais ne l'abandonne. Mais s'il éprouve notre foi, et s'il permet que nous succombions en apparence, c'est pour nous inviter à le chercher avec soin, alors même qu'il nous a déjà préparé le secours. La chose essentielle pour nous, c'est une bonne conscience ; l'ennemi peut triompher un temps, mais la cause juste aura finalement la victoire. Ne nous laissons donc pas ébranler dans notre foi par les défaites momentanées, et aspirons à faire partie du petit nombre des justes.

PRIÈRE.

Seigneur, notre Dieu ! Béni sois-tu de nous avoir créés, non seulement pour cette vie terrestre, mais pour la vie éternelle en Jésus-Christ. Ah ! puissions-nous ne jamais perdre de vue ce but, lorsque les soucis frivoles et les inquiétudes de cette vie menacent de nous ravir le courage et la joie. Tu règnes, Seigneur, et tu protèges les faibles et les opprimés. Nous savons que nous pouvons compter sur ton secours tout-puissant, pourvu que nous marchions dans tes voies. Grâces te soient rendues pour toutes les délivrances que tu nous as accordées jusqu'à ce jour. Nous nous remettons encore entre tes mains paternelles pour cette nuit. Protège-nous et aie soin aussi des nôtres pour l'amour de Jésus-Christ.

> O mon Dieu que de fois, au fort de ma détresse,
> N'ai-je pas reconnu ton vigilant secours!
> Que de fois ton Esprit, en ma sombre tristesse,
> Ne m'a-t-il pas rendu l'éclat des plus beaux jours!
>
> Alors un doux espoir, une secrète joie,
> Dissipaient, par degrés, mon doute ou ma frayeur;
> Alors je découvrais une brillante voie
> Qui perçait de ma nuit la sombre profondeur.   Amen.

JEUDI (MATIN).

Tout ceux qui sont conduits par l'Esprit de Dieu sont enfants de Dieu. Car vous n'avez point reçu un esprit de servitude, pour être encore dans la crainte; mais vous avez reçu un Esprit d'adoption, par lequel nous crions: Abba, Père!   (Rom. 8, 14, 15).

MÉDITATION.

L'esprit de l'homme dirige sa vie et détermine son caractère. Quand on apporte un esprit servile dans les relations de Dieu, on en est comme accablé et la vie entière s'en ressent. La religion n'est alors qu'une chose forcée et tout devoir avec ses exigences devient une souffrance. Si nous souffrons de cette contrainte, et que nous désirions en être délivrés, demandons au Seigneur Jésus de briser ce joug de fer, et de se manifester à nous comme libérateur. Alors l'esprit de confiance et d'amour remplacera celui de la violence et de la crainte. Le cœur s'allégera de son lourd fardeau ; nous respirerons un air réconfortant dans le royaume de la grâce, et nous pourrons dire : Nous avons reçu un Esprit d'adoption, par lequel nous crions : Abba, Père.

Prière.

Dieu miséricordieux ! Tu veux que nous t'appelions notre Père ! Aussi te prions-nous de nous donner l'Esprit d'adoption pour te servir avec joie et t'obéir sans résistance. Fais que nous ayons constamment devant les yeux l'exemple de notre Seigneur et Sauveur, et accorde-nous ton secours pour l'accomplissement de tous nos devoirs. Donne-nous d'être patients et persévérants comme il convient aux chrétiens quand ils ont à porter la chaleur et le faix du jour. Si nous sommes sur le point de nous décourager, rappelle-nous que notre vie est fugitive et que dans le ciel la récompense accordée à la fidélité et à la patience de tes enfants, dépassera tout ce que nous pouvons imaginer. Le temps des semailles passe vite ; aide-nous à en faire un bon usage en vue de la moisson céleste. Sois notre guide, Dieu tout bon, jusqu'au déclin du jour. Fais-nous la grâce d'entrer dans notre patrie éternelle, cette parole sur nos lèvres : « Abba, Père, » pour l'amour de Jésus-Christ.

> Je suis à toi, gloire à ton nom suprême !
> O Fils de Dieu, mon Sauveur et mon Roi !
> Je suis à toi, je t'adore, je t'aime ;
> Je suis à toi, je suis à toi !
>
> En te trouvant j'ai trouvé toute chose,
> Et ce bonheur m'est venu par la foi.
> C'est sur ton sein qu'en paix je me repose.
> Je suis à toi, je suis à toi ! Amen.

JEUDI (Soir).

Eternel, mets une garde à ma bouche ; garde l'entrée de mes lèvres. N'incline point mon cœur à des choses mauvaises, pour commettre de méchantes actions par malice, avec les ouvriers d'iniquité, et que je ne goûte pas de leurs délices ! Que le juste me frappe, ce me sera une faveur ; qu'il me reprenne, ce sera de l'huile sur ma tête ; elle ne se détournera pas, car encore je prierai pour lui dans ses calamités.   (Ps, 141, 3-5.)

Méditation.

Si l'on est vraiment humble, on accepte les répréhensions fraternelles. Il est vrai que nous sommes susceptibles au point de nous sentir froissés de la moindre remarque, comme si l'on nous faisait une grande injure. Nous voudrions toujours recevoir des éloges et jamais le plus léger blâme. Même lorsqu'un juste nous reprend, et de la manière la plus amicale, nous ne pouvons lui en être reconnaissants et ses répréhensions sont loin d'être pour nous un baume, comme pour le Psalmiste. Il nous plaît, en général, de dire des vérités aux autres, mais nous en entendons rarement sans nous fâcher. Bien des amitiés se sont changées en inimitiés, parce que le langage de la vérité n'est pas agréable aux hommes et amène souvent la désunion. Celui qui croit posséder à lui seul la vraie foi, qui pense que tous les autres ont à se former à son école, et qui ne supporte aucune contradiction, a un christianisme imparfait et encore bien des progrès à faire. C'est peine perdue que d'essayer d'être utile à des personnes qui n'acceptent aucune observation. Soyons humbles et ne nous aveuglons pas sur nous-mêmes, afin que nous puissions reconnaître la vérité dans les avis qu'on nous donne, et en faire notre profit.

Prière.

Dieu éternel et tout-puissant ! Nos jours passent vite et nous rapprochent insensiblement de l'éternité. Ne permets pas que nous perdions de vue le but vers lequel nous avançons. Fortifie-nous dans la foi, dans l'espérance et dans la charité. Rends-nous fervents dans la prière et assiste-nous puissamment afin que nous luttions vaillamment contre le péché et que nous remportions la couronne de vie. Nous nous plaçons sous ta sainte garde, nous et les nôtres. Protège-nous pendant cette nuit et nous garde de tout mal. Console ceux qui sont privés de repos par la maladie et les souffrances, ou par d'autres misères de la vie, et qui attendent impatiemment la lumière du jour. Soutiens les mourants et reçois-les en grâce. Nous recommandons tous les hommes à ta miséricorde infinie, et nous te demandons d'exaucer notre prière pour l'amour de Jésus-Christ.

Ferme de mes lèvres la porte,
Et garde ma bouche, ô mon Dieu !
Afin qu'en nul temps, en nul lieu,
Aucun mauvais discours n'en sorte.

Que le juste me soit sévère ;
Ses reproches me seront doux ;
Et pour moi ses plus rudes coups
Seront un baume salutaire. Amen.

VENDREDI (Matin).

Si quelqu'un n'a pas soin des siens, et principalement de ceux de sa maison, il a renié la foi, et il est pire qu'un infidèle. (1 Timoth. 5, 8).

Méditation.

Les devoirs les plus saints sont ceux qui sont le plus à notre portée. La fidélité dans les petites choses prépare celle dans les grandes. Il y a des chrétiens qui aspirent à se distinguer dans les choses extraordinaires et à attirer les regards au lieu de faire simplement et humblement leur devoir là où ils se trouvent. Exerçons-nous à la piété dans le cercle restreint où nous vivons et dans notre propre cœur, et le Seigneur nous assignera plus tard un plus grand champ d'activité, s'il le juge à propos. Les pharisiens portaient au temple de magnifiques offrandes et négligeaient de donner les soins nécessaires à leurs vieux parents, quelquefois souffrants. Il est grand le nombre de ceux qui dans le monde, passent pour être bons, justes et dévoués, et qui dans l'intimité nous apparaissent sous un tout autre jour, et perdent à être connus dans leurs relations domestiques. Disons-nous bien que la fidélité dans les petites choses est abondamment bénie et contentons-nous de faire, en toute humilité, notre devoir dans la sphère que Dieu nous a assignée.

Prière.

C'est en invoquant ton saint nom, Père céleste, que nous commençons ce jour. Exauce notre prière et bénis-nous selon ta bonté. Fortifie-nous dans l'accomplissement de tous nos devoirs et donne-nous de ne jamais oublier que tu connais nos pensées de loin, aussi bien que nos voies. Fais-nous la grâce de pratiquer la charité envers notre prochain, de nous rappeler sans cesse ta sainte présence, et de nous appliquer à une vie fidèle, humble et dévouée. Rends-nous fidèles dans les petites choses, et nous serons aussi fidèles dans les grandes, aide-nous à te glorifier en tout ce que nous ferons pour l'amour de Jésus-Christ.

> Fais que tous mes devoirs avec soin je remplisse ;
> Fais qu'aimant la vertu je déteste le vice ;
> Fais que, me souvenant que toi seul es mon Dieu,
> Je puisse t'obéir en tout temps, en tout lieu.
> Scelle par ton Esprit mes lèvres de prudence ;
> Règle ce que je dis et tout ce que je pense.
> Dieu de paix ! donne-moi des sentiments sincères
> D'union et d'amour pour chacun de mes frères. Amen.

VENDREDI (Soir).

Vous êtes le sel de la terre; mais si le sel perd sa saveur, avec quoi le salera-t-on? Il ne vaut plus rien qu'à être jeté dehors, et à être foulé aux pieds par les hommes. (St. Matth. 5, 13).

MÉDITATION.

Le sel assaisonne les aliments et les empêche de se corrompre; de même le feu du St-Esprit pénètre dans toutes les parties du cœur, les vivifie et les préserve de la corruption. Si nous laissons agir en nous l'Esprit de Dieu, la vie intérieure se développe; mais le christianisme perd sa saveur lorsqu'on se soustrait à l'influence de cet Esprit. Le sel affadi est l'image de la foi morte, inerte et sans force qui résulte d'un grand contentement de soi-même. Le chrétien marche alors à l'encontre de l'exemple de St-Paul qui dit: « Je ne me persuade pas d'être parvenu au but, mais je cours vers le prix de la vocation céleste de Dieu en Jésus-Christ. » Le christianisme affadi, une foi sans vie intérieure est sans valeur, de même que le sel sans saveur n'est utile à rien et ne vaut plus rien qu'à être jeté dehors, et à être foulé aux pieds des hommes.

PRIÈRE.

Dieu saint, qui sondes les cœurs et les reins, nous nous humilions devant toi dans le sentiment de notre misère, et de notre incapacité de faire le bien. Nous connaissons la puissance du péché, et cependant nous nous endormons facilement dans une fausse sécurité, et nous nous laissons paralyser dans la lutte pour la seule chose nécessaire. Réveille-nous par ton St-Esprit, afin que nous veillions et que nous priions, que notre christianisme ne ressemble pas au sel sans saveur, et que tu ne sois pas forcé de nous repousser loin de ton trône lors du dernier jugement. Pardonne-nous encore, pour l'amour du Christ, nos erreurs de ce jour. Nous nous remettons à ton amour et à ta toute-puissance.

Ah! que je ne sois pas comme un rameau stérile
Qui, séparé du tronc, doit périr desséché;
Mais que je sois, ô Dieu, comme un sarment fertile
Qu'aucun vent d'aquilon n'a du cep arraché.

Toutefois que jamais mon cœur ne se confie
En mes pas chancelants pour arriver au but:
Tu donnas pour les tiens, divin Jésus, ta vie,
Et c'est mon seul espoir de paix et de salut. Amen.

SAMEDI (Matin).

J'étends mes mains vers toi; mon âme a soif de toi, comme une terre altérée. Enseigne-moi à faire ta volonté, car tu es mon Dieu. Que ton bon Esprit me conduise dans le droit chemin. (Ps. 143, 6, 10).

Méditation.

L'homme qui n'a pas le sentiment de sa faiblesse et de son aveuglement ne peut posséder une âme altérée, qui a soif de Dieu. Il ne prie pas le Seigneur du fond de son cœur de lui enseigner à faire sa volonté et de le conduire par son Esprit, dans le droit chemin qui aboutit au ciel. Aussi sa vie ne sera-t-elle ni sûre ni heureuse; il suivra une fausse route, fût-il pour le reste prudent et sage. L'homme, au contraire, qui se laisse éclairer par la lumière divine et qui a l'Esprit de Dieu comme conseil, marchera dans la bonne voie et arrivera au but.

Prière.

Seigneur, exauce notre prière pour l'amour de ta bonté. Nous étendons nos mains vers toi et nous avons soif de toi comme une terre altérée. Nous te demandons du fond du cœur de nous donner ton Esprit et ta paix, afin que nous marchions aujourd'hui encore dans tes voies et que nous soyons heureux dans ta communion. Préserve-nous des séductions du péché, remplis notre cœur de foi, notre esprit d'humilité, d'obéissance à la vérité, et d'un saint zèle pour faire en toutes choses ta volonté.

Comme un cerf altéré brame
Après le courant des eaux,
Ainsi soupire mon âme,
Seigneur, après les ruisseaux,
Elle a soif du Dieu vivant,
Et s'écrie en le suivant :
Mon Dieu, mon Dieu, quand sera-ce
Que mes yeux verront ta face ?

Pour pain je n'ai que mes larmes,
Et nuit et jour, en tout lieu,
Lorsqu'en mes dures alarmes,
On me dit : Que fait ton Dieu ?
Je regrette la saison
Où j'allais dans ta maison,
Chantant avec les fidèles
Tes louanges immortelles. Amen.

SAMEDI (Soir).

Ne te hâte point dans ton esprit de t'irriter; car l'irritation repose dans le sein des insensés. Ne dis point: D'où vient que les jours passés étaient meilleurs que ceux-ci ? Car ce n'est point par sagesse que tu t'enquiers de cela. (Ecclés. 7, 9, 10).

Méditation.

Bien des personnes manquent totalement de patience et s'emportent à propos de rien. D'autres se contiennent pour un temps, mais tout à coup elles éclatent avec d'autant plus de violence qu'elles se sont contenues davantage. Leur excuse, c'est qu'il y a des jours où tout semble se conjurer pour éprouver la patience et vous pousser à bout ; mais il faut que l'esprit l'emporte sur la chair, que nous apprenions à nous contenir et à nous maîtriser en cherchant du secours auprès de celui qui a dit : « Ma force s'accomplit dans votre infirmité. » Nous serons d'autant plus patients, débonnaires, humbles, miséricordieux et zélés pour toutes les bonnes œuvres, que nous aurons reçu une plus riche mesure du St-Esprit.

Prière.

Nous voici encore arrivés heureusement à la fin d'une semaine, Seigneur, par le secours de ton Esprit. Reçois nos actions de grâces pour tout le bien que tu nous as fait et pour la miséricorde dont tu as usé à notre égard. Tu as supporté nos faiblesses avec une grande patience, et tu ne nous as pas fait selon nos iniquités. Bon Père céleste, pardonne-nous nos péchés, nos impatiences, nos emportements ; donne-nous de ne jamais oublier ton long support, ton immense amour pour nous. Rends-nous doux, patients et calmes par le secours de ta grâce; prépare-nous à jouir demain du saint jour de repos, d'une manière qui te soit agréable, et qui soit en bénédiction pour nos âmes.

Tu m'as appris, ô mon Sauveur!	C'est par la foi que je le suis,
Que ton joug est doux et facile,	O mon Sauveur! guide fidèle!
Et sous tes yeux, loin de l'erreur,	Hélas! tu sais ce que je suis:
Tu me conduis d'un pas tranquille.	Trop souvent un enfant rebelle.

Viens donc par ton puissant secours,
Viens, ô Jésus! affermir mon âme.
C'est ton Esprit que je réclame;
En son pouvoir est mon recours.   Amen.

Troisième Semaine après la Trinité.

DIMANCHE (Matin).

Tous les péagers et les gens de mauvaise vie s'approchaient de Jésus pour l'entendre. Et les pharisiens et les scribes en murmuraient et disaient : Cet homme reçoit les gens de mauvaise vie et mange avec eux. Mais il leur dit cette parabole: Quel est l'homme d'entre vous qui, ayant cent brebis, s'il en perd une, ne laisse les quatre-vingt-dix-neuf au désert, et n'aille après celle qui est perdue, jusqu'à ce qu'il l'ait trouvée; et qui, l'ayant trouvée, ne la mette sur ses épaules avec joie ; et étant arrivé dans la maison, n'appelle ses amis et ses voisins, et ne leur dise : Réjouissez-vous avec moi, car j'ai trouvé ma brebis qui était perdue ? Je vous dis qu'il y aura de même plus de joie dans le ciel pour un seul pécheur qui se repent, que pour quatre-vingt-dix-neuf justes qui n'ont pas besoin de repentance. (St. Luc 15, 1-7).

Méditation.

Cette parabole a pour but de nous montrer que le Seigneur Jésus, dans son grand amour pour les pécheurs, ne s'occupe pas seulement de ceux qui se sont déjà donnés à lui, qui observent ses commandements et que l'Ecriture sainte appelle pieux et justes en comparaison des autres, mais aussi de ceux qui se sont égarés, éloignés de Dieu, soustraits à sa discipline et à sa direction. Il les cherche avec une bonté extraordinaire et un dévouement sans bornes. L'ami fidèle et puissant des pécheurs qui est au ciel n'abandonne pas même les hommes sans foi ni loi dont tout le monde désespère ; il cherche sans cesse à les gagner, comme souverain Pasteur et Evêque de toutes les âmes, et il les suit partout dans leurs égarements. Et si, malgré les peines qu'il se donne, il n'en trouve qu'un seul, il charge sur ses épaules cette brebis retrouvée et la porte au bercail ; il emploie tout son amour sanctifiant à former pour le ciel cette âme égarée et fait de son salut une fête céleste.

Prière.

Comment te bénir assez, Seigneur Jésus, de l'amour que tu nous as montré en venant chercher et sauver ce qui était perdu ! Aujourd'hui encore tu as soin des brebis égarées, tu les suis et les ramènes au bercail. C'est pour nous une précieuse consolation, dans la vie comme dans la mort, de savoir que tu as pitié des pauvres pécheurs. Là où les hommes n'espèrent plus, où ils condamnent avec légèreté et souvent sans cœur, tu continues ton œuvre de rédemption jusqu'à ce que tu aies amené à tes pieds les âmes rebelles qui s'écrient pleins de reconnaissance : « J'ai trouvé celui qui est l'ancre de mon salut et qui me garde à toujours. » — Continue, Seigneur, à nous aimer et à nous pardonner ; conserve-nous dans ta paix et dans ta communion jusqu'au sabbat éternel où nous te bénirons à jamais de ton amour inépuisable pour les pécheurs.

O profondeur de l'amour éternel !
Le Fils de Dieu, la majesté suprême,
S'unit à moi, qui suis le néant même ;
Je deviens un avec le roi du ciel !

Il m'a remis mes péchés pour jamais ;
Il est amour, il fait miséricorde.
Mon Sauveur m'aime et son Esprit m'accorde
Le sceau divin de l'éternelle paix.   Amen.

DIMANCHE (Soir).

Humiliez-vous sous la puissante main de Dieu, afin qu'il vous élève quand il en sera temps ; vous déchargeant sur lui de tous vos soucis, parce qu'il a soin de vous. Soyez sobres et veillez, car le diable, votre ennemi, rôde comme un lion rugissant, cherchant qui il pourra dévorer. Résistez-lui, étant fermes dans la foi, sachant que vos frères, qui sont dans le monde, souffrent les mêmes afflictions. Or, que le Dieu de toute grâce, qui nous a appelés à sa gloire éternelle en Jésus-Christ, après que vous aurez un peu souffert, vous rende parfaits, fermes, forts et inébranlables. A lui soient la gloire et la force aux siècles des siècles ! Amen. (1 Pierre 5, 5-11).

MÉDITATION.

La vie du chrétien est quelquefois une vie d'humiliation, mais non d'amertume et de désolation. Il semble par moments que tout lui est contraire, que la main de Dieu pèse lourdement sur lui ; mais il ne cesse pas un instant de croire à l'amour de Dieu. Sans doute les circonstances sont souvent difficiles ; le sol sur lequel nous marchons est raboteux et stérile, mais çà et là nous rencontrons quelque filon d'or qui est comme un gage d'amour, une promesse pour l'avenir, et nous reconnaissons que l'intention de Dieu est de nous humilier, afin de nous rendre plus fidèles dans la vie chrétienne et accessibles à de nouvelles grâces. C'est pourquoi les chrétiens élèvent sans cesse leurs regards de cette vallée de larmes vers les montagnes d'où leur vient le secours ; ils espèrent en Dieu et sont persuadés qu'il les exaucera en son temps. Ils se déchargent sur lui de tous leurs soucis dans des prières confiantes, car ils savent que son amour n'est pas diminué, ni sa puissance limitée. Cette confiance inébranlable se distingue essentiellement de l'esprit superficiel et léger du monde. Le disciple de Christ n'oublie pas cette recommandation de son Maître : « Veillez et priez de peur que vous ne tombiez dans la tentation. » Ceux qui n'entrent pas dans les vues du Seigneur, qui ne veillent et ne prient pas, sont particulièrement accessibles à la tentation et y succombent facilement. Le tentateur s'est bien attaqué au Chef de l'Eglise, à Jésus-Christ ; comment en épargnerait-il les membres ? Nous sommes faibles et ne pouvons le vaincre ; mais le Seigneur l'a vaincu et veut le vaincre en nous et par nous. C'est surtout lorsque nous sommes aux prises avec les souffrances que ses attaques sont formidables. A quoi donc servent les visitations? Le Dieu de toute grâce veut nous rendre accomplis par les humiliations, nous fortifier dans la foi et nous rendre capables de résister à tous nos ennemis, appuyés sur le Rocher qui est le fondement de l'Eglise, afin qu'au milieu des épreuves et des tentations notre édifice spirituel demeure ferme et inébranlable.

PRIÈRE.

Nous comptons sur ton secours, Dieu de toutes grâces ! Toi qui nous as entourés de ta bonté aujourd'hui et pendant tous les jours de notre vie, tu prendras aussi soin de nous à l'avenir. Fortifie-nous dans les luttes et les tentations et nous donne la victoire. Si ta main nous protège, aucun ennemi ne pourra rien contre nous. C'est à toi que nous regardons, Père de notre Seigneur Jésus-Christ, et par lui aussi notre Père ; c'est vers toi que nous faisons monter nos louanges et nos prières. Exauce-nous et reçois-nous en grâce.

> Que de fois j'ai promis sans tenir ma promesse !
> Que de fois j'ai voulu me consacrer à toi,
> Et toujours j'ai senti ma coupable faiblesse
> Qui me faisait broncher et qui trompait ma foi !
> C'est toi seul, ô mon Dieu, qui peux dans ta sagesse,
> M'apprendre à te servir et régner sur mon cœur :
> Sans toi je ne puis rien ; accomplis ta promesse,
> Fais de moi ton enfant, de moi, pauvre pécheur ! Amen.

LUNDI (MATIN).

Eternel, fais-moi connaître ma fin et quelle est la mesure de mes jours ; que je sache combien courte est ma durée. Voilà, tu as réduit mes jours à la mesure de quatre doigts, et ma durée est devant toi comme un rien ; oui, tout homme debout sur la terre n'est que vanité ! Oui, l'homme se promène comme une ombre ; oui, c'est en vain qu'on s'agite ; on amasse des biens, et on ne sait qui les recueillera.   (Ps. 39, 5-7).

MÉDITATION.

La vie présente n'aurait que fort peu de valeur, si elle était la mesure du bonheur ou du malheur de l'homme. Que ceux surtout qui passent par l'épreuve se pénètrent de cette vérité ! Que la vie soit pleine de douleurs ou de joies, elle a un terme et un but ; il faut que tous les hommes sans distinction la quittent, les heureux comme les malheureux. Non seulement elle est limitée, mais elle est courte, vaine et fugitive. C'est en vain que nous ferions les plus savants calculs pour assurer ici-bas notre bonheur et celui de nos bien-aimés qui nous survivront ; car ni les justes ni les méchants n'ont en partage sur la terre le sort final qui les attend. Le juste peut être appelé à souffrir, mais ses souffrances prennent fin, dussent-elles durer des années ; le méchant peut être heureux, mais son bonheur est vain et passager, quelle qu'en soit la mesure ici-bas ; c'est pourquoi persévérons et soyons fidèles. La fin du juste sera paix et félicité.

Prière.

Dieu tout-puissant ! qui nous as donné ce jour nouveau, fais-nous sans cesse souvenir que notre vie terrestre est passagère. Nous nous jetons souvent sans réflexion dans le tourbillon des convoitises et nous sommes sur le point de désespérer quand un malheur nous frappe, au lieu de nous dire que la joie et la douleur ne sont que pour un temps. Rappelle-nous constamment le but que nous poursuivons, afin que nous fassions toujours un bon usage de tes dons, que nous ne passions pas notre vie dans la légèreté ou dans une fausse sécurité, et que nous portions avec une résignation chrétienne la croix que tu nous imposes.

De Dieu la promesse est certaine,
Seule elle peut te rendre heureux.
Sans lui ton œuvre sera vaine,
Son regard comblera tes vœux.
Soucis, tourments de toute espèce,
Jamais ne sauraient le fléchir.
Mais il est près ; dans ta détresse
Prie : il viendra te secourir.

Ton regard sonde la nature,
Rien n'échappe à tes tendres soins,
Seigneur, et de la créature
Tu connais les moindres besoins.
Ce que ta sagesse parfaite
Dans son conseil a décrété,
Ta main, ta main que rien n'arrête,
L'a sans retard exécuté. Amen.

LUNDI (Soir).

Les disciples, s'étant approchés, lui dirent : Pourquoi leur parles-tu en paraboles ? Il répondit et leur dit : Parce qu'il vous est donné de connaitre les mystères du royaume des cieux ; mais cela ne leur est point donné. Car on donnera à celui qui a, et il aura encore davantage ; mais pour celui qui n'a pas, on lui ôtera même ce qu'il a. (St-Matth. 13, 10-12).

Méditation.

Celui qui a été gracié et dont la vie répond au don précieux qu'il a reçu, est rendu digne, par sa fidélité, de recevoir de nouvelles bénédictions. Mais ceux qui ne font pas un bon usage des premières grâces reçues, perdent au lieu de gagner, et s'enracinent toujours davantage dans le péché. Plus, au contraire, nous marchons à la lumière de la face du Seigneur, plus aussi il pense à nous et nous bénit, petits et grands. Il vivifie alors sa Parole dans nos cœurs, nous offre de nouvelles occasions de le servir et nous envoie, dans les jours les plus ordinaires de la vie, des bénédictions inespérées. D'un autre côté, une seule infidélité peut devenir le commencement de l'endurcissement du cœur, et nous faire mettre au nombre de ceux à qui il sera pris ce qu'ils avaient reçu. Soyons donc sur nos gardes, veillons et prions.

Prière.

Seigneur, notre Dieu ! c'est avec des sentiments de reconnaissance que nous nous élevons vers toi, notre protecteur et notre soutien. Grâces te soient rendues pour ta fidélité et ta bonté. Continue à rester avec nous comme tu l'as été jusqu'à présent et aide-nous à croître constamment dans ta grâce. Fortifie-nous dans la foi ; accorde-nous une espérance joyeuse, une plus grande humilité, un amour plus profond, et fais-nous trouver dans ta communion, bon Père céleste, la vie et la paix. Accorde-nous surtout la grâce de faire valoir fidèlement les talents que tu nous as confiés, et d'user de nos biens terrestres en nous souvenant que tout doit être consacré à ton service et à ta gloire.

Ah ! si tu voiles ta présence,
Si tu retires ton soutien,
Nous ressentons notre impuissance
Contre le mal et pour le bien ;
Si tu n'étends vers nous ton bras,
Nous trébuchons à chaque pas.
Guide-nous donc comme un bon Père ;
Prends-nous toi-même par la main.

Eclaire-nous de ta lumière ;
Réchauffe-nous par l'Esprit saint ;
Et nous poussant vers le but,
Donne-nous part à ton salut.
Le chrétien rachète le temps
Que le mondain prodigue et tue ;
Jamais trop haut il n'évalue
Le prix de ses moindres instants. Amen.

MARDI (Matin).

Quand les montagnes s'éloigneraient, quand les collines s'ébranleraient, ma bonté ne s'éloignera pas de toi et mon alliance de paix ne sera point ébranlée, dit l'Eternel, qui a compassion de toi.   (Esaïe 54, 10).

Méditation.

Le chrétien rencontre sur sa route bien des difficultés et fait des expériences décourageantes. S'il était réduit à ses propres forces, il se lasserait bientôt et désespérerait peut-être ; mais la promesse de la fidélité et de la grâce de Dieu l'éclaire comme une étoile brillante. Le Seigneur fortifie sans cesse sa foi, augmente son amour et vivifie son espérance. Quelle est l'âme chrétienne qui n'a pas fait l'expérience de cette grâce divine? Mettons donc en elle toute notre confiance; portons un regard en arrière, sur notre vie passée et rappelons-nous les mille bénédictions que nous avons déjà reçues. Qu'elles nous soient un gage de la fidélité de Dieu et une preuve qu'il veut être avec nous dans le présent comme dans l'avenir.

Prière.

Dieu tout bon! Tu as conclu une alliance éternelle avec nous, en Jésus-Christ, et tu veux verser sur nous les trésors de ta grâce. Nous te recommandons nos voies avec confiance. Donne-nous ce qu'il nous faut pour le temps présent, des heures bénies et heureuses si c'est ta sainte volonté, et la paix qui surpasse tout don terrestre. Si tu nous réserves des épreuves, console-nous en fortifiant dans nos cœurs la certitude de ton amour immuable, la patience et l'humilité en présence de tes voies insondables, et la soumission à ta sainte volonté. Rappelle-nous sans cesse que c'est toi qui gouvernes, que rien n'arrive sans ta permission et que toutes choses concourent ensemble au bien de ceux qui t'aiment, en Jésus-Christ.

Jésus, mon unique espérance,
Tu me dis : « Ne crains rien, c'est moi.
J'ai payé pour ta délivrance ;
J'ai souffert, obéi pour toi. »
Aurais-je peur quand Dieu m'appelle ?
Tu m'absous : qui m'accusera ?
De ton bercail, Pasteur fidèle,
Quel ennemi m'enlèvera ?

Non, je ne crains plus ta colère !
O Dieu ! Jésus est mon garant.
En lui tu m'aimes comme un père,
En lui j'ai les droits d'un enfant.
Mais ta loi, ta volonté sainte,
J'ai faim, j'ai soif de l'observer.
De tes saints donne-moi la crainte :
Car te craindre ainsi, c'est l'aimer. Amen.

MARDI (Soir).

Vous étiez autrefois ténèbres, mais à présent vous êtes lumière dans le Seigneur ; marchez comme des enfants de lumière ; car les fruits de l'Esprit consistent en toute sorte de bonté, de justice, et de vérité.

(Ephés. 5, 8, 9).

Méditation.

Si nous sommes « lumière dans le Seigneur, » selon l'expression de l'apôtre, il faut que nous manifestions par toute notre vie que nous sommes devenus des hommes nouveaux, que nous avons renoncé à tout orgueil, à l'envie, à la colère et à l'égoïsme ; que nous nous appliquons à être miséricordieux, humbles, aimables, débonnaires, patients, et que nous cherchons de jour en jour à faire des progrès dans le bien. Il faut même que cette lumière répande autour de nous un éclat si doux et si resplendissant que les hommes, en voyant nos bonnes œuvres, en glorifient notre Père qui est aux cieux et éprouvent le désir de devenir, eux aussi, des enfants de lumière. Ce n'est pas en prenant un air triste et morose et en nous séparant extérieurement du monde, que nous ferons preuve de vrai christianisme, mais en étant toujours joyeux, humbles et doux, à l'exemple de notre Sauveur.

Prière.

Dieu saint ! Nous nous prosternons ce soir devant toi dans des sentiments d'humilité et de repentance, et nous te prions de nous pardonner tous nos péchés, tous nos manquements à ta sainte volonté. Préserve-nous d'hypocrisie, d'égoïsme ; donne-nous de marcher de progrès en progrès dans la voie du bien. Sanctifie nos cœurs et nos lèvres; que la piété pénètre tous les détails de notre vie, que nous sachions la rendre aimable aux yeux de tous par une conduite pleine de douceur, de bonté et de vérité. Fais-nous marcher comme des enfants de lumière en suivant chaque jour plus fidèlement les traces que Jésus nous a laissées. Reçois nos actions de grâces pour toutes les bontés dont tu nous as entourés en ce jour ; nous nous remettons, avec tous ceux qui nous sont chers, entre tes mains paternelles. Garde-nous tous dans ta paix.

Hélas ! en guerre avec moi-même,
Où pourrais-je trouver la paix ?
Je ne fais pas le bien que j'aime,
Et je fais le mal que je hais.
Mon cœur séduit par le péché,
N'en est pas encore détaché !
O grâce, ô vertu salutaire !
Toi seule tu peux m'assister.
Viens par ta céleste lumière
M'éclairer et me sauver ! Amen.

MERCREDI (Matin).

En vérité, en vérité, je te le dis: Lorsque tu étais plus jeune, tu te ceignais toi-même, et tu allais où tu voulais; mais lorsque tu seras vieux, tu étendras tes mains et un autre te ceindra, et te mènera où tu ne voudrais pas.
(St. Jean 21, 18).

Méditation.

« Lorsque tu seras vieux, tu étendras tes mains et un autre te ceindra, et te mènera où tu ne voudrais pas ? » Ces paroles renferment comme une plainte et sont empreintes d'une ombre de tristesse. En effet les hommes voient, pour la plupart, approcher avec terreur la vieillesse et son cortège d'infirmités physiques et morales. La tente, notre domicile terrestre, devient fragile, le vent et les frimas y pénètrent et la plainte se fait jour. Cependant la Parole de Dieu renferme des traits de lumière, des promesses ineffables pour la vieillesse : « Je me chargerai de vous jusqu'à votre blanche vieillesse ; je me chargerai de vous, et vous délivrerai ». Plus nous vieillissons à l'école du Seigneur, plus il nous faut sacrifier notre volonté propre, nous humilier et nous courber sous la main de Dieu. Cette obéissance et ces progrès ne sont possibles que si nous nous fortifions dans la foi que la volonté de Dieu est sage, et que notre Père céleste ne nous envoie que ce qui est pour notre bien. Quand son heure sera venue et qu'il nous jugera mûrs pour le ciel, il nous appellera de l'école de cette vie à la maison du Père.

PRIÈRE.

Dieu juste et saint ! Tu nous ordonnes, à nous tes enfants, de t'obéir et tu nous promets bonheur et bénédiction si nous marchons dans tes voies. Que nous serions heureux si nous écoutions toujours ta voix, et si nous nous efforcions en toutes choses de faire ta sainte volonté ! Mais nous ne trouvons pas en nous-mêmes la force nécessaire de te suivre et de te servir ; viens à notre aide, Seigneur, et accorde-nous le secours de ton St-Esprit, afin que nous croissions dans ta connaissance et dans ton amour.

Seigneur, de ma carrière,
Le terme est près de moi ;
Mais mourir, ô mon Père !
C'est me rendre chez toi.

Qu'en achevant ma course,
Je trouve le repos
Près de la vive source
Des éternelles eaux. Amen.

MERCREDI (Soir).

Notre légère affliction du temps présent produit en nous le poids éternel d'une gloire souverainement excellente, puisque nous ne regardons pas aux choses visibles, mais aux invisibles ; car les choses visibles sont pour un temps, mais les invisibles sont éternelles. (2 Cor, 4, 17, 18).

MÉDITATION.

Toute affliction a pour but la gloire de Dieu. L'apôtre St-Paul nous indique ici le moyen de le reconnaître : ne regardons pas aux choses visibles, mais aux invisibles. Le cœur naturel est plongé dans le monde visible ; il trouve sa joie, ses espérances et ses appuis ici-bas ; il lui est difficile de se dégager de la poussière, à moins que Dieu n'emploie des moyens violents. Mais Dieu ne nous enlève nos soutiens terrestres que par amour. Il ne veut nous détacher du monde visible que pour nous attacher plus fortement à lui, parce qu'en lui seul est le bonheur incorruptible. Si nous avons compris cette intention de Dieu à notre égard, nous sommes heureux, car en vidant notre cœur devant Dieu nous trouvons, au milieu des ruines de notre bonheur terrestre, le poids éternel d'une gloire souverainement excellente, au moins en germe, et nous pourrons dire un jour, dans un esprit d'adoration : « L'Eternel nous a fait de grandes choses ; nous en avons été réjouis ».

PRIÈRE.

Nous te bénissons, bon Père céleste, de pouvoir nous approcher de toi comme tes enfants, et nous décharger sur toi de tous nos soucis. Ce soir encore nous te rendons grâces pour les bienfaits que tu nous a accordés dans ta bonté. Reçois favorablement l'offrande de nos lèvres et fais luire sur nous ton regard, la nuit comme le jour. Tu entends les soupirs que notre cœur oppressé fait monter vers toi. Recueille-les selon ton infinie miséricorde. Tu vois toutes nos larmes, essuie-les dans ton amour. Nous nous remettons entre tes mains paternelles, avec tous ceux que nous aimons ; garde-nous cette nuit et tous les jours de notre vie pour l'amour de Jésus-Christ.

Ne te désole point sous la croix qui t'accable ;
Jusque dans ses rigueurs le Seigneur est très doux,
Et quels que soient nos maux, sa bonté secourable
    Les connut avant nous.
Est-il une douleur qu'il ne puisse comprendre ?
Des pleurs si désolés qu'il ne puisse tarir ?
Un front si plein d'ennuis et si couvert de cendre
    Qu'il ne sache éclaircir ? Amen.

JEUDI (Matin).

Comment ferais-je un si grand mal, et pécherais-je contre Dieu ? (Gen. 39, 9).

MÉDITATION.

Joseph a manifesté ses sentiments purs et pieux à la cour du roi d'Egypte comme dans la maison paternelle. Il sentait qu'en succombant à la tentation il pécherait directement contre

Dieu ; en réfléchissant à la protection extraordinaire que Dieu lui avait accordée, tout péché lui apparaissait comme une monstrueuse ingratitude envers le protecteur de sa jeunesse. Voilà pourquoi il dit à la femme de Potiphar qui voulait le séduire : « Comment ferais-je un si grand mal, et pécherais-je contre Dieu ? » C'est à cette lumière qu'il nous faut envisager et juger le péché. Le péché est une ingratitude, une guerre à Dieu, à sa grâce, à sa fidélité et à son long support ; un homme ne peut s'y abandonner sans faire taire la voix de Dieu en lui et sans démolir, de ses propres mains, la défense que le Créateur a élevée, dans la conscience de sa créature, contre le péché.

Prière.

Seigneur ! nous nous présentons ce matin devant ta face et nous te prions de graver profondément dans nos cœurs le souvenir de la parole de Joseph : « Comment ferais-je un si grand mal, et pécherais-je contre Dieu ? » Qu'elle nous rappelle que nous devons conserver ton image en nous, et nous fasse éviter avec soin tout ce qui serait contraire à tes saints commandements. Fais, Seigneur, que l'exemple de ce jeune homme produise dans notre cœur des impressions bénies, qui nous remplissent d'un saint zèle et nous empêchent de faire quelque chose de contraire à ta volonté.

Seigneur, sois-nous propice ;
Doux soleil de justice !
Eclaire notre esprit ;
Verse en nous ta lumière ;
Fais-nous voir la misère
De notre cœur, ô Jésus-Christ !

Eloigne la malice,
Déracine le vice,
De notre mauvais cœur ;
Verse dès notre enfance,
En nous la repentance,
Car nous avons péché, Seigneur

Esprit saint purifie,
Dirige et sanctifie
Nos cœurs en les changeant ;
Rends-nous purs de tout vice,
Pleins de fruits de justice,
Semblables à Jésus enfant. Amen.

JEUDI (Soir).

Maintenant, qu'ai-je attendu, Seigneur ? Je me suis tu, je n'ouvre pas la bouche, parce que c'est toi qui l'as fait. Eternel, écoute ma requête ; prête l'oreille à mon cri, ne sois pas sourd à mes larmes ! Car je suis un étranger devant toi, un voyageur comme tous mes pères. (Ps. 39, 8, 10, 13).

Méditation.

Au lieu de murmurer au sein de l'épreuve, et de contester avec Dieu, nous devons garder le silence et espérer en lui. Il est notre secours tout-puissant, sage et admirable, qui peut nous créer une issue lorsque tout paraît désespéré, et qui n'a qu'un but d'amour quand il semble nous accabler de son courroux et de sa disgrâce. Nous perdons trop souvent de vue ce que nous sommes et pourquoi nous vivons; nous ne nous représentons pas assez combien nous sommes petits dans un sens, ni combien nous sommes grands dans un autre. Le chrétien est un pèlerin de Dieu. C'est par la volonté de Dieu qu'il a commencé son pèlerinage, c'est lui qui trace sa route et qui en indiquera le terme. C'est donc au nom de Dieu qu'il parcourt sa voie douloureuse, qu'il monte et qu'il descend, qu'il marche et qu'il s'arrête. Si Dieu le veut, il traverse de vertes prairies éclairées par les doux rayons du soleil, ou bien il passe par un chemin couvert de pierres et d'épines, sous un ciel nuageux et sombre. C'est enfin au nom de Dieu qu'il dépose le bâton de pèlerin, car il est assuré, comme bourgeois des cieux, qu'il reste encore un repos pour le peuple de Dieu.

Prière.

Seigneur notre Dieu! Béni sois-tu de ce que tu veux être notre Père et nous décharger de tous nos soucis! Fais-nous la grâce de pouvoir nous en remettre à toi pour tout ce qui nous concerne, intimement persuadés que tu prends soin de nous, et que toutes choses concourent ensemble au bien de ceux qui t'aiment. Donne-nous de ne pas perdre de vue que nous sommes pèlerins, et par Jésus-Christ, citoyens de la Jérusalem céleste. Que nous ayons à passer par des voies faciles ou pénibles, nous savons que les épreuves nous sont utiles et nous rapprochent du but. Fais-nous la grâce de ne désirer et demander que ce qui est pour notre bien, et exauce-nous au nom de ton cher Fils.

Tu murmures dans ta souffrance!
   Oh! réponds-moi,
Qu'as-tu fait de ton espérance
   Et de ta foi?
Laisse au monde la plainte amère;
Tu n'es pas seul dans la misère:
Au ciel il est encore un père
   Qui pense à toi!

Céleste amour, qui dans la vie
   M'as devancé,
Guide à jamais et fortifie
   Mon cœur lassé.
Des temps tu précédas l'aurore,
Et tu dois subsister encore
Quand les cieux, comme un météore,
   Auront passé! Amen.

VENDREDI (Matin).

Jeunes gens, soyez soumis aux anciens, et vous soumettant tous les uns aux autres, revêtez-vous d'humilité; car Dieu résiste aux orgueilleux, mais il fait grâce aux humbles. (1 Pierre 5, 5).

Méditation.

Les humbles sont bénis de Dieu; Dieu les aime et leurs semblables les estiment. Les humbles sont les heureux de la terre. Les afflictions ne les remplissent pas d'amertume, parce qu'ils les acceptent avec soumission de la main de Dieu. La vie renferme peu de déceptions pour eux, parce qu'ils ont peu de prétentions. Leur position est sûre, car ils aiment à se mettre à la dernière place; ils ressemblent à leur Seigneur et Sauveur en ce qu'ils aiment comme lui à s'élever le moins possible. Plus l'homme est humble, plus il est sévère pour lui-même et indulgent pour les autres. C'est ce qui nous fait comprendre comment l'apôtre St-Paul, arrivé au plus haut degré de sainteté, a pu dire de lui-même qu'il était le plus grand pécheur.

Prière.

Dieu saint! Nous élevons nos yeux à toi au commencement de ce jour. Regarde-nous d'un œil favorable, sois-nous propice, bénis nos travaux et forme-nous entièrement à ton image. Il nous est naturellement dur de nous humilier et de nous courber devant toi. Fais-nous entrevoir par ton Esprit tout ce qu'il y a de beau dans la vertu de l'humilité, et éveille dans notre cœur un désir ardent d'être revêtus de cet ornement. Donne-nous l'esprit de vigilance et de prière, afin que nous nous gardions de tout sentiment hautain et orgueilleux, et que nous marchions devant toi en toute humilité, comme les disciples du Seigneur Jésus-Christ.

Fils du Très-Haut, Roi de gloire,
Ton humilité méritoire
Te fit aimer l'abaissement ;
Tu vins souffrir sur la terre
Une pauvreté volontaire,
Ainsi que le plus indigent!

Donne-moi donc un cœur
Sans orgueil, sans hauteur.
Je te prie,
Jésus, mon Roi !
Accorde-moi
D'être humble de cœur comme toi. Amen.

VENDREDI (Soir).

Il n'y a point de crainte dans la charité, mais la parfaite charité bannit la crainte; car la crainte renferme une punition, et celui qui craint n'est pas parfait dans la charité. Pour nous, nous l'aimons, parce qu'il nous a aimés le premier. (1 Jean 4, 18, 19).

MÉDITATION.

La vie chrétienne se résume dans l'amour de l'homme pour Dieu. Mais cet amour ne se commande pas, et peu d'entre nous peuvent répondre à la question de Jésus : « M'aimes-tu ? » par les paro'es de l'apôtre : « Oui, Seigneur, tu sais toutes choses, tu sais que je t'aime. » Cet amour n'est pas une émotion passagère, il est quelque chose de réel et de vrai. Après avoir fait l'expérience de l'amour de Dieu dans nos propres cœurs, quand son Esprit a produit en nous la vraie vie, nous sommes pour ainsi dire obligés de l'aimer, parce qu'il est devenu notre Père en Jésus-Christ. Et lorsque le Sauveur a rompu les liens qui nous retenaient dans le péché et qu'il a apaisé notre soif de liberté et de paix, nous disons volontiers : « Seigneur, tu connais toutes choses, tu sais que je t'aime ».

PRIÈRE.

Dieu fidèle ! Tu nous as encore protégés, conservés, réjouis et bénis pendant ce jour ; nous déposons au pied de ton trône le tribut de notre reconnaissance. Pardonne-nous toutes les désobéissances dont nous nous sommes rendus coupables, accorde-nous le secours de ton St-Esprit, fais-nous croître sans cesse dans ta connaissance et dans la sainteté du cœur et de la vie. Fais-nous surtout la grâce de recevoir des impressions profondes de ton amour pour les pécheurs, de t'en témoigner notre reconnaissance par nos paroles et nos actions et de pouvoir te dire en sincérité à toi qui connais toutes choses : Tu sais que je t'aime. Exauce-nous pour l'amour de notre Sauveur.

De toi, bonté suprême,
Me vient tout mon bonheur.
N'ayant rien par moi-même,
Je t'offrirai mon cœur.

A t'aimer, à te plaire,
A pratiquer ta loi
Je m'applique, ô mon Père,
Toi-même assiste-moi. Amen.

SAMEDI (Matin).

Le méchant emprunte et ne rend pas; mais le juste a compassion, et il donne. Car ceux qu'il bénit hériteront la terre, mais ceux qu'il maudit seront retranchés. Les pas de l'homme de bien sont affermis par l'Eternel, et il prend plaisir à sa voie. S'il tombe, il ne sera pas entièrement abattu, car l'Eternel lui soutient la main. Détourne-toi du mal et fais le bien, et tu demeureras à toujours. Car l'Eternel aime la justice, et il n'abandonne pas ses bien-aimés; ils sont gardés à jamais, mais la prospérité des méchants est retranchée. Les justes posséderont la terre, et y demeureront à perpétuité. (Ps. 37, 21-24 et 27-29).

Méditation.

L'homme qui se confie en Dieu, qui travaille à son salut avec crainte et tremblement, n'est délaissé ni de Dieu, ni des hommes ; il a une assurance qui se manifeste surtout quand il est aux prises avec les plus grandes difficultés extérieures. Le Père céleste protège son faible enfant à l'heure du danger. Il envoie son ange consolateur au pèlerin solitaire dans le désert de la vie, et, de même que Moïse a fait de son bâton jaillir une source abondante du rocher, le Seigneur fait jaillir dans le cœur angoissé, qui cherche son secours, une source de nouveau courage et de foi plus grande.

Prière.

C'est avec des sentiments de reconnaissance et de confiance filiale que nous nous approchons de toi, Père de notre Seigneur Jésus-Christ. Tu nous as encore témoigné ta bienveillance dans la semaine écoulée, tu nous as entourés de tendres soins et tu nous as comblés de biens pour le corps et pour l'âme. Nous nous recommandons encore à ta bonté pour ce jour. Donne-nous d'employer à ton service les dons que tu nous as confiés, remplis-nous de joie et de courage, de force et de sagesse, et fais-nous marcher dans la voie de tes saints commandements avec fidélité et avec zèle.

Si notre cœur, encor dur, abandonne
Le beau chemin où nous devons courir,
Sans se lasser sa grâce nous pardonne,
Et met en nous un pieux repentir.
Ah ! sans tarder, remplis de confiance,
Sincèrement rendons-lui tout honneur,
Et témoignons par notre obéissance
Que nous croyons qu'il est notre Sauveur.   Amen.

SAMEDI (Soir).

Décharge-toi de ton fardeau sur l'Eternel, et il te soutiendra ; il ne permettra jamais que le juste soit ébranlé.   (Ps. 55, 23).

Méditation.

Une erreur assez générale consiste à croire qu'on a déchargé ses soucis sur Dieu quand on n'a fait que les chasser pour un temps de son esprit. Des personnes prennent leur insouciance, leur légèreté soi-disant heureuse, pour de la confiance en Dieu. Elles ont l'esprit assez superficiel pour oublier momentanément leurs soucis ; elles ont fait l'expérience que le beau temps vient après la pluie et se mettent au-dessus des tourments et des angoisses en se disant que le soleil et la prospérité ne tarderont pas à reparaître. Mais rejeter simplement ses soucis, n'est pas s'en décharger sur le Seigneur ; ce n'est pas non plus les calmer ; ils ne sont oubliés un instant que pour reparaître bientôt plus lourds, plus angoissants. La vraie paix, nous ne l'obtenons qu'en nous déchargeant de notre fardeau sur l'Eternel. Ne disons donc pas avec le poète : Vivons joyeux dans le moment présent et fuyons les soucis du lendemain — mais répétons avec foi ces paroles :

> Je vis donc en paix
> Parce que je sais
> Que même en la mort
> Christ sera ma retraite, et mon appui, mon fort.

Prière.

O Dieu de bonté et de miséricorde ! Attire nos cœurs à toi, aide-nous à nous reposer sur tes promesses. Dans la semaine écoulée tu nous as encore fortifiés, consolés, rafraîchis, et aidés à porter le fardeau de la vie. Que ton saint Nom en soit béni ! Pardonne-nous, bon Père céleste, si nous n'avons pas toujours eu en toi une confiance ferme et si nous avons contristé ton cœur par un manque de foi. Fortifie-nous dans notre homme intérieur, afin que nous ne bronchions pas, que nous nous laissions conduire par ta main comme tes enfants, et que nous nous attendions à toi dans la vie et dans la mort.

> Ne crains pas, dit Jésus, je suis ta délivrance ;
> Repose tout ton cœur sur ma fidélité.
> Et mon âme aussitôt, recouvrant l'assurance,
> A repris sa vigueur et sa sérénité.
> Aussi, dans mes ennuis je n'aurai plus de crainte ;
> Non, jamais, bon Sauveur, je ne veux me troubler ;
> Car je sais que ta voix, à ma première plainte,
> A mon premier soupir, viendra me consoler. Amen.

Quatrième Semaine après la Trinité.

DIMANCHE (Matin).

Soyez miséricordieux, comme aussi votre Père est miséricordieux. Ne jugez point, et vous ne serez point jugés ; ne condamnez point et vous ne serez point condamnés ; pardonnez, et on vous pardonnera ; donnez, et on vous donnera ; on vous donnera dans votre sein une bonne mesure, pressée, et secouée, et qui débordera ; car on vous mesurera de la mesure dont vous vous servez envers les autres. Il leur disait aussi une parabole : Un aveugle peut-il conduire un autre aveugle ? Ne tomberont-ils pas tous deux dans la fosse ? Le disciple n'est point au-dessus de son maitre ; mais tout disciple accompli sera comme son maitre. Et pourquoi regardes-tu une paille qui est dans l'œil de ton frère, et tu ne t'aperçois pas d'une poutre qui est dans ton propre œil ?

(St-Luc 6, 36-42).

Méditation.

L'esprit de miséricorde doit présider chez le chrétien à tout ce qu'il fait. Ne perdons pas de vue nos propres péchés que Dieu supporte et pardonne, afin qu'en pensant à ceux dont les autres se sont rendus coupables envers nous, nous apprenions à les supporter et à leur pardonner. Ne prenons pas vis-à-vis de nos frères qui nous ont offensés, le ton d'un juge froid et sévère qui n'ayant rien à se reprocher, peut en toute liberté condamner le mal chez ceux qui le font, mais parlons-leur comme des frères qui ont le sentiment de leur propre péché, qui sont émus de compassion envers eux et désirent chercher avec eux le salut auprès de l'Ami des pécheurs. A l'exemple du Seigneur Jésus, soyons miséricordieux et charitables, tout en haïssant le mal et en blâmant ouvertement ceux qui le font. Mais comment faire ? comment avoir ces sentiments de miséricorde ? comment dominer en nous cet esprit de critique qui nous est si naturel ? Qui nous donnera un esprit nouveau et humble, à la place du vieil esprit orgueilleux et rancunier ? La réponse à cette question est bien simple : Demandons au Dieu de miséricorde de mettre de la compassion dans notre cœur, heurtons à la porte de celui qui est la source de toute force et de toute vertu, afin qu'il nous communique son esprit de charité et de miséricorde, et qu'il nous apprenne à revêtir le nouvel homme en Jésus-Christ.

Prière.

Seigneur, notre Dieu ! Nous sentons le besoin, non seulement de nous reposer aujourd'hui des travaux de la semaine, mais aussi de recueillir nos pensées et de les porter des choses vaines et passagères sur celles qui sont éternelles. Nous te prions, Seigneur, d'éloigner de nous toutes les distractions, de nous préserver des illusions et de l'orgueil, de l'amour-propre et de la propre justice, de faire de nous de ces pauvres en esprit auxquels tu promets le royaume des cieux. Donne-nous d'éprouver une soif réelle de ta grâce et de ta communion, et mets en nous ton esprit de miséricorde, afin que nous vivions à ta gloire et pour ton saint Nom.

> De sa miséricorde ineffable mystère !
> Contempteurs de ses lois, oublieux de son Nom,
> Nous avions de ce Dieu mérité la colère :
> Christ nous apporta son pardon.
>
> Aime et pardonne aussi, ton Maître le réclame
> Chrétien, pour te sauver, il mourut innocent ;
> C'est pour toi qu'il monta sur une croix infâme,
> Et qu'il répandit tout son sang. Amen.

DIMANCHE (Soir).

J'estime qu'il n'y a point de proportion entre les souffrances du temps présent et la gloire à venir, qui sera manifestée en nous. En effet, la création attend, avec un ardent désir, que les enfants de Dieu soient manifestés (car ce n'est pas volontairement que la création est assujettie à la vanité, mais c'est à cause de Celui qui l'a assujettie), dans l'espérance qu'elle sera aussi délivrée de la servitude de la corruption, pour être dans la liberté glorieuse des enfants de Dieu. Car nous savons que, jusqu'à présent, toute la création soupire, et souffre les douleurs de l'enfantement ; et non seulement elle, mais nous aussi qui avons les prémices de l'Esprit, nous soupirons en nous-mêmes, en attendant l'adoption, la rédemption de notre corps. (Rom. 8, 18-23).

Méditation.

Il est certain que les prophètes et les apôtres regardent la terre comme l'œuvre de Dieu, mais ils la considèrent tout aussi certainement comme le théâtre des actions, des péchés et des souffrances humaines. Nos poètes sont d'accord à dire avec nous que la terre est parfaite partout où l'homme ne se trouve pas avec son cortège de vices. Tout ce qu'il touche porte l'empreinte du mal et de la douleur. La terre est comme saturée du péché de l'homme. A la campagne et dans les villes, sur les lits de souffrance et dans les cimetières, partout nous trouvons les rapports étroits qui existent entre le péché et la mort. Toute la création qui souffre sans se plaindre sent la nécessité d'une réconciliation et d'une glorification prochaine par la parole de Dieu. Elle attend, n'étant plus ce qu'elle était, et pas encore ce qu'elle sera ; elle souffre en espérant. Nous aussi, qui avons les prémices de l'Esprit, nous soupirons en nous-mêmes, en attendant l'adoption, la rédemption de notre corps. La rédemption par la croix est comme le symbole de la rédemption de toute croix. Persévérons donc et disons-nous bien qu'il n'y a pas de proportion entre les souffrances du temps présent et la gloire à venir, qui sera manifestée en nous.

Prière.

Dieu fidèle et bon Père céleste ! Aujourd'hui encore nous avons éprouvé ton amour qui nous a bénis de mille manières. Oh ! que le soleil de ta grâce ne se couche pour nous ni cette nuit ni dans la semaine qui s'ouvre devant nous ; qu'il fasse luire ses rayons vivifiants dans nos cœurs et les remplisse de paix et de joie au milieu des luttes et des peines de cette vie. Que ce jour du Dimanche nous laisse d'abondantes bénédictions, qu'il soit pour nous, et surtout pour ceux que tu appelles à te glorifier dans la souffrance, un avant-goût du sabbat éternel.

O Dieu ! tous les bouts de la terre
  Te contempleront à salut ;
Car sur la croix, à ta colère
  Jésus paya notre tribut.

Chaque nouveau jour qui s'envole
  Hâte cet heureux avenir
Où de l'immuable parole
  Les bienfaits devront s'accomplir. Amen.

LUNDI (Matin).

Deux passereaux ne se vendent-ils pas une pite ? Or, il n'en tombera pas un seul à terre sans la permission de votre Père. Les cheveux même de votre tête sont tous comptés. Ne craignez donc rien, vous valez mieux que beaucoup de passereaux.   (St-Matth. 10, 29-31).

Méditation.

Le devoir du chrétien exige non seulement la soumission à la volonté de Dieu dans les grandes vicissitudes, mais aussi dans les petits contre-temps de la vie de tous les jours. Malgré les troubles et les ennuis quotidiens, il ne doit pas perdre une minute l'assurance joyeuse que tout ce qui lui arrive est déterminé par la sage et miséricordieuse Providence. Si Dieu a compté tous les cheveux de notre tête, et si les moindres accidents arrivent selon sa volonté, pourquoi ne nous soumettrions-nous pas dans les petites contrariétés qui doivent concourir ensemble à notre salut, aussi bien que dans les grandes ? C'est dans les petites choses qu'il s'agit de manifester la fidélité, de conserver la patience, la persévérance, la résignation, et de croître dans l'homme intérieur pour le bien de notre âme immortelle.

Prière.

Bon Père céleste, c'est en plaçant notre confiance en ton secours et en ta grâce que nous entrons dans cette nouvelle semaine. Tu nous assures que si nous marchons dans tes voies rien ne saurait nous nuire, et que tout ce qui nous arrive doit concourir à notre salut et à notre bénédiction. Donne-nous d'être bien convaincus que rien ne se fait sans ta volonté. Dirige tous les événements de manière à nous les rendre propices, et fais reposer sur nous tes bénédictions les plus abondantes.

Comme un bon et sage père
Qui corrige son enfant,
Même en se montrant sévère,
L'aime toujours tendrement ;
Ainsi, quand Dieu me châtie,
C'est toujours avec douceur.
Pour me tirer de l'erreur,
Son bras puissant m'humilie :
L'Eternel est mon Sauveur,
Mon guide et mon protecteur.

La douleur et la tristesse
Sont un utile secours,
Que sa divine sagesse
Dispense et règle toujours ;
Mais comme l'hiver fait place
Aux doux rayons du printemps,
De même, après mes tourments,
Dieu tourne vers moi sa face :
Il se montre mon Sauveur,
Mon guide et mon protecteur.   Amen.

LUNDI (Soir).

Les œuvres de l'Eternel sont grandes, recherchées de tous ceux qui y prennent plaisir. Son œuvre n'est que splendeur et magnificence, et sa justice demeure à perpétuité. L'Eternel est miséricordieux et compatissant. Il donne à vivre à ceux qui le craignent ; il se souvient toujours de son alliance. Le commencement de la sagesse, c'est la crainte de l'Eternel. Tous ceux qui pratiquent ses commandements sont vraiment sages. Sa louange demeure à toujours.   (Ps. 111, 2, 3, 5 et 10).

Méditation.

Ce qui frappe surtout dans le livre des Psaumes, c'est qu'il y est souvent question de la crainte de l'Eternel, et des promesses de secours et de grâces qui y sont attachées. Nous ne nous servons pas fréquemment de l'expression « craindre Dieu ; » nous parlons plus volontiers de la foi et de l'amour pour Dieu. Examinons si ce n'est pas précisément parce que la crainte de l'Eternel nous fait défaut ? Et si nous ne craignons pas l'Eternel, comment marcher dans ses voies ? L'amour pour Dieu ne suffit pas pour nous faire observer ses commandements ; il nous faut une crainte salutaire de la colère de Dieu, la crainte du châtiment qui nous attend si nous sommes infidèles. Demandons au Seigneur un esprit d'amour et de crainte, afin que nous soyons dignes d'être appelés ses enfants.

PRIÈRE.

Dieu juste et saint ! Avant de chercher le repos, nous venons te prier de nous pardonner nos péchés. Garde-nous d'une foi morte et stérile, et fais que notre vie chrétienne soit fondée sur la crainte de ton saint Nom. Apprends-nous à bien connaître notre cœur ; donne-nous la force d'obéir à ta Parole et à la voix de la conscience ; aide-nous à vivre dans ta crainte. Fais-nous éprouver les effets de ta miséricorde, garde-nous pendant cette nuit pour l'amour de Jésus-Christ.

Qui craint Dieu, qui veut bien vivre,
Jamais ne s'égarera ;
Car au chemin qu'il doit suivre
Dieu même le conduira.
A son aise et sans ennui,
Il verra le plus long âge,
Et ses enfants après lui
Auront la terre en partage.

L'Eternel se communique
A ceux dont les cœurs sont droits.
A qui le craint, il explique
Son ordonnance et ses lois.
Je ne m'en écarte pas ;
Mes yeux sont sur lui sans cesse :
Il détournera mes pas
Des pièges que l'on me dresse. **Amen.**

MARDI (Matin).

Ayant ceint les reins de votre entendement, et étant sobres, attendez avec une parfaite espérance la grâce qui vous sera apportée à la manifestation de Jésus-Christ. (I Pier. 1, 13).

MÉDITATION.

Si nous voulons avoir cette parfaite espérance, il faut nous attacher de toute la puissance de notre âme à la grâce qui est en Jésus-Christ. Ce n'est pas par nos souffrances supportées avec résignation, ni par nos bonnes œuvres que nous pouvons effacer nos péchés ; le croire serait une grave erreur. Les témoins les plus autorisés de la Parole de Dieu et notre propre conscience l'attestent. Nous sommes sans espoir en regardant à nous-mêmes ; en Jésus seul se trouvent le pardon, le salut et la paix. Mettons donc notre confiance uniquement dans la grâce de Dieu.

PRIÈRE.

Dieu fidèle et miséricordieux ! Notre prière la plus ardente, c'est que la grâce que tu nous offres en Jésus-Christ, reste avec nous. Nous sommes faibles et pécheurs ; dans la vie et dans la mort nous n'avons d'autre refuge que ta miséricorde. Eclaire-nous par ta Parole, fortifie notre foi, que nous ne bronchions pas dans le chemin qui mène à toi ; donne-nous de fonder toute notre espérance sur Jésus qui a pourvu à tout pour notre paix, notre sanctification, notre salut. Béni sois-tu de nous avoir donné un tel Sauveur et la promesse que rien ne pourra nous séparer de son amour.

> Je viens à toi comme l'enfant prodigue :
> O Père saint ! je n'ai rien à t'offrir
> Que mes regrets, ma honte, ma fatigue ;
> Mais, ô mon Dieu, tu veux me secourir.
> Le sang de Christ a coulé sur la terre ;
> Sa voix de grâce a crié jusqu'à toi,
> Et ses flots purs ont éteint le tonnerre,
> Qui justement devait tomber sur moi. Amen.

MARDI (Soir).

Ils retournèrent à Antioche, fortifiant l'esprit des disciples, les exhortant à persévérer dans la foi, et leur représentant que c'est par beaucoup d'afflictions qu'il nous faut entrer dans le royaume de Dieu. (Act. 14, 22.

Méditation.

C'est dans les tribulations que nous apprenons le mieux à connaître notre Père céleste, qui gouverne le vaste univers, comme notre petit monde, avec sagesse et justice. Si l'apôtre St-Paul lui-même affirme que c'est par beaucoup d'afflictions qu'il nous faut entrer dans le royaume des cieux, qui oserait dire : « Cette parole n'est pas pour moi, il me serait plus avantageux que les afflictions me fussent épargnées, je comprendrais mieux alors la sagesse de Dieu dans les voies de sa providence ? » Les souffrances nous révèlent, au contraire, que la main qui nous gouverne et qui nous les dispense, est une main sage, juste et pleine d'amour. Elles ont pour but de nous sanctifier, de nous rapprocher de Dieu et de faire notre éducation pour le royaume céleste.

Prière.

Notre bon Père céleste ! Nous savons que la foi doit produire en nous une obéissance filiale et joyeuse au milieu des souffrances du temps présent. N'entre point en compte avec nous à cause de notre incrédulité ; pardonne les impatiences, les défaillances et les découragements de notre cœur. Fortifie en nous la patience, la soumission, l'espérance qui ne confond point. Fais-nous la grâce de pouvoir dire en tout temps : « Que ta volonté soit faite et non la nôtre », de sentir ta présence consolante et sanctifiante au milieu des peines de notre existence terrestre. Nous implorons tes bénédictions, ô notre Dieu, non seulement sur nous, mais sur nos familles, nos amis, les malades, les affligés ; veille sur nous, protège-nous ; que nous nous remettions avec confiance entre tes mains et que nous nous endormions dans le senment de ta paix.

Les châtiments qu'il m'inflige,	Des vanités d'ici-bas ;
N'ont pour but que mon bonheur ;	A leurs perfides appas,
Il ne veut, lorsqu'il m'afflige,	Bientôt mon âme s'arrache ;
Que purifier mon cœur	L'Eternel est mon Sauveur,
Par l'épreuve, il me détache	Mon guide et mon protecteur. Amen.

MERCREDI (Matin).

Ne te laisse point surmonter par le mal ; mais surmonte le mal par le bien.
(Rom. 12, 21).

Méditation.

Nous savons que la vie est une lutte ; il importe donc que nous apprenions à connaître les ennemis que nous avons à combattre. Notre ennemi le plus redoutable c'est le péché ; pour le vaincre il faut la vigilance et la prière. L'apôtre a aussi en vue des ennemis personnels qui peuvent remplir notre vie d'amertume ; notre meilleure arme contre eux est la sainte et inépuisable charité dont il est dit qu'elle ne s'aigrit point, qu'elle ne pense pas au mal, qu'elle supporte tout, qu'elle croit tout, qu'elle espère tout, qu'elle endure tout. La plus belle victoire de l'homme est celle qu'il remporte sur ses mauvaises passions, en pardonnant à ceux qui l'ont offensé.

Prière.

Dieu de bonté et de compassion ! Tu es notre forteresse et notre haute retraite ; nous ne pouvons rien sans le secours de ta grâce. Viens donc nous soutenir et nous rendre fidèles dans nos luttes contre le péché, nous revêtir de ta force au milieu des tentations, nous apprendre à veiller et à prier sans cesse. Incline nos cœurs à l'humilité, au support, à la bienveillance ; remplis-les de cet amour qui est la marque de tes enfants. Qu'à l'exemple de notre Seigneur et Sauveur nous sachions pardonner à nos ennemis et prier pour eux. Que ta grâce ait toujours la victoire en nous, et que notre premier souci de ce jour soit de faire ta volonté et de vaincre le mal par le bien. Dirige-nous dans l'accomplissement de nos devoirs, bénis l'œuvre de nos mains, apprends-nous à partager les souffrances d'autrui et à saisir toutes les occasions que tu places devant nous pour nous exercer à la charité et au dévouement. Exauce-nous pour l'amour de Jésus.

Dieu de paix, Dieu de charité !
Nous voulons vivre en frères :
Telle est ta sainte volonté,
Tels sont nos vœux sincères.
Eclaire notre entendement
Sur un si doux commandement.
Rends notre cœur docile
A ce devoir facile.

Inspire-nous la charité,
L'esprit de patience.
Mets dans notre cœur l'humilité,
Source de l'indulgence.
Daigne, Seigneur ! nous l'enseigner,
Et rends-nous prompts à pardonner,
Indulgents pour nos frères,
A nous-mêmes sévères. Amen.

MERCREDI (Soir).

Etant rentré en lui-même, il dit : Combien de serviteurs aux gages de mon père ont du pain en abondance, et moi je meurs de faim ! Je me lèverai, je m'en irai vers mon père, et je lui dirai : Mon père, j'ai péché contre le ciel et contre toi, et je ne suis plus digne d'être appelé ton fils ; traite-moi comme l'un de tes mercenaires. (St-Luc, 15, 17-19).

Méditation.

Le retour de l'enfant prodigue est souvent pour le monde un sujet de raillerie. Vous le voyez, disent les moqueurs, aux plaisirs succède le dégoût, et au dégoût la religion ; on est assez faible pour chercher un refuge dans la piété, quand on est fatigué du monde. Ils ne sont pas rares ceux qui tiennent ce langage avec un sourire de mépris, et qui croient parler avec une vérité pleine d'à-propos. Et pourquoi le pécheur dont Dieu veut faire l'éducation par les déceptions et les amertumes, ne retournerait-il pas à lui ? Si les désenchantements, les espérances trompées réveillent dans un cœur des besoins religieux, si un échec dans la poursuite d'une vocation brise une volonté rebelle, si une vie passionnée est suivie de satiété et de regrets qui font naître des aspirations sérieuses, que faut-il en conclure, sinon que le repentir amené par les désillusions, comme cela arrive souvent, fait d'autant plus resplendir l'amour du Christ ? Le Sauveur ouvre ses bras à toutes les âmes égarées, si bas qu'elles soient tombées. Quand l'âme commence à sentir son vide, quand les choses extérieures ne lui suffisent plus, tout n'est pas perdu, pourvu que la repentance et le Sauveur restent pour donner au cœur qui s'humilie la paix que le monde ne peut ni donner ni ravir.

Prière.

Bon Père céleste ! Nous te prions de nous révéler toujours mieux ton amour, tel qu'il nous apparaît en Jésus-Christ, afin que nous t'invoquions avec confiance et avec joie. Mets dans notre cœur le témoignage que nous sommes tes enfants, aide-nous à mener une vie digne de toi et de la gloire que tu nous réserves. Fais-nous comprendre, bon Sauveur, que c'est en toi seul que nous trouvons le repos et la paix. Si nous nous sommes éloignés de toi, ramène-nous par ta grâce dans cette maison paternelle, où dans une sainte communion avec toi tes enfants jouissent de ta paix. O Seigneur, donne-nous de te rester fidèles, que le regard favorable de ta face soit sur nous et sur tous ceux que tu nous as donnés à aimer.

> Je vois tous mes péchés, j'en connais l'étendue :
> A toute heure, en tous lieux, ils parlent contre moi.
> Par tant d'accusateurs mon âme, confondue,
> Ne peut, ô Dieu très saint, contester avec toi.
>
> Grâce ! Grâce ! suspends l'arrêt de tes vengeances,
> Et détourne, Seigneur, tes regards irrités.
> J'ai méprisé tes lois ; oppose à mes offenses,
> Oppose à leur grandeur, celle de tes bontés. Amen.

JEUDI (Matin).

Marchez comme des enfants de lumière ; car les fruits de l'esprit consistent en toute sorte de bonté, de justice et de vérité. Examinez ce qui est agréable au Seigneur. Et ne prenez aucune part aux œuvres infructueuses des ténèbres, mais bien plutôt condamnez-les.   (Eph. 5, 9-11).

Méditation.

Ce n'est d'ordinaire que graduellement que le cœur passe des ténèbres à la lumière, lorsque Dieu y fait son œuvre. Il voit d'abord les fautes les plus graves, les plus récentes, et puis, peu à peu, celles qui appartiennent jusqu'au plus lointain passé. Avec chaque année que fait revivre le souvenir, surgissent de nouveaux péchés ; ils étaient peut-être depuis longtemps couverts du linceul de l'oubli, ils avaient cessé de nous troubler ; mais tout à coup ils renaissent pour réveiller dans l'âme un ardent désir de cette réconciliation et de cette paix qu'on trouve dans la foi en Celui qui par sa vie, par ses souffrances et par sa mort nous a acquis la paix éternelle.

Prière.

Dieu juste et miséricordieux ! Au commencement de ce jour qui est un nouveau don de ta grâce, nous recommandons nos âmes et nos corps à ta protection et à ta fidélité paternelles. Bénis notre travail pour nos intérêts temporels ; donne-nous surtout de ne point perdre de vue les intérêts éternels de nos âmes.

Que nous marchions de progrès en progrès, de lumière en lumière et que nous trouvions la paix qui surpasse toute intelligence dans l'assurance que tous nos péchés, quels qu'ils soient, sont effacés dans le précieux sang de Christ. Accorde-nous cette grâce, inspire-nous une obéissance filiale à tout ce que tu demandes de nous. Aide-nous à faire valoir fidèlement les dons que tu nous as confiés pour la gloire de ton saint Nom, pour le bien de notre prochain et pour notre propre sanctification. O Dieu, souviens-toi de nous selon tes compassions et non selon nos péchés; continue, achève ton œuvre de grâce dans nos cœurs et fais-nous trouver la joie de ton salut. Exauce-nous, Père céleste; étends aussi les effets de ta miséricorde sur tous ceux qui nous sont chers, nous te le demandons au nom et pour l'amour de Jésus.

> Tout à l'entour, Seigneur, l'orage gronde,
> Et tout conspire à me remplir d'effroi ;
> Viens, ô Jésus ! toi qui vainquis le monde,
> Je ne crains rien, si tu combats pour moi.
>
> Puissant Sauveur, mon unique espérance,
> Je t'appartiens, je vaincrai par la foi ;
> Dans ton amour j'ai mis ma confiance :
> Je ne crains rien, car tu combats pour moi.   Amen.

JEUDI (Soir).

Eternel, fais-moi connaître tes voies, enseigne-moi tes sentiers ! Fais-moi marcher dans ta vérité et m'enseigne, car tu es le Dieu de ma délivrance, je m'attends à toi tout le jour. Souviens-toi de tes compassions, ô Eternel, et de tes bontés ; car elles sont de tout temps. Ne te souviens point des péchés de ma jeunesse, ni de mes transgressions ; selon ta miséricorde, souviens-toi de moi, à cause de ta bonté, ô Eternel ! L'Eternel est bon et droit ; c'est pourquoi il enseignera aux pécheurs le chemin qu'ils doivent suivre. Il fera marcher les humbles dans la justice ; il enseignera sa voie aux humbles. Tous les sentiers de l'Eternel ne sont que bonté et fidélité, pour ceux qui gardent son alliance et ses témoignages.   (Ps. 25, 4-10).

MÉDITATION.

Si nous tenons à notre salut éternel, ne nous lassons point de demander à Dieu des yeux ouverts pour discerner le bon chemin, et un jugement éclairé pour reconnaître sans nous faire illusion les mauvais penchants de notre cœur. Personne ne se connaît à fond. On découvre sans cesse dans son cœur quelques nouveaux replis que la lumière divine et l'esprit de Christ n'ont pas encore pénétrés. Nous pourrions désespérer d'être un jour entièrement renouvelés, si nous ne savions pas que nous sommes entre les mains du bon Berger, qui achèvera l'œuvre qu'il a commencée dans ses enfants.

Prière.

Grâces te soient rendues, Dieu fidèle, pour la miséricorde que tu nous as de nouveau témoignée aujourd'hui. Pardonne-nous nos péchés pour l'amour de Jésus. Apprends-nous à toujours mieux nous connaître, dissipe les illusions trompeuses dans lesquelles nous vivons si souvent. Ouvre nos yeux sur notre misère, et nos cœurs aux richesses de ta grâce. Achève l'œuvre que tu as commencée en nous, Seigneur, et que ton Esprit nous dirige à travers les sentiers ténébreux du monde pour nous conduire au but. Fais luire ta face sur nous pendant cette nuit, entoure de ta protection nous et les nôtres, garde nos âmes dans ta paix et dans le sentiment de ton pardon et de ton amour.

Tu sais quels biens surtout sont les plus nécessaires
A mon cœur abattu,
Et combien dans l'excès de toutes mes misères,
Je suis pauvre en vertu.

Je me tiens a tes pieds, chétif, nu, misérable ;
J'implore ta pitié ;
Et j'attends, quoique indigne, un effort adorable
De ta grande bonté. Amen.

VENDREDI (Matin).

Ne jugez point, afin que vous ne soyez point jugés. (St-Matth. 7, 1).

Méditation.

Le Seigneur a déclaré que l'amour est la marque de ses disciples. Et cependant qu'ils sont nombreux les chrétiens, même sincères, à qui manque cet amour qui supporte, qui espère et qui croit tout ! Au lieu de plaindre les personnes qui attachent trop de prix aux biens de ce monde, ils les condamnent ou les méprisent, souvent aussi ils n'estiment pas les biens terrestres à leur valeur. Ils oublient que toutes les choses créées sont bonnes en elles-mêmes, et nullement condamnables, pourvu qu'on en jouisse avec actions de grâces. Même en fuyant le monde on peut tomber dans le péché, en le jugeant témérairement et en le condamnant. Que de chrétiens pourraient être confondus, et rappelés à l'humilité par les vertus naturelles de ceux-là mêmes qu'ils jugent si sévèrement !

Prière.

Père céleste ! Ecoute la voix de nos supplications, lorsque nous te demandons le secours de ta grâce, en pensant au sérieux de nos devoirs et à notre faiblesse. Conduis-nous par ton Esprit, afin que nous marchions dans ta crainte et dans ton amour, et que nous soyons revêtus d'humilité, de support et d'indulgence à l'égard de notre prochain. Donne-nous de t'imiter, ô Seigneur Jésus, toi qui étais doux et humble de cœur, et qui, au lieu de condamner, étais prêt à répandre des trésors d'amour, de grâce et de miséricorde. Transforme-nous à ton image, apprends-nous à aimer comme tu aimes. Accorde à chacun de nous les secours qui nous sont particulièrement nécessaires, pour marcher fidèlement dans la voie que tu nous as tracée.

Charité, vertu féconde,
Bethléhem fut ton berceau ;
Tu vins au sein du vieux monde,
Créer un monde nouveau.
Tu vainquis sur le Calvaire,
Quand le Bien-Aimé du Père,
De la mort bravant les coups,
Répandit son sang pour nous.

Sans toi, que serait la vie ?
Mensonge et dérision !
Ah ! de notre âme ravie
Sois l'unique passion.
Jésus, charité suprême,
Dès le moment où l'on t'aime,
Le cœur d'un faible mortel
Renaît au bonheur du ciel.   Amen.

VENDREDI (Soir).

Comme un cerf brame après les eaux courantes, ainsi mon âme soupire après toi, ô Dieu ! Mon âme a soif de Dieu, du Dieu vivant ; quand entrerai-je et me présenterai-je devant la face de Dieu ? Les larmes sont devenues mon pain jour et nuit, pendant qu'on me dit sans cesse : Où est ton Dieu ?

(Ps. 42, 2-4).

Méditation.

Qui n'a connu ces heures d'abandon, de sécheresse où le cœur se sent vide et seul, où la vie paraît décolorée et sombre, la situation accablante, la prière sans force, l'esprit sans élan, le regard de la foi obscurci ? Comme un cerf brame après les eaux courantes, notre âme soupire après Dieu, et l'incrédulité demande : « Où est ton Dieu ? » Quoi qu'il en soit, tenons-nous en repos, ne doutons pas de Dieu, même au plus fort des ténèbres. Le temps d'épreuve prend fin, la paix et le calme rentrent dans le cœur angoissé, et dans notre âme confondue nous entendons cette parole du Christ : « O gens de peu de foi, pourquoi avez-vous douté ? »

Prière.

Dieu des lumières, de qui proviennent toute grâce excellente et tout don parfait ! Tu nous environnes de tes gratuités et tu fais éprouver chaque jour que tu es un Père fidèle, qui ne nous abandonnera jamais. Et cependant nous nous croyons souvent oubliés de toi, nous nous laissons aller au doute, à la défiance, à de noires inquiétudes. Pardonne-nous, Seigneur ; augmente notre foi, fais que dans nos heures d'épreuves, d'obscurité et de combats notre espérance reste fondée sur l'amour que tu nous as témoigné en Jésus. Tu nous as donné ton Fils, ne nous donneras-tu pas toutes choses avec lui? O Dieu, nous nous attendons à toi ; fais-nous sentir en tout temps ta présence pour nous fortifier, nous consoler, et réjouir notre âme par les rayons de ta grâce. Que ton saint Nom soit notre bouclier, ton St-Esprit notre consolateur, ta force notre appui, ta grâce notre espérance dans la vie et dans la mort.

> Où trouver le repos et l'oubli de mes peines,
> Ailleurs qu'en ton amour, ô Jésus, mon Sauveur!
> Aussi, d'un monde impur brisant enfin les chaînes,
> Je veux sincèrement te consacrer mon cœur.
>
> Oui, tout autre repos n'est que vaine apparence:
> C'est un songe au matin, c'est une ombre qui fuit,
> L'homme en vain s'y complaît, et sa folle espérance,
> Par un sentier trompeur, à la mort le conduit. Amen.

SAMEDI (Matin).

Veillez et priez, de peur que vous ne tombiez dans la tentation ; car l'esprit est prompt, mais la chair est faible. (St. Matth. 26, 41).

Méditation.

Le chrétien est semblable au soldat qui monte la garde. Son premier devoir est la vigilance. Gardons soigneusement nos cœurs, surveillons les pensées qui y entrent et les mouvements qui en sortent. Qu'il n'y pénètre rien qui pourrait détruire notre paix, qu'il n'en sorte rien qui pourrait troubler celle des autres. Veillons avec le secours du Seigneur et prions ; la vigilance et la prière sont inséparables. Nul ne peut prier sans un esprit sérieux et recueilli, et nul ne peut veiller sans prier, sans être en communion avec Dieu. Nous sommes partout entourés de tentations. Le sommet du Thabor, sur lequel les disciples voulaient faire des tentes, sans dresser la croix à la base, leur offrait d'autres dangers que la vallée de Gethsémané avec ses profondes angoisses, et ses tristesses amères. Une vie remplie d'événements, d'émotions, d'impressions diverses, entraîne d'autres tentations que le calme plat d'une vie monotone. Les dangers de la solitude sont autres que ceux de la société. La vigilance et la prière sont donc toujours indispensables, car l'ennemi a bien des points d'attaque. Veillons avec Jésus, et nous serons plus que vainqueurs en celui qui nous a aimés.

Prière.

Dieu fidèle et miséricordieux ! A la fin de cette semaine nous nous rappelons avec humilité nos fautes si nombreuses, et avec une gratitude filiale ta bonté et ta fidélité envers nous. Nous pensons aussi à la fuite rapide du temps, nous te supplions de nous accorder l'assistance de ton St-Esprit pour avancer dans la sanctification et pour préparer notre âme à quitter cette vie passagère. Délivre-nous de tout ce qui appesantit notre esprit ; apprends-nous toi-même à veiller et à prier en tout temps, afin que nous soyons forts contre toutes les tentations dont notre chemin est parsemé ici-bas. Donne-nous, ô Dieu, de vivre pour ton service, de nous consacrer entièrement à toi. Fais-nous entrer dans ton alliance, accorde-nous la fidélité et le renoncement nécessaires pour te glorifier dans toutes les situations de notre vie.

> Voyez, près de son fils, une mère attentive
> Elle veille sans cesse, inquiète et craintive,
> Pour diriger ses pas.
> Notre âme attend de nous la même vigilance ;
> Et tandis qu'à grands pas vers la fin tout s'avance,
> Frères, ne dormons pas. Amen.

SAMEDI (Soir).

Fortifiez vos mains languissantes, et vos genoux affaiblis ; et faites à vos pieds un chemin droit, afin que ce qui cloche ne se dévoie pas, mais plutôt qu'il soit guéri. Recherchez la paix avec tous, et la sanctification, sans laquelle personne ne verra le Seigneur. (Hébr. 12, 12-14).

Méditation.

Le chrétien doit, pendant sa vie entière, poursuivre une œuvre qui exige de grands combats : c'est l'œuvre de la sanctification, l'édification d'une maison spirituelle, la transformation du cœur en un temple de Dieu. Dieu demande notre cœur pour lui seul, mais nous ne pouvons le lui donner qu'en luttant contre nos ennemis intérieurs, qui défendent le terrain pas à pas. Il nous est impossible d'aimer Dieu sans rencontrer dans notre cœur des puissances ennemies qui lui en disputent la domination. Renverser ces idoles, crucifier le vieil homme, est un travail qui ne peut se faire sans luttes. Et cependant ce que le Seigneur nous demande ne dépasse pas les forces humaines, car il ne nous impose aucun devoir sans nous donner en même temps les moyens de l'accomplir.

PRIÈRE.

Dieu fort et plein d'amour! Tu nous aides et tu combats pour nous ; c'est là ce qui nous rassure quand nous pensons à l'œuvre de notre sanctification à laquelle tu nous appelles. Oui, tu es puissant pour nous faire triompher de tous les péchés qui nous font la guerre, et pour nous affermir dans ta grâce. Viens donc à notre secours, donne-nous l'énergie et la force nécessaires pour sortir victorieux de toutes les tentations, et pour détacher notre cœur de tout ce qui n'est pas conforme à ta sainte volonté. Nous nous remettons entre tes mains, nous te prions de nous rendre fidèles dans les moindres choses. Augmente notre foi en Celui qui peut tout accomplir en nous, qui après nous avoir sauvés, veut nous sanctifier parfaitement, et nous aider à marcher dans les bonnes œuvres qu'il a préparées pour nous. Dirige nos pensées, nos paroles et nos actions, rends-nous capables de te servir et de te glorifier, afin que nous te soyons agréables en Jésus. — Prends-nous, avec les nôtres, sous ta sainte garde pendant cette nuit ; préserve-nous de tout mal, et bénis-nous abondamment dans tes compassions infinies.

Cherchons en Dieu notre bonheur,
    Car sa faveur
    Est éternelle.
Il ne demande en retour
    De son amour
    Qu'un cœur fidèle.
Aimons et servons constamment
    Ce Dieu clément.
    Que notre vie,
Par la pureté de nos mœurs
    Et de nos cœurs
    Le glorifie.
Heureux qui s'attache par choix
    Aux saintes lois
    De sa justice!
Il jouira des biens parfaits
    Et de la paix
    D'un Dieu propice.   Amen.

Cinquième Semaine après la Trinité.

DIMANCHE (Matin).

Comme Jésus était sur le bord du lac de Génézareth, la foule se jetait sur lui pour entendre la Parole de Dieu. Et ayant vu, au bord du lac, deux barques, dont les pêcheurs étaient descendus et lavaient leurs filets, il monta dans l'une de ces barques, qui était à Simon, et il le pria de s'éloigner un peu du rivage, et s'étant assis, il enseignait le peuple de dessus la barque. Quand il eut cessé de parler, il dit à Simon : Avance en pleine eau, et jetez vos filets pour pêcher. Simon lui répondit : Maître, nous avons travaillé toute la nuit sans rien prendre ; toutefois, sur ta parole, je jetterai le filet. Et l'ayant fait, ils prirent une grande quantité de poissons ; et comme leur filet se rompait, ils firent signe à leurs compagnons, qui étaient dans l'autre barque, de venir leur aider ; ils y vinrent et ils remplirent les deux barques, tellement qu'elles s'enfonçaient.

(St. Luc 5, 1-7).

MÉDITATION.

Les travaux de l'homme n'ont pas toujours les mêmes succès. On voit souvent avec une douloureuse surprise qu'un tel réussit en tout sans efforts et sans mérite, tandis que tel autre échoue dans toutes ses entreprises, malgré les plus brillantes perspectives, malgré l'intelligence et la sagesse de ses mesures. Après s'être avancé dans la vie avec toute l'énergie de la jeunesse, il a fait naufrage ; sa barque a fait eau partout, il a été trompé dans ses espérances et il cherche le port qui doit le sauver. Ils sont nombreux ceux qui disent : « Notre vie n'a été qu'une sombre nuit, pleine d'angoisses et de peines inutiles ; nous aussi nous avons travaillé toute la nuit et nous n'avons rien pris. » En est-il ainsi pour nous ? N'avons-nous recueilli des expériences de la vie que le sentiment d'avoir été trompés dans nos espérances, et la douleur de voir que toutes les choses terrestres sont éphémères ? Les peines et les souffrances n'ont-elles pas produit chez nous une bénédiction éternelle et un fruit paisible de justice ? S'il n'en était pas ainsi, nous serions bien pauvres et nous aurions, en effet, travaillé en vain. Allons à l'école de notre divin Maître ; ouvrons-lui notre cœur avec amour et avec confiance ; nous aurons peut-être plus de succès quand, sur sa parole, nous ferons un nouvel essai, en nous confiant en sa force et non en la nôtre. Et dussions-nous ne pas avoir de succès extérieur, ce serait déjà assez de bénédiction, si la paix et la joie étaient répandues dans nos cœurs par le St-Esprit. Nous n'aurons pas vécu ni travaillé en vain, si, riches ou pauvres, heureux ou malheureux dans notre situation extérieure, nous devenons riches en Dieu et mûrs pour la vie éternelle.

PRIÈRE.

Seigneur, notre Dieu, Père de tous les hommes, et aussi notre Père en Jésus-Christ ! Tu nous as bénis et gardés jusqu'à ce jour. Nous te remercions de toutes tes grâces temporelles, mais nous te bénissons surtout de tous les dons qui concernent le bien de nos âmes, de ce jour de repos, de ta sainte Parole et des espérances éternelles que tu nous y donnes. Sanctifie-nous dans la vérité, ta Parole est la vérité. Fais que tout ce qui nous arrive serve à porter nos regards vers toi et à nous faire croître dans la foi, dans l'espérance et dans la charité ! Bénis-nous, aide-nous à te glorifier dans notre activité et dans notre repos, dans nos peines et dans nos joies. Qu'à l'exemple de l'apôtre Pierre sur le lac de Génézareth, nous sachions obéir, dès que tu nous fais connaître ta volonté. Donne-nous chaque jour une nouvelle fidélité pour la tâche que nous avons à remplir ici-bas ; si notre travail ne porte pas un fruit visible pour nous, ne permets pas que nous nous laissions aller au découragement ; qu'il nous suffise de savoir que tu nous regardes, que tu nous bénis, bon Père céleste, soit en nous accordant, soit en nous refusant le succès, car tu donnes à tes enfants ce qui est bon pour eux. Sois avec nous pendant ce jour, aide-nous à le sanctifier en tout ce que nous ferons et à le passer de telle sorte qu'il nous en reste une bénédiction pour le temps et pour l'éternité.

Marcher en ta présence,
Fidèle et doux Sauveur !
Dans une humble assurance
En ton bras, en ton cœur ;
Ne chercher qu'à te plaire
Dans tout ce que l'on fait,
C'est le ciel sur la terre,
C'est le bonheur parfait.

Ainsi, devant ta face
Conduis-nous chaque jour,
Et que l'Esprit de grâce
Verse en nous ton amour
Si le péril augmente,
Augmente-nous la foi.
Tu restes notre attente,
O Jésus, notre roi. Amen.

DIMANCHE (Soir).

Que celui qui veut aimer la vie et voir des jours heureux, garde sa langue du mal, et ses lèvres de paroles trompeuses ; qu'il se détourne du mal, et fasse le bien ; qu'il cherche la paix et la poursuive. Car les yeux du Seigneur sont sur les justes, et ses oreilles sont attentives à leur prière ; mais la face du Seigneur est contre ceux qui font mal. (1 Pierre 3, 10-12).

Méditation.

Qui n'a pas frémi d'horreur en pensant à la place énorme que le mensonge occupe dans la vie humaine, au sein de la société ? Chacun se dit bien, il est vrai, que c'est indigne et honteux ; mais chacun aussi, à peine rentré dans le tourbillon du monde, recommence à mentir. On aurait bien voulu s'affranchir de cette lourde chaîne, mais elle est dorée et, quoiqu'on soit son esclave, on tient à la conserver. Voulez-vous vous faire une idée de la puissance extraordinaire que le mensonge exerce parmi les enfants d'Adam ? Figurez-vous l'effroi que nous ressentirions si soudain nos poitrines étant devenues transparentes, nous pouvions lire mutuellement dans nos cœurs ! Et pourtant ceux qui se trompent ainsi sont frères et membres d'un même corps ! Efforçons-nous d'aimer la vérité, n'oublions pas que pour être vrai envers les hommes, il faut d'abord l'être envers Dieu et envers soi-même. Comment, en effet, celui qui ne sait pas être complètement vrai envers son Père au moment où il l'invoque, pourrait-il dans ses relations avec les hommes respecter la vérité ? Le Seigneur Jésus était la vérité même, sa conduite, ses paroles, ses actions étaient le miroir de son âme ; de sa bouche pure et pleine de grâce ne sortait que ce qui remplissait son cœur. Que notre regard soit toujours dirigé vers lui ; faisons en tout temps et avec une filiale obéissance ce que sa Parole nous commande et nous porterons les fruits de la vérité en suivant ses traces.

Prière.

Seigneur Jésus ! Fais-nous éprouver un ardent désir de t'imiter en toutes choses et de vivre de ta vie. Tu sais que par nous-mêmes nous sommes incapables de suivre le parfait modèle que tu nous as laissé, mais tu promets ton secours à ceux qui le recherchent avec un cœur sincère. Viens nous en aide, bon Sauveur, apprends-nous à marcher toujours sur le droit chemin, à régler nos paroles et nos actes sur ta Parole qui est la vérité. Et puisque c'est de l'abondance du cœur que la bouche parle, crée en nous un cœur nouveau, un cœur qui aime la vérité, afin que nous soyons vrais dans nos sentiments, dans nos pensées, dans nos paroles et dans toute notre conduite, vrais envers toi, envers le prochain, envers nous-mêmes. Pardonne-nous tous les péchés de la langue dont nous nous sommes rendus coupables ; rends-nous plus fidèles en toutes choses, fais que ce saint jour du repos que nous allons terminer contribue à nos progrès dans la sanctification et dans la vie chrétienne.

> Enseigne-nous toujours ce qu'il faut faire ;
> Inspire-nous tout ce qui peut te plaire ;
> Rends-nous pieux, humbles, sages et saints.
> Ne permets pas que, quand nous voulons vivre
> Selon tes lois, les pratiquer, les suivre,
> La chair, le monde empêchent nos desseins. Amen.

LUNDI (Matin).

Vous sondez les Ecritures, parce qu'en elles vous croyez avoir la vie éternelle, et ce sont elles qui rendent témoignage de moi. (St. Jean 5, 39).

Méditation.

Si nous lisons assidûment l'Ecriture sainte, elle devient pour nous ce qu'elle doit être : le livre de vie où nos besoins les plus profonds et les plus intimes trouvent leur satisfaction. Celui qui nourrit son âme des pensées de nos saints livres, sent son cœur s'ennoblir et se sanctifier sous leur influence. Mais il faut les lire dans un bon esprit et dans le but d'y trouver le salut de notre âme. S'il en est ainsi, le St-Esprit, qui a dirigé et éclairé l'esprit des prophètes et des apôtres, nous dirigera et nous pénétrera aussi, en nous faisant envisager le monde et les hommes, les choses et les situations de la vie à la lumière de l'éternelle vérité ; il rectifiera notre jugement, sanctifiera nos pensées et nos sentiments, et nous élèvera à ces hauteurs lumineuses, d'où nous contemplons le monde comme une terre étrangère. Nous nous sentons chez nous dans ces demeures célestes, dont les lois règlent déjà nos actes dans ce monde, et nous donnent un avant-goût de la gloire et de la vie éternelle.

Prière.

Dieu tout bon, notre Père céleste ! au moment de reprendre les occupations d'une nouvelle semaine, nous te prions d'être avec nous, afin que nous n'oubliions pas notre vocation céleste au milieu des travaux de notre vocation terrestre. Ne permets pas que rien de ce qui nous arrive, soit de joie, soit de peine, trouble notre paix et nuise à notre âme. Tu es notre Seigneur et Maître, de qui nous tenons tout, que nous devons servir en toutes choses et dans toutes les circonstances où nous nous trouvons placés. Apprends-nous à le faire fidèlement, à nous soumettre avec une confiance filiale à tes directions, et fais que ta sainte Parole devienne de plus en plus la règle de notre foi et de notre vie.

Trop souvent elle est sans racine,
  En un terrain pierreux ;
Le soleil vient, elle décline
  Sous l'ardeur de ses feux.

Ah ! plutôt que ton Evangile
  Germant dans notre cœur,
Chaque grain en rapporte mille,
  A ta gloire, ô Seigneur ! Amen.

LUNDI (Soir).

Eternel, tu m'as sondé, et tu m'as connu. Tu sais quand je m'assieds et quand quand je me lève, tu découvres de loin ma pensée. Tu vois quand je marche et quand je me couche ; tu connais parfaitement toutes mes voies. Même avant que la parole soit sur ma langue, voici, ô Eternel, tu la connais tout entière. (Ps, 139. 1-4).

Méditation.

Il n'y a rien en moi, rien en toutes mes œuvres que Dieu ne connaisse. Lorsqu'on croit véritablement en Dieu, peut-on se mettre en présence de cette pensée, sans qu'elle acquière en nous et sur nous une souveraine puissance ? Si nous étions bien convaincus qu'un œil d'homme, mais d'homme pur, voit tous nos pas, qu'une oreille d'homme, mais d'homme sanctifié, entend toutes nos paroles, n'en éprouverions-nous pas une salutaire influence ? Eh bien, l'œil de Dieu, l'oreille de Dieu sont toujours à nos côtés comme des témoins infatigables et incorruptibles ; et si nous n'avons pas éprouvé leur sanctifiante puissance, comment pouvons-nous dire que nous croyons ? Lorsque notre foi à cet œil infini qui découvre nos pensées de loin ne nous accompagne pas toujours et partout, et ne se montre pas à chaque instant de notre vie, cette foi n'est ni profonde, ni ferme, ni réelle. N'est-il pas vrai que souvent l'homme se dérobe, lui et ses œuvres, à l'œil de ses semblables, et que loin de leurs regards, il respire en liberté ? Il oublie, hélas ! qu'il est un œil auquel rien n'échappe, et que cet œil est celui de son *Juge*. Sachons donc que nous ne pouvons pas plus échapper au Dieu qui sait tout, qu'à son ciel dont la voûte immense se déroule de tous côtés autour de nous ! et puissions-nous en pensant à cet Etre si invisible et pourtant si près de nous, devenir **véritables dans nos paroles et dans nos œuvres !**

Prière.

O notre Dieu ! Nous nous humilions profondément devant toi dans le sentiment de notre indignité, nous te supplions de ne point entrer en compte avec nous et de nous pardonner dans ta grande miséricorde tout ce que ton saint regard découvre de péchés dans notre cœur et dans notre vie ! Donne-nous l'amour de la vérité en toutes choses ; que ton Esprit luise en nous et qu'avec son secours nous ayons toujours présente cette pensée que toutes choses sont nues et entièrement découvertes devant toi, afin que nous marchions dans les sentiers de la droiture et de la sainteté, que nous réglions toutes nos voies selon ta Parole. Qu'il nous soit doux en même temps de savoir que tu es un Dieu de près et non un Dieu de loin, que tu nous vois, que tu connais tous nos besoins et veux y pourvoir selon les richesses de ta grâce. Fais luire ta face sur nous pendant cette nuit ; soulage les âmes fatiguées, console et fortifie les malades et les affligés ; entoure-nous de ta protection, et garde-nous avec tous ceux qui nous sont chers, dans ton amour et dans ta paix en Jésus-Christ.

Dieu fort et grand, tu vois toute ma vie,
Tu m'as connu, tu m'as sondé des cieux.
Où puis-je fuir la science infinie ?
Eternel Roi, tu me suis en tous lieux.

Soit que je marche ou bien que je m'arrête,
Voici, Seigneur, tu te tiens près de moi ;
Et pour parler quand ma langue s'apprête,
Tout mon dessein est déjà devant toi.

Connaître, ô Dieu ! ton amour, ta puissance,
Sur mon sentier voir briller ta splendeur,
Sur toi fonder toute mon assurance,
Sont les seuls biens que souhaite mon cœur.   Amen.

MARDI (Matin).

Mon fils, ne méprise pas le châtiment du Seigneur, et ne perds point courage lorsqu'il te reprend ; car le Seigneur châtie celui qu'il aime, et il frappe de ses verges tout fils qu'il reconnaît.   (Hébr. 12, 5, 6).

Méditation.

Pour ceux qui savent changer leurs croix en bénédictions, il vient un moment où le découragement et la tristesse font place à la soumission et à la paix. Heureux ceux qui font cette expérience bénie ! Elle est réservée aux humbles et non aux âmes hautaines qui regimbent contre l'aiguillon. Un chemin long et pénible s'étend pour beaucoup d'âmes entre le moment où les afflictions semblent un sujet de tristesse, et celui où elles produisent un fruit paisible de justice. Il n'en serait point ainsi et bien des luttes nous seraient épargnées, si dès le jeune âge nous étions disciplinés à l'école du Seigneur, et exercés au renoncement et au sacrifice de notre volonté à la volonté divine. L'Esprit de Dieu est un Esprit de joie ; s'il permet que nous passions par la souffrance, c'est dans le but de nous conduire à une joie plus élevée, à une énergie plus grande, à une existence plus noble, à une harmonie plus pure et à un amour plus céleste.

Prière.

C'est par ta grâce, Seigneur, que nous revoyons la lumière de ce jour. Nous ne savons pas ce qu'il nous réserve ; nous ignorons les expériences qui nous attendent, mais nous regardons à toi et nous ne demandons qu'à être fidèles. Si c'est ta sainte et bonne volonté, conduis-nous par un chemin uni pour l'amour de ton Nom ; mais si tu veux que nous traversions des heures difficiles, fais que toutes les tribulations servent à développer, à fortifier et à sanctifier notre vie intérieure, et soient changées en bénédiction pour nous. Préserve-nous du péché. Donne-nous d'entendre ta voix au fond de notre conscience lorsque nous sommes sur le point de nous éloigner de toi ; fais-nous la grâce de pouvoir nous présenter avec joie devant ta face à la fin de ce jour, et te louer du fond du cœur pour la miséricorde et la fidélité que tu ne cesses de nous témoigner.

Un chrétien doit être fidèle,
Dans les tourments, jusqu'à la mort,
A notre Roi qui nous appelle,
Par l'orage, à chercher le port.
Souffrir sans murmure
La croix la plus dure,
C'est le chemin qu'il trace lui-même
Au bonheur sans fin, au bonheur suprême !

Ah ! donne-moi, Sauveur fidèle !
De vivre ainsi dans ton amour.
Sans toi Jésus ! ma foi chancelle ;
Sans toi je ne puis vivre un jour
Mais quand de ta grâce — Je sens l'efficace
Et le fort soutien,
Alors de l'orage — Je brave la rage ;
Je ne crains plus rien.   Amen.

MARDI (Soir).

Même jusqu'à la vieillesse, jusqu'à la blanche vieillesse, ô Dieu, ne m'abandonne pas ; jusqu'à ce que j'aie annoncé la force de ton bras à cette génération, ta puissance à tous ceux qui naîtront, et ta justice, ô Dieu, qui est haut élevée. Tu fais de grandes choses. O Dieu ! qui est semblable à toi ? Toi qui, m'ayant fait voir plusieurs détresses et plusieurs maux, reviens me rendre la vie, et qui me fais remonter hors des abîmes de la terre. Tu accroîtras ma grandeur, et tu me consoleras encore. Aussi je te louerai sur l'instrument du luth, pour ta fidélité, ô mon Dieu ! Je te psalmodierai sur la harpe, ô Saint d'Israël ! Mes lèvres, et mon âme que tu as rachetée, chanteront de joie quand je te psalmodierai.   (Ps. 71, 18-23).

Méditation.

Nous aurons à passer par des peines et des angoisses aussi longtemps que nous serons sur cette terre. A quoi serviraient les promesses consolantes de la Parole de Dieu, s'il n'en était pas ainsi? Dieu ne nous laissera et ne nous abandonnera pas. Ce qui importe, c'est que chacun, dès son jeune âge, cherche le Seigneur et mette sa confiance en lui. Nous nous demandons souvent : qu'adviendra-t-il de nous quand nous serons âgés et faibles, quand sonnera notre dernière heure? Rappelons-nous les promesses de l'Ecriture sainte, croyons que Dieu qui a été fidèle dans le passé le sera aussi à l'avenir, qu'il nous soutiendra, nous sauvera et pourvoira à tous nos besoins dans la vie et dans la mort.

Prière.

Dieu saint, éternel, puissant et miséricordieux ! Tu es notre retraite d'âge en âge. C'est en toi que nous avons la vie, le mouvement et l'être. Sois béni de ta fidélité et de ta miséricorde ! Tu nous as gardés, fortifiés, consolés ; tu nous as souvent conduits d'une manière étrange, mais toujours admirable. Nous louons ton saint Nom, nous te prions de veiller sur nous jusqu'à notre blanche vieillesse, et jusqu'en éternité, où tu nous rassasieras de tes biens célestes, pour l'amour de Jésus-Christ, notre Sauveur.

Tu m'as instruit dès ma jeunesse,
   Et moi j'ai raconté
   Ta force et ta bonté.
Veuille, ô mon Dieu, sur ma vieillesse,
   Répandre ta lumière,
   Jusqu'à l'heure dernière.

Ma bouche d'une joie extrême,
   Veut sans cesse, ô Seigneur,
   Chanter à ton honneur ;
Mon âme te bénit de même,
   Par son zèle élevée
   Vers toi qui l'a sauvée. Amen.

MERCREDI (Matin).

Affectionnez-vous aux choses d'en haut, et non à celles de la terre ; car vous êtes morts, et votre vie est cachée avec Christ en Dieu ; mais quand Christ, qui est votre vie, paraîtra, alors vous serez aussi manifestés avec lui dans la gloire. (Col. 3, 2-4).

Méditation.

La mort du vieil homme est la délivrance du péché. Vous êtes morts, ne veut pas dire : il ne vous est plus permis de jouir du monde, de vous occuper d'aucun intérêt terrestre, mais bien : l'esprit mondain n'est plus en vous, vous avez donné votre cœur à Dieu, vous avez trouvé en lui la véritable vie. Cette vie, il est vrai, est une vie cachée ; on ne l'affiche pas au dehors, mais ses effets se manifestent sans qu'on en parle. Avec la vie en Christ, nous avons l'Esprit et la paix de Christ. Sans doute la vie divine ne restera pas toujours cachée ; sa force et sa beauté se manifesteront, lorsque le Christ lui-même apparaîtra dans sa gloire.

PRIÈRE.

Dieu saint et miséricordieux ! Tu veux que nous soyons tes enfants, que nous ne restions pas dans les ténèbres du péché et de la mort, mais que nous arrivions à la vraie vie, que ton cher Fils, notre Seigneur Jésus, nous donne. Nous te remercions du fond du cœur de cette grâce ineffable, nous te prions de nous délivrer de la puissance du mal, d'étouffer en nous toute impureté et tout sens charnel, afin que nous ne vivions plus pour nous-mêmes, mais pour celui qui est mort et ressuscité pour nous. Remplis-nous de l'Esprit de Christ ; accorde-nous le salut et la paix, et lorsque le Christ qui est notre vie paraîtra un jour, fais-nous la grâce de paraître avec lui, et d'être rendus participants de sa gloire.

J'annoncerai, quoi qu'on dise ou qu'on fasse,
Ta loi si sainte, et dirai hautement
Qu'avec plaisir j'en veux suivre la trace.
Veuille, Seigneur, veuille donc promptement
Pour mon secours ta forte main étendre,
Car je m'attache à ton commandement.
C'est de toi seul que je veux tout attendre,
Et désormais, mon unique plaisir
Sera celui qu'en ta loi je veux prendre,
Puisqu'au bercail tu m'as fait revenir.   Amen.

MERCREDI (Soir).

Recommande aux riches du présent siècle de n'être point orgueilleux, de ne point mettre leur confiance dans l'incertitude des richesses, mais dans le Dieu vivant, qui nous donne toutes choses abondamment pour en jouir ; de faire le bien, d'être riches en bonnes œuvres, prompts à donner, faisant part de leurs biens, s'amassant ainsi pour l'avenir un trésor placé sur un bon fonds, afin d'obtenir la vie éternelle.   (1 Tim. 6, 17-19).

MÉDITATION.

Les riches ont sur d'autres le privilège de pouvoir devenir riches en bonnes œuvres. Il est vrai qu'il faut du renoncement pour employer sa fortune à faire le bien, quoique l'Ecriture sainte dise qu'il y a plus de bonheur à donner qu'à recevoir.

Bien des riches ne peuvent se résoudre à délier leur bourse ; ah ! ils devraient songer quelquefois à leur situation au grand jour des rétributions où ils se verront seuls, alors qu'ils auraient pu voir à leurs côtés ceux à qui ils avaient l'occasion de faire du bien. Il y a là matière à réflexion pour tous, même pour ceux qui ne sont pas comblés des biens de ce monde. On peut consoler et réjouir les cœurs, être aimable, rendre service, conseiller, aider, se dévouer, sans disposer de grandes ressources. C'est ainsi que le plus pauvre peut devenir riche en bonnes œuvres, et plus il est pauvre, plus Dieu aura égard à ce qu'il aura fait pour lui.

PRIÈRE.

O Dieu, notre bon Père céleste, qui as créé le monde par ta Parole toute-puissante, et qui l'as conservé jusqu'à ce jour, nous te bénissons de ce que tu as aussi jeté sur nous, pauvres pécheurs, un regard d'amour, et de ce que tu nous accordes tous les biens nécessaires à notre vie terrestre. Tu es riche en grâce et en miséricorde ; nous sommes indignes de tes dons, et des bénédictions que nous recevons chaque jour de ta main. Ne nous retire pas ton secours, mais daigne continuer à prendre soin de nous dans ta bonté infinie. Donne-nous aussi des cœurs contents et reconnaissants qui ne s'attachent pas aux choses terrestres, mais qui aient faim et soif du véritable pain de vie, et qui cherchent les biens célestes que tu nous as préparés par Jésus-Christ, ton cher Fils, notre Seigneur. Apprends-nous à exercer la charité autour de nous et à faire part de nos biens à ceux qui sont dans le besoin. Fais-nous comprendre qu'il y a plus de bonheur à donner qu'à recevoir, et ouvre-nous les yeux sur toutes les occasions que tu mets sur notre chemin, pour faire cette expérience bénie.

> Au banquet préparé par les mains libérales,
> Ce n'est par pour nous seuls que tu nous fais asseoir ;
> En faisant de tes dons tant de parts inégales,
> C'est nous dire : « Il vaut mieux donner que recevoir. »
>
> O Dieu, qui nous permets de nous unir aux anges,
> Pour exalter ta gloire et ta fidélité,
> Que des dons généreux, mêlés à nos louanges,
> Te prouvent, en ce jour, notre sincérité ! Amen.

JEUDI (Matin).

Que votre parure soit l'incorruptibilité d'un esprit doux et paisible, qui est d'un grand prix devant Dieu. (1 Pierre 3, 4).

Méditation.

L'incorruptibilité d'un esprit doux et paisible, est d'un grand prix devant Dieu. On n'y arrive pas avant d'avoir réussi, par la grâce de Dieu, à vaincre l'égoïsme, et à ne vouloir autre chose que la bonne et sainte volonté de Dieu. Celui qui est revêtu de cet esprit, estime les choses et les hommes à leur juste valeur et ne se laisse pas éblouir par l'éclat extérieur. Il apprend à souffrir avec patience et soumission, et à comprendre les magnifiques pensées de Dieu, qui sont cachées dans les événements douloureux qu'il nous envoie.

Prière.

Père céleste ! Accorde-nous un esprit doux et paisible non seulement aujourd'hui, mais tous les jours de notre vie, et donne-nous de chercher à faire en toutes choses ta sainte volonté. Aide-nous à triompher de l'égoïsme et de tout péché en nous, afin qu'au milieu de toutes les tempêtes de la vie, nous conservions au fond du cœur ta paix qui surpasse toute intelligence. Inspire-nous ces sentiments de bienveillance, de patience, d'humilité qui doivent animer tes enfants, aide-nous à nous montrer en tout temps les disciples du Maître qui était doux et humble de cœur. Sanctifie-nous, Seigneur, fais que nous devenions tous, pour ceux qui nous entourent, une source de vie et de bénédiction.

Ah ! donne à mon âme
Plus de sainteté,
Plus d'ardente flamme,
De sérénité ;
Plus de confiance
Pour rester debout,
Plus de patience
Pour supporter tout.

Donne à ton service,
Un cœur plus joyeux,
Prompt au sacrifice,
Toujours sous tes yeux
Qui chante et qui tremble,
Humble en sa ferveur ;
Un cœur qui ressemble
Au tien, mon Sauveur. Amen.

JEUDI (Soir).

La science enfle, mais la charité édifie. Et si quelqu'un croit savoir quelque chose, il ne sait encore rien comme il faut savoir. Mais si quelqu'un aime Dieu, Dieu est connu de lui. (1 Cor. 8, 1-3).

Méditation.

Nous avons à apprendre aussi longtemps que nous sommes sur cette terre ; mais la science n'a de valeur que lorsqu'elle nous aide à poursuivre le but le plus élevé de la vie, et qu'elle exerce sur nous une influence sanctifiante. Un homme peut unir aux connaissances les plus étendues l'éducation la plus soignée ; mais si dans sa sagesse propre il oublie de se préparer pour l'éternité, s'il passe froidement et égoïstement à côté de son prochain en détresse sans s'en émouvoir, s'il fait naufrage quant à la foi et à l'espérance chrétiennes, son sort n'est nullement enviable. Mille fois plus heureux est le plus humble ouvrier, qui est à son travail depuis l'aube du jour jusqu'à la nuit, qui n'a d'autre rayon de soleil que sa foi à l'amour et à la fidélité de son Dieu, dont il reçoit le pain quotidien pour le corps et pour l'âme ! Il puise chaque jour de nouvelles forces à la source de la Parole de Dieu. Les nécessités et les peines de la vie le poussent à la prière, et il éprouve toujours à nouveau le puissant secours de son Père céleste.

PRIÈRE.

Dieu fidèle ! Tu veux que tous les hommes soient sauvés et qu'ils arrivent à la connaissance de la vérité. Nous te prions de nous faire la grâce de connaître toujours mieux les choses qui vont à notre paix et de nous donner avec la connaissance la volonté et l'exécution. Enrichis-nous en charité et en humilité, pardonne-nous toutes les paroles qui ont manqué d'amour, tous les actes égoïstes que nous avons à nous reprocher. Transforme-nous toujours plus à l'image de notre Sauveur ; que nous apprenions de lui cette charité patiente, pleine de bonté et d'indulgence dont il use sans cesse envers nous, malgré nos péchés, nos misères, notre peu d'amour. Apprends-nous à mieux t'aimer, à te servir plus fidèlement. Garde-nous pendant cette nuit, mets-nous à couvert sous l'ombre de tes ailes ; exauce-nous dans tes compassions infinies.

> Que sert à mon esprit de percer les abîmes
> Des mystères les plus sublimes
> Et de lire dans l'avenir?
> Sans amour, ma science est vaine,
> Comme le songe, dont à peine
> Il reste un léger souvenir.
>
> L'amour sur tous les dons l'emporte avec justice,
> De notre céleste édifice
> La foi vive est le fondement ;
> La sainte espérance l'élève ;
> La tendre charité l'achève
> Et l'assure éternellement. Amen.

VENDREDI (Matin).

Frères, si un homme a été surpris en quelque faute, vous qui êtes spirituels, redressez-le dans un esprit de douceur. Prends garde à toi-même, de peur que tu ne sois aussi tenté. Portez les fardeaux les uns des autres et accomplissez ainsi la loi de Christ. Car si quelqu'un pense être quelque chose, quoiqu'il ne soit rien, il se séduit lui-même. Mais que chacun éprouve ses actions, et alors il aura sujet de se glorifier, pour lui-même seulement, et non par rapport aux autres ; car chacun portera son propre fardeau.

(Gal. 6, 1-5).

Méditation.

Nous ne devons pas attendre de ceux qui nous entourent, qu'ils répondent à nos inclinations et à nos goûts, pour trouver de la satisfaction dans nos rapports avec eux. Il nous est salutaire d'avoir quelquefois des efforts à faire pour vivre ensemble en bonne harmonie. C'est un exercice de renoncement et d'amour qui nous sera facile, si nous suivons les exhortations de l'apôtre. Avoir un esprit doux et paisible, prendre garde à son propre cœur, se surveiller soi-même, porter les fardeaux les uns des autres : ce sont là des règles d'or que nous devons nous efforcer de suivre. En y conformant notre vie, nous apprendrons à ne pas être exigeants pour ceux avec lesquels nous sommes appelés à vivre.

Prière.

Bon Père céleste ! Accorde-nous ton secours pour régler notre vie sur ta Parole et pour accomplir en toutes choses ta bonne et sainte volonté. Enseigne-nous à renoncer à nos goûts et à nos convenances, à sacrifier nos plaisirs et nos intérêts à ceux des autres, et montre-nous ce que nous pouvons faire pour rendre plus douce la vie de ceux qui nous entourent. Dépouille-nous de l'égoïsme ; mets dans nos cœurs la bonté, l'indulgence, le dévouement ; aide-nous à porter nos regards sur celui qui est non seulement notre Sauveur, mais aussi notre modèle, et qui seul peut nous rendre capables de le suivre. Opère en nous par ta grâce tout ce qui t'est agréable ; rends-nous toujours plus fidèles à notre vocation de chrétiens.

Oh ! que ton Esprit de grâce,
De foi, d'amour et de paix,
Nous entraînant sur ta trace,
A toi nous lie à jamais.
De l'union fraternelle
Fais-nous goûter la douceur,
Et remplis-nous d'un saint zèle
Pour ta cause, ô bon Sauveur.

A tes pieds, sainte victime,
Chaque pécheur racheté
Se sent confus et réprime
Toute propre volonté.
Il ne vit plus pour lui-même,
Mais pour toi, céleste Epoux,
Et quitte tout ce qu'il aime
Pour se faire tout à tous. Amen.

VENDREDI (Soir).

Tu viendras jusqu'ici, et tu n'iras pas plus loin ; ici s'arrêtera l'orgueil de tes flots. (Job 38, 11).

Méditation.

C'est ainsi que parle le Dieu tout-puissant en opposant une digue aux flots impétueux de la mer. Les vagues écumantes ne peuvent aller au-delà de la limite assignée. Mais cet ordre n'est pas donné qu'aux eaux de l'Océan. Il s'adresse également aux peuples qui s'agitent, aux soucis rongeurs qui assaillent notre cœur. Lorsque nous nous voyons pressés de tous les côtés, lorsque la maladie, les soucis du pain quotidien, les tribulations de toutes sortes, nous entourent comme des eaux en fureur, le Seigneur peut dire : Vous irez jusqu'ici et pas plus loin. Notre Dieu vit et vivra éternellement. Ne craignons pas, croyons seulement. Il y a une mesure et un terme à toute chose en ce monde. Tout ce qui est élevé doit s'incliner, toutes les vagues doivent se briser devant Celui qui seul est tout-puissant. Remets tes voies à l'Éternel et te confie en lui, et il agira.

Prière.

Dieu fidèle et tout-puissant ! C'est avec confiance et gratitude que nous élevons nos cœurs à toi, parce que tu es notre Père fidèle, qui n'abandonnes jamais tes enfants. Ton bras n'est pas raccourci ; tu peux toujours venir à notre aide. Augmente-nous la foi en ta puissance, en ta fidélité, en ton amour ; apprends-nous à nous reposer en paix sur tes promesses si certaines. Que dans toutes nos détresses nous sachions compter sur ton secours, et entendre la voix de Celui qui apaise le bruit des flots et le tumulte de nos pauvres cœurs.

Confions-nous en son pouvoir ;
Ne craignons point, il est fidèle.
Son prompt secours nous fera voir
Que sa puissance est éternelle.

Oui, notre Roi garde ses saints
Sous le sceptre de sa puissance ;
Remettons-nous en assurance
Et pour toujours entre ses mains. Amen.

SAMEDI (Matin).

En ceci est l'amour, c'est que ce n'est pas nous qui avons aimé Dieu, mais que c'est lui qui nous a aimés et a envoyé son Fils en propitiation pour nos péchés. (1 Jean 4, 10).

Méditation.

S'il est des âmes angoissées qui soupirent après la délivrance du péché, après la grâce, le pardon et un cœur nouveau, qu'elles se rassurent! Dieu nous a aimés de toute éternité et nous a envoyé son Fils. Tous nos péchés, quels qu'ils soient, ne doivent pas nous empêcher de chercher et de trouver en lui le pardon et la paix. Il n'y a qu'une chose qui puisse nous éloigner de la grâce de Dieu et nous en exclure, c'est l'incrédulité. Par la foi en Jésus-Christ, notre Seigneur et Sauveur, nous sommes faits enfants de Dieu, nous goûtons abondamment et journellement son amour, qui se répand comme un fleuve dans nos cœurs, et nous porte à l'aimer en retour. Nous pensons sans crainte à la mort et à l'éternité, parce que nous savons que rien ne peut nous séparer de l'amour de Dieu, qui nous a été révélé en Jésus notre Sauveur.

Prière.

Dieu miséricordieux! Ce n'est pas nous qui t'avons aimé les premiers, mais c'est toi qui nous as aimés de toute éternité, et qui as livré ton Fils à la mort pour nous. Tu nous dis dans ta Parole : « Je ne mettrai point dehors celui qui viendra à moi. » Oh! donne-nous d'aller toujours à toi avec une humble et ferme confiance ; de croire que tu as tout accompli pour notre délivrance, et que tu es un sûr asile pour tous les pécheurs repentants. C'est pour eux que tu es venu, que tu as souffert ; aucun de ceux qui espèrent en toi ne sera confus. Ouvre nos cœurs à toutes les grâces que tu nous offres, afin que, sauvés par ton amour, sanctifiés par ton Esprit, nous soyons à toi pour le temps et pour l'éternité.

> O mon Sauveur! j'ai mis mon espérance
> Dans ton amour tant de fois éprouvé.
> C'est de toi seul que vient la délivrance:
> Je veux bénir celui qui m'a sauvé!
> Il faut aimer le Dieu qui nous délivre ;
> Dès qu'on l'invoque on le voit accourir.
> C'est pour l'aimer, c'est pour lui qu'il faut vivre,
> Et c'est en lui surtout qu'il faut mourir. Amen.

SAMEDI (Soir).

Béni soit l'homme qui se confie en l'Eternel, dont l'Eternel est la confiance ! Il sera comme un arbre planté près des eaux, qui étend ses racines le long d'une eau courante et qui, lorsque vient la chaleur, ne la craint point, mais dont la feuille est verte; il n'est point en peine dans l'année de sécheresse, et ne cesse pas de porter du fruit. (Jér. 17, 7, 8).

Méditation.

Un arbre planté et profondément enraciné près des eaux

courantes, est assez vigoureux pour résister aux ardeurs du soleil ; il en est de même de la confiance qui se fonde sur le Seigneur ; elle porte son fruit en son temps. Moïse regardait au Dieu invisible, comme s'il le voyait. Ce n'est pas chose facile, mais l'homme qui a sa confiance en l'Eternel est abondamment béni, il a la paix, la joie, la vie éternelle. N'attendons pas que tous les appuis humains se soient effondrés ; il serait trop tard pour trouver une consolation à leur perte. Le cœur a besoin d'un bien éternel et incorruptible. Dieu seul est éternel.

PRIÈRE.

Oui, Seigneur, tu es un appui qui ne peut jamais nous manquer ; un bien qui ne peut pas nous être ravi. C'est en toi que notre cœur cherche le salut et la paix. O notre Dieu, fortifie notre foi, rends-la inébranlable. Fais maintenant le silence en nous et autour de nous ; éloigne tous les bruits de la terre, daigne nous préparer par de bonnes dispositions au jour de demain, qui doit t'être particulièrement consacré, afin que ce jour soit abondamment béni pour nos âmes. Accorde-nous cette grâce qu'au fur et à mesure que les jours et les semaines s'écoulent et nous rapprochent de l'éternité, nous soyons mieux préparés pour recevoir de ta main l'héritage incorruptible de gloire que tu réserves à tes enfants.

> Tel que l'on voit, sur le bord d'un ruisseau,
> Croître et fleurir un arbre toujours beau,
> Et qui ses fruits en leur saison rapporte
> Sans que jamais sa feuille tombe morte :
> Tel est le juste, et tout ce qu'il fera
> Selon ses vœux toujours prospérera.   Amen.

Sixième Semaine après la Trinité.

DIMANCHE (Matin).

Je vous dis que si votre justice ne surpasse celle des scribes et des pharisiens, vous n'entrerez point dans le royaume des cieux. Vous avez entendu qu'il a été dit aux anciens : Tu ne tueras point ; et celui qui tuera sera punissable par les juges. Mais moi je vous dis que quiconque se met en colère contre son frère sans cause, sera punissable par le tribunal ; et celui qui dira à son frère : Raca (homme de rien), sera punissable par le conseil ; et celui qui lui dira : Fou, sera punissable par la géhenne du feu. Si donc tu apportes ton offrande à l'autel, et que là tu te souviennes que ton frère a quelque chose contre toi, laisse là ton offrande devant l'autel, et va-t'en premièrement te réconcilier avec ton frère; et après cela viens et présente ton offrande. Accorde-toi au plus tôt avec ta partie adverse, pendant que tu es en chemin avec elle, de peur que ta partie adverse ne te livre au juge, et que le juge ne te livre au sergent, et que tu ne sois mis en prison. Je te le dis en vérité, tu ne sortiras pas de là que tu n'aies payé le dernier quadrain. (St. Matth. 5, 20-26).

Méditation.

Le Seigneur oppose avec autorité ces paroles : « Mais moi je vous dis, » aux commandements qui avaient été donnés aux anciens. Il veut nous faire comprendre qu'il exige plus que l'intégrité selon la loi humaine et l'honnêteté vulgaire. Bien des chrétiens de nom se consolent sur leur lit de mort par la pensée qu'ils n'ont pas volé, qu'ils n'ont jamais fait d'injustice à personne, qu'ils n'ont pas été traduits devant les tribunaux ; mais Jésus nous fait voir que le meurtre aux yeux de Dieu et de la justice éternelle, ne consiste pas seulement à plonger le fer dans le corps du prochain, à souiller sa main de sang humain, mais aussi dans les paroles dures qui blessent, dans les sentiments de haine, de vengeance et d'envie que nous nourrissons dans le cœur. Celui qui hait son frère, dit Jésus-Christ, est un meurtrier. Le chrétien pardonne non seulement à son ami et à son frère, mais aussi à son ennemi et à son adversaire. Lorsque tu apportes ton offrande à l'autel, ou lorsque le soir tu te présentes devant la face de ton Père céleste, et que tu sens que tes rapports avec les tiens ou avec d'autres personnes sont troublés, n'aie point de repos jusqu'à ce que tout soit en règle, car la colère et la haine empêchent la prière de parvenir jusqu'au ciel. Plus nous nous exerçons au pardon et au support, plus nous triomphons de notre propre *moi*, plus l'esprit de Dieu gagne de terrain en nous, pour nous transformer à l'image de Christ, jusqu'à ce qu'un jour nous soyons arrivés au but, au séjour des cieux où nous serons parfaits, comme notre Père qui est dans les cieux est parfait.

Prière.

Dieu fidèle ! Qui sièges dans ton sanctuaire éternel, nous nous humilions devant ta sainteté et ta grandeur dans le sentiment de notre pauvreté et de notre culpabilité. Toute notre justice est devant toi comme un linge souillé, mais dans ton amour ineffable tu veux nous recevoir tels que nous sommes et nous t'en rendons grâces. Fais-nous sentir toute notre faiblesse, notre état de péché et de condamnation ; fais que renonçant à toute justice propre, nous allions dans la foi à Jésus pour être revêtus de sa parfaite justice, afin de pouvoir subsister un jour devant ta face. Enlève de nos cœurs tout ce qu'il y a d'esprit hautain, d'amour-propre, de haine ; remplis-les par ton Esprit des sentiments que tu demandes de tes enfants ; aide-nous à marcher plus fidèlement sur les traces de Jésus que tu nous as donné comme Sauveur et comme modèle.

> Oui, mon Dieu, quand mes mains de tout mon héritage
> Aux pauvres feraient le partage ;
> Quand même pour le nom chrétien,
> Bravant les croix les plus infâmes,
> Je livrerais mon corps aux flammes,
> Si je n'aime, je ne suis rien.
>
> Un jour Dieu cessera d'inspirer les oracles ;
> Le don des langues, les miracles,
> La science aura son déclin ;
> L'amour, la charité divine,
> Eternelle en son origine,
> Ne connaîtra jamais de fin. Amen.

DIMANCHE (Soir).

Ne savez-vous pas que nous tous qui avons été baptisés en Jésus-Christ, nous avons été baptisés en sa mort ? Nous avons donc été ensevelis avec lui par le baptême en sa mort, afin que, comme Christ est ressuscité des morts par la gloire du Père, de même nous marchions, nous aussi, dans une vie nouvelle. Car si, lui devenant semblables dans sa mort, nous avons été faits une même plante avec lui, nous le serons aussi dans sa résurrection, sachant que notre vieil homme a été crucifié avec lui, afin que le corps du péché soit détruit, et que nous ne soyons plus asservis au péché. Car celui qui est mort, est affranchi du péché. Or, si nous sommes morts avec Christ, nous croyons que nous vivrons aussi avec lui, sachant que Christ ressuscité des morts, ne meurt plus, et que la mort n'a plus de pouvoir sur lui. (Rom. 6, 3-9).

MÉDITATION.

Nous tous qui avons été baptisés en Jésus-Christ, avons été baptisés en sa mort. Notre acte de baptême est pour ainsi dire un acte de décès du vieil homme. Si donc nous avons été ensevelis avec lui par le baptême en sa mort, nous ressusciterons aussi avec lui par la gloire du Père, et nous marcherons dans une vie nouvelle. De même que Pâques suit le Vendredi-Saint, de même la résurrection de l'homme nouveau succède au crucifiement de l'homme terrestre. Le divin Ressuscité règne dans notre cœur, nous entendons sa voix qui nous exhorte, le feu de son amour nous purifie, et sa charité nous subjugue. Jésus-Christ, ressuscité des morts, ne mourra plus, ni là-haut dans le ciel, ni dans le cœur de ses fidèles.

PRIÈRE.

Nous terminons ce saint jour en regardant à toi, Dieu fidèle, notre Père céleste en Jésus-Christ ! Nous te rendons grâces pour toutes les bénédictions temporelles et spirituelles que tu nous as accordées ; nous nous remettons entre tes mains paternelles pour cette nuit, avec tous ceux que nous aimons. Donne-nous de placer notre confiance en toi, de ne jamais oublier qu'au sein même des afflictions tu es avec nous, que tu ne veux que la mort de notre vieil homme, afin que nous ressuscitions à une vie nouvelle. Détache nos cœurs des choses vaines et passagères ; que l'avancement de ton règne, l'obéissance à ta sainte volonté, le salut de nos âmes soient notre première préoccupation. Aide-nous à profiter de tous les moyens de grâce dont tu nous entoures, à faire des progrès continuels dans la connaissance des choses qui appartiennent à notre paix et à notre bonheur éternel.

> Ah ! je les ai connus, les ennuis de la terre,
> Alors que je marchais seul avec ma misère ;
> Quand, loin de ton salut, loin de ton doux regard,
> Mes pas dans le désert s'avançaient au hasard.
> Mais tu parus, Seigneur ! et tu rompis ma chaîne
> Devant ton grand amour se dissipa ma peine.
> Ineffable transport ! quand j'appris par la foi
> Que ton salut, ta paix, ton ciel était à moi.
> Aplanis mon sentier ; que ma paix, comme un fleuve,
> Coule vers l'avenir, même au sein de l'épreuve.
> Que toujours ton Esprit fasse abonder en moi,
> Nombreux comme les flots, les saints fruits de la foi ! Amen.

LUNDI (MATIN).

Heureux les débonnaires : car ils hériteront de la terre. (St-Matth. 5, 5).

MÉDITATION.

Nous sommes naturellement disposés à nous faire valoir ; mais l'Esprit du Christ nous apprend à nous attendre à Celui qui juge justement. Nous sommes prompts à nous emporter, lorsque nous nous croyons lésés dans nos droits, au lieu de supporter l'injustice comme une épreuve que le Seigneur permet.

Nous sommes froissés dès que nous nous voyons méconnus par nos semblables, tandis que, guidés par le St-Esprit, nous désirons avant tout que Dieu nous regarde d'un œil favorable, que nous soyons trouvés au nombre de ceux qu'il reconnaît comme siens ; et nous n'attachons de prix à l'approbation des hommes, qu'en tant qu'elle peut servir la cause de Dieu et non la nôtre. C'est là le caractère des débonnaires, que le Seigneur déclare heureux ; ils renoncent à eux-mêmes n'ayant en vue que sa gloire et l'avancement de son règne. Leur saint modèle, Jésus qui est mort sur la croix, d'une mort ignominieuse, est maintenant assis sur le trône à la droite de Dieu, et tout genou fléchira devant lui. Le chemin de la souffrance est aussi celui par lequel il conduit ses enfants ; mais au milieu des larmes, ils prient, espèrent et attendent ; ils savent que leur cause est celle de leur divin chef, et qu'ils triompheront finalement par Celui qui reste vainqueur.

Prière.

C'est sous ton regard, Seigneur, que nous voulons commencer avec ce jour une nouvelle semaine de travail. Fais reposer ta bénédiction sur nous et sur tout ce que nous ferons. Accorde-nous ta grâce, maintiens-nous dans la voie de tes commandements. Donne-nous un esprit d'humilité, de douceur et de support ; que nous soyons débonnaires dans nos relations avec nos frères, calmes devant l'injustice, prêts à pardonner comme tu nous pardonnes. Aide-nous à posséder notre âme par la patience, au milieu des contrariétés de la vie ; rends-nous tels que nous devons être pour être les disciples de Celui qui était doux et humble de cœur. O notre Dieu fidèle, accomplis toute ton œuvre en nous pour l'amour de Jésus-Christ.

Jésus doux et débonnaire,
Qui, toujours lent à la colère,
Fus envers tous prompt au pardon,
Plein de support, d'indulgence,
Tu n'usas jamais de vengeance
Que pour ton Père et pour son nom.
Ah ! rends-moi patient,
Volontiers pardonnant
Les offenses.
Jésus, mon roi,
Accorde-moi
D'être doux et bon comme toi. **Amen.**

LUNDI (Soir).

Heureux ceux qui ont faim et soif de la justice, car ils seront rassasiés.

(St-Matth. 5, 6).

Méditation.

La justice, dans la pensée du Christ, est l'état auquel nous devons arriver dans notre vie intérieure et extérieure pour être agréables au Dieu saint. Le désir de cette justice a été déposé par Dieu lui-même dans le cœur de l'homme ; c'est une plante céleste, qui ne peut être arrachée et qui, au contraire, arrivera à la perfection. Celui qui revêt les lis des champs et leur donne une splendeur plus que royale, revêtira aussi du manteau de la justice divine celui qui lutte et qui prie. C'est pour cela que Jésus a été fait justice pour nous ; de sa bouche sont sorties ces paroles : Ceux qui ont faim et soif de justice seront rassasiés. Cette justice nous est appliquée par la foi ; il en découle par le St-Esprit une paix et une joie qui font de celui qui est en Christ une nouvelle créature. Rien ne saurait nous donner un sentiment plus élevé de la vocation à laquelle nous sommes appelés que de nous savoir revêtus par la foi de la justice de Christ.

Prière.

Qui sommes-nous, Seigneur ! pour oser nous présenter devant ta face ? Notre justice est comme un linge souillé. Ne permets pas que nous soyons de ceux qui se croient riches et disent qu'ils n'ont besoin de rien ; mais fais que nous recherchions avidement la seule chose nécessaire, à laquelle nous convie notre vocation céleste. Tu as toi-même mis dans nos cœurs le désir de la justice, tu réveilles en nous la faim et la soif de la posséder ; tu ne permettras pas que notre âme la désire en vain, mais tu viendras la rassasier en Jésus-Christ, qui a été fait justice pour nous. Nous savons, Seigneur, que ce qui reste inachevé ici-bas, tu le perfectionneras un jour ; nous avons foi dans tes promesses.

Qu'il est bon de l'avoir, Jésus, pour sacrifice,
Pour bouclier, pour roi, pour soleil, pour justice !
Qu'elle est douce la paix dont tu remplis le cœur !
Mon âme, égaie-toi, Jésus est ton Sauveur. Amen.

MARDI (Matin).

Heureux les miséricordieux ; car ils obtiendront miséricorde.

(St-Matth. 5, 7).

Méditation.

Toutes les souffrances, toutes les misères physiques et morales que nous rencontrons sur cette terre font appel à notre miséricorde ; les volontés les plus rebelles peuvent être gagnées par un cœur compatissant. Les exhortations, les conseils, les paroles de réprimande restent sans fruit, s'ils ne sont inspirés par l'amour ; les actes de notre vie sont sans valeur et sans effet, s'ils ne sont pénétrés d'un souffle de miséricorde. C'est là ce qui seul nous assure la victoire en ce monde, et un jugement miséricordieux pour nous-mêmes dans le ciel. Il ne nous sert de rien d'espérer le pardon, si notre cœur n'est pas disposé à pardonner, de nous reposer sur la miséricorde de Dieu, si nous ne sommes pas miséricordieux, et de nous glorifier de notre foi, si elle ne produit pas la charité. Ce n'est qu'en exerçant la miséricorde que nous pourrons subsister au jour du jugement.

PRIÈRE.

Seigneur Jésus, fidèle Sauveur, Samaritain compatissant ! Répands ton Esprit dans nos cœurs et apprends-nous à pratiquer la charité. Fais de nous des instruments de miséricorde, qui aient à cœur avant tout de manifester les richesses de ton amour, à la gloire de ton saint Nom. Rends-nous heureux déjà ici-bas dans la pratique de la charité, heureux aussi dans l'espérance du jour de ta gloire, où nous obtiendrons pour toujours ce que tu nous as promis. Tu nous as dit : Heureux les miséricordieux, car ils obtiendront miséricorde ; nous croyons à ta Parole, ô Dieu fidèle, nous attendons avec foi l'effet de tes promesses.

Dieu tout bon, qui daignas te nommer notre Père,
Inspire-nous l'amour dont aiment tes enfants ;
Tu nous as dispensé les biens de cette terre :
Ah ! donne-nous aussi des cœurs compatissants.

D'un cœur humble et contrit la timide prière,
Est le plus doux encens que nous puissions t'offrir ;
Consoler l'affligé, soulager sa misère,
Tel est le sacrifice auquel tu prends plaisir. Amen.

MARDI (SOIR).

Heureux ceux qui ont le cœur pur, car ils verront Dieu.   (St-Matth, 5. 8).

MÉDITATION.

La parole du Seigneur Jésus, concernant la pureté du cœur, nous fait rentrer en nous-mêmes et nous exhorte à nous purifier de cet amour-propre qui gâte tout ce que nous faisons. Les hommes peuvent juger de nos actes par les apparences ; mais Dieu regarde au cœur ; et que de pensées et de sentiments impurs ce cœur ne cache-t-il pas dans ses profondeurs, aussi longtemps que le soleil de l'amour divin ne l'a pas pénétré pour l'inonder de lumière ! Le seul moyen de nous purifier, c'est de laisser agir l'amour éternel en nous, de lui ouvrir notre cœur en le lui consacrant. Ceux qui aiment Dieu réellement ont le cœur pur, et c'est pour eux que se réalisera la promesse qu'ils verront Dieu. Ils le contemplent déjà ici-bas par la foi, et ils le verront un jour dans toute sa gloire.

Prière.

Dieu fidèle, qui habites une lumière inaccessible, nous nous courbons humblement devant toi dans le sentiment de notre faiblesse et de notre culpabilité ! Notre cœur est trompeur et désespérément malin. Purifie-le et le régénère ; par ton Saint-Esprit, Seigneur, nettoie-le des fautes les plus cachées, sanctifie nos pensées, nos paroles et nos actions. Détourne nos aspirations de tout ce qui n'est pas conforme à ta volonté, dirige-les sur ce qui est saint et juste ; aide-nous à nous affectionner aux choses qui sont en-haut, afin qu'un jour nous puissions te voir face à face et te glorifier avec tous les bienheureux.

Heureux le cœur pur et sincère
Qui devant Dieu marche avec foi !
Heureux l'homme qui pour lumière
Prend en tout temps la sainte loi !
Qui, recherchant sa clarté pure,
Fuyant du péché la souillure
Et vivant dans l'intégrité,
Poursuit sa terrestre carrière
Sous l'œil de son céleste Père,
Et guidé par sa vérité !   Amen.

MERCREDI (Matin).

Heureux les pacifiques ; car ils seront appelés enfants de Dieu.

(St-Matth. 5, 9).

Méditation.

Les pacifiques s'efforcent sans cesse de conserver et de faire régner la paix autour d'eux. Le plus beau témoignage qu'on puisse rendre à un disciple du Christ, c'est qu'il ne se borne pas à être un enfant de paix, mais qu'il s'applique à répandre des sentiments de paix sur cette terre si pleine de troubles et de dissensions. La plus belle œuvre de Dieu, c'est d'avoir fait la paix entre lui et les hommes et la paix au sein de notre génération troublée et agitée. Dès lors toute son œuvre est une œuvre de paix. Les disciples de Jésus-Christ, qui sont animés de son Esprit, lui ressemblent en ce que l'esprit de paix procède d'eux, et qu'ils trouvent leur joie à procurer la paix.

C'est pour cela qu'ils sont appelés enfants de Dieu. Il les reconnaîtra un jour comme siens dans le royaume de l'éternelle paix, où ils espèrent entrer par le secours de sa grâce.

PRIÈRE.

Père céleste! Nous élevons nos regards vers toi, nous te prions de répandre ta paix dans nos cœurs et dans notre maison. Agis en nous par ton Esprit, afin que nous portions des fruits de bonté, de support, de charité. Eloigne de notre maison tout ce qui pourrait y troubler la bonne harmonie, la concorde; fais-nous la grâce de procurer la paix autour de nous par nos paroles et notre exemple, de nous montrer des enfants de paix dans toute notre conduite. Seigneur, prends soin de nous aujourd'hui, prends soin de tous ceux que nous aimons; accorde-nous tous les secours nécessaires pour accomplir nos devoirs et pour te glorifier par notre fidélité.

Dieu de paix, Dieu de charité!
Nous voulons vivre en frères;
Telle est ta sainte volonté,
Tels sont nos vœux sincères.

Eclaire notre entendement
Sur un si doux commandement;
Rends notre cœur docile
Au devoir difficile. Amen.

MERCREDI (Soir).

Réjouissez-vous avec ceux qui se réjouissent, et pleurez avec ceux qui pleurent. (Rom. 12, 15).

MÉDITATION.

La joie et la douleur ne sont pas ce qu'elles doivent être, lorsque ceux qui se réjouissent et ceux qui pleurent s'isolent et ferment la porte à la sympathie. La joie, il est vrai, est plutôt expansive, tandis que la douleur se renferme volontiers en elle-même. Mais il y a telle joie communicative qui est une joie égoïste; elle ne se répand au dehors que pour attirer les félicitations; il y a de même telle souffrance qui repousse la main consolatrice, se complaisant dans sa blessure plutôt que de chercher la guérison. Quelque personnelles que soient les émotions de notre cœur, c'est le triomphe de l'amour chrétien qu'ici encore il y ait une communion fraternelle, un amour sympathique dans lequel la joie et la douleur sont adoucies et sanctifiées.

PRIÈRE.

Notre bon Père céleste! Nous bénissons ton amour qui veut compatir à nos peines et partager nos joies, qui ne cesse jamais de nous faire du bien. Accorde-nous le secours de ton St-Esprit, afin que nous ayons les mêmes sentiments que Jésus-Christ a eus, que nous prenions part aux joies et aux douleurs d'autrui et que nous ne fermions jamais nos cœurs par égoïsme ou indifférence. Mets-y ton amour, fais de nous les vrais disciples du Maître, qui pendant son passage sur la terre, s'est réjoui avec ceux qui étaient dans la joie, et a pleuré avec ceux qui pleuraient. Seigneur, qui es amour et miséricorde, ne nous rejette pas loin de ta face, pardonne-nous tous nos péchés, et que ta sainte volonté s'accomplisse en nous et par nous à la gloire de ton Nom.

O Seigneur, qu'il est doux, qu'il est bon pour des frères
De t'offrir en commun leurs vœux et leurs prières,
Et de travailler réunis ;
De s'aider au combat, de partager leurs joies,
Et de marcher ensemble en ces pénibles voies
Où tu diriges et bénis ! Amen.

JEUDI (Matin).

Vous étiez autrefois ténèbres, mais à présent vous êtes lumière dans le Seigneur ; marchez comme des enfants de lumière, car les fruits de l'esprit consistent en toute sorte de bonté, de justice et de vérité.

(Eph. 5, 8, 9).

Méditation.

Il ne nous sert de rien de prétendre que nous avons la lumière des vraies connaissances ou que nous sommes éclairés par les expériences du cœur, si notre conduite n'y répond pas ; la vraie lumière se manifeste dans la vie, comme la lumière d'une lampe répand sa clarté et dissipe les ténèbres. Le vrai chrétien marche à la lumière de la foi dans une autre voie que ceux qui se laissent conduire par la lumière de la raison. Il voit celui qui est invisible, et cette contemplation agit sur son âme. Il porte le regard sur l'éternité, et ce regard exerce une puissante influence sur toute sa manière d'être, de penser et d'agir ; il est dans la lumière et marche dans la lumière.

Prière.

Dieu tout-puissant, Prince de la vie ! Qu'est-ce que l'homme que tu te souviennes de lui et le fils de l'homme que tu y prennes garde ? Eclaire notre intelligence de ta lumière divine, afin que nous soyons dignes de ta grâce. Prends notre cœur pour le transformer à ta sainte image, et fais-nous marcher dans tes voies. Bénis-nous, selon les richesses de ta miséricorde ; bénis notre travail et notre repos, nos joies et nos peines pendant notre pélerinage sur cette terre, ne nous abandonne pas à l'heure de notre mort. Fais qu'un jour, après avoir accompli notre tâche ici-bas, nous arrivions à la pleine lumière, où nous pourrons te contempler face à face.

> Esprit de vérité, que ta vive lumière
> De mes obscurs sentiers chasse la sombre nuit !
> Viens des secrets de Dieu m'expliquer le mystère :
> Qu'en sa gloire à mes yeux rayonne Jésus-Christ !
> Esprit de force, en toi je puis, dans ma faiblesse,
> Du monde et de l'enfer être rendu vainqueur,
> Le péché me poursuit, il m'assiège, il me presse :
> Viens combattre pour moi ! Triomphe dans mon cœur ! Amen.

JEUDI (Soir).

L'Eternel donne de la force à celui qui est lassé ; il accroît la vigueur de celui qui est affaibli. Les jeunes gens se fatiguent et se lassent, les jeunes hommes deviennent chancelants. Mais ceux qui s'attendent à l'Eternel reprennent de nouvelles forces. Les ailes leur reviennent comme aux aigles. Ils courront, et ne se fatigueront point ; ils marcheront, et ne se lasseront point. (Es. 40, 29-31).

MÉDITATION.

Il y a une lassitude du corps, de la pensée, de la volonté, même de la prière et de la foi. C'est aux âmes fatiguées, aux cœurs travaillés et chargés que s'adresse le prophète, pour relever leur courage, pour les amener à puiser la force auprès de celui dont l'amour égale la puissance. Dieu ne se lasse point et ne se fatigue point ; il met sa force à la disposition de celui qui est lassé, il accroît l'énergie de celui qui est affaibli. Dans sa communion l'âme puise une vertu régénératrice et de nouvelles forces. Si nous trouvions en nous-mêmes la vigueur et l'énergie nécessaires, nous pourrions nous enorgueillir et la foi serait chose facile. Mais il n'en est pas ainsi, et c'est de la main du Seigneur que nous avons à recevoir chaque jour ce qui nous est nécessaire pour la vie présente et pour la vie à venir. C'est ce qui nous maintient dans l'humilité, et nous inspire des sentiments de reconnaissance, lorsqu'il nous fortifie et nous rafraîchit du haut de son sanctuaire.

PRIÈRE.

Dieu éternel et tout-puissant ! Combien souvent n'avons-nous pas éprouvé que tu donnes de la force à celui qui est lassé et que tu accrois la vigueur de celui qui est affaibli! Lorsque nous sommes sur le point de perdre courage dans les combats de la vie, au milieu des tentations intérieures et extérieures, tu nous relèves et tu nous donnes une énergie et des joies nouvelles. Béni sois-tu pour tout ce que tu fais pour nous pauvres pécheurs ! Daigne continuer à nous renouveler chaque jour les dons de ta grâce, fortifie-nous dans nos faiblesses et dans nos infirmités ; apprends-nous, Seigneur, à ne compter que sur ta force; qu'ainsi nous puissions poursuivre et achever heureusement notre course jusqu'au moment où tu nous recevras dans ta gloire. Pardonne-nous pour l'amour de Jésus, notre Sauveur, nos défaillances, nos découragements, nos transgressions de ta sainte Loi ; incline nos cœurs à la garder toujours plus fidèlement. Accorde-nous un sommeil doux et paisible dans le sentiment de ta grâce.

> Suis-je abattu, fatigué, sans courage!
> D'un seul regard tu guéris tous mes maux ;
> Et, me paissant dans ton gras pâturage,
> Tu m'enrichis de dons toujours nouveaux.
>
> Suis-je altéré? près des ondes courantes
> Tu me conduis dans ta fidélité;
> Et je m'abreuve à ces eaux jaillissantes
> Dont le trésor est dans ta charité.   Amen.

VENDREDI (Matin).

Le Fils de l'homme est venu chercher et sauver ce qui était perdu.

(St-Luc. 19, 10).

Méditation.

Toutes les paroles du Christ, de même que son activité, nous offrent des preuves frappantes de son amour, qui cherche ce qui est perdu. Ses pensées, ses discours, ses œuvres n'avaient qu'un seul but: faire la volonté de son Père céleste, chercher les brebis égarées et les ramener dans le bercail; c'était la mission de sa vie entière. Il nous cherche tous sans exception, que nous nous tenions près ou loin de lui; puissions-nous nous laisser trouver ! Son amour est hier, aujourd'hui et éternellement le même, car Dieu l'a souverainement élevé et lui a donné toute puissance dans le ciel et sur la terre. Il règne comme Chef de son Eglise et de ses rachetés; comme Roi souverain des âmes, il exerce ses fonctions sacerdotales, jusqu'à ce que la rédemption du genre humain soit accomplie et la réconciliation achevée, alors que tout ce qui est perdu sera retrouvé et que Dieu sera tout en tous.

PRIÈRE.

Béni sois-tu, Seigneur Jésus, notre Sauveur, de ce que tu es venu chercher et sauver ce qui était perdu. Donne-nous de ne pas résister à ta grâce salutaire et de faire dans nos cœurs l'expérience bénie que tu es notre Sauveur et notre Maître. Fais-nous considérer à la lumière de ta Parole tout ce qui est terrestre et passager, afin que nous ne nous égarions pas loin de toi, que nous cherchions sérieusement les choses qui sont En-Haut, où tu es assis à la droite de ton Père céleste.

Béni sois-tu, Seigneur,
Fils éternel du Père,
Notre céleste frère,
Notre libérateur.
Pour un monde coupable,
De ta gloire ineffable
Tu quittes le séjour.
O Sauveur adorable,
Que tout chante en ce jour
Ton éternel amour!

Jusqu'à nous, Roi des rois,
Ta charité t'appelle,
Et ce monde rebelle
Te prépare une croix.
Poursuivi par l'envie,
Tu dévouras ta vie
A tes frères ingrats.
O clémence inouïe!
Pour sauver ces ingrats,
Sur la croix tu mourras. Amen.

VENDREDI (SOIR).

Samuel dit au peuple : Ne craignez point ; vous avez fait tout ce mal ; néanmoins ne vous détournez point d'après l'Eternel, mais servez l'Eternel de tout votre cœur. Ne vous en détournez point, car ce serait aller après des choses de néant, qui ne profitent, ni ne délivrent, parce que ce sont des choses de néant. Car l'Eternel n'abandonnera point son peuple, à cause de son grand nom ; car l'Eternel a voulu faire de vous son peuple. Et pour moi, Dieu me garde de pécher contre l'Eternel, et de cesser de prier pour vous ; mais je vous enseignerai le bon et droit chemin. Seulement craignez l'Eternel, et servez-le en vérité, de tout votre cœur ; car voyez les grandes choses qu'il a faites en votre faveur. Que si vous faites le mal, vous serez détruits, vous et votre roi. (I Sam. 12, 29-25).

MÉDITATION.

« Ne craignez que Dieu: » telle est la recommandation de Samuel. « Ecoutez sa Parole, » veut-il dire, « soumettez-vous à la discipline de son Esprit et tout le reste sera gain pour vous. » La véritable crainte de Dieu se manifeste par la fidélité à son service. Demandons-nous à la fin de chaque jour, avant de nous livrer au repos : « Qui avons-nous servi aujourd'hui? Pour qui avons-nous vécu? Quel a été le but de nos pensées et de nos aspirations? La fidélité consiste dans le don complet du cœur à Dieu. Le cœur partagé est inconstant dans toutes ses voies, il est une source d'inquiétudes et de soucis rongeurs, tandis que la joie dans le Seigneur et dans les grandes choses qu'il accomplit pour nous, est une source de consolation, de force et de paix.

Prière.

Bon Père céleste! Tu nous as gardés pendant ce jour dans toutes nos voies; daigne nous entourer aussi pendant cette nuit de ta puissante protection. Pardonne-nous, selon ta miséricorde, toutes nos paroles, tous nos actes contraires à ta sainte volonté. Si tu voulais entrer en compte avec nous, comment pourrions-nous subsister devant toi? Donne-nous un sentiment profond de ton amour et de ta fidélité; aide-nous à avoir le mal en horreur et à nous attacher fortement au bien. Enlève de nos cœurs tout égoïsme, allume-y la sainte flamme de l'amour pour Dieu et de l'amour du prochain, afin que nous te soyons agréables. Nous allons maintenant nous reposer; étends tes mains bénissantes sur nous et sur ceux que nous aimons; donne-nous de nous endormir en paix, dans l'assurance que rien ne peut nous séparer de ton amour.

Oh! qu'il est doux d'aimer Dieu comme un père,
D'aller à lui, sans détour, sans frayeur,
De parcourir sa terrestre carrière,
Toujours conduit par l'Esprit du Seigneur.
Oh! qu'il est doux de penser à ta grâce
Dans ma faiblesse et toutes mes langueurs,
Et me dire: « Il s'est mis à ma place,
Comme un agneau, pour porter mes douleurs! » Amen.

SAMEDI (Matin).

Dieu n'est point homme pour mentir, ni fils d'homme pour se repentir. Il a dit; ne le fera-t-il point? Il a parlé; ne le réalisera-t-il pas?

(Nomb. 23, 19).

Méditation.

Gardons notre âme, ne marchons pas selon le conseil des méchants et des impies, ne nous tenons pas dans la voie des pécheurs. Le Dieu vivant veut nous conduire et nous préserver de tout mal, mais la fraude, l'esprit de mensonge ne peuvent subsister devant lui. Celui qui tombe sous le coup de son jugement final éprouvera que ses châtiments sont plus pénétrants qu'aucune épée à deux tranchants, s'enfonçant jusqu'à la division de l'âme et de l'esprit, des jointures et des moëlles. Croyons à sa Parole. Il ne menace pas en vain, il n'est pas homme pour mentir, ni fils de l'homme pour se repentir. Il a dit, ne le fera-t-il point ? Il a parlé, ne le réalisera-t-il pas ? Il est fidèle dans ses jugements et dans ses menaces, aussi bien que dans ses grâces et dans ses promesses.

Prière.

Dieu fidèle ! Grâce à ta bonté infinie, nous sommes arrivés à la fin d'une semaine où nous avons été abondamment bénis. Rappelle-nous que notre dernière semaine et notre dernier jour viendront ; fais que nous vivions de telle sorte que nous n'éprouvions ni confusion ni regrets quand, à l'heure de notre départ, nous jetterons nos regards sur notre vie passée. Accorde-nous ton secours pour que nous ne perdions jamais de vue le compte que nous aurons à te rendre ; rends-nous attentifs aux avertissements de ton Esprit ; qu'il nous fasse vivre dans le désir constant de te plaire, et que nous ne négligions rien pour remporter le prix de notre vocation céleste. Seigneur, assiste-nous par ta grâce, afin que notre dernier jour nous réunisse à toi dans ta gloire.

Ta sagesse invariable — Jamais ne change son dessein,
Et la providence immuable — Marche toujours du même train.
Heureuse la race — Dont Dieu, par sa grâce,
Veut être le Dieu — Et que d'âge en âge,
Comme son partage, — Il garde en tout lieu.   Amen.

SAMEDI (Soir).

Humiliez-vous sous la puissante main de Dieu, afin qu'il vous élève quand il en sera temps ; vous déchargeant sur lui de tous vos soucis, parce qu'il a soin de vous. Soyez sobres et veillez.   (1 Pierre 5, 6-8).

Méditation.

La sobriété chrétienne consiste à envisager les choses d'une manière claire, réfléchie, impartiale, sans y mêler des mobiles passionnés et malsains. Cette vertu ne s'acquiert qu'à force de luttes et d'expériences. Bien des penchants doivent être combattus pour ne plus nous laisser aller aux impressions du moment, aux imaginations surexcitées et aux idées préconçues, pour porter un jugement calme et impartial sur toutes choses, en particulier sur celles qui ne nous plaisent pas. Il en coûte, tant aux caractères violents qu'aux natures molles et méfiantes, d'acquérir cette sobriété. Il faut, pour y arriver, un grand empire sur soi-même. Ce n'est qu'à l'école du St-Esprit qu'on devient sobre ; les années et le sang moins bouillant n'y font rien. Le Seigneur accorde cette vertu, comme toutes les autres, à ceux qui se donnent à lui.

Prière.

Eternel, notre Dieu ! Les jours de notre vie passent rapidement, ta bonté dure d'âge en âge et ta grâce sera toujours sur tes enfants. C'est avec reconnaissance et humilité que nous pensons aux nombreux bienfaits dont tu nous combles sans te lasser. Mais nous nous souvenons aussi de nos péchés ; nous nous en humilions devant toi, nous te prions, Seigneur, de nous pardonner et de nous donner ta paix et tes divines consolations. Développe en nous un esprit réfléchi et calme pour que nous ne disions et ne fasssions rien qui puisse porter préjudice à nous-mêmes ou aux autres, et qui soit contraire à ta sainte volonté. Daigne nous rendre sobres et vigilants et nous affermir dans ta grâce. Apprends-nous à profiter du temps si court et si incertain de notre vie pour travailler à ton œuvre pendant qu'il est jour. Dirige-nous toi-même dans notre activité et dans la voie où nous devons marcher ; fais-nous chercher ta gloire en toutes choses.

De tes bienfaits tu couronnes ma vie,
Et dans ce jour ma coupe en fut remplie.
J'adore, ô Dieu, ta bonté paternelle,
   Ta main fidèle.
Mais trop souvent encore je t'offense ;
Prolonge, ô Dieu, ta longue patience.
Vois, ton enfant à tes pieds s'humilie ;
   Pardonne, oublie.
   Et quand viendra pour moi la nuit dernière,
   Quand finira ma terrestre carrière,
   Transporte-moi pour toujours, ô mon Père,
      Dans ta lumière. Amen.

Septième Semaine après la Trinité.

DIMANCHE (Matin).

En ces jours-là, il y avait avec Jésus une grande multitude de gens, et comme ils n'avaient rien à manger, il appela ses disciples et leur dit : J'ai compassion de ce peuple, car il y a déjà trois jours qu'ils ne me quittent point, et ils n'ont rien à manger. Et si je les renvoie à jeun dans leurs maisons, les forces leur manqueront en chemin ; car quelques-uns sont venus de loin. Et ses disciples lui répondirent : D'où pourrait-on avoir des pains pour les rassasier dans ce désert ? Et il leur demanda : Combien avez-vous de pains ? Et ils dirent : Sept. Alors il commanda aux foules de s'asseoir à terre ; et ayant pris les sept pains, et rendu grâces, il les rompit et les donna à ses disciples pour les distribuer ; et ils les distribuèrent au peuple. Ils avaient aussi quelques petits poissons ; et Jésus, ayant rendu grâces, ordonna qu'on les leur présentât aussi. Ils en mangèrent et furent rassasiés ; et on emporta sept corbeilles pleines des morceaux qui étaient restés. Or, ceux qui mangèrent étaient environ quatre mille ; après quoi il les renvoya. (St. Marc, 8, 1-9).

Méditation.

Le Seigneur Jésus exerçait une puissante influence sur les âmes. Elles venaient par milliers se grouper autour de lui et le suivaient jusqu'au désert, attirées par les paroles de vie qui sortaient de sa bouche. Avons-nous fait cette même expérience ? Notre cœur lui appartient-il si entièrement que nous aimons à le suivre partout où il veut nous conduire ? Si de riches nous sommes devenus pauvres, si, comme Job, nous avons vu disparaître tour à tour nos biens terrestres, si nous avons traversé de sombres jours de maladie, avons-nous conservé la paix et le calme en lui ? Sommes-nous restés riches et heureux par le cœur ? Ou encore, s'il nous a fallu suivre le cercueil d'un de nos bien-aimés, nous semblait-il aller seuls au désert, ou sentions-nous le Seigneur Jésus à nos côtés ? Ah ! sans lui notre âme pourrait défaillir bien souvent en chemin, mais s'il est près de nous, il répand la lumière sur la route la plus ténébreuse, et s'il tarde avec son secours, c'est pour éprouver notre foi. Restons calmes et confiants, il rompra pour nous le pain de la grâce, comme il a nourri les milliers d'âmes qui l'ont suivi au désert. De même que le soleil est toujours au firmament, bien que souvent caché par de sombres nuages, la fidélité de Dieu et sa sollicitude nous sont assurées au milieu des plus grandes détresses. Il connaît toutes nos peines et nous en délivre au moment opportun. Ne perdons pas de vue les dispositions qu'il a prises pour nourrir le peuple ; il est un Dieu d'ordre. Avant tout il élève le cœur et les mains pour rendre grâces à son Père céleste. La foi, l'humilité et la reconnaissance, c'est le triple lien qui doit nous rattacher à lui. Là où ce lien existe, le désert est transformé en une campagne fertile, où le pain de vie ne nous manquera jamais.

Prière.

Dieu tout-puissant et miséricordieux ! Nous te bénissons du fond du cœur de nous avoir fait revoir la lumière de ce jour de repos. Nous te prions de nous éclairer par ton St-Esprit, afin que les ténèbres de l'incrédulité et de l'ignorance disparaissent de nos âmes pour faire place à la paix et à la joie. Oh ! que nous te soyons reconnaissants de tout ce que tu fais pour nous, dans le bonheur comme dans l'adversité, et que nous ne doutions jamais de ton pouvoir, de ton amour et de ta bonté. Que nos âmes regardent sans cesse à toi pour recevoir le pain qui fait vivre, la parole qui seule peut rassasier ! Multiplie ce pain céleste sur toute la terre ; que Jésus devienne vraiment le berger des âmes. Avec lui elles n'auront plus de disette ; elles seront nourries, instruites, consolées. Que nous nous attendions tous à toi, soit pour les secours temporels, soit pour les grâces spirituelles, et que nous fassions l'expérience que quiconque croit à ta parole ne sera pas confus.

Jamais Dieu ne délaisse	Sachant combien il m'aime,
Qui se confie en lui ;	Je me fie à ses soins ;
Quand la douleur m'oppresse	Beaucoup mieux que moi-même
Lui seul est mon appui.	Il connaît mes besoins.
Ce Dieu bon et fidèle	Le Saint, le Véritable
Garde en sa paix les siens	Tromperait-il ma foi ?
Pour la vie éternelle,	Non, plus le mal m'accable,
Et les comble de biens.	Plus il est près de moi. Amen,

DIMANCHE (Soir).

Lorsque vous étiez esclaves du péché, vous étiez libres à l'égard de la justice. Quel fruit retiriez-vous donc alors des choses dont vous avez honte présentement ? Car leur fin est la mort. Mais maintenant, affranchis du péché et esclaves de Dieu, vous en retirez pour fruit la sainteté, et pour fin la vie éternelle ; car le salaire du péché, c'est la mort ; mais le don de Dieu, c'est la vie éternelle en Jésus-Christ notre Seigneur. (Rom. 6, 20-23).

Méditation.

Le péché cherche à régner dans l'homme. Sous quelque forme qu'il se présente, il tend à dominer sur lui et à l'asservir. Il sait se masquer et se faire passer pour une faiblesse naturelle et pardonnable, pour une phase nécessaire au développement général de l'humanité. Nous savons bien qu'il n'en est pas ainsi et que le péché enchaîne ses serviteurs. Celui qui s'adonne au péché devient l'esclave du péché, dit l'Ecriture sainte. Nous savons par Judas quel est son salaire. Tout son domaine, malgré ses attraits, est un domaine où règne la mort. De même que le corps se change en cadavre lorsque l'âme le quitte, l'âme meurt quand Dieu l'abandonne. Le salaire du péché, c'est la mort, mais le don de Dieu, c'est la vie éternelle en Jésus-Christ, notre Seigneur. Là, c'est la honte, secrète d'abord dans la conscience, puis manifeste au jour du jugement ; ici c'est l'intercession sacerdotale : « Père, je désire que ceux que tu m'as donnés soient où je serai, afin qu'ils voient la gloire que tu m'as donnée. » Se sentir aimé, porté dans les bras d'un Père, avoir la paix dans le sentiment du pardon de ses péchés, ne plus connaître l'amertume de la mort, parce qu'elle est engloutie en victoire, attendre sans appréhension le jour du jugement, c'est déjà le commencement de la vie éternelle sur la terre.

PRIÈRE.

Dieu éternel et tout-puissant ! Nous te rendons grâces de toutes tes bénédictions et en particulier du pardon et de la paix que tu nous fais trouver en toi par Jésus-Christ, qui est descendu du ciel pour nous sauver du péché et de la mort. Que nous allions à lui avec une confiance sans réserve, afin qu'il nous délivre de toute puissance du mal, et que rachetés et affranchis par lui nous marchions dans la glorieuse liberté de tes enfants. Donne-nous de ne jamais murmurer ou désespérer, même au milieu des dispensations les plus obscures, mais de chercher notre consolation et notre secours en toi. Préserve-nous de soucis inutiles ; apprends-nous à nous reposer pour toutes choses sur ta sage et paternelle Providence.

Quelle honte, ô mon Dieu ! je suis encor l'esclave
Du péché que je hais,
En vain je me débats, il s'en rit, il me brave
Et me ravit ta paix.
Mais je cherche ta paix ; exauce ma prière :
Je voudrais t'obéir !
Mourir dans ton amour, ou vivre pour te plaire
Est mon plus cher désir.   Amen.

LUNDI (MATIN).

Tout ce que ta main trouve à faire, fais-le selon ton pouvoir ; car il n'y a ni œuvre, ni pensée, ni science, ni sagesse, dans le sépulcre où tu vas.

(Eccl. 9, 10).

Méditation.

Lorsque de bonnes et nobles résolutions font battre notre cœur, n'attendons pas pour les mettre à exécution, que notre enthousiasme se soit refroidi ou éteint. Bien des occasions de faire le bien sont perdues parce que nous ne savons pas les saisir avec empressement et entrain. Remettre une bonne œuvre, c'est souvent l'abandonner, car la paresse, l'orgueil, l'avarice, une fausse prudence ou tous ces ennemis réunis redeviennent bien vite maîtres en nous, et c'en est fait de nos meilleures résolutions. Si c'est l'Esprit de Dieu qui les a fait naître dans notre cœur et que nous négligions de les réaliser, elles nous accusent et se changent en amers regrets, alors qu'elles auraient pu devenir pour nous une source de bénédictions. Faisons donc selon notre pouvoir tout ce que nous avons moyen de faire.

Prière.

Bon Père céleste ! Nous te bénissons du fond du cœur de ce que tu fais luire pour nous ce nouveau jour. Fais que ce soit un jour de paix et de bénédiction ; sanctifie et fortifie-nous par ton Esprit, afin que nous puissions fidèlement accomplir nos devoirs et marcher dans tes voies. Purifie-nous de tout péché ; fais qu'au milieu de nos occupations nos cœurs et nos pensées s'élèvent souvent à toi. Préserve-nous de paresse dans la recherche de la seule chose nécessaire, donne-nous de saisir avec empressement et joie toutes les occasions de faire le bien, et d'accomplir avec ton secours ce qui t'est agréable. Que notre vie tout entière te bénisse et te glorifie.

Je me voue à ton service,
Je me soumets à tes lois.
Maître céleste et propice,
Parle, j'écoute ta voix.

Insensible désormais
Pour le monde et ses attraits,
D'un cœur pur et sans contrainte
Je veux marcher dans ta crainte. Amen.

LUNDI (Soir).

Celui qui observe le vent, ne sèmera point ; et celui qui regarde les nuées, ne moissonnera point. Sème ta semence dès le matin, et ne laisse pas reposer ta main le soir ; car tu ne sais pas ce qui réussira, ceci ou cela, ou si les deux seront également bons. (Eccl. 11, 4 et 6).

Méditation.

Le cultivateur craintif qui passe son temps à observer la direction du vent et des nuages, néglige le moment opportun pour confier la semence à la terre ; de même, la moisson se gâte dans le champ de celui qui s'effraye du moindre nuage et tarde à la recueillir. Les choses se passent de la même manière sur le terrain religieux. Celui qui est rempli sans cesse de scrupules et d'appréhensions, qui se règle tantôt sur les personnes, tantôt sur les situations, n'aboutit à rien, malgré les meilleures intentions. Les doutes naissent dans son cœur, et paralysent tous ses efforts. « Mes péchés sont trop grands pour que Dieu puisse me les pardonner, » soupirent les uns. « Nous nous sommes trop écartés du bon chemin, ou l'esprit de doute et de l'incrédulité est trop ancré dans nos cœurs pour que nous puissions en être délivrés, » disent les autres. Penser et parler ainsi, c'est se régler sur les vents et les nuages ; tant qu'on s'arrête à ces réflexions méticuleuses, on n'arrive pas à semer pour l'esprit, ni à récolter à plus forte raison. Ce n'est pas aux vents et aux nuages que nous devons regarder, mais à la puissance et à l'amour de Dieu, à sa main qui nous conduit et nous sauve à travers l'eau et le feu.

PRIÈRE.

Dieu fidèle ! Ne permets pas que les circonstances terrestres ou les considérations humaines nous empêchent de nous donner entièrement à toi, de t'obéir sans condition et de mettre en toi notre confiance. Nous te confessons avec humilité notre faiblesse et nos infidélités. Nous devrions te servir avec plus de zèle et marcher dans tes voies avec plus de fermeté et de décision. Pardonne-nous et fortifie-nous par ton Esprit, afin que nous arrivions à la stature parfaite en Christ. Tu nous as témoigné aujourd'hui encore ta miséricorde et ta bonté ; fais aussi reposer ta bénédiction sur nous pendant cette nuit. Nous nous fondons sur ton amour et sur ta fidélité, nous regardons vers les montagnes d'où nous vient le secours. Ne nous abandonne pas ; veille sur nous et sur les nôtres, sur les malades et les affligés ; sois près des mourants et reçois-nous, à notre dernière heure, auprès de toi dans tes tabernacles éternels.

Tu me conduis, mon Dieu, mon Père,
Et toujours tu me conduiras,
Jusqu'au moment où le trépas
Me fera voir ton sanctuaire.
Pour chaque âme, en tout temps, partout,
Ton bras n'est-il pas secourable ?
Non, mon sort n'est point misérable :
Je ne crains rien, j'espère tout,

Hélas ! de ta main paternelle
Souvent je me suis éloigné ;
Souvent, hélas ! j'ai dédaigné
Le chemin où ta voix m'appelle.
Ah ! de mon humble repentir,
Dieu tout bon, accepte l'offrande :
J'aime ce que ta loi commande,
J'y veux mettre tout mon plaisir   Amen.

MARDI (Matin).

Il est beau de louer l'Eternel, et de chanter à ton nom, ô Très-Haut ! d'annoncer le matin ta bonté et ta fidélité durant les nuits. Que tes œuvres sont grandes, ô Eternel ! tes pensées sont merveilleusement profondes ! L'homme dépourvu de sens n'y connaît rien, et l'insensé ne comprend pas ceci.
(Ps. 92, 2, 3, 6 et 7).

Méditation.

Ce n'est que le cœur humble, content et fidèle qui peut en tout temps louer le Seigneur et chanter à son Nom. Nous nous conduisons souvent envers Dieu comme des enfants, qui ont de la peine à sentir que c'est une main d'amour qui les guide et qui les châtie. Nous nous plaignons volontiers, nous murmurons et nous sommes de mauvaise humeur alors que nous devrions louer et bénir. Dans ces moments il nous manque la vraie foi en l'amour de Dieu. Il est vrai que ses dispensations sont souvent sévères et incompréhensibles, ses œuvres incommensurables et ses pensées profondes, mais toutes ses voies ne sont que bonté et que vérité pour ceux qui gardent son alliance. Ah ! que d'actions de grâces nous lui rendrons un jour, et combien nous le bénirons d'âge en âge, lorsque nous verrons, à la lumière de l'éternité, qu'il nous a conduits avec sagesse et bonté !

Prière.

C'est avec un cœur humilié et reconnaissant que nous proclamons ta grâce, Seigneur, et que nous chantons à ton Nom, ô Très-Haut. Dès notre réveil nous voyons de nouveau les miracles de tes œuvres et nous louons la sagesse de tes pensées. Qui est semblable à toi, Seigneur ? Les cieux sont ton vêtement et la terre est le marche-pied de tes pieds. Nous nous prosternons avec humilité devant ta grandeur, nous exaltons ta gloire. Assiste-nous puissamment par le secours de ton Esprit, afin que non seulement nos lèvres te louent, mais que notre vie entière soit un hymne à ta grâce.

Grand Dieu, nous te louons, nous t'adorons, Seigneur,
Et nous voulons chanter un hymne en ton honneur.
Eternel, l'univers te craint et te révère
Comme son créateur, son monarque et son père.
Nous n'espérons, ô Dieu, qu'en ta grande bonté ;
Toi seul peux nous aider dans notre adversité,
Rendre nos jours heureux et notre âme contente.
Nous ne serons jamais confus dans notre attente. Amen.

MARDI (Soir).

Ainsi a dit l'Eternel : Que le sage ne se glorifie pas de sa sagesse ; que le fort ne se glorifie pas de sa force, et que le riche ne se glorifie pas de sa richesse. Mais que celui qui se glorifie, se glorifie de ce qu'il a de l'intelligence, et qu'il me connait, et qu'il sait que je suis l'Eternel qui exerce la miséricorde, le droit et la justice sur la terre ; car c'est en ces choses que je prends plaisir, dit l'Eternel. (Jér. 9, 23 et 24).

MÉDITATION.

Heureux ceux qui se glorifient en Dieu, car ils ne seront point confus. Toute autre gloire est vaine. La sagesse qui ne le reconnait point et qui n'est pas unie à la foi peut avoir du prix aux yeux des hommes, mais elle ne sert de rien à l'heure de la mort. La vieillesse affaiblit la force du corps, la mort l'anéantit complètement, et la force d'âme, si elle n'a pas sa source en Christ, nous abandonne devant le tribunal de Dieu. Quant aux biens terrestres, personne ne peut les emporter dans l'éternité. La postérité dût-elle exalter notre sagesse, notre puissance, notre richesse, quelle consolation en retirerons-nous dans le monde à venir ? Le jugement de Dieu ratifiera-t-il celui des hommes ? Mais si nous nous glorifions en notre Sauveur, nous savons que nous nous glorifions en un Seigneur et Maître, qui ne nous abandonnera jamais, qui nous bénira au-delà de toute attente, et nous recevra un jour dans sa joie et dans sa félicité.

PRIÈRE.

Nous élevons nos mains et nos cœurs vers toi, ô notre Dieu et Père, nous louons ton saint Nom, nous exaltons ta fidélité, ta miséricorde et ton amour, que tu nous as témoignés en Jésus. Toute propre gloire doit s'effacer devant la tienne, car tout ce que nous avons et tout ce que nous sommes est un don de ta grâce. Inspire-nous donc des sentiments d'humilité, pour que nous ne nous glorifiions qu'en toi, et en notre fidèle Sauveur qui nous a aimés jusqu'à la mort. Nous nous retirons auprès de toi pour cette nuit. Toi qui es le gardien d'Israël, qui ne dors et ne sommeilles point, daigne veiller sur nous et nous prendre en ta sainte garde avec tous ceux que nous aimons.

A toi, grand Dieu, la gloire et la puissance,
L'honneur, l'empire et la magnificence ;
A ton cher Fils, notre doux Rédempteur !
A l'Esprit saint, notre Consolateur !

Daigne toujours nous garder, nous défendre
De tant de maux qui pourraient nous surprendre !
Sois notre guide et conduis tous nos pas,
Et fais, Seigneur, qu'ils ne s'égarent pas, Amen.

MERCREDI (Matin).

Eternel, aie pitié de moi, car je suis dans la détresse! Mon œil dépérit de chagrin, mon âme aussi et mes entrailles. Car ma vie se consume dans la douleur, et mes ans dans les soupirs ; ma force est déchue à cause de mon iniquité, et mes os dépérissent. A cause de tous mes ennemis je suis un objet d'opprobre, de grand opprobre pour mes voisins, et un objet d'horreur pour mes amis ; ceux qui me voient dehors s'enfuient loin de moi. J'ai été mis en oubli dans les cœurs comme un mort ; je suis comme un vase de rebut. Car j'entends les propos secrets de beaucoup de gens ; la frayeur m'environne ; ils se concertent ensemble contre moi, et complotent de m'ôter la vie. Mais moi, Eternel, je me confie en toi ; j'ai dit : Tu es mon Dieu. Mes temps sont en ta main ; délivre-moi de la main de mes ennemis et de mes persécuteurs. Fais luire ta face sur ton serviteur ; délivre-moi par ta bonté. (Ps. 31, 10-17).

Méditation.

L'homme peut être accablé de tristesse, et cependant garder la foi. C'est ce que nous constatons dans l'histoire de David. La tristesse qui s'empare de nous dans les afflictions peut avoir sa source dans des fautes commises, mais si nous en sommes humiliés et si les épreuves que Dieu nous a envoyées ont atteint leur but, nous pouvons avec certitude nous attendre à la délivrance. Il en était ainsi du Psalmiste ; malgré ses adversités et ses tentations, il n'a pas cessé de compter sur l'Eternel, persuadé que jamais il ne l'abandonnerait. Le réformateur Calvin nous dit à propos de ce psaume qu'il n'est rien de plus difficile que d'adresser nos demandes à Dieu seul et de nous arrêter à ce témoignage que notre conscience nous rend : il est notre Dieu. Mais quelques rudes assauts que nous ayons à supporter, nous ne perdons pas une minute l'assurance que nous sommes sous la protection de Dieu. Disons-lui donc du fond du cœur : « Tu es notre Dieu ; nos temps sont en ta main. Délivre-nous de la main de nos ennemis ; fais luire ta face sur tes serviteurs. Pourvu que tu sois avec nous, nous ne craindrons aucun mal. »

Prière.

Seigneur, notre Dieu ! Nous nous plaçons en ce jour, avec les nôtres, sous ta sainte garde. Fais de nous ce qui te semblera bon. Tu es notre Père en Jésus-Christ et nous voulons être tes enfants ; dans la prospérité comme dans le malheur, tu ne veux que notre bien. Tu ne nous conduis pas toujours comme nous le désirons, mais tes dispensations sont toujours bonnes et n'ont en vue que notre salut. Les abîmes que nous voyons à côté de nous, ne peuvent nous engloutir ; tu es là, ô notre Dieu fidèle, pour nous tendre la main et pour nous amener à la félicité éternelle. Apprends-nous à nous attendre à toi avec une confiance ferme et inébranlable.

Relève-toi ! donne-toi tout entier ;	Ne parle pas de ton infirmité,
A ton Sauveur, livre-toi sans partage.	Et cesse enfin d'alléguer ta faiblesse ;
Il s'est donné lui-même le premier ;	A Golgotha Jésus t'a mérité
De son amour faut-il un autre gage ?	Force, pardon, justice, paix, sagesse ;
Du monde enfin sois vainqueur par la foi,	Il n'attend rien de tes propres combats :
Relève-toi !	N'en parle pas ! Amen.

MERCREDI (Soir).

Je proclamerai le nom de l'Eternel. Célébrez la grandeur de notre Dieu. L'œuvre du Rocher est parfaite, car toutes ses voies sont la justice même. C'est un Dieu fidèle et sans iniquité ; il est juste et droit.

(Deutér. 32, 3 et 4).

Méditation.

C'est une belle chose quand l'homme est satisfait de son Dieu et peut lui rendre des actions de grâces pour tout ce qu'il fait et dispense, alors même qu'il agit à l'encontre de ses désirs et de sa volonté. Que Dieu est élevé au-dessus de nous ! Il est grand en dignité, en force, en sagesse et en bonté. Tout en lui est incommensurable et infini ; que le monde entier est petit à côté de lui ! Que les hommes sont peu de chose ! Le Seigneur est un rocher immuable, inaltérable ; il est le refuge des opprimés, il protège tous ceux qui l'invoquent et qui mettent leur confiance en lui. Ses œuvres sont parfaites ; les hommes tombent dans l'erreur, mais Dieu ne se trompe jamais. Il est fidèle et juste, il est lumière et amour. Il n'y a rien en lui qui puisse confondre ceux qui mettent leur confiance en lui et le servent avec fidélité.

Prière.

Dieu saint et miséricordieux ! Nous ne pouvons que répéter avec le Psalmiste : « Eternel, ta bonté atteint jusqu'aux cieux, et ta fidélité jusqu'aux nues » ; car que de bienfaits n'avons-nous pas reçus de ta main ? Tu es venu à nous tantôt par des joies, tantôt par des afflictions ; ton Esprit a agi dans nos cœurs, tu as pris soin de notre âme, tu nous as bénis de mille manières. Oui, à toi soit la gloire et l'honneur pour toutes choses, et à nous la confusion ; car si nous nous demandons comment nous avons répondu à ta bonté, à ton amour, à ta patience, nous sommes forcés de nous écrier : « Seigneur, ne nous rejette point de devant ta face, et ne nous ôte point l'esprit de ta sainteté ». Mets cette prière dans nos cœurs ; remplis-nous d'une force et d'une joie nouvelles pour mieux accomplir ta sainte volonté, afin que notre vie entière te loue et te glorifie.

> Ta volonté ne connaît point d'obstacles,
> La terre entière est soumise à tes lois ;
> Ta main encore, ô grand Dieu des miracles,
> Peut nous sauver comme aux jours d'autrefois.
> Pourquoi trembler quand c'est toi qui nous guides?
> Tes yeux sur nous ne sont-il pas ouverts?
> Ne peux-tu pas en fontaines limpides,
> En frais Eden, transformer nos déserts?   Amen.

JEUDI (Matin).

Le péager, se tenant éloigné, n'osait pas même lever les yeux au ciel ; mais il se frappait la poitrine, en disant : O Dieu, sois apaisé envers moi qui suis pécheur ! Je vous le dis, celui-ci redescendit justifié dans sa maison préférablement à l'autre ; car quiconque s'élève sera abaissé, et quiconque s'abaisse sera élevé.   (St. Luc 18, 13 et 14).

Méditation.

Le péager, dont le Seigneur Jésus parle dans cette parabole, fait une courte confession qui sort du fond de son âme ; il répand devant Dieu son pauvre cœur angoissé. Il ne se dit pas que les autres ne valent pas mieux que lui ; non, il se présente tremblant devant la face du Saint des saints, et son cœur pécheur est angoissé et ému. Nous aussi nous sommes sous l'œil de Dieu ; il sonde nos cœurs et connaît toutes nos pensées ; mais que de peine nous avons à confesser que nous sommes de pauvres pécheurs ! Nous aimons mieux parler de défauts, de surprises, de faiblesses, qui sont pardonnables ; nous n'en sommes pas moins tous pécheurs, qui que nous soyons. Avouons-le avec humilité et repentir, invoquons la grâce de Dieu, et nous obtiendrons miséricorde. Le Seigneur Jésus, notre Sauveur, nous accordera le pardon et la paix.

Prière.

Sois-nous propice, Seigneur, et efface nos péchés pour l'amour de ta grande miséricorde. C'est avec cette humble prière que nous nous approchons de toi en plaçant notre confiance dans l'amour paternel que tu nous as manifesté en Jésus-Christ. Mets dans notre cœur les sentiments qui remplissaient celui du péager, afin que nous soyons justifiés et bénis comme lui. Que nos cœurs soient près de toi et qu'ils sentent toujours ta sainte présence ! Nous te rendons grâces pour tous les biens dont nous jouissons ; c'est de toi que viennent toute grâce excellente et tout don parfait. Que nous n'oubliions pas un seul de tes bienfaits et que surtout nous attachions le plus grand prix aux biens spirituels que Jésus nous a acquis ! Donne-nous la sagesse nécessaire pour reconnaître en tout temps ta sainte volonté, en même temps que la force pour l'accomplir. Que ta bonté soit sur nous, Seigneur, car nous espérons en toi.

> Tu sais, grand Dieu, combien je suis pécheur,
> Pressé d'ennuis, accablé de tristesse,
> Mon œil s'éteint et le remords me presse,
> Et tout mon corps dépérit de langueur.
>
> Mon Dieu, mon sort, ma vie est en ta main.
> Délivre-moi du fardeau qui m'accable ;
> Rends-moi ta paix, Dieu bon et secourable,
> Fais sur moi luire un visage serein.   Amen.

JEUDI (Soir).

Mon âme, bénis l'Eternel ! Eternel, mon Dieu, tu es merveilleusement grand, tu es revêtu de splendeur et de majesté. Il s'enveloppe de lumière comme d'un vêtement ; il étend les cieux comme une tenture. Il construit sa haute demeure avec les eaux ; il fait des nuées son char ; il se promène sur les ailes du vent. Il fait des vents ses messagers, des flammes de feu ses serviteurs. Il a posé la terre sur ses bases ; elle est inébranlable à jamais.

(Ps. 104, 1-5).

MÉDITATION.

Les révélations de Dieu dans la nature et dans sa Parole, sont comme les deux parties d'un seul livre. Acquérons d'abord l'intelligence de la dernière partie, et puis ouvrons la première, et nous en entendrons sortir des prédications que nous n'aurions jamais pressenties. Oui, l'enfant de Dieu, le premier, comprend la portée de cette exclamation que lui arrachent les magnificences de la création : « Ote les souliers de tes pieds, car le lieu où tu te tiens est une terre sainte ». Celui dont le regard a pénétré dans les profondeurs de la grâce de Dieu voit partout des merveilles de la miséricorde divine. Il est vrai que moins que tout autre, il trouvera sa satisfaction dans les splendeurs de la terre, mais elles éveilleront en lui le pressentiment de cette beauté impérissable dont sera revêtue cette nouvelle terre sur laquelle habiteront d'éternité en éternité les enfants de Dieu, parvenus à la glorieuse liberté qui leur est promise, et qui les attend. Son cœur, dans un sentiment de fidélité, éclate en chants de triomphe : Ah ! se dit-il, si la terre, le marche-pied de Dieu, et le ciel qui est son trône, brillent déjà d'un si grand éclat, que sera-ce lorsque nous le verrons lui-même dans sa gloire, et que nous nous reposerons sur son sein !

Prière.

O Eternel, que tes œuvres sont en grand nombre ! tu les as toutes faites avec sagesse ; la terre est pleine de tes richesses ; toutes les créatures racontent ta gloire. Oh ! que leur voix, qui résonne jusqu'au bout du monde, se fasse entendre au fond de nos cœurs, et nous révèle ton amour en même temps que ta puissance et ta grandeur. Aide-nous à bien comprendre la Parole de la révélation, pour mieux saisir le langage du livre de la nature, et fais qu'en contemplant les beautés de la création, qui s'étalent maintenant devant nous, nous éprouvions un doux pressentiment de ce que sera la terre nouvelle dans sa beauté et sa gloire impérissables. Grand Dieu, tu es notre aide et notre bouclier, fortifie notre foi, apprends-nous à nous attendre à toi et à compter sur ta fidélité.

Les cieux instruisent la terre
A révérer leur auteur.
Tout ce que leur globe enserre
Célèbre un Dieu créateur.
Oh ! quel sublime cantique
Que ce concert magnifique
De tous les célestes corps !
Quelle grandeur infinie,
Quelle divine harmonie
Résulte de leurs accords !

De sa puissance immortelle
Tout parle, tout nous instruit ;
Le jour au jour le révèle,
La nuit l'annonce à la nuit.
Ce grand et superbe ouvrage
N'est point, pour l'homme, un langage
Obscur et mystérieux ;
Son admirable structure
Est la voix de la nature
Qui se fait entendre aux yeux. Amen.

VENDREDI (Matin).

J'ai vu aussi que tout travail et toute habileté dans le travail n'est que jalousie de l'un à l'égard de l'autre. Cela aussi est une vanité et un tourment d'esprit. L'insensé se croise les mains et se consume lui-même : mieux vaut plein le creux de la main avec repos, que plein les deux paumes, avec travail et tourment d'esprit. (Eccl. 4, 4-6).

Méditation.

L'homme envieux devient son propre tourment. L'envie se loge là où la paix de Dieu est absente. Et que de péchés ont leur source dans ce vice ! La jalousie, la joie maligne, les emportements, tout un cortège de passions proviennent de la même mauvaise racine. Comment l'envieux peut-il être guéri ? Ce ne sera qu'en ouvrant les yeux sur lui-même, et lorsque se voyant tel qu'il est, il désirera ardemment un renouvellement complet de son cœur. Ce désir le poussera à la prière et l'amènera à Jésus, le fidèle médecin des âmes, dont les remèdes sont toujours efficaces.

Prière.

Dieu tout puissant ! Nous nous remettons entre tes mains paternelles en ce nouveau jour que ta bonté nous accorde. Agis en nous par ta Parole et par le feu de ton St-Esprit, et ôte de nos cœurs tout sentiment d'envie, tout égoïsme, tout désir contraire à ta sainte volonté. Tu as fait notre âme si grande que toi seul tu peux la remplir. Les richesses mêmes, en dehors de toi, se changent en pauvreté pour nous ; si nous ne puisons à la source de ta vie, notre âme languit et dépérit. Donne-nous d'avoir soif de toi et de ta grâce, d'aller à Jésus qui peut seul répondre à tous nos besoins, et nous guérir de tous nos maux spirituels en nous délivrant du péché. Aide-nous à lui donner tout notre cœur, afin qu'il achève la bonne œuvre qu'il a commencée en nous.

> Que je vois de vertus qui brillent sur ta trace,
> Charité, fille de la grâce ! — Avec toi marchent la douceur,
> La patience inaltérable, — Et l'indulgence inséparable
> Du calme et de la paix du cœur.
> Tu chasses loin de nous et l'orgueil et l'envie.
> De tout temps tu fus ennemie — Du vil et sordide intérêt.
> Humble, droite et sans artifice, — Autant que tu hais l'injustice,
> Autant la vérité te plaît. Amen.

VENDREDI (Soir).

Nous nous sommes assis près des fleuves de Babylone, et là, nous avons pleuré, nous souvenant de Sion. Nous avons suspendu nos harpes aux saules de la contrée. Là, ceux qui nous avaient emmenés captifs nous demandaient des chants joyeux: Chantez-nous quelque chose des cantiques de Sion. Comment chanterions-nous les cantiques de l'Eternel, dans une terre étrangère? Si je t'oublie, Jérusalem, que ma droite s'oublie elle-même ! Que ma langue s'attache à mon palais; si je ne me souviens de toi, si je ne fais de Jérusalem le principal sujet de ma joie ! (Ps. 137, 1-6).

Méditation.

Si, dans ce monde passager, ce monde de tentations et de scandales, de luttes et de guerres, il nous prend quelquefois une nostalgie de la céleste Sion, où le péché ne règne plus et ne saurait plus nous atteindre, ne le regrettons pas. Toutefois il y a une grande différence entre la nostalgie du chrétien qui ne le rend pas indifférent à sa vocation terrestre, et la douleur malsaine du monde qui à chaque revers est dégoûté de la vie et soupire après le ciel. Ce n'est qu'après une vie remplie fidèlement, après avoir travaillé sans découragement et sans dégoût que, le cœur plein d'un désir ardent d'être avec le Seigneur, l'apôtre St-Paul s'écrie : « Mon désir est de déloger et d'être avec Christ. » C'est dans ce sens seulement que sont vraies ces paroles : Bienheureux ceux qui soupirent après la patrie absente, car ils n'en resteront pas loin pour toujours.

Prière.

Dieu saint et éternel ! Nous savons que la lumière de notre vie s'éteindra, de même que le jour est maintenant passé et que la lumière du soleil s'est éteinte pour nous. Fais que nous nous en souvenions dans les jours de santé et de prospérité aussi bien que dans les jours d'adversité. Lorsque notre cœur est sur le point de se perdre dans les plaisirs et les jouissances terrestres, donne-nous d'en sentir vivement la vanité et la fragilité, éveille en nous le désir des biens éternels que tu nous réserves dans ta maison. Lorsque les luttes et les peines d'ici-bas répandent les ténèbres dans notre esprit, fortifie et console-nous, par l'espérance des demeures paisibles que tu as préparées pour les tiens. Oui, Seigneur, fais-nous la grâce de nous recevoir un jour dans cette patrie céleste, où nous attendent le repos et la joie, après les tribulations et les combats de cette vie.

> Pleurs, tourments, vains regrets, trompeuses espérances,
> Tristes plaisirs, péchés encor plus odieux,
> Cortège de remords, d'ennuis et de souffrances,
> Vous ne me suivrez pas dans les célestes lieux.
> Céleste rendez-vous de l'amitié chrétienne,
> A ton sublime appel je ne manquerai pas !
> Jésus, dans tes sentiers que ta main me soutienne,
> Je sortirai vainqueur du monde et du trépas !   Amen.

SAMEDI (Matin).

Que tes pensées me sont précieuses, ô Dieu, et combien le nombre en est grand ! Les veux-je compter ? Elles sont plus nombreuses que le sable. Suis-je réveillé ? Je suis encore avec toi.   (Ps. 139, 17 et 18).

Méditation.

Quel que soit l'état dans lequel nous nous éveillons le matin, tenons ferme cette parole : « Nous sommes au Seigneur ». Auréveil l'on se sent quelquefois sans courage et sans force, mais le Seigneur est toujours le même ; en lui il n'y a pas de changement, ni de succession de lumière et de ténèbres. Rien de plus décourageant, après un réveil dans de fâcheuses dispositions, que de se laisser aller à cette préoccupation : Ce jour ne nous amènera certainement rien de bon. Commençons nos jours avec foi et non dans l'incrédulité. Ne nous laissons pas aller à des idées noires ; les promesses de Dieu nous accompagnent à travers toute la vie et sa Parole est certaine. Plaçons-nous sur ce terrain solide et, quoi qu'il arrive, nous ne serons pas confus.

PRIÈRE.

Seigneur notre Dieu ! Tu es notre refuge éternel et notre haute retraite. Nous nous humilions devant toi au souvenir de nos infidélités, nous bénissons ta grâce qui s'est glorifiée en nous pendant toute cette semaine. Reste avec nous ; que ta bonté et ta gratuité nous accompagnent jusqu'à la fin de nos jours. C'est par ta puissance seule que nous sommes protégés et gardés pour la vie éternelle. Pourquoi nous mettrions-nous en soucis ? Le secours et la consolation se trouvent en tout temps auprès de toi, bon Père céleste. Donne-nous de l'éprouver en ce jour, fais-toi trouver par tous ceux qui te cherchent. Augmente notre foi, fortifie-nous pour l'accomplissement fidèle de nos devoirs, que cette fin de semaine soit bénie pour nous. Seigneur, nous espérons en toi et en ta bonté, nous te prions de nous exaucer au nom de Jésus.

Mon âme, exaltons la gloire
De Dieu notre créateur,
Et célébrons la mémoire
De sa constante faveur.
Il guide par sa sagesse
Son fidèle adorateur ;
Il rend le calme à mon cœur
Au plus fort de la détresse.
Tout prend fin, mais sa bonté
   Dure à perpétuité.

Comme un aigle étend ses ailes
Sur ses aiglons impuissants,
Par ses bontés paternelles
Dieu protège ses enfants.
Dès mon entrée en ce monde,
Par son céleste secours,
Il a conservé mes jours,
Et sur moi sa grâce abonde.
Tout prend fin, mais sa bonté
   Dure à perpétuité. Amen.

SAMEDI (Soir).

Souviens-toi de mon affliction et de ma misère ; ce n'est qu'amertume et que poison. Mon âme s'en souvient sans cesse, et elle est abattue au dedans de moi. Voici ce que je veux rappeler à mon cœur, et c'est pourquoi j'aurai de l'espérance. Ce sont les bontés de l'Eternel, qui font que nous n'avons pas été consumés ; ses compassions n'ont point failli. Elles se renouvellent chaque matin ; ta fidélité est grande !   (Lam. 3, 19-23).

MÉDITATION.

Le prophète Jérémie est l'homme du deuil et des pleurs. Que n'a-t-il pas souffert lui-même à cause du témoignage qu'il rendait à la vérité! Mais les calamités de son peuple le touchent plus encore que les siennes et accablent son âme! Sa vie n'a été qu'amertume et douleurs; toutefois, au sein des nuits les plus sombres, il ne restait pas sans lumière et sans consolation. Il savait avec certitude que la miséricorde de Dieu se renouvelle chaque matin et que sa fidélité est grande. Mon âme s'en souvient sans cesse, dit-il, mon cœur m'en donne l'assurance. Notre âme nous dit aussi que ce n'est pas volontiers que le Seigneur nous afflige et nous contriste, et puisqu'il en est ainsi, le châtiment prendra fin dès qu'il aura atteint son but.

PRIÈRE.

Nous nous approchons du trône de ta grâce, Dieu tout bon, au nom de notre Sauveur, par lequel nous avons accès auprès de toi. La fin de cette semaine nous rappelle que notre vie n'est qu'un voyage vers la patrie éternelle, et que cette vie doit être une préparation à la vie future. Seigneur, aide-nous à nous élever au-dessus des choses de la terre; accorde-nous le secours de ton St.-Esprit pour que nous ne finissions point ce jour sans avoir pris la résolution sérieuse de te servir avec plus de zèle et plus de fidélité que nous l'avons fait par le passé, pendant le temps que nous aurons encore à passer ici-bas. Nous aussi, nous pouvons redire avec le prophète: « Ta miséricorde se renouvelle chaque matin sur nous et ta fidélité est grande. » Que cette assurance nous soit douce et consolante, qu'elle nous soit un refuge contre les peines, les angoisses et les amertumes de la vie. Bénis-nous tous, Seigneur, bénis tous ceux que nous aimons et donne-nous de mettre notre espérance en Celui qui peut seul nous fortifier et dans la vie et dans la mort.

Oh! oui, je voudrais vivre
Pour t'aimer et te suivre;
Je voudrais chaque jour,
Te présenter l'offrande
Que la Loi me demande:
Un cœur rempli de ton amour.

Sois donc mon espérance,
J'attends ma délivrance
De ta seule faveur.
Que puis-je craindre au monde
Si mon âme se fonde
Sur ton amour, ô Dieu Sauveur? Amen.

Huitième Semaine après la Trinité.

DIMANCHE (Matin).

Gardez-vous des faux prophètes qui viennent à vous en habits de brebis, mais qui au dedans sont des loups ravissants. Vous les reconnaîtrez à leurs fruits. Cueille-t-on des raisins sur des épines, ou des figues sur des chardons? Ainsi tout bon arbre porte de bons fruits; mais le mauvais arbre porte de mauvais fruits. Un bon arbre ne peut porter de mauvais fruits, ni un mauvais arbre porter de bons fruits. Tout arbre qui ne porte point de bons fruits est coupé et jeté au feu. Vous les connaîtrez donc à leurs fruits. Tout homme qui me dit: Seigneur! Seigneur! n'entrera pas dans le royaume des cieux; mais celui qui fait la volonté de mon Père qui est dans les cieux. Plusieurs me diront en ce jour-là: Seigneur! Seigneur! n'avons-nous pas prophétisé en ton nom? et n'avons-nous pas chassé les démons en ton nom? et n'avons-nous pas fait plusieurs miracles en ton nom? Alors je leur dirai ouvertement: Je ne vous ai jamais connus; retirez-vous de moi, vous qui faites métier d'iniquité. (St. Matth. 7, 15-23).

Méditation.

Le Seigneur veut nous mettre en garde contre deux séductions, celle qui nous vient du dehors et celle qui a sa source dans notre propre cœur. Ils ne sont pas tous de bons prophètes ceux qui nous donnent leur manière d'envisager le monde et leur conception de la vie, comme le chemin qui conduit au bonheur et à la félicité. Leurs paroles sont belles et séduisantes, elles flattent notre cœur naturel, mais c'est aux fruits qu'il faut regarder. Examinons si leurs belles maximes nous ennoblissent et nous rapprochent de Dieu, si elles augmentent dans notre cœur l'amour de Dieu et l'amour du prochain, ou bien si elles nous endorment dans une sécurité charnelle, si elles augmentent en nous l'égoïsme, l'horreur de la croix et les sentiments mondains, enfin si elles nous enlèvent le goût de la prière et la joie que nous trouvons dans la communion de Dieu et de son Christ. Si tels sont les fruits qui résultent de leurs principes, tenons-nous sur nos gardes; car nous avons affaire à de faux prophètes. Veillons de tous les côtés, mais veillons surtout sur nous-mêmes. Il est permis de dire: Seigneur, Seigneur, mais il faut que la confession de la bouche et la conduite de chaque jour soient en harmonie. Même les œuvres faites au nom de Jésus, quelque grandes et brillantes qu'elles soient et quelque renom qu'elles puissent nous donner, doivent procéder de la source pure de l'amour de

Dieu et de l'amour du prochain. Si l'ambition et l'intérêt personnel, en un mot si l'égoïsme est le mobile de nos actions, le Seigneur ne nous reconnaîtra pas un jour comme siens, mais nous repoussera comme ouvriers d'iniquité.

Prière.

Seigneur, qui te tiens près de ceux qui t'invoquent, jette sur nous un regard de miséricorde et de paix. Soutiens-nous par ta grâce toute-puissante, et sanctifie-nous par ta sainte vérité; ta Parole est la vérité. C'est sur elle que nous voulons régler notre vie. Fais surtout qu'en ce jour, qui doit t'être consacré, ta Loi soit notre guide, et ton Evangile notre consolation, afin que toute notre vie soit à ta gloire. Nous voulons que notre âme soit sauvée; nous désirons contempler un jour ta face dans la gloire, et trouver au jour de la mort un Dieu propice, mais nous ne pouvons obtenir ces grâces sans le secours de ta Parole et de ton Esprit. Nous te prions donc de veiller sur nous, de nous éclairer par ton St.-Esprit, afin que nous marchions dans la bonne voie, et que nous portions des fruits à ta gloire et pour notre bien éternel.

C'est vainement que la folle sagesse
Veut obscurcir, ô Dieu! ta vérité.
Son grand savoir n'est qu'erreur et faiblesse,
Fausse raison, mensonge, impureté.
Non, ni vertu, ni force, ni noblesse
Hors de Jésus n'a de solidité.

Mais nous, chrétiens! nous possédons la vie.
Que les faux biens ne nous séduisent plus!
Avant les temps, dans la grâce infinie,
Pour nous sauver, Dieu nous avait élus,
Et sa bonté pour nous fut accomplie
Quand, sur la croix, il nous donna Jésus.   Amen.

DIMANCHE (Soir).

Nous ne sommes point redevables à la chair, pour vivre selon la chair. En effet, si vous vivez selon la chair, vous mourrez; mais si, par l'Esprit, vous faites mourir les œuvres du corps, vous vivrez. Car tous ceux qui sont conduits par l'Esprit de Dieu, sont enfants de Dieu. Car vous n'avez point reçu un esprit de servitude pour être encore dans la crainte; mais vous avez reçu un Esprit d'adoption, par lequel nous crions: Abba, Père! Car l'Esprit lui-même rend témoignage à notre esprit, que nous sommes enfants de Dieu. Et si nous sommes enfants, nous sommes aussi héritiers; héritiers de Dieu, et cohéritiers de Christ; si toutefois nous souffrons avec lui, afin que nous soyons aussi glorifiés avec lui.

(Rom. 8, 12-17).

Méditation.

Bienheureux l'homme à qui le St-Esprit rend ce témoignage : « Tes péchés te sont pardonnés ; » tu es un enfant de Dieu. C'est ce même Esprit qui pousse les enfants de Dieu à faire mourir en eux les œuvres de la chair. Ils sont incapables de le faire par eux-mêmes, mais il leur en communique la force. Au milieu de leurs combats, il leur apprend à dire : Abba, c'est-à-dire « Père, » à l'exemple de notre Sauveur en Gethsémané. Jésus a combattu et souffert ; nous devons souffrir avec lui, si nous voulons être élevés avec lui dans la gloire. Nous nous dépensons souvent en efforts surhumains, quand il s'agit de quelque bien terrestre, de quelque héritage corruptible. Que de peines on se donne dans ce but, que de voyages entrepris, que de folles espérances, que de procès intentés ; tandis que l'héritage le plus sûr et le plus riche, celui de notre immortelle couronne, n'est recherché que par un petit nombre. Pourquoi en est-il ainsi ? Parce qu'on regimbe contre la nécessité de faire mourir, par une repentance sincère, le vieil homme avec ses convoitises. Et cependant notre héritage céleste est à ce prix, et si la mort doit nous réunir à Dieu, il faut que nous nous en approchions par la prière tant qu'il est jour, il faut que nous ayons reçu ici-bas les arrhes et les prémices du St-Esprit, pour prendre possession de la gloire future. N'oublions pas qu'il n'y a point de proportion entre les souffrances du temps présent, et la gloire à venir qui doit être manifestée en nous, et que nous ne sommes sur cette terre que pour nous préparer à la félicité éternelle.

Prière.

Seigneur ! Fais-nous serrer dans notre cœur toutes les promesses que nous donne ta sainte Parole, et remplis-nous de ton Esprit de lumière et de vérité, afin qu'il nous révèle tous nos besoins spirituels, et toutes les choses qui sont nécessaires à notre salut. Que nous soyons attentifs à sa voix ; qu'il nous soulage dans nos faiblesses ; qu'il dirige notre vie et notre cœur, qu'il rende témoignage à notre esprit que nous sommes tes enfants et héritiers de la vie éternelle ! Ne permets pas que nous perdions jamais de vue ce glorieux but, auquel nous sommes destinés ; aide-nous à mourir au péché, et à renoncer à tout ce qui pourrait nous ravir notre immortelle couronne. Aide-nous à croître dans la foi, dans l'espérance et la charité, et à confirmer par notre vie la profession de notre foi. Inscris notre nom au livre de vie ; fais que, quoi qu'il arrive, nous soyons en paix, dans la bienheureuse assurance que nous sommes à toi dans la vie et dans la mort, dans le temps et dans l'éternité.

> Tout mon désir
> Est de partir,
> Pour m'en aller vers mon Sauveur ;
> En ce bas lieu,
> Loin de son Dieu,
> Mon âme gémit de langueur.
>
> C'est dans le ciel qu'est la lumière,
> Le vrai repos, la paix entière.
> Oh ! près de toi,
> Jésus, prends-moi ;
> Apaise la soif de mon cœur !
> Amen.

LUNDI (Matin).

Quelqu'un de la troupe lui dit : Maître, dis à mon frère qu'il partage avec moi notre héritage. Mais Jésus lui répondit : O homme, qui m'a établi pour être votre juge, ou pour faire vos partages ? Puis il leur dit : Gardez-vous avec soin de l'avarice ; car, quoique les biens abondent à quelqu'un, il n'a pas la vie par ses biens.   (St. Luc 12, 13-15).

Méditation.

Il n'y a rien qui prenne si entièrement possession de notre cœur, jusqu'à l'enserrer comme dans des liens d'airain, comme Mammon, c'est-à-dire les richesses, les biens de ce monde, l'amour de l'argent. Lorsque l'avarice a fait son entrée dans un cœur elle règne bientôt exclusivement, et fait servir à ses fins ses pensées, ses sentiments, ses préoccupations, ses aspirations. L'amour, la foi, l'intelligence des choses de Dieu, les désirs de liberté et de rédemption, tout sombre sous l'influence de l'avarice. Elle rétrécit le cœur de l'homme, de manière à ne lui laisser d'intelligence et d'intérêt que pour l'argent. Et quelles sont les jouissances que ce tyran offre à ses esclaves ? L'avare est capable de s'imposer toutes les privations, toutes les souffrances, de se refuser le nécessaire et de passer sa vie comme dans une prison, pourvu que ses sens puissent se repaître des charmes diaboliques du froid métal, et les pensées de son cœur trouver une compensation à la perte du vrai bonheur dans la possession de biens imaginaires. Gardons-nous donc avec soin de l'avarice ; car, quoique les biens abondent à quelqu'un, il n'a pas la vie par ses biens.

Prière.

Sauveur fidèle, qui es le chef et le consommateur de notre foi, toi qui n'avais pas, comme Fils de l'homme, un lieu où reposer ta tête, donne-nous de ne pas chercher notre bonheur dans les biens de la terre. Fais que tes avertissements si pleins d'amour, pénètrent profondément dans nos cœurs; viens éveiller et fortifier en nous le désir des vraies richesses, pour que nous cherchions les choses qui sont En-Haut et non celles qui sont sur la terre. Aide-nous toi-même à amasser un trésor placé sur un bon fonds pour la vie éternelle et à renoncer à tout ce qui pourrait nous priver de ta grâce et de ta paix.

Qe le frère pour le frère
Soit prêt à sacrifier
Vie et biens sur cette terre,
C'est ainsi qu'on doit aimer ;

C'est ainsi qu'en sa tendresse
Nous aima notre Sauveur.
Ah ! qu'en nous aussi paraisse,
Un rayon de cette ardeur ! Amen.

LUNDI (Soir).

Voici, Dieu est mon salut; j'aurai confiance, et je ne craindrai point. Car l'Eternel est ma force et ma louange, et il a été mon Sauveur. (Es. 12. 2).

MÉDITATION.

Cette parole du prophète exprime la confiance de l'âme sauvée, qui se trouve dans un sûr asile. C'est le cri de joie de celui qui a échappé à la tempête, et qui assis sur le rocher contemple les vagues en fureur. Si déjà dans l'ancienne alliance cette confiance et cette paix étaient le partage de l'homme qui avait trouvé son salut en Dieu, à combien plus forte raison doit-il en être ainsi pour les enfants de la nouvelle alliance! Si nous avons par la foi en Christ la certitude d'être en état de grâce, nous pouvons dire avec assurance : « Nous avons confiance en Dieu et nous ne craignons rien, car l'Eternel est notre force et notre louange. » Et si quelque malheur vient nous atteindre, si la maladie, la mort s'approche de nous, alors encore nous ne perdons pas courage, nous ne craignons rien, car qu'est-ce qui pourrait nous séparer de l'amour de Dieu ? Nous sommes assurés que ni la mort, ni la vie, ni les choses à venir, ni aucune autre créature ne pourra nous séparer de cet amour manifesté en Jésus-Christ, notre Seigneur.

PRIÈRE.

Dieu tout bon et tout-puissant, Père de notre Seigneur Jésus-Christ, et par lui aussi notre Père ! Tu es notre refuge et notre salut. Couverts de ta protection, nous n'avons rien à craindre au milieu des ténèbres de la nuit. Nous t'en supplions, aie les yeux ouverts sur nous, toi qui gardes Israël et qui ne dors et ne sommeilles point. Apaise les agitations de notre cœur, fais taire toutes les angoisses, toutes les plaintes de notre âme en la remplissant de ta paix qui surpasse toute intelligence. Aide-nous à placer en Jésus toute notre espérance, et que ses promesses deviennent pour nous une ancre ferme et assurée à l'heure des épreuves et des tentations. Pardonne-nous, Seigneur, notre manque de foi, nos infidélités à ton saint service, accorde-nous la grâce de t'honorer et de te glorifier en avançant sur le chemin de la perfection soutenus par ta grâce et ton Esprit.

Dieu fut toujours ma lumière et ma vie, Qui peut me nuire et qu'ai-je à redouter ? J'ai pour soutien sa puissance infinie ; L'homme mortel peut-il m'épouvanter ?

Toi donc, mon âme ! au fort de la souffrance, Attends de Dieu la grâce et le secours ; Espère en lui contre toute espérance ; Tu connaîtras qu'il exauce toujours. Amen.

MARDI (Matin).

Le fruit de l'humilité et de la crainte de l'Eternel, c'est la richesse, la gloire et la vie. (Prov. 22, 4).

Méditation.

On a dit : « Vivre, c'est souffrir. » Cette pensée, quoi qu'il nous en semble, n'exclut pas la joie et la gratitude pour les biens que le Seigneur nous dispense, même dans cette vie imparfaite ; elle ne nous rend pas misanthropes et ne nous remplit pas de plaintes et d'amertume. On devient, au contraire, plus calme, plus heureux, en regardant la vie à la lumière de cette déclaration. La plupart des hommes s'attendent à trouver dans la vie une mesure de bonheur terrestre qui leur est très rarement accordée ; ils font dépendre la paix du cœur de la satisfaction de leurs désirs, de la réalisation de leurs espérances, et sont malheureux et découragés, lorsqu'un événement contraire nuit à leurs intérêts ou qu'une tempête vient à passer sur leurs têtes. Ils ne sont pas capables de maintenir l'équilibre de leur esprit, car l'affliction les surprend sans préparation, et ajoute à leur douleur l'aiguillon empoisonné de l'espoir trompé. Mais du moment que l'homme se persuade bien que vivre, c'est souffrir, il est doublement reconnaissant pour tout rayon de soleil, dont Dieu daigne éclairer son sentier ; toute souffrance que Dieu lui envoie tourne en définitive en bénédiction pour lui. Elle enrichit l'homme intérieur et contribue au développement de la vraie piété. L'esprit du monde et l'orgueil qui sans cesse reparaissent sont vaincus peu à peu ; on considère cette terre avec ses misères et ses déceptions comme un lieu de pèlerinage, et l'on porte son regard vers le pays où il n'y aura plus ni péché ni souffrance.

Prière.

Grand Dieu et souverain Maître de notre vie ! Aide-nous à être contents de notre sort, quel qu'il soit, et à jouir avec reconnaissance des moindres grâces que nous recevons de ta main. Sois avec nous par ton Esprit dans toutes les circonstances de notre vie ; bénis nos travaux et nos loisirs, nos heures de solitude et nos relations avec nos semblables. Viens à notre secours, avec ta force et ta grâce, car nous sommes faibles et nos tentations sont nombreuses. Tu es fidèle, Seigneur, nous nous remettons entre tes mains, nous savons que tu soutiens et conduis merveilleusement ceux qui espèrent en toi. Apprends-nous à marcher sous ton regard et à suivre d'un cœur ferme le chemin dans lequel tu veux nous conduire, persuadés que c'est le meilleur pour nous et qu'il nous amènera au but désiré.

> Seigneur mon Dieu, sur mon âme angoissée
> Répands enfin la vie et le bonheur ;
> Viens la guérir, ô viens, elle est froissée
> Par le péché, la crainte et la douleur.
>
> Verse en mon cœur, toujours tardif à croire,
> La foi, l'amour, l'espérance et la paix,
> Il est rebelle, il est dur ; mais ta gloire,
> C'est de le vaincre à force de bienfaits. Amen.

MARDI (Soir).

Il n'en doit pas être ainsi parmi vous ; au contraire, quiconque voudra être grand parmi vous, qu'il soit votre serviteur. Et quiconque voudra être le premier entre vous, qu'il soit votre esclave. (St. Matth. 20, 26 et 27).

Méditation.

Cette recommandation scandalise bien des personnes. Faire à sa tête, avoir raison, être servi au lieu de servir, commander au lieu d'obéir, telles sont nos inclinations naturelles. Le Seigneur Jésus a dû les combattre sans cesse, même chez ses disciples. Nous avons l'occasion de découvrir les mêmes penchants chez nos enfants ; l'aîné veut dominer les plus jeunes au lieu de les seconder dans leur faiblesse. A mesure que l'homme grandit, il se développe chez lui un irrésistible penchant à faire valoir son propre *moi*. Mais Jésus, que nous appelons Seigneur et Maître, qui était la splendeur de la Majesté divine, a voulu être serviteur, quoiqu'on lui eût offert une couronne royale. L'Esprit qui le portait à aimer et à servir est seul capable de renouveler l'humanité égoïste. Aimer et servir, c'est la devise de ses disciples sur la terre. La foi seule vraie est celle qui produit l'amour humble, l'amour qui se donne et se dévoue. Cette foi a vaincu le monde et ceux-là seulement en qui règne cet esprit d'amour et de dévouement suivront le Christ jusqu'au trône et à la gloire.

Prière.

Dieu de bonté et d'amour! En éprouvant notre cœur et notre conduite à la lumière de ta Parole, nous sommes obligés de te confesser que nous sommes encore loin de marcher sur les traces de notre Sauveur, qui nous a précédés dans la voie de l'humilité et du dévouement. Donne-nous l'Esprit de Jésus-Christ; fais-nous vivre, agir, souffrir et mourir dans cet Esprit. Que par lui nous soyons rendus capables de lutter contre tous les mauvais sentiments d'orgueil et d'égoïsme qui sont en nous, et de consacrer notre vie à l'accomplissement de tes saints commandements. Que nous ne trouvions rien au-dessous de nous que le péché, que comprenant combien nous avons été aimés, rien ne nous coûte pour témoigner notre amour et notre reconnaissance à Celui qui a donné sa vie pour nous.

> Tu naquis pour servir et servir fut ta gloire ;
> Servir est à jamais le sceau de tes enfants.
> Qui fait peu t'aime peu ; qui se borne à te croire,
> Ne te croit point encore, ô Sauveur des croyants!
>
> Quoi, Seigneur! je croirais à tes saintes promesses
> Et pour tes ordres saints je n'aurais point de foi!
> Soumis pour espérer, pour goûter tes largesses,
> Je ne le serais plus pour accepter ta Loi!   Amen.

MERCREDI (Matin).

Le Dieu qui a fait le monde et toutes les choses qui y sont, étant le Seigneur du ciel et de la terre, n'habite point dans les temples bâtis de mains d'hommes. Il n'est point servi par les mains des hommes, comme s'il avait besoin de quelque chose, lui qui donne à tous la vie, la respiration et toutes choses. Et il a fait d'un seul sang toutes les races des hommes, pour habiter sur toute la face de la terre, ayant déterminé la durée précise et les bornes de leur habitation; pour chercher le Seigneur, pour voir si en le cherchant à tâtons, ils le trouveraient, quoiqu'il ne soit pas loin de chacun de nous. Car en Lui nous avons la vie, le mouvement et l'être; comme l'ont dit aussi quelques-uns de vos poètes : Car de Lui nous sommes aussi la race. (Actes 17, 24-28).

MÉDITATION.

Dieu veut, il est vrai, avoir sur la terre une maison où son Nom soit béni et où retentissent ses louanges, mais nous ne sortons pas de son temple en franchissant le seuil de la maison de Dieu. La création entière est son temple, la plus humble retraite peut le devenir pour l'enfant de Dieu, et le plus beau temple que nous puissions lui consacrer et qu'il aime à habiter, c'est notre cœur. Tous les hommes sont nés de Dieu, tous sont issus d'un seul sang, et par cela même ils sont frères. Tous sont placés sous la direction de Dieu, sa main se fait sentir dans l'histoire des peuples; mais le plan de l'histoire du monde, la haute destinée à laquelle Dieu veut conduire les hommes, c'est la communion avec lui. Le chercher, le trouver, le servir, être heureux en lui, tel est le but que nous devons poursuivre.

PRIÈRE.

Dieu fidèle ! Tu es notre haute retraite ; c'est en toi que nous avons la vie, le mouvement et l'être. Nous te louons, nous te bénissons de la bonté et de la miséricorde que tu nous as témoignées jusqu'ici, de toutes les jouissances spirituelles et de toutes les joies saintes et pures que tu nous as accordées. Fais-nous jeter un regard toujours plus profond dans ton amour paternel et dans les richesses de ta grâce ; aide-nous à te servir en tout temps avec reconnaissance et une foi filiale. Que nos cœurs purifiés et sanctifiés par ton Esprit deviennent ta demeure, afin que nous puissions porter à ta gloire des fruits de justice et de paix.

Brillante étoile du matin !
Amène-nous un jour serein,
Un jour de paix, de grâce,
Comme une aurore en tous nos cœurs,
Répands tes divines splendeurs,
Et ta douce efficace.
Agneau ! Flambeau
De ma vie ! Je te prie,
Viens, éclaire
Tous mes pas de ta lumière. Amen.

MERCREDI (Soir).

Levez les yeux en haut, et regardez : qui a créé ces choses ? C'est lui qui fait sortir en ordre leur armée, et qui les appelle toutes par leur nom ; telle est la grandeur de son pouvoir et de sa force puissante, que pas une ne manque à lui obéir. (Es. 40, 26).

Méditation.

Il y a des hommes qui ne nient pas que Dieu ait créé le monde avec toutes ses splendeurs et toutes ses magnificences et qu'il le gouverne ; mais ils ne peuvent croire qu'il puisse s'occuper de chacun de nous en particulier. Attendre du secours d'En-Haut est à leurs yeux une pure illusion, et nos requêtes et prières d'intercession n'ont pas de sens. L'idée qu'on se fait ainsi de Dieu est bien mesquine, et ne peut nous communiquer la confiance et la joie pour traverser le chemin de la vie. Quoi ! le Créateur tout-puissant du ciel et de la terre, qui a tracé à des millions d'étoiles leur place et leur course, abandonnerait l'homme, le roi de la création, à un aveugle destin ! Non ! Bien que son Etre soit au-dessus de notre compréhension, il nous est permis de croire que le grand Dieu du ciel s'occupe de la moindre de ses créatures, et qu'il règle notre destinée par sa puissance, sa sagesse et son amour.

Prière.

Dieu tout-puissant et éternel, qui conduis l'armée céleste et qui ne dédaignes pas ce qui est humble sur la terre, nous adorons dans la poussière ta puissance et ta grandeur. Jette sur nous un regard de bienveillance, reçois favorablement l'offrande de nos lèvres ; nous nous approchons de toi avec confiance, parce que nous savons que tu veux t'appeler notre Père et que tu nous as choisis pour tes enfants en Jésus-Christ. Tu es la source de tous les biens, c'est de toi que nous tenons tout ce que nous avons ; tu nous renouvelles chaque jour les dons de ta grâce, souvent déjà tu nous as secourus et délivrés. Apprends-nous donc à nous attendre à toi, à toujours compter sur ta force, à croire fermement que tu prendras soin de nous et pourvoiras à tout ce qui nous est nécessaire pour la vie présente et pour la vie à venir.

Combien est grande la bonté
Envers nous, Dieu de charité,
Que notre cœur adore !
Sans cesse de nous tu prends soin,
Et jamais tu ne te tiens loin
De celui qui t'implore,
Seigneur ! Seigneur !
Notre Père — Sur la terre,
Roi des anges,
Nous célébrons tes louanges !

Nous nous abandonnons, Seigneur,
Nous et les vœux de notre cœur,
A ta main paternelle.
Ah ! sauve-nous par ton amour,
Et fais-nous entrer au séjour
De la gloire éternelle.
Seigneur ! Seigneur !
Notre Père — Sur la terre,
Roi des anges,
Nous célébrons tes louanges ! Amen.

JEUDI (Matin).

C'est un grand gain que la piété avec le contentement d'esprit. Car nous n'avons rien apporté dans ce monde, et il est évident que nous n'en pouvons rien emporter. Ainsi, pourvu que nous ayons la nourriture et le vêtement, cela nous suffira. (1 Tim. 6, 6-8).

Méditation.

Les désirs insensés non combattus, mais nourris plutôt au fond du cœur, ont frustré bien des hommes du vrai bonheur. Il est vrai que Dieu a fait un partage inégal de ses biens; il accorde souvent aux uns ce qu'il refuse aux autres; mais s'il y a des privations d'un côté, elles sont toujours compensées par d'autres avantages. Si nous apprenons à le reconnaître, nous sommes contents et heureux, et nous nous soumettrons avec joie à la volonté de Dieu. Du moment que nous avons assez d'humilité pour nous contenter de ce que Dieu nous donne, et pour renoncer volontiers à ce qu'il nous refuse, nous sommes plus heureux que si nous voyions nos vœux insensés se réaliser. Ce ne sont pas les circonstances extérieures qui nous procurent le bonheur; il réside avant tout dans les dispositions du cœur. Mais il ne suffit pas de renoncer aux choses de la terre pour être pleinement satisfaits; nous avons été créés pour l'éternité et la véritable richesse consiste à être heureux en Dieu, parce que lui seul peut répondre à nos besoins les plus intimes.

Prière.

Si nous sommes à toi, nous sommes riches, et en t'aimant, Seigneur, nous avons toutes choses, parce que tu nous dispenses ce qui nous est nécessaire pour la vie du corps et de l'âme. Donne-nous de ne pas chercher le bonheur dans les choses terrestres, mais en toi seul, Dieu éternel. Accorde-nous le contentement d'esprit, un cœur reconnaissant et soumis, et ne permets pas que nous oubliions que tu nous as créés pour l'éternité. Nous n'avons rien apporté dans le monde; il est évident que nous ne pouvons rien en emporter. C'est donc avec confiance que nous te remettons notre avenir, en nous fondant sur l'assurance que ceux qui craignent l'Eternel n'auront faute d'aucun bien.

Bienheureux qui t'aime,
Jésus, bien suprême!
Source de bonheur,
Verse dans mon âme,
De la sainte flamme,

La divine ardeur.
Avec toi
Tout est à moi.
Accorde-moi la présence
Et ton assistance.

Contempler ta face,	On vit bienheureux.
Jouir de la grâce,	Avec toi
C'est la paix des cieux.	Tout est à moi.
Dans ton alliance	Accorde-moi ta présence
Rempli d'assurance,	C'est ma jouissance. Amen.

JEUDI (Soir).

La grâce et la paix vous soient multipliées, dans la connaissance de Dieu et de notre Seigneur Jésus.   (2 Pier. 1, 2).

MÉDITATION.

Nous sommes inexcusables si nous vivons dans l'ignorance des choses de Dieu. Nous cherchons à acquérir bien des connaissances, mais la plus indispensable est celle de l'Etre qui veille sur nous, et qui peut remplir notre cœur de grâce et de paix. Il nous apparaît en Jésus-Christ entouré de gloire et de magnificence. Il n'y a ni tache ni imperfection en lui. Sa gloire est réelle, elle n'est pas une pure apparence, comme celles qui nous séduisent si souvent chez les hommes. En recherchant les biens terrestres on croit trouver le ciel sur la terre; mais leur possession nous trompe, et laisse le cœur vide. Dieu nous a fait connaître en Jésus-Christ la source des biens les plus précieux et les plus parfaits, d'où nous pouvons sans cesse puiser grâce sur grâce, sagesse, justice, sanctification, rédemption. En lui se trouvent la force, la paix, la vérité qui nous éclairent et nous consolent, au milieu des ténèbres et des afflictions de la vie. La terre se transforme ainsi en école pour le ciel. Nous marchons de progrès en progrès, de connaissance en connaissance; même arrivés à la vieillesse nous dirons : Tu nous as instruits dès notre jeune âge, c'est pourquoi nous annonçons tes merveilles; notre homme intérieur se développe et se renouvelle de jour en jour à mesure que notre tente terrestre se détruit et que nous nous acheminons vers la tombe.

PRIÈRE.

Dieu de bonté et d'amour! Donne-nous des cœurs intelligents pour que nous comprenions ta sainte Parole; fais briller dans nos âmes ta divine lumière, dissipe notre ignorance; fais-nous la grâce de trouver la vie éternelle dans ta connaissance et dans celle de ton Fils que tu as envoyé. Et puisque c'est en toi, Sauveur fidèle, qu'est la source de la vie, oh ! que nous allions à toi, que nous t'ouvrions nos cœurs, afin que ton Esprit nous révèle les choses qui vont à notre salut, à notre bonheur éternel. Qu'il nous remplisse de force, de lumière, de sagesse et nous rende capables de glorifier ton saint Nom par nos paroles et par nos œuvres.

> Connaître, ô Dieu ! ton amour, ta puissance,
> Sur mon sentier voir briller la splendeur,
> Sur toi fonder toute mon assurance,
> Sont les seuls biens que souhaite mon cœur. Amen.

VENDREDI (Matin).

Eternel, écoute ma voix, je t'invoque ; aie pitié de moi et m'exauce ! Mon cœur me dit de ta part : Cherchez ma face. Je cherche ta face, ô Eternel ! Ne me cache pas ta face ! Ne rejette pas ton serviteur dans ton courroux ! Tu as été mon aide ; ne me délaisse pas, ne m'abandonne pas, Dieu de mon salut ! (Ps. 27, 7-9).

Méditation.

Le Psalmiste est persuadé que sa prière sera exaucée. Il se fonde sur cet ordre formel de son Dieu : « Cherchez ma face, » et sur la promesse de son secours. Dans cette confiance il lui présente sa requête. Si nos prières n'étaient qu'un son qui frappe l'air, si nos cris de détresse s'échappaient de notre âme sans trouver un écho dans le cœur de Dieu, pourquoi Dieu aurait-il dit : « Cherchez ma face ? » Il nous a donné l'assurance qu'il recevra favorablement nos supplications et qu'il délivrera ceux qui s'attendent à lui. « L'Eternel est près de tous ceux qui l'invoquent, de tous ceux qui l'invoquent en vérité. »

Prière.

Grand Dieu miséricordieux et fidèle ! Nous nous approchons de toi ce matin, parce que tu nous dis, à nous aussi, de chercher ta face, tu nous promets d'exaucer les requêtes de tes enfants. Nous te cherchons Seigneur ; fais-toi trouver par nous. Nous aurions souvent mérité ton châtiment par nos péchés ; mais nous comptons sur ta miséricorde infinie et nous te prions pour l'amour de Jésus de ne pas détourner ta face de nous, mais de réjouir nos cœurs par ta sainte présence. Tu sais que nous sommes ignorants et faibles, que nous ne pouvons pas nous conduire nous-mêmes, que nous sommes de pauvres pécheurs et que nous avons besoin du secours de ta grâce ; Seigneur, nous espérons en ta fidélité et ta bonté, assiste-nous dans tous nos besoins, délivre-nous dans toutes nos détresses, aide-nous à t'honorer et à te glorifier en tout temps par une parfaite confiance et une soumission filiale à ta sainte volonté.

Au Seigneur j'abandonne	Oui, mon âme est tranquille
Ma vie et ma personne,	O mon Dieu, mon asile,
Mes projets et mes vœux.	Tu m'as pris par la main.
Sans lui rien ne prospère,	Je sais que cette vie
Sans mon céleste père	Pour moi sera suivie
Rien ne saurait me rendre heureux.	D'un parfait repos dans ton sein. Amen.

VENDREDI (Soir).

N'oubliez pas la bienfaisance et la libéralité ; car Dieu prend plaisir à de tels sacrifices. (Hébr. 13, 16).

MÉDITATION.

Il y a bien des misères et des souffrances dans le monde. Elles marchent de pair avec l'incrédulité qui dit : « Il n'y a pas de Dieu », et le découragement qui fait douter de la miséricorde divine et de l'amour du prochain. Et en effet cet amour est bien rare au sein de l'humanité déchue. Que de plaintes pourraient être apaisées, que de larmes essuyées, que de souffrances allégées, si nous avions plus de charité, si nous étions plus disposés à nous dévouer pour les autres ! Le malheureux dont le cœur est réchauffé par l'amour et la sympathie, apprend aussi à croire de nouveau à l'amour de Dieu. Ne fermons donc pas notre main et notre cœur en présence des souffrances de nos frères, si Dieu a daigné nous combler des biens de ce monde. Si nous avons peu de ressources, partageons notre pain avec ceux qui ont faim, donnons selon notre pouvoir, ne fût-ce qu'un regard aimable, une parole de sympathie et de consolation, et la bienveillance de Dieu sera sur nous.

PRIÈRE.

Nous nous approchons de toi ce soir, Père de notre Seigneur Jésus-Christ et par lui notre Père ! Nous te prions de nous pardonner toutes nos transgressions. Efface nos péchés, pardonne l'égoïsme, la dureté dont nous nous sommes souvent rendus coupables envers ceux qui ont droit à notre secours et à notre sympathie. Donne-nous un cœur compatissant qui aime à soulager les malheureux, et à faire le bien partout où l'occasion s'en présente. Tu nous as comblés de nombreux bienfaits dont nous n'étions pas dignes ; nous t'en rendons grâces du fond du cœur. Garde-nous de tout mal pendant cette nuit et donne-nous un sommeil doux et paisible. Sois-nous propice, Dieu fidèle ; bénis-nous, introduis-nous un jour dans ton royaume céleste, où nous te louerons d'éternité en éternité !

> Tu nous aimes, Seigneur, comme Dieu, comme Père,
> Ton amour tout-puissant couvre notre misère
>   Et soutient notre faible cœur.
> Tu l'as offert, Seigneur, le sang qui purifie ;
> Oui, par amour pour nous tu quittas cette vie,
>   Que par amour tu pris, Seigneur !
> Et serions-nous à toi, si ta main paternelle
> N'eût mis en nous les traits de cet amour fidèle,
>   Doux, secourable, patient ?
> Rapporter tout à soi, chercher sa propre gloire,
> D'une injure, d'un tort conserver la mémoire,
>   Est-ce bien être ton enfant ?   Amen.

SAMEDI (Matin).

Tout châtiment ne paraît pas sur le moment un sujet de joie, mais de tristesse ; mais ensuite il produit un fruit paisible de justice pour ceux qui ont été ainsi exercés. (Hébr. 12, 11).

Méditation.

Les afflictions ne doivent pas être supportées avec indifférence ou dans un esprit de révolte. Elles sont destinées à nous réveiller, à nous conduire à la source du salut. Comme le sécateur active la circulation de la sève dans le cep de vigne, les épreuves ont pour but de développer notre vie intérieure. La verge doit rappeler à l'enfant sa désobéissance et sa faute et le stimuler à bien faire ; de même les châtiments que Dieu inflige doivent contribuer au perfectionnement de ceux qui sont ainsi exercés. Mais les souffrances restent sans bénédiction pour qui désespère et s'écrie : « Tout est perdu, » comme pour ceux qui disent dans la légèreté de leur cœur : « Mangeons et buvons, car demain nous mourrons. » Chargeons-nous volontiers du joug que Dieu nous impose ; soumettons-nous sans murmures aux épreuves que sa main nous envoie, et selon sa promesse elles produiront en nous un fruit paisible de justice, chaque croix se changera en bénédiction.

Prière.

Seigneur ! Apprends-nous à nous attendre à toi dans toutes nos détresses, à soumettre toujours notre volonté à la tienne. Tu exauces les vœux de ceux qui te craignent ; tu soutiens ceux qui sont près de tomber ; tu redresses ceux qui sont abattus ;

tes compassions sont inépuisables. Accomplis ta force dans notre faiblesse, Sauveur plein de miséricorde ; que dans toutes nos épreuves nous nous rappelions que tu as vaincu le monde et ses angoisses, et qu'avec ton secours nous pouvons les vaincre aussi. Dans ton amour, éloigne de nous les tentations qui seraient au-dessus de nos forces, donne-nous la victoire sur celles qui nous surviennent selon ta sainte et souvent mystérieuse volonté.

Heureux qui, dans la souffrance,
A rencontré le Seigneur :
La foi, l'amour, l'espérance
Viennent restaurer son cœur.
Ce Dieu clément et fidèle
Le soutient quand il chancelle,
Et par l'épreuve il l'appelle
Dans le sentier du bonheur.

De ta main qui me châtie,
Seigneur, je n'ai pas douté,
Et mon cœur qui s'humilie
Reconnaît ta charité.
Lorsque sur ma sombre voie
Tu fais rayonner la joie,
Tu veux encor que je voie
Ma misère et ta bonté. Amen.

SAMEDI (Soir).

Vous n'avez point reçu un esprit de servitude pour être encore dans la crainte ; mais vous avez reçu un Esprit d'adoption, par lequel nous crions : Abba, Père ! Car l'Esprit lui-même rend témoignage à notre esprit que nous sommes enfants de Dieu. Et si nous sommes enfants, nous sommes aussi héritiers, héritiers de Dieu et cohéritiers de Christ ; si toutefois nous souffrons avec lui, afin que nous soyons aussi glorifiés avec lui.

(Rom. 8, 15-17).

Méditation.

L'apôtre St-Paul résume dans le seul mot de *Père* tout ce que le cœur du fidèle peut dire à son Dieu. Père ! s'écrie l'enfant de Dieu quand, tout en se sentant coupable, il se voit comblé de témoignages d'amour qu'il n'a pas mérités. Père, dit-il, lorsque dans les heures d'angoisse il joint les mains et cherche un refuge près de son cœur et dans sa communion. Mais nous ne pouvons nommer Dieu notre Père, sans avoir reçu l'Esprit d'adoption qui rend témoignage à notre esprit que nous sommes ses enfants ; c'est une grâce que Dieu accorde à tous ceux qui sont fidèles à sa Parole. Si nous avons ce témoignage intérieur, il est pour nous le gage certain d'une bienheureuse éternité, il sera notre consolation à notre heure suprême ; nous traverserons sans crainte la sombre vallée de la mort, et à notre dernier soupir nous pourrons encore dire avec confiance : « Père, je remets mon esprit entre tes mains. »

PRIÈRE.

Dieu d'amour! Il nous est doux de savoir que dans ta miséricorde tu veux nous adopter comme tes enfants, être notre Père en Jésus-Christ, notre Seigneur et Sauveur. Tu nous invites toi-même dans ta Parole à chercher ta face, à t'exposer tous nos besoins. Nous nous présentons devant toi pour te prier de nous pardonner tous nos péchés, connus et cachés, et pour te remercier des bienfaits innombrables que tu nous as accordés pendant la semaine écoulée. Bon Père céleste, tu nous as nourris, vêtus, fortifiés, consolés et bénis. Oh! donne-nous de te servir avec joie, de manifester notre reconnaissance par notre fidélité à faire en toutes choses ta sainte volonté. Guide-nous comme tes enfants, répands dans nos cœurs cet Esprit d'adoption par lequel nous pouvons t'invoquer avec confiance ; tiens-toi sans cesse à notre droite et fais-nous la grâce de voir un jour ta face dans la gloire de ton ciel.

Père de Jésus-Christ, notre Dieu, notre Père,
Tu veilles en tout temps à nos moindres besoins,
Même avant que notre œil s'ouvrît à la lumière,
Nous étions l'objet de tes soins.
Nous avons tout reçu de ta main paternelle,
Dieu très bon! pourrions-nous oublier tes bienfaits?
Que nos âmes pour toi brûlent d'un nouveau zèle,
Qu'elles t'adorent à jamais.   Amen.

Neuvième Semaine après la Trinité.

DIMANCHE (Matin).

Jésus disait à ses disciples : Un homme riche avait un économe qui fut accusé devant lui de lui dissiper son bien. Et l'ayant fait venir, il lui dit : Qu'est-ce que j'entends dire de toi? Rends compte de ton administration ; car tu ne pourras plus administrer mon bien. Alors cet économe dit en lui-même : Que ferai-je puisque mon maître m'ôte l'administration de son bien? Je ne saurais travailler à la terre, j'aurais honte de mendier. Je sais ce que je ferai, afin que quand on m'aura ôté mon administration, il y ait des gens qui me reçoivent dans leurs maisons. Alors il fit venir séparément chacun des débiteurs de son maître, et il dit au premier : Combien dois-tu à mon maître? Il répondit : Cent mesures d'huile. Et l'économe lui dit : Reprends ton billet; assieds-toi, et écris-en promptement un autre de cinquante. Il dit ensuite à un autre : Et toi, combien dois-tu? Il dit : Cent mesures de froment. Et l'économe lui dit : Reprends ton billet, et écris-en un autre de quatre-vingts. Et le maître loua cet économe infidèle de ce qu'il avait agi avec habileté ; car les enfants de ce siècle sont plus prudents dans leur génération, que les enfants de lumière. Et moi je vous dis : Faites-vous des amis avec les richesses injustes, afin que quand vous mourrez, ils vous reçoivent dans les tabernacles éternels.

(St. Luc 16, 1-9).

Méditation.

L'homme riche dont il est question dans cette parabole, c'est Dieu ; son économe, c'est l'homme. En cette qualité, il ne lui est pas permis de ne pas faire valoir les biens qui lui sont confiés ou de les administrer comme il lui plaît ; il doit les gérer selon l'ordre et la volonté de Celui qui les lui a prêtés, et qui lui en demandera compte. C'est ce qu'a oublié l'économe de l'Evangile. Il s'est regardé comme propriétaire et a tout gaspillé. Mais l'heure est venue où le Seigneur l'a appelé à comparaître devant lui et à lui rendre compte de son administration. Il en sera de même de tous les hommes. Heureux ceux dont la conscience se réveille pendant qu'il en est temps, qui reconnaissent la folie de leur vie et deviennent sages à salut ! En nous proposant l'économe infidèle comme modèle, le Seigneur Jésus n'a en vue que sa sagesse, et non sa conduite en général. Les enfants du monde savent faire de grands sacrifices pour obtenir des avantages terrestres, pour assurer leur avenir, et les enfants de lumière n'en feraient pas pour un gain durable, une bienheureuse éternité ! Ouvrons largement nos cœurs et nos mains aux pauvres, aux malades, aux malheureux ; témoignons ainsi à Dieu notre profonde reconnaissance pour toutes les grâces qu'il nous a accordées. La foi, riche en bonnes œuvres, a seule de la valeur aux yeux du Seigneur. « Ce que vous avez fait à l'un de ces plus petits d'entre mes frères, » dit Jésus-Christ, « vous me l'avez fait à moi-même. »

Prière.

Dieu de miséricorde ! Tu es notre rocher, notre forteresse, notre salut ! Nous élevons nos cœurs à toi pour te rendre grâces de nous avoir couverts de tes ailes et préservés de tout mal pendant la nuit. Sois avec nous aujourd'hui, ô notre Père céleste ; que ce jour soit pour nous un jour de grâce, de bénédiction et de progrès spirituel. Bénis notre repos, nos méditations, nos prières ; sanctifie nos joies et nos délassements. Assiste-nous dans nos moments difficiles et dans les tentations qui nous entourent ; donne-nous la force de combattre tout péché en nous et hors de nous ; conserve-nous dans ta sainte et bienheureuse communion. Rends-nous fidèles dans l'emploi des talents que tu nous as confiés, afin que nous en fassions un usage conforme à ta sainte volonté. Aie pitié des malades et des affligés, aide-leur à regarder vers toi, répands sur eux la lumière de ta grâce ; fais-nous trouver à tous la consolation et la paix dans ta sainte communion.

> Dieu tout bon qui veux bien te nommer notre Père,
> Inspire-nous l'amour dont vivent tes enfants.
> Tu nous as donné part aux biens de cette terre ;
> Donne-nous plus encor, des cœurs compatissants.
> D'un cœur humble et contrit la timide prière
> Est l'encens le plus doux que nous puissions t'offrir ;
> Consoler l'affligé, soulager sa misère,
> Tel est le sacrifice auquel tu prends plaisir. Amen.

DIMANCHE (Soir).

Que celui qui croit être debout, prenne garde qu'il ne tombe. Aucune tentation ne vous est survenue, qui n'ait été une tentation humaine. Or, Dieu est fidèle, et il ne permettra point que vous soyez tentés au delà de vos forces ; mais avec la tentation il vous en donnera aussi l'issue, afin que vous puissiez la supporter. (1 Cor. 10, 12 et 13).

Méditation.

Dieu dispense souvent de grandes épreuves à ceux qu'il aime ; il ne les empêche pas de broncher s'ils n'écoutent pas sa Parole, s'ils ne tiennent aucun compte de ses avertissements et s'ils ne peuvent être guéris que par de dures expériences de leur présomption et de leur fausse confiance en eux-mêmes. Il est vrai qu'une défaite amène quelquefois plus de bénédictions qu'une victoire, et que les fruits les plus précieux découlent souvent de nos chutes ; mais malheur à ceux qui tourneraient cette vérité en dissolution ! La main de Dieu, quoique riche en grâces, pourrait bien ne plus s'étendre vers eux pour les relever. Que celui qui croit être debout, prenne donc garde qu'il ne tombe. A chaque pas que nous faisons dans la vie, ayons présente à l'esprit cette parole de l'apôtre : « Endure les travaux comme un bon soldat de Christ. » Dieu nous aide à porter les fardeaux dont il nous charge. S'il permet que nous soyons éprouvés pour notre sanctification, il nous assistera, afin que nous puissions remporter la victoire. Rappelons-nous cependant qu'il ne fait grâce qu'aux humbles et qu'il résiste aux orgueilleux.

Prière.

Dieu miséricordieux ! Nous implorons ton secours dans le sentiment de notre faiblesse et de notre culpabilité. Garde-nous de fausse sécurité et de légèreté ! Eveille dans notre âme un ardent désir de posséder la seule chose nécessaire, d'être fidèles à notre vocation céleste en Jésus-Christ, notre Seigneur. Fortifie-nous à l'heure de la tentation ; donne-nous l'esprit de vigilance et de prière. Accorde-nous la vraie sagesse qui nous fera mettre à profit les épreuves que tu nous envoies en vue de notre salut et de notre sanctification. Nous te rendons grâces pour tous les rafraîchissements et toutes les bénédictions de ce saint jour ; que ta Parole demeure en nous et nous fasse porter des fruits à ta gloire et pour notre bonheur éternel.

O mon Berger ! que je te sois fidèle ;
Que mon désir soit vers toi tout entier ;
Et quand ta voix avec amour m'appelle,
Que je te suive en ton étroit sentier.

Sois ma retraite au jour de la détresse,
Mon bouclier à l'heure des combats ;
Et qu'en tout temps ta fidèle tendresse
Garde mon cœur et dirige mes pas. Amen.

LUNDI (Matin).

Pierre dit à Jésus : Maître, il est bon que nous demeurions ici ; faisons-y trois tentes, une pour toi, une pour Moïse et une pour Elie ; car il ne savait pas bien ce qu'il disait. (St. Luc 9, 33).

Méditation.

Il n'est pas rare que ceux qui sont éprouvés par des souffrances corporelles ou qui sont profondément attristés et isolés par la mort de leurs bien-aimés, disent dans leur découragement : Plût à Dieu que nous fussions délivrés de cette triste vie, et arrivés dans les demeures éternelles ! Savons-nous bien ce que nous disons en parlant ainsi ? N'avons-nous pas à rendre grâces à Dieu de ce que nous sommes encore à son école ici-bas ? A quoi nous servirait toute la gloire céleste si, vivant dans le péché, nous n'étions pas dignes d'y participer ! La chose essentielle, c'est de mourir au péché et à nous-mêmes. L'heure de notre mort viendra quand le Seigneur le jugera à propos. Il ne s'agit pas de sortir du monde, mais d'en détacher notre cœur, de nous charger chaque jour volontiers de notre croix et de suivre Jésus-Christ. Ce qui importe, ce n'est pas de rester au Thabor, pour y faire des tentes, ni de nous laisser aller à l'exaltation et à la sentimentalité religieuse, mais de travailler, de combattre, de souffrir, d'apprendre l'humilité dans les voies de Dieu et la fidélité dans les petites choses. Dieu veut nous élever pour le ciel ; les peines de la vie, comme les moments de joie, de rafraîchissement spirituel qu'il nous accorde quelquefois dans sa grâce, ont pour but de nous y préparer.

Prière.

Seigneur ! C'est en mettant notre confiance en ton secours et en ta bénédiction que nous commençons cette nouvelle semaine de travail. Tu sais ce qui nous est nécessaire ; nous nous abandonnons à ta bonté, à ta sagesse, à ton amour. Donne-nous la force d'être fidèles à notre vocation terrestre et à notre vocation céleste. Rends-nous fermes dans la foi, riches en amour et heureux dans l'espérance de la vie éternelle. Accorde-nous la grâce de ne point oublier que c'est par beaucoup d'afflictions qu'il nous faut entrer dans le royaume des cieux ; qu'il n'y ait jamais ni révolte dans nos cœurs, ni murmure sur nos lèvres, mais que nous les acceptions avec soumission de ta main. Bon Père céleste, fais-nous comprendre tes pensées de miséricorde à notre égard ; soutiens-nous dans nos luttes, aide-nous à persévérer dans l'obéissance, dans l'humilité, dans la foi, afin qu'un jour nous puissions nous reposer en toi pour l'éternité.

Je suis à toi Sauveur fidèle !
Tu m'as aimé jusqu'à la croix ;
Tu me connais, ta voix m'appelle,
Ah ! je voudrais, rempli de zèle,
Suivre toujours tes saintes lois.

Ah ! tu le sais, ma vive peine,
Et le sujet de ma douleur,
C'est le péché, c'est cette chaîne
Qu'en tes sentiers encor je traine,
En te suivant, ô mon Sauveur !

Mais, ô Jésus, malgré ma plainte ;
En toi je retrouve la paix ;
Oui, ton amour bannit la crainte ;
J'en ai senti la vive étreinte ;
Seul il remplit tous mes souhaits. Amen.

LUNDI (Soir).

Soyez aimables les uns envers les autres, pleins de miséricorde ; vous pardonnant les uns aux autres, comme Dieu vous a aussi pardonné en Christ.
(Eph. 4, 32).

Méditation.

L'apôtre, en exhortant successivement à l'amabilité, à la cordialité et à l'esprit de réconciliation, place devant nous des devoirs de plus en plus difficiles. Un visage aimable et bon fait déjà du bien. Il y a des pauvres qui n'ont jamais le bonheur de rencontrer ce visage, dont la vue seule leur serait souvent plus bienfaisante qu'une aumône faite avec dureté. L'amabilité épanouit les cœurs comme la rosée du ciel ouvre les fleurs. Mais l'amabilité n'est pas toujours sincère. Telles personnes qui sont aimables à notre égard, parlent mal de nous en notre absence, et ne peuvent être considérées comme de véritables amis. Il faut que l'amabilité vienne du cœur et qu'elle s'allie à la miséricorde ; elle devient ainsi une vertu plus rare et plus précieuse que des dehors aimables et avenants. La vraie miséricorde est pleine de support ; elle ne s'emporte pas au moindre froissement, elle s'élève à l'école du Christ jusqu'au pardon des offenses. Pour être disposés à pardonner et à nous réconcilier, il faut que nous ayons appris à nous connaître nous-mêmes, notre état de péché et de culpabilité. Alors la susceptibilité et le faux amour-propre ne sont plus nos maîtres.

PRIÈRE.

Dieu saint et miséricordieux ! Tous les jours nous éprouvons ton amour et ton long support. Donne-nous d'apprendre de toi à aimer notre prochain de tout notre cœur et de faire du bien à tous ceux avec qui nous sommes en relation. Ote de nos cœurs la dureté, l'égoïsme, l'orgueil, l'envie, l'amour-propre. Rends-nous aimables, doux, pleins de bonté et de charité ; que nous cherchions à contribuer, autant qu'il est en notre pouvoir, à faire régner la justice, la bonté, la paix dans notre maison et au dehors ; aide-nous à t'honorer par toute notre conduite, à marcher sur les traces de notre Sauveur, qui était compatissant et plein d'amour pour tous les hommes, qui allait de lieu en lieu en faisant le bien. Bon Sauveur, assiste-nous par ta grâce, apprends-nous à aimer comme nous avons été aimés, dispose nos cœurs à soulager tous ceux qui sont dans la souffrance ; exauce-nous selon ta fidélité.

Heureux le chrétien débonnaire,	Heureux celui dont l'âme est pure,
Affable, doux et patient,	Qui sait toujours garder son cœur
Qui n'est ni cruel, ni colère,	D'hypocrisie et de souillure :
Vindicatif, ni violent.	Un jour il verra le Seigneur. Amen.

MARDI (Matin).

Réjouissez-vous toujours dans le Seigneur ; je vous le dis encore : Réjouissez-vous.   (Phil. 4, 4).

MÉDITATION.

Souvent les hommes ne se rappellent que leurs peines et

oublient facilement leurs joies. Et cependant, au sein même de l'adversité, nous pourrions entendre de douces harmonies, si nous voulions être attentifs et prêter l'oreille. Bien des âmes se laissent aller à la mélancolie ; elles nourrissent leur chagrin qui devient maladif, et donne peu à peu une teinte triste et sombre à leur esprit et à leurs sentiments. De même qu'après la pluie chaque branche d'arbre est couverte de gouttes, et chaque feuille paraît pleurer, en sorte qu'au premier coup de vent, la pluie semble tomber de l'arbre comme d'un nuage ; de même nous conservons volontiers les souvenirs douloureux ; à chaque nouvelle souffrance, nous les faisons revivre, et, sans miséricorde pour nous, nous abusons de notre faculté de pleurer et de souffrir. Nous nourrissons dans nos cœurs le désespoir et le découragement, au lieu de les vaincre par l'espérance, le courage, la joie ; de là bien des douleurs, bien des fardeaux sous lesquels nous gémissons.

Prière.

Dieu tout-puissant et Père de notre Seigneur Jésus-Christ ! Tu es bon envers tous et tes compassions sont par-dessus toutes tes œuvres. Donne-nous de ne jamais l'oublier et de regarder avec confiance à toi, même dans nos jours les plus sombres. Sois avec nous aujourd'hui pour nous préserver de tous les dangers corporels et spirituels et pour nous aider dans l'accomplissement de tous nos devoirs. Que nous ayons constamment le sentiment de ta présence, afin que nos pensées, nos paroles et nos actions te soient agréables et que nos préoccupations terrestres ne nous empêchent pas de rechercher ta gloire et les choses qui vont à notre salut. Nous nous remettons entre tes mains. Agis en nous par ton St-Esprit, enseigne-nous, Seigneur, à comprendre tes appels et à les suivre.

> Sous ton regard, la joie est sainte et bonne ;
> Près de ton cœur les pleurs mêmes sont doux ;
> Soit que la main nous frappe ou nous couronne,
> Reste avec nous, Seigneur, reste avec nous. Amen.

MARDI (Soir).

Celui-là pèche, qui connaît le bien et qui ne le fait pas. (St. Jacq. 4, 17).

Méditation.

Quel est, dans la pensée de l'apôtre, le bien que nous devons faire ? D'abord celui qui est la source de tous les autres biens :

le don du cœur à Dieu et la persévérance dans cette voie. Travaillons à notre salut, et ne négligeons pas la seule chose nécessaire. Puis soyons zélés pour les bonnes œuvres, comme Dieu l'exige de son peuple racheté. Mais apprenons à faire le bien de la bonne manière ; la vraie charité donne avec discernement. Pour faire au prochain ce qui lui est utile, il faut même, selon les circonstances, lui refuser l'aumône si elle lui est préjudiciable. Le Seigneur peut nous donner la vraie sagesse, et veut nous rendre aptes à toute bonne œuvre.

Prière.

O Dieu de bonté et d'amour ! Nous te prions de nous donner les grâces nécessaires pour bien employer les années de notre court passage sur cette terre. Que ton Esprit nous excite à la vigilance, à la prière et à la fidélité dans la tâche que tu nous as confiée. Aide-nous à racheter le temps, à ne jamais perdre de vue nos intérêts éternels, le salut de nos âmes. Que notre piété soit une piété vivante, qu'elle se manifeste dans tous les détails de notre vie, et soit riche en bonnes œuvres. Oh ! daigne nous prendre toi-même à ton service et nous donner de t'honorer, de te glorifier, de te bénir selon nos forces. Remplis nos cœurs d'une reconnaissance profonde pour tous tes bienfaits ; pardonne-nous tous les péchés que nous avons commis en ce jour, soit en transgressant tes saints commandements, soit en négligeant le bien que nous aurions pu faire. Dieu de toute consolation, nous te recommandons tous ceux qui sont affligés, afin que tu les soutiennes et les consoles ; bénis tous ceux qui nous sont chers, accorde-leur toutes les grâces que nous te demandons pour nous-mêmes, au nom de Jésus-Christ, notre Sauveur.

Enrichis de tes biens, nous pourrons de nos frères
Alléger le fardeau, soulager les misères ;
Et touchés comme nous de tes dons précieux,
Ils te rendront aussi leur hommage et leurs vœux.

Daigne par ton Esprit sanctifier nos joies,
Nous guider, nous instruire à marcher dans tes voies,
Et par tes dons à toi désormais nous unir.
C'est là le seul bonheur que tu puisses bénir. Amen

MERCREDI (Matin).

N'abandonnez pas votre confiance, qui aura une grande rémunération. Car vous avez besoin de patience, afin qu'après avoir fait la volonté de Dieu, vous remportiez l'effet de la promesse. (Hébr. 10, 35 et 36),

Méditation.

Les occasions de perdre courage ne manquent pas dans la vie. Souvent nous ne voyons aucun indice de la bonté de Dieu pour nous ; nous prions et selon les apparences sans être exaucés ; notre fardeau, au contraire, devient plus lourd, alors que déjà il semble au-dessus de nos forces. Ah ! si nous étions fidèles à suivre Jésus-Christ quoi qu'il arrive ! Nous ferions l'expérience que les jours de notre plus grande détresse sont les plus bénis ; qu'ils augmentent nos forces spirituelles et nous rapprochent de Dieu en nous sanctifiant. En suivant Jésus-Christ, nous cherchons la délivrance là où elle se trouve ; nous nous élevons avec le secours de Dieu au-dessus des fardeaux du monde visible ; nos espérances se réalisent, autrement peut-être, mais souvent mieux que nous n'osions l'espérer. Et lorsque la tente de ce corps sera détruite, viendra l'heure du parfait accomplissement des promesses de Dieu.

Prière.

Dieu miséricordieux, dont la bonté et la fidélité se renouvellent chaque matin, nous te bénissons de ton amour ineffable ; nous te prions de nous entourer de ta protection pendant ce jour. Fortifie-nous dans la confiance en toi, notre bon Père céleste, sans la volonté duquel aucun cheveu ne tombe de notre tête. Si tu es pour nous, qui sera contre nous ? Sois béni des promesses que tu nous as faites dans ta Parole, pour éclairer notre route et encourager nos cœurs au milieu des luttes et des peines de cette vie. Donne-nous de nous y attacher avec foi et d'y puiser la patience et la force nécessaires pour accomplir ta volonté et marcher sur les traces de notre Seigneur et Sauveur Jésus-Christ.

Le monde, ô Dieu ! par ses biens, par ses charmes,
Veut m'engager à vivre sous sa loi ;
Viens, ô Jésus ! revêts-moi de tes armes ;
Je ne crains rien si tu combats pour moi.

Comme un lion rugissant dans sa rage,
Satan combat pour m'arracher à toi.
Viens, ô Jésus ! relève mon courage.
Je ne crains rien si tu combats pour moi. Amen.

MERCREDI (Soir).

Vers la onzième heure, il sortit et en trouva d'autres qui étaient sans rien faire, et il leur dit : Pourquoi vous tenez-vous ici tout le jour sans rien faire? Ils lui répondirent : Parce que personne ne nous a loués. Il leur dit : Allez, vous aussi, à ma vigne, et vous recevrez ce qui sera raisonnable. (St. Matth. 20, 6 et 7).

MÉDITATION.

Qui sont ces ouvriers de la onzième heure, qui n'ont entrevu leur vocation qu'au moment où le soleil de leur vie était sur son déclin ? Ce n'étaient pas des hommes vicieux, ni des gens qui avaient passé leur vie dans l'oisiveté, sans faire valoir leurs forces et leurs talents. Ils avaient, au contraire, agi et travaillé, mais la chose essentielle leur manquait. Dieu n'était pas au fond de leur âme et de leur activité ; c'est pourquoi le Seigneur les regardait comme se tenant inoccupés au carrefour de cette vie. Et cependant ils n'étaient pas étrangers à Dieu au point de ne jamais penser à lui. Il y a de même aujourd'hui des personnes laborieuses, honnêtes, qui vont le dimanche à l'église, qui prennent peut-être part à la Sainte-Cène, mais dont le cœur est éloigné de Dieu. Elles fréquentent le culte par pure habitude et s'en font un oreiller de sécurité. Un homme qui ne comprend que tardivement que tout ce qu'il fait doit être un travail dans la vigne du Seigneur, se considère, dût-il vivre encore un demi-siècle, comme un ouvrier de la onzième heure. Le sentiment du temps perdu le stimule ; il devient fidèle comme s'il n'avait plus qu'un jour à passer sur la terre.

PRIÈRE.

Seigneur, notre Dieu ! Tu es notre retraite d'âge en âge. Dans notre faiblesse nous venons à toi, parce que tu es pour nous la source de tout salut et de toute bénédiction. Il s'est encore écoulé un jour, qui aurait dû être entièrement employé à ton service et à ta gloire. Pardonne-nous si toute notre activité n'a pas été un travail dans ta vigne. Remplis-nous du désir de faire de nos forces et de nos dons un usage conforme à ta sainte volonté, afin qu'un jour nous ne soyons pas confus en ta présence. Etends sur nous tes mains bénissantes et accorde-nous un sommeil doux et paisible.

Dès que l'aube dépose	Quand le soleil inonde
Ses perles sur les fleurs,	Et remplit le ciel bleu,
Dès que s'ouvre la rose	Illuminant le monde
Aux brillantes couleurs,	De ses rayons de feu,
Dès que l'ombre s'efface	A l'œuvre, sans relâche
Devant le jour qui fuit !	A l'œuvre, le jour fuit !
A l'œuvre, le temps passe !	Si pénible est la tâche,
A l'œuvre, avant la nuit !	Bientôt viendra la nuit ! Amen.

JEUDI (Matin).

Eternel, écoute ma requête, prête l'oreille à mon cri, ne sois pas sourd à mes larmes! Car je suis voyageur et étranger devant toi comme tous mes pères. (Ps. 39, 13).

Méditation.

Ces paroles sont comme un cri de détresse de quelqu'un qui se perd, et qui a longtemps cherché en vain un Sauveur. Mais nous y distinguons aussi la voix de la foi : « Je suis étranger et voyageur comme tous mes pères, » revient à dire : Tu ne peux pas m'abandonner, tu me viendras en aide, car je suis pèlerin, je cherche ma vraie patrie, tu es mon Dieu, et par conséquent mon Sauveur. — Notre vie aussi est un pèlerinage ; l'obscurité, les ténèbres nous enveloppent souvent, et quelquefois les dispensations divines ébranlent tout notre être. Et ce qui est plus dangereux que les grandes épreuves, ce sont les ennuis, les mille contrariétés qui se renouvellent chaque jour, qui nous lassent et nous affaiblissent si facilement. Mais le Seigneur est fidèle et le terme n'est pas loin. Redisons-nous sans cesse : Nous sommes étrangers et voyageurs ; marchons en avant vers le but. Cherchons à nous y préparer par le secours du St.-Esprit, afin que nous soyons dignes de comparaître devant Dieu. Rappelons-nous que la maison du Père nous attend au terme de notre pèlerinage.

Prière.

Grâces te soient rendues, Seigneur, pour la protection dont tu nous as entourés la nuit dernière ; daigne encore nous accorder ton secours et ta bénédiction pendant ce jour, pour obéir à ta voix et marcher selon ta volonté ! Rafraîchis-nous par le sentiment du pardon de nos fautes ; remplis notre cœur de ta paix. Fortifie-nous, Seigneur, toi qui nous as précédés dans la voie difficile ; subviens à notre impuissance ; viens éloigner de notre sentier tout ce qui pourrait ralentir ou arrêter notre marche vers le but que tu places devant nous. Aide-nous à avancer pas à pas, confiants en ton amour, appuyés sur tes promesses, fortifiés par ta grâce.

Jésus nous a dit qu'ici-bas
Son enfant doit à chaque pas
S'attendre à de nouveaux combats ;
Mais de ce court pèlerinage
Le terme est là ; prenons courage ;
Soyons prêts, craignons de dormir ;
Bientôt le Sauveur va venir.

Jésus ! que ton puissant secours,
De nos instants règle le cours.
Apprends-nous à compter nos jours ;
Et remplis nos cœurs de sagesse ;
Toi qui connais notre faiblesse,
Tiens-nous prêts selon ton désir,
Pour le jour où tu dois venir. Amen.

JEUDI (Soir).

Avant d'être affligé, je m'égarais ; mais maintenant j'observe ta Parole.
(Ps. 119, 67).

Méditation.

Rien ne glisse plus facilement dans le cœur de l'homme, après sa conversion, que l'orgueil. Il est vrai qu'il ne peut plus revenir avec des allures aussi grossières qu'auparavant, dans un cœur que le Christ a déjà paré de ses grâces ; il sait choisir les plus belles apparences et s'attache à des choses spirituelles ; il nous inspire le désir d'être considérés par nos dons et nos expériences dans le royaume de Dieu. Avec cela il nous persuade facilement que nous sommes chrétiens, parce que nous nous occupons de choses religieuses. La crainte de la croix accompagne souvent cet orgueil, là où il s'est emparé d'un cœur. On vient à s'étonner que les coups du Père céleste puissent encore tomber sur nous, quoique l'apôtre ait dit : « Ne trouvez point étrange si vous êtes dans la fournaise de l'épreuve. » Quand notre Sauveur a porté une couronne d'épines, de quel droit voudrions-nous avoir une couronne de roses ? Ce que le Seigneur fait est bien fait ; ses voies ne sont que justice ; il abaisse celui qui s'élève et il élève celui qui s'abaisse.

Prière.

Père céleste ! Tu connais nos cœurs et nos pensées les plus secrètes. Tu sais si en ce jour nous avons été fidèles à tes commandements, en pensées, en paroles et en actions. Pardonne-nous tous nos péchés, ne permets pas que nous les regardions comme peu importants, mais aide-nous à les voir à ta lumière et à nous en humilier profondément ; assiste-nous, Dieu saint, dans notre lutte contre le mal, fais-nous croître dans le bien. Préserve-nous surtout de retomber dans nos anciennes fautes et de laisser pénétrer dans nos cœurs le poison de l'orgueil, qui s'y glisse si facilement. Rends-nous humbles, afin que tu puisses nous faire grâce selon ta promesse et nous bénir pour la vie présente et pour la vie à venir.

Viens, mon doux Sauveur, à mon aide ;
Ecoute la voix de mes pleurs.
J'attends de toi seul un remède
A mon angoisse, à mes terreurs.

De tout mon cœur je te désire ;
Soumets toujours par ta bonté
Aux saintes lois de ton empire
Mon orgueilleuse volonté. Amen.

VENDREDI (Matin).

En vain vous vous levez matin, vous vous couchez tard, et vous mangez le pain de douleur ; il en donne autant à son bien-aimé pendant son sommeil. (Ps. 127, 2).

Méditation.

Le sommeil n'est pas opposé ici au travail, mais aux soucis inquiets, qui rongent le cœur et éloignent le repos de notre couche. Dieu prend soin de nous sans que nous nous en apercevions, de même que la rosée tombe la nuit et que la semence croît inaperçue, quand le laboureur l'a confiée à la terre. Soyons sûrs qu'il nous donnera tout ce dont nous avons besoin, lorsque nous aurons fait notre devoir et recherché avant tout le royaume de Dieu et sa justice. Vivre de la main de Dieu, c'est une vie heureuse ; compter sur lui pour le lendemain, c'est la vie de la foi. Ayons une confiance filiale en lui ; il n'abandonne jamais ses enfants.

Prière.

Dieu éternel, notre bon Père céleste ! Tu demeures dans une gloire ineffable, mais tu veux aussi habiter parmi ceux qui sont humbles ; tu diriges toute notre vie avec sagesse et bonté. Nous cherchons ce matin ta face, nous nous mettons, avec les nôtres, sous ta sainte garde. Nous sommes heureux de pouvoir compter sur ta protection et ta bonté paternelle. Notre vie est pleine de preuves de ta fidélité ; chaque jour ta miséricorde se renouvelle sur nous. Apprends-nous à nous abandonner avec une entière confiance à tes soins fidèles, à nous décharger sur toi de tous nos soucis, en nous rappelant qu'il nous sera fait selon notre foi.

On a beau sa maison bâtir,
Si le Seigneur n'y met la main,
On ne peut que bâtir en vain ;
Et pour les villes garantir,
En vain le soldat veillera ;
Sans Dieu rien ne prospérera.

On a beau se lever matin
Se coucher tard, vivre en douleurs
Et tremper son pain de ses pleurs ;
Dieu seul fait tout notre destin,
Et c'est lui seul qui donne aux siens
Le vrai repos et les vrais biens. Amen.

VENDREDI (Soir).

Vous demandez et vous ne recevez point, parce que vous demandez mal, et dans la vue de satisfaire à vos plaisirs. (St. Jacq. 4, 3).

Méditation.

« Demander mal, » signifie s'attacher aux choses secondaires et oublier l'essentiel : le nouveau cœur, la vie nouvelle, l'amour et la grâce qui viennent d'En-Haut. Quand notre prière est ce qu'elle doit être, nous demandons avant tout à Dieu de répandre les eaux vives de son Esprit sur les cœurs secs et les lieux arides. Prier Dieu de nous délivrer d'un souci, d'une affliction, d'un danger, de nous donner tel sujet de bonheur, de joie ou quelque avantage terrestre, c'est mal prier. Si, au contraire, nous le prions de créer en nous un cœur nouveau, un esprit droit, une nouvelle vie, cette prière s'échappant du fond de l'âme monte vers lui et est exaucée. En nous accordant la seule chose nécessaire pour l'éternité, Dieu nous donnera, selon sa promesse, ce qu'il nous faut pour la vie présente.

PRIÈRE.

Nous te bénissons, Père céleste, de tous les bienfaits que tu nous as de nouveau accordés et dont nous nous sentons si indignes. Exauce notre humble prière, ne te lasse point de nous bénir, de nous donner des témoignages de ton amour. Tu nous permets de t'exposer tous nos besoins et de t'invoquer avec confiance. Bon Père céleste, nous ne voudrions pas demander mal et subordonner les grâces les plus nécessaires aux choses de cette vie. C'est pourquoi nous te prions avant tout pour le salut de nos âmes immortelles. Accorde-nous ta grâce et ton Esprit; pardonne-nous nos péchés et conserve-nous dans ta communion. Remplis-nous d'un saint désir de te glorifier; détache nos cœurs de plus en plus de ce qui passe pour les attacher à toi, ô Dieu d'amour, qui seul demeures. Daigne aussi protéger notre vie terrestre; fais prospérer l'œuvre de nos mains bénis notre travail, sanctifie nos joies, veille sur nous et les nôtres, pour l'amour de ta miséricorde en Jésus, notre Sauveur.

> Je suis indigne, ô Dieu ! de ta faveur;
> Mais je voudrais être à toi sans partage.
> Voici mon cœur, qui te vient rendre hommage
> Pour tes bienfaits, ô mon libérateur!
> Mon triste cœur languit plus après toi
> Qu'un terrain sec ne fait après la pluie;
> Viens l'inonder du fleuve de la vie;
> Viens et l'unis pour jamais avec moi. Amen.

SAMEDI (MATIN).

Que les paroles de ma bouche et la méditation de mon cœur te soient agréables, ô Eternel, mon rocher et mon rédempteur! (Ps. 19, 15).

Méditation.

Il y a dans l'entretien de l'âme avec Dieu une force qui nous soulage, nous élève vers le ciel et nous fait désirer les vertus du monde futur. Il est bien doux, sans doute, d'épancher sa douleur dans le sein d'un ami, mais malheureusement il n'arrive que trop qu'en en parlant beaucoup aux hommes, on en parle trop peu à Dieu. Heureux celui qui, au contraire, a fait la douce expérience du soulagement infini qu'on trouve à l'exposer à son Dieu, car alors il sentira beaucoup moins le besoin de la raconter aux hommes ; il comprendra qu'en la répandant trop devant eux, nous l'augmentons souvent, et lui enlevons même son sel purificateur. Il s'habituera à la répandre devant la face de Dieu, à attendre son secours dans le calme et dans la confiance, comme dit le Psalmiste : « Quoi qu'il en soit, mon âme se repose en Dieu ; c'est de lui que vient ma délivrance. » Alors, au lieu de creuser dans les profondeurs de l'âme, la douleur restera à la surface, et s'élèvera vers le ciel, comme la brume du matin qui se dissipe devant le soleil levant.

Prière.

Dieu d'amour et de miséricorde ! Quelle grâce tu nous fais de pouvoir chaque jour répandre nos cœurs devant toi ! Oh ! apprends-nous à te confier toutes nos peines, toutes nos préoccupations. Lève sur nous la clarté de ta face, souviens-toi de tes enfants pour les fortifier et pour mettre dans leurs cœurs et sur leurs lèvres les prières qu'ils doivent t'offrir, afin qu'ils puissent éprouver la bienheureuse réalité de tes promesses. C'est avec ton secours et sous ton regard que nous voulons reprendre les travaux de notre vocation. Montre-nous tous les devoirs que nous avons à accomplir, aide-nous à être fidèles dans les petites choses comme dans les grandes et à marcher en ta sainte présence.

Heureux qui dans le sein du Père,
Comme un enfant, va se jeter,
Et loin de toute peine amère,
Auprès de lui vient s'abriter !
Mon cœur, bannis l'inquiétude,

Dieu veille avec sollicitude,
Son cœur pour toi ne peut changer ;
Il est l'Ami tendre et fidèle ;
Sa grâce est tous les jours nouvelle ;
Suis pas à pas ce bon Berger. Amen.

SAMEDI (Soir).

L'Eternel s'est souvenu de nous. Il bénira ceux qui craignent l'Eternel, tant les petits que les grands. L'Eternel vous ajoutera des biens, à vous et à vos enfants. Vous êtes bénis de l'Eternel, qui a fait les cieux et la terre.

(Ps. 115, 12-15),

MÉDITATION.

Bien des fois dans notre vie nous avons éprouvé que le Seigneur se souvient de nous et se tient à nos côtés avec ses bénédictions. Cette certitude est pour nous une source de consolation et de force. Il est de ces heures bénies où Dieu nous donne un si vif sentiment de sa présence que nous pouvons dire : En ce moment même il pense à nous. Nous nous trouvons dans quelque détresse, dans l'angoisse et la peine, nous sommes sur le point de succomber, quand nous entendons une douce voix dire à notre cœur : « Ne crains pas, crois seulement, nous sommes plus que vainqueurs en celui qui nous a aimés. » Oui, l'Eternel se souvient de nous ; ce n'est pas seulement d'une manière générale qu'il prend soin de nous, mais il a compté les cheveux de notre tête, il connait tous les mouvements de notre cœur ; il est notre Père, notre Sauveur et notre Consolateur. Puisse-t-il nous apprendre à nous confier en lui de tout notre cœur !

PRIÈRE.

O Dieu, notre Père céleste ! Donne-nous de nous approcher de toi avec un sentiment profond de ton amour et de ta bonté qui se renouvellent sans cesse pour nous. Nous te prions de nous fortifier dans la foi en ta paternelle Providence. Nous avouons avec confusion que la confiance filiale nous fait souvent défaut ; souvent tu as à supporter nos faiblesses et nos défaillances. Pardonne-nous, Seigneur, ne te souviens pas de nous selon nos péchés, mais selon ta miséricorde. Mets en oubli toutes nos fautes, toutes nos négligences de cette semaine ; nous nous en humilions devant toi, daigne les effacer par le sang de Jésus et remplir nos cœurs du sentiment de ta grâce et de ta paix.

Seigneur, dans ma souffrance,
A toi seul j'ai recours.
J'attends de ta puissance
Un sûr et prompt secours.
C'est dans les bras d'un père
Que je me suis jeté ;
En sa grâce j'espère,
Car il m'a racheté.

Ame faible et craintive,
Pourquoi donc te troubler?
Quand tu n'es plus captive,
Comment peux-tu trembler?
Laisse aux enfants du monde
Les soucis et les pleurs ;
Dieu, sur qui je me fonde,
A porté mes langueurs.   Amen.

Dixième Semaine après la Trinité.

DIMANCHE (Matin).

Quand il fut près de la ville, en la voyant, il pleura sur elle et dit: Oh! si tu avais connu, toi aussi, du moins en ce jour qui t'est donné, les choses qui regardent ta paix! mais maintenant elles sont cachées à tes yeux. Car des jours viendront sur toi, où tes ennemis t'environneront de tranchées, et t'entoureront et te serreront de toutes parts; et ils te détruiront toi et tes enfants au milieu de toi, et ils ne laisseront chez toi pierre sur pierre, parce que tu n'as point connu le temps où tu as été visitée.

(St. Luc. 19, 41-44).

MÉDITATION.

Le Seigneur pleure sur Jérusalem, bien que la ville sainte offre l'image de la vie riche, heureuse, en possession de tous les biens matériels et spirituels, et qu'elle s'y repose avec une entière sécurité. C'est qu'il connaît cette ville mieux qu'elle ne se connaît elle-même; il sait quelles aspirations inassouvies, quelles passions fiévreuses circulent dans son sein et que bientôt elles éclateront dans un terrible soulèvement. Il sait que Jérusalem n'a pas la paix, la paix intérieure, qui seule lui ferait faire un bon usage des dons de Dieu et l'aiderait à supporter ses châtiments. La paix est un bien qui donne de la valeur à tous les autres, et qui en tient lieu lorsqu'on en est privé. C'est le repos du cœur, qu'aucun bien de la terre ne nous procure, et qui nous reste si tout nous est ravi. La connaissons-nous? Nous la cherchons souvent dans le monde, dans les relations, dans le travail, et tout ce que nous obtenons, c'est l'oubli momentané de ce qui nous manque. Ou bien nous la cherchons dans le silence et dans la solitude; mais c'est alors surtout que nous avons le sentiment que le calme et le silence extérieurs ne valent pas le calme du cœur; nous éprouvons comme une crainte, une appréhension d'être dans la solitude, en présence de nous-mêmes. Si la paix est le repos de l'âme en Dieu, elle ne peut avoir sa source que dans le sentiment de notre réconciliation avec Dieu; et cette réconciliation se trouve auprès de notre Sauveur, dans ses bras étendus, et son cœur brisé pour nous sur la croix. Ce qui nous empêche souvent d'arriver à la paix de Dieu par Jésus-Christ, ce sont moins les doutes de l'esprit que les illusions du cœur et de la propre justice. Cette paix nous semble aujourd'hui peut-être de peu de prix, au milieu du tourbillon des affaires, des jouissances de ce monde et des honneurs ; mais le temps viendra où notre âme ressemblera à une ville assiégée, où les angoisses de la mort formeront comme un rempart autour de nous, où il ne nous restera rien des joies et des biens terrestres. Malheur à ceux qui, alors que les cieux et la terre passeront, ne posséderont pas le seul bien permanent : la paix avec Dieu par notre Seigneur Jésus-Christ. Ah ! si nous savions quelles sont les choses qui vont à notre paix ! Nous pouvons apprendre à les connaître ; faisons-le pendant qu'il en est temps encore. Voici, dit le Seigneur, je me tiens à la porte et je heurte. Ouvrons largement la porte de notre cœur, afin que le roi de gloire puisse y entrer.

PRIÈRE.

Nous te bénissons, Dieu miséricordieux et fidèle, du repos et du soulagement que tu veux nous accorder aujourd'hui pour le corps et pour l'âme. Donne-nous de ne pas rendre vaines tes pensées d'amour à notre égard ; ne permets pas que nous restions indifférents aux avertissements de ta Parole, mais faisnous rechercher les choses qui appartiennent à notre paix. Bénis-nous, ô Dieu d'amour, en nous rendant participants des biens spirituels que Jésus-Christ nous a acquis. Fais que les larmes saintes que notre Seigneur et Sauveur a versées sur Jérusalem touchent nos cœurs, que nous ne repoussions point, dans notre propre justice, le salut qu'il nous offre, mais que nous cherchions à nous l'approprier dans des sentiments d'humilité, de repentance et de foi. Apprends-nous à compter les jours qui nous sont donnés, à les employer à la recherche de la seule chose nécessaire, à nous assurer notre héritage éternel. Seigneur, que ton règne s'avance, que ton salut soit connu jusqu'aux extrémités de la terre.

> Encore un peu de temps ! Jésus va revenir.
> Consacrons-lui ce temps qui fuit, ombre légère ;
> Que notre seul chagrin soit donc de lui déplaire,
> Que tout notre bonheur soit de le bien servir.
> Veillons, tenons-nous prêts, le grand jour va paraître ;
> Qu'il nous trouve attendant notre Seigneur et Maître   Amen.

DIMANCHE (Soir).

Pour ce qui est des dons spirituels, je ne veux pas, frères, que vous soyez dans l'ignorance. Vous savez que vous étiez païens, entraînés vers des idoles muettes, selon qu'on vous menait. C'est pourquoi je vous déclare qu'aucune personne qui parle par l'Esprit de Dieu, ne dit que Jésus est anathème, et que personne ne peut dire que Jésus est le Seigneur, si ce n'est par le St.-Esprit. (1 Cor. 12, 1-3).

Méditation.

Personne ne peut dire du fond du cœur que Jésus-Christ est le Seigneur et l'adorer en esprit et en vérité comme le Seigneur de gloire, si ce n'est par le St.-Esprit. Nous pouvons aimer sa doctrine, admirer sa vie, nous proposer de le prendre pour modèle d'amabilité, de sagesse, de vérité, de courage, de droiture, en un mot de toutes les vertus chrétiennes ; nous pouvons puiser dans sa résurrection et son ascension des encouragements au milieu des amertumes de la vie, — tout cela par notre intelligence et nos propres forces. Mais ces pensées nous suffisent-elles pour clouer nos péchés favoris à la croix, et crucifier nos mauvaises passions, comme ceux qui sont à Christ et qui peuvent vraiment l'appeler leur Seigneur ? Evidemment non ; la nouvelle naissance produit seule le vrai christianisme. Voilà pourquoi le Seigneur a dit : « En vérité, en vérité, si un homme ne naît de nouveau, il ne peut voir le royaume de Dieu. »

Prière.

Seigneur, Dieu tout-puissant et bon Père céleste ! Nous te rendons grâces pour tous les bienfaits que tu nous as accordés aujourd'hui, nous te prions de nous conserver dans ta grâce et dans ta communion. Règne dans nos cœurs par ton Esprit ; enseigne-nous à garder ta Parole ; éclaire-nous, afin que nous nous attachions toujours davantage à la recherche de la seule chose nécessaire. Pardonne-nous, dans ta miséricorde, tous les péchés conscients et inconscients par lesquels nous t'avons offensé en ce saint jour. Accorde-nous une bonne nuit ; viens renouveler nos forces pour ton service et nous donner un cœur bien disposé pour reprendre les devoirs de notre vocation terrestre.

O toi dont le ciel adore
L'incomparable grandeur,
Pour toute âme qui t'implore,
Source unique du bonheur,
Comme la terre épuisée,
Du ciel attend la rosée,
Nous t'attendons, ô Seigneur !

Pour sauver l'homme rebelle
Tu t'abaissas jusqu'à lui,
Et ta lumière éternelle
Dans nos ténèbres a lui ;
Mais vainement elle brille,
Si la grâce ne dessille
Nos yeux encore aujourd'hui. Amen.

LUNDI (Matin).

Je ne te prie pas de les ôter du monde, mais de les préserver du mal.
(St. Jean 17, 15).

Méditation.

Les larmes les plus amères sont celles que nous versons sur des enfants prodigues. La pauvreté, la maladie, la mort ne peuvent pas faire de blessures aussi profondes dans le cœur d'un père, d'une mère qu'un enfant pervers. Notre bonheur dépend de leur réussite ; en tournant mal, ils voilent le soleil de notre bonheur. Et il leur est si facile de s'égarer ; le cœur est faible et les tentations du monde sont grandes ! Où les parents trouvent-ils une garantie qu'ils resteront dans la bonne voie ? Ce que nous avons de mieux à faire, c'est de les aimer, de les porter sur nos cœurs devant Dieu, de les recommander chaque jour à sa sainte garde. Il peut les suivre et les préserver du mal mieux que nous ne pouvons le faire avec tous nos soins, toute notre sollicitude et toute notre tendresse.

Prière.

Dieu de bonté et d'amour, Sauveur de nos âmes ! Daigne exaucer les prières de tes faibles créatures. Etends tes mains bénissantes sur nous et sur nos enfants. Tu connais les tentations et les dangers qui les entourent, tu sais combien facilement ces jeunes cœurs t'oublient et s'égarent loin de toi. Fais naître en eux un désir sincère de marcher dans le bon chemin, de te connaître, de t'aimer, de te servir. Dessille leurs yeux ; viens toi-même convertir leurs cœurs et produire en eux la foi, l'obéissance et la vie chrétienne. Veille sur eux, fortifie-les dans leurs luttes contre le péché, soutiens-les lorsqu'ils sont sur le point de broncher, rends-les victorieux de tout ce qui pourrait les entraîner dans la voie de la perdition. Exauce, Seigneur, notre humble prière pour l'amour de ton Fils bien-aimé.

Que cherches-tu dans ta folie,
Toi qui l'éloignes du Sauveur?
Insensé! ton cœur se confie
Aux charmes d'un songe flatteur.
Ah! malheureux! si jeune encor,
Pourquoi laisser le vrai trésor?

Laissez à lui venir l'enfance,
Laissez-la suivre le Sauveur ;
Alors vous aurez l'assurance
Qu'elle est à l'abri du malheur.
A vos enfants jeunes encor
Du salut montrez le trésor. Amen.

LUNDI (Soir).

Eternel, fais-moi connaître ma fin et quelle est la mesure de mes jours ; que je sache combien courte est ma durée. Voilà, tu as réduit mes jours à la mesure de quatre doigts, et ma durée est devant toi comme un rien ; oui, tout homme debout sur la terre n'est que vanité ! Oui, l'homme se promène comme une ombre ; oui, c'est en vain qu'on s'agite ; on amasse des biens, et on ne sait qui les recueillera. Et maintenant, qu'ai-je attendu, Seigneur ? Mon espoir est en toi. Délivre-moi de toutes mes transgressions, et ne m'expose pas à l'opprobre de l'insensé. Je me suis tu, je n'ai pas ouvert la bouche, parce que c'est toi qui l'as fait. (Ps. 39, 5-10).

Méditation.

Quelle sera mon attente, dit le Psalmiste, en présence de la mort et de la fragilité des choses terrestres ? « Mon espoir est en toi, ajoute-t-il en se tournant vers le Dieu éternel. Se retirer du monde pour se réfugier en Dieu, c'est vivre dans les choses immuables et éternelles. Plus nous entrons en communion avec Dieu, plus nos rapports avec lui sont purs et intimes, plus aussi nous sommes assurés du monde à venir et plus la gloire de l'éternité resplendit aux yeux de la foi. Nous avons une certitude toujours plus ferme que nous subsisterons, alors même que notre corps et notre âme seraient sur le point de défaillir. Telles étaient les espérances des fidèles de l'ancienne alliance. Bien qu'ils eussent peu de clarté sur la vie à venir ils pressentaient que le Dieu d'Abraham, d'Isaac et de Jacob, qui était leur lumière et leur consolation dans la vie, ne les délaisserait pas à la mort. Comme enfants de la nouvelle alliance, nous en avons plus qu'un simple pressentiment, nous savons et nous croyons fermement qu'il y aura un grand jour, où les choses vieilles seront passées et où toutes choses seront faites nouvelles, tant pour le corps que pour l'âme. Toutefois notre premier devoir est de nous dépouiller toujours davantage du péché, de chercher notre salut dans les bras de notre Sauveur. « Seigneur, quelle sera notre attente ? Notre espoir est en toi. »

Prière.

Au milieu de cette vie agitée et passagère, Seigneur, qu'elle est consolante la perspective de la paix et de la gloire de la céleste patrie ! Fais que l'espérance de cette félicité éternelle brille comme une lumière sur notre chemin pendant notre pèlerinage terrestre. Donne-nous de nous séparer de toute vanité, de tout péché, et de te consacrer notre cœur et notre vie avec une obéissance filiale. Notre espoir est en toi, Seigneur ! Que nous ne soyons point confus ! Conduis-nous par ton conseil et introduis-nous un jour dans le repos que tu as préparé pour tes enfants.

> Pourquoi donc, ô mortels, pèlerins de la vie,
> N'avons-nous pour le ciel que des soins languissants?
> D'où vient que notre cœur montre si peu d'envie
> De voir l'éternité succéder à nos ans?
>
> Oh! quel moment béni, quelle heure fortunée,
> Que celle où pour toujours nous laisserons la mort!
> Ah! par tous nos souhaits, hâtons cette journée
> Où, de la vie enfin, nous toucherons le port.   Amen.

MARDI (Matin).

Par-dessus toutes choses, revêtez-vous de la charité, qui est le lien de la perfection. Et que la paix de Christ, à laquelle vous avez été appelés pour n'être qu'un seul corps, règne dans vos cœurs; et soyez reconnaissants.
(Col. 3, 14 et 15).

Méditation.

Les vertus que le St-Esprit produit dans le cœur de l'homme peuvent être comparées à des pierres précieuses. Isolées, elles se perdraient facilement et n'auraient pas le bel éclat harmonieux que leur donne leur union. Il faut donc les mettre en rapport et les relier les unes aux autres, afin qu'elles nous élèvent à la perfection que Dieu nous demande, que nous contemplons en Christ et que nous devons recevoir de lui comme un précieux héritage. Cette union se fait par la charité; elle est comme dit l'apôtre, le lien de la perfection, c'est-à-dire de toutes les vertus pour les fondre en une sainte et parfaite harmonie.

Prière.

Dieu miséricordieux! Nous te prions de nous accorder le don de ton St-Esprit, pour qu'il nous transforme toujours plus à ta sainte image. Fais-nous puiser de ta plénitude grâce sur grâce; apprends-nous à entrer dans une communion toujours plus intime avec Jésus-Christ, notre Seigneur, afin que nous croissions dans la charité, l'humilité, le renoncement et toutes les autres vertus chrétiennes. Bénis toutes nos expériences de ce jour, adoucis nos peines, sanctifie nos joies, fais que les unes et les autres nous rapprochent de toi et contribuent à nous affermir dans la foi.

> Nous croyons que, sauvant les hommes
> Et devenant ce que nous sommes,
> Le Fils de Dieu nous racheta;
> Que, pour nous ramener au Père,
> Il s'abaissa jusqu'à la terre
> Et qu'il mourut sur Golgotha.
>
> Mais savons-nous qu'il faut le suivre,
> Comme il a vécu qu'il faut vivre,
> S'inspirer de tout son Esprit,
> Ou que, pareils aux vierges folles,
> Toutes nos pompeuses paroles,
> Retentissent comme un vain bruit?

La charité peut guérir encore
Le mal profond qui nous dévore,
Cet égoïsme universel.
Sa force n'est point affaiblie;
Elle est le lien qui relie
L'homme à l'hommme et la terre au ciel.   Amen.

MARDI (Soir).

En vérité, en vérité, je te le dis: lorsque tu étais plus jeune, tu te ceignais toi-même, et tu allais où tu voulais; mais lorsque tu seras vieux, tu étendras tes mains et un autre te ceindra, et te mènera où tu ne voudras pas.
(St. Jean 21, 18).

Méditation.

L'apôtre Pierre, auquel le Seigneur adresse ces paroles, avait un caractère emporté, qu'il n'était pas facile de diriger et de conseiller; il fallait que ce tempérament ardent fût maîtrisé peu à peu et vaincu surtout par les afflictions de la vie. C'est ce que le Seigneur lui annonce. Il lui dit: tu n'auras plus la force par toi-même, ni la liberté de faire ce que tu voudras et d'aller où il te plaira. L'apôtre Pierre devait apprendre à souffrir, à suivre Jésus-Christ, calme, confiant et soumis; pour cela il lui fallait acquérir l'humilité, la patience et l'espérance. Ceux qui ont le caractère de cet apôtre ne doivent pas s'étonner, s'ils ont à passer par des expériences plus sévères que d'autres. Le Seigneur veut leur enseigner, comme à nous tous, les vertus les plus indispensables, la patience, la soumission, l'obéissance et l'humilité.

Prière.

Tu sais, Dieu fidèle, combien il nous en coûte de faire le sacrifice de notre volonté propre pour nous soumettre entièrement à la tienne. Prends pitié de notre faiblesse, daigne amener toutes nos pensées captives à l'obéissance de la foi. Donne-nous un cœur humble et docile, que nous te suivions avec joie partout où tu veux nous conduire, que nous retirions des fruits salutaires de toutes nos afflictions. Aide-nous à te glorifier par notre fidélité, notre amour, notre obéissance jusqu'au moment où notre foi sera changée en vue.

Donne-nous donc ton Esprit, ô bon Père!
Soumets par lui notre cœur à ta Loi.
Lève sur nous ta céleste lumière,
Et dans ta paix fais-nous croître en la foi.

Si notre cœur insoumis abandonne
Le beau chemin où nous devons courir,
Fais, Seigneur, que ta grâce nous pardonne,
Et mette en nous un pieux repentir.   Amen.

MERCREDI (Matin).

Celui qui n'avait reçu qu'un talent vint et dit: Seigneur, je savais que tu es un homme dur, qui moissonnes où tu n'as pas semé et qui recueilles où tu n'as pas répandu; c'est pourquoi, te craignant, je suis allé et j'ai caché ton talent dans la terre ; voici, tu as ce qui est à toi. Et son maître lui répondit: Méchant et paresseux serviteur, tu savais que je moissonne où je n'ai pas semé, et que je recueille où je n'ai pas répandu ; il te fallait donc donner mon argent aux banquiers, et à mon retour j'aurais retiré ce qui est à moi avec l'intérêt. Otez-lui donc le talent et le donnez à celui qui a les dix talents. Car à celui qui a, on donnera, et il aura encore davantage, mais à celui qui n'a pas, on ôtera même ce qu'il a.

(St. Matth. 25, 24-29).

Méditation.

Les forces et les dons naturels se multiplient par l'usage fidèle que nous en faisons ; mais lorsque par paresse nous négligeons de faire valoir les talents qui nous sont confiés ou que nous les mettons au service de l'égoïsme, ils se perdent ou restent sans profit, sans fruit pour nous. Ce n'est pas uniquement l'activité que le Seigneur exige de nous, bien que le travail exerce nos facultés et les développe : mais il veut que nous mettions *à son service* toutes nos forces, tous nos talents, toute notre intelligence ; que nous vivions par lui d'une vie d'amour et de dévouement qui soit utile non seulement à notre prochain, mais à nous-mêmes, en contribuant au développement et à l'éducation de notre vie spirituelle. Les plus riches bénédictions reposent sur une vie ainsi consacrée à Dieu et dirigée par sa Parole et sa volonté.

Prière.

Père céleste ! Ta fidélité et ta miséricorde se renouvellent chaque matin, mais souvent nous sommes insensibles à toutes les marques de ta bonté et de ton amour envers nous. Pardonne-nous, Seigneur, apprends-nous à apprécier les grâces si nombreuses que nous recevons de ta main, à te consacrer par reconnaissance toutes nos forces, toutes nos facultés, tout ce que nous avons reçu de toi. Rends-nous plus fidèles dans l'emploi des talents que tu nous as confiés, aide-nous à les faire fructifier pour ton service et pour ta gloire. Accorde-nous la grâce d'accomplir sous ton regard la tâche à laquelle tu nous appelles chaque jour ; éclaire-nous, guide-nous, bénis notre activité de telle sorte que lorsque tu nous appelleras à te rendre compte, nous ne soyons pas confus devant toi.

Donne-moi de faire avec joie
Mon humble tâche d'ici-bas,
En attendant que je te voie
Et me repose dans tes bras.

Alors, dans l'éloquent langage
Des anges et des rachetés,
Je célébrerai d'âge en âge
Tes immenses gratuités. Amen.

MERCREDI (Soir).

Il leur dit cette parabole : Les terres d'un homme riche avaient rapporté avec abondance ; et il raisonnait en lui-même, disant: Que ferai-je ? car je n'ai pas assez de place pour serrer ma récolte. Voici, dit-il, ce que je ferai : j'abattrai mes greniers, et j'en bâtirai de plus grands, et j'y amasserai toute ma récolte et tous mes biens. Puis je dirai à mon âme : Mon âme, tu as beaucoup de biens en réserve pour plusieurs années ; repose-toi, mange, bois et te réjouis. Mais Dieu lui dit: Insensé, cette nuit même, ton âme te sera redemandée, et ce que tu as amassé, pour qui sera-t-il ? Il en est ainsi de celui qui amasse des biens pour lui-même, et qui n'est point riche en Dieu. (St. Luc 12, 16-21).

MÉDITATION.

Que de personnes vivent de telle sorte qu'on dirait que la jouissance est le premier devoir de l'existence ! Il est vrai que les choses de ce monde nous sont données pour que nous en jouissions ; mais tout ce qui est visible n'est qu'une figure de ce qui est invisible et éternel et doit nous y ramener. Ce qui est péché, c'est d'attacher notre cœur aux choses terrestres, d'y mettre notre âme au point qu'elles nous font oublier la recherche de la seule chose nécessaire. Je travaillerai encore tant et tant d'années, j'amasserai des biens considérables, ensuite je me reposerai et je jouirai de la vie. N'est-ce pas le calcul qu'on entend souvent faire ? Il est possible qu'on arrive au but désiré, mais cette fortune péniblement acquise est bien éphémère, tout peut changer du jour au lendemain. Il est un moissonneur dont le nom est la mort, qui tient son pouvoir de la main de Dieu. Quelque belle que soit la vie, l'heure sonne où tout prend fin et où ce que nous avons amassé ne nous appartient plus. La mort nous enlève titres, charges, dignités; elle arrache l'or de nos mains et ôte de nos lèvres la coupe des jouissances. Que nous reste-t-il alors ? Rien, sans Christ ; tout, avec Christ. Avec lui nous possédons les seules richesses assurées pour cette vie et pour l'autre ; avec lui, « toutes choses sont à nous, » et tout ce que nous avons sur la terre concourt à nous amasser « un trésor placé sur un bon fonds, » pour la vie éternelle.

PRIÈRE.

Dieu tout bon ! Tu nous as fait éprouver aujourd'hui encore les effets de ta grande miséricorde. Donne-nous ton Esprit, afin que nous ayons pleine conscience de notre vocation et que nous agissions pendant qu'il est jour, avant que la nuit vienne, où personne ne pourra plus travailler. Fais-nous souvenir sans cesse de la brièveté de notre vie ; ne permets pas que nous oubliions notre vraie patrie qui est En-Haut. Que le sentiment de ta présence, l'incertitude du lendemain, l'attente de ton jugement nous rendent véritablement sérieux et sages à salut. Aide-nous à placer notre trésor dans le ciel, afin que notre cœur y soit aussi, et à trouver notre bonheur dans l'assurance qu'un jour nous serons avec toi pour l'éternité.

Je t'aime quoi que tu fasses :
Donne, ôte, rends et reprends ;
Tous tes ordres sont des grâces
Pour tes bienheurenx enfan's.

Qui ne veut plus rien, possède
Aussitôt le seul vrai bien ;
Et, dès que partout je cède,
Je ne manque plus de rien.

Oui, détache de la terre
Tous mes désirs, tous mes vœux !
T'aimer, t'aimer, ô mon Père !
Ah ! c'est déjà vivre aux cieux.   Amen.

JEUDI (MATIN).

Bien-aimés, nous sommes à présent enfants de Dieu, et ce que nous serons n'a pas encore été manifesté ; mais nous savons que quand il sera manifesté, nous serons semblables à lui, parce que nous le verrons tel qu'il est.   (1 Jean 3, 2).

MÉDITATION.

La vraie gloire des enfants de Dieu est une gloire à venir. Ils aiment le Seigneur, mais non d'un amour aussi profond qu'ils le voudraient ; ils observent ses commandements, mais imparfaitement ; ils combattent, et ne remportent pas toujours la victoire ; ils ont renoncé à leur paresse spirituelle et à leur fausse sécurité, sans avoir encore trouvé d'asile où le péché ne règne plus ; la vie nouvelle a commencé en eux, mais ils ne sont pas encore arrivés à la perfection. Souvent ils ressentent l'influence accablante que les indispositions corporelles exercent sur la paix de l'âme, même sur la fidélité dans la conduite. Que de péchés dans la vie chrétienne, qui ont leur source dans la mauvaise humeur et dans les nerfs surexcités, que d'élans de l'âme, que d'effusions du cœur sont arrêtés par les souffrances physiques ! Toutes ces épreuves prendront fin lorsque nous serons avec le Seigneur Jésus dans la pleine lumière.

PRIÈRE.

Nous te bénissons, Seigneur, des promesses que tu fais à tes enfants. Donne-nous de les serrer dans nos cœurs, afin qu'elles nous consolent dans nos afflictions, nous fortifient dans nos luttes et entretiennent en nous l'espérance de la vie éternelle. Si notre foi et notre courage sont sur le point de défaillir, rappelle-nous que ce que nous serons n'a pas encore été manifesté ; fais-nous entrevoir le glorieux but auquel tu nous appelles, aide-nous à le poursuivre sans cesse et à nous préparer à cette vie bienheureuse, où nous serons à l'abri de tout péché, de toute faiblesse, où notre obéissance sera parfaite, où nous aimerons comme nous avons été aimés. Seigneur, accorde-nous cette grâce, tourne nos regards en avant, là où Jésus nous a préparé une place, où il sera tout en tous.

Il est allé préparer une place
Aux rachetés dans cet heureux séjour ;
Il leur fait part de son Esprit de grâce
Et des effets de son plus tendre amour.

Suivons-le tous, animés d'un saint zèle ;
N'arrêtons plus nos cœurs dans ces bas lieux.
Ce Dieu Sauveur lui-même nous appelle,
Et nos vrais biens sont cachés dans les cieux.
Amen.

JEUDI (Soir).

Tu emportes nos jours semblables à un songe ; ils sont au matin comme une herbe qui passe ; elle fleurit le matin et elle se fane ; le soir on la coupe et elle sèche. (Ps. 90, 5 et 6)

MÉDITATION.

Quoiqu'on reconnaisse généralement la fragilité de la vie, il est bon qu'on nous la rappelle. Le vieillard avancé en âge, dont la vie approche rapidement de son déclin, en comprend sans doute la brièveté. Mais l'homme à la fleur de l'âge, qui voit s'étendre devant lui un long avenir terrestre ; le jeune homme pour qui les mois sont une éternité, quand ils le séparent de la réalisation de ses désirs ; l'enfant qui envie l'âge des adultes, comprennent-ils l'énergie de ces expressions : la vie est comme une veille dans la nuit ; elle est comme la fleur des champs ; c'est une vapeur ? Le Seigneur proclame de temps en temps par des faits frappants ce que la Parole nous enseigne, mais nous avons souvent beaucoup de peine à le comprendre.

PRIÈRE.

Seigneur, notre Dieu, qui te tiens près de ceux qui t'invoquent, jette sur nous un regard de miséricorde et de paix. Donne-nous ton Esprit pour comprendre combien notre vie est fragile et pour nous faire rechercher le royaume de Dieu et sa justice. Qu'il nous fasse mettre à profit le temps de grâce qui nous est donné et nous rappelle sans cesse que de cette courte vie dépend notre éternité. Viens, Seigneur, à notre aide ; attire nos âmes à toi. Ne permets pas que nous vivions dans la légèreté dans des préoccupations futiles ; mais donne-nous de penser souvent avec sérieux à notre fin, d'être comme ceux qui attendent leur Maître. Apprends-nous à veiller, à prier, à persévérer jusqu'à notre dernière heure dans l'obéissance à tes saints commandements. Exauce-nous, bon Père céleste, pour l'amour de Jésus-Christ.

> Tournons nos désirs vers le jour qui s'avance ;
> Appelons le Seigneur, disons-lui : « Viens bientôt. »
> Soyns prêts à partir, et, dans la vigilance,
> De notre sainte foi gardons le bon dépôt. Amen.

VENDREDI (Matin).

Tous se sont égarés, ils se sont tous ensemble corrompus ; il n'y en a point qui fassent le bien, non pas même un seul. (Rom. 3, 12).

Méditation.

Si nous jetons un regard sur le monde, et sur ses agissements habituels, nous sommes frappés de la puissance du péché et de notre éloignement du Dieu vivant. C'est ce que nous disent hautement notre cœur et notre conscience, lorsque l'Esprit de Dieu nous éclaire, et que nous nous examinons sérieusement nous-mêmes. Toutefois, dans l'âme de l'être le plus déchu, reste une étincelle divine, l'âme ne peut se contenter des choses passagères de ce monde et elle aspire à ce qui demeure toujours. L'homme se trouve ainsi placé entre deux puissances : l'esprit, créé pour l'immortalité, l'attire vers le ciel et le convie à rechercher la communion avec son Créateur ; d'un autre côté, la chair, qui lutte contre l'esprit et qui cherche à le river à la terre et à l'entraîner au péché. Que nous serions malheureux et à plaindre si Dieu ne nous offrait le salut et la rédemption en Jésus-Christ, notre Seigneur et Sauveur !

Prière.

Dieu saint, Créateur du ciel et de la terre ! Nous élevons nos yeux vers toi, qui seul peux nous secourir. Toute grâce excellente et tout don parfait viennent de toi. Il n'y a en toi ni variation, ni ombre de changement. Nous te supplions de faire luire les rayons de ta lumière céleste dans notre cœur, et sur notre sentier ; de nous faire sentir notre état de péché et le besoin que nous avons de ta grâce en Jésus-Christ. Quelque faibles et pécheurs que nous soyons, tu peux nous communiquer ta force et nous faire marcher dans tes voies. Donne-nous de résister au mal et d'accomplir en toutes choses ta sainte volonté.

D'un œil indulgent et propice	Aux décrets de la Providence
Regarde-moi dans mon erreur;	Viens soumettre ma volonté,
Selon les droits de la justice	Daigne, au moment de la souffrance,
Ne me réprouve pas, Seigneur;	Soutenir ma fragilité !
Que ta paternelle bonté	Pour tranquilliser mon esprit,
Efface mon iniquité.	Ta grâce, ô mon Dieu, me suffit. Amen.

VENDREDI (Soir.)

Il est impossible de lui être agréable sans la foi; car il faut que celui qui s'approche de Dieu, croie que Dieu est, et qu'il est le rémunérateur de ceux qui le cherchent. (Hébr. 11, 6).

Méditation.

La foi, sans laquelle il est impossible d'être agréable à Dieu, n'est pas une stérile adhésion à ses paroles et à ses actes, ou une superficielle confiance dans ses promesses de grâce, mais un sentiment du cœur, que la Parole et l'Esprit de Dieu font naître et nourrissent en nous et qui manifeste ses effets dans les détails journaliers de la vie, sans qu'il faille pour cela des œuvres extraordinaires. C'est là la foi vivante qui produit dans le cœur la conviction de la vérité de l'Évangile, de la bonté et de la puissance du Seigneur, et une confiance illimitée en lui, qui nous rend obéissants et dociles, en même temps qu'elle nous console et nous remplit de paix.

Prière.

Bon Père céleste ! Nous te prions de nous donner la foi dans une mesure toujours plus abondante. Dans ta miséricorde, tu as allumé cette sainte lumière dans nos cœurs ; nous voudrions devenir forts dans la foi, mettre toute notre espérance en toi, au milieu des obscurités et des contrariétés de la vie. Aie donc compassion de notre faiblesse et fortifie-nous. Ne brise pas le roseau froissé, n'éteins pas le lumignon qui fume encore. Fais-nous puiser tous les jours aux trésors de ta grâce, le salut, la consolation et la paix. Lorsque nous serons arrivés au dernier soir de la vie, accorde-nous une fin heureuse et change notre foi en vue par Jésus notre Sauveur.

> Heureux qui te prend pour retraite !
> Seigneur ! voici je viens à toi ;
> Sois mon ancre dans la tempête,
> Dans le calme, oh ! nourris ma foi,
> Afin que je suive, joyeux,
> Le chemin qui conduit aux cieux. Amen.

SAMEDI (Matin).

Mon âme, bénis l'Eternel, et que tout ce qui est en moi bénisse son saint nom ! Mon âme, bénis l'Eternel, et n'oublie aucun de ses bienfaits. C'est lui qui pardonne toutes tes iniquités ; qui guérit toutes tes infirmités ; qui retire ta vie de la fosse ; qui te couronne de bonté et de compassion.

(Ps. 103, 1-4).

Méditation.

Nous recevons souvent les bienfaits de Dieu comme s'ils nous étaient dus, et nous n'accordons aucune attention aux témoignages les plus éclatants de sa bonté et de sa fidélité. Nous oublions facilement le bien que le Seigneur nous a déjà fait et continue à nous faire, tandis que le souvenir de nos souffrances reste gravé dans nos cœurs. Apprenons à envisager toutes les dispensations de Dieu au point de vue de l'éternité, et nous saurons bénir le Seigneur même au sein de l'affliction, nous aurons déjà ici-bas un avant-goût de la paix et de la félicité réservées à ceux qui pourront un jour entonner le cantique des rachetés. Celui qui a reçu le pardon de ses péchés et qui peut dire : « Je sais que mon Rédempteur est vivant » trouvera des accents pour louer Dieu qui lui a fait de si grandes choses, et pour répéter avec le Psalmiste : « Mon âme, bénis l'Eternel et n'oublie aucun de ses bienfaits. »

Prière.

Dieu tout bon ! Nous nous joignons aux milliers d'âmes qui chaque jour t'offrent le sacrifice de leur louanges ; nous te bénissons pour ta grâce, ta miséricorde et ta fidélité qui sont infinies. C'est toi qui pardonnes nos péchés, qui guéris toutes nos infirmités ; tous les habitants de la terre trouvent en toi un sûr asile. Nous te remercions de nous avoir couverts de tes ailes protectrices dans le courant de cette semaine, et en particulier pendant la nuit dernière. Apprends-nous à reconnaître et à sentir tes bienfaits que nous n'avons pas mérités ; pardonne-nous notre ingratitude et nos murmures. Que notre vie entière te loue désormais et te glorifie.

> O toi que notre cœur aime, craint et révère,
> Grand Dieu, qui des humains es le maître et le père,
> Nous voulons te bénir, nous voulons, Rois des rois,
> Aux célestes concerts mêler nos faibles voix.
> Quand les vertus du ciel célèbrent les louanges,
> Nous aussi nous voulons chanter avec les anges :
> Saint! saint! saint est Celui de qui la majesté
> De la terre et des cieux remplit l'immensité.   Amen.

SAMEDI (Soir).

Nous savons que si cette tente, notre demeure terrestre, est détruite, nous avons dans les cieux un édifice qui est de Dieu, une maison éternelle, qui n'est point faite de main d'homme. (2 Cor. 5, 1).

MÉDITATION.

La gloire à venir est si certaine pour nous, dit l'apôtre Paul, que les afflictions du temps présent nous paraissent légères ; nous sommes si fermement assurés de la vie éternelle que nous voyons approcher la mort avec calme, quelquefois même avec un désir ineffable. Il est vrai que la pensée de la mort peut nous inspirer quelque appréhension, mais nous ne devons pas la craindre. Nous savons que quand notre demeure terrestre sera détruite, quand notre existence dans ce monde finira à toujours, viendra l'heure bénie où tout notre être sera éternellement uni au monde céleste, où nous aurons un édifice qui est de Dieu, une maison éternelle qui n'est point faite de main d'homme.

PRIÈRE.

Seigneur ! Nous nous approchons du trône de ta grâce, après les fatigues de ce jour et de cette semaine ; nous te rendons grâces pour tous tes bienfaits qui sont sur nous, nous te prions de nous pardonner tous nos manquements à ta sainte volonté. Montre-nous nos péchés à la lumière de ton Esprit ; fais-nous grâce pour l'amour de ton Fils Jésus-Christ. Sois béni des consolantes promesses que tu nous donnes dans ta sainte Parole ; donne-nous de les serrer dans nos cœurs, qu'elles fortifient notre foi, qu'elles vivifient nos espérances, et dirigent nos regards vers le glorieux but que tu places devant nous. Aide-nous à nous affectionner aux choses qui sont En-Haut, à marcher comme des bourgeois des cieux, soutenus et consolés par l'assurance que, si notre demeure terrestre est détruite, nous avons dans le ciel une demeure éternelle, une place que Jésus nous a préparée dans la maison du Père. Bénis-nous, ainsi que tous ceux qui cheminent avec nous sur le sentier de l'éternelle patrie; fais-nous à tous la grâce d'y arriver pour être avec toi à toujours.

> Non, ce n'est point mourir que d'aller vers son Dieu,
> Et que de dire adieu
> A cette sombre terre,
> Pour entrer au séjour de la pure lumière.
> Non, ce n'est pas mourir que de monter au ciel,
> Au repos éternel,
> A la gloire ineffable,
> Après tous les combats d'un monde périssable. Amen.

Onzième Semaine après la Trinité.

DIMANCHE (Matin).

Il dit cette parabole, au sujet des gens persuadés en eux-mêmes qu'ils étaient justes, et qui méprisaient les autres: Deux hommes montèrent au temple pour prier; l'un était pharisien, et l'autre péager. Le pharisien, se tenant debout, priait ainsi en lui-même: O Dieu! je te rends grâces de ce que je ne suis pas comme le reste des hommes, qui sont ravisseurs, injustes, adultères, ni aussi comme ce péager; je jeûne deux fois la semaine; je donne la dîme de tout ce que je possède. Mais le péager, se tenant éloigné, n'osait pas même lever les yeux au ciel; mais il se frappait la poitrine, en disant: O Dieu! sois apaisé envers moi qui suis pécheur! Je vous le dis, celui-ci redescendit justifié dans sa maison préférablement à l'autre; car quiconque s'élève sera abaissé, et quiconque s'abaisse sera élevé. (St. Luc 18, 9-14).

Méditation.

La piété extérieure du pharisien, ses prières, ses jeûnes, son assiduité au culte n'ont aucune valeur aux yeux de Dieu, parce que l'humilité et l'amour lui font défaut. Son cœur est rempli d'orgueil et de propre justice. Bien qu'il dise en s'adressant à Dieu : « Je te rends grâces, » au fond il se glorifie lui-même. Il attribue à son mérite et à ses vertus de ne point s'être rendu coupable de grossières transgressions aux commandements de Dieu, tandis que c'est la miséricorde de Dieu qui l'a préservé de chute. Qui sait ce qu'il serait devenu, s'il avait eu un autre caractère, s'il avait reçu une autre éducation ? Ne nous élevons donc pas si nous avons été sauvegardés contre le crime ou la honte, ne jetons pas un regard d'orgueil et de dédain sur ceux qui sont tombés, mais ayons pour eux des sentiments de compassion et de miséricorde. D'ailleurs, le péager était rentré en lui-même ; sa contrition, son humble prière, témoignaient de son repentir. De quel droit le pharisien le condamnait-il d'une manière aussi peu charitable ? Quels sont ceux qui, même avec la vie la plus honnête, n'ont pas à s'humilier devant le Dieu saint qui lit au fond du cœur et à s'écrier : « Seigneur, sois apaisé envers moi ! » « Celui qui s'élève sera abaissé, et celui qui s'abaisse sera élevé. »

PRIÈRE.

Père céleste ! Nous te prions de nous assister, afin que nous ne profanions pas ce saint jour, mais que nous l'employions à ta gloire et à notre salut. Accorde-nous l'esprit de prière ; préserve-nous de toute légèreté, de toute distraction ; aide-nous à nous recueillir en toi, notre souverain bien. Garde-nous de l'orgueil du pharisien ; fais-nous sentir notre état de péché et de condamnation ; remplis nos cœurs d'humilité et amène-nous chaque jour, par une véritable repentance, au pied de la croix. Bénis ce dimanche pour le bien de nos âmes ; apprends-nous à aimer, à comprendre ta Parole ; qu'elle nous fasse croître dans la grâce et la connaissance de Jésus, notre Sauveur, et nous amène à la possession de la vie éternelle.

Sur qui, Seigneur, fais-tu luire ta face ?
Et qui sont ceux auxquels tu prends plaisir ?
Ce sont les cœurs affamés de ta grâce,
Les cœurs petits, qui n'ont rien à t'offrir ;
Tous ceux qui, par une humble foi,
Ne cherchent leur salut et leur force qu'en toi. Amen.

DIMANCHE (Soir).

Je vous rappelle, frères, l'Evangile que je vous ai annoncé, et que vous avez reçu, et dans lequel vous persévérez, et par lequel vous êtes sauvés, si vous le gardez tel que je vous l'ai annoncé ; autrement vous auriez cru en vain. Or, je vous ai enseigné, avant toutes choses, ce que j'avais aussi reçu : que Christ est mort pour nos péchés, selon les Ecritures ; et qu'il a été enseveli, et qu'il est ressuscité le troisième jour, selon les Ecritures, et qu'il a été vu de Céphas, puis des douze ; ensuite, il a été vu en une seule fois de plus de cinq cents frères, dont la plupart sont encore vivants, et dont quelques-uns sont morts. Ensuite il s'est fait voir à Jacques, puis à tous les apôtres; et après tous, il m'est apparu, à moi aussi, comme à un avorton. Car je suis le moindre des apôtres, moi qui ne suis pas digne d'être appelé apôtre, parce que j'ai persécuté l'Eglise de Dieu. Mais c'est par la grâce de Dieu que je suis ce que je suis. Et sa grâce envers moi n'a pas été vaine; au contraire, j'ai travaillé beaucoup plus qu'eux tous; non pas moi pourtant, mais la grâce de Dieu qui est avec moi. Christ est ressuscité, et il est devenu les prémices de ceux qui dorment.

(1 Cor. 15, 1-10 et 20).

MÉDITATION.

« Jésus-Christ est devenu les prémices de ceux qui dorment. Douce image de la mort du croyant : la mort un sommeil suivi d'un éternel revoir ! O jour de joie, jour de félicité, quand commencera pour nous la vie véritable ! Notre âme n'aspire pas seulement à l'immortalité, mais aussi à une vie éternelle et bienheureuse. La résurrection de Jésus-Christ nous en est un gage certain. Quelle source de consolation pour celui qui, d'année en année, sent davantage dans ses membres lassés la puissance du péché et de la mort, de savoir qu'il porte en lui un germe de vie et de résurrection ! L'Eglise souffrante et militante ne va pas au devant du néant, elle attend avec une foi ferme et joyeuse un glorieux matin de Pâques.

PRIÈRE.

Sois béni, Seigneur, de toutes les promesses que ta sainte Parole renferme pour nous. Aide-nous à nous les approprier par une foi ferme et vivante, à y puiser tous les encouragements dont nous avons besoin au milieu des luttes et des épreuves de cette vie. Révèle-nous par ton St-Esprit ces choses qui ne peuvent monter au cœur de l'homme et que tu réserves à ceux qui t'aiment. Que par ta grâce nous ayons une ferme assurance de les posséder un jour ! Elève-nous au-dessus de la terre, aide-nous à attacher nos cœurs aux biens invisibles qui seront notre partage auprès de toi ; fais-nous la grâce, quand viendra notre heure dernière, de nous endormir dans ta paix et dans l'espérance certaine d'une heureuse résurrection.

Plus douce qu'un beau rêve,
Là leur félicité
Se poursuit et s'achève
Dans la réalité ;
Là tout est vie et joie,
Amour, plaisirs constants ;
Et partout se déploie
Un éternel printemps.

Au séjour de lumière,
Toi qui nous précédas,
Seigneur, dans la carrière,
Accompagne nos pas.
Viens nous sauver du doute
Et montrer à nos yeux
La difficile route
Qui nous conduit aux cieux ! Amen.

LUNDI (Matin).

Si je fais ce que je ne veux pas, je reconnais par là que la loi est bonne.

(Rom. 7, 16).

Méditation.

Tous les péchés de l'homme se tiennent intimement et révèlent un mal fondamental qu'il s'agit de guérir. Comme ils ont leur source dans la séparation du cœur d'avec Dieu qui est le souverain bien, nous ne pouvons les combattre avec succès, qu'en les attaquant à leur racine. Consacrons donc notre cœur à Dieu, pour qu'il le renouvelle par son St-Esprit ; mettons-nous entièrement à son service, et avec le renouvellement de l'homme intérieur nous recevrons la force de vaincre tout mal, et de faire mourir tout ce qui tient à notre vieille nature.

Prière.

Dieu de bonté et d'amour ! Nous voulons continuer notre pèlerinage vers la vie éternelle sous ton regard et dans ta crainte. Aide-nous dans ta grâce à ne jamais perdre de vue le but glorieux de notre existence terrestre. Assiste-nous dans notre lutte contre le mal, produis en nous la volonté et l'exécution selon ton bon plaisir. Nous nous fondons avec humilité et foi sur ta consolante promesse de donner ton St-Esprit à tous ceux qui te le demandent. Seigneur, viens remplir nos cœurs de sa lumière et de sa force, qu'ainsi nous soyons rendus capables de toujours surmonter le mal par le bien, de faire ta volonté, de te glorifier par notre amour et notre obéissance, pour l'amour de Jésus-Christ.

Seigneur, du sein de la poussière,
  Mon âme crie à toi.
Descends, ô Dieu, dans ma prière ;
  Que je te sente en moi.

Je ne veux plus l'ombre qui passe,
  L'image qui pâlit,
Mais la substance de ta grâce,
  Toi-même, ton Esprit. Amen.

LUNDI (Soir).

Tu ne sais pas maintenant ce que je fais ; mais tu le sauras dans la suite.

(St. Jean 13, 7).

Méditation.

La manière d'agir du Seigneur nous paraît souvent incompréhensible. Nos plans les plus chers échouent, nos plus belles espérances sont détruites, la carrière que nous aurions volontiers embrassée se ferme devant nous, nous sommes forcés d'entrer dans une direction qui ne répond pas à nos goûts. Il nous semble alors que nous avons manqué notre vocation, que nous avons fait fausse route. Plongeant nos regards dans le passé, nous nous disons combien notre vie aurait été autre, meilleure, plus belle, sans tel incident, telle circonstance. Et cependant la main qui règle et conduit tout, n'est-elle pas la main d'un Père qui nous aime ? N'est-ce pas elle qui a dirigé les événements, en apparence fortuits, qui sont venus nous atteindre ? Il n'est pas rare que, mûris par les années et par nos progrès dans la grâce de Dieu, nous arrivions à reconnaître que ses intentions étaient sages et bonnes, que nos déceptions, nos découragements avaient un but, que tout a été pour le mieux. Sans doute bien des choses resteront obscures et mystérieuses pour nous, mais nous les comprendrons un jour. Lorsque notre tente terrestre sera détruite, lorsque le voile tombera et que la lumière éternelle brillera à nos yeux, nous verrons que le chemin que le Seigneur nous a fait parcourir était le meilleur pour nous. « Tu ne sais pas maintenant ce que je fais, mais tu le sauras dans la suite. »

Prière.

Dieu saint et éternel ! Nous nous présentons devant ta face avec un cœur humble et reconnaissant. Nous savons que tu nous aimes, que les voies que tu choisis pour nous sont toujours les meilleures. Préserve-nous de plaintes, de murmures, lorsque nous ne comprenons pas tes dispensations à notre égard. Apprends-nous à marcher par la foi, à être pleinement persuadés que nous comprendrons un jour, à la lumière de l'éternité, ce que nous ne savons pas maintenant. Donne-nous de nous reposer sur ton amour et ta fidélité, de faire de ta volonté la nôtre, d'être remplis de soumission, de patience, de courage dans les moments les plus difficiles. Seigneur, achève de pourvoir à tout ce qui nous concerne pour le temps et pour l'éternité.

Si quelque ennui vient me surprendre,
Ou si je trouve la douleur,
A toi tu me dis de m'attendre,
Sous ta main tu calmes mon cœur ;
Et bientôt tu viens y répandre
Le baume du Consolateur.

Je vois ainsi venir le terme
De mon voyage en ces bas lieux,
Et j'ai l'attente vive et ferme,
Du saint héritage des cieux :
Sur moi si la tombe se ferme,
J'en sortirai tout glorieux. Amen.

MARDI (Matin).

Je connais tes œuvres, voici j'ai ouvert une porte devant toi, et personne ne la peut fermer, parce que tu as peu de force, que tu as gardé ma parole, et que tu n'as point renié mon nom. (Héb. 13, 9).

Méditation.

Les moindres choses ont leur importance aux yeux de Dieu, lorsque nous en faisons un usage fidèle. Si le Seigneur ne nous accorde qu'une faible mesure de dons et de forces, nous ne devons pas en faire peu de cas. S'il nous a confié un seul talent, il ne faut pas que, moroses et indifférents, nous l'enveloppions dans un linge pour le cacher dans la terre, mais que nous le fassions valoir avec joie et avec zèle. Nous aurons fait une grande œuvre aux yeux de Dieu, quelque petite qu'elle soit en apparence; elle est grande du moment qu'elle est bonne et agréable à Dieu.

Prière.

Seigneur, notre Dieu, dont la bonté va jusqu'aux nues, qui bénis ceux qui te craignent, nous te prions d'avoir soin de nous aujourd'hui encore, et de nous fortifier pour l'accomplissement fidèle de nos devoirs. Aide-nous à faire fructifier les talents que tu nous as confiés, à faire en ton Nom et dans un esprit d'obéissance et de dévouement tout ce que tu nous commandes. Fais servir notre activité à l'avancement de ton règne, à la gloire de ton Nom et au salut de notre âme immortelle. Nous avons été rachetés à grand prix, apprends-nous à te glorifier dans nos esprits et dans nos corps qui t'appartiennent.

> Chacun de nous reçut aussi son marc d'argent.
> Riche ou pauvre, chacun fait valoir son talent
>   S'il est un ouvrier fidèle.
> Le Maître nous a dit: « Travaillez nuit et jour. »
> Travaillons ici-bas; puis viendra son retour
> Où Jésus nous promet une gloire éternelle. Amen.

MARDI (Soir).

Il est bon que le cœur soit affermi par la grâce. (Héb. 13, 9).

Méditation.

Pour avoir un cœur ferme, il faut ajouter à la foi en Dieu, au monde invisible, à la vie éternelle, la foi à la grâce dont parle l'apôtre. Le sentiment de notre réconciliation avec Dieu est le seul remède efficace qui fortifie et affermisse le cœur. Sans cette assurance, nous sommes la proie de l'accusateur de nos âmes; les sombres pensées, le doute, les angoisses envahissent le cœur, les saintes déclarations de la Parole de Dieu le remplissent d'effroi. En un mot, *sans Christ*, le cœur de l'homme est ballotté par le doute, la crainte, le désespoir, tandis qu'*avec Christ*, avec la foi à sa grâce, l'homme le plus faible, fût-il pareil à un roseau froissé, à un lumignon fumant, peut acquérir un cœur ferme et la force, la paix, la joie qui en sont le partage.

Prière.

Fais-nous trouver en toi, Seigneur Jésus, le repos et la paix après les agitations de ce jour. Affermis notre cœur par ta grâce, remplis-le de la douce assurance que par toi nous sommes devenus enfants de Dieu et que nous avons un libre accès auprès de notre Père céleste. Toi qui aimais tant à bénir, à consoler et à soulager pendant ta vie terrestre, nous te prions de nous bénir maintenant, de nous aider à finir ce jour dans le sentiment de ta présence. Délivre-nous du péché et de la condamnation et fais trouver à notre âme un doux repos dans ta communion.

Seigneur, je voudrais croire, et mon âme inquiète
Sait bien qu'en Jésus seul se trouve le repos ;
Qu'une fois au Sauveur paisible et satisfaite,
Elle pourrait sur lui rejeter son fardeau.
Les longs raisonnements d'une science vaine,
Les attraits si puissants du monde et du péché,
Tout m'éloigne de toi, mais la voix me ramène :
Mon esprit lutte encor, mais mon cœur est touché. Amen.

MERCREDI (Matin).

Si l'Eternel ne bâtit la maison, ceux qui la bâtissent travaillent en vain. Si l'Eternel ne garde la ville, celui qui la garde veille en vain. En vain vous vous levez matin, vous vous couchez tard, et vous mangez le pain de douleur ; il en donne autant à son bien-aimé pendant son sommeil.

(Ps. 127. 1 et 2).

Méditation.

Ce n'est pas ce que nous acquérons, mais ce que nous acceptons de la main de Dieu, qui nous donne le contentement du cœur. Si l'homme ne se place pas sous la protection et la bénédiction de Dieu, la prudence humaine veille et agit en vain. Il y a comme une malédiction secrète sur tout ce que Dieu n'a pas béni. Ou bien l'homme se laisse aller à la soif des jouissances, le cœur s'appauvrit et devient vide, ou bien la possession des biens terrestres enflamme la cupidité et l'avarice qui détruisent tout bonheur. — D'un autre côté, qu'ils sont accablants les soucis, les maux qui accompagnent la pauvreté là où manque la foi ! L'homme fait souvent tout ce qui est dans les forces humaines, mais il néglige une chose essentielle : il ne croit pas, il ne prie pas, et sa situation reste la même, parce qu'il repose comme un interdit sur son activité égoïste. Il en est tout autrement de celui qui se confie en Dieu. Il a souvent posé sur l'oreiller sa tête fatiguée et soucieuse, son âme était accablée sous un poids énorme ; mais les saints anges sont venus, pendant la nuit, enlever ce fardeau et verser un baume céleste sur son cœur endolori, pour guérir ses blessures et lui faire le matin reprendre avec joie le travail du jour. C'est ainsi que le Seigneur aide et console, dans toutes les situations difficiles, tous ceux qui mettent en lui une confiance filiale.

PRIÈRE.

Dieu miséricordieux et fidèle ! Il faut que tu bénisses nos entreprises pour qu'elles prospèrent ; sans toi tous nos efforts sont vains. Mets ta bénédiction sur l'œuvre de nos mains, fais-la reposer sur tout ce que nous commençons sous ton regard et pour la gloire de ton Nom. Donne-nous la sagesse nécessaire pour l'accomplissement de la tâche que tu nous as confiée ; protège-nous, gardien d'Israël, qui ne dors ni ne sommeilles jamais. Donne-nous notre pain quotidien, le pain de notre âme comme celui de notre corps ; remplis-nous de la ferme assurance que si notre demeure terrestre dans cette tente est détruite, nous avons dans le ciel un édifice qui vient de Dieu, une maison qui n'a point été faite par la main des hommes. Apprends-nous, Seigneur, à compter sur toi dans la vie et dans la mort ; bénis-nous pour le temps et pour l'éternité.

Ce bon et tendre Père
Veille sur ses enfants ;
Il a de ma carrière
Compté tous les instants.
S'il le veut, je prospère,
Soutenu par sa main ;
S'il le veut, la misère
S'attache à mon destin.

Éternel, ta sagesse,
Sait dispenser aux tiens,
L'épreuve ou l'allégresse,
Les revers ou les biens.
Elle élève, elle abaisse,
Adoucit nos malheurs ;
Et jamais ne délaisse
L'homme dans ses douleurs. Amen.

MERCREDI (Soir).

La colère de Dieu se déclare du ciel contre toute l'impiété et l'injustice des hommes, qui retiennent la vérité dans l'injustice, parce que ce qu'on peut connaître de Dieu leur a été manifesté ; car Dieu le leur manifeste. En effet, les perfections invisibles de Dieu, sa puissance éternelle et sa divinité, se voient comme à l'œil, depuis la création du monde, quand on les considère dans ses ouvrages. De sorte qu'ils sont inexcusables, parce qu'ayant connu Dieu, ils ne l'ont point glorifié comme Dieu, et ne lui ont point rendu grâces. (Rom. 1, 18-20).

MÉDITATION.

On entend souvent dire que la science ne peut pas se concilier avec la foi au Dieu vivant. Cependant la vraie science ne s'élève nullement contre la foi ; elle rend modeste, de même que la vraie connaissance du cœur rend humble. Gardons-nous, conformément à la recommandation de l'apôtre, de mettre une entrave à la vérité par l'injustice, et de refuser à Dieu l'adoration qui lui est due. En effet, tout commencement d'une chaîne de péchés a été un péché d'omission, que le bras vengeur du Seigneur punira aussi bien que le péché en action. Qu'il est à plaindre celui qui nie Dieu ! Il cherche dans la nature le cœur d'un père et elle ne lui offre qu'un bras de fer. Quant à nous, qui servirons-nous ? le hasard avec ses caprices, Mammon et ses jouissances, l'égoïsme et ses convoitises, la tombe et sa corruption, ou le Tout-Puissant, le Créateur du ciel et de la terre, le Maître des vivants et le Père de notre Seigneur Jésus-Christ ? Disons avec Josué : « Moi et ma maison nous servirons l'Eternel ».

PRIÈRE.

Tes œuvres, Seigneur, sont nombreuses et magnifiques. Tu les as toutes faites avec sagesse ; la terre est pleine de tes richesses. Nous nous inclinons devant ta grandeur et devant ta gloire, nous adorons ta puissance, nous bénissons ton amour et ta sagesse. Mon âme te bénit, ô Eternel, et n'oublie aucun de tes bienfaits ! Donne-nous, Seigneur, ton Esprit, afin que nous ne tournions pas la vérité en dissolution, que nous marchions avec un saint respect devant toi, que nous te donnions l'adoration et la gloire qui te sont dues. Tu es seul digne d'être craint et d'être aimé ; enseigne-nous à te craindre, à t'aimer de tout notre cœur, de toute notre âme, à te donner la première place dans notre maison et dans nos cœurs. Exauce-nous au nom et pour l'amour de Jésus-Christ.

Aux yeux des sages du monde
Souvent tes biens sont voilés,
Mais dans ta bonté profonde,
Tu me les as révélés.

Tu donnes l'intelligence
Au moindre de tes enfants ;
Ah ! de ce bienfait immense
Rends-nous donc reconnaissants! Amen

JEUDI (Matin).

A cause de l'iniquité de ses gains, je me suis indigné et j'ai frappé ; j'ai caché ma face, et je me suis indigné ; et le rebelle a suivi le chemin de son cœur. J'ai vu ses voies et je le guérirai ; je le conduirai et je lui donnerai des consolations, à lui et aux siens qui sont dans le deuil.

(Es. 57, 17 et 18).

Méditation.

Le Dieu miséricordieux ne permet pas que ses enfants s'égarent en donnant aux vanités leurs meilleures forces et les bonnes dispositions de leur cœur. Il étend sa main pour les empêcher de succomber à la tentation et pour les arrêter sur le bord de l'abîme. Il permet qu'ils soient en détresse, il leur envoie une affliction après l'autre, jusqu'à ce qu'ils aient compris que la vie est sérieuse et doit être consacrée à la gloire de Dieu ; que les choses du ciel ne doivent pas être subordonnées aux plaisirs de la terre, que les intérêts éternels ont infiniment plus de prix que les intérêts temporels. Lorsque ces vérités sont devenues bien vivantes dans les cœurs angoissés et brisés, Dieu les guérit et leur donne ses consolations et sa paix.

Prière.

Nous élevons nos regards et nos cœurs à toi, notre Père céleste ! Tu es riche en conseils et magnifique en moyens. Qui est semblable à toi ? Tu as établi ta demeure dans les cieux et tu ne détournes pas ton regard de ce qui est humble sur la terre. Ce jour, comme toute notre vie, est dans tes mains ; tu diriges tout avec sagesse et amour. Nous voulons nous soumettre à toi avec confiance et nous décharger sur toi de tous nos soucis, parce que nous savons que tu prends soin de nous. Etends sur nous ta miséricorde, conduis-nous dans le droit chemin vers le but éternel, ne permets pas que nous nous en laissions détourner par les vanités ou les préoccupations de cette terre. Donne-nous un cœur bien disposé pour accepter tout ce que ta main veut nous dispenser en ce jour ; apprends-nous à croire que tes voies sont toujours bonnes, alors même que ce sont les voies de l'épreuve et du renoncement. Ne nous abandonne pas, Seigneur ; tiens-toi sans cesse à notre droite, guide-nous par ton Esprit, affermis nos pas dans tes sentiers, et que ton Nom soit à jamais béni.

Jamais je n'aurai de disette,
Car l'Eternel est mon Berger.
Je vis heureux sous la houlette
Du grand Dieu qui ne peut changer.
Je sais que le Sauveur m'as mis
Au rang de ses chères brebis.

Oui, de mon Dieu quand je m'approche,
Mon cœur ne connaît plus d'effroi ;
Il me conduit sur une roche
Qui serait trop haute pour moi.
Mon Sauveur m'a pris dans ses bras ;
Satan ne m'en ôtera pas. Amen.

JEUDI (Soir).

Qui nous séparera de l'amour de Christ ? Sera-ce l'affliction, ou l'angoisse, ou la persécution, ou la faim, ou la nudité, ou le péril, ou l'épée ? Selon qu'il est écrit : Nous sommes livrés à la mort tous les jours à cause de toi, et nous sommes regardés comme des brebis destinées à la tuerie. Au contraire, dans toutes ces choses nous sommes plus que vainqueurs par celui qui nous a aimés. Car je suis assuré que ni la mort, ni la vie, ni les anges, ni les principautés, ni les puissances, ni les choses présentes, ni les choses à venir, ni la hauteur, ni la profondeur, ni aucune autre créature, ne pourra nous séparer de l'amour de Dieu manifesté en Jésus-Christ, notre Seigneur. (Rom. 8, 35-39).

MÉDITATION.

La vie agitée de l'apôtre St. Paul n'en était pas moins une vie heureuse. Les passages que vous venons de lire montrent à quelle indépendance on arrive lorsqu'on aime le Seigneur de tout son cœur. Si le don de nous-mêmes à Dieu est complet, quelle source de richesse pour notre pauvre cœur ! Les tempêtes peuvent nous assaillir, les orages fondre sur nous, si nous avons la foi, nous n'avons rien à craindre. Aujourd'hui c'est peut-être la vie qui nous effraie, demain ce sera la mort ; tantôt le présent nous préoccupe, tantôt c'est l'avenir, ou bien une position difficile nous embarrasse, une profonde douleur nous accable ; — dans toutes ces situations nous avons un refuge assuré, c'est l'amour de Dieu en Jésus-Christ, notre Seigneur, dont aucune puissance ne saurait nous séparer.

PRIÈRE.

Dieu éternel et miséricordieux ! Nous louons ta bonté ; nous te bénissons de tes magnifiques promesses, de l'assurance que tu nous donnes de ton amour éternel. Oh ! que nous en soyons fortifiés et réjouis au milieu des combats et des épreuves de cette vie ; qu'elles nous rendent inébranlables dans nos luttes contre les tentations, afin que nous aussi nous puissions dire : « En toutes choses nous sommes plus que vainqueurs. » Garde-nous de légèreté, de fausse sécurité et du péché qui seul pourrait nous séparer de ton amour. Seigneur, tu nous as rachetés ; nous voulons être à toi, soit que nous veillions, soit que nous dormions ; à toi dans la vie et dans la mort, dans le temps et dans l'éternité.

> Et c'est pourquoi je veux durant ma vie
> Fixer mon cœur et mes regards sur toi,
> Attendre tout, vaincre tout par la foi,
> Tout demander à ta grâce infinie.
> Je ne puis rien, mais ton divin secours
> M'est préparé, m'est offert tous les jours. Amen.

VENDREDI (Matin).

Exhortez-vous les uns les autres chaque jour, pendant qu'il est dit : Aujourd'hui, de peur que quelqu'un de vous ne s'endurcisse par la séduction du péché. (Hébr. 3, 13).

Méditation.

Nous savons par expérience qu'il est d'autant plus difficile de quitter une voie dans laquelle on est engagé, qu'on y a marché plus longtemps. Plus on a persévéré dans les mauvaises habitudes, dans une conduite légère et dans une fausse paix, plus on a de peine à s'en arracher. On finit par en être si entièrement dominé qu'un changement paraît impossible et qu'on n'ose plus même y arrêter la pensée. L'homme s'endurcit alors par la séduction du péché. Car si l'on ne croit plus qu'on puisse devenir meilleur, si l'on doute de Dieu et de soi-même, à quoi servent toutes les pensées de paix et de salut?

Prière.

Dieu d'amour et de paix ! Nous élevons nos cœurs à toi, nous te prions de nous conduire dans la voie du salut pour l'amour de ton Nom. Daigne protéger non seulement nos corps, mais aussi nos âmes immortelles. Fortifie-nous à l'heure de la tentation ; aide-nous à résister au mal et à nous préserver de toute infidélité. Aie compassion de tous ceux qui sont tombés dans le péché et ne veulent plus écouter la voix de la grâce. Réveille leur conscience, afin qu'ils rentrent en eux-mêmes et reconnaissent, pendant qu'il en est temps, les choses qui vont à leur paix. Sois-nous propice, Seigneur ; fais-nous comprendre qu'aujourd'hui c'est le temps favorable, le jour du salut ; que nous écoutions tes appels et recherchions la sanctification sans laquelle nul ne verra ta face. Accorde ces mêmes grâces à tous ceux que nous aimons ; remplis-nous tous de saintes résolutions ; aide-nous à les accomplir, nous te le demandons au nom et pour l'amour de Jésus-Christ.

Ferme ton âme aux promesses du monde,
Crains ses plaisirs, ses présents, sa faveur;
Son faux amour s'écoule comme l'onde;
Aime Jésus: il conduit au bonheur.

Que de débris ont marqué ton passage
Sur cette terre où, d'erreur en erreur
Tu vas finir ton douloureux voyage!
Espère en Christ: il conduit au bonheur.
Amen.

VENDREDI (Soir.)

David fut dans une grande détresse, car le peuple parlait de le lapider. Tout le peuple avait l'âme pleine d'amertume, chacun à cause de ses fils et de ses filles; mais David se fortifia en l'Eternel son Dieu. (1 Sam. 30, 6).

Méditation.

Comment se fortifier en Dieu ? C'est une chose si nécessaire et si difficile ! Le roi David l'a appris, comme lui nous pouvons l'apprendre; seulement nous ne cherchons pas toujours la force là où elle se trouve, et nous ne le faisons pas de la bonne manière. Le Psalmiste s'appuya sur les promesses de Dieu ; c'est en elles qu'il puisa ses forces et non dans des circonstances extérieures ou dans les dispositions de son cœur. Sous le poids de ses angoisses et de ses péchés, il se jeta aux pieds du Seigneur, sans vouloir d'autre refuge et d'autre Sauveur que lui. Faisons-nous de même ? Nous le pouvons si nous le voulons sérieusement. Le chemin est ouvert et la plénitude de la force de Dieu est inépuisable. Plus le sentiment de notre propre faiblesse et de notre pauvreté spirituelle est profond en nous, plus nous éprouvons le besoin de chercher le Seigneur et de nous fortifier en Dieu.

Prière.

Seigneur ! Nous sommes faibles et impuissants, nous en faisons tous les jours l'expérience ; mais tu es notre justice, notre force, le rocher sur lequel nous fondons notre espérance. Donne-nous de sentir toujours plus profondément que nous ne pouvons rien sans toi, que nous avons sans cesse besoin de ta protection et de ta grâce, afin que nos âmes se tournent vers toi, que nous recherchions ton secours et ta force dans toutes les circonstances difficiles de notre vie. Mets dans nos cœurs la patience et l'espérance qui ne confond point ; apprends-nous à nous reposer sur tes promesses avec une entière confiance, à croire que tu peux faire pour nous infiniment plus que nous ne pouvons penser et comprendre. Pardonne-nous, bon Père céleste, tous nos péchés, toutes nos faiblesses ; garde-nous dans ta paix, bénis-nous, fais-nous reposer en assurance sous l'ombre de tes ailes. Nous te prions de nous exaucer au nom et pour l'amour de Jésus, notre Sauveur.

Cherchons en Dieu notre bonheur,
 Car sa faveur
 Est éternelle,
Il ne nous demande, en retour
 De son amour,
 Qu'un cœur fidèle.

Le juste est l'objet de ses soins,
 Dans ses besoins
 Il les éprouve.
Jamais on ne l'invoque en vain ;
 Et qui le craint
 Toujours le trouve.   Amen.

SAMEDI (Matin).

Comme ils continuaient leur chemin, ils rencontrèrent de l'eau ; et l'eunuque dit : Voici de l'eau, qu'est-ce qui m'empêche d'être baptisé ? Et Philippe lui dit : Si tu crois de tout ton cœur, cela t'est permis. Et l'eunuque répondant, dit : Je crois que Jésus-Christ est le Fils de Dieu. Et il commanda qu'on arrêtât le chariot : et ils descendirent tous deux dans l'eau, Philippe et l'eunuque ; et Philippe le baptisa. Mais quand ils furent ressortis de l'eau, l'Esprit du Seigneur enleva Philippe, et l'eunuque ne le vit plus ; car il continua son chemin plein de *joie*.   (Act. 8, 36-39).

Méditation.

Bien des gens pensent qu'on ne peut pas plus concilier la joie et le sérieux de la vie que l'eau et le feu ; c'est qu'ils ne connaissent pas la nature de la vraie joie. Elle est un bien permanent qui peut subsister à côté d'une vie d'épreuves, de renoncement, de douleurs, mais qui ne se trouve que dans un cœur qui a *la paix*. Cette paix intérieure a sa source dans la tristesse selon Dieu, dans la conscience de notre pauvreté spirituelle, dans le désir ardent de devenir riche en Dieu. Celui qui a la certitude qu'aucune puissance ne peut le séparer de l'amour de Christ, que cet amour donnera à son âme tout ce qui lui est nécessaire pour s'élever graduellement à la perfection divine, n'a-t-il pas lieu d'être toujours joyeux ? Si nous sommes mécontents, sombres, de mauvaise humeur, sans paix, c'est la foi qui nous manque, la foi véritable, la foi qui est victorieuse du monde.

Prière.

Dieu de bonté et de miséricorde ! C'est en ton Nom et sous ton regard que nous commençons ce jour. Comment pourrions-nous être tristes et découragés, lorsqu'en Jésus-Christ nous sommes devenus tes enfants et héritiers de la vie éternelle ? Tu n'as point épargné pour nous ton propre Fils ; tu veux nous donner toutes choses avec lui et en lui. Sois béni pour tes dons ineffables! sois béni de ce que tu les offres à tous ceux qui te cherchent et qui aiment ton salut. Seigneur, achève en nous ton œuvre par ton St.-Esprit, qu'il nous fasse éprouver que toutes choses concourent ensemble à notre bien éternel, et nous affermisse dans la bienheureuse assurance que rien ne pourra nous séparer de ton amour. Augmente notre foi, remplis nos cœurs de ta paix, aide-nous à poursuivre notre course avec joie et courage jusqu'à l'heure bénie où nous recevrons de ta main notre part de la joie éternelle que tu réserves à tes enfants.

> Mon cœur rempli des biens que Dieu m'envoie,
> Ne peut cacher les transports de sa joie.
> Mon âme loue et bénit le Seigneur
> Et mon esprit s'égaie en mon Sauveur. Amen.

SAMEDI (Soir).

Comme ils étaient en chemin, un homme lui dit: Je te suivrai, Seigneur, partout où tu iras. Mais Jésus lui dit: Les renards ont des tanières, et les oiseaux du ciel ont des nids; mais le Fils de l'homme n'a pas où reposer sa tête. (St. Luc 9, 57 et 58).

Méditation.

Par ces paroles le Seigneur veut nous faire comprendre que personne, pas plus aujourd'hui que de son temps, ne peut être son disciple, sans renoncer à soi-même. Les disciples du Christ n'ont pas besoin d'abandonner extérieurement ce qu'ils possèdent, ou ce qu'ils peuvent acquérir. Il leur est permis d'en jouir en bonne conscience, dans des sentiments de reconnaissance et de joie, mais il faut que le cœur reste libre et se détache de toutes les choses visibles. La communion avec Jésus-Christ doit être notre souverain bien, notre suprême joie à ce point que si d'un moment à l'autre tout le reste nous était ravi, nous en serions attristés, mais non malheureux. De nos jours, le christianisme s'est bien mondanisé, les chrétiens ont perdu le caractère de pèlerins et de voyageurs qu'ils avaient dans les temps primitifs. Ils sont rares ceux qui ont la nostalgie de la patrie céleste; voilà pourquoi ils sont rares aussi ceux qui reçoivent leur part des dons et des biens du monde invisible. Puissions-nous ne jamais oublier que nous n'avons pas ici-bas de cité permanente, mais que nous devons chercher celle qui est à venir!

PRIÈRE.

Tu sais, Seigneur, que nous sommes de notre nature attachés à la terre, et qu'il nous est difficile de te suivre en portant notre croix. Rappelle-nous que nous n'avons pas ici de cité permanente, et élève journellement nos esprits et nos cœurs en haut vers notre patrie céleste. Pardonne-nous si au milieu des joies ou des tristesses de ce jour, nous avons perdu de vue les choses invisibles. Enseigne-nous le renoncement à nous-mêmes et donne-nous d'être prêts à faire tous les sacrifices auxquels tu veux nous appeler. Nous nous abandonnons entièrement à toi, nous te prions d'accomplir en nous toute ton œuvre de grâce. Donne-nous un cœur reconnaissant pour tous les témoignages de ta bonté, de ta patience, de ton amour, pour tous les biens dont tu nous as fait jouir pendant cette semaine ; pardonne-nous toutes nos fautes, toutes nos transgressions de tes saints commandements ; fais-nous trouver la paix dans l'assurance de ta grâce et de ton pardon en Jésus notre Sauveur !

Pleine des plus beaux dons, l'âme se trouve vide ;
Elle n'en peut tirer qu'un bonheur imparfait ;
Rien ne pourra remplir ce cœur toujours avide,
Que la seule beauté pour laquelle il est fait.
Brise, ô Dieu, les liens où mon âme captive
Entre le monde et toi partage ses soupirs,
Et dirige mes pas vers la source d'eau vive
Qui peut seule étancher la soif de mes désirs. Amen.

Douzième Semaine après la Trinité.

DIMANCHE (Matin).

Jésus, étant parti des quartiers de Tyr et de Sidon, vint près de la mer de Galilée, traversant les confins de la Décapole. Et on lui amena un sourd qui avait la parole empêchée, et on le pria de lui imposer les mains. Et l'ayant tiré de la foule à part, il lui mit les doigts dans les oreilles ; et ayant pris de sa salive, il lui toucha la langue. Puis levant les yeux au ciel, il soupira et il dit : Ephphatha, c'est-à-dire, Ouvre-toi. Aussitôt ses oreilles furent ouvertes, et sa langue fut déliée, et il parlait sans peine. Et Jésus leur défendit de le dire à qui que ce fût ; mais plus il le leur défendait, plus ils le publiaient. Et frappés d'étonnement, ils disaient : Tout ce qu'il fait est admirable ; il fait ouïr les sourds et parler les muets.
(St. Marc 7, 31-37).

Méditation.

« Tout ce qu'il fait est admirable, » tel est le cri de notre Evangile. Ce n'est pas un cri d'espoir pour l'avenir ; il se rapporte à une réalité actuelle ; non à une circonstance particulière, mais à tous les actes du Christ. Des milliers d'âmes ont répété ces paroles dans toutes les situations de la vie, au sein du bonheur comme aux jours de l'épreuve, dans les sentiers tortueux du temps et sur le seuil de l'éternité. En effet, que de raisons n'avons-nous pas pour les redire, malgré les expériences amères et les chemins souvent obscurs par lesquels nous avons à passer ! Ces paroles concernent celui qui a guéri le sourd-muet. Il est la lumière d'En-Haut, celui qui est le fondement inébranlable de notre foi, le Sauveur et le Maître du monde. L'amour qu'il nous témoigne nous fait connaître l'amour éternel du Père et il nous en donne l'assurance que nous ne trouverions nulle part ailleurs, en même temps qu'il nous remplit de consolation et de courage dans toutes les détresses et dans toutes les épreuves de la vie. Jésus-Christ a accompli pour nous ce qu'il devait et voulait accomplir ; de plus tout ce qu'il a fait est admirable. Comment Dieu ne nous donnerait-il pas toutes choses avec lui ? Prions et espérons ; nous comprendrons toujours mieux ses voies ; nous lui en rendrons déjà ici-bas des actions de grâces, et un jour retentira en toute éternité, dans l'assemblée des bienheureux, ce cantique d'allégresse, répété par des milliers de voix : « Tout ce que le Seigneur a fait est admirable. »

Prière.

O Dieu ! Nous élevons nos âmes à toi ; remplis nos cœurs de cette foi sincère qui seule peut obtenir ta bénédiction. Si nous ne doutons pas que les soupirs de nos cœurs puissent parvenir jusqu'à toi, il n'y a pas de souffrance qui ne se trouve adoucie. Si nous croyons à tes promesses, elles nous seront précieuses, et les épreuves, les douleurs, la mort même ne nous effrayeront pas. Tu veux que tes enfants aient une confiance filiale en toi, qu'ils te suivent avec un plein abandon. Apprends-nous à le faire, à attendre tout de ton secours, quelles que soient les voies par lesquelles tu veux nous conduire ; accorde-nous la grâce de pouvoir dire à la fin de notre pèlerinage terrestre : « Tout ce que tu as fait est admirable. » Bénis-nous aujourd'hui ; ouvre nos cœurs à tes appels ; que ce jour marque un progrès réel de nos âmes dans la foi, dans la connaissance de ta grâce et de ton amour. Veuille bénir tous les hommes, que ton règne vienne dans les cœurs et s'étende sur la terre entière.

Jésus est le nom sublime	Cœur divin! sois ma retraite,
De notre libérateur;	Ma joie et mon reconfort,
Jésus a comblé l'abîme	Mon abri dans la tempête,
Entre l'homme et son Auteur.	Ma vie, enfin, dans la mort;
Son nom est doux à ma bouche;	Vois ma blessure profonde;
Il me console, il me touche;	Guéris-moi, guéris le monde;
Seul il a pu convertir	Fais voir son inimitié
Mes remords en repentir.	Moins forte que ta pitié! Amen.

DIMANCHE (Soir).

C'est par Christ que nous avons une telle confiance devant Dieu. Non que nous soyons capables par nous-mêmes de penser quelque chose, comme de nous-mêmes; mais notre capacité vient de Dieu, qui lui aussi nous a rendus capables d'être ministres de la nouvelle alliance, non de la lettre, mais de l'Esprit; car la lettre tue, mais l'Esprit vivifie. Or, si le ministère de mort, celui de la lettre, gravé sur des pierres, a été si glorieux que les enfants d'Israël ne pouvaient fixer leurs regards sur le visage de Moïse, à cause de l'éclat de son visage, bien que cet éclat dût s'évanouir, combien le ministère de l'Esprit ne sera-t-il pas plus glorieux? Car, si le ministère de la condamnation a été glorieux, le ministère de la justice abonde bien plus en gloire. Et, en effet, ce premier ministère, qui a été glorieux, ne l'a point été à cause de la gloire surabondante du second. Car, si ce qui devait prendre fin a été glorieux; ce qui est permanent est beaucoup plus glorieux. (2 Cor. 3, 4-11).

MÉDITATION.

Quand l'apôtre St. Paul appelle le ministère de la nouvelle alliance un ministère de l'esprit, et qu'il l'oppose à celui de la lettre, il est évident qu'il veut marquer la différence qu'il y a entre l'ancienne et la nouvelle alliance. Il ne veut pas dire par là que l'Esprit du Seigneur n'était pas dans l'ancienne alliance. N'est-ce pas cet Esprit, en effet, qui inspirait les Psaumes de David, qui fit contempler à Esaïe le Serviteur de l'Eternel, qui dirigea le regard scrutateur des prophètes sur l'Orient d'En-Haut? Et la Loi, bien que gravée sur des tables de pierre, n'était pas une lettre morte, mais la Parole sortie de la bouche du Dieu vivant. Cependant combien la nouvelle alliance ne nous apparaît-elle pas plus glorieuse! Le St.-Esprit est répandu dans nos cœurs: le Seigneur nous l'a envoyé pour qu'il reste éternellement avec nous, et là où est l'Esprit, les hommes naissent à une vie nouvelle. Ceux qui sont nés de nouveau, échappent au ministère de condamnation du premier Adam, pour entrer dans le ministère de vie du Fils unique du Père et pour participer à sa gloire. L'apôtre appelle la nouvelle alliance un ministère de justice; car la gloire de Jésus-Christ est pleine de justice, de grâce et de vérité. La libre grâce de Dieu nous est apparue en lui; c'est par la foi en lui que nous sommes justifiés devant Dieu. « Vous êtes sauvés par grâce, » dit St. Paul « par le moyen de la foi, et cela ne vient pas de vous, c'est le don de Dieu; ce n'est point par les œuvres, afin que personne ne se glorifie. »

PRIÈRE.

Dieu tout-puissant et éternel! Tu t'es révélé en Jésus-Christ par pure grâce; c'est par lui, notre Rédempteur et Sauveur, que nous pouvons et devons trouver le pardon et la paix. Nous te rendons grâces de cet amour immérité et de cette miséricorde; nous te prions de nous préserver de tout amour-propre et de toute propre justice, qui nous empêcheraient de désirer et de chercher le pardon qui est en ton cher Fils. Donne-nous d'écouter soigneusement la voix de la conscience, de reconnaître et de confesser nos péchés. Si nous n'avons pas encore trouvé la paix dans ta communion, ne nous laisse aucun repos jusqu'à ce que l'étoile de la grâce se soit levée sur nous, et que nous puissions nous écrier avec joie dans le sentiment de la victoire: Nos transgressions nous sont pardonnées, nos péchés sont couverts, l'Eternel ne nous impute pas nos iniquités! Qu'à toi, divin Sauveur, soient honneur, louange et gloire, dès maintenant et à toujours!

Viens à Jésus, toi dont l'âme coupable,
Gémit encor sous la loi du péché;
Accours aux pieds du Sauveur charitable,
Pour ton salut à la croix attaché!

Oui, bon Sauveur! ma pauvre âme perdue
De ton amour a senti les douceurs;
Ta douce paix en elle est descendue;
Prends-la, Jésus! pour prix de tes douleurs.
Amen.

LUNDI (Matin).

Jésus lui dit: Un homme fit un grand souper et il y convia beaucoup de gens; il envoya son serviteur, à l'heure du souper, dire aux conviés: Venez, car tout est prêt. (St. Luc 14, 16 et 17).

MÉDITATION.

Notre Evangile nous représente les joies du ciel, auxquelles nous sommes invités, comme un grand festin. L'appel du Seigneur nous arrive sous bien des formes. Les visitations de Dieu, qui nous convient à la grâce et à la sainteté, sont nombreuses et puissantes, mais elles ne sont pas irrésistibles et ne doivent pas l'être. On croirait, il est vrai, que toute contrainte serait inutile ; que tous les hommes devraient se rendre avec joie et avec reconnaissance à ce divin appel. Il en serait ainsi, s'il ne fallait pas apporter au festin un habit de fête et des sentiments répondant à ceux du Roi qui donne le grand souper. Ces dispositions indispensables exigent du sérieux et une décision dont bien des âmes ne sont pas capables.

Prière.

Seigneur Dieu, Père céleste ! Tu nous appelles par ton St-Esprit et par pure grâce au salut ; aide-nous, pour l'amour de Christ, à ne pas mépriser et à ne pas négliger cet appel. Dirige-nous, pour que notre cœur ne s'attache pas au monde et à ses vanités, mais que toutes nos aspirations tendent vers toi et vers l'héritage céleste, que tu nous as préparé, par notre Seigneur et Sauveur. Donne-nous une riche mesure de ton Esprit, afin que nous puissions vaincre toutes les résistances de notre cœur et marcher sur les traces de notre adorable Sauveur.

Voici, Seigneur, une brebis errante
Que ta bonté cherche depuis longtemps.
Touché, confus d'une si longue attente,
Sans plus tarder, je viens et je me rends.

Ta charité surpasse ma malice ;
Pardonne-moi ce long égarement.
Je le déteste, il fait tout mon supplice
Et devant toi je pleure amèrement. Amen.

LUNDI (Soir).

Frères, pour moi, je ne me persuade pas d'avoir saisi le prix ; mais je fais une chose, oubliant ce qui est derrière moi, et m'avançant vers ce qui est devant, je cours avec ardeur vers le but, pour le prix de la vocation céleste de Dieu en Jésus-Christ. (Phil. 3, 13, 14).

Méditation.

Les obstacles qui entravent les progrès dans la voie de la vie éternelle, ne tiennent pas aux circonstances extérieures. Nous savons que l'apôtre St-Paul, dans les chaînes et les persécutions, a répandu le règne de Dieu sur la terre. Le tout est de savoir si nous possédons Jésus-Christ ou si nous ne le possédons pas. Si nous ne sommes pas en Christ, notre vie est inutile, même si nous gagnons le monde entier. Notre divin Maître ne veut pas seulement être reconnu par notre intelligence, mais il demande que nous soyons à lui par toutes nos facultés et que nous le cherchions avec un désir ineffable et d'ardentes prières comme le seul Libérateur de notre vie. On a vu des mourants tenir d'une main tremblante des trésors, qu'ils se sont vus forcés de lâcher ; mais celui qui a embrassé avec foi Jésus-Christ peut dire à son dernier soupir : « Je te retiens, ô Christ ! par la main de la foi, la mort même ne pourra me séparer de toi. »

Prière.

Nous te bénissons, Père céleste, de ce que par amour et par pure miséricorde tu nous as envoyé, à nous tes enfants, ton Fils unique pour Sauveur. Nous te prions du fond du cœur de nous faire avancer avec zèle et avec fidélité vers le but, pour le prix de la vocation céleste en Jésus-Christ, jusqu'au moment où, délivrés de toute lutte, nous entrerons dans la vie éternelle. Que notre seul désir soit d'être à toi, de te servir et de te glorifier, afin d'être rendus participants de ta gloire dans le ciel. Nous nous recommandons, avec tous ceux que nous aimons, à ta puissante protection pour cette nuit. Etends sur nous tes mains pour nous garder, nous bénir et nous sauver.

Jésus, Agneau de Dieu ! du sang de l'alliance
Répandu sur la croix pour de pauvres pécheurs,
Jusqu'à la fin des temps durera la puissance,
Et tous les rachetés seront plus que vainqueurs.
Dans la sainte cité par mon Dieu préparée,
Je chanterai l'amour et le nom glorieux
Du Berger qui chercha sa brebis égarée,
Et la prit dans ses bras pour la porter aux cieux. Amen.

MARDI (Matin).

Jésus dit aux Juifs qui avaient cru en lui : Si vous demeurez dans ma parole, vous êtes véritablement mes disciples. Et vous reconnaîtrez la vérité, et la vérité vous affranchira. (St. Jean 8, 31 et 32).

Méditation.

Pour arriver à la vraie liberté, à la délivrance de l'erreur et de la puissance du péché, il faut reconnaître la vérité ; il faut qu'une lumière supérieure nous donne la connaissance de Dieu et de notre propre cœur. Où, en effet, trouver la vraie connaissance de Dieu et de nous-mêmes, si ce n'est en Christ et en sa sainte Parole ? Pour atteindre ce but, il nous faut accepter cette Parole avec un respect profond et une humble obéissance, et ne pas nous attacher seulement à telle ou telle déclaration qui nous attire. La vérité et la liberté sont le partage de ceux qui se soumettent entièrement à cette Parole telle que Jésus nous l'a donnée, qui la sondent, la conservent dans leur cœur et y conforment leur vie.

Prière.

Nous te bénissons, Dieu miséricordieux et fidèle, de tous les dons que ta main nous dispense journellement, et en particulier de tous les biens spirituels que tu nous accordes en ton cher Fils. Tu nous as révélé par lui ta sainte volonté, tu nous as fait voir le chemin de la vie. Que ton saint Nom en soit loué ! Donne-nous de croire de tout notre cœur ce que nous enseigne ta sainte Parole ; de nous appliquer à la lire, à la méditer et à en faire la règle de toute notre vie. Que nous nous attachions surtout à ton Fils bien-aimé, afin qu'il nous affranchisse et nous fasse marcher dans la glorieuse liberté de tes enfants. Seigneur Jésus, tu nous offres toi-même la délivrance, viens briser les chaînes qui nous retiennent dans le péché, agis en nous par ta grâce toute-puissante, aide-nous à marcher dans le chemin que tu as ouvert devant nous. Bénis les membres de nos familles, nos amis, les malheureux, les malades et les affligés ; sois leur lumière, leur force, leur secours, leur salut, dans ton infinie miséricorde.

Dès le matin, Seigneur ! nos âmes te bénissent.
Au sortir du sommeil, tu nous prends dans tes bras ;
Jamais pour tes enfants tes bontés ne tarissent,
Et ton amour pour nous ne se fatigue pas.

Nous réclamons de toi toute grâce excellente ;
Nourris-nous aujourd'hui de ton céleste pain !
En ton puissant secours est toute notre attente ;
Couvre-nous à jamais de l'ombre de ta main. Amen.

MARDI (Soir).

J'ai péché contre toi, contre toi seul, et j'ai fait ce qui est mal à tes yeux, de sorte que tu seras juste quand tu parleras, et sans reproche quand tu jugeras. (Ps. 51, 6).

Méditation.

« J'ai péché contre toi, contre toi seul, » cette parole est importante ; elle est la preuve de la véritable repentance. Le plus souvent nous nous bornons à penser au mal que nous avons fait à nos semblables ou à nous-mêmes, et nous ne savons pas faire remonter nos offenses jusqu'à Dieu. Et pourtant, puisqu'un fil d'or enlace et relie tous ses commandements, toute faute n'est-elle pas un péché contre son amour ? Ah ! si les hommes sont si indifférents à leurs égarements, et si leur cœur en est peu touché, n'en attribuons la cause qu'à leur conscience paralysée qui fait qu'ils ne sentent pas que par chaque péché ils contristent leur plus grand bienfaiteur. S'ils reconnaissaient cette vérité, ils imploreraient leur pardon de Celui qu'ils ont premièrement offensé et rendraient justice au Dieu saint et aux arrêts qu'il lance contre le péché, car le péché leur paraîtrait sous ses plus terribles, mais aussi sous ses véritables couleurs.

Prière.

Dans le silence du soir nous nous approchons de toi, Dieu saint et juste, pour te remercier de toutes tes bontés et pour te prier de nous continuer ta miséricorde, bien que nous ne le méritions pas. Nous devrions sans cesse avoir ta Parole devant les yeux et en faire la règle de notre vie ; ton St.-Esprit devrait être notre seul guide ; mais nous sommes obligés de nous prosterner devant toi avec confusion et de te dire : « J'ai péché contre toi, j'ai fait ce qui est mal à tes yeux. » N'entre pas en compte avec nous, mais fais-nous grâce selon ta miséricorde. Pardonne-nous nos offenses, comme nous pardonnons à ceux qui nous ont offensés. Conduis-nous toi-même à la source toujours ouverte pour le péché et la souillure ; fais-nous sentir le besoin de recourir à Jésus pour être lavés et purifiés dans son sang précieux, pour être rendus capables de marcher dans une vie nouvelle, une vie de justice et de sainteté qui te soit agréable.

Souviens-toi de ta clémence,
Car elle fut de tout temps.
Prends pitié de ma souffrance,
C'est ta grâce que j'attends.

Mets loin de ton souvenir
Les péchés de ma jeunesse,
Et daigne encor me bénir,
Seigneur, selon ta promesse. Amen.

MERCREDI (Matin).

Ils lui demandèrent: Qui est cet homme qui t'a dit: Emporte ton lit et marche? Mais celui qui avait été guéri ne savait qui c'était; car Jésus s'était retiré secrètement, parce qu'il y avait foule en ce lieu-là. Après cela, Jésus le trouva dans le temple et lui dit: Voilà, tu as été guéri; ne pèche plus, de peur qu'il ne t'arrive quelque chose de pire. (St. Jean 5, 12-14)

Méditation.

Dieu nous accorde quelquefois de grandes délivrances. Prenons garde qu'elles ne nous endorment pas dans la paresse spirituelle et dans une sécurité charnelle, alors qu'elles devraient éveiller en nous des sentiments d'amour et de reconnaissance. Si après un temps d'affliction et d'accablement nous respirons de nouveau à l'aise, si nous sommes soulagés du fardeau qui pesait sur nous, nous avons doublement à veiller, car, comme le dit le Seigneur, il y a grand danger qu'il nous arrive quelque chose de pire : que nous négligions notre temps de grâce, que nous laissions passer Jésus, quand il frappe à la porte de notre cœur et veut faire son entrée chez nous. Ce serait aller au-devant de l'endurcissement qui rendrait vaine toute la puissance de l'amour de Dieu.

PRIÈRE.

Seigneur, notre Dieu ! Accorde-nous le secours de ton St-Esprit, pour que nous ne négligions point notre temps de grâce, mais que nous comprenions les choses qui vont à notre salut et à notre paix. Ouvre nos cœurs à tes appels ; ne permets pas que par notre négligence ou par notre incrédulité, nous rendions vaines tes pensées d'amour à notre égard, et puisque le jour dure encore pour nous, donne-nous d'entendre ta voix, d'aller à Celui dont les bras sont encore ouverts pour nous recevoir, et qui nous donne le pardon et la vie. Remplis-nous de force et de courage pour porter avec soumission les croix que tu trouves bon de nous imposer. Mets dans nos cœurs la crainte de t'offenser par notre vie et par nos pensées ; fais-nous comprendre qu'il ne suffit pas qu'elles soient exemptes de péché, mais qu'il faut qu'elles manifestent notre foi et notre amour pour toi. Exauce notre humble prière ; garde-nous par ta puissante grâce et que ton Nom soit béni dès maintenant et à toujours.

Christ, pour moi tu donnas la vie,
Et dépouillant ta majesté,
Tu revêtis l'ignominie,
Tu m'aimas pour l'éternité.

Fais que mon âme aussi réponde
A tant de biens reçus de toi ;
Pour qu'en mon cœur ta grâce abonde,
Reste, ô Jésus, reste avec moi. Amen,

MERCREDI (Soir).

Qui de vous, voulant bâtir une tour, ne s'assied premièrement et ne calcule la dépense, pour voir s'il a de quoi l'achever ? De peur, qu'après qu'il en aura posé les fondements et qu'il n'aura pu achever, tous ceux qui le verront ne viennent à se moquer de lui et ne disent : Cet homme a commencé de bâtir et n'a pu achever. (St. Luc 14, 28-30),

MÉDITATION.

« Etre chrétien est chose difficile, » tel est le sens de ces paroles de Jésus-Christ. Celui qui croirait qu'il est aisé d'être son disciple serait dans l'erreur. Le Seigneur ne demande pas de hautes vertus, de vastes connaissances et des forces morales extraordinaires. Il s'abaisse avec bienveillance et avec une douceur divine vers le roseau froissé et le lumignon fumant, vers les plus pauvres, les plus déchus, les plus faibles et les plus misérables. Mais il exige une confiance entière, filiale et une volonté décidée à rompre avec le péché, avec tout péché, sous quelque forme qu'il se présente. S'il voit en nous cet ardent désir, il nous donne avec la volonté l'exécution du bien. Jésus n'admet pas de restrictions ; il s'est entièrement livré pour nous et il veut avoir en retour tout notre cœur. Est-ce trop exiger ?

PRIÈRE.

Dieu tout-puissant, Père de notre Seigneur Jésus-Christ ! Nous nous humilions devant toi ; nous reconnaissons que souvent nous nous sommes rendus indignes de ton grand amour, de ta patience et de ta longanimité. Tu demandes toute notre confiance et notre cœur sans réserve et sans partage. Et cependant nous clochons souvent des deux côtés ; nous sommes paresseux pour la prière, faibles dans la foi, indécis dans la confession de ton Nom, découragés et chancelants dans les afflictions. Pardonne-nous pour l'amour de Jésus-Christ, et fortifie-nous par ta grâce dans la recherche de la seule chose nécessaire. Aide-nous, Seigneur, à vaincre comme tu as vaincu, à marcher d'un pas ferme dans la foi et la sanctification, à te rester fidèles jusqu'à la mort.

> Pour être vrai chrétien, prouve par ta conduite
> Que c'est l'Esprit de Christ qui dans ton cœur habite,
> Et que le sentiment, qui fut dans ton Sauveur,
> Te rende comme lui bon, doux, humble de cœur !
> Convertis-nous, Seigneur. Que chacun s'étudie
> A vivre en vrai chrétien et que toute sa vie,
> Prouvant qu'il est fidèle et ferme dans la foi,
> Il puisse au dernier jour subsister devant toi ! Amen.

JEUDI (MATIN).

Nul ne peut servir deux maîtres ; car, ou il haïra l'un et aimera l'autre, ou il s'attachera à l'un et méprisera l'autre. Vous ne pouvez servir Dieu et Mammon. (St. Matth. 6, 24).

MÉDITATION.

Il arrive souvent que des âmes qui semblaient gagnées à la vie chrétienne sacrifient leur paix à un gain éphémère. D'autres compromettent le bonheur et le salut de leur famille ou de leurs semblables en se servant de moyens illicites pour s'enrichir rapidement. Ceux mêmes qui ont gagné leur avoir honnêtement et consciencieusement ont à s'examiner, s'ils ne se sont pas mis au service de Mammon, si le cœur y est pas trop attaché, si leur fortune est employée à la gloire de Dieu, au service et à l'édification du prochain. Nous ne pouvons servir à la fois Dieu et Mammon ; veillons donc et prions.

PRIÈRE.

Nous te bénissons, Seigneur, de ta fidélité paternelle et de ton amour inépuisable qui nous entourent sans cesse. Pourvois en ce jour, selon les richesses de ta miséricorde, à nos besoins temporels et spirituels. Fais de nous des chrétiens sincères, fidèles, conséquents dans nos paroles et nos actes, décidés à te consacrer tout ce que nous avons reçu de toi. Toi qui nourris les oiseaux des cieux, qui revêts les lis des champs, sois près de ceux qui ont à lutter pour leur pain quotidien ; sois leur aide et leur consolation. Préserve-les, à l'heure de la tentation, des voies défendues et de l'emploi de moyens coupables. Empêche ceux qui ont reçu en partage les biens de ce monde d'y mettre leur cœur ; qu'ils cherchent à devenir riches en bonnes œuvres en exerçant la charité selon leur pouvoir. Fais de nous tous des dispensateurs fidèles des biens que tu nous as confiés ; aide-nous à te glorifier par une confiance filiale, fais-nous trouver notre joie à te témoigner, par des sacrifices, notre reconnaissance pour toutes les grâces dont tu nous combles.

Je ne veux plus aimer le monde ;
Il ne saurait remplir mes vœux,
Des maux c'est la source féconde ;
Jésus seul peut me rendre heureux.

Je veux t'imiter et te suivre,
O bon Sauveur ! et sous tes lois,
T'aimer toi seul, pour toi seul vivre,
Et chercher ma gloire en ta croix ! Amen.

JEUDI (Soir).

Si quelqu'un de vous manque de sagesse, qu'il la demande à Dieu, qui donne à tous libéralement, sans reproche, et elle lui sera donnée.

(St. Jacq. 1, 5).

MÉDITATION.

Qu'elle est touchante la manière dont l'apôtre Jacques nous

invite à adresser nos prières à Dieu ! Nous autres hommes donnons rarement avec simplicité et libéralité ; nous réfléchissons beaucoup au lieu de nous demander une seule chose : pouvons-nous par nos bienfaits sécher quelques larmes, guérir quelques blessures ? Dieu donne libéralement ; il n'exige que de sérieux désirs et s'il les trouve chez quelqu'un, son cœur et sa main sont aussitôt ouverts. Lorsque nous revenons souvent chez les mêmes bienfaiteurs, les meilleurs d'entre eux finissent par nous faire sentir que nous les importunons ; mais Dieu n'agit pas ainsi, il donne sans reproche ; tous les nécessiteux peuvent frapper à sa porte et assiéger son trône aussi souvent qu'ils le désirent. Il est riche envers tous ceux qui l'invoquent. On ne diminue pas une lumière en y allumant beaucoup de lampes ; telle est la richesse de notre Dieu. Je vois autour de son trône autant de mendiants sollicitant ses grâces qu'il y a de créatures ; ils vont et viennent toujours, et la main de Dieu ne se lasse jamais de donner, aussi souvent que nous nous approchons de son trône en priant.

Prière.

Dieu fidèle ! De qui vient toute grâce excellente et tout don parfait, nous te prions de nous donner la vraie sagesse, afin que nous connaissions et recherchions les choses qui vont à notre paix ; que notre conduite soit conforme à ta sainte volonté et serve à l'édification de notre prochain. Tu ne te lasses point de nous faire du bien ; jamais tu ne renvoies à vide celui qui s'approche de toi avec le désir sincère de ta grâce. Rends-nous reconnaissants pour tout ton amour, donne-nous d'y répondre par un dévouement sans réserve. Que nous marchions dans cette crainte qui est le commencement de la sagesse et la source du vrai bonheur. Pardonne-nous tous nos péchés, toutes nos infidélités de ce jour ; protège-nous pendant cette nuit, répands tes bénédictions non seulement sur nous, mais aussi sur nos familles, nos amis, les affligés, ceux qui souffrent ; accorde-nous à tous un doux repos. Prépare-nous à reprendre demain notre course avec courage et avec le désir de te servir fidèlement.

On n'est sage vraiment
Que lorsque exempt de feinte
On marche dans la crainte
Du Dieu juste et clément.
On n'est sage vraiment,
O grand Dieu ! qu'en t'aimant.

Oui, oui, le vrai bonheur,
La paix et la richesse,
La grandeur, la sagesse,
La liberté du cœur,
Oui, oui, le vrai bonheur,
C'est d'être à toi, Seigneur. Amen.

VENDREDI (Matin).

La loi de l'Eternel est parfaite, elle restaure l'âme; le témoignage de l'Eternel est sûr, il donne de la sagesse aux simples. Les ordonnances de l'Eternel sont droites, elles réjouissent le cœur; le commandement de l'Eternel est pur, il éclaire les yeux. (Ps. 19, 8 et 9).

Méditation.

La Parole de Dieu est également immuable dans la révélation et dans la nature; c'est ce qui fait qu'elle rafraîchit et restaure l'âme. Il nous faut, à nous, mortels si changeants et si agités, une Parole divine éternellement la même et parfaitement certaine. Puisque toute notre vie doit s'élever sur la base de la religion, que deviendrions-nous si cette base elle-même n'était qu'un sable mouvant? Si nous savions nous édifier sur cette loi de Dieu qui est parfaite, et sur son témoignage qui est absolument certain, quelle constance ne nous communiqueraient pas leur certitude et leur immutabilité! C'est là et là seulement que se trouve la vraie sagesse, car qu'est-ce qu'un homme sage? N'est-ce pas celui qui a des principes fermes et qui reste toujours le même au milieu des vicissitudes perpétuelles du monde? On n'arrive à cet heureux état de fermeté et de constance qu'en appuyant son âme sur un témoignage assuré de Dieu. Dieu seul peut affermir notre cœur et nous préserver de chute.

Prière.

Dieu fidèle! qui nous reconnais pour tes enfants en Jésus-Christ, ton Fils, et qui nous as préparé en lui l'héritage de la vie éternelle, nous te rendons grâces de ce que tu nous as donné dans la Loi et dans l'Evangile, une règle infaillible de notre foi et de notre vie. Que ta Parole soit un flambeau à nos pieds et une lumière à nos sentiers! Fortifie-nous dans la foi, afin que nous ne nous écartions pas de la bonne voie, que nous ne soyons pas ballottés çà et là par tout vent de doctrine. En toi, Seigneur Jésus, nous avons un guide fidèle, un maître sûr, un Sauveur qui a pourvu à tout pour notre paix et notre salut. Apprends-nous à te suivre, à chercher en toi la lumière, la force, la sagesse pour marcher sans broncher sur le chemin de la vie. Affermis nos cœurs par ta grâce toute-puissante; conduis-nous par ton Esprit pendant cette journée; qu'il nous soutienne et nous rende fidèles dans l'accomplissement de nos devoirs. Ce que nous te demandons pour nous, nous te prions de l'accorder à tous ceux qui nous sont chers. Etends tes grâces et tes bénédictions sur tous les hommes dans tes compassions infinies.

> Eternel, oh! combien ta loi, m'est précieuse,
> Que j'aime par sa voix à me laisser guider!
> Elle rend chaque jour ma route plus heureuse :
> Ah! que tout mon désir soit de la bien garder!
> Ecris-la donc en moi ; car c'est ta promesse.
> Esprit de Jésus-Christ, soumets-lui tout mon cœur ;
> Si ce cœur, faible encore, un moment la délaisse,
> Par un prompt repentir mets fin à son erreur.   Amen.

VENDREDI (Soir).

La crainte de l'Eternel est pure, elle subsiste à perpétuité ; les jugements de l'Eternel ne sont que vérité, ils sont tous également justes. Ils sont plus désirables que l'or, et que beaucoup d'or fin ; plus doux que le miel, que ce qui découle des rayons de miel.   (Ps. 19, 10 et 11).

Méditation.

La connaissance de Dieu et de l'homme est le double pivot sur lequel tourne et s'ouvre la porte du ciel. Mais les idées que nous nous faisons de nous-mêmes, du monde et de Dieu sont souvent bien erronées. Aussi devons-nous avant tout dire à Dieu en toute humilité : « Seigneur, sonde toi-même nos pensées les plus intimes pour voir si elles ne s'écartent pas de ta sainte Loi, et dirige nos esprits et nos cœurs vers la vérité. Même lorsque nous sommes entrés dans la bonne voie, nous risquons encore chaque jour de nous en écarter ; nous en faisons tous l'expérience. Nous reconnaissons plus ou moins que nous avons besoin de concentrer toutes nos forces pour saisir et résoudre le problème si difficile de la vie, et cependant nous ressemblons à des ouvriers qui, sachant qu'ils ont à bâtir une tour, prennent tout au plus les dispositions propres à construire une pauvre cabane. Combien ne nous est-il donc pas nécessaire de retourner souvent à la Parole divine pour nous replacer devant les yeux le grand problème de la vie ! Quelle grâce n'est-ce pas pour nous de posséder les commandements de Dieu qui sont purs, parfaits et justes !

Prière.

Dieu miséricordieux et plein d'amour ! Tu ne rejettes point les supplications de tes enfants. Nous nous approchons du trône de ta grâce avec tous ceux qui sur la terre entière cherchent ta face. Nous t'offrons le sacrifice de nos louanges pour la bonté et la miséricorde dont tu uses envers nous. Aujourd'hui encore tu as été avec nous et aucune de nos voies ne t'est restée cachée ; donne-nous d'examiner si elles ont été telles que tu aies pu les bénir et si nos pensées et nos paroles, notre repos et notre activité, ont été agréables à tes yeux. Conduis-nous par ton Esprit en toute vérité, fais-nous la grâce de grandir chaque jour dans ta connaissance et dans la connaissance de nous-mêmes. Pardonne-nous nos péchés, notre manque de sincérité dans le cœur et dans la vie, rafraîchis notre âme par le sentiment de ta grâce en Jésus-Christ. Etends sur nous tes ailes protectrices pendant cette nuit, accorde-nous un sommeil doux et paisible pour l'amour de ta miséricorde.

> Nul docteur ne suffit pour enseigner tes voies,
> Et les sages en vain nous expliquent ta Loi ;
> C'est toi qui les instruis, c'est toi qui les envoies
> Ils ne sont rien sans toi.
> Ils sèment la parole obscure, simple et nue ;
> Mais dans l'obscurité tu rends l'œil clairvoyant,
> Et joins du haut du ciel à la lettre qui tue
> L'Esprit vivifiant. Amen.

SAMEDI (Matin).

J'aime l'Eternel, car il a entendu ma voix et mes supplications ; il a incliné son oreille vers moi, aussi je l'invoquerai toute ma vie.

(Ps. 116, 1 et 2).

Méditation.

Bien des âmes se plaignent de ce que leurs prières ne sont que rarement exaucées. Où faut-il en chercher la cause ? Il est vrai que souvent les pensées et les voies de Dieu ne sont pas les nôtres, mais il faut nous dire que si Dieu paraît sourd à nos requêtes, dans bien des cas nous devons nous en prendre à nous-mêmes. Notre premier souci est-il de recevoir le pardon de nos péchés ? Nous paraît-il plus important de supporter nos afflictions dans le silence et avec soumission, que d'en être délivrés ? Reconnaissons-nous qu'il importe plus d'avoir à l'égard de nos semblables des procédés aimables et serviables que de les gagner pour nous et de nous servir d'eux ? En un mot, sommes-nous animés du véritable esprit chrétien ? Dans ce cas, nous remporterons victoire sur victoire ; nous ferons l'expérience que nous avons au-dessus de nous un Dieu qui exauce les prières, et nous en serons plus heureux que de toutes les joies du monde.

Prière.

Seigneur notre Dieu ! Nous sommes de nouveau arrivés au dernier jour d'une semaine. Béni sois-tu de l'amour et de la fidélité que tu nous as témoignés et que nous n'avons pas mérités. Pardonne-nous nos transgressions si nombreuses et donne-nous la joie de ton salut. Nous voulons nous abandonner avec confiance à tes directions et dire en tout temps : Que ta volonté soit faite et non la nôtre ! Si tu ne trouves pas bon d'exaucer nos prières, rappelle-nous que tes voies ne sont pas nos voies, donne-nous la douce persuasion que tu nous entends, quoique tu tardes de nous envoyer ton secours, ou que tu nous conduises par un autre chemin que celui que nous aurions choisi. Tu es notre Père ; nous sommes tes enfants, tu ne peux pas nous délaisser. Donne-nous d'en être pleinement convaincus ; exauce-nous pour l'amour de Jésus-Christ.

O mon Sauveur, tes faveurs sont les mêmes
De siècle en siècle et pour tous tes enfants ;
Car aujourd'hui comme hier tu les aimes,
Et tes trésors pour eux sont permanents.
A mes désirs que ton Esprit les ouvre !
Oui, vers leurs biens viens mon cœur incliner,
Et si d'abord quelque retard les couvre,
Ah ! que je sache aussi t'importuner !   Amen.

SAMEDI (Soir).

Nous sommes persuadés d'avoir une bonne conscience, désirant de bien nous conduire en toutes choses.   (Hébr. 13, 18).

Méditation.

Les passions, les séductions, les erreurs peuvent pour un temps endormir la conscience, comme elle peut être faussée par les sophismes. Toutefois il est un point sur lequel elle ne se trompe jamais : c'est qu'il est un Être au-dessus de nous, un Être qui sait tout, qui est présent partout ; qu'il est une sainte volonté qui nous dirige, un œil qui veille sur nous et nous suit partout. Les plus beaux paysages, les distractions les plus variées, les lectures les plus captivantes, les plaisirs les plus enivrants ne peuvent faire taire en nous cette voix intérieure et ses avertissements. Souvent au milieu des fêtes, aux joyeux banquets de la vie, nous voyons tout à coup la main mystérieuse qui grave ces paroles dans la salle du festin : « Tu as été pesé à la balance, et tu as été trouvé léger ».

PRIÈRE.

Grâces te soient rendues, Seigneur, de ce que tu as écrit ta sainte Loi non seulement sur des tables de pierre, mais aussi dans notre conscience. Fais taire en nous toute autre voix que la tienne ; que ta Parole devienne vivante dans nos âmes, que ton Esprit pénètre notre vie, que ta volonté soit la règle de notre conduite. Aide-nous à t'obéir malgré les nombreuses résistances que nous trouvons en nous, et les tentations que nous rencontrons sur notre chemin. Rends-nous sérieux, vigilants, fidèles ; convertis-nous entièrement à toi ; donne-nous de prier, de lutter, d'avoir souvent présent à l'esprit le grand jour où tu nous appelleras et où tu nous jugeras, afin que nous nous tenions prêts et que nous puissions subsister devant ta face. Nous nous recommandons à ta fidélité et à ta grâce toute-puissante, nous te prions de nous exaucer pour l'amour de Jésus-Christ.

Ta conscience évoque-t-elle
Les misères de ton passé?
Regarde à ce Sauveur fidèle,
Dont l'amour a tout effacé.

Au pied de cette croix sanglante
Où Jésus expira pour toi,
Dépose, pauvre âme tremblante,
Et tes péchés et ton effroi. Amen.

Treizième Semaine après la Trinité.

DIMANCHE (Matin).

Jésus, reprenant la parole, dit: Un homme descendit de Jérusalem à Jérico, et tomba entre les mains des brigands, qui le dépouillèrent; et après l'avoir blessé de plusieurs coups, ils s'en allèrent, le laissant à demi mort. Or, il se rencontra qu'un sacrificateur descendait par ce chemin-là, et ayant vu cet homme, il passa outre. Un lévite étant aussi venu dans le même endroit, et le voyant, passa outre. Mais un Samaritain, passant son chemin, vint vers cet homme, et le voyant, il fut touché de compassion. Et s'approchant, il banda ses plaies, et y versa de l'huile et du vin; puis il le mit sur sa monture et le mena à une hôtellerie, et prit soin de lui. Le lendemain, en partant, il tira deux deniers d'argent et les donna à l'hôte, et lui dit: Aie soin de lui, et tout ce que tu dépenseras de plus, je te le rendrai à mon retour. Lequel donc de ces trois te semble avoir été le prochain de celui qui est tombé entre les mains des voleurs? Le docteur dit: C'est celui qui a exercé la miséricorde envers lui. Jésus donc lui dit: Va, et fais la même chose. (St. Luc 10, 30-37).

Méditation.

Nous rencontrons bien des misères et bien des souffrances dans le monde ; la miséricorde du bon Samaritain trouve mille occasions de s'y exercer. Que de pauvres, de malheureux, de malades, d'isolés, de délaissés ! En un mot, que d'hommes tombés entre les mains des meurtriers et dont les plaies béantes sollicitent notre charité ! Ayons pour eux des paroles de consolation et de relèvement, un regard de sympathie, des larmes de compassion et les dons de la charité. L'égoïsme, si naturel à notre cœur, trouve toutes sortes d'excuses pour sa paresse, sa froideur, sa dureté ; il nous fait fuir alors que nous devrions mettre la main à l'œuvre et secourir, parce qu'il craint les dangers, les ennuis et les dépenses. Jésus-Christ a dit : Si vous n'aimez que ceux qui vous aiment, quelle récompense en aurez-vous ? Il nous a laissé lui-même un parfait modèle, exerçant la miséricorde envers ses amis et ses ennemis, se donnant, se sacrifiant, sauvant et secourant jusqu'à son dernier soupir. Marchons sur ses traces. Malheur à nous si notre christianisme ignore l'amour et le dévoûment du bon Samaritain !

Prière.

Seigneur Jésus, Samaritain compatissant, qui nous a aimés jusqu'à la mort, allume dans nos âmes la flamme de ton amour ; ôtes-en l'égoïsme, l'indifférence et la dureté. Imprime dans nos cœurs ta sainte image, afin que nous nous sentions pressés de marcher sur tes traces. Tu vois et tu connais, Seigneur, toutes les misères répandues sur la terre. Nous te prions du fond du cœur d'avoir compassion de tous ceux qui souffrent et qui languissent après la consolation et le secours. Nous nous recommandons à tes compassions infinies avec tous ceux qui nous sont chers ; répands sur nous tes bénédictions et ta paix. Conduis-nous un jour des misères de cette vie dans tes tabernacles éternels, dans la Jérusalem céleste, où toutes nos blessures seront guéries, où toutes nos larmes seront essuyées, où nous nous reposerons en toi pour l'éternité.

> La croix est de l'amour le sublime symbole.
> Qui te suit sans aimer méconnaît ta Parole,
> Te prie et te confesse en vain.
> Garde-nous des sentiers du prêtre et du lévite :
> Pour te suivre, ô Jésus, que ton disciple imite
> La foi du bon Samaritain. Amen.

DIMANCHE (Soir).

Si l'héritage vient de la Loi, ce n'est plus de la promesse. Or, Dieu l'a donné gratuitement à Abraham par la promesse. La loi est-elle donc contraire aux promesses de Dieu? Nullement; car s'il eût été donné une loi qui pût donner la vie, la justice viendrait véritablement de la loi.

(Gal. 3, 18 et 21).

Méditation.

Il n'est pas dans la pensée de l'apôtre St-Paul d'attaquer la loi et de la mettre en contradiction avec la grâce quand il dit que l'héritage céleste ne peut s'acquérir par elle. La loi est sainte, juste et bonne. St-Paul ne parle que de l'abus de la loi ; il veut réfuter ceux qui prétendent qu'elle nous suffit, que nous n'avons qu'à connaître la volonté de Dieu pour la faire, et qu'ainsi nous pouvons, dans notre propre justice et notre propre sainteté, subsister devant Dieu et hériter la vie éternelle. Le but de la loi est ainsi méconnu, car on prétend se justifier par elle, tandis qu'elle est appelée à nous faire sentir notre impuissance. Elle doit nous reprendre, éclairer la conscience et nous montrer notre pauvreté spirituelle, mais elle ne saurait produire en nous une vie nouvelle et divine. La libre grâce de Dieu peut seule le faire. Aussi la grâce a-t-elle précédé la loi. C'est par la promesse et non par la loi que Dieu a dressé la voie à Abraham, et la promesse est du domaine de la grâce. Même sous Moïse, le législateur, Dieu a agi en faveur de son peuple avant de rien exiger de lui. Il l'a délivré à main forte de la servitude d'Egypte pour le conduire à la liberté, le faire vivre en sa sainte présence et dans sa communion. Il est vrai que la grâce de Dieu n'a été parfaite que dans le don de son Fils. Ce fait devant lequel nous restons sans cesse confondus est le plus grand miracle de son amour. Voulons-nous subsister devant Dieu, il faut nous dépouiller de nous-mêmes et revêtir Christ ; c'est lorsque nous serons trouvés en lui, que la paix et la certitude du pardon et de notre adoption rempliront notre cœur, que nous aurons le plus de force, de joie, de zèle pour le bien.

Prière.

Béni sois-tu, Seigneur, notre Dieu, de toutes les grâces que tu as répandues sur nous pour l'amour de Jésus-Christ, ton cher Fils. Nous en sommes bien indignes, car nous avons souvent transgressé ta loi ; nous savons que sur mille articles nous ne pourrions répondre à aucun. Nous nous humilions devant toi dans le sentiment de notre culpabilité et de nos nombreux péchés. Nous sommes heureux d'être assurés que tu veux nous sauver par grâce, par la foi, qu'il n'y a plus aucune condamnation pour ceux qui sont en Jésus-Christ. Détruis en nous toute propre justice ; fais-nous toujours plus sentir notre pauvreté spirituelle et les richesses de ta grâce. Nous te remercions de toutes les preuves de ta bonté que tu nous as données aujourd'hui ; pardonne-nous dans ta grâce tous nos péchés ; couvre-nous de ta protection pendant cette nuit. Sois le gardien de tous ceux que nous aimons ; soulage ceux qui souffrent ; entends les plaintes des affligés ; aie pitié des âmes qui s'égarent, sauve-les dans ta miséricorde pour l'amour de Jésus-Christ.

C'est de toi, Père saint ! que j'attends ma justice.
Sur tes compassions je repose mon cœur.
Tu voulus de tout temps nous être un Dieu propice,
Et tu nous destinais un parfait Rédempteur.
Heureux qui connaissant sa profonde misère,
Sur ce divin Sauveur se repose avec foi !
Il reçoit son pardon, il trouve en toi son Père ;
Il obtient ton Esprit pour pratiquer la loi. Amen.

LUNDI (Matin).

Jésus, ayant fait venir un enfant, le mit au milieu d'eux, et dit : Je vous le dis en vérité, si vous ne vous convertissez, et si vous ne devenez comme des enfants, vous n'entrerez point dans le royaume des cieux.

(St. Matth. 18, 2 et 3).

MÉDITATION.

Ce qui fait la grandeur du petit enfant, c'est qu'il s'ignore lui-même, qu'il est humble, qu'il ne cherche point à se faire valoir et à s'élever. En le proposant comme modèle à imiter pour entrer dans le royaume de Dieu, Jésus ne voulait pas dire que cet enfant fût sans péché, ni même que son cœur ne renfermât pas le péché qu'il voulait combattre chez ses disciples : l'orgueil. Mais ce qui distingue le petit enfant, c'est qu'il se sent faible et incapable de rien faire par lui-même. Il ne veut être autre chose que l'enfant chéri de ses parents, il trouve dans cette assurance et dans sa complète dépendance d'eux sa sécurité et la source de ses joies. Le Seigneur, en exigeant de nous que nous devenions comme des enfants, nous montre dans sa personne comment nous pouvons y arriver ; il veut aider à acquérir la véritable candeur enfantine tous ceux qui se donnent à lui sans réserve et se placent à l'école de son St-Esprit.

PRIÈRE.

Dieu miséricordieux ! La fidélité paternelle que tu nous témoignes journellement est inépuisable. Inspire-nous une confiance filiale dans tes directions. Nous n'avons pas toujours pour toi l'abandon complet que nous devrions avoir, et cependant tu es notre bon Père céleste qui ne cesses de nous bénir. Pardonne-nous notre manque de confiance ; accorde-nous le secours de ta grâce, afin que nous devenions humbles, que nous nous laissions guider par ta main, que nous nous tenions près de toi dans une filiale dépendance et dans l'esprit du petit enfant. Sois notre force et notre lumière pendant ce jour ; bénis et sanctifie notre travail ; que nous te servions fidèlement et que dans tout ce que nous faisons nous ayons en vue ta gloire, notre propre salut et le bien de notre prochain. Exauce-nous et demeure avec nous dès maintenant et à jamais.

> De même qu'un enfant dans les bras de sa mère
> S'endort paisiblement, bercé par son amour,
> En toi je me repose, ô mon céleste Père !
> Et la douce faveur m'entoure chaque jour.
> Qu'en les sentiers toujours ton St.-Esprit m'éclaire ;
> A travers les écueils dirige tous mes pas ;
> Que la grâce, Seigneur ! ta bonté tutélaire
> Sur moi veille toujours et ne me quitte pas ! Amen.

LUNDI (SOIR).

Les yeux de l'Eternel parcourent toute la terre, pour soutenir ceux dont le cœur est tout entier à lui. (2 Chron. 16, 9).

MÉDITATION.

On peut être faible et néanmoins appartenir sincèrement au Seigneur. Il faut bien distinguer cette faiblesse d'un manque de sincérité. Le Seigneur peut fortifier le cœur faible, vivifier une faible foi, augmenter un faible amour, mais il ne peut rien faire pour un cœur double. Il exige avant tout que nous soyons droits devant lui. La fausseté endort la conscience et conduit graduellement à la perdition. Ceux, au contraire, qui manquent de force mais qui sont sincères, trouvent grâce devant Dieu, car il voit au moins en eux le désir de lui appartenir. Il les fortifie, et avec la force viennent la joie, la fermeté, le courage pour soutenir les épreuves de la vie et résister aux tentations. Le Seigneur est notre force dans nos détresses et fort aisé à trouver.

Prière.

Dieu tout bon ! Béni sois-tu de tous les bienfaits que tu nous as accordés en ce jour. Nous sommes souvent faibles dans la foi et paresseux à nous employer pour le bien d'autrui, mais tu nous supportes avec beaucoup d'amour. Nous te supplions d'avoir compassion de nous et de nous prêter le secours de ton St-Esprit, afin que nous nous efforcions d'être plus complètement à toi et de faire en toutes choses ta sainte volonté. Assiste-nous, Seigneur ; soutiens-nous dans cette voie qui seule conduit à la vie éternelle. Etends ta miséricorde sur tous ceux qui nous sont chers ; sois avec les malades et les affligés ; accorde-leur et à nous tous, une nuit calme et paisible. Que tes saints anges campent autour de nous et nous protègent contre tout danger. Exauce-nous, bon Père céleste, pour l'amour de Jésus.

Oh ! que ton cœur nous aime !	Esprit saint, purifie,
Il est toujours le même,	Dirige et fortifie
Car tu ne peux changer.	Nos cœurs en les changeant ;
Nous venons donc sans crainte	Fais-nous croître en sagesse,
En ta présence sainte,	Rappelle-nous sans cesse,
O Jésus, notre bon berger.	L'image de Jésus enfant ! Amen.

MARDI (Matin).

Conduisez-vous avec sagesse envers ceux du dehors, en rachetant le temps.
(Col. 4, 5).

Méditation.

Il ne suffit pas de ne pas scandaliser ceux qui sont encore étrangers au royaume de Dieu ; il faut encore leur témoigner de l'amour et les supporter dans un esprit de paix. Recherchons constamment ce qui procure la paix et ce qui calme la douleur ; cherchons à bander les plaies, à sécher les larmes, à répandre la bénédiction et demandons à cet effet chaque jour de la plénitude de Dieu, grâce sur grâce. Il est vrai que les talents et les aptitudes, de même que les tentations et les dangers, sont divers, mais le devoir sacré de tout chrétien est de se rappeler qu'il n'a pas seulement à prendre soin de sa propre âme, mais qu'il doit se conduire sagement envers ceux du dehors et leur témoigner de l'amour, afin de les gagner à la vérité et d'en faire des citoyens du royaume des cieux.

Prière.

Dieu tout-puissant et Père de notre Seigneur Jésus-Christ !

C'est en regardant à toi que nous commençons ce jour. Nous louons ta puissance et ta bonté, car tu es notre protecteur et notre refuge à toujours. Fais que notre exemple soit en bénédiction à ceux du dehors et que nous cherchions à les amener à la foi. Que les sentiments de nos cœurs et les paroles de nos lèvres te soient agréables. Ne nous retire pas ton secours et ne nous abandonne pas, car sans toi nous manquons de lumière, de vie, de consolation et de sagesse. Donne-nous l'intelligence de ta sainte Parole, aide-nous à marcher dans tes voies, à suivre en toutes choses le parfait modèle que nous a laissé Jésus, à exercer autour de nous une influence sainte et bénie par une vie d'amour et de dévouement.

Et tous ceux qui par ta grâce,
Comme moi sont rachetés
Annonceront à leur race
Tes célestes vérités.
J'irai, Seigneur, dans les temples,

Réchauffer par mes exemples
Les mortels les plus glacés,
Et t'apporter mon hommage,
En te consacrant l'usage
Des jours que tu m'as laissés. Amen.

MARDI (Soir).

La charité supporte tout, elle croit tout, elle espère tout.   (1 Cor. 13, 7).

Méditation.

Il ne faut pas confondre l'amour qui croit tout avec la crédulité. Croire que ceux qui se sont égarés peuvent être sauvés, revient à croire que Dieu peut sauver. Combien souvent n'est-il pas arrivé que des parents angoissés se sont mis à genoux en pleurant et se sont relevés pleins d'espoir, avec l'assurance que Dieu est le Dieu des vivants et non des morts, qu'il peut ramener dans la bonne voie ceux mêmes qui, à vues humaines, semblent entièrement perdus! Dieu est plus grand que nous ne pouvons le concevoir. Que toutes les tempêtes viennent assaillir la charité dans ce monde de haine et de révolte! Elle a pour arme la prière; un roseau à la main, une couronne d'épines sur la tête, elle triomphe de toutes les résistances, elle est victorieuse du monde. Le cœur le plus rebelle peut être vaincu et amené au pied de la croix.

Prière.

Dieu miséricordieux! Tu es amour, tu ne nous fais pas selon nos péchés et ne nous rends pas selon nos iniquités. Souvent nous sommes froids, durs et insensibles, sans amour pour les âmes égarées. Répands la flamme de ton amour dans nos cœurs, afin de les toucher, de triompher de notre égoïsme et de nous enrichir en œuvres de charité ! Donne-nous un esprit de support et de compassion envers ceux qui sont tombés, apprends-nous à prier pour leur relèvement. Renouvelle-nous à ton image ; achève en nous ton œuvre de grâce pour notre salut et pour la gloire de ton saint Nom.

Fraternité céleste et sainte !
En Jésus seul on le connaît.
Fais-nous sentir ta vive étreinte ;
Dans ta douceur l'âme renaît.

Joignons ensemble nos prières,
Qu'un même cri monte à Jésus.
Portons les peines de nos frères,
Et leur fardeau ne sera plus. Amen.

MERCREDI (Matin).

Il dit aussi cette similitude : Un homme avait un figuier planté dans sa vigne, et il y vint chercher du fruit, et n'en trouva point. Et il dit au vigneron : Voici, il y a déjà trois ans que je viens chercher du fruit à ce figuier, et je n'en trouve point ; coupe-le, pourquoi occupe-t-il la terre inutilement ? Le vigneron lui répondit : Seigneur, laisse-le encore cette année, jusqu'à ce que je l'aie déchaussé et que j'y aie mis du fumier. Peut-être portera-t-il du fruit ; sinon, tu le couperas ci-après. (St. Luc 13, 6-9).

MÉDITATION.

Le premier fruit que Dieu demande et qui produit tous les autres, c'est la repentance, qui consiste à nous détourner du péché, à nous donner sincèrement à Dieu, à marcher dans ses voies et à nous soumettre à sa discipline. Ne soyons pas surpris d'être conviés à la repentance, puisqu'elle nous conduit à la vérité et à la connaissance de nous-mêmes. L'homme sincère reconnaît que dans son état naturel, il n'est pas fait pour la communion de Dieu et pour l'entrée dans son royaume. Ce n'est qu'en entretenant de volontaires illusions qu'il peut être content de lui-même. La conscience réclame la repentance et prête ainsi un puissant appui à la nouvelle naissance que le Seigneur Jésus exige. Mais il veut nous donner ce qu'il demande, il veut créer ce qu'il cherche en nous, pourvu que nous mettions en lui toute notre confiance.

PRIÈRE.

Dieu Sauveur ! Nous te bénissons du fond du cœur de la patience et de la longanimité que tu nous as témoignées jusqu'à ce jour. Ne te lasse point de nous, continue à nous supporter malgré nos faiblesses, notre ingratitude, nos nombreuses infidélités. Nous ne voudrions pas ressembler au figuier stérile ; nous te supplions, Seigneur Jésus, miséricordieux sacrificateur, de ne point cesser d'intercéder pour nous, d'agir en nous par ta grâce toute-puissante, de nous fortifier par ta Parole et ton Esprit, en sorte que nous ne soyons point retranchés, mais que notre vie soit féconde en bons fruits, qu'elle abonde en œuvres de justice à ta gloire, pour notre salut et le bien de notre prochain. Accorde-nous pendant cette journée que tu nous donnes comme un nouveau temps de grâce, tout ce qui nous est nécessaire pour en profiter ; enseigne-nous à racheter le temps ; accompagne-nous de ta force et de ta bénédiction, aide-nous à surmonter toutes les tentations et à marcher dans l'obéissance de la foi. Nous te demandons toutes ces grâces pour nous et les nôtres au nom et pour l'amour de Jésus.

Tes bontés envers nous ne se peuvent comprendre ;
Que pourrions-nous t'offrir, ô puissant protecteur !
Et pour tous tes bienfaits que pourrions-nous te rendre ?
Nos esprits et nos corps, tout t'appartient, Seigneur !
Rends fertile, en vertus, notre reconnaissance.
Nous voulons désormais ne vivre que pour toi ;
Veuille fléchir nos cœurs à ton obéissance,
Et nous conduis toujours selon ta sainte loi. Amen.

MERCREDI (Soir).

Mon âme a soif de Dieu, du Dieu vivant ; quand entrerai-je et me présenterai-je devant la face de Dieu ? Les larmes sont devenues mon pain jour et nuit, pendant qu'on me dit sans cesse : Où est ton Dieu ?

(Ps. 42, 3 et 4).

MÉDITATION.

Les moqueries sont une amère souffrance ; elles blessent profondément, surtout lorsqu'on les rencontre sur le terrain religieux, car notre foi qu'on raille forme le sanctuaire le plus intime de l'âme. Accompagnées d'esprit, d'adresse et de ruses, elles deviennent dangereuses, parce qu'elles trouvent facilement un écho dans notre propre cœur où, à côté de la foi, restent les tentations au doute et à l'incrédulité. « S'ils avaient raison, nous suggère l'ennemi des âmes ; si la foi à la Providence et à l'exaucement des prières n'était qu'une vaine illusion ; s'il était vrai que tout finit à la mort ! » Quelles angoisses pour le cœur ébranlé dans ses espérances de bonheur à venir et de vie éternelle ! Ah ! gardons-nous de nous asseoir au banc des moqueurs ! Mais surtout marchons avec prudence dans la crainte, dans la force, dans l'amour de Dieu, c'est le meilleur moyen de leur fermer la bouche. Si cependant il nous arrive d'être exposés à leurs attaques, remettons notre cause entre les mains de Dieu ; il nous soutiendra par sa sainte présence et ne permettra pas que nous soyons ébranlés.

PRIÈRE.

Dieu fidèle ! Nous nous prosternons devant toi, nous voulons nous recueillir en ta présence. Souvent le monde nous séduit et nous captive, nous subissons sa funeste influence. Tu n'as pas voulu nous ôter du monde ; tu nous y as assigné notre place, mais en même temps tu veux que nous ne soyons pas du monde et que nous en usions comme n'en usant pas. Seigneur Jésus, que ton amour soit en nous, afin que nous soyons gardés par toi. Affermis-nous dans la foi, fais-nous trouver en toi la force et le courage nécessaires pour rester fidèles à la vérité, même en face de ceux qui la repoussent. Eloigne de nous tout ce qui pourrait nuire à notre âme ; aide-nous à fuir les moqueurs, à rechercher ceux qui t'aiment, qui te suivent et trouvent leur plaisir à garder ta sainte loi. Viens à cette heure du soir faire le silence en nous, pour que entendions ta voix, que nous te sentions à nos côtés, que nous nous endormions à l'ombre de tes ailes. Bénis-nous avec tous ceux que nous aimons, daigne pourvoir à toutes nos nécessités temporelles et spirituelles.

> Heureux celui qui fuit des vicieux
> Et le commerce et l'exemple odieux ;
> Qui des pécheurs hait la trompeuse voie,
> Et des moqueurs la criminelle joie ;
> Qui, craignant Dieu, ne se plaît qu'en sa loi,
> Et, nuit et jour, la médite avec foi. Amen.

JEUDI (Matin).

Le royaume de Dieu est encore semblable à un trésor caché dans un champ, qu'un homme a trouvé et qu'il cache ; et dans sa joie, il s'en va et vend tout ce qu'il a, et achète ce champ-là. (St. Matth. 13, 44).

MÉDITATION.

C'est un trésor que d'avoir la foi vraie et joyeuse des enfants de Dieu. Ce trésor suffit à tous les besoins de l'âme et nous soutient dans toutes nos misères corporelles et spirituelles. La plupart des hommes ne le connaissent pas, parce qu'ils le cherchent où il est impossible de le trouver. Ils le cherchent dans les choses extérieures et non dans la grâce, qui offre ses dons à qui veut les accepter gratuitement. L'homme de notre Evangile a caché son trésor après l'avoir trouvé et il a bien fait. Le fond de notre vie de foi et les expériences de l'âme ne doivent pas s'étaler aux yeux du monde. L'humilité est la gardienne de la foi et de la grâce. Il nous est permis de nous réjouir de notre foi, mais de nous en réjouir en tremblant. Notre bonheur ne sera durable que si nous vivons d'une vie intérieure, et si notre vie est cachée avec Christ en Dieu. Les douces voix d'En-Haut ne s'entendent et les opérations admirables du St-Esprit ne se sentent que dans le sanctuaire d'une âme calme en Dieu.

Prière.

Auteur de tout don parfait, Père de notre Seigneur Jésus-Christ! Nous te prions de nous augmenter le trésor d'une foi vivante et joyeuse en toi, afin qu'aucune dispensation de ta part ne nous porte au découragement ou au murmure. Donne-nous de rechercher les biens permanents, la seule chose nécessaire; de trouver notre joie dans l'accomplissement de tes commandements. Apprends-nous à te glorifier dans la vie et dans la mort, afin que tu puisses nous rendre participants de la gloire dans l'éternité. Seigneur, purifie nos cœurs; agis en nous par ta grâce toute-puissante pour nous préserver du péché, pour nous faire avancer dans le renoncement à nous-mêmes et à tout ce qui pourrait t'empêcher de nous communiquer la plénitude de ton amour. Aide-nous à regarder sans cesse à Jésus, le chef et le consommateur de notre foi, pour poursuivre courageusement notre pèlerinage jusqu'au moment où notre foi sera changée en vue.

Monde, ce qui t'enchante,
Biens, honneurs, volupté,
N'est plus ce qui me tente,
Tout n'est que vanité.

Mon trésor, mon partage,
Mon tout, c'est Jésus-Christ,
Qui me donne pour gage
Le sceau de son Esprit. Amen.

JEUDI (Soir).

Le royaume des cieux est encore semblable à un marchand qui cherche de belles perles, et qui, ayant trouvé une perle de grand prix, s'en est allé et a vendu tout ce qu'il avait, et l'a achetée. (St. Matth. 23, 45 et 46).

MÉDITATION.

Tous les hommes sont à la poursuite de quelque bien. Pour l'un, c'est l'argent ; pour un autre, ce sont les jouissances ; pour d'autres encore, ce sont les honneurs et la gloire. Mais en toutes ces choses il faut considérer la fin. L'apôtre Paul dit : Ce qui m'était un gain, je le regarde comme une perte, à cause du Christ, ce trésor caché au monde. N'est-ce pas, en effet, la perle de grand prix que d'être réconciliés avec Dieu, d'avoir la paix de l'âme et la promesse de la gloire céleste en compensation des souffrances terrestres ? Aucun sacrifice ne doit trop nous coûter pour l'acquérir. Si nous pouvions en douter, nous n'aurions qu'à interroger ceux qui sont aux prises avec les angoisses de l'âme ou épouvantés par la mort ; ils nous diraient qu'ils donneraient volontiers toute leur science et toute leur fortune en échange de cette perle précieuse : le royaume de Dieu et le salut de l'âme.

PRIÈRE.

Seigneur notre Dieu ! Sois-nous propice ; préserve-nous d'un esprit léger et superficiel et ne permets pas que nous soyons captivés par les choses temporelles. Donne-nous de préférer à toutes les vanités du monde, la perle de grand prix et le royaume des cieux. Grave profondément ce désir dans notre âme. Fais-nous la grâce de chercher Jésus-Christ et sa lumière, de comprendre que les autres biens nous quittent ou que nous les quittons, et qu'il ne servirait de rien à l'homme de gagner le monde entier s'il perdait son âme. Dirige constamment nos regards vers les choses d'En-Haut, vers le prix de notre vocation céleste de Dieu en Christ. Prends-nous sous ta protection durant cette nuit ; garde et bénis tous ceux que nous aimons, accorde-leur tout ce que tu sais leur être nécessaire pour le corps et surtout pour leur âme immortelle. Amène-les tous à la foi ; convertis tous les hommes, sauve-les dans ta miséricorde infinie.

> Lorsque la perle est gagnée,
> Ne crois pas que désormais
> La lutte soit terminée,
> Le mal détruit pour jamais.
> Sans te fier à ton cœur,
> Ne regarde qu'au Sauveur. Amen.

VENDREDI (Matin).

J'ai été jeune, et je suis devenu vieux; mais je n'ai point vu le juste abandonné, ni sa postérité mendiant son pain. (Ps. 37, 25).

Méditation.

Le Psalmiste prononce ici une grande parole, qui a déjà consolé bien des âmes. Mais est-elle vraie? Faisons-nous les mêmes expériences, ou les choses ont-elles changé dans le cours des siècles? Bien des changements sont survenus sans doute; il est possible que jadis la vie ait été plus facile qu'aujourd'hui, mais ce qui n'a pas changé, c'est l'amour et la fidélité de notre Dieu. Il vit encore, celui en qui les justes de l'ancienne alliance ont mis leur confiance, et qui ne les a jamais trompés; il ne confond aucun de ceux qui s'attendent à lui et qui marchent dans ses voies. Eussent-ils à passer par des luttes pour l'existence ou par des privations momentanées, Dieu ne les délaisse pas. Il leur envoie le secours et la délivrance, et ne permet pas qu'ils soient confus.

Prière.

Père céleste! Tu es riche en biens; tu ouvres ta main libéralement et tu rassasies tout ce qui vit. Nous te prions de prendre soin de nous, de nous donner le pain quotidien et de nous le conserver. Dieu fidèle; tu nourris les oiseaux des cieux, qui ne sèment ni ne moissonnent ni n'amassent dans des greniers. Tu revêts l'herbe des champs, tu ne peux pas nous oublier, nous qui sommes tes enfants en Jésus-Christ. Il t'est facile de nous combler de biens et de répondre à tous nos besoins; tu nous l'as promis et tu le feras, car tu es notre Père miséricordieux. Nous regardons à toi comme les serviteurs regardent à la main de leurs maîtres. Fais que nous recevions avec reconnaissance tous les dons que ta main nous dispense, et que nous en usions à ta gloire.

> J'ai beaucoup vu, j'ai la vieillesse atteinte,
> Et n'ai point vu le juste abandonné
> Ni sa famille à mendier contrainte.
> J'ai vu plutôt qu'il a prêté, donné
> Et qu'après tout, Dieu l'a même en sa grâce,
> Rempli de biens et d'honneurs couronné. Amen.

VENDREDI (Soir.)

On te chassera du milieu des hommes, et ton habitation sera avec les bêtes des champs; tu seras nourri d'herbe comme les bœufs, et sept temps passeront sur toi, jusqu'à ce que tu reconnaisses que le Souverain domine sur le règne des hommes, et qu'il le donne à qui il lui plaît.   (Dan. 4, 32).

MÉDITATION.

L'idée qu'une main souveraine et irrésistible plane sans cesse sur nos têtes a quelque chose d'angoissant, aussi longtemps que nous ne connaissons pas *le cœur* qui la dirige. Mais heureusement nous le connaissons, et dès lors cette pensée, loin de nous effrayer, nous remplit de joie. Nous savons que cette main toute-puissante est la main de la sagesse, de la justice, de l'amour éternels. Comment donc pourrions-nous en trembler? Ne nous réjouirons-nous pas, au contraire, de ce que cette justice, cette sagesse et cet amour sont revêtus de la toute-puissance, et disposent à leur gré des moyens les plus propres à accomplir leurs glorieux conseils? Il est vrai qu'il n'est pas facile de croire en vrai chrétien à la Toute-Puissance, et nous sentons que l'incrédulité de notre cœur éclate à chaque épine que Dieu sème sur notre chemin. Combien de fois ne nous sommes-nous pas dit: Puisque notre Dieu est tout-puissant, il *peut* à chaque instant ce qu'il *veut*. Et pourtant combien ne nous en coûte-t-il pas de croire que sa volonté nous appelle à souffrir aussi bien qu'à agir? D'ordinaire nous nous figurons qu'elle n'est pour rien dans nos souffrances, et nous perdons de vue les bénédictions qu'elle veut nous envoyer par la voie des épreuves et des angoisses. Apprenons donc que Dieu a d'aussi bonnes raisons pour nous envoyer les souffrances que pour les détourner de nous.

PRIÈRE.

O Dieu dont la puissance est irrésistible et à qui nul ne peut dire: Que fais-tu? Nous sommes heureux de savoir que tout repose dans ta main. Pourquoi nous laisserions-nous aller à regimber contre les dispensations que tu nous envoies, toi notre Père? Pourquoi nous mettrions-nous en peine, puisque tu sais le mieux ce qu'il nous faut? Tu es tout-puissant, et nous sommes l'ouvrage de tes mains. Il nous est doux de le savoir, parce que ta puissance est dirigée par la sagesse et par l'amour. Seigneur, apprends-nous à accepter avec foi ce que tu nous donnes; à nous passer volontiers de ce que tu nous reprends et à porter avec patience le fardeau que tu nous imposes. Que le soleil s'éteigne, que les mondes roulent dans l'abîme, nous te connaissons et nous t'aimons, nous nous reposons entre tes bras, nous fermons les yeux en paix, comme l'enfant qui s'endort sur le sein de sa mère ; car nous savons que tes yeux sont ouverts sur nous éternellement.

> Daigne toujours nous garder, nous défendre
> De tant de maux qui pourraient nous surprendre ;
> Sois notre guide et conduis tous nos pas,
> Et fais, Seigneur, qu'ils ne s'égarent pas. Amen.

SAMEDI (Matin).

Je suis le vrai cep, et mon Père est le vigneron. Il retranche tout sarment en moi qui ne porte point de fruit ; et il émonde tout sarment qui porte du fruit, afin qu'il porte encore plus de fruit. (St. Jean, 15, 1 et 2).

Méditation.

Le cœur, bien que régénéré, est encore semblable à un sarment qui a besoin d'être émondé. Certains péchés favoris, tels que l'impatience, la volonté propre, la vanité, risqueraient d'étouffer le nouvel homme à son berceau. Toute la sève nouvelle du sarment pourrait être absorbé par des pousses stériles ; il faut les couper. Comme le céleste Vigneron sait qu'il nous est extrêmement difficile de nous traiter nous-mêmes avec une juste rigueur, il veut bien, dans son amour, se charger de ce soin envers nous. Les moyens qu'il emploie se dérobent souvent à notre vue. Quelquefois il nous charge d'une croix tout à fait inapparente et cachée qui pourtant aura des effets bénis et produira de grandes choses. Ne murmurons donc pas contre Celui qui gouverne toutes choses, quand nous regardons soit aux grandes, soit aux petites croix de notre vie. Il a tout ordonné sagement pour réparer nos dommages et guérir les maux dont nous souffrons.

Prière.

Père céleste ! Tu veux que nous trouvions dans la foi en ton cher Fils le salut et la paix, et que nous lui soyons unis comme le sarment est uni au cep. Aide-nous à rechercher sa communion, à nous attacher toujours plus étroitement à lui, afin qu'il nous communique en abondance la vie et la force et qu'en sarments fertiles nous portions beaucoup de fruits, des progrès dans la sanctification ; nous reconnaissons que nous ne pouvons rien sans toi, qu'il faut qu'en sage vigneron tu nous émondes, tu ôtes de nos cœurs le péché et toutes les mauvaises dispositions qui pourraient nuire au développement de ta vie en nous. Apprends-nous à être soumis et confiants lorsque tu trouves bon de nous envoyer une croix petite ou grande, à l'accepter comme une discipline que tu as jugée nécessaire, à te laisser le soin de tout ce qui nous concerne. Que notre vie entière te loue et te glorifie, qu'elle soit riche en fruits pour la vie éternelle.

> Ah! que je ne sois pas comme un rameau stérile
> Qui, détaché du tronc, doit périr desséché;
> Mais que je sois, ô Dieu, comme un sarment fertile
> Qu'aucun vent d'aquilon n'a du cep arraché. Amen.

SAMEDI (Soir).

Jésus lui répondit: Marthe, Marthe, tu te mets en peine et tu t'agites pour beaucoup de choses; mais une seule est nécessaire; et Marie a choisi la bonne part, qui ne lui sera point ôtée. (St. Luc 10, 41 et 42).

MÉDITATION.

Les occupations terrestres, les travaux matériels, comme les fonctions de Marthe, ont aussi leur place, leur rang nécessaires dans notre vie ; le Seigneur Jésus a voulu les sanctifier par son humble travail dans l'atelier d'un charpentier. Il nous laisse un modèle et nous enseigne que nous ne devons mépriser aucun des devoirs que la vie nous impose. Une lumière placée dans un appartement projette sur tous les objets qui l'environnent ses flots brillants ; de même le cœur qui a trouvé en Dieu sa joie, et que Dieu a transformé en un foyer de lumière, répand ses rayons sur notre vocation et sur tous nos travaux. Oui, quand le cœur est chrétien, nous remplissons les fonctions de Marthe avec l'esprit de Marie. On s'imagine, à voir le silence qui règne à l'école du Christ, qu'on cesse de vivre quand on commence à l'aimer ; bien au contraire, notre vie ne date que du jour où nous l'aimons. Sa céleste influence se réfléchit alors jusque dans la plus petite de nos œuvres ; car l'amour est à la fois la source de la plus grande énergie et de l'activité la plus bénie.

PRIÈRE.

Nous élevons nos regards vers les montagnes d'où nous vient le secours ; notre aide vient de toi, Seigneur, qui as fait les cieux et la terre. Si tu nous prends sous ta protection, qui pourrait nous nuire? Veille donc sur nous pendant notre sommeil permets-nous de revoir la douce lumière du jour après les ténèbres de la nuit. Pardonne-nous si nous avons perdu de vue la seule chose nécessaire. Réveille en nous l'amour de ta Parole, le besoin de l'aliment céleste, fais-nous la grâce de nous placer souvent en esprit à tes pieds comme Marie, de choisir comme elle la bonne part, qui ne peut nous être ôtée. Rends-nous fidèles dans les travaux de notre vocation terrestre, sans jamais perdre de vue notre vocation céleste, pour l'amour de Jésus-Christ, notre Seigneur.

Enseigne aux tiens, Seigneur !
L'heureuse obéissance,
L'entière dépendance
De l'esprit et du cœur ;

Qu'à ton œuvre avec joie
Chacun de nous s'emploie,
Et, guidé par ta main,
Suive l'étroit chemin. Amen.

Quatorzième Semaine après la Trinité.

DIMANCHE (Matin).

Comme il allait à Jérusalem, il passait par le milieu de la Samarie et de la Galilée. Et entrant dans un bourg, il rencontra dix hommes lépreux, qui se tenaient éloignés, et ils s'écrièrent : Jésus, Maître, aie pitié de nous ! Les ayant vus, il leur dit : Allez et montrez-vous aux sacrificateurs Et il arriva qu'en s'en allant, ils furent nettoyés. Et l'un d'eux, voyant qu'il était guéri, revint glorifiant Dieu à haute voix. Et il se jeta aux pieds de Jésus, le visage contre terre, lui rendant grâces. Or, il était Samaritain. Jésus, prenant la parole, dit : Tous les dix n'ont-ils pas été guéris ? Où sont donc les neuf autres ? Il ne s'est trouvé que cet étranger qui soit revenu donner gloire à Dieu. Alors il lui dit : Lève-toi, va, ta foi t'a guéri.

(St. Luc. 17, 11-19).

MÉDITATION.

Ils sont nombreux ceux qui, en relevant d'une grave maladie, oublient de donner gloire à Dieu, et de remercier celui qui leur a rendu la santé. On fait l'éloge de l'habile médecin, on se félicite de sa forte constitution, mais on ne trouve pas une parole de reconnaissance pour le dispensateur de tous les biens à qui nous devons la vie et la santé. Bien des bénédictions, des joies douces et nombreuses sont notre partage ; au lieu d'en être reconnaissants du fond du cœur, nous nous plaignons plutôt de chaque petite misère inséparable de la vie. Notre regard s'arrête aux ombres du tableau, sans en remarquer les points lumineux ; ainsi il arrive que nous sommes mécontents de notre sort, que nous nous laissons dominer par les soucis et le découragement, alors que nous devrions bénir et rendre grâces. Les choses se passent de nos jours comme du temps du Seigneur. Dix lépreux ont fait appel à la miséricorde du Christ ; dans son amour il les a tous guéris, mais neuf ont oublié de le remercier. Le Seigneur en a été attristé, non à cause de leur ingratitude envers lui, mais à cause du jugement qui allait les atteindre, parce qu'ils n'avaient pas donné gloire à Dieu. La reconnaissance de l'autre — un Samaritain qui fut seul fidèle — remplit son cœur de joie, parce qu'il peut lui accorder une double délivrance : celle de la maladie corporelle, et la délivrance du péché, de la lèpre de l'âme. C'est à lui qu'il a pu dire : Lève-toi, va, ta foi t'a guéri.

PRIÈRE.

Dieu miséricordieux, auteur de toute grâce excellente et de tout don parfait, donne-nous des cœurs reconnaissants, afin que nous ne recevions pas avec indifférence les nombreuses grâces dont ta main nous comble. Éclaire-nous de ta lumière céleste, afin que nous reconnaissions dans les détails de chaque jour les traces de ta puissance et de ta miséricorde, que nous ne doutions jamais de ta bonté et de ta fidélité, lorsque tu nous refuses un bien ou que tu nous envoies une croix. Nous te bénissons du fond du cœur, Dieu Sauveur, de ce que tu veux être le médecin de nos âmes et nous délivrer du péché. Fais-toi sentir à nous pendant ce jour ; aide-nous à profiter de tous les moyens de grâce que tu fais abonder au milieu de nous. Que ta Parole soit vivante et efficace dans nos cœurs, qu'elle devienne en ce jour une puissance à salut pour un grand nombre d'âmes. Lève ta face sur nous et bénis-nous.

Je veux, plein de reconnaissance,
O Dieu ! te consacrer mon cœur ;
T'aimer avec persévérance
Est mon devoir et mon bonheur.

Non, Seigneur ! il n'est point pénible
De te chérir, d'aimer ta Loi ;
Puissé-je, à tes faveurs sensible,
M'attacher constamment à toi. Amen.

DIMANCHE (Soir).

Le fruit de l'Esprit est la charité, la joie, la paix, la patience, la bonté, l'amour du bien, la fidélité, la douceur, la tempérance. (Gal. 5, 22).

MÉDITATION.

Le chrétien doit ressembler à un arbre fertile, et porter par la force du St-Esprit non seulement des feuilles et des fleurs, mais beaucoup de fruits. Le premier de ces fruits est l'amour de Dieu et du prochain, l'amour qui se donne, qui s'oublie et ne cherche pas son propre intérêt. Là où il est se trouvent aussi la joie, c'est-à-dire un sentiment de calme et de sérénité au milieu des découragements et des contrariétés du monde, et la paix qui est une disposition à faire tout ce qui dépend de nous pour vivre en paix avec tous les hommes. Un autre fruit est un esprit patient qui supporte avec charité les défauts et même les injustices des hommes, sachant que nous sommes tous les jours les objets de la patience et de la bonté du Seigneur. La douceur, la bonté, la fidélité, la tempérance sont des fruits par lesquels on reconnaît l'Esprit de Dieu ; chacun peut juger, dans sa conscience, si ces fruits sont parvenus à une certaine maturité en lui, en voyant s'il en fait les règles de sa conduite. On reconnaît l'arbre à ses fruits.

Prière.

Nous nous présentons devant ta face, Père céleste, animés de sentiments de reconnaissance et d'adoration. Tu nous as créés à ton image, et tu nous as envoyé ton Fils pour nous délivrer du péché et de la mort. Fais de nous de nouvelles créatures par l'influence de son exemple et par la puissance de ton St-Esprit. Préserve-nous de la paresse spirituelle et de la fausse sécurité, de l'apparence de la piété sans en avoir la force. Garde-nous de tout ce qui pourrait déshonorer notre nom de chrétien, aide-nous à manifester dans notre vie les fruits de ton Esprit : la charité, la joie, la paix, la patience, la bonté et l'amour ; nous te le demandons pour l'amour de ton cher Fils.

Encor cette journée
Que tu nous a donnée,
Seigneur, vient de s'enfuir ;
Et ce don de ta grâce
Comme une ombre s'efface
Pour ne plus revenir.

Demain si ta lumière
Vient rouvrir ma paupière,
Pendant ce nouveau jour
Réveille aussi mon âme ;
Que ton Esprit l'enflamme
Pour toi d'un saint amour. Amen.

LUNDI (Matin).

L'affection de la chair, c'est la mort ; mais l'affection de l'esprit, c'est la vie et la paix ; parce que l'affection de la chair est inimitié contre Dieu ; car elle ne se soumet pas à la loi de Dieu ; et en effet, elle ne le peut. Or, ceux qui sont dans la chair, ne peuvent plaire à Dieu. Pour vous, vous n'êtes point dans la chair, mais dans l'esprit, s'il est vrai que l'Esprit de Dieu habite en vous. Or, si quelqu'un n'a point l'Esprit de Christ, celui-là n'est point à Lui. (Rom. 8, 6-9).

Méditation.

L'affection de la chair ne nous fait pas seulement négliger

le bien, elle nous rend incapables de résister aux tentations ; elle est une inimitié contre Dieu, une révolte contre sa sainte volonté. Le cœur de l'homme étant mauvais dès son jeune âge, Dieu se sert de puissances célestes pour y faire son œuvre. Il a mis du poison au fond de la coupe du péché pour nous en dégoûter : les détresses et les croix, la pauvreté et la maladie sont des messagers de Dieu, qui ont pour but de ramener l'enfant déchu à son Père céleste. La douleur et la souffrance sont des cordeaux d'amour pour l'attirer à lui. S'opposer à ces desseins de la miséricorde divine, c'est commettre un péché et se révolter contre son amour, qui ne veut que notre salut.

PRIÈRE.

O notre Dieu, notre Père ! Nous commençons cette nouvelle semaine de travail sous ton regard ; nous nous plaçons sous ta garde, nous te prions de nous accorder ton secours pour marcher dans l'obéissance à ta sainte volonté, pour combattre et fuir le péché. Brise en nous, par ton Esprit, toute résistance, tout esprit de révolte, bannis de nos cœurs tout sentiment charnel. Celui qui aime ta volonté, Seigneur, ne connaît plus la souffrance qu'il y a à lutter contre elle, il possède la paix et la joie par le St-Esprit. Sauveur fidèle, c'est à toi que nous voulons regarder d'heure en heure, nous avons besoin de ta force pour résister à la tentation ; tu t'es abaissé toi-même pour vaincre le péché, aie pitié de notre faiblesse, rends-nous capables de triompher de tous nos ennemis, de nous détacher de tout ce qui te déplaît. Accompagne-nous dans toutes nos occupations, aide-nous à passer ce jour de telle manière que ta bénédiction puisse reposer sur tout ce que nous ferons.

Sur moi daigne abaisser un regard de tendresse ;
De ton enfant, Seigneur ! viens augmenter la foi ;
Conduis mes pas errants et soutiens ma faiblesse ;
Je voudrais t'obéir et tout quitter pour toi.

Comme un cerf altéré pour les ondes soupire,
Et comme un terrain sec attend les eaux des cieux,
Ainsi, puissant Sauveur, mon âme te désire ;
Accueille ma prière et réponds à mes vœux. Amen.

LUNDI (Soir).

Quand l'Eternel prend plaisir aux voies d'un homme, il apaise envers lui même ses ennemis. Peu, avec justice, vaut mieux que de grands revenus sans droit. Le cœur de l'homme délibère sur sa conduite ; mais l'Eternel dirige ses pas. (Prov. 16, 7-9).

Méditation.

Le proverbe : L'homme propose et Dieu dispose, est toujours vrai. Il est bon que Dieu mette souvent nos plans à néant et qu'il ne permette pas la réussite des desseins insensés qui nous porteraient préjudice. L'homme dans son aveuglement spirituel, surtout pendant ses jeunes années, se laisse aller à des illusions, à des chimères ; il fait des rêves dorés de richesses, de gloire, de brillantes situations. Si tout allait au gré de notre volonté et de nos désirs, nous resterions dans la vanité de nos pensées et nous n'entrerions point dans la voie du salut et de la paix. La cupidité, l'ambition, les plaisirs l'emporteraient en nous, et notre âme en souffrirait. Dieu est fidèle ; souvent il nous refuse le succès, il sème nos voies d'épines, et nous fait trouver le contraire de ce que nous recherchions. Par ces moyens il conduit bien des âmes dans le sentier étroit du salut où nous trouvons le vrai bonheur que nous chercherions en vain ailleurs.

Prière.

Nous élevons nos cœurs à toi, Dieu d'amour ! Tu sais ce qui nous est salutaire ; conduis-nous par ton conseil, fais-nous connaître le chemin par lequel nous avons à marcher. Donne-nous un cœur sage pour discerner toujours ta sainte volonté, et le désir d'être dirigés par toi seul dans toutes nos voies et de ne rien faire sans ton approbation. Si tu nous donnes ici-bas le bonheur et les richesses, si tu nous permets de réussir dans nos entreprises, préserve-nous de t'oublier et de perdre de vue la seule chose nécessaire. Si nous avons à passer par un chemin couvert de ronces et d'épines, donne-nous la patience et la force de persévérer dans le bien, jusqu'à ce que nous soyons arrivés au but, où nous pourrons te glorifier et te bénir éternellement avec les bienheureux. Pardonne-nous, Seigneur, nos fautes de cette journée ; nous nous remettons en paix entre tes mains avec tous ceux qui nous sont chers, nous te prions de nous bénir abondamment au nom et pour l'amour de Jésus.

> Grand Dieu je t'abandonne
> Ma vie et ma personne,
> Mes projets et mes vœux.
> Sans toi rien ne prospère ;
> Sans toi, céleste Père,
> Rien ne saurait me rendre heureux. Amen.

MARDI (Matin).

Mon fils, donne-moi ton cœur, et que tes yeux prennent garde à mes voies.
(Prov. 23, 26).

Méditation.

Dieu nous demande notre cœur. Nous ne devons pas en faire une arène pour le péché et les passions, mais le lui donner pour qu'il le purifie, qu'il en fasse un temple saint, qu'il en ôte ce qui nous rend malheureux, et le remplisse de paix et de joie. Est-ce trop nous demander ? N'est-ce pas son saint amour pour nous qui le presse ? Ses voies de même ne sont qu'amour. Souvent elles ne nous plaisent pas, parce qu'elles sont obscures, arides et difficiles. Mais ce n'est pas le chemin qui est l'essentiel dans notre pèlerinage, c'est le but à atteindre. Notre Père céleste, qui a toujours sur nous des vues de miséricorde, nous dirigera certainement vers un but magnifique, si nous nous laissons conduire par lui.

Prière.

Bon Père céleste ! Nous élevons ce matin nos cœurs et nos pensées à toi ; nous te prions de nous donner une soumission joyeuse à ta sainte volonté et de nous faire aimer tes voies, même lorsque nous y trouvons des luttes et des croix. Que nous te donnions notre cœur sans partage, pour que tu le purifies, le sanctifies et le prépares pour ton service. Seigneur, ne permets pas que les jouissances terrestres et les séductions du monde, les privations et les épreuves nous séparent de ton amour. Fortifie-nous puissamment dans notre homme intérieur ; que chaque jour soit pour nous un jour de progrès dans la vie de la foi, du renoncement, de l'obéissance, et nous rapproche ainsi du but vers lequel nous devons tendre. Bénis tes enfants, fortifie nos cœurs et nos mains pour ton service, garde-nous de tout mal, surtout du péché, maintiens-nous dans ta grâce et dans ta paix.

Je m'attache à mon Sauveur,
Je veux lui donner mon cœur.
Il s'offrit pour moi lui-même
Je suis à Jésus, je l'aime.

Tous mes péchés il efface ;
Je reçois tout de sa grâce.
Son amour fait mon bonheur ;
Je m'attache à mon Sauveur. Amen.

MARDI (Soir).

Tu me rends plus sage que mes ennemis par tes commandements ; car ils sont toujours avec moi. (Ps. 119, 98).

Méditation.

L'homme qui a la crainte de Dieu dans le cœur, est plus intelligent et plus sage que ceux qui ne se soucient pas de lui. Plus cette crainte est profonde, plus notre manière d'envisager le monde, les hommes et les différentes situations de la vie est bonne et juste. Les commandements de Dieu ne nous paraissent plus un lourd fardeau ; nous les estimons et les aimons comme un trésor permanent qui ne diminue point et ne périt point. C'est la jeunesse surtout qui devrait se pénétrer de ces vérités. Les jeunes gens se laissent si facilement ébranler par les rodomontades de ceux qui se regardent comme sages, quand ils se moquent de la foi et des choses de Dieu. Ils ne comprennent pas que la vraie sagesse consiste à marcher dans la crainte de Dieu, à avoir sa sainte Loi devant les yeux et dans le cœur, et qu'on peut être joyeux tout en se gardant des plaisirs malsains et défendus.

Prière.

Avant de nous livrer au repos, Seigneur, nous voulons nous examiner nous-mêmes pour voir si nous avons été fidèles aujourd'hui, et si par nos paroles et nos actions nous t'avons rendu témoignage. Nous nous humilions devant toi dans le sentiment de notre indignité, et de nos transgressions multipliées de ta sainte Loi. Pardonne-nous, Seigneur, dans ta miséricorde ; incline nos cœurs à garder tes commandements. Donne-nous l'intelligence et l'amour de ta Parole ; que nous la serrions dans notre cœur, afin que nous ne péchions pas contre toi. Ta Parole subsistera à toujours ; ta fidélité dure d'âge en âge. Nous voulons être à toi, bannir de notre esprit toutes les pensées vaines et aimer ta Loi. Exauce notre prière, te souvenant de tes promesses ; ne nous abandonne pas à nous-mêmes et aie pitié de nous.

Ta vérité comme un flambeau qui luit,
Me sert de guide, et sa vive lumière
Me vient montrer tes sentiers dans la nuit.
Entends, Seigneur, mon ardente prière ;
Je l'ai juré, je veux par-dessus tout
Aimer ta Loi d'amour singulière.

Je suis à toi, remplis-moi de savoir,
Et fais qu'enfin par ta bonté propice,
Tes hauts propos je puisse concevoir ;
Qu'aux yeux de tous éclate la justice,
Les insensés ont renversé la Loi ;
Viens donc, Seigneur, viens punir leur malice.

Amen.

MERCREDI (Matin).

Pour moi, frères, quand je suis venu auprès de vous, je ne suis point venu pour vous annoncer le témoignage de Dieu avec la pompe du discours, ou de la sagesse. Car je ne me suis pas proposé de savoir autre chose parmi vous que Jésus-Christ, et Jésus-Christ crucifié. J'ai été moi-même auprès de vous dans la faiblesse, dans la crainte et dans un grand tremblement. Et ma parole et ma prédication n'ont point consisté dans des discours pathétiques de la sagesse humaine, mais dans une démonstration d'esprit et de puissance; afin que votre foi fût fondée, non sur la sagesse des hommes, mais sur la puissance de Dieu. (1 Cor. 2, 1-5).

MÉDITATION.

La sagesse humaine peut émettre de grandes et hautes pensées, mais quel est le sage de ce monde qui oserait affirmer qu'il possède toute la vérité, et qu'il a la certitude de ne se tromper sur aucun point? Aussi l'édifice qui ne repose que sur la sagesse humaine est-il construit sur le sable. Et comme nous voulons bâtir sur le roc, surtout en prévision de l'heure de la mort, nous savons gré à l'apôtre Paul d'avoir dédaigné la sagesse humaine pour ne nous apporter que la sagesse divine. Il a également méprisé toute sagesse propre, afin de ne pas anéantir la croix de Jésus-Christ. De quelle assurance inébranlable le St.-Esprit a dû remplir son cœur, qu'une puissance divine résidait dans la parole de la croix plus que dans aucune autre! Le témoignage de l'expérience est venu mettre son sceau sur celui de l'Esprit; les auditoires des sages de ce monde se sont vidés et leurs disciples se sont rangés sous la bannière de la croix. Le sceptre de la Rome altière s'est abaissé devant elle. Les paroles du prophète se sont accomplies: « Les rois le verront et se lèveront, les princes se prosterneront devant lui. » Autant il y a de promesses de Dieu, elles sont oui en Jésus, et amen en lui, à la gloire de Dieu.

PRIÈRE.

Bon Père céleste! Grâces te soient rendues de ce que tu nous as donné ta Parole comme un flambeau sur notre route. Eclaire nos cœurs par la lumière de ta divine sagesse, afin que nous renoncions à notre sagesse propre, et que notre vie entière soit sanctifiée par ta Parole. Affermis toujours davantage les fondements de notre foi, en les faisant reposer uniquement sur Jésus, le Rocher de notre salut. Seigneur, chaque fois que nous sommes réunis pour lire ta Parole et pour te prier, daigne élever nos âmes à toi et faire pénétrer dans nos cœurs les vérités et les promesses de ton Evangile, afin que nous devenions sages à salut, et que la croix de Christ devienne notre refuge et notre espérance dans la vie et dans la mort.

Pour les sages de ce monde,	Tu donnes l'intelligence
Tous tes trésors sont voilés ;	Au moindre de tes enfants.
Mais dans ta bonté profonde,	Ah ! de ce bienfait immense,
Tu me les as révélés.	Rends-nous donc reconnaissants. Amen.

MERCREDI (Soir).

Bien qu'étant Fils, Jésus a appris l'obéissance par les choses qu'il a souffertes, et ayant été rendu parfait, il est devenu l'auteur du salut éternel pour tous ceux qui lui obéissent. (Hébr. 5, 8, 9).

MÉDITATION.

L'homme n'arrive à la vraie liberté qu'à l'école de l'obéissance ; celui-là seul qui est maître de son propre cœur, saura maîtriser les hommes et les circonstances. La tâche de notre vie entière est d'apprendre à briser notre esprit rebelle, de nous soumettre en tout temps et en toutes choses à la volonté de Dieu. En savons-nous déjà quelque chose ? Quand le moindre mal nous atteint, ne sommes-nous pas impatients, comme si nous étions l'objet de la plus criante injustice ? Quand nous souffrons pendant quelques jours, n'en sommes-nous pas accablés et n'oublions-nous pas que des milliers de nos semblables gémissent depuis des années sous le poids des douleurs, qu'il y a de pauvres infirmes qui sont voués à la souffrance leur vie entière et qui n'ont pas toujours le nécessaire, tandis que nous avons le privilège de nous soigner ou de nous faire soigner ? Apprenons donc l'obéissance dans les afflictions, et s'il nous paraît trop dur d'être appelés au renoncement, au sacrifice ou à la souffrance, jetons un regard sur ceux qui ont de plus lourdes croix à porter, rendons grâces à Dieu de ce qu'il ne nous impose pas de plus pesants fardeaux. Mais notre obéissance doit aussi être active et non seulement passive. Si notre vocation nous impose un devoir difficile, une démarche pénible ; si nous avons à nous livrer à un travail qui demande une grande abnégation de nous-mêmes, saisissons la main de notre Sauveur, qui nous précède dans les voies obscures et jusque dans les douleurs amères de la mort ; ne nous laissons point dérouter ; oublions dans sa communion les soucis, les peines et les épreuves de la vie, et nous nous élèverons toujours plus haut, nous arriverons à une conviction du cœur toujours plus forte, à une paix toujours plus profonde et plus durable. Le Seigneur sera pour nous, comme pour tous ceux qui lui obéissent, une source de salut éternel.

PRIÈRE.

Dieu Sauveur! Tu es notre sacrificateur miséricordieux et fidèle, et tu prends pitié de notre faiblesse. Nous te prions de nous accorder de ta plénitude les grâces dont nous avons besoin, pour marcher dans l'obéissance que tu demandes de tes enfants. Fortifie notre foi, vivifie notre espérance, augmente notre amour. Pardonne-nous nos péchés, nos murmures et nos faiblesses, aide-nous à les surmonter. Achève ce que ta grâce a commencé en nous, fais que nos pensées, nos paroles et nos actions te soient agréables. Reste avec nous, Seigneur, dans les jours de santé et de maladie, dans le bonheur et dans l'adversité, dans toutes les situations de la vie. Accompagne-nous pendant notre pèlerinage terrestre, jusqu'à ce que tu nous aies conduits, à travers toutes les tribulations de la vie, dans le royaume céleste où, délivrés de toutes les angoisses, nous pourrons contempler ta face à toujours.

> Rends nos cœurs plus soumis à ta sainte Parole;
> Donne-nous d'y chercher la règle de nos jours.
> Seule elle a les secrets de l'amour qui console,
> Seule elle offre la paix qui durera toujours.
>
> De Satan, de nos cœurs et de ce pauvre monde,
> Pour combattre toujours l'impure volupté,
> Arme nos bras, Seigneur! qu'en nous ta grâce abonde
> En fruits bénis de foi, d'espoir, de charité! Amen.

JEUDI (MATIN).

J'ai juré par moi-même, et de ma bouche est sortie la vérité, une parole qui ne sera point révoquée: C'est que tout genou fléchira devant moi, et toute langue jugera par moi; c'est qu'on dira de moi: La justice et la force sont à l'Eternel seul! A lui viendront confondus, tous ceux qui s'irritaient contre lui. (Es. 45, 23 et 24).

MÉDITATION.

Dieu permet quelquefois que ceux qui ne le reconnaissent pas pour leur Maître, et qui résistent à son influence, poursuivent tranquillement leur route pendant quelque temps. Il n'est pas rare qu'ils occupent les premiers rangs, que tout semble leur réussir et aller au gré de leurs désirs. S'ils n'étaient pas aveugles, ils pourraient bien s'apercevoir que la longanimité de Dieu seule les supporte et qu'ils ne mèneront pas leur œuvre à bonne fin. La victoire reste au Seigneur; mais ses enfants ont besoin de patience et de persévérance pour être fidèles jusqu'au bout, car souvent ils ont à souffrir des opprobres et des railleries pour leur foi. Quoi qu'il en soit, qu'ils ne se lassent pas de croire et de persévérer. Le Seigneur n'abandonne pas les siens, ils resteront vainqueurs.

Prière.

Seigneur! Rends-nous attentifs aux enseignements de ta sainte Parole et ne permets pas que nous nous laissions troubler ou que nous doutions jamais de ta justice, quand nous voyons prospérer et réussir ceux qui vivent dans l'oubli de ta Loi. Remplis-nous d'un seul désir, celui de t'être fidèles, de nous laisser conduire par ton conseil, afin d'être reçus un jour dans ta gloire. Donne-nous de considérer en toutes choses la fin, et de nous reposer sur tes promesses pour la vie présente et la vie à venir. Apprends-nous aussi à prier pour ceux qui persistent dans leur aveuglement, afin qu'ils soient saisis de crainte et touchés de repentir, avant que leurs yeux s'ouvrent dans l'éternité. Qu'ils retournent vers toi et te donnent la gloire qui t'est due. Augmente-nous la foi, aide-nous à y persévérer jusqu'à la fin, au nom et par les mérites de ton bien-aimé Fils.

Du Saint de Dieu nous verrons la puissance;
Tout doit un jour obéir à sa loi.
Ses rachetés l'attendent par la foi.
Hâtons-nous donc; et pleins de confiance,
En disciples de Christ, regardons à sa croix. Amen.

JEUDI (Soir).

Vous n'êtes plus ni des étrangers, ni des gens de dehors, mais concitoyens des saints, et de la maison de Dieu; étant édifiés sur le fondement des apôtres et des prophètes, dont Jésus-Christ est la pierre angulaire, en qui tout l'édifice, bien coordonné, s'élève pour être un temple saint au Seigneur, en qui aussi vous êtes édifiés ensemble, pour être la maison de Dieu par l'Esprit. (Eph. 2, 19-22).

Méditation.

Nous restons dans un sens toujours étrangers sur la terre. En effet, la véritable patrie pour notre âme immortelle est En-Haut dans le ciel; mais cette patrie céleste exerce son influence sur notre existence terrestre, qu'elle veut pénétrer de sa vive clarté. Une fois que nous avons appris à nous réjouir de cette clarté, et que le mur de séparation entre le ciel et la terre est enlevé, nous avons déjà ici-bas un avant-goût de la « maison du Père » qui nous attend et où Christ nous a préparé une place. Demandons au Seigneur qu'au milieu des obscurités, des fatigues, des déceptions et des tribulations de cette vie, la patrie céleste devienne toujours plus lumineuse à nos yeux, et que son Esprit allume dans nos cœurs un ardent désir d'être trouvés dignes d'y entrer. Travaillons à notre sanctification avec crainte et cherchons ainsi à nous rapprocher chaque jour du but vers lequel nous devons tendre.

PRIÈRE.

Seigneur, notre Dieu ! Nous te rendons grâces de ce que tu nous as appelés à la vie éternelle et reçus dans ta communion. Quoique nous marchions ici-bas encore dans le pays du péché, et que nous ayons journellement à lutter pour la couronne de vie, tu as écrit nos noms dans ton livre, et tu nous as adoptés comme tes enfants. Donne-nous de nous montrer dignes de ta grâce, de ne pas perdre nos droits de citoyens des cieux par notre infidélité ou notre insouciance. Fais-nous marcher devant toi dans la vigilance et dans la foi ; au milieu de nos luttes et de nos défaillances, ramène-nous toujours sur le chemin qui conduit au séjour de la lumière et de la paix, où nous nous joindrons à la multitude de tes rachetés pour te louer et te bénir éternellement.

Je suis à toi, Sauveur fidèle !
Tu m'as aimé jusqu'à la croix.
Tu me connais, ta voix m'appelle,
Ah ! je voudrais, rempli de zèle,
Suivre toujours tes saintes lois.

Combats en moi par ta puissance
Contre mon cœur et son désir.
Hélas ! combien de négligence,
De dureté, de résistance
Je sens encore à t'obéir. Amen.

VENDREDI (Matin).

Nous n'avons cessé de prier pour vous, et de demander que vous soyez remplis de la connaissance de sa volonté, en toute sagesse et intelligence spirituelle ; de telle sorte que vous vous conduisiez d'une manière digne du Seigneur, pour lui plaire en toutes choses, portant des fruits en toutes sortes de bonnes œuvres, et croissant dans la connaissance de Dieu.

(Col. 1, 9 et 10).

Méditation.

Le christianisme n'est pas opposé à la raison et à la saine intelligence, comme on est souvent porté à le croire. Seulement l'intelligence que l'apôtre demande pour les chrétiens est le contraire de la sagesse du monde. Elle ne consiste pas à poursuivre les avantages terrestres ; elle sait en faire le sacrifice s'il le faut, parce qu'elle connaît des trésors meilleurs et plus durables. Elle cherche dans chaque circonstance, non ce qui pourrait nous être profitable, mais quelle est la volonté de Dieu. Cette intelligence saura maintenir son droit et défendre son bien et son honneur, alors que la sagesse du monde aura depuis longtemps perdu son prestige et aura été confondue.

Prière.

Notre Dieu, notre bon Père céleste ! Daigne nous faire la grâce d'élever nos âmes à toi, et de nous accorder la véritable sagesse que tu donnes libéralement à tous ceux qui te la demandent avec foi. Nous te supplions de dessiller nos yeux pour reconnaître les merveilles de ta Loi. Tu sais combien nous avons besoin dans notre aveuglement des directions de ton St-Esprit et du secours de ta grâce pour reconnaître et rechercher nos intérêts éternels, et pour marcher dans le chemin de la vie. Seigneur, fais-nous passer des ténèbres à la lumière ; rends-nous sages à salut ; que nous ne placions pas notre confiance dans la sagesse humaine, mais que nos cœurs s'appuient sur ta Parole, sur ta sagesse et sur ta volonté ; que nous croissions dans ta grâce et dans ta connaissance, que nous cherchions à te plaire en toutes choses. Nous te prions de répandre tes bénédictions sur nos parents, nos enfants et nos amis. Entoure-les de tes soins paternels ; pénètre-nous tous du sérieux de la vie et de la nécessité de chercher avant tout le royaume de Dieu et sa justice. Sois-nous propice, exauce-nous dans ta miséricorde infinie.

Au milieu du bruit de la terre,
Oh ! parle-moi, puissant Sauveur !
Eclaire-moi de ta lumière ;
Mets ton Saint-Esprit dans mon cœur.
Mon âme vers toi se retire,
Que serait-elle, loin de toi ?
Prendrait-elle part au délire
De l'insensé, qui vit sans toi ?

Seigneur ! donne-moi la sagesse ;
Mets une garde à mes discours.
Si la tentation me presse,
Viens près de moi, sois mon secours.
O Jésus ! tu peux toute chose ;
De moi daigne te souvenir.
En toi mon espoir se repose ;
En toi fais-nous vivre et mourir. Amen.

VENDREDI (Soir).

Si je marche au milieu de l'adversité, tu me rendras la vie ; tu étendras ta main contre la colère de mes ennemis, et ta droite me délivrera.

(Ps. 138, 7).

Méditation.

Il y a des gens qui passent par des angoisses d'âme et des détresses qu'ils cherchent à se dissimuler, comme il y a des malades qui ne veulent pas s'avouer leur maladie. C'est une triste consolation que de cacher ses souffrances, au lieu de chercher à les guérir, d'étouffer ses larmes, au lieu de les faire essuyer. Mais d'où peut venir le soulagement ? « Tu me rendras la vie, » dit le Psalmiste en s'adressant à l'Eternel. Celui-là seul peut répéter ces paroles qui croit, prie et connaît déjà quelque chose de l'amour de Dieu. Avez-vous remarqué comment les fleurs, dans une cave fermée, se tournent du côté du soleil ? Il en est de même de l'homme dans la sombre nuit de l'adversité, lorsque dans son cœur se trouve une aspiration vers Dieu ; il cherche à faire pénétrer un rayon de lumière éternelle à travers ses ténèbres et sa tristesse, il a recours à la prière, et le soulagement lui vient de la face de Dieu.

Prière.

Père céleste ! Nous te remercions de ce que dans ta bonté et dans ta fidélité, tu nous as protégés et abondamment bénis aujourd'hui. Nous reconnaissons que nous ne méritons pas tes grâces ; mais malgré notre indignité nous venons à toi en nous fondant sur tes promesses ; nous te disons : pardonne-nous nos péchés, pour l'amour de Jésus ; n'entre point en compte avec nous, continue à étendre sur nous ta miséricorde. Nous recommandons à tes compassions tous les affligés ; fais-leur sentir ta présence et tes divines consolations ; assiste-les par le secours de ta grâce, afin qu'ils supportent avec patience et soumission ce que ta main leur envoie. Tiens-toi près des malades qui soupirent après toi ; relève les âmes abattues ; accorde une fin douce et paisible à ceux qui se tournent vers toi dans leur agonie. Délivre tous ceux qui invoquent ton Nom pour l'amour de Jésus-Christ.

Seigneur ! écoute les requêtes
Que nous élevons à tes pieds !
Devant toi nous courbons nos têtes,
Et nos fronts sont humiliés.

Puissant Sauveur, ô notre Père,
Tu nous vois et tu nous entends :
Reçois notre ardente prière,
Seigneur, exauce tes enfants ! Amen.

SAMEDI (Matin).

Ce sont des choses que l'œil n'avait point vues, que l'oreille n'avait point entendues, et qui n'étaient point montées au cœur de l'homme, que Dieu avait préparées pour ceux qui l'aiment.   (1 Cor. 2, 9).

Méditation.

Une félicité sans fin nous attend au ciel ; qui peut le concevoir ? L'esprit humain cherche en vain à se faire une idée juste de l'éternité. Nos pensées sont bornées et par conséquent incapables de saisir l'infini ; de même nous ne saurions nous représenter un bonheur sans mélange, nous pauvres mortels si habitués à la souffrance. Mais le jour où nous serons affranchis de tout péché, où nous marcherons à l'éternelle lumière, comme rachetés de Dieu, nous ne trouverons plus incompréhensible le bonheur réservé aux fidèles, et nous nous en réjouirons d'éternité en éternité. Puissions-nous souvent arrêter notre pensée sur cet avenir glorieux, où Dieu essuiera toutes les larmes de nos yeux, où nous le verrons face à face et où nous pourrons le louer à jamais avec les anges et les bienheureux !

Prière.

Dieu tout-puissant et éternel ! Elève souvent nos cœurs et nos pensées au-dessus de la terre ; rappelle-nous combien courte et incertaine est la durée de notre vie, afin que nous nous affectionnions aux choses invisibles qui sont éternelles. Nous ignorons ce que sera cet avenir glorieux que tu nous réserves dans le ciel, mais nous savons quelles sont pour nous aussi ces choses que l'œil n'a point vues, que l'oreille n'a point entendues et que tu as préparées pour ceux qui t'aiment, si nous sommes de ce nombre, si nous sommes véritablement tes enfants en Jésus, notre Sauveur. Accorde-nous cette grâce, affermis notre foi. Que les assurances glorieuses que tu nous donnes nous soutiennent et nous encouragent dans les luttes et les tribulations de cette vie, qu'elles nous aident à marcher dans la lumière, à t'obéir, à te servir, à veiller, afin d'être trouvés prêts quand tu nous appelleras. Bénis-nous et les nôtres, Seigneur, convertis-nous et nous sanctifie ; rends-nous tels que nous devons être pour devenir participants de ta gloire et héritiers de la vie éternelle.

Tous ceux qui servent Dieu le verront face à face ;
Ils seront avec lui dans la sainte cité ;
Ils boiront à longs traits l'eau vive de sa grâce,
Et leurs jours couleront dans la félicité.

N'entendre autour de soi qu'ineffable harmonie,
Etre heureux d'un bonheur que rien ne peut ternir,
Et passer dans la paix une éternelle vie,
C'est le bonheur des saints dans le siècle à venir. Amen.

SAMEDI (Soir).

La foi est une ferme attente des choses qu'on espère, une démonstration de celles qu'on ne voit point. (Hébr. 11, 1).

MÉDITATION.

La foi de bien des âmes est une faible assurance, une timide affirmation mêlée de doutes. On ne croit qu'à demi à la Parole de Dieu, à ses promesses et à ses menaces. Lorsque les événements du monde et de notre propre vie prennent une autre direction que nous ne pensions, lorsque notre barque chancelle, un point d'interrogation se place près de notre foi et grandit en proportion de nos tristesses et de nos afflictions. Ils sont rares ceux qui, même dans la prospérité, conservent cette foi non troublée, ferme, inébranlable, qui tient aux choses invisibles comme si elle les voyait. La vraie foi est un oui décidé, convaincu, joyeux, qui trouve un écho dans le ciel, et affermit nos pas sur la terre. Il faut que nous apprenions à connaître cette foi.

PRIÈRE.

Dieu fidèle! Nous te prions de nous donner la vraie foi par ton St.-Esprit, afin que nous ne bronchions point et que nous marchions d'un pas assuré dans le sentier qui conduit à l'éternelle patrie. Tu connais notre cœur faible et irrésolu, affermis-le par ta grâce. Remplis-nous de la ferme assurance que les joies et les peines nous sont également dispensées par ta main paternelle, et que ta sage providence n'a en vue que le salut éternel de nos âmes. Nous te bénissons pour tous les biens temporels et spirituels dont tu nous as comblés dans la semaine écoulée. Tu ne nous as pas traités selon nos péchés, mais selon la grandeur de tes compassions. Ne nous retire pas tes grâces ; continue de nous entourer de ta miséricorde ; pardonne-nous nos péchés, lave et purifie nos cœurs dans le sang de Jésus. Seigneur, demeure avec nous et nous donne ta paix.

Du sein de la gloire éternelle,
Seigneur! quand ta voix nous appelle,
Comment nous diriger vers toi?
Qui soutiendra notre faiblesse,
Dans le péril ou la tristesse,
Qui ranimera notre foi?

C'est toi-même, dont la puissance,
Nous incline à l'obéissance,
En nous donnant un nouveau cœur;
Toi qui parles de paix à l'âme
Et viens, par ta divine flamme,
La remplir d'une sainte ardeur. Amen.

Quinzième Semaine après la Trinité.

DIMANCHE (Matin).

Nul ne peut servir deux maîtres; car, ou il haïra l'un, et aimera l'autre; ou il s'attachera à l'un, et méprisera l'autre. Vous ne pouvez servir Dieu et Mammon. C'est pourquoi je vous dis : Ne soyez pas en souci pour votre vie, de ce que vous mangerez et de ce que vous boirez; ni pour votre corps, de quoi vous serez vêtus. La vie n'est-elle pas plus que la nourriture, et le corps plus que le vêtement? Regardez les oiseaux de l'air; car ils ne sèment, ni ne moissonnent, ni n'amassent dans des greniers, et votre Père céleste les nourrit. N'êtes-vous pas beaucoup plus qu'eux? Et qui est-ce d'entre vous qui par son souci puisse ajouter une coudée à sa taille? Et pour ce qui est du vêtement, pourquoi en êtes-vous eu souci? Observez comment les lis des champs croissent; ils ne travaillent ni ne filent. Cependant je vous dis que Salomon même, dans toute sa gloire, n'a point été vêtu comme l'un d'eux. Si donc Dieu revêt ainsi l'herbe des champs, qui est aujourd'hui, et qui demain sera jetée dans le four, ne vous revêtera-t-il pas beaucoup plutôt, ô gens de petite foi? Ne soyez donc point en souci, disant: Que mangerons-nous? que boirons-nous? ou de quoi serons-nous vêtus? Car ce sont les païens qui recherchent toutes ces choses, et votre Père céleste sait que vous avez besoin de toutes ces choses-là. Mais cherchez premièrement le royaume de Dieu et sa justice, et toutes ces choses vous seront données par-dessus. Ne soyez donc pas en souci pour le lendemain, car le lendemain aura souci de ce qui le regarde. A chaque jour suffit sa peine. (St. Matth. 6, 24-34).

Méditation.

Il nous est bien difficile, pauvres et faibles mortels que nous sommes, de vaincre par une confiance filiale en Dieu l'esprit de soucis qui rend la vie si amère, et qui empêche le soleil de la paix et de la joie de pénétrer dans notre cœur et dans notre maison. Le Seigneur, dans les exhortations que nous venons de lire, n'a pas pensé à encourager la paresse et l'oubli de nos devoirs, ni la légèreté et l'insouciance. Il a voulu nous faire comprendre que les inquiétudes, les soucis de l'avenir sont incompatibles avec la véritable piété, parce qu'ils nous empêchent de remplir avec joie et confiance l'œuvre de notre vocation. Dieu n'est-il pas notre Père et ne sommes-nous pas ses enfants? Celui qui dirige les nues et les vents, ne pourrait-il pas nous tracer notre route? Soyons sûrs que s'il juge bon de nous envoyer des épreuves et des afflictions, il nous aidera à porter notre fardeau et nous fera éprouver, quoi qu'il advienne, que toutes choses concourent ensemble au bien de ceux qui l'aiment. Il y a une chose que ni les souffrances ni la mort ne peuvent nous enlever, c'est son royaume éternel, où règnent la justice, la paix et la joie par le St-Esprit.

PRIÈRE.

Dieu fidèle et éternel! Tu prends tous les jours soin de nous et tu nous donnes, de la plénitude de ton amour et de ta miséricorde, ce qui est nécessaire à notre âme et à notre corps; nous voulons nous reposer entièrement sur toi, et t'honorer aujourd'hui et notre vie entière par une confiance filiale. Ne permets pas que nous nous décourageons dans les tentations et dans les épreuves; dissipe, par les rayons de ta grâce, l'esprit de soucis qui cherche si souvent à s'emparer de nos cœurs; que notre premier soin soit la recherche de ton royaume, afin que nous soyons dès ici-bas tes véritables enfants et que nous héritions un jour de la vie éternelle. Accorde-nous ta paix qui surpasse toute intelligence; que ta Parole fructifie dans nos cœurs et y porte abondamment des fruits de sanctification et de vie chrétienne.

> Aujourd'hui que le ciel est pur et sans nuage,
> Réjouis-toi, mon âme, et bénis le Seigneur,
> Sans chercher si demain quelque nouvel orage
>   Menace ton bonheur.
> A quoi bon les soucis de ta vaine prudence?
> Ont-ils guéri tes maux? vont-ils les prévenir?
> Dieu veille, c'est assez, laisse à sa Providence
>   Le soin de l'avenir. Amen.

DIMANCHE (Soir).

Ne vous abusez point; on ne se joue point de Dieu; car ce que l'homme aura semé, il le moissonnera aussi. Celui qui sème pour sa chair, moissonnera de la chair la corruption; mais celui qui sème pour l'Esprit, moissonnera de l'Esprit la vie éternelle. Ne nous lassons point de faire le bien, car nous moissonnerons dans la saison convenable, si nous ne nous relâchons pas. (Gal. 6, 7-9).

MÉDITATION.

Tout homme, qu'il soit roi ou mendiant, est un être formé de chair et d'esprit. Le reste, couronne, croix, talents, honneur, argent, tombera comme les feuilles de la fleur, et nous comparaîtrons dépouillés de tout devant notre juge. Notre créateur sera notre juge. Il nous demandera compte de ce que nous aurons fait de nous-mêmes, si nous avons semé pour la chair, la partie corruptible de notre être, ou pour l'esprit, sa partie incorruptible. Notre moisson se fera en conséquence. Rappelons-nous sans cesse qu'il y a en nous un souffle de Dieu, un esprit immortel, à qui il faut un autre aliment qu'à notre corps mortel ; que Dieu seul peut le rassasier de son Esprit et le rendre heureux pour l'éternité. Il faut que Dieu devienne notre partage, si nous ne voulons pas que tout nous soit ravi un jour. Ne considérons donc pas notre temps comme chose de peu de valeur, ne le consumons pas dans les affaires de ce monde, comme si nous en étions les esclaves ; ne nous contentons pas d'apparences, comme si la vie n'était qu'un rêve. Ne nous lassons pas de travailler à notre salut, de semer pour l'Esprit, de faire le bien, et nous moissonnerons de l'Esprit la vie éternelle.

PRIÈRE.

Eternel, notre Dieu, Père céleste ! Que d'âmes sont chaque jour comblées de tes bienfaits et ne savent pas te bénir et te donner gloire ! Mais bien que ta grâce soit souvent tournée en dissolution, et que l'on doute que la justice soit la base de ton trône, tu es lent à punir et tu attends avec patience le repentir des pécheurs. Ne permets pas que nous oubliions que ton indignation ne se taira pas à toujours, et qu'elle se manifestera quand toutes tes grâces auront été méconnues. Eveille dans nos cœurs, Dieu saint, une crainte salutaire de tes châtiments et un ardent désir d'être affranchis du péché et des convoitises de la chair ; que nous nous placions sous l'influence de ton Esprit, qu'il sanctifie nos pensées, nos affections, nos désirs, en sorte que notre vie soit à ta gloire, et qu'à l'heure de notre délogement nous entrions dans la félicité éternelle par Jésus-Christ, notre Seigneur.

Le temps est court, ô monde ! pour ta gloire,
Pour tes faux biens, pour ta frivolité.
De ton orgueil périra la mémoire ;
De ton éclat passera la beauté.

Le temps est court pour finir notre tâche :
A l'œuvre donc puisqu'il est encor jour !
Combats, agis, chrétien, ne sois point lâche ;
Ton maître vient, sois prêt pour son retour.
Amen.

LUNDI (MATIN).

Louez l'Eternel ! Car il est bon de psalmodier à notre Dieu, car il est doux, il est bienséant de le louer. C'est l'Eternel qui bâtit Jérusalem, qui rassemble les dispersés d'Israël, qui guérit ceux qui ont le cœur brisé, et qui bande leurs plaies. Il compte le nombre des étoiles ; il les appelle toutes par leur nom. Notre Seigneur est grand, et d'une grande puissance ; son intelligence est infinie. L'Eternel soutient les humbles, et il abaisse les méchants jusqu'à terre. Chantez à l'Eternel avec des actions de grâces ; psalmodiez sur la harpe à notre Dieu, qui couvre les cieux de nuées, qui prépare la pluie pour la terre ; qui fait germer l'herbe sur les montagnes ; qui donne au bétail sa nourriture, et aux petits du corbeau qui crient. Il ne se complait point en la force du cheval ; il ne fait point cas des hommes légers à la course. L'Eternel prend son plaisir en ceux qui le craignent, en ceux qui s'attendent à sa bonté. (Ps. 147, 1-11).

MÉDITATION.

La bonté de Dieu nous entoure de toutes parts. C'est d'elle que nous tenons ce qu'il y a de bon en nous. Elle a tout disposé dans notre vie en vue de nous attirer à elle, d'affermir nos cœurs et nos pas dans le chemin du salut, de nous faire hériter la bénédiction éternelle. Ah ! que nous soyons plus réellement pénétrés de la bonté et de l'amour de Dieu envers nous ! Que notre cœur reçoive une impression profonde de la manière dont ce Dieu fidèle pourvoit chaque jour aux besoins de notre corps et de notre âme ! Il nous a portés dès notre enfance sur les ailes de son amour ; soit qu'il nous mène par des sentiers unis ou par des chemins tortueux, il nous redit sans cesse : « Mon fils, donne-moi ton cœur, et que tes yeux prennent plaisir à mes voies. »

PRIÈRE.

Dieu miséricordieux et fidèle ! Donne-nous un cœur reconnaissant pour tous tes bienfaits, un cœur qui t'aime et qui répète souvent avec le Psalmiste : « Mon âme, bénis l'Eternel et n'oublie aucun de ses bienfaits. » Oui, sois béni, Seigneur, de toutes tes grâces, des soins fidèles dont nous sommes l'objet de ta part ; aide-nous à te servir plus fidèlement en retour de toutes tes bontés, à trouver notre joie dans l'accomplissement de ta sainte volonté. Que ton Esprit agisse dans nos cœurs, pour les affermir dans la foi, pour les détacher de tout ce qui les empêche de se donner à toi sans réserve et sans partage, et de ce qui met obstacle à ton œuvre en nous. Continue, Seigneur, à nous environner de tes faveurs ; supplée à tout ce qui nous manque pour être agréables à tes yeux. Remplis-nous de compassion pour tous ceux qui souffrent ; apprends-nous à nous rendre utiles à notre prochain sans compter nos peines. Enfin, fais-nous jouir dans ta crainte et avec actions de grâces des biens que tu sèmes chaque jour sur nos pas, et parcourir notre carrière terrestre de telle manière qu'elle aboutisse à la gloire céleste.

Grand Dieu, puisque ta tendresse
Est sans bornes envers moi,
Plein d'une vive allégresse,
J'élève mon âme à toi.
Assiste-moi dans la grâce

Constamment, jusqu'au trépas,
Afin qu'après mes combats
J'aille contempler ta face.
Tout prend fin, mais ta bonté
Dure à perpétuité. Amen.

LUNDI (Soir).

Eternel, ne me reprends pas dans ton indignation, et ne me châtie pas dans ta colère. Aie pitié de moi, Eternel! car je suis sans force; Eternel, guéris-moi, car mes os sont tremblants. Mon âme aussi est fort troublée; et toi, Eternel, jusques à quand? Reviens, Eternel, délivre mon âme; sauve-moi pour l'amour de ta bonté! (Ps. 6, 2-5).

Méditation.

Quand un homme qui a vécu jusque-là sans Dieu et sans espérance, se réveille de son sommeil de mort et laisse échapper de son âme angoissée ce cri : Que faut-il que je fasse pour être sauvé ? les anges préparent leurs harpes, il y a de la joie dans le ciel. Celui au sujet duquel ils se réjouissent est peut-être encore triste, plongé dans le doute, le découragement et la mélancolie ; mais ils savent qu'une âme immortelle est gagnée pour la patrie éternelle ; ils savent de même que la douleur fera place dans ce cœur à une joie que les souffrances et les obscurités du temps ne pourront plus ni troubler ni éteindre. Voilà pourquoi le ciel retentit du son des harpes et des chants de louange au sujet d'un seul pécheur qui s'amende.

Prière.

Père céleste! Ta grâce nous fait vivre ; nous en faisons journellement l'expérience, et nous t'en remercions du fond de nos cœurs. Sois béni de tout le bien que tu nous as fait aujourd'hui tant pour nos corps que pour nos âmes immortelles. Seigneur, que ton amour ne nous laisse pas indifférents! Que ta bonté nous convie à la repentance ! Préserve-nous d'illusions, de propre justice, de fausse sécurité ; fais-nous la grâce d'être du nombre de ceux au sujet desquels se réjouissent les anges et les rachetés dans le ciel. Ne permets pas que nos cœurs se ferment à l'influence de ton Esprit; qu'il nous réveille, qu'il produise en nous une foi fervente et une conversion sincère. Pardonne-nous toutes nos fautes, toutes nos infidélités de ce jour ; entoure-nous de ta protection durant les ténèbres de la nuit. Nous te recommandons tous ceux qui nous sont chers ; bénis-les et sanctifie-les ; fais-toi connaître à tous comme un Dieu d'amour qui sauve et qui pardonne.

> Chantez, anges du ciel! c'est un jour d'allégresse,
> L'enfant prodigue est de retour.
> Le père est accouru; sur son cœur il le presse,
> Ce fils, objet de son amour.
> Chantez sur la harpe sonore
> Un alléluia triomphant.
> D'un ciel à l'autre ciel, chantez, chantez encore ;
> Le père a revu son enfant. Amen.

MARDI (Matin).

Frères, regardez comme le sujet d'une parfaite joie les diverses tentations qui vous arrivent, sachant que l'épreuve de votre foi produit la patience. Mais que la patience ait une efficacité parfaite, afin que vous soyez parfaits et accomplis, ne manquant en rien. (St. Jacq. 1, 3, 4).

Méditation.

Pour savoir si la foi a poussé des racines dans une âme, il faut attendre que le soleil de l'affliction ait dardé sur elle ses feux brûlants. De même qu'il faut une certaine chaleur pour mûrir les plus beaux fruits, de même il faut le feu de l'épreuve pour faire arriver à maturité notre homme intérieur. Ainsi que la nuit donne aux étoiles leur éclat, la nuit des souffrances communique à la figure du chrétien éprouvé je ne sais quelle douce et mélancolique clarté qui semble venir d'En-Haut, et qui commande la vénération. Nous savons toutes ces choses, et cependant il est dans notre vie des heures où la foi nous manque et où la croix pèse sur nous comme un fardeau qui nous entraîne vers la terre. Ah! si nous gardions le souvenir des expériences que nous avons déjà faites! Le céleste éducateur nous a-t-il jamais présenté un fruit amer dont le noyau ne renfermât quelque douceur? Nous a-t-il conduits au désert sans nous y montrer quelque trésor? Que le Seigneur nous remplisse donc de cette vivifiante conviction qu'il fait tout concourir ici-bas à notre perfectionnement et qu'il nous apprenne à être soumis. Si c'est le plus difficile de nos devoirs, c'en est aussi le premier.

Prière.

Seigneur et Sauveur de nos âmes ! Daigne attirer nos cœurs à toi et les remplir de foi, d'espérance et de charité. Fais-nous sentir qu'en toi seul nous trouvons la force et la paix et que tu te fais connaître à l'âme qui te cherche. Affermis-nous par ta grâce, car sans ton secours nous ne pouvons supporter les épreuves, les combats et les afflictions dont la vie est remplie ;

mais soutenus par ta main paternelle, consolés et éclairés par ton St-Esprit, nous nous élevons au-dessus des faiblesses naturelles de notre cœur, et si nous avons à souffrir, nos âmes se fortifient et se réjouissent en toi, Seigneur. Bénis tes faibles enfants, soutiens et console ceux qui souffrent ; éclaire ceux qui sont dans les ténèbres de l'ignorance et de l'incrédulité. Mets dans nos cœurs des sentiments de bonté, de charité, sur nos lèvres des paroles de vérité, de soumission et de patience : dans nos âmes une confiance sans borne en ta miséricorde et une entière abnégation de nous-mêmes. Exauce notre prière au nom et pour l'amour de notre adorable Sauveur.

Un chrétien doit être fidèle,	Ah ! donne-moi, Sauveur fidèle !
Dans les tourments, jusqu'à la mort,	De vivre ainsi dans ton amour.
A notre Roi qui nous appelle,	Sans toi, Jésus, ma foi chancelle,
Par l'orage, à chercher le port.	Sans toi je ne puis vivre un jour.
Souffrir sans murmure la croix la plus dure,	Mais quand de ta grâce je sens l'efficace
C'est le seul chemin qu'il trace lui-même	Et le fort soutien, alors de l'orage
Au bonheur suprême, au bonheur sans fin.	Je brave la rage ; je ne crains plus rien. Amen.

MARDI (Soir).

Si quelqu'un est en Christ, il est une nouvelle créature ; les choses vieilles sont passées ; voici, toutes choses sont devenues nouvelles. (2 Cor. 5, 17).

MÉDITATION.

Voulons-nous savoir si nous sommes en Christ, demandons-nous si nous l'aimons, s'il est l'ami de nos âmes. Mais regardons-y de près. Si parmi nos désirs intimes nous ne mettons pas en première ligne le renouvellement de notre cœur, nous sommes encore plongés dans le sommeil spirituel et dans l'indifférence. Ceux-là seulement qui cherchent le pardon de Dieu, qui soupirent après un cœur pur, qui se jettent aux pieds de Jésus, pleins d'amour et d'humilité, peuvent dire : Nous sommes en Christ, nous sommes ses enfants, ses disciples, ses amis ; c'est sa fidélité et son amour qui nous ont fait renaître à une vie nouvelle. Quand cette vie est entrée dans l'âme, les pensées, les affections et la conduite prennent une autre direction. La recherche de la seule chose nécessaire y occupe la première place ; elle règle nos désirs, nos projets et nos espérances. L'affection pour les choses de ce monde diminue graduellement ; on trouve sa joie à s'entretenir des choses de Dieu.

Prière.

Dieu fidèle et plein d'amour! Nous te prions de faire naître en nous cette vie nouvelle en toi, par toi et pour toi. Parle à nos cœurs par la puissance de ton St-Esprit; amène-nous à bien comprendre ce qu'est ce changement complet, le renouvellement de tout notre être à l'image de notre Sauveur, et veuille toi-même le produire en nous selon les richesses de ton amour. Que nous cherchions et trouvions en toi les forces et le secours nécessaires pour résister à l'influence qu'exercent sur nous les choses visibles, et pour nous détacher de tout ce qui n'est pas conforme à notre sainte vocation de chrétiens. Les jours se succèdent rapidement; bientôt nous arriverons au terme de notre carrière terrestre; bientôt les choses visibles feront place aux choses invisibles. Donne-nous de ne pas l'oublier, de lutter sans cesse pour la couronne de vie. Que nous ne perdions jamais de vue notre céleste patrie, que nous vivions dans une communion toujours plus étroite avec toi, jusqu'au moment où nous pourrons entrer dans tes demeures célestes, où rien ne pourra la troubler. Nous t'implorons, Seigneur, avec confiance, au nom de ton cher Fils Jésus, notre Sauveur.

Ah! que ma seule affaire	Seigneur, rends-moi fidèle,
Au chemin de la terre	Sans cesse renouvelle
Soit d'aimer le Seigneur;	Mon amour et ma foi;
Que sans hypocrisie,	Que mon âme plus pure
Chaque jour de ma vie,	Renonce à la souillure;
Je cherche en lui tout mon bonheur.	Ma paix, mon espoir est en toi. Amen.

MERCREDI (Matin).

C'est toi qui fais luire ma lampe; c'est l'Eternel mon Dieu qui éclaire mes ténèbres. (Ps. 18, 29).

Méditation.

A quoi sert une lumière qui ne répand pas de clarté autour d'elle? Quelque versés que nous soyons dans les Saintes-Ecritures, quelque intelligence que nous ayons des choses de Dieu, si notre science est une science morte, si nos connaissances ne portent pas de fruits dans la vie, nous sommes semblables à une lumière qui n'éclaire pas et qui par conséquent ne peut luire dans les ténèbres. Ce n'est qu'après avoir reçu par l'Esprit de Dieu la véritable lumière qui éclaire notre intelligence et réchauffe notre cœur, que nous pourrons suivre la recommandation du

Seigneur : « Faites luire votre lumière devant les hommes, afin que voyant vos bonnes œuvres, ils en glorifient votre Père qui est aux cieux. »

Prière.

Seigneur, notre Dieu miséricordieux et fidèle ! Sois avec nous et accorde-nous le secours de ton St-Esprit ; qu'il pénètre nos pensées, nos paroles et nos actions ; qu'il nous éclaire et nous instruise. Donne-nous de comprendre toujours mieux qu'il ne suffit pas de connaître ta Parole, mais que nous devons la mettre en pratique et être fidèles à faire luire notre lumière devant les hommes. Aie pitié de notre faiblesse, daigne y suppléer par ta grâce toute-puissante. L'expérience journalière nous enseigne que nous ne pouvons rien par nous-mêmes, mais que nous pouvons tout en toi, ô Christ, qui nous fortifies. Sois donc notre appui, notre lumière, notre guide et notre modèle ; dirige-nous en toutes choses ; qu'ainsi nous soyons rendus capables d'annoncer les vertus de Celui qui nous a appelés des ténèbres à sa merveilleuse lumière. Nous te rendons grâces de la protection que tu nous as accordée durant la nuit qui vient de finir, nous te prions d'être avec nous en ce nouveau jour que tu as ajouté à notre vie. Fais reposer ta bénédiction sur le travail de nos mains, assiste-nous à l'heure de la tentation, rends-nous fidèles dans l'accomplissement de tous nos devoirs.

> Ta gloire, ô notre Dieu, brille dans ta Parole ;
> Elle est pour tes enfants un trésor précieux ;
> C'est la voix d'un ami qui soutient et console,
> C'est la lettre d'amour écrite dans les cieux.
>
> En la lisant, notre âme est toujours rafraîchie,
> Notre cœur déchargé des plus pesants fardeaux ;
> C'est la source abondante où se puise la vie,
> Le fleuve de la grâce aux salutaires eaux. Amen.

MERCREDI (Soir).

Celui qui habite dans la retraite secrète du Très-Haut repose à l'ombre du Tout-Puissant. Je dis à l'Eternel: Mon refuge et ma forteresse! Mon Dieu en qui je m'assure !   (Ps. 91, 1 et 2).

Méditation.

Le découragement du cœur humain, l'incrédulité et le manque de foi sont la source de bien des souffrances. Qu'avons-nous à craindre si nous avons Dieu pour nous, si nous croyons à sa main protectrice qui est étendue jour et nuit sur nous, et sans laquelle pas un cheveu ne peut tomber de notre tête? Celui qui se détourne de Dieu pour se confier dans sa propre force et dans sa propre sagesse, ou dans l'appui et la faveur des hommes, sera nécessairement confus. Mais l'espérance en Dieu ne confond point; elle brave les dangers et les tempêtes, elle subsiste quand tout croule et disparaît. Dieu ne nous pardonne pas seulement nos faiblesses, mais il veut y suppléer, quand il nous promet d'être notre bouclier et notre forteresse, quand il nous offre sa main et qu'il étend ses ailes pour nous protéger.

PRIÈRE.

Seigneur, notre Dieu! Apprends-nous à nous reposer sur toi avec une parfaite confiance et à pouvoir dire du fond de nos cœurs avec le Psalmiste : « Tu es notre refuge et notre forteresse, notre Dieu en qui nous nous assurons. » Fais naître dans nos cœurs cette confiance, cet abandon filial et la paix précieuse qui en est le fruit. Que nous nous sentions sans cesse sous ton regard et sous ta protection; que dans nos heures difficiles, dans nos peines, nos soucis et à l'heure du danger, nous nous attendions à ton secours et à ta délivrance. Tu es fidèle, ô notre Dieu, pour garder tous ceux qui se retirent vers toi. Accorde-nous la grâce de te glorifier aujourd'hui et toujours par notre confiance. Inspire-nous tous les sentiments qui doivent nous unir à toi; que notre premier souci soit d'accomplir toujours plus fidèlement ta sainte volonté, de rechercher ton royaume et ta justice; alors, selon ta promesse, tout le reste nous sera donné par-dessus, et tu achèveras de pourvoir à tout ce qui nous concerne. — Protège-nous pendant cette nuit ; couvre-nous de l'ombre de ton aile, afin que nous nous endormions dans ta paix, et qu'à notre réveil nos pensées s'élèvent encore à toi, par Jésus-Christ, notre Sauveur.

Qui sous la garde du grand Dieu
    Pour jamais se retire,
A son ombre, en un si haut lieu,
    Assuré se peut dire:
Dieu seul est mon libérateur,
    Mon espoir, mon asile;
Sous la main d'un tel protecteur
    Mon âme, sois tranquille.

Des filets du rusé chasseur
    Son secours te délivre,
Malgré le cruel oppresseur,
    Sa bonté te fait vivre.
En tout temps il te couvrira
    De l'ombre de ses ailes;
Son bouclier te garantira
    Des atteintes mortelles. Amen.

JEUDI (Matin).

Bien-aimés, aimons-nous les uns les autres; car la charité vient de Dieu, et quiconque aime, est né de Dieu et connaît Dieu. Celui qui n'aime point, n'a point connu Dieu, car Dieu est amour. (1 Jean 4, 7 et 8).

Méditation.

Nous ne serons en vraie et durable bénédiction à nos semblables que si l'amour de Christ règne en nous, s'il nous pénètre, nous anime et nous vivifie. L'homme en qui cet amour est réellement devenu l'élément et la force de la vie intérieure, exerce dans le monde une influence salutaire et bénie, dont la portée s'étend au delà des limites du temps. Un seul acte de dévouement, de vrai renoncement, dicté par l'amour de Christ, peut avoir des effets bénis jusqu'en éternité. Une parole affectueuse, un mot de consolation, un regard sympathique, une larme de compassion suffisent quelquefois pour relever un cœur abattu ou pour briser un cœur endurci.

Prière.

Dieu de lumière et d'amour ! Nous cherchons ta face, nos cœurs s'élèvent à toi pour te bénir, pour te louer de ta miséricorde qui se renouvelle chaque matin pour nous. Daigne encore en ce jour nous être en aide et pourvoir à tous nos besoins du corps et de l'âme. Fais luire la lumière de ta grâce dans nos cœurs, qu'elle les réchauffe, les éclaire et les fasse croître dans l'amour de Celui qui est notre chef, en Jésus, notre Sauveur. Il nous a laissé un modèle, afin que nous marchions sur ses traces. Renouvelle-nous entièrement à son image ; qu'à son exemple nous soyons remplis de bonté et de compassion pour nos frères, que nous exercions la charité en venant en aide à ceux qui souffrent et en sympathisant avec ceux qui sont dans l'affliction. Revêts-nous, bon Père céleste, de toutes les dispositions que tu demandes de tes enfants, en sorte que nous puissions te glorifier par toute notre conduite et être bénis et en bénédiction.

Aimer ceux qui nous haïssent,
Leur pardonner de bon cœur,
Bénir ceux qui nous maudissent,
Prier pour eux le Seigneur,
C'est la marque où notre Maître,
Promet de nous reconnaître.

Tu nous offres ton exemple,
En nous ordonnant la paix ;
Seigneur ! plus je le contemple,
Plus j'en goûte les attraits :
Fais-moi, bon Dieu, par ta grâce,
De Jésus suivre la trace. Amen.

JEUDI (Soir).

L'Eternel siège en roi éternellement. L'Eternel donne la force à son peuple ; l'Eternel bénit son peuple par la paix. (Ps. 29, 10 et 11).

MÉDITATION.

Si nous voulons faire partie du peuple de Dieu auquel l'Eternel donne la force et qu'il bénit par sa paix, il faut que nous ayons à cœur de faire sa volonté et de marcher dans ses voies. Celui qui ne se laisse pas diriger par l'Esprit de Dieu, qui marche dans ses propres voies, suivant les inspirations de sa volonté propre, ne connaîtra ni la vraie force, ni la paix véritable. Il se trompe lui-même s'il croit posséder ces trésors ; la paix dont il jouit est une fausse paix qui ne vient pas de Dieu. Prions le Seigneur de nous accorder la force de faire le bien et de nous bénir en nous donnant sa paix. Si la force intérieure nous manque, si nous avons perdu la paix, avouons notre faiblesse, notre péché, cherchons à trouver par le repentir et la prière ce que nous avons perdu, jusqu'à l'heure bénie où, à travers les tentations, les épreuves du temps présent, à travers les luttes, les larmes et les prières, nous soyons entrés en possession de l'éternelle paix.

PRIÈRE.

Seigneur, Roi de gloire, Prince de la paix, à qui irions-nous qu'à toi pour trouver la paix après laquelle nos cœurs soupirent ? Nous te supplions d'élever à toi nos esprits et nos cœurs, au milieu des agitations de la vie, afin que tu puisses nous donner le sentiment de ta présence, ta force et ta paix qui surpasse toute intelligence. Maintiens-nous sous la discipline salutaire de ton Esprit, qu'il établisse entre nous et tous les chrétiens les liens de la paix et du support mutuel, qu'il nous unisse dans une même espérance, un même amour, une même foi en Jésus notre Sauveur. Que ton règne vienne dans tous les cœurs ; hâte les temps heureux où la paix régnera dans le monde entier, et prépare-nous à entrer dans le séjour de l'éternelle paix.

L'Eternel fut toujours ma lumière et ma vie.
J'ai fondé mon espoir sur sa force infinie ;
Qui pourrait donc me nuire et qu'ai-je à redouter ?
Le fragile mortel peut-il m'épouvanter ?
De ta grâce assuré, guidé par ta loi sainte,
Dans tes sentiers, Seigneur, je marcherai sans crainte ;
Je sais que mes soupirs vers le ciel élancés
Par tes compassions toujours sont exaucés. Amen.

VENDREDI (MATIN).

C'est pourquoi, ayant dépouillé le mensonge, que chacun parle selon la vérité à son prochain, car nous sommes membres les uns des autres. Si vous

vous mettez en colère, ne péchez point; que le soleil ne se couche point sur votre colère ; et ne donnez point accès au diable. Que celui qui dérobait ne dérobe plus ; mais qu'il travaille plutôt de ses mains à quelque chose de bon, afin qu'il ait de quoi donner à celui qui est dans le besoin.

(Eph. 4, 25-28).

Méditation.

Le premier caractère du nouvel homme, créé à l'image de Dieu, est la droiture et la vérité. Il ne peut y avoir de confiance ni de véritable union entre des personnes qui manquent de parole et de bonne foi. La colère peut de même facilement troubler ou détruire les liens fraternels ; nous pouvons encore nous rendre coupables de péché en prêtant l'oreille au détracteur qui cherche à dénigrer le prochain. Un autre péché grossier dont parle l'apôtre, c'est le vol. Aux actes honteux du voleur, il oppose la conduite de l'humble chrétien qui gagne son pain à la sueur de son front et travaille de ses mains à quelque chose de bon. Non seulement il se préserve de bien des péchés ; mais il est abondamment béni, car le Seigneur lui promet qu'il aura de quoi donner à ceux qui sont dans le besoin. Il y a plus de bonheur à donner qu'à recevoir, et il est de notre devoir de donner, et non d'amasser. Les biens terrestres servent ainsi au but pour lequel Dieu les dispense, et celui qui s'exerce à la libéralité préserve son cœur de dureté et d'avarice.

Prière.

Nous te remercions, Seigneur, notre Dieu, de ce qu'après les ténèbres de la nuit tu fais luire pour nous la lumière d'un nouveau jour. Maintiens-nous dans ta communion et aide-nous à marcher devant toi dans ta crainte et dans la fidélité à tes saints commandements. Donne-nous d'aimer la vérité, d'en être les témoins et de la pratiquer dans notre vie. Si nous avons à souffrir pour ta cause, qui est celle de la vérité, assiste-nous puissamment par le secours de ton St-Esprit, afin que rien ne puisse nous ébranler, et que nous marchions courageusement dans tes voies. Garde-nous de paresse, d'insouciance, d'infidélité ; rappelle-nous que nous devons toujours accompagner le travail de la prière, si nous voulons que notre activité soit bénie. Aide-nous à te consacrer toutes nos forces, à éviter le mal, à pratiquer le bien, à faire de ta sainte Parole la règle de notre vie et de notre conduite.

Oh! qu'est heureux l'homme sincère,
Qui t'aime, ô Dieu, de tout son cœur!
Son âme en toi trouve son Père,
Son Rédempteur, son roi, son frère,
Et son puissant consolateur.

Combats en moi par ta puissance
Contre mon cœur et son désir.
Hélas! combien de négligence,
De dureté, de résistance,
Je sens encore à t'obéir! Amen.

VENDREDI (Soir).

Dieu, ayant laissé passer ces temps d'ignorance, annonce maintenant aux hommes que tous, en tous lieux, se convertissent; parce qu'il a fixé un jour où il doit juger le monde avec justice, par l'Homme qu'il a établi, ce dont il a donné à tous une preuve certaine, en le ressuscitant des morts. (Actes 17, 30 et 31).

Méditation.

L'homme ne peut se préparer à la mort que par le repentir et la foi. Par la repentance il meurt au monde et au péché, la foi le conduit dans une communion sainte et non interrompue avec Dieu. Combien souvent n'arrive-t-il pas que cette préparation si sérieuse et si nécessaire lui fait défaut! Bien des journées se passent pour un très grand nombre de personnes sans que leurs pensées se soient élevées une seule fois à Dieu. Vivons comme nous désirons mourir. N'est-ce pas une grâce immense pour un homme d'être rappelé de ce monde dans un moment où toutes ses aspirations étaient portées vers son Dieu? C'est pourquoi nous devrions faire des efforts constants pour nous trouver dans des dispositions de cœur telles que nous puissions voir approcher la mort sans appréhension avec une entière confiance en Dieu et en sa miséricorde.

Prière.

Nous te rendons grâces, Père de notre Seigneur Jésus-Christ, et par lui aussi notre Père, des nombreux bienfaits dont tu ne cesses de nous combler. Tu nous supportes avec patience et longanimité; ta bonté dure à perpétuité; chaque jour nous éprouvons que tu es amour, que tu aimes à faire du bien, à consoler, à bénir ceux qui s'approchent de toi avec sincérité. Accorde-nous ton St-Esprit, l'Esprit de sagesse, d'amour et d'obéissance. Qu'il remplisse nos cœurs de sentiments d'humilité, de repentance et de foi; qu'il nous préserve d'une sécurité trompeuse en nous rappelant sans cesse que notre vie est d'une courte durée; qu'il nous apprenne à faire un bon usage des jours qui nous restent et à nous préparer à une mort chrétienne et bienheureuse. Nous te demandons ces grâces, pour nous et ceux que nous aimons, au nom et pour l'amour de Jésus.

Ma vie à peu de jours bornée
S'écoule avec rapidité,
Et quand ma course est terminée,
Je vois naître l'éternité.
Grand Dieu, fais qu'à ma dernière heure
Je me prépare par la foi ;
Et quand tu voudras que je meure,
A bien mourir dispose-moi.

C'est en vain que l'homme refuse
De songer au jour du trépas ;
Insensé celui qui s'abuse
Tandis que la mort suit ses pas !
Jeunesse, vigueur, opulence,
Beauté, vertu, talent, grandeur,
Rien ne soustrait à sa puissance,
Rien ne peut fléchir sa rigueur. Amen.

SAMEDI (Matin).

Jeune homme, réjouis-toi dans ton jeune âge, et que ton cœur te rende content aux jours de ta jeunesse ; et marche comme ton cœur te mène, et selon le regard de tes yeux ; mais sache que pour toutes ces choses Dieu te fera venir en jugement. (Eccl. 12, 1).

Méditation.

Le chrétien ne doit pas partager l'idée que le jeune âge est le plus beau temps de la vie et qu'elle commence à décliner après son printemps. A considérer les choses superficiellement il en est sans doute ainsi. Le monde se présente à nous sous un autre aspect quand nous sommes dans la plénitude de la jeunesse et de la santé, que dans les jours où nous voyons la tente de ce corps se décomposer lentement et souvent péniblement. Néanmoins la vie de l'enfant de Dieu s'élève graduellement vers quelque chose de meilleur, vers la lumière et la sainteté. Il est vrai que sur le soir de la vie, l'éclat de ce monde a pâli, bien des espérances se sont évanouies, les forces ont diminué, les vides se sont creusés autour de nous, nous sentons notre tente se détruire ; mais ce que nous avons semé avec larmes germe déjà pour une bienheureuse moisson. Une douce paix inonde notre âme, nos combats ont cessé, la victoire nous est acquise ; au-dessus de nous, nous voyons briller les étoiles qui nous montrent notre patrie ; le crépuscule de la vie devient l'aurore de l'éternité, la mort un paisible délogement ; les anges de Dieu viennent nous porter dans les parvis célestes pour nous faire reposer sur le sein de l'éternel amour.

Prière.

O notre Dieu et notre Père ! Nous élevons nos âmes à toi dès le matin ; nous louons et célébrons ta bonté, nous te prions de nous assister aujourd'hui encore de ta grâce et de nous aider à rechercher avant toutes choses ton royaume et ta justice. Chaque heure qui s'écoule est un pas vers la tombe et l'éternité qui nous attend. Fais, Seigneur, que cette pensée solennelle soit souvent présente à notre esprit ; qu'elle nous apprenne à tellement compter nos jours que nous en ayons le cœur rempli de sagesse, et que nous nous hâtions de recourir à ta grâce que tu daignes nous offrir. Esprit de force et de lumière, viens agir sur nos cœurs et les garder par ta puissance. Esprit de vérité, dissipe nos doutes et nos craintes, triomphe de notre incrédulité. Esprit consolateur, apaise nos souffrances, adoucis nos afflictions, multiplie-nous ta paix. Sauveur de nos âmes, sois notre appui, notre espérance dans la vie et dans la mort. Nous nous remettons entre tes mains avec un abandon filial ; que ta grâce nous fortifie et nous soutienne, et que par toi victorieux nous entrions un jour dans les demeures célestes que tu as préparées pour nous. Dieu tout bon, protège-nous avec nos bien-aimés, et bénis-nous tous dans ta miséricorde.

Ainsi passera ma jeunesse,
Ses ans aussi seront très courts,
Oui, comme au soir le soleil baisse,
Bientôt se flétriront mes jours;
Et si Dieu veut que sur la terre
J'arrive jusqu'aux cheveux blancs,
Au bout de ma longue carrière,
Comme un songe seront mes ans.

Tiens donc, Jésus, en ta clémence,
Tiens mon âme bien près de toi;
Qu'ainsi ma rapide existence
Se passe toute sous ta Loi.
Et si tu veux qu'à mon enfance
Se borne ma course ici-bas,
Je sais qu'alors, en ta présence,
Seigneur ! tu me recueilleras. Amen.

SAMEDI (Soir).

O Eternel, que tes œuvres sont grandes ! Tu les as toutes faites avec sagesse, la terre est pleine de tes richesses. (Ps. 104, 24).

Méditation.

C'est un besoin de notre esprit de retrouver et d'adorer dans la nature le Dieu qui s'est révélé à nous en Jésus-Christ, et la nature répond à ce besoin. En effet, les œuvres de Dieu sont grandes et admirables ! Il nous est arrivé de faire l'ascension d'une haute montagne, et d'être frappés de la petitesse des œuvres de l'homme. Ou bien nous avons contemplé la mer depuis le rivage ; la vue de la grandeur et de la puissance de Dieu qui s'offrait à nous, nous a fait une impression inoubliable. Le soleil pendant le jour et le ciel étoilé la nuit, la fleur au bord du chemin, l'oiseau de l'air, la plante la plus insignifiante, le plus petit insecte, tout annonce la grandeur, la puissance et la sagesse de Dieu. Mais celui-là seul peut bien déchiffrer le livre de la nature qui a appris à connaître le Père céleste en Jésus-

Christ, notre Sauveur. C'est le Christ seul qui nous apprend que la nature est une frappante image de la gloire de Dieu, qui nous engage à dire du fond du cœur avec le Psalmiste : « Je chanterai à l'Eternel tant que je vivrai, je psalmodierai à mon Dieu tant que j'existerai. »

Prière.

Eternel notre Dieu ! Tu es merveilleusement grand et digne d'être loué ; le ciel et la terre sont pleins des témoignages de ta puissance et de ta majesté. Mais tu es en même temps un Dieu bon et plein d'amour, un Père miséricordieux qui prends soin de tes moindres créatures, qui ne te lasses pas de nous bénir et et de nous faire du bien. Nous te louons et te remercions de ce que tu as fait la terre si belle, de ce qu'elle est pleine de tes richesses ; mais nous te rendons surtout grâces de ton amour en Jésus, du privilège que nous avons de te connaître, de nous élever à toi, de vivre dans ta communion. Seigneur, apprends-nous à discerner partout ta voix, dans les œuvres de la création comme dans ta Parole ; qu'elle nous apprenne à marcher dans ta crainte, pleins d'amour et de reconnaissance, afin que notre vie entière te glorifie, et qu'un jour nous puissions te louer plus dignement dans le ciel de tout ce que tu as fait pour nous sur la terre.

O Dieu, ton temple,
C'est l'univers.
Quand je contemple
Les cieux, les mers,
Et cette terre
Et sa beauté,
J'adore, ô Père !
Ta majesté.

Jésus le Juste,
Voilà, Seigneur !
Le temple auguste
De ta splendeur ;
Il nous décèle
Ta sainteté,
Et nous révèle
Ta vérité. Amen

Seizième Semaine après la Trinité.

DIMANCHE (Matin).

Jésus allait à une ville appelée Naïn, et plusieurs de ses disciples et une grande troupe allaient avec lui. Et comme il approchait de la porte de la ville, voici on portait en terre un mort, fils unique de sa mère, qui était veuve, et il y avait avec elle un grand nombre de gens de la ville. Et le Seigneur, l'ayant vue, fut touché de compassion pour elle, et lui dit : Ne pleure point. Et s'étant approché, il toucha la bière, et ceux qui la portaient s'arrêtèrent ; et il dit : Jeune homme, je te le dis, lève-toi. Et le mort s'assit et commença à parler. Et Jésus le rendit à sa mère. Et la crainte les saisit tous, et ils glorifièrent Dieu, en disant : Un grand prophète s'est élevé parmi nous, et Dieu a visité son peuple.

(St. Luc 7, 11-16).

MÉDITATION.

Nous avons accompagné bien des êtres aimés à leur dernière demeure ; Jésus-Christ est-il venu à notre rencontre ? Nous a-t-il dit : « Ne pleurez point ? » Nous pouvons le voir, non des yeux de la chair, mais du regard de la foi. Il s'adresse encore et toujours à ceux qui portent le deuil pour leur dire : « Ne pleurez point. » Ne pleurez point, âmes affligées, Dieu est vivant. Si vous avez à porter un lourd fardeau dans cette vallée de larmes, prenez courage, sa bonté vous enverra le soleil après les ténèbres. Le Prince de la vie pose la main sur le cercueil de vos bien-aimés. Il les rassemble dans la maison du Père, où il les garde pour vous les rendre. Lorsque le Seigneur a fait ce miracle, il pensait avant tout à la pauvre mère si douloureusement éprouvée. Toutefois, l'essentiel pour elle n'est pas d'avoir recouvré un appui pour la vie terrestre, mais d'avoir appris à connaître la main toute-puissante sur laquelle elle doit compter désormais et qui réunira Là-Haut ceux que la mort a séparés ici-bas, s'ils ont été unis par les liens de la foi et de l'amour. Le fils ressuscité ne devait pas rester à toujours sur cette terre ; il n'y a été qu'un hôte passager ; après que le Seigneur l'eut rappelé à lui, sa mère, qui lui survécut peut-être, devait comme nous porter ses espérances au delà de la tombe et attendre patiemment l'heure où elle retrouverait l'objet de son amour, dans les demeures célestes.

PRIÈRE.

Grâces te soient rendues, Dieu miséricordieux, de ce qu'après un sommeil réparateur tu nous fais revoir la lumière du jour. Sois béni surtout de ce qu'en Jésus-Christ, le glorieux Ressuscité, tu as fait lever pour nous un soleil resplendissant qui éclaire de ses rayons lumineux les plus sombres sentiers de la vie. Donne-nous, Dieu fidèle, une foi vive à la vie éternelle que tu nous as préparée par ton cher Fils. Bénis, à cet effet, en ce jour la prédication de ta sainte Parole ; fais éprouver à tous ceux qui l'entendront sa vertu consolatrice et sanctifiante.

Pourrais-je craindre encore
Le sommeil du tombeau ?
Non, la mort est l'aurore
D'un jour pur et nouveau.

Jésus rend l'existence
Au mortel ranimé :
Ravissante espérance
Pour ceux qui l'ont aimé ! Amen.

DIMANCHE (Soir).

C'est pour ce sujet que je fléchis les genoux devant le Père de notre Seigneur Jésus-Christ, de qui toute famille, dans les cieux et sur la terre, tire son nom ; afin que, selon les richesses de sa gloire, il vous donne d'être puissamment fortifiés par son Esprit, dans l'homme intérieur.

(Eph. 3, 14-16).

Méditation.

L'Ecriture sainte parle d'un homme extérieur et d'un homme intérieur. Elle entend par l'un ce que nous sommes pour cette terre, et par l'autre ce qui nous reste après cette vie et nous accompagne dans l'éternité. Une bonne ou une mauvaise santé, notre position au sein de la société, notre cercle de famille, les succès et les échecs, les joies et les afflictions, tout cela tient de l'homme extérieur. Il y aurait eu là déjà assez de motifs pour l'apôtre de fléchir les genoux devant Dieu. Mais l'essentiel pour lui était ce qui concerne l'homme intérieur, ce qui doit nous mûrir pour le ciel et nous rendre capables de contempler un jour Dieu face à face : la connaissance de nous-mêmes, la tristesse selon Dieu, le zèle pour la prière, les expériences de la foi, les épreuves sanctifiantes, la victoire sur le péché et sur la mort. Son ardente prière pour les chrétiens d'Ephèse est qu'ils soient fortifiés dans leur homme intérieur par l'Esprit de Dieu. Que Dieu fasse descendre aussi sur nous, dans une riche mesure, cet Esprit qui vivifie et nous prépare pour le ciel !

Prière.

Seigneur, notre Dieu miséricordieux, fidèle et patient ! Nous te rendons grâces de ce qu'aujourd'hui encore tu nous as comblés de bénédictions spirituelles et temporelles. Garde-nous de tout abus des grâces que tu nous accordes, pardonne-nous les péchés dont nous nous sommes rendus coupables à cet égard. Forme en nous l'homme intérieur, créé à ton image dans une sainteté et une justice parfaites, que ton Esprit nous éclaire, nous fortifie, nous purifie, qu'ainsi nous puissions vivre ici-bas dans la piété et entrer un jour en possession de la vie éternelle. Délivre-nous de toute crainte, fortifie-nous dans la foi et dans la confiance filiale. En toi, Seigneur, se trouve le repos ; accorde-le-nous et nous préserve de tout ce qui peut le troubler. Eclaire nos cœurs des rayons de ta grâce, afin que nous ayons déjà un avant-goût de la paix céleste. Exauce-nous, Seigneur, pour l'amour de Jésus-Christ.

> Pleine des plus beaux dons, l'âme se trouve vide ;
> Elle n'en peut tirer qu'un bonheur imparfait ;
> Rien ne pourrait remplir ce cœur toujours avide,
> Que la seule beauté pour laquelle il est fait.
> Brise, ô Dieu ! les liens où mon âme captive
> Entre le monde et toi partage ses soupirs,
> Et dirige mes pas vers la source d'eau vive
> Qui peut seule étancher la soif de mes désirs. Amen.

LUNDI (Matin).

Oh ! si tu étais attentif à mes commandements ! Ta paix serait comme un fleuve, et ta justice comme les flots de la mer. (Es. 48, 18).

Méditation.

L'homme qui méprise la Parole de Dieu, ne peut avoir ni paix ni justice. Mais bienheureux celui qui peut dire avec le roi David : « Ta Parole est une lampe à mon pied et une lumière sur mon sentier ». L'assurance d'avoir Dieu pour ami devient pour lui une source profonde de paix ; il trouve dans sa communion et dans le pardon de ses péchés une justice qui se manifeste dans toute sa vie. C'est pourquoi, si nous n'avons ni paix ni justice, prêtons une oreille attentive aux directions de la Parole de Dieu ; notre paix sera alors comme un fleuve et notre justice comme les flots de la mer.

Prière.

Sauveur de nos âmes ! En quittant tes disciples, tu leur as dit dans ton amour. « Je vous laisse la paix ; je vous donne ma paix ». Cette paix doit garder les cœurs et les esprits de tous tes enfants. Nous confessons humblement que nous ne la possédons pas toujours ; que bien des fois elle est troublée par les causes les plus futiles ; que notre cœur est envahi par les préoccupations et les soucis terrestres qui souvent nous font perdre de vue le but vers lequel nous devons tendre sans cesse. Apprends-nous donc à te demander avec ferveur et persévérance la paix et la justice, à chercher avant tout ton royaume. C'est toi, Seigneur Jésus, qui es notre paix, puisque c'est par ta grâce que nous sommes sauvés. Que ta puissance agisse dans nos âmes, qu'elle nous affermisse en toi. Daigne veiller sur nous et répandre tes bénédictions sur ceux qui nous sont chers, ainsi que sur toutes les âmes souffrantes et angoissées. Que ton saint Nom soit éternellement béni.

Mon bonheur vient de toi, Sauveur plein de tendresse;
C'est par toi que j'obtiens la paix et l'allégresse,
De tes gratuités tu couronnes mes jours,
Et tu veux à jamais en bénir tout le cours.
Aplanis mon sentier ; que ta paix, comme un fleuve,
Coule en moi constamment, même au sein de l'épreuve ;
Que toujours ton Esprit fasse abonder en moi
Et la sève, et les fleurs, et les fruits de la foi. Amen.

LUNDI (Soir).

Que ce livre de la Loi ne s'éloigne point de ta bouche, mais médite-le jour et nuit, afin que tu prennes garde à faire tout ce qui est écrit; car c'est alors que tu réussiras dans tes entreprises, et c'est alors que tu prospéreras. (Josué 1, 8).

Méditation.

Nous devons avoir la loi de Dieu en tout temps et en toutes choses devant les yeux et la prendre pour règle de notre vie et de notre conduite. Celui qui se permet de petites infidélités, de légères transgressions des commandements de Dieu, et se tranquillise en disant : Ce sont des bagatelles, il n'y a pas à s'y arrêter, Dieu n'y regarde pas de si près, n'est pas droit envers Dieu et envers lui-même, et ne saurait échapper au châtiment. Aux yeux de Dieu, la moindre injustice est répréhensible, la plus petite tache ne passe pas inaperçue. Le Seigneur attache une grande importance à la fidélité dans les petites choses ; car ceux qui ne sont pas fidèles dans les petites ne le seront pas non plus dans les grandes. Si dans l'accomplissement de nos devoirs, nous n'observons pas seulement la volonté de Dieu d'une manière générale, mais si nous nous appliquons à être consciencieux jusque dans les plus petits détails de la vie, la bénédiction de Dieu nous accompagnera certainement dans toutes nos voies.

Prière.

Dieu miséricordieux et fidèle ! Tu es sans cesse près de nous, tu es pour nous une sûre et haute retraite. C'est pourquoi nous venons à la fin de ce jour nous réfugier auprès de toi, nous confier à ta garde pour cette nuit, te recommander ceux qui nous sont chers. Nous te rendons grâces de tous les bienfaits dont tu nous as comblés aujourd'hui malgré notre indignité ; nous nous humilions devant toi dans le sentiment de nos fautes et de nos nombreuses infidélités. Incline nos cœurs à mieux garder ta sainte Loi ; apprends-nous à nous y conformer en toutes choses, à aimer et à rechercher ce que ta Parole approuve, à éviter ce qu'elle condamne, à te glorifier par une obéissance plus entière à tes commandements. Crée en nous un cœur nouveau, renouvelle-nous à ton image, Seigneur Jésus, aide-nous à être fidèles comme toi, à suivre l'exemple que tu nous as donné. Nous te prions humblement de nous pardonner tous nos péchés, de les effacer par ton sang précieux, de nous sauver dans ta grâce et dans ta miséricorde toute-puissante.

Ta parole, Seigneur, est ma force et ma vie;
A nos obscurs sentiers elle sert de flambeau.
Et semblable au soleil, sa clarté vivifie
En nous montrant le ciel au-delà du tombeau.
En elle ton enfant puise toute sagesse,
Tout solide savoir et toute vérité.
En elle est son appui, sa force, sa richesse,
Et pour son cœur nouveau l'ordre et la sainteté.
C'est le port où ce cœur, au sein de la tempête,
Peut trouver en tout temps le calme et le repos.
C'est le consolateur et la prompte retraite
Qu'il a dans ses douleurs, ses ennuis et ses maux. Amen.

MARDI (Matin).

Jésus obligea ses disciples à rentrer dans la barque, et à passer avant lui de l'autre côté, pendant qu'il renverrait le peuple. Et après qu'il l'eut renvoyé, il monta sur la montagne à part, pour prier, et le soir étant venu, il était là seul. (St. Matth 14, 22 et 23).

MÉDITATION.

Si le Seigneur Jésus a quelquefois senti le besoin de la retraite pour être seul avec ses pensées, près de son Père céleste, combien plus la solitude ne doit-elle nous être nécessaire et salutaire ! Pendant les travaux du jour, lorsque la vie avec ses mille voix passe devant nous comme un torrent assourdissant, nous ne pouvons ni nous entendre ni entendre la voix de Dieu. Mais lorsqu'aux agitations et au tumulte du jour a succédé le solennel silence de la nuit, oh ! comme alors tout change, comme peu à peu nous entendons des voix auparavant étouffées. Souvent ce sont des voix qui nous font mal, et voilà pourquoi nous fuyons ces heures de silence où nous sommes sûrs de les entendre. Ah ! ne cherchons pas à nous y soustraire ; recherchons plutôt ces heures paisibles du silence et de la solitude. Il est vrai que quelques-unes des voix que nous entendons, nous remplissent de tristesse, parce qu'elles nous parlent de notre patrie absente. Mais voudrions-nous y échapper en cherchant à oublier sur cette terre d'exil que nous avons une véritable patrie ? Ce serait manquer de sagesse, car nous nous exposerions à n'être que des étrangers dans la maison paternelle lorsqu'un jour nous y rentrerons. Heureux ceux qui ont la nostalgie de la patrie d'En Haut, car ils entreront dans les demeures que le Seigneur leur y a préparées !

PRIÈRE.

Seigneur notre Dieu ! Toi qui nous as donné l'existence, et qui as pris soin de nous depuis notre enfance jusqu'à ce jour, nous élevons nos cœurs à toi ; nous te bénissons de la bonté et de la fidélité dont tu ne te lasses de nous entourer. Le sentiment de notre ingratitude et de nos infidélités nous humilie devant toi. Souvent nous n'entendons pas ta voix, au milieu de nos occupations terrestres et de nos jouissances temporelles, et cependant elle nous rappelle notre destinée éternelle. Donne-nous de ne pas perdre de vue notre patrie d'En Haut, de nous rappeler toujours que nous sommes sur une terre étrangère, afin que nous aimions à nous retirer souvent du bruit du monde pour chercher le calme en toi, pour écouter ce que tu as à nous dire. Seigneur ! nous sommes réunis devant toi pour lire ta sainte Parole et pour te prier. Veuille élever nos âmes à toi, éloigner de nos esprits toute distraction et faire pénétrer dans nos cœurs les vérités et les promesses de ton Evangile,

> La prière est d'En Haut la céleste rosée,
> Qui rend force et vigueur à notre âme épuisée,
> Le refuge du faible et le glaive des forts.
> Prions, et le Seigneur lèvera les obstacles,
> Prions, prions encore, et le Dieu des miracles
> Va rendre la vie à nos morts! Amen.

MARDI (Soir).

Tes témoignages sont mes plaisirs et les gens de mon conseil. Mon âme est attachée à la poudre; fais-moi revivre selon ta Parole! Je t'ai raconté mes voies, et tu m'as répondu; enseigne-moi tes statuts. Fais-moi connaître la voie de tes commandements, et je parlerai de tes merveilles. Mon âme pleure de chagrin; relève-moi selon ta parole. (Ps. 119, 24-28).

MÉDITATION.

Les consolations de la Parole de Dieu nous paraissent souvent sèches et ennuyeuses dans les jours heureux, tandis qu'elles nous soulagent, nous fortifient et nous rafraîchissent quand notre âme est découragée. C'est dans les jours mauvais, quand nous subissons des pertes ou que notre bonheur terrestre tombe en ruine, près du lit de nos malades et sur la tombe de nos bien-aimés, que nous apprenons à apprécier la Parole de Dieu. Ah! qu'il serait désirable que nous en connussions tout le prix dans les jours de prospérité, afin qu'elle pût exercer sur nous sa force consolante et sanctifiante aux heures d'épreuves! C'est à bon droit que l'apôtre St-Pierre dit : « Nous avons aussi la parole des prophètes, qui est très ferme, à laquelle vous faites bien de vous attacher, comme à une lampe qui brille dans un lieu sombre, jusqu'à ce que le jour resplendisse et que l'étoile du matin se lève dans vos cœurs! »

PRIÈRE.

Nous te bénissons, Père céleste, de ce que tu as autrefois parlé de différentes manières à nos pères par les prophètes et de ce que tu nous as parlé ces derniers temps par ton Fils, qui a ordonné à ses apôtres de prêcher l'Evangile à toutes les créatures. Pardonne-nous si nous n'avons pas toujours aimé et observé ta Parole salutaire ; mets en oubli notre indifférence, notre négligence à l'égard de notre sainte Bible ; rends-nous plus fidèles à l'étudier ; aide-nous à la comprendre et à la mettre en pratique ; qu'elle devienne véritablement une lampe à nos pieds et une lumière à notre sentier ; qu'elle soit notre force et notre consolation dans les tribulations, dans les combats, dans les angoisses de la vie ; qu'elle nous conduise surtout à Jésus notre Sauveur, et par lui à la possession de l'héritage qui ne se peut corrompre, ni souiller, ni flétrir, et qui est réservé dans les cieux pour nous. Affermis, Seigneur, nos cœurs dans la foi ; fais-nous la grâce d'y persévérer jusqu'à ce qu'elle soit changée en vue et que nous recevions de ta main les biens éternels qui nous sont promis dans ta Parole.

Ta vérité,
Ta charité
Brillent dans ta Parole.
Seule elle instruit
Guide et conduit
Notre âme et la console.

J'entends ta voix
Tes saintes lois.
Ne sont pas difficiles ;
Viens les graver,
Les conserver
Dans nos âmes dociles. Amen.

MERCREDI (Matin).

Ma bouche te loue avec des cris de réjouissance quand je me souviens de toi sur mon lit, et que je médite sur toi pendant les veilles de la nuit. Car tu as été mon secours ; aussi je me réjouirai sous l'ombre de tes ailes. Mon âme s'est attachée à toi pour te suivre, et ta droite me soutient.

(Ps. 63, 6-9).

Méditation.

Bien des gens portent le nom de chrétiens, et n'ont aucune expérience de la communion avec Dieu. Ils ne comprennent pas comme David qu'à notre coucher et à notre réveil il doit nous être doux de penser à Dieu et de lui parler. Qu'y a-t-il d'étonnant alors si dans la détresse ils n'ont pas recours à lui, s'ils ne connaissent pas les riches consolations de la foi qui dit : « Tu es mon secours ; aussi je me réjouirai sous l'ombre de tes ailes. » Ceux qui sont sans Dieu se plaignent, murmurent, désespèrent ou s'endurcissent sous les coups du sort. Il n'en est point ainsi de ceux qui vivent dans la crainte de Dieu. Même aux jours des plus sévères visitations, ils ne s'éloignent pas du Seigneur ; au contraire, ils se tiennent d'autant plus près de lui par des prières ardentes ; ils prouvent ainsi que leur foi et leur amour pour lui sont ce qu'ils doivent être, puisque dans les souffrances les plus amères, ils lui restent fidèles et le suivent alors que tant d'autres perdent courage et confiance. La grâce de Dieu les soutient ; sa puissante main les conduit ; il est leur rocher. Du moment que la main de Dieu nous protège, nous sommes en sûreté ; ce n'est pas par notre propre force que nous pouvons résister et persévérer jusqu'à la fin ; mais notre Dieu fidèle, si nous sommes entièrement à lui, nous conduira à travers les hauteurs et les profondeurs jusqu'à la vie éternelle.

Prière.

Dieu miséricordieux ! Il ne se passe pas de jour sans que nous ayons lieu de te bénir de ta bonté et de ta fidélité. Tu veux nous préparer par les joies et par les peines pour la vie éternelle que tu as promise à tes enfants. Tu es notre bon Berger ; tu nous fais reposer dans des pâturages herbeux et tu nous conduis dans les sentiers de la justice, à cause de ton Nom. Aide-nous à nous attacher étroitement à toi, à chercher dans ta communion le repos de nos âmes, la paix de nos cœurs, la consolation et la force dans nos tristesses et dans nos combats.

Accompagne-nous de ta bénédiction durant ce jour, fais-nous la grâce d'entendre ta voix quand elle nous montre notre devoir et de l'accomplir fidèlement sous ton regard. Élève souvent nos pensées vers toi, dirige toutes nos actions par ton St-Esprit, viens subvenir à tout ce qui nous manque pour te servir et te glorifier.

Dans mon lit même il me souvient	Mon âme t'embrasse et te suit,
De la gloire de tes merveilles ;	Et s'attache à ta bienveillance:
Mon esprit dans mes longues veilles,	Ainsi ton bras par ta puissance,
Toutes les nuits s'en entretient.	Eloigne tout ce qui me nuit.
Et jusqu'en mes douleurs mortelles	Mais ceux qu'une noire malice
Tu m'as fait sentir ton secours,	Engage à poursuivre ma mort,
Je veux me reposer toujours,	Tomberont par leur propre effort
Sans crainte à l'ombre de tes ailes.	Dans le plus bas du précipice. Amen.

MERCREDI (Soir).

En ce jour-là, on dira à Jérusalem : Ne crains point ! Sion, que tes mains ne défaillent point.   (Sophonie 3, 16).

MÉDITATION.

Ne crains point ! Ce n'est pas seulement l'Eglise chrétienne qui peut s'appliquer cette parole de consolation, lorsque les flots de l'esprit du temps menacent sa frêle embarcation, mais toute âme isolée, qui est aux prises avec les difficultés, et qui, dans le sentiment de sa faiblesse et de sa culpabilité, est angoissée au sujet de son salut. Ne crains point ! La lumière est semée pour les justes, et la joie pour ceux qui sont droits de cœur. Le Sauveur a porté nos péchés. Celui qui a commencé en nous la bonne œuvre l'achèvera aussi. Mais il ne faut pas oublier cette autre parole de l'apôtre : « Fortifiez vos mains qui sont affaiblies. » Si l'apôtre Paul dit : « Pour moi, je ne me persuade pas d'avoir saisi le prix, mais je fais une chose : oubliant ce qui est derrière moi, et m'avançant vers ce qui est devant, je cours avec ardeur vers le but, pour le prix de la vocation céleste de Dieu en Jésus-Christ, » nous devons comprendre que nous avons encore bien plus de raisons de ne pas rester oisifs, mais de veiller, de prier, et de lutter pour la couronne de vie. Et si quelquefois nous sommes sur le point de perdre courage, rappelons-nous cette promesse du prophète Esaïe : « Ceux qui s'attendent à l'Eternel reprennent de nouvelles forces. Les ailes leur reviennent comme aux aigles. Ils courront et ne se fatigueront point, ils marcheront et ne se lasseront point. »

Prière.

Dieu miséricordieux ! Du haut de ton trône, jette un regard propice sur nous, sur les nôtres au près et au loin, sur tous tes enfants et tous les hommes. Pardonne-nous, bénis-nous et garde-nous de tout mal pendant cette nuit. Tu nous dis : « Ne craignez point ! » que cette parole soit toujours présente à notre esprit, au milieu des tribulations, des dangers et des luttes de notre existence terrestre, pour nous inspirer le courage nécessaire et la confiance que nous devons avoir en toi. Le ciel, la terre, la mer, et tout ce qui y est, est l'ouvrage de tes mains, tout proclame ton amour et ta puissance ; tu peux aussi faire de nous quelque chose à la louange de la gloire de ta grâce. Donne-nous de ne jamais désespérer ; si le sentiment de nos péchés nous trouble, viens toi-même nous rassurer, Seigneur Jésus, en nous redisant : « Ne craignez point. » Nous savons que tu as tout accompli pour nous ; affermis notre foi en ton sacrifice expiatoire, aide-nous à chercher au pied de ta croix la paix et le pardon, ainsi que la force et le secours pour t'être fidèles et pour porter des fruits d'obéissance, d'amour et de sainteté pour la vie éternelle. Et maintenant que nous allons nous livrer au repos, étends sur nous tes mains paternelles ; accorde-nous et à tous ceux que nous aimons une nuit douce et paisible au nom de Jésus.

> Fidèle, ne crains pas, prépare ta requête ;
> Dans le sein de ton Dieu viens épancher ton cœur.
> Il t'a dit de prier ; sa grâce est toujours prête
> A faire succéder la paix à la douleur.
> C'est vers le Roi des rois que ta plainte s'exhale,
> Demande-lui beaucoup pour beaucoup obtenir.
> La bonté du Seigneur, à son pouvoir égale,
> Ne se mesure point à ton faible désir. Amen.

JEUDI (Matin).

Prenez garde à vous. Si ton frère t'a offensé, reprends-le ; et s'il se repent, pardonne-lui. Et s'il t'a offensé sept fois le jour, et que sept fois le jour il revienne vers toi, et dise: « Je me repens, » pardonne-lui.

(St. Luc 17, 3 et 4).

Méditation.

Bien des familles ont donné le spectacle de la désunion et de la discorde, parce que personne ne voulait céder ni pardonner. Que de fois n'est-il pas arrivé que les causes les plus futiles, de légers froissements, de petites rancunes ont insensiblement amené la froideur et l'indifférence et ont fini par séparer les cœurs qu'unissaient les liens de la plus sainte affection ! Une barrière s'est graduellement élevée entre époux, frères, sœurs ou amis, par suite d'un manque d'égards, de support, d'indulgence ; un abîme s'est creusé, on ne sait comment, mais il existe malheureusement ; des deux côtés on le déplore et on en souffre ; une seule bonne parole affectueuse pourrait rétablir la bonne harmonie et tout réparer, mais aucun ne veut la dire. C'est dans la famille avant tout qu'il est bon de se rappeler le précepte du Seigneur Jésus : « Pardonnez-vous les uns aux autres » et de s'appliquer au support chrétien, à la douceur, à la charité. Sans doute les fautes et les torts doivent être appelés par leurs noms et punis, mais nous ne pouvons réellement reprendre les autres d'une manière efficace et utile, que si notre cœur est rempli de cette charité du Christ qui supporte, qui excuse et qui pardonne.

PRIÈRE.

Dieu fidèle ! Nous te bénissons pour la protection dont tu nous as entourés pendant la nuit et pour ce nouveau jour de grâce que tu nous donnes. C'est avec confiance que nous regardons à toi et que nous te prions de pourvoir à tous nos besoins du corps et de l'âme. Tu es notre Père, tu ne délaisseras pas tes enfants. Donne-nous un vif sentiment de ton amour pour nous ; viens soumettre notre volonté à la tienne, apprends-nous à renoncer à tout ce qui peut te déplaire et t'empêcher de nous bénir. Accorde-nous surtout un esprit débonnaire et conciliant ; s'il nous est difficile de pardonner à ceux qui nous ont offensés, rappelle-nous notre divin Maître qui, sur la croix, a prié pour ses plus grands ennemis. Que nous apprenions de lui à nous montrer doux, patients, indulgents dans nos rapports avec tous ceux avec lesquels nous sommes appelés à vivre. Conserve-nous dans ta paix ; aide-nous à passer ce jour sous ton regard, à ton service et à ta gloire.

Vers les collines éternelles
Avançons la main dans la main,
Soyons vigilants et fidèles,
Pour abréger le long chemin ;

Si l'un tombe dans sa faiblesse,
L'autre viendra le soutenir.
Liens de support, de tendresse,
Ah ! venez toujours nous unir. Amen.

JEUDI (Soir).

Conduisez-vous seulement d'une manière digne de l'Evangile de Christ, afin que, soit que je vienne vous voir, ou que je sois absent, j'entende dire de vous, que vous persistez, dans un même esprit, à combattre, avec une même âme, pour la foi de l'Evangile, sans vous effrayer en rien des adversaires, ce qui est pour eux une preuve de perdition, mais pour vous de salut; et cela de la part de Dieu. (Phil. 1, 27 et 28).

MÉDITATION.

La parole de l'apôtre : Conduisez-vous seulement d'une manière digne de l'Evangile de Christ, signifie évidemment : Quoi qu'il en soit et quoi qu'il vous arrive, rien ne pourra vous nuire et vous êtes plus que vainqueurs en toutes choses, pourvu que vous soyez fermes dans la foi, et que vous manifestiez votre foi par votre vie. Qui nous donnera la force de vaincre le monde et ses angoisses, de supporter la vie avec ses tristesses et ses tribulations ? Conduisez-vous seulement d'une manière digne de l'Evangile de Christ, répond St-Paul ; conservez l'esprit de concorde et d'amour ; combattez le bon combat de la foi, et vous éprouverez la réalité de cette promesse: Toutes choses ensemble concourent au bien de ceux qui aiment Dieu.

PRIÈRE.

Seigneur notre Dieu ! Toi seul tu peux éclairer notre cœur si ténébreux, le purifier, le vivifier et le consoler. Viens donc manifester ta grâce en nous, et assiste-nous pour que nous sachions aussi en toute circonstance nous conduire d'une manière digne de ton Evangile, et n'avoir en vue que ta gloire. Apprends-nous à marcher fidèlement dans tes voies, à surmonter toujours le mal par le bien ; fais que nous n'ayons d'autre désir que de t'obéir et de te servir, en marchant sur les traces de Jésus. Sois notre refuge, notre force et notre lumière dans toutes nos détresses ; conduis-nous par ta main dans le sentier étroit, par les afflictions à la gloire, par les combats au triomphe. Seigneur, pardonne-nous tous nos manquements à ta sainte volonté ; soulage nos âmes travaillées et chargées, fais-leur trouver en toi la paix et la délivrance.

Fais que, guidé par la main,
Je suive le droit chemin,
Comme un voyageur qui passe;
Heureux de vivre avec toi,
Et grandissant dans la foi,
Comme le jour dans l'espace.

Et puissent tous les enfants
Marcher ainsi triomphants
Vers la demeure des anges,
Où leur cantique nouveau
Célébrera de l'Agneau
Les éternelles louanges. Amen.

VENDREDI (Matin).

S'il y a quelque consolation en Christ, s'il y a quelque soulagement dans la charité, s'il y a quelque communion d'esprit, s'il y a quelque compassion et miséricorde, rendez ma joie parfaite, étant en bonne intelligence, ayant une même charité, une même âme, un même sentiment; ne faites rien par contestation, ni par vaine gloire; mais que chacun de vous regarde les autres, par humilité, comme plus excellents que lui-même. Ne regardez pas chacun à votre intérêt particulier, mais aussi à celui des autres. (Phil. 2, 1-4).

Méditation.

Nous comprenons bien qu'il est de notre devoir de contribuer à faire régner dans le monde la concorde, l'amour fraternel et l'humilité ; mais la recommandation de ne pas regarder seulement à notre intérêt particulier, mais aussi à celui des autres nous paraît exagérée. Elle ne l'est qu'en apparence. En effet, l'apôtre veut dire que dans notre activité nous ne devons pas seulement avoir en vue nos avantages, mais penser aussi à la joie ou à la peine, au préjudice ou à la bénédiction qui pourrait en résulter pour nos semblables. Si nous sommes égoïstes, si notre bonheur et notre propre satisfaction nous préoccupent exclusivement, si nous nous laissons même aller à faire tort aux autres, à les calomnier, à les tromper, et tout cela dans un intérêt personnel, nous agissons contrairement à l'exhortation de l'apôtre, et nous ne saurions être bénis.

Prière.

O notre Dieu, notre bon Père céleste! Nous te remercions du fond du cœur de ce que ta grâce se fait encore sentir à nous ce matin. Sois notre aide et notre refuge, notre force et notre guide pendant ce jour ; bénis notre activité ; mets dans nos cœurs une charité sincère et vivante, des sentiments d'humilité, un désir ardent de faire ta volonté. Que ton Esprit nous anime et nous dirige, afin qu'aucun de nous ne recherche uniquement son propre intérêt ; qu'il nous rende compatissants, miséricordieux, prévenants dans nos rapports avec nos frères ; qu'il nous apprenne à surmonter le mal par le bien et nous remplisse d'indulgence et de support pour ceux qui ne partagent pas notre manière de voir. Eclaire-nous tous de ta lumière, préserve-nous d'égoïsme, d'indifférence, de jugements téméraires, à l'égard de notre prochain. Exauce-nous pour l'amour de Celui qui par charité, s'est fait pauvre pour nous, au nom de Jésus-Christ, ton bien-aimé Fils.

Inspire-nous la charité,	Daigne, Seigneur! nous l'enseigner,
L'esprit de patience ;	Et rends-nous prompts à pardonner,
Mets dans nos cœurs l'humilité,	Indulgents pour nos frères,
Source de l'indulgence.	Pour nous-mêmes sévères. Amen.

VENDREDI (Soir).

L'Ecriture dit : Quiconque croit en lui, ne sera point confus. Car il n'y a point de distinction entre le Juif et le Grec, parce que tous ont un même Seigneur, qui est riche pour tous ceux qui l'invoquent. Car quiconque invoquera le nom du Seigneur, sera sauvé. (Rom. 10, 11-13).

Méditation.

Quel que soit le fardeau qui pèse sur notre âme, qu'il s'agisse d'une peine intérieure ou d'une peine extérieure, allons au Seigneur ; parlons-lui avec une confiance filiale. Il ouvrira son oreille et son cœur à toutes nos plaintes, à toutes nos supplications. Il est riche pour tous ceux qui l'invoquent. La source de sa grâce ne tarit point, alors même que nous y puisons sans cesse. Le Seigneur veut répandre journellement des flots d'amour sur des milliers d'âmes, pourvu qu'elles cherchent sa face et qu'elles l'invoquent sincèrement. Ce sont surtout les dons de son Esprit, les grâces qui nous sont nécessaires pour notre salut, qu'il veut nous accorder abondamment, si nous les demandons avec ferveur. « Demandez, dit-il, et vous recevrez, cherchez et vous trouverez, heurtez et l'on vous ouvrira. »

Prière.

Seigneur ! Tu es riche pour tous ceux qui t'invoquent. Nous pouvons en tout temps trouver en toi la paix et la joie, tout ce qui peut nous procurer le bonheur et la félicité. Et cependant nous sommes souvent si pauvres, si découragés, si mécontents ! Pardonne-nous selon ta bonté et ta miséricorde ! Bannis de nos cœurs tous les désirs vains et insensés, que notre première préoccupation soit de te plaire et d'être fidèles en toutes choses. Jette sur nous un regard favorable ; nous n'avons rien et nous ne sommes rien pas nous-mêmes, ta grâce seule peut tout accomplir en nous, nous donner l'humilité et la patience, le sentiment de notre pauvreté spirituelle et des richesses de ton amour. O Dieu, daigne pourvoir à tous nos besoins, fais de nous, pauvres pèlerins dans cette vallée de larmes, de riches héritiers de ton royaume céleste.

Tu vois, Seigneur, qu'en ma grande faiblesse,
Mon cœur ingrat s'éloigne de la croix.
Ne tarde point, dans le mal qui me presse ;
Rends ton oreille attentive à ma voix.
Reviens à moi ; viens dire à ma pauvre âme
Que tu n'es pas irrité contre moi.
C'est ton pardon qu'avant tout je réclame,
Et ton amour pour ranimer ma foi. Amen.

SAMEDI (Matin).

Mes bien-aimés, comme vous avez toujours obéi, non seulement comme en ma présence, mais plus encore maintenant en mon absence, travaillez à votre salut avec crainte et tremblement ; car c'est Dieu qui produit en vous et le vouloir et le faire, selon son plaisir. (Phil. 2, 12 et 13).

Méditation.

C'est précisément parce que Dieu, par sa puissance et sa grâce produit en nous la volonté et l'exécution, que nous devons travailler à notre salut avec crainte et tremblement, nous garder de toute paresse et de toute fausse sécurité. Ouvrons journellement notre cœur aux influences de la miséricorde divine ; sortons des ténèbres du péché et de l'égoïsme ; laissons pénétrer en nous les rayons de la grâce de Dieu ; veillons constamment, prions, luttons, faisons des efforts pour obtenir la couronne de vie, et Dieu qui est fidèle prendra soin de nous ; il produira en nous le vouloir et le pouvoir selon son bon plaisir.

Prière.

Seigneur ! Nous nous inclinons devant ta majesté sainte, nous te bénissons de nous avoir fait sentir les effets de ta grâce pendant toute cette semaine. Daigne continuer à nous protéger, à veiller sur nos âmes, à nous venir en aide selon tous nos besoins spirituels et temporels. C'est par ta puissance seule que nous pouvons être gardés pour la vie éternelle. Aide-nous à te servir fidèlement, toi notre Sauveur et notre Maître, à vaincre toutes les résistances de notre mauvais cœur. Tu connais notre faiblesse, nous voulons le bien, et le mal reste souvent attaché à nous ; nous nous inquiétons de beaucoup de choses et nous oublions la seule chose nécessaire. Accorde-nous ton secours pour travailler avec crainte et tremblement à notre salut ; que ton Esprit agisse en nous pour renouveler nos cœurs et produire en nous la sanctification sans laquelle nul ne verra ta face.

Seigneur Jésus, du haut de ta demeure,
De tes enfants vois les efforts nouveaux;
En mille lieux vois-les, à la même heure,
Te priant tous de bénir leurs travaux.

Oui, de toi seul nous attendons la vie;
Point de succès sans ton puissant secours.
Fais donc briller, selon ta prophétie,
Sur ta Sion, l'éclat des derniers jours!
Amen.

SAMEDI (Soir).

Eternel! tu es ma force, mon rempart et mon refuge au jour de la détresse.
(Jér. 16, 19).

Méditation.

Heureux ceux qui peuvent dire ces paroles en sincérité de cœur! Il y a dans la vie des événements qui nous font connaître toute notre impuissance et toute notre faiblesse. Nous avons le cœur oppressé, nous sommes tout éperdus en face de soucis et de difficultés insurmontables; nous ne trouvons ni secours ni conseils autour de nous. Que faire? Nous laisserons-nous aller au découragement, au désespoir? Ou accepterons-nous avec une froide indifférence ce que nous ne pouvons éviter? — Portons nos regards En-Haut; notre Père céleste est riche en conseils et admirable en moyens; son bras n'est pas raccourci pour ne pouvoir aider. S'il ne nous assiste pas immédiatement, la délivrance viendra à son heure. Il fortifie, il sauve, il console; il conduit dans les profondeurs, mais il en fait aussi remonter.

Prière.

Dieu fidèle! Nous voici encore heureusement arrivés à la fin d'un jour et d'une semaine. Nous te rendons grâces pour tous les bienfaits que nous avons reçus de toi; nous te prions de bénir toutes les expériences que nous avons faites, de nous pardonner tous nos péchés pour l'amour de Jésus-Christ. Tu as été un Dieu fidèle dans le passé, tu le seras dans l'avenir. Apprends-nous à nous confier entièrement en toi dans la prospérité comme dans l'adversité, à attendre de toi seul le secours et les consolations dont nous avons besoin dans nos afflictions et dans nos peines. Que ta force se manifeste dans notre infirmité. Protège-nous et garde-nous pendant cette nuit avec tous les nôtres; prépare nos cœurs à célébrer demain ton jour dans des dispositions qui te soient agréables, en sorte que tu puisses nous bénir et nous accorder des grâces nouvelles. Seigneur, achève ton œuvre en nous, fais-nous arriver dans ces demeures célestes où, délivrés du péché et des afflictions, nous pourrons te louer d'éternité en éternité, avec les anges et les bienheureux.

O mon Dieu, mon Sauveur!
Ta céleste faveur
Fut toujours mon partage.
Plus le mal est pressant,
Plus ton secours puissant
Relève mon courage.
Toujours quand j'ai prié,
Toujours quand j'ai crié,
Dieu, touché de ma plainte,
Loin de me rebuter,
A daigné m'écouter
De sa montagne sainte.

Je me couche sans peur,
Je m'endors sans frayeur;
Sans crainte je m'éveille:
Dieu qui soutient ma foi,
Est toujours près de moi
Et jamais ne sommeille.
Non, je ne craindrais pas,
Quand j'aurais sur les bras
Une nombreuse armée.
Dieu me dégagerait,
Quand même on la verrait
Autour de moi campée. Amen.

Dix-Septième Semaine après la Trinité.

DIMANCHE (Matin).

Un jour de sabbat, Jésus était entré dans la maison d'un des principaux pharisiens pour y manger, et ceux-ci l'observaient. Or, un homme hydropique était devant lui. Jésus, prenant la parole, dit aux docteurs de la loi et aux pharisiens: Est-il permis de guérir le jour de sabbat? Et ils demeurèrent dans le silence. Alors, prenant le malade, il le guérit et le renvoya. Puis il leur dit: Qui de vous, si son âne ou son bœuf tombe dans un puits, ne l'en retire aussitôt le jour de sabbat? (St. Luc 14, 1-5.)

Méditation.

Un dimanche sans Christ est comme la voûte céleste sans soleil. Jésus seul peut nous donner la vraie joie du dimanche. S'il est avec nous, sa présence restaure nos forces après les fatigues de la semaine. Donnons-lui une place dans les joies qui en ce jour doivent nous élever au-dessus des soucis de la vie ordinaire. Tout ce que nous ne pouvons faire en sa présence est mal, tandis que là où est le Seigneur, se trouvent les sentiments d'amour qui se traduisent par des actes d'amour. Au point de vue des pharisiens, il fallait le jour du sabbat s'abstenir de toute œuvre, même des œuvres de charité. Si leur âne ou leur bœuf tombait dans un puits, il leur était permis de l'en retirer ; mais Jésus ne devait pas guérir leur pauvre frère malade. Comment pouvait-il faire autrement? L'amour de Dieu et du prochain ne doivent-ils pas se manifester particulièrement en ce jour par des actes de foi et d'amour ? Lorsque nous sommes entrés dans une communion vivante avec Christ, la vie qui en découle doit rejaillir sur nos frères. Les assister dans leurs besoins spirituels et temporels est une œuvre agréable à Dieu, le dimanche comme les autres jours.

PRIÈRE.

Dieu saint, bon Père céleste, Créateur du ciel et de la terre ! Nous te louons, nous te bénissons de ce que tu nous as encore donné ce jour. Seigneur, tu es notre soleil et notre bouclier ; tu nous accordes ta grâce, et tu n'épargnes aucun bien à ceux qui s'attendent à toi. Nous nous approchons de toi pour te prier de répandre sur nous les biens abondants de ta maison. Donne-nous de rechercher des joies et des délassements que tu puisses bénir ; fais-nous marcher sous ton regard et en ta présence, pour que nous sanctifiions ton jour. Nous te supplions surtout de nous donner le véritable amour, afin que nous cherchions à faire du bien à nos frères, et que nous nous efforcions de te plaire en toutes choses.

Jour du Seigneur,	Dieu tout-puissant,
J'ouvre mon cœur	Dieu bienfaisant,
A la douce lumière.	J'ai besoin de ta grâce ;
Jour solennel	Eclaire-moi,
A l'Eternel,	Soutiens ma foi ;
Consacre ma prière.	Je viens chercher ta face. Amen.

DIMANCHE (Soir).

Je vous exhorte donc à vous appliquer à conserver l'unité de l'esprit, par le lien de la paix. Il y a un seul corps et un seul Esprit, comme aussi vous êtes appelés à une seule espérance, par votre vocation ; un seul Seigneur, une seule foi, un seul baptême, un seul Dieu et Père de tous, qui est au-dessus de tous, et parmi tous et en vous tous. (Ephés. 4, 3-6).

MÉDITATION.

L'unité que St. Paul demande ne doit pas être extérieure et forcée, mais avoir son point d'appui en nous et procéder de l'union des cœurs. L'apôtre, dans le passage qui nous occupe, veut parler du fondement de toute unité, sans lequel elle ne peut pas exister, de la seule espérance à laquelle nous sommes appelés par notre vocation, du seul but que nous devons poursuivre, savoir la vie éternelle. Il y a un seul Seigneur, un seul Sauveur, qui est l'unique chemin que Dieu a donné pour nous conduire vers ce but. Il y a une seule foi, un seul baptême, par conséquent un même lien, la communion avec notre Sauveur. Enfin un seul Dieu et Père de tous, qui est au-dessus de tous, et en nous tous, en un mot une même adoption de Dieu : le Père, le Fils et le St-Esprit. Si, sur ce terrain, nous voulons arriver à l'unité de l'esprit et y persévérer, il faut nous supporter avec charité, en toute humilité et douceur, avec un esprit patient : en toute humilité, en pensant à notre propre imperfection, au lieu de nous regarder, nous et notre manière de voir, comme seuls parfaits ; en douceur, en supportant les faiblesses des autres, au lieu de les juger et de les condamner, avec un esprit patient, en donnant à celui qui a un commencement de foi et d'amour le temps nécessaire pour faire des progrès dans la grâce de Dieu.

PRIÈRE.

Bon Père céleste ! Nous nous approchons de toi avec des sentiments de reconnaissance pour toutes les bénédictions que tu nous as dispensées en ce jour. Nous te prions de répandre dans nos cœurs ta paix divine et des sentiments de charité et de support envers tous les hommes. Apprends-nous à aimer notre prochain comme nous-mêmes, à l'assister de nos conseils, à supporter ses faiblesses avec douceur et bonté. Amène à une même foi, une même espérance, un même amour tous les peuples de la terre, que bientôt arrive le jour où ils ne formeront qu'un seul troupeau, sous la houlette du bon berger, Jésus notre Sauveur. Pardonne-nous toutes nos fautes, toutes nos négligences de ce jour ; purifie nos cœurs et nos consciences de toutes les œuvres mortes, rends-nous chaque jour plus fidèles dans l'accomplissement de ta sainte volonté. Que ta paix qui surpasse toute intelligence garde nos esprits et nos cœurs en Jésus-Christ.

Enfants de Dieu, vivons sans cesse
Dans cet amour qui nous unit ;
Il est l'éternelle richesse
De ceux que le Seigneur bénit.
Loin de Jésus, jadis notre âme
Méconnaissait ce doux accord ;
Du monde, hélas ! l'impure flamme
Seule éveillait notre transport.

Souvent, hélas ! notre misère
A relâché ce nœud de paix ;
Et l'ennemi souvent altère
De l'union les saints effets.
Abreuvés à la même source,
N'ayons, chers frères ! qu'un seul cœur.
Poursuivons notre heureuse course
Les yeux fixés sur le Sauveur.   Amen.

LUNDI (MATIN).

Jacob répondit à Pharaon : Les jours des années de mes pèlerinages sont de cent trente ans ; les jours des années de ma vie ont été courts et mauvais, et ils n'ont point atteint les jours des années de la vie de mes pères du temps de leurs pèlerinages.   (Gen. 47, 9).

MÉDITATION.

Nous savons par expérience qu'il n'y a guère de familles sur lesquelles ne pèse quelque souci particulier, quelque secret chagrin. Que de souffrances les hommes se causent les uns aux autres, que de châtiments ils reçoivent de la main de Dieu ! Souvent ils y cherchent des compensations dans les distractions, dans les jouissances de la vie ; mais n'est-ce pas pour se faire volontairement illusion ? Si le tourbillon des affaires ou des plaisirs ne les empêchait pas de se reconnaître, et s'ils étaient sincères, ne feraient-ils pas l'aveu qu'en réalité ils ne sont pas heureux ? Quelle est la clef du mystère de toutes les misères humaines ? Nous n'en trouvons d'autre que celle que nous donne l'Ecriture sainte. Elle nous dit que les ronces et les épines, les douleurs et les angoisses sont entrées dans le monde avec le péché et ne disparaîtront entièrement que sur la nouvelle terre où la justice habite.

PRIÈRE.

Dieu d'amour et de miséricorde ! Que serions-nous sans toi et sans ta grâce dans cette vallée de larmes ? La santé, le bonheur, tous les biens dont nous jouissons sont un effet de ta bonté ; apprends-nous à t'en louer avec des cœurs reconnaissants. Apprends-nous de même à te bénir si tu trouves bon de nous frapper, à reconnaître que tes coups sont dirigés par une main d'amour et n'ont en vue que notre bien éternel. Rappelle-nous que les épines dont notre chemin est parsemé ici-bas sont la suite du péché, que nous méritons tes châtiments, car nous nous sommes tous égarés et notre culpabilité est grande. Mais ta Parole nous dit aussi que ceux qui confessent leurs péchés et les délaissent obtiendront miséricorde. Nous nous humilions devant toi, nous implorons ton pardon et ta grâce pour l'amour de Jésus-Christ. Inscris nos noms dans le livre de vie ; conduis-nous selon ton conseil et reçois-nous un jour dans ta gloire.

Approchez, âmes accablées
Sous le fardeau de vos péchés ;
Approchez, soyez consolées :
Voici les biens que vous cherchez.

Ne craignez point : Jésus pardonne
Au cœur contrit et pénitent,
Et la gloire qui l'environne
N'empêche pas qu'il soit clément. Amen.

LUNDI (Soir).

Eternel, je me suis retiré vers toi ; que je ne sois jamais confus ! Délivre-moi par ta justice et me fais échapper ; incline ton oreille vers moi et sauve-moi ! Sois pour moi un rocher de retraite, où je puisse toujours me retirer ; tu as ordonné que je sois sauvé, car tu es mon rocher et ma forteresse. Mon Dieu, délivre-moi de la main du méchant, de la main du pervers et de l'oppresseur. Car tu es mon attente, Seigneur Eternel, ma confiance dès ma jeunesse. (Ps. 71, 1-5).

Méditation.

L'espérance en Dieu qui s'évanouit avec les beaux jours est une espérance vaine. L'ancre jetée par-dessus bord, emportée par les flots, ne sert de rien. Il faut qu'attachée à une chaîne solide, elle s'enfonce dans la mer, se fixe au fond et devienne ainsi le salut du navire. Si elle résiste en dépit de la tempête et des vagues qui viennent battre le vaisseau, elle remplit son but et se trouve dans de bonnes conditions. Malheur au navigateur qui voit son ancre se briser au moment critique! Si notre espérance ne nous soutient que dans la jeunesse, dans les succès et dans la prospérité, si elle disparait aux jours de la maladie, du malheur, de l'abandon, elle n'est pas ce qu'elle doit être, elle n'a pas de profond et solide fondement.

Prière.

Bon Père céleste! Nous te bénissons du fond du cœur de la protection que tu nous as accordée aujourd'hui, de la vie et de la santé que tu nous as conservées. Tu guéris ceux qui ont le cœur brisé; tu bandes leurs plaies, tu soutiens ceux qui sont abattus; aucun de ceux qui se retirent vers toi ne sera confus. Seigneur, fais luire ta face sur nous. Préserve-nous de tout accident fâcheux, de maux accablants, d'infirmités, de mort soudaine. Toutefois, que ta volonté soit faite et non la nôtre. Reste avec nous par ta grâce; que tes promesses rassurent nos cœurs et les remplissent de force et de consolation dans les heures difficiles, que nous sachions toujours compter sur toi et nous remettre entre tes mains paternelles, avec la ferme confiance que tu prendras soin de nous. Etends sur nous tes mains paternelles pendant cette nuit, bénis-nous, garde-nous avec les nôtres au nom et pour l'amour de Jésus.

Quand je serais délaissé par ma mère,
Et n'aurais plus aucun refuge humain,
Le Tout-Puissant, mon fidèle et bon Père,
Pour me sauver me prendrait par la main.

Toi donc, mon âme! au fort de la souffrance,
Attends de Dieu la grâce et le secours;
Espère en lui contre toute espérance;
Son bras puissant t'affermira toujours.

Amen.

MARDI (Matin).

Bien-aimés, nous sommes à présent enfants de Dieu, et ce que nous serons n'a pas encore été manifesté; mais nous savons que quand il sera manifesté, nous serons semblables à lui, parce que nous le verrons tel qu'il est.

(I Jean 3, 2).

MÉDITATION.

« Nous sommes à présent enfants de Dieu, nous lui serons semblables, parce que nous le verrons tel qu'il est » : s'écrie l'apôtre Jean en portant le regard de la foi au delà du voile qui nous cache notre éternel avenir. C'est là la grande espérance du chrétien à l'heure de la mort. Oui, semble dire l'apôtre, qui ne se sentirait pas actuellement déjà tout heureux de se savoir enfant de Dieu, adopté par sa grâce ! Et pourtant, ce que nous serons n'a pas encore été manifesté ; mais quand il paraîtra nous lui serons semblables ! Il viendra donc, pour nous aussi, ce temps où nous ne serons que lumière ! Comment cela se fera-t-il ? Nous le pressentons à peine ; toutefois nous sommes assurés de le voir tel qu'il est, si nous allons à lui avec un amour au-dessus de tout autre amour ; et s'il se dévoile alors à notre âme dans toute sa gloire, ses rayons nous pénétrant de toutes parts, ne nous rendront-ils pas lumineux comme il l'est ? C'est pour cela sans doute que l'apôtre Paul aussi a parlé de nos soupirs en attendant l'adoption qui ne sera complète qu'avec la rédemption du corps, alors que ce pauvre corps mortel, si souvent rebelle à l'Esprit, sera rendu participant d'une vie glorieuse. Car en cet état il n'y aura plus rien en nous que la lumière éternelle ne pénètre, de sorte que toutes les faiblesses et toutes les ténèbres auront disparu.

PRIÈRE.

Tu nous as encore protégés, Père céleste, pendant cette nuit ; nous t'en bénissons. Nous te prions de nous pénétrer de l'importance des devoirs de chaque jour, et de nous faire entrevoir le magnifique but dont nous nous rapprochons sans cesse. « Nous te serons semblables, parce que nous te verrons tel que tu es. » C'est là notre espérance et notre consolation au milieu des misères et des luttes de cette vie. Fais-nous la grâce de ne pas perdre de vue notre glorieuse destinée, de nous purifier comme toi tu es pur et saint. Donne-nous un nouveau cœur qui brûle d'un saint zèle pour toi et qui soit embrasé de ton amour. Que nous abhorrions toute souillure et que nous nous abstenions de toute apparence de mal ; fais que, renonçant à toute impiété, nous vivions sobrement, justement et religieusement, afin qu'un jour nous puissions te contempler face à face et avoir part à la félicité que tu as promise à ceux qui t'aiment et vivent pour ta gloire.

Sainte Sion, ô patrie éternelle !
Palais sacré qu'habite le grand Roi,
Où doit sans fin régner l'âme fidèle,
Quoi de plus doux que de penser à toi !

Tes habitants ne craignent plus l'orage ;
Ils sont au port, ils y sont pour jamais.
Un calme entier devient leur doux partage;
Dieu dans leurs cœurs verse un fleuve de paix.
Amen.

MARDI (Soir).

Ainsi a dit l'Eternel : Maudit est l'homme qui se confie en l'homme, qui de la chair fait son bras, et dont le cœur se retire de l'Eternel ! Il sera comme un homme dénué de secours dans la plaine stérile ; il ne verra point venir le bien ; mais il habitera au désert, dans les lieux secs, dans une terre salée et inhabitable. Béni soit l'homme qui se confie en l'Eternel, dont l'Eternel est la confiance ! Il sera comme un arbre planté près des eaux, qui étend ses racines le long d'une eau courante ; qui, lorsque vient la chaleur, ne la craint point, mais dont la feuille est verte ; il n'est point en peine dans l'année de sécheresse, et ne cesse pas de porter du fruit.

(Jér. 17, 5-8).

MÉDITATION.

Le prophète dit ici en paroles énergiques que le plus grand péché devant Dieu, c'est l'absence de foi, le manque de confiance en lui. Les mots de malédiction et de bénédiction ne sont pas vides de sens ; ils expriment une vivante réalité. La puissance occulte qui manifeste sa présence dans la vie individuelle comme dans les directions des peuples, et qu'on désigne généralement sous le nom de destin, n'est sous bien des rapports que la malédiction ou la bénédiction du Dieu vivant, qui tient toutes les créatures dans sa main. La source de la malédiction, c'est le péché. La justice élève les individus comme les peuples, mais le péché les mène à la perdition. On moissonne ce qu'on a semé. L'Ecriture sainte, de la première à la dernière page, fait voir que la malédiction repose sur l'incrédulité, de même que la bénédiction repose sur la foi. La foi s'appuie sur le Seigneur, l'incrédulité le rejette ; elle est une atteinte à l'honneur de Dieu, parce qu'elle ne croit pas qu'il puisse pourvoir à tous nos besoins et réparer tous les maux. Un peuple ou un pays sans foi est aride comme un désert ; la décadence et la ruine marchent à sa suite. Ne mettons donc pas notre confiance dans la sagesse et la force des hommes, mais en Dieu, et sa bénédiction sera sur nous.

PRIÈRE.

Sois-nous propice, ô Dieu, selon ta bonté ; efface nos péchés selon ta miséricorde. Reçois-nous en grâce pour l'amour de Jésus-Christ et réponds à nos besoins. Nous sommes pauvres, enrichis-nous en toi ; nous sommes faibles, fortifie-nous par ta force toute-puissante ; nous sommes malades, guéris-nous pour la vie éternelle. Rends-nous fidèles en dirigeant notre regard sur toi dans nos tentations toujours renaissantes, dans les luttes que nous rencontrons à chaque pas. Affermis-nous dans la foi, afin que nous ayons part aux bénédictions que tu promets à ceux qui croient en toi et qui confessent ton saint Nom. Veille sur nous pendant cette nuit ; accorde-nous un repos doux et paisible à l'ombre de tes ailes. Amène-nous un jour à la contemplation de ta gloire, rassasie-nous de tes biens en nous transformant à notre dernier réveil à ta sainte image.

On n'a de vrai bonheur
Qu'en croyant l'Evangile,
Et qu'en étant docile
A la voix du Sauveur.
On n'a de vrai bonheur
Qu'en lui donnant son cœur.

On n'a de liberté
Qu'en sortant d'esclavage,
En rompant le cordage
De toute iniquité.
On n'a de liberté
Que dans la sainteté. Amen.

MERCREDI (Matin).

Le Seigneur rejettera-t-il pour toujours, ne sera-t-il plus désormais propice ? Sa bonté a-t-elle cessé pour toujours ? Sa parole a-t-elle pris fin pour tous les âges ? Dieu a-t-il oublié d'avoir pitié ? A-t-il dans sa colère fermé ses compassions ? Et j'ai dit : C'est bien ici ce qui m'affaiblit ; mais la droite de l'Eternel peut tout changer. (Ps. 77, 8-11).

Méditation.

Le chantre sacré se plaint amèrement d'une affliction profonde et prolongée. Il lui semble que Dieu l'ait complètement oublié et rejeté pour toujours loin de sa face. Toutefois il finit par se soumettre humblement à la volonté de Dieu, et il dit dans des sentiments de résignation et d'espérance : « La droite de l'Eternel peut tout changer ». Ce n'est pas toujours notre ignorance ou notre folie qui nous attirent nos épreuves. Il y en a qui ressemblent à des flèches que Dieu lance de son arc et qu'il enfonce profondément dans le cœur. Il faut les supporter ; elles ne doivent pas disparaître comme la neige au contact de l'eau, mais durer aussi longtemps que c'est la volonté de Dieu. Le devoir du fidèle dans l'épreuve, c'est de se résigner dans des dispositions chrétiennes. Quand l'affliction est supportée avec patience, elle perd son amertume ; la croix est changée en bénédiction.

Prière.

Seigneur, notre Dieu ! Nous nous approchons du trône de ta grâce, nous te prions de nous prêter ton assistance pendant ce jour. Fais que nous reprenions nos occupations avec une confiance filiale en toi, que nous portions volontiers le fardeau que tu nous imposes et que rien ne nous prive de ta bénédiction et de ta communion. Aie pitié, Seigneur, de tous ceux qui sont éprouvés et qui soupirent après ton secours. Donne-leur de sentir ta présence consolante ; adoucis leurs maux, abrège leur temps d'épreuve, et reçois-les dans les tabernacles de l'éternelle paix.

O Jésus mon Sauveur, par ta douce présence,
Viens consoler mon cœur et diriger mes pas.
Ranime dans ce jour ma céleste espérance,
Relève mon courage et ne me quitte pas.
Quand tu frappes, Seigneur, quand ta main me châtie,
Fais que je sois soumis à tes coups douloureux ;
Et quand mon cœur brisé sous la croix s'humilie,
Que ton regard d'amour veille sur moi des cieux. Amen.

MERCREDI (Soir).

Les cieux racontent la gloire de Dieu, et l'étendue fait connaître l'œuvre de ses mains. Le jour parle au jour, et la nuit enseigne la nuit. Ce n'est pas un langage. ce ne sont pas des paroles dont la voix ne s'entende pas. La loi de l'Eternel est parfaite, elle restaure l'âme ; le témoignage de l'Eternel est sûr, il donne de la sagesse aux simples. Les ordonnances de l'Eternel sont droites, elles réjouissent le cœur ; le commandement de l'Eternel est pur, il éclaire les yeux. (Ps. 19, 2-4, 8 et 9).

Méditation.

La beauté de la voûte céleste, la gloire de la création visible partout répandue est une prédication vivante de la gloire du Dieu invisible. Qu'ils sont nombreux ceux qui célèbrent avec enthousiasme les beautés de la création, et dont l'esprit ne s'élève point à Celui qui a tout appelé à l'existence et qui a les premiers droits à leur admiration et à leur dévouement. Ils auraient peut-être honte de parler de l'amour de Dieu avec la chaleur qu'ils mettent à admirer la création. D'autres, tout en exaltant la révélation de Dieu dans le règne de la nature, ne savent pas retrouver le même Dieu dans les révélations de l'Ecriture sainte. Prenons exemple sur le Psalmiste ; la beauté morale de la loi de Dieu le frappe tout autant que la grandeur et la beauté de la nature, et dans le langage du ciel et de la terre, il retrouve la même voix que dans la loi de Dieu.

Prière.

Dieu éternel et tout-puissant ! La lumière du jour qui proclame ta grandeur a disparu de nouveau ; mais la nuit avec ses ombres ne proclame pas moins ta gloire. Les étoiles du ciel, qui parcourent leur orbite dans leur splendeur silencieuse, sont un témoignage de ta puissance, de ta sagesse et de ta bonté. Mais plus clairement encore que dans les œuvres de la création tu t'es révélé à nous dans ta sainte Parole. Nous t'en remercions du fond du cœur ; nous te prions de nous apprendre à mieux la connaître, de nous y ouvrir une source de joie, de consolation et de rafraîchissement. Dessille nos yeux, afin que nous voyions la gloire de ton Evangile et la sainteté de tes commandements ; aide-nous à les serrer dans notre cœur, à les mettre en pratique dans notre vie.

> Je chanterai, Seigneur, tes œuvres magnifiques,
> Ton auguste pouvoir, ta suprême grandeur ;
> Aux concerts de tes saints j'unirai les cantiques
> Que pour toi me dicte mon cœur.
>
> Le monde passera, ce superbe édifice
> Un jour s'ébranlera jusqu'en ses fondements.
> Ta Parole, grand Dieu, ta bonté, ta justice,
> Subsisteront dans tous les temps. Amen.

JEUDI (Matin).

L'Eternel est ma lumière et ma délivrance ; de qui aurais-je peur ? L'Eternel est le rempart de ma vie ; de qui aurais-je de la crainte ? Quand une armée camperait contre moi, mon cœur ne craindrait point ; quand la guerre s'élèverait contre moi, ce sera là ma confiance. (Ps. 27, 1 et 3).

Méditation.

Ce sont des méchants, des ennemis qui poursuivent le roi David de leur colère et de leur haine. Nous pouvons nous trouver dans la même détresse ; la calomnie et la haine peuvent nous rendre la vie amère. Ou bien nous sommes placés dans quelque autre situation difficile ; mais nos dispositions intérieures sont les mêmes que celles du roi-prophète. Où puiser force et conseil, secours et consolation ? La force de l'âme s'épuise, son regard s'affaiblit, lorsqu'elle ne s'élève pas des sentiers obscurs et pénibles de la vie vers les montagnes d'où nous vient le secours. Elle reprend, au contraire, courage et assurance, quand du milieu de ses angoisses et de ses alarmes, elle se représente la gloire du Dieu tout-puissant. Cherchons toujours en Dieu notre lumière, notre salut, la force de notre vie, et lorsque nous sommes en détresse, pensons avec foi à sa puissance et à son amour.

PRIÈRE.

Dieu fidèle ! Nous te bénissons du fond du cœur de nous avoir gardés pendant la nuit dernière, nous te prions de nous entourer encore de ta protection pendant ce jour. Aie compassion de nous comme un père a compassion de ses enfants. Nous saisissons ta main toute-puissante dans le sentiment de notre faiblesse ; toi seul tu peux protéger, consoler et délivrer. Si nous sommes sur le point de nous décourager, fortifie-nous ; si nous sommes tentés, aide-nous à vaincre, garde-nous toi-même des méchants. Tu es notre lumière et notre délivrance ; de qui aurions-nous peur ? Tu es le rempart de notre vie, de qui aurions-nous de la crainte ? Accorde-nous la grâce d'être toujours pleins de confiance et de foi, de te rester fidèles, quelles que soient les dispensations que tu nous envoies.

Dieu fut toujours ma lumière et ma vie,
Qui peut me nuire et qu'ai-je à redouter ?
J'ai pour soutien sa puissance infinie,
L'homme mortel peut-il m'épouvanter ?
Quand les méchants m'ont livré cent combats,
Et qu'ils m'ont cru déchiré de leurs dents,
Je les ai vus, ces ennemis ardents,
Broncher partout, tomber à chaque pas.

Que tout un camp m'approche et m'environne,
Mon cœur jamais ne s'en alarmera ;
Qu'en ce péril tout secours m'abandonne,
Un ferme espoir toujours me soutiendra.
A l'Eternel je demande un seul point,
Et j'ai fait vœu de l'en prier toujours,
Qu'aussi longtemps que dureront mes jours
De sa maison il ne m'éloigne point. Amen.

JEUDI (SOIR).

C'est pourquoi, depuis le jour où nous l'avons appris, nous n'avons cessé de prier pour vous, et de demander que vous soyez remplis de la connaissance de sa volonté, en toute sagesse et intelligence spirituelle ; de telle sorte que vous vous conduisiez d'une manière digne du Seigneur, pour lui plaire en toutes choses, portant des fruits en toutes sortes de bonnes œuvres, et croissant dans la connaissance de Dieu. (Col. 1, 9 et 10).

MÉDITATION.

La pierre de touche de la sagesse chrétienne est la vie. Le chrétien est à Christ ; de là pour lui une dignité, une noblesse, une position éminente et incomparable. Il faut qu'il fasse honneur à son caractère de chrétien, que sa conduite soit toujours telle qu'on puisse y retrouver l'image de son Maître. La règle de sa vie ne doit pas être la recherche de son propre honneur, la louange des hommes, ni leur approbation, mais celle de Dieu seul. Cette vie est animée d'un nouveau principe : l'Esprit de

Dieu, elle nous dirige vers un but nouveau : glorifier Dieu dans notre corps et dans notre esprit. C'est une vie qui nous fait entrer dans un nouveau monde de sentiments et de pensées, et nous fait tout voir dans une lumière nouvelle. On est, en ce qui concerne les choses de Dieu, semblable à un enfant qui apprend à penser, à sentir, à juger, à parler et à agir.

PRIÈRE.

Dieu miséricordieux ! Grâces te soient rendues de ce que tu nous as gardés aujourd'hui et abondamment bénis. Donne-nous de t'en glorifier par une vie dévouée et riche en toutes sortes de bonnes œuvres. Nous oublions souvent nos devoirs envers toi, nous méconnaissons et négligeons ceux que tu nous prescris à l'égard de notre prochain. Pardonne-nous, Seigneur, rends-nous fidèles dans les plus petites choses, afin que nous le soyons aussi dans les grandes. Fais-nous comprendre toute notre faiblesse, apprends-nous à chercher notre force en toi. Rappelle-nous que rachetés à un grand prix, nous devons te glorifier dans nos corps et dans nos esprits ; que nous devons tout faire de bon cœur, comme pour toi et non pour les hommes. Que ton amour, ô Dieu, réchauffe et fortifie nos cœurs en les remplissant de ta paix ! Daigne exaucer notre prière pour l'amour de Jésus et répandre ta bénédiction sur nous et les nôtres.

Marcher en la présence
De Dieu notre Sauveur,
Toujours d'intelligence
Avec son tendre cœur,
Ne chercher qu'à lui plaire
Dans tout ce que l'on fait,
C'est le ciel sur la terre,
C'est le bonheur parfait.

Ah ! montre-moi ta face
Et ton cœur plein d'amour !
Viens, ô soleil de grâce !
M'éclairer nuit et jour.
Sans ta douce influence
La vie est une mort ;
Jouir de ta présence,
C'est le plus heureux sort. Amen.

VENDREDI (MATIN).

Prends ton plaisir en l'Eternel, et il t'accordera les demandes de ton cœur.
Remets ta voie à l'Eternel et te confie en lui, et il agira.

(Ps. 37, 4 et 5).

MÉDITATION.

Dieu peut et veut faire tourner en bien les plus grands maux. Le cœur qui aime le Seigneur et qui se confie en lui est assuré, au milieu des détresses et des épreuves qui viennent l'atteindre, que tout est pour le mieux. Si nous n'avons plus cette espérance chrétienne, nous avons fait naufrage quant à la foi; hâtons-nous alors de recourir à la Parole de Dieu et à la prière pour chercher et retrouver la force et la paix perdues. Le Seigneur répond d'une manière surprenante à nos supplications. Lorsque nous saisissons sa main, qui est toujours tendue vers nous, elle nous fera passer par-dessus les lieux élevés et mettra ce cantique d'actions de grâces sur nos lèvres : « Le Seigneur est admirable en conseil, et magnifique en moyens. »

PRIÈRE.

Seigneur! Ta bonté atteint jusqu'aux cieux, et ta fidélité jusqu'aux nues. Nous te bénissons de ton amour, nous louons ton saint Nom, ô Très-Haut. Accorde-nous ton Esprit de lumière et de sagesse pour nous diriger dans notre vie, afin que nous demeurions en toi et que notre espérance subsiste et nous soutienne alors que nos jours s'envolent et que nos appuis terrestres disparaissent tour à tour. Tout dans ce monde n'est que vanité. Toute chair est comme l'herbe et toute la gloire de l'homme comme la fleur de l'herbe; l'herbe sèche et sa fleur tombe, mais celui qui fait ta volonté, ô Eternel, demeure éternellement. Tu es et tu seras toujours le même, en toi nous avons la vie éternelle. Donne-nous d'y penser chaque jour, remplis-nous d'une confiance illimitée en toi, en ta puissance et en ta bonté.

Crains Dieu, fais bien, sa bonté souveraine
Mettra la terre en ta possession;
Car sa promesse est fidèle et certaine;
Cherche en lui seul ta consolation;
Et des vrais biens qui seuls te doivent plaire
Tu jouiras sous sa protection.
Rends à Dieu le soin de ton affaire;
Espère en lui, sa main te conduira,
Sans qu'à tes vœux rien puisse être contraire.
Ta vertu pure au jour il produira,
Et par ses soins ta vie égale et bonne,
Comme un soleil en son midi luira.   Amen.

VENDREDI (SOIR).

Le Seigneur ne rejette pas à toujours. Mais s'il afflige, il a aussi compassion, selon la grandeur de sa miséricorde. Car ce n'est pas volontiers qu'il afflige et contriste les fils des hommes.   (Lament. 3, 31-33).

MÉDITATION.

Nous ne pouvons être élevés sans passer par les profondeurs de l'humiliation. Tous les hommes sans distinction ont à traverser de grandes tribulations dans ce monde. L'apôtre St. Paul, avec tous les élus de l'ancienne et de la nouvelle alliance, ne sont-ils pas entrés dans le royaume de Dieu par beaucoup d'afflictions? Le Seigneur Jésus lui-même a dû descendre dans l'abîme des souffrances humaines, et son âme a été dans une tristesse mortelle! Dans nos afflictions, contemplons notre Sauveur en Gethsémané; il peut nous consoler, car il a connu les angoisses du cœur. S'il nous afflige, c'est pour nous faire sentir ce qu'il a souffert pour nous, et combien il nous a aimés, mais il ne permettra pas que nous succombions dans nos tristesses, il aura compassion de nous. Cherchons-le et nous trouverons une issue à nos maux.

PRIÈRE.

Seigneur! Nous t'invoquons; viens à notre aide; entends notre voix. Regarde-nous avec bienveillance pour l'amour de Jésus-Christ. Sur mille articles, nous ne pouvons pas répondre à un seul, si tu veux entrer en compte avec nous; mais nous mettons notre confiance dans ton infinie miséricorde. Tu nous as aimés en Jésus avant la création du monde, et par lui tu nous as gardés jusqu'à ce jour. Nous t'en bénissons du fond du cœur, nous te prions de ne pas nous retirer ta grâce, mais de nous continuer ta protection et ton secours. Couvre-nous de tes ailes protectrices pendant cette nuit, défends-nous contre tous nos ennemis visibles et invisibles. Conserve-nous le sentiment de ta présence, unis-nous toujours plus étroitement à toi. Si tu juges à propos de nous faire passer par des afflictions, donne-nous d'être patients et soumis et d'imiter le parfait exemple que Jésus nous a laissé. Exauce-nous, c'est en son Nom que nous t'invoquons.

Si mon cœur dans l'adversité,
Est agité,
Ta main m'appuie;
C'est ton bras qui sauve des mains
Des inhumains
Ma triste vie.

Quand je suis le plus abattu,
C'est ta vertu
Qui me relève.
Ce qu'il t'a plu de commencer,
Sans se lasser,
Ta main l'achève! Amen.

SAMEDI (MATIN).

L'homme s'en va vers sa demeure éternelle; la poudre retourne dans la terre, comme elle y avait été, et l'esprit retourne à Dieu qui l'a donné.

(Eccl. 12, 7 et 9).

Méditation.

Nous savons tous que nous devrons mourir ; mais quand sonnera pour nous l'heure où se lèvera le voile qui nous cache le monde invisible ? Nous l'ignorons et nous ne désirons pas le savoir. Il est bon que Dieu nous l'ait caché, afin que nous vivions et agissions chaque jour comme si c'était le dernier pour nous. Comment et où mourrons-nous ? Notre vie s'éteindra-t-elle dans les souffrances et les combats ? Ou bien notre fin sera-t-elle douce et calme ? Dieu en décidera. Une seule chose importe pour nous, c'est que nous apprenions à répéter cette prière : Que je meure de la mort du juste, et que ma fin soit semblable à la sienne ! L'essentiel, ce sont les dispositions de notre cœur au moment où nous quitterons ce monde, c'est de nous endormir alors dans la paix de Dieu, afin que notre mort soit pour nous l'entrée dans la vie bienheureuse et éternelle.

Prière.

Mon âme, bénis l'Eternel et que tout ce qui est en moi bénisse son saint Nom ; mon âme, bénis l'Eternel et n'oublie aucun de ses bienfaits ! Tels sont nos sentiments de gratitude à cette heure matinale. Avec le chantre sacré, nous nous prosternons devant ta face, Dieu fidèle ! Tu nous accordes journellement au delà de nos demandes et de nos espérances ; nous ne sommes pas dignes de cet amour et de cette miséricorde. Supporte-nous avec patience, nous pauvres pécheurs, faibles et coupables, et ne cesse pas de nous préparer pour le ciel par le secours de ta grâce. Enseigne-nous à compter nos jours, tellement que nous puissions en avoir un cœur sage. Rappelle-nous qu'au moment où nous devons tout quitter ici-bas, l'éternité s'ouvre pour nous, et que si nous voulons y entrer avec confiance et sans crainte, Jésus, ton Fils bien-aimé doit être notre unique espérance. Donne-nous de fonder sur lui seul notre assurance de paix et de vie éternelle. Fais-nous la grâce de travailler à notre salut, en accomplissant ta volonté et en observant ta sainte Loi. Accorde-nous, à cet effet, le secours de ton Esprit, sans lequel tous nos efforts sont vains. Aie pitié de nous et reçois-nous un jour dans ta gloire, au nom de Jésus-Christ, notre adorable Sauveur.

> Les hommes sont pareils aux fleurs de la prairie
> Qu'une même saison voit éclore et mourir.
> Ils tombent moissonnés pour l'éternelle vie,
> Ils sont semés pour refleurir.
>
> Ainsi talents, vertus, gloire et beauté de l'âme,
> Semblent dans le cercueil éteindre leur flambeau ;
> Mais l'âme ne meurt pas et le ciel la réclame :
> Du ciel la tombe est le berceau. Amen.

SAMEDI (Soir).

Maintenant ces trois choses demeurent : la foi, l'espérance, la charité ; mais la plus grande d'elles est la charité. (1 Cor. 13, 13).

Méditation.

L'amour restera quand la foi et l'espérance auront disparu. Puisqu'un jour viendra où nous connaîtrons Dieu et l'origine de tout, comme Dieu nous connaît, en ce jour de la pleine connaissance la foi prendra fin. A son tour, l'espérance, qui n'est que la foi appliquée aux choses futures et à notre propre avenir, disparaîtra quand tout sera présent et que le temps s'engloutira dans l'éternité. Mais l'amour ne passera jamais. Si déjà sur cette terre il est pour notre cœur une source de richesse et de joie, bien que semblable à un faible ruisseau sur le point de dessécher aux premières ardeurs du soleil, que sera-ce un jour lorsque le ruisseau sera devenu un torrent, un Océan, qu'il coulera à flots pressés du cœur de Dieu dans le cœur de ses rachetés, et qu'il n'y aura entre tous les enfants du même Père qu'un libre et heureux échange de dons, d'affection et de vie !

Prière.

Dieu d'amour ! Daigne répandre ton amour dans nos cœurs, de telle sorte qu'il ne laisse aucune place à l'égoïsme qui est si souvent une source d'amertume pour nous et pour les autres. Aide-nous à faire honneur par nos paroles et nos actions au nom de chrétiens que nous portons et à suivre les traces que Jésus nous a laissées. Que la foi et l'espérance éclairent notre sentier de leur céleste clarté, qu'elles nous soutiennent dans nos luttes, en plaçant devant nous les réalités d'un monde meilleur, qu'elles nous aident à rester fidèles jusqu'au jour où nous posséderons ce que nous avons cru et espéré et où tu seras tout en tous. Nous te bénissons du fond du cœur du bien que tu ne te lasses de nous faire. Pardonne-nous nos péchés et nos négligences de cette semaine ; entoure-nous de ta protection et garde nos cœurs dans ta paix et dans ton amour.

Ils ont cessé, les saints oracles,
Le don des langues, des miracles ;
La science aura son déclin.
L'amour, la charité divine,
Eternelle en son origine,
Jamais ne connaîtra de fin.

Soutenu par un Dieu propice,
De notre céleste édifice
La foi vive est le fondement ;
La sainte espérance l'élève,
L'ardente charité l'achève,
Et l'assure éternellement. Amen.

Dix-Huitième Semaine après la Trinité.

DIMANCHE (Matin).

Les pharisiens ayant appris qu'il avait fermé la bouche aux sadducéens, s'assemblèrent. Et l'un d'eux, docteur de la loi, l'interrogea pour l'éprouver et lui dit : Maître, quel est le plus grand commandement de la loi ? Jésus lui dit : Tu aimeras le Seigneur ton Dieu de tout ton cœur, de toute ton âme et de toute ta pensée. C'est là le premier et le grand commandement. Et voici le second qui lui est semblable : Tu aimeras ton prochain comme toi-même. De ces deux commandements dépendent toute la loi et les prophètes. Et les pharisiens étant assemblés, Jésus les interrogea, et leur dit : « Que vous semble-t-il du Christ ? De qui est-il le fils ? Ils lui répondirent : De David. Et il leur dit : Comment donc David l'appelle-t-il par l'Esprit son Seigneur en disant : Le Seigneur a dit à mon Seigneur : Assieds-toi à ma droite, jusqu'à ce que j'aie fait de tes ennemis le marchepied de tes pieds ? Si donc David l'appelle son Seigneur, comment est-il son fils ? Et personne ne put lui répondre un mot ; et depuis ce jour-là personne n'osa plus l'interroger. (St. Matth. 22, 34-46).

MÉDITATION.

Maître, quel est le plus grand commandement de la Loi ? Telle a été la question du pharisien. Bien des âmes d'élite l'ont répétée après lui. Elles ont reconnu que le monde, avec ses plaisirs et ses convoitises, ne peut ni remplir le cœur de l'homme, ni satisfaire ses besoins les plus profonds. Le but qu'elles se proposent est plus élevé et plus noble. Les noms qu'elles lui donnent diffèrent : moralité, vertu, accomplissement du devoir. Elles ont en elles le pressentiment que la vocation de l'homme est d'être renouvelé à l'image de Dieu, et elles y aspirent de toutes leurs forces et de toute leur énergie. Occupent-elles quelque emploi, quelque position dans le monde, elles se consacrent entièrement aux devoirs qui s'y rattachent. S'agit-il de faire quelque grand sacrifice, elles n'hésitent pas un instant. Elles perdent des biens précieux et ne murmurent pas ; elles supportent avec courage les coups de l'adversité. Il y a dans une telle vie un sérieux moral profond et digne de notre estime ; mais la paix en est absente, parce que ces âmes voudraient se sauver par l'observation de la loi de Dieu. Mais comment pourrait-on être heureux en portant un fardeau sous lequel on est souvent sur le point de succomber, ou en remplissant des devoirs qui chaque jour et à chaque heure paraissent écrasants? Ces personnes peuvent-elles au moins se dire pour se tranquilliser: nous avons fait tout notre devoir? N'est-il pas arrivé, au contraire, que souvent la chair l'a emporté sur l'esprit, que les mauvais penchants ont triomphé des intentions de la conscience? En effet, la Loi ne peut pas nous sauver. Son but est de nous conduire à Christ, d'éveiller en nous le désir de lui appartenir. « Que vous semble-t-il de Jésus-Christ? De qui est-il le fils? » De David, répondirent les pharisiens, et ils n'avaient pas tort. Jésus a été vraiment homme et fils de David selon la chair. C'est en vertu de son humanité qu'il est devenu notre frère et un sacrificateur miséricordieux, qui sait compatir à nos faiblesses. Il est aussi pour nous, par son humanité, un parfait modèle dans l'accomplissement de ce précepte de la Loi : « Tu aimeras Dieu par-dessus tout et ton prochain comme toi-même. » Toute sa vie se résume dans l'amour de Dieu et dans l'amour du prochain. De son exemple découle une force vivifiante que ne peut donner le rigide commandement : Tu dois. Toutefois la puissance de l'exemple a des bornes. L'arbre qui porte des fruits sauvages ne peut pas en porter de bons, même lorsqu'on le déchausse et qu'on améliore le terrain. Il faut enter un rameau franc sur la vieille souche, pour transformer la mauvaise espèce. L'homme pécheur doit naître de nouveau, il faut que la vie de Jésus devienne la sienne. Jésus est le cep et nous sommes les sarments ; sans lui nous ne pouvons rien faire. La loi nous dit : « Tu dois aimer, » et l'homme régénéré répond : « Je ne puis faire autrement, il faut que j'aime, l'amour de Christ me presse. » L'amour est répandu dans nos cœurs par la foi en celui que David a appelé son Seigneur, par la foi en Jésus, le Fils de Dieu.

Prière.

Dieu d'amour et de paix! Nous te prions de nous accorder un jour de repos béni. Aide-nous à combattre toutes les distractions, toutes les mauvaises pensées qui pourraient surgir dans nos cœurs et nous troubler ; prépare-nous par ton St-Esprit au recueillement et à la méditation. Bénis la prédication de ta sainte Parole ; qu'elle nous fortifie, nous console et nous rende propres à toute bonne œuvre. Ta Parole nous dit que tu es charité, et que celui qui demeure dans la charité demeure en toi et toi en lui. Tu sais que nous ne sommes pas capables par nous-mêmes de garder le plus grand commandement de ta sainte Loi ; c'est pourquoi nous te prions, Seigneur, de nous enseigner par ton Esprit à t'aimer de tout notre cœur et de toute notre âme, de nous apprendre à aimer notre prochain comme tu veux que nous l'aimions. Daigne nous accorder cette grâce immense au nom de Jésus, notre Médiateur, et par la puissance de ton St-Esprit.

Verse en nous de l'Esprit
La pleine lumière
Pour t'aimer, Jésus-Christ,
Et servir ton Père.
Etoile du matin,
Guide du Pèlerin,
Soumets tout notre cœur
A ton doux empire ;
Que pour toi seul, Seigneur,
Il batte, il soupire.

Rallume, dès ce jour,
Jésus, dans notre âme
De ton puissant amour
L'immortelle flamme.
Toi, notre Emmanuel,
Grand Pasteur d'Israël,
Range enfin notre cœur
Sous ton doux empire ;
Que pour toi seul, Seigneur,
Il batte, il soupire. Amen.

DIMANCHE (Soir).

Je rends grâces continuellement à mon Dieu pour vous, à cause de la grâce que Dieu vous a donnée en Jésus-Christ, savoir de ce que vous avez été enrichis en lui de toute manière, en toute parole et en toute connaissance, selon que le témoignage de Christ a été confirmé en vous ; de sorte qu'il ne vous manque aucun don, à vous qui attendez la manifestation de notre Seigneur Jésus-Christ. Il vous affermira aussi jusqu'à la fin, pour que vous soyez irrépréhensibles au jour de notre Seigneur Jésus-Christ. Dieu, par qui vous avez été appelés à la communion de son Fils Jésus-Christ, notre Seigneur, est fidèle. (1 Cor. 1, 4-9).

MÉDITATION.

L'Evangile ne nous conduit pas à une science oisive, stérile ; il ne fournit pas d'aliment à une vaine curiosité ; il se résume en une seule question importante : la grâce de Dieu en Jésus-Christ. Plus nous étudions la révélation de Jésus-Christ, plus nous la trouvons surnaturelle, malgré son côté essentiellement humain. Tout y est plus grand que notre cœur. Il s'y trouve un amour, une sainteté, une sagesse, dont notre esprit n'aurait jamais eu aucune conception. C'est l'Evangile encore qui nous donne la vraie connaissance de nous-mêmes, bien humiliante il est vrai, mais indispensable. Il ne se borne pas à nous montrer comment Dieu juge le péché, il nous fait voir en même temps le salut qu'il a préparé pour le pécheur. Si nous reconnaissons combien il est difficile d'arriver à la connaissance de Dieu et de nous-mêmes, tout en prenant l'Evangile pour guide, n'oublions pas que nous avons besoin pour cela d'un renouvellement de l'esprit et du cœur, et que ce n'est pas nous, mais l'Esprit de Dieu seul qui peut l'opérer. Cet Esprit est un esprit de force et de vie ; il peut créer une nouvelle vie en nous, une véritable communion avec Dieu, une jouissance vivante de la grâce et de l'amour divin, un nouveau cœur et un nouvel esprit. Ces connaissances religieuses, que nous devons à l'Evangile, font de nous des hommes complets, dans lesquels il n'y a rien de factice et de faux. C'est de ces connaissances que le Sauveur dit : « Si vous demeurez dans ma parole, vous êtes véritablement mes disciples. Vous connaîtrez la vérité, et la vérité vous affranchira.»

PRIÈRE.

Seigneur ! à la fin de ce jour, nous élevons nos âmes à toi, nous te prions de réveiller en nous un désir ardent d'entrer par la foi en communion avec notre Sauveur, et d'y trouver la vraie liberté ! Te posséder et t'aimer, c'est la vie et la félicité. A quoi nous servirait la science si elle nous éloignait de toi, la source du salut et de la paix, si elle obscurcissait pour nous la lumière et la vérité ? Nous te supplions de nous faire connaître, par le St-Esprit, ce qui nous est nécessaire, de nous délivrer de la servitude du péché, de créer en nous une vie nouvelle et de nous conduire par le chemin de la paix à la vie éternelle.

Mon Sauveur, ta parole
M'éclaire, me console,
Pour le salut m'instruit ;
Mon âme en est nourrie,
Mon cœur s'en rassasie,
Je t'y trouve, ô Jésus-Christ !

Qu'elle me devient claire,
Cette aimable lumière,
Dès que ton St.-Esprit
Rend mon cœur, par sa vie,
La vivante copie
De ta Parole, ô Jésus-Christ ! Amen.

LUNDI (MATIN).

Quand tu traverseras les eaux, je serai avec toi, et les fleuves ne te submergeront point. Quand tu passeras par le feu, tu n'en seras pas brûlé, et la flamme ne te consumera pas. (Es. 43, 2).

MÉDITATION.

Si c'est par notre faute que nous avons à passer par le feu, si nous sommes en détresse par suite d'un manque de vérité et de charité, soyons remplis de crainte, humilions-nous, rebroussons chemin. Mais si, au contraire, nous avons franchement confessé la vérité, si nous l'avons défendue avec courage et répandue dans un esprit d'amour, sans nous préoccuper de la haine du monde, de ses moqueries et de ses calomnies, ne craignons pas, nous ne serons pas confus. Du moment que nous sommes à Christ, dussions-nous passer par la fournaise des souffrances, être couchés sur un lit de maladie pendant de longues années, faisons taire les alarmes et les soucis, soyons patients, persévérons dans la prière, la flamme ne nous consumera point. Si nous avons à traverser les eaux amères de l'affliction et des tribulations, comme tous ceux qui veulent aborder au rivage de la bienheureuse éternité, nous ne serons pas submergés. Le bras tout-puissant de l'Eternel nous soutiendra et nous élèvera au-dessus du feu et des vagues. C'est pourquoi nous ne craindrons point quand la terre serait bouleversée, quand les montagnes seraient ébranlées au sein de la mer, que ses eaux mugiraient en bouillonnant, et que leur furie ferait trembler les montagnes. Le Seigneur domine tout du haut de son sanctuaire.

PRIÈRE.

Seigneur ! nous recommençons en ton Nom le travail d'une nouvelle semaine et d'un nouveau jour de grâce. Nous te remercions du secours que tu nous as accordé jusqu'ici ; nous te prions d'être encore avec nous dans les jours à venir, de nous bénir selon ta miséricorde. Fais servir notre activité, nos joies et nos souffrances à notre salut, à l'avancement de ton règne et à la gloire de ton saint Nom. Tu es le maître de notre vie, ta bonté dirige tout dans le monde. Tout est voulu et prévu par ta sagesse infinie. Mais tu es aussi un Père bon et plein d'amour, et dans tout ce que tu nous dispenses, tu n'as en vue que notre bien éternel ; apprends-nous à le croire ; mets dans nos cœurs un ardent désir de nous soumettre toujours à ta volonté, de quelque manière qu'elle se manifeste à notre égard. Quoi qu'il arrive, donne-nous de compter sur ton bras tout-puissant pour nous délivrer. Daigne nous exaucer au nom de tes miséricordes infinies.

L'Eternel fut toujours ma lumière et ma vie,
J'ai fondé mon espoir sur sa force infinie.
Qui pourrait donc me nuire et qu'ai-je à redouter ?
Le fragile mortel peut-il m'épouvanter ?

> Oui, quand j'aurais perdu tout espoir sur la terre,
> Quand accablé d'ennuis au fort de ma misère,
> Je me verrais privé de tout secours humain,
> Mon Dieu, pour me sauver, me prendrait par la main. Amen.

LUNDI (Soir).

Frères, regardez comme le sujet d'une parfaite joie les diverses *tentations* qui vous arrivent. (St. Jacq. 1, 2).

Méditation.

L'apôtre Jacques commence son épître par une salutation de joie ; ainsi faisaient les premiers membres de l'Eglise ; ils se donnaient ce salut dans toutes les circonstances, même au milieu des épreuves, car l'apôtre dit : « Regardez comme le sujet d'une parfaite joie les diverses afflictions qui vous arrivent. » Sommes-nous aussi avancés dans la piété ? Il est vrai que nous savons nous réjouir au sein de l'affliction, le regard fixé sur le temps où « ceux qui sèment avec larmes moissonneront avec joie », et c'est toi bon Sauveur qui nous en donnes le pouvoir. Qui pourrait en effet, dans ces heures bénies où tu nous entr'ouvres le voile du sanctuaire, ce voile qui nous sépare du ciel, contempler, sans se réjouir, la couronne de vie que tu as promise à ceux qui t'aiment ? Quelle âme ne sentirait pas les vagues agitées s'apaiser, lorsque quelques rayons de ta lumière s'abaissent doucement et se reposent sur elle ? — Mais louer le Seigneur à cause de l'affliction même, comme le demande l'apôtre, voilà ce qui est difficile, car les remèdes sont toujours amers, quoiqu'on sache qu'eux seuls peuvent nous guérir. Demandons à Celui qui s'est laissé crucifier pour nous, de nous aider à surmonter l'horreur que notre chair éprouve pour toutes les croix. Il aura compassion de notre faiblesse, lui qui en Gethsémané a prié son Père d'éloigner de lui, si possible, le calice amer. Il compatira à notre faiblesse comme sacrificateur miséricordieux, et ne nous abandonnera pas à l'heure de la tentation.

Prière.

Dieu saint ! Nous te remercions de toutes les bénédictions que tu nous accordes jour après jour. Tout ce que nous avons nous vient de toi, tout ce que tu fais est bien fait. Si les afflictions nous ont été épargnées, c'est par ta grâce imméritée ; si tu nous visites et nous fais passer par diverses tentations, tu ne cesses pas d'être notre Dieu, ta bonté et ta fidélité demeurent éternellement. Pardonne-nous nos défaillances, nos murmures; fais-nous reconnaître tes vues d'amour dans toutes tes voies, afin que nous apprenions à te louer dans les plus grandes épreuves. Chaque jour nous avons à nous humilier devant toi, pour nos infidélités si nombreuses, pour nos manquements à ta sainte volonté, notre négligence à faire le bien qui est en notre pouvoir. Seigneur, produis en nous un sincère repentir de toutes nos fautes, lave et purifie nos cœurs dans le sang de Jésus. C'est en nous fondant sur ses mérites que nous te prions de nous exaucer et de nous accorder ta grâce et ta paix.

Oh! pour me rendre
Fidèle et tendre,
Mon Père, ne m'épargne pas!
Que sous la flamme,
Un or sans blâme
Se démêle d'un vil amas!
Sous ton ciseau, divin sculpteur de l'âme,
Que mon bonheur vole en éclats!

Tu peux reprendre,
O Père tendre!
Ces biens dont tu m'as couronné!
Ce qu'en offrandes,
Tu redemandes,
Je sais pourquoi tu l'as donné.
Et le secret de tes œuvres si grandes
S'explique à mon esprit borné. Amen.

MARDI (Matin).

Enfants, obéissez à vos parents, selon le Seigneur; car cela est juste. Honore ton père et ta mère (c'est le premier commandement qui ait une promesse) afin que tu sois heureux et que tu vives longtemps sur la terre.
(Eph. 6, 1-3).

Méditation.

Cette parole d'exhortation de l'apôtre St. Paul s'adresse à tous les enfants, petits et grands, à tous ceux qui ont le bonheur d'avoir encore un père et une mère. Elle les exhorte à la soumission, à l'obéissance filiale. Un grand nombre d'enfants ne reconnaissent pas toujours ce saint devoir, surtout lorsque leurs parents leur demandent des choses contraires à leurs désirs et à leurs inclinations. Même les enfants qui marchent dans le droit chemin ne comprennent que dans un âge plus avancé tout ce qu'ils doivent à ceux qui leur ont donné le jour. Que tous les enfants serrent dans leur cœur l'exemple que leur a laissé Jésus et apprennent à suivre ses traces! La bénédiction de Dieu reposera sur eux et les accompagnera dans toutes leurs voies.

Prière.

Nous nous présentons devant toi, bon Père céleste, dans cette heure matinale, avec des milliers de tes enfants. Nous te remercions du fond du cœur du repos et de la protection que tu nous as accordés la nuit dernière. Sois encore avec nous pendant ce jour, aide-nous à marcher dans ta crainte et dans ton amour, afin que ta bénédiction puisse reposer sur nous. Nous te recommandons en particulier nos chers enfants ; veille sur eux, ne permets pas qu'ils abandonnent et oublient tes saints commandements. Que ta lumière les éclaire et les dirige dans la bonne voie. Donne-leur un esprit doux, obéissant et soumis ; fais-les grandir sans cesse en stature et en grâce devant toi et devant les hommes, comme le divin enfant Jésus. Que tous nous apprenions de lui l'obéissance à ta sainte volonté, le dévouement à ton service. Exauce-nous au nom et pour l'amour de Celui qui est le parfait modèle des enfants, notre parfait modèle à tous, notre Seigneur et Sauveur Jésus-Christ.

O Dieu ! dont l'esprit nous console,
Donne à nos enfants chaque jour
Un cœur qui tremble à ta Parole,
Et qui s'égaie en ton amour.

Que t'obéir soit leur joie,
Et t'aimer leur vrai bonheur.
En suivant constamment la voie
Que marquent les pas du Sauveur ! Amen.

MARDI (Soir).

Décharge-toi de ton fardeau sur l'Eternel, et il te soutiendra ; il ne permettra jamais que le juste soit ébranlé. (Ps. 55, 23).

MÉDITATION.

Celui qui a appris à se décharger de tout sur le Seigneur, qui sait combien il aime à se tenir près de nous, à prendre sur lui nos fardeaux, est sans crainte, sans inquiétude ; il s'appuie sur les promesses et les consolations de l'Ecriture sainte qui ne peut tromper. Il est impossible que le Seigneur oublie ou délaisse le pauvre affligé qui espère en lui. S'il tarde à l'exaucer, c'est pour éprouver sa confiance et sa patience. Comment pourrions-nous manifester notre foi et notre espérance si les souffrances nous étaient épargnées ? Comment notre patience serait-elle exercée sans tribulations ? Déchargeons-nous donc de tous nos soucis sur Celui qui nous tend la main pour nous délivrer. Espérons en lui, et il agira pour nous ; nous reconnaîtrons que toutes ses voies ne sont que bonté et que vérité pour ceux qui gardent son alliance et ses témoignages.

PRIÈRE.

Nous te louons et nous te bénissons, Dieu miséricordieux, de ce que tu prends soin de nous rappeler sans cesse tes magnifiques promesses pour ceux qui mettent leur espérance en toi.

Tu sais combien notre cœur est faible et facilement découragé, combien souvent notre foi chancelle à l'heure de l'épreuve. Fortifie-nous dans notre homme intérieur, apprends-nous à nous décharger sur toi de tous nos soucis avec une confiance filiale. Oui, Seigneur, tu auras soin de nous à l'avenir comme tu l'as fait par le passé, tu nous accorderas de la plénitude de ton amour et de ta fidélité tout ce qui nous est nécessaire pour le corps et pour l'âme. Que cette assurance nous soutienne dans nos heures d'obscurité et de luttes, que nous nous rappelions toujours que « autant il y a de promesses en toi, elles sont oui et amen en toi » à la gloire de Dieu.

Seigneur! dans ses jours de détresse,
Que deviendrait ton pauvre enfant
S'il ne pouvait dans la tristesse
Avoir recours au Tout-Puissant?
Pour rassurer mon faible cœur,
Parle-moi donc, ô mon Sauveur!

Viens parler de paix à mon âme,
Et dis-moi que tu m'as aimé;
Dis-moi qu'en traversant la flamme
Je ne serai pas consumé.
Fixe toujours tes yeux sur moi,
Et dirige les miens vers toi. Amen.

MERCREDI (Matin).

Lorsqu'un membre souffre, tous les membres souffrent avec lui ; et lorsqu'un membre est honoré, tous les membres se réjouissent avec lui, Or, vous êtes le corps de Christ, et vous êtes ses membres chacun en particulier.

(1 Cor. 12, 26, 27).

Méditation.

Lorsque dans une famille un enfant est gravement malade, tous ses membres en font un sujet de douleur commune, et lorsque, contre toute attente, cet enfant qu'on croyait perdu revient à la santé et se relève de son lit de souffrance, toute la maison est en joie. La même chose se passe dans le domaine spirituel. Quelle douleur profonde dans une famille où règnent la crainte de Dieu et des habitudes de piété, quand un enfant se laisse entraîner au péché! Un voile de tristesse se répand sur toute la maison, surtout lorsque l'enfant séduit persévère dans la mauvaise voie. De même, quand un de ses membres est honoré, tous se réjouissent avec lui. Lorsque la grâce de Dieu se glorifie dans l'un d'eux d'une manière spéciale, les heures bénies qui lui sont accordées, reçoivent une consécration particulière là où les autres s'associent à sa joie et à sa reconnaissance. Heureuse la **maison où règne cet amour!**

Prière.

Nous célébrons ta grâce, bon Père céleste, dans cette heure matinale où tu nous permets de nous approcher de nouveau de ton trône. O Dieu, que ta bonté est précieuse ! Aussi les fils des hommes se retirent sous l'ombre de tes ailes. Accorde-nous en ce jour les lumières, les forces et les directions dont nous avons besoin pour accomplir fidèlement notre devoir, préserve-nous de tout ce qui pourrait nous nuire. Fais que chaque membre de notre famille ait à cœur de faire ta volonté et de contribuer au bonheur de tous. Préserve-nous de l'indifférence, de l'égoïsme, revêts-nous de toutes les vertus chrétiennes ; sanctifie nos pensées, nos paroles, nos actes, afin que toute notre vie te soit agréable. Rends-nous zélés pour l'avancement de ton règne. Aie compassion de tous les malheureux, des malades et des affligés. Attire leurs cœurs à toi, remplis-les de tes consolations et de ta paix.

Oh ! puissions-nous aimer nos frères
Ainsi que nous aima Jésus,
Et ne regarder leurs misères
Qu'afin de les aider d'autant plus !

Que tous les enfants de lumière,
Remplis de ton Esprit d'amour,
S'entr'aiment partout sur la terre,
Jusqu'au moment de ton retour. Amen.

MERCREDI (Soir).

L'Eternel est mon partage, dit mon âme ; c'est pourquoi j'espérerai en lui.
L'Eternel est bon pour ceux qui s'attendent à lui, pour l'âme qui le recherche. Il est bon d'attendre en repos la délivrance de l'Eternel.
(Lam. 3, 24-26).

Méditation.

De même que Dieu a été tout pour le prophète Jérémie, il veut devenir notre tout. Si nous perdons nos biens terrestres, il s'offre lui-même en compensation ; il est le souverain bien. Il veut être notre partage, afin que notre cœur trouve en lui la vie en abondance. Que cette consolation nous soutienne quand nous sommes malheureux. Le Créateur de l'univers dont le ciel et la terre ne peuvent contenir la gloire, se tient à la porte de notre cœur et veut y entrer. Toutes ses directions, toutes ses dispensations n'ont qu'un but : nous réveiller de notre sommeil de mort, nous secouer de notre engourdissement spirituel pour nous attirer à Celui en qui s'est révélé la plénitude de son amour, à Jésus-Christ, son Fils, notre Seigneur et Maître.

Prière.

Dieu éternel et miséricordieux ! Tes pensées ne sont pas nos pensées et tes voies ne sont pas nos voies, mais tout ce que tu fais est juste et bien. Lorsque tu nous enlèves quelque espérance terrestre, un bien passager, tu veux nous apprendre à te donner notre cœur pour trouver dans ta communion le bonheur et la bénédiction, le salut et la paix. Préserve nos cœurs et nos lèvres de tout murmure contre tes saintes dispensations. Un jour, lorsque nous te verrons face à face, nous comprendrons tout ce qui nous paraît maintenant obscur et mystérieux. Accorde-nous la soumission et la patience dans toutes nos épreuves, qu'elles atteignent leur but en nous attirant à toi, en nous préparant pour ton royaume, afin d'avoir part à la félicité que tu réserves à ceux qui auront persévéré dans l'obéissance de la foi.

O Père saint, dont la sagesse
Surpasse tout entendement,
Je me confie en ta tendresse
Que tu scellas par ton serment.
   Malgré ma misère,
   Cependant j'espère
   N'être point confus.
   Par la foi j'embrasse
   La mort efficace
   De ton Fils Jésus.

Oui, mon Dieu, tu m'as fait entendre
Les saints appels de ton amour,
Et dans mon cœur j'ai pu comprendre
Que tu fais grâce sans retour.
   La vie éternelle,
   La gloire immortelle
   Sont en Jésus-Christ !
   Que pour toi je vive,
   Et que je le suive
   Par le St-Esprit. Amen.

JEUDI (Matin).

Ne m'abandonne point, ô Éternel, mon Dieu, ne t'éloigne point de moi ! Hâte-toi, viens à mon aide, Seigneur, qui es ma délivrance !

(Ps. 38, 22 et 23).

Méditation.

Bien des réponses et bien des promesses sont faites à cette prière dans la Parole de Dieu. Tous ceux qui se laissent aller au doute ou au découragement y trouveraient des consolations, s'ils avaient assez de confiance en Dieu pour croire qu'il ne peut et ne veut pas nous tromper, qu'il tiendra sûrement ce qu'il nous a promis dans sa Parole. Si nous savions l'invoquer avec persévérance, nous adresser avec une confiance filiale à son cœur paternel, nous ferions l'expérience qu'il ne laisse pas nos prières sans réponse. Si le ciel s'écroulait, la fidélité de Dieu subsisterait ; il ne peut ni nous oublier, ni nous repousser loin de lui.

Prière.

Dieu juste et saint, qui lis au fond des cœurs et devant lequel toutes choses sont nues et entièrement découvertes, nous nous prosternons devant toi, nous louons ton saint Nom, de ce que tu ne nous as pas rejetés loin de ta face, malgré nos infidélités et nos fautes si nombreuses. Ne te lasse pas, Seigneur, de nous supporter avec patience ; que ta Parole devienne en nous, pendant le temps de grâce que tu nous accordes, une épée à deux tranchants, jugeant des pensées et des intentions du cœur. Aide-nous à faire le compte de nos voies, en nous rendant attentifs à tout ce qui te déplaît en nous. Fais-nous parvenir à la glorieuse liberté des enfants de Dieu, afin que nous trouvions en toi la vie en abondance. Bénis-nous aujourd'hui ; bénis notre travail, élève souvent nos pensées vers toi, affermis nos pas dans tes sentiers. Nous nous recommandons à ton amour avec tous les nôtres, daigne pourvoir à toutes nos nécessités temporelles et éternelles.

Dans cette vie en maux féconde,
Le péché me poursuit toujours ;
Mais sur Jésus ma foi se fonde,
Et je vaincrai par son secours.
Je suis en paix ; mon âme espère
En Dieu, mon Sauveur et mon Père.

Quand viendra l'épreuve suprême,
A lui seul je veux recourir ;
Sans peur devant la tombe même,
En chrétien je saurai mourir.
Je suis en paix ; mon âme espère
En Dieu, mon Sauveur et mon Père. Amen.

JEUDI (Soir).

Prenez garde que nul ne rende à personne le mal pour le mal ; mais poursuivez toujours le bien, soit entre vous, soit envers tous. Soyez toujours joyeux. Priez sans cesse. Rendez grâces en toutes choses ; car telle est la volonté de Dieu en Jésus-Christ à votre égard.   (1 Thess. 5, 15-18).

Méditation.

Veillons et prions, afin que nous ne nous laissions jamais entraîner à rendre le mal pour le mal, de quelque façon qu'on agisse à notre égard. Poursuivons toujours le bien, demandons sans cesse à Dieu de nous donner le désir, le courage et la force d'opposer efficacement le bien au mal qu'on veut nous faire. C'est ainsi que la victoire sera toujours de notre côté, et rien ne pourra troubler notre paix. Car qui pourrait nous nuire et porter préjudice à notre bonheur éternel, si nous poursuivons le bien ? Quoi qu'il arrive, Dieu fera resplendir sa lumière sur notre sentier ici-bas, et nous hériterons Là-Haut de la vie éternelle. C'est pourquoi rassurons-nous, entrons par la prière dans une communion étroite avec notre Dieu, soumettons-nous avec reconnaissance à toutes ses directions, et nous en reconnaîtrons un jour le but béni.

Prière.

Seigneur notre Dieu ! Tu es notre retraite d'âge en âge. Nous te rendons grâces de toutes les bénédictions que tu multiplies sans cesse pour nous. Que tes bienfaits nous portent à persévérer dans la voie qui mène à la vie éternelle. Si les hommes nous offensent, donne-nous la force de pardonner, de ne pas rendre le mal pour le mal. Apprends-nous à aimer nos ennemis, à bénir ceux qui nous maudissent, à faire du bien à ceux qui nous haïssent, à prier pour ceux qui nous outragent et nous persécutent. Donne-nous des sentiments de charité, de patience, de bonté, de fidélité, de douceur et d'amour envers tous les hommes. Tu es notre lumière et notre salut, de qui aurions-nous peur ? Sois avec nous pendant cette nuit ; donne-nous ta consolation et ton secours, et fais-nous sentir les effets de ta grâce salutaire.

Père qui frappes, qui consoles,
Donne à ton enfant en ce jour
Un cœur qui tremble à tes paroles
Et s'égaie en ton amour.

Que l'horreur du mal soit ma crainte,
Que ta grâce soit mon bonheur,
Pour que je suive sans contrainte,
Et jusqu'à la mort, mon Sauveur. Amen.

VENDREDI (Matin).

Celui qui est fidèle dans les petites choses, sera aussi fidèle dans les grandes ; et celui qui est injuste dans les petites choses sera aussi injuste dans les grandes. Si donc vous n'avez pas été fidèles dans les richesses injustes, qui vous confiera les véritables ? Et si vous n'avez pas été fidèles dans ce qui est à autrui, qui vous donnera ce qui est à vous ?

(St. Luc 16, 10-12.)

Méditation.

La fidélité dans les petites choses comprend tout le domaine de la vie extérieure et intérieure. Si la volonté de Dieu détermine toutes nos pensées et toutes nos actions, si nous nous appliquons à être consciencieux et à remplir scrupuleusement nos devoirs, non seulement pour ce qui concerne les affaires du royaume de Dieu et de notre âme immortelle, mais aussi dans les moindres détails de la vie de tous les jours, nous pratiquons cette fidélité qui a tant d'importance aux yeux du Seigneur et à laquelle il promet de si grandes bénédictions.

PRIÈRE.

Bon Père céleste ! Nous commençons ce nouveau jour avec toi, et nous te prions de nous aider à remplir consciencieusement tous nos devoirs. Rends-nous fidèles dans les plus petites choses, afin que nous soyons de bons économes des biens que tu nous as confiés. Nous ne t'avons peut-être pas offensé par des péchés manifestes, nous avons évité les fautes graves, mais que de fautes cachées dans notre cœur, que de petites infidélités qui nous accusent devant toi ! Souvent nous croyons être fidèles, nous nous croyons forts contre le péché, parce que la tentation ne s'est pas approchée de nous, et que tu ne nous appelles pas au sacrifice. O Seigneur, notre faiblesse est grande et nous sommes incapables de t'être fidèles par nous-mêmes, mais tu sais ce qui nous manque et selon ta promesse, tu veux pourvoir à nos besoins. Apprends-nous à te demander beaucoup, afin de beaucoup recevoir. Remplis-nous, par ton Esprit, de force, de joie, de courage pour te glorifier par notre vie entière, et fais-nous la grâce qu'arrivés au terme de notre carrière terrestre, nous entendions de ta bouche ces paroles bénies : « Cela va bien, bon et fidèle serviteur, tu as été fidèle en peu de chose, je t'établirai sur beaucoup, entre dans la joie de ton Seigneur ».

Marcher en ta présence,
O Jésus mon Sauveur,
Toujours d'intelligence
Avec ton tendre cœur,

Ne chercher qu'à te plaire
Dans tout ce que l'on fait,
C'est le ciel sur la terre,
C'est le bonheur parfait. Amen.

VENDREDI (SOIR).

Il y aura un abri, qui donnera de l'ombrage le jour contre la chaleur, qui servira de refuge et d'asile contre la tempête et la pluie. (Es. 4, 6).

MÉDITATION.

De même que dans la zone torride les rayons de soleil, pareils à des flèches ardentes, brûlent et consument tout, nous vivons dans un monde plein de cuisantes douleurs, et les épreuves tombent souvent sur nous comme des traits enflammés. Mais nous avons un abri qui donne de l'ombrage contre la chaleur du jour, et un refuge contre la tempête et la pluie : la croix de Christ. Tout pécheur repentant y trouve un asile. Il y a dans la vie des moments où l'orage gronde de tous côtés, où nous nous sentons défaillir, où nous restons privés de toute consolation humaine ; mais le Seigneur nous cache dans sa tente aux mauvais jours et nous élève comme sur un rocher. Il s'agit seulement de mettre toute notre confiance en lui. S'il occupe la première place dans nos cœurs, nous sommes plus que vainqueurs en celui qui nous a aimés.

Prière.

Père céleste ! Après les travaux et les agitations de ce jour, nous soupirons après ta paix et ta communion. Enlève de nos cœurs toute inquiétude et tout mécontentement. Si nous avons à porter de lourds fardeaux, cache-nous dans ta tente et restaure-nous par ta présence bénie. Ne nous fais pas selon nos péchés, ne nous rends pas selon nos iniquités, souviens-toi de nous selon la grandeur de ta miséricorde. Accorde-nous des richesses de ton amour ce qui est nécessaire à notre âme et à notre corps. Tu connais toutes nos faiblesses, et nos soupirs montent jusqu'à toi ; tu es fidèle pour nous aider et nous délivrer. Fais-nous la grâce de nous attendre à toi ; Jésus, Sauveur fidèle, que ta croix soit notre refuge, que nous y cherchions en tout temps la force, la lumière, la délivrance et la paix. Veille sur nous pendant l'obscurité de la nuit ; garde-nous de tout mal ; si tu nous permets de revoir la lumière du jour, donne-nous de te glorifier par notre dévouement et notre fidélité à ton saint service.

Où trouver du repos et l'oubli de mes peines
Ailleurs qu'en ton amour, ô Jésus, mon Sauveur !
Aussi d'un monde impur brisant enfin les chaînes,
Je veux sincèrement te consacrer mon cœur.

Pais-moi donc, bon Berger, sous la sainte houlette ;
Dans les riants bercails, sous tes yeux, garde-moi.
A ton premier appel que mon âme soit prête,
A te suivre partout, à tout quitter pour toi ! Amen.

SAMEDI (Matin).

O Dieu, crée en moi un cœur pur, et renouvelle en moi un esprit droit ! Ne me rejette pas loin de ta face, et ne m'ôte pas ton Esprit saint.

(Ps. 51, 12 et 13).

Méditation.

Si Dieu doit nous aider et nous renouveler à son image, il faut que nous allions à lui avec humilité. On a beau plonger une pierre dans une source, si elle n'est pas creuse, elle ne peut pas recevoir d'eau. Creusez-la et elle se transforme en vase qui recueille ce que la source lui donne. Comme le malade qui a recours au médecin lui confie son mal, nous devons aller à Dieu dans le sentiment de ce qui nous manque, et le prier de nous donner un cœur pur et un esprit droit. Si nous nous approchons de lui dans des sentiments d'orgueil et de propre justice, il se détourne de nous, mais il fera luire sur nous le regard de sa face, si nous venons à lui avec humilité et repentance. Ce bon Père céleste exaucera notre prière et il achèvera ce qu'il a commencé en nous, jusqu'à ce qu'il nous ait conduits au repos qui est réservé à son peuple.

PRIÈRE.

Dieu fidèle ! Nous nous approchons de toi, avec reconnaissance, à la fin de cette semaine ; nous célébrons ta grâce qui se renouvelle sans cesse sur nous. Continue, Seigneur, à être notre protecteur et notre aide, notre lumière et notre vie, et conduis-nous, à travers les obstacles, les joies et les épreuves de cette terre, à la bienheureuse éternité. Préserve-nous de l'orgueil et des illusions qui pourraient nous priver de ta communion et nous faire perdre de vue la seule chose nécessaire ; réchauffe nos cœurs par le feu de ton amour ; apprends-nous à être humbles et à nous enrichir en toi pour la vie éternelle. Donne-nous surtout d'avoir un cœur pur et un esprit droit, afin que tu puisses accomplir en nous toute ton œuvre de grâce.

> Enseigne-nous toujours ce qu'il faut faire !
> Inspire-nous tout ce qui peut te plaire !
> Rends-nous pieux, humbles, sages et saints !
> Ne permets pas que, quand nous voulons vivre
> Selon tes lois, les pratiquer, les suivre,
> La chair, le monde empêchent nos desseins.
> Si notre cœur est léger et volage,
> Fais désormais que sans aucun partage
> Il se dévoue à toi, divin Sauveur;
> Si pour ta gloire il est froid et de glace,
> Réchauffe-le par le feu de ta grâce,
> Et viens régner pour toujours dans ce cœur. Amen.

SAMEDI (SOIR).

L'Eternel est compatissant et juste, et notre Dieu fait miséricorde. L'Éternel garde les petits ; j'étais misérable et il m'a sauvé. (Ps. 116, 5 et 6).

MÉDITATION.

Les petits que le Seigneur garde sont les âmes sincères qui cherchent Dieu du fond du cœur, qui lui sont dévouées et marchent dans ses voies. Elles ne courent pas après la vaine gloire et n'ont en vue que celle de leur divin Chef. Elles n'ont d'autre ambition que celle de lui plaire et de faire sa volonté. Elles ne présument pas de leur force et de leur sagesse ; elles ne comptent ni sur leur prudence, ni sur leur expérience, mais avant tout sur la direction et la puissante protection de leur Dieu, comme un enfant s'abandonne entièrement à sa mère. Le Seigneur garde ces âmes, il ne peut les délaisser, ce serait contraire à sa fidélité. Même lorsqu'elles semblent succomber et qu'il tarde avec son secours, il n'est pas loin et prépare une heureuse issue à toutes leurs épreuves.

PRIÈRE.

Nous nous prosternons devant toi, Seigneur, à la fin de ce jour et de cette semaine. Nous te bénissons de la fidélité et de la miséricorde dont tu as fait preuve envers nous. Donne-nous de te rendre grâces non seulement en paroles, mais du fond de nos cœurs. Tu as promis de veiller sur nous dans le chemin de la vie. Jusqu'à ce jour tu as été fidèle à tes promesses et tu le seras à jamais. Tu nous as toujours accordé les choses que nous t'avons demandées avec foi et attendues de ta main paternelle. Tu nous as donné des marques nombreuses de ta miséricorde et tu as sanctifié nos épreuves. Nous nous abandonnons à ton amour pour l'avenir ; nous nous déchargeons de tous nos soucis sur toi, persuadés que tu prendras soin de nous et que tu nous délivreras quand il en sera temps. Ton secours est toujours prêt pour ceux qui te le demandent. Tu as compassion des petits, des misérables, de toutes les âmes souffrantes. Fais-nous la grâce de ne jamais l'oublier, de t'en être reconnaissant et de te consacrer tout notre cœur. Nous te le demandons au nom de ton bien-aimé Fils, notre Sauveur.

Ecoute nos voix qui t'appellent,
Viens, ô Dieu ! consoler nos cœurs ;
Affermis nos pas qui chancellent,
Soutiens nos mains, taris nos pleurs.

Donne-nous, ô notre bon Père,
De marcher toujours sous tes yeux ;
Alors, voyageurs sur la terre,
Nous suivrons le chemin des cieux. Amen.

Dix-Neuvième Semaine après la Trinité.

DIMANCHE (Matin).

Jésus, étant entré dans la barque, repassa le lac, et vint en sa ville. Et on lui présenta un paralytique couché sur un lit. Et Jésus, voyant la foi de ces gens-là, dit au paralytique : Prends courage, mon fils, tes péchés te sont pardonnés. Là-dessus quelques scribes disaient en eux-mêmes : Cet homme blasphème. Mais Jésus, connaissant leurs pensées, leur dit : Pourquoi avez-vous de mauvaises pensées dans vos cœurs ? Car lequel est le plus aisé de dire : Tes péchés te sont pardonnés, ou de dire : Lève-toi et marche ? Or, afin que vous sachiez que le Fils de l'homme a sur la terre l'autorité de pardonner les péchés : Lève-toi, dit-il alors au paralytique, prends ton lit et t'en va dans ta maison. Et il se leva, et s'en alla dans sa maison. Le peuple ayant vu cela, fut rempli d'admiration, et il glorifia Dieu d'avoir donné un tel pouvoir aux hommes. (St. Matth. 9, 1-8).

MÉDITATION.

Il y a, dans la vie, des jours sérieux, solennels ; ce sont ceux où le Seigneur nous couche sur un lit de maladie, ou nous appelle à veiller au chevet d'un de nos bien-aimés. C'est alors que sa voix se fait entendre doucement à notre oreille, qu'elle nous révèle souvent des péchés et des égarements longtemps oubliés, que nous apprenons à prier, à chercher en Jésus-Christ notre Rédempteur et le médecin de nos âmes. Il faut, à cet effet, faire taire toutes les autres voix, être tranquilles et nous attendre à l'Eternel. — C'est une dure épreuve pour l'âme et le corps que la maladie ; le Seigneur est là qui sonde et éprouve les cœurs, et des tentations de toutes sortes s'élèvent en nous et hors de nous. Mais bienheureux l'homme qui endure la tentation ! Elle apprend à être attentif à la Parole de Dieu. Cette Parole renferme des consolations pour toutes les situations de la vie et tous les besoins de l'âme ; mais elle a aussi des exhortations et des appels à la repentance. Qu'elle soit donc notre lumière et notre trésor. Elle restaure l'âme lorsque nous sommes pour ainsi dire courbés jusque dans la poussière ; elle rend sage à salut pour la vie et pour la mort, et guérit les blessures qu'aucun autre remède ne peut guérir. Quand nous avons reçu le pardon, notre cœur soulagé estime plus que tout autre gain au monde l'amour de Christ qui pardonne et crée en nous une vie nouvelle. L'expérience journalière nous pénètre toujours plus de la vérité qu'il n'y a en aucun autre le salut dont nous avons besoin dans les jours de santé et de maladie, et qu'il n'y a sous le ciel aucun autre nom que le nom de Jésus qui ait été donné aux hommes, par lequel ils puissent être sauvés.

PRIÈRE.

Père céleste ! Nous te rendons grâces de nous avoir donné

ce jour où nous pouvons nous reposer après les travaux et les peines de la semaine, et nous occuper du salut de nos âmes immortelles. Nous te prions de nous accorder le secours de ton St-Esprit, afin que nous reconnaissions le bienfait de ce saint jour, que nous ayons soif de ta communion, que nous fassions un sérieux retour sur nous-mêmes, et que nous recevions, avec une vraie foi, les biens spirituels que ta sainte Parole nous offre. Eveille en nous un vif désir du pardon de nos péchés, fais éprouver à nos cœurs l'amour salutaire de notre Sauveur. Veuille nous éclairer, nous consoler, nous fortifier ; donne-nous de sentir pendant tout ce jour ta sainte présence, pour l'amour de Jésus-Christ.

Je le sens, la plaie est profonde ;
Nul que toi ne peut la guérir ;
Grâce, ô Dieu ! que ta grâce abonde :
Par mes cris laisse-toi fléchir.
O mon Dieu, mon Père et mon Roi,
Prends pitié, prends pitié de moi !

Dis un seul mot, j'aurai la vie ;
Dis à mon cœur humble et contrit :
Tous tes péchés, je les oublie.
Ma grâce seule te suffit !
O mon Dieu, mon Père et mon Roi.
Prends pitié, prends pitié de moi ! Amen.

DIMANCHE (Soir).

Vous avez été instruits à vous dépouiller, pour ce qui est de votre conduite précédente, du vieil homme qui se corrompt par les convoitises trompeuses ; à vous renouveler par l'Esprit dans votre entendement, et à vous revêtir du nouvel homme, créé à l'image de Dieu, dans la justice et la sainteté de la vérité. (Eph. 4, 22-24).

Méditation.

Se glorifier de la grâce de Jésus-Christ et agir contrairement à son Esprit ; rechercher les honneurs et regarder toute humiliation personnelle comme une offense dont il nous est permis de nous venger ; se laisser aller à l'avarice et à une vie oisive, en opposition avec les sentiments et l'Esprit de Christ ; haïr ses ennemis, tandis que Jésus a prié pour eux, quelles contradictions ! En agissant ainsi, ne faisons-nous pas comme les païens qui ne connaissent pas la vérité ? Il faut nous dépouiller du vieil homme, nous laisser foncièrement renouveler par l'Esprit de Dieu et revêtir le nouvel homme, créé à l'image de Dieu, dans une justice et une sainteté parfaites. Notre Dieu tout-puissant et miséricordieux prête son secours à ceux qui font des efforts sérieux pour y arriver, et ils y réussissent.

Prière.

Père céleste ! Sois avec nous pendant cette nuit, comme tu

as été notre protecteur pendant ce jour. Fais luire sur nous la lumière de ta face et sois-nous propice. Sans toi et sans ta grâce, nous nous sentons pauvres et délaissés. Toi seul peux nous conserver la santé du corps et nous donner le salut de l'âme. N'abandonne pas, Seigneur, la bonne œuvre que tu as commencée en nous, mais aide-nous à nous revêtir de sentiments de justice, de charité et de sainteté. Accomplis en nous cette promesse : « Voici, je ferai toutes choses nouvelles ». Nous t'en supplions pour l'amour de Jésus-Christ, qui nous a été fait de ta part sagesse, justice, sanctification et rédemption.

> Je complais trop souvent au monde, à sa sagesse ;
> A mes yeux ses plaisirs conservent de l'attrait.
> Pour briser ces liens, à toi seul je m'adresse ;
> Relève mon courage, encor trop imparfait.
> J'implore ton pardon, j'attends ton assistance,
> Détestant le péché, qui me séduit encor.
> Qu'en ta fidélité soit ma seule espérance,
> Puisque tu m'as donné ta grâce pour trésor. Amen.

LUNDI (Matin).

> Comme un père est ému de compassion envers ses enfants, l'Eternel est ému de compassion envers ceux qui le craignent. Car il connaît de quoi nous sommes faits ; il se souvient que nous ne sommes que poudre.
> (Ps. 103, 13, 14).

Méditation.

Rappelons-nous ces paroles de consolation quand nous nous sentons faibles et impuissants. Le grand réformateur Luther a dit : « L'enfant malade est l'enfant le plus cher. » C'est dans les jours de maladie que l'amour maternel révèle tous ses trésors. C'est ainsi que, comme l'apôtre Paul, nous apprenons à nous glorifier dans nos afflictions, parce qu'elles nous font éprouver particulièrement les consolations et les tendres soins de notre Père céleste. Ne nous plaignons donc pas de notre faiblesse et de notre impuissance, mais disons-nous : Le Seigneur se souvient que nous ne sommes que poudre ; notre misère excitera sa miséricorde ; nous nous glorifierons plus volontiers dans notre faiblesse, afin que la force de Christ habite en nous. Apprenons à voir dans toute privation, dans tout chagrin, dans toute souffrance, une occasion de jeter un regard plus profond dans la miséricorde de Dieu, et, après avoir versé bien des larmes, nous arriverons à le bénir, même pour les afflictions.

Prière.

Dieu vivant et seul sage, qui as fait les cieux et la terre, nous nous approchons de toi avec confiance ; nous nous réjouissons de ta bonté, nous célébrons ta force et ta puissance. Nous te prions de nous garder pendant ce jour et tout le temps de notre vie par ton St-Esprit. Nous nous abandonnons entièrement à toi et à ta grâce dans le sentiment de notre faiblesse et dans celui de ton amour et de tes compassions en Jésus-Christ. Conduis-nous en toute vérité, afin que nos pensées, nos paroles et nos actions soient conformes à ta volonté et ne contristent jamais ton Esprit. Bénis-nous abondamment, sois avec nous ; que nous ne finissions pas ce jour sans que nous nous sentions enrichis de grâces nouvelles, et que notre cœur ait reçu une impression plus profonde de la puissance de ton amour et de ta miséricorde.

Seigneur, dans les jours de détresse,
Que deviendrait ton pauvre enfant
S'il ne pouvait, dans sa tristesse,
Avoir recours au Tout-Puissant ?
Pour rassurer mon pauvre cœur,
Parle-moi donc, ô mon Sauveur !

Viens parler de paix à mon âme
Et dis-moi que tu m'as aimé ;
Dis-moi qu'en traversant la flamme
Je ne serai pas consumé.
Fixe toujours tes yeux sur moi
Et dirige les miens vers toi. Amen.

LUNDI (Soir).

Comme il était encore loin, son père le vit et fut touché de compassion ; courant à lui, il se jeta à son cou et le baisa. Et son fils lui dit: Mon père, j'ai péché contre le ciel et contre toi, et je ne suis plus digne d'être appelé ton fils. (St. Luc 15, 20 et 21).

Méditation.

L'enfant prodigue quitte son père et part pour le vaste monde avec tout son bien. De ce jour-là commencent sa servitude et sa pauvreté. Le monde lui prend tout ce qu'il a et ne lui donne rien en retour, ni joie permanente, ni bien durable. Il se jette dans le tourbillon des plaisirs et des convoitises, y laisse tout ce qu'il possède et reste couché sur le bord de la route, pauvre et délaissé. Descendant toujours plus bas, il arrive au bord de l'abîme. Sur le point de désespérer, sa conscience se réveille. Il entend une voix intérieure lui dire : Tu es toi-même la cause de ta détresse ; c'est ton péché qui t'a rendu si misérable. Il rentre en lui-même, il comprend avec humiliation sa folie et son ingratitude, et reconnaît que le retour dans la maison paternelle est son seul salut. Le souvenir des jours d'autrefois brille comme une étoile au milieu de sa sombre nuit, pour lui indiquer la voie de la délivrance.

Prière.

Dieu saint et juste! Tu sondes notre cœur, et notre vie ne t'est point cachée. Nous te prions de nous faire reconnaître par ton St-Esprit nos nombreuses infidélités et tous nos manquements à ta sainte volonté. Fais-nous sentir que nous sommes pauvres et perdus pour l'éternité, si nous ne cherchons pas notre salut en Jésus-Christ. Donne-nous de rentrer en nous-mêmes comme l'enfant prodigue et de te dire : Nous avons péché contre toi, nous ne sommes plus dignes d'être appelés tes enfants. Dieu tout bon, que les paroles de vérité de ton Evangile agissent sur nos consciences et nous attirent au pied de la croix de notre Sauveur. Garde-nous de légèreté et de toute sécurité charnelle, fais-nous la grâce de comprendre que nulle part nous ne pourrons être heureux loin de toi. Nous t'invoquons aussi en faveur des affligés, des malades et des âmes angoissées ; accorde-leur ta paix. Reçois favorablement nos supplications, et éclaire-nous des rayons de ta grâce pour l'amour de Jésus-Christ.

Reviens, pécheur! te soumettre à la loi
Du Dieu de paix, dont la bonté t'appelle;
Tu n'as été déjà que trop rebelle;
Reviens à lui, puisqu'il revient à toi.

De son pardon, de son constant amour,
En Jésus-Christ il t'a donné le gage;
Il veut pour toi faire encor davantage;
Il veut t'ouvrir son céleste séjour. Amen.

MARDI (Matin).

L'égarement des sots les tue, et la sécurité des insensés les perd. Mais celui qui m'écoute, habitera en sûreté et sera tranquille, sans être effrayé d'aucun mal. (Prov. 1, 32 et 33).

Méditation.

Les hommes, et particulièrement les jeunes gens, se font souvent une singulière idée de la piété; ils la croient triste et maussade et s'imaginent qu'en cherchant à l'acquérir ils se rendraient malheureux, et ne feraient pas leur chemin dans le monde. C'est une grande erreur. La piété remplit le cœur de paix et nous donne force et joie pour accomplir les devoirs de la vie. L'âme pieuse est en sûreté, parce qu'elle se sent entre les mains de Dieu. Le Père céleste sait ce qu'il nous faut ; le monde entier lui appartient ; il prend soin de ses enfants et subvient à leurs besoins. Les souffrances mêmes doivent concourir à leur vrai bien ; dans tout ce qui leur arrive, ils font l'expérience que les voies de la piété ont les promesses de la vie présente et celles de la vie à venir.

Prière.

Seigneur notre Dieu ! Nous nous approchons de ton trône avec des milliers d'âmes qui invoquent ton nom, et qui trouvent le repos, la paix et la joie dans ta communion. Nous t'offrons le sacrifice de nos louanges, nous te bénissons de ce que nous pouvons, au matin de ce jour, reprendre notre tâche avec des forces nouvelles. Sois avec nous et nous donne ce qui nous est nécessaire pour marcher fidèlement dans les voies de la piété. Fortifie-nous, aide-nous à nous soumettre avec joie à ton service, à t'obéir et à placer en toi toute notre confiance. Avec ton secours rien ne saurait nous troubler et nous paraître pénible. Dirige-nous, Seigneur, en toutes choses ; que ta volonté soit la nôtre et que nous ne fassions rien qui puisse nous priver de ta bénédiction. C'est au nom de Jésus que nous t'invoquons.

Combien de fois, Seigneur,
J'ai senti dans mon cœur
Ta sublime présence
Relever ma constance,
Et donner du repos
A mon âme en souffrance,
Lorsque son espérance
Succombait sous ses maux !

Quel repos consolant
Dans mon cœur se répand
Par cette certitude
De ta sollicitude !
Je puis donc chaque jour
M'assurer que ma vie
De toi sera bénie,
Puisque j'ai ton amour. Amen.

MARDI (Soir).

Je t'ai abandonné pour un peu de temps ; mais je te recueillerai avec de grandes compassions. Je t'ai caché ma face pour un moment, dans l'effusion de ma colère ; mais j'ai compassion de toi, par une miséricorde éternelle, dit l'Eternel, ton Rédempteur.   (Es. 54, 7 et 8).

Méditation.

Dieu ne peut pas nourrir dans son cœur une colère passionnée comme les hommes ; tout en lui est amour et sagesse, et son indignation ou sa désapprobation n'en sont que les effets. Quand nous sommes infidèles, Dieu détourne de nous sa face aimable. Il ne ressemble pas à un père faible qui reste impassible en présence des désobéissances de ses enfants. Mais il ne se courrouce pas pour nous perdre ; son indignation nous est aussi salutaire que son amour. Sa grâce est éternelle ; il revient bien vite à nous, pourvu que nous retournions à lui, et que son courroux ait contribué à nous rendre meilleurs.

Prière.

Bon Père céleste ! Tu nous as gardés en ce jour, tu nous as supportés avec patience et préservés du mal qui aurait pu nous atteindre. Nous t'en bénissons. Oh ! que tous les témoignages de ton amour paternel nous portent à nous reposer entièrement sur toi ! Nous nous humilions devant toi en confessant toutes nos infidélités et nos négligences ; daigne les effacer par le précieux sang de Jésus, afin que nous puissions nous retirer dans le sentiment de ta paix et de ton pardon. Ote de nos cœurs tout ce qui pourrait nous séparer de toi et nous rendre malheureux. Seigneur, tu es tout-puissant et saint, les cœurs hautains ne sauraient subsister devant toi. Nous savons que tu rejettes ceux qui sont sages à leurs propres yeux ; mais nous connaissons aussi les divines consolations de ta Parole pour les cœurs humbles et contrits. « Venez, » leur dis-tu, « et débattons nos droits. Quand vos péchés seraient comme le cramoisi, ils seront blanchis comme la neige ». Fais-nous la grâce, Seigneur, de pouvoir nous approprier cette précieuse promesse. Entoure de tes soins paternels tous ceux qui nous sont chers. Aie pitié des malades, des affligés, des malheureux, accorde ta bénédiction à tous les hommes pour l'amour de Jésus.

Ecoute, ô Dieu tout bon, nos cris et nos requêtes,
Et prête ton oreille à la voix de nos pleurs.
Détourne tous les coups qui menacent nos têtes,
Et par un doux regard dissipe nos frayeurs.

Nous ne nous fondons pas sur nos propres justices ;
Nous sommes convaincus de notre indignité.
Nous méritons, ô Dieu, les plus cruels supplices,
Et nous attendons tout de ta grande bonté. Amen.

MERCREDI (Matin).

Si quelqu'un de vous manque de sagesse, qu'il la demande à Dieu, mais qu'il la demande avec foi, sans douter ; car celui qui doute, est semblable au flot de la mer qui est agité par le vent et ballotté çà et là. Qu'un tel homme, en effet, ne s'attende pas à recevoir quelque chose du Seigneur. L'homme dont le cœur est partagé, est inconstant en toutes ses voies.

(St. Jacq. 1, 5-8).

Méditation.

Cette parole de l'apôtre Jacques a déjà troublé bien des âmes mal affermies ; elles ont renoncé à la prière, parce qu'elles ont douté. Le doute rend malheureux et inconstant dans toutes les voies. La foi seule fait marcher d'un pas assuré. Mais n'est-il pas évident que celui qui voudrait croire, croit déjà? L'homme qui voudrait de tout son cœur se persuader que le point lumineux qu'il voit à l'horizon lointain est une nacelle qui vient l'aider dans sa lutte contre les flots, ne commence-t-il pas à *espérer*, et l'espérance n'est-elle pas la foi qui se dirige vers les biens futurs ? Il y a des hommes qui sont saisis par le Christ, quoiqu'ils ne l'aient pas eux-mêmes saisi. Tel est celui qui voudrait croire et qui ne croit pas pouvoir le faire ; la foi le possède avant qu'il l'ait lui-même embrassée. « Je crois, Seigneur, aide-moi dans mon incrédulité, » dit le père du fils démoniaque ; c'est là une belle prière, qui nous fait comprendre qu'à celui qui a, Dieu donne encore davantage. Toutes les visitations de Dieu sont des grâces, pourvu que nous ayons la foi.

PRIÈRE.

Seigneur, notre Dieu ! qui aimes à écouter les supplications de tes enfants, nous nous présentons devant toi pour te demander de ne pas nous laisser et de ne pas nous abandonner. La bénédiction et la prospérité viennent de toi, et c'est ta main aussi qui nous présente le calice des afflictions. Purifie nos cœurs du doute et de l'incrédulité, remplis-les de force et de patience, afin que nous ne nous découragions point dans les épreuves et les tentations, mais que nous en profitions selon tes vues toujours paternelles. Nous croyons, Seigneur, augmente et fortifie notre foi, relève-la quand elle est sur le point de défaillir. Viens à notre aide ; tu sais combien nous sommes encore faibles, combien ton secours nous est nécessaire ; que ta force se manifeste dans notre infirmité. Bon Père céleste, étends ta miséricorde sur tous tes enfants, bénis ceux qui nous sont chers, fais sentir tes consolations aux malades et aux affligés ; réveille les indifférents, amène-les à la foi en celui qui est venu au monde, afin que quiconque croit en lui ne périsse point, mais qu'il ait la vie éternelle.

Si longtemps mon œil débile
A regardé sans rien voir !
Et mon esprit indocile
Tout songé, sans rien savoir !
Oh ! que de grâces perdues !
Que de lueurs disparues !
Que d'inutiles douleurs !
Que de funestes bonheurs !

Jésus est le nom sublime
De notre libérateur ;
Jésus a comblé l'abîme
Entre l'homme et son auteur.
Son nom est doux à ma bouche ;
Il me console, il me touche ;
Seul il a pu convertir
Mes doutes en repentir.   Amen.

MERCREDI (Soir).

L'Eternel est avec vous, quand vous êtes avez lui. Si vous le cherchez, vous le trouverez; mais si vous l'abandonnez, il vous abandonnera.

(2 Chron. 15, 2).

Méditation.

Nous devons en toutes choses regarder au Seigneur et nous soumettre à sa volonté ! Si notre esprit et notre cœur sont à lui, il est avec nous ; il bénit et fait prospérer nos entreprises, nous soutient dans nos tentations et nos détresses. Souvent il nous semble qu'il est loin de nous, que nous sommes comme les jouets d'événements fâcheux ou d'hommes méchants, et nous ne voyons pas d'où nous viendra le secours. C'est alors qu'il nous faut chercher le Seigneur, et qu'il se fait trouver. Nous le cherchons en l'invoquant, en mettant notre confiance en lui et en nous éprouvant nous-mêmes pour voir si c'est par notre faute qu'il paraît détourner sa face de nous. Il fait grâce aux humbles, mais il abandonne ceux qui l'abandonnent.

Prière.

Seigneur, si nous cherchons ta face, nous sommes assurés de te trouver. Tu nous vois humiliés en ta présence, pour te demander de nous continuer ton secours et tes grâces, d'être avec nous par ton Esprit, de nous donner ta paix. Nous ne voulons pas te quitter, car tu es notre bouclier et notre forteresse, notre refuge dans toutes nos détresses. Pardonne-nous si nous n'avons pas été assez fidèles aujourd'hui, et si nous n'avons pas marché dans l'obéissance de la foi. Nous savons que bien des peines nous seraient épargnées, si nous avions en toi une confiance filiale, et si nous nous soumettions à ta volonté. Seigneur fortifie-nous dans ta communion, fais-nous la grâce d'y trouver toujours plus de joie et de douceur, de nous charger chaque jour de notre croix pour te suivre, de sortir victorieux de toutes les tentations. Que le plus ardent désir de notre cœur soit de t'appartenir tout entier, soit par le chemin de la joie, soit par le chemin des souffrances. Entoure-nous de ta protection pendant cette nuit, que ta grâce et ta paix soient avec nous et avec tous ceux que nous aimons.

> Toi dont le nom est pour moi plein de charmes,
> Toi mon espoir, l'objet de mes soupirs,
> Seigneur Jésus, je te cherche avec larmes,
> Et c'est toi seul qu'appellent mes désirs.

> O mon Sauveur, mon âme te désire.
> Quand viendras-tu de ta félicité
> Rassasier ton enfant qui soupire
> Après toi seul, toi qui m'as racheté ? Amen.

JEUDI (Matin).

Pour moi, m'approcher de Dieu, c'est mon bien ; j'ai placé mon refuge dans le Seigneur, l'Eternel, afin de raconter toutes tes œuvres. *(Ps. 73, 28).*

Méditation.

L'homme au cœur mondain ne connaît pas la joie en Dieu et en Christ. Les choses terrestres et passagères seules le réjouissent ; il s'attriste lorsqu'il ne voit pas ses richesses s'accroître, son honneur et son influence grandir, ou s'il prévoit une perte ou un mécompte ; mais ces sentiments charnels et cette tristesse selon le monde produisent la mort. Celui, au contraire, qui trouve son bien à s'approcher de Dieu, qui place son refuge dans le Seigneur, l'Eternel, et qui cherche à entrer dans une communion toujours plus étroite avec lui, obtiendra la vie et le véritable bonheur ; car il se fonde sur le rocher des siècles ; il ne bronchera pas et ne sera point ébranlé.

Prière.

Dieu éternel et miséricordieux ! Tu es la source de toute vraie joie ; sans toi toutes choses ici-bas ne sont que ténèbres et mort, quel qu'en soit l'éclat extérieur. Nous te prions de préserver notre cœur de la vanité et des soucis du monde, de nous attacher par des liens indissolubles à toi, le rocher de notre salut. Rappelle-nous que le monde passe avec ses convoitises, mais que celui qui fait ta volonté demeure éternellement. Aide-nous à mettre aujourd'hui notre temps et nos forces à ton service, accompagne-nous de ta grâce, fortifie-nous contre les tentations, préserve-nous de tout danger et de tout mal. Que ton Esprit nous dirige, nous éclaire, nous sanctifie ; qu'il nous rende tels que nous devons être dans nos pensées, dans nos paroles, dans nos actes pour te plaire et te glorifier.

> Ceux qui de toi s'éloigneront ;
> Confus, tôt ou tard périront ;
> Tous ceux qui quittent ton service
> Tomberont dans le précipice.

> Pour moi, m'approcher du Seigneur
> Sera toujours mon plus grand bien,
> Je l'ai choisi pour mon soutien,
> Et je chanterai sa grandeur. Amen.

JEUDI (Soir).

Ainsi a dit l'Eternel: Tenez-vous sur les chemins, et regardez, et enquérez-vous des sentiers d'autrefois, quel est le bon chemin ; marchez-y, et vous trouverez le repos de vos âmes ! (Jér, 6, 16).

MÉDITATION.

Souvent notre sentier ici-bas n'est pas en réalité ce qu'il est en apparence. Ce sont les dispositions de notre cœur et non les circonstances extérieures qui le rendent facile ou pénible. Le chemin le plus uni devient difficile quand le cœur est abattu ; il resplendit au contraire de clarté, même à travers nos larmes, quand l'âme est éclairée de la lumière d'En-Haut et que le cœur est délivré de ses fautes et de ses fardeaux. C'est pourquoi le chemin de la croix est souvent pour l'homme le contraire de ce qu'il paraît être. Il y a tel chemin si uni, si bien frayé, si fleuri, qu'on estime heureux celui qui y marche et qu'on envie son sort ; mais nous ne voyons pas son cœur et le monde qui y est caché. Si nous pouvions y jeter un regard, nous en jugerions autrement et nous demanderions peut-être à Dieu de nous préserver d'un chemin aussi facile. D'autres paraissent être nés pour souffrir ; leur sentier est rude, les croix se succèdent, mais en voyant leurs expériences bénies et les étoiles qui brillent pour eux dans leurs nuits profondes, nous quitterons volontiers le chemin que nous avons choisi pour suivre celui que Dieu nous montre, et sur lequel ses enfants ont laissé l'empreinte de leurs pas. La joie n'y tarit pas même au milieu des larmes, et les plaintes du vieil homme finissent par se taire complètement pour ne laisser place qu'à des cantiques d'actions de grâces.

PRIÈRE.

Nous cherchons ta face, bon Père céleste, pour te bénir des nombreux témoignages que tu nous donnes de ta bonté et de ton amour. Nous nous sentons bien indignes de ta miséricorde et de ta fidélité à notre égard. Pardonne-nous nos péchés et accorde-nous ta grâce et ta paix. Fais luire ta lumière sur notre sentier. Donne-nous de nous abandonner à tes sages directions, de nous rappeler que tu as toujours sur nous des vues d'amour, même lorsque tu nous conduis par un chemin rude et pénible à notre nature terrestre. Tu sais mieux que nous ce qui nous est nécessaire, soit pour la souffrance, soit pour la joie ; apprends-nous donc à nous tenir tranquilles sous ta main, à ne former qu'un vœu : te connaître et t'aimer chaque jour davantage ; vivre en toi et pour ta gloire et déposer dans ton sein toutes nos inquiétudes. Accorde-nous cette grâce, Seigneur ; augmente-nous la foi ; apprends-nous à reconnaître ta main paternelle dans tous les événements de notre vie. Exauce-nous pour l'amour de Jésus-Christ.

> De tes statuts, qui font tous mes souhaits,
> Daigne, Seigneur, le droit chemin m'apprendre ;
> J'y marcherai constamment désormais.
> Accorde-moi le don de les comprendre ;
> Et m'efforçant de les bien retenir,
> Je tâcherai de ne m'y plus méprendre.
> Conduis mes pas, et me fais parvenir
> Au droit sentier d'une vie constante ;
> Rien ne me plaît comme de m'y tenir.
> Fléchis mon cœur par ta vertu puissante ;
> Qu'à te servir mes désirs soient bornés,
> Et que jamais nul faux bien ne me tente. Amen.

VENDREDI (Matin).

Je leur donne la vie éternelle, elles ne périront jamais, et nul ne les ravira de ma main. (St. Jean 10; 28).

Méditation.

Le Seigneur donne à ses enfants la vie éternelle, non pas au ciel seulement, mais déjà ici-bas ; celui qui croit en lui a la vie éternelle. Il jouit de la paix et a un avant-goût des dons célestes et de la félicité du monde à venir. Il est persuadé qu'il aura un jour un parfait bonheur dans le ciel, où le bon Berger le mènera dans des pâturages herbeux et le long des eaux tranquilles. Oui, nous sommes assurés que la main puissante du Seigneur, quand nous aurons appris à nous laisser conduire par elle, nous fera passer heureusement au travers des difficultés et des dangers de notre pèlerinage terrestre ; mais cette pensée ne doit pas nous plonger dans une fausse sécurité ; car on peut, par légèreté, abandonner de nouveau le Seigneur. Si au contraire, nous saisissons chaque jour de nouveau sa main avec foi par la prière et dans un esprit d'obéissance, elle sera pour nous un guide sûr qui nous fera atteindre le port de l'éternité.

Prière.

O Dieu, notre bon Père céleste ! Dans ta bonté infinie tu nous fais revoir la lumière de ce jour. Reçois le sacrifice de nos louanges, incline ton oreille à nos prières. Eclaire notre esprit, afin que nous suivions toujours et partout notre Sauveur, le bon Berger qui veut nous conduire à toi ; donne-nous d'entendre sa voix, de nous mettre sous sa houlette fidèle, pour être gardés par lui contre tous les ennemis de notre âme et pour recevoir un jour de sa main l'héritage céleste de tes enfants. Dans ta grande miséricorde, souviens-toi de tous les hommes ; de ceux qui avec nous implorent ta grâce et ton secours, des malades, des affligés, des pauvres ; répands sur nous tous les richesses de ta grâce, afin que, sauvés par ton amour et fermes dans la foi, nous puissions glorifier ton saint Nom sur la terre et être participants de ta gloire dans le ciel.

> Je veux vivre en la foi du Fils de Dieu qui m'aime,
> Pour toi, Seigneur Jésus, je renonce à moi-même ;
> Je ne désire plus de vivre que pour toi,
> Charitable Sauveur, qui t'es donné pour moi !
> Chrétiens, ne craignons plus ni Satan ni le monde,
> Jésus en triompha, son pouvoir nous seconde ;
> Par lui nous les verrons confondus et soumis ;
> Son bras nous rend vainqueurs de tous nos ennemis. Amen.

VENDREDI (Soir).

C'est pour cela aussi que je souffre ces choses ; mais je n'en ai point honte, car je sais en qui j'ai cru, et je suis persuadé que par sa puissance il gardera mon dépôt jusqu'à ce jour-là. (2 Tim. 1, 12).

MÉDITATION.

Nous entendons souvent dire : Tout finit avec la mort ; où l'arbre tombe, il reste couché. Chose facile à dire, mais qu'au fond on ne croit pas ! D'autres nourrissent dans leur esprit l'espérance de l'immortalité, mais leur foi n'est pas une ferme conviction, une certitude joyeuse. Quelle différence avec l'apôtre Paul sur le bord de la tombe ! L'éternité s'ouvre devant lui ; il entrevoit un monde de vie et de gloire, riche en félicité, et il s'écrie avec assurance : « Je sais en qui j'ai cru et je suis persuadé qu'il gardera mon dépôt, le lot qui m'est réservé jusqu'à ce jour-là. » Ce dépôt est la couronne de vie que Dieu a promise à ceux qui l'aiment. Avec cette conviction dans le cœur, on peut aller sans crainte au devant de la mort.

PRIÈRE.

Dieu miséricordieux ! Nous voulons annoncer chaque matin ta bonté et ta fidélité toutes les nuits. Tu nous as donné aujourd'hui encore mille preuves de ton amour, malgré nos infidélités si nombreuses. Selon ta miséricorde, pardonne-nous toutes nos fautes, toutes nos négligences dans l'accomplissement de nos devoirs. Prends-nous sous ta sainte garde avec tous tes enfants ; souviens-toi surtout des malades pendant cette nuit, et de tous ceux que tu veux recueillir dans la patrie éternelle. Répands dans leurs âmes l'espérance qui ne confond point ; soutiens-les et console-les par la perspective de la couronne de vie, que tu réserves aux tiens. Aide-nous à élever souvent nos pensées et nos regards vers le but auquel nous devons tendre, à ne pas perdre de vue notre fin et à nous y préparer. Et lorsque notre dernière heure sonnera, soutiens-nous de ta main fidèle ; fais-nous sentir ta présence et introduis-nous par ta grâce dans le repos éternel.

> Mon Rédempteur, ô guide en qui j'espère,
> Protège-moi contre le faix du jour,
> Pendant la nuit, que ta clarté m'éclaire,
> Et garde-moi sans cesse en ton amour. Amen.

SAMEDI (Matin).

Ne vous conformez point au présent siècle, mais soyez transformés par le renouvellement de votre esprit, afin que vous éprouviez que la volonté de Dieu est bonne, agréable et parfaite. (Rom. 12, 2).

Méditation.

La volonté de Dieu, dit l'apôtre, est bonne, agréable et parfaite. Apprenons à l'accepter et à l'aimer, quelle qu'elle soit. Soyons persuadés que tout sacrifice que Dieu nous demande est nécessaire. Nous aurons sans doute bien des luttes à soutenir, mais si l'âme s'appuie sur Dieu et le cherche dans ces moments difficiles, non seulement elle recevra la force dont elle a besoin, mais sa grâce transformera en douceur et en paix toutes les amertumes de la vie. Une conscience éclairée par la Parole de Dieu peut seule discerner promptement sa volonté. Il faut donc sans cesse nous laisser guider par cette voix divine qui est en nous, puiser à la source de la vérité pour connaître la volonté de notre Dieu et l'accepter avec une confiance filiale. Si nous sommes fidèles, il nous aidera dans cette tâche difficile, quelles que puissent être les résistances de notre mauvais cœur. On donnera à celui qui a, et il aura davantage. Une chose est certaine, c'est que les péchés dans lesquels nous sommes tombés par erreur ou par manque de discernement, tout en ayant à cœur de faire la volonté de Dieu, sont ceux qui nous accuseront un jour le moins devant son trône.

PRIÈRE.

Seigneur notre Dieu ! Nous te supplions de nous faire aimer ta sainte volonté et de nous faire éprouver qu'elle est toujours bonne, agréable et parfaite. Fais-nous bien comprendre que notre bonheur terrestre et éternel dépend de notre acquiescement complet à ce que tu veux et demandes de nous. Lorsque nous avons à faire des expériences douloureuses, quand la maladie ou d'autres afflictions viennent nous atteindre, aide-nous à croire que toutes ces dispensations nous sont envoyées par ta main paternelle dans un but d'amour ; que cette foi nous soutienne et ôte l'amertume à tous nos maux. Que nous regardions à Jésus qui nous a donné l'exemple d'une obéissance parfaite, que nous apprenions à dire avec lui : Que ta volonté soit faite, ô Père, et non la nôtre ! Fais lever sur nous la lumière de ta face, répands sur nous l'Esprit de vérité, de sainteté et d'obéissance. Ouvre nos yeux, afin que nous sachions discerner ta volonté en toutes choses et éviter les voies qui conduisent à la perdition. Exauce nos supplications pour l'amour de ton cher Fils.

> Heureux celui qui fuit des vicieux
> Et le commerce et l'exemple odieux ;
> Qui des pécheurs hait la trompeuse voie,
> Et des moqueurs la criminelle joie ;
> Qui, craignant Dieu, ne se plaît qu'en sa Loi ;
> Et nuit et jour la médite avec foi. Amen.

SAMEDI (Soir).

Si vous vous mettez en colère, ne péchez point ; que le soleil ne se couche point sur votre colère. (Eph. 4, 26).

MÉDITATION.

Il est bien difficile de tout faire dans un esprit d'amour, et d'observer fidèlement le plus grand commandement de la loi de Dieu ; mais notre christianisme aurait-il quelque valeur si nous nous laissions aller à la colère et si, pendant des jours, nous nourrissions des sentiments de haine et de rancune dans nos cœurs ? Trop souvent nous manquons du véritable amour, nous nous rendons la vie amère à nous-mêmes et aux autres. Bien des jours qui auraient pu être des jours de bénédiction se transforment par notre faute en jours d'amertume et de malédiction. Que de malheurs ont leur source dans la colère ! Demandons à Dieu avec supplications de nous guérir de tout esprit de haine et de passion, de répandre son amour dans nos cœurs, afin qu'ils s'embrasent d'un saint amour pour lui et pour le prochain.

Prière.

A la fin de ce jour, nous nous présentons devant toi, Seigneur, pour implorer ton pardon et te rendre grâces. Tu nous as aidés jusqu'ici à traverser les difficultés et les adversités de la vie, tu as pourvu à tous nos besoins de l'âme et du corps. Sois éternellement béni de ta bonté et de ta fidélité. Aide-nous à faire le compte de nos voies, replace devant notre esprit tous nos péchés et nos négligences de cette semaine, afin que nous nous en humiliions sincèrement devant toi et que nous devenions plus fidèles et plus sages dans l'emploi de notre temps. Donne-nous des consciences délicates ; apprends-nous à réprimer dans nos cœurs tout mouvement de colère et d'impatience, à être pleins de support et de bonté pour tous les hommes. Nous nous mettons, avec tous ceux qui nous sont chers, sous ta sainte garde, car tu es notre bouclier et notre forteresse.

O Jésus, mon Sauveur ! aimable et doux modèle
De toute charité !
A ce divin amour, c'est ta voix qui m'appelle :
Montre-m'en la beauté.
Accorde-moi ce don, Seigneur, je le désire :
Donne-moi ta douceur ;
Et qu'en son cœur soumis, ton enfant puisse dire :
J'imite mon Sauveur. Amen.

Vingtième Semaine après la Trinité.

DIMANCHE (Matin).

Le roi, étant entré pour voir ceux qui étaient à table, aperçut un homme qui n'était pas vêtu d'un vêtement de noces. Et il lui dit : Mon ami, comment es-tu entré ici sans avoir un habit de noces ? Et il eut la bouche fermée. Alors le roi dit aux serviteurs : Liez-le pieds et mains, emportez-le, et le jetez dans les ténèbres de dehors ; là seront les pleurs et les grincements de dents. Car il y a beaucoup d'appelés, mais peu d'élus.

(St. Matth. 22, 11-14).

Méditation.

« Mon ami, comment es-tu entré ici sans avoir un habit de noces ?» Telle est la question du Seigneur à l'un de ses hôtes, question qui pourrait étonner à juste titre. En effet, comment exiger un habit de noces d'un homme qui a été amené de la rue, sans avoir eu préalablement le temps ni les moyens de s'en procurer ? Cependant les autres hôtes, recueillis eux aussi dans la rue, portent l'habit de fête ; pourquoi cet homme seul n'en est-il pas revêtu ? Les paroles du Seigneur ont évidemment trait aux mœurs des princes d'Orient, qui font remettre l'habit de fête, la robe d'honneur, aux hôtes qu'ils invitent. C'est dans cette robe qu'ils doivent se présenter devant leur souverain ; celui-ci ne consent à les recevoir que lorsqu'ils en sont revêtus. Le Christ veut nous apprendre dans cette parabole que nous sommes sauvés par grâce, et que nous avons à recevoir de lui le vêtement sans lequel nous ne pouvons subsister en sa présence. L'homme de l'Evangile a voulu s'arranger à sa façon. Il s'est rendu, il est vrai, à l'invitation ; il a sans doute arrangé et mis en ordre son vêtement, mais ce vêtement est resté le même. Ils sont nombreux les chrétiens dont il faut dire qu'ils ne sont pas renouvelés ; ils vont au temple, ils s'approchent même de la table du Seigneur, ils ne s'asseyent pas au banc des moqueurs et sont quelquefois édifiés, touchés en apparence, mais au fond ils restent toujours ce qu'ils ont été. Ils sont honorables et de bonnes mœurs, mais le cœur reste froid et éloigné de Dieu. La prière du cœur et les relations intimes avec le Seigneur leur sont complètement inconnues. Ils ont la foi sans la vie intérieure ; ils oublient de faire pénétrer tous les jours à nouveau au fond de leur cœur les rayons de la grâce et de la vérité divines. Ne nous exposons pas à entendre un jour cette question du Seigneur : « Mon ami, comment es-tu entré ici sans avoir un habit de noces ? » Méditons cette parole et qu'elle nous porte à un sérieux examen de nous-mêmes.

Prière.

Eternel, notre Dieu ! Nous cherchons ta face dès le matin, nos cœurs s'élèvent à toi, nous te prions de nous aider à sanctifier ce jour et à nous occuper du salut de nos âmes immortelles. Que ce soit pour nous un jour de bénédiction et de progrès spirituel. Que ton Esprit nous éclaire, nous instruise et nous apprenne à mettre en Jésus tout notre espoir de salut, afin que nous allions à lui pour être revêtus de sa parfaite justice sans laquelle nous ne pouvons subsister devant toi. Tu as fait la grâce à un grand nombre de tes enfants d'entrer dans ton règne de paix et de joie ; daigne aussi nous y conduire en accomplissant toi-même en nous ce qui t'est agréable par Jésus-Christ ; aide-nous à répondre à l'appel qui nous est adressé encore aujourd'hui ; amène au pied de la croix toutes les âmes qui s'en tiennent encore éloignées. Rends ta Parole efficace partout où elle est annoncée ; que ton règne vienne bientôt sur la terre entière et dans tous les cœurs.

Seigneur, en qui seul j'espère
Je m'abandonne à la foi,
Et du sein de ma misère
J'élève mes mains à toi ;

Ma prière languissante
Par toi deviendra puissante,
Si l'Esprit intercesseur
Lui-même prie en mon cœur. Amen.

DIMANCHE (Soir).

Prenez garde à vous conduire avec circonspection, non comme des insensés, mais comme des personnes sages; rachetez le temps, car les jours sont mauvais. C'est pourquoi ne soyez pas sans prudence, mais comprenez quelle est la volonté du Seigneur. Ne vous enivrez pas de vin, qui mène au dérèglement; mais soyez remplis de l'Esprit; entretenez-vous ensemble par des psaumes, des hymnes et des cantiques spirituels, chantant et psalmodiant de votre cœur au Seigneur; rendez grâces toujours pour toutes choses à Dieu, le Père, au nom de notre Seigneur Jésus-Christ. Soumettez-vous les uns aux autres dans la crainte de Dieu. (Eph. 5, 15-21).

MÉDITATION.

Bien que Dieu permette les délassements et les relations sociales, ils peuvent lui plaire ou lui déplaire, selon leur nature ou l'esprit qui les accompagne. Or, dans tout ce que nous faisons, la pensée de Dieu doit être présente. Nous sommes appelés à jouir de toute grâce excellente et de tout don parfait, mais non d'un don perfide du Tentateur. Voulons-nous donc savoir si un divertissement est un don de Dieu ou un piège de Satan; demandons-nous si nous pouvons en rendre grâces à Dieu, et appeler sa bénédiction sur ce que nous allons faire. Si notre conscience proteste, si nous sentons un mur de séparation s'élever entre nous et notre Père céleste, de telle sorte que notre cœur ne puisse le trouver dans le plaisir qui s'offre à nous, il faut nous en abstenir, car ce plaisir vient du Méchant. Nous pouvons remercier notre Père céleste, au nom de Jésus-Christ, pour tout ce qui élève et ennoblit l'âme, mais jamais pour ce qui la dégrade et la souille. C'est pourquoi tenons-nous loin de tout lieu où la pensée du Seigneur nous causerait un malaise ou quelque trouble, où le Christ aurait à porter sur nous un regard de douleur, comme sur l'apôtre Pierre infidèle ; rappelons-nous toujours cette parole : « Que servirait-il à un homme de gagner le monde entier, s'il perdait son âme ? »

Prière.

Seigneur Jésus, qui as promis d'être avec tes disciples jusqu'à la fin du monde, nous te prions d'être au milieu de nous et de nous faire sentir ta présence sanctifiante. Là où tu es s'envolent les soucis et la tristesse ; tu fais entrer dans le cœur la consolation et la paix ; tu sanctifies nos joies d'ici-bas. Fais-nous éviter toutes celles qui pourraient nuire à nos âmes. Viens nous remplir de ta vie, en nous donnant une riche mesure de ton Esprit ; aide-nous à ne rechercher que les choses qui sont pures, aimables, honnêtes et qui peuvent nous élever à toi. Apprends-nous à dire avec l'apôtre St-Paul : « Je vis, mais ce n'est plus moi, c'est Christ qui vit en moi. »

> Au monde, à ses faux biens, je renonce sans peine ;
> Son bonheur est fragile, et sa joie est trop vaine ;
> Je préfère Jésus et l'espoir des chrétiens,
> Aux plaisirs de la terre, au monde, à ses faux biens.
> O monde ! tes faux biens, tes plaisirs, tes richesses,
> Ton éclat, tes honneurs, tes perfides caresses,
> Ne sauraient m'attacher ; je romps tous ces liens ;
> J'abandonne gaîment le monde et ses faux biens. Amen.

LUNDI (Matin).

Jésus dit à ses disciples : Si quelqu'un veut venir après moi, qu'il renonce à lui-même, qu'il se charge de sa croix et me suive. (St. Matth. 16, 24).

Méditation.

Dieu a voulu qu'il y eût des occasions de renoncement dans toute vocation d'ici-bas, qu'elle soit humble ou élevée. Du moment que nous voulons remplir nos devoirs, en présence de Dieu et non seulement devant les hommes, selon la voix du devoir et de la conscience et non comme des mercenaires, nous avons à porter des croix et à nous exercer au renoncement. Il ne nous est pas permis de nous demander comment nous pouvons nous acquitter de notre tâche le plus commodément possible et ce qui nous procure le plus d'avantages terrestres ; nous n'avons pas à choisir ce qui est facile et agréable et à nous dispenser de ce qui est difficile et désagréable ; nous n'avons pas non plus à nous régler sur l'approbation des hommes et sur ce qui peut nous attirer leurs bonnes grâces, mais il faut que nous nous acquittions fidèlement de notre vocation devant Dieu, soit qu'il en résulte de l'honneur ou du déshonneur, un gain ou une perte, de la joie ou de la peine. Dieu attache de grandes bénédictions à la fidélité et à l'esprit de sacrifice.

PRIÈRE.

C'est avec toi, Père céleste, que nous désirons commencer cette nouvelle semaine de travail que ta bonté nous donne. Sois avec nous et fais reposer ta bénédiction sur l'œuvre de nos mains. Donne-nous de bien comprendre notre tâche, d'y apporter du dévouement et de la fidélité, un esprit de renoncement et de sacrifice, jusqu'à ce que nous l'ayons achevée par ta grâce et avec ton secours. Préserve-nous de négliger, par incrédulité ou découragement, ce que tu attends de nous. Assiste-nous puissamment, Seigneur, et fais-nous cette grâce, qu'arrivés à l'heure de notre délogement, nous puissions te dire à l'exemple de notre Seigneur et Sauveur : « J'ai achevé l'œuvre que tu m'avais donné à faire. » Daigne nous exaucer au nom de Jésus-Christ notre parfait modèle.

O toi qui brisas nos chaînes,
Jésus, tout-puissant Sauveur,
Qui dans l'opprobre et la peine,
Sais réjouir notre cœur,

Règne en nous et crucifie
La chair et sa volonté,
Etre à toi seul, c'est la vie,
La paix et la liberté. Amen.

LUNDI (Soir).

Tu as prescrit tes ordonnances pour qu'on les garde soigneusement. Oh! que mes voies soient bien réglées pour observer tes statuts. Alors je ne rougirai point en regardant tous tes commandements. Je te célébrerai dans la droiture de mon cœur, quand j'aurai appris les ordonnances de ta justice. Je veux garder tes statuts ; ne m'abandonne pas entièrement!

(Ps. 119, 4-8).

MÉDITATION.

Il est vrai que la Parole de Dieu nous enseigne que nous sommes sauvés par grâce, par la foi, et non par les œuvres de la Loi ; mais il ne faut pas croire que l'observation des commandements de Dieu soit une chose accessoire pour les chrétiens, à cause de la grâce qui leur a été faite. Nous devons, au contraire, nous appliquer, avec le secours de Dieu, à garder tous ses commandements, à les serrer dans notre cœur, à les pratiquer avec persévérance dans la vie, malgré les erreurs et les fautes qui viendront nous surprendre. C'est quand nous avons les commandements de Dieu dans le cœur et devant les yeux, que nous apprenons à connaître nos péchés, à nous en repentir, à les haïr et à les combattre. Nous marchons alors dans la lumière et non dans les ténèbres. A mesure que grandit la foi, sous l'influence de la Parole de Dieu, grandit aussi l'amour, qui est une impulsion vivante du cœur à observer les ordres de notre divin Chef. L'amour ne peut pas se passer un seul jour du Seigneur, de même que le Seigneur n'abandonne jamais ses enfants. Il est toujours avec ceux qui honorent les ordonnances de sa justice et qui s'attachent à lui avec foi et avec amour.

PRIÈRE.

Nous cherchons ta face, ô Eternel, après les agitations, le bruit et les expériences diverses de ce jour. Nous te prions de faire le silence dans notre cœur, et de nous apprendre à dire avec le roi David : « Mon âme se repose sur Dieu, qui est ma délivrance. » Fais que ta Loi soit profondément gravée en nous, que nos pieds soient affermis dans la voie de tes commandements. Assiste-nous pour que nous marchions toujours plus fidèlement sur les traces de ton cher Fils, et que nous écoutions la voix de notre bon Berger qui nous mène par des sentiers unis pour l'amour de son Nom. Aide-nous à nous conduire d'une manière digne de notre vocation de chrétiens. Exauce-nous, au nom de notre Rédempteur.

> Répands tes dons sur moi, ton serviteur ;
> Ranime, ô Dieu ! ma languissante vie ;
> Je garderai tes lois de tout mon cœur.
> Rends la lumière à ma vue affaiblie ;
> Sur tes édits j'attacherai mes yeux,
> Pour contempler ta grandeur infinie. Amen.

MARDI (Matin).

Je sais les pensées que je forme pour vous, dit l'Eternel, pensées de paix et non d'adversité, pour vous donner un avenir et une espérance.

(Jér. 29, 11).

MÉDITATION.

Les Israélites attendaient la délivrance de la captivité de Babylone et le retour à Jérusalem. Pour nous, nous attendons l'affranchissement des liens du péché, la délivrance de tout mal et le retour dans la maison paternelle. Pour un avenir si beau et si glorieux, il nous faut une préparation ; il faut que nous soyons rendus capables de jouir de la joie éternelle. La sagesse de Dieu y pourvoit par les témoignages de sa bonté, mais surtout par ses dispensations mystérieuses. Dieu éprouve ceux qu'il aime, comme on éprouve l'or par le feu. Mais dans les plus profondes afflictions nous pouvons nous dire que l'Eternel a pour nous des pensées de paix et non d'adversité. Si nous sommes fidèles, il nous donnera comme couronnement de la foi la vie éternelle.

PRIÈRE.

Dieu miséricordieux ! Tu nous adresses ces consolantes paroles : « Ne craignez pas, je suis avec vous ; ne soyez point éperdus, car je suis votre Dieu ; je vous fortifierai, je vous aiderai et je vous maintiendrai par la droite de ma justice. » Donne-nous de nous emparer avec foi de cette promesse. Nous avons éprouvé jusqu'à ce jour que tu as sur nous des pensées de paix et non d'adversité ; tu seras aussi à l'avenir notre Dieu fidèle et notre bon Père céleste. Assiste-nous puissamment par ta grâce, afin que les détresses et les souffrances de la vie deviennent pour nous des occasions de prières, qu'elles nous fassent approfondir toujours davantage ta sainte Parole et contribuent à nous faire avancer dans la sanctification. Quoi que ce jour puisse nous apporter, ne permets pas que rien nous sépare de ton amour.

Jésus-Christ de sa main percée
Daigne nous montrer le chemin.
Par son sang la route est tracée ;
Sa voix guide le pèlerin.
Il faut passer par le Calvaire
Pour arriver au mont qu'éclaire,
De rayons d'immortalité,
La gloire du Ressuscité.

Et maintenant ma foi s'élève
Plus haut que l'aigle dans les airs,
Plus haut que l'astre qui se lève,
Tout radieux du sein des mers.
Je sais par qui j'ai la victoire,
Grand est son nom, grand est sa gloire,
C'est Jésus, c'est Emmanuel,
Le Fils béni de l'Eternel ! Amen.

MARDI (Soir).

Autant les cieux sont élevés au-dessus de la terre, autant sa bonté est grande sur ceux qui le craignent. Il a éloigné de nous nos iniquités autant que l'orient est éloigné de l'occident. (Ps. 103, 11 et 12).

MÉDITATION.

Dans ce passage, quelle image incomparable de l'immensité de la grâce de Dieu ! Lorsqu'on a senti son péché et sa culpabilité comme un pesant fardeau, on comprend tout ce qu'il y a de merveilleux dans ces paroles : « Il a éloigné de nous nos iniquités autant que l'orient est éloigné de l'occident. » Oui, nos péchés fussent-ils aussi nombreux que les grains de sable de la mer, ils sont effacés, si nous nous agenouillons repentants et suppliants sous la croix du Calvaire en y déposant notre fardeau. Nous nous écrierons alors volontiers avec le Psalmiste : « Autant le ciel est élevé au-dessus de la terre, autant sa bonté est grande sur ceux qui le craignent. » Nous aimons à plonger nos regards dans l'immense voûte du ciel, nous y trouvons une jouissance profonde ; la vue de l'infini nous fait du bien et dilate notre cœur. Ah ! puissions-nous chercher aussi à comprendre avec tous les saints, quelle est la largeur, la longueur, la profondeur et la hauteur de l'amour de Christ, et jeter tous nos soucis, grands et petits, dans l'abîme de cet immense amour.

Prière.

Seigneur Jésus, Sauveur du monde ! Nous nous recommandons à toi, corps et âme, avant de nous livrer au repos. Etends sur nous tes mains bénissantes pendant notre sommeil. Tu connais les misères de nos âmes et la pauvreté de notre vie. Console notre cœur par tes douces promesses ; éclaire-nous et fortifie-nous dans notre faiblesse. Donne-nous surtout de reconnaître et de sentir l'immense amour que tu nous as manifesté en t'abaissant jusqu'à nous pour nous apporter le salut et la vie. Fais-nous la grâce de t'aimer de toutes nos forces, toi qui nous as aimés le premier ; de nous donner à toi, de te glorifier par notre fidélité, notre dévouement à ton saint service. Rends-nous reconnaissants pour tous tes bienfaits ; pardonne-nous tous nos péchés ; garde-nous en ta paix avec tous ceux qui nous sont chers.

Amour qui bénis mon âme
Avant que je fusse né ;
Amour que mon cœur réclame,
Puisqu'à moi tu t'es donné :
Mon cœur, ineffable Amour,
Se donne à toi sans retour.

Amour dont le joug facile
Fait ma joie et mon bonheur ;
Amour qui me rend docile
Et qui m'as ravi le cœur,
Mon cœur, ineffable Amour,
Se donne à toi sans retour. Amen.

MERCREDI (Matin).

Vous avez été achetés à un grand prix ; ne devenez point esclaves des hommes.
(1 Cor. 7, 23).

Méditation.

Pour un grand nombre de personnes, l'opinion publique est tout. Leur constante préoccupation est le *qu'en dira-t-on. Fais ce que dois, advienne que pourra,* que ce soit notre devise. Soyons consciencieux, laissons le monde penser et dire ce qu'il voudra. Si nous avons marché dans le droit chemin, si nous avons agi honnêtement et rempli fidèlement nos devoirs, les propos malveillants cesseront, et il se trouvera des personnes qui nous béniront peut-être en silence d'avoir eu le courage de préférer la sainte volonté de Dieu au jugement des hommes. Si nous pouvons nous rendre le témoignage d'avoir mis tout notre cœur à faire la volonté de Dieu, soyons tranquilles et ne nous laissons troubler ni par les calomnies ni par les médisances. Le monde ne nous ravira pas notre bonne réputation ; Dieu la connaît et nous la conserve. Restons-lui fidèles et personne ne pourra nous nuire.

Prière.

Dieu fidèle ! Tu nous accordes ces jours qui se succèdent si rapidement, afin de nous préparer pour l'éternité et te donner notre cœur. Fais-nous la grâce de les employer à travailler à notre salut avec crainte et tremblement ; de ne jamais nous laisser influencer dans notre activité par les jugements du monde, mais uniquement par le devoir et par la conscience. Que ta Parole, comme une colonne de lumière, éclaire toutes nos voies et nous dirige dans toute notre conduite. Donne-nous de n'avoir qu'un désir, celui de te plaire et d'avoir ton approbation. Seigneur, que ta bénédiction nous accompagne aujourd'hui, que ta force nous soutienne, et nous donne la victoire à l'heure de la tentation.

Depuis le jour où je t'ai pris pour maître,
Ma servitude a fini pour jamais.
Mon âme en toi, Seigneur, se sent renaître,
Et, sous ton joug elle a trouvé la paix.
Je t'appartiens ; mais à toi qui se donne,
O mon Sauveur ! retrouve tout en toi.
Sois à jamais ma joie et ma couronne,
Mon seul amour et mon unique loi. Amen.

MERCREDI (Soir).

Encore un peu de temps et le méchant ne sera plus ; tu considéreras sa place et il ne sera plus. Mais les débonnaires posséderont la terre, et jouiront d'une paix abondante. (Ps. 37, 10 et 11).

Méditation.

Le bonheur des méchants est éphémère, mais les débonnaires qui regardent aux choses invisibles et non aux choses visibles, qui se sentent pauvres et pécheurs et mettent leur confiance dans les richesses de la grâce de Christ, hériteront la terre promise, la terre de la paix. La mort ne peut leur enlever cet héritage. Heureux ceux qui ne se laissent pas éblouir par les biens trompeurs de ce monde, qui espèrent en notre Dieu-Sauveur et trouvent en lui lumière et vie, salut et paix. Mais le Psalmiste ne parle pas seulement du monde à venir. En disant : « Encore un peu de temps, » il nous conseille d'attendre avec patience jusqu'à ce que le Seigneur confonde les méchants dès ici-bas et manifeste sa grâce envers les fidèles. Il conserve les siens miraculeusement comme des brebis au milieu des loups. Pour le croire et pour conformer sa vie à cette foi, il faut être débonnaire, réprimer les impétuosités de la chair et les adoucir. Tandis que les méchants sont souvent troublés, les fidèles sont en paix, non qu'ils soient exempts de peines et de souffrances, mais parce qu'ils sont soutenus par le repos de la conscience et que les afflictions perdent de leur amertume par l'espérance de la paix promise.

PRIÈRE.

Dieu fidèle et bon ! Nous nous présentons devant ta face pour te prier de nous accorder le repos de l'âme comme celui du corps. Chaque jour nous éprouvons combien de choses altèrent facilement notre paix et nous te demandons de nous la conserver. Préserve-nous de toute fausse sécurité et guide nos pas dans le chemin de la vie, où seul se trouve le repos. Eclaire nos consciences, montre-nous les transgressions dont nous nous sommes rendus coupables, donne-nous de nous en humilier et de recevoir avec ton pardon de nouvelles forces pour marcher dans la voie de la paix, et pour y persévérer jusqu'à la fin.

Ta paix ne peut m'être ravie,
O Seigneur ! et je suis heureux,
Même aux jours où de cette vie
Je porte le poids douloureux.
Je suis en paix : mon âme espère
En Dieu, mon Sauveur et mon Père.

Pécheur, je serais sans refuge
Contre les terreurs de la Loi,
Si je ne trouvais dans mon Juge
Celui qui s'immola pour moi.
Je suis en paix : mon âme espère
En Dieu, mon Sauveur et mon Père. Amen.

JEUDI (MATIN).

Ne nous induis point en tentation ; mais délivre-nous du mal ; car à toi appartiennent le règne, la puissance et la gloire à jamais. Amen !

(St. Matth. 6, 13).

Méditation.

Nous avons tous tenté Dieu et nous l'avons lassé par une série de transgressions, légères peut-être, mais réelles. Le sentiment de notre culpabilité doit nous porter à nous approcher chaque jour humblement de lui et à le prier de ne pas nous laisser recueillir ce que nous avons semé, d'ouvrir nos yeux sur tout commencement de péché, et de ne pas nous induire en tentation. Le Seigneur aime à voir que nous nous jugeons nous-mêmes, afin que nous ne soyons point jugés, punis par le péché. Nous ne connaissons ni le nombre ni la gravité de nos fautes ; c'est pourquoi nous demandons avec d'autant plus d'instance à la sagesse, à la puissance et à la bonté de Dieu, de nous défendre contre le monde et contre nous-mêmes. Nous implorons alors tout de nouveau son pardon ; nous refoulons les désirs insensés que nous venions encore de nourrir dans notre cœur et dont l'accomplissement nous séparerait de Dieu. Nous cessons de lui prescrire nos petites pensées et la voie dans laquelle il doit nous conduire ; nous nous humilions sous sa puissante main, afin qu'il nous élève quand il en sera temps.

Prière.

Père céleste ! Avec ce nouveau jour que tu nous donnes, nous faisons un nouveau pas dans le monde si plein de tentations et de pièges. Fais que le mal ne domine pas sur nous, mais que nous surmontions toujours le mal par le bien. Accorde-nous la sagesse nécessaire pour que tout ce qui nous arrive et toutes les personnes avec lesquelles nous serons en relations, les amis et les ennemis, les bons et les méchants, nous servent à salut. Augmente notre confiance en toi ; apprends-nous à ne compter que sur ta force et à nous attacher à toi comme un enfant à sa mère. Aide-nous à combattre le bon combat de la foi, à poursuivre et à achever notre course sous ton regard, afin qu'un jour tu puisses nous donner la couronne de justice.

Ah ! je les ai connus les ennuis de la terre,
Quand je marchais encore au sein de ma misère,
Quand, loin de ton salut, loin de ton doux regard,
Mes pas dans le désert s'égaraient au hasard.

Alors tu vins, Seigneur ! tu vins rompre ma chaîne,
Devant ton grand amour se dissipa ma peine,
Fléchis toujours mon cœur, qu'il prenne son essor
Vers le ciel où ta main a placé son trésor. Amen.

JEUDI (Soir).

Soyez en garde contre les hommes, car ils vous livreront aux tribunaux, et ils vous feront fouetter dans les synagogues ; et vous serez menés devant les gouverneurs, et devant les rois, à cause de moi, pour rendre témoignage devant eux et devant les nations. Mais quand on vous livrera à eux, ne soyez point en peine ni de ce que vous direz, ni comment vous parlerez ; car ce que vous aurez à dire vous sera inspiré à l'heure même. Car ce n'est pas vous qui parlerez, mais c'est l'Esprit de votre Père qui parlera en vous. Or, le frère livrera son frère à la mort, et le père son enfant ; et les enfants se soulèveront contre leurs pères et leurs mères, et les feront mourir. Et vous serez haïs de tous à cause de mon nom ; mais celui qui persévérera jusqu'à la fin, c'est celui-là qui sera sauvé.

(St. Matth. 10, 17-22).

MÉDITATION.

Quel triste sort serait le nôtre, si après avoir marché dans la bonne voie et être arrivés presque au but, nous le manquions finalement ! Notre préoccupation principale de chaque jour doit être de persévérer jusqu'à la fin. Bien que ne vivant pas dans des temps de persécution comme les chrétiens des premiers siècles, il ne nous est pas facile d'être chrétiens. Nos propres forces ne nous soutiendraient pas dans les luttes et ne nous suffiraient pas à persévérer dans la bonne voie ; il faut que nous tenions ferme la main du Seigneur, qu'il nous aide à veiller et à prier, à combattre et à vaincre, car en lui sont les trésors de la force et du courage. Restons-lui attachés avec une foi filiale, il ne manque jamais de venir en aide à tous ceux qui lui restent fidèles et dont le cœur est droit. Avec lui nous sommes plus que vainqueurs.

PRIÈRE.

Dieu tout-puissant et tout bon ! Nous cherchons ta face et nous te disons : sois notre lumière et notre salut, notre refuge et notre forteresse, notre Dieu en qui nous mettons notre confiance. Si tu nous entoures de ta proctection puissante, de qui aurions-nous peur ? Fortifie-nous pour toutes les luttes de la vie, et aide-nous à persévérer jusqu'à la fin. Affermis notre confiance de telle sorte que dans les jours mauvais nous ne nous laissions pas aller à l'incrédulité et au découragement, mais que nous soyons assurés que tu viendras avec ton secours quand ton heure sera venue. Et si tu diffères, donne-nous d'être persuadés que tu ne nous abandonneras pas, mais que tu donneras à notre épreuve une issue telle que nous t'en glorifierons. Seigneur Jésus, unis-nous à toi, que dans ta force nous triomphions de tous nos ennemis, et que par toi vainqueurs, nous obtenions ta paix pour notre partage éternel.

<table>
<tr><td>Près du trône
La couronne
Attend le vainqueur.
Nulle trêve !
Qu'on se lève !
A dit le Seigneur.
D'obéir soyons heureux,
Point de tièdes, de peureux ;
Qui se lasse,
Perd sa place
Au banquet des cieux.</td><td>Dieu de grâce,
Que ta face
Luise en mon chemin.
Père tendre
Viens me prendre
Par ta forte main.
Toute puissance est à toi,
Subviens à ma faible foi,
Ma victoire,
C'est ta gloire,
O mon Dieu, mon Roi. Amen.</td></tr>
</table>

VENDREDI (Matin).

Tu dresses la table devant moi à la vue de ceux qui me persécutent ; tu oins ma tête d'huile et ma coupe est remplie. (Ps. 23, 5).

MÉDITATION.

Pourvu que nous possédions le Seigneur et que sa présence restaure notre âme, nous pouvons défier tous nos ennemis ensemble de troubler notre repos et notre joie. Qu'ils viennent alors faire du tumulte autour de nous, ils ne pourront nous ravir ce calme profond, cette ineffable paix dont notre âme est remplie, quand nous savons et que nous sentons Dieu tout près de nous. C'est ce sentiment de sa présence qui apprend à nos cœurs bien des choses qu'ils n'oublieront plus, qui nous fait goûter la véritable indépendance, la sainte et glorieuse liberté ; car dans ces moments bénis nous ne sentons en nous et au-dessus de nous que la main souveraine de notre Dieu ! C'est de cette liberté que battait le cœur de Christ devant son juge, lorsqu'il lui dit : « Tu n'aurais aucun pouvoir sur moi s'il ne t'avait été donné d'En Haut. » C'est ce que sentait le Psalmiste, lorsqu'il écrivait qu'on peut être assis à une table garnie et s'abreuver de pain à la coupe de Dieu, tandis que nos ennemis s'agitent et se tourmentent autour de nous. C'est ce qu'éprouvait le réformateur Luther, lorsqu'au milieu des haines de ses adversaires, il chantait en paix les louanges de son Sauveur. Le monde ne peut rien comprendre à ce calme souverain d'une âme qui se repose dans le sein de son Dieu ; c'est un spectacle sublime qui souvent l'irrite ou qui parfois le confond, l'émeut et le subjugue. Heureux celui que rien ne peut ébranler, et qui, soit que les hommes l'aiment ou le haïssent, se fonde sur le rocher qui est éternellement le même.

Prière.

Seigneur ! Si tu es le partage de notre cœur, notre lumière et notre délivrance, qu'avons-nous à craindre ? Au milieu des tempêtes qui grondent en nous et autour de nous, quand les flots des tentations nous assaillent, tu es près de nous pour nous secourir, nous pouvons nous rafraîchir à la coupe de la consolation et de la joie. Si tu permets que des ennemis cherchent à nous rendre la vie amère, tu veux sans doute nous éprouver, mais nous savons que nous ne serons pas confus, pourvu que nous marchions dans tes voies et que nous mettions en toi une confiance filiale. Aide-nous, Seigneur, à nous mettre sous ta sainte garde, à apporter devant le trône de ta grâce tout ce qui nous inquiète et nous agite : les faiblesses de notre propre cœur et les tentations du dehors. Dans toutes nos épreuves, accorde-nous la patience chrétienne, entretiens notre espérance, revêts-nous de ta force, pour que nous puissions persévérer jusqu'à la fin dans l'obéissance de la foi et nous reposer auprès de toi dans l'éternité. Aide-nous à passer ce jour dans ta crainte et sous ton regard, à te servir fidèlement. Que ta bénédiction repose sur nous, sur notre activité, sur les nôtres ; que ta paix garde nos cœurs et nos esprits en Jésus-Christ.

> Dieu me conduit par sa bonté suprême ;
> C'est mon Berger qui me garde et m'aime,
> Rien ne me manque en ses gras pâturages ;
> Des clairs ruisseaux je suis les verts rivages ;
> Et sous l'abri de son Nom adorable,
> Ma route est sûre et mon repos durable. Amen.

VENDREDI (Soir).

Celui qui était assis sur le trône dit : Voici, je fais toutes choses nouvelles.

(Apoc. 21, 5).

Méditation.

Celui qui pardonne au pécheur fait son éducation et le renouvelle complètement. Les hommes, tout en se jugeant les uns les autres, ne savent pas ce qu'il y a de pire en eux ; ils ignorent de même ce qu'il peut y avoir de réellement bon. Apprenons-le de la part des âmes dont Dieu a fait l'éducation ; écoutons-les lorsqu'elles disent avec chants de triomphe : « Il nous a aimés d'un amour éternel, c'est pourquoi il nous a attirés par sa miséricorde. » Le péché n'est pas à considérer comme une chaîne que nous devons nécessairement traîner. Par la grâce de Dieu nous pouvons le discerner et en triompher. Ne fuyons pas non plus la douleur d'une humiliation journalière. Soyons sans crainte pour l'homme que toute transgression rend confus devant Dieu. Dans sa grâce, Dieu continuera son éducation jusqu'à ce qu'il ait fait toutes choses nouvelles en lui.

Prière.

Le jour est sur son déclin, Seigneur, les ténèbres se répandent sur la terre. Avant de nous livrer au repos nous nous prosternons devant toi pour te remercier de tout le bien que tu nous as fait ; tu nous as entourés d'amour et de bonté ; tu nous as gardés et bénis de mille manières ; daigne aussi nous protéger pendant cette nuit. Tout passe ici-bas ; ta grâce seule est éternelle ; elle est une source de bénédiction pour tes enfants. Répands-la dans nos cœurs, afin que selon tes promesses elle fasse toutes choses nouvelles en nous ; qu'elle nous affranchisse du joug du péché et nous fasse marcher de foi en foi, de lumière en lumière, jusqu'au jour où tu nous recueilleras dans le ciel.

Je veux chanter de tout mon cœur
De mon Sauveur l'amour fidèle,
Car chaque jour il renouvelle
En moi les dons de sa faveur.

Par ton Esprit, de ton enfant,
Viens soutenir la faiblesse,
Et sous les yeux, plein d'allégresse,
je te suivrai fidèlement. Amen.

SAMEDI (Matin).

Les jours de l'homme sont comme l'herbe ; il fleurit comme la fleur des champs. Car le vent ayant passé dessus, elle n'est plus, et son lieu ne la reconnaît plus. Mais la bonté de l'Eternel est de tout temps et à toujours sur ceux qui le craignent, et sa justice sur les enfants de leurs enfants, pour ceux qui gardent son alliance et se souviennent de ses commandements pour les accomplir. (Ps. 103, 15-18).

Méditation.

Les générations humaines se succèdent sur la terre avec une rapidité effrayante ; elles passent comme emportées par le vent et leur lieu ne les reconnaît plus, dit l'Ecriture. Au milieu du torrent qui entraîne tout — années, siècles, générations — le cœur a besoin d'un refuge, d'un appui immuable, et voici, au-dessus des flots et des vagues, il entend cette voix : « Quand les montagnes s'éloigneraient, quand les collines s'ébranleraient, ma grâce ne s'éloignera pas de toi, et mon alliance de paix ne sera pas ébranlée. » La grâce de Dieu qui est éternellement la même, voilà notre haute retraite, notre port dans la tempête, l'ancre de notre salut. Elle communique à celui qu'elle entoure les vertus du monde à venir et la certitude de la vie éternelle. Heureux ceux qui mettent leur confiance en Dieu !

Prière.

Source de lumière et de vie ! Quel autre que toi avons-nous au ciel ? En qui prendrions-nous notre plaisir sur la terre ? Dieu de bonté, nous nous réfugions vers toi qui es notre retraite d'âge en âge ; attire nos cœurs à toi et remplis-les de ta grâce, qui est meilleure que la vie. Que ton St-Esprit agisse en nous, qu'il répande dans nos âmes la lumière de ta Parole et nous fasse trouver, au milieu de l'instabilité des choses d'ici-bas, la paix qui surpasse toute intelligence. Ouvre nos cœurs aux richesses de ta bonté et fortifie-les pour mener devant toi une vie fidèle et pour ne pas perdre de vue notre vocation céleste. Aide-nous à marcher dans la bonne route, à poursuivre sans cesse notre course en regardant à Jésus. C'est en son nom que nous t'offrons notre humble prière, et que nous te demandons de nous exaucer.

C'est ta main puissante et fidèle
Qui dirige et soutient mes pas,
Et ton Esprit me rappelle
Qu'avec toi je suis ici-bas.
Oui, tout le cours de mes années
S'étend, Seigneur, devant tes yeux:
Tu les as toutes ordonnées ;
Tu me gardes du haut des cieux.

Oui, c'est dans ta paix que j'avance
Vers toi, mon Dieu, mon Rédempteur,
Car dans mon cœur j'ai l'assurance
Que je vivrai de ton bonheur.
Tu m'as donné, tu me conserves
L'héritage de tes élus,
Et dans ton ciel tu me réserves
Tous les biens qui sont en Jésus. Amen.

SAMEDI (Soir).

Jusques à quand les méchants, ô Eternel, jusques à quand les méchants triompheront-ils ? Jusques à quand tous les ouvriers d'iniquité se répandront-ils en discours insolents et se glorifieront-ils ?   (Ps. 144, 3 et 4).

Méditation.

Il y a des hommes qui se font un sot orgueil de nier les misères spirituelles que nous rencontrons en nous et autour de nous. Ils ressemblent à ces gens dont l'oreille est faussée par l'habitude d'entendre des dissonances. L'homme est à comparer à une brebis égarée qui erre dans le désert, au travers des ronces et des épines, ou bien encore à une drachme perdue, qui porte l'empreinte d'un grand monarque, mais qui a été foulée aux pieds, de telle sorte qu'on y distingue à peine les nobles traits primitifs. La vie est comme la fleur des champs, qui fleurit le matin et sèche le soir ; les jours de l'homme sont comme l'ombre qui passe ; cependant il n'est ni oublié ni délaissé. Le Seigneur pense à lui et s'occupe de lui. La mort exerce sa domination sur la vie que Dieu nous a donnée, mais elle ne la détruit pas. Sous le sommeil de la mort gît un germe de résurrection qui s'épanouit, repousse et se tourne vers le soleil. L'enfant de Dieu aspire de toutes ses forces à la liberté et à la paix dans la communion de Celui qui a dit : « Je vis et vous vivrez aussi. »

PRIÈRE.

Seigneur, notre Dieu ! Une semaine nous a encore rapprochés de l'éternité ; nous te prions de nous faire profondément sentir le sérieux de la vie, de nous rappeler sans cesse que ces jours si fugitifs nous ont été donnés pour nous préparer à l'éternité. Aide-nous à racheter et à passer le temps de manière à en recueillir des bénédictions et des grâces qui ne cessent point. Nous n'avons pas ici-bas de cité permanente, mais nous cherchons celle qui est à venir. Elève donc souvent nos regards et notre cœur vers le ciel où est notre véritable patrie ; ne permets pas que nous nous arrêtions ou que nous reculions sur le chemin qui y conduit, mais aide-nous à y avancer en suivant la voix du bon Berger, et en marchant sur ses traces bénies. Seigneur, exauce-nous et fais-nous reposer cette nuit à l'ombre de ton aile.

La terre roule entraînant avec elle
Les jours, les mois, les ans des mortels,
Et chaque instant du Seigneur qui l'appelle
Voit accomplir les décrets éternels.

Chaque soleil du jour de ta venue
Hâte l'aurore, ô Jésus, mon Sauveur!
Bientôt tu vas paraître sur la nue,
Mais viens avant, viens régner sur mon cœur.
Amen.

Vingt-unième Semaine après la Trinité.

DIMANCHE (MATIN).

Il y avait à Capernaüm un seigneur de la cour, dont le fils était malade. Cet homme, ayant appris que Jésus était venu de Judée en Galilée, s'en alla vers lui et le pria de descendre pour guérir son fils ; car il allait mourir. Jésus lui dit : Si vous ne voyiez point de signes et de miracles, vous ne croiriez point. Ce seigneur de la cour lui dit: Seigneur, descend, avant que mon enfant ne meure. Jésus lui dit: Va, ton fils vit. Cet homme crut ce que Jésus lui avait dit, et s'en alla. Et comme il descendait, ses serviteurs vinrent au-devant de lui, et lui annoncèrent cette nouvelle: Ton fils vit. Il leur demanda à quelle heure il s'était trouvé mieux. Et ils lui dirent: Hier, à la septième heure, la fièvre le quitta. Et le père reconnut que c'était à cette heure-là que Jésus lui avait dit: Ton fils vit. Et il crut, lui et toute sa maison. (St. Jean 4, 47-53).

MÉDITATION.

Ce seigneur de la cour se souciait sans doute peu de Jésus-Christ, de sa Parole et de la religion en général. C'est son angoisse au sujet de son enfant gravement malade qui l'a poussé à recourir au Sauveur, dont il avait entendu parler comme d'un homme faisant des miracles et soulageant les malheureux. C'est ainsi qu'aujourd'hui encore bien des gens attendent qu'ils soient dans la peine pour se souvenir du Seigneur. Le Christ adresse d'abord au malheureux père une parole de blâme, qui lui rappelle son indifférence passée ; mais lorsqu'il le voit humilié et angoissé, il le rassure en lui disant : « Va, ton fils vit. » Cette promesse devient une réalité et le Seigneur de la cour crut avec toute sa maison. Nous pouvons tous faire l'expérience de délivrances pareilles, car Jésus est avec nous jusqu'à la fin du monde. S'il ne vient pas à notre aide d'une manière aussi immédiate et aussi merveilleuse que pour le père de l'Evangile ; s'il ne paraît pas tenir compte de nos prières, et s'il permet que notre enfant meure, au lieu de nous être rendu, alors même nos supplications n'ont pas été inutiles, car il nous dit : « Va, ton fils vit. » « Je suis la résurrection et la vie, celui qui croit en moi vivra quand même il serait mort. » Nous sommes heureux si les dispensations les plus sombres et les plus mystérieuses ont porté pour nous ce fruit béni qu'on puisse dire de nous : Il crut lui et toute sa famille.

PRIÈRE.

C'est ta grâce, Seigneur, qui nous permet de commencer une nouvelle semaine et de célébrer ce saint jour que tu nous as donné pour le repos de l'âme et du corps. Le vrai repos ne se trouve qu'en toi. Fais-toi donc trouver par nous comme le Dieu véritable et vivant, la lumière et la vie des hommes. Console-nous et nous enseigne par ta sainte Parole, selon nos besoins, afin que nos âmes vivent. Produis en nous, par son moyen, une vraie humilité et une vraie foi ; fais que nous puissions subsister devant toi, au jour du jugement. Aide-nous à passer ce jour de manière qu'il nous en reste une bénédiction non seulement pour le temps, mais pour l'éternité. Remplis nos cœurs de plus de foi, de plus d'amour pour Jésus, notre Sauveur. Que dans les jours de joie, comme dans les jours de peine, nous le recherchions pour nous bénir et nous délivrer.

Non, cher Sauveur, ce n'est pas vivre
Qu'être éloigné de ton regard.
Il faut t'aimer, il faut le suivre,
Pour posséder la bonne part.

Aussi toujours, Roi débonnaire,
Je veux te suivre par la foi,
Et je trouverai sur la terre
Le vrai repos, qui n'est qu'en toi. Amen.

DIMANCHE (Soir).

Soyez fermes, vos reins ceints de la vérité, revêtus de la cuirasse de la justice, les pieds chaussés du zèle de l'Evangile de la paix ; prenant par-dessus tout le bouclier de la foi, par le moyen duquel vous pourrez éteindre tous les traits enflammés du malin. Prenez aussi le casque du salut, et l'épée de l'Esprit, qui est la Parole de Dieu. (Eph. 6, 14-17).

MÉDITATION.

La longue robe flottante qui aurait entravé les mouvements du guerrier dans les combats, était retroussée et retenue par une ceinture. La ceinture était pour les combattants ce que la vérité est pour le soldat de Christ. Mais il ne suffit pas qu'il ait les reins ceints de la vérité, il faut qu'il soit revêtu de la justice de Christ comme d'une cuirasse ; sans elle le sentiment de notre grande indignité nous rendrait impropres à la lutte que nous avons à soutenir, et notre poitrine serait à chaque instant exposée à des flèches mortelles. Il faut de plus que nos pieds soient préparés au combat, afin que nous puissions, sans nous blesser, parcourir le champ de bataille ; c'est là ce que veut dire l'apôtre en nous recommandant d'avoir les pieds chaussés du zèle de l'Evangile de paix. C'est ainsi armé que le chrétien est propre au combat et qu'il est appelé à le soutenir dans la force de la foi et avec la Parole de Dieu. La foi, c'est le bouclier qui protège toute sa personne, de manière que les traits enflammés du malin ne puissent l'atteindre. La foi, c'est l'œuvre de Dieu en nous ; par conséquent elle est indestructible. Le casque du salut n'est que l'espérance d'une vie bienheureuse et éternelle, et l'épée de l'Esprit, c'est non la parole de la sagesse humaine, mais la **Parole de Dieu qui frappe et pénètre, et qui est notre meilleure arme de défense.**

PRIÈRE.

Sois-nous propice, Seigneur, car notre âme espère en toi et nous nous réfugions à l'ombre de tes ailes jusqu'à la fin de nos peines et de nos luttes. Revêts-nous de tes armes, afin que nous puissions combattre avec succès et remporter la victoire sur tous nos ennemis spirituels. Délivre-nous des tentations et de tout ce qui nous cause des alarmes. Nous sentons que sans toi et sans la force que tu nous communiques, nous sommes la faiblesse même. Soutiens-nous donc par ta force toute-puissante. Aie compassion des affligés, des malades, des isolés, des persécutés et des souffrants. Préserve-nous cette nuit de tout danger et de tout malheur. Environne-nous de ta protection, selon les promesses de ta Parole, pour l'amour de Jésus-Christ.

<blockquote>
Ah! mon Seigneur, si j'eusse pris l'armure
Que doit porter chacun de tes soldats;
Dans tes sentiers ma route eût été sûre,
Et ton Esprit eût guidé tous mes pas.

Revêts-moi donc de ta forte cuirasse;
Mets dans ma main ton glaive à deux tranchants;
Couvre mon front du casque de la grâce,
Et par la foi, dompte, ô Dieu, mes penchants. Amen.
</blockquote>

LUNDI (MATIN).

Béni soit le Dieu et Père de notre Seigneur Jésus-Christ, qui, selon sa grande miséricorde, nous a fait renaître, en nous donnant, par la résurrection de Jésus-Christ d'entre les morts, une espérance vive de posséder l'héritage incorruptible, sans tache, inaltérable et réservé dans les cieux pour nous, qui, dans la puissance de Dieu, sommes gardés par la foi, pour le salut, qui est prêt à être manifesté dans les derniers temps. En cela vous vous réjouissez, quoique vous soyez maintenant attristés pour un peu de temps par diverses épreuves, puisqu'il le faut, afin que l'épreuve de votre foi, plus précieuse que l'or périssable, qui pourtant est éprouvé par le feu, vous tourne à louange, à honneur et à gloire, lors de l'avènement de Jésus-Christ, que vous aimez, sans l'avoir connu, en qui vous croyez, sans le voir encore, et vous vous réjouissez d'une joie ineffable et glorieuse, remportant le prix de votre foi, le salut de vos âmes.

(1 Pier. 1, 3-9).

MÉDITATION.

Notre divin Maître grave son image dans nos âmes par les souffrances. Cette assurance fait notre consolation et notre force quand nous passons par la fournaise des épreuves et des afflictions. Le Seigneur veut nous purifier, nous sanctifier, éprouver notre foi et créer en nous une vie nouvelle. Que Dieu nous fasse la grâce de persévérer jusqu'à la fin ! Rappelons-nous que si les pleurs logent chez nous le soir, le chant de triomphe y est le matin. Le but que nous poursuivons est l'héritage éternel et incorruptible que le Dieu fidèle nous réserve. Soyons fermes dans la foi, demandons chaque jour à Dieu de nous conserver par sa puissance pour le salut éternel. Il est fidèle et il aura pitié de nous dans sa miséricorde infinie.

Prière.

Bon Père céleste ! Béni sois-tu de ce que, selon ta grande miséricorde, tu nous as fait renaître, en nous donnant, par la résurrection de Jésus-Christ d'entre les morts, une espérance vive de posséder l'héritage que tu réserves dans les cieux pour nous. Fais que nous ne considérions pas, dans un esprit de doute, le chemin par lequel tu veux nous y conduire et qui souvent est semé de souffrances et de larmes, mais que nous élevions notre regard vers le but glorieux que tu places devant nous. Tu sais, Seigneur, que nous ne pourrions pas l'atteindre, si ta main ne nous soutenait dans les tentations et les luttes que nous rencontrons à chaque pas. Sois avec nous pour nous fortifier, pour nous encourager par tes promesses, pour nous rappeler que les épreuves sont nécessaires à notre sanctification, afin que nous les acceptions avec soumission et avec foi, que nous nous préparions par une espérance joyeuse pour le jour où ta paix sera notre partage éternel, où nous te contemplerons dans ta gloire.

Voir tomber goutte à goutte
Et se perdre ces jours
Dont on brûle et redoute
De voir finir le cours ;
Aimer, haïr la vie ;
Craindre, appeler la mort ;
Puis, l'épreuve accomplie,
Marcher vers le Dieu fort.

Voilà vivre ? O mon âme,
C'est mourir tous les jours.
Réveille-toi, réclame
Un asile, un secours.
Hâte-toi, l'heure avance ;
Vis avant de mourir,
Du jour de la sentence,
Il n'est plus d'avenir. Amen.

LUNDI (Soir).

Les serviteurs du père de famille lui vinrent dire: Seigneur, n'as-tu pas semé une bonne semence dans ton champ? D'où vient donc qu'il y a de l'ivraie ? Et il leur dit: C'est un ennemi qui a fait cela. Et les serviteurs lui répondirent: Veux-tu donc que nous allions la cueillir ? Et il dit: Non, de peur qu'en cueillant l'ivraie, vous n'arrachiez le froment en même temps. Laissez-les croître tous deux ensemble jusqu'à la moisson ; et au temps de la moisson, je dirai aux moissonneurs: Cueillez premièrement l'ivraie, et liez-la en faisceaux pour la brûler; mais assemblez le froment dans mon grenier. (St. Matth 13, 27-30).

Méditation.

La mauvaise plante, dont parle ici l'Ecriture, ressemble parfaitement au froment jusqu'au moment de la maturité, où alors elle s'en distingue. Dieu a voulu qu'il en fût de même parmi les hommes, afin d'en sauver un plus grand nombre. Cette parabole nous apprend à être circonspects dans nos jugements, condescendants dans nos relations, et pleins de confiance en regardant au temps de la moisson. Le Seigneur semble dormir, mais rien ne lui échappera. Quand l'heure sera venue de moissonner, il se réveillera comme un vaillant héros pour juger le monde plongé dans une fausse sécurité et séparer l'ivraie d'avec le bon grain. Attendons la fin, qui ne tardera pas éternellement.

Prière.

Grand Dieu, tu es amour et tu nous supportes avec patience et bonté, malgré notre indignité. Tu ne nous traites pas selon nos péchés, mais selon la grandeur de tes compassions. Lorsque tu nous combles de bénédictions et de joies, rappelle-nous que ta bonté nous convie à la repentance. Seigneur Jésus, bon Berger de nos âmes, qui veux, au dernier jour, séparer l'ivraie du bon grain, préserve-nous de toute fausse sécurité ; aide-nous à combattre, à veiller et à prier. Empêche l'ennemi de nos âmes de faire son œuvre en nous ; agis dans nos cœurs par ta grâce toute-puissante pour nous faire paraître sans tache dans ta glorieuse présence et nous recueillir dans tes parvis au jour de la grande moisson. O Dieu, nous espérons en toi, que nous ne soyons point confus !

O Tout-Puissant, sous ta lumière
Fais-nous donc croître sans retard.
Que nos épis couvrent la terre
Et soient mûris sous ton regard ;
Puis viens et que ta main nous serre
Aux greniers qui sont notre part.

Car c'est en toi, Sauveur fidèle,
Que le Père nous a plantés,
Et c'est pour ta gloire éternelle
Que ton sang nous a rachetés.
Que ton Esprit nous renouvelle
Et qu'il nous ôte aux vanités !   Amen.

MARDI (Matin).

Toute chair est comme l'herbe, et toute la gloire de l'homme comme la fleur de l'herbe ; l'herbe sèche et sa fleur tombe ; mais la Parole du Seigneur demeure éternellement ; et c'est cette Parole dont la bonne nouvelle vous a été annoncée.   (1 Pier. 1, 24 et 25).

Méditation.

Lorsque la Parole de Dieu est le ciment qui unit les membres d'une famille, lorsqu'elle est pour chacun un moyen de purification et pour tous la force et la consolation dans les peines de la vie, la maison est abritée contre les vents et les tempêtes, et repose sur un fondement solide. Malheur à la maison qui est bâtie sur le sable ! Ceux qui l'habitent ont peut-être le pain quotidien, la santé corporelle, la paix extérieure, et ils disent volontiers : « Que nous manque-t-il ? Ne sommes-nous pas heureux ? » Mais qu'il faut peu de temps pour changer tout cela ! La maladie et la douleur chassent en un clin d'œil la gaîté de la maison et la remplissent d'inquiétude et de tristesse. L'herbe sèche, la fleur se fane sur sa tige ; mais la Parole qui nous parle de la justice qui subsiste devant Dieu, la Parole de consolation, de force et de vie éternelle, demeure à toujours.

PRIÈRE.

Fais-nous la grâce, Seigneur, de nous rappeler souvent ces vérités et de comprendre que la paix et le bonheur durable ne se trouvent que dans ta communion, dans la foi en ta Parole. Par ton Esprit, augmente chaque jour et fortifie notre foi ; détache-nous de plus en plus de ce qui passe pour nous attacher à toi qui seul demeures ; fais-nous chercher et trouver le salut et le repos de nos âmes, la joie, la paix, en Jésus qui peut seul nous donner ces biens de ta part. Aide-nous à marcher plus fidèlement dans la sainte voie qu'il nous a tracée, à lui laisser la direction de toute notre vie. Bénis-nous, unis-nous dans le même désir de t'aimer, de te servir, de te glorifier sur la terre, afin d'avoir une retraite assurée dans les épreuves et les combats du temps présent, et de demeurer un jour éternellement avec toi dans ta gloire. Exauce-nous, pour l'amour de Jésus-Christ.

Allume chez nous de la foi,
O Seigneur, l'immortelle flamme.
Rends-nous savants dans cette loi
Dont la douceur captive l'âme.
Fais que pour ce monde meilleur
Où nous appelle la Parole,
Jésus soit notre conducteur
Et l'Evangile notre école.

Dieu Sauveur, daigne dans ce jour,
Exaucer notre humble prière;
Ouvre nos cœurs à ton amour
Et nos âmes à ta lumière.
Des rayons de la vérité
Eclaire notre intelligence,
Et montre-nous l'éternité
Pour terme de notre espérance. Amen.

MARDI (Soir).

Serviteurs, soyez soumis à vos maîtres en toute crainte, non seulement à ceux qui sont bons et indulgents, mais aussi à ceux qui sont difficiles. Car c'est une chose agréable à Dieu que quelqu'un, par un motif de conscience, endure des afflictions en souffrant injustement. Quelle gloire, en effet, vous reviendrait-il si vous supportez patiemment d'être battus pour avoir mal fait ? Mais si vous supportez patiemment la souffrance pour avoir bien fait, c'est à cela que Dieu prend plaisir. Car c'est à cela que vous êtes appelés, puisque Christ aussi a souffert pour vous, vous laissant un exemple, afin que vous suiviez ses traces, lui qui n'a point commis de péché, et dans la bouche duquel il ne s'est trouvé aucune fraude ; qui, outragé, ne rendait point d'outrages, et maltraité, ne faisait point de menaces, mais s'en remettait à celui qui juge justement.

(1 Pier. 2, 18-23).

MÉDITATION.

Bon nombre de personnes pensent et disent qu'elles porteraient sans murmure le joug qui leur est imposé, si elles ne souffraient pas injustement. Mais quelle gloire nous reviendrait-il si nous supportions patiemment d'être battus pour avoir mal fait ? Aimerions-nous à souffrir de cette manière ? Et si c'est par notre négligence, nos infidélités ou nos paroles inconsidérées que nous nous attirons des maux, quel appui et quelle force puiserons-nous dans notre conscience ? Un malfaiteur est loin d'être un martyr. Si, à l'heure de la tentation, nous savons répéter avec Joseph : « Comment ferais-je un si grand mal et pécherais-je contre mon Dieu ? » si nous avons pour nous ce Dieu très saint qui sait tout, qui accompagna le pieux jeune homme dans la prison et qui l'en retira pour l'élever ; si nous espérons en priant, si nous prions en espérant avec une conscience pure et dans une ferme et joyeuse attente du jour du jugement, n'est-ce pas là une grâce de Dieu et une victoire qui nous rend vainqueurs du monde et de nos ennemis ?

PRIÈRE.

Fais, Seigneur, que dans tous les maux qui nous frappent, nous nous examinions pour voir si c'est notre fidélité qui nous les attire ou si c'est par notre propre faute que nous souffrons ; si nous avons une bonne conscience, accorde-nous le sentiment de ta grâce et de ton secours ; si, au contraire, nous nous sentons coupables, donne-nous de nous en humilier, de chercher ta face avec un cœur repentant et de retourner dans les sentiers de la paix. Tu es un Dieu miséricordieux, qui nous pardonnes, nous délivres et nous supportes jour après jour. Ah ! que ta fidélité est grande et que nous méritons peu ton amour ! Donne-nous de le sentir et de t'en être reconnaissants, au nom de Jésus-Christ.

Tous les malheurs dont tu gémis,
C'est ton Dieu qui les a permis ;
  Respecte sa sagesse ;
  Il l'a voulu ;
  Sois résolu,
A souffrir sans faiblesse.

Ce Dieu, du sein de la douleur,
Peut faire jaillir ton bonheur ;
  Attends sa délivrance ;
  Quiconque en lui,
  Cherche son appui,
Eprouve sa clémence. Amen.

MERCREDI (Matin).

Nous attendons, selon sa promesse, de nouveaux cieux et une nouvelle terre, où la justice habite. C'est pourquoi, bien-aimés, en attendant ces choses, efforcez-vous d'être trouvés sans tache et sans reproche devant lui dans la paix. (2 Pier. 3, 13 et 14).

Méditation.

Celui qui ne nourrit pas dans son âme le sentiment de l'éternité n'a pas une existence digne de l'homme. Il y aurait moins de désespoirs et de dégoûts de la vie, si on s'appliquait plus à la piété, pour avoir une vie morale sans tache et sans reproche, et voir la paix régner dans les cœurs et dans les familles. Notre devoir comme chrétiens consiste à lutter énergiquement contre les progrès et l'influence du mal. Ne regardons pas aux autres ; commençons par nous-mêmes et par notre maison. Que les hommes du monde en rient et s'en amusent. Rira bien qui rira le dernier. Puisse un jour notre bouche éclater en chants de louange au Seigneur et notre langue publier sa justice !

Prière.

Seigneur, notre Dieu ! Nous te bénissons pour tous les bienfaits que tu as répandus sur nous aujourd'hui, pour ta patience ta longanimité et ton infinie charité envers nous ! Ne permets pas que nous soyons remplis d'illusions et de propre justice, mais ouvre-nous les yeux pour que nous apprenions à bien connaître notre cœur avec ses misères et ses mauvais penchants ; que nous recherchions ton pardon dans des sentiments d'humilité et d'amour. Fortifie notre foi en tes promesses ; ne permets pas que nous oubliions jamais que nous avons une âme immortelle à sauver et que nous repoussions ta grâce ; aide-nous à faire de cette vie une préparation pour l'éternité. Que nous allions à Jésus qui offre gratuitement son pardon à tout pécheur ; que son sang nous purifie, que ton Esprit nous sanctifie, que nos noms soient inscrits dans le livre de vie avec ceux qui ont combattu le bon combat de la foi et qui sont faits héritiers du ciel.

> Ici-bas le chagrin désenchante la vie,
> La souffrance à nos yeux fait verser bien des pleurs,
> D'une peine toujours une peine est suivie,
> Notre corps se débat sous d'amères douleurs.
> Mais le Seigneur au ciel nous garde une patrie,
> Où ceux qui sont reçus n'auront plus à souffrir;
> Tout chagrin disparaît, toute larme est tarie;
> Il n'est plus de douleur dans le siècle à venir. Amen.

MERCREDI (Soir).

Non que j'aie déjà atteint le but, ou que je sois déjà parvenu à la perfection, mais je cours avec ardeur pour saisir le prix; c'est pour cela aussi que j'ai été saisi par Jésus-Christ. Frères, pour moi, je ne me persuade pas d'avoir saisi le prix; mais je fais une chose : oubliant ce qui est derrière moi, et m'avançant vers ce qui est devant, je cours avec ardeur vers le but, pour le prix de la vocation céleste de Dieu en Jésus-Christ.

(Phil. 3, 12-14).

Méditation.

Après avoir été délivré du péché par la grâce de Dieu, l'homme ne doit plus se l'imposer comme un nouveau fardeau, qui l'entraverait dans sa marche. Il y a des gens qui n'apprennent pas à surmonter la douleur que leur cause le péché; ils ressemblent aux habitants d'une hutte fragile qu'une tempête a démolie. Le Seigneur leur a envoyé un vent d'orage dans des vues d'amour ; il voulait les forcer de se construire une habitation nouvelle et meilleure. Il serait insensé de leur part de s'arrêter sur le lieu du désastre, de gémir et de verser des larmes sur la vieille demeure disparue ; leur premier soin doit être d'élever un édifice plus solide et plus beau, avec le secours de celui dont l'Ecriture sainte dit : « Si l'Eternel ne bâtit la maison, ceux qui la bâtissent y travaillent en vain. » — Oubliant ce qui est derrière moi, et m'avançant vers ce qui est devant, je cours avec ardeur vers le but, dit l'apôtre St-Paul. » Que telle soit aussi notre devise ! En avant, vers la lumière, le but, la patrie éternelle ! Après quelques années de combat, nous jouirons des fruits d'une éternelle victoire.

Prière.

Nous te cherchons, Seigneur ; fais-nous la grâce de te trouver. Aie compassion de notre faiblesse et de notre inconstance et fortifie-nous dans l'homme intérieur, afin que nous marchions d'un pas ferme dans la voie qui conduit à la vie éternelle. Tu sais qu'abandonnés à nous-mêmes nous ne pouvons rien ;

nous avons la bonne volonté, mais nous n'avons pas toujours la force de faire le bien. Fais descendre ton Esprit dans nos cœurs, pour qu'il nous apprenne à connaître ta Parole, qu'il nous fortifie dans la foi, nous éclaire, nous purifie et nous sanctifie. Ne détourne pas ta face de nous et ne nous retire pas ta grâce. Protège-nous pendant cette nuit, avec les nôtres et tous les hommes. Accorde-nous un doux repos, afin que nous puissions reprendre demain nos occupations avec joie et employer nos forces à ton service et à ta gloire.

Que ton St-Esprit habite
Par la grâce dans mon cœur;
Qu'il en soit le conducteur;
Et quand ta loi je médite,
Qu'il me fasse en même temps
Suivre tes enseignements.

Dans le séjour de la gloire,
Daigne un jour me recevoir
Pour couronner mon espoir!
C'est là, qu'après la victoire,
Je bénirai ta bonté,
Dans l'heureuse éternité! Amen.

JEUDI (Matin).

Priez sans cesse. (1 Thess. 5, 17).

Méditation.

Un jour, dans le ciel, nous serons délivrés des soucis de la terre et de ses vaines préoccupations ; quand nous prions ici-bas, nous avons un avant-goût de cette délivrance, la terre et ses inquiétudes et ses intérêts sont bien loin derrière nous! Un jour, du haut du ciel, nous n'apercevrons qu'une voie lumineuse, celle par laquelle nous serons montés dans le séjour de la gloire ; et quand nous prions ici-bas, le passé tout entier de notre vie nous paraît transfiguré! Quel silence, quel calme solennel n'y a-t-il pas dans un cœur qui prie ! C'est le calme de l'éternité que le Seigneur nous fait déjà goûter dans la mobilité du temps. La prière est un entretien caché avec Dieu, et qui ne cesse pas plus que les battements du cœur dans l'homme vivant. Elle est un élan soutenu de l'âme vers son origine et qui dirige toutes ses pensées et toutes ses volontés. Dans ses plus profonds abîmes, la terre pénètre d'une force plus mystérieuse les eaux qu'elle renferme, et les remplit de vertus salutaires ; telle est l'action de la prière ; elle vivifie et féconde toutes les facultés et toutes les œuvres de l'homme pieux.

Prière.

Père céleste! Jette un regard favorable sur nous lorsque **nous cherchons ta face, et fais trouver à notre âme la force et la** paix, au milieu des travaux et des distractions de la vie. Elève notre esprit à toi, apprends-nous à t'exposer tous nos besoins. Accorde-nous ta grâce et l'esprit de prière, pour que nous t'invoquions selon ta volonté. Ne permets pas que le lien de la foi et de l'amour, qui nous unit à toi, se relâche ou que le péché nous sépare de toi. Fais de notre cœur ton sanctuaire ; maintiens-nous, Seigneur, nous et les nôtres, dans ta communion sainte et bénie.

De l'abîme
Vers la cime,
Vers le trône de mon Roi,
Ma prière,
O mon Père,
S'élève jusques à toi.
O Dieu tendre,
Daigne entendre
La requête de ma foi.

C'est toi-même,
Dieu suprême,
Toi que je demande à toi.
Ta présence,
Ton absence,
C'est vie ou c'est mort pour moi.
Que ta grâce
En moi fasse
A jamais régner mon Roi. Amen.

JEUDI (Soir).

Sanctifiez dans vos cœurs le Seigneur Dieu. Et soyez toujours prêts à vous défendre, avec douceur et respect, auprès de tous ceux qui vous demandent raison de l'espérance qui est en vous ; ayant une bonne conscience, afin que ceux qui blâment votre bonne conduite en Christ, soient confondus dans ce qu'ils disent contre vous, comme si vous étiez des malfaiteurs. Car il vaut mieux souffrir, si telle est la volonté de Dieu, en faisant le bien qu'en faisant le mal. (1 Pier. 3, 15-17).

MÉDITATION.

L'Ecriture sainte définit les païens en les appelant des gens qui ne savent rien de Dieu, ou qui vivent sans Dieu et sans espérance dans le monde. N'avoir pas d'espérance ou vivre sans Dieu revient au même. Le fondement immuable de notre espérance chrétienne, c'est la Parole du Dieu vivant et la résurrection de son Fils d'entre les morts. Il vit et règne pour nous, car il est le même, hier, aujourd'hui et éternellement. Du moment que cette espérance chrétienne vit dans le cœur, elle se manifestera par ses fruits dans notre vie et notre conduite. Que le monde nous raille ou nous insulte, qu'importe ! pourvu que ses accusations soient fausses ; avec une bonne conscience on peut se reposer en assurance.

PRIÈRE.

Augmente en nous, Seigneur, l'espérance de la vie éternelle ; aide-nous à mener devant toi une vie chrétienne et dévouée. Qu'elle soit à ta gloire par Jésus-Christ, et qu'au milieu des souffrances nous soyons doux, patients et résignés, afin que les hommes, en voyant nos bonnes œuvres, te glorifient, toi notre Père qui es dans les cieux. Sois béni pour les témoignages que nous avons reçus aujourd'hui de ton amour et de ta fidélité. Reçois favorablement l'offrande de nos lèvres ; pardonne-nous pour amour de Jésus toutes les fautes dans lesquelles nous sommes tombés en ce jour. Nous te recommandons tous ceux qui vivent encore sans Dieu et sans espérance dans le monde ; nous te prions de faire luire dans leurs cœurs la lumière de ton Evangile pour les conduire au chemin du salut.

On cherche, on ignore
Ton immense amour;
Mais déjà l'aurore
Annonce le jour.
Que son éclat vienne
Ouvrir tous les yeux!
Que la nuit païenne
S'efface en tous lieux.

O grâce ineffable!
Déjà plus d'un cœur
Longtemps indomptable
Bénit son vainqueur,
Ce simple message :
« Pécheur, pleure et crois, »
Met jusqu'au sauvage
Au pied de ta croix. Amen.

VENDREDI (Matin).

Souvenez-vous de la parole que je vous ai dite: Le serviteur n'est pas plus grand que son maître. S'ils m'ont persécuté, ils vous persécuteront aussi ; s'ils ont observé ma parole, ils observeront aussi la vôtre. Mais ils vous feront tout cela à cause de mon nom, parce qu'ils ne connaissent point celui qui m'a envoyé. (St. Jean 15, 20 et 21).

MÉDITATION.

En lisant le récit des terribles persécutions qui se sont déchaînées contre les chrétiens, on se demande quelquefois pourquoi le Sauveur glorifié a permis que ses enfants fussent soumis à de telles épreuves. Nous trouvons là bien des mystères ; cependant cette parole du Seigneur Jésus peut ici servir de réponse : « Le serviteur n'est pas plus grand que son maître.» C'est une partie de la gloire du Christ que parmi ses enfants il s'en soit trouvé un certain nombre qui ont souffert les maux les plus cruels en lui restant fidèles jusqu'à la mort. Le monde peut apprendre par là jusqu'à quel point Jésus-Christ sait gagner les cœurs de ses disciples et comment sa force se manifeste dans leur faiblesse. Tant que l'Eglise est militante sur la terre, ils savent qu'ils ont à combattre et à se charger de leur croix ; ils le font en regardant à celui qui est le chef et le consommateur de la foi.

PRIÈRE.

Père céleste! C'est par un effet de ta grâce que nous pouvons jouir en toute sécurité de notre foi. Donne-nous de le reconnaître et de te servir avec fidélité et avec joie. Nous avouons, en nous humiliant devant toi, que souvent nous manquons d'une foi ferme et d'une confiance entière ; nous te prions de nous pardonner notre faiblesse, de nous fortifier et de nous assurer par ta grâce toute-puissante la victoire dans toutes nos tentations. Donne-nous ton St-Esprit, le divin Consolateur, pour affranchir notre âme de toute crainte des hommes et nous rendre capables de te confesser fidèlement dans le monde.

> Soldats de Christ! armons-nous de vaillance
> Pour soutenir le combat de la foi.
> Nous pouvons tout en Jésus notre Roi;
> Il nous promet sa force et sa puissance.
>
> Soldats de Christ! tenons prêtes nos armes.
> Veillons, prions, repoussons l'ennemi!
> Veillons, prions, au ciel est notre ami.
> Vers lui bientôt finiront nos alarmes.   Amen.

VENDREDI (Soir).

Je me réjouirai en l'Eternel, et mon âme s'égaiera en mon Dieu ; car il m'a revêtu des vêtements du salut, et m'a couvert du manteau de la justice, comme un époux se pare d'un diadème et comme une épouse s'orne de ses joyaux. (Esaïe 61, 10).

MÉDITATION.

Le chrétien connaît une source de joie que d'autres ignorent. Il sait même être heureux au sein des afflictions et se réjouir dans le Seigneur alors même que les souffrances, les déceptions, les peines restent son partage ici-bas. Il est loin cependant d'être étranger aux sentiments de tristesse et de douleur ; il ne reste pas insensible et impassible lorsque ses meilleures espérances font naufrage, il n'est pas indifférent au départ de ses bien-aimés. Ses inclinations, au contraire, sont plus profondes et plus ardentes ; ses impressions plus vives et plus fortes que chez l'homme incrédule. Il ressent profondément tous les coups du malheur, la rupture des liens sacrés, la perte des joies terrestres ; mais il sait en même temps où chercher et trouver la paix, la consolation et l'espérance. Il connaît celui qui a promis de consoler ceux qui sont dans l'affliction, de présenter à ceux de Sion qui sont dans le deuil le diadème au lieu de la cendre, l'huile de joie au lieu du deuil et le manteau de louange au lieu d'un esprit abattu ; il se souvient de cette parole de Jésus-Christ : « Demandez, et vous recevrez, et votre joie sera accomplie. »

PRIÈRE.

Dieu juste et saint ! Nous nous humilions devant ta puissance et ta gloire ; nous louons ton saint Nom. Sois béni de ce que dans ta miséricorde tu ne cesses d'agir sur nos âmes et de nous transformer, nous pauvres pécheurs, à ton image de gloire en gloire. Nous t'adorons, Dieu de toute grâce excellente et de tout don parfait ; nous te prions de nous pardonner toutes nos fautes et toutes nos négligences de ce jour. Fais que nous nous réjouissions toujours plus de l'amour que tu nous as témoigné en Jésus-Christ et que nous soyons heureux de ce que tu nous as revêtus de salut et de justice. Ton amour nous oblige à ne plus vivre pour nous-mêmes, mais pour celui qui est mort et ressuscité pour nous.

> Si ton faible enfant, cédant à la tristesse,
> Se nourrit de douleur sans chercher le secours,
> Daigne lui rappeler ta fidèle promesse,
> Qui soutient, qui guérit, qui console toujours.
>
> Puis quand l'affliction, par ta grâce bénie,
> Aura porté des fruits de justice et de paix,
> Qu'au séjour du bonheur mon âme recueillie,
> Puissant et doux Sauveur, te contemple à jamais. Amen.

SAMEDI (MATIN).

L'Eternel est bon ; il est ma forteresse au jour de la détresse et il connaît ceux qui se confient en lui. Mais par un flot débordant, il fera du lieu de cette ville une entière destruction, et il poursuivra ses ennemis dans les ténèbres. Que méditez-vous contre l'Eternel ? (Nahum 1, 7-9).

MÉDITATION.

Dans les jours calmes, la bonté et la protection de Dieu sont trop habituelles pour que l'homme y soit bien sensible ; mais nous voyons mieux dans les épreuves quelle est la sollicitude du Seigneur pour ses enfants. Il est bon que nous passions quelquefois par des heures difficiles, parce qu'elles nous rendent attentifs à sa fidèle Providence. Le tout est de savoir si, dans nos tribulations, nous mettons notre confiance en lui. Bien des âmes sont sur le point de désespérer ; d'autres ont une confiance peu ferme ; mais il y en a aussi qui comptent sur lui et que rien ne peut ébranler. Ils éprouvent qu'il est bon, qu'il leur donne tout ce qui leur est nécessaire pour la vie et qu'il est une forteresse au jour de la détresse. Le Seigneur connaît les siens et se fait connaître à eux par sa bonté et ses délivrances.

PRIÈRE.

Seigneur, notre Dieu, Auteur de tout don parfait ! Donne-nous jusqu'à la fin de nos jours une foi inébranlable en ta puissance et en ton amour. Apprends-nous à nous confier en toi, quels que soient les événements de notre vie. Tu sais combien facilement nous nous laissons décourager lorsque nous avons à passer par des tribulations. Accorde-nous le secours de ton St-Esprit et fortifie-nous par sa vertu toute-puissante. Lorsque l'horizon s'assombrit autour de nous et que la douleur nous assiège, sois notre lumière et notre force. Toi seul connais le moment favorable pour nous délivrer, tu sais proportionner nos forces à la grandeur de l'épreuve. Nous te demandons une entière soumission à ta sainte volonté, une foi ferme et une joyeuse espérance. Nous venons déposer toutes nos préoccupations et toutes les aspirations de notre âme au pied de ton trône de grâce. Seigneur, prête l'oreille à nos supplications et agrée favorablement nos vœux que nous t'adressons au nom de ton Fils, qui nous a été fait de ta part sagesse, justice, sanctification et rédemption.

O mon âme ! dis-moi pourquoi	Ah ! pardonne, puissant Sauveur,
Tu ressens un si grand effroi.	Ma folle et déplorable erreur !
D'où vient ton peu de confiance ?	Je me souviens que ta tendresse
Qu'as-tu fait de ton espérance ?	N'est point soumise à ma faiblesse.
Quoi ! le Seigneur peut-il changer ?	Non, ton amour ne peut changer ;
Jésus peut-il cesser d'aimer ?	Non, tu ne peux cesser d'aimer. Amen.

SAMEDI (SOIR).

Attends-toi à l'Eternel, et observe sa voie ; il t'élèvera pour posséder la terre ; les méchants seront retranchés à tes yeux. J'ai vu le méchant terrible et s'étendant comme un arbre vigoureux. Mais il a passé, et voici, il n'est plus ; je l'ai cherché : il ne se trouve plus. Observe l'homme intègre, et considère l'homme droit ; car il y a un avenir pour l'homme de paix.

(Ps. 37, 34-37).

MÉDITATION.

Celui qui se confie en l'Eternel ne sera pas confus. Telle est l'expérience des fidèles de tous les temps ; cette parole ne s'est jamais démentie. Serions-nous les seuls pour qui elle ne se réaliserait pas et que Dieu délaisse ? Attachons-nous étroitement à lui, marchons dans ses voies, nous éprouverons que ses promesses sont immuables comme lui et que sa Parole est fidèle. Tout prend fin, mais Dieu, son secours, ses consolations demeurent éternellement. Quelque sombre que soit notre horizon, le soleil de sa grâce peut percer tous les nuages et luire sur notre chemin. Attendons-nous à l'Eternel, demeurons fermes et il fortifiera notre cœur. Il sera avec nous dans la détresse ; il nous en retirera et nous l'en glorifierons.

PRIÈRE.

Dieu tout-puissant ! qui nous as conservés et gardés jusqu'à ce jour dans ta miséricorde infinie, nous te prions de nous donner un cœur reconnaissant pour tous les bienfaits de ta Providence, de nous continuer ta protection et tes soins paternels pendant tout le cours de notre pèlerinage terrestre. Fais-nous la grâce de nous attendre à toi dans toutes nos épreuves, de ne jamais douter de ton amour et de ta fidélité. Tu es toujours le même ; il n'y a en toi aucune ombre de changement, tu viens en aide à tous ceux dont le cœur est droit devant toi, leur espérance ne sera pas confondue. La délivrance du juste vient de toi, tu es sa force au temps de la détresse. Apprends-nous, ô Dieu Sauveur, à marcher dans ta crainte, à te chercher, à te trouver, à nous confier en toi. Dans les tribulations de la vie, toi seul peux nous donner la paix ; quand nos péchés nous accusent et nous condamnent, toi seul peux pardonner ; à l'heure de la mort et du jugement, toi seul peux délivrer. Assiste-nous par ta grâce, tiens-toi sans cesse près de nous pour nous aider, nous bénir.

Laisse-le faire, attends ce qu'il ordonne,
Et n'ouvre point ton cœur au déplaisir ;
Quand à quelqu'un d'heureux succès il donne,
D'aucun dépit ne te laisse saisir ;
Et que jamais l'exemple ne t'engage
A faire mal pour suivre un vain désir.

Enfin, de Dieu la grâce salutaire
De tous leurs maux les siens soulagera,
Les soutenant au temps le plus contraire ;
Par sa main forte, il les délivrera ;
Car au Seigneur chacun d'eux voudra plaire,
Et chacun d'eux sur lui s'assurera. Amen.

Vingt-deuxième Semaine après la Trinité.

DIMANCHE (Matin).

Le royaume des cieux est semblable à un roi qui voulut compter avec ses serviteurs. Quand il eut commencé de compter, on lui en amena un qui lui devait dix mille talents; et parce qu'il n'avait pas de quoi payer, son maitre commanda qu'il fût vendu, lui, sa femme et ses enfants, et tout ce qu'il avait, afin que la dette fût payée. Et ce serviteur, se jetant à terre, le suppliait en disant: Seigneur, aie patience envers moi, et je te payerai tout. Alors le maitre de ce serviteur, ému de compassion, le laissa aller et lui remit la dette. Mais ce serviteur, étant sorti, rencontra un de ses compagnons de service, qui lui devait cent deniers, et l'ayant saisi, il l'étranglait en disant: Paye-moi ce que tu me dois. Et son compagnon de service, se jetant à ses pieds, le suppliait, en disant: Aie patience envers moi, et je te payerai tout. Mais lui ne le voulut point, et s'en étant allé, le fit jeter en prison, jusqu'à ce qu'il eût payé la dette. Ses compagnons de service, voyant ce qui s'était passé, en furent fort attristés, et ils vinrent rapporter au maitre tout ce qui était arrivé. Alors son maitre le fit venir et lui dit: Méchant serviteur, je t'avais remis toute cette dette parce que tu m'en avais prié; ne te fallait-il pas aussi avoir pitié de ton compagnon de service comme j'avais eu pitié de toi? Et son maitre, étant irrité, le livra aux sergents jusqu'à ce qu'il eût payé tout ce qu'il lui devait. C'est ainsi que vous fera mon Père céleste, si vous ne pardonnez pas, chacun de vous, de tout son cœur, à son frère ses fautes. (St. Matth. 18, 23-35).

Méditation.

Notre dette a été payée par Jésus : cette vérité est la base de toute la foi chrétienne. Dieu a fait par pure grâce ce que ne peut faire aucun homme avec toutes ses bonnes œuvres, toutes les angoisses de son cœur et ses vœux les plus sincères. Le royaume de Dieu est un royaume de miséricorde ; si nous voulons en faire partie, soyons miséricordieux. Lorsque notre cœur est sur le point de s'aigrir à cause d'une offense reçue, quand notre bouche veut prononcer des paroles dures, ou notre main se lever pour se venger, pensons à la dette immense que notre Père céleste nous a quittée pour l'amour de Jésus-Christ. Si cette pensée ne nous fermait pas la bouche et n'arrêtait pas notre main, nous ressemblerions au méchant serviteur de la parabole, et son sort serait le nôtre. Que Dieu nous en préserve dans sa grâce ! Qu'il nous rappelle sans cesse ce qu'il a fait pour nous et nous apprenne à pardonner aux autres comme il nous a pardonné par Christ.

Prière.

Dieu miséricordieux ! Nous te prions du fond du cœur de faire servir ce jour qui t'est consacré à notre avancement dans la vie spirituelle, et à l'accomplissement de ta sainte volonté en nous ! Communique-toi à nos âmes en bénissant ta Parole et en la rendant efficace par la puissance de ton St-Esprit. Donne-nous une impression toujours plus profonde de la miséricorde dont tu as usé à notre égard, afin que nous soyons pleins de compassion pour les autres. Tu nous as quitté une dette immense, donne-nous de nous en souvenir toujours pour apprendre à pardonner à ceux qui nous ont offensés. Jamais nous ne pourrons comprendre l'étendue de ta grâce et de ton amour ; fais du moins que nous éprouvions un désir ardent de marcher sur les traces de notre adorable Sauveur et d'aimer comme il nous a aimés. Aide-nous à triompher de toutes les mauvaises inclinations de nos cœurs ; mets en nous les mêmes sentiments que Jésus-Christ a eus ; que son Esprit habite en nous avec tous ses fruits de bonté, d'amour et de douceur.

Pardonne, Seigneur, fais-moi grâce	Qui, pour l'amour de Christ accorde
Pour l'amour de mon Rédempteur ;	Le pardon à ses ennemis
J'ai recours à lui, je l'embrasse	Obtiendra miséricorde
Comme mon unique Sauveur.	Des péchés qu'il aura commis. Amen.

DIMANCHE (Soir).

Je rends grâces à mon Dieu, toutes les fois que je me souviens de vous, priant toujours pour vous tous avec joie, dans toutes mes prières, à cause de votre commun attachement à l'Evangile, depuis le premier jour jusqu'à maintenant ; étant persuadé que Celui qui a commencé en vous cette bonne œuvre, en poursuivra l'accomplissement jusqu'à la journée de Jésus-Christ. Et il est juste que tels soient mes sentiments pour vous tous, car dans mes liens et dans la défense et la confirmation de l'Evangile, je vous porte dans mon cœur, vous tous qui partagez avec moi la grâce qui m'est faite. Dieu m'est témoin, en effet, que je vous chéris tous d'une affection cordiale en Jésus-Christ. Et ce que je demande, c'est que votre charité augmente de plus en plus en connaissance et en toute intelligence, pour discerner la différence des choses, afin que vous soyez purs et irréprochables pour la journée de Christ, étant remplis par Jésus-Christ des fruits de la justice à la gloire et à la louange de Dieu. (Phil. 1, 3-11).

Méditation.

Ce qui importe dans la vie chrétienne, c'est la persévérance, ce sont les progrès dans la voie de la perfection. Bien des âmes ont pris un grand élan pour se donner au Seigneur, mais se sont bientôt arrêtées ou ont reculé. Elles ont commencé une vie nouvelle de foi et de dévouement, remplie de riches promesses pour l'avenir, mais les fleurs ne se sont pas transformées en fruits ; elles ont séché et sont tombées. Tout dépend du fond du cœur ; lorsque l'Esprit de Dieu l'a renouvelé pour le changer en un sol fertile, il peut se produire encore des temps de relâchement et de sécheresse, mais pas de chute sans relèvement. Dieu achèvera par sa grâce la bonne œuvre qu'il a commencée en nous.

Prière.

Seigneur, notre Dieu ! Tu es le premier et le dernier, l'origine et la fin de toutes choses. Tu as donné l'être à tous les hommes, c'est dans ta communion qu'ils trouvent le repos, la joie et la félicité. Nous te prions ce soir de faire luire sur nous la lumière de ta face. Attire-nous toujours plus à toi, et achève l'œuvre commencée en nous par ta grâce. Aide-nous à combattre le combat de la foi et à te rester fidèles. Si nous bronchons, étends ton bras puissant vers nous pour nous relever. Fais que personne ne puisse nous ravir le dépôt que tu nous as confié. Par ton St-Esprit, rends-nous capables de passer ce jour en ta sainte présence, de faire en toutes choses ce qui te plaît, et reçois-nous à la fin de notre pèlerinage dans tes tabernacles éternels.

Je me voue à ton service,	Mais je ne puis sans ta grâce
Je me soumets à tes lois :	Suivre un si pieux dessein,
Maître céleste et propice,	Et quelque effort que je fasse,
Parle, j'écoute ta voix.	Sans toi je travaille en vain.
Insensible désormais	Ta faveur est mon soutien,
Pour le monde et ses attraits,	Ta présence au vrai chrétien,
D'un cœur pur et sans contrainte	Inspire la patience,
Je veux marcher dans ta crainte.	Le courage et la constance. Amen.

LUNDI (Matin).

Entretenez-vous ensemble par des psaumes, des hymnes et des cantiques spirituels, chantant et psalmodiant de votre cœur au Seigneur.

(Eph. 5, 19).

Méditation.

Comme chrétiens, nous avons le devoir de commencer avec des sentiments de reconnaissance et d'actions de grâces tout nouveau jour que Dieu ajoute à notre vie ; car le soleil qu'il fait lever sur nous chaque matin est un symbole du soleil de la grâce qui luit toujours pour l'enfant de Dieu. Toute disposition vraiment heureuse a sa source dans la reconnaissance envers Dieu, dans l'humble soumission à sa sainte volonté, et dans la ferme assurance que toutes choses concourent au bien de ceux qui l'aiment. Les événements douloureux de la vie peuvent profondément remuer le chrétien ; mais ils ne troublent pas l'harmonie de son âme. Il peut mener deuil sans être maussade et de mauvaise humeur. Veillons sur le sanctuaire de notre âme, afin qu'aucune main profane n'en touche les cordes et n'y produise des dissonances. Lorsqu'un mauvais esprit cherche à prendre possession de notre cœur, recueillons-nous dans le silence ; prions, luttons avec le Seigneur, jusqu'à ce que la tentation soit passée et que nous soyons sortis vainqueurs de l'épreuve.

Prière.

Dieu fidèle ! Par ta grâce nous commençons une nouvelle semaine de travail. Nous ignorons ce qu'elle nous amènera, à quels dangers, à quelles tentations nous serons exposés ; c'est pourquoi nous nous recommandons à ta protection toute-puissante et paternelle. Nous te prions de veiller sur nous, d'être avec nous dans toutes nos voies. Seigneur, accorde-nous ton St-Esprit pour qu'il nous sanctifie, nous dirige et rende témoignage à notre esprit que nous sommes tes enfants. Bénis notre issue et notre entrée, notre travail et notre repos, nos joies et nos peines. Conduits par ta main, nous ne pouvons pas faire fausse route ; si ton Esprit nous anime, le mauvais esprit ne pourra pas régner en nous. Fais-nous grandir dans ta connaissance et dans ton amour, en sorte que notre vie soit toujours plus conforme à ta volonté. Et lorsque notre dernière heure sera venue, fais-nous la grâce de pouvoir nous présenter aux portes de l'éternité avec la bienheureuse assurance que nous sommes tes enfants et les héritiers de la vie éternelle.

Mon cœur rempli des biens que Dieu m'envoie,
Ne peut cacher les transports de sa joie ;
Mon âme loue et bénit le Seigneur,
Et mon esprit s'égaie en mon Sauveur.

Heureux celui qui le craint et l'adore ;
Qui son secours avec ardeur implore ;
Tous ceux qui font sa sainte volonté,
De siècle en siècle éprouvent sa bonté. Amen.

LUNDI (Soir).

Ceux dont l'Eternel aura payé la rançon, retourneront et viendront en Sion avec un chant de triomphe ; une allégresse éternelle sera sur leur tête. Ils obtiendront la joie et l'allégresse ; la douleur et le gémissement s'enfuiront. (Es. 35, 10).

MÉDITATION.

Pour ceux qui cherchent ici-bas, souvent même par le péché, leur part et leur héritage, la mort est le commencement de souffrances plus grandes que celles qu'ils ont connues dans cette vie ; elle est, au contraire, la fin de toute douleur pour ceux qui se contentent d'être pèlerins sur la terre et de suivre le Seigneur, même sous la croix. Elle est alors le départ d'ici-bas pour le sanctuaire éternel, auprès du Père et non du Juge, auprès du Sauveur qui leur a depuis longtemps préparé une place. Si nous semons avec larmes, nous moissonnerons avec chants de triomphe. Les larmes et les afflictions ne suffisent pas pour préparer la moisson, il faut aussi semer. Répandons la semence de la Parole de Dieu dans nos cœurs et portons du fruit avec persévérance ; nous moissonnerons alors en son temps dans le monde de l'éternelle lumière.

PRIÈRE.

Seigneur ! Tu es le même et tes années ne finiront jamais. Nous venons à toi dans le sentiment de notre fragilité, nous te prions de nous faire trouver en toi la vie éternelle, la paix et la joie que nous ne pouvons trouver que dans ta communion. Nos cœurs ont été formés pour toi, et aucun bien terrestre ne peut les satisfaire. Tu nous connais, tu sais quelles sont chaque jour nos pensées, nos paroles et nos actions, et combien souvent nous faisons ce qui te déplait. Pardonne-nous, bon Père céleste ; aide-nous à t'être plus fidèles, crée toi-même en nous ce qui t'est agréable. Donne-nous le désir, la force et les occasions de répandre abondamment la bonne semence, fût-ce avec larmes, afin que nous puissions un jour recueillir une riche moisson. Prends-nous sous ta protection pendant cette nuit, garde et bénis tous ceux que nous aimons ; exauce notre prière pour l'amour de ton Nom.

Dans les parvis tout n'est plus qu'allégresse,
C'est un torrent d'ineffables plaisirs ;
Là plus de deuil, de maux, ni de tristesse,
Plus de regrets, plus d'impuissants désirs,

> Tes habitants ne craignent plus l'orage ;
> Ils sont au port, ils y sont pour jamais ;
> Un calme entier devient leur doux partage ;
> Dieu dans leurs cœurs verse un fleuve de paix. Amen.

MARDI (Matin).

Attends-toi à l'Eternel, demeure ferme, que ton cœur se fortifie ; oui, attends-toi à l'Eternel ! (Ps. 27, 14).

Méditation.

La vie chrétienne est une vie d'action, mais en même temps une vie de calme et de silence. A côté du travail pour notre salut et notre sanctification, elle exige l'attente à l'Eternel. Ne désespérons pas quand le péché que nous croyions victorieusement combattu essaie de surgir de nouveau dans notre cœur. Lorsque nous luttons comme nous devons le faire, nous pouvons avec confiance mettre notre espoir en Celui qui garde les siens au milieu des tentations et les en délivre. Ne nous laissons pas aller à des plaintes quand les agitations du monde troublent notre douce quiétude ; dirigeons nos regards vers le Seigneur qui n'oublie pas l'affligé, qui ne lui cache pas sa face, mais qui l'exauce quand il crie à lui. Ne tremblons pas, comme si la grâce de Dieu s'était retirée de nous, lorsqu'une tentation ou un doute trouble la paix de notre âme, mais attendons le repos de celui qui fortifie le cœur, car il est dit : « Personne ne peut rien s'attribuer, si cela ne lui a été donné du ciel. »

Prière.

Dieu tout bon ! Rends-nous capables par ton St-Esprit de marcher devant ta face, et de faire ta sainte volonté. Nous nous recommandons à ta direction fidèle et puissante ; nous te prions de nous manifester toujours plus clairement ta bonté et ta sagesse, de fortifier notre foi et de nous remplir de calme, alors même que tu trouves bon de faire échouer nos projets. Fais que nous nous reposions pour toutes choses sur ta puissance et sur ta bonté. Nous voudrions te servir toi seul et te glorifier par toute notre vie ; toi seul peux achever l'œuvre que tu as commencée en nous et subvenir à tous nos besoins. Tu veux toujours être avec nous et près de nous, donne-nous d'en faire l'expérience et produis en nous une confiance illimitée dans ta grâce. Inscris nos noms dans ton livre de vie, et nous te bénirons éternellement de ta miséricorde et de ta charité.

> Si je n'eusse eu cette douce espérance,
> Qu'un jour, en paix, après tant de travaux,
> Des biens de Dieu j'aurais la jouissance,
> Je succombais sous le poids de mes maux.
> Toi donc, mon âme, en ton plus grand tourment,
> Attends de Dieu la grâce et le secours,
> Son bras puissant t'affermira toujours,
> Attends, mon âme, attends Dieu constamment. Amen.

MARDI (Soir).

Voici, heureux l'homme que Dieu châtie ! Ne méprise donc pas la correction du Tout-Puissant. Car c'est lui qui fait la plaie et la bande ; il blesse et ses mains guérissent. Dans six détresses, il te délivrera ; et dans sept, le mal ne te touchera point. (Job. 5, 17-19).

Méditation.

Nous avons souvent à passer par la voie douloureuse, mais grâce à Dieu, nous savons quelle en sera l'issue. Pourvu que nous saisissions la main de notre bon Père céleste, nous pouvons marcher en toute assurance, quelque nombreux que soient les obstacles que nous rencontrons, qu'ils viennent de la méchanceté des hommes ou que la sage et miséricordieuse volonté de Dieu les ait placés sur notre chemin. Car celui qui blesse bande aussi la plaie ; il fait mourir et fait revivre. « Mes brebis entendent ma voix, » dit le Sauveur, « je les connais et elles me suivent ; je leur donne la vie éternelle ; elles ne périront jamais, et nul ne les ravira de ma main. »

Prière.

Dieu miséricordieux ! Bénis-nous ce soir dans le sentiment de ton amour, de ta fidélité et de ta paix, qui surpasse toute intelligence. Nous savons que sans les afflictions notre patience et notre foi ne seraient pas éprouvées, que c'est par la souffrance et sous la croix que l'espérance du repos éternel est affermie dans nos cœurs. Nous sommes heureux de savoir que tu nous réserves une patrie où il n'y aura plus ni deuil, ni péché, ni douleur, ni mort. Prépare-nous par ton St-Esprit à y entrer. Aide-nous à achever sous ton regard notre pèlerinage terrestre ; conduis-nous par ton conseil et reçois-nous enfin dans ta gloire. Veille sur nous pendant cette nuit, donne-nous un repos paisible et réparateur, protège tous ceux qui nous sont chers. Accorde-leur toutes les grâces que nous te demandons pour nous-mêmes, au nom et pour l'amour de Jésus, notre Sauveur.

O mon Dieu, mon Sauveur,
Ta céleste faveur
Fut toujours mon partage.
Plus le mal est pressant,
Plus ton secours puissant
Relève mon courage.

Toujours quand j'ai prié,
Toujours quand j'ai crié,
Dieu, touché de ma plainte,
Loin de me rebuter,
A daigné m'écouter
De sa montagne sainte. Amen.

MERCREDI (Matin).

Les disciples, le priant, lui disaient : Maitre, mange ; mais il leur dit : J'ai à manger une nourriture que vous ne connaissez point. Les disciples se disaient donc l'un à l'autre: Quelqu'un lui aurait-il apporté à manger? Jésus leur dit : Ma nourriture est de faire la volonté de Celui qui m'a envoyé et d'accomplir son œuvre.   (St. Jean 4, 31-34).

Méditation.

Jésus-Christ avait une œuvre à accomplir sur la terre ; c'était son devoir et ce devoir lui était sacré. Dans son entretien avec la Samaritaine, il venait d'accomplir une partie pénible de sa tâche, mais elle lui paraissait sainte, parce qu'elle consistait à faire la volonté de Dieu, son Père, qui l'avait envoyé. Pour nous aussi notre tâche sera sacrée, quand nous comprendrons qu'elle est voulue de Dieu. Sans doute nous sommes quelquefois comme accablés par la multiplicité des devoirs qui nous incombent ; mais si nous avons la foi, elle portera pour nous ce fruit béni, qu'elle nous amènera à en considérer l'accomplissement comme la nourriture de notre vie. Quand viendra pour tous ceux qui portent le nom de chrétiens le jour où ils pourront dire du fond du cœur : Notre nourriture est de faire la volonté du Père céleste ? Puisse le mot sérieux : *devoir*, retentir chaque heure solennellement à nos oreilles et trouver dans nos cœurs cet écho : « C'est la volonté de Dieu à notre égard. »

Prière.

Père céleste ! Sois avec nous aujourd'hui ; prête-nous ton secours pour l'accomplissement de nos devoirs, fais que nous commencions tout au nom du Seigneur Jésus. Eclaire nos âmes pour que nous marchions devant toi en enfants de lumière, et que nous donnions à ceux qui nous entourent l'exemple d'une vie sainte et dévouée. Montre-nous toujours mieux nos défauts, nos imperfections et nous en délivre par la puissance de ta grâce. Qu'elle agisse sur nous et en nous, pour faire de nous tes ouvriers pour la gloire de ton Nom et l'avancement de ton règne. Que nous ayons à cœur de faire toujours ta sainte volonté et d'accomplir ton œuvre. Que nous sentions notre faiblesse et que nous ayons recours à ta force toute-puissante. Glorifie-toi en nous, afin que nous puissions aussi te glorifier par nos pensées, nos paroles et nos actions, au nom de notre divin Rédempteur.

N'avoir de goût ni de joie	Vouloir tout ce qu'il ordonne,
Que pour Jésus et sa voix ;	Ne vouloir que ce qu'il veut,
En tous lieux suivre sa voie	N'avoir rien que ce qu'il donne,
Et se charger de sa croix ;	Mais oser tout ce qu'on peut :
Dans sa profonde faiblesse,	Telle est la douce misère,
A son sang avoir recours,	Et la riche pauvreté
Et ne soupirer sans cesse	Dont je désire de faire
Qu'après ce divin secours ;	Toute ma félicité. Amen.

MERCREDI (Soir).

Mes yeux regardent sans cesse vers l'Eternel, car il fera sortir mes pieds du filet. Tourne-toi vers moi, et prends pitié de moi, car je suis seul et affligé ! Les détresses de mon cœur se sont augmentées, délivre-moi de mes angoisses ! Vois mon affliction et mon travail, et me pardonne tous mes péchés ! (Ps. 25, 14-18).

Méditation.

Lorsque les tribulations de la vie nourrissent et fortifient la foi et élèvent l'âme vers Dieu, lorsque l'isolement des hommes nous pousse à rechercher avec plus d'ardeur la communion de Dieu, sa promesse s'accomplit : « Il change le désert en étang, et la terre aride en sources d'eaux. Il y fait habiter ceux qui étaient affamés, de sorte qu'on y entend une voix de louange et de joie. » Le Seigneur se fait trouver à ses enfants angoissés ; il conduit aux sources d'eau vive ceux qui sont altérés ; il les relève et les réjouit. Tout rayon de lumière, toute étoile qui brille dans la sombre nuit, réveille en eux des espérances célestes. Dieu leur fait sentir sa présence bénie et trouver la joie et le bonheur dans sa sainte communion.

Prière.

Nous élevons nos cœurs à toi, Dieu fidèle et miséricordieux, qui as nuit et jour tes yeux ouverts sur nous, qui nous as gardés aujourd'hui et nous as abondamment bénis. Nous sommes heureux dans le sentiment de ta présence ; ton amour nous fortifie, nous rassure et remplit notre cœur de paix et de joie. Quels que soient les événements qui nous arrivent nous trouvons en toi notre refuge, car tu es notre Dieu et notre Père en Jésus-Christ. Tu nous as aimés en lui de toute éternité, nous déposons le fardeau de nos péchés et de nos soucis au pied de la croix. Accorde-nous une espérance inébranlable dans ta promesse que là où le péché abonde ta miséricorde surabonde, et fais-nous la grâce de trouver le doux repos de la conscience dans l'assurance que Jésus a tout accompli pour nous, et qu'il n'y a plus aucune condamnation pour ceux qui croient en lui.

Sur toi je me repose,	En toi j'ai la victoire,
O Jésus mon Sauveur !	La paix, la liberté,
Faut-il donc autre chose	A toi je rendrai gloire
Pour un pauvre pécheur ?	Durant l'éternité !
Conduit par ta lumière,	Si du bonheur qui passe
Gardé par ton amour,	La source doit tarir,
Vers la maison du Père	C'est assez de ta grâce
Marchant de jour en jour.	Pour vivre et pour mourir. Amen.

JEUDI (Matin).

A qui comparerai-je cette génération ? Elle ressemble aux petits enfants assis dans les places publiques, et qui crient à leurs compagnons et disent : Nous vous avons joué de la flûte, et vous n'avez point dansé ; nous avons chanté des plaintes devant vous, et vous n'avez point pleuré. Car Jean est venu ne mangeant ni ne buvant ; et ils disent : Il a un démon. Le Fils de l'homme est venu mangeant et buvant, et ils disent : Voilà un mangeur et un buveur, un ami des péagers et des pécheurs. Mais la sagesse a été justifiée par ses enfants.   (St. Matth. 11, 16-19).

Méditation.

La simplicité du cœur, loin d'être contraire à la foi, en est un effet. Il n'en est pas de même de l'esprit capricieux, volontaire et mécontent auquel il est difficile de plaire. Tantôt il trouve le christianisme trop rigide, exagéré et sombre ; tantôt trop beau et trop idéal pour être vrai. Ce sont autant d'excuses et de prétextes pour fuir la conversion du cœur. Il y a bien des personnes qui pensent que si Dieu leur accordait telle grâce, s'il répondait à telle prière, elles ne seraient plus les mêmes, elles entreraient dans une autre voie, tout changerait pour elles. Le Seigneur agit quelquefois au gré de leurs vœux ; mais, hélas ! le cœur ne change pas ; on trouve toujours des sujets de regimber et de murmurer contre Dieu. Un jour, lorsque le voile tombera, à la lumière du dernier jour, se taira la dernière plainte contre Dieu ; l'histoire du monde entier sera déroulée à nos yeux avec son merveilleux commencement et sa merveilleuse issue. Toutes les bouches seront fermées, Dieu sera trouvé juste quand il parlera et sans reproche quand il jugera.

Prière.

Seigneur notre Dieu ! Nous ne voulons pas commencer ce jour en nous plaignant, mais en te bénissant de tout notre cœur et en mettant notre confiance dans ta puissance, dans ta sagesse et dans ta miséricorde. Ouvre notre esprit et notre cœur aux vérités de ta Parole, au sérieux de ta Loi et à la beauté de ton Evangile. Accorde-nous le secours de ton St-Esprit pour saisir avec repentance et foi le salut qui nous est offert en Jésus-Christ. Soumets-nous entièrement à toi ; garde-nous de toute erreur, de toute illusion, de toute résistance à ta grâce ; affermis nos pas dans tes sentiers, apprends-nous à faire ta sainte volonté et prépare-nous à pouvoir te servir et te louer dignement dans ton sanctuaire éternel par Jésus-Christ, notre Sauveur.

L'âme n'est gaie et contente
Que dans la simplicité ;
Sans elle l'on se tourmente
De toute difficulté ;
Une chose est nécessaire,
Nous a dit la vérité ;
Avoir cette unique affaire,
C'est là la simplicité.

Un cœur simple ne s'attache
Qu'à l'amour de son Sauveur ;
Rien au monde ne l'arrache
A ce centre de bonheur,
Jésus est l'objet unique
Auquel la simplicité
Se plaît, se livre et s'applique ;
C'est ce qui fait sa beauté. Amen.

JEUDI (Soir).

La justice de l'homme intègre aplanit son chemin ; mais le méchant tombera par sa méchanceté. La justice des hommes droits les délivre ; mais les perfides sont pris par leur malice. Quand l'homme méchant meurt, son attente périt, et l'espérance des violents est anéantie. (Prov. 11, 5-7).

Méditation.

Mourir dans l'impénitence et se perdre sont deux choses aussi étroitement unies que la cause et l'effet. Et combien souvent n'arrive-t-il pas que l'homme passe insouciant dans l'éternité, sans y être préparé ! Il est grand le nombre de ceux qui ne reconnaissent pas leur culpabilité et ne sentent aucun besoin de régénération, parce qu'ils n'ont jamais compris la véritable signification de la vie. Ils se contentent d'une honnêteté tout extérieure, et lorsque la conscience leur rappelle des transgressions positives, ils se consolent en pensant à celles des autres, en même temps qu'à l'immense amour de Dieu et à sa miséricorde. Que le Seigneur nous préserve d'une pareille sécurité, qui fait de la terre notre vraie patrie, et nous fait négliger la seule chose nécessaire !

PRIÈRE.

Nous nous présentons devant ta face, Seigneur, avant de nous livrer au repos, pour te rendre grâces pour tous les bienfaits que nous avons reçus de toi en ce jour et pour te prier de nous pardonner d'y avoir si mal répondu. Si nous ne nous sommes pas rendus coupables de péchés grossiers, nous devons confesser que nous avons à nous reprocher bien des négligences, bien des infidélités dans l'accomplissement de nos devoirs. Notre conscience nous accuse d'être encore bien éloignés du but auquel nous devons tendre sans cesse. Qui connaît ses fautes commises par erreur? Pardonne-nous nos fautes cachées; ne nous permets pas de vivre dans l'insouciance jusqu'au grand jour du jugement. Garde-nous d'illusions et de sécurité trompeuse; fais-nous trouver dans la foi en Jésus-Christ, ton cher Fils, le pardon, le salut et la paix.

Pour être heureux sur cette terre,
Fuyons le monde et son amour.
Sa gloire est fausse et passagère
Et doit périr au dernier jour.

Pour être heureux sur cette terre,
Vers Jésus tournons nos souhaits,
Vers le royaume de lumière,
Vers le beau séjour de la paix. Amen.

VENDREDI (MATIN).

Je suis le Dieu tout-puissant; marche devant ma face, et sois intègre.
(Gen. 17, 1).

MÉDITATION.

Cette parole de l'Ecriture sainte est une de celles qui ont servi depuis des siècles à édifier les âmes. Que de bonnes résolutions elle a fait naître depuis qu'elle a été prononcée pour la première fois. Que de pères et de mères l'ont fait monter vers Dieu dans leurs prières pour leurs enfants dans les moments solennels de leur vie! Que de consciences elle a remuées! Puisse-t-elle descendre aussi dans nos cœurs comme une bonne semence! Ayons Dieu dans nos cœurs et marchons devant sa face. Que son amour soit le mobile et sa volonté la règle de notre vie; qu'en lui et par lui nous cherchions à faire le bien. C'est là l'effet béni qu'attendait le peuple d'Israël de la venue du Messie dans le monde, quand le Seigneur parlant par la bouche du prophète Jérémie a dit: « Je mettrai ma Loi au dedans d'eux et je l'écrirai dans leur cœur. » Comme chrétiens, nous croyons que le Seigneur, à la volonté duquel doivent se rattacher chaque battement de notre cœur et chaque pensée de notre esprit, est aussi notre *Père*. Le sentiment de notre dépendance de Dieu n'a donc pas sa source dans une crainte servile, mais dans une crainte qui naît de l'amour et que nous nommons piété filiale. C'est dans ces dispositions que nous devons le servir, non comme esclaves, mais comme ses chers enfants ; nos œuvres doivent se faire non seulement dans sa présence, mais en lui, par lui et pour lui.

Prière.

Père céleste ! Grâces te soient rendues de la fidélité et de l'amour que tu nous as multipliés jusqu'à ce jour. Pardonne et purifie nos cœurs de tout péché ; donne-nous ton Esprit de grâce et de prière. Qu'il nous apprenne à t'invoquer en esprit et en vérité comme des enfants qui s'adressent à leur père, mais aussi comme des pécheurs, qui se présentent devant le Dieu trois fois saint. Ton amour est sans bornes, mais notre foi est faible et nos connaissances sont imparfaites. C'est pourquoi nous te prions d'augmenter notre foi, de nous donner plus de lumières, afin que nous apprenions à mieux te connaître et que ta sainte volonté devienne la règle de notre conduite. Nous pourrons alors marcher devant ta face, sans crainte, comme aussi sans légèreté et sans témérité, et te glorifier par toute notre vie. Accorde cette grâce, Seigneur, à nous et à nos enfants, maintenant et à toujours, au nom de ton bien-aimé Fils.

> Le monde aura pour vous des écueils, des abîmes ;
> Il ferme en souriant les yeux de ses victimes,
> Par ses chants les endort et les perd à jamais.
> Fuyez, fuyez toujours ses coupables attraits !
> Heureux en l'Eternel qui met son assurance !
> Heureux le pèlerin dont le chemin s'avance
> Vers le Sauveur puissant qui nous ouvre ses bras,
> Et dont l'appui peut seul assurer tous nos pas.   Amen.

VENDREDI (Soir).

Les biens et la miséricorde m'accompagneront tous les jours de ma vie, et j'habiterai dans la maison de l'Eternel pour longtemps.   (Ps. 23, 6).

Méditation.

Eternel des armées, que tes tabernacles sont aimables, mon âme désire ardemment et soupire après les parvis de l'Eternel ; mon cœur est transporté de joie après le Dieu fort et vivant. Le passereau a trouvé sa maison et l'hirondelle son nid et moi tes autels. Oh ! qu'heureux sont ceux qui habitent dans ta maison et qui te louent sans cesse ! Quoi qu'il en soit, sa miséricorde nous accompagnera tous les jours de notre vie et notre habitation sera dans la maison de notre Dieu à jamais. Si le prophète de l'ancienne alliance a pu chanter ainsi, combien plus pouvons-nous le faire, nous, enfants de la nouvelle alliance ! Le Seigneur a fait de nous des membres de sa maison, de cette maison sainte et belle dont Christ est la pierre fondamentale et qui dure éternellement. Nous nous y sentons heureux, même à la dernière place, heureux de savoir que notre Dieu ne nous en fera plus sortir, pourvu que nous ne cherchions pas à fuir. Nous voulons y rester d'éternité en éternité pour le glorifier et lui témoigner une juste reconnaissance.

PRIÈRE.

Dieu fidèle et Père de notre Seigneur Jésus-Christ ! Que nous serions heureux, si nous vivions toujours dans ta communion. Mais, hélas ! les intérêts terrestres nous captivent souvent et nous entraînent loin de toi. Les vanités de la terre nous préoccupent, nous nous laissons ravir la paix du cœur par des futilités. Nous te prions, Seigneur, de nous faire sentir et comprendre combien est grand notre privilège de bourgeois des cieux et de citoyens de ton royaume ; aide-nous à nous conduire d'une manière digne de notre vocation ; tourne toi-même nos pensées et nos aspirations vers les biens éternels que Jésus-Christ nous a acquis et qui seront notre partage auprès de toi.

Les troupeaux du Sauveur, épris de sa tendresse,
N'entendent que sa voix et la suivent sans cesse ;
L'Agneau qui les conduit, les remplit de douceurs ;
Il établit son trône au dedans de leurs cœurs.
Ils n'appréhendent rien, car leur Pasteur fidèle
Les garde nuit et jour par sa grâce éternelle.
S'il se cache un instant, c'est pour les enflammer
Pour lui d'un nouveau feu qui ne peut s'exprimer.   Amen.

SAMEDI (MATIN).

Craignons que la promesse d'entrer dans son repos nous étant laissée, quelqu'un de vous ne paraisse y avoir renoncé. Car l'heureuse promesse nous a été faite aussi bien qu'à eux ; mais cette parole qu'ils avaient ouïe ne leur servit point, parce que ceux qui l'entendirent, n'y ajoutèrent point de foi.   (Héb. 4, 1 et 2).

MÉDITATION.

Dans leur pèlerinage à travers le désert, les Israélites reçurent la promesse qu'ils entreraient dans le repos, en d'autres termes, qu'ils posséderaient en paix la terre de Canaan ; mais ils n'ont pas obéi à la voix de Dieu ; ils ont endurci leur cœur, entraînés par de mauvaises passions, et ils moururent dans le désert. Nous avons aussi une terre promise à atteindre, un lieu de repos et d'éternelle gloire. Le Seigneur nous y conduira si nous écoutons sa voix. Sa volonté est que nous persévérions dans la communion de Christ, et que nous ne perdions plus ce qu'il nous a donné, que nous ne nous laissions ni effrayer ni rebuter par les souffrances et les luttes, mais que nous continuions à cheminer avec persévérance dans la voie étroite qui aboutit à la Canaan céleste.

PRIÈRE.

Nous élevons nos cœurs à toi, bon Père céleste, au commencement de ce jour pour t'adresser nos prières et nos actions de grâces. C'est encore par un effet de ta miséricorde que tu nous accordes ce jour. Sois-en béni, Seigneur, et comme nous ne pouvons rien sans le secours de ta grâce, daigne nous fortifier et nous aider à mettre à ton saint service tout ce que nous avons reçu de toi. Donne nous le contentement d'esprit et ta paix ; que nous ne nous laissions pas troubler ni décourager par les difficultés et les peines de la vie. Montre-nous la voie que nous avons à suivre, fais-nous connaître en toutes choses ta sainte volonté, aide-nous à l'accomplir, afin que ta bénédiction puisse reposer sur nous. Agis par ta grâce dans chacun de nous ; garde dans ta bonté et dans ta miséricorde tous ceux qui nous sont chers pour l'amour de Jésus-Christ.

> Encor quelques maux, quelques larmes,
> Quelques ennuis, quelques alarmes,
> Et quelque temps de faiblesse et d'erreur,
> Puis je verrai les ineffables charmes
> De ce séjour où règne le Seigneur.
>
> Ainsi, Jésus, plein d'espérance,
> J'attends en paix, en assurance,
> Selon ton gré, la fin de mes travaux.
> Tu vas venir et ta toute-puissance
> M'introduira dans l'éternel repos. Amen.

SAMEDI (Soir).

Que l'Eternel fasse ce qui lui semble bon. (2 Sam. 10, 12).

Méditation.

Ce n'est pas assez de prendre de bonnes résolutions et d'avoir de bonnes intentions ; elles ne suffisent pas pour mener une cause à bonne fin. Il ne faut pas non plus nous prévaloir de nos bons désirs et vouloir forcer Dieu d'y répondre, car l'esprit volontaire n'est pas un esprit de foi. Dans ces conditions nous n'obtiendrons pas ce que nous cherchons, ou bien Dieu, pour notre punition, nous l'accordera avec un cortège de tourments et d'angoisses. Nous savons qu'il est sage, qu'il sait mieux que nous ce qu'il nous faut et ce qui est pour notre bien ; nous savons aussi qu'il est bon, qu'il nous aime tendrement et qu'il ne permettra pas qu'il nous arrive quelque chose qui ne nous soit pas salutaire. Mettons donc toute notre confiance en lui.

Prière.

Seigneur ! tu nous as conservé la vie jusqu'à ce jour ; nous t'en bénissons de tout notre cœur. C'est de toi seulement que nous pouvons attendre et recevoir la force et le succès dans nos travaux ; c'est toi qui enlèves le fardeau de nos consciences, qui nous reçois en grâce en nous pardonnant nos péchés. Tu nous prépares l'éternel repos qui est réservé à ton peuple. Aide-nous à ne jamais le perdre de vue, à y tendre sans cesse. Préserve-nous de nous rechercher nous-mêmes en quoi que ce soit. Qu'il nous suffise de savoir ce que tu veux de nous, pour que nous trouvions notre bonheur à le faire et que nous soyons persuadés que ce que tu fais est bien fait et peut contribuer à notre salut éternel. Maintiens-nous dans la soumission et dans la foi, jusqu'au grand jour des rétributions, pour l'amour de Jésus-Christ.

Tu veux, Seigneur, qu'en ce monde on s'adonne
A se former sur ton commandement,
Et que ta Loi jamais on n'abandonne.
Mais par ta grâce, ô Dieu juste et clément !
Guide mes pas où ta voix me convie,
Sans que jamais j'y bronche seulement.
Quel mal encor pourrait troubler ma vie
Si mon esprit, en ta voie arrêté,
De t'obéir jamais ne perd l'envie ? Amen.

Vingt-troisième Semaine après la Trinité.

DIMANCHE (Matin).

Les pharisiens, s'étant retirés, consultèrent pour le surprendre dans ses discours. Et ils lui envoyèrent de leurs disciples, avec des hérodiens, qui lui dirent: Maître, nous savons que tu es sincère, et que tu enseignes la voie de Dieu selon la vérité, sans avoir égard à qui que ce soit; car tu ne regardes point à l'apparence des hommes. Dis-nous donc ce qu'il te semble de ceci : Est-il permis de payer le tribut à César, ou non ? Mais Jésus, connaissant leur malice, répondit: Hypocrites, pourquoi me tentez-vous ? Montrez-moi la monnaie du tribut. Et ils lui présentèrent un denier. Et il leur dit : De qui est cette image et cette inscription? Ils lui dirent : De César. Alors il leur dit: Rendez donc à César ce qui est à César, et à Dieu ce qui est à Dieu. Et ayant entendu cette réponse, ils l'admirèrent, et le laissant, ils s'en allèrent. (St. Matth. 22, 15-22).

Méditation.

Le chrétien est un fidèle serviteur du gouvernement. Il est soumis à ses lois, non seulement par crainte du châtiment, mais par devoir, parce que Dieu le veut. Il est un citoyen consciencieux et sincère ; il n'est pas du nombre de ceux qui s'élèvent d'une manière irrespectueuse contre les représentants du gouvernement, et qui par principe leur font opposition. Quoique certaines charges lui pèsent lourdement, il ne trouve pas son plaisir à grossir les rangs des mécontents, à exciter à la résistance et à se mêler aux rebelles. Il voit jusque dans les rigueurs la main de Dieu qui donne à chacun ce qui lui est bon. Il a pour bouclier, dans les mauvais jours, non pas l'injure, mais la prière d'intercession. A l'école de Christ, il apprend à ne pas chercher son propre intérêt et son propre honneur, mais à mettre sa gloire dans le dévouement au bien public. Il sait qu'il sert le Seigneur et non les hommes ; il ne rampe pas comme un esclave qui renie la vérité ; il ne fait pas la cour aux grands du monde pour avoir leur approbation ; son héritage est plus haut placé. C'est pourquoi son respect pour le gouvernement ne saurait le faire parler contre la vérité, ni lui faire prendre fait et cause pour l'injustice. Donnons à Dieu ce qui est à Dieu, ce qui porte son image, notre cœur et toute notre vie ; alors nous donnerons à César ce qui est à César, et nous travaillerons au bien général.

Prière.

Nous te bénissons, Dieu miséricordieux, de ce que tu nous as fait revoir la lumière du jour. Nous te prions de nous donner de nouvelles forces pour vivre et marcher selon ton Esprit. Fortifie notre âme dans la foi, dans l'observation de tes commandements ; aide-nous à porter patiemment les croix que tu juges bon de nous envoyer. Accorde tes divines consolations à notre âme, et nous courrons dans tes voies. Viens vivre en nous et te soumettre entièrement notre cœur. Fais de nous de bons citoyens de notre patrie terrestre; que nous l'aimions, que nous travaillions à la rendre prospère et à y faire régner la justice qui élève les nations. Accorde à notre gouvernement et à tout le peuple dont nous faisons partie ton Esprit de paix et de concorde. Détourne de nous les fléaux temporels et spirituels et fais que ton saint Nom soit glorifié au milieu de nous, afin que nous devenions tous de fidèles sujets de ton royaume céleste. Nous te demandons ces grâces au nom de Jésus-Christ, notre divin Chef.

> En toi seul nous plaçons toute notre espérance!
> Bénis notre patrie et veille à sa défense;
> Sauve ton peuple, ô Dieu, mets ton plaisir en lui,
> Et demeure à jamais sa force et son appui. Amen.

DIMANCHE (Soir).

> Soyez tous mes imitateurs, frères, et regardez à ceux qui se conduisent suivant le modèle que vous avez en nous. Car plusieurs, je vous l'ai dit souvent, et maintenant je vous le redis en pleurant, se conduisent en ennemis de la croix de Christ; leur fin sera la perdition; leur Dieu, c'est leur ventre, leur gloire est dans leur infamie, et leurs affections sont aux choses de la terre. Pour nous, nous sommes citoyens des cieux; d'où nous attendons aussi le Sauveur, le Seigneur Jésus-Christ, qui transformera le corps de notre humiliation, pour le rendre conforme au corps de sa gloire, selon le pouvoir qu'il a de s'assujettir toutes choses.
>
> (Phil. 3, 17-21).

Méditation.

La croix de Christ divisera les hommes jusqu'à la fin du monde. Le parti des ennemis vivra toujours, et si cette inimitié n'éclate pas dans des discours et des écrits, elle se manifeste dans la vie. « Plusieurs, » dit l'apôtre en pleurant et en exhortant, « se conduisent en ennemis de la croix de Christ. » Et en parlant ainsi, il ne pense pas à ceux qui repoussent ouvertement le Christ et son salut, parce qu'ils ne veulent rien savoir d'un Dieu Sauveur; ni à ceux qui se prévalent de leurs vertus et à qui la croix est en scandale, mais plutôt à ceux qui ont accepté le Christ et sa rédemption, mais qui le renient dans leur vie, qui n'aiment pas à entendre parler de renoncement, d'esprit de sacrifice et de la mort de leur propre *moi* et qui recherchent surtout les jouissances terrestres. Les premiers traits de leur caractère sont l'ambition, l'orgueil, l'égoïsme et le sens charnel.

Quelle sera leur fin ? Ils s'avancent au-devant d'une nuit sombre, sans lumière et sans consolation. Bien différents sont les amis de la croix, qui vivant dans une étroite communion avec le Christ, se réjouissent en lui et peuvent dire: « Pour nous, nous sommes citoyens des cieux. » Leur voie mène à la paix et à une gloire ineffable.

Prière.

Dieu d'amour et de paix ! qui as ressuscité des morts le Berger des brebis, rends-nous accomplis en toutes sortes de bonnes œuvres pour faire ta volonté, et mets en nous ce qui t'est agréable par Jésus-Christ, notre Seigneur. Nous te rendons grâces de tous les bienfaits dont tu nous as comblés aujourd'hui, nous te prions de conserver et d'augmenter en nous la vie spirituelle, afin que la mort qui détruit nos corps, ne nous conduise pas à la perte de nos âmes. O Christ, le but que tu nous proposes dans ton Evangile, est bien élevé ; il faut que toi-même tu nous aides à nous en rapprocher toujours davantage ; détruis en nous tout orgueil, tout égoïsme, toute mauvaise convoitise ; inspire-nous l'esprit de sacrifice, de renoncement ; apprends-nous jour par jour à marcher sur tes traces, à t'être fidèles, à te glorifier par toute notre vie.

O toi qu'assaille le doute,
Toi que le monde a séduit,
Toi qui marches sur la route
Dans la nuit et vers la nuit,
Même en doutant, prie, adore
Celui qui meurt sur le bois ;
Regarde, oh ! regarde encore
Vers la croix.

Sur la croix où Christ expire
La mort succombe avec lui ;
C'en est fait de son empire,
Le jour de la vie a lui !
Péchés, doutes et souffrance
Demeurent cloués au bois ;
O sublime délivrance
De la croix ! Amen.

LUNDI (Matin).

Demandez et on vous donnera ; cherchez et vous trouverez ; heurtez et on vous ouvrira. Car quiconque demande reçoit, qui cherche trouve, et l'on ouvre à celui qui heurte. Et quel est l'homme d'entre vous qui donne une pierre à son fils s'il lui demande du pain ? Et s'il demande du poisson lui donnera-t-il un serpent? Si donc vous, qui êtes mauvais, savez donner à vos enfants de bonnes choses, combien plus votre Père, qui est dans les cieux en donnera-t-il de bonnes à ceux qui les lui demandent !

(St-Matth. 7, 7-11).

Méditation.

L'expérience nous paraît souvent contredire ces promesses du Seigneur. Nous demandons sans obtenir, nous cherchons sans trouver, nous heurtons sans qu'on nous ouvre ; mais avons-nous bien prié ? Sommes-nous réellement les enfants de notre bon Père céleste qui l'aiment de tout leur cœur et qui le craignent ? Ou bien ne nous approchons-nous de lui que pour lui adresser nos requêtes ? Quels ont été les objets de nos demandes ? Nous pensons peut-être avoir demandé des choses bonnes et légitimes, et cependant si Dieu nous les accordait, ce serait pour notre perdition. Jusque dans ses refus, il est notre bon Père céleste, et bien des prières, qui en apparence ne sont pas exaucées, le sont néanmoins, seulement d'une autre manière que nous le pensons.

PRIÈRE.

Dieu miséricordieux et fidèle ! Ta bonté se renouvelle pour nous encore ce matin ; que ton saint Nom en soit béni ! C'est ta grâce qui nous fait vivre. Daigne nous la faire sentir et nous accorder tout ce qui nous est nécessaire pour t'aimer, te servir et t'obéir fidèlement comme tes enfants. Nous sommes heureux de pouvoir te nommer notre Père, toi qui es le Père de notre Seigneur Jésus-Christ ; nous te prions de faire descendre dans une riche mesure ton Esprit dans nos cœurs et de nous faire la grâce de pouvoir dire avec foi : Abba, c'est-à-dire Père. Que cet Esprit nous apprenne à demander, à chercher, à heurter, avec l'assurance que tu nous donneras toujours ce qui est vraiment bon pour nous. Qu'il nous élève au-dessus des choses terrestres, et nous aide à rechercher avant tout ton royaume et ta justice ; alors, selon ta promesse, tout le reste nous sera donné par-dessus.

Quelle douceur un cœur pieux
Trouve, ô Seigneur, dans la prière !
Sous ton regard, en ta lumière,
Il goûte alors la paix des cieux.

Enseigne-moi par ton Esprit
A l'invoquer en assurance,
Et donne-moi la confiance
D'un simple enfant, ô Jésus-Christ.
Amen.

LUNDI (Soir).

L'Eternel est juste dans toutes ses voies et plein de bonté dans toutes ses œuvres. L'Eternel est près de tous ceux qui l'invoquant, de tous ceux qui l'invoquent en vérité. Il accomplit le souhait de ceux qui le craignent ; il entend leur cri et les délivre. (Ps. 145, 17-19).

MÉDITATION.

La justice règne-t-elle sur cette terre ? Telle est la question que s'est déjà posée le pieux Asaph, en portant ses regards sur la scène de ce monde, où le péché et ses effets, la valeur personnelle des hommes et leur sort, les événements extérieurs et les dispositions intérieures, paraissent si peu en harmonie. Combien souvent ne trouve-t-on pas le méchant dans la prospérité, et l'homme intègre dans l'adversité ! Mais le Psalmiste s'élève au-dessus de ses doutes et en triomphe par cette parole de foi : « Quoi qu'il en soit, » et par cette déclaration de fidélité : « Je ne prends plaisir qu'en toi. » Les méchants, conclut-il, ne doivent pas se glorifier du jour, ni l'homme juste s'en plaindre avant le soir. C'est la fin qu'il faut attendre. Il reste persuadé qu'il règne une économie morale dans le monde, de même qu'il y a un Dieu juste et saint. Dieu est juste dans toutes ses voies et saint dans toutes ses œuvres.

PRIÈRE.

Seigneur, notre Dieu ! Que nous sommes heureux de pouvoir nous approcher de toi, chaque jour et à toute heure, avec l'assurance que tu es toujours prêt à nous entendre et à nous bénir ! Nous te rendons grâces de tous les biens que tu nous as accordés depuis notre naissance jusqu'à cette heure ; nous te confessons que souvent nous avons transgressé ta sainte Loi, et que notre conduite n'a pas été toujours conforme à notre vocation de chrétiens. Nous avons manqué de confiance en ta Parole et en tes promesses quand tes voies n'ont pas été nos voies et tes pensées nos pensées, quand nous avons vu les méchants prospérer et tes enfants passer par le creuset de l'affliction. O Seigneur, apprends-nous à croire que tu es plein de bonté dans toutes tes œuvres et que tu es juste dans toutes tes voies, alors même que nous ne les comprenons pas. Assiste-nous à l'heure de la tentation ; élève nos regards au-dessus de la terre, fortifie de plus en plus dans nos cœurs cette espérance qui ne confond point, afin que nous soyons patients dans l'épreuve et que nous attendions en paix ta délivrance. Que ta grâce nous accompagne aujourd'hui, et que ton Esprit nous guide et nous maintienne dans tes sentiers.

>Mon Dieu, mon Roi, toujours puissant et bon,
>Je veux sans fin exalter ton saint Nom;
>Je veux, Seigneur, en tous lieux, en tout temps
>Te célébrer de tes dons éclatants.
>
>Celui qui t'aime éprouve ta bonté;
>Mais du méchant tu punis la fierté.
>Ma bouche aussi sans fin te chantera,
>Tout ce qui vit sans fin te bénira. **Amen.**

MARDI (Matin).

Que ta parole est douce à mon palais! Plus doux que le miel à ma bouche. Tes ordonnances me rendent intelligent; c'est pourquoi je hais toute voie de mensonge. Ta parole est une lampe à mon pied, et une lumière sur mon sentier. (Ps. 119, 103-105).

Méditation.

On peut se faire une idée de la puissance de l'Ecriture sainte par le fait qu'elle a si peu d'apparence, comparée aux livres purement humains, et qu'elle opère néanmoins de si grandes choses dans le cœur et dans le monde. Tout y paraît d'abord étrange, mais l'âme se complaît peu à peu à son étude et y trouve un intérêt que n'éveille aucune autre lecture. C'est notre manque de foi et d'intelligence qui nous y fait trouver tant de passages difficiles et obscurs. Cependant le Psalmiste compare la Bible à une lampe. Cette figure, dit le grand réformateur Calvin, veut dire qu'elle nous éclaire. Toute la vie des hommes est enveloppée de ténèbres et d'obscurité, en sorte qu'ils ne peuvent que s'égarer misérablement ; mais quand nous nous rendons dociles à la Loi de Dieu, nous sommes hors de danger de nous fourvoyer ; nous y voyons une lumière certaine, pourvu que nous ouvrions les yeux. L'apôtre Pierre a plus clairement exprimé cette pensée, quand il loue les fidèles de ce qu'ils prennent garde à la parole des prophètes comme à une lampe qui brillait dans un lieu obscur. Que Jésus-Christ croisse en nous et il nous paraîtra toujours plus grand et plus glorieux dans sa sainte Parole.

Prière.

Dieu miséricordieux ! Nous te bénissons du repos de la nuit, de la protection dont tu nous as entourés. Nous nous recommandons encore à ta grâce et à ta fidélité pour ce jour. Daigne nous accorder tout ce qui est nécessaire à notre prospérité terrestre, mais avant tout ce qu'il faut à notre âme immortelle. Ouvre-nous les yeux pour voir les merveilles de ta Loi. Aide-nous à lire ta Parole avec un cœur humble et docile ; qu'elle nous instruise, nous éclaire et devienne pour nous une puissance à salut en nous amenant à la connaissance de Jésus, à la possession de la vie éternelle. Que ton Esprit nous aide toujours mieux à la comprendre, afin qu'elle soit vraiment une lumière sur notre sentier et nous conduise à travers les écueils et les dangers de cette vie dans le séjour de la paix et de la félicité, par Jésus-Christ notre Sauveur.

> Oh ! que ta Loi m'est un puissant secours !
> Je la chéris d'un cœur rempli de zèle,
> Je la médite et les nuits et les jours ;
> Elle m'éclaire, et ma conduite est telle
> Que je confonds mes plus fiers ennemis
> Parce qu'elle est ma compagne fidèle.   Amen.

MARDI (Soir).

> J'élève mes yeux vers les montagnes d'où me viendra le secours. Mon secours vient de l'Eternel, qui a fait les cieux et la terre. Il ne permettra point que ton pied chancelle ; celui qui te garde ne sommeillera point. Voici, celui qui garde Israël ne sommeillera point et ne s'endormira point.   (Ps. 121, 1-4)

MÉDITATION.

La pensée que le regard de Dieu est toujours ouvert sur nous et nous suit partout, est faite pour inspirer de la crainte, même au chrétien, parce qu'il sait ce qui reste toujours encore de péché dans les replis cachés de son cœur. Grâce à Dieu, il ne s'agit pas d'une crainte servile, mais d'une crainte filiale, qui est accompagnée de la bienheureuse conviction que Dieu ne permettra pas que notre pied chancelle, que celui qui nous garde ne sommeille point. Plus Dieu est étranger au cœur, plus il lui paraît éloigné. Le cœur du fidèle trouve en lui un Dieu de près ; il voit pour ainsi dire les puissances invisibles qui l'entourent de leur protection. Et cette précieuse confiance lui reste jusqu'à la fin de ses combats. La vallée de la mort est sombre et froide, mais Celui qui remplit le ciel et la terre, est présent aussi dans cette vallée. A l'heure où tous les appuis terrestres nous manquent, nous sentirons son bras nous soutenir et nous transporter dans un monde meilleur ; nous échangerons alors le temps contre l'éternité, comme on échange un vêtement de tous les jours contre un vêtement de fête.

PRIÈRE.

Dieu d'amour et de miséricorde ! Apprends-nous à élever en tout temps nos regards vers la montagne d'où nous vient le secours, à mettre en toi toute notre confiance. Tu es le gardien d'Israël, tu ne dors ni ne sommeilles point. Celui qui se place sous ta protection paternelle n'a plus rien à craindre, tu le soutiens dans l'épreuve, tu le fortifies dans les combats, tu remplis son cœur de paix et d'espérance à l'heure de la mort. O notre Dieu, que ces grâces infinies soient notre partage, que nous allions à toi dans le sentiment de notre faiblesse, avec une confiance filiale ; alors nous éprouverons aussi que tu es un Dieu de près et non un Dieu de loin, que tu prends un soin fidèle de tes enfants, que rien ne manque à ceux qui te craignent et qui espèrent en ta bonté. Nous nous mettons sous ta sainte garde pour cette nuit, avec tous ceux que nous aimons. Nous recommandons à tes compassions paternelles les malades, les affligés, les pauvres, les abandonnés ; apprends-leur à tourner vers toi le regard de la foi pour que tu les soutiennes et répandes sur eux tes consolations et ta paix. Bénis-nous tous, bon Père céleste ; pardonne-nous tous nos péchés, et que ta grâce et ta miséricorde soient avec nous pour l'amour de Jésus-Christ.

La nuit, lorsque je sommeille,
Tu prépares mon bonheur ;
Le matin quand je m'éveille,
De joie tu remplis mon cœur.
Tendre et charitable Père,
Tu présides à mes destins,
Je coule des jours sereins,
Sous ta garde salutaire.
Tout prend fin, mais ta bonté
Dure à perpétuité. Amen.

MERCREDI (Matin).

Qui connait la force de ton courroux et de ton indignation, selon la crainte qui t'est due ? Enseigne-nous à compter nos jours, tellement que nous puissions avoir un cœur sage. (Ps. 90, 11 et 12).

Méditation.

Il n'existe peut-être pas un cœur d'homme qui n'ait jamais frémi à la pensée du jugement dernier, et nul, à coup sûr, ne croit d'une *foi ferme* que tout finisse à la mort. Et alors si notre vie va se continuer au delà de la tombe, ne se rattachera-t-elle pas au fil rompu ici-bas ? Personne ne peut être heureux ici-bas qu'avec la certitude de la félicité dans le monde à venir. Comment, en effet, celui qui ne s'est pas enraciné en Dieu qui est la source de toute joie pure, de tout véritable bonheur, pourrait-il réellement être heureux dans cette vie, puisque chaque instant l'éloigne toujours plus de cette patrie divine où se trouve tout ce qui peut satisfaire et réjouir le cœur ? Chaque heure qui sonne, chaque petit grain qui s'échappe et tombe du sablier, lui annonce qu'avec une partie de sa vie une partie de son courage et de sa joie s'est enfuie pour toujours ! Vivons donc comme nous voudrions avoir vécu à l'heure de la mort, embrassons avant tout Celui qui a dit : « Celui qui croit en moi *a* la vie éternelle. »

Prière.

Seigneur ! Enseigne-nous à tellement compter nos jours que nous puissions en avoir un cœur sage. C'est la prière que nous t'adressons en ce jour. Nous oublions trop facilement, au milieu des distractions et des joies, des travaux et des soucis de la vie, que nous sommes pèlerins et étrangers sur cette terre, et que nous n'avons point ici-bas de cité permanente. Fais-nous la grâce de ne pas négliger la seule chose nécessaire, de ne jamais perdre de vue notre éternelle destinée, de chercher ton royaume et sa justice, afin que nous soyons toujours prêts à quitter ce monde, et que nos âmes soient sauvées pour l'éternité. Exauce-nous, Dieu fidèle ; aie pitié de nous, attire-nous tous à Jésus, notre Sauveur, qui donne la vie éternelle à tous ceux qui croient en lui.

> Qu'au point du jour ta bonté nous bénisse ;
> Qu'à nos besoins sans cesse elle pourvoie ;
> Que notre course heureusement finisse,
> Et que les cœurs fassent place à la joie ;
> Enfin, au lieu de nos maux rigoureux,
> Rends-nous ta grâce et des jours plus heureux. Amen.

MERCREDI (Soir).

A qui me feriez-vous ressembler ? Et à qui serai-je égalé ? dit le Saint. Levez les yeux en haut, et regardez : qui a créé ces choses ? C'est lui qui fait sortir en ordre leur armée, et qui les appelle toutes par leur nom ; telle est la grandeur de son pouvoir et de sa force puissante, que pas une ne manque à lui obéir. Pourquoi donc dirais-tu, Jacob, et pourquoi parlerais-tu ainsi, Israël : Mon état est caché à l'Eternel, et mon Dieu ne soutient plus mon droit ? Ne le sais-tu pas, ne l'as-tu pas entendu, que l'Eternel est le Dieu d'éternité, qui a créé les extrémités de la terre ? Il ne se lasse point, il ne se fatigue point, et on ne peut sonder son intelligence. Il donne de la force à celui qui est lassé ; il accroit la vigueur de celui qui est affaibli. Les jeunes gens se fatiguent et se lassent ; les jeunes hommes deviennent chancelants. Mais ceux qui s'attendent à l'Eternel reprennent de nouvelles forces. Les ailes leur reviennent comme aux aigles, ils courront, et ne se fatigueront point ; ils marcheront, et ne se lasseront point.

(Es. 40, 25-31).

Méditation.

Quand par un beau soleil, un vent favorable enfle les voiles, et que, semblable au cygne, le navire glisse sur les vagues, le navigateur se persuade facilement qu'il place sa confiance dans le céleste pilote, et non dans le bon vent et dans sa propre science. Ce n'est que quand la tempête déchire les voiles, rompt les mâts et brise le gouvernail contre les rochers, qu'il montre si sa confiance repose sur Dieu ou sur les circonstances extérieures. Il en est de même de nous. C'est dans l'adversité qu'on reconnaît si nous croyons inébranlablement à la puissance et au secours de Dieu ou si nous sommes disposés à dire : « Mon état est caché à l'Éternel. » Quand nous passons par l'épreuve, nous montrons si nous pouvons répéter non seulement de bouche, mais du fond du cœur: « Je crois en Dieu, le Père *tout-puissant*, Créateur du ciel et de la terre » ; je sais qu'il est grand en conseils et abondant en moyens pour me venir en aide. C'est une grande grâce de Dieu quand nous savons nous attendre à lui dans les plus profondes ténèbres de la vie, quand nous savons croire en son amour, alors que tout dans le monde visible semble le contredire. N'oublions jamais que c'est lui qui conduit l'armée céleste, que personne ne peut sonder son intelligence, qu'il donne de la force à celui qui est lassé et qu'il accroît la vigueur de celui qui est affaibli.

Prière.

Dieu saint et miséricordieux ! Tu es la vérité, toutes tes voies ne sont que bonté et que justice, mais nos voies et nos actes doivent souvent te déplaire. Pardonne-nous, mets par ton Esprit une vie nouvelle dans nos cœurs, afin que nous puissions nous consacrer à ton saint service sur cette terre, et nous préparer à notre patrie éternelle. Nous nous déchargeons sur toi de tous nos soucis, comme tu le demandes de tes enfants ; nous te prions de nous continuer les témoignages de ta protection et de ton amour. Conduis-nous et fortifie-nous par ta grâce, en sorte que nous vivions à ta gloire, que nous triomphions journellement de toutes les tentations et que nous puissions te bénir en toute éternité, comme tes rachetés en Jésus-Christ. Garde-nous de tout mal pendant cette nuit, maintiens-nous à toujours dans ta communion sainte et bénie. Sois particulièrement avec tous ceux qui souffrent, avec les malades et les mourants. Allège leurs peines et leurs souffrances, prépare-les par les afflictions de la vie à voir un jour ta face, et à te louer éternellement avec les bienheureux dans ton ciel.

> Si je n'avais une foi consolante,
> Je trouverais chaque peine accablante,
> Mais puisque Dieu me prête son secours,
> Il n'est pour moi plus de fardeaux trop lourds. Amen.

JEUDI (Matin).

Eternel écoute ma requête, prête l'oreille à mon cri, ne sois pas sourd à mes larmes! Car je suis un étranger, un voyageur comme tous mes pères. Détourne de moi ton regard, et que je reprenne mes forces, avant que je m'en aille et que je ne sois plus. (Ps. 39, 13 et 14).

Méditation.

Celui qui aime sa patrie ne se trouve nulle part aussi bien que sur le sol natal. Il lui est impossible de jamais l'oublier. Heureux ceux qui se sentent étrangers et voyageurs ici-bas ! Ils peuvent avoir de douces et nombreuses joies, mais ils savent qu'ils hériteront du ciel et ils se disent que tout est mieux là-haut où est notre véritable patrie. La terre est un lieu d'épreuves, de luttes, et de larmes ; souvent l'âme fatiguée soupire : Ah ! qui me donnera le rafraîchissement, qui me délivrera de mes angoisses ? Au ciel est le repos et la paix. Ici-bas nous désirons ardemment voir le soleil de la grâce percer çà et là les nuages ; là-haut est la pleine lumière. Pensons à notre patrie céleste quand notre pèlerinage nous paraît rude et pénible ; mettons notre confiance en Celui qui a dit : « Voici, je suis avec vous jusqu'à la fin du monde. »

Prière.

Seigneur, notre Dieu ! Nous sommes pèlerins et voyageurs ici-bas, nous ne sommes pas encore dans la maison paternelle ; c'est le cri qui s'échappe de notre âme à cette heure matinale ; mais tu es avec nous et avec tous ceux qui croient en toi. Soutiens-nous par ton secours et par tes consolations pendant notre passage sur cette terre. Bénis toute notre activité, sanctifie nos joies et nos affections, adoucis nos peines pour l'amour de Jésus-Christ. Tu connais notre faiblesse et notre impuissance ; fortifie-nous par ta force toute-puissante, garde-nous par ton Esprit, afin que rien ne puisse nous détourner du chemin étroit qui mène à la vie, et que nous employions les jours que tu nous donnes à passer ici-bas à nous assurer par ta grâce notre héritage céleste. Tu peux seul nous diriger, nous aider et nous sauver ; daigne le faire dans tes compassions infinies, en Jésus notre Sauveur.

Seigneur, dirige tous mes pas
Vers le ciel, ma patrie ;
Mon Dieu, ne me délaisse pas,
Dans la grâce infinie.
Remplis-moi d'une sainte ardeur,
Pour toi, mon chef et mon Sauveur,
Mon trésor et ma vie.

Jusqu'au jour où je te verrai
Dans l'éternelle gloire,
Où, dans ton sein, j'exalterai
Ta mort expiatoire,
Sois ma seule part et mon fort,
Mon gain dans la vie et la mort,
Ma joie et ma victoire. Amen.

JEUDI (Soir).

Nous désirons que chacun de vous fasse voir la même ardeur pour conserver, jusqu'à la fin, la pleine certitude de l'espérance, afin que vous ne deveniez pas paresseux, mais que vous imitiez ceux qui, par la foi et par la patience, héritent des promesses. (Héb. 6, 11 et 13).

Méditation.

C'est une rude épreuve pour notre foi quand nous avons à passer par des afflictions prolongées. Nous prions, et il semble que Dieu ne nous exauce pas ; nous attendons ardemment le secours qui nous paraît refusé. Dans ces moments, le tentateur se présente à nous avec ces suggestions perfides : « A quoi bon croire, lutter, prier ? Ceux qui ne se soucient pas de Dieu s'en trouvent mieux que vous ; comme eux, jouissez de la vie, renoncez à la piété, car elle ne vous sert de rien. » Mais une autre voix se fait aussi entendre : « N'abandonnez pas votre confiance, nous dit-elle, ne désespérez pas, prenez patience, la parole de Dieu ne peut pas vous tromper. » Écoutons cette voix d'amour et bientôt nous sentirons la paix rentrer dans notre âme. Nous éprouverons que Dieu est miséricordieux, qu'il ne permet pas que nous soyons tentés au delà de nos forces. Celui qui persévérera jusqu'à la fin recevra la couronne de vie ; par la foi et la patience, nous obtiendrons l'effet des promesses.

Prière.

Dieu de miséricorde ! Tu nous as heureusement amenés à la fin de ce jour par ta grâce infinie. Nous te bénissons de ta bonté et nous te demandons du fond du cœur d'augmenter notre confiance, afin que nous nous abandonnions à tes soins paternels sans impatience et sans découragement. Apprends-nous à espérer en toi jusqu'à la fin de nos peines, et à attendre avec foi la réalisation de tes promesses. Fais-nous la grâce d'entendre toujours ta voix, de nous laisser conduire par ta main à travers les obscurités, les épreuves et les tentations de cette vie, et de persévérer dans l'obéissance de la foi jusqu'au jour où nous pourrons te contempler face à face dans le repos éternel.

Qui me relève dans mes chutes ?
C'est Jésus-Christ.
Qui combat pour moi dans mes luttes ?
C'est Jésus-Christ.

Jésus a parlé, je veux croire
Que je puis lutter pour sa gloire,
Car mon bouclier, ma victoire
C'est Jésus-Christ. Amen.

VENDREDI (Matin).

Pourquoi t'abats-tu, mon âme, et pourquoi frémis-tu en moi? Attends-toi à Dieu, car je le louerai encore, il est mon salut et mon Dieu. (Ps. 43, 5).

Méditation.

Nous voyons dans ces paroles un mélange remarquable de profonde tristesse et d'espérance confiante, d'angoisse et de calme. Il nous semble que dans celui qui les prononce, il se trouve deux âmes, dont l'une verse d'abondantes larmes, tandis que l'autre l'exhorte à la confiance en Dieu. Si c'est un père chrétien qui vient de perdre un enfant chéri, qu'il ne se reproche pas ses larmes, qu'il ne les prenne pas pour un manque de foi ou de soumission à la volonté de Dieu; ces émotions sont naturelles et permises. Dieu sait de quoi nous sommes faits; il se souvient que nous ne sommes que poudre; il essuiera un jour lui-même de sa main d'amour les larmes de nos yeux. Il ne s'irrite pas contre nous lorsque nous sommes obligés de dire à notre âme : « Pourquoi t'abats-tu, et pourquoi frémis-tu en moi? » Si nous avons à porter une lourde croix, pourvu que nos regards restent arrêtés sur les montagnes d'où nous vient le secours, cette plainte : « Mon temps se passe dans les angoisses, » sera suivie de ces paroles d'assurance : « Mon espoir est en Dieu. » L'âme agitée entendra ces douces paroles d'encouragement : « Attends-toi à Dieu, car je le louerai encore, il est mon salut et mon Dieu. »

Prière.

Dieu fidèle! Nous te bénissons ce matin de ce que tu n'as pas épargné ton Fils, mais de ce que tu l'as livré à la mort pour nous tous. Regarde-nous dans ta miséricorde pour l'amour de lui, et pardonne-nous tous nos péchés en son nom. Accorde-nous la foi et la patience nécessaires pour accepter avec soumission les afflictions de la vie et pour en sortir victorieux. Nous voulons combattre avec toi et te rester fidèles jusqu'à la fin. Que nous n'ayons d'autre volonté que la tienne, non seulement pour obéir à tes commandements, mais encore pour nous conformer avec une entière soumission à ce que tu as déterminé. Veux-tu que nous vivions? Que ce soit pour toi! Veux-tu que nous souffrions? Que nous te sentions à nos côtés pour nous soulager. Veux-tu que nous quittions ce monde? Que nous partions dans le sentiment de ta grâce et dans l'espérance de ta gloire. Jusque là, donne-nous de te bénir sans cesse, car tu es notre rocher et notre délivrance. Assiste-nous par ta grâce toute-puissante.

Viens donc, Seigneur, je t'en supplie,
Ne cache point ton doux regard.
Tu sais qu'en toi je me confie ;
Viens à mon aide sans retard.

Attends de Dieu la délivrance,
Chrétien, il te l'accordera ;
En lui sois rempli d'assurance,
Et lui-même t'affermira. Amen.

VENDREDI (Soir).

Même quand je marcherais dans la vallée de l'ombre de la mort, je ne craindrais aucun mal ; car tu es avec moi ; c'est ton bâton et ta houlette qui me consolent. (Ps. 23, 4).

Méditation.

Il y a quelquefois de ces morts paisibles, où l'on sent la présence du divin Berger, où les yeux croient contempler quelque vision magnifique de la patrie éternelle, où l'âme qui va partir semble appelée par une voix sainte et réjouie par un avant-goût de la paix du ciel. Mais souvent le chemin de ceux mêmes qui ont trouvé le bon Berger, passe à travers d'étroites vallées, encombrées de rochers, privées de lumière et remplies de froides ombres. Même dans ces ombres, le fidèle ne craint rien, car il sait que, bien qu'il ne le voie pas, l'astre de sa vie ne plane pas moins au-dessus de sa tête. L'Eternel est notre Berger, il est avec nous ; cette pensée suffit à décharger nos cœurs de montagnes d'angoisses et à dissiper les plus noirs orages. Dieu veuille que les yeux de notre esprit ne perdent jamais de vue, à travers toutes les ténèbres, la houlette fidèle qui veille sur nous !

Prière.

O Dieu ! Toi qui es amour et qui fais journellement luire sur nous le soleil de la grâce, regarde-nous dans ta miséricorde. Pardonne-nous d'écouter si souvent la voix de l'incrédulité qui nous fait croire que tu n'entends pas nos prières, que ton bras est raccourci et ne veut pas nous aider. Les hommes peuvent nous délaisser ou sont impuissants à nous porter secours, mais tu es notre force et notre refuge. Si tu es pour nous et avec nous, qu'avons-nous à craindre, et qui pourrait nous nuire ? Tu es notre Sauveur, notre bon Berger, tu as laissé ta vie pour tes brebis. Ton bâton et ta houlette nous protègent et nous gardent, et lorsque nous aurons à passer par la sombre vallée de la mort, tu seras là pour l'éclairer, pour nous rassurer, pour nous porter dans les demeures célestes où tu es allé nous préparer une place. Seigneur, fais-nous la grâce d'être à toi, de pouvoir dire avec le Psalmiste : « L'éternel est le rocher de mon cœur et mon partage à toujours. »

> Dieu me conduit par sa bonté suprême ;
> C'est mon berger, qui me garde et qui m'aime ;
> Rien ne me manque en ses gras pâturages.
> Des clairs ruisseaux je suis les verts rivages ;
> Et sous l'abri de son nom adorable,
> Ma route est sûre, et mon repos durable.
>
> Je ne crains point en tenant cette voie,
> Que de la mort je devienne la proie.
> Quand je serais dans la vallée obscure,
> Partout, ô Dieu, ta houlette me rassure ;
> C'est de tes biens que ma table est couverte,
> Au yeux de ceux qui désirent ma perte.   Amen.

SAMEDI (Matin).

Mon âme, repose-toi sur Dieu seul, car mon attente est en lui. Lui seul est mon rocher, ma délivrance et ma haute retraite, je ne serai point ébranlé. En Dieu est mon salut et ma gloire ; mon fort rocher, mon refuge est en Dieu. Peuples, confiez-vous en lui en tout temps, répandez votre cœur devant lui ; Dieu est notre retraite. Les petits ne sont que néant, les grands ne sont que mensonge ; placés dans la balance, ils seraient tous ensemble plus légers que le néant même. Ne vous confiez pas dans la violence, et ne soyez pas séduits par la rapine ; si les richesses abondent, n'y mettez pas votre cœur.   (Ps. 63, 6-11).

Méditation.

L'homme a de la peine à s'attacher à ce qui est éternel et à ce qu'il ne voit pas. Il préfère aux choses invisibles les choses visibles les plus futiles ; il s'appuie volontiers sur un roseau qu'il peut saisir, mais qui se brise et lui traverse la main. Celui qui a appris à mettre sa confiance dans le Seigneur tout-puissant, qui fait un chemin dans la mer et des sentiers dans les grandes eaux, est comme un rocher au milieu des tempêtes ; il est attaqué, persécuté, mais inébranlable. Il regarde non aux flots agités des tribulations, mais au pilote qui n'a jamais fait naufrage, dont la barque n'a jamais sombré ; il reste calme et confiant parce que son espérance est en Dieu qui ne confond point.

Prière.

Dieu immuable et éternel ! Tu as fondé la terre et les cieux sont l'ouvrage de ta main. Ils passeront, mais tu restes le même ;

ils vieilliront comme un vêtement ; tu les changeras comme un habit, mais tu es toujours le même et tes années ne finiront jamais. Nous nous approchons de toi ce matin dans le sentiment de notre fragilité et de notre faiblesse, et nous te prions de nous aider dans la tâche que nous devons accomplir chaque jour. Daigne nous unir à toi par une foi vive, afin que nous soyons fermes et inébranlables dans les orages de la vie, et que nous soyons assurés que tu prépares un chemin devant nous. Remplis nos cœurs du sentiment de ton amour et de ta puissance, apprends-nous à nous confier uniquement en toi, à te remettre nos vœux, nos projets, nos plus chères espérances. Donne-nous surtout de poursuivre fidèlement notre course vers le but de notre carrière terrestre. Que ton Esprit nous éclaire, nous dirige, qu'il nous aide à nous détacher des choses visibles et passagères, pour fixer nos pensées et nos cœurs sur les choses invisibles qui sont éternelles.

C'est à Dieu que j'ai mon recours,
Il est ma gloire et mon secours,
La force qui me rend tranquille.
Chrétiens, prenez-le pour appui,
Répandez vos cœurs devant lui.
Dieu seul fut toujours notre asile.

N'appuyez jamais vos desseins
Sur des moyens mauvais ou vains ;
Fuyez les espérances folles ;
Méprisez l'or et les honneurs,
Et n'attachez jamais vos cœurs
A des biens trompeurs et frivoles.   Amen.

SAMEDI (Soir).

Eternel, tu m'as sondé et tu m'as connu. Tu sais quand je m'assieds et quand je me lève ; tu découvres de loin ma pensée. Tu vois quand je marche et quand je me couche ; tu connais parfaitement toutes mes voies. Même avant que la parole soit sur ma langue, voici, ô Eternel, tu la connais tout entière.   (Ps. 139, 1-4).

Méditation.

La pensée de la toute-science et de la toute-présence de Dieu doit nous préserver de la témérité et de la sécurité charnelle et nous engager à vivre dans la crainte de Dieu, dans la vigilance et dans la prière. Il faut toujours nous rappeler que Dieu connaît toutes nos voies, qu'il sait ce qui se passe dans les lieux les plus cachés. Il ne se laisse pas éblouir par l'éclat extérieur ; il lit au fond du cœur et en connaît tous les mouvements et tous les désirs. En présence de nos semblables, nous pouvons garder de fausses apparences, nous pouvons les tromper et nous tromper nous-mêmes, mais l'œil de Dieu perce les replis cachés, l'hypocrisie et les feintes. Si nous avions porté un masque pendant toute notre vie, et si nous avions réussi à nous faire passer pour ce que nous ne sommes pas, le jour du jugement nous dépouillerait de tout artifice trompeur, et nous paraîtrions dans toute notre pauvreté devant le trône de Dieu.

PRIÈRE.

Dieu saint et tout-puissant ! Tu juges les cœurs et les reins, tu connais toutes nos pensées. Nous nous prosternons devant toi, nous nous humilions dans le sentiment de notre indignité. Tu as été avec nous pendant ce jour et pendant toute la semaine qui va finir ; tu connais toutes nos voies. Pardonne-nous si nous n'avons pas toujours agi selon ta sainte volonté. Que le sentiment de ta présence et de ta toute-science soit pour nous une sauvegarde contre le péché, qu'il nous remplisse d'un respect filial, afin que nous cherchions à t'être agréables par nos pensées, par nos paroles et par nos actes. Si nous vivions toujours sous ton regard et dans la crainte de te déplaire, que de paroles inconsidérées ne passeraient pas sur nos lèvres, que de pensées et de désirs coupables seraient étouffés dans nos cœurs, combien l'accomplissement de nos devoirs nous paraîtrait plus facile ! Fais-nous la grâce de te sentir toujours à notre droite, d'être vigilants, d'avoir souvent présent à l'esprit le grand jour du jugement où tu nous demanderas compte de notre existence, où chacun recevra selon le bien ou le mal qu'il aura fait étant dans son corps. Que cette pensée nous excite à fuir le mal, à faire le bien, à redoubler de zèle pour ton service et pour ta gloire. Exauce-nous pour l'amour de Jésus-Christ.

Lorsque je vais, lorsque je viens,
Je me sens pris dans tes liens ;
Seigneur, ton pouvoir souverain
Me tient en tout lieu sous ta main,
Et comment pourrait ma faiblesse
Atteindre à la haute sagesse ?

Dieu juste et bon ! éprouve-moi,
Vois si je n'aime point ta Loi,
Ou si mon pied s'est arrêté
Au chemin de l'iniquité ;
Et que la grâce, où je me fonde,
Soit toujours mon guide en ce monde.
Amen.

Vingt-quatrième Semaine après la Trinité.

DIMANCHE (MATIN).

Un des chefs de la synagogue, nommé Jaïrus, ayant vu Jésus, se jeta à ses pieds, et le pria instamment, disant: Ma petite fille est à l'extrémité ; viens lui imposer les mains, afin qu'elle soit guérie et elle vivra. Et Jésus s'en alla avec lui et il fut suivi d'une grande foule qui le pressait. Des gens du chef de la synagogue vinrent lui dire : Ta fille est morte ; ne donne pas davantage de peine au Maître. Aussitôt que Jésus eut ouï cela, il dit au chef de la synagogue : Ne crains point, crois seulement. Et il ne permit à personne de le suivre, sinon à Pierre, à Jacques et à Jean, frère de Jacques. Etant arrivé à la maison du chef de la synagogue, il vit qu'on y faisait un grand bruit, et des gens qui pleuraient et qui jetaient de grands cris. Et étant entré, il leur dit : Pourquoi faites-vous ce bruit et pourquoi pleurez-vous? L'enfant n'est pas morte, mais elle dort. Et l'ayant prise par la main, il lui dit : Talitha coumi, c'est-à-dire : Petite fille, lève-toi, je te le dis. Aussitôt la petite fille se leva et se mit à marcher. (St. Marc 5, 22-24, 35-42).

Méditation.

« Ne crains point, crois seulement. » Telle est la Parole que Jésus adresse à ce père affligé, au sujet de son enfant chérie qui vient de mourir. Par cette Parole d'encouragement, il bannit toute crainte de son âme et éveille la foi en lui. Cette foi confiante est bientôt récompensée, car le père reçoit de la main du Seigneur l'enfant qu'il croyait perdue à toujours. Cette parole s'adresse à nous tous ; elle doit nous encourager et nous fortifier, au milieu des dangers et des peines de la vie. Quand la grâce de Dieu veut faire son œuvre dans un cœur, elle commence par en bannir la crainte pour lui inspirer ce courage de la foi, qui se fonde entièrement sur la grâce et qui, sûr de sa protection, ne tremble devant aucun danger. Le courage chrétien est un don de Dieu ; il faut le conserver par la vigilance et la prière.

Prière.

Dieu fidèle ! Les bienfaits que tu nous accordes pour réjouir notre cœur sont des dons de ton amour. Nous te remercions de tout ce que tu as fait pour nous jusqu'à ce jour ; ne nous délaisse pas à l'avenir. Ouvre nos cœurs à ta sainte Parole, fais-nous toujours mieux comprendre le salut que tu nous as préparé par ton Fils. Ne permets pas que nous nous décourageons quand tu nous envoies des croix pour éprouver notre foi. Seigneur Dieu, miséricordieux et fidèle, nous nous réfugions auprès de toi ; ton Nom est notre haute retraite ; nous mettons notre confiance dans ton amour et dans ta puissance. Grave par ton Esprit cette parole au fond de nos cœurs : « Ne crains pas, crois seulement. » Donne-nous la ferme persuasion que tu veux faire pour nous ce que tu as fait pour tes enfants et pour ton Eglise de tous les siècles. Exauce-nous pour l'amour de ton bien-aimé Fils.

Ta voix d'amour à moi se fit entendre,
J'appris alors que tu m'as racheté ;
Et ton Esprit à mon cœur fit comprendre
Ton grand pouvoir, ta tendre charité.

Depuis ce jour, ta longue patience
A supporté mes nombreuses tiédeurs ;
Je t'ai quitté, mais toujours ta clémence
A prévalu sur mes folles erreurs. Amen.

DIMANCHE (Soir).

Rendons grâces au Père, qui nous a rendus capables d'avoir part à l'héritage des saints dans la lumière, qui nous a délivrés de la puissance des ténèbres, et nous a fait passer dans le royaume de son Fils bien-aimé, en qui nous avons la rédemption par son sang, la rémission des péchés.

(Col. 1, 12-14).

MÉDITATION.

La vie du chrétien doit être une vie d'actions de grâces, une glorification sans cesse renouvelée de la grâce et de l'amour de Dieu ; car il en fait journellement l'expérience. Cet amour se manifeste surtout en ce qu'il nous appelle à avoir part à l'héritage des saints dans la lumière, au royaume de la félicité et de la joie sans mélange, à la gloire éternelle, dont la possession pleine et entière est à venir, mais qui déjà dans le temps présent est pour les enfants de Dieu une source de paix et de consolation. Dieu nous a rendus capables de posséder cet héritage glorieux, en nous délivrant par son cher Fils de la nuit profonde de l'ignorance et de l'incrédulité, pour nous faire entrer dans le royaume où se trouvent le pardon des péchés, la paix, la joie par le St-Esprit. Quelle grâce pour nous si nous sommes membres de ce royaume, si nous pouvons nous reposer sur le cœur de celui qui est amour !

PRIÈRE.

Dieu tout bon ! La nuit approche et nous allons nous livrer au repos, mais tu es lumière et tu veux éclairer nos esprits du soleil de ta grâce. Dissipe les ténèbres dont ils sont encore remplis, et fais-y briller la vraie lumière de ton amour. Donne-nous un véritable attachement aux biens célestes et surtout une vraie soif de pardon et de justice. Eloigne de nous la vanité, l'indifférence, la tiédeur ; purifie nos cœurs des affections charnelles pour qu'ils te servent, toi, le Dieu vivant et vrai. Que ton amour nous élève vers les choses éternelles, et nous prépare à la souveraine félicité ! En toi nous sommes gardés de tout mal, et nous pourrons nous relever demain pour glorifier ton saint Nom. **Exauce-nous au nom de Jésus-Christ.**

C'est mon joyeux service
D'offrir à Jésus-Christ,
En vivant sacrifice
Mon corps et mon esprit.
Accepte mon offrande
Bien-aimé Fils de Dieu,
Et que sur moi descende
La flamme du saint lieu !

Qu'un feu nouveau s'allume
Par ton amour en moi,
Et dans mon cœur consume
Ce qui n'est pas à toi !
Accepte mon offrande,
Bien-aimé Fils de Dieu,
Et que sur moi descende
La flamme du saint lieu ! Amen.

LUNDI (Matin).

A la fin de ces jours-là, moi, Nébucadnetsar, je levai les yeux vers le ciel ; le sens me revint, et je bénis le Souverain, je magnifiai, j'honorai Celui qui vit éternellement, dont la puissance est une puissance éternelle, dont le règne dure de génération en génération. Devant lui tous les habitants de la terre sont estimés néant ; il fait ce qu'il lui plaît, tant de l'armée des cieux que des habitants de la terre, et il n'y a personne qui puisse arrêter sa main et lui dire: Que fais-tu ? (Dan. 4, 34 et 35).

Méditation.

Ce sont les paroles de l'orgueilleux Nebucadnetsar, quand il reprit ses sens après que la main de Dieu s'était lourdement appesantie sur lui. Ne l'oublions pas, le châtiment doit porter des fruits de vie nouvelle ; la patience de Dieu nous convie à la repentance. Le roi de Chaldée avait été abandonné de Dieu, mais il est rentré en lui-même, il a reconnu sa faute, il s'est tourné vers Dieu, le Dieu vivant qui pardonne les iniquités, qui montre la route aux humbles et se communique à ceux qui le cherchent. Il a reconnu que sa puissance est une puissance éternelle, que son règne dure d'âge en âge et qu'il fait ce qui lui plaît sans qu'on puisse lui résister. Ce sont ses profonds malheurs qui l'ont conduit à cette connaissance, et qui l'ont amené humilié et repentant devant le Tout-Puissant. Ah ! pour qu'il comprenne son néant, quelles terribles épreuves il faut souvent à l'homme, à ce grand enfant, impuissant, que chaque coup de vent peut renverser !

Prière.

Père céleste ! Nous te bénissons de ce que tu nous as gardés de tout mal pendant la nuit dernière. Nous te rendons grâces pour tous les biens que tu nous as accordés jusqu'ici. Tu es le même, hier, aujourd'hui et éternellement ; nous te louons, ô Créateur et Conservateur tout-puissant de notre vie, Père éternel de qui procèdent toute grâce excellente et tout don parfait. Nous te prions de nous donner un cœur humble, afin que nous ne nous élevions pas au-dessus des autres, mais que nous ayons toujours conscience de notre faiblesse et de notre pauvreté spirituelle. Sois avec nous aujourd'hui, dirige-nous par ton Esprit, éloigne de nous tout ce qui pourrait nous entraîner à la légèreté, à la présomption, à l'oubli de ta sainte Loi. Que nous marchions dans ta crainte, que nous recherchions ta gloire et non la nôtre, que toutes les expériences de ce jour contribuent à nous rapprocher de toi, et à avancer l'œuvre de notre sanctification.

Qu'ils sont grands, ô Dieu, tes hauts faits !	Craindre le nom de l'Eternel,
Qu'ils sont merveilleux tes projets !	Voilà, pour l'homme criminel,
Que l'étude en est agréable !	Par où commence la sagesse.
Partout brille ta majesté ;	Heureux l'homme qui craint ainsi !
Et pour nous, Seigneur, ta bonté	Que bientôt on le voie aussi
Est un trésor inépuisable.	Célébrer l'Eternel sans cesse ! Amen.

LUNDI (Soir).

Le Seigneur est l'Esprit; et où est l'Esprit du Seigneur, là est la liberté.

(2 Cor. 3, 17).

MÉDITATION.

L'apôtre St. Paul déclare formellement que là où est l'Esprit du Seigneur, là est la liberté. Il n'est pas de règles extérieures qui puissent le lier. Un grand réformateur a dit : Le Christ n'est point ici ou là ; il en est de même du chrétien. On ne peut emprisonner dans des règles ni l'un ni l'autre, ni le maître ni le disciple. Ainsi gravons bien dans notre âme cette première vérité, c'est que l'Esprit du Seigneur est beaucoup trop vivant pour qu'on puisse l'emprisonner dans quelques règles bien précises. N'oublions jamais, en second lieu, que l'Esprit souffle où il veut et que l'homme qui ne sait pas d'où il vient, ne sait pas mieux où il va, c'est-à-dire que nous ne devons jamais avoir la prétention de lui assigner des bornes, en lui disant : Tu iras jusque-là et pas plus loin. Ne craignez pas que nous ouvrions ainsi la porte aux ennemis de toute loi et de tout ordre, car nous savons que les fruits de l'Esprit sont la charité, la joie, la paix, la patience, la douceur, la bonté, la fidélité, la tempérance, et que là où ils ne sont pas n'est pas non plus le St-Esprit. Soumettons-nous donc à un ordre humain et à de bonnes habitudes, mais que notre cœur soit et reste libre et n'appartienne qu'au Seigneur ; faisons tout avec les libres élans de la foi et de l'amour, mais n'oublions pas cette exhortation de saint Pierre : « Conduisez-vous comme étant libres, non en faisant servir votre liberté de prétexte pour mal faire, mais comme des serviteurs de Dieu. » Que chacun donc s'éprouve soi-même pour savoir s'il conserve une bonne conscience au sein de cette liberté, et si son cœur peut en tout temps faire monter vers son Père céleste des prières pures et des hymnes spirituels ; sinon, qu'il s'abstienne de cette indépendance, car il est aussi écrit : « Il m'est permis d'user de toutes choses, mais il n'est pas toujours bon de le faire. »

PRIÈRE.

Dieu de miséricorde ! Ta grâce s'est encore fait sentir à nous aujourd'hui, tu nous as entourés de tes soins paternels, tu nous as conduits par ta douce et miséricordieuse Providence. Nous t'en bénissons du fond du cœur. Apprends-nous à mieux répondre à ton amour ; remplis-nous d'un esprit d'obéissance et de fidélité, de vraie sagesse et de liberté, afin que notre vie soit à ta gloire et pour le bien de notre prochain. Viens, Seigneur, par ton Esprit, habiter en nous et nous donner la vraie liberté. Si tu nous affranchis, nous serons véritablement libres. Opère cette grâce en nous, Seigneur ; ne permets pas que nous tournions notre liberté en dissolution. Si nous devions en abuser un jour pour ne plus t'être soumis sincèrement, fais-nous rentrer sous la discipline de ton Esprit, afin que la liberté que tu nous as conquise, ne devienne pas un prétexte de mal faire, et que nous marchions toujours et partout d'une manière digne de notre vocation de chrétiens. Pardonne-nous tous nos péchés, et que ta paix, qui surpasse toute intelligence, garde nos esprits et nos cœurs en Jésus-Christ.

Libre de toute autre chaîne,
Le chrétien qui sert son Dieu,
Dans la souffrance et la peine,
Suit son modèle en tout lieu.

Il faut qu'en vivante offrande
Il s'offre pour son Sauveur;
C'est là ce que Dieu demande
D'un fidèle serviteur.   Amen.

MARDI (Matin).

Remets tes affaires à l'Eternel, et tes desseins seront affermis.   (Prov. 16, 3).

MÉDITATION.

L'homme qui néglige la prière se fatigue en vain, jour après jour ; son travail que n'accompagne pas la bénédiction de Dieu, reste sans succès et ne lui procure ni joie ni jouissance. Le chrétien prie et se décharge de son fardeau sur le Seigneur, c'est pourquoi il arrive à bonne fin. Il s'adresse au Dieu vivant qui est notre Père, et non à l'Etre suprême et abstrait des enfants du siècle, dont la miséricorde n'est pour eux qu'un mot sans consolation. Les chrétiens saisissent ses promesses par la foi ; ils s'appuient sur lui, car il est leur aide et leur bouclier, en sorte qu'ils peuvent dire avec le Psalmiste : « J'élève mes yeux vers les montagnes d'où me viendra le secours, mon secours vient de l'Eternel qui a fait les cieux et la terre. » Gardons-nous des influences du monde, qui regarde la prière comme une superstition et comme un oreiller de paresse. La prière ne paralyse pas notre activité ; elle la stimule, au contraire ; loin d'affaiblir la volonté, elle la purifie et la fortifie. Prions et travaillons, travaillons et prions, et l'œuvre de nos mains prospérera et sera bénie.

PRIÈRE.

Seigneur Dieu, Père céleste ! Nous voulons être tes enfants fidèles, prendre conseil de toi en toutes choses et observer tes saints commandements. Par nous-mêmes nous ne pouvons rien, c'est pourquoi nous recourons à toi dans le sentiment de notre impuissance et de notre faiblesse, et nous te prions de nous prêter ton secours pour triompher de nous-mêmes et de toutes les tentations. Augmente notre confiance en toi, bon Père céleste, apprends-nous à nous approcher souvent de toi par la prière, à t'exposer en tout temps ce qui nous préoccupe, à chercher en toi toute force et toute vie pour être rendus capables de remplir nos devoirs avec fidélité et avec joie, quelle que soit la place que nous occupions. Notre tâche nous deviendra alors facile, notre foi s'affermira et nous serons propres à toute bonne œuvre. Fais-nous cette grâce, Seigneur, pour l'amour de ton Fils, notre Sauveur.

Ne crains donc plus, ô mon âme inquiète !
Le lendemain.
Recherche Dieu ! toute grâce parfaite
Vient de sa main.

Puisque Jésus pour les siens est sans cesse
Un sûr rocher,
Pourquoi craindrais-je, au fort de la détresse,
D'en approcher ? Amen.

MARDI (Soir).

Vous qui aimez l'Eternel, haïssez le mal. Il garde les âmes de ses fidèles, et les délivre de la main des méchants. La lumière est semée pour le juste, et la joie pour ceux qui sont droits de cœur. Justes, réjouissez-vous en l'Eternel, et célébrez son saint Nom.

MÉDITATION.

Nous avons un Dieu miséricordieux et juste, qui ne contriste pas volontiers les enfants des hommes, mais qui le fait pour leur bien. Ne nous décourageons pas quand notre ciel s'obscurcit, quand nous avons à passer par des difficultés intérieures ou extérieures, sans voir aucune issue. Demandons à Dieu plus de confiance, plus de foi, plus d'espérance et de patience; cramponnons-nous aux promesses de sa Parole ; à la nuit succédera le jour, c'est là notre espoir et notre ferme attente. La lumière ne disparaît jamais complètement pour le juste, le soleil n'est que voilé par les nuages et brillera d'un éclat d'autant plus vif après l'obscurité et la tempête.

PRIÈRE.

Dieu fidèle ! Qui pourrait nous nuire si nous mettons notre confiance en toi et en ta Parole, et si nous marchons dans tes voies ? Tu nous dis : « Ne craignez pas, car je suis avec vous ; ne soyez pas éperdus, car je suis votre Dieu. » Apprends-nous à compter sur ta fidélité, à nous en remettre pour toutes choses à ta sagesse et à ton amour. Quand tu nous visites dans ta justice et ta bonté, quand tu nous caches la lumière de ta face, donne-nous d'examiner avec soin si nous ne nous sommes pas attiré ta défaveur par nos péchés ; et si nous t'avons été infidèles, ô Dieu d'amour, accorde-nous le sentiment et la connaissance de nos transgressions ; apprends-nous à nous en humilier, à renoncer à tout ce qui peut te déplaire en nous, à te montrer dans notre vie les fruits d'un sincère repentir. Purifie nos cœurs, convertis-nous; aide-nous à nous attacher avec foi et humilité à Jésus notre Sauveur, afin que par lui nous soyons justifiés, sauvés et sanctifiés pour l'éternité. Nous nous remettons entre tes mains pour cette nuit ; bénis-nous, garde-nous de tout mal, sois avec tous ceux qui nous sont chers, fais-nous sentir à tous ta grâce et ta paix.

Vous donc qui servez Dieu,
En tout temps, en tout lieu,
Travaillez à lui plaire ;
Gardez-vous de mal faire;
Il protège ses saints,
Leur vie est dans ses mains;
Si l'on veut frapper,
Il saura dissiper
Ces funestes desseins.

Dieu, sur les hommes droits,
Qui pratiquent ses lois,
Fait lever sa lumière ;
Il rend leur joie entière.
Vous donc, ses enfants heureux,
Rallumez vos saints feux;
Célébrez du Seigneur
La force et la grandeur,
Et lui rendez vos vœux. Amen.

MERCREDI (Matin).

Il nous faut tous comparaître devant le tribunal de Christ, afin que chacun reçoive selon le bien ou le mal qu'il aura fait étant en son corps.

(2 Cor. 5, 10).

Méditation.

Bien des gens peuvent cacher ici-bas leur péché et leur honte et tromper les autres par leur hypocrisie ; mais il n'en sera pas ainsi devant le tribunal de Dieu, où chacun aura la place qui lui revient et ne paraîtra que ce qu'il est en réalité. Tout sera dévoilé : nos pensées, nos projets, nos penchants, nos désirs cachés, les secrets du cœur, l'homme intérieur avec ses œuvres et ses fruits. Ce sont de sérieuses vérités qui doivent pénétrer profondément dans nos esprits et dans nos cœurs, et nous rendre sages à salut.

Prière.

Accorde-nous la grâce de ne jamais oublier que le jour du jugement doit arriver pour nous tous et que nous aurons à te rendre compte de nos actions, de nos pensées, de nos paroles et de nos sentiments. Préserve-nous de toute hypocrisie, de toute œuvre mauvaise ; remplis nos cœurs d'une foi vivante, d'un amour véritable ; rends-nous sincères devant toi et devant les hommes, donne-nous de nous juger nous-mêmes pour n'être point jugés. Grave tes saintes lois dans nos cœurs, rends-nous capables de marcher dans le chemin de l'obéissance où Jésus nous a précédés, afin que nous ayons confiance et que nous ne soyons pas confus en ta présence. Fais, ô Dieu miséricordieux, que nous vivions continuellement sous ton saint regard, que nous te servions fidèlement, que nous mourions dans la foi en Jésus-Christ notre Seigneur.

Ton jugement nous trouble et nous accable,
Nous surprenant dans le vice où nous sommes,
Quand tout à coup ton courroux redoutable
Met devant toi tous les péchés des hommes,
Oui, tu vois tout : tes yeux, toujours ouverts,
Sondent le fond des cœurs les plus couverts.

Qu'au point du jour ta bonté nous bénisse;
Qu'à nos besoins sans cesse elle pourvoie;
Que notre course heureusement finisse,
Et que nos pleurs fassent place à la joie.
Enfin, au lieu de nos maux rigoureux,
Rends-nous ta grâce et des jours plus heureux. Amen.

MERCREDI (Soir).

De jour, l'Eternel enverra sa grâce, et de nuit, son cantique sera dans ma bouche; je prierai le Dieu qui est ma vie. (Ps. 42, 9).

MÉDITATION.

Nous avons un Dieu sage et bon, chaque jour nous avons de nouveaux sujets de le bénir et d'exalter son amour. Rappelons-nous les expériences de notre vie et de notre cœur ; elles abondent en preuves de sa miséricorde et de sa bonté et nous redisent de quelle manière admirable il fait concourir à notre bien les maux et les peines de la vie, il guérit les cœurs malades et les consciences blessées. Sa gratuité se renouvelle tous les jours sur nous pour les choses temporelles comme pour les choses spirituelles ; il nous donne libéralement toutes les choses nécessaires à l'entretien de cette vie ; il nous préserve et nous délivre de tout mal, il nous pardonne nos péchés et nourrit notre âme du pain de vie. Celui qui est pénétré de la bonté de Dieu ne se décourage pas dans les épreuves et ne se laisse pas détourner de la bonne voie, il ne gémit pas sans cesse, il ne murmure et ne conteste pas, mais il glorifie Dieu de sa bonté, il fait monter vers lui ses supplications et lui rend de sincères actions de grâces.

PRIÈRE.

Dieu de miséricorde ! Nous cherchons ta face, jette sur nous un regard propice, daigne écouter favorablement les prières de tes enfants. Nous reconnaissons combien nous sommes indignes de tes bienfaits et de toutes les bénédictions dont tu ne cesses de nous combler. C'est toi qui nous as donné la vie, qui nous la conserves, qui pourvois à tous nos besoins, qui pardonnes nos iniquités. Nous te bénissons pour toutes tes grâces, mais surtout de ce que tu as donné ton Fils qui s'est livré à la mort pour nous sauver. Seigneur, attire nos cœurs à toi, remplis-les de foi, d'amour, de confiance, d'un ardent désir de faire ta sainte volonté et de te prouver notre reconnaissance par notre fidélité et notre activité chrétienne. Veille sur nous pendant cette nuit ; accorde-nous un sommeil paisible, garde-nous de tout mal avec tous ceux que nous aimons.

Oui, je veux te bénir et chanter ta clémence;
Hélas ! Seigneur, je t'avais irrité;
Mais tu m'as d'un regard rendu ta bienveillance,
En me lavant de mon iniquité.

Le Dieu fort est ma paix, il est ma délivrance ;
De mon esprit il bannit la frayeur.
Je veux donc en lui seul mettre ma confiance,
Et donner gloire à mon Libérateur.   Amen.

JEUDI (Matin).

Le temps est court ; que ceux qui sont dans la joie soient comme s'ils n'étaient point dans la joie ; ceux qui achètent, comme s'ils ne possédaient rien, et ceux qui usent de ce monde, comme s'ils n'en usaient point ; car la figure de ce monde passe.   (1 Cor. 7, 29-31).

Méditation.

Les choses du monde passent comme une ombre, quelles qu'en soient la grâce et la beauté. N'y mettons donc pas notre cœur, malgré leur utilité et leur valeur. Un trop grand attachement à ces biens périssables qui peuvent nous être ravis d'un instant à l'autre, serait pour nous une source d'inquiétudes et de soucis, et nous ferait oublier ou négliger la seule chose nécessaire. Les vraies biens sont ceux qui nous procurent un bonheur durable : c'est la réconciliation de l'âme avec son Créateur, le pardon de nos péchés, le rétablissement de l'image de Dieu en nous, la paix, la joie et la félicité éternelles qui en découlent. Plaçons donc notre cœur là où est notre vrai trésor.

Prière.

Seigneur notre Dieu ! Donne-nous la force de renoncer à nous-mêmes, afin de ne pas perdre notre âme dans les vanités de la terre, mais d'être unis à toi par les liens de la foi et de l'amour. Aide-nous à user de ce monde comme n'en usant pas, à nous affectionner aux choses invisibles et éternelles. Rappelle-nous que la durée de notre vie est courte et incertaine, que d'un instant à l'autre nous pouvons être appelés à comparaître devant ton tribunal. Ne permets pas que les intérêts terrestres nous arrêtent dans la recherche du trésor céleste, et nous fassent perdre de vue le compte que nous aurons à te rendre. Nous te le demandons au nom de Jésus-Christ.

L'homme accumule, entasse, et n'a qu'un jour à vivre ;
Il va quitter des biens dont il n'a pas joui ;
Et souvent l'héritier à qui la mort les livre
Ne fut jamais connu de lui.
O Christ ! j'élève à toi ma suprême prière ;
A ton fidèle amour j'abandonne mon sort ;
Sois ma paix, mon espoir à mon heure dernière,
Et mon refuge dans la mort.   Amen.

JEUDI (Soir).

Méprises-tu les richesses de sa bonté, de sa patience et de son long support, ne considérant pas que la bonté de Dieu te convie à la repentance ? Mais par ton endurcissement et par ton cœur impénitent tu t'amasses la colère pour le jour de la colère et de la manifestation du juste jugement de Dieu.
(Rom. 2, 4, 5).

MÉDITATION.

On ne se joue pas de la justice de Dieu. Si sa bonté ajourne ses châtiments, c'est pour nous convier à la repentance, comme le dit l'apôtre Paul. Ainsi le morceau de pain que l'impie porte à sa bouche, le rayon de soleil qui le réchauffe, la pluie qui féconde ses champs, sont des appels à la repentance de la part de ce Dieu qui fait lever son soleil sur les méchants comme sur les bons. Lorsque ce Dieu miséricordieux vient à toi, regarde-le attentivement ; il s'avance les mains pleines de bénédictions ; mais lorsque ses bienfaits ne touchent pas ton cœur, il te fera sentir la verge de l'affliction au lieu de la douce houlette du bon Berger. Il est écrit : « Par ton cœur impénitent, tu t'amasses la colère pour le jour de la colère. » Toute grâce dédaignée se change donc en condamnation. Ce mortel présomptueux s'en va pensant et disant que la patience divine laisse grandir l'impie au lieu du juste, comme un arbre auprès d'un ruisseau, et voici, tandis qu'il parle, les jugements de ce Dieu passent et repassent devant lui. Toute bénédiction reçue sans repentance se transforme en malédiction. Ah ! prenons garde, Dieu est patient, mais il est aussi un feu consumant.

PRIÈRE.

Nous te rendons grâces, Père céleste, de la bonté, de la patience et du long support que tu nous as témoignés jusqu'à ce jour. Continue à nous être propice malgré notre indignité ; donne-nous d'être heureux et reconnaissants dans le sentiment de ton amour et de ta fidélité. Tiens notre conscience en éveil ; que nous ne méprisions pas les richesses de ta grâce, de ta bonté et de ta longanimité ; qu'elles nous portent à la repentance et nous conduisent dans la voie de la santification et du salut. Nous ne savons pas quand tu viendras nous appeler à comparaître devant ton tribunal ; accorde-nous la grâce de nous préparer à cette heure suprême, par une vie d'amour et d'obéissance. Soutiens-nous au milieu de toutes les épreuves de la vie, par l'attente de la vie éternelle et bienheureuse que tu as promise à tous ceux qui t'aiment et qui te servent avec dévouement.

> Tu dois venir, ô Christ, dans ta toute-puissance
> Pour juger les humains;
> Et c'est toi qui soutiens notre frêle exis'ence
> Et nos jours incertains.
> Ah! tourne nos pensers vers l'heure solennelle
> Où, quittant ces bas lieux,
> Nous irons t'adorer dans la gloire immortelle
> Du royaume des cieux. Amen.

VENDREDI (Matin).

Il n'y a point de distinction, puisque tous ont péché, et sont privés de la gloire de Dieu et qu'ils sont justifiés gratuitement par sa grâce, par la rédemption qui est en Jésus-Christ. (Rom. 3, 23 et 24).

Méditation.

Il y a de nobles caractères, même parmi ceux qui ne sont pas chrétiens, mais autre chose est la noblesse de caractère, autre chose la bonté du cœur. L'homme naturel n'est pas bon. Il n'y a qu'un seul bon, qui est Dieu, puisque tous les hommes ont péché et sont privés de la gloire de Dieu. La véritable noblesse consiste dans le rétablissement de l'image de Dieu en nous, et la véritable richesse de l'esprit dans le sentiment de notre pauvreté spirituelle et du besoin que nous avons de la rédemption. L'apôtre Jean, un des plus nobles caractères de l'humanité, fait dans sa première épître cette confession : « Si nous disons que nous n'avons point de péché, nous nous séduisons nous-mêmes, et la vérité n'est point en nous. » Il est vrai qu'il y a dans l'asservissement au péché bien des degrés jusqu'à celui de l'endurcissement. Un seul homme sur la terre a été sans péché, c'est Jésus-Christ, le Saint et le Juste ; mais en dehors de lui tous les hommes sont par nature plus enclins à l'orgueil, à l'envie, à la colère et à la haine, qu'à l'humilité, la douceur et l'amour.

Prière.

Dieu saint ! L'armée céleste se prosterne devant toi, et nous faibles mortels, nous adorons humblement ta sainteté dans le sentiment de notre état de péché. Tu es juste et saint ; aucun homme n'est pur devant toi. Aide-nous à bien le reconnaître, à ne pas nous faire illusion sur nous-mêmes. Fais qu'humiliés et repentants, nous nous frappions la poitrine et que nous nous écriions avec le péager de l'Evangile : « Seigneur, sois apaisé envers nous qui sommes pécheurs. » Que nous marchions devant toi dans une vie nouvelle ; que nous ayons une sainte horreur du péché, que nous soyons pénétrés de la crainte de te déplaire et que nous suivions fidèlement la voie que tu nous as tracée. Habite en nous par ton Esprit, afin que vivant de ta vie, nous puissions un jour te contempler face à face dans ta gloire.

> Le monde toujours plus me séduit et m'entraîne ;
> Le péché me retient loin de la sainteté,
> Et quand je veux briser la triste et lourde chaîne,
> Je retombe impuissant dans mon infirmité.
>
> C'est toi seul, ô mon Dieu, qui peux dans ta sagesse
> M'apprendre à te servir et régner sur mon cœur ;
> Sans toi je ne puis rien ; accomplis ta promesse,
> Fais de moi ton enfant, de moi, pauvre pécheur ! Amen.

VENDREDI (Soir).

Heureux l'homme à qui l'Eternel n'impute pas l'iniquité, et dans l'esprit duquel il n'y a point de fraude. Quand je me suis tu, mes os se sont consumés et je gémissais tout le jour. Car jour et nuit ta main s'appesantissait sur moi ; ma vigueur se changeait en une sécheresse d'été.

(Ps. 32, 2-4).

Méditation.

La Parole de Dieu est admirable de justesse et de vérité, lorsqu'elle nous déclare que celui-là seul « dans l'esprit duquel il n'y a point de fraude » peut obtenir le pardon de ses péchés, car Dieu ne se montre miséricordieux envers l'homme que lorsque l'homme est vrai envers Dieu. Mais qu'il lui est difficile de l'être ! Aussi, que de saints sur la terre et que de pécheurs dans le ciel ! A voir les hommes si gais, si rieurs, on dirait que nous sommes arrivés à une époque où la conscience a tout à fait perdu ses pointes acérées ; mais ce ne sont là que de menteuses apparences ; ses douleurs se font toujours sentir, quoiqu'on les dissimule, et elles sont d'autant plus dangereuses qu'on cherche davantage à s'abuser sur leur nature et leur gravité. — Les hommes qui s'efforcent de dissimuler les angoisses de leur conscience sont souvent inquiets, inabordables, toujours prêts à se plaindre de leurs semblables, parce qu'ils sont en hostilité avec eux-mêmes. Mais quand l'Esprit de Dieu nous montre dans tout leur jour toutes nos fautes, nous sentons notre âme inondée de force et de joie ; c'est alors qu'un torrent de vie peut saisir notre âme et l'emporter au-dessus des vagues tumultueuses du monde et de ses péchés. « Ceux qui s'attendent à l'Eternel prennent de nouvelles forces ; les ailes leur reviennent comme aux aigles ; ils courent et ne se fatiguent point ; ils marchent et ne se lassent point. » La vraie repentance est aussi féconde en joie qu'elle a pu l'être en larmes. Quelle joie pourrait être comparée à celle qu'inspire au coupable le sentiment de son pardon et la conscience de la grâce divine ? Quelle force peut égaler celle que communique à l'homme faible cette joie si douce, si intime et si pénétrante ? Quand nous nous sentons faibles, puisons donc de la force dans la joie, et de la joie dans la grâce.

PRIÈRE.

Seigneur, notre Dieu ! Tu nous as encore abondamment bénis en ce jour, tu nous as accordé ton secours et ta protection. Nous nous sentons bien indignes de tout ton amour et nous reconnaissons que si tu voulais agir envers nous selon ta justice, et non selon ta miséricorde, nous mériterions ta sévérité plutôt que la continuation de tes grâces. Aie pitié de nous, ô Dieu d'amour, ne te lasse pas de nous bénir, de nous pardonner pour l'amour de Celui qui est venu pour nous racheter et nous sauver. Fais resplendir la lumière de ta grâce sur le chemin de tant de pécheurs qui, au sein de la chrétienté, vivent encore dans l'ignorance et dans les ténèbres du péché ; tu ne veux pas qu'aucun périsse, mais que tous viennent à la repentance. Apprends-leur à connaître toutes tes compassions en Jésus notre Sauveur. Fortifie-nous tous dans la foi et dans ta grâce toute-puissante ; fais-nous goûter la joie de ton salut et que nous ayons la paix qui garde nos cœurs en Jésus-Christ.

C'est en toi, cher Sauveur !
Qu'en toute confiance
Se repose mon cœur.
Ta longue patience
Et ta grande clémence
Me montrent chaque jour
Les soins de ton amour.

J'ai reçu de ta paix,
De ta parfaite joie,
Les célestes bienfaits ;
Oui, ta paisible voie
Devant moi se déploie :
C'est le chemin des cieux,
Le sentier glorieux. Amen.

SAMEDI (MATIN).

Les apôtres dirent au Seigneur: Augmente-nous la foi. Et le Seigneur dit: Si vous aviez de la foi gros comme un grain de moutarde, vous diriez à ce sycomore : Déracine-toi, et te plante dans la mer ; et il vous obéirait.

(St. Luc. 17, 5 et 6).

MÉDITATION.

Evitons tout ce qui peut affaiblir notre foi. Gardons-nous de même d'afficher plus de foi que nous n'en avons, et sachons lorsque nous nous trouvons en face de chrétiens plus avancés, plus vivants, reconnaître notre faiblesse, au lieu de nous faire valoir. Disons avec les apôtres : « Seigneur, augmente-nous la foi. » Il le fait en nous plaçant dans des circonstances où nous succomberions sans la foi. Ce n'est qu'une entière confiance en Dieu qui nous fait jouir d'une paix parfaite ; nous ne sommes en sécurité que dans les voies du Seigneur. Si nous nous laissons aller aux murmures et à l'impatience dans les épreuves qui nous sont dispensées, nous aggravons notre situation par notre incrédulité. Celui qui dit sincèrement à Dieu : « Seigneur, augmente ma foi, » doit rester à son école et sous sa discipline ; hors de là, sa foi ne peut que s'affaiblir et bientôt se perdre.

PRIÈRE.

Dieu éternel et tout-puissant ! Tu nous as gardés pendant la nuit dernière et tu nous as accordé ce nouveau jour. Nous célébrons ta bonté et ta fidélité ; nous te prions d'être encore avec nous, de nous faire marcher dans ta crainte et sous ton regard, de nous aider à accomplir nos devoirs avec fidélité et avec joie. Nous sentons que nous sommes bien faibles dans la foi, que ce n'est que dans ta communion que nous pouvons nous fortifier. Aide-nous à demeurer en toi, afin que tu puisses manifester ta force dans notre infirmité. Nous désirons te glorifier par notre foi et par notre obéissance, jusqu'à la fin de notre vie. Accorde-nous cette grâce, pour l'amour de ton bien-aimé Fils, notre Rédempteur, le chef et le consommateur de notre foi.

Seigneur Jésus, Sauveur fidèle,
Qui mourus pour nous sur la croix,
Oh ! que ne puis-je sous tes lois
Pour ton saint nom brûler de zèle !
Comblé des dons de ton amour,
Sauvé par ta seule justice,
Je dois en vivant sacrifice
Me donner à toi chaque jour.

O Seigneur ! vois ma peine amère
Et de moi-même sauve-moi ;
Toi seul peux calmer mon émoi,
M'aider et guérir ma misère.
Je te voue encore aujourd'hui
Cette âme si souvent rebelle ;
Viens régner désormais en elle,
Sois sa joie et son seul appui. Amen.

SAMEDI (Soir).

Y a-t-il parmi vous quelque homme sage et intelligent ? Qu'il montre ses œuvres par une bonne conduite avec la douceur de la sagesse ; mais si vous avez un zèle amer et un esprit de contention dans votre cœur, ne vous glorifiez point et ne mentez point contre la vérité. Ce n'est point là la sagesse qui vient d'En-Haut, mais elle est terrestre, matérielle et diabolique. Car partout où il y a jalousie et chicane, il y a trouble et toute espèce de mal. (Jacq. 3, 13-16).

MÉDITATION.

Dans sa dernière prière, le Seigneur Jésus a demandé à son Père céleste que ses disciples soient unis entre eux. Nous voyons par là combien il importe de réaliser cette union, combien il est difficile de la maintenir. Il faut souvent de grands combats, des luttes sérieuses pour éloigner ou vaincre l'esprit de discorde. Là où règnent les querelles, la jalousie, un zèle amer, il y a trouble et divisions. Si nous voulons travailler à réaliser l'idéal que le Seigneur a placé devant nous, si nous voulons conserver la bonne harmonie, vivre en paix avec nos frères et en communion avec Dieu, luttons contre les sentiments de vanité, de présomption, d'envie. Soyons débonnaires, indulgents et conciliants. C'est en cela que consiste la vraie sagesse que nous devons demander à Dieu chaque jour.

PRIÈRE.

Nous te bénissons, Seigneur, de la miséricorde et de la fidélité que tu nous as témoignées en ce jour. Que ton saint Nom en soit éternellement loué ! Aie compassion de notre faiblesse et pardonne-nous nos péchés. Fais-nous croître dans la charité, qui est douce et aimable, qui ne s'aigrit point, qui croit, espère, souffre et supporte tout. Efface en nous tout souvenir amer des offenses que nous avons reçues ; dispose à la réconciliation les cœurs de ceux qui ont à se plaindre de nous. Donne-nous la sagesse et la force de te servir fidèlement. Accorde-nous toutes les grâces qui nous sont nécessaires pour vivre en paix avec tous ceux qui nous entourent. Hâte les temps heureux où tous les hommes seront animés d'un même amour et d'une espérance commune, où notre vie sera digne de l'Evangile, dans une union parfaite en Celui qui a prié pour nous et qui nous a aimés jusqu'à la mort de la croix. Que notre vie entière te loue et te glorifie, et quand sera venue l'heure où nous quitterons ce monde, nous te bénirons éternellement dans ton sanctuaire avec tous tes rachetés en Jésus-Christ, notre Sauveur.

> Ah! serions-nous à toi si la main paternelle
> N'eût mis en nous les traits de cet amour fidèle,
> Doux, secourable, patient?
> Rapporter tout à soi, chercher sa propre gloire,
> D'une injure ou d'un tort conserver la mémoire,
> Est-ce bien être ton enfant? Amen.

Vingt-cinquième Semaine après la Trinité.

DIMANCHE (Matin).

Il y aura des signes dans le soleil, dans la lune et dans les étoiles; et sur la terre, les peuples seront dans la consternation et ne sachant que devenir, la mer et les flots faisant un grand bruit. Les hommes seront comme rendant l'âme de frayeur, dans l'attente des choses qui surviendront dans le monde; car les puissances des cieux seront ébranlées. Et alors ils verront venir le Fils de l'homme sur une nuée, avec une grande puissance et une grande gloire. Or, quand ces choses commenceront d'arriver, regardez en haut, et levez la tête, parce que votre délivrance approche.

(St. Luc 21, 25-28)

Méditation.

De même qu'il est réservé à l'homme de mourir une fois, après quoi suit le jugement, de même le monde entier aura son dernier jour et son jugement. Si le jour suprême et décisif doit être pour nous un jour de salut et non de condamnation, il faut nous y préparer pendant le temps de grâce qui nous est donné ; après la mort il est trop tard. Veillons et prions. C'est ainsi que les apôtres ont échappé aux calamités qui sont venues fondre sur Jérusalem et qu'ils ont persévéré jusqu'à la fin; c'est ainsi que nous pouvons attendre sans crainte la venue du Maître et que ses jugements n'auront plus rien de terrible pour nous. Tenons-nous constamment prêts ; n'attachons pas notre cœur aux choses passagères de ce monde comme si elles étaient éternelles, mais donnons-le à celui qui seul demeure éternellement. Si notre dernier jour doit venir avant la fin de toutes choses, nous remporterons le prix de notre foi, le salut de notre âme, et notre nom sera trouvé inscrit dans le livre de vie.

Prière.

Seigneur, notre Dieu ! Sois béni de nous avoir donné ce saint jour où nous pouvons nous reposer de nos travaux terrestres, méditer ta Parole et nous occuper du salut de nos âmes. Fais que cette Parole nous rende sages à salut, que nous écoutions les sérieux avertissements qu'elle nous donne, que nous travaillions pendant qu'il est jour, afin que nous ne soyons pas surpris par le jour de ta venue, mais que tu nous trouves veillant, les reins ceints et nos lampes allumées. O Seigneur, ne permets pas que nous restions dans l'indifférence, plongés dans le sommeil spirituel ou dans l'incrédulité ; fais-nous la grâce de nous préparer sans cesse au grand jour qui décidera de notre sort éternel. Assiste-nous par ton St-Esprit, qu'il nous fasse avancer dans le chemin de la sanctification, qu'il nous aide à régler notre vie sur tes saints commandements, à vivre dans ta communion, à veiller, à prier, afin qu'un jour nous soyons éternellement unis à toi.

Déjà la céleste patrie	Dieu trois fois saint ! par ton Esprit,
Approche et sourit à mon cœur ;	Garde les amis que j'y laisse ;
Je vais revoir avec bonheur	Conduis-les, maintiens-les sans cesse
Ceux que je pleurai dans la vie.	Sur les traces de Jésus-Christ. Amen.

DIMANCHE (Soir).

Mes frères, je ne veux pas que vous soyez dans l'ignorance au sujet des morts, afin que vous ne vous affligiez pas comme les autres hommes qui n'ont point d'espérance. Car si nous croyons que Jésus est mort, et qu'il est ressuscité, croyons aussi que Dieu ramènera par Jésus, pour être avec lui, ceux qui sont morts. Nous, les vivants, qui serons restés, nous serons enlevés avec eux sur des nuées, à la rencontre du Seigneur, dans les airs, et ainsi nous serons toujours avec le Seigneur. C'est pourquoi consolez-vous les uns les autres par ces paroles. (1 Thess. 4, 13, 14, 17, 18).

MÉDITATION.

Si douce qu'ait dû être la communion avec le Seigneur pendant qu'il vivait sur cette terre, combien elle le sera plus encore pour ceux qui seront réunis pour toujours avec lui dans le ciel ! Nous ne savons pas et nous n'avons pas besoin de savoir où est le lieu de sa demeure. C'est certainement un lieu de félicité ineffable. Dites cette parole de consolation à toutes les âmes travaillées et chargées, dites-la à toutes celles que la puissance de la mort plonge dans la tristesse. Lorsque nos bien-aimés nous sont ravis à la force de l'âge, quand le fil d'une vie pleine d'espoir se rompt subitement, quand les fleurs se fanent avant d'avoir porté des fruits, quelle douleur pour nos cœurs ! quelles profondes ténèbres enveloppent notre route et voilent notre espérance ! Mais quand nous détachons nos regards de la terre pour les porter vers le ciel, oh ! alors nous entrevoyons une lumière brillante, un pays magnifique et glorieux qui nous invite et nous attend ; nous avons la Parole de notre Dieu qui dissipe nos angoisses et nos doutes, nous entendons une douce voix murmurer à nos cœurs affligés. « Nous serons pour toujours avec le Seigneur. » Reposons-nous avec foi sur cette assurance consolante ; celui qui est la résurrection et la vie a le pouvoir de ressusciter ses enfants et de leur donner la vie éternelle. Marchons chaque jour plus fidèlement dans son amour, sous sa discipline, dans sa paix ; apprenons dès ici-bas à vivre dans une communion étroite et constante avec lui. Nous penserons alors avec toujours plus de bonheur à l'heure bénie qui nous réunira à lui pour l'éternité.

PRIÈRE.

A la fin de ce jour, nous te bénissons, Seigneur, pour toutes les grâces temporelles et spirituelles qu'il nous a apportées de ta part. Ta présence et ta communion sont pour nous déjà ici-bas un avant-goût de la vie éternelle. Donne-nous de serrer dans nos cœurs la consolante promesse que nous serons un jour avec toi à toujours là où il n'y aura plus ni douleur, ni deuil, ni larmes. Fais-nous entrevoir, Seigneur, combien nous serons heureux, quand, après avoir achevé notre œuvre sur cette terre, nous pourrons nous reposer dans ton sein éternellement. Que cette pensée nous fortifie et nous soutienne dans nos tristesses, dans nos peines et nos fatigues ; qu'elle nous rende fidèles dans l'accomplissement de notre tâche terrestre, qu'elle nous remplisse de joie et nous fasse vivre dans la foi et croître dans la grâce jusqu'au jour où tu viendras nous prendre avec toi. Seigneur, fais-nous demeurer en toi, dans ton amour et dans ta paix.

Tu le verras, mais sans nuage,
Dans sa divine majesté.
Sa gloire sera ton partage,
Son amour ta félicité ;

Et dans une paix sans mélange,
Tu contempleras avec l'ange
Les splendeurs de l'éternité !

Amen.

LUNDI (Matin).

Heureux celui qui a le Dieu de Jacob pour son aide, et dont l'attente est en l'Eternel son Dieu, qui a fait les cieux et la terre, la mer et tout ce qui y est ; qui garde la fidélité à toujours ; qui fait droit à ceux qui sont opprimés, qui donne du pain à ceux qui ont faim. L'Eternel délie les captifs, l'Eternel ouvre les yeux des aveugles ; L'Eternel redresse ceux qui sont courbés ; l'Eternel aime les justes. L'Eternel garde les étrangers ; il soutient l'orphelin et la veuve, mais il renverse la voie des méchants. L'Eternel régnera éternellement. O Sion, ton Dieu est d'âge en âge ! Louez l'Eternel ! (Ps. 146, 5-10).

MÉDITATION.

Chaque nouveau jour que nous commençons, nous devons rendre grâces à Dieu, le créateur et le conservateur de notre vie. Redisons sans cesse à notre âme : « Bénis l'Eternel et n'oublie aucun de ses bienfaits. » C'est sa miséricorde qui nous comble de biens, et s'il trouve bon de nous faire passer par des sentiers difficiles et d'éprouver notre foi, c'est encore dans des vues d'amour et de miséricorde. Mettons toute notre confiance et notre espérance en lui pour les jours à venir. Les voies par lesquelles il conduit les siens, qu'elles soient faciles ou douloureuses, sont des voies de miséricorde, qui ont pour but leur rédemption éternelle.

PRIÈRE.

Dieu fidèle et plein d'amour ! Nous te bénissons de tous les bienfaits que nous recevons chaque jour de ta main. Nous louons ta bonté et ta fidélité qui se renouvellent sans cesse pour nous. Donne-nous de nous en souvenir avec des cœurs reconnaissants et de consacrer à ton service chaque nouveau jour que tu ajoutes à notre vie. Aide-nous à marcher sur les traces de notre Sauveur, à demeurer en lui pour porter des fruits de vie éternelle. Que nous soyons tellement enracinés en lui, par une foi vivante, que ni la prospérité ni les afflictions ne puissent nous séparer de son amour. Qu'il soit notre refuge et notre espérance dans ce monde et dans l'autre !

Dès le matin, Seigneur ! nos âmes te bénissent ;
Au sortir du sommeil tu nous prends dans tes bras ;
Jamais pour tes enfants tes bontés ne tarissent,
Et ton amour pour nous ne se fatigue pas.

Nous réclamons de toi toute grâce excellente ;
Nourris-nous aujourd'hui de ton céleste pain ;
En ton puissant secours est toute notre attente ;
Couvre-nous à jamais de l'ombre de ta main. Amen.

LUNDI (SOIR).

J'entendis comme la voix d'une grande multitude, comme le bruit de grosses eaux, et comme la voix de grands tonnerres, qui disait : Alléluia ! car il règne, le Seigneur Dieu, le Tout-Puissant. Réjouissons-nous, faisons éclater notre joie, et donnons-lui la gloire ; car les noces de l'Agneau sont venues, et son épouse s'est parée. Et il lui a donné d'être vêtue d'un fin lin, pur et éclatant, car le fin lin, ce sont les justices des saints. Alors l'ange me dit: Ecris: Heureux ceux qui sont appelés au banquet des noces de l'Agneau! Il me dit aussi: Ce sont là les véritables paroles de Dieu. (Apoc. 19, 6-9).

Méditation.

La félicité éternelle est comparée dans ces versets à un banquet auquel le Seigneur convie ses rachetés, ses élus. Leur tâche est terminée, ils se reposent de leurs travaux. Les expériences douces et douloureuses de la vie, qui font le sujet de leurs entretiens, remplissent leurs cœurs d'un ravissement ineffable, parce qu'elles mettent en évidence la sagesse admirable et l'immense amour de Dieu dans toutes ses dispensations à leur égard. Quelle joie indicible sera la nôtre lorsqu'à la lumière de l'éternelle vérité, nous porterons nos regards sur le chemin que Dieu nous a fait parcourir, et que nous comprendrons que toutes choses, même les plus pénibles, ont eu un but béni et ont contribué à notre salut et à notre véritable bonheur! Nous connaîtrons l'amour de Dieu dans toute sa profondeur, nous louerons le Seigneur de cœur et de bouche, nous l'adorerons dans la poussière. Heureux ceux qui sont conviés au banquet des noces de l'Agneau!

Prière.

Seigneur et Sauveur! Reste avec nous et fais-nous la grâce de t'appartenir entièrement. Que nous soyons du nombre de ceux qui ont lavé et blanchi leurs robes dans le sang de l'Agneau, et que tu reconnaîtras comme tiens au jour de ta venue. Tu veux que nous arrivions tous à ce bonheur suprême; oh! que nous entendions avec joie les appels de ta miséricorde, que nous vivions dès ici-bas dans ta communion afin que, sauvés et sanctifiés par toi, nous puissions entrer dans la gloire de ton royaume céleste, et être dignes de jouir de la félicité éternelle. Seigneur Jésus, toi qui as vaincu le monde et ses angoisses, aide-nous à combattre et à vaincre, à rester fidèles et à persévérer jusqu'à la fin.

O quel ravissement, lorsque ce jour arrive
Où tout est préparé pour cet heureux départ!
De son pays enfin il va toucher la rive;
Ses vœux impatients repoussent tout retard.
Courage donc, chrétiens! ranimons notre course!
Le terme est près de nous, c'est la porte des cieux.
Notre âme, en y tendant, remonte vers la source
D'où descendit pour nous un salut glorieux. Amen.

MARDI (Matin).

Eternel, réponds-moi, car ta faveur est bonne; selon la grandeur de tes compassions, tourne-toi vers moi! Et ne cache pas ta face à ton serviteur, car je suis en détresse; hâte-toi, réponds-moi. Approche-toi de mon âme, rachète-la; à cause de mes ennemis, délivre-moi. (Ps. 69, 17-19).

Méditation.

Du sein de sa détresse et de ses tentations, le roi David élève ses regards vers l'Eternel et se repose sur sa bonté et sa miséricorde. C'est le roc solide où nous sommes en sûreté, lorsqu'un abîme appelle un autre abîme, et que les flots passent sur nous. N'abandonnons pas notre espérance, qui a de si grandes promesses; dans nos angoisses, invoquons le Seigneur, il ne permettra pas que nous succombions. Si lui est avec nous et pour nous, nous n'avons rien à craindre. De son bras puissant il peut et veut sauver les siens et les protéger contre leurs ennemis; il délivrera enfin leurs âmes de tout mal et les fera entrer dans le royaume des cieux.

Prière.

Dieu tout-puissant et Père de notre Seigneur Jésus-Christ! Les yeux de tous s'attendent à toi, tu leur donnes la nourriture en leur temps; tu ouvres ta main, et tu rassasies à souhait tout ce qui vit. Tu as les yeux arrêtés sur les justes, tes oreilles sont attentives à leurs prières. Ne permets pas que nous nous écartions de tes saints commandements, afin que tu puisses être avec nous dans toutes nos voies. Donne-nous de ne pas abandonner notre espérance, et de ne jamais perdre de vue le but que nous devons poursuivre. Relève-nous lorque nous sommes sur le point de succomber. Mets-nous à couvert à l'ombre de tes ailes à l'heure du danger. Garde-nous de tout mal, sauve ton peuple, Seigneur, et bénis ton héritage. Nous te le demandons au nom de tes compassions infinies.

N'éloigne pas de moi ta droite secourable.
Viens, ô Maître du ciel! viens, ô Dieu de mon cœur!
Ne me refuse pas un regard favorable
Qui vienne en aide à ma langueur. Amen.

MARDI (Soir).

Celui qui vaincra, je ferai de lui une colonne dans le temple de mon Dieu, et il n'en sortira plus; et j'écrirai sur lui le nom de mon Dieu, et le nom de la cité de mon Dieu, de la nouvelle Jérusalem, qui descend du ciel, d'auprès de mon Dieu, et mon nouveau nom. (Apoc. 3, 12).

Méditation.

Si nous voulons être vainqueurs, il faut nous revêtir de toutes les armes de Dieu et être sans cesse prêts à la lutte. Il nous arrive quelquefois de livrer de rudes combats aux ennemis du dehors et de ménager ceux du dedans ; nous renonçons aux choses extérieures et nous nourrissons sans scrupule toutes sortes de mauvaises inclinations dans notre cœur. La couronne est pour celui qui triomphe de toutes choses, de l'égoïsme, de l'ambition, de l'avarice, de l'orgueil, de la satisfaction de lui-même. Aussi longtemps qu'il reste un seul ennemi à vaincre, nous ne pouvons pas être regardés comme vainqueurs, ni être couronnés. Si nous tolérons une seule mauvaise passion dans notre cœur, nous y avons un ennemi, qui nous dispute le repos et la paix et nous empêche de remporter une victoire complète.

Prière.

Seigneur, notre Dieu ! Nous te bénissons des nouveaux témoignages que nous avons reçus en ce jour, de ta bonté, de ta fidélité et de tes soins paternels. Eclaire-nous de ta lumière divine, afin que nous puissions nous examiner nous-mêmes devant ta face, que nous reconnaissions tous nos manquements à ta sainte volonté, toutes nos négligences pour le bien que nous aurions pu faire, que nous nous en humiliions sincèrement, et que nous recourions à ta miséricorde qui surpasse tous nos péchés. Pardonne-nous, Dieu de miséricorde, pour l'amour de Jésus qui s'est fait péché pour nous ; crée en nous un cœur pur, un esprit droit ; revêts-nous toi-même de toutes tes armes pour lutter courageusement contre tous les ennemis de notre salut. Apprends-nous à renoncer à tout ce qui pourrait nous priver de ta grâce et de l'espérance de la vie éternelle. Que nous puissions tous remporter la victoire dans le bon combat de la foi et devenir des colonnes dans ton temple éternel. Donne-nous de nous endormir avec ce saint désir et cette ferme espérance, et de nous réveiller demain dans les mêmes dispositions, pour l'amour de Jésus-Christ.

Père saint, je te bénis !
Pour moi tes dons infinis
Sont une fraîche rosée ;
Malgré mes iniquités,
La coupe de tes bontés
N'est pas encore épuisée.

Et puissent tous tes enfants,
Mon Dieu, marcher triomphants
Vers la demeure des anges,
Où leur cantique nouveau
Célébrera de l'Agneau
Les éternelles louanges. Amen.

MERCREDI (Matin).

Que dirons-nous donc sur cela? Si Dieu est pour nous, qui sera contre nous? Lui qui n'a point épargné son propre Fils, mais qui l'a livré pour nous tous, comment ne nous donnera-t-il point toutes choses avec lui? Qui accusera les élus de Dieu? Dieu est celui qui les justifie. Qui les condamnera? Christ est mort, et de plus il est ressuscité, il est même assis à la droite de Dieu, et il intercède aussi pour nous. Qui nous séparera de l'amour de Christ? Sera-ce l'affliction, ou l'angoisse, ou la persécution, ou la faim, ou la nudité, ou le péril, ou l'épée? Au contraire, dans toutes ces choses, nous sommes plus que vainqueurs par celui qui nous a aimés. Car je suis assuré que ni la mort, ni la vie, ni les anges, ni les principautés, ni les puissances, ni les choses présentes, ni les choses à venir, ni la hauteur, ni la profondeur, ni aucune autre créature, ne pourra nous séparer de l'amour de Dieu manifesté en Jésus-Christ notre Seigneur.

(Rom. 8, 31-39).

Méditation.

Si Dieu nous déclare justes, personne ne peut nous condamner. Jésus-Christ est assis à la droite de Dieu et intercède pour nous. « Qui nous séparera de l'amour qui nous a été révélé en lui ? » Après tous les orages de la vie, l'amour de Dieu nous ouvre le port de la gloire. Toutefois nous n'atteindrons pas ce but sans de rudes combats. La mort ne peut pas nous séparer de cet amour, car Jésus-Christ par sa mort a transformé le roi des épouvantements en messager de paix. Les peines et les fatigues, les angoisses et les persécutions n'ont pas davantage le pouvoir de le faire, car Christ est ressuscité et a triomphé de toutes les forces ennemies. Ni les choses présentes avec leur fardeau, ni les choses à venir avec leurs appréhensions, aucune créature ne pourra nous séparer de celui qui est le Maître du ciel et de la terre, de Jésus-Christ, qui est le même, hier, aujourd'hui et éternellement.

Prière.

Dieu éternel et tout-puissant! Nous te rendons grâces de ce qu'au milieu des vicissitudes de la vie, tu nous rassures par la certitude que rien ne peut nous séparer de ton amour. Tu as ressuscité ton Fils Jésus d'entre les morts, tu ne permettras pas que notre route se termine à la tombe ténébreuse. Rappelle-nous que lorsque notre demeure terrestre dans cette tente est détruite, nous avons dans le ciel un édifice qui vient de Dieu, une maison éternelle qui n'a pas été faite par la main des hommes. Fortifie-nous dans cette foi ; inspire-nous par elle le courage nécessaire, la force de travailler, de combattre, de souffrir ; élève souvent notre regard, du milieu de nos luttes vers notre patrie céleste où la couronne de vie nous est réservée ; rassure nos cœurs par la bienheureuse assurance que rien ne pourra nous séparer de ton amour en Jésus-Christ.

Je serai toujours avec toi,
O mon Dieu, mon Sauveur !
Rien ici-bas, non, rien ne doit
M'arracher de ton cœur.
Les vents peuvent se déchaîner,
Les torrents peuvent déborder :
Ta grâce est le ferme rocher,
O mon Dieu, mon Sauveur !

Par la main droite tu m'as pris,
O mon Dieu, mon Sauveur !
Par ton conseil, tu me conduis
Au repos sur ton cœur.
Et quand viendra le dernier jour,
Tu m'ouvriras avec amour
Les portes du divin séjour,
O mon Dieu, mon Sauveur ! Amen.

MERCREDI (Soir).

Veillez, car vous ne savez pas quand le maître de la maison viendra, ou le soir, ou à minuit, ou au chant du coq, ou le matin ; de peur qu'arrivant tout à coup, il ne vous trouve endormis. Or, ce que je vous dis, je le dis à tous : Veillez. (St. Marc. 13, 35-37).

Méditation.

Le chrétien, bourgeois du ciel, se prépare pour l'éternité aussi longtemps qu'il chemine sur cette terre. Il cherche à mourir à lui-même et à saisir avec une foi toujours plus ferme la vie éternelle, à laquelle il est appelé. Il ne passe pas ses jours dans une fausse sécurité, car il s'est réveillé de la mort spirituelle ; il emploie le temps de grâce qui lui est laissé à se préparer au but glorieux qu'il doit atteindre et dont chaque jour le rapproche. En attendant l'héritage incorruptible, il a de saintes aspirations et nourrit dans son cœur l'espérance qui ne confond pas. Dans la communion de son Dieu, il s'abreuve de l'eau vive qui jaillit en vie éternelle et que le Seigneur a promise à tous ceux qui l'aiment et le servent.

Prière.

Seigneur ! Toi qui sondes les cœurs, nous nous courbons devant toi jusque dans la poussière ; nous te prions de nous traiter non selon nos péchés, mais selon ta miséricorde, et de nous préparer toi-même par ton Esprit, à la bienheureuse éternité. Réveille-nous de notre sommeil spirituel ; préserve-nous de mourir sans l'assurance que nos péchés nous sont pardonnés. Rappelle-nous que tu viendras d'une manière imprévue et que tu donneras à chacun selon ses œuvres. Fais servir à notre avancement spirituel les diverses expériences de la vie, quelque dures qu'elles puissent souvent nous paraître. Prépare-nous à pouvoir dire, au moment de quitter ce monde : Nous savons en qui nous avons cru, aucune puissance ne pourra nous empêcher d'être éternellement heureux auprès de toi, Seigneur Jésus. Reste avec nous, viens garder nos corps et nos âmes de tout danger pendant cette nuit. Tu as promis de nous aider et de nous sauver ; tu es notre refuge ; c'est vers toi que nous nous retirons.

Etranger sur la terre,
Je marche avec bonheur
Vers la maison du Père,
Vers la demeure où m'attend le Seigneur.

Quand sera-ce
Que face à face,
Pour toujours près de toi,
Je te verrai, mon Roi ? Amen.

JEUDI (Matin).

Mon fils, ne rejette point la correction de l'Eternel, et ne perds pas courage de ce qu'il te reprend ; car l'Eternel châtie celui qu'il aime, comme un père l'enfant qu'il chérit. (Prov. 3, 11 et 12).

Méditation.

Il faut bien nous persuader que quand Dieu nous châtie, il se propose toujours un but d'amour, que nous le comprenions ou non. Quelque douloureux que soient les coups dont sa main nous frappe, donnons gloire à son nom, ne pensons pas qu'il nous traite avec dureté et qu'il n'ait pas soin de nous. L'épreuve resterait sans fruit si nous étions animés de ces sentiments contre Dieu. Ce n'est qu'en lui donnant gloire et en acceptant dans le silence et avec respect ce qu'il nous dispense, que nous sommes fidèles. Les murmures et l'irritation prouvent que nous nous éloignons de lui ou que nous n'avions pas jusqu'ici la crainte de Dieu dans nos cœurs. « Dieu ne permettra pas que nous soyons tentés au delà de nos forces ; » rappelons-nous toujours cette promesse pour calmer et rassurer nos cœurs, car celui qui l'a faite est fidèle, et en même temps puissant pour l'accomplir.

Prière.

Dieu fidèle et miséricordieux ! Nous nous approchons encore de toi ce matin, parce que ce n'est qu'en toi que nous trouvons la paix, le salut et la félicité. Sois-nous propice, jette sur nous un regard favorable ; conduis-nous par ta main paternelle. Si tu veux nous charger d'une croix, fais que nous la portions humblement et sans murmures. Donne-nous un esprit soumis et obéissant à ta sainte volonté ; ne permets pas que nous perdions courage, lorsque dans ta sagesse et dans ton amour tu trouves bon de nous châtier. Fais-nous comprendre que dans tout ce que tu fais, tu as en vue notre bien éternel, et que si tu nous reprends, c'est parce que tu nous aimes et que tu veux faire notre éducation pour le ciel.

Jusqu'à la mort nous te serons fidèles ;
Jusqu'à la mort tu seras notre Roi ;
Sous ton drapeau, Jésus, tu nous appelles ;
Nous mourrons en luttant avec foi.

Jusqu'à la mort, soumis à ta puissance,
Nous voulons vivre et mourir sous tes lois,
Toi qui pour nous poussas l'obéissance
Jusqu'à la mort, et la mort de la croix.

Amen.

JEUDI (Soir).

C'est en Dieu que se trouve la sagesse et la force, c'est à lui qu'appartient le conseil et l'intelligence. (Job. 12, 13).

MÉDITATION.

Ces paroles que Job fait entendre dans sa détresse nous disent qu'il n'a pas abandonné Dieu, malgré ses plaintes amères. Quand une âme qui passe par le creuset de l'affliction peut parler comme lui, nous avons lieu de nous en réjouir, parce qu'elle est dans de meilleures dispositions que le grand nombre de ceux qu'on appelle les heureux de ce monde. Puissions-nous aussi apprendre à dire dans les peines de la vie, dont nul n'est exempt : « C'est en Dieu que se trouve la sagesse et la force, c'est à lui qu'appartient le conseil et l'intelligence. » De cette manière nous honorerons Dieu. Tout tourne finalement au bien de ceux qui manifestent ainsi leur fidélité et leur amour. Avançons courageusement dans la vie chrétienne, alors même que tout paraît contraire aux promesses de Dieu. Quelles que soient les épreuves que nous avons à supporter, soyons pénétrés de la ferme assurance que notre Père céleste choisit toujours ce qui est pour le bien éternel de ses enfants.

PRIÈRE.

Notre bon Père céleste ! C'est à toi que nous avons recours, car c'est en toi que se trouvent la lumière, la force et la paix. Pourquoi nous plaindrions-nous ? Pourquoi serions-nous tristes et découragés, quand nous avons tes promesses si certaines, scellées par le sang de ton Fils ? En regardant à nous-mêmes, nous n'avons aucun sujet d'espérer, nous sommes la faiblesse même, et notre conscience nous accuse, mais nous savons que tu es amour, que tu veux suppléer à tous nos besoins et nous pardonner tous nos péchés. Nous nous plaçons sous la croix de notre Sauveur ; nous te prions de nous accorder pour l'amour de Jésus ta grâce, ta sagesse et ta force, de nous conduire ici-bas selon ton conseil pour nous recevoir un jour dans ta gloire.

Tu nous conduis, ô Sagesse éternelle,
Par un chemin sombre et mystérieux,
Viens soutenir notre foi qui chancelle ;
Dans cette nuit daigne éclairer nos yeux.

Et sous ta main prosternés en silence,
Nous attendons le jour marqué par toi,
Où tu viendras finir notre souffrance
Et pour jamais couronner notre foi. Amen.

VENDREDI (Matin).

Je suis étranger sur la terre ; ne me cache pas tes commandements. Tes statuts sont le sujet de mes cantiques dans la maison où j'habite en étranger.
(Ps. 119, 19 et 54).

Méditation.

Quel que soit le lieu de notre demeure ici-bas, souvenons-nous de cette parole du Psalmiste ; répétons avec lui : « Je suis étranger sur la terre, ne me cache pas tes commandements. » Le jour dit au jour que notre vie est un voyage vers l'éternité. Lorsque la tente d'un de nos frères est détruite et que nous suivons son cercueil au champ du repos, représentons-nous avec un profond sérieux le moment où nous serons nous-mêmes couchés entre ces quatre étroites planches. Elevons notre âme angoissée vers Dieu pour lui dire : O Dieu des vivants, rappelle-nous que nous sommes pèlerins sur la terre, que le ciel est notre véritable patrie. Ne nous cache pas tes commandements et tes promesses de vie éternelle. Nous sommes heureux si le St-Esprit met ces pensées dans nos cœurs et ces supplications sur nos lèvres.

Prière.

Dieu fidèle et miséricordieux ! Tu es notre refuge d'âge en âge ; nous te prions de nous accorder ce qui est nécessaire à notre vie terrestre, mais surtout de graver profondément dans nos cœurs tes saints commandements. Dirige par ton Esprit nos pensées, nos paroles et nos actions ; aide-nous à nous souvenir sans cesse de tes promesses, à veiller sur notre âme, afin qu'elle ne se perde pas au milieu des tentations dont notre chemin est parsemé. Donne-nous de ne pas attacher notre cœur à ce qui ne fait que passer. Rappelle-nous que ton jour viendra comme un larron dans la nuit, que nous devons nous préparer à ta venue et attendre ton retour comme des serviteurs vigilants et fidèles. Fais-nous cette grâce, Seigneur, afin qu'un jour, quand nous passerons par la sombre vallée, nous te sentions à nos côtés et que nous puissions nous réveiller dans ta gloire. Nous te le demandons pour l'amour de notre Sauveur.

Le temps qui nous entraîne au terme du voyage
Semble hâter pour nous ses pas précipités ;
De ces nobles amis de notre premier âge
Combien déjà nous ont quittés !
Nos mains dans le cercueil ont déposé leur cendre,
Mais eux, Seigneur, ont-ils disparu sans retour?
Non, tu les as repris, et c'est pour nous les rendre :
Tu les gardes à notre amour.   Amen.

VENDREDI (Soir).

Mon Dieu, ne m'enlève pas au milieu de mes jours. Tes années sont d'âge en âge. Tu as jadis fondé la terre, et les cieux sont l'ouvrage de tes mains. Ils périront, mais toi tu subsisteras; ils vieilliront tous comme un vêtement; tu les changeras comme un habit et ils seront changés. Mais toi tu es toujours le même, et tes années ne finiront point.   (Ps. 102, 25-28).

Méditation.

Il n'est pas défendu au chrétien d'aimer la vie terrestre, bien que la pensée de la patrie céleste doive être pour lui un sujet de joie, et qu'il soit appelé à se tenir toujours prêt à quitter ce monde. En effet, chaque nouveau jour que Dieu nous donne est un jour de grâce qui doit servir à nous mûrir davantage pour l'éternité. Dieu lui-même a déposé dans notre cœur l'amour de la vie. Toutefois, quand le roi David dit à Dieu : « Ne m'enlève pas au milieu de mes jours, » ne serait-ce pas en vue du Rédempteur promis qu'il attendait avec un désir ineffable ? Mais s'il ne doit plus saluer sa venue sur cette terre, l'éternité sera sa consolation. Cette promesse est accomplie aujourd'hui ; le peuple de Dieu marche à la lumière qui s'est levée pour le monde en Jésus-Christ. C'est pourquoi nous avons un double motif de nous réjouir de la vie, car nous avons un Sauveur qui nous a rachetés et qui par sa résurrection a mis en évidence la vie et l'immortalité.

Prière.

Dieu éternel ! Nous nous approchons du trône de ta grâce avec des cœurs reconnaissants. Non seulement tu nous as donné la vie terrestre et tu pourvois à nos besoins temporels, mais tu nous appelles par ton cher Fils à la vie éternelle. Fais-nous la grâce d'apprendre à le connaître toujours mieux comme la vraie nourriture de l'âme, comme le Libérateur dans les détresses de la vie et à l'heure de la mort. Pourvu que tu sois avec nous par ta grâce, notre bon Père céleste, nous sommes sans crainte, malgré la fuite rapide de nos jours et les vides qui se font sans cesse autour de nous. Rappelle-nous que nous sommes pèlerins ici-bas et que nous avons à chercher la cité permanente. Quand l'heure de quitter ce monde sera venue pour nous, fais-nous reposer en toi pour l'éternité.

Je dois voyager au monde
Comme un esquif sur les eaux,
Et la tempête qui gronde
Déjà fait mugir les flots.
   Christ est ma vie,
   Il est mon Roi ;
   Toujours il prie
   Notre Père pour moi.

Et quand vient le sombre orage,
Quand tout semble menaçant,
Mon pilote m'encourage
De son regard tout-puissant.
   Christ est ma vie,
   Il est mon Roi ;
   Toujours il prie
   Notre Père pour moi. Amen.

SAMEDI (MATIN).

Que votre lumière luise devant les hommes, afin qu'ils voient vos bonnes œuvres, et qu'ils glorifient votre Père qui est dans les cieux.

(St. Matth. 5, 16).

MÉDITATION.

Si nous portons réellement les beaux fruits de la foi comme un arbre planté par Dieu, soyons assurés que le premier effet de notre vie, auprès de ceux du moins dont le cœur n'est pas complètement obscurci par les ténèbres, sera de leur inspirer un certain respect pour l'Evangile, et de les amener à se demander ce qui peut produire de tels fruits. Soyons pleinement convaincus que lorsqu'on peut les persuader que cet Evangile rend l'homme véritablement meilleur et véritablement digne de ce nom d'homme en l'ennoblissant, on a déjà gagné leur cœur. Cette persuasion se produit moins par des paroles que par des œuvres. Demandons à Dieu de diriger tous nos désirs et toutes nos prières vers ce but.

PRIÈRE.

Seigneur ! Nous t'invoquons de toute notre âme, nous te supplions de nous rendre fidèles à notre vocation de chrétiens, en nous aidant à faire luire devant les hommes la lumière de nos bonnes œuvres, à porter beaucoup de fruits à ta gloire. Soit que nous agissions, soit que nous parlions ou que nous nous taisions, que toute notre conduite soit dirigée par ton Esprit, et qu'en toutes choses nous ayons en vue de te plaire. Donne-nous une piété vivante qui se manifeste dans tous les détails de notre vie ; pénètre tout ce que nous faisons de ton Esprit d'amour, de bonté et de paix ; qu'ainsi nous répandions autour de nous une influence bénie et que nous montrions la puissance de ton Evangile dans le cœur de tes rachetés. — Exauce-nous, ô Dieu d'amour; accorde-nous toutes les grâces qui nous sont nécessaires pour te glorifier jusqu'à la fin de nos jours en marchant sur les traces de Celui que tu nous as donné comme Sauveur et comme modèle.

O Seigneur! prends pitié du monde,
Car il est une nuit profonde
Que la grâce peut dissiper.
Couvre les pécheurs de ton aile
Avant que la nuit éternelle
Tombe et les vienne envelopper.
Et pour ceux qui croient en la grâce,
Qu'on voie en eux son efficace
Produire les fruits abondants
Où l'on reconnaît tes enfants. Amen.

SAMEDI (Soir).

Saluez-vous les uns les autres par un baiser de charité. La paix soit avec vous tous qui êtes en Jésus-Christ. (1 Pier. 5, 14).

Méditation.

Le mot de paix comprend tout ce dont le cœur a besoin ; il désigne un état intérieur de quiétude et de contentement. Celui qui a la paix dans le cœur se sent dans un port sûr d'où il peut voir sans peur les tempêtes se déchaîner et la mer s'agiter avec furie. C'est la foi en Jésus-Christ qui nous donne cette paix. Même quand la paix extérieure manque, ce qui n'est pas rare dans ce monde, le cœur peut être en paix, parce qu'il est convaincu que tout contribue à nous faire trouver le repos éternel en Dieu. Le vœu de l'apôtre : « Que la paix soit avec vous tous qui êtes en Jésus-Christ, » nous appelle à la vigilance et à la prière, parce que notre paix est toujours menacée par des ennemis intérieurs et extérieurs qui cherchent à nous la ravir.

Prière.

Seigneur Jésus, Prince de la paix ! Tu ne donnes pas la paix comme le monde la donne. Notre mauvais cœur rempli de péché ne la connaît pas ; mais lorsque tu nous pardonnes et que tu fais ta demeure en nous par ton Esprit, nous vivons dans ta communion, et la paix que tu nous accordes surpasse toute intelligence. Si tu nous as fait la grâce de nous l'accorder, aide-nous à la conserver au milieu des agitations et des inquiétudes qui nous assaillent de toutes parts et qui nous l'enlèvent si facilement. Augmente-nous la foi, apprends-nous à veiller et à prier, demeure en nous et que nous demeurions en toi, afin que tu nous abrites contre les tempêtes et tous les orages de la vie, jusqu'au moment où tu nous introduiras dans l'éternelle paix que rien ne pourra plus ni troubler ni nous ravir.

> En toi seul, cher Sauveur, est la paix véritable,
> Que le monde n'a point et qu'il ne peut ôter.
> Le cœur qui la connaît la trouve préférable,
> A tout ce qui pourrait ici-bas le tenter. Amen.

Remarque. — Il est rare qu'il y ait une 26ᵉ et une 27ᵉ semaine après la Trinité dans l'année ecclésiastique. Si le cas se présente, on est prié de se servir, selon les besoins de l'année, des méditations des 5ᵉ et 6ᵉ semaines après Epiphanie.

Première Semaine de l'Avent.

DIMANCHE (Matin).

Comme ils approchaient de Jérusalem et qu'ils étaient déjà à Bethphagé, près du mont des Oliviers, Jésus envoya deux disciples, leur disant : Allez à la bourgade qui est devant vous, vous y trouverez une ânesse attachée, et un ânon avec elle ; détachez-les et amenez-les-moi. Et si quelqu'un vous dit quelque chose, vous direz que le Seigneur en a besoin, et aussitôt il les enverra. Or, tout ceci arriva afin que ces paroles du prophète fussent accomplies : Dites à la fille de Sion : Voici ton roi qui vient à toi, débonnaire et monté sur un âne, sur le poulain de celle qui porte le joug. Les disciples s'en allèrent donc, et firent comme Jésus leur avait ordonné ; et ils amenèrent l'ânesse et l'ânon ; et ayant mis leurs vêtements dessus, ils l'y firent asseoir. Alors des gens, en grand nombre, étendaient leurs vêtements par le chemin ; d'autres coupaient des branches d'arbres et les étendaient sur la route, et la multitude qui allait devant et celle qui suivait, criait, en disant : Hosanna au Fils de David ! Béni soit celui qui vient au nom du Seigneur ! Hosanna dans les lieux très-hauts !

(St. Matth. 21, 1-9).

Méditation.

Nous savons quelle a été la vie du Seigneur Jésus sur la terre et ce qui lui a mérité le titre de roi. L'âme humaine trouve réalisé en lui l'idéal du bien, du vrai, du beau, du grand et du sublime qu'elle a rêvé. Sa venue n'appartient pas seulement au passé, mais à tous les temps. En se séparant de ses disciples, il leur a annoncé qu'il serait avec eux jusqu'à la fin du monde. Il a été fidèle à sa promesse. Chaque fois qu'ils avaient besoin de lui, il a été avec eux par ses consolations, sa lumière, sa force et sa délivrance. Il veut aussi être notre roi, exercer une influence décisive sur notre vie, et nous montrer le chemin qui nous conduit à lui et au salut. Il est l'ami des pécheurs ; il est le roi doux et débonnaire. Il ne veut pas briser le roseau froissé, ni éteindre le lumignon qui fume encore. Il veut faire naître en nous une vie qui ressemble à la sienne et nous donner, comme autrefois à ses apôtres, de sa plénitude grâce sur grâce.

PRIÈRE.

Sauveur fidèle ! Viens à nous malgré nos infidélités et notre culpabilité, comme au jour où, roi débonnaire, tu es venu pour visiter ton peuple. Nous avons besoin d'un Sauveur qui guérisse nos blessures, qui nous fortifie, nous console, nous délivre du péché et de la mort. Seigneur, daigne faire ton entrée dans nos cœurs ; nous voulons te les ouvrir, nous placer sous ton sceptre de paix, nous soumettre à ta sainte volonté et être tes sujets obéissants et dociles. Fais-nous trouver en toi et par toi la réconciliation avec Dieu, notre paix, notre joie et notre salut éternel. En toi sont tous les trésors de la sagesse et de la connaissance et la source du vrai bonheur. Donne-nous de comprendre tout le prix du salut que tu nous offres ; affranchis-nous de la puissance du mal, garantis-nous de la mort éternelle et amène bientôt les temps heureux où tous te connaîtront et où la terre sera remplie de ta connaissance comme le fond de la mer des eaux qui le couvrent.

> Hosanna ! Béni soit ce Sauveur débonnaire,
> Qui vers nous, plein d'amour, descend du sein du Père !
> Béni soit le Seigneur, qui vient du haut des cieux
> Apporter aux pécheurs un salut glorieux ! Amen.

DIMANCHE (Soir).

Vous devez faire cela, vu le temps où nous sommes ; car c'est ici l'heure de nous réveiller enfin du sommeil, puisque le salut est maintenant plus près de nous que lorsque nous avons cru. La nuit est avancée, et le jour approche ; dépouillons-nous donc des œuvres de ténèbres, et revêtons-nous des armes de lumière. Marchons honnêtement comme de jour, et non dans les débauches et dans l'ivrognerie, dans la luxure et dans les impudicités, dans les querelles et dans l'envie ; mais revêtez-vous du Seigneur Jésus-Christ, et ne flattez point la chair dans ses convoitises. (Rom. 13, 11-14).

MÉDITATION.

La nuit était passée pour les chrétiens de Rome, le jour était venu par le lever du soleil de justice en Jésus-Christ, par l'Evangile du Libérateur d'Israël et du Sauveur du monde. L'apôtre Paul espère pour lui-même et pour les fidèles de Rome le salut éternel, qui est en Christ, et cette espérance est pour lui la lumière radieuse du plein jour. Nous pouvons appliquer à nous-mêmes la parole apostolique surtout au temps de l'Avent, car bien que nous ayons entendu parler de l'Evangile dès notre jeune âge, il s'offre à nous particulièrement dans ces jours solennels, et le soleil de justice qui est en Christ luit pour nous avec un nouvel éclat. C'est ici l'heure de nous réveiller et de saisir avec ardeur la grâce qui nous est offerte à nouveau. Si nous ne prêtons pas une oreille attentive aux appels réitérés du Sauveur, si notre cœur et notre vie ne sont pas renouvelés par sa grâce ; si nous continuons, au contraire, à aimer le monde et les choses de ce monde sans nous occuper des intérêts de l'âme et de l'éternité, — cet état est-il autre chose qu'un sommeil spirituel, un sommeil de mort ? Aussi longtemps que nous serons sur cette terre, notre préoccupation journalière doit être de nous revêtir de Jésus-Christ, de faire de lui le centre de nos pensées et le but de nos aspirations. C'est en lui que nous trouvons les armes de lumière qui nous sont nécessaires pour vaincre les œuvres des ténèbres. C'est la tâche à laquelle nous sommes appelés à consacrer notre vie.

PRIÈRE.

Grâces te soient rendues, Dieu tout bon, de ce que tu as envoyé ton Fils pour nous sauver ! Gloire à toi, Seigneur Jésus, d'avoir voulu quitter le sein du Père pour t'abaisser jusqu'à nous ! Daigne faire ton entrée dans nos cœurs et y répandre les bénédictions que tu as apportées du ciel pour nous. Renouvelle-les par ton Esprit, purifie-les de toutes les souillures du péché, sanctifie-les, détache-les de tout ce qui pourrait nous priver de ton salut et de notre éternel bonheur. Tu sais, Seigneur, que nous rencontrons bien des luttes et bien des tentations sur notre sentier ; tends-nous la main, revêts-nous de tes armes pour en sortir victorieusement. Fortifie-nous dans nos faiblesses ; soulage-nous et console-nous dans nos épreuves. Reste avec nous bon Berger, Sauveur fidèle ; reste avec tous ceux que nous aimons, pour l'amour de ton saint Nom.

> Toi, Fils du Dieu très-haut, toi, bien-aimé du Père,
> Toi, saint Emmanuel !
> Tu nous as apporté, du sein de la lumière,
> Les dons de l'Eternel.
> En toi, tu nous revêts de la sainte justice ;
> En toi, puissant Sauveur,
> Par ton abaissement et par ton sacrifice,
> Triomphe notre cœur. Amen.

LUNDI (Matin).

Portes, élevez vos linteaux ! Haussez-vous, portes éternelles, et le roi de gloire entrera. Qui est ce roi de gloire ? L'Eternel, le fort, le puissant, l'Eternel puissant dans les combats. (Ps. 24, 7, 8).

Méditation.

Le chantre sacré nous invite à ouvrir largement les portes de notre cœur pour que le Roi de gloire y fasse son entrée, et que nous puissions comprendre en quelque mesure l'amour insondable de Dieu. Les hommes à cœur étroit sont égoïstes ; comme leurs sens sont rivés aux choses de la terre, leur regard ne voit rien au delà. Si nous voulons recevoir en partage des biens plus élevés et éternels, élargissons notre cœur, détachons-le des vanités de la terre, brisons les liens de l'égoïsme, apprenons à contempler par la foi les choses invisibles, à aimer Dieu et en lui tous les hommes. Alors les cieux seront pour ainsi dire ouverts pour nous laisser entrevoir ce qui est derrière le voile ; nous porterons avec courage le faix et la chaleur du jour ; nous serons dans l'attente et nous hâterons de nos vœux la glorieuse venue du Christ.

Prière.

Nous nous présentons devant toi, Seigneur, au moment de reprendre les travaux de notre vocation ; nous te prions de nous faire sentir aujourd'hui et toute cette semaine ta présence bénie et sanctifiante. Elle s'adresse aussi à chacun de nous, ton invitation pleine de grâce d'ouvrir nos cœurs à l'entrée de ton cher Fils, notre Sauveur, pour qu'il y répande la paix que le monde ne peut pas nous donner. Otes-en toi-même, par la puissance de ta Parole et de ton Esprit, ce qui pourrait empêcher notre Roi céleste d'y faire sa demeure ; donne-nous de nous réjouir du salut que tu nous as préparé par lui, de répondre avec empressement et joie aux appels miséricordieux qu'il nous adresse, et de pouvoir un jour par sa grâce entrer dans ton sanctuaire éternel.

Ouvrez-vous, célestes lieux !
Haussez-vous, portes des cieux !
Car voici le Roi de gloire.
Quel est ce roi, ce vainqueur ?
C'est Jésus le Rédempteur
Qui revient de la victoire.

Avec lui nous entrerons,
Avec lui nous régnerons,
Dans cette gloire éternelle.
Ouvrez-vous, portes des cieux !
Tressaillez, célestes lieux,
D'une allégresse nouvelle ! Amen.

LUNDI (Soir).

Consolez, consolez mon peuple, dit votre Dieu. Parlez à Jérusalem selon son cœur, et criez lui que son temps de guerre est accompli, que son iniquité est pardonnée, qu'elle a reçu au double, de la main de l'Eternel, la peine de tous ses péchés. (Es. 40, 1, 2.)

MÉDITATION.

Ces paroles devaient être une précieuse consolation pour le peuple d'Israël aux jours tristes et sombres où, s'efforçant de garder la Loi, il n'arrivait qu'à la connaissance de son état de péché. Le Seigneur lui annonce que son temps de guerre est accompli, expression qui désigne un état de servitude où les gens de guerre étaient soumis aux devoirs de leur vocation comme à un joug accablant. En effet, qu'est-ce qui fait souvent de notre vie un joug dur et presque insupportable ? N'est-ce pas le péché qui répand ses ombres sur nos heures de bonheur et qui mêle une goutte d'amertume à chacune de nos joies ? Mais le Seigneur veut pardonner ; il veut enlever la culpabilité et le châtiment, les angoisses de l'âme et les peines de la vie. C'est la consolation et l'espérance que nous apporte l'époque de l'Avent. Le Sauveur du monde a comblé l'abîme qui séparait Dieu et le pécheur. Attachons-nous fortement à lui, afin que nous fassions la bienheureuse expérience que ceux qui croient en lui ne périssent point, mais qu'ils ont la vie éternelle.

PRIÈRE.

Seigneur ! Tes voies sont bonnes et saintes ; ta face est un rassasiement de joie et de vie. Grâces te soient rendues de ce que notre temps de guerre est accompli et de ce que notre iniquité est pardonnée. Tu donnes tes consolations divines aux affligés ; tu communiques ta paix aux âmes travaillées qui cherchent ta face ; tu guéris les cœurs froissés et tu relèves ceux qui sont abattus. Qui pourrait nous nuire si nous sommes à toi et si tu as gravé nos noms sur la paume de ta main ? Quand les choses terrestres nous échappent, il nous reste ta grâce à jamais et l'alliance de ta paix qui subsiste à toujours.

Si quelquefois, abusant de sa grâce,
Nous l'offensons, il s'irrite, il menace ;
Mais son courroux ne dure pas toujours.
Il nous épargne, et sa juste vengeance
N'égale pas les peines à l'offense,
Car sa bonté vient à notre secours.

A qui le craint, à qui pleure sa faute,
Cette bonté se fait voir aussi haute
Que sur la terre il éleva les cieux ;
Et comme est loin le couchant de l'aurore.
Ce Dieu clément, quand sa grâce on implore,
Met loin de lui nos péchés odieux. Amen.

MARDI (Matin).

Le Dieu qui a dit que la lumière resplendisse au milieu des ténèbres, est celui qui a resplendi dans nos cœurs, pour faire briller la lumière de la connaissance de la gloire de Dieu en la personne de Jésus-Christ. (2 Cor. 4, 6).

Méditation.

Si nous voulons que la couronne de la justice du Christ nous soit réservée, il faut que nous soyons du nombre de ceux qui aiment son avènement. Si nous désirons que la mort nous soit un gain, il faut que Christ soit notre vie. L'expérience dont parle l'apôtre St. Paul est-elle la nôtre ? Notre propre lumière et notre propre justice ont-elles disparu pour faire briller dans nos cœurs la lumière de la connaissance de la gloire de Dieu en la personne de Jésus-Christ ? S'il en est ainsi, que s'est-il passé dans notre vie ? La lumière a-t-elle resplendi tout à coup, sans être appelée ni désirée et malgré notre sens charnel ? Est-elle survenue lorsque dans une heure de détresse, d'angoisse ou en présence des terreurs de la mort, nous étions comme éperdus ? Est-ce un souvenir d'enfance ou d'instruction religieuse qui nous est resté et que le souffle de Dieu a ravivé ? Quoi qu'il en soit, c'est le St-Esprit qui nous a éclairés par la lumière du glorieux Evangile de Christ. C'est lui qui vivifie les morts, qui justifie les méchants et remplit de paix les âmes angoissées.

Prière.

Seigneur, notre Dieu ! Nous nous recommandons avec confiance à ta bonne Providence pour ce jour, qui est encore plein de mystères pour nous. Envoie-nous ta lumière et ta vérité pour nous conduire dans toutes nos voies. Viens, ô bon Sauveur, lumière du monde, viens resplendir au sein de nos ténèbres et nous amener à la connaissance des choses qui appartiennent à notre paix. Fais-nous puiser à la source de ta plénitude grâce sur grâce. Nous ignorons l'avenir que tu nous prépares ici-bas, mais nous connaissons le chemin par lequel tu as passé et dans lequel tes enfants doivent marcher après toi. Par la croix tu es arrivé à la gloire, par les humiliations au triomphe. Apprends-nous, Seigneur, à suivre avec foi les traces que tu nous as laissées, et donne-nous l'assurance que si tu nousmènes par une voie douloureuse, elle aboutira à l'éternelle félicité.

D'un seul mot il guérit des souffrants la misère,
Des captifs il brise les fers,
Et dans les yeux éteints il verse la lumière
Qui doit éclairer l'univers.
O Seigneur! que je sois de ceux que tu soulages!
Fils d'Adam, j'ai souvent péché.
Tu vins pour les pécheurs, et non pas pour les sages;
Fais-toi trouver: je t'ai cherché. Amen.

MARDI (Soir).

Je t'aimerai, ô Eternel, qui es ma force! Eternel, mon rocher, ma forteresse et mon libérateur! Mon Dieu, mon rocher où je me réfugie! Mon bouclier, la force qui me délivre, ma haute retraite! (Ps. 18, 2 et 3).

MÉDITATION.

Ces paroles sont celles d'une âme sauvée, graciée, qui a longtemps lutté pour se dégager des liens et de la puissance du péché, qui a trouvé le salut, par la foi, qui s'attache avec joie et reconnaissance à son Sauveur pour se laisser conduire par son Esprit. C'est un fidèle de l'ancienne alliance qui a fait entendre ce chant de triomphe de la foi. Et nous, qui avons appris à connaître Dieu comme notre Père en Jésus-Christ, ne pouvons-nous pas dire avec plus d'assurance encore : « L'Eternel est mon rocher, mon libérateur, ma forteresse où je me réfugie. » Si nous sommes fondés sur le rocher de notre salut, nous sommes heureux ; mais soyons sur nos gardes et ne mêlons pas à notre confiance un orgueilleux sentiment de contentement de nous-mêmes. Soyons à la fois humbles et confiants ; le Seigneur est un rocher sur lequel nous pouvons nous reposer, mais gardons-nous de nous croire nous-mêmes un rocher.

PRIÈRE.

Bon Père céleste! Nous nous recommandons pour cette nuit à ta protection. Tu es notre forteresse, notre Dieu et notre refuge, en qui nous mettons notre confiance. Fais-nous la grâce de rester dans ta communion, ne permets pas que rien nous sépare de toi. Rends-nous défiants de nous-mêmes, apprends-nous à ne compter que sur ton secours tout-puissant. Détruis dans nos âmes les œuvres des ténèbres, aide-nous à fonder toute notre espérance de salut sur ta grâce en Jésus-Christ. Fortifie notre amour pour toi, remplis nos cœurs de sentiments de reconnaissance et de joyeuse espérance. Nous savons que nous pouvons nous adresser à toi avec confiance ; tu es toujours disposé à nous accorder les grâces que nous te demandons, si nous le faisons avec foi et si elles peuvent contribuer à notre bien. Inspire-nous l'horreur du péché, conduis-nous par ton St-Esprit et donne-nous d'obéir toujours à ta sainte volonté.

Par ton secours je gagne les batailles ;	C'est le rempart, c'est la forte défense
Par ton secours je force les murailles ;	De ceux qui n'ont qu'en toi leur espérance.
Ta providence est un guide assuré,	Quel Dieu semblable au nôtre se peut voir ?
Et ta parole est de l'or épuré.	Et quelle force égale son pouvoir ? Amen.

MERCREDI (Matin).

Ceux qui se confient en l'Eternel sont comme la montagne de Sion, qui ne peut être ébranlée et qui subsiste à toujours. Jérusalem est environnée de montagnes ; et l'Eternel est autour de son peuple, dès maintenant et à toujours. Car le sceptre de la méchanceté ne reposera pas sur le lot des justes ; de peur que les justes ne mettent leurs mains à l'iniquité. Eternel, fais du bien aux bons, à ceux qui ont le cœur droit ! Mais pour ceux qui se détournent dans des voies tortueuses, l'Eternel les fera marcher avec les ouvriers d'iniquité. (Ps. 125).

Méditation.

Les chefs des peuples mettent leur confiance en leurs armées, leurs forteresses et leurs camps ; le chrétien ne se confierait-il pas à plus forte raison dans la puissance et dans la bonté du Seigneur, qui l'entourent de toutes parts ? Qui serait plus fort que lui ? Si Dieu est pour nous, qui sera contre nous ? Il nous protège contre nos ennemis, son bras n'est pas raccourci ; il peut nous sauver des plus grands dangers et des plus fortes détresses. Il peut aussi fortifier notre cœur de telle sorte que nous puissions vaincre toutes les tentations, et surmonter le mal par le bien. C'est pourquoi lorsque la peur veut s'emparer de nous, élevons nos regards vers les montagnes d'où nous viendra le secours.

Prière.

Dieu tout-puissant ! Nous nous adressons à toi avec confiance, comme tes enfants, car notre secours vient de toi. Tu ouvres chaque jour ta main et tu rassasies à souhait tout ce qui vit. Sois béni de ta bonté et de ton amour inépuisables. Nous venons de nouveau te recommander nos corps et nos âmes, et te prier de nous entourer de ta protection paternelle. Reçois favorablement notre prière, sanctifie nos cœurs par ton St-Esprit ; qu'il nous dirige en toutes choses, qu'il nous remplisse de patience dans les épreuves et de cette espérance qui ne confond point. Assiste-nous par le secours de ta grâce, afin que nous te servions avec fidélité et dévouement. Exauce notre humble prière; bénis-nous, Seigneur, non selon la faiblesse de notre foi, mais selon les richesses de ta grâce en Jésus, notre Sauveur.

Comme Jérusalem est ceinte
De monts de toute parts,
Ainsi que de remparts,
Ceux qui du Seigneur ont la crainte,
A leurs côtés, pour leur défense,
Ont sa présence.

Ce n'est pas pour toujours qu'il laisse
Les siens entre les mains
Des tyrans inhumains.
Il ne veut point que leur faiblesse
Les expose, dans leur misère,
A lui déplaire. Amen.

MERCREDI (Soir).

Tu n'auras plus le soleil pour lumière pendant le jour, et la lueur de la lune ne t'éclairera plus; mais l'Eternel sera pour toi une lumière éternelle, et ton Dieu sera ta gloire. Ton soleil ne se couchera plus, et ta lune ne disparaîtra plus ; car l'Eternel sera pour toi une lumière éternelle et les jours de ton deuil seront finis. (Es. 60, 19 et 20).

Méditation.

Les changements se succèdent rapidement ici-bas. La souffrance alterne sans cesse avec la joie ; tantôt la lumière resplendit autour de nous, une paix profonde inonde notre cœur ; tantôt les ténèbres nous enveloppent, une nuit sombre nous voile l'amour éternel. Nous ressemblons à des pèlerins fatigués, qui traversent une contrée déserte, inconnue et dangereuse ; nous soupirons après la patrie des justes, où il n'y aura plus de péché, ni de souffrance, où le soleil ne se couchera plus et où le Seigneur sera notre lumière éternelle. Il est vrai que déjà sur cette terre nous pourrions jouir d'un repos plus durable et d'une paix plus profonde, si nous regardions avec une foi ferme à Celui qui est notre lumière et qui éclaire nos sentiers les plus ténébreux.

Prière.

Seigneur, tu es notre retraite, le Dieu en qui nous mettons notre espoir ! Nous nous déchargeons sur toi de tous nos soucis, car tu prends soin de nous. Fais-nous toujours mieux comprendre que tu es un bon Père pour nous et que tu n'as sur nous que des pensées de paix et de miséricorde. Donne à tous ceux que tu as éprouvés aujourd'hui de ne pas douter de ton amour et de ta sagesse ; fortifie et console leurs cœurs par la douce assurance que tu les aimes et que tu sais mieux que nous ce qui nous est salutaire. Père des miséricordes, attire nos cœurs à toi, soumets notre volonté à la tienne, ne permets pas que nous perdions de vue le glorieux but que nous avons à atteindre, aide-nous à nous y préparer en travaillant à notre sanctification sans laquelle nul ne verra ta face.

> Israël au désert, pour renaître à la vie,
> Regardait au serpent d'airain.
> Un regard sur Jésus est pour l'âme qui prie
> L'aurore d'un nouveau matin.
> Que j'apprenne, ô mon Dieu, ce regard d'espérance
> Du croyant qui s'attend à toi.
> Je crois, mais sans avoir une ferme assurance :
> Augmente donc ma faible foi ! Amen.

JEUDI (Matin).

En ce temps-là, Jean-Baptiste vint, prêchant dans le désert de Judée et disant : Repentez-vous, car le royaume des cieux est proche. (St. Matth. 3, 1 et 2).

Méditation.

St. Jean prêchait dans le désert de Judée. C'est dans ce lieu solitaire, au milieu de cette nature triste et sévère, qu'il attirait les âmes mondaines, pour les détourner des vanités et leur rappeler le Dieu vivant et sa justice. Aujourd'hui encore, c'est la prédication de la repentance qui prépare les voies du Seigneur. Le plus juste a besoin d'un changement du cœur ; les meilleurs et les plus nobles caractères doivent reconnaître qu'ils ne peuvent pas par eux-mêmes subsister devant le Saint des saints, qui sonde les cœurs. Nos vertus et notre propre justice sont devant lui comme un linge souillé. Il faut que Dieu nous ouvre les yeux sur nous-mêmes et nous apprenne à nous voir tels que nous sommes, pour que nous sentions le besoin d'aller au Sauveur. Qu'il nous en fasse la grâce !

Prière.

Dieu juste et saint ! Nous te rendons grâces de ta bonté qui se renouvelle chaque matin sur nous et dont nous nous sentons bien indignes, nous si enclins au péché, qui transgressons tous les jours de mille manières tes saints commandements. O Seigneur, daigne produire en nous par ton St-Esprit cette tristesse dont on ne se repent jamais ; fais-nous éprouver une douleur sincère à la pensée de toutes nos infidélités ; amène-nous par une repentance véritable aux pieds de la croix, pour y trouver le pardon, la paix, la joie du salut. Seigneur Jésus, toi qui t'es donné pour nous, qui nous as rachetés par ton sang précieux, apprends-nous à nous humilier, à sentir combien nous avons besoin d'un Sauveur tel que toi, afin que nous tournions vers toi le regard de la foi et que nous ayons part à toutes les grâces que tu nous as acquises par tes souffrances et par ta mort. Convertis nos cœurs, qu'ils t'appartiennent sans partage, que nos vies te soient consacrées en retour de tout ce que tu as fait pour nous. Conduis-nous par ton Esprit pendant ce jour ; bénis notre travail, fais servir tout ce qui nous arrive à ta gloire et à notre véritable bien. Etends tes grâces sur tous ceux qui nous sont chers ; que nous soyons tous du nombre de ceux qui par toi, ô Jésus, obtiendront le salut et la vie éternelle.

Pauvre pécheur, qui gémis et soupire,
Où trouver grâce et prompt soulagement ?
C'est à la croix où le Sauveur expire,
A sa croix donc je cours incessamment.

Là je me sens, ô toi mon bien suprême !
Tout pénétré du prix de tes bienfaits ;
Mais je ne puis dans ma faiblesse extrême,
Sans ton amour y répondre jamais. Amen.

JEUDI (Soir).

C'est par lui que vous êtes en Jésus-Christ, qui nous a été fait de la part de Dieu sagesse, justice, sanctification et rédemption. (1 Cor. 1, 30).

MÉDITATION.

Jésus-Christ nous a été d'abord fait *sagesse*, d'après la déclaration de l'apôtre St. Paul. La vérité est en *lui* et non en *nous*. Ce n'est pas notre intelligence, mais son Esprit qui nous fait connaître le chemin de la vie. Il est vrai que les premières expériences de celui qui se laisse éclairer par Christ ne sont pas encourageantes. Jésus-Christ descend avec sa lumière dans les profondeurs de nos cœurs, nous fait connaître nos péchés l'un après l'autre et détruit la bonne opinion que nous avons de nous-mêmes ; mais il le fait par amour. Il veut nous aider et nous enrichir des trésors de sa grâce, en nous donnant conscience de notre pauvreté spirituelle. C'est par la foi vivante en lui et par sa grâce que nous sommes justifiés : il est notre justice. De cette source découle notre sanctification. La certitude de la rédemption parfaite par Jésus-Christ a une vertu sanctifiante, qui vient à notre aide dans la lutte contre le péché et contre tous nos ennemis. Il est vrai que nous tendons vers un but que nous ne pouvons atteindre entièrement sur cette terre. Les germes du péché sont en nous aussi longtemps que nous sommes dans ce corps mortel ; mais l'œuvre du Christ s'étend jusque dans l'éternité et nous conduit à la rédemption parfaite, à la paix éternelle dans la maison du Père.

PRIÈRE.

Seigneur, notre Dieu ! qui règnes éternellement sur ton trône, mais qui es avec tes enfants, regarde-nous d'un œil favorable, et fais-nous éprouver la douceur de ta présence. Nous te rendons grâces de tous les témoignages d'amour que tu nous donnes chaque jour, et surtout des riches bénédictions que tu nous as accordées par l'envoi de ton cher Fils. Assiste-nous pendant toute notre vie, afin que nous remportions la victoire sur tous les ennemis de notre salut. Enveloppe-nous du manteau de la justice de Jésus-Christ. Il nous a été fait de ta part sagesse, justice, sanctification et rédemption. L'agneau de Dieu a été immolé pour nous. Ne permets pas que par notre indifférence nous rendions vains ses desseins à notre égard. Fais que le salut qu'il nous a acquis par sa mort expiatoire soit de plus en plus notre partage, et que nous vivions pour la gloire de son saint Nom.

Il s'est chargé de toutes nos langueurs ;
Il a porté nos peines, nos douleurs.
Prendre la vie ou la rendre à son Père,
Tout fut pour lui sacrifice et misère.
Oeuvre de Christ ! œuvre d'amour !
Ah ! qu'avons-nous fait en retour ? Amen.

VENDREDI (MATIN).

Vous m'êtes vous-mêmes témoins que j'ai dit : Ce n'est pas moi qui suis le Christ, mais j'ai été envoyé devant lui. Celui qui a l'épouse est l'époux ; mais l'ami de l'époux qui est présent et qui l'écoute, est ravi de joie d'entendre la voix de l'époux ; et cette joie, qui est la mienne, est parfaite. Il faut qu'il croisse, et que je diminue. Celui qui vient d'en haut est au-dessus de tous ; celui qui vient de la terre est de la terre et parle de la terre ; celui qui est venu du ciel est au-dessus de tous. (St. Jean 3, 28-31).

MÉDITATION.

« Il faut qu'il croisse et que je diminue. » C'est ainsi que parlait le précurseur de Jésus-Christ avec une sincère humilité de cœur. Il ne souffrait pas de voir ses disciples le quitter et suivre Jésus, car il ne voulait pas passer pour le Maître ; il ne cherchait qu'à lui gagner des âmes. L'homme, égoïste de sa nature, revendique les honneurs pour lui-même, et cherche à faire valoir sa propre personne ; mais Dieu déjoue ses calculs, et par les dispensations de sa sagesse et de son amour il l'amène à s'humilier, et à rendre à Dieu seul l'honneur qu'il s'attribuait à lui-même. Que de raisons pour nous de nous courber jusque dans la poussière devant Jésus dont Jean-Baptiste a dit : « Celui qui descend du haut du ciel est plus grand que tous. » Il faut qu'il croisse en nous et que notre *moi* diminue, jusqu'à ce que nous puissions dire : Ce n'est plus moi qui vis, mais c'est Christ qui vit en moi. » Alors le bonheur et la paix seront notre partage autant qu'il est possible dans cette vie imparfaite.

PRIÈRE.

Dieu fidèle ! Nous te remercions du fond du cœur pour le repos de la nuit dernière. La lumière du jour s'est de nouveau levée pour nous ; que le soleil de justice se lève aussi dans nos âmes, et que nous marchions à sa clarté. O Dieu, donne-nous la véritable humilité, apprends-nous à renoncer à nous-mêmes, à nous dépouiller de tout orgueil, de toute propre justice, à mourir au péché pour que Christ puisse vivre et croître en nous. Rends-nous fidèles dans la tâche que tu nous as confiée ; qu'en toutes choses nous cherchions ta gloire et non la nôtre. Fortifie-nous dans la foi, augmente en nous la vie spirituelle, opère en nous par ta grâce toute-puissante tout ce qui est nécessaire pour que nous soyons remplis de ta paix et de la joie de ton salut. Que ta bénédiction repose sur nous et sur notre travail en ce jour ; qu'elle repose sur tous ceux que nous aimons. Convertis-nous tous et fais-nous arriver à la vie éternelle par Jésus, notre Sauveur.

Je n'ai rien de meilleur ni de plus salutaire
Que de m'humilier devant ta majesté,
Et de tenir l'œil bas sur toute ma misère,
Pour élever d'autant l'excès de ta bonté.
Plus je sais contempler l'excès de ma bassesse,
Plus j'admire aussitôt celui de ton amour ;
J'adore ta pitié, je bénis ta largesse,
Et t'en veux rendre gloire et grâces nuit et jour. Amen.

VENDREDI (Soir).

L'Esprit du Seigneur, de l'Eternel, est sur moi ; car l'Eternel m'a oint, pour annoncer la bonne nouvelle aux affligés. Il m'a envoyé pour guérir ceux qui ont le cœur brisé, pour proclamer aux captifs la liberté, et aux prisonniers l'ouverture de la prison; pour proclamer l'année de la bienveillance de l'Eternel et le jour de la vengeance de notre Dieu ; pour consoler tous ceux qui sont dans le deuil; pour présenter à ceux de Sion qui sont dans le deuil et pour leur donner le diadème au lieu de la cendre, l'huile de joie au lieu du deuil, le manteau de louange au lieu d'un esprit abattu ; tellement qu'on les appellera les chênes de la justice, les arbres plantés par l'Eternel pour le glorifier. (Es. 61, 1-3).

MÉDITATION.

Quand la Parole de Dieu éclaire une âme, la lumière d'un nouveau monde brille pour elle. Celui qui, attaché jusque-là aux choses terrestres, est placé sous le souffle du St-Esprit et pénétré par lui d'une vie nouvelle, quitte la voie large de la perdition pour entrer dans le sentier étroit de la vie éternelle. La main d'amour du Christ lave et purifie des souillures du péché et du vice l'âme la plus dégradée. Les cœurs naguère fermés s'ouvrent aux pensées de paix ; ceux qui étaient morts dans leurs fautes revivent à une vie nouvelle ; toutes les âmes qui soupirent après les biens célestes, les âmes travaillées et chargées qui cherchent un soulagement, voient leur soif étanchée et leurs désirs ardents satisfaits.

PRIÈRE.

Dieu fidèle, Roi des cieux ! Nous voulons nous placer sous ton sceptre doux et béni ; nous t'adorons avec humilité ! Tu n'es pas venu sur la terre pour te faire servir, mais pour servir, tu n'es pas venu pour condamner, mais pour sauver. Tu seras avec nous tous les jours et jusqu'à la fin du monde. Sacrificateur fidèle, divin chef de ton Eglise, donne-nous de comprendre ton immense charité, et de nous laisser attirer par ta grande miséricorde. Tu as quitté ta gloire céleste, tu as revêtu notre nature, en descendant du ciel sur la terre. Enflamme nos cœurs de sentiments d'humilité, de reconnaissance et de dévoûment pour toi et ton saint service.

Tout salut vient de Dieu; dans les grandes détresses,
Il se fait le gardien de son troupeau sacré;
L'humble est béni par lui, le souffrant délivré.
Comme un manteau sur eux il étend ses tendresses,
Parce qu'ils ont espéré. Amen.

SAMEDI (Matin).

Toutes ses œuvres sont véritables et toutes ses voies sont justes. (Dan. 4, 37).

MÉDITATION.

Bien des hommes qui ont connu des jours de prospérité ont été soudainement plongés dans la pauvreté, souvent même dans la misère; d'autres ont été entourés d'un cercle d'êtres chéris et la mort a fait le vide autour d'eux; d'autres encore avaient une activité bénie; Dieu les as arrêtés à la fleur de l'âge et les a couchés sur un lit de maladie et de douleur. Et pourquoi? Les pensées de Dieu ne sont pas nos pensées, et ses voies ne sont pas nos voies. Notre sentier est souvent couvert d'épines et nous conduit à travers le désert. Nous travaillons sans succès apparent; nous sommes appelés à glorifier le Seigneur dans l'obscurité, il nous faut combattre jour et nuit, être fidèles en toutes choses, sans être approuvés ni récompensés. Qu'il nous suffise d'avoir l'approbation de notre céleste ami, qui nous sanctifie par les humiliations et nous prépare par elles à la félicité du ciel.

PRIÈRE.

Bon Père céleste! Tu as veillé sur nous pendant les ténèbres de la nuit, tu nous as fidèlement gardés. Nous t'en bénissons du fond de nos cœurs. Nous te prions d'être encore avec nous pendant ce jour, de nous conduire selon ton bon plaisir. Dirige-nous dans toute notre activité; aide-nous à combattre le péché, fortifie-nous à l'heure de la tentation. Donne-nous d'écouter ta voix d'amour, soit que tu nous combles de tes bienfaits, soit que tu nous visites par l'épreuve. Si tu veux que nous marchions dans l'obscurité, donne-nous d'attendre patiemment et sans douter, jusqu'à ce que ta lumière éclaire de nouveau notre sentier. Bénis et sanctifie toutes nos expériences; apprends-nous à les mettre à profit et à les faire contribuer à notre perfectionnement et à notre salut éternel.

Daigne abaisser, dans ta faveur,
Sur moi, Jésus, mon bon Sauveur,
Le regard de ta face.
Console-moi dans mes ennuis,
Et dans ton sentier me conduis
Par ta fidèle grâce.

O Dieu! ne m'abandonne pas;
C'est ici le temps des combats;
Je suis faible et sans armes.
Seigneur, rends-moi victorieux,
Et me prépare pour les cieux
Dans ce séjour de larmes. Amen.

SAMEDI (Soir).

Pour moi, je vous baptise d'eau, en vue de la repentance; mais celui qui vient après moi est plus puissant que moi, et je ne suis pas digne de lui porter les souliers; c'est lui qui vous baptisera du St-Esprit et de feu. Il a son van dans ses mains, il nettoiera parfaitement son aire, et amassera son froment dans le grenier ; mais il brûlera la paille au feu qui ne s'éteint point. (St. Matth. 3, 11 et 12).

Méditation.

Lorsque nous gémissons sous le poids de nos péchés et que nous aspirons à devenir meilleurs, c'est par un effet de la grâce divine. Jean-Baptiste, pour répondre à cette aspiration, nous conduit au bon Berger, dont il dit : « Il vous baptisera du St-Esprit et de feu. » Qui peut comprendre le sens profond de ces paroles ? Contentons-nous de savoir que l'Esprit de Dieu embrase le cœur de l'homme de saintes flammes qui consument tout mal en lui et lui communiquent des forces pour le bien. Si pendant ce temps de l'Avent nous sentons naître en nous le désir ardent d'être entièrement délivrés du péché, approchons-nous tous les jours du Seigneur et demandons-lui une mesure toujours plus abondante de son Esprit. Il ne rejettera pas notre prière, car il a dit : « Je suis venu mettre le feu sur la terre, et qu'ai-je à désirer s'il est déjà allumé ? »

Prière.

Nous élevons nos cœurs à toi, Seigneur, à la fin de ce jour ; nous te prions de nous affranchir des liens de l'égoïsme et du péché et de nous faire parvenir à la glorieuse liberté de tes enfants. Fais que le feu sacré que Jésus-Christ est venu allumer sur la terre, réchauffe nos cœurs et nous embrase d'un saint amour, afin que nous vivions en paix, que nous souffrions avec patience et que nous quittions un jour la terre dans l'espérance d'une bienheureuse éternité. Nous t'invoquons aussi pour les nôtres, pour nos amis, pour les affligés, les malades et pour tous ceux qui souffrent. Affermis-nous tous dans la foi et prépare-nous à entrer dans ton repos et dans ta gloire. Pardonne-nous toutes nos fautes de cette semaine, remplis nos cœurs d'une reconnaissance profonde pour toutes les bénédictions que nous avons reçues de ta main. Reste avec nous pour nous garder de tout mal pendant cette nuit et nous accorder un sommeil doux et paisible.

Esprit d'amour, descends, et que ta vive flamme
Me pénètre à jamais de ton céleste feu !
Viens consumer le mal, viens épurer mon âme :
Qu'elle soit désormais le temple de son Dieu. Amen.

Deuxième Semaine de l'Avent.

DIMANCHE (Matin).

Il y aura des signes dans le soleil, dans la lune et dans les étoiles ; sur la terre les peuples seront dans la consternation et ne sachant que devenir, la mer et les flots faisant un grand bruit. Les hommes seront comme rendant l'âme de frayeur dans l'attente des choses qui surviendront dans le monde ; car les puissances des cieux seront ébranlées. Et alors ils verront venir le Fils de l'homme sur une nuée, avec une grande puissance et une grande gloire. Or, quand ces choses commenceront d'arriver, regardez en haut, et levez la tête, parce que votre délivrance approche. (St. Luc 21, 25-28).

MÉDITATION.

La belle époque de l'Avent a ses côtés sérieux. Elle nous rappelle que le Seigneur reviendra pour le jugement. Soyons prêts pour son retour ; n'appesantissons pas nos cœurs par les choses visibles et passagères, par les plaisirs de la vie, les afflictions ou les inquiétudes. Pour ceux qui ne connaissent pas les élans de l'esprit et du cœur vers le ciel, qui sont absorbés par les préoccupations terrestres, qui négligent dans les bruits du monde leur âme et leurs éternels intérêts, le jour du Seigneur viendra comme un larron dans la nuit. Malheur à celui qui, dans l'indifférence ou la légèreté, oublie son Dieu et son Sauveur, qui oublie la consigne du chrétien : « Veillez et priez ! » Heureux au contraire, le serviteur que le Maître trouvera veillant à son arrivée ! Les puissances célestes le garantiront à l'heure du suprême danger. Que le soleil perde son éclat et que la lune s'obscurcisse, que les étoiles tombent et que les flots de la mer mugissent, que le sol tremble sous ses pieds, il lève son regard vers le ciel, il voit venir le Fils de l'homme sur la nuée avec une grande puissance et une grande gloire ; son cœur est rempli de joie, car sa délivrance approche. Il peut dire avec assurance : « Quel autre que toi ai-je au ciel ? Je ne prends plaisir sur la terre qu'en toi. Ma chair et mon cœur défaillent ; mais Dieu est le rocher de mon cœur et mon partage à toujours. »

PRIÈRE.

Dieu tout-puissant ! Tu es Juste et Saint, tandis que nous sommes impurs et pécheurs. Nous te confessons nos transgressions, nous te prions de nous pardonner pour l'amour de Jésus-Christ. Ne délaisse pas l'œuvre de tes mains, jette sur nous un regard propice du haut de ton trône de gloire. Fais-nous la grâce de ne pas vivre dans la légèreté et dans une fausse sécurité, mais de penser souvent au grand jour du jugement, et d'être comme le serviteur qui attend en veillant le retour de son maître. Bénis, à cet effet, ce jour de dimanche. Donne à tes serviteurs la force et la joie pour la prédication de la vérité éternelle, et aux auditeurs l'intelligence de ta Parole et le sincère désir de la mettre en pratique. Fortifie-nous tous dans la foi et dans la grâce, pour l'amour de ton bien-aimé Fils.

> C'est dans le ciel qu'est Jésus notre frère,
> Notre avocat, notre chef, notre époux,
> Le Rédempteur en qui notre âme espère ;
> Ah ! quelle gloire et quel bonheur pour nous !
> Un jour, Jésus, du trône de sa gloire,
> Viendra juger les vivants et les morts,
> Et remporter sa dernière victoire,
> En ranimant la poudre de nos corps. Amen.

DIMANCHE (Soir).

Tout ce qui a été écrit autrefois, a été écrit pour notre instruction, afin que par la patience et la consolation que donnent les Ecritures, nous possédions l'espérance. Et que le Dieu de patience et de consolation vous donne d'avoir les mêmes sentiments entre vous, selon Jésus-Christ ; afin que, d'un même cœur et d'une même bouche, vous glorifiiez le Dieu qui est le Père de notre Seigneur Jésus-Christ. C'est pourquoi accueillez-vous les uns les autres, comme Christ nous a accueillis pour la gloire de Dieu.

(Rom. 15, 4-7).

MÉDITATION.

Dieu est patient. Son amour étant sûr de la victoire, il use de longanimité envers les rebelles et de patience envers les faibles. Nous devons de même être patients, pleins de support, et rechercher la paix avec tout le monde, afin que nous puissions d'un commun accord louer notre Dieu et Père en Jésus-Christ. Comme le Seigneur, soyons miséricordieux en pardonnant et en donnant. Que notre amour se manifeste surtout en ces jours d'Avent et de Noël. Elargissons nos cœurs, gagnons les cœurs des autres, afin que le roi de Sion puisse faire son entrée chez nous et nos frères. Qu'il nous remplisse de joie et de paix dans la foi et qu'il nous donne une bonne espérance par la puissance du St-Esprit.

PRIÈRE.

Dieu fidèle et miséricordieux ! Reçois favorablement nos

louanges et les prières que nous faisons monter vers toi. Tu nous as encore ouvert en ce jour les trésors de ta grâce, et accordé de nombreuses bénédictions pour le corps et pour l'âme. Nous nous sentons bien indignes de ton amour, car souvent nous sommes des enfants rebelles et ingrats, nous sommes loin de t'aimer et de t'obéir comme nous devrions le faire. Pardonne-nous, Seigneur ; rends ta Parole puissante dans nos cœurs, aide-nous à y conformer notre conduite et nos sentiments. Fais-nous comprendre toute la miséricorde que tu nous as manifestée en Christ, afin que nous soyons miséricordieux et pleins d'amour pour tous les hommes. Dieu de toute grâce et de toute consolation, fais régner la paix et la concorde entre nous et tous ceux qui invoquent ton saint Nom. Et toi, Seigneur Jésus, qui as prié pour l'unité de ton Eglise, et l'union entre tes disciples, qui as demandé qu'ils soient unis entre eux comme tu es un avec ton Père céleste, sois-nous propice et répands sur nous l'Esprit d'union et de fraternité chrétienne.

Dieu de paix, Dieu de charité
  Nous voulons vivre en frères ;
Telle est ta sainte volonté,
  Tels sont nos vœux sincères.
Eclaire notre entendement
Sur un si doux commandement ;
  Rends notre cœur docile
  A ce devoir facile.

Ainsi nous passerons nos jours
  Dans la douce concorde,
Certains de ton divin secours,
  Dieu de miséricorde.
Unis en toi, nous bénirons
Ton saint Nom, nous ne formerons,
  Animés par ta flamme,
  Qu'un seul cœur et qu'une âme.
            Amen.

LUNDI (Matin).

La véritable Lumière qui éclaire tout homme était venue dans le monde. Elle était dans le monde, et le monde a été fait par elle ; mais le monde ne l'a pas connue. Elle est venue chez les siens et les siens ne l'ont point reçue.
(St. Jean 1, 9-11).

Méditation.

Le Seigneur est venu dans ce monde avec un amour immense et un désir ardent d'apporter à tous le bonheur et le salut ; mais bien des hommes ne l'ont pas compris ou n'ont pas voulu le comprendre. Ils ont cherché le salut ailleurs qu'en lui. Les uns n'ont pensé qu'aux jouissances de la vie et se sont moqués de ses invitations à renoncer à eux-mêmes, à se charger de leur croix et à le suivre. D'autres ont recherché avec avidité la fortune, les honneurs, la gloire et ont méprisé les biens spirituels.

D'autres enfin se sont crus bons et pieux et ont pensé que le royaume des cieux revenait de droit à leurs vertus. Qu'avaient-ils affaire de la pauvreté en esprit, des afflictions, de la faim et de la soif de la justice ? C'est ainsi que la sécurité charnelle d'un côté et l'orgueil spirituel de l'autre ont ébloui les hommes et les ont empêchés de recevoir le Seigneur. Veillons à ce qu'il n'en soit pas ainsi pour nous. Ecoutons le Seigneur à cette époque de l'Avent, afin qu'il entre chez nous, et qu'il remplisse nos cœurs de paix et de joie.

PRIÈRE.

Dieu miséricordieux et plein de grâce ! C'est sous ton regard que nous voulons commencer cette nouvelle semaine de travail. Bénis notre entrée et notre sortie, nos occupations, nos entreprises, nos joies et nos peines. Sous ta direction, nous ne pouvons pas nous égarer. Que ta bonté et ta fidélité nous entourent et nous gardent ! Prépare surtout nos cœurs à recevoir ton cher Fils notre Sauveur, afin qu'il puisse accomplir ses desseins de miséricorde à notre égard et faire de nous tes enfants. Fais naître en nous un sentiment profond de notre état de péché, de notre misère et un besoin ardent de pardon et de vie nouvelle, afin que nous allions à Jésus qui peut seul nous accorder ces grâces. Conserve-nous dans sa communion, aide-nous à marcher sur ses traces saintes et bénies. Unis tous les chrétiens par les liens de l'amour et de la paix, répands sur tes enfants les richesses de ton amour. Bénis tous ceux qui nous sont chers, les malades, les affligés, les malheureux ; convertis à toi tous les cœurs au nom de Jésus-Christ.

Jésus, mon Rédempteur fidèle,
Sur le gouffre où j'étais penché,
Me tendit sa main fraternelle :
A la mort je fus arraché,
Et sa grâce effaçant mon crime,
A pour jamais fermé l'abîme
Où me conduisait le péché.

D'abord je compris ma misère
Et je tremblai devant la Loi :
Mais bientôt, Sauveur débonnaire,
Ton pardon calma mon effroi.
De ta paix je goûtai les charmes,
Et ta main essuya les larmes
Que je répandais devant toi. Amen.

LUNDI (Soir).

Voici mon serviteur, celui que je soutiendrai, mon élu, en qui mon âme prend plaisir. J'ai mis sur lui mon Esprit ; il manifestera la justice aux nations. Il ne criera point, il n'élèvera point sa voix, et ne la fera point entendre dans les rues. Il ne brisera pas le roseau froissé, et n'éteindra pas le lumignon qui fume encore ; il manifestera la justice avec vérité. (Es. 42, 1-3).

MÉDITATION.

Le serviteur de l'Eternel dont il s'agit ici n'est autre que le Christ, le Messie, le Fils de Dieu et le Fils de l'homme. Il a accompli toutes ses œuvres sans bruit, avec bonté, comme un simple témoin de la vérité. Il a craint de détruire par une sévérité excessive les germes de bien qui se trouvent dans tout cœur d'homme, même chez les plus déchus. Aussi a-t-il enseigné, exhorté, supplié et repris par d'affectueuses paroles qu'il s'efforçait de faire pénétrer au fond des consciences pour transformer les cœurs les plus durs. Adorons sa patience infinie, exaltons son fidèle amour, qui veut que tous soient sauvés et arrivent à la connaissance de la vérité.

PRIÈRE.

Dieu fidèle! Tu as été avec nous aujourd'hui ; garde-nous pendant cette nuit par ta toute-puissance et fais luire ta face sur nous. Nous reconnaissons que par nos nombreuses infidélités et notre inconstance, nous mériterions que tu détournes ta face de nous ; mais tu sais que nous sommes faibles et pécheurs, et que nous avons chaque jour besoin de ta grâce et de ta miséricorde. Pardonne-nous nos transgressions pour l'amour de Christ. Sauveur fidèle, donne-nous de ne jamais désespérer dans les plus grandes détresses, et fais-nous trouver en toi, au milieu des adversités de la vie, la paix et la joie par le Saint-Esprit.

O Jésus! que ton nom, pour une âme fidèle,
 Est grand et précieux!
Quels bienfaits, quel amour, quelle grâce il rappelle;
 Quel salut glorieux!
A nous, pauvres pécheurs, à nous, race coupable
 Et digne de la mort,
Tu vins manifester la faveur ineffable
 Et la paix du Dieu fort. Amen.

MARDI (Matin).

Quiconque me confessera devant les hommes, je le confesserai aussi devant mon Père qui est aux cieux. (St. Matth. 10, 32).

MÉDITATION.

Nous ne devons pas nous borner à confesser la vérité par nos paroles ; le témoignage d'une vie passée dans la communion de Jésus-Christ est plus éloquent que celui des lèvres. Nous ne parvenons pas toujours à faire connaître par nos paroles toute la richesse de sentiments qui est au fond de notre âme, et nous ne trouvons pas souvent le mot juste qui pénètre dans le cœur. Notre vie, au contraire, étant généralement l'expression de ce qui est en nous, est comprise par tous sans s'imposer ; c'est un livre toujours ouvert qui permet aux autres de jeter un regard dans les profondeurs de notre être. Ayons donc soin de toujours glorifier Christ par notre vie, afin que nous puissions nous appliquer cette parole de l'apôtre Paul : « Je vis, non plus moi-même, mais Christ vit en moi. »

PRIÈRE.

Dieu miséricordieux ! Ta bonté et ta fidélité se renouvellent chaque jour. Grâces te soient rendues de ce que tu nous as gardés pendant cette nuit et de ce que tu nous permets de revoir la lumière de ce jour. Donne-nous de le passer en ta sainte présence, préserve-nous du mal ; aide-nous à faire le bien, augmente-nous la foi. Rends-nous capables de te glorifier par nos paroles et par notre conduite, et de te confesser fidèlement devant les hommes. Nous avons reconnu que tu es notre bon et fidèle Sauveur, préserve-nous de la faiblesse de te renier. Accorde-nous l'Esprit de force et le courage qui nous est nécessaire pour affirmer ton œuvre, ta mort, ta résurrection et ta divinité, chaque fois que les circonstances le demandent. Que nous soyons tes vaillants soldats, victorieux du monde et fidèles dans la profession de notre foi, afin qu'un jour tu puisses aussi nous confesser devant ton Père céleste.

Suivons le Christ jusque sur le Calvaire ;
Ayons toujours sa mort devant les yeux.
Si nous souffrons avec lui sur la terre,
Nous régnerons avec lui dans les cieux.

Osons braver les injures du monde,
Pour confesser le beau nom de Jésus ;
Si sur lui seul tout notre espoir se fonde,
Ah ! notre espoir ne sera pas confus.
Amen.

MARDI (Soir).

Ils lui répondirent : Nous sommes la postérité d'Abraham, et nous n'avons jamais été esclaves de personne ; comment donc dis-tu : Vous serez affranchis ? Jésus leur répondit : En vérité, en vérité, je vous dis que quiconque s'adonne au péché, est esclave du péché. Or, l'esclave ne demeure pas toujours dans la maison ; mais le fils y demeure toujours. Si donc le Fils vous affranchit, vous serez véritablement libres. (St. Jean 8, 33-36).

MÉDITATION.

Le péché est une puissance ennemie. Sa source est au fond du cœur, d'où elle se répand dans notre nature entière et exerce son influence sur nos sentiments, nos pensées, notre volonté et notre vie. Ce qu'il y a de plus déplorable, c'est que nous y tenons avec opiniâtreté, quoique nous sentions et reconnaissions combien il nous rend malheureux. Si nous ne veillons pas sur nous-mêmes, nous arrivons peu à peu à l'esclavage du péché. Fuyons donc les commencements, les premiers mouvements du mal, ne nous avançons jamais dans ce domaine ennemi. « Celui qui fait le péché est esclave du péché. » Cette parole est de celui qui est venu nous apporter son secours, et qui, si nous vivons dans sa communion, peut seul nous faire triompher de cette puissance des ténèbres. Celui que le Fils affranchit, est véritablement libre.

PRIÈRE.

Dieu d'amour! Tu nous aides à porter nos fardeaux; tu nous donneras la force de triompher du mal, jusqu'au moment où nous arriverons au repos éternel et où toutes nos misères prendront fin. Nous te remercions de tout notre cœur de la grâce et de la bonté que tu nous as témoignées aujourd'hui. Nous ne méritons pas la miséricorde et les bontés dont tu nous entoures. Pardonne-nous toutes nos fautes et toutes nos négligences de ce jour. Délivre-nous de la puissance du mal; si tu nous affranchis, nous sommes réellement libres; mais sans toi nous sommes esclaves du péché. Agis donc sur nos cœurs par la puissance de ta grâce et rends-nous capables de marcher dans une vie nouvelle. Préserve-nous de tout accident pendant cette nuit; accorde-nous un sommeil doux et paisible; mais si dans ta sagesse infinie tu as décidé que cette nuit soit la dernière pour nous, donne-nous de nous endormir dans ta paix, et de nous réveiller dans un monde meilleur, pour l'amour de Jésus-Christ.

Serviteur de Jésus, ton maître te veut libre,
Libre de lui donner et ta vie et ton cœur.
Qu'en cette liberté ton âme batte et vibre
Désormais pour Jésus, ton ami, ton Sauveur!
Marche ici-bas aimant les frères,
Cherchant à guérir leurs misères;
Rendant l'honneur à qui l'honneur;
Donnant toujours gloire au Seigneur.   Amen.

MERCREDI (Matin).

Celui qui est lent à la colère vaut mieux que l'homme vaillant : et celui qui est maître de son cœur, que celui qui prend des villes. (Prov. 16, 32).

Méditation.

Que servirait-il à un homme de gagner des couronnes et de remporter des victoires dans le monde, s'il ne savait pas se vaincre lui-même et se rendre maître de son cœur? La victoire sur soi-même est plus importante que toutes celles des conquérants de la terre. Il est vrai que pour y arriver il faut passer par bien des luttes, renoncer à toute volonté propre et user de patience. Lorsque le Prince de la paix fait son entrée chez nous et que le soleil de justice éclaire et réchauffe le cœur, notre résistance est brisée, et notre égoïsme transformé en amour. Allons donc à Christ qui fait toutes choses nouvelles.

Prière.

Nous nous recommandons encore à toi, Seigneur, au commencement de ce jour. Fais servir tout ce qui nous arrive à nous exercer dans la patience et dans le renoncement à nous-mêmes. Fortifie nos cœurs au milieu des agitations et des vicissitudes de la vie ; mets-y tes saintes lois ; qu'elles y soient gravées par le St-Esprit. Soumets-les à ton empire, prends-en possession pour y régner entièrement. Remplis-les de patience et de soumission. Sois-en toi-même le Maître, afin que nous soyons vigilants et que nous ne démentions pas par notre vie la promesse que nous t'avons faite de t'appartenir, et que nous ne brisions pas les liens bénis par lesquels tu nous as attachés à toi. Tu as lutté jusqu'à la mort, Seigneur Jésus, et tu es sorti vainqueur de la lutte par ta résurrection ; unis-nous étroitement à toi pour que ta victoire devienne la nôtre et qu'appuyés sur toi notre cœur soit ferme et plein de confiance. Donne-nous aussi le contentement d'esprit et remplis-nous de sentiments de bonté, de paix et de support pour tous ceux qui nous entourent. Bénis nos amis, pardonne à nos ennemis ; exauce-nous en répandant ton amour dans nos cœurs au nom de Jésus-Christ.

Au milieu du bruit de la terre,
Oh! parle-moi, puissant Sauveur!
Entoure-moi de la lumière ;
Mets ton empreinte sur mon cœur.
Nous sommes gardés par tes lois,
Sous la bannière de la croix.

Parle, ô mon Dieu! parle et j'écoute ;
Heureux de soumettre à tes lois
Cet esprit affranchi du doute,
Et ce cœur brûlant que tu vois
Demandant à suivre la route
Où tu fais entendre ta voix. Amen.

MERCREDI (Soir).

Soyez soumis aux anciens, et vous soumettant tous les uns aux autres, revêtez-vous d'humilité; car Dieu résiste aux orgueilleux, mais il fait grâce aux humbles. Humiliez-vous donc sous la puissante main de Dieu, afin qu'il vous élève quand il en sera temps. (1 Pier. 5, 5-6).

MÉDITATION.

Il nous est dur d'accepter le joug des hommes; mais il ne devrait pas nous en coûter de nous soumettre à l'Amour éternel. Quelle folie de vouloir contester avec Dieu et de faire la guerre à Celui qui a créé les cieux et la terre, qui dirige tout de sa main puissante et aux yeux duquel rien n'est caché! Nous ne sommes en sa présence que des créatures fragiles et éphémères. Sur mille articles nous ne pourrions pas répondre à un seul. Aussi devons-nous, lorsque sa main pèse lourdement sur nous, nous humilier profondément sous sa puissante main et nous soumettre à sa sainte volonté. Celui qui nous abaisse, nous élèvera aussi en son temps.

PRIÈRE.

Nous bénissons ton saint Nom, Dieu miséricordieux, de ce que tu exauces nos prières, de ce que tu ne te lasses pas de nous bénir et de nous faire du bien. Fortifie-nous pour nous rendre capables de porter avec patience et avec soumission toutes les croix que tu nous imposes pendant notre pèlerinage. C'est avec ton secours que nous avons pu surmonter toutes les difficultés de ce jour. Donne-nous ton Esprit pour nous rendre humbles de cœur et pour nous laisser diriger par toi. Tu nous dis dans ta parole que tu résistes aux orgueilleux. Fais-nous comprendre que l'orgueil est notre plus grand ennemi, qu'il va devant la ruine et que tu l'as en abomination. Elève nos affections vers les choses d'En-Haut, pour que notre cœur s'humilie dans le sentiment de notre indignité. Supporte-nous avec patience et pardonne-nous tous nos péchés d'orgueil. Nous allons maintenant nous livrer au repos, nous te prions de nous garder, nous et les nôtres, pendant cette nuit, pour l'amour de Jésus-Christ qui nous a donné un si parfait exemple d'humilité.

Oh! que d'orgueil tu peux nous reprocher!
Que de délais qui nous couvrent de honte!
Ah! de nos jours si tu demandais compte,
Nous n'oserions de ton trône approcher.

Pardonne, ô Dieu! pardonne à tes enfants;
Tu ne veux pas qu'aucun de nous périsse.
Etends sur nous ta parfaite justice,
Et rends la paix à nos cœurs repentants. Amen.

JEUDI (Matin).

Ecoute, écoute ma voix, je t'invoque; aie pitié de moi et m'exauce! Ne me cache pas ta face! Ne rejette pas ton serviteur dans ton courroux! Tu as été mon aide; ne me délaisse pas, ne m'abandonne pas, Dieu de mon salut! Attends-toi à l'Eternel, demeure ferme, que ton cœur se fortifie; oui, attends-toi à l'Eternel! (Ps. 27, 7, 9 et 14).

Méditation.

Le Psalmiste, dans sa détresse qu'il confie à l'Eternel, s'adresse à son âme et s'exhorte en disant : Attends-toi à l'Eternel, demeure ferme, que ton cœur se fortifie ; oui, attends-toi à l'Eternel ! S'attendre à lui, c'est se reposer sur lui, se remettre entre ses mains sans rien lui prescrire, se confier en ses promesses qui sont certaines. L'incrédulité seule nous empêche de nous attendre à lui ; elle nous ôte toute confiance et nous décourage. Demandons à Dieu un cœur ferme et rempli de foi, afin de pouvoir persévérer jusqu'à la fin dans sa communion.

Prière.

Bon Père céleste ! Nous te remercions du fond du cœur d'avoir veillé sur nous et sur les nôtres pendant cette nuit et de nous avoir permis de revoir en bonne santé la lumière de ce jour. Nous te prions humblement de nous protéger aujourd'hui et de nous faire éprouver les effets de ta fidélité. Regarde-nous d'un œil favorable ; sois-nous propice, pardonne-nous tous nos péchés et délivre-nous de la puissance du mal. Amour éternel ! fortifie notre cœur ; remplis-le de foi et de confiance, afin que nous soyons joyeux dans nos voies, et que nous nous attendions à toi dans nos afflictions. C'est de toi que vient tout secours. Nous ne cesserons d'espérer en toi, car tu es fort aisé à trouver. Tu nous donneras de la patience dans les épreuves et l'espérance qui ne confond point.

Tous les êtres s'attendent
A ta gratuité ;
Sur eux tes soins s'étendent,
O Dieu de charité !

De ta bonté suprême
Me vient tout mon bonheur.
N'ayant rien par moi-même,
Je t'offrirai mon cœur. Amen.

JEUDI (Soir).

Le commencement de la sagesse, c'est la crainte de l'Eternel. Tous ceux qui pratiquent ses commandements sont vraiment sages. Sa louange demeure à toujours. (Ps. 111, 10).

Méditation.

Le commencement de la vie chrétienne, c'est la crainte de

Dieu ; cette crainte se traduit par une sainte horreur du péché et par le soin de ne contrister en rien notre Dieu-Sauveur. Celui qui a cette crainte et qui agit sous son influence a la vraie sagesse ; mais celui qui veut se soustraire à cette discipline salutaire, se prépare des misères et des souffrances. La crainte de Dieu apprend à veiller, à prier, à fuir les occasions de faire le mal et à rester dans le bon chemin. Nous ne pouvons pas toujours nous attendre à l'approbation des hommes, mais avec d'autant plus de certitude à celle de Dieu. Craignons Dieu d'une crainte filiale, et cela parce qu'il est avec nous et pour nous, qu'il nous aime et qu'il prend notre défense, en sorte que nous pouvons dire en face de tous nos ennemis : « Un plus puissant que vous tous est avec nous. » C'est là le sujet de notre paix et ce qui dissipe en nous toute crainte des hommes. Comptons sur la bonté et la bienveillance de celui qui lit au fond de nos cœurs.

PRIÈRE.

Père de notre Seigneur Jésus-Christ, et par lui aussi notre Père ! Nos âmes se recueillent en ta sainte présence en terminant ce jour pour te rendre grâces de la bonté et de la patience dont tu uses à notre égard, malgré nos nombreuses infidélités, nos manquements à ta sainte volonté. Eclaire nos consciences, aide-nous à sonder nos cœurs, à connaître nos faiblesses, nos défauts, nos péchés, à venir chercher aux pieds de Jésus le pardon, la paix et le salut. Remplis-nous d'un désir plus ardent de marcher dans tes voies et dans la crainte filiale de te déplaire. Donne-nous l'Esprit de sagesse pour te connaître, l'Esprit de force, d'amour, de dévouement pour te servir. Bannis de nos cœurs les soucis et les inquiétudes en augmentant notre foi. Détourne de nous par ta main toute-puissante les malheurs qui pourraient nous atteindre pendant cette nuit, et fais-nous la grâce de commencer le jour de demain avec des forces renouvelées pour ton saint service. Exauce-nous pour l'amour de Jésus, notre Sauveur.

Dans ta crainte sans cesse
Maintiens-moi, Dieu tout bon,
Afin que je confesse
Constamment ton saint Nom,

Et sans craindre d'outrage
Ni de la mort l'effroi,
Qu'avec un saint courage
Je m'attache à ta Loi. Amen.

VENDREDI (Matin).

Seigneur, tu laisses maintenant aller ton serviteur en paix, selon ta parole; car mes yeux ont vu ton salut. (St. Luc 2, 29 et 30).

Méditation.

Où trouver la force de penser à notre fin sans nous en effrayer, sans perdre la joie de vivre? Apprenons-le de Siméon, ce vieillard joyeux à l'approche de son départ de ce monde. Comme lui, contemplons avec foi le petit enfant dont la vue l'a rajeuni; embrassons avec toute l'ardeur de notre âme celui qu'il regarde comme le souverain bien et comme le vainqueur de la mort. Le Christ qui, en présence de sa propre voie si ténébreuse, s'est écrié: « Père, glorifie-moi de la gloire que j'ai eue auprès de toi, avant que le monde fût fait, » et qui a ajouté: « Père, je désire que ceux que tu m'as donnés soient avec moi où je serai, afin qu'ils contemplent la gloire que tu m'as donnée, » notre Sauveur veut à notre dernière heure nous prendre dans ses bras, et nous transporter au delà du sombre abîme dans le royaume de l'éternelle lumière.

Prière.

Grâces te soient rendues, bon Père céleste, de l'amour et de la fidélité que tu nous as témoignés jusqu'à cette heure. Tu ne te lasses pas de nous bénir et de nous faire du bien. Tu es notre retraite et notre force, notre secours dans toutes nos détresses. Béni sois-tu de nous avoir donné en Jésus un Sauveur qui nous donne le courage et la joie dans la vie, la consolation et la paix à l'heure de la mort. Seigneur Jésus, donne-nous de croire en toi d'une foi vivante, de mettre toute notre espérance en toi qui as porté les péchés du monde. Que nous vivions en toi, que nous mourions en toi, et que sauvés par ton amour, nous puissions entrer dans les demeures célestes pour contempler ta gloire et vivre éternellement avec toi. Nous te prions de faire cette grâce à tous ceux qui nous sont chers, de te révéler à ceux qui sont encore éloignés de toi, de faire connaître et voir ton salut à tous les hommes.

Laisse-moi désormais,
Seigneur, aller en paix,
Car, selon ta promesse,
Tu fais voir à mes yeux
Le salut glorieux
Que j'attendais sans cesse.

Salut qu'en l'univers
Tant de peuples divers
Vont recevoir et croire;
Ressource des petits,
Lumière des gentils,
Et d'Israël la gloire! Amen.

VENDREDI (Soir).

Crois au Seigneur Jésus-Christ, et tu seras sauvé, toi et ta famille.

(Actes 16, 31).

Méditation.

La foi, comme moyen de salut, paraît volontiers trop facile. On s'imagine qu'il n'y a rien de plus aisé que de croire, et c'est là une grande erreur. La vraie foi n'est pas une simple persuasion de l'esprit, mais un don complet du cœur. Que d'efforts et de luttes pour en arriver là! L'homme n'éprouve le besoin d'un Sauveur que lorsqu'il sent sa pauvreté spirituelle, et qu'il a faim et soif de justice. Or, il ne se résout que difficilement à se reconnaître pécheur, et ce n'est souvent qu'à la suite d'épreuves et d'humiliations qu'il sent le besoin de se jeter dans les bras du Sauveur.

Prière.

Père céleste! Du haut de ton trône, jette un regard favorable sur tes enfants, reçois les faibles actions de grâces que nous faisons monter vers toi pour tous les biens que tu nous offres en Jésus-Christ. Rends-nous dignes des grandes promesses de ta Parole; achève ce que tu as commencé en nous. Que par ta grâce, la foi en Jésus devienne en nous une source de pardon, de paix, de salut. Dissipe toutes les ténèbres de nos cœurs par les rayons de ton éternelle lumière. Fortifie-nous, affermis-nous dans la connaissance de notre Sauveur. Nous croyons en lui, rends notre foi plus ferme et plus vivante; nous l'aimons, donne-nous de l'aimer plus fidèlement, de répondre à son amour par notre confiance et notre obéissance. Nous nous recommandons à ta protection pour cette nuit avec tous ceux qui nous sont chers, veille sur nous, garde-nous de tout mal. Aie pitié des malades, des âmes souffrantes, des cœurs angoissés. Apprends-leur à diriger le regard de la foi vers Celui qui console, qui bénit et qui sauve.

Celui qui croit au Fils a la vie éternelle;
L'Esprit saint le témoigne à son âme immortelle.
Par la foi, tout pécheur de la mort est sauvé,
Jadis il fut perdu, mais il est retrouvé.

Ni la vie ni la mort, ni le ciel ni la terre
Ne pourront l'arracher de la main de son Père;
Rien ne peut le priver de l'éternel bonheur,
Que lui prépare au ciel son tout-puissant Sauveur. Amen.

SAMEDI (Matin).

Prêtez l'oreille et venez à moi ; écoutez et votre âme vivra, et je traiterai avec vous une alliance éternelle, selon les gratuités immuables données à David. Cherchez l'Eternel pendant qu'il se trouve, invoquez-le tandis qu'il est près! (Es. 55, 3-6).

Méditation.

C'est lorsque le St-Esprit fait son œuvre en nous que nous cherchons le Seigneur. Avec son sens charnel, le cœur séparé de Dieu est un désert. Si de nouveaux besoins, de saintes aspirations et l'amour des choses divines s'éveillent dans ce cœur, n'est-ce pas sous l'influence d'une puissance supérieure ? Ce n'est qu'en cédant à cette influence que le cœur recherche la communion avec Dieu et la seule chose nécessaire. Alors se réalise la vérité de cette parole : « Qui cherche trouve. » C'est le Seigneur que trouve l'âme altérée ; c'est lui qui se tient à la porte et qui frappe. Ecoutons sa voix et ouvrons-lui.

Prière.

O Dieu! Que ta bonté est précieuse! Aussi les fils des hommes se retirent sous l'ombre de tes ailes! Fais, Seigneur, que nous nous souvenions sans cesse de ta fidélité pour nous disposer à te chercher, à t'invoquer, et à mettre en toi une confiance filiale. Agis sur nos cœurs par le secours de ta grâce pour les vivifier, les sanctifier, les attacher aux choses qui sont En-Haut et qui sont seules dignes de nos recherches. Que toute notre vie et toute notre activité soient une louange à ton honneur. Renouvelle-nous entièrement par ton Esprit, afin que tout ce qui est en nous, l'esprit, l'âme et le corps soient conservés irrépréhensibles pour le jour de ton avénement. Bénis-nous pendant ce jour ; donne-nous de bons désirs et de nobles aspirations ; fais-nous marcher de progrès en progrès, de vertu en vertu jusqu'au jour où tu nous recueilleras auprès de toi dans la gloire éternelle.

Oui, je cherche le bien; mais quand je veux le faire,
Je sens une autre loi qui vient lui résister,
C'est ainsi qu'en mon cœur se déclare une guerre
Dans laquelle Satan cherche à me terrasser.

Ta grâce, ô mon Sauveur! ta grâce généreuse
Est celle qui suffit à ton bien faible enfant.
Ah! mets sur moi, Seigneur, ta force précieuse,
Et que ton Saint-Esprit me guide constamment. Amen.

SAMEDI (Soir).

De loin l'Eternel m'est apparu, et m'a dit: Je t'ai aimé d'un amour éternel, c'est pourquoi j'ai prolongé envers toi ma bonté. (Jér. 31, 3).

Méditation.

Dieu nous a aimés d'un amour éternel ; son amour est plus ancien que notre vie. Il nous a nommés par notre nom avant que le monde existât ; quand il a créé le monde, il l'a aussi créé en vue de nous, ses enfants ; nous savons que son œil plein d'amour, qui embrasse tout, nous a tracé une route, et que nous marchons sur cette route, que ce soit à travers les clartés ou les ténèbres. Le but nous en est encore caché, mais qu'importe ? puisque son regard le voit pour nous de toute éternité dans une immuable lumière. Elevons donc notre Esprit au-dessus de la terre ; ici-bas tout est inachevé et incomplet. Remontons à celui qui nous a donné l'existence. Devant le regard qui, par delà le torrent de tous les temps et de tous les âges, contemple l'univers dans sa perfection suprême, nous sommes justifiés, sanctifiés, glorifiés, couronnés, alors que nous portons encore notre croix sur la terre.

Prière.

Dieu fidèle ! Nous te rendons grâces de ce que tu nous as aimés d'un amour éternel et de ce que tu nous as attirés à toi par pure grâce. Conduis-nous toujours dans tes voies et réjouis-nous jour et nuit par le sentiment de ta présence. Mets en nous l'ardeur que réclame ton service. Que l'humilité et la charité dirigent tous les actes de notre vie ; rends-nous joyeux dans la pratique du bien, et reconnaissants à la pensée de tous tes bienfaits. Et si tu juges bon de nous faire passer par des épreuves, et de nous visiter par les souffrances, donne-nous de ne jamais perdre courage et de croire que tu nous aimes pour l'éternité ! Exauce-nous pour l'amour de Jésus-Christ.

O Dieu du ciel, tu n'es qu'amour !
L'amour a vaincu ta colère ;
De ce monde indigne du jour
Tu veux encore être le Père.
Tu l'aimes, ce monde pervers ;
Tu chéris ces âmes rebelles ;
Le plus pur sang de l'univers,
Dieu bon, tu l'as donné pour elles.

Achève ton œuvre. Seigneur !
Annonce aux peuples de la terre
Qu'un céleste médiateur
Eteint les feux de ton tonnerre.
Seigneur, fais proclamer ton Fils ;
Que ce Jésus, l'amour des anges,
Triomphe dans nos cœurs soumis
Et dans l'accord de nos louanges.
      Amen.

Troisième Semaine de l'Avent.

DIMANCHE (Matin).

Jean, ayant ouï parler dans la prison de ce que le Christ faisait, envoya deux de ses disciples pour lui dire : Es-tu celui qui doit venir, ou devons-nous en attendre un autre ? Et Jésus, répondant, leur dit : Allez et rapportez à Jean les choses que vous entendez et que vous voyez : Les aveugles recouvrent la vue, les boiteux marchent, les lépreux sont nettoyés, les sourds entendent, les morts ressuscitent, et l'Evangile est annoncé aux pauvres. Heureux est celui qui ne se scandalisera pas de moi. (St. Matth. 11, 2-6).

Méditation.

Il y a des heures tristes et sombres dans la vie de tous les enfants de Dieu ; elles leur sont nécessaires pour le perfectionnement de leur vie intérieure. Ce qui caractérise surtout ces moments de tristesse, c'est le sentiment de notre abandon de Dieu et des hommes. Nous voudrions être consolés et les hommes ne nous comprennent pas. Dieu semble avoir retiré de nous sa bénédiction. Nous avons perdu l'assurance que nous avons un bon Père dans les cieux. Nous ne voyons pas sa main bienfaisante s'étendre vers nous pour nous diriger, nous ses enfants qui bronchons à chaque pas ; le doute a pénétré dans notre âme. Quel est le but de Dieu en agissant ainsi envers nous ? Il nous prive du sentiment de sa présence bénie, afin que nous le cherchions avec plus de soin. C'est pourquoi, lorsque nous sommes appelés à traverser cette épreuve, faisons comme Jean-Baptiste ; n'attendons pas pour prier que la lumière et la consolation, la foi et la paix soient rentrées dans le cœur, mais versons nos doutes, notre incrédulité, nos détresses corporelles et spirituelles dans le cœur de Jésus-Christ, notre Sauveur. Il ne nous laissera pas sans réponse et répandra sa lumière dans l'obscurité de notre âme. Ne perdons pas courage au milieu de nos tentations et rappelons-nous cette parole du Christ : « Heureux celui qui ne se scandalisera pas de moi. »

Prière.

Dieu éternel, notre bon Père céleste ! Nous nous présentons encore devant toi pour te demander ce qu'il nous faut pour l'âme et le corps. Fais-toi sentir à nous ; donne-nous de ne jamais douter de ton cœur paternel, alors même que tu juges à propos d'éprouver notre foi. Quelles que soient les voies par lesquelles tu nous conduis, apprends-nous à te dire du fond du cœur : « Notre âme s'est attachée à toi pour te suivre et ta droite nous soutiendra. » Donne-nous de reconnaître que Jésus-Christ est le Messie annoncé par les prophètes, notre Sauveur et Maître ; que par compassion pour nous il est descendu du ciel sur la terre, pour se dévouer pour l'humanité pécheresse, en souffrant et en mourant sur la croix. Que la prédication de ta sainte Parole soit bénie pour nous en ce jour. Que ton Evangile soit la joie et la consolation de notre vie ! Seigneur, nous ne te laisserons point que tu ne nous aies bénis !

Un chrétien doit être fidèle,
Dans les tourments jusqu'à la mort,
A notre Roi qui nous appelle
Par l'orage, à chercher le port.
Souffrir sans murmure

La croix la plus dure,
C'est le seul chemin
Qu'il trace lui-même
Au bonheur suprême,
Au bonheur sans fin. Amen.

DIMANCHE (Soir).

Que chacun nous regarde comme des serviteurs de Christ et des dispensateurs des mystères de Dieu. Mais, au reste, ce qu'on demande des dispensateurs, c'est que chacun soit trouvé fidèle. Pour moi, il m'importe fort peu d'être jugé par vous, ou par un tribunal humain ; et je ne me juge pas non plus moi-même. Car je ne me sens coupable de rien ; pour cela néanmoins, je ne suis pas justifié ; mais celui qui me juge, c'est le Seigneur. C'est pourquoi, ne jugez de rien avant le temps, jusqu'à ce que vienne le Seigneur, qui mettra en évidence les choses cachées dans les ténèbres, et qui manifestera les desseins des cœurs ; et alors Dieu donnera à chacun sa louange.   (1 Cor. 4, 1-5).

MÉDITATION.

Les chrétiens n'ont pas le droit d'être indifférents à l'opinion des autres et au jugement qu'ils portent sur leur conduite et leur activité. Toutefois gardons-nous d'y attacher une trop grande importance et rappelons-nous le solennel avertissement de Jésus-Christ à ses disciples : « Malheur à vous lorsque tous les hommes diront du bien de vous. » Que le sentiment de notre fidélité dans l'accomplissement de nos devoirs nous suffise et nous console lorsqu'on nous demande des choses qui dépassent nos facultés et nos forces. L'essentiel après tout n'est pas l'opinion des hommes ; ce qui importe, c'est que nous soyons trouvés fidèles devant Dieu, dans les petites choses comme dans les grandes, et qu'un jour, devant son trône, nous entendions de sa bouche ces paroles bénies : « Cela va bien, bon serviteur ; parce que tu as été fidèle en peu de choses, je t'établirai sur beaucoup, entre dans la joie de ton Seigneur. »

PRIÈRE.

Seigneur, tu es bon et clément, plein de miséricorde et de fidélité. Aujourd'hui encore tu nous as abondamment bénis, et des milliers d'âmes ont trouvé la consolation et la paix auprès de toi. Seigneur, remplis-nous d'un saint et ardent désir de t'appartenir et de chercher en toutes choses ton approbation. Donne-nous de ne jamais nous régler sur l'opinion des hommes, mais d'écouter ta voix et de faire ta sainte volonté. Que nous n'ayons qu'un désir, d'être fidèles et d'avoir une bonne conscience. Rappelle-nous que tôt ou tard viendra pour nous la nuit où personne ne pourra plus travailler, afin que nous comprenions la nécessité de nous préparer à notre avenir éternel. Daigne nous exaucer pour l'amour de Jésus-Christ.

Instruit à la sainte école,
Jésus, comme un humble enfant,
Puissé-je en œuvre, en parole,
T'être enfin plus ressemblant !
Toi qui voulus de ton Père,
En parfaite fidélité,
Accomplir la volonté.
Daigne exaucer ma prière,
Et me rendre constamment
Fidèle, bon, doux, juste, obéissant.
Amen.

LUNDI (Matin).

Réjouissez-vous toujours dans le Seigneur ; je le dis encore : Réjouissez-vous.
(Phil. 4, 4).

MÉDITATION.

La voie de celui qui a renoncé au péché et qui a obtenu le pardon mène de la tristesse à la joie. Toutefois ne perdons pas de vue la parole de l'apôtre : « Réjouissez-vous dans le Seigneur. » Il va sans dire que la joie du chrétien ne peut pas être une joie que la conscience condamne et qui exclut la pensée de Dieu ; il faut qu'elle soit de nature que nous puissions lui en rendre grâces. La communion avec Dieu nous réjouit et nous console au milieu des peines de la vie. Voilà pourquoi l'apôtre St. Paul dit : « Réjouissez-vous toujours dans le Seigneur. » Tout en nous attristant profondément sur nos péchés, nous nous réjouissons dans le Seigneur qui les efface et les expie. Le cœur chrétien peut être à la fois souffrant et plein de joie.

PRIÈRE.

Bon Père céleste ! Grâce à ta miséricorde, à ta bonté infinie, nous commençons une nouvelle semaine de travail. Nous nous sentons indignes de tous tes bienfaits, nous avons tous péché et méritons d'être privés de ta gloire. Que nous soyons heureux et reconnaissants à la pensée du salut que tu nous as préparé en ton cher Fils. Que notre vie entière te loue et soit joyeusement consacrée à ton service. Soutiens-nous dans les heures d'épreuve et d'obscurité par l'assurance que rien ne pourra nous séparer de ton amour. Pardonne-nous nos défaillances, nos tristesses, notre découragement ; aide-nous à les combattre, à lutter contre le péché sous toutes ses formes, afin que nous demeurions en toi et que notre joie soit accomplie. Daigne affermir nos pas dans tes sentiers et nous accorder en ce jour tout ce qui nous est nécessaire pour te servir et te glorifier.

Oui, ton amour me console ;
Je sais que le vrai bonheur,
C'est de garder ta Parole,
Et je la serre en mon cœur.

Fais que, marchant dans la voie
Où me précéda Jésus,
En toi je cherche ma joie
Pour n'être jamais confus. Amen.

LUNDI (Soir).

Le père dit : si tu peux quelque chose, aide-nous et aie compassion de nous. Jésus lui dit : Si tu peux croire, toutes choses sont possibles pour celui qui croit. Aussitôt le père de l'enfant s'écriant, dit avec larmes : Je crois, Seigneur, aide-moi dans mon incrédulité. (St. Marc 9, 22-24).

MÉDITATION.

Les paroles de ce père angoissé au sujet de son enfant malade, renferment un humble aveu de son manque de foi. Tu as raison, semble-t-il dire au Seigneur, je n'ai pas la foi, mais je voudrais la posséder ; oh ! aide-moi, car je ne puis l'acquérir par mes propres forces. Je te promets de suivre les impulsions de ta grâce et les ordres que tu voudras me donner. — Suivons son exemple quand nous passons comme lui par l'épreuve, et que nous sommes tourmentés par le doute. Exposons et confessons notre incrédulité au Seigneur ; supplions-le de nous assister avec le désir sincère d'obéir à sa Parole et de ne pas résister à sa grâce. Alors sa consolation et son secours ne nous feront pas défaut au moment opportun.

PRIÈRE.

Dieu miséricordieux ! Tu nous dis dans ta Parole que sans

la foi il nous est impossible de t'être agréables ; qu'il faut que celui qui s'approche de toi croie que tu es et que tu es le rémunérateur de ceux qui te cherchent. Mets toi-même la vraie foi dans nos âmes, la foi qui justifie, qui sanctifie et qui sauve. Que nous te disions avec une entière sincérité : « Je crois, aide-moi dans mon incrédulité. » Oui, Seigneur, aide-nous à placer en toi toute notre confiance, à nous appuyer sur ta Parole, sur ta puissance et sur ton amour, à mettre toute notre espérance dans ta grâce en Jésus notre Sauveur, qui nous a été fait de ta part sagesse, justice, sanctification et rédemption. Accomplis toute ton œuvre de miséricorde dans nos cœurs ; que dans toutes les situations de la vie nous gardions une ferme assurance des choses que nous espérons, et que nous ne doutions point de celles que nous ne voyons pas. Nous nous recommandons à ta protection paternelle pour cette nuit ; donne-nous un sommeil paisible, et si c'est ta sainte volonté de nous faire revoir la lumière du jour, aide-nous à reprendre avec courage et avec joie l'œuvre de notre vocation. Bénis nos parents, nos amis ; que nous soyons tous de ceux qui gardent la foi pour sauver nos âmes.

Mon Dieu, mon Seigneur et mon roi,
Je sais qu'on ne peut sans la foi
Etre bienheureux, te plaire,
Que l'homme incrédule et pervers
Doit recevoir dans les enfers
Pour toujours son juste salaire.

Mais je sais, ô Père éternel,
Que sans ton secours paternel
Je ne puis de moi-même croire.
Viens donc, ô mon Dieu, mon Seigneur,
Produire la foi dans mon cœur,
Pour obtenir un jour ta gloire.   Amen.

MARDI (Matin).

Tu viens au-devant de celui qui se réjouit en pratiquant la justice, de ceux qui marchent dans tes voies et qui se souviennent de toi. Voici, tu t'es irrité, et nous avons péché ; tu t'es irrité longtemps, et cependant nous serons sauvés.   (Es. 64, 5).

Méditation.

Les tribulations les plus amères sont celles que nous nous attirons par notre propre faute ; elles conduisent souvent presque au désespoir. Le malheur, en effet, pèse d'autant plus lourdement que nous aimerions à passer pour innocents, et à pouvoir accuser Dieu de nos infortunes. Mais fussions-nous les artisans de toutes nos misères, rappelons-nous que nous pouvons toujours compter sur la grâce et la miséricorde de Dieu. Il nous viendra en aide, si nous l'invoquons dans des sentiments d'humilité, de repentance et de foi, si nous nous reposons sur sa grâce et ses compassions en Jésus-Christ.

PRIÈRE.

Dieu tout-puissant, qui habites une lumière inaccessible et qui fais sortir la lumière des ténèbres ! Nous te bénissons de ce que tu nous as donné un nouveau jour de grâce. Ta miséricorde se renouvelle chaque matin pour nous. Accorde-nous, avec l'assurance de ton amour, le sentiment du pardon de nos péchés, un nouveau courage, de nouvelles forces, de nouvelles consolations, une nouvelle vie. Si la nuit des afflictions nous environne, sois toi-même notre lumière, fortifie-nous dans la conviction que tu ne contestes pas à perpétuité et que tu ne gardes pas ta colère à toujours, mais que tu as compassion de ceux que tu affliges et que tu te tiens près d'eux avec ton secours. Nous voulons te remettre toutes nos voies, tu es fidèle, tu ne nous abandonnes pas. Fais-nous marcher à ta lumière jusqu'au jour où tu nous recueilleras auprès de toi, et où nous célébrerons ta grâce d'éternité en éternité.

Au fort de ma détresse,
Dans mes profonds ennuis,
A toi seul je m'adresse.
Et les jours et les nuits.
Grand Dieu ! prête l'oreille
A mes cris éclatants !
Que ma voix te réveille,
Seigneur ! il en est temps.

Si la rigueur extrême
Nos péchés veut compter,
O Majesté suprême !
Qui pourra subsister ?
Mais ta juste colère
Fait place à ta bonté,
Afin qu'on te révère
Avec humilité. Amen.

MARDI (Soir).

Ainsi a dit l'Eternel à la maison d'Israël : Cherchez-moi, et vous vivrez. Haïssez le mal, et aimez le bien ; maintenez la justice dans le conseil. Peut-être l'Eternel, le Dieu des armées, aura-t-il pitié des restes de Joseph.

(Amos 5, 4 et 15).

MÉDITATION.

Le prophète Amos annonce au peuple qu'il court au-devant de sa perte à cause de son idôlatrie ; mais que tout peut être réparé si dans sa détresse il cherche le Seigneur pour le servir lui seul. Le peuple est sourd et refuse d'obéir ; aussi se perd-il conformément aux prédictions. Ces paroles du prophète sont encore aujourd'hui un avertissement. Qu'ils sont nombreux ceux qui dans leurs épreuves ont cessé de chercher l'Eternel, de l'invoquer dans leurs détresses, qui n'éprouvent point le désir de se consacrer à son service. L'incrédulité, l'indifférence et la superstition sont répandues même au sein du christianisme. Humilions-nous profondément ; cherchons l'Eternel et nous vivrons.

Prière.

Dieu tout bon, Père des miséricordes ! Nous venons avec confiance devant toi, nous cherchons ta face, nous te supplions de nous pardonner tout ce que dans ce jour nous avons fait de désagréable à tes yeux. Assiste-nous par le secours de ta grâce, afin que dans nos sentiments, dans nos paroles et nos actions nous soyons tels qu'à notre dernière heure nous ayons la conviction que nous quittons ce monde pour entrer dans une vie meilleure et plus parfaite, pour jouir de la félicité éternelle que Jésus-Christ nous a promise. Que ta Parole éclaire nos consciences, que ton Esprit sanctifie nos cœurs, et leur communique chaque jour des forces nouvelles pour combattre tout ce qui est contraire à ta sainte volonté et au développement de ta vie en nous. Nous te rendons grâces pour tous les bienfaits que tu ne cesses de répandre sur nous ; nous implorons ta protection pendant la nuit qui commence. Que ta bonté, Seigneur, s'étende sur tous ceux que nous aimons, sur les malades, les affligés, sur tous ceux qui souffrent ; nous te le demandons au nom de Jésus-Christ.

Regarde donc vers nous, Rédempteur charitable !
Fidèle et bon Berger !
Et fais-nous savourer ta grâce inépuisable
Que rien ne peut changer.
Oui, c'est à nous, pécheurs, à nous peuple rebelle,
Que s'adresse ta voix ;
Et tu nous dis : « Entrez dans la vie éternelle, »
En nous montrant ta croix. Amen.

MERCREDI (Matin).

J'ai eu l'Eternel constamment présent devant moi ; puisqu'il est à ma droite, je ne serai point ébranlé. (Ps. 16, 8).

Méditation.

Heureux qui peut dire : « J'ai l'Eternel constamment présent devant moi. » Il est vrai que le roi David a eu dans sa vie des moments où il oubliait l'Eternel, où il était près de l'abandonner complètement. Mais après chaque écart il se sentait sans cesse de nouveau attiré vers lui et ne pouvait vivre loin de sa communion. Dès qu'il avait retrouvé l'assurance de la grâce divine, et qu'il marchait de nouveau fidèlement dans les voies de son Dieu, il était sûr aussi de sa protection et de son secours. Ah! qu'il est facile de perdre de vue le Seigneur, au milieu du tumulte et des agitations de la vie! Et cependant c'est dans sa communion seulement que nous trouvons le salut, la joie et la paix. Plus nous serons étroitement unis à lui, plus nous lui serons fidèles, et plus aussi nous serons heureux dans le temps et dans l'éternité.

PRIÈRE.

Fais-nous la grâce, Seigneur, de pouvoir dire avec sincérité de cœur: Nous avons l'Eternel constamment devant nous. Apprends-nous toi-même à nous tenir en ta sainte présence, et au milieu des devoirs et des occupations de notre vie à fixer nos cœurs et nos pensées sur la vocation céleste qui est devant nous. Aide-nous à chercher notre bonheur dans ta communion et à ton service. Tu sais, Seigneur, quelle influence puissante le monde et les choses de ce monde exercent sur nos faibles cœurs, combien facilement nous succombons aux tentations que le péché dresse partout sur nos pas. Viens nous fortifier par ta force toute-puissante; mets en nous un ardent désir de marcher sur la route qui conduit à toi, alors nous ferons aussi l'expérience que tu te tiens à notre droite, que tu nous gardes et nous soutiens, en sorte que nous ne serons point ébranlés. Veille sur nous pendant ce jour, que notre activité soit bénie, que nous soyons fidèles en toutes choses, fidèles à lutter contre tout ce qui pourrait nous éloigner de toi. Rappelle-nous sans cesse que le monde passe avec ses convoitises, mais que celui qui fait ta volonté demeure éternellement.

Comme un serviteur sur son maître
A toujours les yeux arrêtés,
Et par un signe sait connaître
Le secret de ses volontés,
De même à ta main prenant garde
Et prêtant l'oreille à ta voix,
Vers toi ton peuple, ô Dieu, regarde,
Afin de pratiquer les lois.

Mais, Seigneur, quel est le fidèle
Qui devant toi soit innocent?
Malgré leurs efforts et leur zèle,
Tous n'ont droit qu'à ton châtiment.
Tu vois, au profond de leurs âmes,
Des souillures et des péchés;
Ils ont besoin que tu proclames
Le pardon des péchés cachés. Amen.

MERCREDI (Soir).

Garde mon âme, car je suis de ceux qui t'aiment; ô toi, mon Dieu, sauve ton
serviteur qui se confie en toi! Aie pitié de moi, Seigneur; car je crie à

toi tout le jour. Réjouis l'âme de ton serviteur; car j'élève mon âme à toi, Seigneur. Car tu es bon et clément, Seigneur, et plein de bonté pour tous ceux qui t'invoquent. Ecoute, ô Eternel, ma prière, et sois attentif à la voix de mes supplications! Je t'invoque au jour de ma détresse, car tu m'exauces. (Ps. 86, 2-7).

Méditation.

Il nous arrive quelquefois dans la vie de nous trouver dans une situation telle qu'il nous semble que tout secours est inefficace, qu'il n'y a point de remède à nos maux. C'est alors qu'il s'agit d'avoir assez de foi pour croire que Dieu peut faire ce qui paraît impossible, et que dans cette foi nous ayons recours à lui. Mais combien souvent nous nous laissons aller au découragement et nous croyons tout perdu! Dans ces moments, nous ne sommes pas disposés à prier, nous ne pouvons plus prier, bien que plusd'une âme ait appris dans la détresse à pousser ce soupir: Aie pitié, Seigneur, viens à notre aide pour nous soutenir. Le Psalmiste se confie en Dieu. Roi de la terre, il se sait serviteur d'un plus grand maître qui, il en a la ferme conviction, fera ce qu'il ne peut faire lui-même. Toutes choses sont possibles à Dieu; il entend nos prières, il prête une oreille attentive à nos supplications et nous exauce. C'est ce que nous devons croire avec une confiance inébranlable.

Prière.

Seigneur, tu es miséricordieux et plein de bonté, abondant en grâce pour tous ceux qui t'invoquent. Remplis nos cœurs de cette ferme assurance, apprends-nous à aller à toi dans toutes nos détresses et à attendre de toi le secours et la délivrance. Tu exauces tes enfants, tu réponds à leurs prières et si tu prolonges leur épreuve, tu leur donnes la force de la supporter et de te glorifier par leur soumission et leur foi. Accorde-nous cette grâce, bon Père céleste, que nous ne doutions jamais de ta puissance et de ton amour, afin que dans les moments les plus difficiles nous restions fermes dans la paix et dans la foi. Pardonne-nous tous les péchés dont nous nous sommes rendus coupables en ce jour par nos transgressions de ta sainte volonté, ou par notre négligence à faire le bien que nous aurions pu. Ouvre-nous les yeux sur toutes nos infidélités, donne-nous de nous en humilier sincèrement, afin que nous puissions nous endormir dans le sentiment de ta grâce et de ta paix. Accorde les mêmes bénédictions à tous ceux que nous aimons ; demeure avec nous tous, sois notre lumière, notre force, notre espérance dans la vie et dans la mort, pour l'amour de Jésus-Christ.

Délivre-moi par la grâce
Du péril qui me menace,
Quand, plein de zèle et d'amour,
Je t'invoque nuit et jour.
Veuille consoler mon âme
Qui sans cesse te réclame,
Et qui vers toi, Dieu des dieux,
S'élève jusqu'aux cieux.

Seigneur, ta grâce infinie,
Au fidèle qui te prie,
Fait ressentir tous les jours
Les effets de ton secours.
Puisqu'à toi seul je m'arrête,
Seigneur, entends ma requête ;
Et puisque j'espère en toi,
Daigne prendre soin de moi. Amen.

JEUDI (Matin).

Monte sur une haute montagne, Sion, qui annonces de bonnes nouvelles !
Elève ta voix avec force, Jérusalem, qui annonces de bonnes nouvelles !
Elève ta voix, ne crains point ; dis aux villes de Juda : Voici votre Dieu.
(Es. 40, 9).

Méditation.

La bonne nouvelle de l'amour insondable de Dieu doit être annoncée avec joie, non avec crainte et timidité. Que la prédication de la venue du Christ pénètre, comme un rayon de soleil, dans la maison du riche et dans la chaumière du pauvre, dans le cœur des grands comme dans celui des enfants qui sont dans une joyeuse attente de la fête de Noël. Que nous sommes heureux d'avoir un Sauveur qui délivre du péché et de la mort ! Annoncez cette bonne nouvelle aux pauvres, aux opprimés, aux affligés, aux découragés, aux malades et aux mourants. Ecoutons-la tous, ne nous laissons pas envahir par le doute et par les soucis rongeurs, pensons au grand don de Noël, à la grande manifestation de l'amour de Dieu. Celui qui n'a pas épargné son propre Fils, mais qui l'a livré pour nous tous, comment ne nous donnerait-il pas toutes choses avec lui ? Ne craignons donc pas, croyons seulement.

Prière.

Béni sois-tu, Dieu fidèle et miséricordieux, du don ineffable que tu nous as fait en ton Fils. Remplis nos cœurs d'une reconnaissance profonde à la pensée de ton amour ineffable envers les pauvres pécheurs ; ne permets pas que nous soyons insensibles à la grande joie de Noël. Que chacun de nous sente profondément le besoin d'un Sauveur, et que nous sachions te bénir avec tous tes fidèles de ce que tu as visité et racheté ton peuple.

Que nous ayons part à la grande délivrance que Jésus nous a apportée et que nous puissions te servir sans crainte, dans la sainteté, dans la justice, en ta présence tous les jours de notre vie. Révèle-nous toute ta miséricorde, fais connaître ta grâce et ton salut à ceux que nous aimons, donne-nous à tous les secours qui nous sont nécessaires pour que ta volonté s'accomplisse en nous et par nous. Bénis les malades, les pauvres, les affligés, les malheureux ; apprends-leur à connaître celui qui guérit tous les maux du corps et de l'âme, qui essuie les larmes, qui pardonne les péchés, qui ne repousse aucun de ceux qui viennent à lui. Exauce-nous au nom et pour l'amour de ton Fils qui s'est donné pour nous.

> Tu parais, ô Jésus, et la bouche proclame
> L'an favorable du Seigneur.
> C'est à toi qu'il s'adresse ; écoute-le, mon âme,
> Car il veut être ton Sauveur.   Amen.

JEUDI (Soir).

Je sais, ô mon Dieu, que tu sondes le cœur, et que tu prends plaisir à la droiture.   (1 Chron. 29, 17).

Méditation.

Dieu aime la sincérité et abhorre l'hypocrisie ; les âmes droites lui sont agréables. Il aime à s'approcher d'elles pour leur apporter ses divines consolations : son baume pour les cœurs brisés, toutes ses bénédictions, sa grâce et sa paix. C'est dans les âmes sincères que se manifeste la puissance de l'Evangile, non seulement en ce qu'elles arrivent sans peine à la paix du cœur par le pardon des péchés, mais aussi en ce que leurs dispositions intérieures sont chaque jour plus pures devant Dieu. Leur droiture se manifeste de même dans leurs rapports avec le prochain ; elles sont sans fraude, sans arrière-pensée et sans rancune lorsque quelque blâme leur est adressé. On sent qu'on peut compter sur elles et qu'elles ne failliront jamais à leur devoir.

Prière.

Père céleste ! Tu es notre lumière, notre force et notre haute retraite. Nous te rendons grâces pour ta bonté et ta miséricorde à notre égard ; nous te prions de nous pardonner toutes nos infidélités de ce jour et de nous garder pendant cette nuit. Préserve-nous de tout mal, de tout accident fâcheux ; sois-nous propice; nous nous confions en ta protection pour nos corps et pour nos âmes. Rends-nous sincères, droits et consciencieux dans nos sentiments, dans nos paroles et nos actes. Anime-nous de ton Esprit pour nous faire détester les voies de la dissimulation, de l'hypocrisie, du mensonge. Dussions-nous souffrir pour la cause de la vérité et de la justice, donne-nous de le faire avec joie à l'exemple du Seigneur Jésus. Mets en nous toutes les dispositions qui font reconnaître tes enfants, bénis-nous, fortifie-nous dans la foi, dans la charité. Exauce-nous au nom du Sauveur que tu nous as donné.

Heureux le cœur juste et sans tache
Qui devant Dieu marche avec foi,
Heureux l'homme qui ne s'attache
Qu'aux saints préceptes de sa loi,
Qui, recherchant ses clartés pures.

Est inaccessible aux souillures
De l'odieuse iniquité;
Qui, craignant son céleste Père,
Ne sort jamais de la carrière
Où le guide la vérité. Amen.

VENDREDI (Matin).

Voici, je me tiens à la porte et je frappe; si quelqu'un entend ma voix et m'ouvre la porte, j'entrerai chez lui, et je souperai avec lui et lui, avec moi. (Apoc. 3, 20)

Méditation.

Le Seigneur de gloire, notre Sauveur et Libérateur, se tient à la porte de notre cœur pour y faire sa demeure. Il s'adresse à notre âme par sa Parole sainte; écoutons sa voix, ouvrons-lui et laissons-le entrer chez nous comme notre Seigneur et Maître. Là où il établit sa demeure, il veut régner, car il est notre roi; notre cœur lui appartient; le Père céleste le lui a préparé dès le commencement et Jésus se l'est acquis par son sang. Mais si nous voulons qu'il demeure et règne en nous, il faut nous soumettre à cette condition : « Voici je fais toutes choses nouvelles. » Heureux ceux qui permettent au roi de gloire d'entrer dans leur cœur et de le renouveler ! Ce cœur devient alors un sanctuaire où Dieu habite par son Esprit; c'est le royaume de Dieu en nous; c'est la vie éternelle dans toute sa plénitude.

Prière.

Notre bon Père céleste ! Nous te remercions pour toutes les grâces, pour tous les bienfaits dont tu ne cesses de nous combler. Nous te bénissons en particulier de ce que non seulement tu pourvois à nos besoins terrestres, à notre pain quotidien, mais de ce que chaque jour tu veux aussi nourrir notre âme du pain de vie et la désaltérer aux eaux de ta grâce. Donne-nous de serrer ta Parole dans nos cœurs, qu'elle nous éclaire et nous conduise dans la voie du salut et de la vie éternelle. Et toi, Seigneur Jésus, qui veux faire ton entrée chez nous, viens régner sans partage sur nos cœurs, pour en ôter le péché et y faire toutes choses nouvelles. Ta présence seule nous rend heureux, elle nous aide à vivre de ta vie, à te servir avec fidélité, à combattre avec courage et avec joie, et à attendre sans crainte notre dernière heure. Accorde-nous ce bonheur ineffable, et qu'un jour nous vivions et régnions éternellement avec toi.

> Tu m'as sauvé, je le sais et j'implore,
> Divin Jésus, ton amour sans égal;
> Tu m'as sauvé, mais mon cœur garde encore
> De ton amour plus d'un honteux rival.
> Hâte-toi donc viens régner sur la terre;
> Viens y répandre à grands flots le bonheur.
> Les temps sont mûrs; Dieu qui t'es fait mon frere,
> Viens établir ton règne dans mon cœur. Amen.

VENDREDI (Soir).

Que dirons-nous donc ? Demeurerons-nous dans le péché, afin que la grâce abonde ? Nullement. Nous qui sommes morts au péché, comment vivrions-nous encore en lui ? (Rom. 6, 1 et 2).

Méditation.

L'apôtre St. Paul s'élève ici fortement contre l'abus de la grâce. Dieu nous promet un esprit nouveau et un cœur nouveau, pour nous rendre capables de marcher dans la voie de ses commandements et de les accomplir. Si nous devons demeurer en Jésus-Christ et lui en nous, c'est afin que nous pratiquions les bonnes œuvres. Si nous avons connu que l'amour de Jésus-Christ consiste en ce qu'il a mis sa vie pour nous, c'est pour que nous dépensions aussi nos vies pour nos frères. Il nous révèle sa grâce, afin de nous faire aimer notre prochain par amour pour lui. Il y a des âmes découragées qui, en présence même de la croix, s'écrient : Il est trop tard, il n'y a plus de salut pour nous ! D'autres affirment, malgré la croix du Christ, qu'ils sont trop faibles pour faire ce que Dieu leur demande. D'autres encore, comme ceux dont parle St. Paul, disent : « Demeurons dans le péché, afin que la grâce abonde. » Mais comment vivrions-nous dans le péché que le Christ a expié ? Continuer à pécher volontairement après avoir reçu le pardon des péchés, ce serait mépriser l'amour du Sauveur ; si nous ne marchons pas dans une vie nouvelle, à l'ombre de la croix, nous oublions le jugement à venir. La grâce de Dieu ne peut pas nous laisser oisifs ; elle nous communique des forces nouvelles et nous pousse à l'action. Dieu produit en nous la volonté et l'exécution ; il nous rend capables de travailler à notre sanctification avec crainte et tremblement, et d'éviter tout ce qui est contraire à sa volonté.

PRIÈRE.

Dieu de miséricorde ! Grâces te soient rendues de la protection et de la bénédiction que tu nous as accordées. Tu es fidèle, Seigneur, ta bonté est infinie et ta miséricorde dure d'âge en âge sur ceux qui te craignent. Tu es notre salut, ta grâce en Jésus-Christ est notre vie. Donne-nous de ne pas en abuser, mais de mourir au péché, de vivre dans une vie nouvelle de justice et de sainteté. Nos jours s'enfuient rapidement, nos années s'en vont comme un songe. Rappelle-nous le jugement à venir, fais-nous la grâce de pouvoir subsister en ta sainte présence. Accorde-nous la victoire sur le péché et la fidélité pour persévérer dans tes voies jusqu'à la fin.

J'ai de ton sang éprouvé la vertu ;
Lui seul me lave et seul me sanctifie.
Aussi mon cœur n'est-il plus abattu ;
Ce sang demeure et ma force et ma vie.
Fais qu'à tes pieds me tenant constamment
Je goûte aussi le bonheur de Marie.

Rends-moi toujours plus simple, plus enfant ;
Arrache-moi toute propre justice ;
Va jusqu'au fond, de bon cœur j'y consens;
Je ne crains rien, car ton cœur m'est propice.
Tel que je suis lave-moi dans ton sang;
Je n'ai d'appui qu'en ton saint sacrifice.
Amen.

SAMEDI (MATIN).

L'Eternel est compatissant et juste, et notre Dieu fait miséricorde. L'Eternel garde les petits ; j'étais misérable, et il m'a sauvé. Mon âme, retourne à ton repos, car l'Eternel t'a fait du bien. Car tu as délivré mon âme de la mort, mes yeux de pleurs, et mes pieds de chute. (Ps. 116, 5-8).

MÉDITATION.

Bien des personnes suivent longtemps le bord d'un abîme qui menace à chaque instant de les engloutir. Leur salut n'est que dans un sincère repentir, une profonde humiliation. Les larmes versées par la colère, le dépit, l'amour-propre et le désespoir ne servent de rien, tandis que les larmes d'humiliation accompagnées d'un regard sur Christ ont une immense puissance. Ce regard nous préserve de chute, de découragement, de murmures contre Dieu et d'apostasie. Attendons-nous donc à l'Eternel. Le temps viendra où les larmes seront essuyées de nos yeux et où nous ne broncherons et ne pécherons plus. A mesure que nous avançons dans les voies du Seigneur, notre communion avec lui devient plus étroite, nous recevons de nouveaux témoignages de son amour, nous faisons l'expérience de cette promesse: Celui qui garde mes commandements m'aime et je l'aimerai. Si quelqu'un m'aime, il gardera ma Parole, et mon Père l'aimera et nous viendrons à lui, et nous ferons notre demeure chez lui.

Prière.

Dieu miséricordieux, qui fais lever ton soleil sur les bons et sur les méchants, et qui fais pleuvoir sur les justes et sur les injustes, nous te remercions de ce que tu nous as fait revoir la lumière de ce jour. Donne-nous de remplir avec courage et avec joie les devoirs de notre vocation, et d'avoir toujours devant les yeux le but que nous devons poursuivre ici-bas. Apprends-nous, puisque le temps est court, à en faire un bon usage. Montre-nous toi-même toutes les occasions que tu places devant nous pour faire le bien, aide-nous à en profiter avec joie. Que notre amour du prochain soit sincère, humble, actif et persévérant. Fais-nous la grâce d'accepter avec soumission et avec une ferme confiance les croix que tu nous envoies, et de pouvoir dire du fond du cœur : « Seigneur, que ta volonté soit faite et non la nôtre. »

Dieu dont la bonté propice
Veille sur tout l'univers,
Ton insondable justice
Conduit les peuples divers.
O Père de la nature!

La plus humble créature
Est précieuse à tes yeux.
Ton regard puissant embrasse
L'homme perdu dans l'espace
Et les mondes dans les cieux. Amen.

SAMEDI (Soir).

Voici, nous regardons comme heureux ceux qui ont souffert avec constance; vous avez entendu parler de la constance de Job, et vous connaissez la fin que le Seigneur lui accorda; car le Seigneur est plein de miséricorde et de compassion. (St. Jacq. 5, 11).

Méditation.

Les maux de la vie sont inévitables d'après le conseil et la volonté de Dieu. Les afflictions nous sont salutaires, elles ont pour but de nous éprouver, de nous rendre meilleurs, de nous purifier et de nous sanctifier. Rappelons-nous les modèles de souffrances et de patience qui abondent dans l'Ecriture sainte et dans la vie de tous les enfants de Dieu. Efforçons-nous d'être en bénédiction à d'autres quand nous passons par l'épreuve. Nous nous plaignons quelquefois de ce que les afflictions nous ont enlevé le temps et même la force de faire de bonnes œuvres. Mais si nous avons été à même de donner un exemple de patience et de soumission, c'est une œuvre qui l'emporte sur toutes les autres. Bien des chrétiens à qui Dieu a fait la grâce de souffrir avec patience, même avec joie, ont laissé à leurs enfants des souvenirs qui sont devenus pour eux une semence féconde de foi et de vie chrétienne. Quels exemples bénis nous ont donnés les prophètes, les apôtres et surtout Jésus-Christ! Ici-bas déjà nous estimons heureux ceux qui ont souffert, mais que sera-ce dans le ciel?

Prière.

Seigneur notre Dieu! Nous te bénissons de tout notre cœur de ta bonté et de ta miséricorde; nous te rendons grâces de ce que pendant ce jour et cette semaine tu as pris soin de nous selon les richesses de ta grâce malgré nos infidélités et nos fautes si nombreuses. Pardonne-nous tous nos péchés connus et cachés, accorde-nous ta grâce et ta paix. Aide-nous à supporter patiemment tous les maux de la vie, ne permets pas que nous perdions confiance en toi, apprends-nous à dire avec Jésus en Gethsémané: « Que ta volonté soit faite et non pas la nôtre. » Fais-nous trouver le secours et la consolation en Celui qui est venu dans le monde par amour pour nous, en sorte que les épreuves que tu nous envoies tournent à ta gloire et à notre salut et soient en bénédiction à nous-mêmes et aux autres. Nous nous recommandons à ta sainte garde pour cette nuit, protège-nous contre tout mal, tant du corps que de l'esprit, ainsi que ceux qui nous sont chers, pour l'amour de Jésus.

Heureux quand sous les coups de ta verge fidèle,
Avec amour battu, je souffre avec amour,
Pleurant, mais sans douter de ta main paternelle,
Pleurant, mais sous la croix, pleurant, mais pour un jour. Amen.

Quatrième Semaine de l'Avent.

DIMANCHE (Matin).

C'est ici le témoignage de Jean, lorsque les Juifs envoyèrent de Jérusalem des sacrificateurs et des lévites pour lui demander: Qui es-tu? Il le confessa, et ne le désavoua point; il le confessa en disant: Je ne suis point le Christ. Qu'es-tu donc? lui demandèrent-ils. Es-tu Elie? Et il dit: Je ne le suis point. Es-tu le prophète? Et il répondit: Non. Ils lui dirent donc: Qui es-tu? afin que nous rendions réponse à ceux qui nous ont envoyés. Que dis-tu de toi-même? Il dit: Je suis la voix de celui qui crie dans le désert: Aplanissez le chemin du Seigneur, comme a dit le prophète Esaïe. Or, ceux qui avaient été envoyés étaient des pharisiens. Ils lui demandèrent: Pourquoi donc baptises-tu, si tu n'es ni le Christ, ni Elie, ni le prophète? Jean leur répondit et dit: Pour moi, je baptise d'eau, mais il y a quelqu'un parmi vous, que vous ne connaissez point. C'est celui qui vient après moi et qui est au-dessus de moi, et je ne suis pas digne de délier la courroie de ses souliers. Ces choses se passèrent à Béthabara, au delà du Jourdain, où Jean baptisait. (St. Jean 1, 19-28).

Méditation.

Qui es-tu? Que dis-tu de toi-même? Que penses-tu du Seigneur Jésus? Telles sont les questions de ce dimanche de l'Avent. De la réponse qui y est faite dépend la bénédiction de la fête de Noël. Elle n'a, en effet, sa grande signification que pour ceux qui sentent le besoin de la grâce et qui la cherchent de tout leur cœur. Heureux ceux qui ont renoncé à toute haute opinion d'eux-mêmes, qui sentent leur péché et le besoin du salut. Leur âme désire ardemment celui dont Jean-Baptiste dit : « Je ne suis pas digne de lui délier les courroies de ses souliers. C'est lui qui baptisera du St-Esprit et de feu. » Il est le Saint de l'Eternel, au sein de l'humanité pécheresse, le Sauveur du monde dans la crèche de Bethléhem comme sur la croix du Calvaire. Le connaissons-nous ? Les premiers et les plus touchants souvenirs de notre enfance nous parlent de lui ; ils nous rappellent l'arbre de Noël, resplendissant de lumières, où nous entendîmes retentir le doux nom de Jésus. Confessons-le avec humilité et avec foi ; suivons-le à travers les luttes et les souffrances à sa grande fête là-haut, dans la maison paternelle.

Prière.

Seigneur Jésus, Sauveur du monde ! Nous nous prosternons avec humilité devant ta grandeur ; nous confessons que ce n'est qu'en toi que nous trouvons le salut et la paix, et non en nous-mêmes et dans le monde. Inspire-nous le sentiment de notre pauvreté spirituelle, afin que nous ne nous élevions pas nous-mêmes, mais que nous te donnions la gloire qui t'est due. Prépare-nous à la fête de Noël par des sentiments de foi et de reconnaissance pour ton immense amour. Bénis ce dernier dimanche de l'Avent ; rends ton Evangile efficace au milieu de nous, et fais qu'animés d'une foi toujours plus sincère et plus ferme nous puissions nous dire en toute vérité tes rachetés ; nous te prions de nous exaucer au nom de tes compassions infinies.

> Tu quittes la gloire éternelle,
> Tu viens, ô Prince de la paix,
> Publier la Bonne Nouvelle
> Et nous apporter tes bienfaits :
> Pour écouter ta voix, Seigneur !
> Ouvre mon esprit et mon cœur ! Amen.

DIMANCHE (Soir).

Réjouissez-vous toujours dans le Seigneur ; je le dis encore : Réjouissez-vous. Que votre douceur soit connue de tous les hommes. Le Seigneur est proche. Ne vous inquiétez de rien, mais en toute occasion exposez vos demandes devant Dieu, par des prières et des supplications, avec des actions de grâces, et la paix de Dieu qui surpasse toute intelligence, gardera vos cœurs et vos pensées en Jésus-Christ. (Phil. 4, 4-7).

MÉDITATION.

Noël, cette belle et touchante fête pour petits et grands, approche ; elle va faire pénétrer de nouveau ses rayons de lumière dans des milliers de maisons et des milliers de cœurs chrétiens. Il est vrai que bien des gens sont exclus des joies terrestres par la pauvreté, la maladie ou d'autres épreuves. Que ceux qui ont le privilège de pouvoir célébrer avec joie ces jours de fête pensent aux pauvres, qui ont faim et froid et sont assiégés par les soucis et les inquiétudes de la vie ; qu'ils ouvrent leurs cœurs et leurs mains ; qu'ils témoignent de la bonté à tous. Surtout n'oublions pas, au milieu des joies d'ici-bas si fugitives, la joie céleste qui découle de la foi en l'Enfant Jésus descendu du ciel pour nous sauver. Quelle que soit notre situation extérieure, nous sommes appelés à nous réjouir dans sa communion, dans l'assurance de son amour. Mais si notre cœur se laisse aller aux soucis, aux inquiétudes de la vie, il ne peut y avoir pour nous de joie de Noël. Rappelons-nous la recommandation apostolique :

« Ne vous inquiétez de rien ; approchez-vous de Dieu, déchargez-vous sur lui de tous vos soucis, et en toute occasion exposez vos demandes devant lui par des prières et des supplications avec des actions de grâces. »Riches ou pauvres nous avons tous lieu d'être reconnaissants; nous le serons lorsque nous aurons compris cette parole : « Dieu a tant aimé le monde qu'il a donné son Fils unique, afin que quiconque croit en lui ne périsse point, mais qu'il ait la vie éternelle. » La foi en cette grande nouvelle descendue du ciel chasse toutes les inquiétudes, et les remplace par la paix de Dieu qui surpasse toute intelligence.

PRIÈRE.

Dieu saint et tout-puissant ! Nous célébrons ta grande miséricorde et l'amour ineffable que tu nous as témoignés en nous envoyant un Sauveur. Nous te remercions pour toutes les bénédictions, pour toutes les joies et pour tous les encouragements que tu nous as donnés aujourd'hui. Et maintenant que nous allons nous livrer au repos, accorde-nous cette paix qui surpasse toute intelligence et que Jésus nous a apportée. Délivre-nous par le secours de ton Esprit de toutes les inquiétudes vaines, apprends-nous à nous remettre, avec tous ceux que nous aimons, entre tes mains paternelles. Fais régner ta paix dans le monde, amène bientôt les jours bénis où tout genou fléchira devant Jésus, et où toute langue confessera qu'il est le Seigneur à la gloire de Dieu le Père.

Béni soit à jamais le grand Dieu d'Israël,
L'auteur de tous les biens, tout-puissant, éternel,
Qui touché de nos cris et de notre misère,
Dans nos pressants besoins s'est montré notre Père.
Dans ses compassions il nous a visités ;
Par son bras invincible il nous a rachetés,
Et, malgré nos péchés, ce Dieu tendre et propice
A fait lever sur nous le soleil de justice.   Amen.

LUNDI (Matin).

Marchez dans la charité, comme le Christ qui nous a aimés, et s'est offert lui-même à Dieu pour nous en oblation et en victime d'agréable odeur.

(Eph. 5, 2).

MÉDITATION.

Notre cœur est-il rempli de haine, d'envie ou de rancune contre un de nos frères? Fuyons ces sentiments coupables au souvenir de l'amour de Dieu qui pardonne tout. Avons-nous rempli avec négligence les devoirs que nous prescrit la charité ? Approchons-nous de Dieu et demandons-lui plus de fidélité. Le Seigneur est proche, lui qui par amour pour nous a voulu se charger de toutes les souffrances de l'humanité. Apprenons de lui la charité qui ne cherche pas son propre intérêt, mais celui des autres et qui ne croit jamais avoir assez fait. Que le soleil de la grâce divine, qui dans ces saints jours de fête resplendit au sein de la chrétienté, luise au fond des âmes pour les éclairer et les réchauffer ; que l'amour de Dieu y soit répandu, afin que par la présence du Seigneur la paix règne sur la terre, au sein de l'Eglise, dans les familles et au fond des cœurs.

PRIÈRE.

Sois béni, Seigneur Jésus, de ce que tu as quitté la gloire dont tu jouissais auprès de ton Père, pour t'abaisser jusqu'à nous et te revêtir de notre nature humaine. Grâces te soient rendues de ce que tu as consacré toute ta vie, depuis la crèche jusqu'à la croix, à notre salut. Daigne nous rendre participants de tous les dons que tu nous as apportés, et apprends-nous à marcher dans la charité comme toi-même tu y as marché. Réveille dans nos cœurs un sincère amour pour nos frères ; inspire-nous tous les sentiments qui doivent nous unir à toi, et fais-nous suivre les traces bénies que tu nous as laissées.

Quand des promesse de la grâce
Nous éprouvons la vérité,
Quand nous entrevoyons ta face,
O Dieu de gloire et de bonté !
Nous voudrions vivre à jamais
Dans ton amour et dans la paix.

Guide-nous donc comme un bon père,
Prends-nous toi-même par la main ;
Eclaire-nous de ta lumière,
Réchauffe-nous par l'Esprit-Saint ;
Et nous poussant sans cesse au but,
Donne-nous part à ton salut. Amen.

LUNDI (SOIR).

Ainsi a dit l'Eternel : On a ouï dans Rama des cris, des lamentations, des larmes amères, Rachel pleurant ses enfants ; elle a refusé d'être consolée au sujet de ses enfants, parce qu'ils ne sont plus. Ainsi a dit l'Eternel : Retiens ta voix de pleurer, et tes yeux de verser des larmes, car il y a un salaire pour ton travail, dit l'Eternel ; on reviendra du pays de l'ennemi.
(Jérémie 31, 15 et 16).

MÉDITATION.

Rachel se lamentait et pleurait ses enfants emmenés captifs à Babylone ; mais à côté et au-dessus de ses gémissements s'élève cette parole prophétique de consolation : « Quand l'Eternel aura réalisé les pensées de son cœur envers son peuple la fin de l'angoisse sera venue et tout travail aura sa récompense. » Les histoires de l'Ancien Testament sont des voix puissantes de réveil quand on sait voir sa propre image dans ce peuple d'Israël, au col raide et à la dure intelligence. Rempli d'un saint courroux, Dieu conduit son peuple au désert toutes les fois qu'il s'enivre à la coupe de l'orgueil. Apprenons, nous aussi, à ressentir ce zèle consumant lorsqu'il nous conduit au désert de l'affliction. Une angoisse est bien diminuée par cela même qu'on reconnaît que c'est la main de Dieu qui nous châtie, car on y voit alors que Dieu s'occupe de nous, et c'est là aussi une manière de sentir sa présence. L'enfant indocile est encore son enfant chéri ; son cœur saigne lorsqu'il châtie nos rébellions ; il fait de nos coups ses coups, de nos blessures ses blessures. Au sein des plus fortes angoisses, il fait rayonner la grandeur de son amour.

Prière.

Aide-nous, ô notre Dieu, à comprendre toujours tes vues paternelles à notre égard et à mettre en toi toute notre confiance. Remplis-nous d'une crainte sérieuse et salutaire quand tes jugements sont sur nous ; qu'ils produisent en nous la repentance et la foi, et nous amènent à Celui qui ne nous traite pas selon nos péchés, mais selon ses compassions qui sont de tout temps. Seigneur, apprends-nous à écouter la voix de ton amour, les appels de ta grâce, soit que tu nous visites par l'épreuve, soit que tu verses sur nous tes bienfaits. Pardonne-nous toutes nos défaillances, nos faiblesses et notre ingratitude ; fais que par le secours de ta grâce, nous marchions avec fidélité dans les voies de l'obéissance et que nous te glorifiions toujours mieux par toute notre conduite. Seigneur, nous nous reposons en paix sur ton amour et sur tes promesses en Jésus notre Sauveur.

Partout, sur la terre et sur l'onde,
Il sauve, il protège, il défend ;
Jusqu'aux extrémités du monde
Son pouvoir, son amour s'étend ;
Qui l'invoque avec vérité
De lui n'est jamais rejeté. Amen.

MARDI (Matin).

Il est écrit au livre des paroles du prophète Esaïe : Voix de celui qui crie dans le désert : Préparez le chemin du Seigneur, aplanissez ses sentiers. Toute vallée sera comblée, et toute montagne et toute colline sera abaissée, les chemins tortus seront redressés, et les chemins raboteux seront aplanis, et toute chair verra le salut de Dieu. (St. Luc 3, 4-6).

Méditation.

Prêtons l'oreille à la voix de celui qui crie dans le désert : « Préparez le chemin du Seigneur. » Ne mettons pas notre confiance dans nos vertus et nos forces, aplanissons les montagnes de l'orgueil et de la bonne opinion que nous avons de nous-mêmes ; redressons les sentiers tortueux de l'égoïsme, des préjugés, de la dissimulation, afin que le Seigneur puisse faire son entrée chez nous avec toutes ses grâces et toutes ses bénédictions. Comme notre cœur est rusé et malin, il faut que le Seigneur nous montre lui-même le mal qu'il y voit, qu'il nous aide à porter des fruits convenables à la repentance et à marcher en nouveauté de vie. Prions-le de renverser tous les obstacles qui nous empêchent de lui faire un chemin droit ; alors sa gloire se manifestera à nous, et nous aussi nous verrons le salut de Dieu.

Prière.

Dieu éternel, Créateur du ciel et de la terre, source de toute grâce et de toute miséricorde ! Fais luire sur nous la clarté de ta face en ce jour nouveau que tu as ajouté à notre vie. Lumière du monde, soleil de justice, viens resplendir au fond de notre âme ; fais-nous comprendre les choses qui vont à notre paix et à notre salut. Aide-nous à faire disparaître de notre maison et de notre cœur tout ce qui pourrait empêcher le Seigneur Jésus d'y faire son entrée ; réveille en nous un besoin profond de ton pardon et de ta grâce, afin que tu puisses nous communiquer toutes les richesses de ton amour. Donne-nous la repentance et la foi, conduis-nous par ta main dans la voie qui mène à la paix et à la vie éternelle.

Jésus, Dieu de lumière,
En qui gît mon espoir,
Quand tu viens sur la terre,
Comment te recevoir ?

Ah ! fais luire à mon âme
Le flambeau de la foi ;
Allume en moi la flamme
Qui doit brûler pour toi. Amen.

MARDI (Soir).

S'il diffère, attends-le, car il viendra assurément, et il ne tardera pas.

(Habac. 2, 3).

Méditation.

Plus de dix-huit siècles se sont écoulés depuis que la chrétienté attend le retour du Seigneur. Tardera-t-il longtemps encore ? Nous l'ignorons. Nous ne savons ni le jour ni l'heure de sa seconde venue ; il serait téméraire de vouloir en prédire le moment ; c'est le secret du Seigneur. Mais nous pouvons dire que le monde, bien que plus ou moins calme à la surface, est travaillé par une décomposition intérieure, qui fait présager des événements graves dans l'avenir. Les puissances des ténèbres, des forces sataniques sont en activité et font leur œuvre sous le voile qui les recouvre. Rappelons-nous donc sans cesse le solennel avertissement du Seigneur : Veillez et priez de peur que vous ne tombiez dans la tentation. Que celui qui est debout prenne garde qu'il ne tombe.

Prière.

Seigneur, notre Dieu ! Grave dans nos âmes les paroles que nous venons de lire, donne-nous d'être vigilants comme ceux qui attendent leur Maître, afin que nous soyons prêts pour ton jour, soit que tu nous appelles à quitter ce monde, soit que tu apparaisses en gloire pour juger les vivants et les morts. Ta Parole est certaine, les cieux et la terre passeront, mais elle ne passera point. Donne-nous de nous laisser éclairer, guider par elle, de croire que tu es fidèle à tes menaces comme à tes promesses, et accorde-nous la grâce d'accomplir la tâche que tu nous as confiée ici-bas pour n'être pas confus en ta présence, lorsque tu viendras nous en demander compte. Exauce-nous pour l'amour de Jésus-Christ.

Il vient, il vient et sa venue
Va mettre un terme à nos maux,
Il vient sur l'éclatante nue
Nous introduire en son repos ;

Heureux enfants du même Père,
Rachetés du même Sauveur,
Aimons, veillons dans la prière
En répétant : Viens, viens ! Seigneur.
Amen.

MERCREDI (Matin).

Entre, béni de l'Eternel, pourquoi te tiens-tu dehors ? (Gen. 24, 31).

Méditation.

« Entre, béni de l'Eternel. » Cette prière est l'expression d'un désir ineffable du cœur. Nous ne connaissons pas cette solitude qui fait soupirer l'habitant du désert après le rafraîchissement de l'âme dans la communion de quelque hôte aimé. Nos jours s'écoulent rapidement dans le tourbillon de la vie extérieure ; nous sommes débordés par les affaires, ou envahis par le flot des visiteurs qui ne viennent pas toujours, en hôtes désirés, frapper à notre porte. Et cependant, n'est-ce pas précisément au milieu de ce flux et reflux perpétuel des hommes et des choses que nous éprouvons souvent un profond sentiment d'isolement, parce que nous n'y trouvons pas d'aliment pour notre vie intérieure? Mais là où Jésus-Christ fait son entrée, il apporte avec lui les plus riches bénédictions de Dieu. Il nous encourage, nous console et nous guérit ; il fortifie le cœur, il l'élargit et le remplit de sa paix. Nous recevons de sa plénitude grâce sur grâce. Qu'il soit donc pour nous un hôte aimé et bienvenu ! Prions-le, lui, le Béni de l'Eternel, d'entrer dans notre maison et dans nos cœurs, d'y faire sa demeure et d'y établir son règne.

Prière.

Que ce soit là notre prière, Seigneur Jésus ! Viens et demeure avec nous et que ta présence dans notre maison et dans nos cœurs y apporte toutes les grâces, toutes les consolations dont nous avons besoin. Que nous cherchions notre joie dans ta communion, et que nous puisions chaque jour dans ta plénitude la force pour les combats de la vie et la fidélité pour l'accomplissement de notre vocation. Dirige-nous par ton Esprit, sanctifie-nous par ta vérité ; affermis-nous dans la foi, fais-nous la grâce de nous recevoir un jour dans les demeures célestes pour y rester éternellement avec toi. Accorde les mêmes bénédictions à tous ceux que nous aimons ; exauce-nous dans tes compassions infinies.

O Jésus ! ta présence
C'est la vie et la paix ;
La paix dans la souffrance
Et la vie à jamais.
Chaque jour, à chaque heure,
Oh ! j'ai besoin de toi,
Viens, Jésus, et demeure
  Auprès de moi.

Pendant les jours d'orage,
D'obscurité, d'effroi,
Quand faiblit mon courage,
Que ferais-je sans toi?
Chaque jour, à chaque heure,
Oh ! j'ai besoin de toi.
Viens, Jésus, et demeure
  Auprès de moi. Amen.

MERCREDI (Soir).

La Parole a été faite chair, et a habité parmi nous, pleine de grâce et de vérité, et nous avons contemplé sa gloire, une gloire comme celle du Fils unique venu du Père. (St. Jean 1, 14).

Méditation.

Nous sommes quelquefois disposés à porter envie aux apôtres de ce qu'il leur a été permis de contempler le Seigneur des yeux de la chair, et de recevoir de sa bouche des paroles de vie éternelle. Toutefois le combat de la foi ne leur a été nullement épargné. Ils ont dû pénétrer toujours plus avant dans l'esprit et les sentiments du Christ, chercher à mieux comprendre la nature de son règne, et ne pas se scandaliser de son humilité et de sa forme de serviteur, qui sont aujourd'hui encore pour un grand nombre une pierre d'achoppement. Si nous ne pouvons voir le Sauveur des yeux de la chair, nous pouvons le contempler du regard de la foi. Pourvu que notre cœur soit sensible à sa gloire, nous la verrons briller avec éclat dans sa Parole et dans l'histoire des siècles passés.

PRIÈRE.

Seigneur, notre Dieu ! Tu nous as aimés de toute éternité ; donne-nous une impression toujours plus profonde de ton amour insondable, afin qu'il nous réjouisse dans la vie, et nous console dans les souffrances et dans la mort. Tu nous as donné ton Fils, comment ne nous donnerais-tu pas toutes choses avec lui ? Grave dans nos cœurs, par ton St-Esprit, la conviction que nous sommes tes enfants et les héritiers de la vie éternelle. Que ta promesse : « Nul ne les ravira de ma main » s'accomplisse pour nous ; fais qu'un jour, Seigneur Jésus, après t'avoir servi et glorifié sur cette terre, notre foi soit changée en vue, et que nous puissions te contempler face à face dans la lumière de la vie éternelle. Entoure-nous de ta protection pendant cette nuit ; répands ta paix dans nos cœurs en nous pardonnant tous nos péchés, et fais-nous reposer à l'ombre de ton aile.

Cherchons ce Sauveur adorable,
Cherchons-le d'esprit et de cœur !
Il n'est point de bien véritable
Pour qui s'éloigne du Seigneur.
Mortels, chantons notre bonheur ;
Chantons, nous avons un Sauveur.

Mais en célébrant sa naissance,
Soyons avec sincérité
Membres de sa sainte alliance
Dans l'amour et l'humilité.
Mortels, chantons notre bonheur,
Chantons, nous avons un Sauveur. Amen.

JEUDI (MATIN).

O Eternel, toutes tes œuvres te célébreront, et tes bien-aimés te béniront ! Ils diront la gloire de ton règne et ils raconteront ta puissance pour faire connaître aux fils des hommes tes hauts faits, et la glorieuse magnificence de ton règne. Ton règne est un règne de tous les siècles, et ta domination dure dans tous les âges.   (Ps. 145, 10-13).

MÉDITATION.

Il est impossible de connaître le Seigneur et de considérer

ses œuvres et ses dispensations, sans que le cœur soit rempli de sentiments de reconnaissance et d'admiration pour sa grandeur, sa puissance et sa bonté. L'Eternel est juste dans toutes ses voies et plein de bonté dans toutes ses œuvres ; proclamons-le hautement, alors même que nous ne comprendrions pas pourquoi il permet certains événements. Il protège ceux qui l'aiment et qui s'attendent à lui ; il les entoure de son amour et de sa miséricorde. Par la création, Dieu nous fait voir la magnificence glorieuse de son pouvoir ; par la rédemption, la magnificence plus glorieuse encore de son amour. Ce n'est donc pas seulement notre adoration que nous devons à Dieu ; c'est encore et avant tout notre amour.

Prière.

Dieu fidèle! Les richesses de ta miséricorde, les merveilles de ton amour sont infinies. Donne-nous des yeux pour les voir, un cœur pour les comprendre ; apprends-nous à te louer et à te bénir non seulement de nos lèvres, mais par une vie toute consacrée à ton service. Que nous t'aimions, Seigneur, de tout notre cœur, de toute notre âme, de toutes nos forces et de toutes nos pensées, en retour des bienfaits innombrables dont tu nous combles chaque jour ; que nous te servions avec joie et trouvions notre bonheur dans l'accomplissement de ta sainte volonté. Accorde-nous le secours de ta grâce, agis en nos cœurs par l'influence de ton St-Esprit et fais abonder dans notre vie les fruits de reconnaissance et d'amour. Nous nous remettons entre tes mains paternelles pour ce jour ; continue à nous supporter malgré nos faiblesses ; conduis-nous selon ton conseil et bénis-nous avec tous ceux qui nous sont chers, pour l'amour de Celui que tu nous a donné comme Sauveur.

Ma bouche, ô Dieu, chantera la splendeur
Dont se revêt ta suprême grandeur.
Et pour louer tes miracles divers,
J'emprunterai la voix de l'univers.

Les cieux, la terre et les autres ouvrages
De tes vertus sont les vives images;
J'apprendrai d'eux à publier sans cesse
Et ta puissance et ta haute sagesse. Amen.

JEUDI (Soir).

Le royaume de Dieu sera semblable à dix vierges qui, ayant pris leurs lampes, allèrent au-devant de l'époux. Or, cinq d'entre elles étaient sages, et cinq folles. Les folles, en prenant leurs lampes, n'avaient point pris d'huile avec elles. Mais les sages avaient pris de l'huile dans leurs vaisseaux avec leurs lampes. Et comme l'époux tardait à venir, elles s'assoupirent toutes et s'endormirent. Et sur le minuit un cri s'éleva : Voici l'époux qui vient; sortez au-devant de lui. Alors toutes les vierges se levèrent et préparèrent leurs lampes. Et les folles dirent aux sages : Donnez-nous de votre huile ; car nos lampes s'éteignent. Mais les sages répondirent : Nous craignons qu'il n'y en ait pas assez pour nous et pour vous ; allez plutôt vers ceux qui en vendent et en achetez pour vous. Mais, pendant qu'elles allaient en acheter, l'époux vint, et celles qui étaient prêtes entrèrent avec lui aux noces, et la porte fut fermée. Après cela, les autres vierges vinrent aussi et dirent : Seigneur, Seigneur, ouvre-nous. Mais il leur répondit : Je vous dis en vérité que je ne vous connais point. Veillez donc, car vous ne savez ni le jour ni l'heure où le Fils de l'homme viendra.

(St. Matth. 25, 1-13).

Méditation.

Les vierges folles n'étaient pas du nombre des personnes qui ne connaissent pas Jésus ou qui le méprisent. Elles le confessaient des lèvres, mais elles n'avaient qu'une piété extérieure, la foi vivante leur manquait. Ce qui rend la foi vivante, ce ne sont pas nos sentiments, mais l'onction du St-Esprit. Nous possédons cette foi lorsque nous sommes humbles, pauvres en esprit, que nous avons faim et soif de justice et que nous nous nourrissons de la Parole de vérité. Prions Dieu de nous augmenter cette foi. Quand elle sera plus profonde, elle nous rendra la pensée de l'éternité plus présente, elle nous pénétrera du sentiment de notre misère et de celui de l'amour de Dieu, elle remplira notre cœur de zèle pour le salut des âmes et pour la gloire de Dieu, en même temps que de joie, de courage et de l'espérance qui ne confond point. Ecoutons l'avertissement du Seigneur Jésus à ses disciples : « Veillez et priez, de peur que vous ne tombiez dans la tentation, car l'esprit est prompt, mais la chair est faible. » En agissant ainsi, nous ne ressemblerons pas aux vierges folles de l'Evangile.

Prière.

Père céleste ! Donne-nous ton Esprit, afin que nous nous éprouvions nous-mêmes pour voir si nous ressemblons aux vierges sages qui ont de l'huile dans leurs lampes, et qui sont prêtes à suivre l'époux, ou si, semblables aux vierges folles, nous sommes indifférents à l'égard de notre salut, et employons notre temps de grâce à des choses vaines ou des occupations terrestres. Seigneur, sans ton secours et ta bénédiction, nous sommes faibles et impuissants ; mais tu peux nous fortifier, nous donner l'onction de ton Esprit, la foi, l'amour, la fidélité et la charité. Aide-nous à combattre le bon combat de la foi, à veiller, à lutter, à prier, jusqu'à la fin de notre carrière et à notre entrée dans ta joie et dans ta gloire.

<blockquote>
Le temps est court pour finir notre tâche :
A l'œuvre donc puisqu'il est encor jour !
Combats, agis, chrétien, ne sois point lâche ;
Ton maître vient, sois prêt pour son retour. Amen.
</blockquote>

VENDREDI (Matin).

Je vous écris un commandement nouveau, ce qui est vrai en lui et en vous, car les ténèbres passent et la vraie lumière luit déjà. Celui qui dit qu'il est dans la lumière et qui hait son frère, est encore dans les ténèbres ; celui qui aime son frère demeure dans la lumière, et il n'y a rien en lui qui le fasse broncher. (1 Jean 2, 8-10).

Méditation.

Plus l'homme est éloigné de Dieu, plus il est dans les ténèbres, et plus son cœur est près de lui, plus il sera dans la lumière. Lorsque par l'Evangile nous apprenons à nous connaître dans notre faiblesse et notre impuissance, et le Seigneur Jésus dans sa grandeur et dans son amour pour les pécheurs, on peut dire de nous : « Les ténèbres passent et la vraie lumière luit déjà. » La vraie lumière ne brille pas seulement pour un temps comme les bougies d'un arbre de Noël, pour diminuer peu à peu et s'éteindre ensuite, mais elle continue à luire et à augmenter en éclat à mesure qu'elle approche de l'éternité et de la gloire de Dieu qui en est la source. Il est vrai qu'il y a des moments où elle s'obscurcit dans le cœur, lorsque la foi faiblit et que l'amour se refroidit, mais elle ne saurait s'éteindre chez le fidèle ; elle brille toujours de nouveau pour lui, à la gloire de la grâce divine.

Prière.

Père céleste, qui habites une lumière inaccessible, fais-la briller pendant ce jour dans nos cœurs, afin que nous soyons heureux dans ta communion. Seigneur Jésus, lumière du monde, donne-nous de marcher à ta divine clarté, jusqu'à ce que nous soyons parvenus à la lumière de la vie éternelle. Nous sommes souvent entourés de ténèbres et le chemin est obscur devant nous ; viens resplendir au sein de notre voie ténébreuse et illumine-nous de ton Esprit. Que notre âme sente ta bienfaisante présence qui nous renouvelle, nous ennoblit et nous rend capables de t'aimer et de te servir. Ne t'éloigne point de nous, ne nous retire pas ta grâce, nous t'en supplions au nom de tes compassions infinies.

O Dieu ! du fond des âges
Une voix vient à nous,
Confondant les plus sages,
Se faisant tout à tous.
Pour elle point d'obstacle,
Elle arrive à son but.
La croire est un miracle,
La suivre est le salut.

Il n'est point de misère
Qui résiste à tes dons ;
L'homme croit, aime, espère,
Sous tes divins rayons.
Leur feu le purifie
Et réchauffe son cœur ;
Il vit, et c'est la vie
Que tu lui rends, Seigneur. Amen.

VENDREDI (Soir).

Béni soit le Seigneur, le Dieu d'Israël, de ce qu'il a visité et racheté son peuple. (St. Luc 1, 68).

Méditation.

Un fait que personne ne peut contester, c'est que Jésus-Christ a changé la face du monde en imprimant à l'humanité une nouvelle et puissante direction. Mais non seulement la nouvelle ère qu'il commence, procède de lui, les temps anciens aussi se rapportent à lui et préparent sa venue. — Quand le Seigneur fait son entrée dans une maison, le salut y est entré. Heureux celui qui peut dire : Le Seigneur m'a donné le bouclier du salut, qui me garantit de tous les dangers et de tous les ennemis. Il est à moi et je suis à lui, que faut-il de plus pour me rendre heureux ? Avec le secours de sa grâce, notre vie et nos œuvres seront à sa gloire, jusqu'au moment où, délivrés de toutes les entraves, nous pourrons le servir avec joie dans le monde à venir, quand la dernière venue du Seigneur aura annoncé le jour de l'entière rédemption. Nous saluerons alors celui qui viendra, par ce chant d'allégresse des bienheureux : « Béni soit le Seigneur de ce qu'il a visité et racheté son peuple. »

Prière.

Nous soupirons, Seigneur, après ton salut, après la bénédiction et la paix de ta communion. Donne-nous ton Esprit de grâce et de prière, afin que nous puissions nous approcher avec joie de ton trône, pour obtenir le pardon et les forces nécessaires pour te glorifier. Accorde-nous, après les peines, les fatigues et les distractions de ce jour, ta paix qui surpasse toute intelligence. Fais taire en nous les inquiétudes et les plaintes et remplis-nous d'une foi joyeuse en toi, notre Sauveur, qui nous as visités et rachetés. Sois avec nous, garde-nous et bénis-nous pendant cette nuit pour l'amour de ton Nom.

> Les peuples qui marchaient dans l'ombre de la mort,
> Vont être illuminés et changeront de sort;
> Leur yeux seront ouverts par ta vive lumière,
> Ils reconnaîtront leur Dieu, leur Sauveur et leur père.
> Il conduira nos pas au chemin de la paix,
> Et ce divin Sauveur remplira nos souhaits;
> Nous l'aimerons toujours, nous lui serons fidèles,
> Et nous vivrons heureux sous l'ombre de ses ailes. Amen.

SAMEDI (Matin).

> Esaïe dit aussi : Jessé aura un rejeton qui se lèvera pour gouverner les Gentils ; les Gentils espéreront en lui. Que le Dieu d'espérance vous remplisse donc de toute sorte de joie et de paix, dans la foi, afin que vous abondiez en espérance, par la puissance du Saint-Esprit. (Rom. 15, 12 et 13).

Méditation.

Les jours qui précèdent la fête de Noël sont un temps de joyeuse espérance. L'espérance, pareille à la colonne de lumière, accompagne le pèlerin à travers le désert de la vie et éclaire sa route vers la patrie éternelle. Elle a été déposée dans le cœur de l'homme le jour où la porte du Paradis s'est fermée sur lui et où le monde s'offrait comme un désert à ses regards désolés. Elle a trouvé son expression première et toujours renouvelée dans la promesse d'un Sauveur. L'humanité a attendu pendant quatre mille ans la réalisation de cette promesse ; son espérance n'a pas été confondue. Quand les temps furent accomplis, le Messie est venu ; mais l'espérance remplira le cœur du fidèle aussi longtemps qu'il sera sur cette terre. Il attend les jours où nous ne célébrerons plus d'Avent, ni de Noël et où ce que nous avons cru et espéré ici-bas sera une glorieuse réalité. Tant que durera cette vie durera notre lutte contre le péché qui reste toujours attaché à nous, mais nous avons la ferme assurance que, par la puissance du Seigneur et de son Esprit, nous arriverons un jour à la pleine victoire.

Prière.

Grâces te soient rendues, Père céleste, de ce que tu nous as créés à ton image et de ce que tu nous as donné ton Fils, le Messie promis, pour nous racheter et nous sauver. Nous te remercions de tous les dons de ton amour et de ta miséricorde. Sois-nous toujours propice ; fais luire ta face sur tous ceux qui t'invoquent dans leur détresse et bénis-les dans ta bonté. Apprends-nous à te louer toujours mieux, jusqu'à ce que nous puissions le faire dans un monde meilleur, où toutes nos espérances auront été réalisées.

> Si je n'eusse eu la douce espérance
> Qu'un jour, en paix, après tant de travaux,
> Des biens de Dieu j'aurais la jouissance,
> Je succombais sous le poids de mes maux.
> Toi donc, mon âme, en ton plus grand tourment,
> Attends de Dieu la grâce et le secours ;
> Son bras puissant t'affermira toujours ;
> Attends, mon âme, attends Dieu constamment.   Amen.

SAMEDI (Soir).

Il y avait dans la même contrée des bergers qui couchaient aux champs, et qui gardaient leurs troupeaux pendant les veilles de la nuit. Et voici un ange du Seigneur se présenta à eux, et la gloire du Seigneur resplendit autour d'eux, et ils furent saisis d'une grande peur. Alors l'ange leur dit : N'ayez point de peur, car je vous annonce une grande joie, qui sera pour tout le peuple ; c'est qu'aujourd'hui, dans la ville de David, le Sauveur, qui est le Christ, le Seigneur, vous est né.   (St. Luc 2, 8-11).

Méditation.

« Le Sauveur vous est né !» Telle est la prédication de Noël, accompagnée de l'hymne de l'armée céleste ; elle est sortie de la bouche d'un ange et a retenti dans les plaines de Bethléhem, inondées de la gloire du Seigneur. Depuis lors elle se fait entendre par toute la terre ; là où elle pénètre, le jour dissipe la nuit, la lumière divine éclaire les cœurs travaillés et chargés et les âmes qui soupirent après le Seigneur ; les plaintes et les gémissements font place au cantique sacré qui annonce que l'homme a retrouvé son Dieu, et en lui la paix et la vie divine qu'il avait perdues. Elle est grande, elle est admirable cette parole : Le Sauveur vous est né ! Elle résume, avec une clarté céleste, tout ce que Dieu, riche en bonté et en puissance, a fait pour les hommes, tout ce qu'il leur a donné pour les amener des ténèbres à sa merveilleuse lumière. Le monde entier en est éclairé et transformé en une maison de Dieu où la justice, la paix et la joie habitent, selon cette parole de l'apôtre : Les ténèbres sont passées et le jour s'est fait.

Prière.

Dieu miséricordieux et fidèle ! Nous bénissons ton saint

Nom de ce que tu nous as permis de revoir ce soir saint et béni. Grâces te soient rendues de ce qu'en Jésus-Christ tu nous as préparé le salut et la rédemption. Seigneur Jésus, tu es le vrai don de Noël, descendu du ciel, tu es notre lumière et notre vie, notre consolation et notre paix, notre bon et fidèle Berger, qui nous mènes dans des parcs herbeux, le long des eaux tranquilles, et un jour, à travers la sombre vallée, dans la maison paternelle. Fais-nous sentir profondément tout ce que tu veux être pour chacun de nous, et bénis pour nous ces jours solennels, qui nous rappellent ta venue dans le monde et ton immense amour pour les pécheurs.

Avant que je visse le jour,
Mon âme le fut chère ;
Tu me prévins par ton amour
En devenant mon frère.
Avant que ta main m'eût formé,
Tu te chargeas, mon Bien-Aimé,
Du poids de ma misère.

Comment te recevoir, Seigneur ?
La distance est extrême
De la poussière au Créateur,
D'un ver au Dieu suprême,
Mais si grande est ta charité
Que tu n'as jamais rebuté
Un pauvre cœur qui t'aime. **Amen.**

NOEL (MATIN)

Gloire à Dieu, dans les lieux très-hauts, paix sur la terre, bonne volonté envers les hommes ! (St. Luc 2, 14).

MÉDITATION.

Ce chant de louange de l'armée céleste, répété sur la terre de siècle en siècle, ne cessera de retentir ici-bas, que pour se prolonger d'éternité en éternité dans les nouveaux cieux et la nouvelle terre. C'est pour nous pauvres pécheurs qu'est préparée la joyeuse fête de Noël. Dieu nous a fait un don qui comprend tous ses trésors pour nous enrichir dans notre pauvreté ; il nous a envoyé une lumière qui luira éternellement ; dans le désert de ce monde il a planté un arbre de vie qui doit nous garantir de la mort éternelle. Voilà pourquoi nous célébrons Noël, pourquoi dans les palais et dans les chaumières des milliers de lumières illuminent les visages heureux et les dons de l'affection et de la charité, pourquoi dans des sentiments de joie et de reconnaissance nous entonnons et répétons le chœur des anges : « Gloire soit à Dieu, au plus haut des cieux ; paix sur la terre et bienveillance envers les hommes ! » Les hymnes de reconnaissance et d'amour ne pouvaient plus monter vers l'Eternel, puisque les hommes avaient oublié qui est leur Seigneur et leur Roi ; mais voici : « l'Enfant nous est né, un fils nous est donné, l'empire est sur son épaule, on l'appelle : l'Admirable, le Conseiller, le Dieu fort, le Père de l'éternité, le Prince de la paix. Un fleuve de lumière et de vie sort de Bethléhem et traverse les siècles et les générations pour vivifier et ranimer tous les membres secs et morts, pour consumer le péché et la mort et créer de nouveaux cieux et une nouvelle terre où la justice habite.

PRIÈRE.

Sauveur fidèle ! Tu t'es fait homme en te dépouillant de ta gloire ; nous te bénissons du fond du cœur du sacrifice insondable que tu as offert pour nous. Nous ne pouvons pas sonder ce mystère d'amour et nous n'avons que notre pauvre cœur pécheur à t'offrir. Accepte-le et renouvelle tout en nous. Fais descendre ta paix divine dans nos âmes. Dans ta miséricorde souviens-toi tout particulièrement en ce jour de la grande famille des affligés, des pauvres, des malades et des malheureux. Fais resplendir dans leurs cœurs un rayon d'En-Haut pour les éclairer et les réjouir par le don immense que tu leur as fait ; que tous ensemble nous puissions unir nos voix à celles de l'armée céleste et dire : « Gloire soit à Dieu, au plus haut des cieux ; paix sur la terre et bienveillance envers les hommes ! »

Les anges chantent dans les airs,
A leurs concerts
Prêtons l'oreille.
Ils célèbrent du Tout-Puissant
Le Fils naissant ;
Quelle merveille !
D'un doux feu le ciel enflammé
N'est plus armé
De son tonnerre.
Gloire à Dieu dans les lieux très saints !
Grâce aux humains !
Paix sur la terre !

Mon âme, goûte le bonheur
Que ce Sauveur
Apporte au monde.
Oui, mon âme, en cet heureux jour,
Que ton amour
Au sien réponde !
Il vint affranchir d'erreurs,
Changer nos cœurs
Par sa loi sainte.
Qui l'aime d'un amour constant
Vivra content,
Mourra sans crainte. Amen.

NOEL (SOIR).

La grâce de Dieu, pour le salut de tous les hommes, a été manifestée ; et elle nous enseigne à renoncer à l'impiété et aux convoitises mondaines, et à vivre, en ce présent siècle, dans la tempérance, dans la justice et dans la piété ; en attendant la bienheureuse espérance, et la manifestation de la gloire de notre grand Dieu et Sauveur Jésus-Christ, qui s'est donné lui-même pour nous, afin de nous racheter de toute iniquité et de nous purifier, et de se former un peuple particulier, zélé pour les bonnes œuvres.

(Tite, 2, 11-14).

Méditation.

La grâce de Dieu, sa bonté ineffable, sa grande miséricorde pour le salut des hommes, s'est manifestée à Bethléhem d'une manière éclatante. Nous nous réjouissons aujourd'hui du don précieux qui nous a été fait, qui nous révèle l'immense amour de Dieu et qui répand sur nous toute la plénitude de sa grâce. Le Père céleste nous a donné ce qu'il avait de plus cher, son Fils unique. Les cadeaux faits à l'occasion de Noël ne sont pas toujours bienfaisants, mais le don de Dieu n'apporte à l'humanité que salut, joie et bénédictions. Le Seigneur Jésus est la lumière et la consolation du monde ; il est notre salut et notre paix. Que serait la terre sans lui ? Un champ couvert de ronces et d'épines. Et la vie humaine, que serait-elle sans celui qui est le chemin, la vérité et la vie ? Un labyrinthe dans une nuit sans étoile. Béni soit Dieu ! sa grâce salutaire a été manifestée à tous les pécheurs ; aucun peuple, aucun âge, aucun état, aucun homme, quel que soit son degré de civilisation, n'en est exclu. Les heureux peuvent s'en réjouir et les malheureux s'en consoler : il y a un Sauveur pour le monde entier. Que tous lui témoignent leur profonde reconnaissance en mourant au péché et en vivant pour leur Seigneur et Sauveur. C'est la vraie préparation à la manifestation de la gloire de notre grand Dieu et Sauveur Jésus-Christ, à la céleste fête de Noël. Heureux ceux qui, dans les souffrances du temps présent, nourrissent dans leurs cœurs cette espérance ! Heureux ceux qui s'y préparent au milieu des jugements de cette terre ! Mille fois heureux ceux qui y assisteront Là-Haut, qui verront briller la lumière d'un monde meilleur et entendront la voix de l'éternel Amour leur dire : « Entrez dans la joie du Seigneur ! »

Prière.

Dieu fidèle et miséricordieux ! Tu as accompli tes promesses, tu nous as donné un Sauveur, nous te rendons grâces de ton ineffable amour. Gloire à toi, Seigneur Jésus, de ce que tu t'es fait pauvre pour nous, afin que par ta pauvreté nous fussions rendus riches. Fais-nous la grâce d'entrer dans tes vues d'amour. Enrichis-nous en foi et en dévoûment, en douceur et en humilité, en paix et en espérance. Que ta grâce manifeste son pouvoir dans nos cœurs, que ton œuvre de salut s'accomplisse en nous. Soutiens-nous par les magnifiques promesses de ta Parole ; aide-nous à nous y attacher avec foi et avec reconnaissance. Que jamais nous n'oubliions tout ce que tu as fait pour nous, et que nous te glorifiions par une vie d'obéissance et de dévouement à ton saint service. Bénis-nous abondamment avec tous ceux qui nous sont chers ; donne à nos cœurs la vraie paix, la vraie joie de Noël.

Approchons-nous avec les mages
Du berceau de notre Sauveur ;
Rendons-lui nos justes hommages
Et présentons-lui notre cœur.

L'or et l'encens de l'Arabie
Plaisent bien moins à notre roi
Que la sainteté de la vie,
Qu'un cœur plein d'amour et de foi. Amen.

26 DÉCEMBRE (Matin).

Quand les anges se furent retirés d'avec eux dans le ciel, les bergers se dirent les uns aux autres : Allons donc jusqu'à Bethléhem, et voyons ce qui est arrivé, ce que le Seigneur nous a fait connaître. Ils y allèrent donc en hâte, et trouvèrent Marie et Joseph, et le petit enfant, qui était couché dans la crèche. Et l'ayant vu, ils publièrent ce qui leur avait été dit touchant ce petit enfant. Et tous ceux qui les entendirent, étaient dans l'admiration de ce que les bergers leur disaient. Et Marie conservait toutes ces choses, les repassant dans son cœur. Et les bergers s'en retournèrent, glorifiant et louant Dieu, de tout ce qu'ils avaient entendu et vu, conformément à ce qui leur avait été dit. (St. Luc 2, 15-20).

Méditation.

Les bergers de Bethléhem nous donnent un exemple à imiter ; ils veulent voir ce qui leur a été annoncé ; ils désirent offrir leurs hommages au Sauveur dont ils ont appris la naissance. Que ce soit aussi le but de nos désirs et de nos aspirations ! Nous avons en partage des privilèges que n'avaient pas les bergers. Leurs yeux ont vu un petit enfant, faible et impuissant, nous connaissons le Seigneur de gloire, qui est *un* avec le Père, l'Admirable, le Conseiller, le Dieu fort, le Père d'éternité, le Prince de la paix. Nous possédons des témoignages et des preuves visibles de la vérité de ce message des anges : « Le Sauveur vous est né. » Jésus-Christ a transformé l'humanité. Partout où il y a la vie véritable, des progrès réels dans le monde, c'est le fruit de sa Parole et de son Esprit. Là où il est absent règnent la nuit et la mort ; nous en faisons l'expérience dans nos propres cœurs. Que celui en qui la lumière s'est levée la fasse luire autour de lui ! Si nous avons reçu le Sauveur, tout notre être et toute notre vie doivent s'en ressentir. Une reconnaissance joyeuse pour l'immense amour de Dieu doit remplir nos cœurs et nous accompagner, des hauteurs lumineuses de ces belles fêtes, dans la vie de tous les jours, même dans les heures les plus difficiles, alors qu'une tâche pénible nous attend ou que la main du Seigneur nous charge d'une croix. Lorsque notre cœur a éprouvé la vraie joie de Noël, notre vie devient une glorification de Dieu et de son bien-aimé Fils, jusqu'au jour béni où nous le verrons dans le ciel face à face, comme les bergers l'ont vu à Bethléhem.

Prière.

Seigneur Jésus! qui par amour pour nous as quitté la gloire que tu avais auprès du Père céleste pour te revêtir de notre humanité, nous t'en rendons grâces, et nous te prions de nous faire éprouver les effets de ta fidélité et de ta miséricorde. Que nous trouvions tous en toi le salut et la vie en abondance. Daigne être avec nous en ce jour et nous bénir abondamment. Nous mettons notre confiance en toi, puissant Sauveur. Soutiens-nous dans nos luttes, dans nos épreuves et conduis-nous dans la paix éternelle dans la maison de ton Père. Remplis-nous d'un esprit de douceur et de charité. Bénis nos familles et tous ceux qui souffrent, nous t'implorons au nom de tes mérites infinis.

Devant la crèche prosterné,
Je viens te rendre hommage;
Divin enfant qui nous es né,
A toi seul je m'engage.

Je n'ai rien qui ne soit à toi;
O cher Sauveur, inspire-moi
Un amour sans partage.
Amen.

26 DÉCEMBRE (Soir).

Lorsque la bonté de Dieu notre Sauveur et son amour pour les hommes ont été manifestés, il nous a sauvés, non à cause des œuvres de justice que nous aurions faites, mais selon sa miséricorde, par le baptême de la régénération, et le renouvellement du Saint-Esprit, qu'il a répandu avec richesse sur nous, par Jésus-Christ notre Sauveur; afin que, justifiés par sa grâce, nous fussions héritiers de la vie éternelle selon notre espérance.

(Tite 3, 4-7).

Méditation.

Après les belles fêtes de Noël et leurs douces et saintes joies, nous retournons à nos travaux de tous les jours, avec leurs fardeaux et leurs soucis, leurs tentations et leurs épreuves. Gardons-en plus que des impressions fugitives ; ne faisons pas comme nos enfants, qui oublient bientôt ce qu'ils ont entendu et qui demain brisent les jouets qui aujourd'hui font l'objet de leur joie. Dans peu de jours nous finirons une année pendant laquelle la miséricorde de Dieu nous a accompagnés. Si c'est sa volonté, nous entrerons dans une année nouvelle ; nous ignorons ce qu'elle sera pour nous, mais nous savons que chacun de ses jours sera un pas de plus vers l'éternité. Les grâces que Dieu nous dispense et qu'il nous a encore abondamment accordées ces derniers jours, doivent produire ce fruit béni qu'elles nous préparent à une éternité bienheureuse. Dieu, nous dit l'apôtre, nous a fait connaître sa miséricorde, afin que, justifiés par sa grâce, nous fussions héritiers de la vie éternelle, selon notre espérance. Jésus-Christ ne peut pas nous sauver si nous ne mettons pas toute notre confiance en lui, si nous ne sommes pas unis à lui par une foi vivante que rien ne peut ébranler et qui, dans les douleurs de la vie et dans les angoisses du péché, nous fait dire : Je ne te laisserai point que tu ne m'aies béni. Mais c'est surtout lorsque nous serons arrivés au but, que nous éprouverons les effets magnifiques de sa grâce. Nous serons héritiers de la vie éternelle selon sa promesse et selon notre espérance : c'est le don de Noël pour l'éternité. Tout ce que la bonté de Dieu nous a accordé ici-bas n'en était qu'une figure et une ombre. Qu'il nous fasse la grâce d'emporter de ces belles fêtes le désir ardent de détacher nos regards des choses qui passent pour les porter vers les biens éternels, que le Seigneur a promis à ceux qui croient en lui et qui aiment son avènement.

PRIÈRE.

Grâces te soient rendues, Dieu fidèle et Père céleste, de tout ce que tu as fait pour nous pendant cette belle fête de Noël ! Donne-nous d'en garder une bénédiction qui dure jusqu'en éternité. Que le doux message que nous avons encore entendu, nous réjouisse et nous console, au moment où une nouvelle fin d'année nous rappelle la fuite rapide du temps et la fragilité de notre vie. Tu restes quand tout nous quitte, aucune puissance de ce monde ne peut nous séparer de toi et de ton amour. Fortifie-nous dans la foi, afin que nous ne nous éloignions point de toi, et que nous gardions précieusement le salut que ton Fils bien-aimé nous a acquis.

Comme un éclair qui fend la nue,
Tu viens, et tout œil te verra.
Oh! que de gloire en ta venue!
Et ton jour, qui le soutiendra?

Un roi va régner en justice:
C'est Jésus, l'homme de douleurs!
Plus de honte en son sacrifice;
Pour nous plus de deuil, plus de pleurs.
Amen.

27 DÉCEMBRE (MATIN).

Les jours de l'homme sont comme l'herbe; il fleurit comme la fleur des champs. Car le vent ayant passé dessus, elle n'est plus, et son lieu ne la reconnaît plus. (Ps. 103, 15 et 16).

MÉDITATION.

Il n'y a qu'un pas de la vie à la mort. Les hommes comptent en général sur beaucoup d'années, c'est un faux calcul. Qu'y a-t-il qui passe plus vite que la vie? Elle court plus rapidement que la navette du tisserand, elle disparaît plus vite que la neige sous les feux du soleil, que la fumée dans l'air. C'est surtout en nous mettant en face de Dieu que nous comprenons ce que nous sommes, et surtout ce que nous ne sommes pas. Qu'est-ce que la longueur de notre vie en présence de l'éternité? Nous ne sommes que cendre et poussière, une feuille qui tombe, une fleur qui se fane en un clin d'œil. Et pourtant l'Eternel a bien voulu se revêtir de notre enveloppe si fragile : il a dressé sa tente parmi nous et nous avons vu sa gloire. Cette fleur de notre vie qui disparaît au vent du soir, ne disparaît pas pour toujours ; elle refleurira sous un plus beau ciel pour ne plus se flétrir. Conduisons-nous donc en bourgeois des cieux ; vivons sous le regard de Dieu et nous nous élèverons au-dessus de la terre avec sa vaine gloire, ses espérances et ses déceptions ; nous serons capables de résister à toute la gloire du monde et d'entrer dans la félicité du ciel, que le Seigneur nous a préparée dans son amour.

PRIÈRE.

Seigneur, notre Dieu! Tu es à toujours notre rocher, notre forteresse, notre lumière et notre consolation. Nous mettons notre confiance en toi, dans cette vie si passagère. Tiens-toi à côté de nous avec ton secours pour l'amour de ta miséricorde. Aide-nous à passer ce jour selon ta sainte volonté, et rends-nous victorieux dans toutes nos tentations. Rappelle-nous surtout notre fragilité et le sérieux de la vie ; que nous apprenions à chercher les biens seuls durables, à choisir la bonne part qui ne nous sera point ôtée.

> Les jours de l'homme à l'herbe je compare,
> Dont à nos yeux la campagne se pare,
> Qu'un peu de temps a vu croître et mûrir,
> Et qui soudain de l'aquilon battue,
> Tombe et se fane, et n'est plus reconnue,
> Même du lieu qui la voyait fleurir.
>
> Mais tes faveurs, ô Dieu! sont éternelles.
> Pour qui t'invoque, et toujours les fidèles
> De siècle en siècle éprouvent ta bonté.
> Dieu garde ceux qui marchent en sa crainte,
> Ceux dont le cœur s'attache à sa loi sainte,
> Tous ceux enfin qui font sa volonté. Amen.

27 DÉCEMBRE (Soir).

Bien-aimés, si Dieu nous a ainsi aimés, nous devons aussi nous aimer les uns les autres. (1 Jean 4, 11).

Méditation.

Le véritable amour est patient ; il nous apprend à supporter les faiblesses de ceux avec lesquels nous sommes appelés à vivre. N'oublions pas le long support de Dieu pour nous ; sa patience ne se lasse jamais, chaque jour il nous donne de nouvelles preuves de son amour. L'année touche rapidement à sa fin ; à cette époque on règle ses comptes, on paye ses dettes, pour n'avoir pas à emporter un pesant fardeau dans la nouvelle année. Mais dans le domaine de l'amour il nous reste une dette, dont nous ne pourrons jamais nous acquitter. Tout en nous efforçant d'aimer selon notre pouvoir, cette dette ne diminue pas ; mais plus nous répandrons d'amour et de bienfaits autour de nous, plus nous serons bénis et comblés des richesses de l'amour de Dieu.

Prière.

Dieu tout-puissant et éternel ! Tu habites une lumière inaccessible et nous sommes de pauvres pécheurs mortels, qui avons à apprendre et à combattre sans cesse à l'école de la vie. Aide-nous, Seigneur, à mieux accomplir ta sainte volonté. Nous te prions en particulier d'inspirer le véritable amour à tes enfants. Que nous cherchions à aimer notre prochain comme nous-mêmes. Souvent nous avons transgressé ce saint commandement. Pardonne-nous, assiste-nous par le secours de ta grâce ; apprends-nous à aimer et à nous dévouer, à l'exemple de Jésus-Christ ; nous te le demandons pour l'amour de sa miséricorde.

Enfants du Très-Haut, sainte race,
De Jésus suivez-vous la trace?
Disciples, savez-vous aimer?
Sentez-vous brûler en votre âme
Cette pure et céleste flamme
Que le maître vint allumer?

La charité peut toute chose,
Car en Dieu même elle a sa cause.
Et c'est la foi qui la produit;
Elle surpasse en excellence
Et la foi même et l'espérance,
Comme l'arbre est moins que le fruit.
Amen.

28 DÉCEMBRE (Matin).

Joseph et sa mère étaient dans l'admiration des choses qu'on disait de lui. Et Siméon les bénit, et dit à Marie sa mère: Voici, cet enfant est mis pour la chute et le relèvement de plusieurs en Israël, et pour être en butte à la contradiction; en sorte que les pensées du cœur de plusieurs seront découvertes; et pour toi une épée te transpercera l'âme. Il y avait aussi Anne la prophétesse, fille de Phanuel, de la tribu d'Ascer; elle était fort avancée en âge; et elle avait vécu avec son mari sept ans, depuis sa virginité. Elle était veuve, âgée d'environ quatre-vingt-quatre ans, et elle ne sortait point du temple, servant Dieu nuit et jour, en jeûnes et en prières. Etant survenue à cette heure, elle louait aussi le Seigneur, et elle parlait de Jésus à tous ceux de Jérusalem qui attendaient la délivrance d'Israël.

(St. Luc 2, 33-38).

Méditation.

La parole du vieillard Siméon s'est réalisée non seulement en Israël, mais dans toute la chrétienté. Jésus-Christ a toujours été une occasion de chute pour ceux qui se sont détournés de lui, et qui ont combattu le christianisme comme une puissance ennemie; mais il a aussi été mis pour le relèvement de plusieurs. Béni soit Dieu de ce qu'il ne dévoile pas seulement la corruption intérieure de l'homme, mais de ce qu'il est en même temps une source de salut et de délivrance pour ceux qui croient en lui. En Christ ils reçoivent la paix et le pardon de leurs péchés. Les années qui se succèdent ne peuvent qu'augmenter leur trésor, et lorsqu'une épée transperce leur cœur et manifeste leurs pensées, elle révèle leur amour pour le Sauveur et leur vive espérance de la vie éternelle. Pour les justes, la lumière resplendit du sein des ténèbres. C'est ce que nous dit Anne, cette personne chargée d'années qui depuis si longtemps attendait la consolation d'Israël. Elle a enfin trouvé ce qui pouvait satisfaire son cœur isolé, et ce qui seul nous procure à tous la paix pour le temps présent et pour l'éternité.

Prière.

Dieu fidèle et miséricordieux! Nous te bénissons de toutes

tes bontés et de la protection que tu nous as accordée la nuit dernière. Nous continuons notre pèlerinage en regardant à toi. Fais-nous marcher dans tes voies, Seigneur, dans le droit chemin, afin que nous ne nous égarions point. Préserve-nous de légèreté et de fausse sécurité ; donne-nous la force de renoncer à tout ce qui n'est pas selon toi et de régler notre vie sur ta sainte volonté. Elève nos pensées et nos cœurs à toi ; bénis ce que nous faisons en ton Nom ; console-nous dans nos tristesses ; sanctifie nos joies et remplis-nous de ta paix qui surpasse toute intelligence. Accorde-nous surtout la grâce de nous réjouir de ton salut, d'être heureux dans la pensée qu'après t'avoir fidèlement servi sur la terre, nous pourrons un jour nous reposer dans ton ciel avec tous les bienheureux ; fais qu'à l'heure de notre délogement nous puissions répéter avec le pieux Siméon :

> Laisse-moi désormais,
> Seigneur, aller en paix,
> Car, selon ta promesse,
> Tu fais voir à mes yeux
> Le salut glorieux
> Que j'attendais sans cesse ! Amen.

28 DÉCEMBRE (Soir).

Je dis qu'aussi longtemps que l'héritier est enfant, il ne diffère en rien de l'esclave, quoiqu'il soit seigneur de tout ; mais il est sous des tuteurs et des curateurs jusqu'au temps marqué par le père. Nous aussi de même, lorsque nous étions enfants, nous étions sous l'esclavage des rudiments du monde. Mais lorsque les temps ont été accomplis, Dieu a envoyé son Fils, né d'une femme, né sous la loi, afin que nous reçussions l'adoption.

(Gal. 4, 1-5).

MÉDITATION.

En Christ nous ne sommes plus sous la malédiction de la Loi ; nous sommes devenus enfants de Dieu d'esclaves que nous étions. La Loi ne nous menace et ne nous condamne plus ; elle est écrite dans nos cœurs. Ce n'est pas parce qu'il le faut, par crainte du châtiment que nous observons les commandements de Dieu, mais par amour pour Dieu, qui nous a aimés le premier. Devenus libres, nous avons reçu l'Esprit de Dieu, l'Esprit d'amour et de confiance, qui nous permet de nous approcher avec joie du trône de Dieu et de dire : Abba, Père ! Toutes les richesses du monde ne sont rien en comparaison de l'impérissable trésor d'être enfants de Dieu. Si nous sommes enfants, nous sommes aussi héritiers de Dieu par Jésus-Christ.

PRIÈRE.

Seigneur, Dieu tout-puissant. Nous ne pouvons sonder ta sagesse et ta puissance ; nous t'adorons et nous te bénissons de ce que tu nous as créés à ton image et de ce que tu nous permets de te donner le nom de Père. Tu es fidèle dans tes promesses ; tous ceux qui s'attendent à toi ne seront pas confus. Grâces te soient rendues de ce que tu nous as envoyé ton Fils, afin que par lui nous devenions tes enfants et les héritiers de la vie éternelle. Nous nous approchons avec confiance de ton trône. Les grâces que nous implorons pour nous-mêmes, nous te supplions de les accorder à ceux que nous aimons et à tous les hommes. Tu sais combien l'esclavage du péché est encore répandu dans le monde, viens en briser les chaînes et conduire les âmes à la glorieuse liberté de tes enfants. Béni sois-tu de tout ce que tu as fait pour nous en ce jour ; sois-nous propice pendant cette nuit, pour l'amour de Jésus-Christ.

> Oui, dans le ciel nous avons notre Père
> Qui sous ses yeux nous conduit chaque jour;
> Et tous les soins de la plus tendre mère
> Sont moins constants que son fidèle amour.
> Il nous aimait avant qu'il nous fît naître ;
> En son cher Fils nous étions ses enfants,
> Et dans sa paix notre âme peut connaître
> Combien ses dons sont nombreux et constants. Amen.

---

29 DÉCEMBRE (Matin).

Le roi David entra et se tint debout devant l'Eternel, et dit : Qui suis-je, Seigneur, Eternel, et quelle est ma maison, que tu m'aies fait parvenir où je suis? (2 Sam. 7,18).

MÉDITATION.

Nous trouvons des joies et des douleurs, des hauteurs sereines et de sombres abîmes sur le chemin que nous avons à parcourir ici-bas ; mais les intentions de Dieu à notre égard sont toujours bonnes. En examinant notre cœur et notre vie à la lumière de la Parole divine, en voyant les sages et fidèles directions de sa main paternelle nous ne pouvons que répéter : « Qui suis-je, Seigneur Eternel, et quelle est ma maison, que tu m'aies fait parvenir où je suis ? » Tous nos efforts et tous nos travaux sont vains lorsque Dieu n'y fait pas reposer sa bénédiction. Mais chaque fois que nous l'invoquons du fond du cœur, il nous bénit dans sa miséricorde pour l'amour de Jésus-Christ, malgré nos misères et notre culpabilité. Il ne nous abandonne pas et nous aide à traverser les plus grandes difficultés pour atteindre le but. Arrivés au repos éternel, nous dirons avec plus de reconnaissance encore qu'en ce jour, où nous pensons à l'année qui va finir : « Qui sommes-nous, Seigneur, que tu nous aies fait parvenir où nous sommes ? »

PRIÈRE.

Bon Père céleste ! Nous élevons nos cœurs à toi dès le matin au nom de Jésus-Christ. Tu es éternel, immuable, tandis que nous sommes des êtres d'un jour. Tu règnes avec sagesse et avec amour ; mais qu'est-ce que l'homme que tu te souviennes de lui et le fils de l'homme que tu prennes garde à lui ? Nous te bénissons de ta puissance et de ta bonté, de ta justice et de ta vérité. Tu es l'ancre sûre de notre espérance, quand tout ce qui est terrestre chancelle et disparaît. Tu as été avec nous dans le passé, tu nous as comblés de biens ; tu nous as conduits jour après jour par ta sage Providence, et tu as pourvu à tous nos besoins temporels et éternels selon les richesses de ta miséricorde. Tu nous donneras encore le nécessaire pour arriver heureusement au terme de notre course. Il nous est doux de savoir que tout est entre tes mains et concourt à l'accomplissement de ta sainte volonté. Bannis toute crainte de nos cœurs et rends-nous confiants. Il est vrai que nous avons souvent méconnu tes appels et foulé aux pieds tes commandements, nous nous en humilions et nous voulons à l'avenir t'être plus fidèles. Seigneur, sois avec nous et bénis-nous au nom de Jésus-Christ.

L'Eternel seul est ma lumière,
Ma délivrance et mon appui;
Qu'aurai-je à craindre sur la terre
Puisque ma force est toute en lui?

Oui, je verrai la délivrance
Que mon Sauveur m'accordera;
Aussi mon cœur, plein d'assurance,
En l'attendant s'affermira. Amen.

29 DÉCEMBRE (Soir).

Jésus priait en disant : Père, si tu voulais éloigner cette coupe de moi ! Toutefois, que ma volonté ne se fasse point, mais la tienne. (St. Luc, 22, 42).

MÉDITATION.

Qu'il nous est difficile de dire à Dieu du fond du cœur : Père, que ta volonté se fasse et non pas la nôtre ! Il faut pour cela une ferme foi en lui, et la conviction que dans sa fidélité et dans son amour il fait tout concourir à notre bien. Il est vrai qu'il nous mène souvent par des voies qui ne nous plaisent pas ; il détruit nos plus belles espérances, il nous refuse des demandes pressantes et nous fait de profondes blessures, en sorte que nous sommes disposés à croire qu'une main cruelle peut seule nous porter ces coups, et que de nos cœurs montent ces paroles suggérées par le doute : Est-ce bien la volonté de Dieu ? Mais rassurons-nous, le jour où le voile tombera, la lumière se fera, et nous comprendrons ce qui restait ici-bas une énigme pour nous. Jusque-là cherchons, avec le secours de Dieu, à garder la foi et répétons avec le Psalmiste : Je me tairai et je n'ouvrirai pas la bouche ; toi, ô Eternel, tu dirigeras tout pour le mieux.

PRIÈRE.

Dieu de miséricorde ! Que ta volonté soit faite et non la nôtre, alors même qu'elle nous prépare des souffrances et nous paraît incompréhensible. Tu ne veux que notre félicité. Pardonne-nous notre manque de confiance, nos murmures et nos désobéissances ; préserve-nous de légèreté et de fausse sécurité ; donne-nous de mener devant toi une vie fidèle et docile. Ta bonté et ton long support sont infinis ; ne permets pas, ô Dieu, que nous en abussions, et que nous méprisions les solennels avertissements que tu nous donnes. Seigneur, fais-nous connaître ta volonté ; apprends-nous à l'accepter quelle qu'elle soit. Si tu nous demandes quelque sacrifice, donne-nous d'être bien persuadés qu'il nous est nécessaire. Fais que notre volonté, malgré ses résistances, se soumette à la tienne et que nous trouvions dans ta communion la force de lutter contre nous-mêmes et de remporter la victoire. Que le souvenir du Seigneur Jésus qui, au milieu de son agonie, en Gethsémané, s'écrie : Que ta volonté soit faite et non la mienne, nous encourage, nous instruise à salut et nous aide à marcher sur ses traces.

Obéir! c'est là le devoir suprême
Que l'homme trouve à chaque pas
Le long de sa vie ici-bas.
Obéir avant tout à l'Eternel lui-même
Et soumettre son cœur devant sa volonté
Puis obéir à ceux qui, sur la terre,
Ont reçu du céleste Père
La puissance et l'autorité. Amen.

30 DÉCEMBRE (MATIN).

Mes temps sont en ta main; délivre-moi de la main de mes ennemis et de mes persécuteurs. (Ps. 31, 16).

Méditation.

Nous nous faisons souvent des soucis inutiles et insensés ; ils ont leur source dans un manque de foi. Dieu qui nous a dispensé de grandes grâces, ne nous accordera-t-il pas, à plus forte raison, des grâces moins importantes ? Il nous a donné son Fils, ne nous donnera-t-il pas toutes choses avec lui ? Il prend soin de tous les êtres qui sont sortis de sa main puissante et il pourvoit avec une sagesse extrême à tous leurs besoins. Du reste, qui pourrait par ses inquiétudes agrandir sa taille d'une seule coudée ? Nous ne pouvons par nos soucis changer notre état et nous procurer ni prospérité ni succès. Dieu veut nous garder et bénir notre travail ; il faut donc s'attendre à lui. Laissons les hommes du monde, qui ne connaissent pas la vérité, se livrer à des soucis dévorants. Comme chrétiens, cherchons premièrement le royaume de Dieu et sa justice et toutes les autres choses nous seront données par-dessus. Déchargeons-nous sur Dieu de tous nos soucis, car il prend soin de nous. Disons-lui, avec le Psalmiste : « Ne me retire pas au milieu de mes jours », mais en ajoutant avec confiance : « Mes temps sont dans ta main. » Seigneur, dirige tout selon ta Parole et selon ta volonté.

Prière.

Dieu tout sage et tout bon ! Nos temps sont en ta main, et pas un cheveu ne tombe à terre sans ta permission. Tu nous as gardés et abondamment bénis jusqu'ici ; tu nous soutiendras à l'avenir et tu feras tout concourir à notre vrai bien. Si tu es pour nous, qui sera contre nous ? Qui pourrait nous nuire si nous sommes à toi ? Si tu veux prolonger notre vie, nous acceptons cette grâce avec reconnaissance, et si tu veux nous retirer de ce monde, apprends-nous à dire : Que ta volonté soit faite et non la nôtre. Ta volonté est toujours bonne et parfaite. Donne-nous d'en être bien convaincus. Daigne nous exaucer au nom de Jésus-Christ.

Dieu par sa providence
Dirige notre sort ;
C'est lui seul qui dispense
Et la vie et la mort.
Il est notre défense,
La source de nos biens ;
Par lui seul l'abondance
Se répand sur les siens.

Eternel, ta sagesse
Sait dispenser aux tiens
L'épreuve ou l'allégresse,
Les revers ou les biens.
Elle élève, elle abaisse,
Adoucit nos malheurs,
Et jamais ne délaisse
L'homme dans ses douleurs. Amen.

30 DÉCEMBRE (Soir).

Où étais-tu quand je jetais les fondations de la terre? Dis-le, si tu as de l'intelligence. Connais-tu les lois du ciel? Ou disposes-tu de son pouvoir sur la terre? (Job. 38, 4 et 33).

MÉDITATION.

Dieu est le Créateur tout-puissant des cieux et de la terre et non les hommes avec tout leur talent et toute leur sagesse. Il devrait nous suffire d'ouvrir les yeux pour reconnaître et exalter les merveilles et la gloire de la création, car de toutes parts nous découvrons des miracles de la grâce de Dieu. S'il n'avait créé que la terre, il y aurait déjà des motifs sans fin d'admiration en présence de sa grandeur et de sa puissance. Cependant ce monde, revêtu de toute la splendeur de sa gloire, n'est que le marchepied de ses pieds, et les anges dans leurs chants redisent : Le ciel et la terre sont remplis de la majesté de ta gloire. Elevons nos regards vers le ciel, contemplons l'immensité qui s'étend au-dessus de nous, et nous répéterons, en nous prosternant, l'hymne d'adoration des anges.

PRIÈRE.

Eternel, les cieux et la terre proclament ta puissance et ta grandeur. Tu n'as pas voulu demeurer seul dans ta félicité ; tu as appelé les créatures à l'existence et tu les as comblées de tes dons. Fais que nous nous attendions à toi et que notre regard plein d'espérance soit constamment tourné vers toi. Que nous nous sentions entièrement sous ta dépendance, puisque nous tenons tout de ton amour. Ta puissance et ta sagesse sont grandes, mais ta grâce et ta miséricorde sont plus grandes encore. Daigne nous donner de ta plénitude grâce sur grâce, la charité, la joie, la paix, la patience, la bonté, la fidélité, la douceur. Nous nous approchons de toi avec confiance, au nom de ton cher Fils, qui nous a appris que tu es amour et miséricorde, en vivant et en mourant pour nous. Inspire-nous un ardent désir d'être à toi et de jouir de tous les fruits de tes compassions infinies.

Sans Dieu, notre prudence
Est un fragile appui ;
Les talents, l'opulence
Ne peuvent rien sans lui.
Nos mains, notre industrie
Ne sauraient nous nourrir,
De Dieu seul vient la vie,
Dieu seul peut la bénir.

Ce bon et tendre Père
Veille sur ses enfants ;
Il a de ma carrière
Compté tous les instants.
Il sait mieux que moi-même
Ce qui fait mon bonheur;
Sa sagesse suprême
Doit rassurer mon cœur. Amen.

31 DÉCEMBRE (Matin).

Samuel prit une pierre et la mit entre Mitspa et le rocher, et la nomma Eben-Ezer et dit: L'Eternel nous a secourus jusqu'ici. (1 Sam. 7, 12).

Méditation.

Au moment où va disparaître cette année avec ses joies et ses douleurs, et où la nouvelle se présente à nous, tout cœur chrétien sent le besoin de dire : « Le Seigneur nous a secourus jusqu'ici. » Si nous avons joui d'une bonne santé, si quelque bonheur nous a été dispensé, si un désir longtemps caressé s'est réalisé, si quelques rayons de soleil ont éclairé notre route, ce n'est pas par l'effet d'un aveugle hasard, mais c'est grâce à la main miséricordieuse de notre Dieu. N'oublions pas, au milieu des petites contrariétés journalières, les bienfaits qu'il multiplie pour nous dans le courant d'une année. C'est le Seigneur qui nous a aidés à passer par les peines et les détresses, qui nous a soutenus et encouragés. Et même si nous terminons l'année, accablés de soucis et de croix, le cœur oppressé, nous pouvons encore dire : « L'Eternel nous a secourus jusqu'ici, sa fidélité ne se démentira pas à l'avenir. » Que son saint Nom soit béni ! à lui soit la gloire en toute éternité !

Prière.

O Dieu, à la fin de cette année nous te disons d'un cœur reconnaissant : « Seigneur, tu nous as secourus jusqu'ici, » nous célébrons la fidélité et la miséricorde dont tu nous as entourés depuis notre naissance jusqu'à ce jour. Reçois favorablement le sacrifice de nos louanges. Nous te recommandons nos voies pour l'année qui va s'ouvrir; tu sais ce qu'il nous faut et tu es riche en grâces pour tous ceux qui t'invoquent. Tu nous donneras tout ce qui nous est salutaire. Nous déposons au pied de ton trône tous nos soucis et toutes nos inquiétudes, tous nos vœux et toutes nos espérances. Nous remettons tout entre tes mains, car tu nous diriges avec sagesse et avec amour à travers les vicissitudes de la vie. Par les joies et par les peines, tu nous rapproches du but de notre vocation céleste ; donne-nous d'être persuadés que tout ce que tu fais est bien fait. Entoure-nous et les nôtres de ta bienveillance en ce dernier jour de l'année et pendant toute notre vie.

Seigneur, écoute les requêtes
Que nous déposons à tes pieds ;
Devant toi nous courbons nos têtes,
Et nos cœurs sont humiliés.
Puissant Sauveur, ô notre Père,
Tu nous vois et tu nous entends,
Reçois notre ardente prière,
Seigneur, exauce tes enfants.

Tu les vois en cette journée,
Partout te présenter leurs vœux,
Terminant ainsi cette année
Qui vient de passer sous nos yeux.
Que cet accord, ô notre Père,
Vers toi montant comme un encens,
Retombe en grâces sur la terre.
Seigneur, exauce tes enfants. Amen.

31 DÉCEMBRE (Soir).

J'élève mes yeux vers les montagnes d'où me viendra le secours. Mon secours vient de l'Eternel, qui a fait les cieux et la terre. Il ne permettra pas que ton pied chancelle ; celui qui te garde ne sommeillera point. Voici, celui qui garde Israël ne sommeillera point, et ne s'endormira point. L'Eternel est celui qui te garde ; l'Eternel est ton ombre ; il est à ta main droite. Le soleil ne te frappera point pendant le jour, ni la lune pendant la nuit. L'Eternel te gardera de tout mal ; il gardera ton âme. L'Eternel gardera ta sortie et ton entrée, dès maintenant et à toujours. (Ps. 121).

MÉDITATION.

Nous élevons nos yeux vers les montagnes d'où nous vient le secours. Dans ces moments où nous sentons si vivement la fuite du temps et la fragilité de tout en ce monde, nous cherchons quelque chose de durable, de permanent. Où le trouver ? Notre secours vient de l'Eternel, qui a fait les cieux et la terre. C'est En-Haut, c'est vers les choses immuables et éternelles que le chrétien regarde avec foi. Que les années se passent, que les siècles s'écoulent, l'Amour éternel ne cesse de veiller sur ses enfants, car mille ans à ses yeux sont comme le jour d'hier quand il est passé et comme une veille dans la nuit. Les étoiles, qui brillaient au-dessus de la tête d'Abraham, n'ont pas perdu leur éclat après tant de siècles écoulés ; elles sont là comme un symbole de la fidélité de notre Dieu. C'est avec confiance et avec un amour filial que nous pouvons nous reposer sur notre Père céleste et sur ses promesses. Disons à notre cœur inquiet : « L'Eternel est celui qui te garde ; il est ton ombre ; il est à ta main droite, dans les jours à venir comme dans les jours passés, pour que le soleil ne te frappe pas pendant le jour, ni la lune pendant la nuit. » En jetant un regard sur le passé et en pensant à l'avenir, résumons dans cette prière tout ce qui agite nos cœurs : « O Eternel, garde notre sortie et notre entrée, dès maintenant et à toujours. » Oui, qu'il garde notre sortie de cette année, afin qu'elle ne se fasse pas sans un sérieux retour sur nous-mêmes, sans repentance et sans humiliation, sans que nous nous disions en entendant sonner sa dernière heure: Nous voilà encore d'une année plus près de l'éternité, et ce sera peut-être la dernière. Que l'Eternel garde aussi notre entrée dans la nouvelle année, afin que nous n'y apportions ni trouble, ni haine, ni discorde, ni conscience chargée, mais la douce persuasion que nos péchés nous sont pardonnés, avec de saintes résolutions et la ferme confiance qu'il sera avec nous. Alors, quoi qu'il arrive, son secours et sa bénédiction ne nous feront pas défaut.

PRIÈRE.

Dieu fidèle et immuable, en qui nous mettons toute notre confiance ! Nous élevons nos yeux vers toi dans ce moment solennel où l'année va finir ; nous te prions de recevoir favorablement nos vœux et nos supplications. Nous sentons que nous avons fait un grand pas vers l'éternité, mais notre cœur ne tremble pas, parce que tu es avec nous, toi notre Père en Jésus-Christ, notre aide, qui nous restes lorsque tout disparaît. Nous nous humilions profondément devant toi et nous faisons monter vers toi nos actions de grâces, car dans les beaux et dans les mauvais jours tu nous as gardés, comblés de bienfaits, sauvés de détresses, consolés et bénis de mille manières. Fais-nous comprendre que nous ne sommes pas dignes de tous ces témoignages de ta miséricorde, et aide-nous à te servir plus fidèlement. Prends-nous par la main et conduis-nous comme un père conduit son enfant. Ne permets pas que nous entrions dans la nouvelle année avec le fardeau de nos vieilles transgressions, mais avec la douce assurance que nos péchés nous sont pardonnés ; donne-nous des sentiments de paix, de concorde, de réconciliation et d'amour fraternel pour tous les hommes. Nous remettons entre tes mains tous ceux que nous aimons, te priant de les combler de tes biens ; bénis notre issue et notre entrée dès maintenant et à toujours.

Sur mon chemin l'éternité s'avance ;
Pour moi le temps fait un pas aujourd'hui,
Mais le Seigneur m'a donné l'espérance ;
Elle subsiste et repose sur lui.
Combien de fois et des ans et des heures
Mes yeux lassés ont mesuré le cours !

O Dieu ! disais-je, ouvre-moi ces demeures
Où dans ton sein je vivrai pour toujours.
De ton amour la vivante étincelle
Brûle en mon cœur, qu'a rajeuni la foi ;
Tu l'allumas, ô Bonté paternelle!
Quand tu me dis: « Prie et regarde à moi. »

Amen.

APPENDICE I

Confession des Péchés

Je confesse ici devant Dieu, moi qui suis une pauvre créature pécheresse, que j'ai, hélas! grandement offensé ce Dieu très saint, plusieurs fois et en différentes manières, non seulement par des péchés grossiers et manifestes, par impiété, profanation, jurements, mensonges, injustice, colère, intempérance, sensualité; mais encore par des péchés intérieurs et cachés, par des pensées mauvaises et des désirs criminels, par incrédulité, défiance, impatience, orgueil, avarice, envie, haine, et par un grand nombre d'autres vices secrets dont je m'avoue coupable, et que mon Dieu connait beaucoup mieux que moi-même. Je déteste tous ces péchés; je m'en repens; je demande de tout mon cœur grâce et pardon à mon Dieu, pour l'amour de son Fils bien-aimé, Jésus-Christ, et, en promettant d'y renoncer, je prie le Seigneur de vouloir pour cela m'assister par son Saint-Esprit.
Amen.

Le Symbole des apôtres ou le sommaire de la Foi chrétienne.

Je crois en Dieu, le Père tout-puissant, créateur du ciel et de la terre.

Je crois en Jésus-Christ, son Fils unique, notre Seigneur, qui a été conçu du St-Esprit et qui est né de la vierge Marie; il a souffert sous Ponce-Pilate; il a été crucifié; il est mort; il a été enseveli; il est descendu aux enfers; le troisième jour, il est ressuscité des morts, il est monté au ciel; il s'est assis à la droite de Dieu, le Père tout-puissant; il viendra de là pour juger les vivants et les morts.

Je crois au Saint-Esprit, à la sainte Eglise universelle, à la communion des Saints, à la rémission des péchés, à la résurrection de la chair et à la vie éternelle. Amen.

Les Litanies

Pour dire après la lecture de la Parole de Dieu soit le dimanche, soit les autres jours.

Seigneur Dieu, Père céleste, aie pitié de nous.

Seigneur Dieu, Fils, Sauveur du monde, aie pitié de nous.

Seigneur Dieu, Saint-Esprit, aie pitié de nous.

Seigneur, sois-nous propice ; supporte-nous ; épargne-nous ; aide-nous, Seigneur !

Préserve-nous, Seigneur, de tout péché, de toute erreur et de tout mal.

Garantis-nous des ruses et des assauts de Satan ; de mort subite et violente ; de peste et de famine ; de guerres et de meurtres ; de séditions et de discordes ; de grêles et de tempêtes ; d'incendies et d'inondations et de la mort éternelle.

Garde-nous, Seigneur, nous t'en prions par ta sainte nativité ; par tes souffrances et ton agonie ; par ta sueur de sang ; par ta croix ; par ta mort ; par ta résurrection et par ton ascension.

Dans notre dernière extrémité, au moment de notre mort, au jour du jugement, aide-nous, Seigneur !

Nous qui sommes de pauvres pécheurs, nous te prions de vouloir nous convertir et nous sanctifier.

Régis et gouverne ta sainte Eglise chrétienne ; maintiens et conserve tous ses pasteurs, docteurs et ministres, dans la pureté de la doctrine évangélique et dans la pratique de la sainteté.

Empêche, Seigneur, toutes divisions, sectes et scandales.

Eclaire les ignorants ; ramène au bon chemin ceux qui sont dans l'erreur. Convertis les impénitents et mets Satan sous nos pieds. (Rom. 16, 20).

Envoie des ouvriers fidèles dans ta moisson ; fais par ton Saint-Esprit que ta Parole prenne d'heureux accroissements, et qu'elle opère des fruits de repentance et de foi, dans le cœur des auditeurs pour ta gloire et pour leur salut.

Soutiens par tes divines consolations les pauvres, les malades et les affligés.

Assiste par ton Saint-Esprit tous les gouverneurs de la terre ; fais que leur domination serve à l'agrandissement de la tienne, et que toutes leurs entreprises aient pour but et pour résultat l'avancement de ton règne et le vrai bien de ton Eglise.

Nous te prions particulièrement de prendre sous ta divine protection et sous ta puissante sauvegarde le chef de l'Etat, ainsi que tous ceux qui exercent des emplois, tant dans l'Eglise que dans l'Etat.

Bénis et protège nos magistrats et tout le peuple.

Soulage ceux qui sont dans quelque nécessité, et préserve ceux qui sont en danger.

Prends soin de l'enfance et de la jeunesse, afin qu'elle soit nourrie, instruite et élevée dans ta crainte.

Délivre tous ceux qui sont persécutés pour la confession de ton saint Nom, et console tous les pauvres captifs.

Sois le protecteur des veuves et le père des orphelins ; pourvois à leurs nécessités et aie compassion de tous les hommes.

Nous te prions aussi pour nos ennemis, pour nos persécuteurs et pour tous ceux qui nous ont fait quelque tort dans notre vie, dans notre réputation et dans nos biens. Pardonne-leur, Seigneur, et convertis-les.

Donne-nous des temps favorables et des saisons fertiles pour les biens et les fruits de la terre, les préservant de grêle, de tempête et d'autres semblables accidents.

O Jésus-Christ ! aie pitié de nous.

Fils de Dieu ! aie pitié de nous.

Agneau de Dieu ! qui ôtes les péchés du monde, aie pitié de nous et nous donne ta paix éternelle.

Seigneur, Dieu tout-puissant, qui ne rejettes point les gémissements des affligés, et qui ne méprises point les soupirs et les saints désirs des cœurs accablés de douleur, daigne écouter les prières que nous t'adressons dans toutes nos nécessités et exauce-nous par ta miséricorde. Renverse et détruis, par les conseils de ta bonté, toutes les machinations du démon et des méchants, de manière que, sortant victorieux de toutes les tentations, nous t'en rendions des actions de grâces éternelles par Jésus-Christ, ton Fils bien-aimé. Amen.

Le te Deum

Cantique et prière de louange et d'actions de grâces.

Nous célébrons tes louanges, ô Dieu, et nous reconnaissons que tu es le Seigneur.

Toute la terre t'adore, ô Père d'éternité.

A toi les anges élèvent leurs voix ; le ciel et toutes les puissances qui y sont.

A toi les chérubins et les séraphins crient sans cesse : Saint, Saint, Saint est le Seigneur, Dieu des armées.

Les cieux et la terre sont remplis de la majesté de ta gloire.

La glorieuse assemblée des apôtres, des prophètes et des martyrs célèbre tes louanges.

La sainte Eglise universelle te reconnaît et te confesse : le Père, d'une majesté infinie ; ton Fils unique vrai et véritable, et le Saint-Esprit, le Consolateur.

Tu es le Roi de gloire, ô Christ !

Tu es le Fils éternel du Père.

Quand il t'a plu d'entreprendre notre rédemption, tu n'as pas dédaigné de naître de la vierge Marie.

Tu as vaincu les douleurs de la mort et tu as ouvert le royaume des cieux à tous les croyants.

Tu es assis à la droite de Dieu, dans la gloire du Père : nous croyons que tu viendras pour être notre juge.

C'est pourquoi nous te prions de secourir tes serviteurs, que tu as rachetés par ton sang précieux.

Fais qu'ils soient du nombre de tes saints dans la gloire éternelle.

Seigneur, sauve ton peuple et bénis ton héritage.

Gouverne-le et le soutiens éternellement.

Nous te bénissons chaque jour et nous louons ton nom, aux siècles des siècles.

Seigneur, veuille nous préserver du péché.

O Seigneur, aie pitié, aie pitié de nous.

Que ta miséricorde soit sur nous, ô Dieu, puisque nous avons espéré en toi.

Seigneur, nous avons espéré en toi ; que nous ne soyons jamais confus.

Gloire soit au Père, au Fils et au Saint-Esprit, comme il était au commencement, comme il est maintenant et comme il sera éternellement. Amen.

APPENDICE II

Prières diverses

I. *Prière des parents pour leurs enfants.*

Dieu fidèle, plein de compassion et de miséricorde ! Nous nous approchons de ton trône de grâce pour te prier de répandre sur nos enfants présents et absents tes divines bénédictions. Nous les avons instruits et élevés selon ta Parole et nous avons cherché à répandre dans leurs cœurs la semence de ton Evangile. Tu les as reçus dans ton alliance, mais tu sais qu'ils sont faibles, et qu'ils ont besoin de tes directions et de ta protection. Fais-les croître dans ta connaissance, dans ta sagesse et dans ta grâce. Purifie leurs cœurs, préserve-les des séductions du monde et de la chair, garde-les de tout péché public ou secret. Donne-leur de craindre ton saint Nom, de te glorifier par leur piété et par leur obéissance à tes commandements.

Nous te prions en particulier pour celui d'entre eux qui est momentanément placé dans une situation plus dangereuse, en payant à la patrie sa dette de dévoûment. Couvre-le de ta protection comme d'un bouclier. Aide-le à triompher des grandes tentations qui l'entourent et à ne jamais se déshonorer par quelque acte coupable. Eloigne de lui ce qui pourrait le perdre et l'empêcher de remplir tous ses devoirs envers toi et envers la patrie. Si malgré lui il voit le mal sous ses formes les plus hideuses, tiens-toi à ses côtés et rends-le victorieux. Parle fortement à sa conscience, afin qu'il ne s'écarte pas de la bonne voie. Manifeste ta force dans son infirmité et soutiens-le par le secours de ton Esprit. O Dieu ! accomplis tes promesses à son égard ; nous mettons toute notre confiance en toi.

Sois le protecteur et le conseil de tous les membres de notre famille ; imprime ta crainte dans nos âmes et que nos actions, nos paroles et nos pensées se rapportent à ta gloire et à notre salut. Nous te le demandons pour l'amour de Celui qui a promis d'être avec nous jusqu'à la fin du monde, au nom de notre bien-aimé Sauveur. Amen.

II. Pour une fête de famille.

Dieu tout-puissant, notre Père céleste, nous te rendons grâces de ce que tu pourvois non seulement à nos plus pressants besoins, mais de ce que tu nous prépares encore toutes sortes de joies temporelles et spirituelles. C'est toi qui daignes nous accorder, parmi tant d'autres grâces, les jouissances du bonheur de famille ; tu prends plaisir à voir régner entre tes enfants l'amour fraternel, le contentement et la joie. Sanctifie par ta présence adorable les douces émotions que nous éprouvons en ce jour. Purifie-les, Seigneur, de tout mélange de péché. Qu'elles ne soient point charnelles et frivoles, mais spirituelles et sérieuses. Qu'elles ne portent pas le cachet de cette légèreté mondaine, ni de cette ivresse profane qui éloignent le cœur et les affections de la seule chose nécessaire ; mais qu'elles portent plutôt le caractère d'un paisible recueillement, d'une reconnaissance chrétienne, et d'une sainte joie, produite par le sentiment et l'assurance de ton amour. Prends part toi-même à cette fête, Seigneur Jésus-Christ, divin ami des pauvres mortels. Inspire-nous par ta sainte présence invisible un profond respect qui nous fasse veiller sur nos pensées, sur nos mouvements intérieurs, sur toutes nos paroles et sur nos moindres démarches. Donne-nous en même temps cette douce liberté, cette confiance filiale qui n'empêche point l'abandon, qui nous apprend à garder en tout la juste mesure que tu nous commandes, et fais que chacun de nous puisse répéter aujourd'hui, du fond de son cœur, ces paroles de reconnaissance et d'amour : « Mon âme, bénis l'Eternel, et n'oublie aucun de ses bienfaits. » Amen.

III. Pour dire au moment où l'on achève la construction d'une maison qu'on va occuper pour la première fois.

Seigneur Eternel, tu nous ordonnes dans ta Parole de faire toutes choses au nom du Seigneur Jésus, en rendant grâces par lui à Dieu notre Père. Nous venons en conséquence adorer ta Providence paternelle, et louer ta bonté avec laquelle tu nous as soutenus, assistés et préservés jusqu'à ce jour. Nous te remercions en particulier, Seigneur, de ce que tu as bien voulu nous donner les forces et les moyens nécessaires pour achever l'ouvrage que nous avions commencé. O bon Dieu, c'est de toi seul que nous avons tout reçu ; c'est à toi seul que nous voulons aussi rapporter tout ce que nous sommes et tout ce que nous avons. Nous t'offrons et nous te consacrons la maison que tu nous as donnée dans ta grâce. Honore-la toujours de ta sainte présence. Bénis et sanctifie en tout temps et de toute manière l'usage que nous en ferons, soit nous, soit nos successeurs après nous. Que ton œil soit ouvert sur elle dès maintenant et à toujours ; que ta protection l'environne comme d'un bouclier, et qu'en y remplissant les devoirs de notre vocation et de notre état, nous ne cessions de rester attachés à toi, et d'être les objets de ta bénédiction et de ton amour. Exauce-nous, ô Dieu, nous t'en supplions, au nom et par les mérites de Jésus-Christ, notre Sauveur. Amen.

IV. *Prière à faire pour les pasteurs.*

O Seigneur, donne-nous toujours des pasteurs selon ton cœur, qui ne nous dispensent que ce qu'ils auront reçu de toi et que ce que tu leur auras enseigné dans ta sainte Parole. Remplis-les de ton Esprit, afin qu'ils ne se prêchent pas eux-mêmes, mais tes divins oracles. Sanctifie-les, afin que leur exemple nous touche autant que leur prédication. Fais-nous surtout la grâce de pratiquer ce que tu nous ordonneras par leur bouche, afin que nous soyons leur couronne et leur gloire dans la journée de ton Fils, et qu'avec eux nous vivions éternellement avec toi. Amen.

V. *Prière pour les fruits de la terre.*

O Dieu ! qui as créé les cieux et la terre, et qui par ta Providence fais que le ciel répond à la terre et que la terre répond au ciel, qui fais descendre la pluie du ciel sur la terre, qui l'échauffes par ton soleil pour la rendre fertile, nous te prions de vouloir lui faire produire les fruits dont nous avons besoin pour l'entretien de notre vie. Il est vrai, Seigneur, que nous méritons que tu ne lui fasses porter que des épines et des chardons, puisque nous ne te rapportons point les fruits de justice que tu attends de nous. Nous sommes cette vigne que tu as cultivée avec tant de soin et qui ne te produit que des grappes sauvages; nous sommes semblables à ce figuier que ton Fils bien-aimé maudit parce qu'il n'y trouva aucun fruit. Nous avouons donc que nous mériterions d'être entièrement abandonnés de toi, mais, pour l'amour de Jésus-Christ, pardonne-nous tous nos péchés et viens opérer par ton Esprit notre conversion, afin que nous soyons des arbres fertiles portant des fruits convenables à la repentance. Bénis notre terre; qu'elle soit pleine de tes biens; qu'elle produise tout ce qui nous est nécessaire pour notre nourriture. Conserve les fruits que tu lui auras fait produire, et donne-nous en sa saison une heureuse récolte. Fais que nous n'abusions jamais de tes biens; qu'au contraire nous en fassions un bon usage, en faisant aussi part aux pauvres de ce que tu nous auras donné, jusqu'à ce que tu nous élèves dans cette nouvelle terre, où nous n'aurons besoin de rien pour notre subsistance, et où nous serons nourris des fruits de l'arbre de vie et abreuvés du vin nouveau de ton royaume. Amen.

VI. *Prière à dire pendant un orage.*

A lire les psaumes 121 et 91.

Seigneur, notre Dieu, saint et tout-puissant, qui règnes dans les cieux et sur la terre, nous avons recours à ta grâce et à ta miséricorde, que tu nous as déjà souvent témoignées à l'heure du danger. Nous élevons nos yeux vers les montagnes d'où nous vient le secours; notre secours, Seigneur, vient de toi. Tu ne permettras pas que nous soyons ébranlés; tu nous garderas; tu seras notre ombre; tu seras à notre droite pour toujours. Ta bonté est de tout temps et ta miséricorde dure à perpétuité. Tu protèges tous ceux qui se confient en toi et qui t'invoquent sincèrement. Ne nous juge pas selon ta justice, car, si tu voulais nous traiter selon nos mérites, nous ne pourrions subsister devant toi. Nous sommes coupables, pardonne-nous; nous sommes faibles, fortifie-nous; nous sommes inquiets, rassure-nous. Ton Fils bien-aimé a répandu son sang pour nous sur la croix, reçois-nous en grâce par amour pour lui. Dissipe les sombres nuages dont l'horizon est chargé; ils sont l'image de nos ténèbres spirituelles, mais tu as anéanti la malédiction de la

Loi qui, du haut du Sinaï, au milieu d'éclairs et de tonnerres, a été prononcée contre tous ses transgresseurs. Tu n'aimes pas à te manifester dans la tempête; c'est dans un vent doux et subtil que tu es apparu au prophète Elie, ne te montre donc pas à nous d'une manière terrible, mais épargne-nous. Veille sur nos maisons et sur nos campagnes; éloigne de nous le feu, la grêle et les inondations. Fais-nous la grâce de rentrer en nous-mêmes et de regarder la voix qui nous parle comme une voix qui nous convie à la repentance. Donne-nous de te craindre, de t'aimer et de nous conformer toujours en toutes choses à ta sainte volonté, car, à quoi nous servirait-il d'échapper aux dangers qui nous menacent ici-bas, si, en quittant ce monde, nous devions être jetés dans les ténèbres de dehors? Rappelle-nous que le jour de notre départ viendra comme un larron dans la nuit. Apprends-nous à veiller, à prier et à nous confier en toi, afin que nous soyons un jour reçus dans la félicité éternelle.

Bon Père céleste, entoure-nous de ta protection;

Seigneur, Jésus, fidèle Sauveur, couvre-nous de ton manteau de justice;

Saint-Esprit, console-nous, éclaire-nous et fortifie-nous dans la grâce. Amen.

VII. *Pour un temps de sécheresse ou de pluie excessive.*

Dieu tout-puissant, Père céleste, dont les jugements sont impénétrables, nous sommes ici humiliés devant toi, pour adorer ta main qui nous frappe et pour implorer ta miséricorde. Nous savons, Seigneur, que ce n'est pas volontiers que tu affliges et que tu contristes les enfants des hommes, mais nous savons aussi que, pour ceux qui refusent d'écouter ta voix, ta douceur se change en sévérité, et que tu les frappes alors par des châtiments et par des fléaux publics et particuliers. C'est ainsi que tu envoyas le déluge pour punir ceux qui furent désobéissants aux jours de Noé, que tu brûlas Sodome et Gomorrhe, que tu fermas les cieux du temps du prophète Elie, et que tu fis périr par la sécheresse tous les produits de la terre à cause des péchés de ton peuple. O Seigneur, que de fois depuis, tous les fléaux de la nature ont concouru à l'exécution de tes jugements, et combien devrait nous rendre sérieux celui qui pèse aujourd'hui sur nous! Tu nous menaces de disette; tu nous fais sentir que nous t'avons irrité ; nos péchés crient contre nous ; notre ingratitude et l'abus que nous avons fait de tes dons nous accusent. C'est là, ô Dieu, ce qui t'oblige à nous refuser les bienfaisantes influences du ciel. Seigneur Eternel, nous venons nous humilier en ta présence ; nous voici abattus sous ta main puissante ; nous confessons devant toi, avec confusion de face, que nous avons péché contre toi, et que par là nous avons mérité toute la rigueur de tes châtiments. Gloire à toi, Seigneur, tes jugements sont justes. Pardonne-nous nos iniquités ; reviens à nous et nous donne la vie. Rends-nous des temps favorables et que ton peuple se réjouisse. Nous te demandons grâce, au nom de ton Fils Jésus-Christ, notre Sauveur. Souviens-toi de tes gratuités, car elles sont de tout temps. Accorde-nous la grâce d'une sincère conversion ; aide-nous à nous amender et détourne de nous les calamités qui nous affligent. Rends la vigueur et la vie aux plantes de la terre, et fais cesser le fléau qui menace de nous priver de tes biens. Mais soutout, Seigneur, fais que le soleil de justice vivifie nos âmes par ses rayons salutaires. Répands dans nos cœurs la rosée céleste de ta grâce divine, la douce pluie de ton Saint-Esprit ; et fais que par là nous soyons rendus féconds en toutes sortes de bonnes œuvres, pour la gloire de ton saint Nom, pour l'édification du prochain et pour le salut éternel de nos âmes. Amen.

VIII. *Pour une épidémie*

Dieu tout-puissant, éternel, tout saint, tout sage et tout bon, c'est toi qui fais vivre et qui fais mourir, qui fais la plaie et qui la bandes, qui frappes et qui guéris, qui te courrouces et qui t'apaises, selon que l'exige le salut de ton peuple. Nous venons à toi dans ces temps de calamité et de contagion pour te demander grâce, et te supplier de vouloir être toi-même notre médecin pour le corps et pour l'âme. Nous confessons humblement devant toi que nous avons mérité les coups terribles dont tu nous frappes. Ce sont nos péchés qui ont provoqué ta justice ; les effets que nous en ressentons aujourd'hui sont destinés à nous rappeler que tu es aussi un feu consumant. O Dieu, aie pitié de nous. Souviens-toi que Jésus-Christ ton Fils a répandu son sang pour nous racheter, et fais-nous la grâce de recourir à lui par la repentance et par la foi, pour trouver en lui la réconciliation, la guérison et le salut. Que la contagion qui fait ses ravages autour de nous serve par ta bénédiction à nous faire rentrer en nous-mêmes, et à nous faire chercher en toi la délivrance de nos âmes. Qu'aucun de nous, Seigneur, ne meure dans l'endurcissement, dans l'indifférence ou dans une fausse sécurité. Que tous s'humilient et t'invoquent, afin de rentrer en grâce. Qu'une sincère conversion soit pour nous le fruit de tes salutaires avertissements. Console, ô Dieu, tous ceux qui sont en détresse, qui gémissent dans les douleurs ou dans les appréhensions de la maladie et de la mort. Assiste-les dans leurs souffrances, dans leurs angoisses, à l'heure suprême. Donne-leur l'esprit de patience et de soumission, de vigilance et de prière, afin qu'ils soient prêts à paraître devant toi, en la présence de Jésus. Rallume aussi dans tous les cœurs le feu de la charité fraternelle, afin que personne ne soit abandonné dans sa misère et ne périsse faute de secours. Ne permets pas, ô Dieu, que nous-mêmes nous soyons tentés au delà de nos forces ; mais soutiens-nous par ta grâce et délivre-nous selon ta promesse. Accorde-nous les divines consolations de ton Saint-Esprit, et produis en nous une pieuse résignation à ta volonté. Seigneur, que ta volonté soit faite et non la nôtre ! Dispose de nous tous comme il te plaira ; car nous savons que toutes choses ensemble concourent au bien de ceux qui t'aiment. Exauce-nous, ô Père de miséricorde, pour l'amour de Jésus-Christ, ton Fils, notre Sauveur.   Amen.

IX. *Pour un temps de guerre.*

Dieu tout-puissant, miséricordieux, Père de notre Seigneur Jésus-Christ, nous nous prosternons humblement devant toi dans ces temps de troubles et de guerre, pour te supplier de détourner de nous le fléau terrible qui nous menace. Seigneur, nous reconnaissons et nous confessons que ce fléau est un châtiment que nous inflige ta justice, et qu'il est une suite amère de nos transgressions et de nos péchés. La chair l'emporte encore sur l'esprit, et de toutes parts se manifestent les œuvres impies de la chair : les inimitiés, les querelles, les jalousies, les disputes, les divisions, les envies, les meurtres qui bannissent la paix du milieu de nous. Seigneur, éteins le feu de la discorde qui ravage aujourd'hui la terre. Inspire aux chefs d'Etat et à leurs ministres, aux particuliers et aux peuples des sentiments de repentance et de paix. Que tous se convertissent sincèrement à toi ; que tous se réconcilient du fond de leur cœur ; qu'ils vivent désormais dans la charité mutuelle et dans la concorde. O bon Dieu, aie pitié des malheureux qui gémissent et qui crient à toi. Fais cesser la désolation. Arrête le glaive meurtrier qui fait couler tant de sang et détourne l'ange exterminateur qui menace ton peuple. Ne nous punis pas comme nous l'avons mérité ; efface nos péchés par le sang de Jésus, qui est le Prince de la paix, et fais-nous la grâce d'avoir par lui la paix avec toi et avec les hommes, dès maintenant et à toujours. Amen.

X. *A l'occasion d'un deuil, d'une affliction ou d'un revers national.*

Dieu tout-puissant, Seigneur des seigneurs, à qui appartiennent tous les Etats de la terre ; c'est toi qui dans ta sagesse envoies aux nations aussi bien qu'aux particuliers les biens et les maux ; c'est toi qui les reprends et qui les châties, qui les humilies et les éprouves par des calamités et des revers, et qui leur rends, quand il te plait, tes faveurs et tes gratuités. C'est donc vers toi, souverain Monarque du monde, que doivent se tourner aujourd'hui nos yeux et nos cœurs, pour adorer ta main qui nous frappe et pour donner gloire à ton Nom, au sujet du deuil et de l'affliction que tu répands sur ton peuple. Seigneur, nous reconnaissons et nous confessons devant toi que par nos péchés privés et publics nous avons attiré sur nous la sévérité de tes jugements. Nous sentons, d'après ta Parole et dans nos consciences que, tous ensemble et chacun en particulier, nous sommes responsables des douleurs de la patrie, et nous imploront pour elle et pour nous ton pardon et ta grâce. Pardonne donc, Seigneur, pardonne à ton peuple. Ne te souviens plus de nos transgressions ; ne nous traite point selon nos péchés et ne nous rends point selon nos iniquités. Apprends-nous, par ton Saint-Esprit, à faire un bon usage du deuil qui nous afflige aujourd'hui et de tes salutaires avertissements. Touche le cœur de chaque citoyen, depuis le chef de l'Etat jusqu'au moindre d'entre le peuple.

Que tous s'humilient, se repentent, se convertissent, retournent à toi, et qu'ils se souviennent pour le salut de la patrie que la justice et la piété élèvent les nations, et que le vrai christianisme est la bénédiction, la santé et le bonheur des Etats. Ranime au milieu de nous la foi vivante au saint Evangile de ton Fils, notre Sauveur; fais-nous la grâce d'y trouver la consolation dans nos maux, la force dans notre faiblesse, la lumière dans nos ténèbres, la règle sûre et le guide infaillible dont nous avons besoin dans toutes nos démarches publiques et privées. Répands ton Saint-Esprit de sagesse et de charité sur tous ceux qui ont quelque autorité au milieu de nous et sur tous les citoyens, en sorte que nous soyons véritablement un peuple élu, une nation sainte, qui annonce les vertus de celui qui nous a appelés des ténèbres à sa merveilleuse lumière.

Seigneur Dieu, Père céleste, aie pitié de nous.

Seigneur Jésus, Fils de Dieu, Sauveur du monde, aie pitié de nous.

Saint-Esprit, aie pitié de nous.

Dieu, notre Dieu, sois avec nous et bénis ton héritage aux siècles des siècles.   Amen.

XI. *Actions de grâces quand les calamités sont passées.*

Seigneur notre Dieu, tout-puissant, tout sage et tout bon, nous voici humiliés devant toi dans la reconnaissance et la joie de nos cœurs, pour te rendre grâces du soin paternel avec lequel tu nous as aidés à supporter nos épreuves, pour te remercier de la bonté dont tu as usé envers nous, en faisant cesser le fléau dont nous étions affligés et en nous accordant la délivrance de nos maux. Seigneur, ta puissante main pesait sur ton peuple; tu avais trouvé bon de le châtier dans ta justice; mais la douceur a succédé maintenant à la sévérité et tu as été touché de notre affliction. Ce sont tes bontés, ô Eternel, qui font que nous n'avons pas été consumés; tes compassions ne sont point défaillies, elles se renouvellent chaque jour et ta fidélité est grande. C'est pourquoi nous te louerons, nous célébrerons tes compassions paternelles et nous te rendrons nos vœux. Reçois donc nos actions de grâces pour ta grande bonté. Donne-nous un cœur reconnaissant et content. Fais servir à notre salut les châtiments dont tu nous avais frappés. Apprends-nous à nous réjouir sans cesse de ta volonté; assure-nous la jouissance de ta grâce et de ton amour, dans la prospérité et dans le malheur, dans la vie et dans la mort, dans le temps et dans l'éternité.

Seigneur, que tes gratuités soient sur nous, puisque nous nous sommes attendus à toi. Bénis-nous à proportion des maux que nous avons éprouvés, et fais-nous trouver une haute retraite sous tes ailes à jamais. Nous t'en supplions au nom et par les mérites de Jésus-Christ, notre Sauveur, auquel, comme à toi et au Saint-Esprit, soient louange, honneur et gloire, aux siècles des siècles. Amen.

XII. *Préparation à la communion (Matin).*

Dieu juste et saint! Tu connais mon cœur et ma vie. Je m'humilie profondément devant toi dans le sentiment de mon péché et de ma culpabilité. Je ne suis pas digne d'être appelé ton enfant. Vois mon sincère repentir, produis en moi l'horreur du mal, afin que je fuie le péché et que je me consacre à toi, corps et âme. Pardonne-moi pour l'amour de Jésus-Christ, toute ingratitude, toute infidélité et toute transgression de tes commandements. Fais-moi sentir tout ce qu'il y a de consolation dans cette parole : Va en paix, mon fils, tes péchés te sont pardonnés. O Eternel, je t'invoque des lieux profonds ; écoute ma voix. Mes iniquités sont par-dessus ma tête, elles sont comme un pesant fardeau, trop pesant pour moi. Aie pitié de moi, selon la grandeur de tes compassions, efface mes forfaits. Crée en moi un cœur pur et renouvelle en moi un esprit droit. Exauce ma prière pour l'amour de Jésus-Christ. Amen.

XIII. *Préparation à la communion. (Soir).*

Seigneur Dieu tout-puissant, Père, Fils et St-Esprit, nous avons besoin chaque jour de tes lumières spirituelles ; elle nous sont surtout nécessaires, dans ces moments de préparation à la communion, où tu nous appelles à nous éprouver nous-mêmes, à nous humilier et à ranimer notre foi, pour nous mettre en état de participer dignement à la Ste. Cène de notre Sauveur. Dieu tout bon, tu connais mieux que nous-mêmes nos véritables besoins, tu sais avec quelle facilité nos consciences s'endorment, avec quelle funeste légèreté nos cœurs se séduisent eux-mêmes et s'égarent, avec quelle déplorable entraînement nous nous abandonnons au péché, et nous nous jouons de ta sévérité et de ton amour. Réveille-nous, Seigneur, par ton St-Esprit. Inspire-nous un sérieux retour sur nous-mêmes, une sincère repentance, une crainte salutaire de tes jugements, un besoin profond de miséricorde et de grâce, une foi vivante en Jésus-Christ, notre Sauveur, une espérance inébranlable en tes promesses, et cette obéissance chrétienne que produisent, dans tes vrais élus, la reconnaissance et l'amour. Exauce-nous, ô Dieu, nous t'en supplions au nom de Jésus-Christ, ton Fils bien-aimé, qui s'est chargé de nos langueurs, qui a porté nos douleurs, et en qui tu promets de nous accorder la rédemption par son sang, savoir la rémission des péchés.   Amen.

XIV. *Avant la communion.*

Dieu fidèle ! Au nom de notre Seigneur Jésus, qui a livré son corps et versé son sang pour nous, nous te prions du fond du cœur de nous éclairer, afin que nous reconnaissions les richesses de ton repas sacré, où tu nous dispenses tous les biens célestes, le pardon des péchés, la vie et la félicité. Remplis-nous de ton St-Esprit, afin que nous nous approchions de la table sainte avec des sentiments d'humilité, de repentance et de foi. Aide-nous à pardonner et à oublier les offenses et les inimitiés dont les autres se sont rendus coupables à notre égard ; remplis-nous du désir de réconciliation et de pensées de miséricorde, nous souvenant que nous avons nous-mêmes besoin de miséricorde. Mets dans nos cœurs la paix, la consolation et la joie de ton salut. Comme tu nourris sur la terre nos âmes qui ont faim et soif de justice, prépare-nous à célébrer un jour ta communion céleste dans ton sanctuaire et à puiser éternellement à la source abondante de ta grâce.   Amen.

XV. *Après la communion.*

Dieu miséricordieux ! Sois béni des grâces que tu nous as accordées dans la Ste-Cène, de la consolation et de la force que que nous y avons trouvées. Assiste-nous, Dieu fidèle, pour que tes dons fortifient notre foi et notre amour du prochain, et que nous portions des fruits de justice à ta gloire. Rends-nous joyeux dans l'espérance, patients dans l'affliction et persévérants dans la prière, afin que par ta force nous soyons victorieux du péché, des détresses et de la mort, et qu'un jour, avec tous les rachetés et tous les élus, nous puissions participer au banquet céleste de la charité.   Amen.

APPENDICE III

Jours de fête non compris dans le tableau des dimanches et jours de fête de l'année ecclésiastique.

1. RÉFORMATION (Matin).

Que l'Eternel notre Dieu soit avec nous, comme il a été avec nos pères ; qu'il ne nous abandonne point et ne nous délaisse point ; mais qu'il incline notre cœur vers lui, afin que nous marchions dans toutes ses voies et que nous gardions ses commandements, ses statuts et ses ordonnances, qu'il a prescrits à nos pères. (1 Rois 8, 57 et 58).

MÉDITATION.

Quelle grâce pour nous si nous marchons fidèlement dans les voies que nos pères nous ont frayées, si nous pouvons regarder le front haut sur leur glorieux passé et nous souvenir avec reconnaissance de leur fidélité, de leurs souffrances, de leurs victoires chèrement acquises ! Que ce souvenir, au contraire, nous humilie et nous confond, lorsque nous ne pouvons pas nous rendre le témoignage que nous sommes les vrais fils de ces héros de notre sainte foi ! Pour eux, la première et la plus importante question était : Que ferons-nous pour être sauvés ? Ils étaient inébranlablement fondés sur la Parole de Dieu ; leur conscience les y avait amenés ; elle y trouvait d'un côté la sévérité de la Loi qui juge et qui condamne, de l'autre les consolations de l'Evangile. Ce n'est pas sans des luttes et des prières ardentes qu'ils sont arrivés à la foi. Mais, après l'avoir acquise, elle brillait en eux comme un flambeau sacré ; elle pénétrait toutes leurs pensées et toute leur activité, et laissait dans leur vie des traces profondes et lumineuses. Célébrons cette fête en esprit et en vérité ; réformons-nous nous-mêmes pour acquérir le sérieux de la conscience, la fidélité chrétienne, les fortes convictions de nos grands et nobles ancêtres ; alors notre foi sera la victoire qui aura vaincu le monde.

PRIÈRE.

Seigneur Jésus, souverain Pasteur de ton Eglise ! Nous te bénissons de ce que tu as fait jusqu'à ce jour pour conserver ton sanctuaire dans le monde. Après des temps d'incrédulité et de superstition, tu nous as fait la grâce de nous amener à la vérité et à la lumière de ton Evangile. Aide-nous par ton Esprit à garder ce que nos pères ont si péniblement conquis et à marcher sur leurs traces. Eclaire-nous toujours plus de ta lumière divine et fortifie-nous dans la foi et dans le dévouement à la cause de ton Nom. Prince de la Paix ! il y a encore bien des divisions dans ton Eglise militante ici-bas ; nous te prions d'y faire règner la concorde et l'amour fraternel, de disposer nos cœurs à la paix et à l'union. Hâte les temps heureux où toutes les barrières tomberont et où il n'y aura plus qu'un seul troupeau, sous ta houlette, ô bon Berger, notre Seigneur et Sauveur.

Sur ton Eglise viens, Seigneur,
Répandre ta clarté ;
Rends-lui son ancienne splendeur :
La foi, la charité.
Ah ! plus que jamais aujourd'hui
Elle a besoin de ton appui ;
Parle, Seigneur, et qu'à ta voix
Renaissent les jours d'autrefois,
Tes jours, Seigneur, les grands jours d'autrefois ! Amen.

RÉFORMATION (Soir).

Célébrez l'Eternel : invoquez son nom ; faites connaître parmi les peuples ses hauts faits ! Chantez-lui, psalmodiez-lui ; parlez de toutes ses merveilles ! Glorifiez-vous de son saint nom ; que le cœur de ceux qui cherchent l'Eternel se réjouisse !

Recherchez l'Eternel et sa force ; cherchez continuellement sa face ! Souvenez-vous des merveilles qu'il a faites, de ses miracles et des jugements de sa bouche. (Ps. 105, 1-5).

MÉDITATION.

Souvent on entend parler de la faiblesse et de la décadence de l'Eglise évangélique et prédire sa ruine ; mais aussi longtemps qu'elle croit en Jésus-Christ et qu'elle se fonde sur sa Parole, elle est assise sur un roc solide et les portes de l'enfer ne prévaudront point contre elle. Bien des tempêtes l'ont déjà assaillie, des puissances ennemies se sont acharnées contre elle, mais le Dieu tout-puissant l'a protégée et toujours de nouveau elle a pu entonner avec actions de grâces ce chant de victoire : C'est un rempart que notre Dieu. Elle ne sera pas confondue dans la suite. Retenons ferme ce que nos pères nous ont légué et défendons avec amour et avec foi ce patrimoine sacré contre tous nos ennemis.

PRIÈRE.

Seigneur, notre Dieu ! Nous terminons ce jour de fête en te

remerciant pour toutes les bénédictions que tu nous as accordées. Tu as été avec nous et tu nous as rappelé la fidélité, le dévouement et la grande foi de nos pères. Nous en avons été humiliés et encouragés à marcher sur leurs traces, mais tu sais combien nous sommes faibles et combien nous avons besoin d'être soutenus par toi. Si nous ne sommes pas dans la bonne voie, conduis-nous des citernes crevassées du monde à la source d'eau vive et aux parcs herbeux de ta Parole éternelle. Fais que notre Eglise soit fidèle, qu'assise sur le seul fondement qui puisse être posé, elle réalise la promesse que les portes de l'enfer ne prévaudront point contre elle. Donne-nous de sonder les saintes Ecritures, afin qu'elles deviennent pour nous une source de salut et de bénédiction pour le temps et l'éternité. Pardonne-nous, pour l'amour de Jésus-Christ, nos défaillances, nos tiédeurs, nos infidélités et fais de nous de vaillants confesseurs de la foi évangélique et de ton saint Nom.

> Ton Evangile, ô Jésus-Christ!
> Jamais ne peut périr.
> Puissions-nous tous, dans ton esprit,
> Combattre, aimer, mourir!
> O Divin Chef! dans tes sentiers
> Viens affermir nos faibles pieds;
> Mets ta parole dans nos cœurs
> Et du monde rends-nous vainqueurs,
> Par toi vainqueurs, par toi toujours vainqueurs. Amen.

2.

Pour les missions.

A celui qui nous a rachetés à Dieu par son sang, de toute tribu, de toute langue, de tout peuple et de toute nation, à l'Agneau qui a été immolé pour nous, soient louange, honneur et gloire, aux siècles des siècles !

Seigneur ! Tu nous recommandes dans ta Parole de te dire : « Que ton règne vienne. » Donne-nous de ne pas négliger ce devoir. Toi qui désires que tous les hommes soient sauvés et qu'ils viennent à la connaissance de la vérité, fais-nous la grâce de l'aimer nous-mêmes, et de contribuer à la faire aimer à ceux qui ne la connaissent pas encore. Excite en nous le zèle de ta gloire, et puisque tu nous fais la grâce de pouvoir être ouvriers avec toi, veuille que nous fassions luire ta lumière devant les hommes, afin qu'ils voient nos bonnes œuvres, et que nous soyons comme des flambeaux dans le monde, y portant la Parole de vie.

Bénis au sein de ton Eglise et parmi les infidèles la prédication de cette Parole salutaire. Dispose les cœurs à l'écouter, à la lire, à la garder et à la mettre en pratique. Honore de ta protection et favorise par ta grâce tous ceux qui s'efforcent de la propager, et de la mettre sous les yeux des pécheurs. Envoie beaucoup d'ouvriers dans ta moisson spirituelle. Multiplie le nombre des missionnaires fidèles ; accorde-leur les bénédictions, les succès et les récompenses que tu as promis à tes apôtres. Sois constamment le soutien et l'âme des sociétés pieuses et chrétiennes qui donnent leurs soins à l'œuvre des missions ; fais prospérer leurs travaux pour l'avancement de ton règne et pour le salut des âmes.

Tu as promis, Seigneur, que ta Parole ne retournera point à toi sans effet. Daigne accomplir cette promesse et fais que bientôt la terre soit remplie de ta connaissance, comme le fond de la mer des eaux qui le couvrent. Que la vertu puissante de ton Evangile opère de plus en plus la destruction de l'idolâtrie et du paganisme, la ruine de l'incrédulité et de la superstition, et le retour d'Israël à l'obéissance du Messie. Soutiens pour cet effet la foi et la persévérance de tes enfants ; ranime leur confiance et leur espérance ; vivifie leur zèle et leur charité ; excite-les et les aide continuellement à travailler pendant qu'il est jour à la conversion du monde, car la nuit vient où personne ne peut travailler. Que ton œuvre paraisse sur tes serviteurs et ta gloire sur leurs enfants. Que ton regard favorable repose sur nous, sur le Chef de l'Etat, sur notre patrie et sur tous les hommes ; qu'il te plaise d'affermir l'œuvre de nos mains. Oui, Seigneur, accomplis l'œuvre de nos mains. Nous semons et nous arrosons ; viens donner l'accroissement, car à toi seul appartiennent le règne, la puissance et la gloire par Jésus-Christ, aux siècles des siècles. Amen.

3.

Pour la fête des récoltes.

Dieu tout-puissant, plein de compassion et de miséricorde, nous te remercions du fond de nos cœurs de ce que pendant cette année et pendant toute notre vie, tu n'as jamais cessé de nous donner des témoignages de ton amour en nous faisant du bien, en nous envoyant les pluies du ciel et les saisons fertiles, en nous donnant notre nourriture et en remplissant nos cœurs de joie.

Reçois nos actions de grâces pour la manière dont tu as pourvu à nos besoins temporels pendant cette année. Fais-nous bien comprendre que ce ne sont pas nos propres mérites qui nous ont valu tes bienfaits, mais qu'ils sont un effet de ta pure grâce. Tu te réserves de nous rappeler, quand tu le juges à propos, que celui qui plante et qui arrose n'est rien, que c'est toi seul qui donnes l'accroissement et la vie. Mais quelle que soit la mesure avec laquelle tu nous dispenses tes bienfaits, c'est toujours pour notre salut. Ta bonté et ta sévérité nous invitent tour à tour à la repentance ; que la terre rapporte peu ou beaucoup, tu nous cries toujours par elle : Mon enfant, donne-moi ton cœur.

O Dieu, fais-nous la grâce de te donner ce cœur que tu demandes. Remplis-nous d'humilité ; amène-nous à désirer d'autres trésors que ceux de la terre ; à chercher avant toutes choses ton royaume et ta justice et à nous souvenir que la piété, avec le contentement d'esprit, est le plus grand de tous les gains. Préserve ceux pour qui tu as fait abonder les biens d'orgueil, d'impiété, d'intempérance, d'avarice et de dureté envers le prochain. Garde les pauvres de convoitise et d'envie, de murmure et de mécontentement. Apprends à chacun de nous à bénir ta main paternelle, à s'attendre à toi, à tout rapporter à toi et à sanctifier ainsi l'ouvrage de tes dons par la vraie piété qui a les promesses de la vie présente et celles de la vie à venir.

Surtout, ô Dieu, donne-nous l'intelligence des choses d'en haut qui sont éternelles ; conduis nos cœurs à les préférer toujours aux choses de la terre, qui sont périssables et fugitives. Tu nous as donné ton Fils Jésus-Christ et tu promets de nous donner toutes choses en lui. Que ce soit là notre trésor et notre espérance. Inspire-nous la foi pour le chercher et le recevoir dans notre âme. Tu nous dis dans ta Parole que l'homme moissonnera ce qu'il aura semé ; préserve-nous de semer pour la chair et de moissonner de la chair la corruption ; apprends-nous à semer pour l'Esprit, afin que nous moissonnions de l'Esprit, la vie éternelle.

Seigneur Dieu, Père céleste, aie pitié de nous.

Seigneur Jésus, Fils de Dieu, Sauveur du monde, aie pitié de nous.

Saint-Esprit, aie pitié de nous.

Dieu, notre Dieu, reçois nos actions de grâces ; exauce nos prières, fais-nous persévérer dans la foi, dans l'espérance et dans la charité ; bénis-nous éternellement, par Jésus-Christ, notre Sauveur. Amen.

4.

Jour de jeûne et d'humiliation.

O Eternel, je t'invoque des lieux profonds. Seigneur, écoute ma voix! Que tes oreilles soient attentives à la voix de mes supplications! Eternel, si tu prends plaisir aux iniquités, Seigneur, qui subsistera? Mais le pardon se trouve auprès de toi, afin qu'on te craigne. J'ai attendu l'Eternel ; mon âme l'a attendu et j'ai eu mon espérance en sa parole. Mon âme attend le Seigneur, plus que les sentinelles n'attendent le matin. Israël, attends-toi à l'Eternel, car la miséricorde est auprès de l'Eternel, et la rédemption se trouve en abondance auprès de lui. Et lui-même rachètera Israël de toutes ses iniquités. (Ps. 130).

MÉDITATION.

Tous les membres de l'Eglise sont appelés à célébrer ce jour, non seulement ceux qui ont transgressé ouvertement les commandements de Dieu, mais aussi ceux qui cherchent à faire sa volonté. Si nous disons que nous n'avons point de péché, nous nous séduisons nous-mêmes et la vérité n'est pas en nous. Que de pensées, de paroles et d'actes coupables aux yeux de Dieu ! Que de péchés, de négligences n'avons-nous pas à nous reprocher ! Mais le Seigneur est miséricordieux, il ne veut pas la mort du pécheur, mais sa conversion et sa vie. Il a envoyé son Fils au monde pour ôter nos péchés et nous apporter le pardon et la paix. Allons à lui pendant qu'il est jour ; fléchissons le genou sous la croix avec cette prière sincère : « Seigneur, ne me rejette pas de devant ta face, » et nous entendrons retentir au fond de notre cœur cette parole du Sauveur : « Allez en paix, vos péchés vous sont pardonnés. »

Prière.

Dieu tout-puissant, notre Père céleste ! Nous nous humilions aujourd'hui devant toi dans le sentiment de nos transgressions et nous implorons ta miséricorde. Ne permets pas que nous t'honorions seulement des lèvres, tandis que notre cœur serait loin de toi. Seigneur, notre faiblesse est si grande, notre penchant à nous abuser si habituel, notre disposition à revêtir les apparences de la piété, tout en renonçant à sa force, si prononcée, que nous courons en tout temps et surtout en ce saint jour le danger de paraître en ta présence, avec un cœur sans droiture, qui s'humilie pour la forme et qui au fond refuse de renoncer au péché. Seigneur, qui sondes les cœurs et qui éprouves les reins, préserve-nous d'une si grande profanation. Donne-nous la connaissance et le sentiment douloureux du péché ; inspire-nous un ardent désir de pardon et d'amendement.

Nous savons que tu nous as aimés, quand nous étions encore tes ennemis ; tu nous as donné ton Fils unique, qui est mort pour nos péchés, qui est ressuscité pour notre justification, qui est assis à ta droite et qui intercède pour nous. Tu nous as promis les secours de ton Saint-Esprit et ces secours tu les donnes à tous ceux qui te les demandent. C'est pourquoi, en ce jour d'humiliation, nous ne te quitterons point que tu ne nous aies bénis. Nous te prions de répandre dans nos cœurs la reconnaissance et l'amour, la vigilance et l'obéissance, la fidélité et l'espérance de la vie éternelle.

Exauce-nous, ô notre Dieu, et fais que cette journée porte des fruits abondants pour notre salut et pour l'édification de ton peuple ; nous t'en supplions au nom et par les mérites de Jésus-Christ, notre Sauveur, qui vit et qui règne avec toi et le Saint-Esprit, un seul Dieu digne de toute adoration et de nos louanges éternelles. Amen.

Si ta rigueur extrême	En Dieu je me console
Nos péchés veut compter,	Dans mes plus grands malheurs,
O majesté suprême,	Et sa ferme parole
Qui pourra subsister?	Apaise mes douleurs.
Mais ta juste colère	Mon cœur vers lui regarde,
Fait place à la bonté,	Brûlant d'un saint amour,
Afin qu'on te révère	Plus matin que la garde
Avec humilité.	Qui devance le jour. Amen.

5.

Fête nationale

Nous nous sommes assis près des fleuves de Babylone, et là, nous avons pleuré, nous souvenant de Sion. Nous avons suspendu nos harpes aux saules de la contrée. Là, ceux qui nous avaient emmenés captifs nous demandaient des chants joyeux : Chantez-nous quelque chose des cantiques de Sion. Comment chanterions-nous les cantiques de l'Eternel dans une terre étrangère ? Si je t'oublie, Jérusalem, que ma droite s'oublie elle-même ! Que ma langue s'attache à mon palais, si je ne me souviens de toi, si je ne fais de Jérusalem le principal sujet de ma joie.   (Ps. 137, 1-6).

MÉDITATION.

Ce chant de l'exil est une des plus vives et des plus sublimes expressions de l'amour de la patrie. Il y a pour toute nation deux patries : la patrie locale, le sol que foulent les pieds, le lieu où vécurent les pères et où vivront les fils ; et puis la patrie morale, la mission spéciale d'un peuple, le rôle qui lui est confié, et les principes dont il est le représentant. Le peuple captif à Babylone, qui suspendait ses harpes aux saules du rivage de l'Euphrate et refusait de chanter des cantiques sur la terre d'exil, est resté une nation vivante, parce qu'il gardait fidèlement le patrimoine de sa patrie morale. Il ne s'était pas laissé dépouiller de ses croyances et de son esprit national. Aimons donc notre patrie locale, le sol qui nous as vus naître, mais aimons surtout notre patrie morale et spirituelle, les institutions de notre pays, les lois, tout ce qui fait l'âme de notre nation. Soyons des hommes d'ordre, qui respectent l'autorité et la loi, des hommes loyaux et vrais en toutes choses, des hommes du devoir et de la conscience. Attachons-nous surtout à honorer et à défendre la foi, qui est la base de toute prospérité et de toute liberté. La religion est, en effet, la meilleure gardienne de la patrie, la clef de voûte ou le rocher qui sert de fondement à tout l'édifice. Heureuse la nation dont l'Eternel est le Dieu !

PRIÈRE.

Eternel notre Dieu, Seigneur des seigneurs, tu es grand et puissant, tandis que nous, pauvres mortels, nous ne sommes que poussière. Quand tu le veux, les Etats s'écroulent, et les peuples sont éperdus. Tu abaisses ceux qui s'élèvent et tu élèves ceux qui s'abaissent. C'est à toi que nous rapportons, en ce jour de fête nationale, la gloire et l'honneur pour tous les biens dont nous jouissons. Donne à la nation tout entière et à ceux qui la gouvernent, la connaissance claire de ta volonté et l'ardent désir de l'observer. Inspire-nous la foi vivante en ton cher Fils, et l'amour de la sainte patrie, que tu réserves dans les cieux à ceux qui ont vécu pour toi sur la terre. Fais que cet amour de la patrie céleste donne au patriotisme terrestre sa véritable valeur. Seigneur, répands sur notre nation l'effusion de ton St-Esprit ; conserve-nous la paix, et établis ton règne sur tous les points de la terre. Nous te demandons ces grâces pour l'amour de Jésus-Christ.

> Source de tous nos biens, auteur de notre vie,
> Couvre de ton égide, ô Dieu, notre patrie.
> Daigne au milieu de nous maintenir l'union,
> La liberté, la paix et la religion.
> Bannis de nos cités l'aveugle fanatisme,
> La criminelle envie et le froid égoïsme ;
> Que la voix de ton Fils, ô Dieu de charité,
> Etouffe parmi nous toute animosité! Amen.

Différentes situations dans la la vie.

JOURS DE JOIE.

Jour de naissance d'un enfant.

Jésus croissait en sagesse, en stature et en grâce, devant Dieu et devant les hommes. (St. Luc 2, 52).

PRIÈRE.

Nous nous présentons devant toi, notre bon Père céleste, avec des sentiments de joie et de reconnaissance et en disant du fond du cœur : Mon âme, bénis l'Eternel et n'oublie aucun de ses bienfaits. Chaque jour nous avons sujet de te louer de ta miséricorde et de ta fidélité envers nous ; mais aujourd'hui nous nous sentons pressés de le faire d'une manière plus particulière en pensant à toutes les bontés dont tu ne cesses de nous combler, au bien que tu as déjà fait à notre cher enfant qui par ta grâce entre dans une nouvelle année de sa vie. Tu nous l'as donné, tu l'as gardé jusqu'à ce jour, tu l'as béni de mille manières dans son corps et dans son âme ; que ton saint Nom en soit loué ! Nos peines, nos efforts, nos soins donnés à son éducation, tout est inutile sans ta bénédiction. Nous le remettons tout de nouveau **entre tes mains paternelles et toutes-puissantes avec tout ce qui** le concerne. Prends-le sous ta protection, veille sur lui jour après jour ; qu'il grandisse non seulement en stature, mais aussi en grâce, devant toi et devant les hommes, en marchant sur les traces de Jésus ; qu'il apprenne de lui l'obéissance, la soumission à ses parents, mais surtout, ô notre Dieu, l'obéissance à ta sainte volonté. Conduis-le par ta main dans le droit chemin, grave tes saints commandements dans son cœur, fortifie-le contre toutes les tentations. Qu'il soit ton enfant, Seigneur, et te glorifie par sa vie entière. Bénis-le abondamment et accorde-lui toutes les grâces qui lui sont nécessaires pour te rester fidèle, au nom de ton cher Fils, notre parfait modèle.

> Ô notre Dieu, Père tendre et fidèle,
> Nous remettons dans ta main paternelle,
> Ce cher enfant que tu nous as donné !
> Il est à toi, pour toi seul il est né.
>
> Oui, cher enfant, par sa grâce infinie !
> Que le Seigneur daigne bénir ta vie ;
> Sur toi Jésus a mis le sceau de sa paix,
> Vis en lui seul, vis heureux pour jamais. Amen.

Jour de naissance d'une personne adulte.

Exerce-toi à la piété. Car l'exercice corporel est utile à peu de chose ; **mais la piété est utile à toutes choses, ayant la promesse de la vie présente et de celle qui est à venir.** (1 Tim. 4, 7 et 8).

MÉDITATION.

Celui qui marche dans les voies de la piété a les promesses non seulement pour la vie à venir, mais aussi pour la vie présente. Il fait cette expérience bénie que lorsqu'on se met au service du Seigneur, on n'est pas frustré du vrai bonheur. L'expérience journalière nous apprend que ce bonheur ne se trouve pas dans la possession de biens passagers et dans les jouissances terrestres, ni dans les honneurs ou dans une position influente ; que l'homme n'est vraiment heureux que lorsqu'il se sert de toutes les circonstances de la vie pour avancer vers le perfectionnement moral. Pénétrons-nous de cette vérité, surtout en entrant dans une nouvelle période de notre existence. Soyons fidèles à la recommandation de l'apôtre, exerçons-nous à la piété, et, quelles que soient les situations de la vie où nous sommes placés, nous trouverons le vrai bonheur, nous éprouverons que la piété est utile à toutes choses, et que toutes les promesses de Dieu sont oui en lui et amen en lui.

Prière.

Agrée, Seigneur, dès le matin de ce jour, nos louanges et nos actions de grâce. Même avant notre naissance, tu nous as élus et destinés au salut. Depuis que tu nous as donné la vie, tu nous as comblés de bénédictions et de nombreux témoignages de ton amour et de ta miséricorde. Chaque jour est une nouvelle preuve de ta fidélité et de ton long support. Nos cœurs débordent de sentiments de reconnaissance et s'offrent à toi en vivant sacrifice. Augmente-nous la foi, l'amour et l'espérance chrétienne. Fais-nous toujours mieux comprendre que nous ne trouvons le vrai bonheur que dans ta communion et que la vraie piété a les promesses de la vie présente et celles de la vie à venir. Pardonne-nous toutes les infidélités de notre vie. Accorde-nous la grâce de faire un bon emploi des jours que nous avons encore à passer sur cette terre et à rechercher ce qui est pour nous la seule chose nécessaire. Rends-nous sérieux et sages à salut. Donne-nous un esprit de soumission et d'obéissance à ta sainte volonté, quelles que soient les voies par lesquelles tu nous conduiras. Que ta main nous garde et nous protège ; que ta grâce nous défende contre tout péché et nous soutienne à l'heure de la tentation. O Dieu, nous nous attendons à toi, daigne pourvoir à tous nos besoins temporels et spirituels, et que ta miséricorde nous accompagne tous les jours de notre vie, au nom et pour l'amour de Jésus-Christ.

Où sont maintenant les années,
Où j'étais un petit enfant?
Hélas! elles se sont fanées
Comme la faible fleur d'un champ.
Il me semblait que de leur course
Je ne verrais jamais la fin ;
Mais comme tarit une source,
Mes jours se sont taris soudain.

Ainsi a passé ma jeunesse;
Nos ans, hélas! sont prompts et courts.
Oui, comme au soir le soleil baisse,
Bientôt se terniront mes jours.
Et si Dieu veut que sur la terre
J'arrive jusqu'aux cheveux blancs,
Au bout de ma longue carrière
Comme un songe seront mes ans.   Amen.

Jour de baptême d'un enfant.

On lui présenta de petits enfants, afin qu'il leur imposât les mains et qu'il priât pour eux ; les disciples les reprenaient. Mais Jésus dit : Laissez les petits enfants, et ne les empêchez point de venir à moi, car le royaume des cieux est pour ceux qui leur ressemblent. (St. Matth. 19, 13 et 14).

Méditation.

Le jour du baptême de nos enfants, nous sommes appelés à les déposer sur le cœur du Père céleste qui les aime et dans les bras du Sauveur, qui veut les bénir. Notre premier soin et la prière ardente de nos cœurs pour eux doivent être qu'ils lui appartiennent à toujours, quel que soit leur sort ici-bas. Nous ne devons pas seulement les élever pour le temps, mais aussi pour l'éternité, car le royaume des cieux leur est promis. Il faut à cet effet mettre notre espérance en la grâce et la fidélité de Dieu, et non en notre force et notre sagesse. Il est le bon Berger qui conduit ses enfants dans les parcs herbeux, dans les sentiers unis pour l'amour de son Nom. Nous voulons lui recommander tout particulièrement aujourd'hui notre cher enfant pour qu'il le bénisse, et le dirige par son Esprit sur le chemin étroit qui mène à la vie éternelle.

PRIÈRE.

Nous nous approchons de toi, Père céleste, au commencement de ce jour pour te prier de remplir notre cœur de ton St-Esprit, afin de ne penser, dire et faire que ce que tu nous inspires. Sanctifie nos pensées, purifie nos cœurs, fortifie notre volonté pour que nous marchions dans tes voies et que nous fassions ta volonté. Nous venons déposer entre tes mains paternelles notre cher enfant que nous allons présenter au saint baptême. Nous te prions de faire luire ta face sur lui et de poser sur sa tête tes mains bénissantes. Reçois-le dans ton alliance, afin qu'il soit ton enfant. Ne permets pas que le péché et les séductions du monde le détournent de toi ; garde-le de tout mal ; fais-lui la grâce d'écouter ta voix comme le jeune Samuel et de marcher toujours dans le chemin de la piété, qui a les promesses de la vie présente et celles de la vie à venir. Nous te le demandons au nom de Jésus-Christ, ton bien-aimé Fils.

> Prends-le, Jésus, dans ta sainte alliance,
> Viens le bénir dans ton amour immense,
> Pour le sauver, tu mourus, ô Seigneur ;
> Qu'il vive en toi, qu'il te donne son cœur. Amen.

Jour de la Confirmation (Matin).

Veillez, demeurez fermes dans la foi, agissez courageusement, fortifiez-vous.
(1 Cor. 16, 13).

Sois fidèle jusqu'à la mort, et je te donnerai la couronne de vie. (Apo. 2, 10).

MÉDITATION.

Nous voudrions aujourd'hui pouvoir écrire en traits ineffaçables ces paroles au fond du cœur de tous ceux qui vont renouveler leur vœu baptismal : « Soyez fidèles jusqu'à la mort. » Qu'ils sont nombreux ceux qui, en pareil jour, ont promis obéissance et fidélité à Dieu, qui ont promis de marcher pendant toute leur vie dans ses voies, mais qui ont fait naufrage quant à la foi, qui ont abandonné leur Dieu et se sont rendus malheureux ! Ils ont manqué de fidélité et ont succombé dans la tentation, parce qu'ils avaient trop de confiance en eux-mêmes, et qu'ils n'ont pas veillé et prié. C'est pourquoi ils ont faibli dans la foi et ont été sans force à l'heure de la tentation. Heureux ceux dont Dieu est la force, qui cherchent sa face et marchent dans ses voies !

Prière.

Dieu tout bon, Père de notre Seigneur Jésus-Christ et par lui aussi notre Père ! En ce jour si solennel, si important, je me présente devant toi, saisi de trouble et rempli de sentiments de reconnaissance. Mon désir est d'entrer dans ton Eglise pour en devenir un membre vivant et dévoué. Je sens combien j'ai besoin de ta force et de tes lumières. Je voudrais faire partie de ton peuple et être au nombre des brebis de ton pâturage. Comme je suis environné de tentations et d'ennemis dont le pire est mon faible cœur, je me place sous ta sainte garde, te priant de me conduire avec bonté jusqu'à la fin de ma vie. Assiste-moi par la puissance de ton St-Esprit, afin que je sois vigilant et que je garde la foi. Détourne mon esprit des vanités du monde pour le porter vers les choses célestes et éternelles. Donne-moi un cœur pur, sincère, désireux du salut, qui trouve la paix dans la foi en toi et dans l'amour de Jésus. Aide-moi à veiller, à être ferme dans les tentations et dans les combats de la vie. Pose ta main bénissante sur moi ; guide mes pas dans tes sentiers et fais-moi la grâce de te rester fidèle pour arriver à une bienheureuse éternité.

Dieu tout bon, qui de mon enfance	Oh ! daigne, en ce moment encore,
Fus l'ami, l'aide et le soutien,	Prêter l'oreille à mes accents,
Qui me créas pour l'innocence,	Et dans le temple où je t'implore
Pour la vérité, pour le bien ;	Agréer mes premiers serments. Amen.

Soir.

Comme vous avez reçu le Seigneur Jésus-Christ, marchez en lui, enracinés et fondés en lui, et affermis dans la foi, selon que vous avez été enseignés, abondant en elle, avec actions de grâces. (Col. 2, 6 et 7).

MÉDITATION.

Les deux plus grands ennemis du jeune âge sont la convoitise de la chair et l'orgueil de la vie. Il faut que l'Esprit de Dieu grave profondément dans notre âme que nous ne sommes plus à nous, et que notre corps aussi appartient à notre Sauveur, pour lequel nous devons le conserver pur de toute souillure. Mais l'orgueil du cœur naturel est encore plus redoutable; il est affamé des honneurs et des louanges qui viennent des hommes, et tout cherche à l'enflammer au dedans de nous. Et pourtant que sont les louanges, sinon une vapeur étouffante qui flétrit les plus belles vertus ? Le jeune homme a peu connu jusqu'à présent les appâts du monde dans lequel il doit entrer, et qui l'attirera par tout ce qui flatte les convoitises et l'orgueil. Oh ! puisse-t-il conserver une âme calme, simple, qui se sente attirée toujours plus, à travers les charmes terrestres, vers l'aimant éternel ! La tentation est grande, l'esprit est prompt, mais la chair est faible. Toutefois le Seigneur est fort. La vigne est une faible plante, mais appuyée sur un fort tuteur, elle devient vigoureuse et porte de beaux fruits. Si nous savons nous appuyer sur la croix de Christ, nous porterons de bons fruits.

O Seigneur, qu'il est facile de combattre quand on marche sous tes drapeaux ! Sur le seuil de l'arène, tu donnes déjà la certitude du triomphe, et tout le long de la course tu ne cesses de nous dire : Les cœurs en haut ! la victoire est à vous !

PRIÈRE.

Tes voies, ô Éternel, ne sont que bonté et que vérité pour ceux qui gardent ton alliance et tes témoignages. J'ai renouvelé en ce jour devant toi, Seigneur, mon alliance baptismale et j'ai promis de me consacrer pour toujours à ton service. Bénis mes saintes promesses de ce jour, mes bonnes résolutions, mes prières et celles de ma famille. Unis tellement mon cœur à toi que ni les joies ni les afflictions ne puissent me séparer de toi et de ton amour. Aide-moi à rester ferme dans la foi, en m'attachant à notre divin Maître, à Jésus-Christ, le seul fondement qui puisse être posé. Tu as été avec moi jusqu'ici, ne m'abandonne pas, aide-moi à combattre le bon combat de la foi. Ne me permets pas d'oublier que les années de la jeunesse s'écoulent rapidement, et que j'aurai un jour à te rendre compte de toute ma vie. Fais-moi comprendre ces paroles : « Celui qui sème pour la chair, moissonnera de la chair la corruption. » Enseigne-moi à fuir les convoitises de la jeunesse et à rechercher la justice, la foi et la charité. O Dieu, que mon nom soit inscrit dans le livre de vie et qu'un jour je puisse entrer dans le repos éternel, où il n'y a plus ni péché, ni souffrances et où tu seras tout en tous.

Que si jamais, dans ma faiblesse,
J'oublie, ô Dieu, ces saints projets,
Retrace à mon cœur ma promesse,
Toi-même excite mes regrets.

Puisse, par ta grâce épurée,
Mon âme, fidèle à ses vœux,
Rentrer dans la route sacrée
Qui par Jésus conduit aux cieux ! Amen.

Jour de mariage.

Heureux l'homme qui craint l'Eternel et marche dans ses voies. (Ps. 128, 1).

MÉDITATION.

La crainte de l'Eternel est la source pure d'où découlent toutes les bénédictions de la vie conjugale et de la vie de famille. Si vous voulez voir votre union et votre famille défier les orages, fondez-les sur la base immuable que vous signale le Psalmiste. Demandez à Dieu avant toutes choses de vous mettre au cœur par son Esprit la véritable crainte et la force de marcher toujours dans les seules voies qui sont agréables à ses yeux. Cherchez Dieu en tout et tout vous réussira. Mais sachez aussi que si vous marchez sans lui, votre bonheur s'enfuira bien vite. Le plus bel ornement d'une maison et son plus riche trésor, c'est la présence de Dieu avec ses bénédictions. Là où il est absent, il n'y a pas de paix durable et pas d'amour fidèle jusqu'à la mort ; les joies ne sont pas sanctifiées, ni les souffrances adoucies par le baume des divines consolations. Mais si Dieu est avec nous, la plus humble demeure est son tabernacle où habitent la joie et la paix. Que le soleil du bonheur vienne l'illuminer, ou que les vents d'orage se déchaînent sur elle, elle reste debout, car elle est fondée sur un rocher inébranlable.

PRIÈRE.

Mon âme, bénis l'Eternel, et que tout ce qui est en moi bénisse son saint Nom ! Mon âme bénis l'Eternel, et n'oublie aucun de ses bienfaits ! Tels sont nos sentiments en ce jour, ô Seigneur miséricordieux ! C'est avec confusion que nous pensons à la fidélité et à l'amour dont tu nous as entourés depuis notre tendre enfance. Notre cœur déborde surtout de gratitude à la pensée de tout ce que tu as fait pour notre cher enfant. Tu lui as conservé la vie et la santé, tu l'as gardé au milieu des dangers et des tentations, et à tous les témoignages de ta bonté tu en ajoutes aujourd'hui un nouveau en lui donnant un compagnon fidèle pour le voyage de la vie. Bénis l'alliance que nos enfants vont contracter devant ta face. Appose toi-même le sceau sur les promesses qu'ils vont faire ; unis-les par un saint amour et par des sentiments de paix, afin qu'ils soient heureux pour le temps et pour l'éternité.

> Ah! fais-leur éprouver tes bontés paternelles,
> Et daigne les guider en tous temps, en tous lieux.
> A leurs engagements rends-les toujours fidèles;
> Pour la terre unis-les, unis-les pour les cieux.
>
> Quand tu les béniras, que la reconnaissance
> Les rapproche de toi, seul auteur de tout bien;
> Et quand viendra pour eux le temps de la souffrance,
> Sois encor leur espoir, leur force, leur soutien! Amen.

Pour l'anniversaire du jour de mariage.

Mon âme, bénis l'Eternel et n'oublie aucun de ses bienfaits. (Ps. 103, 1).

Prière.

Eternel, ta bonté atteint jusqu'aux cieux et ta fidélité jusqu'aux nues ! Tu nous diriges avec sagesse, avec puissance et avec bonté ! Notre âme est pleine de reconnaissance en ce jour que tu nous as encore permis de revoir. En pensant au passé, nous sommes touchés de ta fidélité et de la bonté dont tu nous as entourés. Tu nous as inspiré par ton Esprit l'amour réciproque et le dévouement ; tu nous as comblés de joies, tu nous as soutenus dans les jours d'épreuves et de souffrances. Que ton saint Nom en soit loué ! Continue à nous être propice. Enseigne-nous à aimer comme tu nous as aimés. Purifie notre amour de tout amour-propre et de tout égoïsme. Fais de nous, ô Amour céleste, des aides mutuels pour la vie éternelle ! Que nous sachions nous exhorter et nous redresser, lorsque nous ne marchons pas dans le droit chemin. Donne-nous de nous tenir souvent devant ta face pour que nous te devenions de plus en plus semblables, de prier l'un pour l'autre, afin de nous exciter ensemble aux œuvres de miséricorde. Nous ne voulons nous plaire l'un à l'autre, ô Seigneur, qu'en cherchant à te plaire toujours plus, car nous sentons que l'amour et le dévouement croissent dans nos cœurs à mesure que nous t'aimons davantage. Nous savons que la flamme de l'amour brûle alors plus pure et plus céleste et que la communion de nos âmes est plus intime et plus profonde. O Seigneur, que nous nous aimions en toi ! Ne permets pas que le lien d'amour, de paix et de saint respect qui nous unit, se relâche jamais. Soutiens-nous de ton bras tout-puissant pendant notre voyage à travers la vie, jusqu'à ce que tu puisses un jour nous recevoir dans la joie et la félicité éternelles.

> Seigneur! que ton Esprit nous exauce et nous lie ;
> Que, membres de ton corps et vivant de ta vie,
>   Nous soyons plantés en toi !
> Oh! chasse loin de nous la discorde et l'outrage.
> Que nous soyons de Christ comme étant son ouvrage,
>   Nous aimant dans la même foi. Amen.

Prière d'un vieillard.

O Dieu, éternel et immuable ! mes jours se sont envolés comme la fumée ; mes forces sont défaillies. Ceux qui avaient reçu la vie avec moi ne sont plus et je marche isolé sur la terre. Ah ! Seigneur, que ta gratuité ne m'abandonne pas. N'as-tu pas promis que tu nous porterais jusqu'à notre blanche vieillesse? Tu m'as fait beaucoup de bien dans la portion de ma vie qui a disparu ; tu m'as nourri, protégé, consolé, soulagé et guéri bien des fois ; tu m'as fait entendre les accents de ta Parole, tu m'as dirigé par ton Esprit, supporté avec une grande patience et conduit jusqu'à cet âge avancé, alors que beaucoup de mes compagnons de voyage sont tombés à mes côtés. Maintenant encore tu fais lever chaque matin ta bonté sur moi. Seigneur, je ne suis pas digne de la miséricorde et de la fidélité dont tu as usé envers moi. Daigne m'accorder par ta grâce la patience dont j'ai besoin pour supporter les infirmités de la vieillesse. Puisque j'ai reçu de toi les biens, n'en recevrais-je pas aussi les maux ? Ne permets pas que je me rende importun ou ridicule à la jeunesse par une humeur sombre ou par mes caprices. Que ma communion constante avec toi, qui es la source de la vie, m'inspire l'égalité d'âme, la sérénité et la douceur. Que ton Esprit, qui est un Esprit de paix et de joie, demeure en moi. Daigne me pardonner les fautes que j'ai commises dans ma vie et dont je me rends encore trop souvent coupable. Ne te souviens pas des péchés de ma jeunesse, mais souviens-toi de moi dans ta miséricorde pour l'amour de Jésus-Christ. Que j'emploie les heures de la solitude à me préparer à mon prochain départ de ce monde. Accorde-moi bientôt, si tu le juges bon, une fin douce et paisible ; car mon désir est de partir de ce monde et d'être avec Christ, mon Sauveur, ce qui me serait plus avantageux. Mais si c'est ta volonté que je continue encore mon pèlerinage ici-bas, soutiens-moi, afin que l'épreuve ne soit point au-dessus de mes forces. Quand le poids des années menace de m'accabler, dirige mes regards sur Jésus, le chef et le consommateur de la foi, que tu as couronné de gloire et d'honneur, après qu'il eut passé par les horreurs de la croix. Inspire-moi la foi qui est agissante par la charité, afin que je consacre à ton service et au bien de mes frères le peu de forces qui me restent. Que je sois en édification autour de moi par mon humilité, ma douceur, ma patience, ma bonté et ma résignation ; bénis de tes bénédictions temporelles et spirituelles ceux des miens qui sont encore à mes côtés, et rends-leur abondamment l'amour qu'ils me témoignent. Conserve-les dans ta grâce, et donne-leur de me suivre un jour dans la bienheureuse éternité.   Amen.

Méditations et prières pour les jours de maladie.

Entretien de l'âme avec Dieu par quelques passages bibliques.

Pour moi, m'approcher de Dieu, c'est tout mon bien.   (Ps. 73, 28).
Remets ta voie à l'Eternel et t'assure en lui, et il agira.   (Ps. 37, 5).
Je vous consolerai comme une mère console son fils.   (Es. 66, 13),
L'esprit du Seigneur, de l'Eternel, est sur moi ; car l'Eternel m'a oint, pour annoncer la bonne nouvelle aux affligés. Il m'a envoyé pour guérir ceux qui ont le cœur brisé, pour annoncer aux captifs la liberté, et aux prisonniers l'ouverture de la prison, pour proclamer l'année de la bienveillance de l'Eternel.   (Es. 61, 1 et 2).
Mon fils, ne méprise point le châtiment du Seigneur, et ne perds point courage lorsqu'il te reprend, car le Seigneur châtie celui qu'il aime, et il frappe de ses verges tout fils qu'il reconnait.   (Hébr. 12, 5 et 6).
Comme un père est ému de compassion envers ses enfants, l'Eternel est ému de compassion envers ceux qui le craignent ; car il connait de quoi nous sommes faits ; il se souvient que nous ne sommes que poudre.
(Ps. 103, 13 et 14).

L'Eternel est mon berger, je n'aurai point de disette.   (Ps. 23, 1).
J'ai péché contre toi, contre toi proprement, et j'ai fait ce qui est désagréable
   à tes yeux.   (Ps. 51, 6).
Il a été navré pour nos forfaits et froissé pour nos iniquités ; le châtiment qui
   nous apporte la paix est tombé sur lui, et par ses meurtrissures nous
   avons la guérison.   (Es. 53, 4 et 5).
Seigneur, à qui irions-nous qu'à toi ? Tu as les paroles de la vie éternelle.
      (St. Jean 6, 68).
Venez à moi, vous tous qui êtes travaillés et chargés, et je vous soulagerai.
      (St. Matth. 11, 28)
Si quelqu'un veut venir après moi, qu'il renonce à soi-même, qu'il se charge
   de sa croix et qu'il me suive.   (St. Matth. 16, 24).
Je suis assuré que ni la mort, ni la vie, ni les anges, ni les principautés, ni
   les puissances, ni les choses présentes, ni les choses à venir, ni la hauteur,
   ni la profondeur, ni aucune autre créature ne pourra nous séparer de
   l'amour de Dieu, manifesté en Jésus-Christ, notre Seigneur.
      (Rom. 12, 28 et 29).
Si Dieu est pour nous, qui sera contre nous ? Lui, qui n'a point épargné son
   propre Fils, mais qui l'a livré pour nous tous, comment ne nous donnera-
   t-il point toutes choses avec lui.   (Rom. 8, 31 et 32).
Notre légère affliction du temps présent produit en nous le poids éternel d'une
   gloire souverainement excellente ; puisque nous ne regardons point aux
   choses visibles, mais aux invisibles, car les choses visibles sont pour un
   temps, mais les invisibles sont éternelles.   (2 Cor. 4, 17 et 18).
O mort ! où est ton aiguillon ? O sépulcre ! où est ta victoire ? Mais grâces
   soient rendues à Dieu, qui nous a donné la victoire par notre Seigneur
   Jésus-Christ.   (1 Cor. 15, 55 et 57).

MÉDITATION GÉNÉRALE.

Lorsque la nuit de l'affliction enveloppe le chrétien, son devoir est de se soumettre à la volonté de Dieu, et de dire avec Job : Puisque j'ai reçu les biens de la main de Dieu, n'en recevrai-je pas aussi les maux ? Il doit accepter avec résignation ses souffrances et la mort elle-même, si Dieu a résolu de le rappeler à lui, et ne pas perdre courage ; il doit se fortifier dans la confiance au Seigneur, en se disant que la main du Tout-Puissant peut le secourir et le sauver, lorsque son état semble le plus désespéré. Il faut de même qu'il reconnaisse que la maladie, la douleur et la mort sont le salaire du péché et qu'il cherche avec humilité et repentance la face miséricordieuse de son Père céleste, qu'il persévère dans la prière et supplie Dieu d'adoucir ses maux et de le guérir si telle est sa sainte volonté. Qu'il demande avant tout l'affermissement de sa foi et de sa patience, le progrès dans les vertus que Dieu se propose de développer en lui par la maladie, qu'il regarde sans cesse à Jésus, son Sauveur et son modèle, qui a été navré pour nos forfaits et froissé pour nos iniquités, et qui a porté sa croix avec une patience inaltérable. Qu'il pense au bien dont Dieu lui permet encore de jouir sur son lit de souffrances et se dise qu'un grand nombre de ses frères, qui valent peut-être mieux que lui, ont à supporter plus de maux, sans être entourés d'autant de soins et de soulagement. Qu'il veille sur lui-même, afin de ne pas se plaindre, de ne pas murmurer et de ne pas ajouter aux peines de ceux qui le soignent ; qu'il reconnaisse avec une profonde gratitude les bienfaits que Dieu répand sur lui par leur intermédiaire et qu'il s'applique enfin à disposer de sa maison en temps utile, afin que, si le Seigneur le rappelle de ce monde, il ne le quitte pas sans s'être préparé à son départ.

Si tels sont les sentiments du malade, il est en bénédiction aux autres, et pourra mourir en paix quand son heure sera venue.

Prière d'un malade (Matin).

Dieu fidèle ! Je te rends grâces de ce que dans ta bonté tu m'as gardé pendant la nuit, et m'as fait revoir la lumière de ce jour. Que ta grâce soit sur moi, qu'elle m'éclaire et que je ne la reçoive pas en vain. Aide-moi à ne pas me décourager et à ne pas désespérer dans ma maladie et dans mes souffrances, mais à chercher force, secours et consolation dans la foi en ton amour. Préserve-moi de murmures, d'impatience et de fausse sécurité, et fais-moi chercher et trouver la seule chose nécessaire : ta grâce et ta paix en Jésus-Christ. Je me place sous ta sainte garde et j'attends de ton amour la délivrance pour mon corps et pour mon âme. Seigneur, donne-moi un cœur patient et docile, afin que je me soumette à ta volonté dans les jours de maladie comme dans les jours de santé. Exauce-moi et fais-moi du bien selon ta miséricorde.

J'ai vu la mort, j'ai senti sa présence ;
Elle glaçait et mes sens et mon cœur.
Seul, entouré de deuil et de silence,
Faible et mourant, j'appelais mon Sauveur.

O mon Sauveur ! tu pouvais seul entendre
Le cri perdu dont je frappais les airs.
Tu l'entendis, ta main divine et tendre
Me vint répondre au fond de ces déserts.
Amen.

Prière d'un malade (Soir).

Dieu tout bon et miséricordieux, tu m'as aidé à surmonter les peines de ce jour, tu m'as abondamment béni. Je ne suis pas digne de toutes les grâces que tu m'accordes dans tes compassions infinies. C'est en y plaçant toute ma confiance que je te supplie de rester avec moi, maintenant que le jour est fini et que les ténèbres de la nuit nous environnent. Si mon mal physique doit s'accroître, fortifie-moi dans ta grâce, afin que je supporte mes douleurs sans impatience et que selon ta promesse elles portent pour mon âme un fruit paisible de justice. Apprends-moi à dire avec une soumission filiale : « Que ta volonté soit faite et non la mienne. » Il t'est facile de venir à mon aide et d'alléger mes souffrances, car tu es tout-puissant ; ta main peut tout changer ; je me repose sur toi et je suis assuré que tu ne m'abandonneras pas. Exauce mes supplications pour l'amour de Jésus-Christ.

O Jésus, selon ta promesse,
Ceux que le Père t'a donnés,
Viennent à toi dans leur détresse,
Ils ne sont jamais repoussés.
Seigneur, tu sais toutes mes craintes ;
Devant toi j'épanche mon cœur,
Dans ta bonté reçois mes plaintes,
Guéris mes maux et ma langueur.

Battu des coups de la tempête,
Souvent mon cœur est plein d'effroi ;
Alors dans tes bras je me jette,
En criant : Seigneur, sauve-moi.
Ainsi je trouve un sûr asile
Dont Satan ne peut m'arracher.
Mon âme redevient tranquille,
Car l'Eternel est mon rocher. Amen.

Courtes prières pour les malades et les mourants.

1. Seigneur, mon Dieu ! qui vois le mal que je souffre et celui que je crains, aie pitié de moi. Donne-moi un plus vif sentiment de mes péchés que du mal que j'endure, mais ne me châtie point en ta colère ; souviens-toi d'avoir compassion, en m'imputant les souffrances de ton bien-aimé Fils. Pardonne-moi mes offenses ; donne quelque soulagement à mon corps, si tu le juges à propos pour ta gloire et mon salut ; mais surtout console et sanctifie mon âme pour l'amour de Jésus-Christ. Amen.

2. J'adore, ô mon Dieu, ta providence et ta justice dans les châtiments que tu m'envoies ; bien loin de murmurer contre toi, j'admire ta douceur et ta miséricorde. Me voici, ô Dieu, pour faire ta volonté. Si tu veux que je souffre, je le veux, ô mon Dieu, pourvu que tu m'assures de ma réconciliation avec toi et que tu ne m'envoies point de maux au-dessus de mes forces. Amen.

3. O Seigneur, que la coupe que tu me présentes est amère ! Ah, s'il est possible que je ne sois plus obligé de la boire !.... Cependant, non point ce que je veux, mais ce que tu veux, ô mon Dieu. Adoucis ce calice par tes consolations ; fais que je me soumette toujours à ta volonté, et que j'acquiesce avec une entière résignation aux dispensations de ta Providence. Amen.

4. Hélas, que mes douleurs sont grandes ! Mais mes péchés surpassent mes douleurs. Si tu veux plaider avec moi, ô mon Dieu, sur mille articles je ne saurais répondre à un seul ; à toi est la justice et à moi est la confusion. Tu es toujours juste et je suis un pauvre pécheur ; mais, Seigneur, pardonne et adoucis mes maux ; je ne puis soutenir la pesanteur de ta main ; je ne suis que poudre et que cendre. Ne m'abandonne point et, pour l'amour de ton cher Fils, laisse-toi fléchir par mes cris. Amen.

5. O Seigneur ! je cherche ta grâce avec ardeur, mon âme a soif de toi ; fais découler dans mon cœur tes eaux jaillissantes en vie éternelle. Tes seules consolations font ma joie dans les pensées diverses que j'ai dans mon esprit et dans les maux par lesquels tu me visites. Ne me refuse point ces divines consolations et fais-moi sentir ta présence ; alors je ne craindrai point, quand même je marcherais dans la vallée de l'ombre de la mort, parce que tu seras toujours avec moi.   Amen.

6. O Dieu ! qu'est-ce que l'homme que tu aies soin de lui, et du fils de l'homme que tu en tiennes compte ? Il est semblable à la vanité ; ses jours sont comme une ombre qui passe et ses années s'en vont comme une pensée ; la rencontre d'un vermisseau le fait périr. Mais toi tu es toujours le même et tes années ne finiront jamais. Seigneur, je t'invoque dans ce lit d'infirmité ; donne-moi à connaître ma fin et quelle est la mesure de mes jours ; que je sache de combien courte durée je suis. Je sais que je dois mourir, mes esprits se dissipent, mon tabernacle terrestre se détruit ; prépare-moi à mon dernier moment, où je dois retourner dans la poudre d'où j'ai été tiré. O Dieu de ma délivrance, j'attends ton salut.   Amen.

7. O mon Dieu ! le temps de mon délogement approche, et la mort m'appelle à comparaître devant ton tribunal ; elle m'ef-

fraye par le souvenir de mes péchés. O grand Dieu ! regarde-moi en tes compassions infinies. Que ton Esprit m'assure de ma paix, et qu'il rende ce témoignage à mon esprit que je suis ton enfant et ton héritier, que le sang de ton Fils m'a réconcilié avec toi, et que je serai éternellement heureux avec ce glorieux Sauveur, auquel, comme à toi et au Saint-Esprit, soient honneur et gloire. Amen.

8. O Seigneur ! que je me réjouis d'entrer dans ta maison, où je serai éternellement et où je célébrerai les noces de l'Agneau, où je verrai le but de mes désirs, la réalisation de mes espérances, la consommation de mes desseins, où je n'aurai plus rien a craindre et où je chanterai à jamais tes louanges. Amen.

Prière pour obtenir la paix de l'âme en Christ.

Seigneur Jésus, Prince de la paix, c'est à toi que j'élève mon cœur. Tu as dit : « Venez à moi et vous trouverez le repos de vos âmes ; vous aurez de l'angoisse au monde, mais en moi tout est paix et joie par le St-Esprit. » Hélas ! souvent j'ai cherché et je cherche encore le repos dans le monde et dans les choses périssables ; mais ce repos je ne le trouve pas. Mon âme créée à ton image ne peut être rassasiée que par les choses qui sont éternelles ; aussi a-t-elle faim de toi, Seigneur Jésus, de toi qui es le pain de vie. Mon âme a soif de ta Parole. Viens donc à moi ; tes blessures parlent de paix à mon âme ; loin de toi, il n'y a que trouble et rongement d'esprit. Ton amour gratuit est la source de toute paix ; appuyé sur toi, je n'ai plus rien à craindre. Je suis faible pour le combat, mais tu seras ma force et ma victoire ; je suis sans justice et sans sainteté, tu me revêtiras de ta justice ; je suis pauvre et dénué de tout, en toi je possède toutes choses ; mon cœur est agité, en toi il peut demeurer paisible et ferme, car il sait qu'aucune puissance ne saurait nous séparer de l'amour que tu nous as manifesté en Jésus-Christ. Amen.

Prière dans toutes sortes de tentations et d'épreuves.

Père des miséricordes ! C'est au nom et à cause de l'intercession de Jésus, notre Sauveur, que nous osons nous approcher de ton trône. Hélas ! si c'est l'angoisse qui nous y amène, n'est-ce pas la preuve évidente que nous ne sommes que de pauvres pécheurs, qui ne pouvons nous délivrer nous-mêmes, mais qui nous confions en toi pour obtenir la délivrance? La tentation, comme l'épreuve, est la conséquence du péché. Donne-nous de le reconnaître. Toutefois, Seigneur, aie pitié de nous ; que ta main ne s'appesantisse pas sur nous au delà de nos forces et que ton secours soit proportionné à la grandeur de notre épreuve. Fais-nous la grâce de veiller et de prier, de nous défendre contre les attaques de l'ennemi avec les armes de la Parole, et de nous consoler en toi. Notre désir est de voir notre âme te glorifier par cette épreuve, et d'en sortir triomphante à la gloire de ton Nom. Mais ce but est trop élevé pour nos faibles forces, si tu ne nous tends pas tes cordeaux d'amour pour y arriver. Seigneur Jésus, incline ton oreille vers nous. Exauce-nous et nous délivre par la vertu de ton St-Esprit. Amen.

Prière pour obtenir la sanctification.

Ta Parole est la vérité, ô notre Père céleste. Tu nous dis d'être saints comme tu es Saint, et que sans la sanctification nul ne verra le Seigneur. Mais qui sommes-nous, ô Dieu, pour atteindre un but si élevé ? Chaque jour nous faisons l'humiliante expérience que, tout en désirant faire le bien, le mal est attaché à nous. Nos chutes répétées, la lenteur de nos progrès, viennent nous convaincre de l'impuissance de nos efforts. Ah ! Seigneur, si nous n'avons pas pu obtenir cette sainteté chrétienne, c'est que jusqu'ici nous n'avons pas su la chercher là où elle se trouve ; nous avons trop regardé à nous-mêmes et pas assez à toi. Trop souvent nous oublions, Seigneur Jésus, que tu es non seulement notre justice, mais aussi notre sanctification. Fais-nous donc comprendre que lorsque tu nous commandes de travailler à notre sanctification, ce travail consiste à la chercher en toi et à la recevoir de toi, qui nous la donnes gratuitement. Sanctifie-nous par ta vérité, et puisque ta Parole est la vérité, enseigne-nous de plus en plus à la méditer, à l'aimer et à la pratiquer. Que ton Esprit habite dans nos âmes pour les purifier. Qu'il nous rende capables de te glorifier dans nos corps et dans nos esprits qui t'appartiennent, et que sa puissante efficace produise en nous des fruits de justice et de sainteté qui soient à ta gloire. Nous te le demandons au nom de Jésus-Christ. Amen.

Prière à faire auprès d'un malade qui souffre beaucoup.

Père des miséricordes! C'est au nom des compassions de Jésus que nous te prions de jeter un regard de pitié sur ce cher malade. Donne-lui de croire que ce n'est pas volontiers que tu affliges tes créatures, mais que c'est pour les amener à toi. Il est vrai qu'aux yeux de notre chair tout châtiment semble d'abord un sujet de tristesse, mais il produit ensuite un fruit paisible de justice pour ceux qui ont été ainsi exercés. Seigneur Jésus, Fils bien-aimé du Père, toi qui es notre avocat, demande grâce pour les péchés que ce pauvre malade a commis et qu'il commet tous les jours. Garde-le de la tentation de s'abattre en perdant courage; apprends-lui que c'est pour lui aussi que tu as souffert sur la croix. Fais-lui entendre par ton Esprit ces consolantes paroles: « Venez à moi, vous tous qui êtes travaillés et chargés, et je vous soulagerai! » Oui, tu le vois travaillé par la souffrance, fais-lui la grâce de l'être aussi par le sentiment de la repentance, afin qu'il trouve en toi le repos dans ses douleurs et la paix de l'âme pour le temps et l'éternité. Dieu trois fois saint, Père, Fils et Saint-Esprit, exauce-nous pour la gloire de ton Nom. Amen.

Prière pour une personne malade à qui l'on doit faire une opération douloureuse.

Dieu tout puissant! C'est toi qui, dans ta sagesse, nous dispenses les biens et les maux et veux les faire servir au salut de nos âmes. C'est là, Seigneur, le but que tu te proposes aujourd'hui en soumettant ce frère à une opération douloureuse. Assiste-le dans son épreuve; donne-lui la patience et la force dont il a besoin; aide-lui à supporter les douleurs et soutiens son âme dans ces moments si pénibles. Seigneur, c'est de toi seul que le médecin tient l'art de guérir; le succès de ses remèdes et de ses soins dépend uniquement de ta bénédiction. Accorde aussi ton secours à tous ceux qui lui donnent leurs soins; fais-leur goûter combien il est doux d'employer ses forces au soulagement de ceux qui souffrent. Fais trouver à ce cher malade, dans la contemplation des souffrances de Christ et dans la communion spirituelle avec son divin Sauveur, le calme, la résignation, le courage et la victoire. Au nom de Dieu, Père, Fils et Saint-Esprit.   Amen.

Prière pour un enfant malade.

O Dieu et Père éternel ! Nous fléchissons humblement les genoux devant toi pour te recommander du fond de nos cœurs l'âme et le corps de ce cher enfant, que tu appelles à souffrir dès son jeune âge. Tu vois, ô Dieu, quel est son état ; viens à son aide. Cet enfant, par suite de son âge, ne sait pas encore ce qu'il faut demander pour prier comme il faut. O Saint-Esprit, intercède pour lui par des soupirs inexprimables. Et toi, Seigneur Jésus, divin Rédempteur, qui as commandé qu'on te présentât les petits enfants pour leur imposer les mains et pour les bénir, déploie en faveur de celui que tu éprouves aujourd'hui les trésors de ta miséricorde. O Dieu, si tu veux dans ta bonté que cet enfant revienne à la santé, fais que sa maladie serve à ta gloire. Ne permets pas qu'il abuse jamais de la santé que tu lui auras rendue et fais qu'il vive d'une manière digne de ton Evangile. Si, au contraire, tu as résolu dans ton conseil éternel de le retirer de ce monde, adoucis, Dieu d'amour, ses douleurs et accorde-lui une heureuse délivrance. Enfin, Seigneur, nous te prions de donner aux parents affligés la patience et la résignation dont ils ont besoin. Dirige-nous tous par ton Esprit, et fais-nous la grâce de nous préparer par une bonne vie à une mort heureuse et chrétienne, par Jésus-Christ, notre Seigneur. Amen.

Actions de grâces d'un convalescent.

Mon âme, bénis l'Eternel, et que tout ce qui est en moi bénisse son saint Nom. Mon âme, bénis l'Eternel et n'oublie aucun de ses bienfaits ! Les cordeaux du sépulcre n'avaient environné ; quand j'étais dans l'adversité, j'ai crié à toi, ô Eternel, et tu m'as entendu, mon cri est parvenu à tes oreilles. Tu m'as exaucé, tu m'as délivré de la maladie et de la mort, tu m'as rendu la santé. Comment te témoigner ma juste et vive reconnaissance ? Tu as fait plus encore ; tu t'es servi de la maladie pour me faire connaître le Sauveur. Si tu m'as châtié, tu l'as fait en père ; tu m'as béni de tes bénédictions spirituelles et temporelles ; tu m'as pardonné mes péchés ; tu m'as éclairé de ta lumière et scellé pour le jour de la rédemption.

Fais, Seigneur, que mon esprit dorénavant ne s'occupe qu'à te connaître, mon cœur qu'à t'aimer, ma bouche qu'à te louer et toutes les facultés de mon être qu'à te plaire. Donne-moi de bien comprendre que tu m'as conservé la vie pour que je ne vive plus selon les désirs de ma nature mauvaise, mais selon ta sainte volonté. Ne permets pas que je m'attache aux choses périssables, mais accorde-moi par ta grâce la force de renoncer pour jamais au monde et à toutes les vanités qu'il adore. Que je possède toutes choses comme ne les possédant pas ; que je considère sans cesse que toutes les choses visibles ne sont que pour un temps, qu'elles ne sont qu'une figure qui passe et une ombre qui s'envole, afin que je m'applique à l'observation de tes saints commandements et que je cherche à te glorifier par toute ma vie. Fortifie-moi, Seigneur, dans ces saintes résolutions ; que je ne sois pas comme ceux dont le partage est dans ce monde et que je puisse un jour voir ta face dans la bienheureuse éternité.

Je veux t'aimer, bon Père céleste, qui m'aimas le premier et qui m'as exaucé ;

Je veux suivre tes traces, Seigneur Jésus, et vivre pour ta gloire ;

Saint-Esprit, viens me sanctifier, me rendre fidèle et me garder à toujours dans la communion de Dieu, Père, Fils et St-Esprit. Amen.

Prière pour une personne qui est à l'agonie ou qui a perdu l'usage de ses sens.

O notre Dieu ! Nous venons remettre l'âme de ce pauvre malade entre tes mains. Toi seul tu peux la rassurer et la consoler dans ces moments sérieux où elle doit quitter le temps pour l'éternité. Aie compassion d'elle, car elle est accablée par le poids de la souffrance. Rassure-la contre les frayeurs de la mort ; dresse devant son esprit la croix du Calvaire, où le chef de l'Eglise a versé son sang pour tous les pécheurs, et qui nous parle si hautement de son grand amour pour nous. Donne-lui de soupirer après les parvis éternels ; d'être altérée de ta grâce et de ton pardon, et de pouvoir comparaître devant toi justifiée par le sang de l'Agneau. Accomplis tes promesses à l'égard de ce cher frère et sois à cette heure sombre sa lumière et son guide. Renouvelle en lui l'homme intérieur, à mesure que l'homme extérieur s'affaiblit ; répands le calme dans son âme selon la mesure de ses besoins et les richesses de ta grâce ; fais qu'il se tienne fortement attaché à Jésus, qu'il contemple en espérance la couronne de vie que tu promets à tes fidèles. Hâte-toi, ô Dieu, de le secourir et d'adoucir l'amertume de ses souffrances. Délivre-le de la manière la plus salutaire pour son âme, et après lui avoir fait grâce devant ton saint tribunal, reçois-le dans le séjour de la paix et de la félicité éternelle, par Jésus-Christ, notre Sauveur. Amen.

Prière pour un vieillard malade et près de sa fin.

Dieu tout-puissant ! qui après m'avoir donné la vie, me l'as conservée jusqu'à ce jour, de quelle fidélité et de quel support n'as-tu pas usé envers moi, pendant ma longue carrière ? Mon âme t'en bénit, jamais elle ne cessera de publier tes bienfaits et d'espérer en ta miséricorde. Ah ! j'en ai la confiance, tu ne m'abandonneras pas maintenant que la fosse s'ouvre déjà devant moi, et que cette tente fragile est près de tomber ; de qui pourrais-je attendre de l'assistance que de toi ? A qui m'attacherais-je maintenant que mes forces sont défaillies et que la mort m'enveloppe de ses cordeaux ? Je reconnais, Seigneur, que ma vie est dans tes mains et que tu peux seul en prolonger le cours, si dans ta sagesse tu le trouves bon, pour me donner le temps de me préparer à l'éternité, mieux que je ne l'ai fait jusqu'à présent. Si je souhaite de vivre encore, ce n'est que pour pouvoir travailler avec plus d'ardeur et de succès à ma sanctification. Dispose, ô Dieu, mon âme à voir arriver sans frayeur la fin de son pèlerinage terrestre ; que mon unique pensée soit désormais de purifier mon cœur de toutes les souillures du péché et du monde, de me réconcilier pleinement avec toi par la médiation de Jésus, et de chercher ta grâce et ton salut avant que je comparaisse devant ton tribunal. Que la maladie serve ainsi, sous la direction de ton Esprit, à me rapprocher du but de ma vocation céleste. Je n'ai plus que quelques jours à passer sur la terre. Accorde-moi la grâce de penser toujours à ma fin prochaine, et de me tenir prêt pour l'heure de mon délogement, en veillant et en priant sans cesse. Sois mon soutien et ma force contre les faiblesses dans lesquelles je puis encore tomber ; sois ma consolation et mon refuge dans les douleurs de mon corps et dans les inquiétudes de l'esprit qui viennent les aggraver; sois enfin mon protecteur et mon Sauveur dans le dernier combat que j'aurai à soutenir; viens m'aider à garder la foi et à terminer ainsi heureusement mon pénible voyage sur cette terre étrangère, que j'échangerai bientôt contre ma patrie véritable et permanente. Exauce-moi, Dieu de miséricorde, pour l'amour de Jésus-Christ, mon Sauveur. Amen.

Prière de soumission à la volonté de Dieu sur le lit de mort.

Mes maux vont sans cesse en augmentant ; mes forces s'épuisent; mon esprit se trouble et je sens que j'approche rapidement du terme de ma carrière terrestre ; ô mon Dieu et mon Père! aide-moi, je t'en supplie, à triompher des terreurs de la mort par une confiance filiale en mon Sauveur, et à me soumettre avec une entière résignation à ta volonté sainte. Tu es mon Seigneur et mon Maître ; dispose de moi comme il te plaira. Je te bénis de m'avoir fait connaître le vide et le néant des joies de la terre ; car c'est ainsi que tu as éveillé dans mon cœur un amour ardent pour toi et pour les biens impérissables du ciel. Tu m'as aimé de toute éternité en Jésus-Christ, et tu m'as attiré à toi par les jouissances que tu m'as fait goûter comme par les afflictions et les épreuves que tu m'as dispensées. Gloire soit rendue à ta bonté paternelle, qui a été jusqu'à maintenant ma consolation dans mes peines, et qui sera éternellement la source de ma joie et de ma félicité !

De quelle paix jouit mon âme, au sein même des douleurs, lorsque je me dis, maintenant que la mort et le jugement sont si près de moi, que tu m'as pardonné tous mes péchés pour l'amour de Jésus-Christ, et que je suis du nombre de tes enfants et des héritiers de ta gloire ! Entretiens et vivifie dans mon âme cette douce persuasion et donne-moi de t'être fidèle jusqu'à la mort. Lorsque mes douleurs surpasseront mes forces et que l'angoisse de mon cœur sera trop grande, aie pitié de moi et me délivre de toutes mes misères. Sauveur charitable, qui as été navré pour nos forfaits et froissé pour nos iniquités, tu as toujours compassion de la faiblesse de tes rachetés. Viens donc à mon aide, je t'en supplie, par tes souffrances, par ton agonie et par ta mort sur la croix. Ne m'abandonne pas à ma dernière heure ; tiens-toi près de mon âme dans ces moments critiques où tous les secours humains ne sauraient nous soulager. Elève mes pensées et mon cœur à toi. Adoucis mes maux par l'assurance de leur issue bienheureuse et par l'avant-goût de la félicité sans bornes que tu m'as acquise et méritée. Que ton esprit de consolation, de force et de paix demeure en moi, afin que j'achève ma course dans la foi et que je passe de la mort à la vie. Amen.

Bénédiction à donner aux mourants.

Seigneur Jésus, Fils de Dieu, Sauveur du monde, nous te supplions au nom de ta très sainte Passion, d'avoir compassion de ce frère mourant. Intercède auprès de ton Père céleste en faveur de ce pauvre pécheur, pour le salut duquel tu as versé ton sang. Epargne-lui, dans ce moment suprême, les angoisses qui pourraient l'atteindre ; fais que l'ennemi de nos âmes n'ait point d'empire sur lui et que, délivré par toi, il entre dans la félicité éternelle.

Seigneur, aie pitié de nous !
Christ, aie pitié de nous !
O Seigneur, aie pitié !
Notre Père qui es aux cieux, etc.   Amen.

Au moment où le mourant rend l'esprit on peut dire :

Quitte ce monde au nom du Père tout-puissant qui t'a créé, au nom de Jésus-Christ qui t'a sauvé et au nom du Saint-Esprit qui te sanctifie et te vivifie. Sois aujourd'hui dans le Paradis avec le Seigneur Jésus. Béni soit celui qui vient au nom du Seigneur. Que le Seigneur te bénisse et te garde ! Que le Seigneur te regarde d'un œil favorable et te soit propice ! Que le Seigneur tourne sa face vers toi et te maintienne dans sa paix !   Amen.

Décès.

Prière des assistants après le départ d'un des leurs.

Dieu juste et saint ! Tu viens de faire passer du temps dans l'éternité l'âme qui a habité ce corps maintenant froid et inanimé. Sa course ici-bas est terminée avec ses fatigues, ses luttes et ses

peines. Après avoir triomphé de son dernier ennemi, elle est entrée dans son repos. Béni sois-tu pour la fidélité que tu as témoignée à ce frère (à cette sœur) dans ses derniers moments et pendant sa vie tout entière. Tu l'as entouré de toutes sortes de biens; tu lui as fait sentir la douceur de tes consolations ; tu l'as couronné de miséricorde et de grâce. Fortifié par toi, il a pu supporter ses souffrances et remettre en paix son âme entre tes mains. Maintenant que sa carrière terrestre est finie, nous espérons que, racheté par Jésus-Christ, il est entré dans la félicité éternelle. Pour nous, qui avons encore à vivre ici-bas, aussi longtemps que tu le trouveras bon, fais-nous bien comprendre que nous aurons aussi à mourir, afin que nous nous préparions à ce délogement par une repentance sincère et par une foi vivante. Que la pensée de la mort et de l'éternité nous excite à marcher sur les traces de notre Seigneur et Maître, dans la charité, dans l'obéissance, dans la patience et dans l'espérance. Fais-nous la grâce, ainsi qu'à tous ceux que cette mort plonge dans le deuil, de chercher et de trouver des consolations célestes dans ta Parole. Sois notre appui et notre refuge à tous ; ne nous abandonne pas ; soutiens-nous par ta grâce, jusqu'au jour où tu nous réuniras, dans ton royaume éternel, à tous ceux que nous avons aimés ici-bas. Exauce-nous pour l'amour de Jésus-Christ.
Amen.

Après la mort d'un enfant.

L'Eternel l'a donné, l'Eternel l'a ôté, que le nom de l'Eternel soit béni !
(Job. 1, 21).

Tu ne sais pas maintenant ce que je fais, mais tu le sauras dans la suite.
(St. Jean 13, 6).

Le Seigneur l'ayant vue, fut touché de compassion pour elle, et lui dit : Ne pleure point. (St. Luc 7, 13).

PRIÈRE.

Dieu miséricordieux ! En ce jour de deuil nous cherchons le repos, la consolation et la paix en toi. C'est toi qui frappes et qui guéris, qui fais la plaie et qui la bandes. Nous ne voulons pas murmurer et demander pourquoi, Seigneur, tu nous as demandé notre enfant. Nous voulons plutôt apprendre, avec le secours de ta grâce, à répéter avec soumission : « L'Eternel l'avait donné, l'Eternel l'a ôté, que le nom de l'Eternel soit béni. »

Pour notre consolation, redis à nos cœurs troublés que ceux qui nous quittent ici-bas sont bien gardés auprès de toi, là où il n'y a plus ni souffrance, ni deuil, ni péché, ni mort. Ta volonté, Seigneur, est sainte et bonne. Fais-nous la grâce de ne jamais douter de ton amour alors même que nous passons par les épreuves les plus douloureuses. Dirige nos cœurs et nos regards vers les demeures célestes où, après une courte séparation, nous retrouverons nos bien-aimés dans ta gloire. Console-nous et sanctifie-nous dans la mesure où tu nous as affligés, pour l'amour de notre Sauveur.

  Oh! pour me rendre
   Fidèle et tendre,
  Mon Père, ne m'épargne pas!
  Que sous ta flamme,
  Un or sans blâme
  Se démêle d'un vil amas!
Sous ton ciseau, divin sculpteur de l'âme,
  Que mon bonheur vole en éclats!

  Tu peux reprendre,
   O Père tendre!
  Ces biens dont tu m'as couronné!
  Ce qu'en offrandes,
  Tu redemandes,
  Je sais pourquoi tu l'as donné.
Et le secret de tes œuvres si grandes
  S'explique à mon esprit borné. **Amen.**

Après la mort d'un père ou d'une mère.

Vous êtes maintenant dans la tristesse ; mais je vous verrai de nouveau, et votre cœur se réjouira, et personne ne vous ravira votre joie.

(St. Jean 16, 22).

PRIÈRE.

Dieu éternel et tout-puissant ! En toi il n'y a pas de variation, ni aucune ombre de changement ; tu es toujours le même et tes années ne finissent point, tandis que nous avons vu descendre sur nous la nuit du deuil et de la tristesse. Notre cœur est déchiré par la mort de l'être bien-aimé que tu viens de nous redemander et dont le départ de ce monde fait couler nos larmes. Ah ! regarde-nous dans ta miséricorde et que les consolations de ta Parole relèvent nos âmes abattues. Vivifie au dedans de nous la douce espérance que nous reverrons celui que nous avons perdu et que nous goûterons avec lui des joies pures et éternelles. Que nos regards et nos cœurs soient constamment dirigés vers le monde meilleur qui nous attend, et vers les biens impérissables que ta bonté nous y réserve ; qu'ainsi nous apprenions à renoncer de plus en plus à ce qui est terrestre et passager. Ce n'est qu'en toi qu'on trouve les biens véritables et permanents, des joies solides et des espérances qui ne confondent point. La mort elle-même a perdu son aiguillon pour ceux qui t'aiment et qui aiment toutes choses en toi.

O notre Père céleste, fais que la douleur que nous éprouvons contribue à purifier nos cœurs, à les remplir de saintes pensées et de pieux désirs. Grave dans nos âmes et fais-y revivre sans cesse l'image de celui que nous pleurons. Accorde-nous la joie et le bonheur de le contempler en esprit, réuni à ceux qui entourent ton trône et célèbrent tes louanges éternelles. Préserve-nous de nous abandonner à une douleur sans espoir et d'oublier les rafraîchissements, les bénédictions et les joies que tu nous as accordés par l'être chéri qui vient de nous quitter. Accorde-nous en même temps la sagesse et la force nécessaires pour t'être fidèles ; demeure avec nous, afin que nous trouvions en toi constamment un bon Père, un protecteur et un appui. Comble toi-même le vide que tu as fait au milieu de nous. Console-nous par ta Parole et par ton St-Esprit ; fais-nous trouver le repos et la paix dans ta communion. Conduis-nous par ton conseil tous les jours de notre vie, et daigne nous recevoir un jour dans ta gloire.

Laissons, chrétiens, cette poussière ;
L'esprit s'est enfui de son sein,
Et près de Dieu, dans la lumière,
Il jouit d'un bonheur sans fin.

Et nous aussi, sur cette terre,
Nous aspirons à ce bonheur :
Bientôt pour nous plus de misère,
Bientôt nous verrons le Seigneur !   Amen.

Au roi des siècles, immortel, invisible, à Dieu, seul sage, soient honneur et gloire aux siècles des siècles !   Amen.

TABLEAU DES FÊTES MOBILES DE 1891 A 1910

Années	1er Dimanche de l'AVENT	PAQUES	ASCENSION	PENTECOTE
1891	29 novembre	29 mars	7 mai	17 mai
1892	27 novembre	17 avril	26 mai	5 juin
1893	3 décembre	2 avril	11 mai	21 mai
1894	2 décembre	25 mars	3 mai	13 mai
1895	1er décembre	14 avril	23 mai	2 juin
1896	29 novembre	5 avril	14 mai	24 mai
1897	28 novembre	18 avril	27 mai	6 juin
1898	27 novembre	10 avril	19 mai	29 mai
1899	3 décembre	2 avril	11 mai	21 mai
1900	2 décembre	15 avril	24 mai	3 juin
1901	1er décembre	7 avril	16 mai	26 mai
1902	30 novembre	30 mars	8 mai	18 mai
1903	29 novembre	12 avril	21 mai	31 mai
1904	28 novembre	3 avril	12 mai	22 mai
1905	3 décembre	23 avril	1er juin	11 juin
1906	2 décembre	15 avril	24 mai	3 juin
1907	1er décembre	31 mars	9 mai	19 mai
1908	29 novembre	19 avril	28 mai	7 juin
1909	28 novembre	11 avril	20 mai	30 mai
1910	27 novembre	27 mars	5 mai	15 mai

LISTE DES PÉRICOPES, ÉVANGILES ET EPITRES,

pour tous les dimanches et jours de fête de l'année ecclésiastique, matin et soir, servant de sujets de méditations et de prières dans ce volume.

1ᵉʳ Dimanche de l'Avent..................	Matth. 21, 1-9	Rom. 13, 11-14 ....
2ᵉ — —	Luc 21, 25-36	Rom. 15, 4-13 ....
3ᵉ — —	Matth. 11, 2-10	1 Cor. 4, 1-5 ......
4ᵉ — —	Jean 1, 19-28......	Phil. 4, 4-7.........
Noël	Luc 2, 1-14.........	Tite 2, 11-14 ......
Dimanche après Noël.................	Luc 2, 33-40.........	Gal. 4, 1-7 ....
Jour de l'An........................	Luc 2, 21	Gal. 3, 23-29 ......
Dimanche après le jour de l'An	Matth. 2, 13-23	1 Pier. 4, 12-19.....
Epiphanie............................	Matth. 2, 1-12......	Esaïe 60, 1-6 ......
1ᵉʳ Dimanche après Epiphanie	Luc 2, 41-52.........	Rom. 12, 1-6........
2ᵉ — —	Jean 2, 1-11.........	Rom. 12, 7-16 ......
3ᵉ — —	Matth. 8, 1-13......	Rom. 12, 17-21 ......
4ᵉ — —	Matth. 8, 23-27.....	Rom. 13, 8-10 ......
5ᵉ — —	Matth. 13, 24-30	Col. 3, 12-17 ......
6ᵉ — —	Matth. 17, 1-9......	2 Pier. 1, 16-21 ...
Septuagésime	Matth. 20, 1-16	1 Cor. 9, 24-10, 5...
Sexagésime........................	Luc 8, 4-15.........	2 Cor. 11, 19-12, 9..
Esto mihi..........................	Luc 18, 31-43.......	1 Cor. ch. 13......
Invocavit	Matth. 4, 1-11......	2 Cor. 6, 1-10 .....
Reminiscere	Matth. 15, 21-28	1 Thess. 4, 1-7 ....
Oculi...............................	Luc 11, 14-28.......	Eph. 5, 1-9.........
Lætare.............................	Jean 6, 1-15	Gal. 4, 21-31 ......
Judica.............................	Jean 8, 46-59.......	Hébr. 9, 11-15......
Rameaux..........................	Matth. 21, 1-9......	Phil. 2, 5-11........
Jeudi saint........................	Jean 13, 1-15	1 Cor. 11, 23-32 ....
Vendredi saint	Jean 19, 28-30......	Esaïe, ch. 53 ......
Pâques.............................	Marc 16, 1-8	1 Cor. 5, 6-8........
Quasimodo	Jean 20, 19-31......	1 Jean 5, 4-10 ......
Misericordias	Jean 10, 12-16	1 Pier. 2, 21-25....
Jubilate	Jean 16, 16-23	1 Pier. 2, 11-20....
Cantate	Jean 16, 5-15	Jacq. 1, 16-21 ......
Rogate...........................	Jean 16, 23-30	Jacq. 1, 22-27 ......
Ascension	Marc 16, 14-20	Actes 1, 1-11.......
Exaudi	Jean 15, 26-16, 4 ...	1 Pier. 4, 8-11 ....
Pentecôte	Jean 14, 23-31	Actes 2, 1-13 ......
Trinité	Jean 3, 1-15	Rom 11, 33-36.......
1ᵉʳ Dimanche après la Trinité	Luc 16, 19-31.......	1 Jean 4, 16-21.....
2ᵉ — —	Luc 14, 16-24.......	1 Jean 3, 13-18.....
3ᵉ — —	Luc 15, 1-10........	1 Pier. 5, 6-11.....
4ᵉ — —	Luc 6, 36-42........	Rom. 8, 18-23......
5ᵉ — —	Luc 5, 1-11........	1 Pier. 3, 8-15.....
6ᵉ — —	Matth. 5, 20-26	Rom. 6, 3-11 ......
7ᵉ — —	Marc 8, 1-9	Rom. 6, 19-23 .....

8e Dimanche après la Trinité	Matth. 7, 15-23	Rom. 8, 12-17
9e — —	Luc 16, 1-9	1 Cor. 10, 6-13
10e — —	Luc 19, 41-48	1 Cor. 12, 1-11
11e — —	Luc 18, 9-14	1 Cor. 15, 1-10
12e — —	Marc 7, 31-37	2 Cor. 3, 4-11
13e — —	Luc 10, 23-37	Gal. 3, 15-22
14e — —	Luc 17, 11-19	Gal. 5, 16-24
15e — —	Matth. 6, 24-34	Gal. 5, 25-6, 10
16e — —	Luc 7, 11-17	Eph. 3, 13-21
17e — —	Luc 14, 1-11	Eph. 4, 1-6
18e — —	Matth. 12, 34-45	1 Cor. 1, 4-9
19e — —	Matth. 9, 1-8	Eph. 4, 22-28
20e — —	Matth. 22, 1-14	Eph. 5, 15-21
21e — —	Jean 4, 47-54	Eph. 6, 10-17
22e — —	Matth. 18, 23-35	Phil. 3, 1-11
23e — —	Matth. 22, 15-22	Phil. 3, 17-21
24e — —	Matth. 9, 19-26	Col. 1, 9-14
25e — —	Matth. 24, 15-28	1 Thess. 4, 13-18

TABLE DES MATIÈRES

	PAGES
Préface	3
L'Oraison dominicale	6
La formule de bénédiction	6
La confession des péchés	867
Le symbole des apôtres	867
Les litanies. — Liturgie	868
Le te Deum. — Liturgie	870

Prières diverses.

1. Prière des parents pour leurs enfants	871
2. Pour une fête de famille. — Liturgie	872
3. Après la construction d'une maison. — Liturgie	872
4. Pour les pasteurs. — Pictet	873
5. Pour les fruits de la terre. — Pictet	873
6. Pendant un orage	874
7. Pour un temps de sécheresse ou de pluie excessive. — Liturgie	875
8. Pour une épidémie. — Liturgie	876
9. Pour un temps de guerre. — Liturgie	877
10. A l'occasion d'un deuil, d'une affliction ou d'un revers national. — Liturgie	878
11. Actions de grâces quand les calamités sont passées. — Liturgie	879
12. Préparation à la communion. — Matin	880
13. Préparation à la communion. — Soir	880
14. Avant la communion	881
15. Après la communion	881

Jours de fête non compris dans le tableau des dimanches et jours de fête de l'année ecclésiastique.

1. Réformation. — Matin	882
Réformation. — Soir	883

R. — Le mot de Liturgie désigne la Liturgie de Montbéliard et celui de Vademecum le recueil à l'usage des pasteurs et des fidèles que j'ai publié en 1872.

2. Pour les Missions. — D'après la Liturgie. . . . 884
3. Pour la fête des récoltes. — D'après la Liturgie . 885
4. Jour de jeûne et d'humiliation. — D'après la Lit. 887
5. Fête nationale. 889

Différentes situations dans la vie.

1. Jours de joie :
   9. Janvier. Matin 21
   2ᵉ Epiphanie. Jeudi matin 53
   Reminiscere. Jeudi soir 185
   Laetare. Vendredi matin 215
   Jubilate. Dimanche soir 302
   Jubilate. Lundi matin. 303
   Pentecôte. Mardi soir 368
   Trinité. Mardi soir 383
   7ᵉ Trinité. Mardi matin 488
   9ᵉ Trinité. Jeudi soir 526
   11ᵉ Trinité. Samedi matin 559
   20ᵉ Trinité. Samedi matin 704
   23ᵉ Trinité. Mercredi matin. 746
   3ᵉ Avent. Lundi matin 820
2. Jour de naissance d'un enfant :
   Trinité. Lundi matin 380
   19ᵉ Trinité. Jeudi matin 684
   23ᵉ Trinité. Samedi soir 754
   25ᵉ Trinité. Mercredi matin. 779
   Appendice III 890
3. Jour de naissance d'une personne adulte :
   6ᵉ Epiphanie. Vendredi matin 112
   6ᵉ Epiphanie. Vendredi soir 113
   Invocavit. Samedi soir 174
   7ᵉ Trinité. Mercredi soir. 491
   7ᵉ Trinité. Jeudi soir 493
   11ᵉ Trinité. Dimanche soir 547
   15ᵉ Trinité. Lundi matin. 611
   17ᵉ Trinité. Vendredi matin. 653
   25ᵉ Trinité. Lundi matin. 774
   Appendice III 891
4. Jour de baptême. — Appendice III 892
5. Jour de confirmation, matin. — Appendice III . . 893
   Jour de confirmation, soir. — Appendice III . . 894
6. Jour de mariage. — Appendice III. 896
7. Anniversaire du jour de mariage. — Append. III. 897

Méditations et prières pour les jours d'épreuve.

1. Pour les cas ordinaires:

4 Janvier matin	11
4 Janvier soir	12
11 Janvier matin	26
12 Janvier soir	29
1er Epiphanie. Mardi matin	35
1er Epiphanie. Mardi soir	36
1er après Epiphanie. Samedi matin	42
2e — Lundi matin	47
4e — Mardi matin	78
4e — Mardi soir	79
6e — Lundi soir	106
6e — Mercredi matin	108
Septuagésime. Mercredi matin	123
— Samedi matin	129
Esto Mihi. Dimanche soir	147
Invocavit. Mercredi matin	168
Reminiscere. Lundi matin	178
— Samedi matin	188
Oculi. Jeudi soir	199
— Samedi matin	202
Laetare. Mardi matin	208
— Samedi matin	217
Pâques. Samedi soir	268
Quasimodo geniti. Jeudi soir	279
Misericordias. Mercredi soir	292
— Jeudi soir	295
— Samedi soir	299
Cantate. Mardi soir	323
— Mercredi matin	324
— Vendredi matin	329
Exaudi. Samedi matin	359
Pentecôte. Jeudi soir	372
Trinité. Mardi matin	382
— Jeudi soir	386
— Vendredi matin	387
2e après Trinité. Samedi matin	420
4e — Mardi matin	441
5e — Mardi matin	457
8e — Samedi soir	514
14e — Vendredi matin	604
14e — Vendredi soir	606
17e — Lundi soir	649

17e	—	Mercredi matin	650
18e	—	Mardi soir	665
3e Avent.	Mardi matin		822
3e	—	Samedi matin	831

2. Graves visitations: incendies, inondations, grêles, pertes d'argent ou d'autres biens:

1er Epiphanie.	Jeudi soir		40
2e	—	Samedi matin	57
3e	—	Mercredi matin	66
5e	—	Lundi soir	91
5e	—	Jeudi soir	97
Invocavit.	Dimanche matin		160
	—	Vendredi soir	172
	—	Samedi matin	174
Reminiscere.	Samedi soir		189
Oculi.	Samedi soir		203
Quasimodo geniti.	Mardi soir		275
Misericordias.	Lundi matin		287
Jubilate.	Mardi matin		306
	—	Jeudi soir	311
Trinité.	Lundi soir		381
3e après Trinité.	Mercredi soir		429
4e	—	Lundi soir	440
4e	—	Mardi soir	442
5e	—	Samedi matin	465
7e	—	Mercredi matin	490
8e	—	Samedi matin	513
9e	—	Dimanche soir	517
11e	—	Jeudi soir	556
13e	—	Vendredi soir	589
13e	—	Samedi matin	591
14e	—	Lundi soir	596
16e	—	Samedi soir	641
17e	—	Mardi matin	646
17e	—	Mercredi soir	650
17e	—	Vendredi soir	654
18e	—	Jeudi matin	668
19e	—	Mardi matin	679
19e	—	Vendredi matin	686
21e	—	Samedi soir	721
22e	—	Mardi soir	729
22e	—	Mercredi soir	731
23e	—	Samedi matin	753
25e	—	Mercredi soir	780
25e	—	Jeudi matin	781

3ᵉ Avent. Mercredi soir			825
29 Décembre. Soir.			860

3. Tentations :

3 Janvier. Matin			9
3 Janvier. Soir			10
1ᵉʳ après Epiphanie. Mercredi matin.			37
1ᵉʳ	—	Mercredi soir .	38
1ᵉʳ	—	Vendredi soir	41
1ᵉʳ	—	Samedi soir	43
2ᵉ	—	Dimanche soir	45
2ᵉ	—	Jeudi soir	54
3ᵉ	—	Jeudi matin	68
4ᵉ	—	Dimanche matin.	74
4ᵉ	—	Vendredi matin	84
4ᵉ	—	Vendredi soir.	85
5ᵉ	—	Mercredi soir.	95
6ᵉ	—	Samedi matin	114
6ᵉ	—	Samedi soir	115
Septuagésime. Vendredi soir			127
Reminiscere. Mercredi matin			182
Lætare. Lundi soir.			207
Jubilate. Mercredi soir			309
1ᵉʳ après Trinité. Samedi matin			405
3ᵉ	—	Mardi matin.	426
4ᵉ	—	Vendredi soir	448
6ᵉ	—	Jeudi soir.	477
9ᵉ	—	Mardi matin.	520
9ᵉ	—	Samedi matin	528
13ᵉ	—	Mercredi soir	585
16ᵉ	—	Dimanche soir	627
16ᵉ	—	Mercredi soir	634
16ᵉ	—	Vendredi soir	639
18ᵉ	—	Lundi soir	663
18ᵉ	—	Vendredi matin	670
18ᵉ	—	Vendredi soir	671
19ᵉ	—	Mardi soir	680
20ᵉ	—	Jeudi soir	701
21ᵉ	—	Vendredi soir	719
23ᵉ	—	Jeudi soir.	750
24ᵉ	—	Dimanche soir	757
24ᵉ	—	Mercredi matin.	763
24ᵉ	—	Jeudi matin	765
1 Avent. Mercredi soir			795
1 Avent. Vendredi matin			798
1 Avent. Samedi matin			800

4. Calomnies, médisances, persécutions, inimitiés :
    10 Janvier. Matin 24
    11 Janvier. Soir. 27
    1er après Epiphanie. Lundi soir 34
    2e —   Mardi matin 49
    3e —   Dimanche matin 59
    4e —   Lundi matin 76
    4e —   Mercredi soir 81
    Oculi. Vendredi matin 200
    Quasimodo geniti. Mercredi soir 277
    Cantate. Vendredi soir 330
    Exaudi. Jeudi soir. 356
        — Vendredi matin 358
    1er après Trinité. Mercredi matin. 398
    4e —   Mercredi matin. 443
    9e —   Lundi soir 519
    18e —   Jeudi soir 669
    20e —   Mercredi matin. 697
    21e —   Mardi soir 712
    22e —   Dimanche matin 723
    2e Avent. Dimanche soir. 804

5. Soucis pour le pain quotidien :
    5e après Epiphanie. Samedi matin 100
    Quasimodo geniti. Mercredi matin 276
    3e après Trinité. Samedi matin 434
    3e —   Samedi soir 435
    5e —   Vendredi soir 465
    8e —   Lundi soir. 503
    8e —   Jeudi matin 509
    13e —   Vendredi matin 589
    15e —   Dimanche matin 609
    16e —   Mardi matin 630
    21e —   Vendredi matin 718
    21e —   Samedi matin 720

6. Inquiétudes au sujet des enfants :
    Rogate. Vendredi soir 334
    10e après Trinité. Lundi matin. 534
    10e —   Mardi matin. 536

7. Séparation pénible :
    1er après Epiphanie. Lundi matin. 33
    1er après Trinité. Mardi soir 397

8. Vieillesse :
    2e Epiphanie. Vendredi soir 56
    Appendice III, prière : Le chrétien devant Dieu . 898

Méditations et prières pour les jours de maladie.

Entretien de l'âme avec Dieu par quelques passages bibliques	899
Méditation générale. D'après le chrétien devant Dieu.	900
Prière du matin d'un malade	901
Prière du soir d'un malade	902
Courtes prières pour malades et mourants. Pictet	902
2ᵉ Epiphanie. Mardi soir.	50
3ᵉ Epiphanie. Lundi soir.	63
Reminiscere. Mercredi soir.	183
Oculi. Mardi matin	194
Exaudi. Mardi soir.	353
Pentecôte Mercredi soir	370
16ᵉ après Trinité. Jeudi matin	635
17ᵉ — Samedi matin	655
19ᵉ — Vendredi soir	687
20ᵉ — Mardi matin	695
20ᵉ — Vendredi soir	703
23ᵉ — Jeudi matin	749
2ᵉ Avent. Jeudi matin.	812
28 Décembre. Soir.	858
Prière pour obtenir la paix de l'âme. — Vademecum.	904
Prière dans toutes sortes de tentations et d'épreuves. — Vademecum	904
Prière pour obtenir la sanctification. — Vademecum.	905
Prière auprès d'un malade qui souffre beaucoup. — Vademecum.	906
Prière pour un malade auquel on doit faire une opération. — Vademecum	906
Prière pour un enfant malade. — Vademecum	907
Actions de grâces d'un convalescent.	907
Prière pour une personne qui est à l'agonie ou qui a perdu l'usage de ses sens. — Vademecum.	908
Prière pour un vieillard malade. D'après le chrétien devant Dieu	909
Prière de soumission à la volonté de Dieu sur le lit de mort. Le chrétien devant Dieu.	910
Bénédiction à donner aux mourants	911

DÉCÈS

Prière des assistants après la mort d'un des leurs. 911
Prière après la mort d'un enfant 912
Prière après la mort d'un père ou d'une mère . 913
Tableau des fêtes mobiles de 1891 à 1910 . . . 915
Liste des péricopes, Evangiles et Epîtres, pour tous les dimanches et jours de fête de l'année ecclésiastique, matin et soir, servant de sujets de méditations et de prières dans ce volume. 916
Table des matières. 919-926

www.ingramcontent.com/pod-product-compliance
Lightning Source LLC
Chambersburg PA
CBHW071228300426
44116CB00008B/957